문학 속의 강원, 강원 속의 문학

이미림

문학 속의 강원, 강원 속의 문학

이미림

도서출판 월인

책을 내며

10여 년간 쓴 글들을 모아 학술서를 발간한다. 발표했던 논문들을 정리하다보니 로컬리티, 강원문학, 지역정체성, 강원출신 및 거주 작가로 요약된다. 강릉과 원주 캠퍼스에 위치한 지역대학교수로서 지역문학에 대한 연구는 책무이자 소명으로 다가왔다. 타자의 윤리학에 기초한 타자의 고통과 슬픔에 관심이 많은 내게 지역문학은 당연한 연구주제일지도 모르겠다. 탈식민 관점이나 오리엔탈리즘적 시각에서 지역 즉 로컬리티는 또 하나의 타자성을 지닌다. 중앙이 주변을 억압하고 차별하는 근대적 사유는 서울·경기와 지역을 구분하는 기준에도 작동되며, 지방소멸시대에 각 지역사회는 생존을 위해 전력투구하고 있다. 여전히 중앙의 인식은 서울 빼곤 모두 지방이고, 서울로 올라간다는 표현이나 '제주 강원 기타'로 묶이는 관습에서 타자성이 드러난다.

이 책은 강릉, 원주, 춘천을 오가며 지역행사 및 학술대회에 청탁 및 초청을 받아 글을 기고하고 발표한 글들을 묶었다. 춘천 김유정문학촌에서의 김유정학회와 강원학연구센터, 원주 박경리문학공원의 토지학교 및 토지문화관의 박경리학회 및 운곡학회, 강릉의 김동명문학관에서의 김동명학회 등에서 주최하는 학술대회에서 강연하고 논문을 발표했다. 신봉승, 심연수, 원천석과 관련된 작고문인기념 심포지엄이나 율곡연구원이 주최하는 시민독서모임인 어서학당의 멘토 참여라든지 2018 평창동계올림픽, 원주유네스코문학도시 혹은 강릉유네스코미식도시 준비과정에서 청탁받은 글들도 있다. 시를 쓰고 시낭송을 하며 여러 문학행사에 적극적으로 참여하는 강원도민의 문학 사랑과 예술적 향유 그리고 인문학 열정에 감동받았고 자부심을 느꼈다.

춘천의 김유정, 봉평의 이효석, 철원의 이태준을 보유한 강원지역엔 많은 한국현대작가가 존재한다. 김유정은 춘천 실레마을을 배경으로 떠꺼머리총각, 더펄이, 만무방, 따라지, 들병이, 얼간이, 욕필이, 맹꽁이, 숙맥, 배내병신, 쭈그렁밤송이 등의 인물을 통해 식민지 수탈과 극한적 삶을 재현했고, 이효석은 봉평 메밀꽃, 살구나무꽃이 피는 서정적 풍경을 배경으로 식민지 개발과 근대화가 형성되고 산골까지 유입된 자본주의적 욕망과 성적 쾌락을 통한 일탈을 리얼하게 묘사했다. 1980년에 이사와 30여 년을 원주사람으로 살아온 박경리의 회촌마을, 매지리, 단구동 옛집에는 26년간 집필한《토지》를 완성하기 위해 글을 쓰고 농사일을 하는 모습이 선연하다. 윤후명의 유소년기 강릉에서의 전쟁체험과 공포가 강릉바다, 방파제, 임당동성당, 객사문 등에 드리워져 있고, 도배식 전통이 이어온 위촌마을(우추리), 대관령, 경포호는 이순원 소설의 배경이다. 원주 출신 이기호의 소설엔 문학적 소재의 원천인 단구동, 태장동, 우산동과 원동성당, 원주기독병원, 원주경찰서, 가톨릭문화관이 공간적 배경으로 나오며, 김희선 소설에도 삼양식품원주공장, 조각공원, 미군부대주둔지, 의료복합단지 등의 도시적 특징이 그려진다.

대학생들과 함께 문학답사를 하며 현장을 체험한 김유정문학촌, 이효석문학관, 박경리문학공원, 만해마을, 박인환문학관에서 강원작가들의 삶과 문학세계를 느낄 수 있다. 강원도의 동해바다, 호수, 고개, 강, 땅, 산 등 자연이 가까운 생태적 삶은 강원작가에게 무한한 문학적 상상력과 영감을 제공한다. 시시각각으로 변하는 바다의 파도와 너울은 인생 자체를 상징하고, 대관령, 미시령, 진부령 등 큰 령이 많은 고개들은 '대관령 저 너머'의 호기심을 갖기에 충분했다. 속초 청호동의 아바이마을은 분단과 이산의 한국근현대사의 역사적 흔적을, 고성, 철원의 북쪽에 위치한 고장은 평화와 전쟁이라는 양가적 정동을 갖게 한다.

중앙과 권력에서 배제된 역사인물과 여성, 서자, 아이, 동물, 장애인, 노인이기에 타자적 삶을 영위하고 목소리를 침묵당한 소수자의 한과 아픔이 떠돌고 있다. 신화, 전설, 주술, 민속자료의 보고이자 유구한 역사적 배경들 — 오래된 소나무, 폐사지, 발견되지 않고 이름이 붙여지지 않은 지역을 보유한 강원도에서 근무한다는 사실은 축복이자 기쁨이다. 마이너리티, 소수자, 타자의 시선은 날카롭고 저항적이며 신선하기에 문학인프라가 구축된 지역은 문학창작 및 연구에 적합하다.

그동안 김유정, 이효석, 김동명, 신봉승, 윤후명, 이순원, 최성각, 박정윤, 박경리, 이기호, 김희선 문학에 대한 논문들이 쓰였다. 로컬리티만으로 지역문학의 공통점을 찾아내기가 쉽지 않지만 지역을 알린다는 보람있는 연구 성과이자 나의 역할이라고 여긴다. 여전히 강원문학과 로컬리티는 연구해야 할 과제가 산적해 있다. 강의와 연구가 전부인 나의 일상에서 대학생들에게 지역문학을 가르치고 토론하면서 자신이 소속해 있는 대학교에 대한 자긍심과 애착을 갖게 하는 일은 유의미하다. 새로운 작가를 발굴하고 지역정체성을 구축하는 연구는 지난하고 어렵지만 이론을 정초하고 지역적 특성과 공통점을 찾아내는 일이 내게 주어졌다. 근대국민국가의 역할이 축소되고 그 한계가 드러난 시대에 지역학 즉 강원학이 미래이다.

자신이 태어났거나 거주하는 지역에 대한 사랑과 관심 속에서 강원지역문학연구와 더불어 나아갈 방향성을 제시하는 작업은 매우 필요하고 절실하다. 이 책을 준비하는 동안 나의 일상이 지루하고 단순하다고 생각했는데 행복하고 즐거웠다는 사실을 알게 되었다. 제한적인 작가 및 작품을 연구대상으로 삼아 다소 내용이 반복되기는 하나 발표 당시의 학문적 분위기를 존중해 수정하지 않고 그대로 묶었다. 오랫동안 주목했던 여행, 이주, 다문화 문학 연구와 더불어 지역문학 연구는 상반된 주제이지만 내 삶의 균형을 잡아주었다. 안주하지 못하고 방황하는 내 영혼과 지역에 대한 사유는 글로벌과 로컬, 모빌리티와 로컬리티, 떠남과 머묾, 이주와 정주, 자유와 고독의 길항 속에서 삶을 이해하는 길잡이가 되었다. 시리고 아름다우며 가난하지만 넉넉한 강원도 문학을 소개하고 의미를 파악하는 작업이 10년간의 내 삶의 여정이었다. 강원문학연구는 장소의 힘, 문학의 힘과 더불어 강원도의 힘을 보여준다. 함께 공부하는 동아시아연구회와 비평숲길 학자들에게도 고마움을 전한다. 많이 부족하고 미약한 학술서를 또 세상에 내놓게 되어 민망하고 죄송하다. 책을 사지도 읽지도 않는 시대에 예쁘고 성의있게 책을 내주신 월인출판사에 감사의 마음을 전한다.

2023년 가을,

강릉원주대 인문관 연구실에서

이미림

목차

1부 머리말 _ 17

1장 로컬리티와 문학 _ 18

2장 강원문학과 작가들 _ 22

2부 일제강점기 강원문학 _ 27

1장 김유정 문학과 로컬리티 _ 28

1. 실레마을과 김유정 _ 28
2. 고향의식과 궁핍 · 유랑으로서의 30년대 삶 _ 31
3. 강원도민의 질박한 심성과 숙명론적 가치관 _ 38
4. 민요 · 민속에 나타난 비동시성의 동시성 _ 43
5. 토착어, 구어, 감(청)각어로서의 로컬리티 언어 _ 47
6. 공간 · 소재 · 언어 _ 50

2장 이효석의 영서 삼부작 고찰 _ 52

1. 봉평과 이효석 _ 52
2. 축첩 · 패륜 · 불륜 모티프와 전통 _ 58
3. 문명의 유입, 백색지향과 모더니티 _ 63
4. 풍속의 재현과 고향 _ 67
5. 전통 · 모더니티 · 로컬리티 _ 70

3장 김유정 · 이효석 소설의 음식과 성 비교 연구 _ 72

1. 김유정 · 이효석과 영서지역 _ 72
2. 김유정 소설의 육식성과 샤리바리적 응징 _ 73
3. 이효석 소설의 관능성과 유토피아 지향 _ 84
4. 육식성과 관능성 _ 91

4장 김유정 · 이효석의 문학관과 소설적 지향 _ 94

1. 시대 · 소설 · 작가 _ 94
2. 김유정 · 이효석의 문학관 _ 96
3. 현실인식과 전통지향성: 김유정 소설 _ 105
4. 미의식과 서구지향성: 이효석 소설 _ 111
5. 전통지향성과 서구지향성 _ 118

5장 1930년대 소설의 영서지역 재현 _ 121

1. 강원로컬리티와 고향의식 _ 121
2. '초라한 고향'과 원주민의 자본주의 욕망 표출: 이효석 소설 _ 125
3. '귀여운 전원'과 유랑민의 극한적 삶: 김유정 소설 _ 129
4. '상실된 유토피아'와 외지인의 교육 · 추방 서사: 이태준 소설 _ 132
5. 30년대 · 지역 · 작가 _ 136

3부 김동명 · 신봉승 문학세계 _ 139

1장 김동명 산문의 타자지향성과 디아스포라의식 _ 140

1. 산문문학과 최근의 연구경향 _ 140
2. 서정수필 속 의인화 기법과 타자윤리학 _ 143
3. 디아스포라 운명과 삶의 엑소더스 _ 153
4. 초허 산문의 특징 및 의의 _ 166

2장 김동명의 작가(시인)로서의 삶, 지식인(정치가)으로서의 삶 _ 168

1. 김동명 산문과 시대 _ 168
2. 작가(시인)로서의 삶: 정주(정원)와 이주(길)의 길항 속에 탄생한 문학 _ 170
3. 지식인(정치가)으로서의 삶: 이방인의식과 자유 · 인권 · 민주적 가치 추구 _ 179
4. 작가의 두 가지 삶 _ 187

3장 김동명 문학의 공간적 상상력: 바다, 정원, 도시 _ 188

1. 김동명의 삶과 공간인식 _ 188
2. 유목적 사유의 근원, 바다 _ 192
3. 토포필리아로서의 정원 _ 196

4. 장소상실의 표상, 도시(서울) __ 201

5. 시 · 공간 · 유목 __ 204

4장 김동명 문학공간의 헤테로토피아적 특성 __ 207

1. 사상 · 정치 · 문학 __ 207

2. 헤테로토피아적 문학공간 __ 209

3. 노스탤지어와 아토피아로서의 이국 __ 211

4. 자본주의적 근대도시, 서울 · 매음굴 __ 213

5. 에코토피아와 유토피아로서의 정원 __ 218

6. 디스토피아로서의 감옥, 수용소, 피난지, 전쟁터 __ 221

7. 김동명 문학공간의 함의 __ 226

5장 김동명문학관과 로컬리티 __ 229

1. 로컬리티와 강원(강릉)정체성 __ 229

2. 문학관 설립과 재현 __ 231

3. 김동명 문학관과 지역이미지 __ 233

4. 강릉의 기억과 고향의식 __ 238

5. 강릉문학과 지역작가 __ 244

6장 신봉승 시문학의 초당표상과 고향인식:
『초당동 소나무떼』, 『초당동 아라리』 __ 246

1. 강릉 로컬리티와 정체성 __ 246

2. 초당의 소나무와 역사인물 __ 249

3. 강릉(강원)의 표식과 흔적 __ 254

4. 바다 · 파도, 대설 · 바람 모티프 __ 258

5. 신봉승 시문학의 특징 __ 261

7장 신봉승 문학의 사회적 상상력 __ 263

1. 강릉지역의 장소성과 정체성 __ 263

2. 문학장르의 다양성과 문학적 특성 __ 265

3. 역사의 대중화와 역사 바로 잡기 __ 272

4. 리더십, 국가론, 정치가의 조건과 정치현실 __ 276

5. 조선 · 초당 · 문학 · 정치 __ 282

4부 윤후명·이순원·최성각 문학세계 _ 285

1장 자전적 소재로 본 윤후명 여행판타지소설의 함의 _ 286

1. 전쟁·상처·소설 _ 286
2. 여행판타지와 '가장 먼' 고향길 _ 288
3. 기나긴 오디세이로서의 여행판타지 _ 292
4. 복수자아인 타자의 현현 _ 297
5. 6.25트라우마와 고향·아비 찾기 _ 300
6. 윤후명 소설의 함의 _ 306

2장 윤후명 소설의 원형적 탐색: 전쟁재난과 호환공포 _ 308

1. 로컬리티와 문학 _ 308
2. 창작소재의 원천, 강릉 임당동과 바다 _ 312
3. 지역원형의 문학적 형상화와 존재증명 _ 323
4. 전쟁·호환·상처 _ 331

3장 이순원 여행서사 속의 타자화된 강원(영동): 『말을 찾아서』(1997) _ 333

1. 강원(영동)의 심상지리와 '대관령 저 너머' _ 333
2. 전화(편지)모티프·올가미구조·여행서사 _ 336
3. 식민화 전근대화된 토착민 이미지 _ 339
4. 대상화 신비화된 여성 이미지 _ 345
5. 상처·훼손·은닉·고립으로서의 도피자 이미지 _ 352
6. 타자화된 강원(영동)의 '만들어진' 정체성 _ 354

4장 이순원 소설의 로컬리티와 향촌공동체 _ 357

1. 위촌리와 소설 _ 357
2. 부권제 유교문화와 가족자아 _ 359
3. 당숙으로 표상되는 연고주의적 정서 _ 365
4. 타자의 상처와 퇴행적 화해 _ 370
5 전통·지역·한 _ 377

5장 최성각 문학의 타자의식과 생태주의적 특성 _ 379

1. 포스트휴먼 시대와 최성각 문학 _ 379

2. 사회적 약자의 고통과 타자의 목소리 _ 384
3. 자연과 동물과의 공존 및 생태의식 _ 391
4. 에코토피아 지향과 에코에티카 요구 _ 401
6장 최성각 생태문학의 동강사유와 생태공간 _ 404
1. 포스트휴먼 시대의 자연인식 _ 404
2. 동강의 사유, 휴먼 아닌 것과의 공존 _ 409
3. 에코토피아로서의 히말라야와 자본의 전지구화 _ 417
4. 생태적 사유와 동강 _ 421

5부 영서지역 재현 양상과 문학적 특성 _ 423

1장 《토지》에 나타난 신분 정체성과 연애(혼사)장애 _ 424
1. 시대적 배경 및 문제제기 _ 424
2. 신분의 혼란과 평등의식의 확장 _ 430
3. 연애(혼사) 장애 모티프와 신분 정체성 _ 434
4. 신분과 사랑의 역학 _ 445
2장 박경리 문학과 원주 로컬리티 _ 447
1. 토지 · 로컬리티 · 문학 _ 447
2. 생명과 동학과 반역의 도시, 원주 _ 450
3. 박경리 문학과의 접속 _ 459
4. 원주 · 작가 · 문학 _ 464
3장 이기호 소설의 197,80년대 중소도시 표상 _ 466
1. 창작소재의 원천, 원주시 단구동 _ 466
2. 유명작가의 거주와 군사도시의 흔적:
〈원주통신〉, 〈말과 말 사이: 원주통신2〉 _ 469
3. 폭력과 억압, 상처의 현장들:
〈갈팡질팡하다가 내 이럴 줄 알았지〉, 〈햄릿 포에버〉 _ 474
4. 민주화의 성지, 역사가 개인에게 미치는 영향:
〈할머니, 이젠 걱정마세요〉, 《차남들의 세계사》 _ 478

5. 한국사회와 7,80년대 원주표상 __ 484
4장 이기호 소설의 구연방식과 정치적 상상력 __ 486
1. 2000년대 문학과 이기호 __ 486
2. 이야기체 서사전략과 구연방식 __ 488
3. 파레시아스트로서의 작가적 책무와 현실비판 __ 495
4. 죄의식 형성 및 수치의 정동으로 본 인간이해 __ 502
5. 이기호 소설의 특징 __ 509
5장 김희선 소설의 기원탐사와 타자의 고통: 『라면의 황제』(2014), 『골든 에이지』(2019) __ 511
1. W시와 김희선 __ 511
2. 기원탐사와 예속된 앎의 사유 __ 514
3. 중심해체와 이동하는 공간 __ 522
4. 타자의 고통 및 문학적 파레시아 __ 532
5. 기원 · 타자 · 소명 __ 538
6장 2000년대 소설의 원주시 재현 양상 __ 540
1. 원주 로컬리티와 장소성 __ 540
2. 원형으로서의 7,80년대와 '차남'의 세계: 이기호 소설 __ 543
3. 외계인 상상력 및 혐오와 배제의 정동: 김희선 소설 __ 553
4. 원주 정체성과 문학 속의 원주 __ 562
7장 한국현대소설 속 원주표상과 로컬리티: 원주 출신 및 거주 작가 __ 564
1. 로컬리티 · 소설 · 원주 __ 564
2. 군사도시 정체성과 소시민의 생활터전 __ 569
3. 생태 · 생명 · 치유의 공간 __ 575
4. 폭력과 감시의 일상화 그리고 민주화의 성지 __ 580
5. 세계의 중심, 타자의 공간 __ 584
6. 원주 그리고 소설들 __ 588
8장 박수근 미술의 로컬리티와 문학적 차용 __ 590
1. 회화 · 문학 · 지역 __ 590
2. 박수근 그림에 나타난 로컬리티 특성 __ 593

3. 박수근 텍스트의 문학적 차용 __ 599
4. 양구와 그림 __ 612

6부 영동지역 재현 양상과 문학적 특성 __ 615

1장 박정윤 소설의 소녀표상과 그로테스크 반미학 __ 616
1. 젠더의식과 여성작가 __ 616
2. 비정형화된 소녀표상과 애착손상 __ 620
3. 반가족 · 반성장 모티프와 동기간 연대 __ 627
4. 그로테스크한 몸과 페미니즘 반미학 __ 633
5. 지역 · 바다 · 여성 __ 640

2장 생태적 다문화적 관점으로 본 영동문학과 올림픽 손님맞이 __ 642
1. 이방인 환대와 타자지향적 윤리 __ 642
2. 영동(강릉)지역의 심상지리와 영동문학 __ 646
3. 생태주의적 관점으로 본 강릉소설 __ 647
4. 다문화주의적 관점으로 본 강릉소설 __ 655
5. 영동문학과 올림픽손님맞이 __ 661

3장 강릉 출신 작가의 고향의식과 로컬리티 재현 __ 663
1. 강릉 로컬리티와 현대소설 __ 663
2. 일시적 머묾, 여행지 __ 665
3. 상처대면과 상처치유의 장소 __ 670
4. 인습과 전통의 향촌공동체 __ 674
5. 자연친화적 생태주의적 공간 __ 678
6. 여행 · 상처 · 향촌 · 자연 __ 683

4장 강릉 로컬리티와 고향을 드러내는 방식 __ 685
1. 강릉시와 현대소설 __ 685
2. 재난 · 바다 · 설화 소재와 공포 · 은폐의 고향: 윤후명 소설 __ 687
3. 향촌 · 농경 · 정법 공동체와 고향 위촌(우추리): 이순원 소설 __ 694

4. 폭설과 리얼리티 · 판타지의 경계: 김도연 소설 _ 701
5. 대관령 그리고 사랑 · 상처 · 성장 서사: 김별아 소설 _ 708
6. 신화의 재해석과 타자의 귀환: 박정윤 소설 _ 716
7. 강릉문학 정체성과 로컬리티 _ 724
5장 현대문학 속 로컬리티와 음식(재료)의 함의 _ 726
1. 로컬리티 · 음식 · 문학 _ 726
2. 가난, 공포, 지역표식으로서의 감자와 옥수수 _ 729
3. 혐오, 운명, 성적 기호로서의 생선과 미역 _ 736
4. 지형, 생태, 농경공동체로서의 곰취, 무배추, 콩 _ 747
5. 지역문화 전통구축 및 휴식과 낭만으로서의 커피 _ 749
6. 로컬푸드(소울푸드)와 지역정체성 _ 753

7부 강원문학의 지역성과 정체성 _ 755

발표지면 _ 762
참고문헌 _ 764
핵심어 _ 794

1부 머리말

1장 로컬리티와 문학
2장 강원문학과 작가들

1장
로컬리티와 문학

최근 로컬리티에 대한 관심이 많아지면서 지역문학 연구도 활발해졌다. 근대 이후에 형성된 중앙과 지방 간의 긴장관계 속에서 만들어진 담론인[1] 로컬리티가 2000년대 중반[2]부터 화두가 된 것이다. 로컬에 대한 관심은 중앙, 국가에 대한 비판과 저항, 유럽 인종 젠더 등의 전복을 위한 포스트모던 현상이 배경을 이룬다. 전지구적 포스트모던은 다원성이나 다양성을 주창하고, 침묵되어온 소수성의 목소리를 복원하고자 한다.

로컬은 정체되고 고정된 것이 아니라 그 속에서 생활하는 인간들의 다양한 사회적 구조와 실천적 행동이 접합하고 있는 공간이며 내외부적으로 소통 · 교류하면서 자기 정체성을 만들어가는 공간이기에 특정 시기와 장소, 주체의 성격에 따라 다양한 형태로 발현되기도 하고 잠재되기도 하는 중층적이고 복합적인[3] 개념이다. 즉 로컬은 다양성이 발현하는 프로세스의 공간이며 사회 정치 경제적 문제가 발생하는 공간[4]이다. 로컬의 사유는

---

1 이재봉 외, 「지역학과 로컬리티 연구」, 『로컬리티 인문학』 제2호, 부산대 한국민족문화연구소, 2009, 37쪽.

2 문재원은 한국문학 연구에서 로컬리티라는 용어가 문학연구방법론으로 등장하기 시작한 것은 2007년 전후이지만 '지역', '지역성' 등으로 번역되어 사용되기도 하는 맥락적인 측면을 고려할 때 지방자치제 이후 지역학에 대한 관심이 급증했던 1990년대 중반으로 거슬러 올라 갈 수 있다고 했고, 김명훈도 2008년대 중반 이후 로컬리티 연구가 폭발적으로 증가했으며 탈식민주의 담론의 부침과 관련되었다고 한다. - 문재원, 「한국문학연구에서 로컬리티 연구 성과와 과제」, 『우리말글』 제76집, 우리말글학회, 2018, 328쪽, 김명훈, 「한국문학 로컬리티 연구의 전개양상과 남은 과제들」, 『어문론총』 제68호, 한국문학언어학회, 2016, 133쪽.

3 문재원 외, 「이동성과 로컬리티」, 『로컬리티 인문학』 제6호, 부산대 한국민족문화연구소, 2011, 8~9쪽.

탈식민적 관점 혹은 오리엔탈리즘 측면에서 중심과 주변을 해체 혹은 전복하려는 시도를 내포한다. 근대적 사유의 이분법적 체계는 한쪽을 열등하게 인식해 타자를 억압하고 혐오했던 방식으로 서구, 백인, 남성, 국민, 어른, 장애, 이성애, 서울의 타자인 동양, 유색인, 비국민, 비장애, 동성애, 지방을 구분했다. 근대주의적 이데올로기는 로컬적인 것에 경멸적 낙인의 이미지를 찍었고 근대성의 정치 형식, 즉 국민국가의 완벽한 실현을 차단하는 장애물로[5] 여겼다. 전 지구적 자본주의가 로컬 사회로 침투하였고 여성운동, 생태운동이 두각을 보이면서 로컬의 저항운동이 확산[6]되고 있다.

방법론으로서 로컬리티는 중심과 주변의 이분법적 관계에 대해 의문을 제기하고, 그 관계의 해체에 대한 기획을 지속적으로[7] 하는 탈근대적 사유의 실천적 의미를 지니며, 국민국가 내부의 부당한 집합적 가치 체계를 해체하고 국민국가의 실질적인 경계 내에서 공공적 가치를 창출[8]한다. 따라서 글로벌리즘, 민족주의와 생명정치, 국가권력에 기반한 내셔널리즘, 동아시아, 환태평양과 같이 국민국가-국가간체제로부터는 도출해 낼 수 없는 무엇이 담긴[9] 리저널리즘의 관계망 속에서 로컬리즘이 실현된다. 계몽적 메타서사와 근대성의 목적론에 대한 포스트모던 반박 때문에 전통적 로컬주의와 구분하는 로컬적인 것이 저항의 장소이자 해방을 위한 투쟁의 장소로 출현[10]할 수 있게 되었다.

로컬리티 연구에 지역, 장소, 조선, 공간, 지방, 고향, 식민, 중심, 향토, 서도, 심상지리, 디아스포라, 주변, 제주 등의 주제어[11]가 동반되듯이 로컬

---

4 부산대 한국민족문화연구소 편, 『로컬리티, 인문학의 새로운 지평』, 혜안, 2009, 26쪽.
5 롭 윌슨·위말 디싸나야케 엮음, 김용규 역, 『글로벌/로컬』, 에코리브르, 2019, 41쪽.
6 위의 책, 59쪽.
7 문재원, 「한국문학연구에서 로컬리티 연구 성과와 과제」, 『우리말글』 제76집, 우리말글학회, 2018, 330쪽.
8 김명훈, 앞의 논문, 134쪽.
9 마루카와 데쓰시, 백지운·윤여일 역, 『리저널리즘』, 그린비, 2008, 17쪽.
10 롭 윌슨·위말 디싸나야케 엮음, 앞의 책, 58쪽.
11 문재원, 「한국문학연구에서 로컬리티 연구 성과와 과제」, 『우리말글』 제76집, 우리말글학회, 2018, 332쪽.

리티는 공간, 장소와 연관된 용어이다. 전지구적으로 사고하고 지역적으로 행동하라는 자끄 엘륄의 선언은 중심의 타자인 지역, 변방, 변두리를 중심으로 끌어올리며 글로컬리즘의 이행으로 이해되었다. 이는 시간 중심에서 공간 중심으로의 전환, 이성 중심에서 감성 중심으로의 전환, 국민국가에서 로컬로의 스케일 전환[12]과 더불어 주체가 타자를 포섭하고 배척하는 불평등, 불공정한 강압적 행태를 배제하고 전복하며 경계를 뛰어넘고자 하는 사회문화현상에 기초한다. 로컬리티는 중심과 주변의 위계질서를 뒤엎고자 이의를 제기하는 탈식민 탈중심을 주창하는 것으로 중심, 국가, 전지구화에 대비되는 대안적 개념이다. 이를 재현한 지역문학은 지역어로 지역을 표현하는 데 그치는 것이 아니라, 중심언어가 봉합하려는 현실의 균열을 끊임없이 발설하는 데[13] 있다. 중앙문단 작가 위주로 이뤄지는 문학연구에 대해 지역 출신 및 거주 작가를 발굴하여 문학적 가치와 문학사적 위치를 객관적으로 부여하는 움직임도 이러한 현상을 배경으로 한다.

로컬화의 짝패인 글로벌화는 자본주의의 종국적 승리에 대한 강렬한 메타포일 뿐만 아니라 학술적 대중적 서사를 생산하는 핵심적인 모티브가[14] 되어왔다. 전지구화와 자본주의에 종속되는 사회현상에 반대하는 로컬리티는 저항적인 문화적 실천이다. 자본 너머의 공간을 추구하는 로컬리티 공간의 문학적 배경엔 역사, 문화, 인류에 소멸 혹은 삭제된 로컬히스토리를 복원하고 세계화의 한계를 극복하여 지역화와 균형을 맞추고자 하는 의도가 담겨있다.

소수적 위치에서 열등한 대접을 받았던 지역문학 또한 재평가 작업이 진행되고 있다. 지역의 특성과 차이를 구현하는 지역문학은 중앙문단의 문학에 비해 주변부문학, 가장자리문학으로 여겨져 홀대되었다. 이는 서

---

12 이상봉, 「'공간적 전환' 이후의 장소, 감성 그리고 로컬리티」, 『감성연구』 제21집, 전남대 호남학연구원, 2020, 34~36쪽.

13 박형준, 『로컬리티라는 환영』, 두두, 2018, 26쪽.

14 박경환, 「글로벌, 로컬, 스케일」, 『로컬리티 인문학』 제5호, 부산대 한국민족문화연구소, 2011, 55쪽.

울 경기 중심의 사유와도 연동되는 현상이다. 강원지역은 가난하고 정보가 부재하며 자연과 접했기에 '원초적인 생명, 근원회귀의 공간으로 설정한 경우로 근대화, 도시화에 지친 지식인들이 회귀하는 모성적인 공간으로서의 고향이라든가 에로틱하고 주술적이고 원시적인 생명력이 약동하는 공간으로서의 지역'[15]으로 발명되거나 발견된다. 따라서 복고적 향수나 배타적인 지역주의 고취로 나아가는 것을 경계하면서[16] 지역민의 정체성과 지역문학의 지향성을 찾아야 한다. 로컬리티는 지역사회의 문화와 예술을 부각한다는 점에서 긍정적이지만 로컬을 타자화하고 신비화한 오리엔탈리즘에 빠질 수 있다. 향토성, 지역 이기주의, 보수주의, 정글 같은 대도시의 탈출을 포용하는 치유공간, 과거회귀, 일차적 감성 및 추억팔이를 경계해야 하는 것이다. 저항과 위반으로 무장하고 이타행과 상생을 문학운동의 실천원리로 삼는 타자문학론이어야[17] 하는 지역문학은 억압받고 배제된 주변부 타자를 위한 이타적 문학으로 나아가야[18] 한다. 또한 로컬리즘이란 소설 속에 담겨있는 지역 정서 즉 로컬리티라는 의미와 함께 서울 중심의 민족문학에 대한 안티테제로서의 지방문학이라는 이중적 의미를[19] 지닌다.

---

15 김양선, 「탈식민의 관점에서 본 지역 문학」, 『인문학연구』 제10권, 한림대 인문학연구소, 2003, 16쪽.

16 위의 논문, 20쪽.

17 김형수, 「한국문학의 영원한 타자, 지역문학」, 『인문학논총』 제3권, 국립7대학 공동논문집, 2003, 21쪽.

18 위의 논문, 23쪽.

19 최병우, 「한국현대소설과 로컬리즘」, 『현대소설연구』 제58호, 한국현대소설학회, 2015, 7쪽.

2장
강원문학과 작가들

1995년 민선 지역자치시대와 글로컬리즘은 로컬을 재발견하고 창안하며 정립하는 계기가 되었다. 전국적으로 자신이 거주하는 지역에 대한 향토애를 고취하고 그 지역의 역사와 문화를 정리하여 거주민의 자긍심을 높이려는 노력이 활성화[20]되고 있다. 각 지역마다 작가의 문학관과 생가를 복원하고 시비나 유적들을 조성 및 정리, 진열함으로써 지역정체성, 지역문화가 정립되는 작업이 활발하다. 지역분권화의 가속화와 대도시가 모든 인구를 빨아들이는 블랙홀 현상으로 인한 지방소멸이 동시에 일어나는 가운데 지역의 자기 정체성 확립과 지역문학에 대한 주체적인 인식이 요구된다. 2017년 3월까지 국내 문학관이 106개에 이르며 지속적으로 늘어날 추세이다. 강원도의 경우 춘천의 김유정문학촌, 강릉의 김동명문학관, 매월당 김시습 기념관, 원주의 박경리문학공원과 토지문화관, 인제의 박인환문학관, 백담사 만해마을, 한국시집박물관, 양구의 이해인 시문학과 김형석 안병욱 철학의 집, 화천의 월하 이태극 문학관, 이외수 문학관, 영월의 김삿갓문학관 등이 있다. 지역을 상징하는 문학관에서 다양한 행사가 개최되고 도서관, 아카이브 박물관과 연계되는 지역문학공간으로 자리 잡고 있으며 이는 지역정체성과 문학적 특성을 대변하고 경제적 효과에도 기여한다.

지역문학 연구방법론으로서 소수자문학론이나 탈식민주의론, 생태주의론에 주목[21]하며, 개방성, 해양성, 다문화성으로 규정되는 부산문학[22]과

---

20 성범중, 「고전문학과 지역성의 문제」, 『국어국문학』 제144호, 국어국문학회, 2006, 113쪽.

다른 강원문학의 특징과 지역정체성을 정립하려는 노력이 지역공동체에서 이뤄진다. 남기택은 강원(영동)지역문학을 해양과 탄광으로[23] 거론하거나 전통과 서정으로서의 리리시즘, 이주와 이산으로서의 모더니티, 분단, 탄광, 해양으로서의 민족문학[24]으로 규정한다. 양문규는 정치적으로 보수적인 공간으로서 1990년대 이후는 가족주의의 가치를 간직한 고향의 공간인바 이 지역이 거대한 산업화과정에 비껴 서있었기에 훼손되지 않은 자연과 함께 자본에 대항하는 생태학적 상상력의 공간으로 또는 인간 삶의 근원적인 공간으로 상징화된다고[25] 주장한다. 강원도 하면 떠오르는 이미지가 자연환경이라는 점에서 자연친화적 생태적 문학을 특징으로 하며, 한국에서 유일한 분단도(강원도)이자 분단군(철원과 고성)이라는 점에서 통일문학, 분단문학, 평화지향적 문학으로, 산간협곡, 석탄산업, 광업소 중심의 마을이 운영되는 탄광촌(삼척, 태백, 정선, 영월, 도계 등)이라는 점에서 탄광문학으로 규정되거나, 고성, 삼척, 강릉, 속초, 양양 등이 바다와 인접함으로써 해양(바다)문학과 함께 서정문학, 향촌문학, 민족문학으로 수렴된다.

강원도는 수려한 산수 자연을 가진 신선의 땅이자 순유(巡遊)의 장소로 관동팔경과 금강산이 있기에 사대부들은 산수향(山水鄕)으로 생각[26]했다. 산악지대가 많고 평야가 작아 문명과 산업, 근대성이 발달되지 못한 강원도는 아름다운 자연경관을 갖춘 풍속과 인심이 좋은 곳이다. 경작할

---

21 이재봉 외, 「지역학과 로컬리티 연구」, 『로컬리티 인문학』 제2호, 부산대 한국민족문화연구소, 2009, 23쪽.

22 부산대 한국민족문화연구소 편, 『로컬리티, 인문학의 새로운 지평』, 혜안, 2009, 171쪽.

23 남기택 · 권석순, 「정치적 상상력과 지역문학」, 『비평문학』 제47호, 한국비평문학회, 2013, 93쪽.

24 남기택, 「강원 영동 지역의 문학적 정체성 연구」, 『현대문학이론연구』 제45호, 현대문학이론학회, 2011, 105쪽.

25 양문규, 「한국근대문학에 나타난 강원도」, 『민족문학사연구』 제44권, 민족문학사학회, 2010, 53쪽.

26 이주라, 「한국 근대 잡지에 나타난 강원도 표상 연구」, 『국제어문』 제77집, 국제어문학회, 2018, 235~236쪽.

땅의 부재는 대지주가 없고 자작농이 많아 소작쟁의가 발생하지 않으며 순박하고 온순한 강원도민의 특징을 지닌다. 근대의 시작과 더불어 강원도는 근대적 문명 발전을 더디게 하는 요인으로 파악되면서 산수향이 아닌 낙후된 공간으로 인식[27]되었다. 산골, 벽촌, 산촌, 시골로 표상되는 강원도는 전근대의 공간, 향수의 공간, 휴식과 전근대의 공간으로 여겨졌다. '암하노불', '감자바위' 이미지와 촌놈, 촌뜨기의식은 강원지역에 대한 선입견으로 작동된다. 지리적 서사에서 글로벌한 것은 곧 새로운 것, 자본주의적인 것, 공식적인 것, 공간적인 것, 권력적인 것, 보편적인 것, 능동적인 것으로 재현되는 반면, 로컬한 것은 곧 전통적인 것, 비자본주의적인 것, 비공식적인 것, 장소적인 것, 주변적인 것, 특수적인 것, 수동적인 것으로 상상, 재현되고 있기에 '로컬'에 대한 사고방식은 신자유주의적 글로벌화의 '빛'을 강조하는 입장이나 '어둠'을 강조하는 입장이나 로컬을 장소-특수적인 것으로 중요시[28]한다.

이처럼 강원지역은 오염되지 않은 청정지구로 그려진다. 문명화의 속도가 느리고 착하고 순진무구하며 질박하고 아낌없이 내주는 선한 성품의 원주민을 연상케 한다. 강원도는 여전히 신개척지, 처녀지로서 정복의 대상이거나 자연보존의 마지막 보루로 인식됨으로써 여성화 대상화된다. 강원도민은 탈근대에 진입하는 시점에서조차 늘 순박해야 하며 아낌없이 나눠주고 한없이 포용하는 타자적 이미지를 요구받는다. 그런데 이러한 강원과 연관된 이미지들 — 예를 들면 촌스럽고 순박한 인성 — 은 모두 외부에서 생산되어 강원도민에게 부여된[29] 시선이다. 온순하고 유순한 강원도민은 서울의 편견에서 비롯된 것이자 환상에 가까운 것이다. 즉 주변적 타자적 전근대적인 강원 이미지는 외부인의 오리엔탈리즘적 시선과 심상지리에 기인한 '만들어진' 정체성이다.

또한 이곳은 사업에 실패했거나 도시생활에 상처를 입거나 좌절할 때

27 위의 논문, 240쪽.

28 박경환, 앞의 논문, 49쪽.

29 강원사회연구회 편, 『강원문화의 이해』, 한울아카데미, 2005, 61쪽.

언제든지 받아주고 포용하는 모성공간, 즉 자궁과 고향 이미지이거나 아니면 한없이 숨어들고 사라지는 고독, 죽음 및 자살, 실종 공간이자 상징계에 진입하지 못한 상상계이자 판타지공간이다. 4월에도 내리는 폭설, 검푸른 바다, 한없이 깊은 큰령, 명명되지 않은 지명들은 대자연과 운명 앞에 굴복하는 숙명적인 인간의 모습을 상상케 한다. 전통, 관습, 가부장제, 핏줄에 대한 강한 집착과 보존은 탈근대화된 사회와 시간적 간극을 두며 강원을 보수적이고 변화를 거부하는 이미지를 만들어 낸다. 우리나라의 자연을 지키는 마지막 보루이기를 바라는 강원도에 대한 희망이 외부인의 시선인지 강원도민이 요구하는 입장인지에 대한 논의가 필요하다.

강원지역은 도내 군사접경지역으로 군인이 78%를 차지하고 있다. 남북한 대결 국면에서 이러한 강원도의 지정학적 위치는 위험한 공간이라고 인식되나 한편으로는 평화지대이고 천혜자연의 보고이자 한반도 중심지역이기도 하다. 춘천, 화천, 양구, 원주에 군부대가 많고, 군사도시라고 할 만큼 지역 경제와 문화적 분위기와 연계된다. 지역 정체성은 지역주민의 기질과 역사적 경험 및 기억, 지역사투리나 어법, 생활양식의 특징을 공유함으로써 구성된다. 전국적으로 가장 소외되고 존재감이 결여된 강원도[30]는 태백산맥 줄기를 기점으로 영동(嶺東)과 영서(嶺西)로 나뉘며, 그 지역적 특성도 매우 다르다. 대관령 동쪽에 위치한 영동은 관동(關東)으로도 불리며 관서(關西)와 짝을 이루는 지명이다. 영서와 달리 영동지역은 산간, 바다, 평야를 모두 지닌 지형으로 언어적 문학적 특징도 영서문학과는 차이를 보인다.

지역문학은 주변부, 가장자리, 변두리문학으로 홀대받거나 주목받지 못하지만, 1930년대 한국문학사의 대표작가인 춘천의 김유정, 봉평의 이효석, 철원의 이태준을 보유하고 있다. 궁핍과 자연친화, 순진함, 피해의식을 지닌 강원도의 일상적 삶은 강원문학만이 지닌 독특하고 참신한 특

30 설문조사나 수요질문시 강원도는 서울·경기, 충청, 경상, 전라와 더불어 '제주 강원 기타'로 항목이 정해지곤 한다.

성이다. 또한 마이너리티는 주류사회의 경계에 있는 주변인이지만 그 사회의 변혁을 가져오고 새로운 패러다임을 가져오는 사람들인 바 다수자는 주류사회에 익숙하고 기득권을 얻기 때문에 주류사회의 모순점과 문제점을 느낄 수 없지만 마이너리티는 주류사회의 이중성과 부당성을 뼈저리게 느끼기 때문에 그 지배체계를 바꾸려는 강한 욕구를 갖게 되고, 그래서 한 사회가 다른 사회로 넘어가는 데 있어서 선도적인 역할을[31] 한다.

지역작가는 출신 및 고향으로 한정시키기도 하지만 김동명, 심연수, 윤후명처럼 유소년기에 탈향하여 장소성이나 지역문학적 특성이 드러나지 않는 경우도 있기에 어디서 왔든 지역에 살고 있는 작가의 작품까지도 포괄하는 것이 바람직하다. 박경리 작가의 경우 통영이 고향이지만 서울과 원주에서의 삶이 작품 속 영향을 끼쳤기에 경상도와 강원도 모두 해당되며, 도종환 역시 청주 출신이지만 고등학교를 원주에서 다녔기에 강원작가의 범주에 포함될 수 있다. 또한 강원도와 무관해도 강원도 소재 및 배경의 정서와 일상을 묘사했다면 강원문학연구의 대상이 된다. 강원도 출신 및 거주 작가를 중심으로 로컬리티 정체성과 특질을 묶을 수 있을지가 지역문학 연구의 난제이지만 서북문학, 남도문학, 충청문학, 경상문학, 부산문학, 제주문학 등 개별지역문학에 대한 연구가 축적되었고 각각의 지방문학사도 많이 출간되고 있다. 원주의 박경리, 이기호, 김희선, 강릉의 김미월, 김별아, 김선우, 김은숙, 김형경, 서영은, 신봉승, 윤후명, 이순원, 최성각, 춘천의 김유정, 이외수, 오정희, 최수철, 한수산, 홍천의 전상국, 평창의 이효석, 김도연, 양양의 이경자, 철원의 이태준 등 많은 작가를 배출한 강원문학, 영동/영서문학의 연구는 유의미하고 학술적 기여도도 크다고 볼 수 있다.

---

31 문재원 외, 「이동성과 로컬리티」, 『로컬리티 인문학』 제6호, 부산대 한국민족문화연구소, 2011, 30쪽.

2부 일제강점기 강원문학

1장 김유정 문학과 로컬리티
2장 이효석의 영서 삼부작 고찰
3장 김유정 · 이효석 소설의 음식과 성 비교 연구
4장 김유정 · 이효석 문학관과 소설적 지향
5장 1930년대 소설의 영서지역 재현

1장
김유정 문학과 로컬리티

1. 실레마을과 김유정

강원문학은 주변부문학 혹은 가장자리문학으로 여겨져 지역적 타자성만큼이나 배제되거나 소외되어 왔다. 그러나 1930년대 한국현대소설사에서 강원 영서 출신 작가인 김유정(춘천), 이효석(봉평), 이태준(철원)이 차지하는 문학적 가치와 문학사적 위치는 매우 크고 높다. 김유정학회, 상허학회, 이효석문학제 등에서 매년 기획하고 추진되는 다채로운 문화축제, 학술대회 및 각종 행사를 통해 세 작가에 대한 애정과 관심이 강원도뿐만 아니라 전국적으로도 널리 알려지고 있다.

세계화와 더불어 로컬화에도 관심이 높아지면서 지역문학연구가 활발하게 이루어지고 있다. 글로벌화와 로컬리즘은 공간의 압축과 공간적 차이가 서로 상호교차하고 접합되면서 특정도시, 지역의 사건이나 역사, 문화의 이미지를 유력한 문화상품으로 유통[1]시킨다. 경험공간으로서의 로컬은 우리가 일상의 삶을 영위하는 터이며 그 안에서 다양한 관계가 맺어지고 다양성이 발현하는 프로세스의 공간이며 사회-정치-경제적 문제가 발생하는 공간[2]이다. 로컬리티[3]와 로컬문화는 중심부의 지배논리를 거

---

1 이토 마모루, 김미정 역, 『정동의 힘』, 갈무리, 2016, 223쪽.

2 부산대 한국민족문화연구소 편, 『로컬리티, 인문학의 새로운 지평』, 혜안, 2009, 26쪽.

3 과거에는 지방으로 표현했으나 이는 일정한/어느 방면의 땅이란 뜻도 있고 서울 이외의 지역을 가리키거나 중앙에 대비된 하부 단위/조직이라는 중앙과 변방, 중심부와 주변부라는 이분법적 사유를 지녀 최근에는 지역을 사용하고 있으나 이 또한 모호함을 내포하고 있어 다원성, 소수성, 타자성 등의 포스트 모던적 가치와 연결되는 로컬리티를 선택하는

부하고 민족문화의 이념적 억압과 논리를 비판적으로 반성[4]한다는 점에서 타자지향적인 저항성을 지닌다. 장소, 자리, 위치를 포함하는 로컬리티는 그곳에 살고 있는 사람들의 기질, 공유된 역사적 경험이나 기억에 근거한 공통인식, 의사소통의 수단으로서의 언어 등의 인문적 요소 그리고 사람들의 사회적 관계나 생활방식의 반영으로서의 제도[5] 하에 구성된다. 서울과 지방의 이분법적 구분이 아니라 '지역' 개념으로서 대등한 관계를 이루는 가운데 각 지역의 문화적 특수성과 민족문화로서 보편성을 가져야 세계문화 속에서 우리 민족문화의 독창성을 확보[6]할 수 있다.

지역대학 교수 및 연구자들에 의한 로컬리티 연구가 축적되었고, 지역문학사 출간[7], 춘천문화원 춘천학연구소 설립, 지역대학 교과목인 춘천학(춘천문화의 현재와 미래) 개설 운영[8], 지역 출신 작가 발굴 및 지역대학의 학위논문 배출[9], 문학관, 시비 설립 및 생가 복원 작업 등 로컬리티에 대한 성과가 드러나고 있다. 이러한 현상은 중앙 출신 문단으로 구성된 기존 연구방식에서 벗어나 로컬리티를 중시한다는 점에서 유의미하며 지역정체성, 지역문학, 지역작가[10]에 대한 개념 정립이 논의되고 있다. 서북문학, 남도문학, 충청문학, 경상문학, 제주문학 등과의 차별성을 통해 강원 정체

편이다. –위의 책, 21쪽, 28쪽, 임재해, 『지역문화 그 진단과 처방』, 지식산업사, 2002, 29쪽.

4 위의 책, 92쪽.

5 양정애, 「이청준 소설의 남도 로컬리티 연구」, 『비평문학』 제66호, 한국비평문학회, 2017, 132쪽.

6 임재해, 앞의 책, 29쪽.

7 『광주문학사』(한림, 1994), 『경남문학사』(불휘, 1995), 『부산문학사』(부산문인협회, 1997), 『삼척문학사』(삼척문인협회, 2011), 『강릉문학사』(강릉문인협회, 2017) 등이 발간되었다.

8 「문화특별시 주축」, 강원도민일보 2019.2.16.

9 강릉원주대학교와 가톨릭관동대학교에서 강릉 출신작가인 심연수에 대한 석박사학위논문이 여러 편 나왔다.

10 박태일은 해당 지역 출신인가 아닌가 하는 태생 문제에 초점을 두어 살피는 경직된 '속지주의'보다는 해당 문인의 출생 여부와는 관계없이 더 넓은 자리에서 그의 중요하고도 뜻있는 문학창작·활동이 이루어진 곳이 어디인가를 문제 삼는 개방적인 '지연주의'를 주창하며, 해당 지역 태생인가 아닌가 하는 점은 변수가 될 수 있어도 상수는 될 수 없다고 말한다. –박태일,『한국지역문학의 논리』, 청동거울, 2004, 63쪽.

성에 기반한 강원문학의 특징을 정초할 수 있다. 부산의 문화적 특징을 개방성, 해양성, 다문화성[11]으로 규정짓거나, 강원 영동지역의 경우 일제강점기는 봉건적 수탈과 저항의 무대, 해방 후는 삼팔선이 빚어낸 분단현실의 허황함과 남다른 이산의 비극, 민주화시기엔 정치적으로 보수적 공간, 90년대 후반은 가족주의 가치를 간직한 '고향'의 공간[12]으로 보는 통시적 연구와 리리시즘(전통과 서정), 모더니티(이산과 이주), 민족문학(분단, 탄광, 해양)[13]을 이 지역의 문학 정체성으로 보는 연구가 진행되었다.

이 글은 김유정의 고향 배경 소설을 중심으로 작품 속에 투영된 로컬리티를 고찰한다. 많지 않은 작품[14]에도 불구하고 완성도 높은 소설을 남겼으며 일제강점기의 시대적 이행 속에 피폐해져가고 유랑하며 타락해가는 식민지 농촌현실을 리얼하고 비판적으로 그려낸 김유정 문학의 고향의식, 작중인물, 민요와 민속, 언어미학과 문체에 투영된 로컬리티와 문학적 의미를 살펴본다. 김유정학회에서 매년 발간하는 연구서[15]에서 알 수 있듯이 김유정문학은 1930년대 강원 영서지역의 생활문화의 보고이자 사회사적 자료로도 의미를 지닌다.

---

11 부산대 한국민족문화연구소 편, 앞의 책, 171쪽.

12 양문규, 「한국근대문학에 나타난 강원도: 강릉, 영동지역을 중심으로」, 『민족문학사연구』 제44권, 민족문학사학회, 2010, 52쪽.

13 남기택, 「강원 영동지역의 문학적 정체성 연구」, 『현대문학이론연구』 제45권, 현대문학이론학회, 2011, 105쪽.

14 전신재의 『원본 김유정전집 개정증보판』(강, 2012)에 의하면, 소설 32편, 수필 12편, 설문응답 1편, 서간 5편, 번역동화 및 번역소설 2편으로 작품일람을 정리했으며, 유인순은 〈솥〉과 〈정분〉을 퇴고와 초고본으로 묶어 동일작품으로 보아 소설 31편, 편지 일기를 포함한 수필 18편으로 한정하고 있다.

15 김유정문학촌, 김유정학회 및 유인순 교수가 소명출판에서 출간한 김유정 연구서로는 『김유정 문학의 재조명』(2008), 『김유정의 귀환』(2012), 『김유정과 동시대 문학 연구』(2013), 『김유정과의 만남』(2013), 『김유정과의 산책』(2014), 『김유정과의 동행』(2014), 『김유정과의 향연』(2015), 『김유정의 문학광장』(2016), 『김유정의 문학산맥』(2017), 『김유정 문학의 감정 미학』(2018), 『김유정 문학 다시 읽기』(2019), 『김유정 문학 콘서트』(2020), 『김유정 문학과 문화 충돌』(2021), 『김유정 문학과 세계문학』(2022) 등이 있다.

2. 고향의식과 궁핍 · 유랑으로서의 30년대 삶

춘천 실레마을(신남면 중리, 안말)에 대한 작가의 고향인식은 〈오월의 산골작이〉에 잘 나타나 있다. 자신의 고향을 '한적한 마을', '조고마한 마을', '안옥한 마을', '빈약한 촌락', '흠잡을 데 없는 귀여운 전원', '벽촌'으로 그린 작가는 고향에 대한 애착을 고스란히 드러낸다.

> 나의 故鄕은 저 江原道 산골이다. 春川邑에서 한 二十里假量 山을 끼고 꼬불꼬불 돌아 들어가면 조고마한 마을이다. 앞뒤 左右에 굵찍굵찍한 山들이 빽 둘리섯고 그속게 묻친 안옥한 마을이다. 그山에 묻친 模樣이 마치 옴푹한 떡시루같다하야 洞名을 실레라 부른다. 집이라야 大概 씨러질 듯한 헌 草家요 그나마도 五十戶밖에 못되는 말하자면 아주 貧弱한 村落이다.
>
> 그러나 산천의 풍경으로 따지면 하나 흠잡을데 없는 귀여운 田園이다. 山에는 奇花異草로 바닥을 틀었고, 여기저기에 쫄쫄거리며 내솟는 樂水도 맑고 그리고 우리의 머리우에서 골골거리며 까치와 是非를 하는 노란 꾀꼬리도 좋다.
>
> 周圍가 이렇게 詩的이니만치 그들의 生活도 어데인가 詩的이다. 어수룩하고 꾸물꾸물 일만하는 그들을 對하면 딴 世上사람을 보는 듯 하다.[16]

수필 첫 소절에 실레마을의 풍광을 묘사하고, 마을이름의 연원을 소개한 후 냇물과 까치와 꾀꼬리가 어우러지는 '귀여운 田園'에서 시적으로 생활하는 원주민의 모습은 1930년대 강원 영서 주민의 평화롭고 한가로운 생활상을 대변한다. 뒤이어 교통이 불편함으로써 정보가 부재하고 도회와 멀기에 인심이 야박하지 않은 마을주민의 심성을 서술한다. 초목의 특수한 내음새, 뻐꾸기의 울음, 소모는 노래, 송아가루, 샘물소리를 지닌 오월의 고향풍경은 '理知없는 無識한 生活'에서 갖게 되는 '純潔한 情緖'를 느끼

---

16 이효석, 「五月의 산골작이」(조광 1936.5), 전신재 편, 『원본 김유정전집』, 강, 2012, 423쪽, 이후 수필 및 소설 인용은 위의 책을 말한다.

게 한다. 잔디는 침대가 되고 바둑이와 벌룽 자빠져서 묵상하는 재미를 보거나 산속에 누어 자연의 아름다움을 고요히 느끼는 평화로운 일상에서 자연친화적인 로컬리티의 특징이 나타난다. 동리사람이 지나가면 손짓하여 밥과 술을 나누는 온정과 허여는 작품 속에서 음식을 나누듯이 여성을 공유하는 전근대적이면서도 원시적인 공동체를 형성한다. 작가가 서술한 강원도의 지세와 인심은 매우 적확하고 리얼하게 묘사되고 있다.

> 江原道는交通不便한것이第一苦痛이오 山水의天然的景致가조키는全國뿐만안이라世界無比할듯하며 生活樂地로는江陵이어느道에서든지其類를못보왓다 思想으로는嶺東이嶺西보다進步된듯하다 그리고僧侶의 勢力만흔것은누구나놀날것이오 人心惇厚는全國中第一일 것이다.[17]

시적 생활이 이루어지고 상해나 사건이 부재하지만 현사회와 단절되고 도회와 절연된 김유정의 고향은 자연이 수려하고 아름다우며 착하고 인심 좋은 사람들이 모여 사는 곳이다. '초라한 고향'이라며 고향을 지우거나 거리를 두었던 이효석이나 '상실된 유토피아'로 냉철하고 이성적으로 사유했던 이태준과[18] 차이를 보인 김유정은 시적이고 순결하지만 가난하고 억압된 식민지 근대성을 내포한 고향을 웃음과 해학을 동반하는 처절하고 슬픔이 내포된 현실로 묘사한다. 금점이나 들병이 소재는 작가의 고유한 경험에서 비롯된 모티프로서 그의 고향이 과장되거나 계몽성을 지니지 않은 이유이다. 귀여운 고향과 고통스러운 고향의 양면성을 드러낸 김유정 문학 속 고향은 서정적이고 생명력이 넘치는 고향과 궁핍과 배신으로 얼룩진, 식민지 자본주의로 인해 피폐해진 농촌[19]이 동시에 드러나는

---

17 「13도의 답사를 맛치고서」, 『개벽』 제64호, 1924.12.1

18 졸고, 「1930년대 소설에 나타난 강원 영서지역 재현 양상」, 『해람인문』 제45집, 강릉원주대 인문학연구소, 2018, 74쪽.

19 김양선, 「1930년대 소설과 식민지 무의식의 한 양상」, 『한국근대문학연구』 제5권, 한국근대문학회, 2004, 168쪽, 이현주, 「김유정 농촌소설에 나타난 '향토' 표상」, 『시학과 언어학』 제31호, 시학과언어학회, 2015, 173쪽.

양가적인 공간이다.

소설에 묘사된 고향은 첫째 가난하고 고단한 농촌으로 그려진다.

① 가혹한 도지다. 입쌀석섬, 버리 · 콩 · 두포의소출은 근근댓섬, 논아먹기도 못된다. 번듸 밧이아니다. 고목느티나무그늘에 가리어 여름날 오고가는 농군이쉬든 정자터이다. 그것은 지주가무리로 갈아도지를 노아먹는다. 콩을 심으면 입나기가 고작이요 대부분이 열지를 안는것이엇다. 친구들은 일상덕만이가사람이 병신스러워, 하고 이밧을 침배타비난하엿다. 그런 덕만이는 오히려안되는 콩을 탓할뿐 올에는 조로바꾸어 심은것이엇다.[20]

② 농사는 지어도 남는 것이 없고 빚에는 몰리고, 게다가 집에 들어스면 자식놈 킹킹거려, 년은 옷이 없으니 떨고있어 이러한때 그냥 백일수야 있느냐 트죽태죽 꼬집어 가지고 년의 비녀쪽을 턱 잡고는 한바탕 훌두들겨대는구나[21]

③ 때는 한창 바쁠 추수 때이다. 농군치고 송이파적 나올 놈은 생겨나도 안엇스리라. 허나 그는 꼭 해야만할 일이 업섯다. 십프면 하고 말면 말고 그저 그뿐. 그러함에는 먹을것이 더럭 잇느냐면 잇기커녕 부처먹을 농토조차 없는, 게집도 업고 집도업고 자식업고. 방은 잇대야남의 곁방이요 잠은 새우잠이요. 허지만 오늘아츰만해도 한 친구가 차자와서 벼를털텐데일좀 와해달라는걸 마다하였다.[22]

④ 맞붙잡고 굶느니 아내는 다른데 가서 잘먹고 또 남편은 남편대로 그 돈으로 잘먹고 이렇게 일이 필수도 있지않으냐. 복만이의 뒤를 따라가며 나는 돌이어 나의 걱정이 더 큰것을 알았다. 기껏 한해동안 농사를 지었다는 것이 털어서 쪼기고보니까 나의 몫으로 겨우 벼 두말가웃이 남았다. 물론 털어서 빚도 다 못가린 복만이에게 대면 좀 날는지 모르지만 이걸로 우리식구가 한겨울을 날 생각을하니 눈앞이 고대로 캄캄하다. 나두 올겨울에는 금점이나 좀 해볼까, 그렇지않으면 투전을 좀 배워서 노름판으로 쫓아다닐까, 그런대

20 김유정, 〈총각과 맹꽁이〉(신여성, 33.9), 전신재 편, 앞의 책, 30쪽.

21 김유정, 〈안해〉(사해공론, 35.12), 위의 책, 171~172쪽.

22 김유정, 〈만무방〉(조선일보, 35.7), 위의 책, 96쪽.

로 밑천이 들터인데 돈은 없고 복만이같이 내팔을 안해도 없다.[23]

위의 인용은 일년 내내 소작을 해봐야 생계유지가 힘든 식민지 사회구조적 모순을 농촌실생활을 통해 나타낸 부분이다. ①의 〈총각과 맹꽁이〉에서는 농작이 불가능한 땅조차 도지로 만들어 소작을 주는 지주의 횡포와 그로 인해 콩수확이 흉년일 수밖에 없는 상황을 지적하며 농민의 입장에서 그들의 고통과 억울함을 토로한다. ②의 〈안해〉에서도 농사만으로는 먹고살기 힘들어 아내를 패거나 들병이로 내모는 현실을, ③의 〈만무방〉에서는 농토가 주어지지 않아 산속을 헤매며 농사와 정착을 포기하는 농군의 모습이, ④의 〈가을〉에서는 아내를 오십 원에 팔려는 복만을 말리려고 했던 '내'가 팔 아내조차 없어 오히려 부러워하는 아이러니한 상황을 그린다. 죽도록 농사를 지어도 빚을 지기 마련이라 소장수에게 오십 원에 아내를 팔려는 것을 말리려던 '나'는 장가도 못간 처지인지라 오히려 복만이 자신보다 더 낫다고 생각한다. 불합리하고 부조리한 농사환경으로 당장을 견뎌야 하는 농군들이 도박, 금전, 찰나적인 쾌락에 빠지는 현실이 1930년대 강원 영서 지역의 모습이다.

두 번째 특징은 지주의 만행으로 농사를 포기하거나 깊은 산중에 올라 산나물을 채집해 장에 팔아 생활을 영위하며, 우편, 정보가 뒤처지는 산골오지로 그려진다. 이는 춘천이 지형학적으로 사방이 산으로 둘러싸인 내륙 산간분지로[24] 실레마을이 '앞뒤 좌우에 굵직굵직한 산들이 빽 둘러섰고 그 속에 묻힌 옴폭한 떡시루 같다'는 설명처럼 해발 652미터의 금병산이 있는 지리학적 특징 때문이다.

① 주볏주볏 변명을하고는 가든길을 다시 힝하게내걸엇다. 안해라고 요새이 돈이원이 급시로 필요함을 모르는배도 아니엇다. 마는 그의 자격으로나

---

23 김유정, 〈가을〉(사해공론, 36.1), 위의 책, 193쪽.

24 유인순, 「소설 속 춘천의 문학지리(上)」, 『한중인문학연구』 제28회, 한중인문학회, 2009, 39쪽.

로동으로나 돈이원이란 감히 땅뗌도 못해볼형편이엇다. 버리래야 하잘것없는 것-아츰에 이러나기가 무섭게 남에게뒤질가영산이올라 산으로빼는 것이다. 조고만 종댕이를 허리에 달고거한 산중에 드문드문 백여잇는 도라지 더덕을 차저가는것이엇다. 깁흔 산소궁로 우중충한 돌틈바기로. 잔약한 몸으로 맨발에 집신짝을 끌며 강파른 산등을 타고돌려면 젓먹든 힘까지 녹아나리는 듯 진땀은 머리로 발끗까지 쭉흘러나린다.[25]

② 올라갈수록 덤불은 우거젓다. 머루며 다래, 츩, 게다 이름모를잡초. 어것들이 우라래로 이리저리 서리어 좀체길을 내지 안는다. 그는 잔디길로만 돌앗다.넙쩍다리가 벌죽이는 찌저진 고잇자락을 아끼며 조심조심 사려딋는다. 손에는 츩으로 역거들은 일곱개 송이. 늙은소나무 마다 가선 두리번거린다. 사냥개모양으로 코로 쿡, 쿡, 내를 한다. 이것도 송이갓고 저것도 송이. 어떤게 알짜송인지 분간을 모른다. 토끼똥이소보록한데 갈입히 하입 뚝 떨어젓다. 그입흘살몃이 들어보니 송이 대구리가 불쑥 올라왓다.[26]

③ 체부가 잘와야 사흘에 한번밖에는 더 들르지 않는줄을 저라고 모를리 없고 그리고 어제 다녀갔으니 모래나 오는줄은 번연히 알였마는 그래도 이뿐이는 산길에 속는 사람같이 저 산비알로 꼬불꼬불 돌아나간 기나긴 산길에서 금시 체부가 보일듯 보일 듯 싶었는지 해가 아주 넘어가고 날이 어둡도록 지루하게도 이렇게 속달게 체부 오기를 기다린다.[27]

①의 〈소낙비〉의 춘호처는 도박자금 이원을 마련해오라는 남편의 닦달을 피해 깊은 산속으로 오른다. 나물채취는 그녀가 돈을 벌 수 있는 유일한 수단이기 때문이다. 남편에게 쇠돌엄마 집에 간다고 말하고 집을 나왔지만 산에 오른 건 부자 양반 이주사와 해서는 안 될 상황을 피하려는 불안감 때문이다. 남편의 폭력과 강압적 노동착취, 이주사에 의한 성착취는 식민지 자본주의 근대사회가 여성에게 얼마나 가혹하고 잔혹했는지를 말해

25 김유정, 〈소낙비〉(조선일보, 35.1), 전신재 편, 앞의 책, 40쪽.
26 김유정, 〈만무방〉(조선일보, 35.7), 위의 책, 96쪽.
27 김유정, 〈산골〉(조선문단, 35.7), 위의 책, 135쪽.

준다. ②의 〈만무방〉의 응칠이도 농군의 삶을 포기하고 자연인이자 자유주의자로 살며 산에서 송이채집으로 주림을 채우고 내다파는 것으로 생계를 연명한다. 농사를 짓고 싶어도 농토가 없어 포기하거나 스스로 도둑이 되어야 하는 이 시기의 삶이 강팍하고 궁핍한 하루살이 인생인 것이다.

③의 〈산골〉의 이쁜이는 나물을 뜯기 위해 매일 험한 산속을 기어오르지만 그곳은 도련님을 만나는 곳이기도 하다. 반드시 데리러 올 것이라는 약속을 순진하게 믿는 그녀는 자신을 좋아하는 석숭에게 편지를 쓰게 한 후 우편배달부를 기다리지만 깊은 산골마을은 삼일에 한번 방문할 정도로 교통이 발달되지 않아 소식을 전하기가 쉽지 않은 심산유곡이었다.

세 번째 특징은 외지인의 유입과 이들의 정착과 가족형성이 불가능한 현실이 그려지며, 이동경로가 드러난다. 고향에서 빚을 갚지 못해 야반도주한 이들은 도박으로 돈을 마련하여 서울로 입성하려는 계획을 세운다. 강원도민은 극단까지 내밀려 정착하지 못하고 극한적 삶을 살았다.

> 江原道사람은東海에溺死한다 日本사람이南鮮에移民함매 南鮮사람들은집과땅을다빽기고北間島로건너간다그런데江原道에는아즉日本사람은그리읍스나日淸戰爭통에黃平兩西사람이모도江原道로밀여오고셔울과開城에서장사하는사람들도江原道가어수록하다고모도와서各郡의여간朝鮮사람의商店은다開城안이면 京城사람이한다장사뿐안이라 다른사람들도작구온다 그리하야江原道近日俗談에江原道사람은이와가티밀여가면東海로박게갈곳이업다하다 아이고-이것이엇던悲慘한말이며기막힌말이냐 他族에게征服되는것은勿論안이되얏지만同族에게征服되는것도조타구는할수없다[28]

춘호부부는 고향 인제를 야반도주하여 춘천까지 왔으나 외지인이기에 정착하지 못하고 아내의 매춘으로 번돈 이원으로 도박을 하여 이동자금을 마련한 후 서울로 갈 계획을 세운다.

28 『개벽』 제42호, 1923.12.

> 춘호는 아즉도 분이 못풀리어 뿌루퉁헌이 홀로 안젓다. 그는 자긔의 고향인 인제를 등진지벌서 삼년이 되엇다. 해를이어 흉작에농작물은 말못되고 딸아빗쟁이들의 위협과악마구니는 날로 심하엿다. 마침내 하릴업시 집, 세간사리를 그대로 내버리고 알몸으로 밤도주를 하엿든것이다. 살기조흔곳을 찾는다고 나어린 안해의 손목을 이끌고 이산저산을 넘어 표랑하엿다. 그러나 우정 찻어 들은 것이 고작 이 마을이나 살속은 역시 일반이다. 어느 산골엘가 호미를 잡아보아도정은 조그만치도 안붓헉고 거기에는 오즉 쌀쌀한 불안과 굶주림이 품을벌려 그를 맛을뿐이엇다. 터무니 업다하야 농토를 안준다. 일구녕이 업스매품을 못판다. 밥이 업다. 결국엔 그는피폐하야가는 농민사이를 감도는 엉뚱한 투기심에 몸이 달떳다.[29]

고향을 잃고 타지에서 이방인의 고통스러운 일상을 보내다가 또다시 대도시로 이주하고 유랑하는 디아스포라적 삶이 일제강점기 우리 민족의 모습이다. 자작농→소작농→도시노동자라는 신분전환과 고향상실성 등 삶의 양태변화, 농민의 도시이주는 불안하고 정착하기 어려운 시대상을 반영한다.

넷째, 금 삼부작에 나타나듯이 도박과 금점으로 표상되는 한탕주의가 만연되었다는 점도 1930년대 강원지역의 특징이다. 그의 고향은 인근에 사금이 나와 개울 바닥이 온통 파헤쳐져 성한 곳이 없을 정도[30]였기에 〈금따는 콩밭〉, 〈노다지〉, 〈금〉에는 일확천금을 노리거나 욕망이 가득한 인간군상이 등장한다.

이와 같이 김유정 문학의 로컬리티는 교통불편과 정보부재, 문명과 도회와의 단절로 인한 순진하고 궁핍한 산골 혹은 벽촌으로 그려진다. 작가는 뜨내기, 따라지, 들병이가 머물다 가는 내부 디아스포라의 유랑과 방황하는 삶을 통해 식민지 현실의 비참함과 잔혹함을 리얼하게 재현한다. 귀

---

29 김유정, 〈소낙비〉(조선일보, 35.1), 전신재 편, 앞의 책, 47쪽.

30 송희복, 「청감(聽感)의 시학, 생동하는 토착어의 힘」, 『새국어교육』 제77권, 한국국어교육학회, 2007, 755쪽.

엽고 아름다운 자연풍광의 고향은 결혼이 불가능한 농촌총각과 정상적인 가정생활을 영위할 수 없는 부부의 불안정한 일상과 대비되어 더욱 아프고 리얼하게 전달된다는 점에서 진한 울림과 강렬한 여운을 독자에게 전달한다.

3. 강원도민의 질박한 심성과 숙명론적 가치관

김유정이 지닌 수많은 질병 중 하나가 염인증으로 인간에 대한 부정적 인식이 자학적이고 피학적으로 나타나고 있다.

> 나는 宿命的으로 사람을 싫여합니다. 다시 말하면 사람을 두려워 한다는 것이 좀 더 適切할는지 모릅니다. 늘 周圍의 人物을 警戒하는 버릇이 있습니다. 그 버릇이 結局에는 말없는 憂鬱을 낳습니다.
>
> 그리고 相當한 肺結核입니다. 最近에는 每日같이 피를 吐합니다.
>
> 나와 똑같이 憂鬱한 그리고 나와 똑같이 피를 吐하는 그런 女性이 있다면 한번 만나고 싶습니다. 나는 그를 限없이 尊敬하겠습니다. 왜냐하면 나는 내 自身이 무언가를 그 女性에게 배울 수 있으리라고 期待하기 때문입니다.[31]

앞에서 살펴본 대로 춘천 실레마을 주민은 고지식하고 순진하며 정이 많고 빈한하다. 수필 〈오월의 산골작이〉에서 작가는 '어수룩하고 쭈물꾸물 일만하는 사람들'로 농군을 묘사한다. 마을사람들은 나름의 목적을 갖고 계산하지만 쉽게 들통 나고 속보인다는 점에서 다소 떨어지고 순진한 인물로 상정된다. 〈총각과 맹꽁이〉의 들병이에게 "저는 강원도 춘천군 신남면 중리 아랫말 사는, 광산 김씨로 서른넷인데두 총각"이라며 복만이 자기를 소개하는 우스꽝스런 태도로 친구들의 비웃음을 사는 고지식하고 융

31 김유정, 「어떠한 부인을 마지할까」(조선일보사, 36.5), 전신재 편, 앞의 책, 428쪽.

통성 없는 성격을 지녔으며, 뭉태에게 속아 여성을 얻지 못하자 "살재두 나는 인전 안 살 터이유!"라며 자존심을 지키는 어설프고 어수룩한 인물이다.

촌뜨기 정체성은 강릉 우추리 출신인 이순원 소설의 촌놈의식이나 원주 출신 작가 이기호 소설의 '시봉', '복만'이라는 이름으로 여전히 재생산[32]되는 강원도민의 모습이다. 정상적인 가정을 이루지 못하는 농민들은 산에서 약초 혹은 나물을 캐거나 도박, 금광 등 일확천금을 노리며 아내를 매춘시켜 빌붙어 먹고산다. 착취와 억압이 가장 심했던 식민지 강원농촌을 작가는 아이러니라는 문학적 장치로 형상화함으로써 비참하고 고통스러운 현실을 드러낸다. 우둔하고 떨어지는 인물들은 모순되고 처참한 식민지 현실을 찰나적이고 즉흥적인 방식으로 대응함으로써 더욱 나락으로 떨어진다. 아내를 얻거나 지킬 수도, 농사를 지을 수도 없는 현실에서 김유정이 그린 강원 영서지역의 농촌과 산골 모습은 아름답고 귀엽기에 더욱 아프고 잔인하게 전달된다.

김유정 문학을 들병이 문학이라고 할 정도로 들병이 존재는 그의 소설을 이해하는데 매우 중요한 인물유형이다. 취업이나 소작을 할 수 없는 극한 상황 하에서 아내는 직업전선에 뛰어들어 가족의 생계를 담당한다. 남편도 아내의 성적 일탈을 묵인하거나 적극적으로 동조한다. 성착취, 노동착취는 이중삼중의 고통과 절망에 빠지게 하지만 그녀들은 저항하지 않고 가족을 지키기 위해 도둑질을 하거나 외간남자를 유혹한다.

〈정조〉의 행랑어멈, 〈산골〉의 이쁜이, 〈총각과 맹꽁이〉의 들병이의 애교와 성적 교태는 여성타자의 몸언어이다. 〈정조〉의 남편은 본처뿐만 아니라 여학생첩, 행랑어멈 등 여러 여성을 소유하며, 〈소낙비〉의 이주사

32 유머와 해학을 바탕으로 시대풍자를 하는 김유정 소설은 소작인, 머슴, 거지, 도박꾼, 유랑민들로 자본주의와 근대사회에 약삭빠르게 적응하지 못했거나 떨어지는 인물들로 이기호 소설에서도 백수, 불량배, 범법자, 바바리맨, 건달, 깡패, 보도방 실장, 저능아, 창녀 등으로 나타난다. –졸고, 「이기호 소설에 나타난 197, 80년대 중소도시 표상」, 『우리문학연구』 제57집, 우리문학회, 2018, 265쪽.

도 아내 이외에 쇠돌엄마, 춘호처 등 마을여자들을 공유한다. 마을총각들은 술값과 밥값을 지불하는 대가로 한 명의 들병이를 돌려가며 성적 욕망을 충족한다. 여성을 공여 가능한 재화로 삼는 거래는 여성의 인권이나 의사를 묵살하고 자행되는 물건이나 가축, 생계수단으로 삼는 것이다. 여성들 또한 이를 수용하며 가정을 지키기 위해 고군분투함으로서 문란한 성이라고 말하기 어려운 성적 하층민의 위치에 있다. "아랫도리를 단 외겹으로 두른 낡은 치맛자락은 다리로, 허리로 척척 엉기어 걸음을 방해"하는 〈소낙비〉의 아내는 연한 허리와 잔약한 몸으로 이원을 해오라는 남편의 폭력과 욕설을 피해 호랑이숲이라 이름난 강원도 산골 산중을 오르면서도 아무 불평을 하지 않는다. 궁핍한 생활 때문에 옷으로 자신의 몸조차 단속할 수 없는 그녀는 남성들의 먹잇감이 된다.

자본주의 근대 농촌사회에선 권력과 자본을 지닌 남성이 여러 여성을 소유할 수 있지만 하층민 남성은 아내를 얻지 못하는 성적 물질적 불평등이 나타난다. 가부장제와 남성연대 안에서 여성들은 남편에 의해 소와 교환되거나 몸을 팔아야 하는 극단적 삶을 유지한다. 여성의 성적 공유는 일부일처제라는 근대사회의 기준이 작동되지 않는 전근대성과 가부장제, 식민지 상황이 중첩된 1930년대 강원도의 일상적인 삶이었다.

> ① 들병이를 혼자 껴안고 물리도록 시달린다 두터운 입살을 이그리며, "요것아, 소리 좀 해라, 아리랑 아리랑" 고갯짓으로 계집의 응둥이를 두드린다 좁은 봉당이 꽉찻다. 상하나 흐미한 등잔을 복판에두고 취한얼골이 청성긋게 죄여안젓다. 다가치 눈들은 게집에서 떠나지 않는다. 공석에서 벼루기는 들끌르며 등어리 정갱이를 대구뜻어간다. 그러나 긁는 것은 사내의 체통이 아니다. 꾹참고 제차지로 게집 오기만 눈이빨개 손꼽는다. (중략) "돌려라 돌려, 혼자만 주무르는 게야?" 목이마르듯 사방에서 소리를지르며 눈을 지릅뜬다. 이서슬에 게집은 이러서서 어듸로 갈지를 몰라 술병을들고 갈팡거린다.[33]

33 김유정, 〈총각과 맹꽁이〉(신여성, 33.9), 전신재 편, 앞의 책, 34쪽.

② "권주가? 아 갈보가권주가도모르나 으하하하" 하고는 무안에취하야 폭숙인 게집빰에다 꺼칠꺼칠한 턱을문질러본다. 소리를암만시켜도 아랫입살을 깨물고는 고개만기우릴뿐. 소리는못하나보다. 그러나 노래못하는끗살을 깨물고는 고개만기우릴뿐 소리는 못하나보다. 그러나 노래못하는끅도조타. 게집은 령나리는대로 이무릅저무릅으로 옮아안즈며 턱미테다 술잔을 바처올린다. 술들이 담뿍취하였다. 두사람은 고라저서코를곤다. 게집이칼라머리무릅우에 안저담배를피여올릴 때 코웃음을흥치드니 그무지스러운손이 게집아랫배가죽을 사양업시웅켜잡앗다. 별안간 "아야" 하고 퍼들짱하드니 게집의몸뚱아리가 공중으로도로 뛰여오르다 떨어진다 "이자식아 너만 돈내고먹엇니?"[34]

남편과 지주, 양반 등의 외간남성, 마을총각들에게 여성은 지배와 통제 속에 살덩이, 전리품, 선물, 소와 같은 가축과 동일시된다. '고깃덩어리'나 '육괴(肉塊)'로서 성적 대상으로만 인식되는 여성들은 부재지시대상[35]이 된다.

〈江原道 女性〉에서 그려진 여성은 "밥 짓고, 애기 낳고, 물 깄는 안악네"이다. 그녀들은 교통과 문화의 부재로 생활의 과장이나 허식이 없는 "싱싱하고도 실팍한 原始的 人物"이며 근대 미용술과 거리가 멀다고 추물은 아니고 "幽玄한 自然美랄까 或은 天來無縫의 純眞美"를 지녔다. "해여진 옷에 뚫어진 버선, 或은 맨발로 칠떡칠떡 돌아다니며 어디 하나 끄릴 데 없는 無關한 表情"으로 "教養이라는 놈과 因緣이 먼만치 무뚝뚝한 그들"이지만 정이 많다고 묘사한다. 이는 무뚝뚝하고 냉담하지만 속정이 깊고 생색을 내지 않는 강원도민의 성정이다. 산중에서 생활하며 동백꽃이 필 때 즈음 버덩

34 김유정, 〈산골나그내〉(제일선, 33.3), 앞의 책, 21쪽.

35 absent referent는 우리가 먹는 고기가 한때 살아있는 동물이었다는 생각과 분리하는 것으로 누군가에게 즐거움이 되기 이전에 누군가의 삶을 인식하는 것이다. 성폭행피해자나 구타당한 여성은 자신을 고깃덩어리같다고 생각한다. – 캐럴제이 애덤스, 류현 역, 『육식의 성정치』, 이배진, 2018, 104~105쪽.

의 서방님을 그리워하는 떼난봉이 나고 넓은 버덩을 동경하는 산골 안악네가 김유정이 바라보는 강원도 여인이다.

〈총각과 맹꽁이〉의 덕만은 부칠 수 없는 땅까지 소작을 놓는 지주의 잔인함에도 불만이나 불평을 드러내지 않으며, 아내들도 도박자금이나 서울이동을 위한 자금을 마련하라며 폭력과 욕설을 서슴지 않고 심지어 매춘과 매매를 자행하는 남편들에게 반항하거나 토로하지 않는 숙명론적인 태도를 보인다. 아내의 성적 일탈과 비도덕적인 욕망은 가족에 대한 애착을 보였던 김유정의 무의식에 근거하지만 여성의 관점에선 가부장적이고 남성중심적인 여성 학대이자 수난이었다. 비록 식민지 상황과 자본주의근대를 비판했지만 '생산수단으로 물화된 여성들이 자발적인 선택을 하는 인간성의 존재로 가정'[36]시킴으로써 김유정 소설은 여성문제에 한계를 보인다.

천진난만하고 순진한 성품은 정보부재에서 비롯된 강원도민의 특성으로 지금까지 재생산되거나 외부로부터 요구받는 심성이다. 농촌노총각, 유랑민, 거지, 소작농, 금광노동자, 병자 등의 하층민 남성과 갈보, 들병이 아내, 매춘녀 등의 성적 노동자 그리고 따라지[37], 만무방[38] 인물유형은 강원지역의 궁핍과 유랑, 매음 현상을 바탕으로 한 1930년대 강원도민의 모습이다. 〈산골〉의 이쁜이, 석숭이, 〈총각과 맹꽁이〉의 덕만과 뭉태, 꽁보, 더펄이, 〈산골나그네〉의 떡그머리총각 덕돌이, 〈금따는 콩밭〉의 수재, 영식이, 〈금〉의 덕순이, 〈만무방〉의 응오, 응칠이, 성팔이, 재성이, 〈봄봄〉의 점순이, 〈가을〉의 복만이 등 김유정은 가난하고 고통스럽지만 발랄하고 생기있고 욕망에 충실한 하층민을 구현하며 양가적인 삶의 비의를 보여준다.

---

36 신제원, 「김유정 소설의 가부장적 질서와 폭력에 대한 연구」, 『국어국문학』 제175호, 국어국문학회, 2016, 254쪽.

37 노름판에서 쓰는 용어로 세끗과 여덟끗을 합쳐 남은 한끗을 뜻하며 힘없고 별볼일없이 남아도는 존재를 말하며 김유정 소설 제목이기도 하다.

38 '염치가 없이 막된 사람이나 아무렇게나 생긴 사람'을 뜻하는 김유정 소설 제목이다.

4. 민요 · 민속에 나타난 비동시성의 동시성

김유정의 수필에는 시조, 민요, 노래가사 등이 자주 인용된다. 휘문고보 시절 하모니카를 불고 바이올린을 연주하는 등 서양음악을 즐겼던 김유정의 우리 소리에 대한 관심은 첫사랑인 명창 박녹주[39]에게서 비롯되었다. 자유와 평등 지향, 생산력 향상과 신명 추구, 개방적 소통을 실현하기 위해 봉사한다는 한국민요의 주제를 통해 항일민족 및 민중해방의식을 고양하는[40] 민요는 민요공동체인 향촌사회에서 회자되었다. 또한 민중교육기관인 야학의 교과목 중 민중의식을 실현하는 노래 시간이 있었는데, 여기서 학습한 노래들은 조선 민중의 신지식 민주적 사고, 평등의식, 노동의 귀중함, 민족의식, 민족해방을 소원하는 것으로 조선민중이 가장 간절한 소망[41]을 담고 있다. 금병의숙을 운영한 작가에게 민요의 작품 삽입은 이러한 환경에서 배태되었다.

> 입히 푸르러 가시든 님이/白雪이 흔날려도 안오시네//잘살고 못살긴 내 분복이요/하이칼라 서방님만 어더주게유
>
> -〈닙히푸르러 가시든님이〉 중에서

> 이몸이 죽어저서 무엇이 될고하니/蓬萊山 第一峯에 落落莽送 되었다가/白雪이 滿乾坤할 제 獨也靑靑하리라
>
> -〈어떠한 부인을 마지할까〉 중에서

> 아리랑 아리랑 아라리요/아리랑 띠어라 노다가게/강원도 금강산 일만이천봉,/팔만구암자, 재재봉봉에/아들 딸 날라고 백일기도두 말게우,/타관객리 나슨 손님을괄세두마라.
>
> -〈江原道 女性〉 중에서

---

39 유인순, 「김유정과 아리랑」, 『비교한국학』 제20권, 국제비교한국학회, 2012, 208쪽.

40 나승만, 『민요공동체 연구』, 박이정, 2019, 281쪽.

41 위의 책, 278쪽.

논밭田土 쓸만한건 기름방울이두둥실,/계집애 쓸만한건 직조간만 간다네.//아주까리 동백아 흐내지마라/산골의 큰 애기떼난봉난다//네가두 날만치나 생각을 한다면/거리거리 로중에 열녀비가 슨다.//네팔짜나 내맢자나 잘먹구 잘입구 소라반자 미닫이 각장장판 샛별같은 놋요강 온앙금침 잔모벼개에 깔구덮구 잠자기는 싫은 개다리 뒤틀리듯 뒤틀렸으니, 웅틀붕틀 멍석자리에 깊은 정이나 드리세

-〈江原道女性〉 중에서

검열과 억압이 심한 사회에서 현진건의 〈고향〉에 나오는 노래가사처럼 민요에는 현실의 고통뿐만 아니라 한과 용서가 내재되었다. 오래도록 전해 내려오는 전통노래가사를 인용한 삶의 애환과 식민지 현실비판은 검열과 억압을 피하는데 효율적인 문학적 장치이다. 김유정 수필에 삽입된 아리랑은 가장 사실적이면서도 향토적인 정조를 맛보도록, 때로는 일제만행을 고발하기 위한 장치뿐만 아니라 사설 속에 내재된 능청스러움과 해학을 체득하여 김유정 소설의 특징 가운데 하나로 정립[42]시키는 역할을 했다. 〈만무방〉의 응칠이는 아리랑을 콧노래로 흥얼거리며 강릉을 그리워한다. "아리랑 띄여라 노다가세/낼갈지 모래갈지 내모르는데/옥씨기 강낭이는 심어뭐하리"라는 가사에서 일년 농사의 허망함이 나타나며 "노세, 노세, 젊어서 노라"를 외치며 자유를 지향하는 탈농사적 삶을 소망한다

서구교육을 받고 근대식 서구식 생활양식을 좋아했던 김유정은 일상 조선옷을 입는다거나 六字배기 같은 건 자다 들어도 싫지 않다고[43] 말할 정도로 전통적이고 토속적이며 향토적인 정서를 지녔다.

남편은 안해를 데리고안저서 소리를 가르킨다. 낫에는 勿論 벌어야 먹으니까 그럴 餘暇가 업고 밤에 들어와서는 안해를 가르킨다. 在操업스면 멋달도 걸

42 유인순, 『김유정과의 동행』, 소명출판, 2014, 223~224쪽.

43 김유정, 「설문: 生活問答, 趣味問答」(풍림 제3집, 37.2), 전신재 편, 앞의 책, 481~482쪽.

> 리고 聰明하다면 한 달포만의 끗치 난다. 아리랑으로부터 양산도, 방아타령, 신고산타령, 배따라기-그러나 게다 이 풍진 世上을 만낫스니 나의 希望을 부르면 더욱 時勢가 조흘 것이다. 이러면 그때에는 남편이 데리고나가서 먹으면 된다. 그들이 소리를 가르킨다는 것은 藝術家的 名唱이 아니엇다. 개끄는 소리라도 먹을 수 잇슬만치 洗鍊되면 그만이다. 안해의 등에 자식을 업혀가지고 이러케 남편이 데리고 나간다. 山을 넘어도 조코 江을 몃식 건너도 조타. 밥 잇는 곳이면 산골이고 버덩을 불구하고 발길 닷는대로 流浪하는 것이다.[44]

위의 인용은 아내를 들병이로 내놓기 위해 남편이 소리를 가르치는 장면이다. 아리랑으로 대표되는 한국의 민속음악은 서민들의 애환과 예술혼을 고스란히 담고 있는 전통예술로 조선인의 비참한 생활상과 현실비판의식을 표현한 채 유행[45]되었다. 생계를 위해 전국을 떠도는 신세이니만큼 강원도아리랑뿐만 아니라 경기민요인 양산도와 방아타령, 함경도민요인 신고산타령, 평안도민요인 배따라기 등을 연습하고 있어 전국을 떠돌았던 들병이 부부의 애잔하고 고달픈 일상을 유추할 수 있다. "이 풍진 세상을 만났으니 나의 희망"으로 시작되는 민중가요 희망가는 우울하고 비탄적 분위기를 자아내는 노래로 식민지 시대의 암울한 사회를 반영한다. 희망가는 시세(市勢)가 더 좋다는 말에서 알 수 있듯이 한탄조의 현실도피적 염세적 색채를 담고 있어 '절망가'로서의 시대상과 1930년대 음악의 흐름을 이해할 수 있다. 김유정 소설과 수필에 나오는 남도소리, 강원도아리랑, 민요 및 잡가가 서민이나 들병이의 입을 통해 구전됨으로써 민족문화말살이라는 위기의 시기에 그 명맥을 유지할 수 있게 했다.

또한 김유정 소설엔 전근대적인 민속신앙과 산제 및 결혼식 등 당대의 풍습이 재현된다.

---

44 김유정, 「朝鮮의 집시」(매일신보, 35.10.22~29), 위의 책, 415쪽.

45 윤명원, 「일제 강점기 민속음악의 전승양상」, 『한국음악연구』 제40권, 한국국악학회, 2006, 166~167쪽.

① …여러사람의 힘을빌리어 덕돌이입에다흔집신짝을 물린다. 버들껑거린다. 다시라우기를 두손에 훔켜잡고 끌고와서는 털어노흔벼무덕이우에 머리를 틀어박으며 동서남북으로 큰절을한다. "야아! 야아! 아!" "아니다아니야 장갈갓스면 산신령에게 이러하다말이잇서야지 괜실히 산신령이노하면 눈깔망난이(호랑이) 나려보낸다.[46]

② "새벽에 산제를 좀 지낼텐데 한번만 더 꿰와" 남의말에는 대답없고 유하게 흘개늦은 소리뿐 그리고 들어누은채 눈을 지긋이 감아버린다. "죽거리두 없는데 산제는 무슨-" (중략) "낼 산제를 지낸다는데 쌀이 있어야지유-" 하자니 역 낯이 화끈하고 모닥불이 나라든다. 그러나 그들은 어지간히 착한사람이엇다. "암 그렇지요 산신이 벗나면 죽도 그릅니다" 하고 말을 받으며 그남편은 빙그레 웃는다. 온악이 금점에 장구 뚫아난몸인만치 이런 일에는 적잔히 속이 티엇다. 손수쌀닷되를 떠다주며 "산제란 안지냄 몰라두 이왕 지낼내면 아주 정성끗해야 됩니다. 산신이 노하길 잘 하니까유" 하고 그비방까지 깨쳐보낸다.[47]

③ 개돼지는 푹푹 크는데 왜 이리도 사람은 안크는지, 한동안 머리가 아프도록 궁리도 해보았다. 아하 물동이를 자꾸 이니까 뼈따귀가 옴츠라 드나부다. 하고 내가 넌즛넌즛이 그 물을 대신 길어도 주었다. 뿐만 아니라 나무를 하러가면 소낭당에 돌을 올려놓고 "점순이의 키좀 크게 해줍소사. 그러면 담엔 떡갖다놓고 고사 드립죠니까"하고 치성도 한두번 두린 것이 아니다. 어떻게 돼먹은 킨지 이래도 막 무관해니-[48]

④ …소낭당은 바루등뒤다. 쪽제빈지뮌지, 요동통에 돌이 문허지며 바시락, 바시락, 한다. 그 소리가 묘-하게도 등줄기를 쪼옥 근는다. 어두운 꿈속이다. 하눌에서 이슬은 나리어 옷깃을 추긴다. 공포도 공포려니와 냉기로하야 좀체로 견딜수가 업섯다. 산골은 산신까지도 주렷스렷다. 아들 나달라구 떡갓다 밧칠이 업슬테니까.[49]

---

46 김유정, 〈가을〉(사해공론, 36.1), 전신재 편, 앞의 책, 25쪽.

47 김유정, 〈금따는 콩밭〉(개벽, 35.3), 위의 책, 71~72쪽.

48 김유정, 〈봄·봄〉(조광, 35.12), 위의 책, 157쪽.

1930년대 강원도는 산신령이나 산신에게 기원하는 전통적이고 미신적인 관습에 의존함으로써 전근대성과 근대성이 공존했다. 대자연에 대한 두려움을 지닌 채 먹을 쌀조차 없지만 꾸어와서라도 산제를 지내는 시골 사람들의 맹신이 나타난다. 깊은 산속이 많은 지역이기에 호랑이가 출몰하며 산신령의 노여움에 대한 공포로 의식의 예를 마을사람들은 갖췄다. 산제, 서낭당에 대한 기원은 한민족의 오랜 전통으로 근대자본주의로 인한 농촌의 피폐와 빈궁화 현상을 미신과 기복신앙에 기대고 기원함으로써 현실의 고달픔에서 벗어나고자 했다. 강압과 회유, 착취와 산업건설, 전근대적 가치와 문화를 온존, 연장시키면서 동시에 일본식 근대화의 언술과 이념을 가지고 한국인을 세뇌시키려는 일제의 한반도 식민통치는 전근대와 근대가 함께 공존하는 비동시성의 동시성이 지배하는 식민통치[50]였음을 김유정 문학은 보여준다.

5. 토착어, 구어, 감(청)각어로서의 로컬리티 언어

김유정의 독특한 문체는 선행연구에서 많이 다루어진바 작중인물유형인 하층민의 기층언어는 현장성을 생생하게 살리는 데 효과적이다. 서민사회의 비속한 언어를 사용한다는 점, 서민들이 일상생활에서 발음하는 대로 표기한다는 점, 언어의 청각적 쾌감 자체를 즐긴다는 점, 요설체의 문장을 구사한다는 점에서 판소리 언어와 유사[51]하다거나, 청각의 시학과 생동하는 토착어의 힘으로 규정하면서 청각적 문체의 전통계승, 지역적 개인적 방언 구사, 토착어의 자연발생적인 감성과 심의, 뜻과 글보다는 소리와 말로 구현된 문학성, 생활언어, 구비문학 속 재담 수용[52]으로 설명하

49 김유정, 〈만무방〉(조선일보, 35.7), 위의 책, 117~118쪽.

50 임혁백, 『비동시성의 동시성』, 고려대출판부, 2014, 86쪽.

51 전신재, 「판소리와 김유정 소설의 언어와 정서」, 김유정문학촌 편, 『김유정 문학의 재조명』, 소명출판, 2008, 175쪽.

고 있다. 또한 토속어 및 방언, 육담, 욕설, 비속어를 적극 배치한 구어 전통이 근대에 대한 비판적 태도의 의미를 지니는바 이는 공식적 단일어의 구축을 통해 중앙지배세력의 정치, 사회적 기반을 강화하려는 의도를 함축한 표준화, 표준어라는 근대에 대한 저항을 지닌 김유정 문학의 기층계급의 언어를 수용한[53] 의미로도 볼 수 있다. 현장에 밀착되어 로컬리티를 반영하는 문체와 어휘는 작품의 완결성을 성취하는데 기여한다.

그의 수사는 사물이나 동식물에 감정을 이입함으로써 자연친화적이고 생태주의적 태도를 취한다. 〈산골〉의 '험상스러운 바위', '우거진 숲', '흉측스러운 산'이나 〈총각과 맹꽁이〉의 '가혹한 토지', '귀여운 산', '고운 봉우리/험상궂은 봉우리', 〈소낙비〉의 '쓸쓸한 공기', '거칠어가는 농촌', '매미의 애끊는 노래', '그윽한 산골'엔 작가나 서술자의 심리나 정서가 내포되어 있다. 땅, 산, 바위, 숲, 산골에 감정을 넣어 쓸쓸하거나 그윽하고 귀엽다는 정동적 표현은 자연친화적인 로컬리티를 형성하기 때문이다.

또한 동물에 주인공을 투사하여 동일시하는데 〈총각과 맹꽁이〉에선 친구에게 속아 바보가 된 덕만이 "비웃는 듯이 음충맞게 '맹-'하고 던지면 '꽁-'하고 간드러지게 받아 넘기는" 맹꽁이에게 감정이입되며, 〈동백꽃〉의 청춘남녀도 닭싸움에 자신들을 투사한다. 이는 강원 출신 작가 김동명 시나 김유정, 이순원 소설에서도 나타나는 강원문학의 특징으로 소, 닭이 가축 이상의 의미를 지닌다.

다음으론 감각어 특히 청각어로 표현되는 의성어, 의태어가 빈번하게 등장하는데 이는 소리와 말로 이루어진 구어체 문장의 특징 때문이다.

> 산골의 가을은 왜이리고적힐까! 압뒤울타리에서 부수수하고떨닙은진다 바로그것이귀미테서 들리는 듯 나즉나즉속삭인다 더욱 몹쓸건 물소리 골을 휘돌아맑은샘은 흘러나리고 야릇하게도 음률을읇는다 퐁! 퐁! 퐁! 쪼록 퐁!

52 송희복, 앞의 논문, 751쪽.

53 양문규, 『한국 근대소설의 구어전통과 문체 형성』, 소명출판, 2013, 314~316쪽.

박가테서 신발소리가 자작자작들린다 귀가번쩍 띄여 그는방문을가볍게 열어제친다 머리를 내밀며 "덕돌이냐?" 하고 반겻으나 잠잠하다 압뜰건너편 숩옹우를감돌아 싸늘한바람이락엽을 홀뿌리며 얼골에부다친다 용마루가쌩쌩운다 모진바람소리에놀래여 멀리서 밤개가 요란히짓는다 "쥔어른 게서유?" 몸을돌리어 바누질거리를 다시집어들랴할제 이번에는 짜정인긔가 난다 황겁하게 "누기유?" 처음보는 안악네가 마루끄테와섯다 달빗에빗기어 검붉은얼골이 핫슥하다 치운모양이다 그는 한손으로 머리에둘럿든왜수건을 벗어들고는 다른손으로 허터진머리칼을씨담어올리며 수집은 듯이 쭈뼛쭈뼛한다 "저……하롯밤만 드새고 가게해주세유-"[54]

하늘을 맑게 개이고 이쪽저쪽으로 뭉굴뭉글 피어올은 힌 꽃송이는 곱게도 움직인다. 저것도 구름인지 학들은 쌍쌍이 짝을 짓고 그새로 날아들며 끼리끼리 어르는 소리가 이수퐁까지 멀리 흘러나린다. 각가지 나무들은 사방에 잎이 욱었고 땡볕에 그잎을 펴들고 너훌너훌 바람과 아울러 산골의 향기를 자랑한다. 그 공중에는 나르는 꾀꼬리가 어여쁘고-노란 날개를 팔닥이고 이가지 저가지로 옮아앉으며 흥에겨운 행복을 노래부른다. -고-이! 고이고-이! 요렇게 아양스리 노래도 부르고 — 담배먹구 꼴비어! 마진 쪽 저 바위밑은 필시 호랑님의 드나드는 굴이리라. 음침한 그 우에는 가시덤불 다래넝쿨이 어즈러히 얼클리어 지붕이 되어있고 이것도 돌이랄지 연녹색 털북숭이는 올망졸망 놓였고 그리고 오늘두 어김없이 뻭꾹이는 날아와 그잔등에 다리를 머므르며 — 뻭국! 뻭국! 뻭뻭국![55]

'게서유', '누기유?', '주세유-'와 같은 지역사투리 어미로 표현되는 〈산골나그네〉의 대화에서 말하는 대로 적는 구어표기방식에서 생동감과 현장성이 부각된다. 남편을 숨겨두고 마을에 들어온 들병이에게 권주가도

54 김유정, 〈산골나그네〉(제일선, 33.3), 전신재 편, 앞의 책, 18쪽.
55 김유정, 〈산골〉(조선문단, 35.7), 위의 책, 122~123쪽.

모르는 갈보라며 수작을 부리는 농군들의 생활밀착적인 욕설과 재담이 〈산골나그네〉와 〈총각과 맹꽁이〉 등의 들병이소설에서 그려진다. 한자어나 영어단어가 부재하는 들병이와 농군들의 일상적 대화는 극한 가난 속에서도 풍자와 유머, 여유를 잃지 않는 강원주민의 심성에 기반한 로컬리티 언어이다.

〈산골나그네〉의 '부수수', '나즉나즉', '자작자작', '쌩쌩', '쭈삣쭈삣'과 〈산골〉의 '몽굴몽굴', '너훌너훌', '올망졸망', 등의 의태어가 여러 문장에 나타나며, '퐁! 퐁! 쪼록 퐁!'의 샘소리, '-고이-이! 고이고-이' 하는 노래소리, '-뻑국! 뻑국! 뻑뻑국!' 하는 새소리와 같이 띄어쓰기, 문장부호, 공감각적 표현은 생동감과 현장성, 청감의 울림 등 예술적인 효과를 보인다. 이 역시 자연과 동식물과 가까이 하고 어우러지는 강원지역의 특성에 기인했을 것이다. 이외에도 사투리, 욕설, 재담과 자연의 소리 등 강원 민중의 역사적 지역적 특수성을 지닌 리얼리티가 강하게 나타남으로써 김유정의 문학언어는 로컬리티 특성을 생생하게 담고 있다.

6. 공간·소재·언어

자신의 고향 실레마을을 '귀여운 전원'으로 소묘한 김유정은 아름답고 시적인 자연경관을 배경으로 혹독하고 참담한 농촌생활을 문학작품에 담았다. 강원지역은 교통의 불편으로 인한 정보부재, 도회와 단절된 궁핍하고 깊은 산골로서 자연친화적이고 생태주의적인 특징을 지닌 공간으로 재현되었다.

농군과 들병이로 본 강원도민은 어수룩하고 일만하는 순진한 촌뜨기 정체성을 지닌다. 일 년 내내 농사를 지어도 먹고 살기 힘든 소작농의 고단하고 힘든 일상을 통해 지주의 횡포와 식민 구조적 모순을 고발하며 다른 한편으로는 도박과 금전으로 상징되는 한탕주의와 일확천금이 만연한 시대상을 보여준다. 여성들은 가축, 물건, 선물 등 생계수단이 되는 여성수난서사의 성적 대상으로 여겨졌다. 부조리한 농촌현실에 처한 농군과 몸 파는 아내는 자신들의 처절한 삶의 조건을 숙명론적으로 받아들임으로써 보수적이고 가부장적인 사회적 질서를 드러냈다. 덕만과 덕돌이, 점순이, 응오, 응칠이, 성팔이, 복만이, 이쁜이로 대변되는, 발랄하고 욕망에 충실한 시골 처녀총각들의 일상이 리얼하게 재현되는 강원지역을 작가는 생명력이 넘치면서도 가난과 고통에 시달려야 하는 양면적인 일상으로 균형 있게 그렸다.

김유정 문학이 사회사적 자료이자 민속의 보고로 여겨지는 것은 민요와 민속에 나타난 풍습과 당시의 생활상에 대한 디테일한 묘사 때문이다. 작가가 사모했던 명창 박녹주의 영향으로 그의 문학엔 아리랑 같은 민요가 많이 삽입되며, 판소리체 문장, 사투리, 재담, 욕설 등 현장성 강한 언어적 특성을 보인다. 항일민족 및 민중해방의식을 고양하고 사회의 불만을 노래로 전달하는 방식은 검열과 감시가 심한 사회에서 주제의식을 표출하는데 효과적이다. 또한 식민자본주의 근대사회임에도 불구하고 여전히 산제를 지니고 기복신앙에 의탁함으써 전근대적인 의식이 마을사람들을 지배하며 결혼식 등 당대의 풍습이 보전되고 있다. 이는 전근대와 근대가 함께 공존하는 비동시성의 동시성이 지배하는 식민통치였기 때문이다. 로컬리티는 토착어, 구어체, 감(청)각어로서의 문체적 특성에서 강하게 표출된다. 자연에 감정을 기입하고 동식물과 동일시하는 자연친화적 태도는 이효석, 김동명, 이순원 등 강원 출신 작가에게 나타나는 공통점으로 강원문학의 특색으로 여겨진다. 또한 대부분의 문장에 의성어와 의태어가 많고 띄어쓰기와 문장부호를 시각적으로 연출하여 생동감과 현장성을 불어넣는 김유정만의 독특한 언어미학은 높이 평가된다. 춘천사투리와 하층민의 언어인 욕설과 재담, 판소리체 문장 역시 로컬리티 언어로서 김유정 문학을 독특하고 돋보이게 하는 역할을 했다. 따라서 강원영서지역의 사회사적 보고이자 로컬리티에 기반한 김유정 문학은 대표적인 강원문학으로 볼 수 있다.

2장
이효석의 영서 삼부작 고찰

1. 봉평과 이효석

이효석은 경향소설, 서정소설, 도시소설 등 다양한 작품세계를 구축한 작가이다. 1907년 강원도 평창군 봉평면 창동리에서 출생하여 1920년 평창보통학교를 졸업하기까지 14년동안 강원도에서 머문 작가는 5살 어린 나이에 어머니를 잃고 아버지는 바로 재혼을 한다. 부모의 사랑을 받지 못한 이효석은 고아의식과 이방인의식을 갖게 되며, 모친상실로 인한 모성결핍과 아버지에 대해 적대적인 오이디푸스 콤플렉스가 나타난다. 어린 나이에 부모 곁을 떠나게 하여 유학을 시킨 것이 계모 강씨와의 불화 때문이라는 가설[56]에 비추어 봤을 때 강렬한 오이디푸스 콤플렉스 속에서 아버지에게 도전하고 대항하는 아들의 모습이 〈개살구〉와 〈산협〉에서 그려진다. 그의 작품 속에서 어른들(작중인물의 아버지, 어머니)이 별로 등장하지 않는다는[57] 점에서 고향과 아버지가 등장하는 영서 삼부작을 통해 고향의식과 아버지상을 파악할 수 있다. 아버지의 이름이라는 대타자와의 불화와 어색함 그리고 강력한 근대국민국가의 부재와 상실로 인해 정체성을 확립하지 못한 작가는 성과 자연과 문명과 도시와 서구에 탐닉하며 인간에 대한 환멸과 불신을 갖게 된다. 국가와 아버지와 모성의 결핍은 끊임없이 대타자를 천착함으로써 다채로운 작품세계를 구축한다. 이효석 문학의

---

56 허명숙, 「이효석의 삶과 문학세계의 변천」, 『가산 이효석의 삶과 문학세계』, 학고방, 2008, 12쪽.

57 서준섭, 『한국근대문학과 사회』, 월인, 2000, 94쪽.

주조인 향수(노스탤지어)도 잃어버린 것에 대한 그리움과 끝없는 애정결핍과 갈망의 결과이다.

계급문학으로 출발한 그의 문학은 엑조티시즘, 모더니티, 심미주의, 에로티시즘, 서정성으로 평가되며 최근에는 도시를 배경으로 한 모더니티 문학 연구가 활발히 이루어지지만 문학의 본령은 강원 영서지방을 배경으로 한 소설이다. 축음기, 레코드판, 크리스마스 트리, 칠피단화와 스마트한 양복차림을 한 서구생활양식과 패턴에서 알 수 있듯이 서구에 경도된 그의 삶과 문학에도 불구하고 대표작은 〈메밀꽃 필 무렵〉이기 때문이다. 현실인식이나 역사의식의 부재와 서사적 형상화의 미비라는 그의 약점이 영서 삼부작에서는 완결된 서사구조와 리얼리티를 보인다. 이는 서구를 추구하고 동경했으며 영문학을 탐닉했던 작가에겐 아이러니한 결과이다. 자신의 뿌리이자 근원이며 상처와 아픔을 간직한 고향이 작가의식을 형성하는데 중요한 요소임을 부인할 수 없다. 이효석의 생가가 있는 봉평이 작품 배경인 〈메밀꽃 필 무렵〉에 등장하는 허생원의 기묘한 이야기와 충줏집, 조선달(봉평 토박이 조원중이라고 함)은 실재하는 인물로 그들의 사연을 작가도 들었을 것이라고 황일부 노인은 증언[58]한다. 또한 작가의 부친 이시후가 10년 동안 진부면장을 했고 모친 강씨가 진부 성결교회의 공로자로 알려지고 있는데, 〈개살구〉에 등장하는 최면장과 전문대학을 다니는 아들은 작가의 부친과 자신이 투영된 인물이다.

작가는 고향에 대해 애써 거리감을 두거나 외면하지만 영서 삼부작에는 봉평과 그 근방의 풍속과 세태, 전통적 관습이 리얼하게 재현된다. 작가의 유소년기의 기억이 작품 속에서 고스란히 당대의 풍속과 민속에 기반한 생활양식으로 나타난다.

> 나의 반생을 푸근히 싸주고 생각과 감정을 그 고장의 독특한 성격에 맞도록 누진히 길러준 고향이 없기 때문이다. 현대인에게는 고향의 관념이 거개

---

58 김용성, 『한국현대문학사탐방』, 국학자료원, 2011, 253쪽.

> 는 희박하고 찾아야 할 진정한 고향을 잃어버리기는 하였다. 세계주의의 세례를 받은 까닭도 있거니와 고향이 모두 너무도 초라한 까닭이다.
>
> 그러나 나에게 있어서는 그런 위에 더욱 고향의 확적한 지리적 구역과 친척조차 없는 것이다. 나는 자주 관북(關北)의 경성(鏡城)과 그 부근 이야기를 지금까지 썼으나 살고 있던 당시의 일종의 고향의 느낌을 그곳에서 발견하였기 때문일 뿐이다.
>
> 고향이라고 해야 할 곳은 강원도 영서(嶺西)지방이나 네 살 때 일가는 서울로 옮겨가 살았고 일단 내려가 보통학교 시절을 마치고는, 나는 다시 서울에서 지금까지의 거의 전부의 반생을 지내게 되었다.…(중략)… 눅진하고 친밀한 회포가 뼈속까지 푹 젖어들 여가가 없었던 것이다. 고향의 정경이 일상 때 마음에 떠오르는 법 없고 고향의 생각이 자별스럽게 마음을 눅여준 적도 드물었다. 그러므로 고향없는 이방인 같은 느낌이 때때로 서글프게 뼈를 에이는 적이 있었다.[59]

해물과 감(柂)의 고장인 영동과 달리 영서는 산과 들과 수풀과 시내의 고장으로 자연은 더한층 풍성하다는 작가는 '읍내와 마을과 산골의 기억과 더불어 연중행사였던 산과(山果)와 청밀(淸蜜)과 곡식의 농산물품평회의 기억이 또렷하다'[60]고 말한다. 이러한 기억을 영서 삼부작에서 리얼하게 묘사해 놓음으로써 애써 고향과 거리를 두고자 했지만 영서지역의 삶이 생생하게 재현되었다. 따라서 최근에 주목받는 《화분》, 《벽공무한》과 같이 경성, 하얼빈, 동경과 같은 도시 배경의 소설이나 〈산〉과 〈들〉 같은 심미주의적 작품보다 영서 삼부작은 문학적 완성도나 리얼리티가 돋보이는 작품으로 이효석문학의 백미라고 할 만하다. 또한 〈메밀꽃 필 무렵〉[61]

59 이효석, 「영서의 기억」, 『이효석전집』 7, 창미사, 1983, 102~103쪽.

60 위의 책, 104쪽.

61 소두영, 「이효석의 문체 연구: 〈메밀꽃 필 무렵〉의 구조 분석」, 『논문집』 제17권, 숙명여대, 1977, 이광풍, 「〈메밀꽃 필 무렵〉의 구조적 의미」, 『논문집』 3, 명지실업전문대학, 1977, 상무, 「암시와 융화와 미학: 〈메밀꽃 필 무렵〉의 문체」, 『논문집』 13, 강원대, 1979, 문창식, 「〈메밀꽃 필 무렵〉 구조 연구」, 전북대 석사학위논문, 1983, 주종연, 「〈메밀꽃 필 무렵〉

에 비해 〈개살구〉, 〈산협〉은 상대적으로 주목받지 못하는데 다소 분량이 짧고 서사가 단순한 전자보다 다른 두 작품이 더욱 가치를 지닌다고 볼 수 있다. 영서 삼부작에 주목한 선행연구로는 두 편의 논문[62]뿐이어서 이에 대한 다양한 논의가 요구된다. 서준섭은 작가의 고향체험과 전기적 사실과 문학세계의 상호관련성을 통해 도시와 산골이라는 두 세계의 모순과 갈등을 지적했고, 최일규는 민속의 보고로서 강원도 문화가 어떻게 재현되었는지를 밝힌다.

이 글은 이효석의 고향인식과 그가 자연과 성에 몰두하게 된 원인을 살펴본다. 경성제대 영문과 출신의 엘리트인 이효석은 1934년부터 평양 숭실전문학교 교수로 부임하면서 윤택한 삶을 영위한다. 그러나 결혼 직후 생활를 위해 1개월간 총독부 경무국 검열계에 근무하다가 이갑기로 하여금 "너두 개가 됐구나"라는 질책을 듣고 졸도한 후 사직하는 등 심약하고 소심하며 감성적인 성격을 지녔다. 이러한 이중성과 애매함은 체질에도 맞지 않는 계급문학으로 시작되면서 "시대의 추이를 쫓아서 옮겨갔다거나"[63] "위장된 순응주의, 자기기만의 경향"[64]이라는 비판을 받는다. 모더

분석」, 『어문학논총』 8, 국민대 어문학연구소, 1989, 조병무, 「이효석론: 단편 〈메밀꽃 필 무렵〉을 중심으로」, 『논문집』 12, 대림공업전문대학, 1990, 김해옥, 「〈모밀꽃 필 무렵〉의 모더니즘 특성 연구」, 『한국학논집』 제23집, 한양대 한국학연구소, 1993, 방영이, 「〈메밀꽃 필 무렵〉의 표상론」, 『국어문학』 제29집, 전북국어국문학회, 1994, 임영환, 「〈메밀꽃 필 무렵〉의 주제와 구조」, 『육사논문집』 46, 육군사관학교, 1994, 함경애, 「이효석 연구: 〈메밀꽃 필 무렵〉을 중심으로」, 『강남어문』 8, 강남대 국어국문학과, 1994, 송기섭, 「심미성의 윤리학: 〈메밀꽃 필 무렵〉론」, 『어문학』 71, 한국어문학회, 2000, 조구호, 「〈메밀꽃 필 무렵〉 다시 읽기」, 『경상어문』 5, 6, 경상대 경상어문학회, 2000, 김명래, 「가산 소설의 구조와 의식의 연구: 〈메밀꽃 필 무렵〉을 중심으로」, 관동대 석사학위논문, 2001, 옥태권, 「〈메밀꽃 필 무렵〉의 서사전략적 고찰」, 『동남어문논집』 제14집, 동남어문학회, 2002, 이홍숙, 「소설 속에 숨어있는 우리 신화: 이효석의 〈메밀꽃 필 무렵〉」, 『연민학지』 제10호, 연민학회, 2002, 김종구, 「〈메밀꽃 필 무렵〉의 시공간과 장소애」, 『한국문학이론과비평』 제7권, 한국문학이론과비평학회, 2003, 양은창, 「〈메밀꽃 필 무렵〉의 등장인물들의 정신구조고」, 『어문연구』 제41권, 어문연구학회, 2003, 장지훈, 「〈메밀꽃 필 무렵〉의 서정성 연구」, 상지대 석사학위논문, 2006.

62 서준섭, 「이효석 소설에 나타난 고향과 근대의 의미」, 『강원문화연구』 제17권, 강원대 강원문화연구소, 2000, 최일규, 「이효석의 '영서 삼부작에 나타난 강원도 문화」, 강원대 석사학위논문, 2011.

니즘/리얼리즘, 토속성/이국정서, 동반자작가/구인회 회원, 경향소설/서정소설, 메주문학/버터문학 등 다양한 문학적 형태는 이러지도 저러지도 못하고 유약했던 심미주의자 이효석의 문학적 특성을 드러낸다. 조직과 운동에 회의적이었던 이효석은 카프에 가입하지 않았고 구인회에 소속되었지만 거의 합류를 하지 않았다는 점에서 개인과 자아에 몰두했음을 알 수 있다. 문학의 다양성에 대해 작가는 "메주를 먹는 풍토 속에 살고 있으므로 메주내 나는 문학을 낳음이 당연하듯, 한편 서구적 공감속에 호흡하고 있는 현대인의 취향으로서 버터내 나는 문학이 우러남도 이 또한 당연"[65]한 것이라며 문학의 진폭은 될 수 있는 대로 넓어야 한다고 주장한다.

이효석 문학이 자연과 성으로 함몰된 이유는 인간에 대한 환멸로 인한 부정적 인간관에서 비롯되었다. 일제 식민지 상황에서 현실, 사회, 역사, 계급, 민족과 같은 거대담론에 대해 발화할 수 없을 때 남는 건 성, 몸, 자아, 자연, 사랑뿐이며, 특히 인간에 대한 증오와 실망의 감정을 드러내는데 이는 모성 결핍, 계모 체험, 부친과의 관계에서 소외감을 겪은 유소년기의 결정적인 인상과 더불어 도시와 문명에 대한 환멸도 이유가 되고 있다. 이러한 점에서 그의 문학은 탈근대적이며 니체적이라고 할 수 있다. 그는 '현대문명 속에 이그러져 가고 있는 인간들이 그 시달림 속에서 이그러지지 않았던 상태의 인간상을 찾고자 하는 향수'[66]를 지닌다. 그의 인간관은 도시소설뿐만 아니라 강원 오지 산골마을을 배경으로 하는 영서 삼부작에서도 나타난다. 현실을 바탕에 둔 인간불신과 증오는 자연과 본능, 동식물과의 친화를 가져올 수밖에 없다. 그는 문명과 인간 세계로부터 상처받고 지배받고 내쫓김 당한 자아가 자연적 공간 속에서 치유받고 생명성을 회복하며 더 나아가 그것에 동화됨을 최상의 이상[67]으로 여긴다.

---

63 임종국, 『친일문학론』, 평화문화사, 1963, 331쪽.
64 정명환, 「위장된 순응주의」, 『이효석전집』 8, 창미사, 1990, 129쪽.
65 이효석, 「문학진폭의 변」, 『이효석전집』 6, 창미사, 1990, 236쪽.
66 정한모, 「효석론」, 『이효석전집』 8, 창미사, 1990, 75쪽.
67 차봉준, 「소설의 심미성과 생태학적 상상력」, 『가산 이효석의 삶과 문학세계』, 학고방, 2008, 103쪽.

여행같이 즐겁고 동시에 슬픈 것은 없는 것이 가는 곳마다 여러 인간의 비천함을 실감하게 되는 까닭이다. 인간의 천함을 실감함은 즐겁고도 슬픈 일이다.

사람이 고귀하고 신령스러운 것이라고 누가 말했는지 마을에서나 거리에서나 사람의 씨는 너무도 많고 천하다. 대개가 쭉정이요 가난하고 추잡하다. 사치한 복장을 발명해내서 야성을 감추기에 급급해 하나 욕심스럽고 교활한 동물의 천성을 어찌 막을 수 있으랴.

문화와 문명이 무엇을 가져왔는지 대체 그것이 세상 어느 구석에다 발라놓은 것인지 헌출하고 가난한 벌판과 거리를 지날 때 그런 것이 눈꼽만큼의 혜택을 어느 구석에 베풀어 놓았노 하고 의아해 진다. 인간은 언제나 어디서나 가난하고 추잡한 것이다. 전 세기의 노인들이 들려준 이 진리가 지금엔들 조금이나 나이고 다를리 있으랴.[68]

인간을 쭉정이라고 표현한 대목은 작가의 분신인 《벽공무한》의 주인공 천일마의 생각에서도 나타난다. 그는 서양이라고 여겼던 하얼빈을 배경으로 한 도시소설[69]에서나 강원지역을 배경으로 한 영서 삼부작에서도 인간의 야만성과 동물성을 고발하고 폭로한다. 따라서 이효석 문학을 날카롭게 비난했던 정명환이 '성적 본능에 끌려가는 것이 인간이며 이 점에서 인간은 동물과 다름없다는 것'과 '매우 보수적이고 관례적인 생활관을 가지고 있다는'[70] 지적은 타당하다. 작가는 '세계면을 그리거나 향토면을

---

68 이효석, 「문학진폭 옹호의 변」, 『이효석 전집』 6, 창미사, 1990, 235쪽.

69 〈벽공무한〉(박문서관, 1941, 137쪽)의 한 대목은 다음과 같다.
"거리에 나서면 태반이 가난한 사람이요, 불쌍한 사람이다. 일마는 특히 여행을 할 때마다 느끼는 것이었으나, 거리거리에는 사람의 씨가 필요 이상으로 많고 그 대부분이 불행한 편이다. 무엇하자고, 흡사 불개미 떼같이 그렇게 많이 생겨나서 불행 속에서 허덕이고 수물거리는 것일까. 인간은 고귀하기는커녕 미천하기 짝없다. 뭇 동물과 다를 바 없이 흔하고 천하고 누추하다.
물 위에 뜬 해꺼운 쭉정이다. 무겁고 단단한 것만이 아래에 가라앉고, 찌그러지고 빈 쭉정이 벼씨는 위에 떠서 할 일없이 빙돌고 헤매인다. 인간의 대부분은 쭉정이다. 어느 도회가 그렇지 않으랴만 할빈은 어디보다도 심한 쭉정이의 도회이다. 거리는 국제적 쭉정이의 진열장이다."

70 정명환, 「위장된 순응주의」, 『이효석전집』 8, 창미사, 1990, 162쪽, 175쪽.

그리거나 간에 문학의 우열은 순전히 작품의 됨됨에 따라서 결정'[71]되어야 하며, 진지하게 생을 탐구했느냐가 관건이라고 주장한다.

댄디하고 모던한 삶의 양식과 문학적 특징을 지닌 작가가 고향, 부모, 식민지 현실과는 거리를 두고 그 결핍된 욕망을 충족하기 위해 찾아나선 자연이나 하얼빈, 신경, 장춘, 백계 러시아인의 별장이 있는 주을은 자신의 기대와 달리 결핍을 충족할 수 없었던 이상향에 불과했다. 따라서 좌익 이데올로기를 담은 작품이나 심미주의 경향을 강력히 띠고 있는 작품치고 제대로 씌어진 것이 없어 장단편이 모두 소설미학적 견지에서 흠투성이이므로 이효석 문학의 진가를 자연과 성의 문제를 천착하는 작품 속에서 찾아야 하기[72]보다는 문학적 완성도, 리얼리티, 현실비판이 드러난 영서 삼부작에서 문학적 가치를 발굴할 수 있다.

소외감, 외로움과 애정결핍의 상처를 남긴 고향은 자신이 태어나고 성장하고 교육을 받은 곳으로부터 거리를 두고자 했으나 기억과 관습, 풍속이 고스란히 남아 작품 속에 투영된다. 그의 작품은 도시 배경이든 산골오지 배경이든 전통성과 모더니티가 동시에 수용되었고 삶과 인간의 문제에 천착한다. 또한 이효석의 선조가 함경도에서 봉평으로 이주왔기 때문에 그의 영서 삼부작이 봉평과 대화로 넘어가는 평창이라는 영서가 아니라 경성, 평양이었다는 시각도 재고[73]되어야 한다.

2. 축첩 · 패륜 · 불륜 모티프와 전통

〈메밀꽃 필 무렵〉(조광, 1936.10), 〈개살구〉(조광, 1937.10), 〈산협〉(춘추, 1941.5)은 작품세계가 원숙했던 1936년부터 1941년 사이에 발표되었는데, 급병으로 사망하기 일 년 전인 1941년에 고향을 배경으로 하는

71 이효석, 「문학과 국민성」, 『이효석전집』 6, 창미사, 1990, 247쪽.
72 이상옥, 「이효석의 심미주의」, 위의 책, 250쪽.
73 최익현, 「이효석의 미적 자의식에 관한 연구: 식민체제에서의 글쓰기 비판」, 위의 책, 70쪽.

작품을 남겼다는 점이 주목된다. 세 편의 소설에서는 핏줄의식, 남아선호, 가문중시로 비롯된 축첩문화와 한 여성을 사이에 두고 부자간의 쟁탈전이 벌어지고 있다는 점에서 비도덕적 반윤리적인 축첩/불륜/패륜 모티프가 드러난다.

〈메밀꽃 필 무렵〉은 길을 따라 떠나는 여행구조로 장돌뱅이 허생원과 조선달 그리고 동이의 이야기이다. 봉평에서 대화까지 칠십 리 길은 이 작품의 핵심적 요소로서 작품의 구조적 견고성을 높이는데[74] 큰 기능을 한다. 허생원과 동이는 충주집을 사이에 두고 다툼이 일어나고, 대화를 통해 동이의 모친이 봉평 출생으로 현재는 제천에 머물고 있다는 사실을 알게 된다. 일생동안 당나귀와 외롭게 산 얼금뱅이 허생원에게는 오래전 물방앗간에서 성서방네 처녀와 마주친 하룻밤 인연이 있으며, 왼손잡이인 동이가 자기 아들이 아닐까 추측한다. "산허리는 온통 메밀밭이어서 피기 시작한 꽃이 소금을 뿌린 듯이 흐뭇한 달빛에 숨이 막힐 지경"에 나귀와 세 사람은 이런저런 대화를 나누며 길떠난다. 대타자인 아버지의 여자를 탐하는 사건 — 물론 동이는 아버지인 줄 모르지만 — 은 〈개살구〉와 〈산협〉에서 보다 노골적으로 그려지는데, 어머니를 여윈 작가의 마음 속에 곧바로 재혼한 아버지에 대한 적대감정과 저항적 태도가 무의식에 발현되어 작품 속에 투영된다.

자전적 소재[75]의 〈개살구〉의 시골농사꾼 김형태는 두 번째 부인을 서울에서 데려 온다. 김형태는 여성에 대한 욕망뿐만 아니라 출세에 대한 집착으로 면장이 되고자 운동을 벌인다. 면장이 되면 경제적으로 이익이 되는데, 자신의 소유전답에 유리하도록 마을사람들의 부역을 내서 길과 도랑을 고칠 수 있으며 그보다 더한 이유는 역군을 다녔던 자신이 최면장에게 은근히 멸시를 받기 때문이다. 선비 출신으로 전문대학을 다니는 아들 학구를 둔 최면장에게 김형태는 신분 콤플렉스가 있으며, 학구와 동갑인

74 김윤식, 『한국근대문학사상 비판』, 일지사, 1978.

75 작가의 집안은 봉평에서 진부면 하진부리로 이사했고 부친은 면장을 지낸 사실이 있다.

자신의 아들인 재수는 부실하여 간신히 7년 만에 춘천고등보통학교를 마쳤을 뿐만 아니라 서기를 시켜 사람을 만들고자 허나 아내를 내쫓고 자신의 첩인 서울집과 내통하는 패륜아이다. 이에 분노한 김형태는 두 남녀를 잡도리하고 폭행으로 응징한다. 아들을 걱정하기보다는 이 틈을 타 본처는 남편의 마음을 돌이키고자 하고 서울집을 향한 저주를 퍼붓는다. 본처와 첩과 남편과 그의 아들이 벌이는 행태는 통속적이고 본능적이며 비윤리적이다.

〈산협〉의 공재도는 후사가 없어 문막나루터에 콩과 소금을 교환하러 갔다가 원주댁을 데려온다. 이 소설은 연중행사인 소금교환행사가 봄에 시작하여 농사의 결실이 생산되고 아이가 출산하는 겨울까지 사계절의 순환에 따라 발단-전개-위기-결말이 병치되는 전형적인 서사구조[76]를 보임으로써 완성도 높은 짜임새와 예술적 형상화를 획득한다. 여자와 후손에 대한 욕망이 강한 공재도는 처첩이 동시에 임신하지만 두 아이 모두 자신의 아이가 아닌 것이 드러남으로써 물거품이 된다. 본처가 낳은 아이는 시조카인 증근과의 관계 속에서, 첩의 아이는 전남편인 대장장이의 아이인 것이다. 불륜과 축첩, 근친상간이 만연한 영서 삼부작은 자전적 소재를 바탕으로 고향과 부친에 대한 어린 시절의 기억을 문학적으로 형상화한다. 대타자인 아버지들은 후사가 없거나 자식이 태어난 지도 모르며, 아들에게 자신의 여자를 빼앗기는, 굴욕과 모욕을 당한다. 이는 불임과 불모성을 드러냄으로써 권위적이고 보수적이며 억압적인 아버지에 대한 작가의 반발이자 일제강점기 아버지 부재로도 해석된다. 식민지 시대란 제국에 의해 아버지를 독살당한 것[77]으로 작품 속의 고아의식, 이방인의식, 양자의식은 이러한 현실을 반영한다. 아버지의 여자를 탐하는 사건—〈메밀꽃 필 무렵〉에서 충주댁을 사이에 두고 실랑이를 벌이는 허생원과 동이 부자, 〈개살구〉에서의 서울집과 내통하는 아들을 둔 아버지, 〈산협〉의 처와 조

---

76 김해옥, 「이효석 소설에 나타난 엑조티시즘과 향토적 서정의 긴장성」, 『가산 이효석의 삶과 문학세계』, 앞의 책, 237쪽.

77 나병철, 『가족 로망스와 성장소설』, 문예출판사, 2007, 39쪽.

카와의 불륜 — 은 욕정과 성적 탐닉을 위해서는 불륜, 패륜, 근친상간 등의 극단적 사랑의 행위도 불사하는 동물 같은 인간을 그리는 이효석의 인간관이다.

〈메밀꽃 필 무렵〉의 첫날밤 정사와 아들의 존재조차 모르고 살아온 허생원, 〈개살구〉의 면장자리를 위해 최면장을 협박하거나 후손을 보기 위해 첩을 두는 김형태, 〈산협〉의 여자와 후손에 대한 욕망이 강한 공재도는 윤리적인 면에서 파렴치하고 뻔뻔하고 세속적인 인간들이다. 〈개살구〉의 김형태는 서울에서 첩을 데려온 후 그녀를 단속하여 "새장에 갇힌 새의 신세"로 만든다. 아들과의 불륜사실을 안 그는 그녀의 사지를 결박하고 입을 틀어막고 인두로 얼굴과 다리를 지지는 잔인함을 보인다. 논이라는 재물을 교환해 사온 아내를 소처럼 다루는 그는 짐승과 다름없다. 〈산협〉의 공재도는 신분상승과 출세를 위해 학교에 돈을 기부하여 학무위원의 이름을 가지는가 하면 조합의 신용을 얻어 아들 재수를 조합의 서기로 취직시키며 면장자리를 위해 권모술수와 모함을 일삼는다. 인구밀도가 낮은 강원지역은 보수적인 분위기를 형성한다. 영서 삼부작에 나오는 영서 오지마을의 남성들은 물물교환의 대상으로 여기는 여성을 소나 논으로 바꿔 온다. 소가 탐나 아내를 파는 전남편이나 본처와는 상의조차 하지 않고 일방적으로 결정하는 가부장은 여성을 희생시키고 성적으로 대상화하며 타자화시킨다. 〈산협〉의 본처 송씨는 남편의 첫날밤을 지켜보며 놀라고 탄식하며 마음이 부서진다. 첩으로부터 '둘소'[78]라는 아픈 욕을 듣고 자기 설움에 눈물을 흘리며 옷을 찢고 피를 흘리며 싸우는 처첩들은 원인의 제공자인 남편을 탓하지 않고, 사랑을 쟁취하고자 할 뿐이다.

그녀들은 소나 논과 바꿔 사온 매매혼의 대상이기에 인권을 유린당하고 인간대접을 받지 못한다. 조카 증근은 애걸복걸 하며 빌어가던 황소를 여자와 바꿔온 삼촌을 원망하며, 동생 재실은 형에게 후손 없는 것을 기회삼아 외아들 일득을 종가로 들여보낼 계책을 꾸민다. 남아선호가 강하고

---

78 자라긴 다 자랐으나 무슨 까닭에서건 새끼를 낳지 못하는 암소(암짐승)를 이르는 말이다.

자식에 대한 집착과 가문과 족보를 중시하는 분위기 속에서 마을사람들도 처음에는 황소와 색시를 바꾸는 뻔뻔함에 비난하지만 후손을 이어야한다는 면에서는 이해하는 분위기이다. 이러한 전통적인 가치관은 여성과 아이, 동물을 희생시키며 미신, 주술, 전통, 관습의 희생자로 만든다. 첩이나 양자입적에 대한 동의를 구하지 않고 가부장에 의해 일방적으로 결정됨으로서 여성과 가축과 아이는 타자화된다. 여성들도 죄의식이나 윤리의식과 상관없이 남편의 사랑을 얻기 위해 극단적인 저주를 퍼붓는 무지몽매한 태도를 보인다. 여성을 물물교환의 대상이나 생계수단 혹은 가축으로 여기는 것은 김유정 문학에서도 나타나는데 이는 강원 영서 지방이 타지역에 비해 상대적으로 가난하며 가부장적 인식이 강하기 때문이다.

〈개살구〉의 본처는 자신의 아들이 남편의 첩과 상간하는 중에도 이 기회를 틈타 남편의 사랑을 다시 얻고자 하며, 〈산협〉에서도 남편과 첩의 결혼식 중에 본처인 송씨는 자식을 기원하는 칠성단 백일기도를 드린다. 또한 공재도의 동생 재실은 가난에서 벗어나기 위해 자신의 아들을 양자로 입적시키고자 하나 실패로 돌아가자 형의 첩을 불륜으로 모함하려다가 발각된다. 이들에게 윤리의식이나 성모랄은 전무하며 세속적 욕망이나 패륜과 불륜, 근친상간과 극단적인 쾌락과 타락만이 있을 뿐이다. 인간에 대해 불신하고 절망하는 작가는 1930년대 식민지 농촌사회를 적나라하게 묘사함으로써 불건전하고 바람직하지 못한 식민지 현실을 비판한다.

세 편의 소설은 강원 영서 지역의 보수적이고 전통적인 문화적 관습이 재현되며, 가부장적이고 집단적인 인식이 드러난다. 작가는 세속적이고 타락한 인간환멸과 시대적 모순을 우회적으로 드러내며, 자연과 본능으로 도피하는 삶을 지적한다. 또한 영서인의 무지하고 사리분별이 부족하며 고지식하고 윤리가 부재한 모습을 그림으로써 도시민뿐만 아니라 농촌사람조차도 탐욕적이고 부도덕하며 부조리한 인간본성을 꼬집는다. 작가는 '인습적인 관습, 모든 허영을 이탈한 벌거숭이 인간을 해부하여 참된 인간의 근본성을 노출시키어 여기에 새로운 모랄을 창조'[79]하고자 했다.

강원도가 지닌 피붙이의식, 가문 중시, 보수성, 전통 보존, 남성권위를 통해 남성중심적 삶과 태도를 작가는 탐색한다. 〈메밀꽃 필 무렵〉의 허생원이 20여년을 봉평 주변을 돌며 아들과 헤어져 사는 허망함을 보인다거나, 〈개살구〉의 김형태가 면장이 되기 위해 권모술수를 서슴지 않고 첩에 대한 소유욕과 집착을 보이지만 결국 아들이 패륜을 저지름으로써 절망하며, 〈산협〉의 공재도가 갈망했던 처첩의 임신이 자신의 아들들이 아님이 판명됨으로써, 허생원, 김형태, 공재도의 권위는 조롱당하며 가문의 승계는 단절된다. 허생원은 일생동안 아들을 만나지 못하는 형벌을, 김형태는 불임이라는 단죄를, 공재도에게는 남의 아들을 기다리는 허무함을 반전과 아이러니로 표출함으로써 아버지 권위에 대한 거부와 항거가 드러나며, 식민지 상황을 알레고리화한다. 영서 삼부작에는 아버지의 실추를 통해 작가의 주제의식이 드러나며, 전통지향적인 영서지방의 삶의 궤적을 충실하고 사실적으로 그린다.

3. 문명의 유입, 백색지향과 모더니티

영문학과 출신인 이효석은 엑조티시즘과 에로티시즘, 서구지향적인 삶과 문학적 태도를 보인다. 그의 유별난 서구적 생활양식은 문학 속에서도 투영된다. 외국작가에 사숙하고 탐닉한 그는 안톤 체홉의 영향을 받아 〈메밀꽃 필 무렵〉은 〈비탄〉을, 〈산협〉은 〈골짜기〉의 어조를 띠고 있다. 전자에 나타나는 동물과 인간과의 교감과 동일시라든지 후자에 나타난 시골 산촌의 서정적이고 낭만적인 분위기는 두 작품의 영향관계를 알게 하는 대목이다. 이효석 문학은 농촌소설에서도 모더니즘적 묘사나 분위기가 드러난다. 작가는 고등 3,4년급 때인 16,7세에 체홉 작품을 통독했고 그 미묘한 향기나 색조의 영향을 받았으며, 체홉을 읽기 이전에는 반드시 모럴과 교훈을 찾으려고 애썼으나 체홉의 작품감상을 통해 제작의 진가가 반

---

79 이재현, 「이효석선생 간호기」, 『이효석전집』 8, 창미사, 1990, 52쪽.

드시 교훈적이 것이 아니며 예술적 요소가 더 중요한 것임을 알게 되었다고[80] 고백한다. 이효석 문학의 서정적이고 자연친화적인 어조와 미적 형상화는 체홉 사숙의 결과이다. 이 때문에 김동리로부터 "분위기나 센스를 노리려는 경향"이라든지 "산문에 대한 신경질적인 혐오와 기피"[81]라는 비난을 받으면서도 "특이한 매력있는 스타일리스트"이자 "모더니즘적인 세련된 감각"[82]의 소유자로 평가받는다. 영서 삼부작의 서정적 묘사도 전통적 자연 및 풍물묘사이기보다는 모더니즘의 영향 하에 그려진다.

이효석이 주을 부근 백계 로인(露人)들의 생활에 흥미를 가지며 주을 온천을 사랑했고, '이국적인 것에 대한 향수를 외인별장촌에서나마 위안을 얻고자 했고 러시아인이 풍기는 애수가 효석의 향수에 젖어드는 공감을 가져오게 한 것'[83]이라는 지적은 여러 평자에게 제기되었다. 백색, 백인에 대한 선호와 관심은 '동양적인 여인상이 아니라 구라파적인 것'[84]인 여성으로 표출되는데, 소설 속 여인들은 '제일가는 천하일색'이거나 여인도 반하는 얼굴을 갖고 있다. 그녀들의 공통점은 백인을 연상하는 하얀 피부색이다. 〈메밀꽃 필 무렵〉의 성서방네 처녀는 개울가의 어디 없이 하얀꽃인 메밀꽃의 정경을 뒤로 하며, 〈개살구〉의 서울댁은 "뜨물같이 허여멀쑥한 자그마하고 야물어진", "어둠 속에서도 유난스럽게 희고 퍼들퍼들한 몸뚱어리", "손발이 동자같이 작고 살결이 물에 씻긴 차돌" 같은 모습으로 부엌데기 점순이 목물을 할 때 "그 희멀건 등줄기가 있는 고운 몸뚱어리"를 안아보고 싶은 충동을 갖게 한다. 〈산협〉의 원주댁은 "먼 눈에도 부여스럼하게 흰 단정한 자태", "구슬같이 말간 색씨의 행동", "달같이 희멀건게……"와 같이 하얀 피부색이 미의 기준인 백색신화를 지님으로써 주을 온천의 백계 러시아인에게 경도된 이효석의 미의식이 반영된다.

---

80 이효석, 「나의수업시대」, 『이효석전집』 7, 창미사, 1990, 159쪽.
81 김동리, 「산문과 비산문」, 『이효석전집』 8, 창미사, 1990, 60~61쪽.
82 유진오, 「작가 이효석론」, 위의 책, 32쪽.
83 정한모, 「효석론」, 앞의 논문, 83쪽.
84 위의 논문, 82쪽.

전근대에서 식민지 근대로의 이행기는 신분에서 돈으로 계급의 기준이 바뀌며, 일제에 의해 왜곡된 도시발전을 가져온 시기이다. 꽃과 풀, 나무와 정원을 서정적이고 심미주의적으로 접근했던 작가에게 영서 삼부작 속의 자연은 현실적이고 경제적인 수단으로 표출된다. 〈메밀꽃 필 무렵〉의 메밀꽃과 〈개살구〉, 〈산협〉의 살구나무는 달과 밤 풍경과 어우러져 사랑이나 불륜이 일어나는 사건의 전조 혹은 복선 역할을 하지만 경제적인 배경이기도 하다. 메밀꽃의 '메밀'은 주요한 영서지방의 식재료이며, 살구나무의 개살구도 가난하고 굶는 이들에겐 주요 먹을거리이다. 이 시기의 나무들은 일제에 의해 주도된 신작로나 철로공사의 주재료가 되기 때문에 오대산의 나무들이 축재나 신분상승의 수단이다. 〈개살구〉의 김형태가 첩에게 살구나뭇집이라고 불리는 사치스러운 함석집을 마련해 줄 수 있었던 것도 버려질 뻔한 나무 때문이다.

…<u>오대산에 채벌장이 들어서면서부터 박달나무의 시세가 한참 좋을 때에는 산에서 벤 나무토막을 실은 우찻바리가 뒤를 이어 대관령을 넘었다. 강릉 주문진 항구에 부려만 놓으면 몇척이든지 기선에 싣고는 철로공사가 있다는 이웃 항구로 실어 나르곤 하였다.</u>

오대산 속에 산줄기나 가지고 있던 형태는 버리는 것인 줄만 알았던 아름드리 박달나무 덕택에 순시에 돈벼락을 맞게 되었다. 논섬지기나 더 늘이게 된 것도 그 판이었고 살구나뭇집을 세운 것도 그때였다. 학교에 돈백이나 기부하여 학무위원의 이름을 가졌고, 조합의 신용을 얻어 아들 재수를 조합의 서기로 취직시킨 것도 물론 그 무렵이었다. 흰 회벽의 야청으로서 밖에는 소용이 없다고 생각하였던 동네 사람들은 그 깎은 듯이 아담한 집 격식에 눈을 굴렸다.

뜰안에 라디오의 안테나가 들어서고 유성기의 노래소리가 밤낮으로 흘러나오게 되었을 때는 혀를 말았다. <u>박달나무가 가져온 개화의 턱찌꺼기에 사람들은 온통 혼을 뽑히었던 것이다. 뒷마을 기와집 큰 댁과 앞마을 살구나뭇집 작은댁과의 사리를 한가하게 어슬렁어슬렁 거리는 형태의 양을 사람들은 전과는 다른 것으로 고쳐보기 시작하였다.</u>[85]

신작로, 철도 등 문명의 이기는 자연의 훼손을 가져왔으며, 일제에 의해 주도됨으로써 왜곡되고 기형적으로 근대화되었다. 김형태는 첩의 집을 도시 함석집으로 꾸민 후 뜰안에 라디오 안테나를 세우고 유성기 노래소리가 밤낮으로 나오자 마을사람들의 혼을 뽑게 만든다. 이러한 근대물건들은 이전과 달리 그를 높게 보는 자본의 위력을 말해 준다. 근대의 문명을 받은 이들이 그렇지 않은 이들보다 교양있고 수준높게 인식되는 것이다.

〈산협〉의 공재도는 북쪽땅에서 이주해와 부지런히 골짝과 산허리와 땅을 일구어 자수 성공하여 마을에서 일등 가는 거농이 되었다. 산에서 자란 그에게 문막나루터는 눈을 혹하기에 충분했고 근방에서 제일 개화한 읍인 원주 출신의 아내를 맞아들인다. 문명의 찌꺼기가 그녀를 통해 궁벽한 두메까지 전달되는데, 원줏댁은 팥가루 대신 비누와, 창말에서 파는 매화분과는 다른 향내 나는 분가루를 썼고 가느다란 쇠반지를 꼈으며 엽초밖에 모르는 마을사람들에게 흰 권연을 피워 견딜 수 없는 향기를 퍼지게 한다. 이 향기들은 이성을 유혹하는 기호이자 근대성을 상징하는 사치품으로 시골사람들의 마음을 설레게 하고 자극한다. 비누와 화장품과 담배로 전달되는 문명의 전수가 원주읍, 문막나루터, 진부장터에서 남안리 시골로 유입되었고 1930년대 길, 거리, 신작로, 철도가 건설되는 개화과정이 드러난다. 산촌에서 태어나고 자라 일만 하는 시골사람들에겐 외지의 경험이 있는 이들의 이야기와 소박한 물품들이 곧 문명이자 개화의 표상으로 인식되는 것이다.

> "타관물 먹더니 너 아주 어른 됐구나. 올 때 진부장터 봤겠지. 강릉가는 신작로가 나서 창말보다두 크다든데." "크구 말구 신작로는 한없이 곧게 뻗친 위를 우차가 늘어서구 자동차가 하루에두 몇 번씩 달아난다네. 자동차 첨 보구 뜨끔해서 길 가에 쓰러졌다네. 돼지같이 새까만 놈이 돼지보다두 빠르게 달아나거든. 우레같이 소리를 지르면서.……세상이 넓지. 마당 같은 넓은 길을 걷구 있노라면 이 산골로 다시 돌아올 생각이 없어져. 어디든지 먼 데루

85 이효석, 〈개살구〉, 『이효석전집』 2, 창미사, 1990, 140쪽.

내빼구 싶으면서." "너 말두 늘구 생각도 엉큼해졌구나. 수작이 아주 어른이야. 어느 결엔지 어른 됐어. 목소리까지 굵어진 것이."[86]

본처이자 백모인 송씨를 동쪽 칠십리 길인 오대산 월정사를 데려다 주고온 증근에게 밭일이 고된 박동이가 외지 상황을 묻는 대목이다. 증근은 외지에서 자신을 키워준 백모와 불륜을 저지른다. 지리적 거리는 삶에도 영향을 끼치는데, 〈개살구〉의 김형태는 첫째첩인 강릉댁이 대관령을 넘어서 도망가자 팔십리 길인 그녀를 찾길 포기하고, 대신 도망갈 수 없는 오백리길의 서울 출신 첩을 데리고 온다. 도시에서나 볼 수 있는 신작로 위를 달리는 자동차와 우차의 풍경이 산골 오지사람에겐 신기하고 놀라운 일이다. 영서 삼부작은 개화되는 과정에서 문명의 유입과정과 영서지역의 발전과정을 보여주며, 돈이 지배하는 식민지 자본주의 근대사회의 신분 변화 양상이 드러난다. 자연과 성의 소재와 현실도피적 성향의 이효석에게 고향을 배경으로 한 영서 삼부작은 현실비판적이며 개화에 대한 인식과 문명에 길들여지는 인간성의 훼손과 탐욕을 재현한다.

4. 풍속의 재현과 고향

영서 삼부작은 작가의 고향인 강원 영서 지방이 공간적 배경이라는 점에서 1930년대의 삶과 관습, 전통과 근대의 섞임과 얽힘이 나타난다. 근대로 이행하는 과정에서 물리적 심리적 변화는 외부와 폐쇄되고 단절된 채 농촌 산골에서 살아가는 이들의 혼란스러운 삶을 야기한다. 강릉과 원주와 서울 사이에서 문명과 개화의 전달과정이 드러나며, 영서지방의 다채로운 풍물과 의례, 생활양식, 연례행사들이 리얼하고 생생하게 전달됨으로써 영서지방 민속의 보고로서의 가치를 지닌다.

---

86 위의 소설, 178~179쪽.

〈메밀꽃 필 무렵〉의 장돌뱅이인 허생원은 얼금뱅이 상판이라 평생 계집과 인연이 없는, 쓸쓸하고 뒤틀린 반생을 보내면서 유일한 인연을 맺었던 봉평장을 20여년 동안 기웃거린다. 진부와 대화장은 어물장수, 땜장이, 엿장수, 생강장수가 모여드는 곳으로 활발하게 장이 섰던 지역이다. 드팀전 장돌뱅이 허생원은 충주 제천의 이웃 군이나 멀리 영남지방도 헤매지만 강릉에 물건 하러 가는 외에는 봉평 군내를 돌아다니며 성서방네 처녀와의 추억을 잊지 않는다. 그녀를 기억하며 찾아다니는 허생원 곁을 지키는 건 늙은 노새 한 마리뿐이다. "장에서 장으로 가는 길의 아름다운 강산이 그대로 그에게는 그리운 고향"인 허생원의 마음은 이방인의식을 갖고 살았던 작가의식을 대변한다. 장돌뱅이들은 여기저기를 다니며 물건을 팔지만 영서지역과 충주, 제천 그리고 영동지역인 강릉의 소문과 정보를 전달하는 역할도 한다. 〈개살구〉의 살구나뭇집은 집 뒤에 아름드리 살구나무가 서있어 집을 그속에 묻혀버려서 밖에서는 집안을 엿볼 수 없는 형세가 되는지라 세상과 절연한 폐쇄적인 공간이다. 이효석 문학의 특징이기도 한 외부와의 단절을 보여주는 공간은 이 소설에서도 그려진다.

이효석 생가가 있는 창말(봉평면 창동리)이 배경인 〈산협〉은 자신이 잘 아는 지역으로 설정되며, 영서지역의 풍속과 민속, 행사들을 잘 보여준다. 서울서 한강을 거슬러 온 소금을 문막나루터에서 받기 위해 남안리 산골에서 가져온 콩과 바꾸는 이 지역은 과거에는 경제가 활발했다. 원주시의 하나뿐인 읍으로 문막은 섬강의 물을 막았다는 물막이에서 유래한 지명으로 한강 상류의 1지류인 섬강이 중심부를 관통하는 곡창지대[87]였기에 일제강점기 나루터이자 장터로 교역이 활성화되었다. 산골에서 나온 농군들과의 거래로 복작거리고 떠들썩한 연례행사는 해산물과 농산물을 교환하는 당대의 생활상이 엿보인다. 열흘이나 걸리는 이 일을 공재도는 자랑스럽고 호기로운 모양으로 마을사람들의 배웅 속에 시작된다. 첩을 데려온 날도 공재도는 야단스러운 잔칫집 행렬 속에서 외양간 결혼식 행사를

87 김은철 편, 『원주의 지명유래』, 미광문화사, 1999, 161쪽.

치른다. 소의 본성을 본받아 잘 낳고 잘 놀라는 의미와 외양간 신방차림에서 소같이 튼튼한 아들을 낳아서 대를 이어야한다는 책무가 부과된다. "사십 중년에 두 번 장가라니 망녕도 분수가 있지. 암만 해도 마을사람을 웃길 징조야"라고 빈정대고 비난하는 이가 있는가 하면, "자식 없는 신세가 돼 보면 무리는 아니렸다"고 이해와 공감하는 이들도 있는 결혼식은 뻔뻔하고 당당하게 이루어진다. 예쁘고 젊은 아내를 데려와 아들을 낳아야 된다는 보수적 관점을 인정하면서도 윤리적으로 옳지 않은 행위에 대한 공재도 집안의 일들이 소문과 풍문으로 전달되고 마을사람들은 왁자지껄하고 시끌법석하며 쑥덕거린다. 일부일처제와 윤리를 거스르는 첩과의 결혼행사는 마치 중세의 샤리바리[88]처럼 이중적이다. 전통사회에서 자연발생적으로 만들어진 관습인 샤리바리는 인간에 잠재된 성 욕망, 성 일탈을 샤리바리를 통해 응징하는 것으로 공동체 규범을 어긴 사람을 처벌함으로써 공동체의 질서를 지키려는 의도가 담겨있다. 근친상간, 간통, 재혼, 불임을 문제화하는 샤리바리는 소란스럽고 폭력적이고 외설적인데 이의 상징적 의미는 인간행동의 진정한 의미를 드러내주고 그것을 통해 인간에 대한 이해와 소통을 가능하게 하는[89] 것이다.

〈개살구〉의 금녀는 살구서리를 갔다가 첩과 아들의 불륜장면을 목격하고, 샘물터에서 제천이, 춘실네, 옥분, 방앗집 새댁에게까지 전달됨으로써 형태만 빼고 온 마을사람들에게 알려진다. 뒤숭숭하게 수군거리고 횡설수설하고 와글와글 뒤끓고 샘물터가 발끈 뒤집혀지며 두 남녀의 응징과 보복을 예상되는 마을 분위기는 샤리바리적이다. 〈산협〉에서의 소 목에 단 방울소리를 떨렁떨렁 울리며 사람들의 말소리가 지껄지껄 들리는 잔칫집 행렬 같은 등장이나 요란한 결혼식 장면도 '비정상성을 고발하고 응징

88 샤리바리charivari란 비정상적인 결혼을 한 부부나 성 규범을 일탈한 사람들, 즉 재혼이나 불임, 간통 등을 행한 사람들, 즉 재혼이나 불임, 간통 등을 행한 사람들을 대상으로 물리적·언어적 폭력을 행사하는 유럽의 오래된 민속 관행이다. –윤선자, 『샤리바리』, 열린책들, 2014, 13쪽.

89 위의 책, 78쪽.

하는 저항의 소리[90]로 소란스럽고 외설스러운 분위기가 조성된다. 이 소설에서는 단오날 창말에서 열리는 장사씨름대회와 황소를 상으로 주는 행사가 거행되며, 노루를 키우거나 흥정리 산골에서 곰이 산을 넘어와 곰사냥을 하는 일들이 그려진다. 나무, 꽃, 산짐승들과 더불어 살아가는 영서지역의 자연친화적이고 서정적인 풍경들이 인간의 욕망과 탐욕과 더불어 묘사되며, 풍습과 민속을 리얼하게 재현한다.

이 시대는 여전히 미신적 전근대적이고 비과학적이며 불합리한 판단에 매여 있다. 본처들은 첩을 저주하는 치성이나 임신을 기원하는 일들을 칠성단에서 온갖 귀신과 삼신할머니, 염라대왕을 동원하여 기원하며, 점장이나 판수에 의지하고 고산치성을 드리며 일을 그르치면 터나 나무 탓을 한다. 전근대와 근대의 혼효는 식민지 근대의 시대적 동시성을 표상한다. 작가는 객관적이고 냉정한 시선으로 고향의 생활상과 전통의례를 재현하면서도 부도덕하고 비윤리적이며 가부장적 현실을 동시에 지적한다.

5. 전통·모더니티·로컬리티

이효석 문학의 특징인 다양성은 단점인 동시에 독특한 가치를 지닌 양면성을 내포한다. 그동안 이효석 문학연구는 많은 진전이 있어왔으며, 전기문학과 후기문학, 농촌소설과 도시소설로 구분되어 연구되거나 현실도피, 엑조티시즘과 에로티시즘, 심미주의, 서정성 등의 주제나 모티프 접근으로 분석되었다. 최근에는《화분》이나《벽공무한》으로 대표되는 모더니즘소설이나 〈산〉과 〈들〉 같은 심미주의 작품이 주목받는데, 그의 문학의 백미이자 대표작은 영서 삼부작이라는 관점에서 이효석 문학을 재인식한다. 5세 때의 모친 사망, 부친의 재혼, 계모와의 갈등이라는 유소년기 체험에서 볼 때 모성 결핍과 오이디푸스 콤플렉스, 국가 상실로 인한 대타자인

---

90 위의 책, 81쪽.

'아버지의 이름'의 부재가 정체성의 미확립을 가져왔고, 이효석은 성, 자연, 서구, 문명을 헤매면서 가족과 고향 곁으로 돌아오지 못하는 이방인으로 살아왔다. 현실, 사회, 민족, 역사라는 거대담론에서 벗어날 때 결국 자아, 몸, 성, 자연에 관심을 가지게 되며 이런 점에서 이효석 문학은 탈근대적이며 니체적이다. 또한 애정결핍과 소외감, 부친에 대한 적대감정이 야기한 인간에 대한 환멸과 불신이라는 부정적 인간관은 자연으로 귀의하거나 합일하는 태도를 갖게 했다.

평창, 봉평, 진부, 대화, 원주, 문막, 횡성, 강릉, 대관령, 오대산 월정사를 공간으로 하는 영서 삼부작은 14세까지 살았던 유년기적 체험과 기억들을 바탕으로 현실비판과 인간에 대한 사유를 리얼하고 생생하게 그린다. 심미주의 작품이나 계급문학, 모더니즘소설이 함량미달이라거나 서사의 미비 등의 비판을 받는데 비해 영서 삼부작의 뛰어난 문학적 형상화와 현실인식은 문학적 문학사적 가치가 있음에도 불구하고 〈메밀꽃 필 무렵〉에만 집중되었고, 〈개살구〉와 〈산협〉은 주목받지 못했거나 가치를 인정받지 못하였다. 세 작품은 축첩과 패륜과 근친상간이라는 모티프를 통해 인간의 비윤리적이고 비인간적인 모습을 그리며, 강원지역의 가부장적이고 보수적이며 남아선호, 남존여비 사상을 보인다. 또한 여성을 가축이나 물건 취급을 하는 생활방편이나 생계도구로 인식함으로써 아내, 아이, 동물 같은 타자를 희생시킨다. 한국의 풍경을 세련되고 모던하게 묘사하고, 하얀 피부를 갈구하는 백인선호가 나타나며, 전근대와 근대가 혼효되는 시대의 이행기에 서구문물이 어떤 경로로 이동하며 이를 대하는 시골사람들의 인식이 나타난다. 세 편의 소설에는 당대를 살던 풍습과 민속이 리얼하게 그려지는데, 단오제 소싸움, 봉평과 진부장터에서의 문물교환, 문막나루터에서의 소금교환 연례행사, 곰사냥, 외양간 혼례의식 등 생활양식이 묘사되고 있어 영서지방의 민속자료로도 가치가 있다. 이효석 문학에서 이례적인 영서 삼부작의 작품가치는 다른 어떤 작품에 비추어 볼 때 손색이 없을 뿐만 아니라 역사의식이나 현실인식의 부재라는 평가에 대해 재인식할 수 있다는 점에서 매우 주요한 작품들이라 여겨진다.

3장
김유정·이효석 소설의 음식과 성 비교 연구

1. 김유정·이효석과 영서지역

강원문학은 지정학적 위치로 인해 중앙문단에서 소외되거나 폄하되어 변두리(변방) 혹은 가장자리 문학으로 인식된다. 그럼에도 불구하고 봉평 출신의 이효석과 춘천의 김유정은 1930년대 문학사에서 매우 주요한 작가로 자리매김하고 있다. 강원 영서지역 출신인 김유정과 이효석은 명문대 출신의 지식인으로 조실부모, 구인회 가입, 여행 및 방랑생활, 고향배경작품을 대표작으로 활동하였다. 6살 때 모친, 8살 때 부친이 사망한 김유정은 남매들의 이상증세와 질병, 실연, 가난에 시달리며 불우하게 짧은 생을 마감했고, 이효석도 5살 때 모친 사망, 계모와의 불화, 이로 인한 부친 및 고향과 거리감을 갖게 되어 일생을 여행하며 유토피아를 지향했다.

일반적으로 음식과 성은 인간의 기본적인 욕구로 사회적 문화적 생물학적으로 밀접히 연결되며, 일상생활이나 문학작품에서 성적 행위는 흔히 먹는 행위로 은유되어 왔다. 음식과 섹스는 비슷한 본능적 욕구이고 구강만족과 성적만족 사이에는 관련[91]이 있다. 식욕과 성욕을 어떤 관점으로 바라보는가는 문학적 특징과 주제의식을 이해하는 관건이 될 수 있다. 도스토옙스키와 톨스토이 문학의 음식과 성을 비교한 로널드 르블랑은 두 러시아 작가의 문학적 특징을 육식성과 관능성으로 파악한다. 도스토옙스

91 캐롤 M. 코니한, 김정희 역, 『음식과 몸의 인류학』, 갈무리, 2005, 125쪽.

키의 캐릭터는 '탐하려고 하고', 톨스토이의 캐릭터는 '느끼고자' 한다는 것이다. 도스토옙스키의 경우 먹는 행위와 성행위는 폭력, 침략, 지배의 행위로서 가진 자가 못 가진 자를, 강자가 약자를, 오만한 자가 온순한 자를 먹어 치우려는 것으로 성교라는 신체적 행동은 에로틱한 체험보다는 폭력 행위로 간주하며 합의된 성행위나 상호 간 성행위보다는 강간 즉 성폭력으로 이해[92]한다. 이에 반해 톨스토이의 인물들은 '먹어 치우기'보다는 '맛을 보는' 경향으로 권력(힘)보다는 쾌락, 육식성과 식인풍습(cannibalism)보다는 쾌락주의와 향락주의에 가깝기에 그저 감각적 즐거움[93] 때문에 음식을 즐긴다는 것이다. 두 작가의 음식과 성에 대한 태도를 김유정과 이효석 문학에 대입해 보면, 김유정 소설에는 계급과 권력에 의해 먹느냐 먹히느냐, 지배하느냐 지배당하느냐로 현실인식이 투영된다. 따라서 탐욕스럽고 약탈적인 남성인물의 음식과 여성에 대한 태도는 도스토옙스키적이라고 할 수 있다. 심미주의자이자 댄디인 이효석의 문학에선 성에 대해 실험하고 탐색하고 탐닉하는 인간본성에 주목하며, 음식이 에로틱한 성적 코드로 은유된다는 점에서 톨스토이적이다. 김유정의 염인증적 관점은 인간을 '육괴(肉塊), 고깃덩어리'로 인식하지만, 이효석의 인간환멸적 시각은 '쭉정이'로 표상된다. 김유정 문학을 도스토옙스키 문학과, 이효석 문학을 톨스토이 문학의 특징과 같다기보다는 음식과 성에 대한 측면에서 유사하다는 점에 착안해 두 작가의 문학적 특징과 차이를 찾아본다.

2. 김유정 소설의 육식성과 샤리바리적 응징

김유정 소설의 음식과 성에 대한 태도는 계급과 성별, 지위, 자본에 따라 철저하게 위계적이다. 취향과 취미, 기호 및 분위기와 상관없이 김유정

---

92 로널드 르블랑, 조주관 역, 『음식과 성: 도스토옙스키와 톨스토이』, 그린비, 2015, 19쪽.
93 위의 책, 19쪽.

소설에서 먹는 행위나 음식은 굶주림과 배고픔을 충족시키기 위한 생리적 욕구 차원에서 그려진다. 먹는 행위는 성행위에도 반영되어 여성은 음식처럼 씹혀지고 물리도록 시달리며 주물러진다. 아내는 자신의 의지와 상관없이 남편의 조장과 묵인하에 성을 착취당하고 애욕의 대상이 되며, 한 곳에 정착하지 못하고 떠도는 들병이는 함부로 다뤄지고 성적으로 대상화된다. 절대적으로 빈곤하고 피폐한 1930년대 강원지역의 농촌현실이 여성의 열악하고 고단한 위치를 통해 적나라하게 묘사된다.

〈총각과 맹꽁이〉(신여성, 33.9)의 마을에 들병이의 출현으로 덕만 어미는 노총각 아들의 결혼을 기대한다. 순진하고 내성적인 덕만은 술값을 지불하는 대가로 건달 뭉태에게 들병이를 소개받고자 하지만 이용만 당한다. 마을총각들에게 공유되는 들병이는 나이찬 총각들에게 옮겨 다니며 신체를 훼손한다. 이들에게 배고픔과 성적 욕구는 감성과 연민이 배제된 채 동물적이고 폭력적인 본능에 의해 충족되어야 하는 행위일 뿐이다.

> "제미부틀, 배고파 일 못 하겠네-"
> "하기 죽겠는걸, 허리가 착 까부러지는구나-"[94]

김유정 소설엔 입쌀, 보리, 콩, 호포(총각과 맹꽁이), 감자, 도라지, 더덕(소낙비), 콩(금따는 콩밭), 머루, 다래, 칡, 송이, 닭, 밥, 막걸리(만무방), 좁쌀, 짠지, 동치미, 고추장, 삶은 밤, 술국, 닭, 술, 국수, 쌀, 조(산골나그네) 등 식품과 주식 위주로 식생활이 전개되며 미학적이고 서정적인 이미지로 나타나지 않는다. 음식의 기본재료인 오곡(기장, 조, 보리, 콩, 쌀)이 주로 등장하는바 '문학 속의 음식이란 현실의 반영이면서도 일종의 허구적이고 미학적 담론'[95]을 동반할 때 김유정 소설 속 음식은 전자에 치중되어 있다. 굶주림을 해결하기 위해 허겁지겁 먹는 태도는 여성을 대할

---

94 김유정, 〈총각과 맹꽁이〉, 전신재 편, 『원본 김유정전집』, 강, 2012, 30쪽.
95 서인석, 「한국 고전산문 속의 음식표상과 그 생활사적 의미」, 『돈암어문학』 제28권, 돈암어문학회, 2015, 75쪽.

때도 폭력적이고 허기지게 묘사된다.

> "말가코 살집 조트라. 나려 씹어두 비린내두 업슬걸- 제일 그 볼기짝 두두룩한 것이……."
>
> 들병이를 혼자 껴안고 물리도록 시달린다. 두터운 입살을 이그리며, "요것아, 소리 좀 해라, 아리랑 아리랑." 고갯짓으로 계집의 응둥이를 두드린다. 좁은 봉당이 꽉찻다. 상하나 흐미한 등잔을 복판에 두고 취한 얼골이 청성굿게 죄여안젓다. 다가치 눈들은 계집에서 떠나지 않는다. 공석에서 벼루기는 들끌르며 등어리 정강이를 대구뜻어간다. 그러나 긁는 것은 사내의 체통이 아니다. 꾹 참고 제 차지로 계집 오기만 눈이 빨개 손꼽는다.
>
> "돌려라 돌려, 혼자만 주무르는 게야?"
>
> 뭉태는 계집의 어깨를 잔득 웅켜잡고 부라질을 한다.[96]

감성, 친밀함, 낭만적 사랑이 배제된 채 육체적 본능만 충족시키는 대상인 여성은 술값과 밥값의 대가로 신체를 제공한다. 돈과 성이 교환되며 몸으로 생계를 유지하는 들병이와 가부장적인 남성과의 관계는 위계적이고 강압적이며 일방적이다. 실지로 들병이와 떠돌이 생활을 했던 작가는 억압되고 몸을 훼손하며 폭행당하는 여성타자를 재현함으로써 일제강점기 현실을 비판한다. 음식이 곧 여성으로 비유되는 여성의 영역이며, 매식과 매춘은 유사한 의미계열체에 속하기에[97] 음식을 공유한 남성들은 공모하여 여성을 공유한다. 음식이 권력과 금욕의 코드, 관계와 서열의 기호, 소통과 교류, 배려와 풍요의 의미 등을 내포할 때 김유정 소설의 음식은 권력과 서열 속에서 작동된다. 서른넷에도 장가를 가지 못한 덕만은 들병이를 아내로 들여 돈을 벌 계획을 세우지만 암수놈이 의좋게 주고받으며 사랑의 노래를 부르는 맹꽁이만도 못한 신세가 되고 만다. 정보가 부족하

---

96 김유정, 앞의 소설, 31쪽, 34쪽, 35쪽.

97 이경, 「근대소설과 음식의 기호학」, 『현상과 인식』 제28권, 한국인문사회과학회, 2004, 148쪽.

고 무지하여 돈을 날리게 된 어리석고 모자란 덕만은 맹꽁이에게조차 비웃음을 당한다.

〈소낙비〉(조선일보, 35.1.29~2.4)의 서두는 고요한 마을에 금세라도 무슨 일이 벌어질 것 같은 복선을 깔고 있다.

> 음산한 검은 구름이 하늘에 뭉게뭉게 모여드는 것이 금시라도 비 한 줄기 할 듯 하면서도 여전히 짓구즌 햇발은 겹겹 산속에 뭇친 외진 마을을 통재로 자실 듯이 달구고 잇엇다. 잇다금 생각나는 듯 살매들린 바람은 논밧간의 나무들을 뒤흔들며 미쳐 날뛰엇다.
>
> 뫼박그로 농군들을 멀리 품아시로 내보낸 안말의 공기는 쓸쓸하엿다. 다만 맷맷한 미루나무숩에서 거츠러가는 농촌을 을프는 듯 매미의 애끗는 노래…….
>
> 매-음! 매-음!
>
> 춘호는 자기 집- 올봄에 오원을 주고 사서 들은 묵삭은 오막살이집-방문턱에 걸터안저서 바른 주먹으로 턱을 고이고는 봉당에서 저녁으로 때일 감자를 씻고잇는 아내를 묵묵히 노려보고 잇엇다. 그는 사날 밤이나 눈을 안 붓치고 성화를 하는 바람에 농사에 고리삭은 그의 얼골은 더욱 해쓱하엿다.[98]

비오기 직전 매미소리가 의미하는 장면묘사에서 춘호처에게 다가올 불길한 사건이 암시된다. 아내는 남편에게 폭행을 당하며 고통스러운 결혼생활을 영위하지만 그 삶을 유지하고자 무던 애쓴다. 몸을 상하더라도 가정을 해체하지 않으려는 순종적인 아내는 연한 허리를 모질게 후리고 호통을 치며 이원을 마련해 오라는 남편의 무지한 매를 감당한다. 어린 아내는 이주사에게 몸을 허한 후 얼굴도 모양내고 옷치장도 하고 밥 걱정도 하지 않는 팔자가 되었다고 자랑하는 쇠돌엄마의 처지를 오히려 부러워한다. 돈과 밥으로 마을 여자들의 성을 탐하는 이주사는 여성을 무자비하

98 김유정, 〈소낙비〉, 앞의 책, 38~39쪽.

고 잔인하게 다루고 모멸감을 주며 전유한다. 돈과 음식에는 계급적 성적 서열적 질서 하에 피식되는 여성과 포식자로서의 남성이 위치 지어진다.

> 자기 따는 꿈박기란 듯 눈을 두리번두리번하드니 옷 위로 볼가진 춘호처의 젓가슴, 아랫배, 넓적다리, 발등까지 슬적 음충히 훌터보고는 건아한 낯으로 빙그레한다.
>
> 그는 눈이 뒤집히어 입에 물었던 장죽을 쑥 뽑아 방 안으로 치트리고는 게집의 허리를 뒤로 다짜고짜 끌어안아서 봉당 위로 끌어올렸다.
>
> "너 참, 아이 낫다 죽엇다 드구나?"
>
> "애, 이 살의 때꼽 좀 봐라. 그래 물이 흔한데 이것 좀 못 씻는단 말이냐?"[99]

남의 아내를 강간하고도 죄의식을 갖지 않는 이주사와의 성행위를 계집은 모욕과 수치로 난생 처음 당하는 봉변이자 지랄 중에도 몹쓸 지랄이라고 여긴다. 남편에게 폭행당하고 다른 남자에게 겁탈당한 아내는 이주사의 노골적인 시선 속에 보여지는 몸이 된다. 그녀의 신체는 남성주체에 의해 탐닉되는 매매되는 성으로 환원된다. 취약한 타자를 희롱하고 조롱하는 포식자의 집요함과 공격적 기질을 지닌 이주사는 쇠돌엄마와 춘호처 등 동네아낙네의 몸과 성을 남편들과 공유하는 비정상적 비도덕적 일상이 지속되는 것이다. 몸을 허하고 가축 혹은 생계수단으로 인식되며 가난과 매질과 간통이 수반된 결혼생활을 지키려는 아내들의 정착하지 못하고 떠도는 삶에서 병들고 방랑하는 식민지 현실이 재현된다.

쇠돌아버지와 춘호의 묵인과 방조 하에 이루어지는 매춘과 간통은 1930년대 강원지역의 생활이 얼마나 열악하고 힘든지를 대변한다. "시골 아낙네로는 용모가 매우 반반하고 호리호리한 몸매, 외입깨나 하염직한 얼굴"을 한 춘호처와 같이 자신의 몸과 외모를 자원 삼을 수밖에 없는 여성들은 생존 도구가 된다. 인제가 고향인 춘호는 흉작으로 빗쟁이의 위협

---

99 위의 소설, 44쪽, 46쪽.

과 악다구니에 시달려 알몸으로 야반도주하여 안말 산골에 왔으나 농토도 제공받지 못하고 품도 못 파는 지경 속에 “쌀쌀한 불안과 굶주림”이 계속된다. 노름밑천 이원을 구해 돈을 딴 후 서울로 이주하려는 남편 때문에 열아홉의 어린 아내는 오십 전후의 이주사에게 몸을 바친다.

〈총각과 맹꽁이〉, 〈소낙비〉의 들병이와 춘호처는 남성들에게 공유되고 이양되며 허여된다. 성적 착취와 육체적 폭력의 대상인 그녀들은 힘과 권력의 소유자인 이주사와 육식성의 공격적인 마을남자들에게 착취되는 것이다. 주림, 공격성, 탐욕, 폭력성을 바탕으로 하는 먹는 행위와 깨무는 행위는 성적 행위와 연결됨으로써 여성들은 난폭하게 다뤄지고 괴롭혀진다. 〈소낙비〉에서는 농군들에게 주어지지 않는 농토와 반복되는 빚과 표랑이 점철되는 일상과 희망 없는 미래로 도박과 매춘에 빠지는 강원도민의 처절하고 비참한 삶이 그려진다. 가정을 지키기 위해 다른 남자에게 몸을 바치는 아이러니와 해학적 양상은 극한의 생계를 위한 최악의 상황을 반증한다.

〈만무방〉(조선일보, 35.7.17~30)의 응칠은 가족을 해체하고 떠도는 신세이다. 식민지 현실과 자본주의 근대에 적응하지 못한 시골사람은 가정을 유지하지 못하거나 아내나 딸이 매음 · 매매되는 비정상적이고 반윤리적인 처지에 놓인다. 착실한 농부로 살아가는 동생 응오와 달리 응칠은 농토, 계집, 자식, 집도 없고 양식 쌓아둘 일이 없어 산을 다니며 머루, 다래, 칡, 이름 모를 잡초 속에 송이를 채취하지만 장에 팔기 위해 정작 자신은 먹지 못하고 소외된다.

> ……생각해 보니 어제ㅅ저녁부터 여짓것 창주가 골립든 것이다. 불현듯 송이 꾸럼미에서 그중 크고 먹음직한 놈을 하나 뽑아 들엇다. 응칠이는 그 송이를 물에 써억써억 부벼서는 떡 버러진 대구리부터 걸삼스리 덥석 물어 떼엇다. 그리고 넓죽한 입이 움질움질 씹는다. 혀가 녹을 듯이 만질만질하고 향기로운 그 맛. 이렇케 훌륭한 놈을 입맛만 다시고 못 먹다니. (중략) 이까진 걸 못 먹어 그래 홧김에 또 한 놈을 뽑아 들고 이번엔 물에 흙도 씻을 새

> 업시 그대로 텁석거린다. 그러나 다른 놈들도 별 수 업스렷다. 이 산골이 송이의 번고향이로되 아마 일년에 한 개조차 먹는 놈이 드드리라.[100]

송이 두 개를 먹은 응칠은 떡, 국수, 말고기, 개고기, 돼지고기, 소고기 등 든든한 것을 먹고 싶어하다가 닭을 잡아먹고 막걸리까지 욕망한다. 그에게는 미래나 계획이 없으며 본능적으로 기본 욕구를 충족하며 하루를 살아낼 뿐이다.

> 그는 으식한 숩속으로 찾아들엇다. 닭의 껍질을 홀랑 까고서 두 다리를 들고 찌즈니 배창이 업꾸리로 쬐진다. 그놈을 긁어 뽑아서 껍질과 한데 뭉치어 흙에 뭇어 버린다.
>
> 고기가 생기고 보니 연하야 나느니 막걸리 생각. 이걸 부글부글 끌여 놋고 한 사발 떡 켯으면 똑 조을텐데 제-기. 응칠이의 고기는 어듸 떨어졋는지 술집까지 못 가는 고기엇다. 아무려나 고기 먹구 술 먹구 거꾸룬 못 먹느냐. 그는 닭의 가슴패기를 입에 뒤려내고 쭉 찟어가며 먹기 시작한다. 쫄깃쫄깃한 놈이 제법 맛이 들었다. 가슴을 먹고 넓적다리, 볼기짝을 먹고 거반 반쯤을 다 해내고 나니 어쩐지 맛이 좀 적엇다.[101]

산과 들과 해변을 다니며, 남의 방앗간이나 헛간, 강가, 시새장, 괴때기 위에서 자면서 강원도 어수룩한 산골로 유람 겸 편답하는 응칠은 실상은 주재소로부터 감시받는 신세이며, 병든 아내를 둔 동생 응오도 자신의 벼를 도둑질하는 최악의 상황에 내몰려있다. 이들에게는 심미적이고 낭만적인 삶을 기대할 수 없는 생존과 생계유지라는 궁핍과 빈곤만이 놓여 있다.

〈산골나그네〉(제일선, 33.3)의 어느 산골에 유입된 아낙네를 떠꺼머리 총각과 그의 어미는 며느리를 삼고자 한다. 그녀는 손님들에게 성을 착

100 김유정, 〈만무방〉, 전신재 편, 위의 책, 87쪽.
101 위의 소설, 98쪽.

취당하고 밥값, 술값의 대가로 몸이 제공된다.

> 술이 온몸을 돌고나서야 되ㅅ술이 잔푸리가 된다. 한잔에 오전 그저 마시긴 아깝다. 얼간한 상투백이가 게집의 손목을 탁잡아 아프로 끌어댕기며 "권주가 좀 해 이건 뀌어온 버리 ㅅ자룬가." "권주가? 뭐야유?" "권주가? 아 갈보가 권주가도 모르나 으하하하." 하고는 무안에 취하야 폭 숙인 게집뺨에다 꺼칠꺼칠한 턱을 문질러 본다. 소리를 암만 시켜도 아래ㅅ입살을 개물고는 고개만 기울릴뿐. 소리는 못하나 보다. 그러나 노래 못하는 끗도조타. 게집은 령나리는대로 이 무릅 저 무릅으로 옮아안즈며 턱미테다 술ㅅ잔을 바처올린다. 술들이 담뿍 취하였다. 두 사람은 고라저서 코를 곤다. 게집이 칼라머리 무릅우에 안저 담배를 피여올릴 때 코웃음을 흥 치드니 그 무지스러운 손이 게집의 아래ㅅ배가죽을 사양업시 웅켜잡앗다. 별안간 "아야" 하고 퍼들짱하드니 게집의 몸똥아리가 공중으로도 뛰여오르다 떨어진다. "이 자식아 너만 돈내고 먹엇니?"[102]

국수, 닭, 술 등의 식사를 마친 손님들은 나그네를 희롱하고 접촉하며 쾌락을 얻고자 한다. 외지에서 이 마을로 들어와 객주집에 기거하면서 고객에게 공유되는 나그네는 아들에게도 "합의한 거나 틀림없는" 짐작으로 겁탈당한 후 며느리가 되지만 그녀는 최소한의 물건을 훔친 후 병든 남편과 마을을 떠난다. 유부녀임에도 불구하고 여러 남자에게 공유되는 여성의 비참한 삶이야말로 시대상황을 잘 보여준다. 남성들의 성욕구는 여성 희생자들의 의지를 포악하게 소유하고 지배하며 통제하고, 궁극적으로는 여성들을 게걸스럽게 먹어버리도록 충동질하는 극도로 이기적인 욕망[103]으로 나타나며 이들에게 죄의식이나 윤리의식은 보이지 않는다. 김유정은 자전적 소설 〈생의 반려〉에서 인간을 "먹지 못하는 주체 궂은 고깃덩어리"

102 김유정, 〈산골나그네〉, 앞의 책, 20~21쪽.
103 로널드 르블랑, 앞의 책, 110쪽.

라거나 수필 〈병상의 생각〉에서 "근대식으로 제작되어진 한 덩어리의 예술품", "화장과 의장 혹은 장신구를 벗겨내고 보면 거기에 남는 것은 벌건, 다만 벌건, 그렇고도 먹지 못하는 한 육괴(肉塊)"라고 서술하고 있어 인간과 고기를 동일시한다. 여자는 동물고기(meat)와 마찬가지로 자연에 속하고 따라서 남자(=인간)의 지배와 통제의 대상[104]으로 묘사되며, 돈과 성과 음식에 대한 환상적이고 에로틱하며 미식의 측면은 배제된다.

김유정 소설의 주도모티프인 매춘, 인신매매, 도박, 도둑질, 금광, 이향(이주), 폭행 사태는 식민지, 가부장제, 근대 자본주의가 결합된 192,30년대 한국적 상황이 얼마나 극단적이고 비정상적이며 비도덕적인지를 말해준다. 미래가 없는 이들에겐 한탕주의, 찰나적 쾌락 추구, 무책임하고 비윤리적인 약탈 행위만이 자행될 뿐이다. 〈총각과 맹꽁이〉의 '덕만'과, 〈산골나그네〉의 '덕돌'로 불리어지는 노총각은 시대와 사회의 가장 열악한 타자의 모습으로 성석제, 이기호 소설에 등장하는 나약하고 무력한 소시민 계보로 이어진다. 무지하고 순진하며 재빠르게 적응하지 못하는 이들은 자본과 권력, 역사의 흐름 속에서 고통당하고 학대받고 폭력과 억압 속에 놓인 소시민이자 하층민이다. 해학과 '웃픈' 상황으로 분위기를 이끄는 김유정 문학은 권력을 갖지 못한 타자를 유머러스하게 그림으로써 희석되기보다는 비참한 시대상이 강렬하게 부각된다.

인간의 삶과 본성을 지탱하는 음식과 성을 작가는 육식적이고 폭력적이며 공격적인 태도로 묘사한다. 음식을 먹어치우고자 하는 탐욕이 남녀간의 관계 속에서도 드러나는데, 다른 사람을 부정하고 파괴하고자 하는 욕구인 탐욕적 공격성을 지닌 남성들의 약탈성, 탐욕성, 육식성에 이르는 권력의지[105]로 인해 여성은 사물화되고 성적으로 대상화되며 수치와 모멸감을 느낀다. 가부장적인 남성은 여성을 선물처럼 양도하거나 공유하며 성적으로 학대하고 재물축적에 이용한다. 〈소낙비〉의 이주사는 마을여자

104 김광억, 「음식의 생산과 문화의 소비」, 『한국문화인류학』 제26권, 한국문화인류학회, 1994, 12쪽.

105 로널드 르블랑, 앞의 책, 18쪽.

들을 전유하고 떠꺼머리총각인 덕돌과 덕만들도 들병이와의 결혼을 통해 생계수단으로 이용하고자 하며, 마을남자들은 그녀들을 성희롱하고 신체적으로 접촉하고자 하는 욕구를 발산한다.

결혼으로 증여되고 전쟁에서 전리품이 되고 호의 표시로 교환되고 공물로 보내지고 거래되고 사고 팔리는 여성에 대한 인식은 '원시'사회에 국한된 것이 결코 아니며 더 '문명화'된 사회들에서 오히려 더 공공연하게 횡행되고 상품화[106]된다. 근대, 식민지, 가부장제가 결합된 192,30년대 한국사회에서 경제적 사회적 문화적으로 열등한 여성은 자의식을 배척당한 채 하나의 성으로 취급된다. 들병이, 매춘부, 카페여급, 술집작부뿐만 아니라 아내의 위치에 있는 여성조차도 성 상품으로 사육되고 길들여진다. 이는 여성 교환의 시작이 사회의 기원을 형성했다는 레비 스트로스의 말처럼 이 시대야말로 원시적이고 반문명화된 사회였던 것이다.

성 상품으로 사육되지만 정작 성행위가 어떤 의미인지 그것이 얼마나 중요한지에 대해서는 완전히 무지[107]한 여성들은 가정을 유지하기 위해 남편의 무리한 요구를 받아들이며 자신의 몸을 훼손한다. 사회적 경제적 열등함으로 매춘이 자행되는 오랜 역사 속에서 남성들은 찰나적 쾌락과 향락을 목적으로 여성을 함부로 대한다. 김유정 소설 속 여성들은 육체로 환원되고 동의가 있건 없건 타인의 성적 서비스를 위한 도구가 됨[108]으로서 폭력이 자행된다. 여성이 결혼제도 안팎에서 자신을 한 남자에게 파느냐 여러 남자에게 파느냐는 단지 정도의 차이일 뿐이라고 말한 골드먼의 주장조차 유지되지 못했던 사회가 일제강점기였다. 술값으로 곡물이나 식기, 침구, 의복류-생활상 필유품을 받는 들병이 부부와 동행하는 남성도 있는데, "누가 本男便인지 分間하기 어렵고 자칫하면 終末에 主客이 顚倒되는 相外의 事變"[109]생기게 되는 일처다부적인 상황이 전개될 만큼 윤리, 도

---

106 게일 루빈, 신혜수 외 역, 『일탈』, 현실문화, 2015, 112쪽.

107 위의 책, 178쪽.

108 캐슬린 배리, 정금나 외 역, 『섹슈얼리티의 매춘화』, 삼인, 2002, 43쪽.

109 김유정, 「조선의 집시」(매일신보, 1935.10.22-29), 전신재 편, 『원본 김유정전집』, 강,

덕, 금기체계가 무너진 원시사회였다. 근대문명사회의 최소한의 규칙도 지킬 수 없는 시대적 질곡을 작가는 음식과 성에 대한 폭력적 공격적 탐욕적 동물적 관점으로 그린다.

일제강점기 시대의 이행기를 재현함에 있어 김유정 소설은 시끄럽고 전복적인 카니발적 축제 분위기로 설정한다는 점에서 샤리바리적[110]이다. 하나의 집단적 행동으로 그 행위의 폭력성과 외설성 때문에 야만적이고 범죄적으로 비치는[111] 샤리바리는 성 규범 일탈자를 처벌함으로써 결혼과 가정생활, 성적 방종을 정상화시키고, 일부일처제와 남성적 가치관을 강화하고, 궁극적으로 사회적 일치와 공동체의 연대를 유지해 왔다. 들병이의 출현으로 동네가 시끌하고 북적거리며, 남의 아내와의 관계에서도 뻔뻔하고 당연시하는 태도에서 모든 질서와 위계가 뒤집어지는 카니발적 식인풍습적 상황이 일상화된다. 인간에 내재된 동물성, 성적 본능을 표현하는 샤리바리[112]를 통해 전복되고 뒤집어지고 비이성적인 일제강점기 강원지역의 비참하고 극빈한 타자의 삶을 작가는 역설적으로 드러낸다. 시끌벅적한 소동으로 그려지는 산골 풍경은 어리석고 황당하며 하고자 하는 일을 성취하지 못하는 인물들의 일상이 재현됨으로써 더욱 비참하고 한계상황에 처한 가부장적 식민지 근대를 표상한다. 괴물과 야수가 된 남성인물에게 성적 결합이란 육욕에 대한 상호 충족이라기보다는 여성 피해자에 대한 남성의 정복과 성폭력을 의미[113]하였다.

2012, 421쪽.

110 샤리바리(charivari)란 비정상적인 결혼을 한 부부나 성 규범을 일탈한 사람들 즉 재혼이나 불임, 간통 등을 행한 사람들을 대상으로 물리적 언어적 폭력을 행사하는 유럽의 오래된 민속 관행을 말한다. –윤선자, 『샤리바리』, 열린책들, 2014, 13쪽.

111 위의 책, 17쪽.

112 위의 책, 87쪽.

113 로널드 르블랑, 앞의 책, 103쪽.

3. 이효석 소설의 관능성과 유토피아 지향

문학의 진폭이 큰 이효석 소설은 다양한 실험정신을 바탕으로 한 문학세계와 에로티시즘, 서구취향, 심미주의, 마르크시즘의 사상적 성향을 보인다. 서구소설 속의 장미꽃만 꽃이라는 병적 미의식이라는 평가[114]를 받을 정도로 서구에 대한 경도와 탐닉은 생활 속의 미의식으로도 나타난다. 댄디 및 모던 보이이자 심미주의자인 이효석은 차점 '동'의 커피를 마시기 위해 십리길을 마다하지 않고 다녔으며[115], 커피, 버터, 빵과 같은 서구적 식생활을 향유했다. "낙엽 연기에서 진한 코오피의 향기와 잘 익은 깨금의 맛, 시절의 진미"[116]를 느끼는 작가에게 커피, 우유, 버터향과 빵냄새는 육식의 대상이나 음식이라기보다는 서구적 세련됨과 감각을 향유하는 기호이자 코드로 작동된다. 문학적 미의식의 탐닉은 생활양식에서도 그대로 드러난 이효석의 삶이 작품 속에 투영됨으로써 김유정의 음식과 성의 태도와 차이를 보인다.

심미주의적 관점으로 세계를 본 이효석 소설에 빈번하게 출현하는 음식은 산들과 자연에 널려있는 과실들 ― 능금(오리온과 임금), 석류(석류), 산딸기, 개살구(개살구), 메밀(모밀꽃 필 무렵), 멜론, 참외(북국점경) 등이다. 이런 소재는 식량과 음식의 기능으로 작동하기보다는 미적 향유와 오감을 자극하는 성적 상상력의 메타포로 활용된다. 건강한 생명력에 기반한 생태적 태도는 여인과 자연과 '내'가 초록물감에 물들어 하나가 되거나(들), 한 포기의 나무가 된 몸(산)으로 표상된다. 김유정 소설 속의 자연이 산나물 채취를 위한 식량보급 차원이고 가축은 먹는 대상이지만 이효석에게 자연과 과실은 관상적 성적 차원으로 이해되며 개나 돼지의 교미 장면은 성적 기호로 표상된다. 김유정에게 음식은 생리적 기능적으

114 김윤식, 「병적 미의식의 양상: 이효석의 경우」, 『한국근대문학사상비판』, 일지사, 1978, 118쪽.

115 이효석, 「고요한 '동'의 밤」(조광,1936.12), 『이효석전집』 7, 창미사, 1983, 113쪽.

116 이효석, 「낙엽기」, 『이효석전집』 2, 창미사, 1983, 100쪽.

로 접근되지만 이효석은 심미적 사회문화적으로 접근한다.

〈들〉(신동아, 36.3)의 나는 퇴학당하고 산들로 내려와 자연과 만끽하며 문수와 천렵을 다니고 파혼당한 옥분이와 관계를 맺으며 들사람처럼 자연과 합일된다. 나에게 과수원 철망 너머의 딸기는 식욕을 자극하는 동시에 금기의 위반을 욕망하는 성적 대상이다.

> 과수원 철망 너머로 엿보이는 철 늦은 딸기-잎새 사이로 불긋불긋 동아난 송이 굵은 양딸기-지날 때마다 건강한 식욕을 참을 수 없다. 더구나 달빛에 젖은 딸기의 양자란 마치 크림을 껴얹은 것과도 같아서 한층 부드럽게 빛난다. 탐나는 열매에 눈독을 보내며 철망을 넘기에 나는 반드시 가책과 반성으로 모질게 마음을 매질하지는 않았으며 그럴 필요도 없었다. 그것이 누구의 과수원이든간에 철망을 넘는 것은 차라리 들사람의 일종의 성격이 아닐까. 들사람은 또한 한편 그것을 용납하고 묵인하는 아량도 가지고 있는 것이다. 나는 몇해 동안에 완전히 이 야취의 성격을 얻어 버린 것 같다. (중략) 전날의 기묘한 만남이 확실히 두 사람의 마음을 방긋이 열어놓은 것 같다. “딸기 따줄까?” “무서워!” 그의 떨리는 목소리가 왜 그리도 나의 마음을 끌었는지 모른다. 나는 떨리는 그의 팔을 붙들고 풀밭을 지나 버드나무 숲속으로 들어갔다. 그의 입술은 딸기보다도 더 붉다. 확실히 그는 딸기 이상의 유혹이었다.[117]

가세가 빈한해져 득추와 파혼하게 된 옥분과의 교섭이 “달빛과 딸기에 꼬임을 받아 응낙”된 것이라고 여기는 내게 딸기를 따는 행위는 여성과의 성교로 이어진다. 작가에게 산들의 과실은 향기와 색깔, 충만함 등 감각적이고 성적 충동을 추동하는 사랑의 촉매제이다. 김유정 소설의 음식과 성이 원시적이고 폭력적이며 일방적인데 비해 이효석의 경우 남녀가 서로 호응하고 화합하는 과정 속에 이루어진다. 김유정의 음식과 성이 생물학적 본능과 관련된 욕구(need)에 기초한다면, 이효석의 경우는 ‘타자에게

117 이효석, 〈들〉, 『이효석전집』 2, 창미사, 1988, 16쪽.

대응하여 상호작용을 추구하는 말로 표현된 요구(demand)에 기초'[118]한다. 식욕과 성욕 등의 육체적 욕망이 권력의 패러다임에 따라 작동하고 폭력적 공격성으로 나타나는 도스토옙스키의 경우가 김유정 소설이라면, 이효석에서의 섭생과 성교는 관능적 쾌락을 충족시키는 인간의 활동[119]으로 그린 톨스토이의 경우에 해당된다. 이 소설에서도 일제의 억압으로 남성들은 감옥에 가거나 퇴학처분을 받고, 여성들은 결혼이 성사되지 못할 정도로 빈궁하며 남성들에게 공유되는 식민지 현실을 우회적으로 드러낸다. 김유정은 현실의 고통과 폭력을 전면에 드러내지만, 이효석의 경우 현실 문제보다는 근대적 미의식에 기반한 아름다움과 서정성에 치중한다.

이효석 소설에서는 굶주림과 허기짐, 배고픔에 대한 고통이나 욕구 충족은 나타나지 않으며 과일과 동물의 교미를 통해 성적 욕망을 환기시킨다. 〈북국점경〉, 〈오리온과 林檎〉, 〈산〉, 〈분녀〉에서의 능금은 성적 이미지와 동일시되어 심미적인 분위기를 형성하는데 기여한다. 〈북국점경〉(삼천리, 1932.3)의 '林檎' 편은 "능금나무 동산, 아름다운 옛동산, 지금에는 찾을 수 없는 그 동산"으로 시작된다. 유토피아이자 에덴동산의 배경인 향기로운 능금꽃은 남쪽의 레몬향에 비견되는 마을사람들의 꿈이자 아담과 이브의 낙원이다. 그러나 꽃피고 열매 맺는 향기로운 능금밭이 까뭉개지고 그 위에 정거장이 들어서게 되어 꽃향기 대신 빵끼 냄새가 집어 삼키는 문명과 근대가 침투된다. 능금송이, 능금꽃을 비추던 햇빛과 달빛이 이젠 철로, 공장, 회관을 비추는 디스토피아로 변하면서 철로는 만주 속을 실어오고, 처녀는 청루로, 청년은 감옥으로 실어 나른다. 자연과 환경이 파괴된 조선은 식민지, 문명, 근대의 변화로 낙원을 상실한다. 이 소설의 '모던거얼 멜론' 편에서도 노란 참외와 북국의 멜론, 여름의 향기로 이미지화하며, 회령, 여름, 참외, 미인을 동일시한다.

참외, 능금, 산딸기, 개살구 등은 여성, 자연, 낙원을 상징하는 것으로

---

118 김주언, 「한국음식소설의 맥락과 가능성」, 『우리어문연구』 제52집, 우리어문학회, 2015, 49쪽.

119 로널드 르블랑, 앞의 책, 187쪽.

문명, 실낙원과 반대되는 성적 코드이자 기호이다. 신선하고 향기 나며 터질 것 같은 과실에 대한 묘사와 베어먹고 싶은 욕망은 성적 욕망과 다르지 않다. 농익은 과일의 향기와 풍만하고 요염한 여성신체의 체취는 에로틱한 효능을 지닌 감각적 기제이다. 〈오리온과 林檎〉(삼천리, 1932.3)의 혁명가 동지인 나오미와 나는 능금을 통해 아담과 이브를 소환한다.

> "능금이 먹고 싶어요!" "능금이?" 그로서는 의외의 제의인 까닭에 나는 반문하면서 그를 바라보았다. "신선한 능금 한 입 베어 먹었으면!" 나오미는 마치 내 자신이 한 개의 능금인 것같이 과일점의 능금 대신에 나를 똑바로 쳐다보며 바싹 나에게로 붙었다. 나는 은전 몇 닢을 던져주고 받은 능금 봉지를 나오미에게 쥐어주었다. 걸으면서 나오미는 밝은 거리를 꺼리는 법없이 새빨간 능금을 껍질째 버적버적 먹었다. "대담하군요." (중략) "능금 좋아하세요?" "싫어하는 사람이 어디 있겠소?" "모두 아담의 아들이요, 이브의 딸이니까요- 자 그럼 한 개 잡수세요."[120]

프롤레타리아 전사에서 '원피이스를 떨쳐입은 모던 이브'로 변신한 나오미가 전하는 능금은 아담을 유혹하는 이브의 사과이다. 혁명과 사상에 지친 젊은이들의 관심이 성적 욕망으로 변화되는 가운데 임금(林檎)은 성적 모티프로 작동된다. '능금의 철학'을 주창하는 나오미의 노골적 고백은 능동적이고 주체적인 여성 이미지를 내포한다. 능금 소재는 이효석의 여러 작품 속에 투영되어 색정적 욕망과 미식적 욕망의 양면적 의미를 담는다. 능금을 깨물고 느끼는 행위는 에로틱한 정사장면을 연상케 하며, 코론타이와 로오사를 토론하는 두 마르크스 전사를 이데올로기에서 섹슈얼리티에 대한 관심과 열정으로 이끈다.

이러한 능금의 역할은 〈돈〉(조선문학3, 33.10)에서도 나타난다. 능금나무 가지가 간들거리는 종묘장 씨돈(種豚)의 성교장면으로 시작되는

120 이효석, 〈오리온과 임금〉, 『이효석전집』 1, 창미사, 1983, 259~260쪽.

〈돈〉의 식이는 "능금꽃 같은 두 볼을 잘강잘강 씹어먹고 싶던 분이"에 대한 흥분과 솟아오르는 심화를 억제하지 못한다. 잠자코 섰는 까칠한 암퇘지와 분이의 자태가 서로 얽힌 장면을 떠올리지만 돼지가 치이면서 식이는 소망을 이루지 못한다. 능금과 돼지와 분이가 동일시되는 것이다. 여러 소설에 등장하는 능금은 '손에 사과를 들고 매혹적으로 서있는 벌거벗은 이브를 묘사한 그림 속에서 미식적인 개념과 성적인 개념을 결합'[121]시킨다. 〈들〉에서의 "능금나무의 자주빛과 그림자의 옥색빛밖에는 없어 단순하기 옷벗은 여인의 나체와 같은 것이-봄은 옷 입고 치장한 여인"처럼 능금은 음식이기보다는 에로티시즘의 우의적 표현이다.

〈수탉〉(삼천리, 1933.11)의 무기정학을 처분받은 을손은 자신의 초라한 처지가 못난 수탉과 같다. 과수원 사과를 훔쳐먹은 후 처벌받은 을손에겐 언약한 복녀가 있지만 무능한 사내가 된 자신이 수탉처럼 여겨진다. 학교에 가고 싶지만 갈 수 없어 답답한 그는 금기와 위반의 대상인 능금을 먹고 담배를 피우며 학교가 싫어지기까지 한다. 이는 위반의 시학을 통해 감춰졌던 생명력의 재확인과 함께 억압하고 군림하는 제도에 대한 비판의 감각까지 습득[122]하게 됨으로써 청년의 자의식과 성의식의 변화를 가져온다. 을손은 찌그러진 눈과 피가 물들은 털을 한 채 싸우고 돌아온 닭에게 물건을 던지게 되고 가엾은 비명을 듣자 오장이 뒤흔들린다. 가여움과 분노가 이는 닭에 대한 양가감정은 자신의 모습을 투영한 것이다.

> 능금을 따고 낙원을 쫓기운 것은 전설이나 능금을 따다 학원을 쫓기운 것은 현실이다. 농장의 능금은 금단의 과실이었다. 을손들은 그 율칙을 어긴 것이다. 동무들의 꾐에 빠졌다느니보다도 을손 자신 능금의 유혹에 빠졌던 것이다. 능금은 사치한 욕망이 아니다. 필요한 식욕이었다. 당번은 다섯 명이었다. 누에를 다 올린 후이라 별로 할 일 없이 한가하였던 것이 일을 저지른

121 로널드 르블랑, 앞의 책, 74~75쪽.

122 서세림, 「이상, 이효석 문학의 자연과 성」, 『한어문교육』 제29권, 한국언어문학교육학회, 2013, 352쪽.

시초일는지 모른다. 잡담으로 자정이 되기를 기다렸다가 일제히 방을 나가 어둠 속에 몸을 감추고 과수원의 철망을 넘었다.[123]

〈산〉(삼천리, 36.1)의 중실은 김영감의 첩을 범했다는 오해 때문에 품삯도 못받고 머슴살이에서 쫓겨나 산속으로 숨어든 깊은 산중에서 "과실같이 싱싱한 기운과 향기, 나무 향기, 흙냄새, 하늘 향기, 마을에서는 찾아 볼 수 없는 향기"를 맡으며 동질감을 느낀다. 끄스러진 노루를 외로운 짐승이라 여기고 가여워 하는 중실은 산이 답하고 나뭇가지가 고갯짓을 하는 자연 속에서 "한 포기의 나무가 된 몸"으로 자연과 합일된다. 이효석은 자연을 '인간에 의해 지배되거나 훼손당하는 대상이 아닌 인간을 감싸안은 모성적 존재로, 그리고 인간 상호간의 지배와 단절에서 파급된 삶의 모순성을 조화롭게 회복시켜나가는 에코토피아의 공간'[124]으로 인식한다.

이효석에게 과실의 탐스러움과 동물들의 교미와 여성과의 교섭은 건강한 생명의 동력으로 자연스러운 유토피아적 삶을 의미하며 '상처를 치유받을 수 있는 공간을 산과 들이라는 자연에서 발견했던 것이며, 그 자연이 가져다 준 충만한 성적 이미지를 통하여 건강한 생명의 동력과 신비성을 찾고자 한 것'[125]이다. 음식을 조리하고 불에 가하여 요리하기보다는 자연 그대로의 날것인 과일의 설정은 '불을 덜 가한 것일수록 자연에 가깝고 원초적이면 순수한 것'[126]으로 인식되기 때문이다. 〈산〉, 〈수탉〉, 〈들〉의 청년들은 퇴학, 무기정학, 억울한 오해 때문에 산들로 스며들었고, 여성들도 가난 때문에 파혼을 당하거나 여러 남성들에게 공유된다. 교육, 연애, 결혼이 순조롭지 못한 식민지 현실이 드러나기에 단지 자연에의 귀의나 합일만으로 해석될 수 없는 이효석 문학의 현실비판이 내재되어 있다. 또

123 이효석, 〈수탉〉, 『이효석전집』 1, 창미사, 1983, 338쪽.

124 서세림, 앞의 논문, 99쪽.

125 차봉준, 「소설의 심미성과 생태학적 상상력」, 한국문예연구소, 『가산 이효석의 삶과 문학세계』, 학고방, 2008, 96쪽.

126 김광억, 앞의 논문, 13쪽.

한 이 소설들은 통과의례적 요소를 지니는데, 청년들은 금기와 위반으로서 철조망을 넘거나 사과(임금, 능금)의 유혹에 직면하면서 성을 깨닫는다. 여성을 의식하며 자신의 무능력에 자괴감을 갖고 미천한 동물에 자신을 투사하며 성과 사랑에 대한 호기심과 욕망을 지닌다는 점에서 성장소설적 요소를 담고 있다. 그러나 김유정 소설의 총각들은 심적 갈등이나 윤리의식 없이 성적 욕구를 채우는 나이 많고 포식적인 불한당 같은 노총각으로 설정된데 비해 이효석 소설의 경우 성적 호기심과 충동으로 인한 죄의식과 혼란스러운 심리의식이 드러나며, 미성숙하고 소심하며 사랑이 좌절되는 소년들이 등장한다.

〈개살구〉(조광, 37.10)의 과실도 성적 은유에 동원된다. 근대적 전환기에 나무를 팔아 축재에 성공한 김형태는 첩을 들여 살구나무집에 살게 한다.

> …동네에서 제일 먼저 꽃 피는 것도 그 살구나무여서 한참 제철이면 찬란한 꽃송이와 향기 속에 온통 집안은 묻혀 무르녹는 꿈을 싸주는 듯도 하지만 잎이 피고 열매가 맺기 시작하면 집은 더한층 그 속에 묻혀버려서 밖에서는 도저히 집안을 엿볼 수 없는 형세가 되었다. (중략) 모든 것이 나무 속에 감추어져서 하늘의 별조차도 나무 아래 지붕은 고사하고 나무를 뚫고 사정을 엿볼 수는 없었다. <u>푸른 열매가 익어갈 때 참살구가 아닌 그 개살구의 양은 보기만 하여도 어금니에 군물이 돌았다. 집안의 살림살이도 별수없이 어금니에 군물도는 그 개살구의 맛일는지도 모르나, 그러나 그 살구를 훔치려 사람들은 집 뒤를 기웃거리기 일쑤였다.</u>[127]

부의 축적과 근대적 향유로 신분상승을 한 김형태는 오백리 길의 꽃같은 서울 색시를 첩으로 맞이했으나 그녀는 아들과 불륜을 저지른다. 소설 서두의 살구나무집 장면묘사에서 '군물이 도는', '살구를 훔치려는' 표현은 여성을 훔쳐 먹겠다는 환상과 동일시된다. 소설의 배경을 형성하는 살

---

127 이효석, 〈개살구〉, 『이효석전집』 2, 창미사, 1983, 139~140쪽.

구나무집의 흐드러진 개살구는 군침과 유혹을 갖게 하는바 원숙하게 발육된 서울집의 육체를 연상케 한다. 점순이조차 '고운 몸뚱어리를 그대로 덥석 안아보고 싶은 충동'을 느끼게 하거나 '귀여운 감동을 자아낼' 만큼 과실과 여성은 동일시된다. 과일을 따먹거나 동물의 교미를 지켜본 후 성행위를 연상하거나 자행하는 이효석 소설에서 먹는 행위 역시 성 행위를 위한 과정이라는 점에서 김유정 소설과 같으나 스타일에서는 차이를 보인다. 또한 〈들〉의 옥분과 〈오리온과 임금〉의 나오미와 같이 그녀들은 욕정의 대상이지만 자발적이고 적극적이라는 점에서 김유정 소설의 여성들과 다르다. 이효석에게 성은 자연에 펼쳐져 있는 양딸기, 개살구, 능금과 같은 탐스러운 열매로서 향기와 체취가 나며 자연과 하나가 되는 건강하고 반문명적이며 본능적인 성이다. 그러나 작가의 시선이 양성평등한지에 대해서는 논의가 필요하다. 근대를 지배하는 감각을 바탕으로 하는 시각 하에 여성신체는 전시되고 인용[128]되기 때문이다. 이효석 소설은 과실과 동물과 꽃, 나무와 같은 식물 그리고 인간과의 거리를 두지 않았으며, 이는 본능적인 성욕에 대한 태도에 대해서도 마찬가지이다. 성의식과 미의식을 추구했던 이효석은 '외부물질이 신체의 경계면을 지나 몸속으로 합체되는 먹는 행위와 성교는 생명과 성장에 절대적이며 비슷한 본능'[129]이라는 측면을 작품 속에 적절하게 수용한다.

4. 육식성과 관능성

현실비판적이고 현장성이 강한 김유정의 음식과 성에 대한 태도는 육식성으로 도스토옙스키적이라고 할 수 있고, 심미주의 특성을 지닌 이효석의 경우 관능성으로 톨스토이적이라고 볼 수 있다. 김유정 소설의 먹는

128 레이 초우, 정재서 역, 『원시적 열정』, 이산, 2004, 31쪽.
129 캐롤 M 코니한, 앞의 책, 10쪽.

행위는 성행위에도 적용되어 여성들은 음식처럼 씹혀지고 주물러지며 남성들에게 제공되고 공유된다. 들병이는 물론 남편이 있는 아내들조차도 여러 남자에게 허여되는 당대 현실은 식민지, 자본주의, 가부장제가 결합된 원시사회임을 반증하며 이는 피폐하고 고통스러운 여성의 위치에서 드러난다. 과실 열매가 먹거리로 주로 등장하는 이효석과 달리 김유정은 입쌀, 보리, 콩, 호포 같은 오곡이나 산들에서도 머루, 다래, 칡, 송이와 같은 식량의 대체물이 등장하며, 음식은 철저하게 배고픔과 허기를 달래는 1차원적인 기능적 목적으로 활용된다. 무지하고 순종적인 여성들은 성적으로 대상화되고 타자화되어 생계수단, 재물의 축적 수단으로 이용되고 가축이나 물건 취급을 받는다. 떠꺼머리 노총각들은 가정을 이루기 어렵고 결혼생활에서도 이주사 같은 최상위 포식자에게 아내들은 제물로 바쳐진다. 이렇게 비윤리적이고 비정상적인 삶을 작가는 카니발적이고 샤리바리적으로 그림으로써 역설적으로 성 규범이 외설스럽고 이탈되었음을 반증하고 이를 응징한다.

이에 반해 이효석 소설의 음식과 성에 대한 묘사는 관능적이고 감각적이며 에로틱하다. 이효석에게 음식이나 먹는 행위는 음식 본연의 기능이기보다는 성적 상상력을 위한 성과 사랑의 촉매제로 작용한다. 유토피아를 지향했던 작가는 산들과 자연에 널려있는 과실들을 오감으로 느낀다. 능금, 석류, 산딸기, 개살구, 멜론, 참외 등을 훔쳐 먹고 따먹는 장면은 여성의 옷을 벗기거나 유혹하는 이미지로 묘사된다. 특히 사과, 능금, 임금은 에덴동산 내지 유토피아의 아담과 이브 모티프로 알레고리화되어 성적 유혹과 일탈로서의 의미를 띤다. 금기와 위반의 경계에서 성적 유혹과 충동을 실험하는 이효석 소설에서 과실은 먹는 대상이기보다는 성적 욕망을 추동하며 건강한 생명력을 확인하기에 성장소설적 특징을 지닌다. 김유정 소설에서는 권력과 돈, 계급에 의해 동물적 폭력적 일방적으로 진행되는 남녀관계와 달리 동등하고 강압적이지 않는 관계 속에서 이루어진다. 여성의 성욕이나 의지를 실험적으로 관찰하고 묘사하는 이효석에게 감각과 취향과 체취는 주요하다.

	김유정 소설	이효석 소설
음식	입쌀, 보리, 콩, 호포, 감자, 도라지, 더덕, 콩, 머루, 다래, 칡, 송이, 닭, 밥, 막걸리, 좁쌀, 짠지, 동치미, 고추장, 밤, 술, 국, 국수, 쌀, 조 등	능금, 석류, 산딸기, 개살구, 메밀, 멜론, 참외, 커피, 버터, 빵 등
음식의 의미	• 식량 및 양식 • 허기, 굶주림, 배고픔의 욕망의 대상 • 주식의 의미 • 생리적·기능적 접근	• 향기와 체취로서의 분위기 • 미적 시각적 촉각적 향유의 대상 • 에로틱한 성적 코드 • 심미적 사회문화적 접근
성적 태도	• 강압적 일방적 폭력적 • 강간 성향(약탈, 호색) • 권력, 계급, 돈에 의한 성폭력 • 1차원적인 동물적 본능	• 상호적 합의된 성 • 화간 성향(색욕, 음란) • 에로틱한 체험 • 감각적 즐거움 • 쾌락과 향유
작가의 시선	• 음식, 여성, 동물에 대해 잔인하고 냉정하며 폭력적임 • 고깃덩어리, 육괴(肉塊)로 보는 염인적 태도	• 동식물, 여성에 대해 가엾고 측은하며 초라한 심리 공유, 감정이입, 동일시 • 쭉정이로 보는 인간혐오적 태도
어조와 기법	• 현실비판적 해학적 풍자적 • '웃픈' 어조	• 심미주의적 낭만적 사실주의적 • 성장소설적 통과의례적
현실인식	• '탐하려고 함' • 육식성 • 도스토옙스키적 • 폭력, 침략, 지배의 행위 • 욕망 중시 • 원초적 비문화적 반근대적 • 카니발적 샤리바리적 응징	• '느끼려고 함' • 관능성 • 톨스토이적 • 리비도적 쾌락, 즐거움, 희열의 행위 • 죄의식 • 장식적 문화적 근대적 • 유토피아 지향

김유정에게 음식과 가축은 배고픔과 허기짐을 충족하는 욕망의 대상으로 리얼하게 그려지지만 이효석에겐 자연합일이나 감성과 감각이 투영된 아름다움과 연민의 대상이 된다. 여성들이 여러 남성들에게 공유된다는 점은 두 작가에게서 공통적으로 나타남으로써 규칙을 위반하는 이 사회야말로 원시사회임을 증명한다. 그러나 김유정에겐 현실비판적인 입장에서 재현되기에 음식과 성은 1차원적이고 기능적으로 나타나며, 심미적이고 낭만적인 관점을 지닌 이효석에겐 사회문화적으로 그려진다.

4장
김유정·이효석의 문학관과 소설적 지향

1. 시대·소설·작가

1930년대 창작활동, 강원 영서지역 출신이라는 로컬리티의 공유, 구인회 소속 작가인 김유정과 이효석에 대한 기존평가는 각각 방대한 성과를 남겼지만 두 작가를 비교한 논문[130]은 그리 많지 않다.

김유정(1908~1937)은 춘천군 신남면 증리 실레마을의 천석꾼 지주의 아들로 태어났으나 형의 방탕과 타락으로 인한 가산 탕진으로 힘겹고 고통스러운 가난을 경험했다. 휘문고보를 졸업하고 연희전문학교 문과에 입학했으나 2개월만에 제명처분당한 그는 아버지와 형 유근의 칼부림 난투극을 목격한 상처와 이혼한 누나네 집에 얹혀살면서 돈의 결핍을 처절하게 겪었으며, 말더듬, 치질, 늑막염, 치루, 폐결핵 등 온갖 질병에 노출되었다. 박녹주, 박봉자에게 혈서와 같은 과격한 연서를 보내는 등 일방적이고 무모한 방식으로 구애했으나 실연했고, 들병이와 어울려 방랑하거나 금광에도 관여했으며 고향에 야학 혹은 농우회 금병의숙을 개설하기도 했다. 그의 저돌적이고 거친 삶의 행보는 작품에 투영되었으며 농군, 들병이,

---

130 이강언, 「1930년대 한국리얼리즘문학연구」, 영남대 석사학위논문, 1972, 한상무, 「소설의 미적 거리와 예술적 형상화: 이효석, 김유정의 작품을 중심으로」, 『국어교육』 제30호, 한국국어교육연구회, 1977, 유순영, 「김유정과 이효석 소설의 비교 연구: 미의식의 형상화 과정을 중심으로」, 연세대 석사학위논문, 1983, 박정남, 「이효석과 김유정의 소설에 대한 비교 연구」, 연세대 석사학위논문, 1986, 정태규, 「이효석과 김유정 소설의 공간인식에 대한 비교 연구」, 부산대 석사학위논문, 1989, 이동국, 「김유정과 이효석 소설의 기법 연구」, 건국대 석사학위논문, 1995.

거지, 도시노동자, 따라지, 만무방 등 하층민 생활상에 주목했다. 농군이 땅을 빼앗기고, 아내는 매매되거나 매춘을 해야 했으며, 도박, 금점 등의 한탕주의로 표상되는 비정상적인 일상, 사기, 도둑질 등 비도덕적인 식민지 조선현실을 재현했다.

동시대에 활동한 이효석(1907~1942)은 평창군 봉평면 창동리에서 태어나 1남 3녀 중 장남으로 아호는 가산(可山)이다. 경성제대 영문과에 진학하여 대학도서관의 열렬한 학구적 분위기 속에서 유럽문학작품을 섭렵했고, 아내 이경원을 맞이해 비교적 행복한 결혼생활을 영위하며 평양 숭실전문학교, 대동공업전문학교 교수로 재직했다. 세련되고 깔끔한 외모만큼이나 귀족의식을 지닌 이효석은 상류층, 엘리트, 문화종사자, 지식인의 심리와 욕망을 통해 자본주의 근대사회의 모순과 병폐를 드러냈다. 그러나 식민지 트라우마에서 벗어나기 위해 식민지조선을 자신의 삶과 문학에서 지우고 서구/세계로 나아갔기에 그의 문학은 관념적이고 추상적이며 낭만적인 색채를 띠었다. 그가 추구하는 문학은 근대문학이었기에 전근대적인 조선의 삶과 문학을 폄하했고 유럽적 가치에 경도됨으로써 (반봉건)반제라는 시대정신에 다소 미흡했다. 이는 식민지 엘리트를 양산한 경성제대 교육의 한계를 극복하지 못한 것으로 이해할 수 있겠으나 예술을 위한 예술, 예술지상주의 문학이 미비한 한국문학의 현실에서 심미역에 근거한 예술을 추구했다는 점에서 1930년대 문학을 다양하고 풍요롭게 했다.

농촌과 도시 배경 소설을 두루 남긴 두 작가는 구인회(1933~1936) 시기인 1935,6년부터 1937,8년까지 수준 높은 작품들을 집중적으로 발표했으며 길지 않은 기간동안 작품활동을 하다가 요절했다. 한국현대소설사에서 김유정은 농촌 현실이 안고 있는 문제점을 노출시켰으며, 육담과 구어적인 속어 감각으로 조형된 매우 특이한 세계[131], 30년대 純粹作壇을 장식한 土俗의 리리시즘이나 歷史의 不在라는 한계[132]로 평가되며, 이효석

131 이재선, 『한국현대소설사』, 홍성사, 1979, 371~372쪽.

은 식물적인 순명의 정적함과 동물적인 애욕의 숨결을 방출하는 자연의 세계[133], 30년대 순수작단을 빛내는 가장 精巧한 기념탑, 민족의 슬픈 현실에 몸을 담그지 않은 彼岸의 문학, 귀족의 문학이지만 거의 흠잡을 데가 없는 순수예술[134]을 남긴 작가로 평가되었다. 김유정과 이효석 문학의 공통점은 순수문학 혹은 '매우 낯선 문학세계'[135](김유정) '알쏭달쏭하고도 이상한 문학'[136](이효석)으로서 리얼리즘과 모더니즘, 카프문학과 서구문학의 경계에서 흡수되지 않는 유니크한 타자적 문학으로 정통서사구조와 소설기법을 구사하지 않는다는 것이다.

이러한 유사점에도 불구하고 두 작가의 서로 다른 문학관과 작품세계가 나타나는바 김유정의 〈가을〉, 〈총각과 맹꽁이〉, 〈따라지〉, 〈슬픈 이야기〉와 이효석의 〈개살구〉, 〈산〉, 〈공상구락부〉, 〈천사와 산문시〉 등 도시소설 2편, 농촌소설 2편씩 각각 선별해 강원 영서문학 혹은 1930년대 소설의 특징을 고찰한다.

2. 김유정·이효석의 문학관

두 작가의 주제의식, 구성원리, 창작기법을 통한 문학관은 비슷하면서도 매우 다르다. 김유정은 수필에서 크로보토킨의 상호부조론과 마르크스의 자본론을 언급했고, 이효석 역시 경성제대 영문과 시절 일본교수들과 절친 유진오의 영향으로 마르크시즘의 영향을 받아 초기 동반자작가적인 사회비판소설을 남겼다는 점에서 두 작가는 마르크시즘의 자장안에 있었다. 이효석이 여러 평론에서 자신의 문학관, 자작해설, 소설창작기법 내지

132 김우종, 『한국현대소설사』, 성문각, 1982, 267쪽, 272쪽.

133 이재선, 앞의 책, 348쪽.

134 김우종, 앞의 책, 251쪽.

135 김미지, 「동아시아와 식민지조선에서 크로포트킨 번역의 경로들과 상호참조 양상 고찰」, 『비교문화연구』 제43권, 경희대 비교문화연구소, 2016, 174쪽.

136 임종국, 『친일문학론』, 평화출판사, 1966, 331쪽.

구성방식을 피력했다면 김유정은 「病床의 생각」에서 주로 문학에 대한 생각을 표출했다.

「病床의 생각」은 폐결핵으로 건강하지 못한 김유정이 연인에게 보내는 편지 형식의 글이다. 이 글에서 김유정은 연인을 예술과 동일시하면서 연애를 위한 연애, 예술을 위한 예술과 인생을 위한 연애, 인생을 위한 예술을 구분한 후 전자를 맹렬하게 비난한다. 예술지상주의 작가의 '치밀한 그 묘사'는 화장과 의장, 장신구에 불과하며 이를 벗겨놓으면 한갓 '벌건, 그렇고도 먹지 못하는 한 육괴(肉塊)' 즉 '근대식으로 제작되어진 한 덩어리의 예술품'에 지나지 않기에 유복한 환경에서 고급적 교양, 고급지식을 바탕으로 형성된 산물인 예술을 위한 예술이 얼마나 우리 생활에 여러모로 공헌했느냐고 반문한다.

김유정은 '신심리주의문학'에 대해서도 부정적으로 평가했다. 예술의 생명을 잃은 심리주의작가들이 치밀한 묘사법으로 인간심리를 내공하는 형식 즉 기교는 산사람을 유령으로 만들어 놓는다는 것이다. 새롭다고 대우하는 제임스 조이스 문학은 졸라의 부속품에 지나지 않은, 하품을 연발시키는 작품이라고 매도한 김유정은 〈율리시즈〉나 〈나나〉 같은 작품은 흉기(凶器)로 한 과오를 양면(兩面)에서 범한다고 하며, 치밀한 묘사를 주문의 명세서, 심리학 강의, 육법전서의 조문해석같은 지루한 문자로 보았다. 1930년대 모더니즘 문인들에게서 언급된[137] 심리적 리얼리즘 작가인 제임스 조이스를 비판한 김유정의 입장은 심리주의적 리알리즘 내지 병자적 리알리즘을 현대 부르조아 문학의 문학적 수법이라고 비난한 백철의 견해[138]와 일치한다.

137 1930년대 나온 조이스에 관한 글로는 백철, 「조이스에 관한 노트」(형상, 34.2), 김영석, 「영국 신심리주의 문학소고」(35.7.21~8.4), 이양하, 「제임스 조이스」(문장, 41.3), 손정봉, 「제임스 조이스의 문학」(조선일보. 40.6.8) 등이 있다.

138 김정현, 「1930년대 모더니즘 담론에 나타난 '심리적 리얼리티' 개념에 대한 일고찰」, 『어문연구』 제44권, 한국어문교육연구회, 2016, 247쪽.

> 어느 누구는 예술의 목적(目的)이 전달(傳達)에 있는가, 표현(表現)에 있는가, 고 장히 비슷한 낯을 하는 이도 있습니다. 이것은 마치 사람이 먹기 위하야 사는가, 살기 위하야 먹는가, 하는 이 우문(愚問)에 지나지 않습니다. 표현이란 원래 전달을 전제(前提)로 하고야 비로소 그 생명이 있을겝니다. 다시 말하면 그 결과에 있어 전달을 예상하고 계략(計略)하야 가는 그 과정(過程)이 즉 표현입니다.[139]

예술작품이 되기 위한 필수조건을 미의식, 기교, 심리묘사로 본 이효석과 달리 김유정은 주제의식 즉 내용전달이 우선되어야 한다고 말한다. 두 작가의 대비되는 문학관은 작품세계에도 차이를 가져왔다. 김유정은 예술을 위한 예술을 표방하는 작가의 예술지상주의적 태도는 화려한 화장과 고급적인 그 교양(教養)을 남에게 자랑할 때 자신의 작품이 얼마나 예술적인가, 다시 말해 인류생활과 얼마나 먼 거리에 있는가를 남에게 자랑하는 것[140]이라고 비판한다. 이효석이 여러 차례 심리표현에서 긍정적으로 평가한 조이스의《율리시즈》보다는 차라리 봉건시대의 소산인《홍길동전(洪吉童傳)》이 훨씬 뛰어난 예술적 가치를 지닌다고 본 김유정의 문학세계는 서구지향의 근대문학을 추구한 이효석과 달리 전통지향의 리얼리즘으로 나아갔다. 성, 사랑, 섹슈얼리티를 바탕으로 개인의 내면심리와 미의식에 기초한 이효석 문학은 '어느 시대, 어느 사회에 있어 좀더 많은 대중(大衆)을 우의적으로 한끈에 뀔 수 있으면 있을수록 거기에 좀더 위대한 생명을 갖게 되는 것'이라는 공동체의식을 지닌 김유정 문학과 뚜렷하게 대비된다. 이는 돈의 갈급과 하층민생활에서 벗어나지 못했던 김유정과 대학교수로서 세련된 도시적 삶을 영위했던 이효석의 생활적 차이에서 비롯된 것으로 보인다.

139 김유정,「病床의 생각」(조광, 37.3), 전신재 편,『원본 김유정 전집』, 강, 2012, 468~469쪽.
140 위의 글, 469쪽.

> 오늘 우리의 최고이상(最高理想)은 그 위대한 사랑에 있는것을 압니다. 한동안 그렇게도 소란히 판을 잡았든 개인주의(個人主義)는 니체의 초인설(超人說) 마르사스의 인구론(人口論)과 더부러 머지않어 암장(暗葬)될 날이 올겝니다. 그보다는 크로보토킨의 상호부조론(相互扶助論)이나 맑스의 자본론(資本論)이 훨씬 새로운 운명(運命)을 띠이고 있는것입니다.[141]

개인주의보다 공동체의 상호부조와 계급투쟁에 더 관심을 갖는 김유정은 식민지 통치가 초래한 피폐하고 극단적인 농촌사회를 리얼하고 정치하게 그려낸다. 니체와 마르사스, 크로보토킨과 맑스로 대비하여 후자를 지향하는 그의 문학관은 귀족의식, 개인주의에 반하는 민중의식, 공동체주의 혹은 반자본주의을 취했다. 전인류의 여망(餘望)인 위대한 사랑을 표현하는 것이 김유정 문학의 지향점인 것이다. 그는 니체와 마르사스의 동정과 연대의 가능성을 부정적으로 바라보는 사회진화론적 논리[142]의 반대적 입장을 표명했다.

평창 출신의 이효석은 대학시절 마르크시즘, 영문학, 아일랜드문학, 러시아문학을 접하면서 시창작에서 동반자소설로 출발했고, 춘천 출신의 김유정은 휘문고보와 연희전문에 입학했으나 서구문예이론에 기반하기보다는 들병이와의 생활, 금점, 자전적인 가족사 등의 체험을 바탕으로 우리 문학의 전통 속에서 작품세계를 구축했다. 그럼에도 두 작가는 인간에 대해 부정적이고 비판적 시각을 견지한 염인증과 인간혐오라는 공통점을 지녔다.

> ① 나는 宿命的으로 사람을 싫여합니다. 다시 말하면 사람을 두려워한다는 것이 좀 더 適切할는지 모릅니다. 늘 周圍의 人物을 警戒하는 버릇이 있습니다. 그 버릇이 結局에는 말없는 憂鬱을 낳습니다.[143]

---

141 위의 글, 471쪽.

142 이만영, 「김유정의 〈귀여운 소녀〉 번역저본의 발굴과 그 의미」, 『어문연구』 제44권, 한국어문교육연구회, 2016, 297쪽.

② 나의 머리에는 천품으로 뿌리 깊은 고질(痼疾)이 백여 있습니다. 그것은 사람을 대할적마다 우울하야지는 그래 사람을 피할려는 염인증(厭人症)입니다. 그 고질을 손수 고처보고저 판을 걷고 나슨 것이 곧 현재의 나의 생활이요, 또는 허황된 금점에서 문학으로 길을 바꾼것도 그 이유가 여기에 있을것입니다.[144]

③ 고양이를 싫어한다는 사람은 있어서 이유는 교활한 짐승이라는 것이나 그렇게 말하는 사람 자신이 고양이보다는 열 곱 더 교활함을 알아야 한다. 교활이니 무어니 하는 백 가지의 악덕을 들 때 사람같이 그 모든 것을 알뜰히 갖추고 있는 동물은 없다. 고양이가 아무리 교활하다고 해도 사람에게는 못 미친다.[145]

④ 여행같이 즐겁고 동시에 슬픈 것은 없는 것이 가는 곳마다 여러 인간의 비천함을 실감하게 되는 까닭이다. 인간의 천함을 실감함은 즐겁고도 슬픈 일이다. 사람이 고귀하고 신령스러운 것이라고 누가 말했는지 마을에서나 거리에서나 사람의 씨는 너무도 많고 천하다. 거개가 쭉정이요 가난하고 추잡하다. 사치한 복장을 발명해 내서 야성을 감추기에 급급해 하나 욕심스럽고 교활한 동물의 천성을 어찌 이로 막을 수 있으랴.[146]

인간에 대한 불신과 두려움은 비극적이고 소외된 개인사와 시대상에 기인하며, 인간혐오(기피)라는 동일한 인식을 갖고 있지만 이들의 문학관과 소설구성방식은 극명하게 대비된다. 저돌적이고 즉흥적이며 병적인 성격을 지닌 김유정은 조실부모와 가족 간의 불화로 인한 상처와 각종 질병, 화폐에 대한 갈급과 궁핍으로 인해 자신을 극한의 삶으로 몰아갔다. 임자가 있는 두 여인에 대한 비정상적인 애정 갈구와 이상에게 동반자살을 권

143 김유정, 「어떠한 부인을 마지할까」(여성, 36.5), 전신재 편, 『원본김유정전집』, 강, 2012, 428쪽.

144 김유정, 「病床의 생각」, 위의 책, 471~472쪽.

145 이효석, 「추창수필」(조선일보, 39.11), 이효석문학재단, 『이효석전집』 5, 서울대출판문화원, 2016, 330쪽.

146 이효석, 「문학진폭 옹호의 변」(조광, 40.1), 위의 책, 525쪽.

유하는 태도에서 작가가 얼마나 외롭고 소외되었는가를 알 수 있다. 「病床의 생각」에서 그는 연인, 동무, 어머니를 그리워하고 이루어질 수 없는 사랑에 집착하며 편지를 썼다고 고백한다. 명창 박녹주에 대한 짝사랑은 작가로 하여금 민요나 한복, 판소리 등의 전통성과 향토성을 갖는데 영향을 끼쳤다.

풍토와 환경이 작품을 좌우하는 텐느의 환경결정론에 기반한 이효석은 지적이고 예민한 성격을 지녔고 생활 자체를 서구방식으로 바꿀 정도로 자기의 삶과 문학을 일치시켰다. 잘 알려진 바와 같이 이효석의 음식/문화 등의 생활양식은 매우 서구적이었는데 서양을 토대로 한 근대문학을 위해서는 자신의 일상조차도 바꾸어야 했기 때문이다. 서양양복, 칠피구두, 잠자리안경테를 쓴 모던보이로서 댄디적인 외양과 버터, 커피, 빵, 우유, 아스파라거스, 셀러리 등의 서구음식을 탐닉했던 이효석은 '흰 접시에 푸른 셀러리를 담고 그속에 한 조각의 빵과 한 덩이의 버터와 한 모설기의 치즈를 담은 풍취를 말하고 겹겹으로 펼쳐진 셀러리의 아취 고술고술한 흰 싹이 이 사이에 바작바작 씹히는 감각과 그 풍미에 가을의 진짬 맛을 느끼는'[147] 모던한 감각과 서구적인 정서를 지닌 작가이다. 그는 카페나 해삼위, 주을온천, 하얼빈 등 서구적인 공간에 대한 토포필리아를 드러냈고 섬세하고 병약했으며 낭만적 기질을 갖고 있었다.

이효석에게 좋은 문학이란 낭만과 리얼이 공존하는 문학이며, 문학이 예술이 되기 위해서는 현실과 리얼만으로는 되지 않고, "꿈의 면사포를 쓴 리얼", "순수한 리얼 이상의 것"이라는 형상화를 거쳐야 한다. 그가 주창하는 궁극의 순수한 리얼리즘이란 진실과 낭만과 기교를 포괄한 개념이다.

> 궁극의 리얼리즘은 벌써 문학을 상실하기 때문이다. 대체 문학이 모사가 아니고 표현이라야 하는 첫 순간부터 벌써 현연(現然)의 리얼을 버리는 것이 아닌가.

147 이효석, 「밀른의 아침」, (삼천리문학, 38.1.1) 위의 책, 232~233쪽.

표현은 소재의 구상이요 소재의 구성은 주관의 임의의 소위(所爲)이기 때문이다. 소여(所與)의 소재를 취사선택하고 배열 구성하여가는 형식과 과정에 이미 작가의 주관이 채색되는 까닭이다. 주관의 채색-이것이 일종의 낭만적의 것이 아닌가. 이렇게 보면 문학이란 문학 되는 순간부터 낭만적 소질의 운명을 짐 지고 있다고 해도 과언이 아닐 듯하다. 그러나 의연(依然)히 리얼리즘의 길은 존재한다. 그러면 결국 최소한도의 낭만인 동시에 최대한도의 리얼의 파악-거기에 문학의 문학다운 소이(所以)가 있지 않을까. 즉 훌륭한 표현인 동시에 진실(전체적 급(及) 부분적)에 육박하는-그곳에 문학의 참된 길이 있지 않을까.[148]

이효석의 리얼리즘은 작가의 주관이 개입되므로 낭만적 요소를 배제할 수 없으며 문학이 문학답기 위해서는 '훌륭한 표현'인 기교의 성숙이 필요하다. 문학에 일정한 체모(體貌)와 면목을 주는 것은 표현[149]이므로 이효석은 문단의 기교주의, 기교의 과잉 논란에 대해 못마땅해 했다. 문학적 수준의 저열은 기술의 치졸을 의미[150]하기에 그에게 낭만, 기교, 표현은 문학이 예술일 수 있는 핵심적 요소로 작동한다. 아무리 소재와 현실이 리얼하더라도 그것이 감각에 영상을 던질 때에는 그 순간부터 일종의 꿈의 나의를 입는 것[151]이다. 주관과 낭만에 기반한 이효석의 리얼리즘 문학은 현실인식과 내용보다 미의식과 기교에 치중했다.

물론 소설의 목표는 다만 진실의 전달에만 있는 것은 아니다. 진실의 표현을 수단으로 궁극에 있어서는 미의식을 환기시켜 시의 경지에 도달함이 소설의 최고 표지(標識)요 이상인 것이다. 최고 표지가 시의 경지인 점에 있어서 소설의 목표는 물론 시의 목표와 동일하다. 시는 직접적으로 '미'를 통해서

148 이효석, 「낭만 리얼 중간의 길」(조선일보, 34.1.13), 위의 책, 482쪽.
149 이효석, 「기교문제」(동아일보, 37.6.5), 위의 책, 486쪽.
150 위의 글.
151 이효석, 「문학수첩」(매일신보, 33.9.1~5), 위의 책, 469쪽.

> 시에 도달함에 반하여 소설은 '진'을 통해서 시에 도달하려는 것일 뿐이다. 소설의 최고 목표는 일률로 '진'에만 두는 것은 참된 리얼리스트의 태도가 아니며 예술의 본질의 인식을 스스로 그르치는 것이다. 진실을 추구해서 그 위에 높은 시의 경지의 창조를 생각하는 곳에 작가의 제2단(段)의 자각이 서야할 것은 물론이다.[152]

미의식을 중시한 작가에게 문학은 도덕의 잣대나 현실의 단순한 재현 혹은 모방을 의미하지 않는다. 소설은 심미역을 통해 현실 이상의 진실을 드러내는 장르인 것이다. 현대문학이 리얼리즘에 기조함을 부인할 수 없으나 막다른 골목에 다다른 리얼리티는 제 숨에 막혀 허덕[153]이고 있기에 카프문학이나 단순한 리얼리즘문학이 지닌 예술성의 빈약함에서 벗어나고자 했다. 심미적 낭만적 시적인 예술정신은 이효석 문학의 근간을 이룬다. 가난하고 추접하며 추한 인간과 남루한 삶을 아름답게 보이게 하는 것이 문학이므로 심미역과 표현의 신비성이 인간을 구제한다고[154] 주장한 그는 경험이나 생활 자체보다는 예술적 형상화를 통한 미의 추구가 주요했다. 이에 반해 김유정 문학은 자신이 관찰하고 체험한 소재를 중시함으로써 현실비판적이고 사회고발적인 주제의식을 표출했다. 상상력과 낭만성, 미의식과 기교로 형상화한 이효석 문학과 달리 김유정 문학은 비루하고 남루한 식민지 현실을 적나라하고 리얼하게 드러냈다.

건강하고 본연적인 문학의 길이란 "묘사와 심리를 포기하여 양자를 내포통일한 단원적 전체의 창조"로서 김유정이 비판한 조이스와 발자크 문학을 이효석은 긍정하였다. 그는 좋은 단편작가가 되기 위해서는 하이제의 형식론과 포의 단편창작이론이 현대에 있어서 여전히 경청할 만한 불후의 가치를 내포[155]한다고 여겼다. 독일의 소설가이자 극작가인 파울 하

---

152 이효석, 「현대적 단편소설의 상모」(조선일보 38.4.7~9), 위의 책, 499~500쪽.
153 이효석, 「문학과 국민성」(매일신보, 1942.3), 위의 책, 542쪽.
154 이효석, 「문학 진폭 옹호의 변」(조광, 40.1), 위의 책, 526쪽.
155 이효석, 「현대적 단편소설의 상모(相貌)」(조선일보, 38.4.7~9), 위의 책, 496쪽.

이제(1830~1914)의 120여 편의 단편은 매우 뛰어나지만 폭이 넓은 반면 내용의 깊이가 부족하다는 평가를 받는바 이는 이효석 문학에서도 지적받는 부분이다. 한 여인의 사랑을 얻기 위해 가산을 탕진하고 마지막 남은 사랑하는 매를 요리해서 그녀에게 대접하자 감격하여 사랑이 이루어졌다는 소설 분석을 통해 이효석은 운명 전환의 동기가 된 매가 단편 작법에 절대 필요한 것이라고 설명한다.

또한 이야기의 효과와 시간적 길이에 치중해서 구성의 교치성(巧緻性)을 엄밀히 요구한 포의 문학에서 인간의 심리와 긴장의 율도(律道)를 정확하게 해석하고 흥미의 중단을 극도로 경계하는 특질에 대해 주목했다. 경성제대에서 정식으로 문학을 전공한 이효석은 문학지식과 이론을 가르치는 대학교수로서 식민지조선의 풍토속에서 탄생한 조선문학의 질적 수준을 낮게 여기면서도 우수한 문학이라면 바로 세계문학으로 편입되며, 세계면을 그리든 향토면을 그리든 문학의 우열은 작품의 됨됨이로 결정[156]된다고 폭넓게 사유했다. 이효석의 서구세계문학의 지향은 식민지조선, 조선문학의 탈피를 의미했고 전근대적 봉건적 요소가 다분한 192,30년대 현실에선 서구근대문학의 재현이 어렵다고 보았다. 자연에 대한 감정과 사상이라는 제재를 이효석은 지나치게 근접한 거리를 취해 예술적 형상화에 실패한 반면 김유정은 전통적인 정서를 바탕으로 미적 거리를 확보하며 보편적인 문학적 진실로 귀착[157]시켰다.

"나에게 있어 문학이란 나의 생활의 한 과정"이라고 한 김유정이나 일상을 서구생활양식으로 바꾼 이효석 모두 문학적 열정으로 자신의 삶을 문학에 투영했다. 그러나 식민지 조선현실의 가난을 겪은 김유정은 날카롭게 현실을 직시하여 심리와 낭만을 배제한 채 식민지 참상을 직접적으로 표출했고, 식민지 트라우마에서 벗어나고자 했던 이효석은 서구나 세계로 나아가는 세계주의자의 자세로 문학을 사유했다. 이러한 차이는 사

156 이효석, 「문학과 국민성」(매일신보, 42.3.3~6), 위의 책, 545쪽.

157 한상무, 앞의 논문, 41쪽.

회성과 현실인식을 우위에 두고 예술을 위한 예술이 흔치 않은 한국문단적 상황에서 김유정 문학을 좀더 긍정적으로 평가하는 경향을 보였다. 그러나 이효석 문학 역시 서구근대문학을 정초하고 예술성과 심미역을 추구했으며 다양한 실험정신으로 질적 양적 측면에서 풍부한 작품을 남겼다. 카프해체, 예술지상주의와 기교논쟁, 억압된 창작 환경 속에서 두 작가는 서로 다른 독특한 소설양식을 구축했다.

3. 현실인식과 전통지향성: 김유정 소설

김유정은 기교, 심리, 예술성보다는 사회고발적이고 현실비판적인 주제를 작품의 우위에 두었으며 생활과 밀착된 농촌의 피폐하고 고통스러운 생활상 위주로 재현하므로 이효석 소설에서 나타나는 아름다운 풍광묘사는 비중 있게 다뤄지지 않는다. 그의 소설엔 농군과 들병이의 비루하고 궁핍한 일상이 적나라하게 그려진다.

〈가을〉의 아내와 5살 아들 영득과 사는 농군 조복만은 일년 내내 농사를 지어봐야 벼 두 말 남기에 바빠 결국 아내를 소장수 황거풍에게 팔고자 한다. 소설의 화자인 재봉은 이를 말리지만 한편으로는 팔 아내조차 없는 자신에 비하면 오히려 복만의 형편이 낫다고 여긴다. 무식한 복만의 부탁으로 술집에서 매매계약서를 대신 써준 그는 마을을 떠난지 나흘만에 사라진 부부의 행방불명으로 소장수에게 혼쫄이 난다. 식민지 통치가 야기한 일년 농사의 모순과 생계유지의 어려움, 여성 매춘 및 매매, 금점 및 노름, 아내 술장수(들병이) 만들기와 같은 극한적이고 극단적인 농촌생활과 일상이 재현됨으로써 자연묘사나 내면심리보다는 행동 위주의 사건전개와 선명한 인물성격 중심으로 사회학적 상상력에 토대를 둔 갈등과 반전의 플롯으로 진행된다.

친구가 아내를 파는 비극적 상황에서도 "우리집에는 여편네라곤 병든 어머니밖에 없으나 나이도 늙었지만(좀 부끄럽다) 우리 아버지가 있으니까 내 맘대론 못 하고" 라고 독백하는 유머와 아이러니한 표현은 슬픔을 해학으로 극복하는 한국문학의 전통적 특징을 승계한 것이다. 제 손으로 아내를 직접 소장수에게 파는데도 불구하고 돌아다니며 양식을 꾸어다 여일히 남편을 공경하는 여성의 생존방식은 어떠한 상황 하에서도 생존과 생활을 지속해야 하기에 아내 매매, 매춘 상황에서도 서로 협조하여 가족과 생계를 유지하려는 상호부조 정신에 기반한다.

> 복만이가 그 웃음 잊은 얼굴로 씨근거리며 달려들 때에는 벌써 나는 석 잔이나 얻어먹었다. 얼근한 속에 다 모지라진 붓을 잡고 소장수의 요구대로 그려 놓았다.
>
> 매매 계약서
>
> 일금 오십 원야라 위 금은 내 아내의 대금으로 정히 영수합니다.
>
> 갑술년 시월 이십일 조복만
>
> 황거풍 전
>
> 여기에 복만이의 지장을 찍어 주니까 어디 한번 읽어 보오 한다. 그리고 한팜 나를 의심스레 바라보며 뭘 생각하더니, "그거면 고만이유. 만일 나중에 조상이 돈을 해가주 와서 물러 달라면 어떡허우?" 하고 눈이 둥그래서 나를 책망하는 것이다. 이놈이 소장에서 하던 버릇을 여기서도 하는 것이 아닌가. 하도 어이가 없어서 나도 벙벙히 쳐다만 보았으나 옆에서 복만이가 그대루 써주라 하니까.
>
> 어떠한 일이 있더라도 내 아내는 물러 달라지 않기로 맹세합니다.[158]

강원도 사투리와 판소리 재담과 욕설, 해학과 하층민이 구사하는 구어체는 김유정 문장의 특징으로 '중앙지배세력의 정치, 사회적 기반을 강화하려는 의도를 함축한 표준화, 표준어라는 근대에 대한 저항을 지닌 기층계급의 언어를 수용한'[159] 것이다. 현장체험적이고 하층민의 일상적 생활

---

158 김유정, 〈가을〉(사해공론, 36.1), 『원본김유정전집』, 강, 2012, 291쪽.

언어 사용은 이효석의 수려하고 아름다운 서구적 문장과 대비된다.

돈(화폐)의 가치가 구체적으로 제시되는 김유정 소설의 명확한 금액 표기는 정신적 가치가 돈의 지배에 종속되는 자본주의 현실을 드러내며 서사의 진행과 주제의 형상화에 기여[160]한다. 이효석 또한 돈에 민감[161]했지만 작품 속에서 구체적으로 제시되지 않는데 이는 사실을 그대로 재현하는 현실묘사가 미의식과 예술적 형상화에 영향을 주기 때문이다. 김유정 소설에서 돈은 인물들 사이의 관계를 맺고 푸는 기본적인 동력으로 작동되며 인신매매, 매춘, 폭력, 노름, 가정파탄, 피해망상, 히스테리, 배신, 음모, 정서적 불안, 우울, 공포 등의 다양한 현상을 직접적으로 견인하는 인상적인 매개로 부조[162]된다.

김유정 소설은 계몽 혹은 개화를 주도하거나 혁명으로 이끄는 문제적 개인이나 지식인이 등장하지 않는다는 점에서 카프소설과도 차별화된다. 정보의 부재나 무지로 인해 단순히 먹고 사는 일에 전념하는 농군들과 순박한 아내, 발랄하고 생동감 있으며 본능에 충실한 처녀총각들이 거주하는 핍진한 농촌현실을 있는 그대로 그릴 뿐이다. 이는 계급문학이 지닌 전위의 눈이나 각성한 지식인이라는 도식적이고 이분법적인 공식에서 탈피해서 작가가 보고 느끼고 겪은 고향 풍경을 생생하고 리얼하게 담고자 했기 때문이다. 마르크시즘의 자장안에 있었던 김유정과 이효석은 프로문학과 다르게 현실을 그리고자 했으며, 두 작가의 기본소설구성은 리얼리즘에 바탕을 두었기에 구인회와도 거리를 두는 독특한 문학세계를 형성했다.

〈총각과 맹꽁이〉는 김유정의 고향 실레마을을 배경으로 소박하고 고단하게 살아가는 시골 젊은이들의 일상을 사실적으로 그린다. '가혹한 도

---

159 양문규, 『한국 근대소설의 구어전통과 문체 형성』, 소명출판, 2013, 314쪽.

160 강헌국, 「김유정, 돈을 위해」, 『김유정의 감정미학』, 소명출판, 2018, 205~206쪽.

161 원고료에 대해서나 운동구점에서 스키를 타기 위해 소요되는 물품이 스키 20.00, 구두 35.00, 점퍼 30.00, 바지 10.00, 모자 3.00, 장갑 3.00, 양말 3.00 등 백 원이 들어 20원이면 될 스케이트의 5배의 입비(入費)가 소요된다고 구체적으로 설명하고 있다. –이효석, 「계절의 낙서」(신세기, 40.1), 338~339쪽.

162 황태묵, 「김유정 소설에 나타난 '돈'」, 『김유정과의 만남』, 소명출판, 2013, 225쪽.

지'로 표현되는 논밭은 사실 '고목느티나무 그늘에 가리어 여름날 오고가는 농군이 쉬든 정자터'였으나 그마저도 지주가 땅을 갈아 소작을 준 것으로 애초부터 농작물이 생산되기 불가능한 땅이다. 일년 농사로 살아갈 수 없고 결혼마저 불가능한 농촌 총각들은 아내를 들병이나 주막의 주모로 내세워 생계를 모색한다. 춘천군 신남면 증리 아랫말에 사는 순진하고 질박한 김덕만은 뭉태만 믿고 술값을 제공하고 들병이를 얻고자 하나 친구에게 빼앗기고 맹꽁이에게 비웃음을 당한다.

총각들의 성적 욕구는 술값과 밥값으로 마을에 들어온 들병이를 공유함으로써 해소한다. 음식과 성을 대하는 태도에 있어서도 김유정 소설에선 오곡이나 식량의 대체물이 등장하고 폭력적이고 육체를 탐하는 방식으로 드러나지만, 가산 소설에선 과실이나 커피 등의 향기가 에로틱하고 관능적인 분위기를 위해 사용되며 성에 대해서도 행동하기보다는 음미하고 사색하고 감각적으로[163] 나타난다.

또한 김유정 소설에선 행동과 사건중심으로 갈등양상이 전개되며 배경묘사나 내면심리는 섬세하게 드러나지 않는다. 두 소설에 나타난 아내매매나 들병이 매춘은 30년대 삶의 비극적인 상황을 알게 한다. 그러나 슬프고 비통한 현실이 해학과 유머로 서술됨으로써 희석되기에 현실인식의 부재라는 평가를 받는다. 돈과 성과 여성의 교환이 야기하는 식민지 근대 자본주의로 인해 파행적이고 모순된 농촌현실이 형성된다. 소작농은 땅을 얻지 못하거나 일년 내내 농사를 지어도 남는 것이 없고, 도시로 이주하거나 여성을 생계수단으로 삼으며 금점, 도박에 빠진다. 작가는 자신의 고향인 실레마을을 리얼하고 냉소적으로 그림으로써 전통적이고 사실적인 로컬리티 재현에 중점을 두었다.

이효석의 도시소설에선 서울 거리나 카페, 카바레, 술집을 방황하는 식민지 엘리트가 등장하는 반면, 김유정 소설은 월세살이를 하는 하층민

---

163 졸고, 「김유정, 이효석 소설의 음식과 성 비교 고찰」, 『한중인문학연구』 제55집, 한중인문학회, 2017, 126쪽.

이 집주인과 돈문제로 갈등을 일으키는 현실을 묘사한다. 자전적 소재의 〈슬픈 이야기〉와 〈따라지〉는 주거공간과 가족을 갖지 못한 셋방살이들이 서로를 관찰하고 엿보며 살아가는 일상을 그린다. 〈슬픈이야기〉는 사글셋방에서 무직의 '내'가 방음이 부실한 옆방을 훔쳐보면서 일어나는 이야기이다. 뚱뚱한 본처를 버리고 신여성과의 결혼을 꿈꾸며 밤마다 아내를 폭행하는 전기회사 감독에게 맞선 나의 무모한 행동으로 옆집 아내는 더 얻어맞게 된다. 옆집남자는 13년간 전차운전수에서 감독으로 승진을 하고 아내와 아들을 두었으며 팔백원을 모은 도시민으로 무일푼의 무직자인 나보다 세속적으로 성공한 인생이다. 모멸감과 자존심을 훼손한 내가 그에게 내세울 것은 양심과 책임의식이지만 이는 자본주의사회에서 미덕이 되지 못한다. 얄팍한 울섶 같은 벽 때문에 옆방을 엿보게 되고 이를 주인노파에게 들키며 남의 아내를 탐한다는 오해 속에 결국 나는 하숙집을 떠난다. 이 소설은 돈이 횡행하는 근대도시와 화폐의 위력 속에 자의식이 강하지만 무기력하고 초라한 남성이 패배하는 스토리 위주로 진행된다.

〈따라지〉 역시 사글셋방과 집세를 중심으로 이야기가 전개된다. 이런 곳에 사는 영세시민은 소설제목처럼 하찮고 떠도는 '따라지'[164] 인생이다. 월세를 제때에 받지 못해 약이 오른 주인부부의 셋집에는 경무과 제복공장을 다니는 여직공과 소설을 쓰며 누이에게 빌붙어 사는 무직의 톨스토이, 딸 버스걸에게 기대어 사는 노란 낯짝을 하고 신음소리를 내며 피똥을 싸는 영감쟁이 감마까, 방에 남자를 들여 매춘하는 카페여급 영애와 아끼코가 거주한다. 무직자와 여공과 카페걸, 버스걸, 병든 노인은 1930년대 식민지 도시 경성에서 따라지목숨으로 살아가는 하층민 노동자의 표상이다.

> …요 아끼꼬는 방세를 내래도 입을 꼭 다물고는 안차게도 대꾸 한마디 없다. 여러번 듣기싫게 조르면 그제서는 이쪽이 낼 성을 제가 내가지고 "누가

---

164 사전적 의미로 따라지는 ①키와 몸이 작아 풍채가 보잘 것이 없는 사람, ②노름판에서 '한 끗'을 이르는 말, ③따분한 처지에 놓여있는 사람을 말하며, 따라지 목숨은 남에게 매여 자유 없이 하찮게 사는 목숨을 말한다.

> 있구두 안내요? 존 편히 계서요. 어련히 낼라구. 그런 극성 첨 보겠네." 이렇게 쥐여박는 소리를 하는 것이 아닌가 좀 편히 계시라는 이 말에는 어이가 없어서도 고만 찔긋 못한다. "망할 년! 은젠 병이 들었었나?" 쓸 방을 못쓰고 삭을세를 논 것은 돈이 아수웠던 까닭이었다. 두 영감 마누라가 산다고 호젓해서 동무로 모은 것은 아니다. 그런데 팔자가 사나운지 모다 우거지상, 노랑통이, 말괄냥이, 이런 몹쓸것들뿐이다. 이망할것들이 방세를 내는 셈도 아니요 그렇다고 아주 안내는것도 아니다. 한달치를 비롯 석달에 별러내는 한이 있더라도 역 내는건 내는거였다. 즈들끼리 짜위나 한 듯이 팔십전 칠십전 그저 일원, 요렇게 짤끔짤끔 거리고 만다.[165]

주인마누라는 돈을 위해서는 어떤 짓이라도 하는데, 〈총각과 맹꽁이〉에서 농토로 볼 수 없는 땅을 갈아 농군에게 빌려주는 것처럼 광을 개조해서 만든 아랫방을 세주는 땅과 방을 통한 자본의 잔혹함과 냉정함을 작가는 포착한다. 그녀는 순하고 만만한 톨스토이를 내쫓으려고 계획하고, 아끼코는 주인과 누이에게 핍박받는 톨스토이를 사랑한다. 공장살이로 설움을 받는 누이는 미친 사람처럼 동생에게 히스테리를 부리지만 걱정하기도 한다. 주인마누라와 셋방살이하는 사람들과의 월세를 통한 갈등양상은 〈따라지〉를 이끌어 가는 핵심적인 요소이다. 사글세 팔십전 칠십전, 일원 혹은 숙박료 오십전이 구체적으로 제시되며 방과 방세를 놓고 사건이 전개되는 이 소설은 돈의 위력에 지배되는 자본주의 사회가 반영된 결과이자 화폐가 생활의 중심이 되었음을 피력한다. 또한 카페여급 아끼꼬와 영애의 외모로 인한 손님의 차이, 버스껄이 고등과 학생으로 보이기 위해 변또와 무거운 잡지를 담아 책보를 싸는 설정에서 자본, 학벌, 외모가 중시되는 사회를 해부한다.

에피소드 중심으로 진행되는 김유정 소설은 현장감이 있고 구체적이며 리얼하다는 점에서 이효석 문학과 다르다. 또한 톨스토이에 대한 아끼

165 김유정, 〈따라지〉(조광, 37.2), 전신재 편, 『원본김유정전집』, 강, 2012, 305~306쪽.

꼬의 사랑에는 동병상련의 감정이 자리 잡고 있는바[166], 들병이와 카페여급과 같은 여성타자의 입장에 작가의 시선이 머문다. 그의 문학은 거칠지만 따뜻하며 '약육강식과 적자생존의 사회진화론적 세계관을 거부하는 상호부조와 공동체적 연대'[167]를 주창한다. 六字배기 같은 건 자다들어도 싫지 않고 일상 조선옷을 입는다는[168] 김유정은 아리랑민요나 구전되어오는 노랫가락, 토속어와 구어체, 판소리재담 등의 문체와 《홍길동전》, 《두포전》 발표를 통해 민중공동체를 바탕으로 한 전통지향의 문학을 지향했다.

4. 미의식과 서구지향성: 이효석 소설

미의식에 기초하여 낭만과 리얼의 중간을 추구한 이효석 문학은 내면심리와 공간(배경)묘사을 통한 예술성과 기교에 치중하였다. 〈개살구〉는 전통사회에서 근대사회로 이행하는 전환기를 살아가는 근대인의 자본주의적 욕망과 속성을 그린다. 쓸모없던 오대산 박달나무가 철도나 신작로의 재료가 되면서 돈벼락을 맞은 형태는 시대의 변화에 재빠르게 처세하여 신분상승에 성공한다. 첩이 사는 살구나무집에는 라디오 안테나, 유성기 노랫소리가 들려오면서 마을사람은 형태를 자신들과 다른 근대인, 개화인으로 여긴다. 근대사회가 야기한 신분상승과 돈의 위력과 같은 현실이 드러나지만 전반적으로 아름답고 서정적인 자연묘사와 은폐적이고 비밀스러운 남녀 간의 성적 관계에 집중된다. 따라서 대상의 현실을 깊이 추구하지 않고 갑작스럽게 성의 신비나 자연의 아름다움 또는 생명력을 찬미하는 쪽으로 비약시키는[169] 에로티시즘과 심미주의가 부각된다.

---

166 조경덕, 「김유정의 소설 쓰기와 자기 인식」, 『김유정과의 만남』, 소명출판, 2018, 126쪽.
167 이만영, 앞의 논문, 300쪽.
168 김유정, 「취미문답, 생활문답」(조광, 37.2), 『원본김유정전집』, 강, 2012, 481~482쪽.
169 정호웅, 「일제말 소설의 창작 방법」, 『현대소설연구』 제43집, 한국현대소설학회, 2010, 14쪽.

> 논길을 살며시 숨어들어 살구나무에 기어올라 우거진 가지 속에 몸을 감추기는 여반장이었으나 교교하게 밝던 보름달이 공교롭게도 별안간 흐려지면서 누리가 금시에 캄캄하여 간 것은 마치 무슨 조화나 붙은 것 같았다. 알고 보니 그날 밤이 월식이어서 그때 마침 온통 어두워진 하늘에서는 검은 개가 붉은 달을 집어 먹으려고 노리고 있는 중이었다. 모든 것이 물속에 빠진 듯이나 고요하고 어두운 가운데에서 길을 잃은 듯한 박쥐의 떼가 파닥파닥 날아들고 뒷산의 부엉이 소리가 다른 때보다 한층 언짢게 들렸다.
>
> 멀리서 달을 보고 짖는 개의 소리가 마디마디 자지러지게 흘러왔다. 지척을 분간할 수 없는 나뭇잎 속에서 금녀는 불길한 생각에 몸서리가 치면서 살구 생각도 없어지고 나뭇가지를 바싹 붙들었다. 변이라도 일어날 듯한 흉한 밤이었다. 하늘의 개는 붉은 달을 입에 넣고 게웠다 물었다 하다가 드디어 온전히 삼켜 버리고야 말았다. 천지는 그대로 몽땅 땅속에 묻혀 버린 듯이 새까맣고 답답하여졌다. 부엉이 울음도 개 짖는 소리도 어느 결엔지 그쳐진 캄캄한 속에서 금녀는 무서운 김에 팔 위에 얼굴을 얹고 차라리 눈을 감아버렸다.[170]

살구서리를 하러 살구나무집 나무에 올랐다가 서울댁과 형태 아들 재수의 불륜 장면을 목격함으로써 갈등을 불러일으키는 이 장면은 보름달과 짐승울음소리, 어두운 월식 하늘, 살구나무 등의 정교하고 아름다운 밤풍경에 내재된 전조와 복선을 내포한다. 공감각적 표현과 자연배경묘사가 다가올 사건과 긴밀하게 연결되어 세련된 감각으로 형성되는 예술적 기교는 이효석 문학의 특질이다. 음험하고 음산하며 은밀하고 은폐된 이 집의 분위기와 어조는 근친상간과 불륜으로 인한 파국으로 치닿는 비극적 결말이 정교하게 공들인 배경묘사를 통해 전달된다.

생활이 적나라하고 구체적으로 표현되는 방식은 산문적이고 비예술적이므로 하늘과 달과 계절(봄/가을)의 순환, 꽃/나무/열매 등의 식물묘

---

170 이효석, 〈개살구〉(조광, 37.10), 『이효석전집』 2, 서울대문화출판원, 2016, 252쪽.

사와 동물을 통해 알레고리화한다. 작가는 형태의 타락과 부패, 화폐의 위력, 비도덕적인 권력욕을 통해 식민지 근대사회하 자본의 유입, 자연훼손, 신분상승, 문명의 유입과 전개, 권력욕망, 성과 여성과 권력 양상 등을 원경화함으로써 주제의식을 희석하거나 축소시킨다. 이로 인해 이효석 소설은 현실도피적이고 역사의식의 부재라는 평가를 받지만 신비성, 낭만성, 미의식, 기교, 심미주의는 프로문학처럼 지나치게 단조롭거나 단순한 리얼리즘문학을 극복하는 창작방식이며, 마을풍경과 자연묘사가 주제의식에도 관여됨으로써 예술성과 현실인식, 주관과 낭만이 혼합된 이효석의 문학론에 기초한다.

> 아침나절은 졸고 있는 짐승같이 막막은 하나 숨결이 은근하다. 휘엿한 산등은 누워 있는 황소의 등어리요 바람결도 없는데 쉴 새 없이 파르르 나부끼는 사시나무 잎새는 산의 숨소리다. 첫눈에 뜨이는 하아얗게 분장한 자작나무는 산속의 일색. 아무리 단장한대야 사람의 살결이 그렇게 흴 수 있을까. 수북 들어선 나무는 마을의 인총보다도 많고 사람의 성보다도 종자가 흔하다. 고요하게 무럭무럭 경정 없이 잘들 자란다. 산오리나무 물오리나무 가락나무 참나무 졸참나무 박달나무 사스래나무 떡갈나무 피나무 불가리나무 싸리나무 고로쇠나무 골짝에는 산사나무 아그배나무 갈매나무 개옻나무 엄나무. 산등에 간간이 섞여 어느 때나 푸르고 향기로운 소나무 잣나무 전나무 향나무 노간주나무 — 걱정 없이 무럭무럭 잘들 자라는 — 산속은 고요하나 웅숭한 아름다운 세상이다. 과실같이 싱싱한 기운과 향기. 나무 향기 흙냄새 하늘 향기. 마을에서는 찾아볼 수 없는 향기다.[171]

〈산〉의 중실은 머슴살이 칠팔 년 만에 김영감의 첩을 건드렸다는 누명을 뒤집어쓰고 맨주먹으로 쫓겨나 산에 칩거한다. 가진 자의 횡포로 억울하게 고통받는 하층민의 계급적 모순을 작품 속에 수용하면서도 더 나아

171 이효석, 〈산〉(삼천리, 36.1), 위의 책, 96~97쪽.

가지 못하고 현실과 유리된 아름답고 유토피아적인 어조가 형성됨으로써 구체적이고 사실적인 김유정 소설과 차이를 보인다. 계급, 자본, 성적 불평등이 제시되면서도 서정적이고 목가적이며 심미적인 이효석 문학은 낭만적 리얼리즘의 소설방식에 기초한다.

아침을 '짐승같이', 산등은 '황소의 등어리', 사시나무 잎새는 '산의 숨소리', '하아얗게 분장한 자작나무' 등의 직유와 비유로 이루어진 공감각적으로 채색된 숲속 정경은 독특하고 시적이며 심미적이다. 이는 체홉과 맨스필드 문학의 사과꽃, 배꽃 묘사나 동물과의 친화에서 영향을 받은 근대적 표현양식이자 서구문학교육을 받은 영문과 출신인 이효석의 감각이다. 마을과 산속, 나무와 사람, 자작나무와 사람살결을 대비하여 전자를 칭송하는 것은 돈, 권력, 욕망에 타락하고 인간성을 상실한 식민지도시에 대한 우회적 비판이자 낭만적이고 심미주의적인 이효석 문학관의 결과이다.

산, 숲, 나무에서 숨소리를 듣고 각양각색의 나무 이름을 열거함으로써 자연과 하나되는 중일은 어수선하고 산문적이며 자신을 고통스럽게 한 도시와 유리되고 싶은 욕망을 갖는다. 야초(野草)의 나열은 간지럽게 다듬어진 음악처럼 굴러 나오며, 섬세하고 감각적인 언어의 기교는 언어예술의 절정[172]을 이룬다. 별이 총총 돋는 깊은 하늘과 나뭇가지를 올가미 지운 초생달, 새와 바람과 개울물과 검은 산등의 깊은 산속에서 중실은 스스로 나무가 되고 별이 됨을 느낀다. 실험적이고 유니크한 나무들의 나열방식은 서정적이고 생태주의적이며 자연친화적인 분위기를 형성한다. 압축과 비약, 함축적이고 암시적인 표현을 통해 소설이 시적 경지에 이르는[173] 것을 추구한 작가의 심미주의적인 묘사와 미의식은 시 혹은 수필 같은 소설 형태를 갖게 함으로써 부정적으로 평가되었다.

자연, 고향, 농촌, 시골에 대한 서정적이고 공감각적인 공간묘사는 서울, 도회를 배경으로 한 소설에서도 동일하게 그려진다. 박태원 소설로 표

172 김우종, 앞의 책, 256쪽.

173 정현숙, 「이효석의 소설론과 그 실제」, 『어문연구』 제81권, 어문연구학회, 2014, 253쪽.

상되는 무직인 구보 씨라는 산책자의 도시 배회 및 방황은 1930년대 경성 모더니즘의 전형적인 일상이었다. 이효석이 소묘한 서울 풍경은 새로운 건축물들인 백화점, 호텔, 카페, 상점이 즐비한 거리의 여인풍경과 색정문화로 드러난다. 작가는 지식인 산보객과 성적으로 상품화된 여성(창녀)과 상품물신성으로 상징되는 환등상[174]을 통해 도시의 스펙터클을 포착하였다.

도시소설 〈천사와 산문시〉는 남루하고 초라한 하숙집과 맞은편에 위치한 화려한 호텔을 대비하면서 자본주의라는 계급적 모순과 식민지라는 시대적 모순을 우회적으로 배치한다. 낭만적 미의식을 추구하는 작가는 생활의 비루함을 의도적으로 전면에 내세우지 않는다. 하숙생들을 흉보는 주인노파가 운영하는 하숙집엔 사남매를 양육하는 홀아비 회사원, 아이아비 없이 해산한 여사무원, 치과전문에 다니는 친구 그리고 할 일 없이 방황하는 자신이 기숙해 있다. 딱하고 초라하고 움츠리는 주접이 편재된 하숙 공간과 대비되는 '일종의 유혹'의 거리엔 수많은 찻집과 천차만별의 술집이 산재해 있다.

> 조촐한 한편의 방-그것은 지옥의 것이 아니요 확실히 하늘에 속하는 것이 아니었을까. 적어도 동화 속의 세상같이 아름답다. 지저분한 거리 속에 연속된 부분이 아니요 공중에 홀연히 솟은 듯한 세상이다. 방을 장식한 가지가지의 세상이 거뭇하면서도 찬란한 색채 속에 침착하게 잠겨 있는 위로 일종의 향기가 그윽하게 우려 있는 것이다. 은근히 타는 난로이며 탁자와 의자까지도 현실의 것이 아니고 방 안의 운치를 좋아하기 위하여 놓인 이야기 속의 것 같다. 스크린 저편으로 넓은 침대가 놓이고 그 위에 화려한 금침이 목단같이 피었다. 머리맡 벽에서는 액(額) 속에 넣은 한 폭의 그림이 침대를 굽어보고 있다. 그 이상한 그림은 고요한 방 안에 한 줄기의 기괴한 느낌을 붓고 있다. 그림은 한 사람의 나체를 나타낸 것이나 그것은 아담도 아니요 이브도 아니다. 아니 아담이며 동시에 이브인 것이다. 한 몸에 한꺼번에 두 가지 성

---

174 수잔 벅 모스, 김정아 역, 『발터 벤야민과 아카이드 프로젝트』, 문학동네, 2004, 115쪽.

> 을 갖춘 — 신화 속에 나오는 태곳적의 완전한 일원적(一元的) 인간과도 같은 — 피차 애써 안타깝게 상대의 성을 찾지 않아도 좋은 기괴한 인생의 화상(畵像)이 스핑크스의 수수께끼를 방안에 던지고 있는 것이다. 그 그림은 확실히 자란이의 동화의 세상에 속하는 것이니 방 안은 그것으로 말미암아 한층 신비로운 기색을 띠었다.[175]

술집의 한 홀에는 난로, 탁자, 의자, 침대, 스크린, 금침, 그림 등이 환상적이고 동화적이며 에로틱하게 장식되어 있다. 이곳은 계급이나 성별, 지위 구별 없이 본능적이고 자유롭게 자신을 표출할 수 있는 쾌락원칙이 작동하는 공간이다.

여급의 성적 유혹은 이 공간 밖의 잔혹하고 고통스러운 현실을 차단하며 식민지 트라우마로 훼손된 피식민지민의 영혼을 구제한다. '마의 소굴'이자 '동화 속 세상'인 술집, 찻집의 홀엔 능수능란한 말재주, 희화술과 아름다운 자태로 위로해주는 '동화 속 천사', '마음의 천사', '거리의 천사', '밤의 천사'인 여급이 상주하며 손님을 위무한다. 가족이나 집이 부재한 주인공은 생활인이나 정주민이 아닌 산책자, 여행자가 되어 도시를 떠돈다. 산책자의 방황은 자본주의 대도시의 일상성뿐만 아니라 식민지 모순과 삶의 궁핍을 동시에 내포한다. 그의 공간은 카페, 거리, 술집 등과 같이 잠시 머무는 찰나적이고 일회적인 안식처이다. 그러나 비일상적 비현실적 공간은 일시적이고 쾌락적인 가짜 위안만이 존재할 뿐이다. 이와 같이 김유정 소설이 사건의 전개와 인물의 행동 위주의 갈등양상이 전개된다면 이효석 소설에서는 공간묘사와 내면심리를 통해 주제와 어조에 관여한다.

〈공상구락부〉의 무직의 삼십대 청년들은 무한한 시간과 무료한 여가를 공상과 쓸데없는 농담으로 카페에서 소일한다. 한잔의 차와 음악소리가 있는 거리의 찻집을 순례하는 망상가 천마 군, 비행사를 꿈꾸는 백구

---

175 이효석, 〈천사와 산문시〉(사해공론, 36.4), 『이효석전집』 2, 서울대문화출판원, 2016, 129~130쪽.

군, 유들유들하고 광맥에 대한 야심과 애착을 지닌 광업사업가 운심 군, 문학을 숭상하며 카페 미모사의 여급 민자의 사랑을 갈구하는 청해 군이 이들이다. 몇백만원의 유산과 절세의 귀부인을 꿈꾸며 비행기로 세계일주나 유람을 소망하는 이들의 망상하는 삶이 1930년대 식민지 룸펜 인텔리의 일상이다. 작가는 천마 군의 입을 통해 자신이 추구하는 유토피아를 그린다.

> "-세상에서 가장 이상적인 부락을 맨들겠네. 섬에는 물론 새문화를 수입해서 각 부문에 전부 근대적 시설을 베풀고 한편으로는 농업을 힘써서 그 농업 면에도 근대화의 치장을 시키고 농업 면과 공업 면이 잘 조화해서 조금도 어긋나고 모순되지 않도록 즉 부락민은 농사에 종사하면서도 도회에서 살 수 있도록-그러구 물론 누구나가 다 일해야 하구 일과 생활이 예술적으로 합치되도록 그렇게 섬을 다스려 보겠네. 노동이 있을 뿐 아니라 예술이 있고 음악이 있고 음악에 맞춰서 일이 즐겁고 수월하게 되는 부락-그 부락의 추장 노릇을 하고 싶은 것이 평생 원이야."[176]

"과학에서 얻은 리지권내(里知圈內)에서 감정권내로 옮기게, 그것 대중에게 전달하는 것"으로 이해한 김유정 문학이 실천하고 행동하는 사랑 공동체에 기반을 두었다면, 이효석의 분신인 천마의 유토피아는 새문화와 근대적 시설이 갖춰진 도회공간에서의 농업과 공업의 조화, 일과 생활의 합치가 이루어지는 곳이다. 취직 걱정 없이 문학서를 읽으며 안온하게 살아가는 청해 군의 할리우드 여배우와 카페여급의 사랑쟁취, 백구 군의 비행기 세계일주와 운심의 광산사업으로 인한 일확천금은 불가능한 꿈의 세계이다. 생활 계획을 세우지 않고 현실감각이 부재한 무기력하고 무능력한 식민지 젊은이의 금점, 도박, 복권, 미인 등 쾌락과 한탕주의는 김유정 소설에게도 나타나고 있어 미래를 계획조차 하기 힘든 극한적인 시대상황

---

176 이효석, 〈공상구락부〉(광업조선, 38.9), 위의 책, 437~438쪽.

을 두 작가는 제시한다. 운심의 사업실패와 천마의 신문사, 백구의 회사 취업으로 공상구락부 모임은 해체되고 운심의 회복과 성공이라는 잔혹한 낙관주의로 끝이 난다. 현실을 인식하기에 식민지 조선은 너무도 고통스럽고 피폐하기에 차라리 꿈과 공상, 동화의 세계로 현실을 지우려는 식민지 지식청년들의 고뇌가 흥미롭게 재현된다.

농촌소설에서도 기득권이나 신분상승을 한 상류층이 주요인물로 등장하듯이 도시소설에서도 문화종사자이자 예술가, 회사원, 기자 등 상류층, 고학력층이 작중인물로 등장한다. 이는 지식인이자 교수로서 귀족의식을 지닌 작가가 잘 아는 인물유형을 택했기 때문이다. 그의 문학은 생활 자체나 생존 문제보다는 몽상적인 비현실 혹은 사회와 거리를 둔 삶을 그린다. 생활과 현실을 원경화하고 꿈, 낭만, 관념을 전면에 배치하는 구성방식은 이효석의 문학관과 창작방식의 결과이자 식민지사회에 참여 혹은 관여하지 못하는 피식민지민의 소외된 현실을 상징한 것이다. 작가에게 있는 그대로의 재현은 진정한 문학일 수 없으므로 사건이나 행동 중심의 갈등보다는 묘사와 심리 중심의 텍스트 구성을 보인다. 이효석의 창작방법은 미의식과 예술적 기법에 지나치게 경사된 나머지 조선현실의 고통과 부조리를 파헤치지 못함으로써 반제와 독립이라는 시대적 소명을 다하지 못했고 현실인식의 부재라는 평가에서 자유롭지 못한 결과를 낳았다.

5. 전통지향성과 서구지향성

1930년대에 주로 창작활동을 한 김유정과 이효석은 강원 영서지역인 춘천과 평창 출신이라는 로컬리티의 공유, 구인회 소속 작가, 순수문학세계, 인간혐오라는 공통점에도 불구하고 문학관과 작품성향의 차이를 드러내었다. 또한 두 작가는 마르크시즘, 자본론, 상호부조론 등 사회주의사상의 자장 안에 있으면서도 전통문학과 서구문학을 추구했고, 1933년부터 1936년 구인회 소속 시기에 왕성한 작품 활동으로 대표작들을 발표했으며, 고독하고 예민하고 병적이고 우울하며 사람을 싫어하거나 기피했다. 몸을 팔거나 남성들에 의해 매매되는 여성타자는 식민지 트라우마를 지닌 지식인 작가이자 여성화된 남성(이효석) 혹은 무모한 괴물(김유정)로 나타났다.

불행한 가족사, 질병, 실연, 가난과 돈의 결핍 속에서 생존과 생명유지에 급급했던 김유정은 예술을 위한 예술이나 신심리주의를 비판했고 문학에서 중요한 것은 내용전달이나 주제의식이기에 기교나 표현은 그 다음 문제라고 주창하였다. 그는 상호부조론과 같이 공동체가 함께 살기 위한 삶의 방편을 모색하는 작품들을 리얼하고 치열하게 그렸다. 경성제대에서 문학을 교육받고 대학교수로서 창작활동을 한 이효석은 서구근대문학을 정초하고자 노력했다. 환경, 습속, 풍토에 기초한 문학을 위해 자신의 일상과 생활양식문화를 서구화한 그는 조선문학을 폄하하고 지나친 서구지향성으로 비판받았지만 그가 추구한 예술을 위한 예술, 낭만적 리얼리즘 문학은 우리 문학에 풍성하게 문학의 진폭을 넓혔다.

두 작가의 문학관의 차이를 살펴보면, 김유정은 기교나 예술성보다는 내용과 주제의식을 문학의 핵심적 요소로 봄으로써 자전적 소재와 체험을 바탕으로 춘천 실레마을의 비극과 고통을 리얼하게 드러냈다. 이에 비해 이효석은 낭만과 리얼의 중간인 낭만적 리얼리즘 문학을 추구했고 사실 이상의 진실(real)을 담고자 했다. 또한 기교와 표현이 예술적 형상화에 주요하며 배경(자연 및 도시공간)묘사와 내면심리가 주제의식에 반영되었다.

사랑공동체와 상호부조론에 입각한 김유정 문학의 작중인물은 소작농, 들병이, 유랑민, 거지, 도둑, 금점꾼, 농군 등 최하층민이며 식민지 조선의 피폐하고 비정상적이며 타락한 도시, 농촌의 삶을 적나라하게 표출했다. 개인주의적이고 근대적 귀족적 사유를 지닌 이효석문학은 시대적 이행기에 개화인, 근대인으로 신분상승한 상류층의 자본주의적 욕망을 그리거나 기자, 문화담당자, 룸펜 인텔리, 엘리트 등이 도시를 산책하거나 카페에서 공상하는 등 여유롭고 한가롭게 현실을 소묘했다. 김유정 소설에서는 사건의 갈등과 비극적 요소가 되는 핵심요인인 돈이 구체적으로 제시되는데 비해 이효석 소설에서는 현실문제나 돈을 전면에 내세우지 않는다. 자본과 외모와 욕망이 권력에 어떻게 작동되는지를 통한 근대성을 파헤치면서도 돈과 생활은 산문적이므로 예술적 성취를 위해 지나치게 구체화시키지 않은 이효석과 달리 김유정에게 돈은 인간의 정체성과 근대성을 파악하는 핵심이므로 절대가치로 중시되었다. 두 작가의 차이는 소설 구성에서도 드러난다. 김유정 소설이 행동, 사건 중심으로 이루어진 반면 이효석 소설은 공간묘사, 미의식과 심미역, 낭만적 요소와 예술적 기교에 치중했다. 현실과 생활을 원경화한 이효석과 달리 김유정은 현실의식과 자전적인 현장체험에 기초하여 현실을 사실적으로 재현하였다.

즉 김유정 문학이 전통지향, 현실인식, 공동체주의와 상호부조론에 기초한 사랑공동체 추구, 사건과 행동 위주, 내용과 주제의식(식민지 농촌의 피폐와 궁핍한 도시 재현 및 비판), 육담, 사투리 등의 판소리체 문체의 특징을 지녔다면, 이효석 문학은 서구지향, 미의식, 개인주의와 서구근대문학양식의 추구, 배경묘사와 내면심리 위주, 기교와 예술적 형상화(사랑과 성, 자본과 권력을 통한 모더니티와 인간의 욕망 해부), 세련된 서구적 문체로 요약된다. 그럼에도 불구하고 두 작가는 리얼리즘과 모더니즘, 카프와 구인회 등의 경계선에 양립하고 있으며, 정통서사구조 및 소설기법을 구사하지 않는 매우 독특하고 실험적인 소설을 남김으로써 1930년대 한국현대소설양식을 풍요롭고 다채롭게 했다.

5장
1930년대 소설의 영서지역 재현

1. 강원로컬리티와 고향의식

1930년대 일제강점기는 유랑, 이주, 이산, 망명이 일상화된 시대였다. 고향과 고국에 정주하지 못한다는 사실은 경제적 궁핍, 정치적 억압, 심리적 불안 상태를 뜻하는 것으로, 방랑, 매춘, 궁핍, 구걸, 도둑질, 도박, 축첩, 적금과 같이 비정상적 탈윤리적 비도덕적 패륜적 삶이 나타났다. 주권을 상실한 식민지 지식인과 문인들은 고아/실향민/디아스포라의식을 심정적으로 갖는다. 1930년대는 만주침략(1931), 중일전쟁(1937), 태평양전쟁(1940)이 일어난 침략전쟁의 시기로서 한반도를 전방기지화, 병참기지화했던 전시체제의 확립기간이었다. 이 시기의 우리 문단과 문학현실은 카프해체(1931년 1차, 1934년 2차 해체)로 시작되었다. 카프의 추방은 정치적 사회적 이념적 관심을 배제하는 과정으로 30년대적 문학의 배경과 방향을 제시하는 사건이었다.

강원문학은 중앙문단의 변두리(변방) 혹은 가장자리문학으로 소외되어 왔다. 그러나 봉평의 이효석, 춘천의 김유정, 철원의 이태준은 당대의 독서계에서 높은 인기를 끌었으며, 국어교재에도 자주 수록될[177] 정도로

---

177 195,60년대 대학교양국어 교재 수록 작품 빈도수를 보면 〈메밀꽃 필 무렵〉 5번, 〈동백꽃〉 2번이며, 6차 국정교과서에는 〈동백꽃〉, 〈메밀꽃 필 무렵〉이, 7차에는 〈봄봄〉이 실려 있다. 좀더 구체적으로는 5차 교과서 1989년 8종 속에 〈메밀꽃 필 무렵〉이 4회, 〈봄봄〉이 2회, 1995년 18종 6차 문학교과서에는 〈메밀꽃 필 무렵〉 11회, 〈봄봄〉 5회, 〈만무방〉 1회, 2002년 18종 7차 문학 교과서에는 〈메밀꼴 필 무렵〉 13회, 〈동백꽃〉 8회, 〈금 따는 콩밭〉 1회, 2010년 15종 중학교 2학년 국어교과서에는 〈동백꽃〉 4회, 2010년 16종 고등

정전으로 평가되어 문학적 문학사적으로 자리매김하고 있다. 한국인이 사랑하는 서정소설 〈메밀꽃 필 무렵〉의 작가인 이효석, '한국의 모파상', '한국근대소설의 개척자', '근대단편문학의 완성자'로 불리는 월북작가 이태준, 춘천 실레마을을 배경으로 토속적인 단편을 남긴 김유정은 1930년대 문학사에서 한 축을 담당하는 강원 출신 작가들이다. 이들 소설가들에 대한 개별연구는 방대하게 축적되고 있어 당대 독자들과 비평가들의 긍정적 평가를 받았고 현재에도 다각적으로 연구되고 있다.

세 작가의 공통점인 강원(영서) 출신 작가라는 점에 착안해서 1930년대 강원지역과 고향에 대한 작가의식을 살펴본다. 작품 속 공간의 배경인 춘천 실레마을, 봉평 주변(진부, 대화, 원주, 문막, 횡성, 대관령, 오대산 월정사), 철원(C군, 안악골, 떡전거리, 한새울, 용담, 안협, 동주, 샘말) 등의 재현 양상을 통해 강원로컬리티와 고향의식을 알 수 있다. 이 글은 순진무구하고 순박한 강원도민 이미지와 반사회적 현실도피적 고답적 서정적인 순수소설로 고착화된 기존평가가 재고되어야 하는 문제제기에서 출발한다. 강원지역에 대한 심상지리에 근거하여 실레마을 사람들을 사실적으로 묘사한 김유정과 달리 이효석과 이태준의 경우 작가 스스로 고향과 거리를 두거나 일찍 이향했기에 로컬적 관점의 연구가 부족하다. 농촌 배경보다 도시 배경 소설이 더 많음에도 불구하고 강원(영서) 혹은 고향 배경 소설이 정전화되고 있고 대표작으로 거론된다는 점에서 고향과 관련된 소설들은 작가에게 문학의 본령 내지 원형으로서의 의미를 지닌다. 현실도피적인 순수문학의 기수로 보는 세 작가의 작품 속엔 식민지 근대 자본주의 파행과 착취 그리고 일제억압과 사회적 모순, 타락상이 리얼하게 묘사되었음에도 불구하고 현실비판적 측면에서 평가절하되고 있는데, 이는 모더니즘, 혹은 순수문학적 경향을 띤 구인회 소속이었다는 점과 강원도, 강원문학에 대한 선입견이 작용했을 것이다.

학교 국어 교과서에는 〈메밀꽃 필 무렵〉 3회, 〈봄봄〉 2회가 수록되어 있다. – 김동환, 「교과서 속의 이야기꾼, 김유정」, 『김유정의 귀환』, 소명출판, 2012, 39~42쪽 참조.

세 작가는 구인회 활동, 조실부모로 인한 고아의식, 탈고향 및 여행/이주/망명/방랑 경험 등의 공통점을 지닌다. 어릴 때 부모와 사별한 체험은 상처가 있는 고향과 거리두기로 나타나며, 이향할 때 마을사람과의 불화도 고향에 대한 피해의식과 부정적 인식을 갖게 했다. 김유정의 염인증, 이효석의 인간혐오 등 비관적이고 부정적인 인간관은 국가부재와 가족과의 비정상적 관계 형성에서 비롯된다. 영서지방 출신과 구인회 가입이라는 공통점에서 도시와 농촌 배경, 리얼리즘과 모더니즘적 경향이 동시에 드러나며 고향에 대한 인식도 양가적이다.

강원로컬리티 관점으로 주목한 연구로, 서준섭은 도시파 작가인 이효석보다 강원도 농민의 생활상을 해학적인 문체로 묘사한 농촌작가로 김유정을 높이 평가하며, 강원문학에서 제외되다시피 해온 이태준에 대해 언급함[178]으로써, 강원 영서문학 연구의 정초를 마련하였다. 그는 작가의 고향체험과 전기적 사실을 바탕으로 도시와 산골의 모순과 갈등을 지적[179]하였다. 최창헌은 여성주인공의 현실대응 양상을 비교 분석[180]하면서 세 작가의 공통점으로 1900년대에 태어난 강원도 출신 작가, 구인회 활동, 조실부모를 특징으로 보았다. 최일규는 민속의 보고로서 강원도문화를 중심으로 이효석 소설을 연구[181]하였다.

강원문학적 관점의 개별작가론의 경우 김유정 연구로, 하정일은 토속어와 구어적 어문구조와 민중의 극한적 궁핍과 신산한 운명이 강원 영서지역 빈농의 삶이라는 지역성과 직결되며, 내부 디아스포라로서의 유랑농민에 대한 관심이 사회주의로 이어진다고[182] 보며, 이현주는 김유정의 농

178 서준섭, 「강원도 근대문학 연구에 대하여」, 『강원문화연구』 제11집, 강원대 강원문화연구소, 1992.

179 서준섭, 「이효석 소설에 나타난 고향과 근대의 의미」, 『강원문화연구』 제17권, 강원대 강원문화연구소, 2000.

180 최창헌, 「1930년대 강원작가의 작품 속에 나타나 여성주인공의 현실 대응」, 『강원문화연구』 제28집, 강원대 강원문화연구소, 2009.

181 최일규, 「이효석의 영서 삼부작에 나타난 강원도 문화」, 강원대 석사학위논문, 2011,

182 하정일, 「지역 내부 디아스포라 사회주의적 상상력」, 『민족문학사연구』 제47권, 민족문학사연구소, 2011, 104쪽.

촌이 계몽의 대상이나 낭만적 이상향의 심미화하지 않은 체화된 농촌으로, 서정적이고 생명력 넘치는 농촌과 식민지 자본주의로 인해 피폐해진 농촌현실이 동시에 표상되었다고[183] 본다.

이태준 연구로, 최덕근은 고향 철원을 배경으로 한 단편소설 9편을 분석하여 일제의 수탈로 상실되어가는 안타까움의 공간으로 시작하여 태초의 생명력, 신성한 땅, 재생의 공간[184]으로 해석하였다. 강원문학에 대한 연구를 꾸준히 천착한 유인순은 이태준의 고향에 대한 인식을 환금시대의 낙원, 민족주의 정신의 산실, 문학창작과 그 반성의 산실로 보면서, 일제의 식민정책이 강화되면서 낙원이었던 고향은 실낙원으로 바뀌고 전통과 근대가 공존하는 지대로 그려지고 있다고[185] 보았다. 안미영은 단편 〈고향〉을 분석하면서 상실한 조국의 현재상황뿐 아니라 민족의 과거 역사와 문화를 소환해내는 언어내셔널리즘이 나타난다고[186] 보며, 박덕규와 이은주의 논문에서도 철원의 공간적 의미를 전근대와 근대의 공존 공간, 실낙원으로 전락하는 공간[187]으로 봄으로써 유인순의 주장을 반복한다.

최근의 연구에선 1930년대 고향, 향토, 자연의 재현이 1936년 잡지 『조광』의 4번에 걸친 고향 특집 기획으로 작가들에게 고향을 환기시켰고 이로 인해 창안된 고향, 구성된 근대, 재구성된 로컬 공간, 일본제국에 기여한 로컬화담론, 제국과 지방인 식민지 조선으로서의 타자성으로 인식되는 경향이지만, 이효석, 김유정, 이태준 문학 속의 고향은 '제국에 종속되지 않는 고향'[188], '생활과 정열모티프로 요약되는 당대 향토 담론과의 차

---

183 이현주, 「김유정 농촌소설에 나타난 '향토' 표상」, 『시학과 언어학』 제31호, 시학과언어학회, 2015, 200쪽.

184 최덕근, 「이태준의 단편소설에 나타난 고향의 의미」, 강원대 석사학위논문, 55쪽.

185 유인순, 「이태준 소설 속의 고향과 고향사람들」, 『강원문화연구』 제24집, 강원대 강원문화연구소, 2005, 123쪽.

186 안미영, 「'양(洋)'의 이입과 '향(鄕)'의 발견」, 『어문연구』 제48권, 어문연구학회, 2005, 425쪽.

187 박덕규 · 이은주, 「분단접경지역 문학공간의 의미: 철원 배경의 소설을 중심으로」, 『우리문학연구』 제43권, 우리문학회, 2014, 387쪽.

188 정실비, 「일제 말기 이효석 소설에 나타난 고향 표상의 변전」, 『한국근대문학연구』 제25호,

별화'[189]와 같은 평가에서 나타나듯이 생동감 있고 선명한 고향에 대한 기억과 유년기 체험을 바탕으로 묘사되기에 재론의 여지를 남긴다. 개별 작품과 작가론에 대한 방대한 연구가 축적했음에도 불구하고 강원로컬리티 혹은 영서문학의 관점으로 분석한 경우는 많지 않기에 동시대에 문학활동을 한 세 작가의 강원표상과 고향의식을 살펴본다.

2. '초라한 고향'과 원주민의 자본주의 욕망 표출: 이효석 소설

강원도 평창군 봉평면 출신으로 진부 면장을 한 부친과 홍천군 기린면 출신의 모친 사이에서 1남 3녀의 장남으로 태어난 이효석은 1910년 부친을 따라 서울로 이주했다가 1912년에 다시 귀향하여 1920년까지 고향에서 살았다. 아버지와 떨어져 학교를 다님으로써 외롭고 슬픈 청소년기를 보낸 작가는 객관적이고 비판적으로 강원지역과 강원도민의 모습을 재현하였다. 경성제대 영문과 출신으로 대학교수를 역임한 그는 서구적이고 세련된 모던 보이로서 문학과 생활의 측면에서 미의식을 발현했고 서구취향적이었다. 문학의 진폭이 큰 이효석 문학은 계급의식, 에로티시즘, 서구지향의 도시소설이 주목받았고 작가가 의식적으로 고향을 멀리했음에도 불구하고 오늘날 한국인이 가장 좋아하는 서정작가로 손꼽히는 작품이 〈메밀꽃 필 무렵〉이라는 점에서 자신의 근원과 뿌리에서 벗어나지 못했다.

그는 '너무도 초라한 고향'이기에 찾아야할 진정한 고향을 잃어버렸다고 술회함으로써 '주체의 노스탤지어가 그 의미를 변화시킬 때마다 매번 유동하는 고향으로 작가가 새롭게 개척한 고향의 공간적 표상'[190]으로 인식한다. 일제강점기라는 시대의 상징성, 유년기 상모(喪母)체험과 계모와

한국근대문학회, 2012, 61쪽.

189 권채린, 「김유정 문학의 향토성 재고」, 『현대문학의 연구』 제41권, 한국문학연구학회, 2010, 135쪽.

190 정여울, 「이효석 텍스트의 공간적 표상과 미의식 연구」, 서울대 박사학위논문, 2012, 2쪽.

의 불화, 고향상실은 빈민굴인 식민지 조선에서 벗어나 유토피아를 찾아 방랑하도록 이끌었다. 국가부재, 고향상실로 인한 이효석의 방황은 고향을 대체하는 북국 해삼위, 자연(산들), '살구나무집', '푸른 집', 하얼빈(서양), 평양(조선) 등 구체적인 공간을 통해 계급, 성, 자아, 몸, 서구 등의 이념을 갈망하고 추구[191]하였다. 안온하고 따뜻하며 보호와 안락의 이미지를 지닌 조국, 어머니, 고향은 이효석에게 상처가 중첩되어 냉정하고 무심한 시선으로 고향을 바라보게 했기에 머문 곳이 곧 고향으로 여겨지는 유동적인 정체성을 갖게 했다.

> 철들어 십여년을 학교 마당에서 지낼 때에는 드디어 고향의 느낌은 없어져 버렸다. 다시 시골로 돌아가 영서에 내려가 볼 때 거기에 또한 뿌리 깊은 두운 친척은 없는 것이라 여나믄 살까지의 들에 뛰놀던 시절과 보통학교 시절과 철든 후 서울서 가끔 내려가 한철씩 지낸 때의 일과 — 이것이 영서에서 보낸 생활의 전부이다. 눅진하고 친밀한 회포가 뼈속까지 푹 젖어들 여가가 없었던 것이다. <u>고향의 정경이 일상때 마음에 떠오르는 법 없고 고향의 생각이 자별스럽게 마음이 녹여준 적도 드물었다. 그러므로 고향 없는 이방인 같은 느낌이 때때로 서글프게 뼈를 에이는 적이 있었다.</u>[192]

강원지역의 민속과 풍습, 문화양식을 섬세하게 포착한 〈산협〉과 〈개살구〉에는 자전적 소재가 드러나는데, 이효석 집안은 강원토착민이 아니라 조부때 함경도 함주(함흥)에서 봉평으로 이주해 와 정착하였으며, 〈산협〉의 공재도는 자식이 없었던 이효석의 백부가 모델이다. 〈개살구〉에서도 공부를 잘 하는 아들을 둔 면장과 그의 아들이 이효석 자신과 그의 부친을 모델로 하고 있다. 작은 마을을 배경으로 권력욕과 자식 비교로 인한 질시와 암투가 드러나며 이효석 집안에 대한 견제가 심했음을 추측할 수

---

191 졸고, 「이효석 문학의 유토피아 지향과 낭만적 요소」, 『한국문예비평연구』 제50집, 한국현대문예비평학회, 2016, 8쪽.

192 이효석, 「영서의 기억」, 『이효석전집』 7, 창미사, 1983, 103쪽.

있다. 기억과 망각 속에 고향을 인식했던 작가이지만 고향의 표식과 흔적이 작품 속에 명료하게 투영된다. 작가의 고향의식은 '민족고유의 터전이 아닌 버터맛이나 커피향을 즐긴 입장에서 새롭게 발견'[193]되었으며, '여인풍경, 과실의 맛, 운문성, 이국을 동경하는 시선'[194]으로 설명되지만 풍속묘사와 생활양식, 원주민 의식의 재현이 유소년기의 결정적 인상과 세밀한 기억을 바탕으로 묘사된다는 점에서 영서 삼부작(메밀꽃 필 무렵, 산협, 개살구)의 고향재현을 만들어지고 창안되며 발명되었다고만 보기 어렵다.

강원도민의 생활상과 전환기의 시대상황을 날카롭게 그린 〈개살구〉(조광, 36.10)는 식민지 근대화가 진행되는 과정에서 자본주의 욕망으로 변질되는 시골사람들의 타락상을 적나라하게 드러낸다. 무용지물이었던 오대산 나무가 돈으로 환산되면서 신흥부자로 급부상한 형태는 뇌물을 써서 아들을 취직시키고 면장이 되기 위해 음모를 꾸민다. 신분과 자식에 대한 열등감이 있는 형태는 최면장의 비리를 고발하여 내쫓고 면장이 된 후 마을사람의 부역을 이용하며 이익을 챙기고자 한다. 그의 끝없는 욕망은 축첩과 재물을 과시하기에 이르며 부패한 근대인이자 자본주의 인간형의 전형을 보인다.

역군에 불과했던 형태의 신분상승은 계급의 재편과 돈의 위력을 드러낸다. 식민지 근대라는 시대의 이행기에 부를 축적한 형태는 장안의 일색인 서울집을 데려와, 살구나무집을 지어준다. 이 집의 라디오 안테나, 유성기는 마을사람들로부터 형태가 근대인으로 인식되고 구별 짓는 근대적 기호로 표상된다. 그러나 신분, 여성, 지위를 매매한 형태의 행복은 첩과 아들의 불륜으로 좌절된다. 재산의 확장은 애욕뿐만 아니라 명예까지도 확보하려는 식민지 자본주의적 인간형으로 변질되고 파탄되고 만다. 이효

193 신형기, 「이효석과 '발견된' 향토: 분열의 기억을 위하여」, 『민족이야기를 넘어서』, 삼인, 2003, 108~135쪽.

194 이현주, 「1936년, 『조광』, 효석의 '고향'」, 『어문론총』 제44호, 한국문학언어학회, 2006, 307쪽.

석은 도시민뿐만 아니라 고향사람들의 욕정과 물적 욕망, 명예욕을 냉철하게 관찰함으로써 시골사람의 전근대적이고 무지한 어리석음과 상층민의 부도덕과 탈윤리를 비판한다. 작가에게 강원도 산골과 고향은 기존 연구에서 해석되듯이 '만들어졌거나', '관념적이거나', '낭만적이고 서정적인' 공간이기보다는 변화된 세태에 응전하는 투쟁의 장이자 적나라한 인간본성이 표출되는 공간이다.

〈산협〉(춘추, 41.5)의 공재도도 〈개살구〉의 형태처럼 여자와 후손에 대한 욕망이 강한 세속적인 인물이다. 이 소설에서는 남아선호사상과 가문과 족보를 중시하는 강원도의 보수적 인식이 드러나며 전통적인 풍속과 민속행사가 묘사된다. 콩과 소금의 물물교환이 이루어지는 문막나루터 현장, 외양간 결혼식 풍습, 단오날 창말 장사씨름대회, 곰사냥장면 등 지역의 표식과 문화적 흔적이 뚜렷하게 그려짐으로써, 상처와 고통뿐인 고향에서 벗어나려는 작가의 무의식과 달리 고향은 선명하고 생생하게 기억된다. 작가에게 고향은 순진한 사람들이 사는 공간이 아니라, 자본에 침윤당해 애욕과 물욕으로 가득찬 이기적인 인간들이 근친상간, 간통, 축첩, 불륜을 저지르는 부도덕하고 비윤리적인 곳이다. 이는 인간환멸을 지닌 작가의 인간관에 기인하지만 도시뿐만 아니라 시골, 농촌, 산골마을까지 침투한 식민지 근대 자본주의가 인간을 얼마나 타락시키고 왜곡시키는지를 객관적으로 드러내는 것이다. 에로티시즘, 순수서정문학으로 평가되었던 이효석에게 영서 배경 소설은 근대문명의 유입과 전근대적인 미신과 가부장적 관습이 공존하며, 신분의 재편성과 벌목으로 인한 자연훼손, 비누와 화장품과 담배로 상징되는 사치품의 유입으로 인한 경제적 변화로 인해 타락해가는 식민지 현실과 탐욕스러운 원주민의 삶과 의식이 나타난다. 또한 '듬성한 인가가 산허리 군데군데에 헤일 정도로 밖에는 들어서지 않은 평퍼짐한 산골'(산협)과 같이 외지고 도심지와 먼 거리에 있으며, 지금은 사라졌으나 문막나루터에서의 활발한 물물교환의 흔적, 오대산 채벌장 나무가 대관령, 강릉, 주문진 항구에서 철로공사가 있는 이웃항구로 전달되는 당대의 사회경제적 흐름이 구체적으로 재현된다. 이효석에게 고향은 전근대적이고 원시적이며 전통적인 풍속과 관습이 잔존하는 동시에 자본주의에 침윤되어 타락하고 부패하며 욕망을 향해 나아가는 시골사람들의 변질된 모습과 벌목과 산 무너뜨림을 통한 도로망 확충 등 일제의 식민지 근대화 과정이 공존하는 곳이었다.

3. '귀여운 전원'과 유랑민의 극한적 삶: 김유정 소설

강원도 춘천군 신남면 증리 실레마을 출신의 김유정은 고향을 배경으로 하는 주옥같은 단편소설을 여러 편 남겼다. 유년기 부모와의 사별로 험난하고 파란만장한 생을 보낸 작가는 가세가 기울고 치질과 폐병이 발생하며 박녹주에 대한 구애가 좌절되자 들병이들과 어울려 방랑생활을 했던 자신의 삶을 작품 속에 남겼다. 들병이, 바보, 빈자들이 등장하는 그의 문학은 가난과 사투하는 영서지역을 해학적이고 비판적으로 재현한다. 일본제국와 자본주의에 의해 철저하게 짓밟히고 파괴된 농촌현실을 그린 작품들은 주제의식과 문학성을 평가받았고 김유정학회 출범으로 다각적인 연구가 이루어지고 있다. 자전적 요소를 담은 〈생의 반려〉, 〈형〉에선 부친과 형의 갈등, 누이의 노이로제로 고통 받는 작가의 삶이 표출되었다. 가난, 실연, 질병으로 신산하고 피폐했던 짧은 생애를 살았던 작가에게 고향은 '강원도 산골'로 '아주 빈약한 촌락'이지만 '귀여운 전원'이었다.

> 이렇게 옆 사람을 불러서 가치 飮食을 나느는 것이 그들의 禮儀다. 어떤 사람은 아무개집의 갈 꺾는다 하면 일부러 찾아와 제목을 堂堂이 보고 가는 이도 있다.
>
> 나도 고향에 있을 때 갈꾼에게 여러번 얻어먹었다. 그 막걸리의 맛도 좋거니와 웅게중게 모이어 한 가족같이 주고받는 그 기분만도 깨끗만도 깨끗하다. <u>산골이 아니면 보기 어려운 귀여운 團欒이다.</u>[195]

김유정 문학의 비참한 농촌풍경은 들병이와 아내의 매춘이라는 여성의 위치에서 적나라하게 드러난다. 여성타자는 강간과 간통, 성매매의 대상이 됨으로써 정상적인 가정생활을 할 수 없을뿐더러 가축, 물건, 생계의 수단으로 인식된다. 남편의 도박자금을 위해 돈많은 계급에게 성을 제공하거나 여러 남성들에게 공유되는 들병이의 삶은 정착하거나 가정을 이룰 수 없을 정도로 감내하기 힘든 식민지 여성현실을 말해준다. 금전, 도박, 한탕주의와 일차적 욕구 분출, 떠도는 일상 등 일확천금을 노리는 당대의 농촌현실은 농사를 지으며 정착할 수도, 가족조차도 유지할 수 없는 극한의 상태를 드러낸다. 가정형성 및 유지를 위해 다른 남자에게 몸을 허하는 아내들과 윤리부재 속에 허겁지겁 허기와 굶주림과 성적 본능을 채우기에 급급한 마을총각들의 극단적인 상황을 해학적이고 아이러니하게 그린 김유정 문학 속 고향은 서정적이고 귀엽다기보다는 참혹하고 고통스러운 곳이었다.

〈총각과 맹꽁이〉의 고향은 풍요로운 풍작을 기대하는 농토와 농사 여건을 지니지 못한 환경이다.

> 가혹한 도지다. 입쌀 석 섬, 보리, 콩, 두 포의 소출은 근근 댓 섬, 논아먹기도 못된다. 번디 밧이 아니다. 고목 느티나무 그늘에 가리어 여름날 오고가는 농군이 쉬든 정자터이다. 그것을 지주가 무리로 갈아 도지를 노아먹는다. 콩을 심으면 입나기가 고작이요 대부분이 열지를 안는 것이었다. 친구들은 일상 덕만이가 사람이 병신스러워, 하고 이 밧을 침배타 비난하엿다. 그러나 덕만이는 오히려 안 되는 콩을 탓할 뿐 올해는 조로 바꾸어 심은 것이엇다.[196]

마을총각들은 농사에 기댈 수 없어 금광을 발굴하거나 출중한 계집을 얻어 술장사를 궁리한다. 서른넷이 되도록 장가를 못간 덕만은 들병이와

---

195 김유정, 「五月의 산골작이」(조광, 1936.5), 전신재 편, 『원본김유정전집』, 2012, 425쪽.
196 김유정, 〈총각과 맹꽁이〉(신여성, 1933.9), 위의 책, 30쪽.

의 결합을 이루지 못하고 맹꽁이에게조차 비웃음을 당한다. 순박하고 착실한 농민으로 살아갈 수 없는 상태에서 일확천금을 노리거나 말초적 쾌락으로 본능을 해소하는 농촌 젊은이들의 모습을 그린 〈총각과 맹꽁이〉에서는 미래를 설계하거나 최소한의 윤리나 도덕이 유지되지 못하는 극한의 삶이 제시된다. 농사도 자영업도 할 수 없는 비참한 상황에서 탈향, 이농하거나 떠돌며 여성들은 남성에게 공유되고 총각들은 가정을 이루지 못하는 원시적 삶이 강원도 춘천군 신남면 중리 아랫말 출신의 덕만의 소망과 그 좌절을 통해 나타난다.

〈소낙비〉의 공간적 배경인 안말 농촌의 풍경도 어둡고 처연하게 시작된다. 돈 이원을 구해 오라는 남편의 닦달과 폭력과 회유로 고통당하는 아내는 밥걱정 안하고 얼굴을 모양 내는 쇠돌엄마를 찾아갔다가 이주사에게 봉변을 당한다. 남편의 조장과 침묵 속에서 자행되는 아내들의 매춘과 간통은 1930년대 강원지역의 생활이 얼마나 열악하고 힘든지를 대변한다. 흉작으로 빚져 고향 인제에서 안말로 야반도주한 춘호부부는 이곳에서도 농토를 얻지 못하고 품도 팔지 못하는 신세이다. 도박밑천으로 돈을 번 후 서울로 이주하려는 계획을 세웠기에 열아홉의 아내는 오십 전후의 이주사에게 몸을 바친다. 고향 인제, 안말, 서울로 표랑할 수밖에 없는 춘호부부와 농군에게 주어지지 않는 농토와 반복되는 빚으로 도박과 매춘에 빠지는 한탕주의적 삶과 부랑자, 이주자의 모습을 통해 '근대가 가져다준 삶의 황폐함과 인간성의 몰락'[197]을 재현한다. 가정을 지키기 위해 다른 남자에게 몸을 바치는 아이러니와 해학적 양상엔 극한의 생계를 위한 최악의 상황 속에 놓인 식민지 농민의 절박함이 드러나 있다. 춘호처와 같이 자신의 몸과 외모를 자원 삼으며 생김새와 위생을 지적당하는 여성들은 남편들의 묵인하에 생계의 수단이 되고 있다. 고향 배경 소설인 〈만무방〉, 〈봄봄〉, 〈동백꽃〉 등에서도 계급과 자본에 의해 억압과 폭력에 노출되며, 노동력

---

197 김화경, 「모더니티가 구성한 농촌과 고향」, 『현대소설연구』 제39호, 한국현대소설학회, 2008, 221쪽.

을 이용당하거나 매춘으로 생계를 유지하는 원주민의 처절하고 처연하지만 우스꽝스럽고 소박한 삶이 그려진다. 일확천금과 한탕주의, 원초적 본능이 만연하고 일부일처제가 유지되지 못하는 1930년대 강원지역의 일상과 극단에 내몰린 하층민의 삶을 작가는 유머러스하고 해학적으로 재현한다.

4. '상실된 유토피아'와 외지인의 교육·추방 서사: 이태준 소설

강원도 철원군 묘장면 산명리에서 출생한 이태준은 1909년 아버지를 따라 러시아땅 블라디보스톡으로 이주했으나 그해 아버지가 별세하였고, 8살 때 어머니마저 사망하여 친척집을 전전한다. 조실부모와 유년기 망명/이주체험으로 고아의식과 고향상실감을 갖게 된 이태준은 고향을 궁핍하고 계몽과 교육이 요구되는 유토피아로 인식하였다. 이태준 소설 속 고향은 낙원이었던 고향이 실낙원으로 바뀌고 전통과 근대가 공존하는 지대[198]이거나, 일제의 수탈로 상실되어가는 안타까움의 공간으로 시작하여 재생의 공간으로 자리잡으며[199] 땅을 토대로 한 삶의 공간[200]이다.

고향은 교사인 외지인이 들어와 교육과 계몽을 위해 전력투구하다가 추방당하거나 원주민이 생계를 위해 어쩔 수 없이 탈향하는 이농 현상으로 그려진다. 농사를 지으며 고향에 머물기 위해 애쓰지만 떠날 수밖에 없는 절박한 현실에 놓이는 마을주민의 고단한 삶 이면에는 일본제국의 억압과 핍박이 드리워져 있다. 작가에게 고향이란 낙원(유토피아)이자 아름답고 순수한 세계이다. 어린 나이에 고향을 떠났지만 이효석과 달리 이태

198 유인순, 「이태준 소설 속의 고향과 고향사람들」, 『강원문화연구』 제24집, 강원대 강원문화연구소, 2005, 123쪽.
199 최덕근, 「이태준의 단편소설에 나타난 고향의 의미」, 강원대 석사학위논문, 2005, 5쪽.
200 박덕규·이은주, 「분단 접경지역 문학공간의 의미」, 『우리문학연구』 제43집, 우리문학회, 2014, 388쪽.

준에게 고향은 서정적이고 정겨우며 인정 많은 곳이다. 작가는 자신의 고향 용담에 대해 '조그만 산촌', '아름다운 촌', '일취일경이 있는 곳'이면서도 유토피아에서 디스토피아로 전락해 가는 고향을 적확하게 직시하는 양면성을 지닌다. 지사나 교육자, 지식인과 같은 문제적 개인을 투입시켜 낙원→실낙원→복낙원으로 회복하려는 작가의 소망을 담는다.

> 그러나 용담은 슬픈 곳이다. 내 옛집이 없고 내 부모가 안 계셔서만 슬픈 것은 아니다. 어려서 이만 글자라도 나에게 가르쳐 준 봉명학교는 망해 없어지고 천진스럽게 장난할 궁리밖에 모르던 모든 죽마들은 대개는 생업을 찾아 동으로 서로 흩어졌다. 몇 사람의 남아 있는 친구도 있지마는 황폐해 가는 동네를 지킬 길이 없어 팔아먹은 조상의 무덤이나 바라보고 한숨짓는 그네뿐이다.
>
> 오오 즐거운 고향이여!
>
> 그리고 슬픈 고향이여![201]

> 남이 물으면 강원도 철원이라 하였지만 강원도 철원에는 윤건의 꿈자리를 찾아오는 아무것도 없었다. 오직 철원이란 곳은 자기가 출생지라는 그런 관념밖에는 아무것도 없었다. 가서 산 햇수로 따진다면 동경의 육 년이 제일 긴 곳이긴 하였으나 같은 객지라도 그는 어느 곳보다 동경의 객지에서 제일 몹시 타관의 고적과 슬픔을 맛보곤 하였었다.
>
> "나의 고향은 어데냐?"
>
> 윤건은 심사가 울적할 때마다 보던 책을 다다미 위에 집어 내던지고 그리운 곳을 톺아보곤 하였다.
>
> 함경도 배기미냐, 서울이냐, 철원이냐, 그저 막연하게 조선 땅이냐, 그러면 배기미나 서울이나 철원에 누가 나를 기다리고 있느냐, 아무도 없다. 배기

201 이태준, 〈용담이야기〉(신동아, 1932.9), 상허학회 편, 『이태준전집』 5, 소명출판, 2015, 252쪽.

미같지도 않다. 서울도, 철원도 아닌 것 같다.

그러나 그는 이 말 끝에 연달아 "조선땅이 아니다"라는 말은 해 본 적이 없었다.[202]

어린 이태준은 개화당을 역적으로 오해했던 의병들에 의해 집단 폭행당한 아버지와 함께 아라사땅을 밟으면서 떠돌이 삶이 시작된다. 아버지의 폭행이 자행된 고향이기에 작가에게 고향은 서운함과 그리움이 공존하며 즐겁고도 슬픈 곳이다. 13여 편의 고향을 배경으로 하는 이태준 소설은 외지인이 유입되어 교육과 계몽을 위해 헌신하다가 일본의 압제에 의해 추방당하거나 농토를 빼앗겨 이농 및 탈향할 수밖에 없는 마을사람들의 도시이동을 그린다. 가난하고 순진한 마을주민을 계몽하고 학교를 정상화하려는 교사는 가난한 농촌을 구제하겠다는 소명의식을 갖지만 이를 방해하고 교란시키는 일제로 인해 뜻을 이루지 못하고 마을에서 쫓겨난다.

〈어떤 날 새벽〉(달밤, 1934.7)은 학교 유지에 헌신한 교사의 교육열을 담고 있다. 액자구조로 이루어진 이 소설은 어리숙한 도둑의 정체가 아내가 다녔던 학교 선생님이었음을 알게 되면서 도적의 과거가 회상된다. 황해도 어느 산읍 출신인 윤모 선생이 강원도 C군에 있는 신흥학교로 오는데, 이 학교는 설립자이자 교주인 교장이 기미년 이후 감옥에 가면서 학교시설이 엉망진창이 된다. 교실에 물이 새자 윤선생은 수리조합 봇둑 쌓는 모꾼일로 번돈으로 교실을 수리한다. 금강산 가는 전찻길을 닦느라고 산 허무는 일터에서 일을 하며 마련한 삯전 육 원과 치료비 삼원을 보태 난로를 산 사실을 마을사람들은 알게 된다. 이러한 열성에도 불구하고 학교 허가 철회와 해산 처분이 내려지자 울분과 슬픔으로 좌절한 그가 강도로 돌변하여 학생과 재회한 사연이다. 올곧고 착한 선생이 도적으로 변하여 처참하게 맞는 장면을 보며, 교원이 범죄를 저지를 정도로 비정상적이고 피폐해진 시대상을 작가는 날카롭게 포착한다. 계몽과 교육을 통해 시

---

202 이태준, 〈고향〉(동아일보 1931.4.21.~29), 『이태준전집』 1, 위의 책, 130~131쪽.

골사람을 개조하고 변화시키려던 교육열을 막아 사상을 통제하려는 일본제국의 음모가 엿보인다.

〈실낙원 이야기〉(달밤, 1934.7)는 귀국한 동경유학생이 P촌에서 교사로서의 사명감을 갖고 교육과 계몽을 위해 헌신하고자 하지만 일본제국의 감시와 검열, 압력에 굴복하고 마을을 떠나는 내용이다. '큰산이 첩첩이 둘려 아늑하고, 물 좋고 꽃 많고 짐승 많고 나무 흔한 곳'으로 팔십 몇 호의 초가집과 두 기와집이 있는 이 동리는 주인공에겐 유토피아로 인식된다. 신명의숙에 부임한 '내'가 "원시인의 양심과 순박한 눈동자를 그대로 지니고 있는 숫된 아이들을 상대로 그들을 가르치고 나도 공부하고, 이 상업문명과 거의 몰교섭한 그 동리의 행복을 위해서 수공업의 문화를 일으키리라" 여기는 한 줄기의 희망과 유일한 이상을 실현시키는 곳이다. 무지하고 빈곤하지만 선량하고 다정한 마을사람을 위해 정성과 지혜를 다해 계몽과 교육을 실천하지만 주재소 소장과 순사의 감시와 검열의 대상이 되면서 나의 계획은 점점 무너진다. 정서방네 큰갓난이와 결혼하여 정착하고자 하지만 하는 일마다 시비를 걸고 내쫓기 위해 음모를 꾸미는 일제가 교장, 학부형 대표, P촌구장 등 마을사람들을 괴롭히자 더 이상 견디지 못하고 마을을 떠난다. 이상과 현실의 괴리를 통해 작가는 식민지 현실을 비판하고 시대적 질곡을 고발한다.

> P촌을 떠날 때, 동리는 온통이 끌어 나와 나를 보내기에 섭섭해 했다. 학생들과 청년들은 이십 리 밖에까지 따라 나왔다. 이 집 저 집서 수군거리고, 부녀자들도 거적문 틈으로 울 너머로 내어다보는 것이었다. 어디서든지 정갓난이도 내어다보았을 것이다. 그리고 울었을 것이다. 학생들이 엉엉 소리쳐 울었지만 소리 없이 운 정갓난이의 마음은 더 아팠을 것이다.
>
> 나는 정갓난이를 잊지 못한다. 그러나 그에겐 나를 단념하라고 이르고 온 것이다. 왜? 나는 P촌과 같은 낙원을 잃어버린 이상, 내 한 입도 건사하기 어려운, 경제적으로 철저한 무능자인 조선 청년의 하나인 것을 깨닫기 때문이었다.[203]

마지막 장면에서 유토피아로 다가왔던 P촌을 떠나며, 선량한 마을주민을 교화하고 계몽시키고 아이들을 교육하여 무지와 가난에서 벗어나게 하고, 사랑하는 사람과 가정을 꾸미려는 식민지 지식 청년의 꿈이 좌절된 이면에 드리워진 일본제국에 대한 고발이 드러난다. 이효석은 성적 물질적 욕망으로 가득한 강원주민을 그리고, 김유정은 한탕주의와 1차적 욕구에 탐닉하는 마을사람들을 통해 최소한의 윤리와 도덕, 양심이 부재하고 훼손된 식민지 현실을 재현한데 비해, 이태준 소설 속 마을주민은 외지인 교사와 일본순사 사이에서 나약하게 눈치를 보는 순박한 모습으로 묘사되고 있다.

5. 30년대 · 지역 · 작가

강원 영서 출신 작가인 이효석, 김유정, 이태준은 날카로운 현실비판적 시각으로 피폐해져가고 타락해가는 고향인 1930년대 강원지역과 강원도민의 일상을 리얼하게 재현하였다.

	이효석(1907~1942)	김유정(1908~1937)	이태준(1904~월북)
고향	강원도 평창군 봉평면	강원도 춘천군 신남면 증리 실레마을	강원도 철원군 묘장면 산명리
고아/이방인 의식	5살 모친 사망, 계모와 불화, 부친 및 고향과의 거리감	6살 모친, 8살 부친사망으로 조실부모함	5살 부친, 8살 모친 사망으로 조실부모함
이향의 계기 및 갈등	〈산협〉에서 묘사된 면장인 부친과 공부 잘 하는 아들에 대한 질시와 음모의 대상이 됨	안회남의 글에서, "춘천 우리 고향에서는 우리 집안이 망하는 것을 좋아한다"는 피해의식을 지님	철원공립보통학교 교관이자 덕원감리서 주임을 역임한 아버지가 개혁당의 일원으로 개혁을 도모하다가 실패하여 망명함

203 이태준, 〈실낙원 이야기〉, 상허학회 편, 『이태준전집』 1, 소명출판, 2015, 198쪽.

고향 상실성	북국, 자연, 고향, 해삼위, 하얼빈, 평양, 경성, 주을온천 등 유토피아를 지향	서울과 고향 사이를 오갔고 들병이와 떠돌이 생활을 함	5세때 해삼위망명, 함북 배기미(梨津) 정착, 용담친척집 기거, 11세 때 오촌댁 입양, 14세 원산 외조모와 상봉 외에 평양, 서울, 동경 등을 떠돎
문학적 특성	• 타락한 자본주의 인간형 대두 • 두 개의 가치관이 교차되는 삶 묘사, 식민지 근대화로 인한 피폐함과 환경파괴 제시	• 비윤리적 가부장적 비정상적인 일상 • 떠돌이, 들병이 등장	• 외지인 교사, 이농하는 마을주민들 • 일본압제 및 폭력
강원표상	전통과 근대의 혼효, 시대의 이행기의 신분변화, 자본주의적 타락, 부패, 욕망이 표출됨	정보의 부재로 인한 어리석고 떨어지는 바보스러운 순박한 세계	소박하고 착하고 순종적인 마을사람들 묘사 및 교육과 계몽이 필요한 곳으로 설정
고향인식	• 고향없는 이방인 의식, 고향 상실 및 부재 • 유동적인 고향의식 형성	강원도 산골, 아주 빈약한 촌락, 귀여운 전원(단원)	조그만 산촌, 아름다운 촌, 일취일경이 있는 곳, 낙원(유토피아)

세 작가에게 고향은 각각 다르게 나타난다. 이효석에게 고향은 모친을 잃고 부친의 재혼과 계모와의 불화를 경험한 상처의 공간이다. 고향과 거리를 두며 냉정한 태도를 견지한 작가는 식민지 근대라는 시대적 이행기에 애욕과 물욕, 명예욕으로 치닫는 시골사람들의 타락상을 통해 인간환멸과 시대의 모순을 보여준다. 그는 끊임없이 유토피아를 찾아다닌 유동적인 고향의식을 지녔다. 김유정의 고향은 극한의 생존본능과 생계를 위해 매춘, 떠돎, 도둑질, 폭행이 저질러지는 극단적 공간이다. 정보가 부족하고 교통이 불편한 두메산골에 사는 원주민은 무지하고 어리석으며 단순하고 바보스럽게 묘사되었다. '귀여운 유토피아'로 상정된 이태준에게 고향은 지식인이나 교사의 계몽이나 교육이 요구되는 순진하고 개끗한 마을사람들의 터전이자 낙원으로 인식되지만 일제에 의해 실낙원으로 변모되는 공간이다.

세 작가에게 1930년대 강원지역은 첫째 전근대에서 근대로 이행하는 시대에 전통과 문명이 혼효되는 양상을 띤다. 신문물이 유입되고 일본제국의 원료공급지를 위한 신작로, 철도를 건설하기 위해 나무와 산이 훼손된다. 신분교체와 신분상승으로 계급이 재편되며, 근대적 환경이 조성되었지만 의식은 여전히 가부장적이고 미신과 치성으로 꿈을 성취하고자 한다. 둘째 아름답고 순박했던 마을사람들에게 낙원이었던 고향은 실낙원으로 바뀌며, 매춘, 폭력, 억압, 도둑질, 황금만능, 일확천금 현상이 팽배해졌다. 미풍양속이 변질되고 최소한의 윤리와 도덕이 유지되지 못하며 농촌마을에도 이기적이고 탐욕적인 자본주의형 인간들의 탈윤리적 비도덕적 패륜적인 현상이 나타났다. 마을사람들은 농토를 빼앗기고 소작조차 할 수 없어 탈향 혹은 이농하며, 들병이나 교사 등 외지인이 유입되는 등 생계를 유지하기 위해 이동하고 부유하는 삶이 일상화되었다. 셋째 강원지역은 서울 경기지역에서 가장 멀고 깊은 두메산골로 그려진다. 산협, 골짜기, 고립무원, 깊은 시골을 배경으로 강원도와 강원도민의 타자적 오리엔탈리즘적 시각을 갖게 한다. 넷째 작가들에게 고향은 애증의 대상이며, 가난하고 범죄가 들끓고 계몽과 교육이 필요한 공간으로 인식되었다. 이들의 작품 속에는 불모나 불임, 빈곤, 비정상, 반윤리, 패륜적 삶이 나타나며 기생, 들병이, 소작인, 유랑자, 디아스포라, 패배자, 빈자를 등장시켜 시대의 질곡과 무지하고 무모한 강원도민의 삶이 묘사된다. 이와 같이 강원 영서 출신 작가의 작품 속에 투영된 고향과 강원지역은 열악하고 피폐하며 억압된 식민지 현실로 표상되며, 강원로컬리티와 강원도민 이미지를 고착화시킨 채 재생산된다.

3부 김동명 · 신봉승 문학세계

1장 김동명 산문의 타자지향성과 디아스포라의식

2장 김동명의 작가(시인)로서의 삶, 지식인(정치가)으로서의 삶

3장 김동명 문학의 공간적 상상력: 바다, 정원, 도시

4장 김동명 문학공간의 헤테로토피아적 특성

5장 김동명문학관과 로컬리티

6장 신봉승 시문학의 초당표상과 고향인식:
『초당동 소나무떼』, 『초당동 아라리』

7장 신봉승 문학의 사회적 상상력

1장
김동명 산문의 타자지향성과 디아스포라의식

1. 산문문학과 최근의 연구경향

강릉 출신의 초허 김동명(1900~1968)은 〈파초〉, 〈수선화〉, 〈내 마음은〉의 시인으로 알려져 있지만 방대한 수필을 남긴 산문가이기도 하다. 수필, 정치평론, 수기, 메타픽션 등 다양한 장르와 엄청난 분량의 글을 남겼음에도 불구하고 산문에 대한 기존 연구는 관심밖에 놓여 있다. 이는 산문 혹은 수필이란 문학적 장르에 대한 홀대와 예술성의 빈약, 전문성의 미비라는 편견 때문이다. 최근 문학연구의 흐름은 시, 소설과 같은 중심 장르에서 벗어나 정형화된 문학형태의 경계를 해체한다. 주류문학과 중심문학, 인기장르와 비인기장르로 이분법화된 문학연구의 틀을 초월하여 정전에 대한 재인식과 주변부 문학에 대해 주목한다. 포스트모던 탈국경 다문화시대 혹은 다매체 융합시대라는 외적 환경이 조성되면서 다양성을 추구하고 단일한 정체성에 대한 회의와 반성을 통한 한국문학의 범주에 대한 확대, 디아스포라문학, 이방인의 삶을 그린 다문화문학, 경계인의 출현과 그들이 쓰는 장르를 넘나드는 글쓰기[1] 작업이 이루어진 추세와 맞닿아 있다. 이러한 사회적 문학적 현상으로 산문 혹은 수필문학의 존재가치에 대한 재인식이 요구되며, 자아반영적이고 자의식적인 메타문학이나 포스트모던 시, 판타지서사, 자기서사 등의 새로운 형식이 등장함으로써 시, 소설,

---

1 해외입양인작가들에 의해 요리책, 자서전, 산문집, 소설, 기행문, 시집 등이 다양하게 발표되고 있다.

수필, 광고문안, 자서전 등이 혼효되는 양상이다.

넓은 범주의 산문 혹은 잡문은 시, 소설, 희곡과 같이 정형화되지 않은 무형식의 형식의 글을 포괄하는 개념이다. 포스트모던 시대에 문학의 형태가 유연해지면서 포토 에세이, 영상 에세이, 여행산문집, 수화(隨畵) 에세이, 시적 수필, 퓨전수필, 아방가르드 수필과 같이 '새로운 작가정신과 작법 개발을 실천하며 역동적으로 수필의 지평이'[2] 확대된다. 여행과 탈국경에 대한 관심과 폭발적 인기로 여행기가 쏟아져 나왔고 이에 대한 연구가 진행[3]되었으며, 고정되고 상수화된 글쓰기 형식에 대한 문제도 제기[4]되었다. 산문, 에세이, 자서전 등의 변두리 장르를 '문학적으로 수용하지 못하는 문학관은 옹졸하고 편협한'[5] 태도이며, 비평과 논문에 대한 전복적 시선을 제기[6]한 권성우의 서경식, 김현, 고종석, 박노자 연구를 통해 에세이에 대한 비평적 홀대와 에세이의 매력[7]을 주장한 작업들도 시도된다. 근대철학에 막대한 영향을 끼친 니체는 정치적인 팸플릿의 특징(『바그너의

---

2 허만욱, 「다매체 융합시대, 수필문학의 발전 전략 연구」, 『어문논집』 제48권, 중앙어문학회, 2011, 383쪽.

3 박태상, 「새로 발견된 이기영의 《기행문집》 연구」, 『북한연구학회보』 제5권, 북한연구학회, 2001, 서경석, 「만주국 기행문학 연구」, 『어문학』 제86호, 한국어문학회, 2004, 서영채, 「최남선과 이광수의 금강산 기행문에 대하여」, 『민족문학사연구』 제24권, 민족문학사학회, 2004, 권성우, 「이태준 기행문 연구」, 『상허학보』 제14권, 상허학회, 2005, 장영우, 「만주 기행문 연구」, 『현대문학의 연구』 제35호, 한국문학연구학회, 2008, 김효주, 「1920년대 여행기에 나타난 미국 인식과 표상」, 『한국민족문화』 제49권, 부산대 한국민족문화연구소, 2013.

4 고착화된 글쓰기 양식을 선호하지 않는 권성우는 에세이를 대상으로 하는 연구에 천착한다. 「김남천의 에세이 연구」, 『우리말글』 제31권, 우리말글학회, 2004, 「이태준의 수필 연구」, 『한국문학이론과 비평』 제22집, 한국문학이론과비평학회, 2004, 「임화의 문화담론과 에세이 연구」, 『한민족문화연구』 제19권, 한민족문화학회, 2006, 「한 디아스포라 논객의 청춘과 고뇌: 강상중의 에세이에 대한 몇가지 단상」, 『한국어와 문화』 제1권, 숙명여대 한국어문화연구소, 2012, 「최인훈의 에세이에 나타난 문학혼 연구」, 『한국문학이론과 비평』 제55권, 한국문학이론과비평학회, 2012, 「임화의 산문에 나타난 연애·결혼·고독」, 『한민족문화연구』 제42권, 한민족문화학회, 2013.

5 유종호, 「변두리 형식의 주류화」, 『사회역사적 상상력』, 민음사, 1995.

6 권성우, 「비평의 새로운 역할: 새로운 글쓰기를 위하여」, 『한민족문화연구』 제6권, 한민족문화학회, 2000.

7 권성우, 『낭만적 망명』, 소명출판, 2008, 251~334쪽 참조.

경우』, 『니체 대 바그너』, 『반그리스도』)을 갖거나 자서전 형식(『이 사람을 보라』)의 글쓰기 양식 이외에도 서정시, 경구적이고 찬양적인 시와 수많은 편지를 남겼고[8], 경구, 은유, 과장, 단편 등 다양한 스타일을 구사하며 기존의 전통체제와 관습에서 벗어나고자 했다.

김동명 문학연구는 시 중심으로 이루어졌으나 최근 문학관과 학회 설립을 계기로 전반적이고 총체적인 작업이 요구된다. 그의 산문은 시와 접속되며, 당대의 사회적 자료이자 보고로서도 가치를 지닌다. 문학에 전념했던 작가들과 달리 김동명의 삶은 문학, 종교, 정치, 교육, 현실 비판 등의 주제의식과 다양한 문학형태[9]를 남겼다. 그럼에도 불구하고 그에 대한 문학적 평가나 관심은 인색하고 홀대되었다. 이 글은 서정수필과 디아스포라 산문인《월남기》,《어두움의 비탈길》을 중심으로 김동명의 문학세계를 고찰한다. 이에 대한 기초작업인 서지적 연구는 엄창섭과 장정룡[10]에 의해 이루어졌다. 엄창섭은 초허의 기독교적 사상과 정치평론을 쓴 정객으로서의 삶은 상황윤리적 측면[11] 때문이라고 밝혔고, 장정룡은 수필집 『세대의 삽화』, 『모래 위에 쓴 낙서』와 평론집 『적과 동지』, 『역사의 배후에서』를 대상으로 전반적인 시대적 양상을 고찰[12]하였으며, 초허 수필 속의 꽃 모티프가 생명, 조국, 가정, 신앙 이미지[13]를 지닌다고 보았다. 기존연구를 수용하면서 초허 수필의 사상성과 예술성을 통해 그의 산문문학의 가치와 문학적 의의를 파악한다. 김동명처럼 현실과 이상, 이성과 감성, 현장과 예술의 조화를 이룬 작가는 드물 것이다.

---

8 알렉산더 네하마스, 김종갑 역, 『니체 문학으로서 삶』, 연암서가, 2013, 50~51쪽.

9 시집 6권, 수필 및 수기집 2권, 정치평론집 2권이 출간되었다.

10 엄창섭, 「원전비평 및 김동명 연보」, 『김동명의 시세계와 삶』, 한남대출판부, 1994, 장정룡, 「김동명 산문의 시대적 양상 고찰」, 『김동명 문학관 개관 기념 학술세미나 및 시낭송회 자료집』, 강릉문인협회, 2013.7.3.

11 엄창섭, 「김동명 산문의 연구」, 『관대논문집』 제17권, 관동대학교, 1989, 「초허 산문의 사상성 고찰」, 『비평문학』 제5호, 한국비평문학회, 1991 참조.

12 장정룡, 「김동명 산문의 시대적 양상 고찰」, 앞의 책.

13 장정룡, 「초허수필의 '꽃' 이미지와 그 지향성 고찰」, 『심연수 학술세미나 논문총서 Ⅱ』, 심연수선양사업위원회, 2013 참조.

2. 서정수필 속 의인화 기법과 타자윤리학

1) 어머니 · 고향의식과 강원(영동)표상

1900년 강원도 명주군 사천면에서 태어나 1908년에 함경북도 원산으로 이주한 작가에게 고향은 어린 시절의 기억 속에 남아있다. 1947년까지 북한에서 생활한 그는 어머니의 강인함과 자연친화적인 고향과 외갓집이 있는 영동지역을 서정적이고 아름답게 자각한다.

작가에게 영향을 끼친 모친의 성품이나 교육방식은 〈어머니〉와 〈국추기〉에 나타난다. 무릎을 베고 타박녀 이야기와 같은 옛이야기를 들으며 감성과 동심과 눈물을 키운 작가는 자신의 모친이 이렇게 다정하기만 한 건 아님을 고백한다. 아들이 강릉군수가 되어 금의환향하길 바라는 어머니는 자식교육을 위해 원산으로 이사하는 결단을 내린다. 자신을 못 생겼다고 지적하는 '냉엄하신 비평정신의 편린'을 지닌 모친은 절대적 모성과 본능적 사랑으로서가 아니라 냉철하고 이지적인 시각으로 아들을 대한다. 칭찬에도 인색하여 편지를 제법 쓰나 까탈스러운 흠이 있으며 조카인 병두만 못하다고 함으로써 자식이 교만해지거나 안하무인이 되는 것을 경계한다.

〈국추기〉에서는 오대산 기슭 외갓집에 잠깐 머무는 중에도 서당에 보내는 어머니의 학구열과 장원을 했음에도 불구하고 칭찬하지 않고 "선생님이 아마 너를 부잣집 아이로 아르셨나 보다"라고 웃으시며 술과 안주를 서당에 나르게 하는 모습을 그린다. 아이가 우쭐하거나 건방지지 않도록 하면서도 부모 역할을 하는 지혜로움이 엿보인다. 그러나 작가는 "우리 문단에서도 한잔 술이나 값싼 우정에 팔려 장원을 남발하는 폐는 없는가?"라고 자문한다. 어린 시절 시골의 서정적이고 아름다운 전설, 풍경, 민담, 전원을 바탕으로 하면서도 문단비판, 냉철한 현실인식을 보여주는 두 편의 수필은 날카롭고 엄정한 시각을 갖고 있다. 감성과 이성, 서정과 현실, 정치와 종교와 문학의 조화를 견지하는 작가의 성향은 긍지와 자존심이 유별나게 강한 어머니의 성품에 기인한다. 오대산 줄기의 동해로 흘러가는 시냇가 위에 자리 잡은 외가(外家)는 방안에서도 물소리가 정겹게 들리며 갈미봉에서 생금(生金)이 나오기를 기다리는 전설의 세계이며, 외할머니의 옛날이야기를 듣는 자연친화적인 곳이다. 김동명 수필은 서정적이고 따뜻하지만 삶의 정곡을 찌르는 비판정신을 잃지 않는다는 점에서 풍자와 유머, 교훈과 삶의 지혜가 담겨있다. 외할머니, 어머니와의 신체 접촉을 통해 들려주는 옛날이야기는 소년을 문학으로 이끄는 감성과 정서를 함양하는 자양분이 되었고, 강직하고 객관적이며 '군수'가 되길 바랐던 모친의 성품은 작가에게 비판정신과 입신양명, 현실인식을 갖게 했다. "비단옷이 아니고는 고향으로 돌아가기 원치 않았던" 어머니의 소망은 정치에 입문하여 국회의원까지 이끌었던 원인이 되었을 것이다. 두 편의 수필에 나타난 기본정서는 '슬픈 환상', '슬픈 결심', '슬픈 유산', '슬픈 버릇'과 같이 어둡고 암울하다.

이와 같이 작가는 유년기 고향 풍경과 외할머니의 정감어린 외손주 사랑, 어머니의 강인하고 냉철한 성품[14]을 영향 받았다. 그가 문학과 정치를 동시에 하게 된 이유도 이러한 요인이 작용했던 것이다. 교육열이 높은 어머니는 칭찬을 자제했으며 아들의 입신출세를 위해 이주를 결심한다. 문중에서 출가한 평산 신씨 성의 어머니는 '신교육과 신문물을 접할 수 있는 개항지 원산으로 이주하시는 용단을 실천에 옮기시는 용감하고 지혜 있는 분'[15]이라고 손녀는 회상한다. 좋은 옷을 입지 않고서는 고향땅을 밟고 싶지 않은 어머니의 자존심을 작가는 물려받았다.

100년 전의 강원(영동)지역은 타박녀, 달속의 계수나무와 옥토끼, 견우직녀, 천태산 마구할멈, 구미호, 장사, 신선 이야기나 유충렬전, 조웅전, 장화홍련전, 심청전 등 고담책 이야기를 수없이 들으며 타박녀의 뒷모습에 슬퍼했던 "내 눈물의 옛 고향" 이미지이다. 또한 생금이 나기를 바라는 갈미봉 신화처럼 미신적이고 고담적이며 전통적이다. 가난과 출세, 입신양명을 꿈꾸었던 강원(영동)의 가치관과 정서가 두 편의 수필에 고스란히

---

14 작가가 정치에 입문한 것이 어머니의 영향이라는 것에 대한 의견은 장정룡도 주장한 바 있다. -「김동명 산문의 시대적 양상 고찰」, 앞의 책, 20쪽.

15 김월정, 「나의 아버지 초허 김동명」, 『문예운동』 제86호, 문예운동사, 2005, 29쪽.

내재되어 있다. 따라서 보수적이고 현실적이며 출세지향적인 영동문화의 정서가 강원의 정체성으로 그려진다. 작가는 어린 나이에 고향을 떠났기에 그의 기억은 단편적이고 파편적으로 따뜻하고 아련하게 남아있다. 작가가 기억해 내는 영동 지역은 전통적 보수적 무속적인 공간으로 묘사되며, 입신양명과 관직을 선호하며 현명한 신사임당의 후예이자 옛날이야기에 익숙한 강릉여성의 삶이 드러난다. 또한 전근대적이고 서정적이며 느리고 정체된 지역이자 가난한 곳으로 강원도를 인식[16]하게 한다. 작가뿐만 아니라 강원 출신의 작가에게서 그려지는 강릉의 모습[17]은 현재에도 강원의 심상지리(imagined geographies)[18]로 남아있다.

2) 자연친화적 타자지향적인 동식물 상상력

일반화시킬 수는 없으나 강원 출신 작가에게서 공통되게 나타나는 점은 자연친화적이고 서정적이며, 식물과 전원, 자연 모티프가 주도모티프(leitmotif)로 작용한다는 것이다. 이효석, 윤후명, 이순원 문학 속의 동식물 상상력은 유니크한 작품세계를 구축하는데, 이는 산새가 깊고 산과 들과 바다가 주변에 있는 강원지역의 특수성 때문이다. 유년기 체험은 작가들에게 기억과 망각 속에서 상처와 행복감으로 각인되어 작품 속에 투영되며 어린 나이에 고향을 떠났지만 무의식적으로 영동 산골마을의 인문지

---

16 졸고, 「이순원 여행소설 속의 타자화된 강원(영동)」, 『우리문학연구』 42집, 우리문학회, 2014, 263쪽.

17 강원 출신 작가인 김유정 소설에 등장하는 천진난만한 소년소녀들, 이효석 소설의 서정적인 자연묘사, 강릉이 고향인 윤후명 문학의 꽃과 식물적 상상력, 윤대녕, 김연수 소설 속의 강원 이미지, 영화 〈웰컴투동막골〉, 〈라디오 스타〉 속에서 그려진 강원지역 및 강원도민은 전쟁이 일어난지도 모르는 채 살고 있으며, 촌스러운 다방이나 순진한 사연을 보내는 순박한 주민의 모습으로 재현되고 있다. 강원의 전근대적이고 신비스러우며 순박한 이미지는 21세기에도 별로 달라지지 않고 있다.

18 심상지리는 어떤 공간을 상상하거나 인식하는 것으로, 자신이 속하는 공간의 외부에 있는 생경한 공간에 대해 있을 수 있는 모든 종류의 공간이나 연상을 통해 구축한 지리적 인식이다. 강원도 특히 영동지역은 대관령 너머의 관점에서 오리엔탈리즘적 시각을 내포하며, 문명화의 속도가 느리고 선한 원주민, 오염되지 않은 청정지구로 재생산되고 있다. -졸고, 앞의 논문, 262~263쪽.

리적 특징을 내면화했을 것이다.

김동명 서정수필의 특징 중의 하나가 꽃, 나무, 정원에 대한 식물적 상상력과 동물에 대한 타자의식을 통한 연민과 사랑을 바탕으로 한 타자윤리학이다. 그의 수필은 시와 접속되거나 연계되며 의인화, 유머, 위트를 지닌다. 이효석이 그랬듯이 김동명도 늘 집안에 화단이나 정원을 두었으며 식물을 관리하고 보살피는 마음이 각별했다. 국화, 따리아, 목련, 카라, 리리, 파초, 수선화를 향한 그의 열정과 사랑은 어머니나 가족으로 비유될 정도로 삶의 의미를 지니며, 여러 편[19]의 수필을 남겼다. 또한 시에서 동식물을 의인화[20]했던 묘사방식이 수필에서도 그대로 나타난다. 꽃을 '여대생', '여왕', '여인', '공주님', '아가(애기)', '소녀', '처녀', '부잣집 영양', '아가씨' 들로 은유하는 작가는 "화단에 피면 일년 열두 달을 혼자 있어도 외롭지 않을 것" 같다고 할 정도로 꽃을 사랑하고 집착한다. 그의 삶에서 꽃과 나무는 '한줄기의 샘'이자 '신의 은총'이며, 서정적이고 자연친화적인 시인의 성품을 갖게 한다. 사물과 동식물, 자연에 대한 의인화는 "봄은 기침을 하기에 정황 없었고, 가을은 마음을 앓노라 지쳤지마는"과 같이 계절에도 생명을 불어넣음으로써 의인화는 작가의 스타일이자 타자의식을 내포한다. 때로는 '법'이나 '신'과 대화를 나누는 대화체 산문이나 수기, 평론, 수필 등의 다양한 작품은 김동명 문학세계의 무한한 자료를 제공한다.

〈카라: 계절에 부치는 글〉에서 작가는 점심은 백원짜리 짜장면이나 우동 정도로 대충 먹고 남은 돈으로 꽃가게에 들러 화분을 사가지고 돌아가라고 독자에게 권한다. 우리의 사색과 고달픈 심정을 어루만져주는 꽃을

---

19 꽃이 등장하거나 꽃과 관련된 수필은 상당수에 달하지만 그 가운데 정원, 화단 등과 같은 수필제목을 포함하여 구체적으로 꽃을 제목으로 사용한 작품은 자화상에 3편(〈정원〉, 〈화단〉, 〈파초 해제〉), 목련기에 4편(〈카라〉, 〈따리아 병들다〉, 〈국화〉, 〈목련기〉), 월남기에 1편(〈모란꽃 방울질 무렵〉), 1950년대기에 3편(〈석류꽃과 부처님〉, 〈산백합화〉, 〈동백꽃 피는 고장〉) 등 총 11편이라고 한다. –장정룡, 「초허수필의 '꽃' 이미지와 그 지향성 고찰」, 앞의 책, 401~402쪽.

20 이성교는 동명시의 특색 중의 하나로 '나', '너', '그대' 같은 인칭대명사를 많이 사용한 의인법을 꼽고 있다. –「김동명 시 연구」, 『김동명의 시세계와 삶』, 한남대출판부, 1994, 25~26쪽.

풍류나 사치라고 말할 수 없다는 것이다. 식욕, 물욕, 금전욕망보다는 정서적인 환기나 영혼의 정화를 중시하고 동식물에 대한 평등사상과 타자지향적 응시가 표출된다. 겨울에 기르는 꽃으로 이국적인 보헤미안 취미인 아스파라가스도 좋고 처녀 같은 동양적 정취를 지닌 수선화도 좋으나 자신은 카라 · 리리에게 청혼하겠다고 말한다.

> '카라 · 리리'! 미끈하게 쪽쪽 치솟은 줄기 위에 창날 모양으로 떡 벌어진 잎사귀, 이것은 파초잎처럼 춥지도 않고 '칸나'잎처럼 쌍스럽지도 않은 것이 그 자랑인데, 가위 문무를 겸했다싶도록, 날카로움과 부드러움을 아울러 느끼게 함은, 아마도 그 모양과 빛깔과 선의 혼연한 통일에서 오는 인상일 듯. 잎은, 한 그루에 대개 넷 혹은 세 줄기로, 각기 키를 다투면서도 대립하여 피기로 마련인데, 이것들이 스스로의 무게에 겨워, 그 미끈한 종아리를 서로 맞대인 채, 고개를 뒤로 벌렁 제치고 둘러섰는 꼴은, 흡사 봄 처녀들의 원무(圓舞)를 보는 듯한 인상이기도 하다. <u>그런데, 맨먼저 피었던 잎사귀에 누른 빛이 보일 듯 말 듯 감돌기 시작할 무렵이면, 어느새 또 새잎은 도롤 말린 채 죽순처럼 치솟기로 마련인데, 그 서서히 물러가고 또, 서서히 자라나서 자못 질서정연하게 서로 자리를 바꾸는 모습은, 마치 인간역사의 축도를 보는 듯 해서, 일말의 감회조차 자아내게 한다. 내 이미 인생의 황혼을 맞이한 까닭일까! 하여튼 '카라 · 리리'는 그 잎이 가진 매력만으로도 겨울의 화초로는 크게 고임을 받기에 넉넉한데, 하물며 '마리 · 로랑상'의 여인상을 연상케 하는 백합 모양의 하얀 꽃이 멋들어지게 피어 줌에 있어서야.</u>[21]

카라 · 리리를 관찰하면서 시간의 흐름을 깨닫는 이 수필은 꽃에 대한 낭만적 인생론적 묘사가 인상적이다. 마리 로랑상(Marie Laurencin, 1885－1956)은 〈미라보 다리〉의 시인 아폴리네르와 사랑을 나누며 그의 예술세계에 영향을 준 프랑스의 여류화가로 우아한 색채, 섬세한 감각, 수줍은

---

21 김동명문집간행회 편, 김동명수필 · 수기집 『모래 위에 쓴 낙서』, 신아사, 1956, 128~129쪽.

화려함, 창백한 에로티시즘, 여성의 신비성과 달콤하고 환상적인 그림으로 높이 평가받고 있다. 작가는 마리 로랑상의 그림을 닮은 꽃들에게 영감과 감성을 받아 시인으로서의 감각을 잃지 않는다.

따리아와는 30년의 긴 사연이, 가화(假花) 같은 국화나 "숱하게 휴지쪽을 걸어 놓은 듯 몹시 지저분한 꼴이 대뜸 내 정내미를 떨구어 주었던" 목련꽃의 첫인상과는 달리 황홀한 순간, 눈부신 원광과 청정의 극치이자 무후의 상징으로 미를 이야기할 수조차 없는 거룩한 인상을 남긴다. 정원과 꽃밭에 대한 사유는 작가의 삶과 불가분의 관계로서 문학세계에 지대한 영향을 끼쳤다. 유명한 시인, 대학교수, 참의원이라는 높은 직책과 지위에 올랐음에도 불구하고 시대와 불화했던 고독하고 쓸쓸했던 내면을 원예치유[22]로 수련하고 위로받았던 것이다. 고향의 궁핍과 전근대성, 어린 나이에 도보로 이주한 원산 타향살이의 고달픔, 취업과 실직의 반복, 일제강점기의 유학생활, 이승만정권과 공산당에 대한 비판과 핍박, 숙청과 출당의 위기 및 월남과 피난의 고난, 반민주·반자유에의 항의와 거부, 위선과 반인권에 대한 분노 등의 체험을 통해 작가는 슬픔의 정조와 인간에 대한 불신과 환멸을 꽃과 정원을 가꾸면서 의지하고 정화시켰을 것이다.

동물적 상상력은 수필 〈소는 불행하다〉에 잘 나타나 있다. 생명체를 사람으로 대하는 그는 타자와 약자에 대한 연민과 공감능력을 지닌다. 타자지향적인 자세는 꽃, 식물, 동물에게까지 꼼꼼하게 관찰된다. 이른 새벽 달구지에 물건을 가득 싣고 함흥장으로 팔려 지나가는 소를 상상하는 작가는 세상에 이보다 더 불행한 짐승이 없을 것이라고 여긴다. 개, 고양이, 돼지의 신세도 좋은 것은 아니나 소의 수난에는 견줄 바가 못 되기 때문이다. 소의 일생을 향한 인간의 비정함과 잔인함과 이기심을 작가는 지적하며, 소에 공감하는 타자의식을 피력한다.

22 이를 장정룡은 원예치료(Horticulture Therapy)의 관점에서 해석하였다. -「초허 수필의 '꽃'이미지와 그 지향성 고찰」, 앞의 책, 19쪽.

무릇 노역이 행복은 고만 두고라도, 견디기 어려운 고통이 되지 않기 위해서는, 첫째 힘에 맞아야 하고, 둘째 적당한 시간과, 그리고 또 적당한 휴식을 가져야하는 것이다. 그러나 우리의 불행한 짐승을 위하여, 이러한 조건들은 조금도 고려되지 않는다. 초년은 비록 곤고(困苦)하게 지날지라도 말년 신세나 평안하면 세상에서는 그 역시 좋은 팔자라고들 한다. 그러면 온갖 혹사와 고역으로 소장기(少壯期)를 보내게 되는 저 참을성 많은 짐승에게, 안한(安閑)한 말년이나마 있든가. 등 가죽이 벗어지도록 짐을 싣고, 목덜미에 썩살이 박히도록 멍에를 메었건만, 드디어 노쇠하여 사람들의 소욕(所慾)을 채워줄 수 없는 몸이 되고 보면, 그 적엔 푸줏간에 끌려 들어가 그 장배기에 백정의 쇠 메를 받아야하는 것이, 허연 칼 날에 사지를 찢겨야 하는 것이, 소위 말로가 아니든가? 한 평생 찍 소리 한 마디 없이, 살이 찢어지고 뼈가 휘도록 봉사해준 짐승에게 마즈막으로 갚은 것이 기껏 이것이라면, 이렇듯 잔인포학한 인간에게 불행이 따르는 것도 무리가 아니리라.

푸주깐으로 엉금엉금 기어 들어가는 소의 뒷 모양, 그 비명, 그 전율, 그 뒤에 채찍을 들고선 건, 보라, '인간'이 아니냐! 이것은 분명히 한 개의 전율할만한 광경임에 틀림 없다. 이러고도, 인간의 역사가 비극적이 아니기를 어떻게 바랄 수 있으랴.

드디어 그 머리 위에 쇠 메가 떨어질 때 '으앙'하고 지르는 큰 소리는, 춘원의 이른 바 '내일은 이루었다'가 아니라, '무도(無道)한 인간들에게 화 있으라!'하는 저주의 소리가 아닐까?

아아 불행한 짐승이여! 네 이름은 소니라.[23]

작가는 달구지를 지고 목숨을 건 곡예를 하며 가파른 길을 달렸을 '전형적인 무저항주의자'인 소에게 크게 분격했다고 말한다. 힘을 가졌으면서도 '놈팽이'들에게 저항하지 않는 못난 천성에 대해 연민보다 경멸을 느꼈다지만 동물의 입장에서 소의 불행론을 피력하는 작가는 타자지향적 응

---

23 김동명문집간행회 편, 앞의 책, 17쪽.

시를 한다. 작가가 예언하고 저주하듯이 동물을 착취하고 종속시키는 폭력은 여성에 대한 남성의 성적 지배의 길을 닦았고, 이사야는 "소를 도살하는 자는 인간을 죽이는 자와 같다"고 하였다. 동물의 가축화/노예화는 인간 노예제의 모델과 영감이 되었으며, 동물을 희생시키는 것이 인간이 서로를 희생시키는 모델의 기초가 되는 것[24]이다. 인간의 동물 착취와 도축은 인간이 타자를 동물처럼 취급하게 되는 과정이다. 동물의 아픔과 고통에 대한 공감능력과 타자의식을 추구하는 작가는 이기적이고 자기중심적인 인간의 욕망과 비정함을 비판한다. 타자의 사유를 하는 것만이 진정한 주체를 회복하는 길이라고 생각하며 타인을 수용하고 손님으로 환대하는 것이야말로 주체의 주체됨이자 윤리적 주체인 것이다. 고아나 과부처럼 헐벗고 고통 받는 모습으로, 정신적 경제적 사회적 불의에 의해 짓밟힌 자의 모습으로 호소하는 타자를 수용하고 대신해서 짐을 지고 사랑하고 섬기는 주체[25]이다. 꽃과 나무를 사랑하고 동물에 대한 연민과 공감능력을 지닌 작가의 타자윤리학은 자연을 정복과 수단의 대상으로만 여기는 현대인들에게 일침을 놓는다. 동물은 인간의 어리석음, 허무함, 이기적 속성을 알게 해주는 숭배와 성찰의 대상[26]이 된다. 꽃과 나무를 사랑하고 동물과 공감하는 김동명은 자연친화적이고 타자지향적인 시각을 지닌 작가이다.

3) 문학수업시대 회상 및 스쳐간 문인들

작가는《세대의 삽화》〈후기〉에서 해방전 시 이외의 문장에는 거의 손을 댄 적이 없으나 신문사나 잡지사와 가까이 살게 된 것과 얼굴에 주름살이 늘어갈수록 생각과 취미가 다소 산문화되면서 수필과 잡문을 쓰게 되었다고 말한다. 시는 젊은이가 쓰는 글이며, 산문은 늙은이가 쓴 장르로 보는 그의 대표적이고 예술적으로 평가받는 시들은 젊은 시절에 주로 쓰

---

24 찰스 패터슨, 정의길 역, 『동물 홀로코스트』, 휴, 2014, 152쪽.
25 강영안, 『타인의 얼굴』, 문학과지성사, 2005, 74~75쪽.
26 이동연, 「동물과 인간 사이, 그 철학적 질문들과 문화적 실천」, 『문화과학』 제76호, 2013. 겨울호, 25쪽.

였다. 순간의 섬광과 찰나의 감성과 정열을 폭발하는 시는 청춘시절에, 경험과 논리, 현실인식, 판단과 지혜를 바탕으로 하는 산문장르는 연륜을 쌓은 중년의 글이라는 것이다. 감성과 정열과 오감이 예민한 청춘기에 시를 남겼다는 사실은 순전히 문학적인 이유라기보다는 그 후 그가 정치가와 교육자, 평론가로 시간을 보냈던 경험 때문이기도 하다.

출세와 관직을 바라는 어머니의 영향과 더불어 중학시대엔 문학에 관심 없었던 작가는 "기왕 남아로 태어난 바엔 좀더 벅차고 화려한 일을 마련하고자 하는 포부를 가졌고 문필을 쬐쬐하게" 여겼다. 그럼에도 불구하고 춘원의 〈어린 벗에게〉, 〈윤광호〉와 주요한의 〈불노리〉 및 단편들을 읽고 감심(感心)했다고 한다. 중학 급우 중에 예쁘장한 미소년 이상희가 러시아문학을 하겠다고 러시아로 갔고, 상급반의 강용흘 씨는 명문(名文)을 꾸며 청춘지의 독자투고란을 빛내곤 했으나 풍모나 기질이나 성정에 예술적인 느낌이 없었기에 문학으로 성공할 줄 몰랐고 후에 《초당》으로 미국문단을 빛내게 되어 놀랐다고 술회한다. 작가는 상급학교 진학이 어렵던 중 서호의 소학교 교원으로 초빙받았으나 모종의 설화사건에 걸려 당국으로부터 추방명령을 받고 S촌 B학교로 옮겼으나 학교장으로부터 그만두라는 명령을 받는다. 또다시 우여곡절 끝에 안주에 있는 U학교 고등과 교원이 되어 그곳에서 이광수 씨의 애제자로 동아일보지상에 장편《읍혈조(泣血鳥)》를 실은 이희철 씨의 후임자임을 알게 된다. 이 학교에서는 우리나라 최초의 여기자로 상당히 활약했던 여교원 C도 있었으나 이씨를 따라 나섰다는 이야기도 듣는다. 작가는 『조선문단』지에 처녀작 〈꼬맹이 선생〉을 발표했던 박찬빈 군과 그 밖의 동호(同好)의 벗들과 함께 습작지 『석류꽃』을 만들면서 문학적인 것을 향한 최초의 정열을 느꼈다고 한다. 흰 얼굴에 어딘지 병색을 지닌 젊은이 현인규 군과 문학담을 나누고 그로부터 계몽되었으며 그에게서 빌린 〈악의 꽃〉을 읽고 쓴 〈당신이 만일 문을 열어주시면〉이라는 보들레르의 헌시가 1923년 겨울에 발표된 처녀작의 탄생 비화였음도 밝힌다. 작가는 소설을 쓰다가 끝내지 못했고 7,8편의 시를 습작했으며 로맹 로오랑의 장엄한 설교와 보들레르 시의 야릇한 향기에 빠진 것이 자신의 문학수업이 되었다고 회상한다.

안주를 떠나 바다가 있는 섬에 도착한 작가는 그곳에서 왕성한 시정과 강렬한 창작의욕을 느끼게 되어 붓을 대면 시가 써졌다고 고백한다. 고등과 2학년이 5명뿐인 C학교에서 타골에게 드리는 글월을 지어온 소녀가 이선희 양이었고, 그녀의 방문은 고독 속의 위로였다고 술회한다. 문단생활을 하지 않았던 작가가 인생길에서 만났던 문인 혹은 문학도의 인상과 학생시절의 기억은 문학외적 자료로서 소중한 기록들이다. 취직이 쉽지 않았던 시절에 학교를 전전하며 고달픈 생계유지를 하던 그가 운명적으로 문학의 길을 가게 된 사연을 촘촘하게 고백한 글에서 작가가 올곧게 문학만을 하지 않았던 이유를 알 수 있다.

> …나는 문득 이기영(李箕永)이가 생각났다. 그치는 일찍이 젊은 한 시절을 여기 와서, 과잉한 '센치'를 배설하며 지난 적이 있었다니 말이다. 모르긴 하나 저도 아마 지금쯤은, '조쏘문화협회장'이라는 나라를 팔고 민족을 팔아야 하는 욕된 자리보다도, 그 옛날 이곳에서 마음껏 고독을 즐기고, 예술을 사모하던, 그 시절이 더 그리울지도 모른다.[27]

전쟁이 발발한 1950년 7월 9일 가족과 함께 논산에 피난 온 작가가 카프작가의 고향에서 이기영을 떠올리는 대목이다. 민주주의 체제와 민족문학을 수호한 작가는 월북작가 이기영의 터전인 충청도에서 그를 회상한다. 삶의 한가운데서 스쳐지나간 인연이나 다른 작가와 연관된 지역을 방문해서 생각한 이선희, 강용흘, 이기영은 한국문학의 주요 작가들이다. 교원과 실직, 문학과의 인연을 담담하게 적어가는 김동명은 처음부터 작가가 되려고 하지는 않았지만 주옥같은 시와 산문들을 남겨놓음으로써 한국시문학사의 주요 위치를 점한다.

27 김동명문집간행회 편, 앞의 책, 385쪽.

3. 디아스포라[28] 운명과 삶의 엑소더스[29]

1) 해방공간의 탈출 오디세이: 《월남기》

작가의 삶은 출향 · 이주 · 월남 · 탈출 · 피난으로 점철된 디아스포라적 삶이다. 식민지, 해방, 전쟁, 4.19, 5.16 등 격변의 한국근현대사를 몸소 체험한 작가는 신학문을 위해 부모의 손에 이끌려 고향 강릉을 떠나 함경남도 원산으로 이주한다. 신안주에서 교원생활을 하다가 원산으로 돌아온 그는 도일하여 청산학원 신학과를 졸업하고 귀국한다. 그후 정치적 위기로 월남하였고, 전쟁 중엔 가족과 피난을 하는 등 그의 삶은 유동하는 삶이었다. 특히 자전적 소재를 바탕으로 한《월남기》는 지식인 정치가로서의 갈등을 증언하는 당대의 기록으로서도 가치가 있지만 문학적으로도 완성도가 높다. 이 글의 장르적 특성에 대해 엄창섭은 1인칭 신변소설[30]로 규정하며, 장정룡은 '창작소설'이라고 칭한 기록을 발견하지 못하였다[31]고 말한다. 문학 장르란 시대적 추이에 따라 변화할 수 있다. 자아반영적인 메타문학적[32] 특징을 지니며, 현실과 허구의 경계를 넘나들고 실명이 거론된다는 점에서 이 작품을 넓은 범주의 메타픽션으로 이해할 수 있으며, 북한탈출과 피난을 사실적으로 그렸다는 점에서《어두움의 비탈기》와 더불어 '일기, 자서전, 회고록, 수기문학과 같이 사실과 허구의 복합적 성격을 띠

---

28 diaspora는 "씨뿌리다"라는 그리스어에서 유래했으며, "야훼께서 너희들을 흩으실 것이다"라는 말 그대로 AD 70년경 유대인들은 뿔뿔히 흩어졌고, 이 단어는 팔레스타인을 떠나 알렉산드리아 등지에 살게 된 유대인 공동체 곧 조국에서 살지 못하고 타국에 흩어서 사는 유대인이란 뜻이 되었다. －김응교, 「이방인, 자이니치 디아스포라 문학」, 『한국근대문학연구』 제21집, 한국근대문학회, 2010, 123~124쪽.

29 Exodus, 구약성경의 두 번째 부분인 출애굽기, 탈출기로 신이 모세를 통해 이집트에서 노예로 살던 이스라엘 민족들을 구해 가나안 땅으로 인도하는 내용을 담는다.

30 엄창섭, 『김동명 연구』, 학문사, 1987, 148쪽.

31 장정룡, 「김동명 산문의 시대적 양상」, 앞의 책, 19쪽.

32 메타픽션은 소설쓰기에 대한 성찰을 다룬 소설 또는 소설 쓰는 과정에 대한 소설로서, 소설과 작가의 삶 그리고 소설과 비평이 뒤섞이는 소설을 지칭한다. 또한 문학과 인생, 현실과 허구를 뒤섞으며 궁극적으로는 다른 텍스트와 연결되는 상호텍스트성 이론과도 상통한다. －김성곤, 『퓨전시대의 새로운 문화읽기』, 문학사상사, 2003, 411쪽.

는 증언문학'[33]으로도 볼 수 있다. 해방기 이데올로기의 첨예한 대립 속에서 공포와 위기의 공간을 탈주하는 주인공의 목숨을 건 여정이 극적이고 사실적이며 생동감있게 전달된다. 1947년 4월 13일부터 20일까지 8일간의 여정을 기록한《월남기》는 14개의 소목차로 구성되며 유머와 페이소스, 위트, 의인화 기법과 타자의식, 정치적 이념적 소명, 인간적 매력과 재치가 담겨있고 당대의 정치현실과 한 인간의 운명을 바꿔놓은 사회적 문학적 자료로도 가치를 지닌다.

1. 네 갈래 길: 탈출경로의 선택
2. 모란꽃 방울질 무렵: 가족을 두고 떠남, C라는 사나이와의 만남
3. 떠나가는 사람들: 기차 탑승, 도보, 기차로 이동, 기차안의 풍경
4. 조그마한 모험: 검열과 순찰을 피하기 위해 이름 위조
5. 서글픈 행렬: 피난민과 동행하여 남쪽으로 걸음, 민주당원 K와의 조우
6. 산길은 멀다: 산과 골짜기를 반복하며 일행과 무작정 걸음
7. 또 만난 사람들: 산령, 평지, 골짜기, 들, 오르막 산길을 도보로 이동, 흥남고녀 K양 모녀, 차중(車中)에서 본 두 청년과의 조우
8. 삼팔선은 가까웠다: 한탄강을 바라보며 여인숙을 찾아감
9. 여인숙과 허리가 긴 사나이: 여인숙 주인에 속아 단속에 걸림, K양 모녀와 해후
10. 마각은 드러나다: 처분만 기다리며 심문받음
11. 오줌 구유 곁에서: 지린내가 나는 구유 같은 유치장에서 감금, 남에서 들어오다가 붙들린 젊은이와 만남
12. 청류한(淸流恨): 보안대원의 호위를 받아 지서에 도착
13. 사선을 넘어서: 보안서 조사를 받고 자신인 '중대범인'을 수색하는 위기에 직면함
14. 자유에로 가는 길: 자유의 땅인 남한 도착, 월남피난민이 됨

---

33 정찬영, 『한국 증언소설의 논리』, 예림기획, 2000, 24쪽.

김일성 일당과 소련사령부 하수인인 최용건에 의해 숙청에 해당되는 출당을 통고받은 조선민주당 도위원장인 '나'는 안온하고 평화로웠던 북한에서의 삶을 마감하기로 결심한다. 조민당 운동의 반동성에 대한 탄압은 월남동기가 되어 가족과 삶의 터전을 두고 탈출을 감행하는 대모험의 서사가 시작된다. 삶의 터전을 옮겨야 하는 디아스포라 운명에 직면한 주인공은 계획을 세워 이동하지만 위험은 곳곳에 도사리고 있다. 남한을 목적지로 하는 네 가지 탈출경로 중 잡힐 확률이 가장 적은 길을 택한다든지 수상하지 않은 차림으로 위장하고 이름을 '鳴'에서 '鴻'으로 위조하여 당원이 아닌 척 한다든지 일행과 떨어져 피난민이 아닌 강원 출신의 원주민임을 강조하는 등 기지와 재치를 발휘하여 위기를 모면한다.

함흥-철원-연천-한탄강까지 기차와 도보로 8일 만에 남한에 도착한 주인공은 자유의 소중함을 깨달으며 오열한다. 해방공간의 어수선하고 불안한 정세는 부유하고 떠도는 일상을 가져온다는 점에서 일제강점기의 이주, 방랑, 여행하는 삶에서 더 나아지지 않았다. 1946년 12월부터 불안과 공포, 위험과 죽음의 두려움에 놓인 나는 가친에게 거짓말을 하고 아내와 포옹과 키스를 한 후 모란꽃을 뒤로 하고 집을 나선다. 여정 중에 만난 사람들을 관찰하는 나는 호불호가 분명한 타자 인식을 보인다. 길 위의 만남은 여행서사 혹은 탈출서사에서 매우 중요한데, 여행자의 시선에서 정착민과 우연히 만난 사람들을 관찰하고 분석하며 느끼는 내면심리와 현실인식이 드러나기 때문이다. 또하나의 자아와의 만남이란 여행자에겐 서로의 거울 이미지나 샴쌍둥이이자 도플 갱어로서의 타자적 존재로 해석[34]할 수 있다. 이들은 자신의 문신, 악마, 자신의 다른 나, 자신의 풍자화와 함께 대화하면서 한 인간 발전의 내면적 단계조차 공간 속에서 극화[35]시키며, 분신들 속에서 갱생하기 위해 정화하고 자신 자신을 초월하기 위하여 죽는다(부정된다). 극한상황에서 만난 인물군상은 또다른 자아, 분인(分人)

---

34 졸저, 『우리시대의 여행소설』, 태학사, 2006, 36쪽.

35 미하일 바흐친, 김근식 역, 『도스토예프스키 시학』, 정음사, 1988, 187쪽.

이자 인간 고유의 모습들이다.

서함흥역에서 만난 'C라는 사나이'는 기회주의자이자 대표적인 속물이다. 그는 흥남의 명물로 사회주의가 유행할 땐 모지 지국 간판을 달고 지방유력층에 알랑되거나 일본군과 어울리는가 하면 해방이 되자 8.15해방 기념축하회에서 축사까지 하는 '꺼삐딴 리'[36] 같은 '처신머리가 더럽든 자'이다. 공산당에 접근하여 충성하는 변절상습자인 C와 같은 존재는 혼란기엔 어김없이 등장하는 처세의 달인이지만 일본인, 미군, 러시아, 공산당 등 강자의 곁에서 생계를 유지할 수밖에 없던 우리 근대사의 혼란스럽고 슬픈 현실을 대변한다. 탈출의 막바지에 도착한 여인숙에서 나는 주인인 '허리가 긴 사나이'와 대면한다. 목숨을 건 사투의 월남과정에서도 피난민을 상대로 밥값, 숙박비 등의 이익을 추구하는 비정한 그에 대해 "제 집에 온 손님을 마구잡이로 묶어 넘기는 악덕한이, 괴담도 아닌 현실 속에 이 강원도 산골 속에 이렇게 짐승처럼 도사리고 미끼가 걸려들기만 기다리고" 있고 이를 돕는 협력자인 비밀보따리 장사꾼을 보며 비정함에 경악한다.

8일간의 여정은 역전이나 검문소 같은 경계를 월경(越境)할 때마다 두려움과 공포, 가슴졸임이 반복되며, 비일상에서 벗어난 자신의 초라하고 보잘 것 없는 행색과 몰골에 놀라곤 한다. "허줄한 조선옷에 철늦은 방한모를 뒤집어쓰고 한쪽 구석에 가서 우둑허니 섰는" 자신이 탈주자가 아닌 척 해야 하는 낯설고 소외된 자아와 마주서게 되는 것이다. 차칸은 "상가(喪家)에 들어선 듯한 기분"으로 쓸쓸한 표정과 활기 없는 얼굴을 한 탑승자들로 가득하며 주인공은 이러한 상황을 희화적이고 풍자적이라고 논평한다. 이러한 여유는 어마어마한 감시 하에서 육체적 고단함과 정신적 피로에서도 '유모러쓰'하고 '휴머니스덕'하다고 한 대목에서도 드러난다.

---

36 1962년 7월 『사상계』 109호에 발표된 전광용 소설의 주인공 의사 이인국 박사로, 시대에 따라 약삭빠르게 변신하는 속물근성과 변신술로 승승장구한 이기주의적 기회주의적 속성의 대명사가 된 인물이다.

> 밥보자기에 붙은 밥알을 뜯는 청년과 휴지조각에 지사미를 말아서 연기를 내뿜는 중년신사와의 대좌! 얼마나 그럴 듯한 풍자적인 광경이었으랴.
>
> 멍하니 창밖을, 혹은 서로들 마주치는 정기 없는 눈들, 만지면 버스럭버스럭 소리라도 낼 듯한 버쩍 마른 피부며, 서리 맞은 가랑잎처럼 누렇게 뜬 얼굴들. 이따금 보일 듯 말듯이 씰룩거리는 근육의 파동…… 그것은 굶주림과, 절망과, 복수와, 그리고 어떤 사나운 짐승에게 쫓기는 듯한 공포에 휩싸인 인간 지옥의 산 영상이 아닐 수 없다. 헌데 이 가운데서도 피부에 기름끼가 돌고 눈알이 팽글팽글 돌아가는 놈이 있다면 그놈은 영낙 없이 빨갱이거나 그 주구일 것은 불문가지다.「위대한 붉은 군대」가 이 강토에 발을 들여 놓은 지 불과 일년유여에 이렇듯 상전을 벽해로 뒤집어 놓았구나하고 생각할 때 이가 부드득 갈리는 것은 어쩔 수 없는 일이었으리라.[37]

삶의 터전을 떠난 피난민과 대비하여 공산당을 거부하고 혐오를 느끼며, 일본인, 공산당, 자유당, 이승만 정권에 대한 작가의 경멸과 비판이 일관되게 제시된다. 서정적인 시를 쓰는 작가일 뿐만 아니라 당의원, 참의원이라는 직책으로 현실비판 및 참여까지 하는 행동하는 지식인, 정치가의 면모를 보여준다. 역사의 대혼란기를 몸소 체험한 작가는 국가와 민족에 대한 강렬한 안위와 우국적 충정을 갖고 있다. 그의 정치적 신념과 행동은 올곧게 문학인으로서만 살지 않았다는 점에서 부정적으로 평가되는바 작가와 교육자, 정치가, 행동하는 지식인으로서의 역할을 수행했다는 점에서 재고되어야 한다.

김동명의 강원도 인식은 가난하고 비참하게 그려지며 강원도민 역시 순박하고 인정 많고 아낌없이 내주는 전형성을 표상한다. 그러나 피난, 전쟁, 목숨을 건 탈출 위기엔 인간에 대한 배신, 생명경시, 냉정함과 극단적 이기주의가 난무할 수밖에 없기에 실망감과 극한 상황의 비정함과 냉엄함을 체험한다.

---

37 김동명문집간행회 편, 앞의 책, 276쪽.

> 이것이 강원도 산골 겨레들의 수백 년을 두고 누려온 「생활」이 아니었더냐고 생각할 때, 나는 새삼스럽게도 세상이란 남의 불행엔 지나치게 무관심하다는 것을 느꼈다. 이러한 비참은 응당 인간가족으로서의 공동책임 하에 극복되어야 한다고 느꼈대서 한갓 내 값싼 감상벽으로만 돌릴 수 있을까?
>
> 내가 만일 강원도지사가 된다면 나는 맨 먼저 저들로 하여금 「인간」과 「문명」에 참여할 기회를 마련하리라. 이런 공상도 해보았다. 때마침 춘궁기인데다가 인민을 축생보다도 안 여기는 공산치하에서 갈근목피외에 딴 것이 저들의 차례로 갈 리가 만무였다. 저들의 「인생」은 실로 너무 비참했다.[38]

문명과 물질적 혜택을 받지 못하고 정치, 문화, 현실에 주변화되고 소외된 강원지역을 보며 주인공은 이들에 대한 연민과 구제를 결심한다. 헤게모니 투쟁이 치열한 혼란기였던 해방공간은 고통스러웠으며 생계 유지조차 쉽지 않다. 또한 한탄강 주변의 여인숙 주인에 대한 인상도 "강원도 산골에 다 이런 사나이가 있었던가 싶도록 한 버릇 착실히 지녔음즉한 풍모"와 "어둡고 흉물스러운 인상"을 지녔다고 묘사해 강원도민의 선하고 순한 이미지와 다른 모습에 실망한다. 목숨을 건 위기의 순간에도 숙박비와 식비를 벌기 위해 피난민을 위험에 내모는 살벌하고 이기적인 여인숙 주인이나 그를 돕는 비밀 보따리 장사꾼들 같은 악인들이 많을 정도로 주인공은 인간불신이 깊어지며 거짓과 사기로 농락을 당한다.

그러나 탈출과정에서 C라는 사나이나 허리가 긴 사나이, 30남짓 해보이는 빤질빤질하게 생겨먹은 촌녀석 등의 부정적 인물뿐만 아니라 연민과 아름다움을 느끼게 하는 사람들도 만난다. 산길과 산령을 넘어 평지에서 휴식을 취하는 중 자신을 교장선생님이라고 칭하는 예쁘장한 소녀와 그녀의 어머니는 젊고도 아름다우며 인사치레도 매우 깍듯하다. 고된 일을 해본 적이 없는 듯한 매끈한 손길로 무거운 짐짝을 끌고 남으로 탈출하는 모녀나 차안에서 궁색하게 식사를 하는 젊은이를 보며 측은하고 애틋한 심

38 위의 책, 292쪽.

경을 느낀다. 경계를 통과할 때마다 감시와 검열을 피하기 위한 가슴 졸임과 체포에 대한 두려움 속에 난관을 극복하고 자유의 땅을 밟으며 자유의 소중함과 갈망을 체득한다. 한탄강을 건너는 마지막 장면은 극적이고 당시 상황의 아슬아슬함을 리얼하게 표출한다.

> 문득 빨리 건너야 한다고 생각하니 강폭은 자꾸 넓어지는 것만 같았다. 금시 저 뒤에서 「게 섰거라」하고 외치는 소리가 들려올 것만 같아서 나는 자꾸 마음이 조마조마 했다. 「이래도 만일 안서고 그냥 걷는다면 놈들은 필시 쏘렸다.」 이런 생각이 들자 더욱 허둥지둥 물살을 헤치며 텀벙거려야 하는 판이니 그까짓 바지 가랑이 젖는 것쯤이야 애당초의 문세일 까닭이 없었다.[39]

생사를 건 도강(渡江) 장면에서 심리적 거리를 멀게 해 긴장감을 극대화한다. 민족의 고통과 비극 앞에서 욕설과 눈물을 터트리고 마는 나의 기나긴 오디세이가 막을 내리는 순간이다. 경계를 표식하는 흰 말뚝이 서 있는 지점에서 복받쳐오르는 환희를 주체 못하며 엑소더스의 완성 앞에서도 한순간도 '조선민족'을 잊지 않는 민족애와 민주정신이 드러난다.

> 아침 공기가 유난히 시원하고 감미롭다 느끼며, 연천 방면으로 가는 가도에 나서니 벌써 여기도 한 떼 저기도 한 패거리, 그앞에도-또 저 앞에도-피난민들이 물키물키 무데기를 지어가고 있었다.
>
> 저멀리 파아란 하늘 밑에 병풍처럼 둘린 산봉우리 위에서는 흰구름이 한가로이 떠돌아 서글픈 행렬을 한결 더 인상 깊게 해주었다. 나는 하염없이 저들의 뒷 모습을 바라보며 옛날에 「카나안」을 찾아 광야를 지날 때의 「이스라엘」백성들이 저랬으려니 하고 자꾸 처량해지는 마음을 것잡을 수 없었다. 부(父), 조(祖) 대대로 지켜오든 옛 땅을 버리고, 저렇게들 정처없이 가는 마음이 오죽하랴 싶어, 눈물이 찔끔 하다가도 무엇이 저들로 하여금 저렇듯 이

39 위의 책, 321쪽.

고지고 고난의 행로 위에 나서게 했느냐를 생각할 때에는 북쪽 하늘을 향해 저주를 퍼붓지 않고는 배길 수 없었다.[40]

일본 청산학교에서 신학을 전공한 작가는 기독교 신자였고 기독교 대학(이화여대) 교수를 역임했으며 임종 직전 '프란치스코'란 영세명을 받아 천주교신자가 된 그리스도인이다. 그의 출향-북한 이주-월남-피난하는 삶은 디아스포라의 엑소더스와 같은 성경 속의 상황과 흡사하다. 자의적이든 타의적이든 그의 삶은 고단하고 떠도는 신산한 삶이자 고난의 인생이었다. 그는 문단과 정치와 종교의 길항 속에서 어느 한쪽에 치우치거나 내세우지 않고 자신의 생각을 일관되게 피력하였다. "정치사가나 문학사가들에 의해 정치 또는 문단의 주변인물로 가볍게 취급"[41]된 작가의 문학세계와 정치적 평가는 아직 이루어지지 않았다.

작가의 디아스포라의식은 시 〈파초〉에서도 그려진다. 고향, 조국을 떠난 남쪽나라에서 온 '파초'와 우리 민족 혹은 시적 자아를 동일시하는 이 시는 이주 모티프와 디아스포라의식이 예술적으로 형상화되었다. "조국을 언제 떠났노/ 파초의 꿈은 가련하다/ 남국을 향한 불타는 향수/너의 넋은 수녀보다도 더욱 외롭구나"에서의 '파초' 이미지는 오늘날 '파프리카'가 결혼이주여성으로 은유되는[42] 것과 유사하다. 일제강점기 우리 민족이 조국과 국토를 강탈당하고 만주, 러시아, 하와이, 일본 등지를 유랑했던 것처럼 21세기 탈국경 다문화 시대에도 노동과 결혼 등 생계유지를 위해 이주자들이 신산하고 비극적인 이산체험을 하고 있다. 이 시의 해제에서 작가는 "나도 실은 그 언젠가 조국을 잃은 사나이"이기에 파초처럼 외롭고

---

40 위의 책, 286쪽.

41 엄창섭, 「김동명 산문의 연구」, 『관대논문집』 제17권, 관동대학교, 1989, 12쪽.

42 서성란의 다문화소설 〈파프리카〉의 결혼이주여성 츄엔은 이국품종인 파프리카와 동일시되고 있으며, 파프리카 농사처럼 온도와 습도와 산소와 햇빛을 조절해주고 꼼꼼하게 관리해 주듯이 아내이자 며느리인 이주여성에게 돌봄과 정성, 관심이 필요하지만 그녀는 방치되고 소외됨으로써 불행한 결혼생활을 영위한다. –졸저, 『21세기 한국소설의 다문화와 이방인들』, 푸른사상, 2014, 296~300쪽.

쓸쓸하고 더욱 겨울이 슬프다[43]고 고백한다.

2) 전쟁체험과 피난길의 신산함:《어두움의 비탈기》

힘겹게 월남한 후 정착한 작가는 전쟁 발발로 가족을 이끌고 또다시 서울을 탈출한다. 우리 역사상 "최대의 비극이요 흉변이자 한민족사상 최대의 비참이요 흥분이요 치욕"이라고 한 작가 나이 50세 때의 일이다. 6월 25일부터 8월 1일까지 일기식으로 쓴 이 수기는 상황의 절박함과 치열함을 생생하게 느낄 수 있는 현장체험의 보고이자 증언문학으로서 뿐만 아니라 각 단원마다 시가 삽입되어 문학적으로도 가치를 지닌다. 대학교수로 근무하며 정원을 가꾸면서 일상의 기쁨을 만끽하기도 전에 발발한 6.25로 인해 38일간의 여정은 서울-안양-수원-천안-청주-논산-이리-전주-남원-곡성-순천-광양-하동-진주-진동-마산-삼랑진-사상-부전-부산까지의 멀고먼 오디세이이다. 기차역이 바뀔 때마다 기차를 타지 못하거나 가족을 잃을까봐 초조하고 불안한 마음으로 이동하는 피난민의 애환과 비애, 슬픔과, 바닥까지 드러나는 잔인하고 이기적인 비인간성으로 인간임을 포기하는 순간을 겪을 때마다 지식인으로서의 심적 갈등과 번민을 솔직하게 서술한다. 부정확한 풍문과 불확실한 입소문은 공공연한 소문으로 이어져 여론(Public Opinion)을 형성하며, 정부조차 믿기 어려운 현실에서 죽음을 담보한 삶의 엑소더스는 어디까지 남침한지도 모르고 무작정 남으로 향하는 절망적인 순간이었다.

3.8선 침략 소식을 들었음에도 불구하고 이화여대 총장으로부터의 평상심을 당부한다는 지침을 듣지만 여교수들은 전날부터 미대사관의 보호를 받는다는 사실을 알게 되고 주요교수들이 사라지자 작가는 탈출을 결심한다. 전세가 유리하니 신민들은 부디 움직이지 말고 수도를 지키라는 라디오 스피커와 달리 한강 인도교에 폭파장치를 발견하는 시민들의 배신감과 긴장감이 고조된다.

---

43 김동명문집간행회 편, 앞의 책, 46쪽.

> 이래 놓고도 시민들은 꼼짝말고 가만히 있기만 하라니, 그래 약차한 경우에는 시민을 잡아 붉은 악마에게 제물로 바치자는 뱃장인 셈인가? 나는 울컥 치미는 분노를 삼키며 인도교를 건넜다.[44]

한강다리가 끊긴 6월 28일 길엔 피난민으로 가득차 있다. 안양읍에서 수원가로 향하다가 '돈암동 종점 근방에서 왔다는 사나이'에게 수도의 마지막 날 인민공화국기로 뒤덮인 서울거리 소식을 듣는다. 나는 이웃에 사는 '내순'아버지로부터 수도 탈환은 시간문제라고 호언장담하는 이야기에도 불구하고 남쪽행을 멈추지 않는다. 풍속과 인심이 살벌해진 상황에서도 '타관살이를 많이 한 사나이'의 도움으로 겨우 노숙을 면한다. 국회의원 K에게 사정하여 방을 한 간 얻고 피난민은 모두 안심하고 돌아가라는 포고문 소식에 남하를 포기하려고 하지만 남쪽행 열차의 가득찬 피난민을 보고 어느 것을 믿을지 혼란스럽고 아이들과 아내와 떠나는 피난길은 고달프고 신산하다. S마을에 도착하여 남편을 잃고 전라도로 가려는 여인에게서 아비규환의 생지옥과 같은 비극의 목격담을 듣는다. 극단적인 이기주의와 인간의 밑바닥이 드러나는 전쟁상황을 작가는 "벌레와 같은 인생"이라고 토로한다. 인간의 고결한 존엄성이 훼손되고 단지 살고자 하는 동물적 본능과 생존욕구만 남은 피난민들이야말로 법과 제도망에 포섭되지 못한 호모 사케르[45]이다.

> <u>그러나 차는 이미 초만원이라기보다도 흡사, 콩나물 시루다. 단지 다른 것은 움츠릴 줄 아는 콩나물 대구리가 쏘아보는 시선을 가졌더라는 사실뿐. 모처럼 기다리던 차가 기껏 이 꼴이고 보니, 체면이나 예의 따위가, 살려는 동</u>

---

44 위의 책, 339쪽.

45 난민, 수용소 수용자, 인간 모르모트와 같이 쫓겨난, 추방령을 받은, 터부시되는, 위험스러운 자, 속세 영역에서 배제된 자로 경계영역에 놓인 이들은 무조건적인 살해의 가능성에 노출되어 있는 존재로서 정치 질서 속에 포함시키는 근원적인 예외를 성립시킨다. –조르조 아감벤, 박진우 역, 『호모 사케르』, 새물결, 2008, 180쪽.

물의 본능 앞에 무색해야 하는 것은 어쩔 수 없는 일이리라.

우리도 남들이 모두 그러는 것처럼, 앞에 와서 머무르는 차바구니 속을 향해서 다짜고짜로 뛰어들었다. "아구구……다리야, 정강이야……무릎이야……"하는 비명이 여기저기서 들려왔다. "아, 여보, 여보, 정녕 이러기요. 이것 좀 봐요. 여길 좀 보래두. 제기랄!'하며 성을 벌컥 내는 친구가 있는가 하면, 바로 내 앞에서는, '아따 이 양반 좀 보게, 남의 무릎을 막 밟으며 어디로 간다는거요……"하며 핀잔을 퍼붓는 사나이도 있다. 허나, 이런 소리들이 귀에 들어 올 까닭이 없다. 내 남 할 것 없이-. 간신히 비비대고 자리를 잡은 뒤 살펴보니 아내도 아이들도 모두 타고 있어 주었다. 고마운 일이었다. 행복감이라고 밖에, 달리 형용할 도리 없는 감격 비슷한 것을 느끼었다. 이런 어렵고 괴로운 가운데에도 행복으로 통하는 문을 열려있다는 것을 깨닫고 묘하다고 생각했다 차가 와 닿기가 급하게 이내 떠난 것은 아마 무리한 승차를 막으려함인 듯. 전라도로 간다는 여인은 종시 보이지 않는다. "바로 내 곁에 서있었는데……"하며, 아내는 자꾸 언짢아한다.[46]

생사의 갈림길에서 인정사정 봐주지 않는 아귀지옥 같은 기차 안 풍경이 담겨있다. 기관차의 화력부족으로 터널 안에서 꼼짝하지 않는 극한 상황을 벗어나 청주에서 만난 도립병원의 S, P와 욕설과 분노를 폭발시키며 시국을 성토하는 나는 피난민끼리도 의심과 경계를 풀 수 없는 고단하고 피곤한 이동을 지속한다. 동족끼리 총을 겨누는 "수난의 세대를 지고 가는 겨레의 고된 모습"에 새삼 눈물 겨워하는 나는 이곳에서 만난 오군의 질문에, 자신이 공산당을 싫어하는 이유가 행복의 기준인 자유와 사랑을 억압하기에 그들 편이 될 수 없음을 논리적으로 설명한다.

오늘도 정보는 전혀 들을 수 없다. 싸움판이 어떻게 돼가느냐를 알고 싶어 하는 것은, 부질없는 욕심인가 보다. 그러나, 정부는 이것을 국민에게 알릴

46 김동명문집간행회 편, 앞의 책, 358쪽.

> 의무가 있지 않을까? 아무리 국민이 난을 피하려는데 극성맞게 방해를 했던 정부이기로서니, 일이 이쯤 된 바에는, 마음을 고쳐 먹고, 피난민, 즉 국민 본위의 봉사적 정신으로 돌아갈 법도 하건만, 이 벽창호는 끝까지 자기 본위요, 국민은 아랑곳 없다. 호남 평야에 널린 백만 피난민은 모두 우리처럼 엉거주춤하고 무슨 소식이 있기만 기다릴 것이 뻔하다. 우리는 시방 적이 한강을 건넌 여부도 모른다. 그것만 알았더라도, 우리의 피난은 좀더 계획성을 띌 수 있었으리라.[47]

친일과 반일의 눈치 속에서 서로 의심하고 불신했던 식민지 암흑기를 벗어났지만 해방공간 역시 정부조차도 국민의 안전을 보호해주지 못하는 상황에서 좌익인지 우익의 이데올로기를 지녔는지를 파악할 수 없는 사람들을 대하는 피난민들은 한치 앞을 알 수 없다. 이승만과 자유당 정부와 공산당을 맹렬하게 비판하는 주인공의 의식 속엔 자유와 민주, 애국적 충절이 가득하다. 이리에 도착해서 대다수의 피난민과 행동을 같이 하는 주인공은 피난민 수용소, 성경학원 기숙사 같은 집단공간에 거주한다. 그러나 급박한 정세로 바로 이동해야 하는 주인공은 피난민을 두고 짐짝을 신는다고 분노를 표출했다가 핀잔을 들으며 체면만 깎인다. '들리는 말', '소문', '전하는 이야기', '전갈'이나, '벽보'가 거리에 떠돌고 이에 따라 행동과 목적지를 달리 해야 하는 순간마다 기차나 배, 도보 등의 이동수단도 재빨리 결정해야 하는 것이다. 국민의 생명과 재산을 보호하기는커녕 뺑소니에 급급한 군의 파렴치와 뻔뻔함에 절망하는 작가는 이박사와 군수뇌부가 보여준 부도덕성과 무책임함에 좌충우돌하는 우리 국민의 처절하고 신산한 피난과정에 비분강개한다.

부산까지의 피난대장정을 일자별로 꼼꼼하게 기록한 이 수기는《월남기》와 더불어 디아스포라의 엑소더스를 스릴있고 긴장감 있게 서술한다. 시인의 감성을 잃지 않으면서도 현실에 대한 냉철한 비판의식을 견지하고

47 위의 책, 395쪽.

자신의 시를 단원마다 삽입함으로써 현실과 문학의 균형을 이룬 이 글은 현장체험과 증언자료로서의 가치뿐만 아니라 독창적인 글쓰기 형식을 취한다.

> 내 걸음의 이력서의 첫줄은 1908년 즉, 내 나이 아홉 살 되던 해로부터 시작된다. 나는 이 해에 고향인 강능을 떠나, 북쪽으로 오백오십 리를 들어가는, 함경도 원산까지 아버지와 어머니를 따라서 걸어간 일이 있다. 도중에서 난생 처음 남포등을 보고, 신기해 하든 일이며, 원산에 다 와서야 말로만 듣던 사탕이라는 괴물을 처음 보고, 이것을 사주지 않는대서 노엽던 기억은 시방도 선하다.
>
> 그러고, 소학교를 다닐 때는 오리가 거의 되는 거리를 아침 저녁으로 걸어야 했고, 중학교 시절에는 방학 때에는 의례히 집까지, 또 방학이 끝나면 학교까지 걸어다녔다. 그리고, 내가 금강산을 구경한 것은 열여덟 살 때의 일인데, 이때에도 나는 금강산까지 걸어갔을 뿐 아니라, 금강산에 들어가서 이렛동안이나 걸어 다니며 구경을 하고도, 걸어서 집에 돌아온 일도 있다.
>
> 내가 일찍이 일본에 가서, 소위 유학생활을 하고 있을 때, 명색이 수학여행이랍시고, 일본인 학생들 틈에 끼여 「이즈 한또우」며, 그밖의 이름난 온천지대를 더러 걸어 돌아다닌 일이 있는데, 그때에 일본인 학생친구들이 나를 보고, 『긴상, 보기와는 다르구려. 상당히 잘 걷는걸—.』 하고, 감탄할 지경이었으니, 내가 걸음에 들어서 약간의 자신을 가진다기로, 아주 이유 없다 하지는 못할 것이다.[48]

한달을 넘게 걷기만 한 피난길에서 저자는 자신의 「걸음의 이력서」를 이야기한다. 문명과 근대의 표상인 '남포등', '사탕'을 보고 '괴물'이라고 할 정도로 놀라움과 충격을 받았으며, 금강산 승경체험과 일본수학여행의 추억들에서 도보, 걷기가 자신의 삶과 얼마나 밀착되었는지를 회상한다.

---

48 위의 책, 457~458쪽.

그의 삶은 출향, 여행, 유학, 월남, 피난 등 여행하는 삶이었다. 여행은 근대적 인간임을 표상하는 기제로 한곳에 머물지 않고 유동적인 삶을 살아온 작가의 객관적이고 중립적인 삶의 자세와 약자와 이방인을 향한 타자지향적 태도는 디아스포라적 운명을 지닌 작가의 삶속에서 비롯되고 있다.

4. 초허 산문의 특징 및 의의

강릉 출신의 시인인 김동명은 많은 분량의 산문집을 출간한 작가이다. 시문학뿐만 아니라 서정수필, 수기, 정치평론, 메타문학을 남긴 풍부하고 다양한 문학텍스트는 시인으로만 평가받아 왔던 김동명의 산문가로서의 위치를 점하는 근거가 된다.

김동명의 서정수필은 시와 접속되며 의인화기법과 타자윤리학을 특징으로 한다. 8살에 고향을 떠났지만 강원 영동 강릉의 정취와 문화, 자연친화적 분위기를 작가는 〈어머니〉와 〈국추기〉에서 드러낸다. 어머니는 신사임당의 현명함과 지혜로움을 지닌 분으로 아들이 강릉군수가 되어 금의환향하기를 바란다. 냉철하고 객관적인 모친의 성품을 영향받은 작가의 기억 속의 고향은 슬픈 타박녀 이야기나 생금이 쏟아져 나온다는 신화를 믿는 전근대적인 곳이다. 전통적 원시적 무속적 습속을 신봉하는 가난한 강원지역의 심상지리는 지금까지도 재생산되고 있다. 동식물에 대한 자연친화적이고 타자지향적 자세는 그가 남긴 꽃, 나무, 정원 모티프 수필에 드러나며 소를 통해 인간중심주의와 끝없는 욕망을 경계한다. 타자의 윤리와 타자의 권리를 상기시키는 작가의 타자윤리학적 자세는 동식물 모티프에 나타난다. 〈나의 문학수업시대 회상기〉에는 학교를 졸업한 후 교원생활과 실직을 반복하며 스쳐간 문인들과의 인연, 창작동기, 처녀작 탄생비화를 통해 당대의 분위기를 읽을 수 있다.

8살 때 고향을 떠나 북한으로 이주한 후 일본 유학, 귀국, 월남, 피난 등 부유하고 떠도는 김동명의 삶은 디아스포라의 기나긴 엑소더스와 멀고면 오디세이였다. 문학뿐만 아니라 정치와 현실비판을 양립했던 작가는 공산당에 대한 환멸, 이승만과 자유당 정권에 대한 비판 등 현실정치와 불화하고 위기의 순간을 겪었던 디아스포라 운명을 갖는다. 메타픽션이자 증언문학인《월남기》는 숙청과 출당명령을 받아 더 이상 북한에 머물지 못하고 홀홀단신으로 월남하면서 벌어지는 탈출과정을 섬세하고 꼼꼼하게 그린다. 혼란스럽고 급변했던 한국근현대사는 기회주의자와 처세주의자를 양산했고, 비정하고 비인간적인 일들이 벌어지는 체험 속에서 여행자의 행보를 보여준다. 인간의 근본을 관찰하고 판단하는 길위의 긍·부정적 인물들은 여행자의 또다른 자아이자 분인(分人)이다. 이 글을 통해 작가는 자유와 사랑이야말로 행복의 근원임을 주창하며, 자유의 땅을 밟고 감격한다. 부제가 '6.25 피난 수기'인《어두움의 비탈길》은 전쟁체험을 기록한 글로, 한강다리가 끊기는 아수라장 속에 대학교수인 작가는 가족을 이끌고 서울부터 부산까지 한달이 넘는 고난의 여정을 겪는다. 불확실한 정보들과 극단적인 이기주의와 인간 이하의 모습을 들여다보며 절망과 고통을 느끼지만 가족은 무사히 목적지에 도착한다. 사람들과의 불신과 의심, 자기만 살겠다는 이악스러움 속에서도 인정과 보살핌이 이뤄진다. 작가의 출향, 이주, 타향살이, 유학, 월남, 피난 등의 디아스포라적 운명은 한국근현대가 정착하지 못하고 여전히 부유하고 떠도는, 열악하고 불안한 현실을 말해 주는 것이다.

2장
김동명의 작가(시인)로서의 삶, 지식인(정치가)으로서의 삶

1. 김동명 산문과 시대

강원 영동문학의 대표작가 중 한 사람인 초허 김동명은 방대한 문학작품을 남겼음에도 불구하고 본격적인 연구가 축적되지 않았고 문학적 평가도 제대로 이루어지지 않은 편이다. 최근 초허에 대한 관심과 애정[49]은 그나마 다행으로 여겨진다. 그의 문학연구는 서정적 낭만적 퇴폐적인 초기 전원시들에 집중되거나, 〈파초〉, 〈바다〉 등의 대표작들과 가곡으로 만들어진 〈내마음〉, 〈수선화〉와 같이 대중에게 널리 알려진 시들만이 사랑받고 있다. 그러나 김동명은 낭만적 전원적인 초기시뿐만 아니라 현실참여적 비판적인 후기시를 남겼으며 산문 역시 시 못지않게 발표[50]를 많이 하였다. 따라서 편향된 김동명 연구는 지양되어야 하며 전체를 조명할 때 김동명 문학의 진정한 가치가 드러난다. 정치평론이 문학이냐 아니냐를 떠나서 그가 남긴 수필, 수기, 평론 등은 작가의 정신사적 궤적을 파악할 수 있으며 세상과 인간을 어떠한 시각으로 보았는지를 알 수 있는 귀중한 자료로 작품세계를 이해하는 근간이 된다. 문단활동을 하지 않은 작가는 정

---

49 2018 평창동계올림픽을 앞두고 강릉 출신 작가 김동명에 대한 관심이 높아지고 있고, 올 10월에도 심연수 작가와 더불어 김동명시인을 기리는 토크&음악회(10.3.김동명문학관), 김동명시인 추모 낭송회의 밤(10.16. 김동명문학관) 등의 다양한 행사를 개최하였다.

50 작가는 40여 년간의 시작활동 중 시집 『나의 거문고』(1930), 『파초』(1938), 『삼팔선』(1947), 『하늘』(1948), 『진주만』(1954), 『목격자』(1957), 『내마음』(1964)과 수필집 『세대의 삽화』(1960), 『모래 위에 쓴 낙서』(1965) 2권, 정치평론집 『적과 동지』(1955), 『역사의 배후에서』(1958), 『나는 증언한다』(1964) 3권을 남겼다.

당 활동과 정치평론 집필, 대학강의를 함으로써 문학과 정치, 시와 현실 사이를 넘나드는 경계인이자 이방인으로서 살았다.

김동명에 대한 기존연구를 살펴보면 은유·의인화 등의 기법 및 주요 모티프의 상징적 의미[51]에 관한 연구, 주제의식 및 내용적 고찰[52], 삶의 궤적 및 개인사적 생애 연구[53]로 나눠진다. 엄창섭은 유년시절 고향을 등진 '떠남의 시학'인 유랑의 문제를, 장정룡은 월남과 피난의 관점에서 본 떠남과 이산의 문제를 지적하는데 이 글은 이들의 관점을 수용하면서 작가가 삶과 문학 전반에 걸쳐 디아스포라로서의 이방인 시선을 지녔다고 본다. 식민지, 분단, 전쟁, 헤게모니 투쟁을 통해 작가는 인간성이 말살되고 인권이 유린되며 자유가 억압받는 삶의 현장을 목도하고 몸으로 체험했다. 예외가 일반화된 상태인 수용소 난민의 상황과 같은 벌거벗은 생명으로서 공동체에서 배제[54]되거나 보호받지 못하는 처지에 놓인 우리 민족의 비참한 모습을 시와 수필, 평론 속에 재현했다. 그의 문학연구에 있어 서정문학과 현실참여문학, 전기문학과 후기문학으로 구분하는 것은 바람직하지 않으며, 초기부터 현실인식에 대한 작가의식이 배태되었다는 김병우와 김윤정의 연구는 의의가 있다. 이 글은 수필집과 정치평론집을 대상으로 정주(정원)와 이주(거리) 사이에서 길항했던 문학적 특징과 시인(작가)

---

51 송재영, 「물의 상상체계」, 『김동명의 시세계와 삶』, 한남대출판부, 1994, 송효섭, 「김동명 시의 기호세계」, 위의 책, 신익호, 「황혼의 변증법적 의미」, 위의 책, 장정룡, 「초허수필의 '꽃' 이미지와 그 지향성 고찰」, 『민족시인 심연수 학술세미나 논문총서2』, 심연수선양사업위원회, 2013, 심은섭, 「김동명 시에 나타난 기도형 발아의 원인 고찰」, 『김동명문학연구』 제1호, 김동명학회, 2014.

52 엄창섭, 「초허의 시문학과 정체성의 고찰」, 『김동명문학연구』, 위의 책, 김윤정, 「김동명 시에 나타난 '주체의식' 연구」, 위의 책, 이성교, 「김동명 시 연구」, 위의 책, 임영환, 「김동명의 민족시적 성격」, 『김동명의 시세계와 삶』, 앞의 책.

53 엄창섭, 「김동명 산문의 연구」, 『관대논문집』 제17권, 관동대, 1989, 김병욱, 「시인의 현실참여」, 『김동명의 시세계와 삶』, 앞의 책, 장정룡, 「김동명 산문의 시대적 양상고찰」, 『김동명문학관 개관기념 학술세미나 및 시낭송자료집』, 강릉문인협회, 2013, 「김동명 수필의 '월남'과 '피난' 표출양상」, 『김동명문학연구』, 앞의 책, 졸고, 「김동명 산문에 나타난 타자지향성과 디아스포라의식」, 위의 책.

54 슬라보예 지젝, 김서영 역, 『시차적 관점』, 마티, 2009, 666쪽.

과 지식인(정치가) 사이의 변증법적 삶을 고찰한다. 순수서정과 현실지향의 두 세계는 한 인간으로서 초허가 지닌 문학을 향한 열정과 현실에 대한 참여 의지 사이의 길항과 조화를 보이는바 이러한 현상은 작가의 삶에서 비롯되고 있다는 전제[55] 하에 김동명 작품세계를 이해하고자 한다.

2. 작가(시인)로서의 삶: 정주(정원)와 이주(길)의 길항 속에 탄생한 문학

작가 김동명은 일생을 떠돌아 다녔다. 20세기가 시작되는 해에 태어나 식민지, 해방, 전쟁, 분단, 의거, 혁명을 온몸으로 겪은 작가의 삶은 정주와 이주의 길항하는 삶이었다. 전근대(전통)적 사유와 근대적 사유가 공존하는 식민지 조선의 혼란은 이루 말할 수 없었으며 작가 또한 시대의 질곡을 벗어나지 못했다. 시인, 정치가, 평론가, 교수로서 활동을 한 그는 이성과 감성, 전통과 근대, 고향과 타향, 문학과 정치 등의 이항적 요소가 길항하는 가운데 문학관과 이데올로기를 형성해 나갔다.

그의 디아스포라적 삶은 부모의 손을 잡고 고향을 떠났던 8살 때 시작된다. 가난한 강원 출생의 김동명은 강인하고 의지적이며 학구열이 높은 어머니의 결단으로 신교육과 신문물이 유입된 개항지 원산에 정착함으로써 고향을 상실한 이방인의 삶이 전개된다. 교통과 숙박이 편리하지 않았던 강원도에서 함경도로의 이사는 어린 작가에게 삶이 녹록치 않다는 경험을 하게 했다. 그의 삶에서 정주와 이주의 반복됨은 시대적 이행기 혹은 역사의 변혁기와 함께 한다. 이 시기는 조국을 잃은 식민지이면서 반봉건의 시대정신을 지닌 근대를 수용해야 했다. 어린 나이에 고향인 강릉을 떠난 이유도 근대문명의 자극을 주기 위한 어머니의 선택이었다. 평산 신씨인 모친은 신사임당의 후예이자 현모양처로서의 지혜를 지녔고 교육열이 높아 고되고 힘든 타향살이를 단행한다. 희생적이고 모성적이지만 단호하

---

55 장은영, 「해설」, 『김동명 시선』, 지식을만드는지식, 2012, 129쪽.

고 결단력이 있는 어머니는 자존심이 강하고 냉철한 기질을 지녔으며 작가는 '평범하고 내성적인'[56] 무학의 아버지보다는 강인한 모친의 성품을 닮았다.

> 내 나이 어렸을 제, 우리들이 타관에 나와 단간방 셋간 사리로 돌아다니고 있을 때의 일이었다. 어떤 날 나는 어머니에게 "어머니는 내가 이 다암에 커서 무엇이 되기를 바라나?" (나는 어렸을 때 어머니에게 반말을 썼다.) 그때나 지금이나 다소의 과대망상증을 가진 나는 자못 만만하다는 듯이, 어머니의 소원을 물었다. 순간 어머니의 눈은 빛나셨다. 내 신념에 움직이신 고향으로 돌아가시고 싶은 간절한 심정이시리라. 그러나 비단 옷이 아니고는 돌아가시기를 원치 않으신다는 슬픈 결심이시기도 하다. 아아, 어머니는 드디어 고향길을 못 밟으시고 저 세상으로 돌아가신지 오래서, 내 이제 강능군수를 한들 무엇하리.[57]

초라한 친정을 보이기가 싫어 자식을 데리고 외가를 가는 일이 드물었으며, 귀향을 꿈꾸었지만 '비단옷'을 입지 않고서는 고향땅을 밟지 않으려는 "유별나게 긍지와 자존심이 강한" 어머니의 성격은 김동명에게 굴복하지 않는 용기와 강인함, 적확한 현실감각을 갖게 했다. 1908년 명주군 사천면에서 함경북도로 이동하는 거리에서 접한 남포등, 사탕 등의 신문물은 어린 김동명을 놀라게 하였다. 함흥에서 학교를 졸업한 그의 20대는 취업과 실업의 연속으로 정신적으로 불안하고 방랑했지만 문학에 접속하고 탐닉했던 시기이기도 하다. 일제강점기 청년실업은 심각했지만 안주하거나 평온할 때보다 불안하고 긴장할 때 시창작은 이루어졌다. 익숙지 않은 낯선 곳에서 정서와 감성은 배가 되며, 작가 역시 취업으로 인한 방랑의 순간에 대표작들을 산출한다. 제2의 고향인 원산에서 학창시절을 보내고,

---

56 김월정, 「나의 아버지 초허 김동명2」, 『문예운동』 제86호, 문예운동사, 2005, 62쪽.

57 김동명문집간행회, 『모래 위에 쓴 낙서』, 장안서림, 1956, 6~7쪽.

20대 초반에 서호에 있는 T학교 교원생활을 했으나 추방명령을 받은 그는 평양, 남포를 지나 강서에 못 미쳐 있는 S촌에서 시를 쓰고 싶은 충동을 느껴 시 다섯 편을 창작함으로써 불안정한 실직상태에서 오히려 여유자적하게 여행하면서 문학과 인연을 맺는다. 그후 그는 신안주의 U학교 교원이 되었으나 또다시 출교명령을 받는다. 생계가 막연하고 긴장된 상태에서 박찬빈과 습작지 『석류꽃』을 기획하고 현인규가 소장한 『악의 꽃』을 빌려 읽은 후 보들레르에게 바치는 헌시를 썼고 안주를 떠나 강릉으로 가려던 중 원산 B소학교에 교원이 되어 체류하게 된다. 그가 이 시기에 원산에 주저앉지 않고 강릉까지 왔다면 그의 삶과 문학세계는 달라졌을지 모르겠다. 죽을 때까지 귀향하지 않았지만 고향에 대한 그리움과 아쉬움은 수필 곳곳에 나타난다.

> ① 잠자리처럼 날아가버린 내 어린 시절의 기억을 또다시 잠자리처럼 붙들어 보자는 슬픈 미련 때문인지도 모른다.[58]
>
> ② 이런 경우에 남들이 흔히 그려는 것처럼 산속으로들 궁리를 안하고 바닷가를 찾은 것은 아마도 내 어린 시절의 한 때를 바닷가에서 보낸 까닭이었는지도 모르겠다.[59]

동해바닷가 유년기의 기억은 산보다 바다를 더 좋아했으며, 하기방학이 되자마자 명사십리 밖으로 보이는 흰 등대가 표적인 섬 여도(麗島)의 바닷물소리, 노 젓는 소리, 황혼, 달빛 속에서 10여 편의 습작을 남긴다. 1925년 동경유학을 하기까지 작가는 생계를 고민하는 고단한 생활 속에서 문학에 입문하며, 시를 창작한다. 교원생활이 이어졌으나 잦은 출교명령 및 일방적인 통보로 인해 구직의 위협과 일자리를 좇아 여러 지역을 이동해야 했던 고독한 시간들 속에서 작가의 문학적 열망과 관심은 성장하

58 위의 책, 32쪽.
59 위의 책, 79쪽.

였다. 일본유학을 다녀온 후 동광학원 원장을 역임한 그는 '일제의 포학에 질식을 느끼고 지도층의 교태에 어이없어 하며'[60] 1942년부터 절필하고 숯장수, 목상 등의 장사를 하느라고 신흥, 흥원 등지를 떠돌아다녔다.

해방 후 그는 조선민주당 당원으로 활동했으나 출당됨으로써 삶의 터전을 버리고 홀로 월남한다. 소련군과 북한체제의 독재와 반민주에 환멸을 느낀 그는 목숨을 담보한 재이주를 감행한 것이다. 그 이후에도 6.25전쟁과 피난을 통해 인간성을 말살하고 인간다움을 포기하는 삶의 극한을 체험한다. 1900년에서 1968년까지의 생애동안 김동명은 인간생명의 주적인 기근과 전쟁을 겪으면서 고단하고 부유(浮游)했던 실향민이자 이방인의 삶을 살아냈다. 출향, 출교, 출당, 출가 등 강제적으로 주어졌던 이주체험은 세상을 바라보는 시선을 객관적이고 자유롭게 했으며, 그 어떤 사상이나 이념보다도 인간성, 정의, 자유, 민주주의적 가치를 옹호하게 된 배경이 되었다. 교원, 교수, 초대참의원 등 그의 빛나는 이력 이면에는 유년기의 고향상실, 20대 청춘기의 구직과 실업, 모친과 두 아내와의 사별, 절필의 고통, 생계를 위한 떠돌이생활, 국가권력과의 불화 및 갈등 등 외로운 삶이 드리워져 있다. 시나 수필에 '상실', '슬픔', '고독', '외로움'의 단어들이 많은 이유이기도 하다. 작가의 이주와 정주의 변증법적 삶은 제1이주(1908~, 출향), 제2이주(1921~1925, 취업), 제3이주(1926~1928, 동경유학), 제4이주(1947~, 숙청 및 월남)로 요약된다. 그의 삶은 평온하고 무난한 듯하지만, 조국상실, 실향, 옥고, 절필, 유랑, 월남, 피난 등 한국근대사의 질곡과 사상적 갈등 그리고 사랑하는 이의 죽음으로 인한 상처로 얼룩졌다.

정주와 이주의 반복되는 삶의 궤적을 살펴보면, 정주 열망은 정원(뜰)과 나무, 꽃에 대한 집착으로, 이주체험은 거리에서 보고 겪은 이사, 방랑, 유학, 월남, 피난 등으로 작품 속에 표출되었다. 전근대에서 근대로의 이행기에 조국강탈과 사회적 재편, 이데올로기의 혼효가 고스란히 기록되어

60 김용성, 『한국현대문학사탐방』, 국학자료원, 2011, 164쪽.

있다. 자기의 의지와 상관없이 강제로 이동하여 공동체에서 벗어났던 작가의 운명은 정원을 가꾸는 일과 꽃과 나무에 대한 사랑을 통한 장소애(場所愛好, topophile)[61]로 표출된다. 시와 수필 속에 등장하는 파초, 수선화, 국화, 따리아, 목련, 카라, 리리, 백합화, 접중화, 오랑캐꽃, 다래넝쿨 등의 묘사와 뜰 모티프는 정착할 수 없었던 현실상황에 대한 자기투사와 안정과 평화, 정착을 위한 절실한 소망의 발로였다.

> ① 조국을 언제 떠났노,/파초의 꿈은 가련하다./남국을 향한 불타는 향수,/너의 넋은 수녀보다도 더욱 외롭구나. (시 〈파초〉 중)
>
> ② 그대는 차듸찬 의지의 날개로/끝없는 고독의 우를 날르는/애달픈 마음/또한 그리고 그리다가 죽는/죽었다가 다시 사라 또다시 죽는/가여운 넋은 아닐까. (시 〈수선화〉 중)
>
> ③ 나의 뜰은 나의 즐거운 조그마한 가정이요./나는 내 삶에서 오는 고달픔의 많은 때를 여기서 쉬이오./울 밑에 몇 포기의 꽃과 나무, 그리고 풀과 벌레들은 나의 형제요. (시 〈나의 뜰〉 중)
>
> ④ 나는 본시 정원을 좋아한다. 누군들 안 그러랴마는, 나의 정원에 대한 욕심은 좀 보통이 아닌 셈이다. 집(건물)에 대해서는 비교적 담백한 편이지마는, 좋은 정원을 보면 노상 부러워 못견딘다. 그러기에 어디를 가다가도 집이야 아무리 잘 지었건 그저 심상히 지나치기가 일수이지마는 좋은 정원만 눈에 띄면 나는 마치 아름다운 예술품이나 대한 듯이 즐겁고 부럽다. (수필 〈정원〉 중)
>
> ⑤ 그러나 내가 이 화초에 유난히 정이 끄을리는 것은 단지 위에 적어보인 이유에 근거하는 것만은 아니다. 이젠 즉 이미 세상에 없는 내 아내의 체취를 그윽히 풍겨주는 슬픈 추억이 바로 '카라 · 리리'란다! 그러기에 '카라 · 리리'는 내게는 영원한 그리움이요, 또 슬픔이기도 하다. (수필 〈카라〉 중)
>
> ⑥ 죽음을 상징하는 떡잎은 드디어 온 가지를 뒤덮고 말았다. 꽃봉오리도 그

61 G.바슐라르, 곽광수 역, 『공간의 시학』, 민음사, 1990, 108쪽.

대로 시들어 버렸다. 그렇게 억세게 우으로 우으로만 치솟던 순도, 이제는 아주 고개를 가누지 못한다. 모든 일은 끝났나 보다. 이래서 내 꿈도 함께 끝나고 말았다. 내 일찍이 30년 전에 앓는 '따리아'를 슬퍼했거나 이제 또 '따리아'의 병을 탄식해야 하다니 역사는 결국 되풀이 되는 것일까?

(수필 〈'따리아' 병들다〉 중)

⑦ 여기 호박꽃 피는 마을/비들기장 모양 주택이 여섯 형제/뒤로 돌아 둘째 번 202호는/나의 '센트 · 헬에나'도/인생 오십년을 건너/천정만 바라본다./대륙이 멀어 설은 지점이기에,/국화 한그루 기르며 산다.

(시 · 신촌동 수필〈국화〉에 삽입된 시)

⑧ 은은하게 풍겨주는 향기! 그것은 또 '라이락'처럼 사치하지도 않고, 백합처럼 드세지도 않고, 또 옥잠화 모양 너무 강렬하지도 않은, 어디까지나 동방적인 그윽함과 깊음과 부드러움을 느끼게 하는 것 같애 더욱 고마웠다. 지혜의 꽃, 해탈의 꽃으로서의 몸가짐에 아주 어울린다 싶었다. 지금 바깥세상은 국내외를 막론하고 자못 어지럽고 시끄럽다. 그러기에 나는 더욱 목련꽃 앞을 떠나지 못한다. 이 꽃의 높고 맑고 향기로운 마음을 배워 내 인생을 이 이상 더 더럽히고 싶지 않은 까닭이다. (수필 〈목련기〉 중)

시, 수필, 산문 삽입시에서 작가는 꽃, 나무, 정원을 가꾸는 일에 대한 애착과 의미를 피력한다. 김동명의 자연친화적 친환경적 요인을 강원 출신 작가의 특징[62]으로 보거나 원예치료를 통한 영혼의 치유[63]로 해석되지만 떠돌이, 나그네로 살아야 했던 작가의 정착에 대한 갈망으로도 이해할 수 있다. 식물과 자연에 대한 소재들은 김동명 문학세계의 한 요소로 자리잡는다. 정원, 뜰을 가꾸고 돌보는 정성과 노력이 정착, 안주를 위한 심상을 표출한다면, 이사, 피난길, 월남행, 서울거리 재현은 이주하는 삶을 반

62 졸고, 「김동명 산문에 나타난 타자지향성과 디아스포라의식」, 『김동명문학연구』 제1호, 김동명학회, 2014, 118쪽.

63 장정룡, 「초허 수필의 '꽃' 이미지와 그 지향성 고찰」, 『심연수 학술세미나 논문총서2』, 심연수선양사업위원회, 2013, 19쪽.

영한 것이다.

① 천명 드리 토굴은 /주으린 짐승 모양/아구리를 벌리고/'리야까'를 탄 작자(시체)들은/다리로/길바닥을 쓸며 간다.

(수필 〈암흑의 장〉에 삽입된 시 〈피난민〉)

② 내 말은 네가 모르고/네 말은 내가 모르고/분명히 낯익은 얼굴들인데/다시 보면 딴 사람들이고-/'해방', '자유', '민주주의'조차/무슨 주문이나 듣는 듯 몸서리 치니/아아, 마법사 아저씨!/열 일곱 해 정 드려놓은/내 고향은 어디갔소? (위의 수필에 삽입된 시 〈이방〉)

③ 어쨌든 이래저래 나의 소련 및 공산당에 대한 불신과 증오는 뼈속까지 사모쳤음은 두말할 것도 없다. 이쯤 되면 진작 보따리를 싸들고 넘어올 차비를 하는 것이 옳았겠지마는 나는 다음과 같은 몇가지 이유하에서 남하할 생각은 전혀 없었다. 첫째 삼팔선은 오래지 않아 열리리라는 기대에서였고 그리고 다음은 도탄에 빠져 허덕거리는 동포들을 버려두고 나혼자만 살겠다고 빠지는 것은 무책임하고도 비겁한 짓만 같애서였다. 그리고 어떠면 굉장한 이야기 꺼리같기도 한 이 민족의 수난상을 내 눈으로 똑똑히 보아두자는 충동도 없을 수 없었다. '전쟁'을 보기위하여 포연 속을 뚫고 들어가는 종군기자도 있는데 내 집에 편안히 앉아서 저 세기의 '쏘오'를 감상하는 것쯤이야 식은 죽이 아니냐는 타산이기도 했다. 말하자면 엉뚱한 오산이었을지는 모르나 어쨌든 나는 최후까지 버티어 볼 궁리를 했든 것이다. 선의로 보아준다면 시인으로서의 작가에 눈떴든 관계가 아니었을까.

(수필집 『모래위에 쓴 낙서』 중 〈암흑의 장〉에서)

④ 쓰레기와 시장 각하가/단판 씨름 하는 거리/귀속재산을 파먹고/구데기처럼 살이 찐 모리꾼의 거리/어디 없이 널린 똥과 오줌과 가래침이 실은/탐관오리 못지않게 질색인 거리/소매치기 패도 제법/'빽'을 자랑한다는 거리/거지도 곧잘/중간파 행세를 하는 거리/'감투' 시장은 여전히 흥성거려/거간군도 충무로 금은상 못지않게 한몫 본다는 거리/늙은이들이 하 망명을 부려/주춧돌이 다 흔들거린다는 거리/ 일찍부터 슬픈 전설을 지니고 있어/자래배

앓는 어린 아기처럼 얼굴이 노랗게 뜬 거리/ 그래도 뺑 둘러 있는 원근 산천의 이름만 거들어도/제법 멋들어진 고도란다 (시 〈서울 소묘〉 전문)

⑤ 거지와 숙녀가 가끔/숨박꼭질하는 곳/생선 가가 같이/비린내가 풍긴다/피난민의 장사진이/분수모양 흩어저/포도 위에 물방울이 차겁다

(시 〈서울역〉 전문〉

⑥ 나는 창문을 활짝 열어젖히고/오연히 앉어 바라본다/굽이쳐 흐르는 한가람이/오늘은 어인 일 자꾸만 슬프구나/'레디오'가 그렇게까지 몸부림치며 매달리건만/그래도 뿌리치고 떠나는 시민도 있나 보다/어느새 장사진을 이룬 피난민의 행렬이/비에 젖으며, 젖으며 간다 (시 〈목격자〉 중)

⑦ 살 같이 아껴오던 '절조'를/휴지 쪽 같이 아모 미련 없이 찢어버릴 수 있다는 것은/이단자의 면목이 약여하여 좋구나./허나 창녀 앞에서도 다시는 고민과 연민을 향락할 수 없다는 것은/또한 우리들의 신사숙녀를 위하야 얼마나 서거픈 일이료./세대의 광야에 수 없이 넘어진/부패한 영혼의 시체!/오뉴월에 썩는 고등어 냄새보다도 더 역하구나./만주제국 국무총리각하!/마라건대 '쿠리'이백만만 보내 주소. (시 〈세대의 탄식〉 중)

⑧ 멍하니 창밖을, 혹은 서로들 마주치는 정기 없는 눈들, 만지면 버스럭버스럭 소리라도 낼 듯한 버쩍 마른 피부며, 서리 맞은 가랑잎처럼 누렇게 뜬 얼굴들. 이따금 보일 듯 말 듯이 씰룩거리는 근육의 파동…… 그것은 굶주림과, 절망과 복수와, 그리고 사나운 짐승에게 쫓기는 듯한 공포에 휩싸인 인간지옥의 산 영상이 아닐 수 없다. 헌데 이 가운데서도 피부에 기름끼가 돌고 눈알이 팽글팽글 돌아가는 놈이 있다면 그놈은 영낙 없이 빨갱이거나 그 주구일 것은 불문가지다. (수필 《월남기》 중)

⑨ 그러나 차는 이미 초만원이라기보다도, 흡사, 콩나물 시루다. 단지 다른 것은 움츠릴 줄 아는 콩나물 대구리가 쏘아보는 시선을 가졌더라는 사실뿐. 모처럼 기다리던 차가 이꼴이고 보니, 체면이나 예의 따위가, 살려는 동물의 본능 앞에 무색해야 하는 것은 어쩔 수 없는 일이리라.

(수필 《어두움의 비탈길》 중)

혼란스러운 해방공간, 월북·월남하는 디아스포라적 상황, 참혹한 전쟁재난, 독재에 항거하는 모의들, 분단 등을 목도한 목격자로서의 작가는 역사적 사건을 관찰하고 통찰한 글들을 여러 산문과 정치평론 그리고 시에 묘사하고 서술하였다. 어린 시절 이사하던 중 보았던 신문물, 목숨을 건 위기의 상황 속에서 북한 탈출 중 만났던 길위의 사람들, 가족과 함께 남으로 피난하며 겪은 비극적인 참상들, 퇴폐적이고 지저분한 서울거리 등을 리얼하게 그린 작품들은 문학적 가치로서뿐만 아니라 역사적 기록물로서도 의미를 지닌다.

일생을 떠돈 작가는 정착의 열망으로 정원을 장식하고자 하는 집착만큼이나 거리에서 만난 수많은 사람들을 재현해 냈다.《월남기》와《어두움의 비탈길》엔 최악의 상황 속에서 길에서 만난 인간들의 이기적이고 본능적이며 동물 같은 모습들을 보고 오열하고 절망하는 작가의 심정이 녹아 있다. 김일성 일당과 소련사령부 하수인 최용건에 쫓기는 8일간의 여정을 담은《월남기》에서는 서함흥역에서 만난 C라는 사나이, 여인숙 주인인 허리가 긴 사나이의 이기적이고 속물적인 태도에 위험에 처한다. 권력을 가진 자에 편승하거나 숙박비를 벌기 위해 탈출자를 위험에 내모는 비인간적이고 짐승과 다를 바 없는 일들을 지켜보면서 인간적인 유대감, 연민, 공감능력, 배려가 부족한 해방공간의 모습에 환멸을 느끼며 자유의 소중함을 알게 된다. 그의 탈출 오디세이는 1947년 월남기뿐만 아니라 1950년 피난기로도 그려지는데, 전쟁의 폭력 속에서 기차와 거리, 숙소에서 벌어지는 아비규환의 생지옥 속에서 인간이 어디까지 망가질 수 있는가를 묘사하며, 위급한 상황하에 잘못된 정보를 주고 부패가 만연한 국가의 위기대처능력 때문에 목숨을 걸고 피난했던 우리 국민의 생존을 향한 몸부림과 처절함을 보여준다. 또한 서울거리의 피폐함과 참상에 대한 시와 수필도 여럿 남겼다. 이와 같이 그의 문학은 정주와 이주, 정원(뜰)과 거리(길)의 변증법적 길항 속에 탄생하였다.

3. 지식인(정치가)으로서의 삶: 이방인의식과 자유·인권·민주적 가치 추구

김동명은 참의원과 정치평론가 등 정치에 관여함으로써 문학뿐만 아니라 현실 당면문제에 적극 참여했다. 작가적 문학적 관점으로 볼 때 그의 행보는 긍정적이기보다는 비판적으로 이해되며 작품평가에도 부정적 영향을 미쳤다. 그러나 지식인으로서의 김동명은 사회현실을 외면하지 않았으며, 글쓰기와 정치행적을 통해 자신의 신념과 정치적 견해를 올곧게 주장하였다. 현실을 회피하거나 문학에 전념하기보다는 혼란과 위기가 지속된 한국적 상황 앞에 행동하는 지식인으로서 국가권력에 굴하지 않고 자신의 소신을 적극적으로 피력하였다. 반공주의와 민주주의의 강력한 실현 의지는 인간성 옹호, 인간다움을 바탕으로 하며, 개인의 영달과 출세의 수단으로 삼지 않은바 이러한 삶의 자세를 참여시, 정치평론집, 수필집에 고스란히 남긴다.

고향상실은 디아스포라의식과 이방인 관점을 갖게 했다. 가난에서 벗어나고 문명과 근대의 자각을 위해 부모에 이끌린 이주나 숙청과 탈당에의 정치적 위험 때문에 월남한 그의 이동은 숙명적인 것이었다. 고향의식이나 정주의식에 묶여있지 않은 자유로움은 불의와 반민주, 자유억압에 대한 거부감과 저항의식을 형성하는 객관적이고 공평한 시각을 갖게 했다. 정의, 자유, 민주 실현은 작가가 일생동안 견지했던 신념이었다. 이방인이란 유랑과 정착의 요소를 모두 내재하고 있는 존재 즉 이민을 통해 어떤 사회에 머물게 되었지만 완전히 정착을 하지 못한 채 이민자의 속성을 완전히 극복하지 못한 불안한 잠재적 유랑자[64]의 삶을 특징으로 한다. 이동성은 이방인을 규정하는 특징으로 혈연적 지연적 직업적으로 얽매이지 않는 객관성과 어떤 고정관념에도 얽매이지 않는 자유[65]를 얻는 것이다. 문제를 가져오고 질문을 하는 자[66]인 이방인은 사회와 현실의 모순을 제기

64 이용일, 「다문화시대 고전으로서 짐멜의 이방인 새로 읽기」, 『독일연구』 제18호, 한국독일사학회, 2009, 186쪽.

65 위의 논문, 190~192쪽.

하는 자이기도 하다. 김동명이 북의 김일성과 그 일당의 독재와 폭압에 저항하는 반공주의자가 되어 월남한 점이나 남한에서도 이승만과 자유당정권, 장면정권, 박정희정권의 반인권적 반민주적 정치에 대해서도 맹렬하게 비판하였던 것도 이방인으로서의 자유로운 시각에서 비롯되었을 것이다. 이는 지역, 혈연, 소속 등에 편향되지 않은 지식인의 태도이다. 이해타산에서 벗어난 정의와 진리의 원칙에 의해 움직이면서 부패를 비판하고 약자를 보호하며 불완전하거나 억압적인 권위에 저항하는 지식인다운[67] 행보를 작가는 독재적이고 반민주적인 정권에 대한 촌철살인의 논평들을 통해 보여주었으며 미래를 예언하는 현실인식은 날카롭고 칼날 같다.

그는 3.15선거의 부당함이나, 독립운동과 건국에 힘쓴 이들에 대한 상벌의 공평치 못함을 지적했으며 해방공간의 무질서, 전쟁 중의 정확하지 못한 정보 공유로 우리 국민이 얼마나 고통당했는지 자신의 피난기에서 신랄하게 설명하였다. 국민을 결속 혹은 구속하기도 하지만 그들에 대한 속박을 풀기도 하는 국가는 장벽과 감옥을 동원해 권력을 행사[68]하는 바 북의 공산당과 남한정권은 반인권, 독재, 반민주적 태도로 국민을 고통과 억압, 인간 이하의 상황 속에 몰아넣었다고 작가는 성찰한다. 나라를 잃은 설움과 실향을 '외로운 수녀의 넋'인 파초에 비유한 그는 일제말 절필 후 해방을 맞이했지만 국가권력에 대항함으로써 삶이 평탄치 않았다. 1946년 함흥학생의거로 구속되었고 조선민주당 활동 중 숙청당해 제2의 고향을 떠나 홀로 월남함으로써 또다시 '주체적인 모든 삶의 형식, 일상적 삶 전체가 멀어지고 상실되는 주변화되고 물리적 심리적으로 위협받으며 어디에도 존재하지 않는 자'[69]인 이방인이 되고 만다.

그는 남한에서도 정부와 권력에 대해 신랄하게 일갈하고 비판하는 아

66 자크 데리다, 남수인 역, 『환대에 대하여』, 동문선, 2004, 58쪽.
67 에드워드 사이드, 최유준 역, 『지식인의 표상』, 마티, 2012, 21쪽.
68 주디스 버틀러·가야트리 스피박, 주해연 역, 『누가 민족국가를 노래하는가』, 산책자, 2008, 14쪽.
69 기욤 르블랑, 박영옥 역, 『안과 밖』, 글항아리, 2014, 83쪽.

웃사이더의 삶을 택했기에 감시의 시선을 받던 삶은 고단했으며 '슬픔', '고독', '이방'의 정서를 갖는다. 또한 전쟁 당시 중공의 어떠한 제안 특히 휴전을 반대하며 분단위기의 앞날을 걱정하였다. 정치가로서 지식인으로서의 자질과 역할을 조목조목 주창한 그는 변절이야말로 정치인의 가장 큰 문제점으로, 옳다고 믿는 바를 끝까지 굽히지 않는 마음의 자세인 지조가 인격구조의 기초적 요소라고 주창한다.

> ① 지조는 정치인이 저의 정치적 신념을 굽히지 않으려는 정치적 양심의 인격적 소재형식을 말함이다. 그런데 이 신념 ― 정치적 ― 이야말로 정치인으로 하여금 정치인답게 하는 기본조건이 됨은 물론이다. 정치인으로 그 신념을 버릴 때 벌써 그 생명은 죽고 마는 것이다. 낙선은 때로 다음 날의 승리를 예약하는 계기를 가져오지만은, 스스로의 신념의 방기는 정치적 자살을 의미하고도 남는다. 구디 소아에 집착하여 명분을 버리고 뜻을 바꿀 때, 우리는 그것을 천시하고 연민하는 것이다.[70]
>
> ② 오로지 인민을 위하는 마음, 진정으로 인민의 복리를 위하여 충성을 다하는 마음, 이러한 마음만이 정치를 할 수 있는 마음이다. 이 세상에 아무리 못돼 먹었기로, 철면피기로, 소위 정치를 한다하면서 인민을 위하지 않노라고 탕언할 자야, 설마 있으랴마는, 여기서 우리가 인민을 위한다는 것은, 단지 혀로만 위하는 것을 말함이 아니오, 진실로 인민이 바라는 것, 인민이 반드시 가져야 되는 것, 인민이 목마르게 찾는 것, 이런 것들을 직접 인민의 소리를 통하여 듣고, 인민의 마음을 마음하여 느낌으로써 그것을 이루기 위하여 온갖 정성을 바쳐 봉사하는 행위를 말함이다. 마치 탕임금처럼-.[71]

정치가의 마음가짐은 인민을 위한 마음과 지조를 지키는 마음이 가장 중요한 요소임을 밝힌다. 개인의 사리사욕을 위해서나 이득을 위해 신념

---

70 김동명, 〈정치인과 지조〉, 『적과 동지』, 창평사, 1955, 35쪽.

71 〈정치하는 마음의 기본자세〉, 위의 책, 188쪽.

을 굽히고 변절하는 것이야말로 정치행위에 있어 용납할 수 없는 자세라는 것이다. 그의 신념은 국가권력이 자행하는 반민주, 인권유린, 독재, 파쇼적 민족주의에 대해서도 거침없이 비판하며 행동으로 옮기는 언행일치로 나타난다. 이승만 독재정치와 부정선거에 대해 맹렬하게 비난한 그는 뜻이 맞는 인사들과 함께 '민주구국선언서'를 만들어 모의했지만 4.19의 거로 행동으로 옮기지는 못했는데, 이러한 저항적 자세는 그를 요주의인물로 감시하고 사찰을 받을 수밖에 없는 상황에 놓이게 함으로써 자유에 대한 갈망은 더욱 커진다. 그의 신념은 반공주의나 민주주의, 민족주의와 같은 거창한 정치이념 이전에 자유와 평등, 인권, 민주를 가장 중요한 가치로 여겼으며, 그 어떤 이념이나 사상보다도 인간성 옹호와 약자의 입장에 서있다. 독재와 전체주의, 파쇼에 대한 경계도 여기에서 비롯된다.

> 민주정신에 있어서 독재사상은 그야말로 재천을 함께 할 수 없는 원수다. 왜 그러냐하면 민주사상의 근원은 인간의 존엄과 평등을 주장하고 이를 옹호하는 데서부터 출발한다. 자유와 인권이 극한으로 중시되는 이유가 여기에 있다. 헌데 독재주의의 범죄는 인간의 존엄을 유린하는 데서부터 시작된다. 여기서는 탄압과 박해가 상투수단일 밖에 없다. 이만한 대조로도 전자에서 광명과 자유와 우애와 평화의 숨소리를 들을 수 있다면 후자에게는 암흑과 노예와 증오와 살벌을 직감할 수 있을 것이다. 독재주의의 악마적 본질은 우리들의 체험에 더 잘 나타나고 있다. 구태여 같은 하늘 밑에 설 수 없는 적성을 더 묻잘 것이 없으리라. 우리가 공산당을 이렇듯 미워하는 것도 실은 저들의 경제정책이 어떻다고 해서가 아니라, 저들의 정책수행에 있어서의 가혹한 독재방식을, 그리고 그 사상적 악마성을 배격하여서임은 두말할 것 없다. 그렇기에 공산주의자가 아닌 '히틀러'나 '무쏘리니'에게도 우리들은 맹렬하게 적의를 느낀 것이 아닌가. 독재주의가 우리의 적인 까닭은, 그것은 실로 '인간'의 적이요, 자유의 적이요, 인권의 적이요, 평화의 적이요, 그리고 '생존'의 적인 때문이다. 그러므로 이것을 쳐부수고 밟아버리는 것은 인간으로의 의무요, 자유인으로의 정당방위가 아닐 수 없다. 이것이 횡행을 허하는

> 것은 문명의 치욕이다.[72]

위의 인용에서 알 수 있듯이 작가에겐 이데올로기 자체보다는 김일성 정권과 조선민주당의 독재적 성격이 문제였다. 북한에서 흥남시 자치위원회 위원장과 조선민주당 함남 당부위원장직을 맡아 활동하다가 탈당과 숙청의 위험 때문에 월남을 결심한 이후 반공주의자가 된 작가는 남한사회에서도 독재와 폭압 정권에 대해 발언하는 용기와 일관된 신념을 보여준다. 지속적인 국가권력과의 불화는 생명을 담보한 용기 있는 실천적 의지의 발로였다.

> ① 민주주의의 옹호를 위한 지식인의 총궐기! 이것은 정히 이 나라 지식인에게 내린 조국의 구급신로요, 역사의 긴급과제이다. 저의 이름이 이 나라의 지식인 이상, 그 누구임을 막론하고 이 명령을 배반하거나, 이 과업을 피할 수는 없다. 우리들마저 조국을 배반할 때 조국은 어디로 가야 하는가? 그리고 또 우리들은 어디로 갈 것인가? 민주주의의 옹호를 위한 전위적 활동이 언제나 지식인에 의함은 선진국가의 항렬이지만은, 우리는 너무 오래 방관하고 냉담했다. 허나 언제까지나 부끄러워서는 안 된다. 그러면 우리는 지식인에게 무엇을 바라는가? 목숨을 걸고 싸우라는 것도 아니요, 밥그릇을 팽개치고 덤비라는 것도 아니다. 우선 향도의 임무를 다하라는 것뿐이다. <u>교수는 교단에서 학문을 통하여, 논객은 붓끝으로 조리를 다하여, 예술인은 작품에서 정열을 기우려, 설교가는 강대에서 열의껏, 민주정신의 옹호와 실천을 위하여, 기타 지도자로서의 책무를 다한다면, 우선 그 임무의 제일장은 마친 셈이다.</u>[73]
>
> ② 우선 먼저 밝혀둘 것은 민족적 민주주의라면 그것은 벌써 우리가 알고 있는 '민주주의'가 아니라는 사실만은 언어자체의 발음상의 차위에도 나타나

72 〈적과 동지〉, 위의 책, 37~38쪽.

73 〈애국자냐 반역자냐〉, 위의 책, 127쪽.

있지마는 그 의미를 따져보면 더욱 분명하게 드러난다. 어떠면 민족주의와 민주주의는 서로 통할 수 있는 공동의 광장을 가졌으려니 하는 막연한 기대로 해본 말이었을지는 모르나 실은 그런 것이 아니고 어디까지나 서로 으르렁거려애하는 악인연을 숙명적으로 지니고 있음을 알 수 있다. 이 두 개의 낱말은 우선 그 개념부터가 상극성을 뚜렷이 하고 있다. 가령 '민족주의적 민주주의'라 하면 이것은 마치 '민주주의 아닌 민주주의'라는 말과도 같아서 어처구니없는 '넌센스'가 되고 만다. 왜냐하면 민족주의는 전체주의의 별칭이라고도 할 수 있으리 만큼 형·양상수의 불가분리의 관계를 가지고 있고 따라서 독재와는 직통할 수 있는 문호가 얼마든지 개방되어있지마는 <u>민주주의는 이와 반대로 어디까지나 개인주의적이며 자유주의적이어서 인간(개인)과 자유와 평등의 적인 '독재'와는 영원히 화해나 타협이 있을 수 없기로 마련이다. 인간이 스스로의 존엄성에 대란 자각이 깊어가면 갈수록 양자(민주주의와 독재)의 관계가 더욱 험악해질 수밖에 없다. (중략) 민족주의가 과거에 정당할 수 있었던 까닭은 그것은 실로 자신의 정립, 즉 주체성의 확보를 위한 역사적 선결문제였던 까닭이요, 오늘에 이르러 이의 대상이 되는 것은 우리의 경우 그것의 소임은 이미 끝났기 때문이었다. 그러므로 이제와서까지 그것을 오늘의 문제로 삼으려는 것은 결국 역사의 후퇴를 강요하는 처사라 해서 그 부당함을 말하는 것뿐이다. (중략) 얼른 말해서 민족주의의 비극은 실로 그것은 본질적으로 전체주의와 계보를 같이하고 있다는 사실로부터 출발한다.</u> 그러기에 민족공동의 이익을 위해서는 독재도 불가피하는 둥 내 민족이 잘 사는 길이라면 무슨 짓인들 꺼리랴. 이런 식으로 뻔뻔스리 내대는 것이 바로 저들 민족주의자로 자처하는 위인들이 상투적으로 내세우는 명분론이었다. 이래서 '나치스' 독일의 몸서리치는 횡포가 자행되었고 혹 '샤스'당의 호령 밑에 '로마'가 벌벌떨어야 했고 동방의 섬나라 일본에서는 군국주의의 죄악사가 엮어졌던 것이니 이 모두가 다 내 민족의 번영을 위한다는 허울 좋은 핑계 밑에서 이루어진 민족주의의 비극이었다.[74]

---

74 김동명문집간행회, 〈민족주의와 민주주의〉, 『나는 증언한다』, 장안서림, 1956, 445~447쪽.

③ 민주주의란 간단히 말해서 인간은 존엄하다는 것, 그러기에 모든 인간들은 스스로의 존엄성을 지키고 넓힘으로써 새 나라 새 살림 마련에 앞장서자는 사실과 신앙의 행동화를 위한 주장이다. 다시 말하면 인간에게서 신성, 즉불하침의 존엄성을 인증하고 이것을 바탕으로 새 생활의 청사진을 꾸며 보인 것이 바로 민주주의의 내용이다. (중략) 민주주의를 구성하는 사상적 핵심이 인간의 존엄성을 인증하는 데 있는 것임은 이 주의의 제1차적 실천목표가 인간의 기본적인 자유와 권리를 옹호하는데 있는 것으로 보아서도 알 수 있다. 그리고 인간의 존엄성이란 결국 인간은 나면서부터 아무도 침략할 수 없고 또 아무에게도 침범당해서는 안 되는 본래의 자유와 권리가 있다는 사상과 신념을 기본으로 한다. 독재 혹은 독재주의가 민주주의 최대 최악의 적인 이유도 여기에 있는 것이다. 독재란 본래 성격상 남의 자유나 인권 따위는 아예 안중에 두기를 원치 않는다. 그러기에 조금만 거치적거려도 마구 누르고 짓밟기가 일쑤다. 이런 우악하고 무지한 족속들이 제법 인간의 존엄성을 이해할 리가 없다. 따라서 민주주의도 저들 독재족에게는 한낱 불가해의 이방어일 밖에 없다.[75]

작가가 민족주의에 함몰되지 않고 자유와 평등에 기반한 민주주의를 강조한 것도 그의 인간/국민/약자지향적인 자세 때문이며, 이러한 태도는 이주민, 망명자, 이방인, 추방자의 타자적 삶을 영위했던 삶 속에서 구축된 이데올로기였다. 그의 사상은 민족, 국가, 국민에만 함몰되지 않은 다문화적이고 디아스포라적인 관점을 지녔다. 정치에 관심을 표명하고 현실정치를 표방했지만 그에게 주요한 것은 권력획득이나 야망 혹은 출세라든지 이데올로기 대립이기보다는 항상 인간이 중심에 위치해 있었고, 자유와 인권, 민주가 핵심이었다. 진보든 보수든 여당이든 야당이든 반공이든 민족이든 인간성 옹호를 훼손하는 독재와 범속한 권력지향을 향하여 분노와 격한 울분을 드러내었다. 김동명은 격리되어 있는 자, 권력에 대항하여

75 김동명문집간행회, 〈민주주의란 무엇이냐?〉, 위의 책, 441~442쪽.

진실을 말할 수 있는 자, 아무리 크고 화려한 세속적 권력이라도 비판의 화살을 피할 수 없다고 생각하는 예민하고 웅변적이며 믿을 수 없을 만큼 용감하게 분노하는 개인으로서의 지식인상[76]을 정치평론 집필과 실천하는 행동으로 보여주었다.

우리 역사에 있어 민족국가, 민족주의는 강조될 수밖에 없었음에도 불구하고 작가가 이에 함몰되지 않은 이유는 출향, 출교, 출당의 경험으로 인한 추방과 박탈의 상황을 겪었기 때문이다. 민족주의의 과잉은 독재, 파시즘, 단일민족 중심으로 이어짐으로써 여성, 외국인, 이주자를 배제시키기에 이를 경계하는 작가는 사회적 약자에 대한 공감능력과 이방인의식을 갖는다. 소속 없음, 국가 없음, 영토 없음의 처절하고 고통스러운 경험은 단일화와 동질화가 필요한 민족국가, 민족 정체성이라는 한정된 사유를 초월한 인간성, 민주, 인권의 중요성을 더욱 인식한 것이다. 민족주의가 민족국가를 휩쓸 때 즉 법치가 중지되고 소수집단의 권리를 박탈당하거나 그들을 아예 추방하거나 심지어 절멸할 때 벌어지는 인간성의 완전한 결핍[77]을 자각한 작가의 현대적인 신념은 값지고 의미 있는 것이다. 그에게 인간다움을 간직하면서 생존하기 위한 요소야말로 자유를 가질 권리, 소속할 권리, 삶의 터전을 가질 권리[78]였던 것이다. 시나 수필에 등장하는 '피난민', '월남민', '나그네', '사나이', '목격자'는 국가적 보호나 법적인 권리를 박탈당한 '목숨뿐인 삶', '벌거벗은 생명'이었다. 인간의 권리나 품위를 손상하는 사건이 발생할 때마다 김동명은 용기 있게 나섰기에 지식인이자 정치가로서의 삶도 작가못지 않게 유의미하다. 또한 그의 위대함은 민족, 국가, 소속에 함몰되지 않고 보편적이고 윤리적인 인간다움 자체에 귀 기울였다는 점이다.

76 에드워드 사이드, 앞의 책, 23쪽.

77 주디스 버틀러·가야트리 스피박, 앞의 책, 47쪽.

78 위의 책, 49쪽.

4. 작가의 두 가지 삶

이 글은 김동명의 작가(시인)로서의 삶과 지식인(정치가)으로서의 삶을 고찰했다. 그는 현실정치에 참여함으로써 문학적 평가에 부정적인 영향을 끼쳤으나 혼란스러운 위기의 한국적 상황을 외면하지 않은 지식인의 역할을 함으로써 재평가가 이루어져야 한다. 그의 문학과 삶은 정주와 이주의 길항 속에 탄생하였다. 8살 때 근대문명의 개항지인 원산으로 이사하는 고향상실을 체험한 그는 이방인의 시각을 지닌다. 이방인의 시각이란 어느 소속에 편향되지 않은, 자유롭고 객관적인 시선을 의미한다. 그의 문학 속에서 정착과 안정에 대한 열망은 정원(뜰)가꾸기와 식물, 자연 모티프로 나타나며, 이주하는 삶은 이사, 방랑, 유학, 월남, 피난 등의 체험기로 표출된다. 교원, 교수, 평론가, 초대참의원 등을 역임하는 등 그의 삶은 평탄해 보이지만 조국과 고향 상실, 옥고, 절필, 유랑, 구직에의 위협, 유학, 월남, 피난, 사별 등으로 인한 상처로 얼룩졌다. 정치가, 지식인으로서의 삶에 있어서도 그는 국가권력과 불화하고 갈등하였기에 순탄치 않았다. 어머니의 강인하고 용기 있는 성품을 닮은 그는 북의 김일성 공산당 정권뿐만 아니라 남한의 이승만, 장면, 박정희 정권에 대해서도 신랄하게 비판하였다. 그에겐 이데올로기 자체보다 인간의 권리를 유린하고 인간다움을 말살하는 그 어떤 행위에 대해서도 용납하지 않았다. 자유, 인권, 민주를 향한 정의 구현과 인간성 옹호는 김동명이 지향하는 가치였다. 이주·망명·추방경험 속의 객관적인 현실인식을 지닌 김동명은 독재, 파쇼뿐만 아니라 위험한 민족주의를 경계하며 다문화주의적이고 민주주의 본연의 가치를 중시했다. 그가 살았던 식민지, 해방공간, 전쟁, 분단의 시대는 우리 민족에게 가장 가혹하고 비참하며 혼란스럽고 부유했던 상황이었고, 작가는 문학으로 서정적이고 감성적인 시의 세계를, 정치평론에서는 자신의 신념과 지조를 올곧게 주창하였다. 따라서 시 중심의 문학연구는 재고되어야 하며 그가 남긴 시집, 수필집, 정치평론집 등을 총체적으로 고구할 때 김동명의 삶과 문학은 공정하게 평가될 수 있을 것이다.

3장
김동명 문학의 공간적 상상력: 바다, 정원, 도시

1. 김동명의 삶과 공간인식

1900년 강원도 명주군 사천면에서 태어난 김동명은 근대지식과 교육을 받기 위해 1908년 부모님을 따라 신문물과 신사상을 접할 수 있는 개항지(開港地)인 함경도 원산으로 이주했다. 그의 이주체험[79]은 세상을 바라보는 시선을 객관적이고 자유롭게 했고 인권, 정의, 자유, 민주주의적 가치를 옹호하게 된 배경[80]이 되었다. 실향과 피난으로 점철된 그의 삶은 '나그네', '목격자'라는 관찰자로서의 시적 자아나 서술자로 투영되어 외부의 시선으로 내부를 날카롭게 비판하고 성찰하였다. 그가 고향에 대한 집착이나 민족, 국가에 함몰되지 않고 자유, 민주, 인권의 시각을 견지한 것도 이방인으로 살았기 때문이다. 김동명은 전체주의의 위험에 빠질 수 있는 민족주의보다는 개인주의적이며 자유주의적인 민주주의를 옹호[81]했으며, 민주주의란 인간은 존엄하다는 것이기에 인민을 위한 마음이라고 이해했다. 따라서 민족의식이나 애국·반공적 측면을 강조하는 평가는 범우주론적이고 자유로운 그의 문학세계에서 일면만을 부각시킴으로써 협소하게 만든다.

한곳에 머물면 집착과 편견에 사로잡히기 마련인데 자발적이든 강제

79 1900년 명주 출생, 1907년 원산 이주, 1920년 함흥 영생고보 졸업, 1925년 일본 유학, 흥남 교원생활, 1946년 월남, 부산피난, 서울 교수생활 등 끊임없이 유동하는 삶을 영위했다.

80 졸고, 「작가(시인)로서의 삶, 지식인(정치가)로서의 삶」, 『김동명문학연구』 제2호, 김동명학회, 2015, 84쪽.

81 김동명문집간행회, 「민족주의와 민주주의」, 『나는 증언한다』, 장안서림, 1956, 447쪽.

적이든 한국근현대사의 질곡과 함께 했던 김동명의 삶은 정착민인 주류의 삶이기보다는 유목민이자 이방인인 비주류의 감각으로 살게 했다. 어린 시절엔 어머니의 학구열로, 청년기엔 유학 및 취업으로, 성인이 되어서는 해방기의 혼란과 전쟁으로 인한 월남과 피난으로, 이화여대 교수시절인 서울생활까지 김동명의 이동성은 '사회적 역할을 넘어 객관성과 자유라는 짐멜식 이방인상'[82]을 대변한다. 객관성을 자유와 결합시킨 짐멜에게 '객관적인 사람이란 어떠한 고정관념에도 얽매이지 않는 자유의지'[83]를 의미했다. 남북한 모두 겨냥하여 문제를 제기하고 질문하는 이방인과 지식인 역할을 실천했던 작가는 고통과 외로움, 소외 속에서 안식처가 필요했다. 산문집이나 정치평론집에서 나타나듯이 이윤추구나 개인의 영달보다는 부정의, 불평등, 불합리에 항거하고 저항했던 김동명은 북의 김일성과 그 일당, 남의 이승만과 자유당정권에 대해 맹렬하게 비판한바 이러한 반골 기질과 습성이 작품 속에 그대로 투영된다. 그의 아들도 아버지에 대해 '四方이 트인 氣字와 達觀과 함께 매임이 없는 자유로움'과 '일상생활에서의 합리적인 사고, 예민한 감수성'[84]을 지녔다고 회상한다.

김동명 문학은 여전히 시중심의 전기문학에 치우쳐 전원적 목가적 문학세계를 지닌다는 평가에서 벗어나지 못한다. 이는 일찍부터 국어교과서에 실려 정전이 되었고 가곡으로 불리어 널리 알려진 작품들이 대부분 초기 서정시였기 때문이다. 따라서 비시류 문학과 후기시를 연구대상으로 할 때 총체적인 평가가 이루어 질 것이다. 선행연구로는 기법 및 비유적 특징[85], 심상연구[86], 비교문학적 관점[87], 주제적 접근[88], 산문연구[89] 등으로

---

82 이용일, 「다문화시대 고전으로서 짐멜의 이방인 새로 읽기」, 『독일연구』 제18호, 한국독일사학회, 2009, 190쪽.

83 위의 논문, 192쪽.

84 김병우, 「아버지 金東鳴에 관한 書翰」, 『김동명의 詩世界와 삶』, 한남대출판부, 1994, 219쪽.

85 심은섭, 「김동명 시에 나타난 기원 양상 연구」, 『한국문예비평연구』 제45권, 한국현대문예비평학회, 2016, 전도현, 「김동명 시의 비유 구성 방법 연구」, 『한국학연구』 제43권, 고려대 한국학연구소, 2012.

86 백승란, 「김동명과 김상용 시의 심상연구」, 충남대 석사학위논문, 2003.

87 김효중, 「김동명과 바쇼의 대비 연구」, 『비교문학』 제34권, 비교문학회, 2004.

나뉜다. 특히 보들레르의 영향을 받은 초창기 퇴폐적인 시문학 이후 전원파적 경향과 후기의 현실비판적 문학세계를 가르는 문학연구와 신석정, 장만영, 김상용 등과 더불어 전원파 시인으로의 분류는 고착화되고 있다.

이 글은 김동명 문학에 나타난 바다, 정원, 도시 공간을 중심으로 작가의식과 문학적 특징을 고찰한다. 김동명 문학을 이해하는 단초이자 키워드인 공간적 상상력은 유목적 사유, 토포필리아, 장소상실의 의미를 지닌다. 시와 산문에 등장하는 바다(강, 호수)는 고향 강릉의 문학지리적 특성이며, 서구문물과 사상을 전수받기 위해 이주하고 교육받고 취업한 곳도 바다와 접해 있는 원산지역이다. 강과 호수를 포괄한 물의 상상력은 주도모티프로 작동하며 김동명의 인생과 사상과 문학에 영향을 끼쳤다. 정원(뜰, 화단)은 작품 속에 자주 언급되는 소재로, 여성, 약자, 어미니, 가족으로 의인화된 꽃과 나무를 가꾸고 사랑하고 보호하는 일상을 지향했던 작가에게 현실 안에 수용된 전원이라는 점에서 예술성과 정치성을 함께 추구했던 인생관이 반영된다. 김동명의 정원은 생활과 거리를 둔 자연과 산들이기보다는 일상적인 삶이 일어나는 도시와 집안의 뜰이라는 점에서 현실과 유리된 자연과의 합일과 목가적 성향이라는 관점은 재고되어야 한다. 김동명의 자연친화적 목가적 성향은 절망하는 정치현실의 불화와 갈등을 전제로 하기 때문이다. 도시는 전쟁, 피난, 월남, 해방 이후의 혼란스

---

88 강석호, 「김동명의 시세계: 192,30년대 작품을 중심으로」, 연세대 석사학위논문, 1981, 송영순, 「김동명시연구」, 성신여대 석사학위논문, 1990, 권순인, 「김동명 시에 수용된 의식에 관한 연구」, 관동대 석사학위논문, 1995, 엄창섭, 「초허의 시문학과 정체성의 고찰」, 『김동명문학연구』 제1권, 김동명학회, 2014, 김윤정, 「김동명 시에 나타난 '주체의식 연구」, 『김동명문학연구』 제1권, 앞의 책, 박호영, 「김동명 시에 나타난 낭만주의적 시의식」, 『김동명문학연구』 제2권, 김동명학회, 2015, 유희자, 「김동명 시의 모성적 상상력 연구」, 강릉원주대 석사학위논문, 2015.

89 엄창섭, 「김동명 산문의 연구」, 『관대논문집』 제17권, 관동대학교, 1989, 「초허 산문의 사상성 고찰」, 『비평문학』 제5호, 한국비평문학회, 1991, 장정룡, 「김동명 수필의 '월남'과 '피난' 표출양상」, 『김동명문학연구』 제1권, 김동명학회, 2014, 「김동명 수필집 『세대의 삽화』의 작품특질 고찰」, 『김동명 문학연구』 제2권, 앞의 책, 졸고, 「김동명 산문에 나타난 타자지향성과 디아스포라의식」, 『김동명문학연구』 제1권, 「작가(시인)로서의 삶, 지식인(정치가)으로서의 삶」, 『김동명문학연구』 제2권, 앞의 책.

러운 서울공간을 묘사하는 후기문학에서 부정적으로 투영된다. 서정시의 은유와 화려한 수사에 비해 후기시는 삶이 치열하고 가혹했기에 문학적 형상화를 생략한 채 날카롭게 현실을 비판하였다.

탈영토화와 유목주의를 제시한 들뢰즈는 매끄러운 공간과 홈패인 공간[90]으로 구분하고 바다는 리좀적 사유가 생성되는 공간이며 리좀이란 일자적 중심을 제거함으로써 내재성으로 나아가는 방법이라고 설명한다. 이 두 가지 삶의 방식은 정착민과 유목민, 홈 패인 것과 매끄러운 것, 국가장치와 전쟁기계이라는 용어[91]로 표현된다. 바다는 사막, 스텝(초원), 고원과 같이 리좀적 사유가 생성되는 공간이며 리좀이란 일자적 중심을 제거함으로써 내재성으로 나아가는 것으로서 소유의 공간이 아닌 변용태의 공간으로서의 매끈한 공간[92]으로 인식된다. 바다와 반대로 도시는 홈이 패인 공간[93]으로, 매끈한 것-홈패인 것은 다양한 방향에서 충돌, 이행, 교대, 중첩[94]을 가져온다. 정원은 도시에서 매끄럽게 된 채로 살고자 했던 작가의 의도가 담긴 공간으로서 이방인의 유목적 삶이 투영되었다. 현실과 이상, 일상과 창작, 바다와 도시 사이에서 긴장과 균형을 이루며 창작과 생활과 정치를 공유했던 김동명의 사유와 문학의 근원이자 본질은 바다였고, 현실감각을 잃지 않는 도시공간에서 살아갔으며 이를 조화롭게 생성하고자 한 곳은 정원이었다. 전형적인 매끄러운 공간인 바다, 홈 패인 공간인 서울 그리고 도시 속의 매끄러운 공간인 정원 등 작가는 '홈 패인 공간에서 다시 매끄러운 공간을 만들어 살아가는 삶과 실천을 창안'[95]하는 생활을 영위했

---

90 홈패인 공간은 수치적 공간, 정주의 공간, 닫힌 공간, 수목형 공간인 것에 반해 매끄러운 공간을 벡터적 공간, 위상적 공간, 유목적이며 열린 공간을 의미한다. 이 두 공간은 서로 대립되는 관계가 아닌 서로 혼합되는 양상을 보이며 존재한다. —주진형, 「'리좀' 개념에 기초한 현대 건축공간 표현특성에 관한 연구」, 『건설환경연구소 논문집』 제9권, 청운대 건설환경연구소, 2014, 128쪽.

91 이진경, 『노마디즘』 1, 휴머니스트, 2002, 117쪽, 120쪽.

92 질 들뢰즈 · 펠릭스 가타리, 김재인 역, 『천개의 고원』, 새물결, 2003, 914쪽.

93 위의 책, 919쪽.

94 위의 책, 921쪽.

95 이진경, 『노마디즘』 2, 휴머니스트, 2002, 629쪽.

다.

그동안 초기시 위주로 문학적 특질과 가치를 평가했던 김동명 문학이 지닌 전원적 서정적이고 민족적 반공적인 측면에서 벗어나 비시류의 수필과 평론, 후기시를 아우를 때 범우주론적이고 민주적이며 자유주의적인 사유를 바탕으로 인간의 존엄성과 인권을 중시했던 김동명의 현실인식과 정치감각을 알 수 있을 것이다.

2. 유목적 사유의 근원, 바다

김동명은 바다가 있는 강릉에서 태어났고 이주한 원산도 바다를 접한 곳이며, 교사생활을 하며 시를 썼던 곳도 바닷가였다. 〈바닷가에서〉, 〈東海〉, 〈歸帆〉, 〈海洋頌歌〉, 〈颱風〉, 〈갈매기〉 등 '바다'를 중심한 시가 제일 많다는[96] 점이 이를 증명한다.

> 허지만 百祥樓 옛 다락에 올라 人生을 울고, 淸川江 맑은 물 굽이에 懊惱의 쪽배를 띠우기도, 「로맹 로오랑」의 莊嚴한 說敎에 옷깃을 바로 잡는가 하면, 「惡의 꽃」의 야릇한 香氣헤 함빡 취해 버리기도, 꽃밭에 든 나비처럼 節制를 모르기도, 내 사랑의 終焉을 慟哭하기도, 모두 이 해의 일이었으니, 내 文學修業의 第一年이 이만하면, 미상불 多彩롭지 않았던가도 싶다. 그런데 해가 바뀌어 三月이 되자, 나는 또 교장으로부터 나가 달라는 명령을 받았다. 내 品行이 의심스러웠던 까닭일까? 기왕 이렇게 된 바엔 인젠 취직도 다 집어치고, 東海 바닷가 어느 閑寂한 곳을 찾아 가서 마음껏 문학이나 공부해 보고 싶었다. 이런 경우에 남들이 흔히 그러는 것처럼, 산속으로들 궁리를 안하고 바닷가를 찾은 것은 아마도 내 어린 시절의 한 때를 바닷가에서 보낸 까닭이었는지도 모르겠다.[97]

96 이성교, 「김동명 시 연구」, 『김동명의 詩世界와 삶』, 앞의 책, 27쪽.

취업과 실직이 교차되는 가운데 작가는 산속보다 유년기의 고향 기억을 되살리며 바다가 보이는 풍경 속에서 습작 시편들을 쏟아낸다. 바다는 창작의 보고이자 무한한 상상력을 발휘하는 공간으로 시인이 되게 하는 원동력이 되었다.

내가 다시 젊어지기는 다만/그의 華奢한 옷자락이/나의 무릎 밑에 감길 때……

이윽고 그의 우람한 두 팔이/나의 허리를 어루만질 때면/나는 나의 뼈가한 조개같이/그의 품속에서 반짝이는 幻覺에 醉한다.

나의 가슴을 조그마한 港灣에 비길 수 있다면/구비구비 듸리 닫는 물결은/異國의 꿈을 실ㅅ고 오는 나의 나그네,/나의 마음은 네의 품속에서 海草같이 일렁거린다.

-〈바다〉

바다는 세계를 구획하는 경계공간이자 인간과 문화의 교류가 이뤄지는 매개공간, 죽음과 추방인 동시에 재생과 부활의 상징적 공간[98]으로 모든 것을 포용하고 '이국의 꿈'을 실어 나른다. 극도의 고독과 마주하며 메커니즘(유기체주의)에서 벗어나 끊임없이 이질적인 것들과 대화하고 상호침투하면서 천 개의 고원을 가로 질러가는 역동적인 생성의 시공간인 바다[99]에 몸을 맡기는 시적 화자는 유동적이고 허여하며 계량적이지 않은 삶의 태도를 배우고 성찰한다.

바닷가에서 아이들이 논다./바닷물까에 아이들이 모래로 城을 쌓아/저희의 領地를 맨들며 논다./바닷물이 사르르 기여 올라/城밑에 찰랑거릴 때 마다

97 김동명, 「나의 文學修業時代 回想記」, 『世代의 挿話』, 일신사, 1954, 78~79쪽.

98 오세정, 「한국 신화에 나타난 바다의 의미」, 『한국고전연구』 제26집, 한국고전연구학회, 2012, 311쪽.

99 정정호 편, 『들뢰즈 철학과 영미문학 읽기』, 동인, 2003, 195쪽.

/아이들은 바다에서 잡어온 저히들의 적은 捕虜를 警戒하며/물결을 노려 본다./물결은 히죽 웃으며 물러간다./다시 아이들은 저희의 城을 튼튼이 하며/바닷물결을 바라보며 웃는다.

이윽고 물결은 껑충껑충 뛰여 와서/아이들의 城을 掩襲하고/저의 가련한 捕虜를 빼아스려 한다/하면 아이들은 손뼉을 치며 이 果敢한 侵略者를 歡呼로 맞끄/바닷물결은 저히의 市民을 앞세우고/빙글빙글 웃으며 물러간다./아이들은 또 愉快하게 웃으며 다시 城을 쌓는다./아아 얼마나 滋味있는 작란인고/나도 『때』의 바닷가에 쌓는 나의 적은 城을 위하여/저 아이들이 되고 싶다.

-〈바닷가에서〉

이 시는 어린 시절의 자아를 찾아 회상하고 그리워한다. 바닷가에서 즐겁게 노는 아이들이 되고 싶은 시적 자아는 시간을 거슬러 보호받고 안락한 領地, 城, 搖籃을 갈구하며 구축하고자 한다. 그러나 시인의 삶은 위기와 공포, 두려움이 엄습했기에 자기만의 공간을 만들기 쉽지 않다. 적들인 바닷물결도 웃으며 물러가고 아이들도 웃으며 모래성을 쌓는 일상이 성인의 삶에서는 주어지지 않는 것이다. 김동명에게 물은 시간이며, 시간은 유동적 존재로서 자아까지 변화시키는 이미지로서 기능을 수행하는바 그 이미지는 한정된 세계 속에 자신을 유폐하지 않고 끊임없이 탈출하고자 시도[100]하였다. 정착과 이동을 반복하며 안주하지 못했고 자유, 인권, 평등, 민주를 기치로 부정의와 불합리에 항거했던 시인의 원동력은 바다가 전달하는 근원적인 사유였다. 고향 강릉으로 귀환하지 않았지만 바다는 작가의 사상과 이념, 문학세계의 원천이 된다.

바다여 네 가슴 속에는 푸른 하늘이 잠겨 있고/네 입설에선 끊일줄 모르는 노래가 永遠을 부르노나./저게 두둥실 나뜬 것은 白鷗와 함께 힌구름/그리고

100 이성교, 앞의 논문, 68쪽.

밤이되면 아름다운 별들은 저들의 오랜 沈黙의 배반을 들고 네게로 모히나니/그렇게 넓고 깊고 또 맑은 네가슴이 어든/거긔에 宇宙의 한쪼각이 즐겨 깃드린다 하여 怪異타 할거냐.

바다여 네게는 幻滅을 모르는 希望의 眞珠가 그윽히 빛을 놓고/자라기만 하는 情熱의 珊瑚가 구석구석이 붉었나니/斷에 부서지고 또 부서지는 저 물결은 너의 悠久한 意志./暴風雨를 부둥켜 안고 봐란 듯이 뽐내이는 그 氣槪 더욱 壯할시고,/아아 바다여 나는 네가 어찌하여 그렇게 씩씩한가를 알었구나.

바다여 黃昏은 저의 붉은 키쓰로 너의 뺨우에 不滅의 哀愁를 사기고/달은 푸른 하늘을 안은 네의 품속에서 저의 낡을줄 모르는 搖籃을 찾는구나/幽久한 韻律에 흔들리는 黃金의 노래는 네의 꿈이 얼마나 아름다움을 알리고/네얼골을 떠도는 그칠줄 모르는 微笑는 네 歡喜가 얼마나 큼을 말함이니/아아 바다여 나는 너를 바라 나의 좁은 가슴을 비웃으며 두팔을 높이 든다.

-〈海洋頌歌〉

하늘을 포용하며 영원, 희망, 유구한 의지, 불멸의 애수를 내포하는 바다는 용기와 폭넓은 포용성의 상징이기에 김동명의 인생과 사상의 근원이자 본질이다. 모든 것을 허용하며 끊임없이 유동하는 바다는 생명력, 풍요로움, 포용력 등을 표상하는바, '현실에 만족할 수도 안주할 수도 없었던 초허의 강직한'[101] 마음을 담는다. 〈나의 서재는 바다〉라는 시에서도 친숙하고 편안한 서재를 가장 사랑하는 바다와 합치[102]시켰듯이 현실과 이상의 균형을 잡았던 작가에게 바다는 매끈한 공간의 원형인 동시에 매끈한 공간의 모든 홈 파기의 원형[103]으로 표상되고 있다. 양면성을 지닌 바다는 어디에도 매이지 않고 자유로움을 추구했던 작가의 근원적인 심상이 담겨있

101 백승란, 앞의 논문, 51쪽.
102 송재영, 「물의 想像體系」, 『김동명의 詩世界와 삶』, 앞의 책, 69쪽.
103 질 들뢰즈·펠릭스 가타리, 앞의 책, 916쪽.

다. 전형적인 매끄러운 공간인 바다[104]의 메시지와 이미지는 김동명 문학과 삶의 핵심적 사유를 이룬다.

3. 토포필리아로서의 정원

김동명은 서정적 전원적인 초기문학뿐만 아니라 후기문학에서도 지속적으로 정원, 화단, 뜰에 대한 애착을 강하게 보인다. 땅을 밟고 식물(나무와 꽃)을 키우는 일상이 작가에게 어떤 의미를 지니며 작품 속에 수용되는지는 그의 문학을 이해하는 관건이 된다. 고향을 상실하고 노스탤지어에 대한 강렬한 소망이 표출되며, 정원을 가꾸고 꽃을 사랑하는 마음은 소재나 모티프 차원을 넘어서는 김동명 문학의 핵심적 요소이다.

정원에 대한 선행연구를 살펴보면, 작가에게 뜰은 세상을 피하여 자연 속에서 즐거움을 누리는 은일자의 일상[105], 마음의 안식처[106], 휴식처[107], 자연과 인간 사이 즉 우주공동체적 세계관[108], 원예치유[109] 등으로 설명된다. 〈파초〉, 〈수선화〉, 〈오랑캐꽃〉, 〈접중花〉, 〈다래넝쿨〉, 〈나의 뜰〉, 〈庭園行〉, 〈雪中花頌〉, 〈白合花〉 등 시뿐만 아니라 수필에서도 국화, 따리아, 목련, 카라, 리리 등 꽃을 가꾸고 사랑하며 집착한다. 꽃을 의인화하거나 '어머니', '여성'으로 호칭하며 가족으로 인식한 작가는 집(建物)에 대해서는 比較的 淡白한 편이지만 좋은 정원을 보면 노상 부러워 못 견딜 정도로 정원

---

104 번지수를 매길 수도 없고, 점을 표시할 수도 없으며, 누구의 소유도 될 수도 없는 공간, 오직 방향을 가리키는 나침반만으로 찾아가며, 물결과 냄새, 날아가는 새들, 바람 등을 통해 '이곳'이 어디인가를 판단하면서 행해를 해야하는 공간이다. -이진경, 『노마디즘』 2, 앞의 책, 625쪽.

105 김참, 「한국현대시에 나타난 이상향 연구」, 인제대 박사학위논문, 2009, 42~43쪽.

106 이성교, 앞의 논문, 28쪽.

107 신익호, 「황혼의 변증법적 의미」, 『김동명의 시세계와 삶』, 앞의 책, 81쪽.

108 김효중, 앞의 논문, 142쪽.

109 장정룡, 「초허 수필의 '꽃' 이미지와 그 지향성 고찰」, 『심연수 학술세미나 논문총서2』, 심연수선양사업위원회, 2013, 19쪽.

에 대한 욕심[110]이 있다고 고백한다.

정원에 대한 장소애호(토포필리아)[111]는 김동명 문학의 주제의식과 연결된다. 기존 김동명 문학연구에서의 정원은 서정적이고 자연친화적인 측면만이 강조되었지만 그가 지향하는 전원은 집에 딸린 뜰이라는 점에서 김동명 문학의 공간적 상상력을 유추할 수 있다. 이는 생활과 유리되지 않고 적극적으로 정치현실에 관심 갖고 참여했던 그의 삶이 증명한다. 어린 시절 힘들었던 이주과정과 일본유학과 취업의 어려움, 정치적 수난, 월남과 피난 등 삶의 대부분이 가난하고 고통스럽고 참혹한 역사의 한가운데에 머문 디스토피아적인 현실에서 상처받고 억압된 자신을 지탱해주고 견뎌낼 수 있었던 공간이 가족으로 은유되는 정원이었다.

시와 수필, 자신의 시 해제 등 전반적으로 정원 소재의 글을 많이 남긴 작가의 장소애호적 경향은 강원 태생이 지닌 자연친화주의적 기질과 각박하고 처절한 현실에서 벗어나고픈 욕망과 갈망의 결과로 이해할 수 있다. 또한 유년기 고향 강릉을 떠나 원산, 함흥, 일본, 흥남, 서울 등 이주지에서의 치열하고 고단한 떠돌이 삶에서 정착과 안주, 평화와 향수의 공간이 절실했을 것이다.

김동명은 자신의 수필에서 정원을 다음과 같이 말한다.

> 나는 본시 정원을 좋아한다. 누군들 안 그러랴마는, 나의 정원에 대한 욕심은 좀 보통이 아닌 셈이다. 집(건물)에 대해서는 비교적 담백한 편이지마는, 좋은 정원을 보면 노상 부러워 한다. 그러기에 어디를 가다가도, 집이야 아무리 잘 지었건, 그저 심상히 지나기가 일수이지만, 좋은 정원만 눈에 띄면 나는 마치, 아름다운 예술품이나 대한 듯이 즐겁고 부럽다. (중략) 정원을 하나의 사치로만 보는 것은 부당하다. 그것은 실로 마음의 逍遙處를 마련하는

---

110 김동명, 「庭園」, 『世代의 挿話』, 일신사, 1959, 30쪽.

111 topophilia는 사람과 장소 또는 배경의 정서적 유대라는 의미로, 물질적 자연환경에 정서적으로 묶여있는 모든 인간을 널리 정의할 수 있어 유용한 신조어이다. –이-푸 투안, 이옥진 역, 『토포필리아』, 에코리브르, 2011, 21쪽, 146쪽.

생활설계의 한 중요한 부분에 속한다. 좋은 정원은 마음에 휴식을 주고, 정신을 맑게 하고, 생활을 풍부케 한다. 자연과는 언제나 약간의 거리를 가지고 살아야 하는 都市生活에 있어서 실로 어머니 같이 고마운 것이다. (중략) 나는 이북서 살 때, 七년을 경영하여 겨우 정원이랍시고 하나 가져본 일이 있다. 내가 이남으로 도피해 올 때, 무엇보다도 아깝고 미련이 남은 것은 바로 이 정원이었다. 내 詩集 〈眞珠灣〉에 실려 있는 〈庭園記〉는 바로 내가 고향을 하직하면서, 내 뜰의 花魂木靈에게 보내는 전시로 썼던 것인데, 시방도 나는 가끔 내가 남기고 온 내「家族들」을 생각하며 추연히 하늘을 바라보는 버릇이 있다. (중략) 잠자리처럼 날아가 버린 내 어린시절의 기억을 또 다시 잠자리처럼 붙들어 보자는 슬픈 미련 때문인지도 모른다. 나는 이제 한결 적적하지 않다. 마치 保姆처럼 이 어린 것들을 길러야 하니까.-[112]

시인은 정원을 '예술품'이자 '마음의 소요처'로서 '휴식과 정화의 역할과 풍부한 생활을 제공'한다고 서술한다. 급하게 월남할 때도 재산이나 물건이 아닌 7년 가꾼 정원을 두고 왔음을 아쉬워하고 그리워하는 작가는 꽃과 나무에 영혼을 부여하는(花魂木靈) 정원을 어머니와 동일시하거나 보모가 되어 보살펴야 하는 대상으로 본다. 시와 수필 속 화초들은 아름답고 어여쁜 여성들로 의인화되거나 감정이입된다는 점에서 타자지향적이고 생태주의적이며 우주공동체적 시각이 드러난다. 불굴의 신념과 저항적인 삶의 자세를 지닌 김동명이 시를 쓸 때와 정원을 가꿀 때 가장 순연하고 평화와 안정을 느끼는 것은 그의 삶이 고단하고 가난하며 고난과 투쟁의 연속이었기 때문이다.

조만식이 이끄는 조선민주당 도위원장을 하다가 탄압과 숙청의 위기로 월남할 때나 피난시 길위에서 만난 사람들의 교활하고 이기적이며 극단적인 모습에 환멸과 절망을 느끼고, 정치활동을 할 때도 독재와 억압 속에서 슬픔과 한을 갖게 되었던 작가의 쉽터이자 비상구는 정원이었다. 북

---

112 김동명,「庭園」,『世代의 挿話』, 앞의 책, 30~32쪽.

의 원산주택에서뿐만 아니라 서울 신촌동 70번지 202호에서도 꽃집을 가꾸며 국문과 교수, 동아일보에 정치평론을 쓰는 논설위원, 시를 쓰는 시인, 꽃밭을 가꾸는 정원사, 집에 케잌과 컵 속에 빨간 카네이숀이 떨어지지 않을 만큼의 결혼주례자[113]로 살았던 작가는 황량한 뜰을 식물원이나 꽃집으로 불릴 정도로 울창한 정원으로 만들었다.

> 나의 뜰은 나의 즐거운 조그마한 가정이요./나는 내 삶에서 오는 고달픔의 많은 때를 여기서 쉬이오./
>
> 울밑에 몇 포기의 꽃과 나무, 그리고 풀과 벌레들은 나의 형제요./우리는 함께 푸른 하늘의 다함없이 높음을 사모하며 힌구름의 자유로움을 배흐고 또 미풍의 소군거림에 귀를 기우리오./새들이 저의 아름운 노래를 가지고 우리의 문을 두다릴 때면/아츰은 옥로의 식탁 우에 황금의 잔을 놓소./하면 우리는 서로 잔을 기우리며 새날을 축복하오./낙일이 우리의 이마에서 저의 정열에 타는 석별의 키쓰를 걷울 때면/황혼은 또 들에 이르러 명상의 배반을 베풀고 우리를 부르오./달은 초ㅅ불, 우리는 여기에서 과거와 및 미래의 허다한 슬픈 이야기를 읽소./그러나 때로는 불을 끄고 말쟁이 별들의 "침묵의 속삭임"에 귀를 기우리고 밤 가는 줄도 모르오./이제 우리 울타리에 샛노란 호박꽃이 주룽주룽 매달릴 때면/
>
> 또 저 덕 밑에 포도송이가 척척 느러질 때면/우리의 가정은 얼마나 더 번화하게 될 것이겠오./나는 그때를 그리며 오늘도 고요히 너의 뜰을 건이오.
>
> - 〈나의 뜰〉

'즐겁고 조그마한 家庭'인 〈나의 뜰〉에선 꽃, 나무, 풀, 벌레와 자신을 동일시한다. 소박하고 사치스럽지 않은 뜰은 가족을 대하듯 시인의 정성과 애정으로 가꾸어진다. 그러나 시인의 자연친화적 태도는 유토피아적 지향이라기보다는 현실과 인간관계의 고달픔에서 잠시 벗어나 안식을 구

---

113 김정월, 「나의 아버지 초허 김동명」, 『문예운동』 제86호, 문예운동사, 2005, 43쪽.

하고자 하는 차원에서 이뤄진다. 일제치하의 탄압, 해방 후 좌우이데올로기의 대립, 독재와의 저항 등 삶의 위기가 올 때마다 뜰은 위로와 상처치유를 위한 장소였다. 따라서 김동명의 전원적이고 목가적인 시세계는 현실을 전제로 생활 속에서 사유된다. 미지의 장소를 이상향으로 꿈꾸지 않고 자신의 생활공간에 만족을 느끼기에 세상을 피하여 자연 속에서 즐거움을 누리는 은일의 태도[114]인 것이다. 이러한 해석은 그의 삶의 행보가 뒷받침한다.

> 달밤에 花壇을 거니는 것을 恪別한 맛. 나는 앞뜰 十五「메터」를 몇 十番이고, 마치 時計처럼 왔다 갔다 하기도 하고, 또 연자매 말처럼, 앞뒷 뜰을 빙빙 돌아가기도 하며, 밤과 달, 혹은 별과 꽃을 즐기기도 한다. <u>花壇에 꽃만 피면, 나는 一年 열두 달을 혼자 있어도 외롭지 않을 것 같다. 아아, 그러던 花壇을 十年만에 가져보는 기쁨이여! 나는 이제 꽃의 馥유한 香氣 속에 살겠구나.</u> 자 그러면 내 이야기는 이만 그쳐두기로 하자. 나는 시방 곧 「바케츠」에 물을 길어 가지고 뜰로 내려 가야한다. 지난 밤 비에 꽃나무의 줄기와 이파리에 묻은 흙을 말끔히 씻어 주어야 하니까-. 나는 이 일을 우리 아가씨들을 미역 감긴다고 말한다.[115]

전원의 노래는 '日帝 천하에 대한 오연한 거부의 몸짓'이자 '모질게 삭풍을 휘몰아쳤던 긴 겨울을 한 인간이 어떻게 살아갔는가를 말해'[116] 준다. 또한 일제치하에서 김동명의 전원생활은 현실을 등진 칩거생활이 아니었을 뿐더러 오히려 예리한 눈길이 현실의 實相에 미치고 있었고 현실에 괴로워하고 분노했는가[117]를 알게 한다.

역사적 질곡과 정치적 압박 속에서 자유롭고 평화로운 일상을 빼앗긴

---

114 김참, 앞의 논문, 41~43쪽.

115 김동명, 「花壇」, 『世代의 挿話』, 앞의 책, 36~37쪽.

116 김병우, 앞의 글, 226쪽.

117 위의 글, 239쪽.

채 한국근대사와 더불어 살아온 작가에게 정원은 명상과 몽상, 아름다움과 성장, 보호와 안락을 주는 장소성을 지닌다. 집, 건물, 물건보다 꽃과 나무, 정원 가꾸기에 애착을 갖는 시인이 유일하게 숨 쉬고 안도할 수 있었던 뜰이기에 그의 문학 속에 빈번하게 등장한다. 그러나 그의 정원과 자연 이미지는 현실과 일상과 유리되지 않았다는 점에서 다른 서정시인들과 차이를 보인다. 그의 정원애착은 바다와 반대인 홈이 패인 공간인 도시에 매끈한 공간을 다시 부여하고 이를 실현함으로써 도시를 벗어나는 삶을 지향하고자 하는 의도가 담겨 있다.

4. 장소상실의 표상, 도시(서울)

도시성은 근대성으로 인식하는 입장과 자본주의가 공간적으로 구체화된 형태로서의 도시의 성격[118]을 지닌다. 도시의 무분별한 팽창과 획일성, 진정한 인간적 관계를 단절시키는 도시공간의 분리와 차별 등은 현대 대도시를 특징짓는 인간학적 위기의 징후[119]들이다. 카뮈는 세계의 갑갑함과 낯설음이 부조리라고 하면서, 부조리성은 인간이 환상을 상실하고 고독감을 맛보는 것 즉 고향 집의 기억이나 약속의 땅에 대한 희망을 박탈당한 이방인이 되는 것을 의미한다[120]고 말한다. 로버트 리프톤은 “부조리와 조롱”이 2차 대전 이후 보편적인 생활방식의 뚜렷한 특징이 되었다고 주장하는바, 현대문학에서 나타나는 냉소주의, 유머, 속어로 나타나며 그런 부조리성은 주위의 활동과 신념들을 낯설고 부적절한 것으로 지각하는 것과 관련[121]있다.

해방 직후 서울 도심은 김동명에게 부조리[122]한 경관으로 인식된다. 김

118 이양숙, 「한국문학과 도시성」, 『국문학연구』 제30권, 국문학회, 2014, 114쪽.
119 위의 논문, 115쪽.
120 에드워드 렐프, 김덕현 외 역, 『장소와 장소상실』, 논형, 2005, 258쪽.
121 위의 책, 259쪽.

동명은 시집 『목격자』에 수록된 〈世宗路〉, 〈鐘路〉, 〈明洞〉, 〈新村洞〉, 〈빠-江南〉, 〈서울素描〉, 〈서울驛〉 등 서울시내 지명을 소재로 많은 시를 남겼다. 서울태생이 아닌 시인은 목격자이자 관찰자 시선으로 서울풍경을 날카롭게 포착한다. 양갈보, 소매치기, 도둑, 謀利꾼, 거간군, 거지, 피난민이 넘쳐나는 서울은 '혼란하고 불안정한 사회상을 반영'하지만 작가의 '애정어린 응시에서 비롯[123]되고 있다.

쓰레기와 市長 閣下가/단판 씨름 하는 거리/歸屬財産을 파먹고/구데기처럼 살이 찐 謨利꾼의 거리/어디 없이 널린 똥과 오줌과 가래침이 실은/貪官汚吏 못지않게 질색인 거리/소매치기 패도 제법/'빽'을 자랑한다는 거리/거지도 곳잘/中間派 행세를 하는 거리/'감투' 市長은 여전히 흥성거려/거간군도 忠武路 金銀商 못지않게 한몫 본다는 거리/늙은이들이 하 망영을 부려/주춧돌이 다 흔들거린다는 거리/일찍부터 슬픈 傳說을 지니고 있어/자래배 앓는 어린 아기처럼 얼굴이 노랗게 뜬 거리/그래도 뼁 둘러 있는 遠近 山川의 이름만 거들어도/제법 멋들어진 古都란다

– 〈서울 素描〉 중에서

거지와 淑女가 가끔/숨바꼭질하는 곳/생선 가가 같이/비린내가 풍긴다/避亂民의 長蛇陣이/噴水모양 흩어져/鋪道 위에/물방울이 차

– 〈서울驛〉 중에서

해방공간은 좌우익 대립, 이념 갈등, 가난과 이동의 불안정, 일제강점기의 잔재 등으로 혼란스러웠다. 북에서의 출당과 숙청 위기로 남하한 김동명은 또다시 타지이자 이주지인 서울에 정착하여 낯설고 익숙지 않은

---

122 부조리 absurd란 말은 카뮈가 사용한 개념으로 자기 자신과 세계 사이에 연결될 수 없는 간격을 드러내는 경험을 의미하는바 〈시지프의 신화〉(1942)에 이 부조리의 경험이 다뤄진다. –위의 책, 258쪽.

123 장은영, 「해설」, 『김동명시선』, 지식을만드는지식, 2012, 135쪽.

도시를 산책자의 시선으로 관찰하고 목격한다.

〈서울 素描〉는 서울 풍경과 외관을 압축시켜 표현한 작가의 솔직한 심정을 피력한 시이다. 이 도시는 모리꾼, 소매치기, 거지, 거간군, 늙은이 들이 득시글거리는 '얼굴이 노랗게 뜬 거리'로 시인에게 비춰진다. 쓰레기와 똥, 오줌, 가래침 같은 오물이 널려있는 지저분하고 환멸스러우며 비대해져 있다. 또한 빽을 자랑하는 소매치기, 중간파 행세를 하는 거지, 어수선한 상황에서 한몫 보는 거간군, 망령을 부리는 늙은이 등 비정상적이고 탐욕스럽고 비윤리적인 사람들로 가득찬 거리가 서울이다.

산책자가 되어 시민과 군중을 관찰하는 작가는 세종로, 종로, 명동, 신촌동, 강남, 이화여대 교문, 서울역 등을 詩題로 설정해 묘사해간다. 월남과 피난 중 만난 수많은 사람들에게서 인간성이 상실된 추악하고 교활하며 극단적 이기주의를 체험한 작가에게 비춰진 서울풍경과 서울사람들의 모습은 혼란스럽고 불안하며 가난하고 부조리하지만, 마지막 연에서 "제법 멋들어진 古都란다"라고 마무리함으로써 애착을 전제로 한 비판과 부정적 시선임을 알 수 있다. 그가 정착한 현실 역시 사랑과 자유와 평온과는 거리가 먼 아수라장이자 사기꾼과 모사꾼이 난무하며 거지와 창녀가 들끓는 공간이었다. 작가는 이곳의 거리를 산책하며 혼란스러운 사회상을 예리하게 담아낸다.

> 서울의 소매치기냐 소매치기의 서울이냐 하고 묻는다면 누구나 잠간 어리둥절 하리만큼 이 거리에서 可謂 無往不可의 威勢를 떨치고 있는 것입니다. 그렇다고 이상할 거야 있겠습니까. 서울의 傳統과 生理에서 오는 한 개의 必然한 現象으로 보아두는 것이 科學的인 態度이다. 아무턴 무엇 하나 자랑할 것 없는 이 못난 서울이 저렇듯 굉장한 技術陣을 保有하고 있는 點에서 斷然世界一의 位置를 主張할 수 있으리라는 것은 얼마나 痛快한 일이리까. 이것은 실로 한사람의 技術者가 不幸히 現場에서 실수, 했을 때 가끔 그뒤에 나타나는 奇怪한 現象이 暗示해 주는 바와 같이 저 大膽無雙한 保護政策이 가져온 驚歎할만한 成果임에 틀림 없으리라. 그런데 노상 遺憾인 것은 저들의 그 훌륭한 技術을 가

> 지고 기껏 한다는 짓이 避難民의 보잘 것 없는-그러나 때로는 단골 미천이 들어 있는-호주머니가 아니면 解放首都의 面目이 그리워 벳섬이나 팔아가지고 올라온 시굴 양반들의 보따리 따위에나 限死코 매달리니 이런 좀스럽고도 치사스러울 데가 어데 있겠느냔 말씀입니다.[124]

소매치기와 도둑과 피난민, 몸 파는 여자들이 생존을 위해 분투하는 서울을 작가는 객관적이고도 중간적인 입장에서 유머와 위트로 비판한다. '서울 土배기들이 언제부터 배운 버릇인지, 집이라곤 매양 옷장 짜듯이 꾸미되, 그나마 바람 한 점 못 통하게 입구(口)字로 둘러 막아 놓고, 손바닥만한 뜰마저 洋灰가루를 이겨 붙쳐서, 풀 한 포기 얼씬 못하게 만들어 놓고 사는[125] 모습을 보면, 숨이 콱콱 막힐 지경이라는 작가는 '도시의 무분별한 팽창과 획일성, 진정한 인간적 관계를 단절시키는 도시공간의 분리와 차별 등 현대 대도시를 특징짓는 인간학적 위기의 징후'[126]를 고발한다. 그러나 현실과 정치에 직면하여 이를 회피하거나 도피하지 않은 시인에게 해방 후의 서울이란 공간은 부조리하고 환멸스럽지만 자신이 선택한 정주지이기에 애정이 전제된 비판적 시선으로 도시를 소묘하였다.

5. 시·공간·유목

김동명은 시, 수필, 정치평론 등 다양한 장르의 문학텍스트를 남겼기에 〈파초〉, 〈내 마음〉, 〈수선화〉, 〈내 마음은〉과 같은 대표작이나 전원적 서정적인 전기시에만 치우쳐 일제강점기를 배경으로 한 민족적이고 목가적인 그의 문학세계를 고찰하는 것에 대한 재인식이 요구된다. 산문에 나타난 김동명의 사상적 궤적과 문학적 지향은 자유, 민주, 인권을 수호하며

---

124 김동명, 「소매치기」, 『세대의 삽화』, 앞의 책, 99쪽.

125 김동명, 「정원」, 앞의 책, 30쪽.

126 이양숙, 앞의 논문, 114~115쪽.

독재와 전체주의에 함몰되기 쉬운 민족주의보다는 민주주의를 주창하였다. 이는 강릉이 고향이고, 이주하고 창작을 하게 된 곳도 바다였다는 점과 정착민, 주류의 삶보다는 이방인, 비주류의 시선으로 살아냈기 때문이다.

이 글은 김동명의 산문과 시에 나타난 공간적 상상력을 통해 김동명의 문학적 특질을 고찰했다. 그의 문학에서 바다와 정원과 도시는 작가의식과 밀접하게 연관된다. 바다는 유목적 리좀적 사유가 발생되는 매끄러운 공간으로 민족, 국가, 자기중심적인 삶에서 벗어나 객관적이고 의문을 품고 질문하는 범우주론적이고 타자지향적 시각을 갖게 했다. 〈바닷가에서〉, 〈東海〉, 〈歸帆〉, 〈海洋頌歌〉, 〈颱風〉, 〈갈매기〉 등의 시와 여러 산문에서 작가는 바다가 지닌 유목적 심상과 이미지를 담는다.

나무와 꽃을 사랑하고 가꾸고 키우는 작가의 삶에서 도시 속의 정원은 치열하고 고통스러운 인간관계와 복잡한 정치현실에서 벗어나 안락, 평화, 꿈, 가족, 모성, 사랑, 휴식을 지향할 수 있는 공간이다. 그러나 그의 자연과 전원은 현실에서 벗어난 공간이 아니라 도시 속 공간이라는 점에서 다른 서정시인과는 차이점을 보인다. 시 〈파초〉, 〈수선화〉, 〈오랑캐꽃〉, 〈접중花〉, 〈다래넝쿨〉, 〈庭園行 〉, 〈나의 뜰〉, 〈雪中花頌〉, 〈白合花〉 등과 수필 〈정원〉, 〈四月은 '이스터'의 季節〉, 〈花壇〉, 〈카라〉, 〈'따리아' 病들다〉, 〈菊花〉, 〈石榴꽃과 부처님〉, 〈山 · 白合花〉, 〈冬栢꽃 피는 고장〉 등에서 작가는 화초와 나무를 가꾸면서 자유와 상처치유를 얻으며 도시 속의 자연을 지향한다.

정원이 장소애호적 공간이라면 도시(서울)는 장소상실의 디스토피아적 세계이다. 월남과 피난 중 인간환멸을 경험한 작가는 가난과 매춘, 더러움, 위악이 가득한 서울풍물지를 소묘하며 관찰자적 입장에서 도시를 인식한다. 시 〈世宗路〉, 〈鐘路〉, 〈明洞〉, 〈新村洞〉, 〈빼-江南〉, 〈서울素描〉, 〈서울驛〉 등과 수필 〈東大門과 醉客〉, 〈소매치기〉 등에서 시인은 이방인이자 산책자의 시선으로 서울 거리를 객관적이고 냉철하며 부정적으로 소묘한다. 해방 이후의 서울은 근대성과 도시성이 지닌 인간관계의 단절과 소외가 나타나며, 오물과 쓰레기가 난무하고 부조리가 만연하는 풍경과 혼란스럽고 추악한 경관으로 비춰진다.

작가는 전 생애인 구한말, 일제강점기, 해방, 월남, 전쟁, 피난, 분단, 혁명, 독재 등 한국근대사의 질곡과 함께 하면서 자신의 공간을 갈구하며 이방인이자 떠돌이의 삶을 살았다. 유목민적인 그의 삶은 사유의 근원이자 원천인 바다를 관조하면서 리좀적 삶의 자세와 문학세계를 구축하였고, 정원 가꾸기를 통해 치유와 안식을 얻었으며, 장소상실의 공간인 도시에서 인간의 고통과 아픔을 서울소묘로 남겼다. 이 세 공간은 작가의 주제의식과 문학세계가 드러나는 매우 유의미하고 주요한 공간인 것이다.

4장 김동명 문학공간의 헤테로토피아적 특성

1. 사상·정치·문학

대표작 〈내마음〉, 〈수선화〉 등이 가곡으로 인구에 회자되거나 중등 교과서에 실려 널리 알려진 김동명 문학의 초기시를 연구대상으로 한 서정적 낭만주의적이라는 평가는 지금까지 고착되고 있다. 해방후 대학교수, 정치평론가, 참의원 등 교육과 정치의 길을 걸었기에 현실비판적 사회참여적인 후기문학은 도외시된바 일관되게 작가의 길을 걷지 않았다는 부정적인 요인 때문이다. 보들레르의 영향에 힘입어 시를 쓰게 된 김동명 문학은 자연친화와 현실비판, 순수서정과 사회역사참여라는 양면성을 아우를 때 진정한 문학적 문학사적 위치를 획득할 수 있다.

최근 로컬리티 연구가 활발해 지면서 지역 출신 작가에 대한 지자체의 관심으로 김동명문학관이 설립[127]되었고 김동명학회가 주관하는 학술세미나가 매년 개최[128]되어 시문학뿐만 아니라 수필, 정치평론, 수기와 후기시편에 대한 관심이 나타났다. 지역작가연구는 곧 로컬리티 정체성 연구로 이어지며, 강원(영동/강릉)문학이 남도문학, 제주문학, 영남문학, 서

---

127 2013년 7월 3일, 강릉시 사천면 샛돌 1길 30-2에 개관한 김동명문학관은 시인의 삶과 글을 통해 문학에 대한 이해와 지평을 넓히고자 건립되었으며, 2013년 8월 20일 창립총회를 시작으로 2014년부터 매년 1회 학술세미나를 열고 있다. –기획연재 「김동명 문학관」, 『문예운동』 제131호, 문예운동사, 2016, 141~151쪽 참조.

128 김동명학회는 김동명 시인의 문학세계와 문학사상 연구를 통하여 그의 위상 정립에 이바지하는 것이 목적으로 2014년 가을, 『김동명문학연구』(창간호)에 이어 2017년 제4호까지 발간되었다.

북문학과의 차이를 알게 하는 작업이기도 하다.

이 글은 선행연구를 바탕으로 김동명 문학공간을 고찰하고자 한다. 별다른 문단활동을 하지 않은 작가는 시인뿐만 아니라 산문가로서도 입지를 굳힐 정도로 수필과 평론, 수기 등을 남겼다. 일생을 떠돌아다니며 마지막까지 고향으로 돌아오지 못한 그의 이주(산)생활은 신사임당의 후예인 강릉 출신 어머니의 교육열로 인해 문명이 유입되는 항구도시로 이사하면서 시작된다. 소년 김동명의 디아스포라적 삶은 자신의 의지와 상관없는 부모의 결정에 의한 반강제적인 이동이지만 노마디즘적 운명과 영원한 이방인 혹은 디아스포라의 시각으로 세상을 바라보게 하는 계기를 갖게 했다. 시적 화자나 산문의 서술자는 '나그네', '피난민', '뱃사공', '파초', '목격자', '사나히' 등으로 정착민이 아닌 유동하는 이방인의 입장으로 표출된다.

초기시뿐만 아니라 작가는 식민지, 해방공간, 전쟁, 분단이라는 한국근현대사의 질곡과 고통 속에서 사회에 대해 비판적이었고, 인간에 대한 환멸과 염오를 드러낸다. 강릉군수가 되길 바랐던 어머니의 영향아래 현실감각이 뛰어났던 그는 일제강점기에 절필을 선택했으며 해방 후 현실정치에 뛰어들어 지식인, 정치인으로서 자신의 신념을 꺾지 않았고 불의와 타협하지 않았으며 개인적인 이득이나 권력을 위해 아부하지 않았다. 김일성과 조선민주당, 이승만과 자유당 정권의 독재와 탄압에 대한 신랄한 비판은 이를 증명한다. 그의 삶은 한국근현대사의 질곡과 고통, 궁핍을 온몸으로 체험하였다. 숙청, 투옥, 실직, 방랑, 월남, 피난, 사별의 어려움을 겪은 그는 평화로이 안주할 공간을 얻지 못했다. 자연(전원), 뜰(정원)에 대한 애착과 갈망은 이러한 노스탤지어와 토포필리아에서 비롯된다.

김동명 문학을 민족주의를 바탕으로 한 민족문학과 반공문학으로만 평가하는 것은 그의 문학의 폭을 좁게 하거나 가두게 한다. 작가는 국수주의나 전체주의에 빠질 수 있는 민족주의에 함몰하지 않고 보편주의로서의 균형을 잃지 않았으며, 민주, 자유, 인권, 평등을 주창한바 이는 영원한 이방인이었던 그의 이주하는 삶과 경계인의 시각을 지녔기 때문이다. 〈파초〉라는 두 편의 시에 나타나듯이 그는 다문화주의적 사유와 타자의 철학을 실천했던 디아스포라였다. 20세기(1900년 출생)에 태어나 추방, 투옥, 숙청 등 억압적인 근대를 체험하고 목격한 김동명은 인권유린과 차별, 폭력을 응시하는 소수자이자 외부자의 시선을 견지했다. 따라서 그의 민족정신, 민족주의는 전통적인 본질주의적 입장이기보다는 민주주의적이고 디아스포라적이며 자유주의[129]에 가깝다.

생태주의적 자연친화적 서정적인 강릉태생적 기질과 더불어 금의환향과 현실정치를 지향했던 김동명의 삶은 균형과 조화를 이루며 작품 속에 고스란히 드러난다. 이러한 상반된 욕망은 인간 본연의 보편적인 속성으로 문학공간과 생활공간 속에 형상화되었다. 장소상실과 장소애호적인 공간적 상상력은 김동명 문학의 특질을 이루며 그의 문학을 이해하는 열쇠가 된다. 이 글은 문학공간에 나타난 토포필리아와 노스탤지어, 헤테로토피아로서의 특질을 통해 일제강점기, 해방공간, 분단, 전쟁, 60년대 한국현실을 파악하고 인권과 자유를 우선시했던 작가의 인간이해에 대해 고찰한다.

2. 헤테로토피아적 문학공간

반공간(대항공간), 이종공간, 혼재향 등으로 번역되는 헤테로토피아[130]는 변형되거나 열린 중첩의 공간이다. 이 용어는 미셸 푸코가 1967년

---

129 김동명은 〈民主救國宣言書〉에서도 3.15불법폭력선거를 취소하고 이승만 대통령은 책임을 지고 해야한다고 주장하면서 죽음이냐 자유냐가 있을 뿐이라고 주창했다. 그는 일제 36년과 공산당과 싸우는 것은 인권과 자유 때문이라며 자유의 소중함을 강조했다. -『모래위에 쓴 落書』 중에서

130 heterotophia, 푸코의 용어로 유토피아와 대구를 이루며, 가상의 시간대 혹은 허구적이거나 대안적인 역사를 가르치는 현실에 없는 시간인 유크로니아적 순간과 反공간(countre-espaces), 식민지나 매음굴처럼 자급자족적이고 자기폐쇄적이며, 어떤 의미에서는 자유롭지만 바다의 무한성에 숙명적으로 내맡겨져 있는 장소 없는 장소이자 떠다니는 공간의 조각인 배와 같은 상태를 말한다. 푸코는 이 공간 개념을 거울, 묘지, 사창가 혹은 제르바섬에 있는 폴리네시아 휴양촌과 같이 이종적인 장소가 특수한 시간-공간들의 범주에 들어가는 것으로 신혼여행 공간에서의 단 한번뿐인 처녀성 상실의 시간처럼 일시적일 수도 있고 도서관이나 박물관 같은 장소처럼 숱한 시간성들이 누적된(영원한) 것일 수도 있다고

건축연구회 회의에서 발표하고 1984년에 출판한 '다른 공간들(Other spaces)'에서 나온 개념으로, 유토피아에 이의를 제기하려는 목적을 가진 공간이라는 의미[131]로 규정되었다. 위안을 주는 장소인 유토피아가 현실에 존재하지 않는 이상향이라면 헤테로토피아는 현실 속의 유토피아이다. 규율이나 체계, 통일된 사유로부터 도출되는 공간과 다른 이형(異形) 공간인 헤테로토피아는 쾌락과 판타지를 극대화하는 실재의 공간이자 위기와 일탈의 특성[132]을 지닌다. 푸코는 정원, 묘지, 감옥소, 사창가, 감옥, 휴양촌 등을 예로 들면서, 대표적인 곳이 식민지와 매음굴이라고 말한다. 이곳은 일상적으로 살아가는 세계와는 다른 이질적인 세계로 거기에 감으로써 완전히 다른 체험, 완전히 다른 의식을 가지게 되는 공간[133]으로 다른 모든 공간에 이의를 제기한다. 시공간의 무한한 확장 속에서 사회관계의 재구축을 지향하는 근대는 '재일체형'의 영락한 끝인 혼재향으로 자기를 둘러싼 막연한 존재론적 불안[134]을 갖는다.

헤테로토피아는 삶의 현장에서 파악할 수 있는 실재하는 장소이지만 완전한 일상의 공간이 될 수 없고, 그 자체로 생활세계를 의미하지도 않는 곳으로 유토피아의 이상을 투영하면서 동시에 대항하는 공간[135]으로 이해된다. 공간적 특징은 장소 없음과 분산된, 가깝고도 먼, 현존하면서도 부재하는, 일상과 정반대되는 역설적이고도 모순되는 공간이며 역사적으로 주변부의 조건에서 타자의 장소로 인식되는 곳, 차이공간이면서도 차이를 통합하여 유토피아를 출현시키는 공간[136]이다. 모스크바나 파리를 체험할

설명한다. -미셸 푸코, 이상길 역, 『헤테로토피아』, 문학과지성사, 2014, 12쪽, 26쪽, 101쪽.

131 김분선, 「자기 배려 주체의 공간, 헤테로토피아」, 『근대철학』 제10집, 서양근대철학회, 2017, 107쪽.

132 위의 논문, 108~109쪽.

133 이영희, 「헤테로토피아로서의 조선인부락: 이카이노」, 『일본어문학』 제75집, 일본어문학회, 2016, 77쪽.

134 마루타 하지메, 박화리·윤상현 역, 『'장소'론』, 심산, 2011, 259~260쪽.

135 김분선, 앞의 논문, 109쪽.

136 김미경, 「상상계와 현상계 사이: 헤테로토피아로서의 하얼빈」, 『인문연구』 제70호, 영남대 인문과학연구소, 2014, 170~171쪽.

수 있는 공간인 하얼빈이나 일본 속에 근대 조선이 있고 남한과 북한이 혼재되어 있는 오사카 조선인부락 이카이노처럼 범주체계로서는 받아들일 수 없는 규칙체계가 존재하는 공간이고 이질적인 삶의 현장이 존재하는 공간[137]이다.

김동명 텍스트의 배경은 이국, 정원, 근대도시(서울), 매음굴, 감옥, 수용소, 피난지, 전쟁터 등이다. 문학에서 시공간은 주제의식과 연결되는 주요요소로 한국근대사의 한가운데에서 온몸으로 고통과 핍박, 독재와 부조리를 체험한 작가에게 편안하고 자유로우며 안주할 수 있는 공간은 주어지지 않았다. 이 글은 전원시라는 틀에 갇혀 바다, 하늘, 전원의 측면에서만 연구되어온 김동명의 문학공간에서 벗어나 헤테로토피아적 관점에서 살펴본다.

식민지의 절필, 해방공간의 정치적 암투와 투옥, 전쟁과 독재 등 감시와 숙청 위험으로부터의 월남, 전쟁피난 하에서 자유와 인권을 수호하려는 작가는 압제와 폭력의 공간에서 끝없이 탈주하였고 이를 작품 속에 형상화하였다. 일본제국, 자유당 정권, 공산당 정권 등 부정의한 독재권력에 대항함으로써 '국가가 없는 자가 포박된 정치공간의 구성을 위한 필수적인 내부 즉 내부에 존재하는 외부[138]였던 김동명은 다름, 저항, 위반의 원리를 지닌 헤테로토피아적 공간을 작품 속에 구현하였다.

3. 노스탤지어와 아토피아로서의 이국

유동하는 지식인의 삶을 영위한 김동명은 8살 때 어머니의 손을 잡고 강릉을 떠나 근대의 사상과 문물이 유입되는 개항항 원산으로 이주하였다. 소년은 교육열이 높고 적극적인 어머니에 의해 가난하고 희망 없는 산

137 이영희, 앞의 논문, 289쪽.

138 주디스 버틀러·가야트리 스피박, 주해연 역, 『누가 민족국가를 노래하는가』, 산책자, 2008, 25쪽.

골에서 원산, 홍남 부둣가로 터전을 잡는다. 1880년 개항하면서 도시화가 진행된 항구문화도시인 함경남도 원산항은 모래알이 곱고 가늘어 맨발로 걸으면 발아래 부드러운 마찰음이 들리는 명사십리 모래해변이 4km 펼쳐져 있어 시인으로서의 감수성과 상상력을 일으켰다.

노스탤지어에 대한 염원과 갈망을 갖게 된 작가는 외래종인 '파초'를 통해 타향, 타국에서 느끼는 고국, 고향에 대한 그리움을 떠올렸다. 강인한 모친의 교육열과 입신양명에 대한 소망은 김동명에게 영향을 끼쳤고, 문학하는 삶과 정치하는 삶의 길항을 가져왔다. 낭만적 목가적 성향과 현실비판적 사회참여적인 특성은 그의 삶과 문학을 형성하는 양면적 요소였다. 타국으로 옮겨져 뿌리내린 열대식물 파초는 넓은 잎을 드리우며 기후와 체질에 맞지 않는 추위와 고독을 이겨내야 한다. 일제강점기 조국과 고향상실에 처한 시인은 따뜻한 남국 태생인 파초가 추운 타국에 와서 견뎌야할 추위와 문화적 차이를 서정적으로 형상화했다.

> 祖國을 언제 떠났노,/芭蕉의 꿈은 가련하다//南國을 향한 불타는 鄕愁,/네의 넋은 修女보다도 더욱 외롭구나//소낙비를 그리는 너는 情熱의 女人,/나는 샘물을 길어 네 발뜽에 붓는다//이제 밤이 차다,/나는 또 너를 내 머리마테 있게 하마//나는 즐겨 너를 위해 종이 되리니,/네의 그 드리운 치마짜락으로 우리의 겨울을 가리우자.
>
> -〈파초〉(『파초』, 1938년 수록)

> 芭蕉, 알른구나……/나는, 한겨울/내 書齋의 憂鬱을 직혀 주던 너매/즐거운 봄을 맞으라고/내 花壇 한복판에/네 자리를 닦었더니/아아, 웬일이냐/사랑이 원수드냐/너는 드디어 病들었구나./나는 오늘에,/우리들의 슬픈 訣別을 생각하며/다시 너를 옴겨/내 寢臺 머리에 있게 하노니/내 곁에서 죽고 싶어하는 네 마음을/내 어찌 모르랴.
>
> -〈파초〉(『하늘』, 1948년 수록)

국가, 국민, 국적, 국경의 경계에서 벗어난 파초는 일생을 떠도는 시인의 시적 자아로 '밤', '차다', '겨울'이 의미하는 이주자로서의 혹독한 현실과 심리를 드러낸다. 파초는 핍박과 억압과 절망이 드리워진 식민지 현실하의 우리 민족이자 어린 나이에 고향을 떠난 시인 자신의 모습이다. 정주의 어려움을 통해 정착민이 되거나 공동체 구성원으로 인정받기 위한 노력과 고투가 얼마나 심했을지 두 편의 시는 말해준다. 일제강점기라는 시간과 식민지 현실은 전형적인 헤테로토피아의 세계이다.

두 번째 〈파초〉에서는 부적응 속에 죽어가는 파초에게 관심과 사랑을 주면서 따뜻하고 외롭지 않는 곳으로 옮겨보지만 지나친 애정 또한 문제일 수 있음을 깨닫는다. '파초' 이미지는 21세기 다문화사회로 진입한 한국사회에서 이주노동자, 결혼이주여성, 다문화가정 2세로 대변되며 그들을 대하는 태도를 암시한다. 시인은 파초를 위해 물을 부어주고 머리맡에 두지만 이주식물은 향수와 부적응으로 병들며 죽어간다. 문학과 현실, 낭만과 리얼의 균형을 잃지 않은 작가는 국민과 이주민 사이의 길항 관계에서도 해답을 제시한다. 시공간적으로 장소를 잃은 파초는 아토피아[139]를 앓고 있다. 파초를 대상으로 한 두 편의 시에서 표상되는 이주자는 객관적이고 편향되지 않은 시각을 지님으로써 타자의식을 갖는다. 따뜻한 지역에서 추운 이국으로 이주했으나 질병과 추위에 시련을 겪는 파초는 국가가 결핍된 식민지하 우리 민족과 고향을 상실한 근대인을 상징한다.

4. 자본주의적 근대도시, 서울·매음굴

강릉군수가 되어 금의환향하라는 어머니의 바람 속에 참의원, 대학교

139 atopia, 실향증을 의미하고, 그 자리에 어울리지 않음, 요령부득, 정체를 알 수 없음이라는 뜻을 가진 그리스어이다. 부정의 접두어 a와 장소 topia를 짜맞추어 원래는 있어야 할 장소에 없다=정상이 아닌 상태를 나타낸다. 아토피성 피부염이라고 할 때의 '아토피'도 아토피아에서 유래한 것으로, 요령부득의 병이라는 뜻이 있다. –마루타 하지메, 앞의 책, 260쪽.

수가 된 김동명은 체제친화적인 보수성향을 드러내기보다는 불의와 편견, 인권유린과 부정의, 불평등에 대해 늘 앞서 나가며 촌철살인의 정치평론과 현실비판적 문학세계를 구축했다. 이는 전후기의 문학적 변모로 이해하기보다는 처음부터 배태된 김동명의 신념이자 삶의 자세였다.

195,60년대 서울공간에 투영된 이미지는 대체적으로 부정적이고 비관적으로 표출된다. 1957년에 발간된 시집 『목격자』엔 세종로, 종로, 명동, 신촌동, 강남, 북아현동, 서울역, 미아리고개 등을 배경으로 한 일련의 시가 수록되어 있다. 시적 화자인 '목격자'는 공동체에 스며들지 못하고 관찰하는 외부자로서 전쟁 이후 서울의 근대도시문명을 날카롭게 포착한다. 보들레르의 시에 심취했던[140] 김동명은 프랑스 시인이 파리의 산책자로서 근대도시를 배회하며 도시풍경을 그린 것처럼 1950년대 서울풍경을 목격자로서 응시하고 관조하였다. 산책자는 시장의 관찰자이자 보행자의 얼굴에서 직업과 가계와 성격을 읽어낼 수 있다고 생각하는 환(등)상[141]을 갖는데, 김동명 또한 서울시민의 다양한 모습과 심리를 읽어낸다.

시 〈世宗路〉에선 "自動車의 물굽이를 건너는 市民의 꼴이/山토끼처럼 한양 처량한데/長官 車의 번지르르한 皮膚에야/무삼 罪 있으리"라며 가난하고 절망적인 시민의 생활을 살피지 않고 권력과 부를 드러내는 장관의 차와 비교하여 계층적 차별을 고발한다. 서구, 문명, 근대 지향의 서울은 자본주의적 성적 욕망과 권력이 지배하는 도시로 경쟁하고 싸우고 더러우며, 소매치기, 거지, 거간군, 늙은이가 살고있는 거리이다. 〈서울 素描〉에선 시인이 관찰하고 느끼고 생각하는 이 시기의 어둡고 절망적인 서울을 소묘한다. 파리를 산책하는 보들레르적 우울의 현대성이 자신이 경험한 자본주의적 군중[142]에서 비롯되듯이 김동명은 전후 불안과 혼란 속에 근대

140 "君(현인규를 말함)은 많은 藏書를 가지고 있어서 나는 언제나 빌려 읽을 수 있었는데 한번은 '보오드레르'의 〈惡의 꽃〉을 가져다 읽고 나는 어떻게나 感激했던지 책장을 덮는 즉석에서 〈당신이 만일 門을 열어주시면〉이라는 '보오드레르'에의 獻詩를 지었는데 이것이야말로 그 다음해(一九二三) 겨울에 開闢誌에 發表된 내 處女作品中의 第一篇이었던 것이다." –「나의 文學修業時代 回想記」 중에서

141 발터 벤야민, 조형준 역, 『도시의 산책자』, 새물결, 2008, 31쪽, 35쪽.

화되는 한 시대의 풍경을 쓸쓸하고 슬프게 채색한다.

> 쓰레기와 市長 閣下가/단판 씨름하는 거리//歸屬財產을 파먹고/구데기처럼 살이 찐 謀利꾼의 거리//어디 없이 널린 똥과 오줌과 가래침이 실은/貪官汚吏 못지않게 질색인 거리//소매치기 패도 제법/'빽'을 자랑한다는 거리//거지도 곧잘/中間派 행세를 하는거리//'감투' 市場은 여전히 흥성거려/거간군도 忠武路 金銀商 못지 않게 한몫 본다는 거리//늙은이들이 하 망영을 부려/주춧돌이 다 흔들거린다는 거리//일찍부터 슬픈 傳說을 지니고 있어/자래배 앓는 어린 아기처럼 얼굴이 노랗게 뜬 거리//그래도 삥 둘러 있는 遠近 山川의 이름만 거들어도/제법 멋들어진 古都란다
>
> -〈서울 素描〉

> 여기는/우리의 애기 '월街'//信用은 벌써/낡은 商術//'또어'가 열리기 전에/分針은 곳잘 뒷걸음질을 친다//푸른 煙氣를 사이에/常談은 蜃氣樓같이 神妙하고//작자는 태연히/32日을 約束한다//예서 女人을 다리고 茶房을 찾는 것은/심히 古風스러운 奢侈일러라
>
> -〈明洞〉

두 편의 시는 서울시와 중심지 명동거리를 재현한다. 이 도시는 옳지 못한 방법으로 자신의 이익만을 꾀하는 모리꾼, 금은을 팔고사는 금은상, 물건을 흥정붙이는 거간군 등 자본주의 욕망이 가득한 인간군상뿐만 아니라 소매치기, 거지, 늙은이 같은 사회적 약자조차도 빽이나 거짓말이나 비정상적 행위로 처세하는 속물근성으로 가득한 시민들이 우글거린다. 이들이 머무는 서울거리는 '씨름하는 거리'이자 '탐관오리 못지않게 질색인 거리'이며 '얼굴이 노랗게 뜬 거리'이다.

마지막 연에서 '그래도 제법 멋들어진 古都'라고 위안을 삼지만 시인에

---

142 정의진, 「발터 벤야민의 보들레르론」, 학술발표회, 한국프랑스학회, 2008, 95쪽.

게 서울은 진정성이 소멸되고 따뜻한 인간관계가 불가능한 도시로 비춰진다. 19세기 자본주의 도시 파리를 입체적으로 전유한 산책자는 관상학자이자 아스팔트 위에서 채집하는 자로서 파사주, 박물관, 기차역 같은 건축물에서 상형문자처럼 새겨져 있는 과거의 흔적들, 꿈과 무의식을 발굴[143]했듯이 김동명도 자신이 매혹된 프랑스 시인의 관찰자, 산책자의 시선으로 근대도시를 바라보았다. 수필 〈소매치기〉에서도 '아무런 무엇 하나 자랑할 것 없는 이 못난 서울'에 버스, 전차 승객 그리고 피난민과 시골양반들의 보잘 것 없는 보따리에 매달리는 좀스럽고 치사스러운 소매치기가 우글거리기에 인권과 자유가 부재한다고 도시공간을 묘사한다.

시 〈明洞〉의 명동지역은 미국 뉴욕 맨해튼에 위치한 국제금융시장의 중심지인 월(wall)가에 비유되면서 숫자와 속도로 진행되는 근대사회의 빠른 변화를 그려낸다. 그는 신용은 '낡은 상술'이 되고, 여성을 기다리는 낭만이란 '고풍스러운 사치'가 된 삭막하고 비인간적인 금융가가 된 서울거리를 한탄한다. 은행과 증권거래소가 몰려 있는 월 스트리트는 세계 자본주의 경제의 상징으로 돈이 지배하는 물질문화, 사회경제적 문화를 의미한다. 비서구 세계 입장에서 서구세계란 실제 장소가 없는 유토피아에 상응하면서도 근대화 담론을 통해 전해지는 터라, 거울에 비친 장소처럼 연장(extension) 없이 실재하는 이종공간[144]이다. 자본이 침투된 세속적이고 속물적인 근대도시는 '그 되비친 형상을 통해 자기 위상을 돌이켜 재구성하는 상대적 공간이자 반성적 공간'[145]이며, 유토피아와 디스토피아가 공존하는 헤테로토피아이다. 시인은 1950년대 서울을 혼란하고 불안정한 사회상 속에 인간성 상실에 대한 비판과 냉소, 안타까움[146]을 드러낸다.

이러한 도시에는 성적으로 대상화되고 상품화되는 카페여급, 양갈보,

---

143 이다혜, 「발터 벤야민의 산보객 Flaner 개념 분석」, 『도시연구』 제1호, 도시사학회, 2009, 111쪽.

144 장일구, 『경계와 이행의 서사공간』, 서강대출판부, 2011, 198~199쪽.

145 위의 책, 199쪽.

146 장은영, 「해설」, 『김동명시선』, 지식을만드는지식, 2012, 135쪽.

창녀들이 살고 있다. 거리의 여인들은 다방, 카페, 사창가, 홍등, 매음굴에서 감내하기 힘든 고단한 삶을 영위한다. 여성이자 매춘부이자 빈자인 몸파는 여성은 다중적 타자성을 지닌다. 시인은 일제강점기, 피난중, 전쟁통, 5,60년대를 살아가는 여성들의 삶의 질곡과 고통을 보면서 최하층 여성을 묘사한 〈娼女像〉(『하늘』, 1948에 수록), 〈양갈보〉를 발표했다.

길모퉁이에 버리운 듯 흩어저/스스로 밟히우기를 기다리는 꽃이란다//너머 輕蔑하는 눈으로 보지 마라/너머 苛酷한 이름으로 부르지도 마라//歷史의 罪를 지고 가는 어린 羊 떼가 아니냐/祖國 때문에 바쳐야 할 슬픈 犧牲이 아니냐//누구 저들 앞에 나아가 두 무릎 꿇을 者는 없느뇨/일찌기 '쏘-냐' 앞에서 그러던 '라스코리니코프'처럼 悽慘한 人類의 姿勢 앞에/市民으로서의 禮節을 다하지 않으려나//淑女 諸君! 그대들의 高慢한 눈초리의 生理를 위해서는/나는 이제 더 좋은 對象을 指示하리라//그대들이 아모리 蔑視한대도 침뱉는대도 失德이 아닐 수 있기는 다만/그대네 사랑방에 버티고 앉은 수염 달린 양갈보란다.

- 〈양갈보〉(『목격자』,1957년에 수록) 전문

위의 시는 역사와 시대와 조국의 희생양인 몸파는 양갈보를 도스토옙스키의 〈죄와 벌〉의 등장인물인 소냐와 라스코리니코프에 비유하면서 우리 민족의 현실을 보여준다. 1860년대 경제공황 시절 러시아 대도시 페테르부르크의 빈민가에 살던 소냐는 가족의 생계를 위해 매춘부가 되어 자신을 희생하지만 순결한 영혼의 소유자로 전당포 노파를 죽인 라스코리니코프를 회개시키고 자수를 권유하는 구원의 여성이다. 일제강점기의 카페여급, 카바레댄서, 기생, 홍등가 여성들은 가족을 위해 성노동에 투신했고, 50년대의 양공주, 70년대의 일본기생, 2000년대의 결혼이주여성에 이르기까지 가부장제하 여성타자의 희생은 지속된다.

그녀들이 머무는 유흥업소와 매음굴은 '나머지 현실이 환상이라고 고발하는 환상을 만들어내며, 환상의 힘만으로 현실을 흩뜨리려고 들 만큼 충분히 미묘한 혹은 교활한 헤테로토피아'[147]이다. 서비스 성산업에 종사하는 그녀들은 '아케이드 양편으로 늘어서 있는 상품의 환등상(phantasmagoria)에 현혹되는 상품'[148]으로 배치되고 기능한다. 근대적 환등상 경험은 매료시키는 동시에 무의식 중에 불안과 권태, 우울을 동반[149]하는바 거리, 기차, 창문에서 스케치하며 거리를 두고 관조하는 작가의 의식에도 반영된다. 시 〈세종로〉의 "'金蘭' 아가씨야, 따끈히 茶를 다려라/잠간 네 품에 안기자 나비처럼 쉬어 갈란다"나 〈빠-강남〉의 '상형문자의 숲속'인 서울은 정들일 수 없는 장소상실, 비장소의 근대공간이다.

5. 에코토피아와 유토피아로서의 정원

김동명 문학 전체를 관통하는 자연, 산들, 전원, 뜰(정원)을 향한 유토피아 지향은 그만큼 휴식처와 안식처가 없었음을 의미한다. 전원파 시인의 전원 지향은 일제 군국주의가 극에 달했던 당대 현실에 대한 혐오의 표현이자 이러한 현실로부터 벗어나고자 하는 욕망의 표현[150]이었다. 현대인의 고향 상실과 피식민지민의 조국부재라는 부정적인 현실 속에서 상처를 치유하고 귀의할 수 있는 공간이 절실했던 것이다.

정원에 대한 생태주의적이고 낭만주의적인 식물적 상상력은 유토피아적 지향과 토포필리아에 대한 작가의 공간적 특성을 갖게 했다. 그는 자신이 살았던 원산과 서울 집에 꽃밭을 만들어서 가꾼 화초와 나무를 가족처럼 대했다. 시와 수필의 제목인 〈오랑캐꽃〉, 〈라일락〉, 〈백합화〉, 〈무궁화〉, 〈해당화〉, 〈장미〉, 〈접중화〉, 〈수양〉, 〈향나무〉, 〈오동〉, 〈다래넝쿨〉,

---

147 미셸 푸코, 앞의 책, 24쪽, 26쪽.

148 이다혜, 앞의 논문, 110쪽.

149 나병철, 「근대적 환등상 경험과 비동일성의 미학」, 『한국현대문학연구』 제49권, 한국현대문학회, 2016, 37쪽.

150 최명국, 「1930년대 전원파의 상실의식과 귀거래의식」, 『한국문학이론과 비평』 제69집, 한국문학이론과비평학회, 2015, 419쪽.

〈싸리〉 등 『정원기』 1,2의 작품들은 그의 문학에서 식물(꽃, 나무)이 차지하는 비중을 알게 한다. 한곳에 머물고 이동하지 않는 꽃나무들은 정착을 갈구하는 작가 자신을 대변하기에 유토피아로서의 에코토피아인 정원으로 형상화했다.

그러나 전원 지향은 일제 군국주의가 극에 달했던 당대 현실에 대한 혐오의 표현이자 이러한 현실로부터 벗어나고자 하는 욕망의 표현이자 부정적 현실인식 태도에 바탕하고 있는 것[151]으로 김동명의 경우도 예외는 아니었다. 일상, 정치, 인간에 대한 불신과 염오, 환멸을 드러낸 작가는 가족으로 은유되는 나무와 꽃, 풀이 머무는 정원을 가꾸고 사랑을 베풀며 위로와 안식을 구했다.

김동명 문학의 특징 중 하나인 노스탤지어와 토포필리아는 한곳에 뿌리를 내리는 꽃과 나무라는 식물적 상상력과 이동성과 정착지를 통한 문학지리적 공간적 상상력에서 비롯된다. 식물은 가족이나 식구의 개념으로 표상되거나 시인 자신으로 동일시된다. 강원 출신 작가에게서 자주 나타나는 생태의식에 기반한 에코문학은 김동명에게서도 발견되는 특성으로 폭력적이고 인권유린적이며 억압적인 현실에서 벗어나 일탈하고 탈주하는 공간이 유토피아로서의 정원이다. 에코토피아는 귀의처이자 상처를 치유하는 곳이며 식민지, 분단, 전쟁, 근대자본주의, 인간으로부터 고통받거나 절망할 때 피신하는 안식처이자 휴식공간이다. 그러나 김동명의 자연은 도시 속의 전원이라는 점에서 헤테로토피아적 속성을 지닌다.

시 〈나의 뜰〉의 "나의 뜰은 나의 즐거운 조그마한 家庭이요./나는 내 삶에서 오는 고달픔의 많은 때를 여기서 쉬이오./울 밑에 몇 포기의 꽃과 나무, 그리고 풀과 벌레들은 나의 兄弟요."에서처럼 시적 자아는 현실에서의 고달픔을 자신의 뜰에서 쉬겠다고 읊조린다. 정원의 꽃, 나무, 풀, 벌레는 형제이고 가족이며 '하늘', '아침', '흰구름', '아침'과 같은 밝고 긍정적인 시공간과 어우러진다. 자연=유토피아=기쁨, 위로, 자유로움, 현실=디

151 위의 논문, 419쪽.

스토피아=고달픔, 억압, 고통으로 이분법화되면서 시인은 인생역정과 시대적 아픔을 식물을 가꾸고 사랑하고 돌보면서 극복하였다.

> 잘 지은 집이긴하나 정원이 없을 때, 나는 그 집 주인을 輕蔑한다. 집은 비록 대수롭지 않을망정, 아름다운 정원을 지녔을 때 나는, 그집 주인이 여간내기가 아님을 感心한다. 가령 아무리 豪奢를 누린 집이라 하드라도, 그 집에 정원이 없을 때엔, 마치 아무리 富裕하고도 和樂한 家庭이라 하드라도, 膝下자녀를 못가진 거나 마찬가지로, 어딘지 모르게 쓸쓸하고 허전함을 느끼게 하지 않던가? 서울土배기들이 언제부터 배운 버릇인지, 집이라곤 매양 옷장 짜듯이 꾸미되, 그나마 바람 한 점 못 통하게 입구(口)字로 둘러 막아 놓고, 손바닥만한 뜰마저 洋炭가루를 이겨 붙쳐서, 풀 한 포기 얼씬 못하게 만들어 놓고 사는 꼴을 보면, 내 가이 콱콱 막힐 지경이다.
>
> – 수필 〈庭園〉(『세대의 삽화』) 일부

> 꽃이 피면 나는 벌과 나비를 만날 수 있어 더욱 좋드라. 나는 花壇 앞에 설 때, 마음의 한쪼각은 언제나 벌과 같이 떠난다. 달밤에 花壇 앞을 거니는 것은 惜別한 맛. 나는 앞 뜰 十五메터를 몇 十番이고, 마치 時計錘처럼 왔다 갔다 하기도 하고, 또 연자마 말처럼, 앞뒷 뜰을 빙빙 돌아 가기도 하며 밤과 달 혹은 별과 꽃을 즐기기도 한다. 花壇에 꽃만 피면. 나는 一年 열두 달을 혼자 있어도 외롭지 않을 것 같다. 아아, 그러던 花壇을 十年만에 가져보는 기쁨이여!
>
> – 수필 〈花壇〉 일부

수필 〈정원〉과 〈화단〉에서는 유토피아를 지향하는 작가의 심리와 공간성이 드러난다. 아가, 여대생, 아가씨, 가족들, 형제로 의인화된 화초들은 지친 심신을 위로하고 안식을 구하는 대상들이다. 월남 이후 정착한 서울생활에서도 김동명은 서울사람들과의 문화적 차이를 발견하고, 이의를 제기한다. '서울土배기'가 아닌 뜨내기이자 이방인으로서 자신을 인식하는 작가는 건축물인 집의 치장보다는 정원을 중시하며 양탄가루로 풀의 성장을 막는 도시문화를 갑갑해 한다. 콘크리트, 높은 담으로 경계 짓는 도시적 삶과 달리 도시 안의 자연을 구축한 작가는 에코토피아로서의 유토피아를 지향하는 낭만주의적 사유를 갖는다.

6. 디스토피아로서의 감옥, 수용소, 피난지, 전쟁터

1946년 함흥학생의거로 인해 구속되고, 김일성 일당과 소련사령부 최용건에 의해 출당을 통보받고 월남하는 과정에서 감옥, 수용소에 갇혔다가 출옥한 경험이 있는 시인은 〈옥중기〉 1,2,3을 발표한다.

> 널바닥 위에 두 무릎 꽇으고/端正히 앉었다.//進駐軍의 威勢에/"法마저 行方不明이 된 오늘날,//누가 이 華麗한 客室로/나를 인도하였느뇨./主人 없는 손이기로 더욱/무시무시해지는 밤,//想念은 壁에 부디쳐/날개를 알른다.
>
> \- 〈옥중기1〉(『삼팔선』, 1947에 수록)

> 캄캄하다/深海에 사는 魚族인 양/視力을 잃었나 보다.//마음은 想念의 바닷가에/難破한 배 쪼각.//꿈도 化石인 양/曲調를 잃었나니,//푸른 하늘마저/이렇듯 아쉬울 줄이,/별은 더욱 멀어……//騷音은/멀리 들려오는 波濤 소리처럼,/아아 눈보다는 귀가 고맙구나.//어두움 위에 사겨 지는/"죽음"의 浮彫,/娑婆는 壁 한 겹일다.
>
> \- 〈옥중기2〉(『삼팔선』, 1947에 수록)

외국군대의 주둔 하에 양분된 한국사회는 법, 인권, 윤리마저 무너지는 극한상황이기에 차라리 감옥이 '화려한 객실'이라고 자조적으로 말한다. 시적 자아는 '밤', '컴컴', '죽음', '어두움'과 '꿈', '푸른 하늘', '별'을 대비시켜 절망과 암흑 같은 시대를 극적으로 이미지화한다. 시력도, 마음도, 꿈도 잃은 화자는 벽을 사이에 두고 풍전등화에 놓인 우리 민족의 예측할 수 없는 운명을 '난파한 배 조각' 혹은 '별은 더욱 멀어'라고 표현한다. 암흑기를 지나 해방이 되었지만 좌우익 이데올로기 속에 혼란스러운 정국을 맞이하는 고난과 시련이 지속되고 있음을 감옥공간에서 성찰한다.

> 해 질 무렵이다/여석들은 例의 버릇대로 쌀섬에 비스듬이 기대어 휘파람을 불고 있다./이만때면 女人들은 約束이나 해 두었던 듯이 鐵栅 밖으로 모여 온다./여석들은 싱글벙글 웃어 보인다/여편네들도 假花처럼 寂寞한 얼골이 웃음을 지어 보인다./여석들은 짐짓 無表情한 얼골로 딴전을 부려 본다./여편네들은 이래서는 안 되겠다는 듯이 돌연히 秋波의 集中射擊을 퍼붓기 시작한다.//허나 이것은 누구의 살이 먼저 과녁을 마치느냐는 問題가 아니라/누구의 살이 먼저 저 自身의 心臟을 뚫으느냐는 승강이리라./불꽃을 날리는 愛嬌의 競演이 실은/靈魂의 嗚咽보다도 오히려 더 비창함은 이 까닭이 아닐까…./드디어 幸運의 女人들만이 디오니소쓰의 가슴으로 부름을 받는다.//이윽고,/시꺼먼 도로꼬 안으로부터 기어 나리는 女人들의/엽구리에 쌀자루를 낀 채 비틀거리며 鐵栅을 넘어,/夕暮의 거리로 살아지는 뒤ㅅ모습,/아아 "恩讎의 彼岸"일다.
>
> - 〈避難民2-H 停車場 倉庫 모퉁이에서 展開되는 光景〉(1946.3)

이 시는 1946년 3월 정거장이라는 구체적인 시공간이 제시됨으로써 리얼리티를 확보하며 남자고객을 상대하는 매춘여성들의 애교경쟁이 이루어지는 고달픈 삶의 현장을 그린다. 시인 앞에 펼쳐진 성이 매매되는 현실을 "은수의 피안"으로 설정함으로써 '해방의 기쁨보다는 자괴감과 자책감으로 얼룩진 소시민적 지식인들의 고뇌를'[152] 드러낸다. 수기집 『暗黑의 章』의 〈恩讎의 彼岸〉에서도 北滿 혹은 咸北等地에서 지옥에서나 볼 수 있을 듯한 처참한 모습을 한 日本避難民의 行列을 목도하는 시인은 측은지심을

152 장은영·남승원, 「김동명 시에 나타난 장소의 시적 형상화」, 『어문연구』 제39권, 한국어문교육연구회, 2011, 392쪽.

갖는다. 소련군인의 약탈과 겁탈 대상인 머리를 박박 깍은 女人과 아낙네의 비명을 김동명은 현실이 아닌 피안으로 표현한다. 작가의 인간이해는 국적, 성별, 빈부를 뛰어넘는 인간 자체에 있다.

김동명의 삶의 위기는 한국근현대사의 질곡만큼 자주 찾아왔는데, 《월남기》와 《어두움의 비탈길》은 생생한 수기를 담은 증언문학이다. 1947년 8월의 약 8일간의 기록인 《월남기》는 죽음을 담보로 한 탈출기로 공산당에 잡히지 않기 위해 이름을 바꾸거나 피난민이 아닌 정주민인 척 위장하기도 하면서 역전이나 검문소를 통과하는 아슬아슬한 탈주과정을 섬세하게 그린다. 해방기 이데올로기의 첨예한 혼란과 갈등 속에서 법의 보호에서 벗어난 우리 민족들은 기회주의적이고 속물적이며 비정한 모습을 드러내었다.

작가는 시와 산문을 통해 전쟁의 발발과 그로 인해 아비규환이 된 상황을 관찰자의 시선으로 생생하고 리얼하게 기록하였다.

> 때는 1950年 6月 27日 한낮/여기는 梨花高地//가쁜 숨을 돌리며 帽子를 벗어든다/잘 있거라, 202號! 나의 '센트 · 헤레나'島!//나무잎 물결 속에 눈부신 흰 살결,/오, 女王이여! 누가 그대를 지키려나//내다보니 天王堂 검은 尖塔이 가슴에 槍날인 양/罪? 누가 이은 遺業이뇨//오호, 運命의 都市여! 너는 듣고만 있을 테냐?/저 사나운 짐승모양 울부짖는 砲聲을!//떠나지 않으련, 모도들 떠나지 않으련?/아가야 가자 어서 江을 건너자!
>
> – 〈출발〉(『목격자』, 1957 수록)

> 나는 窓門을 활짝 열어젖히고/傲然히 앉어 바라본다//굽이쳐 흐르는 한가람이/오늘은 어인 일 자꾸만 슬프구나//'레디오'가 그렇게까지 몸부림치며 매달리건만/그래도 뿌리치고 떠나는 市民도 있나보다//어느새 長蛇陣을 이룬 避難民의 行列이/비에 젖으며, 적으며 간다//성난 짐승모양,/敵의 砲門은 더 가까이 짖어 대는데//江 건너 마을의/輝煌한 불빛이여!//이윽고 '헨 · 라일의 물결,/아하 쏟아져 내닫는 自動車의 奔流!//'풀 · 스피드'로 달리는 自動

車·自動車·自動車·自動車....../百千 瀑布 한꺼번에 쏟아지는 듯!//아홉 時-열 時-열한 時-열두 時-한 時-한 時半-/밤이 깊어 갈수록 自動車의 奔流는 더욱 凄烈하다//누가 人道敎 車道를 요 꼴로 設計하였더뇨/달리는 마음의 焦燥로움이 눈에 겨웁다//아모러나 '歷史'는 드디어 無事히 避難하지 않었느냐/요행 한가람은 밤비에 가려 보이지 않는다//나는 窓門을 활짝 열어젖히고/傲然히 앉어 바라본다.

-〈目擊者〉(『목격자』, 1957 수록)

한국전쟁 한가운데서 일어나는 피난장면을 다룬 두 편의 시에서 서울은 '운명의 도시'로 포성이 울리고 적의 포문이 가까워지는 공포와 살육과 죽음과 초조함이 드리워진 공간이다. 피난민과 자동차의 행렬 속에서 시인은 창문으로 이를 관망하며 시를 쓴다. 목격자이자 증언자인 시적 화자는 눈앞에 펼쳐진 생생한 현장을 사실적으로 묘사한다. 또다시 거주지를 떠나야하는 시인은 다가올 불안하고 위태로우며 예측할 수 없는 전쟁의 한가운데서 떠날 차비를 하며 거리의 수많은 인파와 차들의 행렬을 목도한다.

《어두움의 비탈길》은 전쟁 발발 이후 서울에서 부산까지의 여정을 그린다. 피난길에 올랐던 작가는 피난민의 애환과 비애, 슬픔과 함께 바닥까지 드러나는 잔인하며 이기적인 비인간성으로 인간임을 포기하는 순간을 겪을 때마다 지식인으로서의 심적 갈등과 번민[153]을 느낀다. 불확실한 소문과 풍문이 만연하고 정부조차 믿을 수 없는 상황에서 사람들은 아비규환의 생존본능으로 기차안이든 거리든 한강다리든 아수라장의 무질서와 혼란을 겪는다. 욕설과 분노를 폭발하며 시국을 성토하는 작가는 군수뇌부가 보여준 비도덕성과 무책임함에 좌충우돌하는 우리 국민의 처절하고 신산한 피난과정을 생생한 증언으로 기록한다.

---

153 졸고, 「김동명 산문에 나타난 타자지향성과 디아스포라의식」, 『김동명문학연구』 제1호, 김동명학회, 2014, 137쪽.

> 우리는 이날 밤 밤늦게 또 이집을 찾아들어온 한강을 건너서자 그 엄청난 혼잡속에서 그만 남편을 잃고 하는 수 없이 친정이 있는 전라도로 가노라는 여인을 만나서 한강가에서 벌어졌더라는 가지가지의 비극의 목격담을 소상히 들을 수 있었다. 이른바 아비규환의 생지옥이란 바로 그런 것이리라 싶었다. 여인은 말하는 것이었다. 강을 건너려고 헤매던 중 어디서는 별안간 '땅' 소리가 나기에 둘러 보니 같은 모래바닥에 서서 배를 기다리던 청년이 뒤통수에 총알을 맞고 쓰러지더라는 것. 그리고 또 어디서는 강을 헤어 건너던 사람이 놈들이 쏘는 총알에 맞아 붉은 피로 강물을 물들이며 떠내려가던 꼴이란 차마 못 보겠더라는 이야기 등등
>
> -『어두움의 비탈길』 중 〈피난길〉 일부

작가는 콩나물시루 같은 차에 타기 위해 체면이나 예의 따위가 무색한 동물적 본능만 남아 자기와 가족만 살겠다는 이기주의에서 벗어나지 못하는 피난 여정을 '벌레같은 인생'이라고 말한다.《단테》의 지옥편에 나옴직한 고달픈 자세로 서로를 경계하고 의심하는 '수난의 세대를 지고가는 겨레의 고된 모습'을 담는다.

월남기와 전쟁피난기는 전쟁이나 전체주의적 이데올로기가 작동하는 악이 발현하는 시기로, 온전한 법적 지위를 상실한 벌거벗은 생명 즉 조에[154]로서의 삶이다. 감옥과 수용소는 예외상태가 규칙이 시작할 때 열리는 공간[155]으로 사람들은 그저 생명현상의 덩어리로 환원해 법적 정치적 단위에서 배제[156]되어 억압받고 살해당한다. 김동명은 시집 『진주만』에 수록된 일련의 전쟁시들과 월남기, 피난기 등의 수기 및 증언문학을 통해 디스토피아를 재현하였다. 아름답고 서정적인 초기시뿐만 아니라 전쟁의 살육과

---

154 아감벤은 벌거벗은 생명인 zoé와 정치적 삶인 bíos를 분리해 자연적 physical 존재와 법률적 실존으로 구분한다. 조에는 오늘날 망명 신청자, 난민, 뇌사자 같은 형태로 존재하며 법적 권리를 보장받지 못하는 사회적 배제 과정에 직면한 사람들을 말한다. -토마스 렘케, 심성보 역, 『생명정치란 무엇인가』, 그린비, 2015, 94쪽, 104쪽.

155 위의 책, 97쪽.

156 위의 책, 95쪽.

참상, 파시즘이 낳은 독재와 압제, 인간 이하의 조에적 상태를 지켜보고 체험한 작가는 현실공간의 고통과 고뇌를 작품으로 구현했다. 초허의 작품은 도농을 막론하고 폐허와 혼돈, 인간의 죽음, 암흑의 세계, 전쟁에 대한 허무감과 비탄의 요소들 그로 인한 참혹한 상처들, 무참히 희생된 사람들에게 보내는 연민과 슬픔의 노래를 형상화[157]했다. 김동명 텍스트에 등장하는 피난민, 몸파는 여성, 빈자, 월남민들은 소속집단으로부터 분리되고 버려져서 국가적 정체성이나 사회적 주체성이 유예된 비체(abject)[158]이자 호모사케르(homo sacar)이다.

7. 김동명 문학공간의 함의

김동명의 문학공간은 주로 바다, 하늘, 전원 위주로 고구되어왔기에 그의 문학공간의 다양성을 살펴보고 이를 헤테로토피아적 관점에서 분석하였다. 유토피아와 빗대어 현실에 존재하면서 불안, 시간성을 특징으로 하는 헤테로토피아는 식민지, 이국, 근대도시 서울, 매춘굴, 감옥, 피난지, 전쟁터로 설정된다. 유토피아, 디스토피아, 에코토피아적인 특징과 더불어 김동명 문학공간은 토포필리아와 노스탤지어적 속성을 내포한다. 1900년생인 김동명은 20세기 근대인 식민지, 해방공간, 전쟁, 분단, 독재를 온몸으로 겪으면서 자유, 평등, 인권을 추구하고 자신의 몸을 편히 누일 공간을 갈망하였다. 한국의 근현대는 억압과 절망과 고통과 가난이 점철된 헤테로토피아적 세계이다.

---

157 심은섭, 『한국현대시의 표정과 불온성』, 푸른사상, 2015, 109쪽.

158 정승훈, 「세월호와 영화 속의 배: 유토피아, 헤테로토피아, 아토피아」, 『문화과학』 제81호, 문화과학사, 2015, 350쪽.

문학공간	이국/남국	정원(뜰, 화단)	1950년대 서울	감옥, 피난지, 전쟁터
함의	헤테로토피아, 아토피아	유토피아, 에코토피아	헤테로토피아, 근대도시	디스토피아, 해방공간, 전후공간
시적 자아, 서술자	이주민, 이방인, 디아스포라	정주민, 뜨내기	도시민, 목격자, 산책자	피난민, 망명자, 월남민
이념 및 상징성	노스탤지어, 다문화적 사유	낭만주의, 리리시즘, 생태주의, 토포필리아, 자연친화	자본주의적 근대, 현실비판, 물질적 성적 금전적 욕망	생명정치, 학살의 현장, 인간성 상실, 인권유린, 벌거벗은 생명
문학장르	다문화문학, 민족문학	서정문학, 생태문학, 환경문학	도시문학, 리얼리즘 문학	냉전문학, 전쟁문학, 수기문학, 월남문학
대상작품	시 〈파초〉1,2	시 〈나의 뜰〉, 〈정원기〉1,2, 〈정원행〉, 수필 〈정원〉, 〈화단〉	시집『목격자』(1957) 서울풍경 연작시, 수필 〈소매치기〉, 〈동대문과 취객〉	시 〈옥중기〉1,2,3, 〈피난민〉1,2,3,4, 수필 〈은수의 피안〉, 수기집『월남기』,『어둠의비탈길』,『암흑의 장』

두 편의 시 〈파초〉는 외래종, 이국종인 열대식물이 조선으로 옮겨지면서 다른 환경에 적응하기 위한 디아스포라적 운명을 조국과 고향을 잃은 시인 자신으로 대입하면서 내부 속의 외부자였음을 인식한다. 이국(타국)에서 정주해야 하는 파초의 슬프고 고독한 삶은 피식민자인 우리 민족의 모습이기도 하다. 시집『목격자』에 실린 서울 풍경의 연작시들은 목격자, 산책자, 이방인의 시선으로 거지, 매춘부, 부패한 정치가가 득실거리는 근대자본주의 공간을 그린다. 돈과 권력, 성욕이 지배하는 근대도시는 뉴욕 월가나 〈죄와 벌〉의 소냐가 사는 공간으로 비유되며 금융의 위력이 지배하고 사랑과 같은 진정한 가치가 훼손된 사회이다. 다방, 유흥가, 거리에서 성적 서비스를 해야 생계를 유지하는 여성은 대표적인 타자로 작가의 시선에 포착되는 인물이다.

뜰, 정원, 화단은 김동명 문학의 주요공간이지만 도시와 유리된 자연, 전원이 아니라, 도심 속의 위안처, 안식공간이라는 점에서 헤테로토피아적 속성을 지닌다. 현실감각과 예술인식을 동시에 지닌 작가는 꽃과 나무을 기르며 자신만의 유토피아를 갈구하고 실현한다. 감옥, 수용소, 피난/탈출공간, 전쟁터는 시인의 삶이 얼마나 고통스러운지를 잘 보여주는 디스토피아이다. 김동명 문학공간은 초기시의 배경인 자연과 전원으로만 국한할 것이 아니라 후기작을 포함하여 총체적으로 인식할 때 진정한 김동명의 문학적 평가가 도출될 것이다.

5장
김동명문학관과 로컬리티

1. 로컬리티와 강원(강릉)정체성

지역자치제와 글로컬리즘은 로컬을 재발견하고 창안하며 정립하는데 관심을 갖게 했다. 일제강점기와 분단을 거쳐 산업화한 한국사회는 강력한 중앙집권제를 형성하면서 지방을 타자화했다. 1960~70년대의 지역식민화는 한국의 성장과 발전의 효율성을 고도화하기 위해 서울을 특권화하고 지역을 생산, 종속적으로 배치[159]함으로써 지역의 열패감을 가져왔다. 본격화된 개발독재는 서울인구증가를 가져왔고 서울-지방 위계를 더욱 강화시켜 극심한 지역간 불평등과 지역갈등으로 인한 내부 식민지화[160]가 되었다. 근대성과 서울, 도시 건설과 현대인과 서울시민 되기는 '로컬이 가지는 국가 내지 중앙에 대한 종속적 위치'를 가져왔고 '국가나 중앙의 통제장치에 철저히 복속시키는 시스템의 형태에서 발현되는 위계적 로컬리티'[161]를 특징으로 한다.

지방 식민지는 지자체 시대의 개막, 시민의식의 확장, 포스트모더니티를 배경으로 주체와 타자라는 이분법적 구도에서 벗어나기 시작했다. 시공간의 압축으로 국경을 넘나드는 지구촌사회는 포스트모더니즘과 맞닿으면서 국가와 민족, 가족단위의 공동체가 엷어지게 되었고 국가단위보다

159 김옥선, 「1960~70년대 한국소설에 나타난 지역 식민화 연구」, 경성대 박사학위논문, 2015, 4쪽.

160 강준만, 『지방식민지 독립선언: 서울민국 타파가 나라를 살린다』, 개마고원, 2015, 34쪽.

161 류지석, 「로컬리톨로지를 위한 시론」, 『로컬리티, 인문학의 새로운 지평』, 혜안, 2009, 26쪽.

는 도시단위로 이해하게 되었다. 국가, 중앙보다 장소성을 구성하는 우리 이웃과 주민들과의 교류와 문화적 공감이 중시된 것이다.

서울, 경기지역으로 한정되는 중앙에 대한 차별의식은 용어[162]에서도 비롯되는데, '지방'이라는 단어에 타자적 요소가 내포되었기에 중립적인 '지역'으로 쓰이다가 최근에는 '로컬'로 보편화된다. 각 지역은 특수하고 개별적인 로컬정체성과 로컬문화를 조성하기 위해 문학관을 설립하며 지역축제를 제안하였고, 그밖에도 문인생가 복원, 지역 출신 문인 발굴, 공원 조성, 문화활동 등 지역 특유의 정신과 사상을 정립하고자 노력하였다. 부산 출신 이주홍이나 강릉 출신 심연수 작가의 최근 연구는 이를 증명한다. 그러나 오랫동안 피해의식을 지닌 로컬리티는 '지역이기주의나 보수주의로 회귀할 위험'[163]이 있으며, 문학관을 통해 발견된 '지역'은 종종 중앙과 대비되고, 중앙 집권적 헤게모니에 대한 비판으로 이어지지만 한편으로는 자의적으로 지역의 정체성을 구성한다는 비판과 더불어 또 다른 중앙을 형성한다는 지적[164]을 받는다.

지역정체성은 지역주민의 기질과 역사적 경험 및 기억, 지역사투리나 어법, 생활양식의 특징을 공유함으로써 구성된다. 전국적으로 가장 소외되고 존재감이 결핍된 강원도는 태백산맥 줄기를 기점으로 영동과 영서로 나뉘며, 그 지역적 특성도 매우 다르다. 대관령 동쪽에 위치한 영동은 관동으로 불리며 관서와 짝을 이루는 지명이다. 영서와 달리 영동지역은 산간, 바다, 평야를 모두 지닌 지형으로 문학적 특징도 영서문학과는 차이를 지

162 원어를 번역해서 쓸 때 모호하고 오해할 측면이 있는데, 가령 페미니즘 feminism을 여성주의, 여성해방주의, 여성중심주의라고 할 때 양성평등의 의미보다는 여성 우위 내지 역차별로 비쳐질 수 있으며, 미소기니 mysoginy 역시 여성혐오라고 번역할 때 다소 과격하게 이해될 수 있다. 이러한 용어 선정은 학자들의 고민이기도 한데 최근에는 단어에 딱 들어맞는 번역이 되지 않을 때 원어를 쓰는 경향이 많아지고 있고, 이에 대한 논의의 여지가 남아 있다.

163 이창남, 「글로벌 시대의 로컬리티 인문학」, 『로컬리티, 인문학의 새로운 지평』, 혜안, 2009, 132쪽.

164 조정민, 「발견된 '지역'과 만들어진 '문학관'을 넘어: 일본 홋카이도 시립오타루문학관의 시사점」, 『로컬리티의 인문학』 제22호, 부산대 한국민족문화연구소, 2011, 6쪽.

닌다. 양문규는 강릉, 영동지역의 문학적 특징을 통시적으로 고찰한바 봉건적 수탈과 저항의 무대(일제강점기), 분단현실의 허황함과 이산의 비극(해방후), 정치적으로 부수적 공간(민주화시기), 가족주의 가치를 간직한 '고향'의 공간(90년대 후반)[165]으로 보며, 남기택은 리리시즘(전통과 서정), 모더니즘(이산과 이주), 민족문학(분단, 탄광, 해양)[166]을, 이미림은 생태주의적 다문화주의적 특성[167]이 이 지역의 문학정체성이라고 설명한다.

이 글은 지역문학, 지역문인 연구가 상당히 진척되고 있으나 영동 강릉지역의 경우 고전문학 혹은 민속문화 위주로 진행되는바 김동명문학관을 중심으로 현대문학연구의 필요성과 중요성을 재인식한다.

2. 문학관 설립과 재현

지방분권체제에서 각 지역의 정체성을 정립하는데 지역 출신 문인과 이를 기리는 문학관 건립과 생가 복원이 활발하다. 1991년 목포의 박화성문학관으로 시작된 문학관은 2018년엔 74개로 늘어났다. 강원 소재 문학관만 해도 춘천의 김유정문학촌, 원주의 박경리문학공원과 토지문화관, 평창의 이효석문학관, 인제의 박인환박물관과 백담사 만해마을, 영월의 난고 김삿갓문학관 등이 있다. 특히 원주와 춘천, 평창의 박경리, 김유정, 이효석문학관은 랜드마크로 인식되면서 그 지역의 출신 및 거주 작가를 통한 도시브랜드가 향상되고 있다.

'자방자치제의 최고의 브랜드는 문화예술인'이듯이 전국의 도시들이 자기 도시를 상징하는 인물을 찾아내고 기념관을 짓는 등 브랜드화[168]하고

165 양문규, 「한국근대문학에 나타난 강원도: 강릉, 영동지역을 중심으로」, 『민족문학사연구』 제44권, 민족문학사학회, 2010, 52쪽.

166 남기택, 「강원 영동지역의 문학적 정체성 연구」, 『현대문학이론연구』 제45권, 현대문학이론학회, 2011, 105쪽.

167 졸고, 「생태주의와 다문화주의로 본 영동문학과 올림픽손님맞이」, 『인문학보』 제40집, 강릉원주대 인문학연구소, 2015, 79쪽.

있다. 일찍부터 유럽사회는 지역 출신 및 거주 예술가를 위한 문학관, 기념관, 박물관[169]을 조성함으로써 예술가 한 명이 도시 전체를 먹여 살릴 뿐만 아니라 품위와 교양과 예술이라는 도시이미지와 더불어 높은 경제가치가 발생한다. 마을 전체가 작가를 기념하기도 하고, 전시실, 창작교실, 숙박 집필실, 생가, 작품재현공간, 체험과 산책코스, 현장체험, 작가와의 대화 및 강연, 콘서트, 낭독공연 등을 통해 지역민에게 자부심과 소속감을 갖게 하며, 관광객이나 외부 손님들에게 문화와 문학으로서의 지역정체성을 각인시킨다. 지역문학 활동의 거점인[170] 문학관 보유는 정신적 물리적으로 마을공동체의 소중한 자산으로서의 의미를 갖는다.

지역문학 활성화의 새로운 차원을 여는 지역문학관은 자기 권역 내의 지역문학콘텐츠를 아카이빙하는 역할 수행, 레지던스 공간 제공을 통한 창작공간의 역할 수행과 문인과 시민의 교류와 소통, 새로운 커뮤니티 형성, 문학관종사자, 문인, 문인단체, 연구자, 교사, 문학동호인과 동아리, 문학지망생과 학생, 관심있는 시민, 출판편집자 등을 광범위하게 연결하는 네트워크의 허브로서의 기능, 시설과 공간을 통한 플랫폼으로서의 역할[171]을 담당한다.

주민과 가장 밀착된 공간으로 일년 내내 다양한 행사를 전개하며 전국적으로 방문하는 단체나 개인 수요가 많은 박경리문학공원(1999)은《토지》4,5부를 집필한 곳이자 작가의 생명사상을 생명도시 원주와 연계하며 장일순 사상가, 김지하 시인의 저항정신, 공동체의식과 관련된 문화도시 이미지를 부각시키고 있다.《토지》의 소설무대인 하동의 평사리문학관

---

168 한국문화기술연구소, 『문학관과 문화산업』, 단국대학교출판부, 2007, 21쪽.

169 일본의 료타로시바기념관, 세타가야문학관, 중국의 루쉰박물관, 영국의 셰익스피어마을, 아일랜드의 더블린작가박물관 및 제임스 조이스 센터, 프랑스의 빅토르 위고, 발자크, 에밀 졸라, 구스타브 플로베르 문학관, 이탈리아의 단테, 괴테박물관, 체코의 카프카박물관, 러시아의 도스토예프스키기념관, 푸쉬킨박물관, 미국의 마크트웨인, 에드거 앨런 포우 박물관, 캐나다의 루시 드 몽고메리박물관 등의 해외문학관이 있다. –위의 책, 315~321쪽.

170 나카무라 미노루, 함태영 역, 『문학관을 생각한다』, 소명출판, 2019, 17쪽.

171 조현성, 『거점형 문학관 도입 및 활성화 방안』, 한국문화관광연구원, 2018, 7쪽.

(2004), 작가의 고향 통영의 박경리문학관(2010)으로 분산 유치 경쟁을 하고 있으나 강원지역의 원주시는 박경리 이미지가 강하게 자리매김한다. 전국 최초 유일하게 이름을 붙인 김유정역과 고향 실레마을을 배경으로 〈봄봄〉, 〈동백꽃〉 등 스토리텔링을 통한 기념물의 설치와 현장체험학습 등 볼거리가 많은 김유정문학촌도 각광받고 있다. 메밀꽃과 연계된 이효석문학관도 전국적으로 성공한 관광지로 평가받으며 평창효석문학제는 연인원 2백만 이상이 방문하여 2019년 올해 문화체육관광부로부터 우수축제로 선정되었다. 강원도 소재 작가문학관과 축제의 성공은 산, 바다, 물, 별, 하늘과 같은 자연과의 친화와 타자인식을 바탕으로 한 서정적이고 낭만적인 문학의 깊이와 삶에 대한 사유에서 비롯되었다. 먼저 구축하고 정착시켜 다른 어느 지역보다 우수한 평가를 받는 강원도 소재 문학관과 문학축제를 통해 김동명문학관은 발전적인 운영과 생산적이고 로컬리티 특징을 잘 나타내는 프로그램을 조성해서 전국민이 사랑하는 김동명마을로 나아가야 할 것이다.

3. 김동명문학관과 지역이미지

공간과 달리 장소는 정치화되고 문화화된 개념으로 문화적 삶의 표식이자 매개체[172]이다. 인간, 문화, 환경을 통합하는 통찰을 보여주는[173] 장소감은 자아정체성과 장소정체성이 긴밀하게 밀접하고 있음을 말해 준다. 김동명문학관은 지역 출신 작가로서 이 지역의 문화와 고향의식, 생활양식을 대변해준다. 아름다운 바다, 호수, 산, 고개가 어우러진 천혜자연의 경관과 출중한 문인, 문화재와 전통생활양식을 보존한 강릉은 풍요로운 로컬과 민족주의적 장소감을 갖는다. 사라져 버리는 기억을 물질로 받쳐

---

172 존 앤더슨, 이영민 외 역, 『문화 · 장소 · 흔적』, 한울아카데미, 2013, 74쪽.

173 위의 책, 79쪽.

주는 불변의 버팀목의 장소[174]로서의 김동명문학관은 지역주민뿐만 아니라 한국근대문학의 상징으로 인식된다.

문향, 예향, 솔향의 도시 강릉은 신라의 범일국사, 김시습, 신사임당과 율곡 모자, 허균과 허난설헌 남매 등 고전문학이나 민속 위주로 보존된 문화도시, 인문도시 정체성을 지닌다. 그러나 이러한 이미지는 전통적 폐쇄적 역사적 이미지가 고착화됨으로써 과거, 보수, 전근대, 옛날과 같은 선입견을 갖게 하며 이효석, 김유정, 이태준과 같이 전국민이 사랑하는 걸출한 작가를 배출한 영서문학 못지않게 많은 작가를 보유한다. 근대시인 김동명문학관의 설립은 강릉근대문학의 대표성을 지니며 고전문학, 구비문학에 치우친 작품경향에 균형을 잡게 했다. 일년 내내 지역축제[175]가 끊이지 않고 전국적으로 관광객이 몰려올 정도로 관광명소[176]와 먹을거리, 특산품[177]이 많은데다가 여러 시인과 소설가, 드라마작가[178]를 보유하고 있는 강릉은 명실상부 문학을 대표하는 도시이다.

강릉 출신 작가인 윤후명의 문학전집 1권 『강릉』, 7권 『강릉의 사랑』에서는 임당동, 객사문, 임당동성당, 방파제, 동해바다라는 지형적 공간, 객사문, 마을을 수호하는 진또배기, 솟대의 새 형상, 단오제의 배경인 호랑이, 나무, 돌 모티프, 호랑이에게 물려간 처녀이야기, 〈헌화가〉의 수로

---

174 알라이다 아스만, 변학수 외 역, 『기억의 공간』, 그린비, 2011, 560쪽.

175 4월의 경포벚꽃축제, 복사꽃축제, 해살이 개두릅축제, 허난설헌문화제, 5월의 커피나무축제, 6월의 강릉단오제, 7월의 복동 마늘대축제, 강릉바다축제, 국제청소년예술축제, 경포여름바다예술제, 안인 노란 참가자미축제, 대한민국댄스페스티벌, 8월의 소금강마을계곡축제, 풍호마을 연꽃축제, 주문진해변축제, 9월의 강릉예술축전, 달맞이축제, 10월의 허균문화제, 소금강청학제, 주문진 오징어축제, 강릉커피축제, 대현 율곡이이선생제, 11월의 강릉한과한마당축제, 대관령옛길걷기대회 등이 있어 타지역보다 축제문화가 활성화되어 있다.

176 강릉지역의 볼거리로는 경포대, 경포호수, 오죽헌, 정동진, 커피박물관, 하슬라이트월드(피노키오미술관), 선교장, 참소리축음기/에디슨박물관, 허균/허난설헌기념공원, 소금강, 바우길 등이 있다.

177 한정식, 감자옹심이, 초당순두부정식, 한과, 커피 등 다양한 음식들이 있다.

178 시인으로는 황금찬, 최연희, 소설가로는 홍성암, 이광식, 윤후명, 서영은, 이순원, 김형경, 최성각, 김별아, 드라마작가로는 신봉승, 김은숙 등이 있다.

부인과 견우노옹, 전래동화 〈곶감과 호랑이〉의 동아줄 등 민속, 전설, 설화, 단오제, 관노가면놀이, 커피축제, 높새바람, 꽃샘바람, 너울성 파도, 바닷바람 등의 기후적 특색, 도치, 꽁치, 양미리, 감자, 고무치 등의 향토음식이 등장[179]한다. 이순원의 소설집 『말을 찾아서』에서도 강릉, 대관령, 우추리, 경포호수, 위촌, 시동, 봉평을 배경[180]으로 하며, 이광식의 〈범일국사〉에서는 단오제 배경설화인 무월랑과 연화, 범일국사 등 관련인물이 등장함으로써 지역정서, 지역문화를 지닌 공동체 구성원의 공감을 자아내는 등 지역 출신 작가의 작품 속엔 지역원형으로서의 로컬리티가 채색되어 있다.

김동명문학관은 2013년 7월 3일에 개관했으며, 시인의 고향인 강릉시 사천면 샛돌1길 30-2에 위치해 있다. 민족시인이자 정치평론가, 산문가, 대학교수, 참의원인 김동명을 기리기 위한 문학관은 소담한 규모의 1층 건물로 시 〈내마음〉의 호수와 돛단배를 형상화해 건축되었다. 건물 안엔 전시실과 세미나실이 마련되어 있고, 주변엔 생가와 언덕이 조성되어 있다. 전시실엔 시인의 자필원고와 시집 『하늘』, 『진주만』, 『목격자』, 『내마음』 초판본과 서재, 회중시계와 코트 등 유품들이 전시되어 있다. 세미나실은 문인들과 마을주민들이 다과와 차를 마시며 풍요롭고 다양한 행사들을 하는 장소로 꾸며졌다. 문학관의 기본업무에서 자료수집과 보존이 가장 중요한데 2017년엔 영원히 사라질 뻔한 첫 시집 『나의 거문고』를 원주에서 80여 년 만에 발굴하는 성과[181]를 가져오는 등 꾸준하게 초간본 작품집, 유품, 작가 관련 자료를 찾기 위해 노력하고 있다.

고증을 바탕으로 복원한 생가에서 시인은 8세(1900~1908)까지 생활했으며 수필집 『세대의 삽화』 중 대표작인 〈어머니〉에 등장하는 '코쿨'

---

179 졸고, 「윤후명 소설의 원형적 탐색: 전쟁과 호환 모티프를 중심으로」, 『한중인문학연구』 제59집, 한중인문학회, 2018, 24쪽.

180 졸고, 「이순원 여행소설 속의 타자화된 강원(영동)」, 『우리문학연구』 제42집, 우리문학회, 2014, 262쪽.

181 심은섭, 「초허 첫시집 〈나의 거문고〉 발굴에 따른 諸고찰」, 『김동명문학연구』 제5권, 김동명학회, 2018, 81쪽.

을 재현하여 당대의 생활상을 엿보게 했다. 현재는 사라졌기에 다소 생소한 코쿨에서 어머니에 대한 그리움이 나타난다. 김동명 언덕은 바다, 호수, 바람, 하늘, 별이 함께 하는 시심과 감성을 고양시킨 공간이다. 전반적으로 규모가 작고 소박하지만 상업적으로 보이지 않고 지역주민의 은근한 애정과 문학적 열정에 기반한 문학적 분위기를 잘 살려냈으나 시인의 물품이 적어 아쉽다. 북한과 서울에서의 행적을 통한 물품의 진열과 자료전시 등이 보충되어야 할 것이다.

최근에는 사천면 미노리에 위치한 김동명시비가 이곳으로 옮겨져 문학관, 생가, 시비, 언덕으로 조성된 김동명 문학세계를 한눈에 볼 수 있게 되었다. 이를 위해 강릉문단과 김동명학회, 사천면주민의 시비 이전 대책회의 등 각고의 노력[182]이 있었다. 그러나 1985년에 세워진 김동명 시비와 2013년 건립된 문학관의 크기와 규모는 차이가 있어 불균형해 보이는 반면 시기를 두고 하나하나 형성되어가는 역사적 기록의 의미를 지닌다.

김동명문학관 건립은 물리적 의미만큼이나 내용적으로 충실하게 프로그램을 실천하여 시문학을 사랑하는 지역주민에게 영혼의 울림과 로컬리티 감성을 북돋았다. 또한 1930년대를 대표하는 김동명 연구가 그가 남긴 업적에 비해 지나치게 빈약하였는데[183] 문학관 건축과 발맞추어 김동명학회[184]의 논문들이 축적되고 있다. 전기문학, 시문학, 대표작 중심의 문학연구가 후기시문학, 수필문학, 정치평론의 범주까지 나아가면서 김동명

182 심은섭, 「김동명 시인의 시비(詩碑) 시비(是非)론」, 강원도민일보, 2017.11.6.

183 김동명 문학은 현재까지 박사학위논문 1편, 석사학위논문 7편이 나왔으며 연구목록은 다음과 같다. 박무화, 「김동명의 시문학」, 경희대 석사학위논문, 1977, 강석호, 「김동명의 시세계」, 연세대 석사학위논문, 1981, 엄창섭, 「초허 김동명 문학 연구」, 성균관대 박사학위논문, 1986, 송영순, 「김동명시연구」, 성신여대 석사학위논문, 1990, 권순인, 「김동명 시에 수용된 의식에 관한 연구」, 관동대 석사학위논문, 1995, 정사운, 「김동명의 시연구」, 충남대 석사학위논문, 1999, 백승란, 「김동명과 김상용시의 심상 연구」, 충남대 석사학위논문, 2002, 유희자, 「김동명 시의 모성적 상상력 연구」, 강릉원주대 석사학위논문, 2015.

184 2013년 강원도를 빛낸 7인의 얼선양 사업의 일환으로 건립된 김동명문학관은 그 외형적 의미뿐만 아니라 같은 해에 학회창립준비위원회가 발기되었고 최초로 박사학위논문을 쓴 엄창섭 교수가 초대학회장으로 추대되어 학회가 형성된 후 매년 학술세미나가 개최됨으로써 내용면에서도 김동명 작가에 대한 문학적 문학사적 가치를 고찰하게 되었다.

문학세계를 본격적 총체적으로 고찰하는 학술적 분위기가 조성된 것이다. 김동명학회는 2014년부터 매년 10월에 문학관에서 학술세미나를 개최하고 2022년 현재 『김동명문학연구』 제9집을 발간[185]하였다. 이 학술지는 일반학회와 달리 한 작가의 단일주제로 연구되며, 질적[186] 양적[187] 수준이 높은 김동명 문학이 고구해야할 연구거리가 많다는 사실을 인식시켜 주었다. 강릉문인협회가 주최하고 여러 단체에서 후원하는 시낭송과 음악의 밤도 4회를 맞이하여 김동명의 시를 노래화한 가곡들을 부르고 시인을 칭송하며 주민과 친교의 시간을 갖는 등 지역문화예술의 구심체 역할을 한다. 그동안 김시습, 신사임당, 율곡, 허균, 허난설헌을 기리는 공원이나 문학관이 강릉을 대표하고 있기에 다소 소외되었던 근현대작가 김동명문학관이 설립되었다는 것은 강릉시민과 지역학자, 지역출신 및 거주 문인, 국문학 전공 관련 학생들에겐 기쁘고 의미 있다. 이를 시작으로 영동 출신의 황금찬, 심연수, 신봉승 등 작고문인에 대한 문학관 설립에도 김동명문학관은 한 전형이 될 것이다.

김동명문학관은 좀 더 섬세한 운영과 프로그램 개발과 더불어 도서관의 자료열람 기능, 박물관의 자료전시 기능, 관광시설로서의 역할을 해야 한다. 문화콘텐츠 개발, 자료 보존 및 활용, 스토리텔링 구사, 행정능력 등 문학관 운명에 필요한 능력[188]들을 바탕으로 김동명문학관이 좀더 다양하고 독특한 지역적 특성을 표출해야 할 것이다. '청마우체국', '청마거리',

185 2014년부터 2022년까지 논문을 실은 논자는 엄창섭, 장정룡, 심은섭, 박호영, 이성교, 남기택, 장은영, 김윤정, 유희자, 이미림 등 가톨릭관동대, 강릉원주대, 강원대 등 주로 지역대학 교수들이 참여하고 있다.

186 김동명 시인은 서정적 퇴폐적 목가적인 전원파 시인 혹은 조국에의 향수와 민족애를 그린 작가로 평가되어 왔다.

187 시집 6권(총370편)으로 『나의 거문고』(1930), 『파초』(1938), 『3.8선』(1947), 『하늘』(1948), 『진주만』(1954), 『목격자』(1957) 등이, 수필집 2권으로 『세대의 삽화』(1957), 『모래 위에 쓴 낙서』(1965) 등이, 정치편론집 3권으로 『적과 동지』(1955), 『역사의 배후에서』(1958), 『나는 증언한다』(1964), 수기집 2권 『암흑의 장』, 『어둠의 비탈길』 등이 있다.

188 박근희, 「문학관 운영 방법론 교과목 개발에 관한 연구」, 『문화와 융합』 제41권, 한국문화융합학회, 2019, 873쪽.

'청마문학관'이 입체적으로 장소성을 만드는 청마문학관을 벤치마킹하거나 시 〈행복〉과 관련하여 유치환이 20년간 이영도 시인에게 5천여통의 편지를 보낸 곳으로 유명한[189] 우체국과 연관시켜보는 작업을 시도할 수 있다. 또한 윤후명 작가가 강릉의 한 작은 마을에 있는 기와집 고가에서 파초를 발견하고 김동명문학관의 파초가 여기서 옮겨간 것이라는 이야기를 듣게 되면서 시인이 파초를 노래한 사연을 알게 되었다는 에피소드[190]를 활용하는 방식과 화초, 나무에 관심을 갖고 상처를 치유하고 위안을 얻은 정원(뜰)의 재현, 외가나 생가 주변의 자연환경 복원 등도 다양한 스트리텔링을 형성할 수 있다.

4. 강릉의 기억과 고향의식

치열한 생존경쟁이 펼쳐지는 문명화된 도시와 대비되는 고향은 서로 사랑하고 허여하며 나눠주는 곳으로 표상된다. 교육이나 문학, 대중매체를 통해 전달되고 학습되는 고향 역시 유년기의 자아와 세계가 일치하는 이상적인 공간이자 어머니의 따뜻한 품과 어릴 때 친구와 친족이 함께 하거나 첫사랑의 아련한 추억이 깃든 장소로 인식된다. 그러나 동시에 고향은 불안하고 시대에 뒤처지며 현실에서 밀려나는 두려움을 내재한 곳이기도 하다. 이러한 고향 이미지는 작품 속에 다양하게 투영된다.

김동명의 고향에 대한 기억은 수필 〈어머니〉와 〈국추기〉 두 편에 집약되어 있다. 8살까지 살았던 강릉은 다정하지만 냉철한 어머니의 모습으로 시작된다. 그에게 고향은 '내 눈물의 옛 고향'으로 기억되는데 그 이유는 모친이 들려준 타박녀 전설에 대한 강렬한 인상 때문이다. 그는 눈물도 동심도 다 잃어버린 고아 타박녀와 자신을 동일시한다.

---

189 박승희, 「로컬리티 문화 표상과 지역문학관의 재구성: 대구문학관을 중심으로」, 『한민족어문학』 제72권, 한민족어문학회, 2016, 425쪽.

190 윤후명, 「강릉의 인문학을 위하여」, 『인문학의 보물창고 강릉』, 전진인쇄사, 2016, 6쪽.

타박 타박 타박女야! 너 어디로 울며 가늬?……

내 나이 어렸을 제, 어머니의 무릎을 베고, 혹은 「코쿨」 앞에 마주 앉아, 어머니로부터 들은 이야기로 말하면, 달속의 계수나무와 옥토끼의 이야기를 비롯하여, 은하수 가의 견유 직녀 이야기, 천태산 마구할멈 이야기, 구미호 이야기, 장사 이야기, 신선 이야기 그리고 劉忠烈傳, 趙雄傳, 장화 홍연전, 심청전 등, 高談冊 이야기며, 이밖에도 이로 들 수 없도록 많은 이야기를 들었지마는, 그 가운데서도 슬프기로는 타박녀의 이야기가 으뜸이엇다.

영영 가버린 어머니를 찾아, 슬퍼 울며 타박 타박 걸어가는 타박女!

어디선가, 타박女의 흐느끼는 우름소리 귓가에 들리는 듯 하면, 타박 타박 걸어가는 타박녀의 뒷모습이 눈 앞에 서언하여, 나는 이 슬픈 환상 때문에 얼마나 울었는지 모른다.

아아 타박녀의 우름소리, 타박女의 뒷모습!

이것이 바로 내 눈물의 옛 고향이기도 하다.[191]

아버지보다 어머니의 영향을 많이 받은 어린 소년은 전설, 역사, 민속 이야기가 많은 고장에서 꿈과 낭만과 상상력과 호기심을 발현시킬 수 있었다. 영웅의 구국이야기나 남녀간의 사랑이야기, 비현실적인 마법세계보다 어머니와의 사별을 다룬 타박녀의 슬프고 애절한 감정에 작가는 호응하고 있다. 이와 같이 위인전과 고전소설, 설화 등의 이야기 중 돌아가신 어머니를 애절하게 그리워하는 이야기인 타박녀에 공감하는 작가는 모친, 두 아내와의 사별 등 가족을 잃은 아픔을 수필을 통해 피력하였다. 판타지보다는 현실감각을 선호함으로써 작가의 현실정치나 정치평론 활동과 현실비판적인 리얼리즘시로의 전환은 어린 시절부터 배태되었다. 이별과 사별에 대한 그이움과 슬픔의 정서는 〈파초〉의 정서이자 서정적인 시를 남긴 시인의 정서이다.

어머니는 따뜻한 코쿨 앞에서 고담책에 수록되었거나 구전된 옛이야기

191 김동명, 「어머니」, 『世代의 挿話』, 일신사, 1954, 5~6쪽.

를 아들에게 들려주곤 했다. 코쿨은 강원도 산간지방에서 쓰던 흙으로 된 벽난로 형태로 마치 사람의 콧구멍과 비슷한 데서 유래한 것[192]으로 영동지역의 난방장치이다. 화전민사회에서 방과 부엌 사이의 한쪽 벽에 만들어져 난방과 조명 역할을 했던 선인들의 지혜를 알 수 있으며 이제는 사라졌으나 생가에 재현된 코쿨은 매우 독특한 지역민의 당대 생활양식이었다. 시인의 마음 속 강릉이미지는 모친, 코쿨, 옛이야기, 슬픔으로 기억된다.

〈掬雛記〉에는 외가의 풍경과 어린 시절의 에피소드를 담고 있다. 시인의 외갓집은 오대산과 동해바다와 갈미봉이 둘러쌓인 시심을 자극하는 깊은 산골이다.

> 내 外家로 말하면, 五臺山 줄기의 한 갈래가 칡순처럼 東쪽으로 뻗어나리고, 여기에 沿하여 이 멧줄기의 기슭을 씻으며 東海로 東海로 흘러가고 있는, 어떤 시냇가 언덕 위에 있었다. 山골이라 하기에는 들이 너무 가깝고, 들녘이라 하기에는 山峽이 너무 지척인, 이를테면 非山非野의 中性地帶였다. 감나무와 밤나무가 많이 늘어선 마을이었으나, 내 外家는 마을에서도 조금 떨어져 시내 가까이 돌담을 두룬 조그마한 오막사리였는데, 여기에 食率이라야 단 두 늙은이. 서로 의지하고 살아가는 꼴이 흡사 아이들 소꿉놀이 같았다.
>
> 내가 여기를 찾은 것은 아마, 襁褓에 싸였을 때부터 였는지도 모른다. 그러나 내 記憶은 물소리에서부터 시작된다. 방안에 앉아서도 그윽히 들려오는 물소리! 외할머니에게 다리를 주물리우며 듣기에 더욱 즐거웁던 물소리! 이건 내가 襁褓에 와서 처음 들어본 자연의 음악이었을지도 모른다. 더욱이 문을 열어 제칠양이면, 시내 마즌 편으로 아슬아슬하게 높이 번지르고 선 山들이 쭈욱 橫陣을 치고 左右로 벌렸는데, 바로 향하여 正面으로는 마치 연꽃 봉오리처럼 동구스럽 하니 뱊족 치솟은 메뿌리가 쳐다 보였다.[193]

---

192 장정룡, 「김동명 수필 〈어머니〉의 서사구조 고찰」, 『김동명문학연구』 제3호, 김동명학회, 2016, 62쪽.

193 김동명, 「掬雛記」, 『世代의 挿話』, 일신사, 1954, 9~10쪽.

산골도 평지도 아닌 중성지대로서 물소리가 방안에서도 들리고 '이마를 맞대다시피' 놓인 갈미봉을 두룬 가난하고 소박한 외갓집은 어린 김동명에게 자연친화와 시심과 미의식을 갖게 했을 것이다. 유년기의 결정적 인상으로 남은 '중성지대'라는 외갓집의 지리적 위치는 문학과 정치, 시와 산문, 미의식과 현실의식 등 작가의 양가적인 가치관과 삶의 태도이기도 하다. 그의 사상은 민족주의, 반공주의에 고착되기보다는 포괄적인 우주론적 보편주의, 민주주의, 자유주의적 관점에 놓여있는데 이는 북의 조선민주당이나 남의 이승만 정권 양쪽을 비판했던 그의 행보[194]에서 잘 나타난다. 그는 독재, 부자유, 부정의 등에서 비롯한 인간에 대한폭력과 억압에 대해 분노하고 저항하며 사회적 발언을 하고 행동했던 지식인 작가였다.

〈어머니〉에 나타난 모친의 이야기습관은 외할머니로부터 이어져 내려왔다. 외조모는 맑고 고요한 밤이면 갈미봉 봉우리 꼭대기에서 生金이 나타나 부자가 될 수 있다는 이야기를 무릎에 누운 어린 외손자에게 들려주었다. 외조모의 생금 얘기는 '자신의 半生이 생금을 기다리는 어린 시절의 허망한 기대의 연장'이었다고 회상함으로써 인생에 대한 성찰을 반추하는 유년기의 결정적 인상으로 남는다. 그러나 어머니는 碧溪를 끼고 青山과 마주 앉아 神話를 사랑하는 조그마한 草蘆인 외갓집을 가고 싶은 아들의 열망에 인색했다고 한다. 평산 신씨 신사임당 문중 출신인 어머니 신석우는 아들에게 고운 옷을 입혀 친정집을 방문하거나 강릉군수를 소원할 만큼 유난히 긍지와 자존심이 강했기 때문이다. 고향에 초라한 모습을 보이지 않으려고 했고 금의환향을 원했던 어머니의 소망은 작가로 하여금 문인으로서의 삶뿐만 아니라 대학교수, 참의원, 정치평론가 등 현실에 대한 감각과 관심을 갖게 한 계기가 되었을 것이다.

두 편의 수필에 나타난 어머니는 근원적이고 한없이 주기보다는 이성적이고 강한 모성성을 지닌다. 아들과의 피부접촉을 통해 상상력이 풍부

194 졸고, 「작가(시인)로서의 삶, 지식인(정치가)으로서의 삶」, 『김동명문학연구』 제2호, 김동명학회, 2015, 100쪽.

하고 호기심을 자극하는 옛날이야기를 해주던 따뜻하고 푸근한 감성을 지닌 반면 아들을 객관적이고 냉철한 시각으로 지적해주는 차가움도 겸비한 바 어린 아들의 앞날을 위해서 신교육과 신문물을 접할 수 있는 개항지 원산으로 이주하는 용단을 실천에 옮기시는 용감하고 지혜 있는 분[195]이라고 손녀 월정은 회상한다. 어머니의 아들에 대한 부푼 기대와 교육열은 맹목적인 모성만으로 양육하지 않는 현명함이 드러나며 김동명을 성숙하고 합리적이며 중간자적 시선으로 사유하게 했다.

이는 수필에 그려진 에피소드를 통해 확인할 수 있다. 못생겼다는 모친의 인색한 평가에 김동명은 '냉엄하신 비평정신의 片鱗'이라 회상한다. 편지를 잘 쓰는 아들이 혹여 교만해질까봐 조카 병두만은 못하다고 하는 말에 '겨우 국문을 해독하시는 정도'로 자신의 글을 평가했다고 함으로써 모자간의 팽팽한 긴장감과 자존감이 엿보인다. 또한 예수를 석달만 믿으면 전도부인이 될 수 있다는 어머니의 허풍은 大言壯談을 즐기는 자신의 버릇인 슬픈 유산이 되었다고 한다. 서당에서 장원을 한 자랑을 어머니에게 하자 만족하시며 자못 복받쳐 오르는 감격을 감추고 선생이 너를 부잣집 아들로 알았나보다는 억울한 말에 기가 죽었지만 어머니의 강인하고 객관적인 성품은 먼훗날 문단에서도 한잔 술이나 값싼 우정에 팔려 장원을 남발하는 폐해는 없는가라는 비판정신을 갖게 했다고 술회한다. 김동명의 냉소적이고 냉철한 비판정신과 적확하고 예리한 현실인식은 어머니의 성품과 기질을 그대로 닮아있다.

어린 나이에 고향을 떠나 돌아오지 않았지만 시인의 고향에 대한 애착은 시문학의 원초이자 원형인 첫시집 『나의 거문고』에서도 드러난다. 이 시집은 즐거운 아츰(12편), 잔치(16편), 옛노래(15편), 외로울 때(20편), 麗島風景(12편), 異域風情(13편), 故鄕(20편), 冥想의 노래(12편), 나의 거문고(11편) 등 9장으로 구성된바 '외로울 때'와 더불어 '고향' 소재가 가장 많다는 점에서 늘 고향에 대한 그리움과 고독의 정서를 지닌다.

195 김월정, 「나의 아버지」, 『문예운동』 제86호, 문예운동사, 2005, 29쪽.

시 〈고향〉에서는 1900년 당대 강릉지역과 시인의 집이 묘사된다.

> 마을 압헤는 百餘里 山골몰을/모하 흩으는/시내가 잇고/시냇가에는 때때로 이상한 소리를 내이며/도라가는 물레방아가 잇습니다/마을 뒤에는/數百年 두고 자란 落落長松/바람이 지낼때면 우수수 소리내고/밤처녁 이떤때면 부흥새 와서 웁니다/南으로 十里는 鏡浦인데/東으로 十里는 시냇물을 따라가면 다다나지고/그리고 서울은 西으로 五百五十里/大關嶺을 넘어서 간답니다
>
> - 시 〈故鄕〉

이 시가 수록된 시집 발간 연도가 1930년이고 1908년까지 살았던 강릉에서의 기억으로 볼 때 백여년 전의 강릉집 풍경은 마을 앞에 시냇가가 흐르고 물레방아가 있으며 강릉의 상징인 오래된 소나무가 즐비하고, 바람소리, 새소리가 들리는 곳이다. 남쪽엔 경포가, 동쪽엔 시냇가가 있으며 서쪽 550리인 대관령 너머의 서울까지 시인은 상상한다. 대관령이라는 고개는 영동주민에게 '~너머의 세계'라는 독특한 사유를 예나 지금이나 갖게 했다. 대관령 저쪽은 영동주민들이 안고 있는 내밀한 심리와 정서로 간직되며 꿈과 상상력을 고양시켰다. 바닷바람으로부터 보호하기 위해 심어놓은 500년이 된 강릉지역의 소나무와 영동과 영서를 가르는 경계로 기후와 풍토의 특성과 산신제, 국사성황제와 연관된 지역적 정신적 문화적 상징성을 갖는 대관령은 강릉 출신 작가에게 숲의 영감과 인내, 고통, 아픔, 한을 간직한 강릉사람들의 집단무의식을 담는다.

8살에 고향을 떠난 김동명은 북에서 교육받고 직장생활을 하다가 월남했으나 고향으로 돌아오지 않고 서울에서 사망하였다. 따라서 8살 때까지 기억하는 고향은 자연친화적이고 가난하며 전근대적이고 신화적인 세계로 남아있다. 타지역보다 전통과 자연이 보존된 강릉 로컬리티는 생태주의적이고 타자지향적이며 순박한 곳으로 김동명이라는 걸출한 한국근대시인을 배출하였다.

5. 강릉문학과 지역작가

김동명문학관이 설립되고 이곳에서 학술세미나와 시낭송 행사 등이 개최됨으로써 고전, 구비문학 전시물에 경사된 강릉문학의 균형을 갖게 했다. 강원지역의 성공한 문학관인 김유정문학촌, 박경리문학공원, 이효석문학관에 비해 다소 늦은 출발이지만 1930년대 대표시인 김동명문학관도 강릉지역주민의 사랑과 열렬한 관심에 힘입어 자리를 잡아간다. 지역작가 발굴작업에서 심연수와 함께 김동명 작가에 대한 관심은 그 업적과 문학적 가치에 비해 학술적으로 부족해 보인다. 예향, 문향의 고장에서 문학관, 생가, 시비와 로컬리티의 관계양상은 문학과 관광, 산업, 문화콘텐츠 등이 조화를 이룰 때 그 의미가 배가될 것이다.

김동명문학관 설립에 대한 제언과 전망을 말하자면, 첫째 전국적인 홍보가 미비하다는 점이다. 지역사회에서는 문학마니아층이 형성되고 문인들이 많아 충분히 열기를 느끼지만 김유정, 박경리, 이효석문학관에 비해 외부손님이 부족하다는 문제를 해결해야 한다. 둘째, 학술세미나나 각종 행사시 지역주민은 많이 참여하지만 대학원생이나 신진학자들의 참여나 참관이 부족하다. 이들의 관심을 유도하여 연구가 지속적으로 이뤄져야 한다. 셋째, 주변 문화시설과의 연계가 요구된다. 김동명문학관이 작가의 생가 위치에 세워지다보니 강릉시내와 떨어져 있는바 이에 대한 해결방안이 요구된다. 천혜자연과 관광자원을 지닌 강릉지역과 김동명문학관과의 지리적인 접근을 통해 금병산 산행, 유인석/신숭겸 묘역, 애니메이션박물관, 인형극장, 소양강댐, 청평사와 연계하는 관광과 문학인프라를 구축한 김유정문학촌같이 김동명문학관도 강릉의 다양한 문화예술과 연계하는 관광상품을 개발해야 할 것이다.

넷째, 위의 세 작가문학관이 소설가여서 작품 줄거리와 어우러진 스토리텔링 중심의 조형물과 기념물이 가능하고 볼거리, 먹을거리를 제공하는데 비해 시인의 경우 상대적으로 단순하고 평면적일 수밖에 없다. 따라서 다양한 문화콘텐츠 개발 노력과 인접예술과의 접목이 요구된다. 다섯째,

주민과 밀착되었다고 평가받는 박경리문학관의 토지학교, 청소년토지학교, 토지역사학교, 토지문화학교 등과 같은 프로그램을 운영하며 일회적 행사나 축제에 그치지 않고 일년 내내 강연 혹은 교육프로그램이 시행되어 지속적인 관심을 유도해야 한다. 여섯째, 김동명 문학의 특징 중 하나가 화단, 정원, 뜰을 가꾸고 사랑하고 상처를 치유하는 토포필리아적 성향인바 자연친화적이고 생태주의적인 강원도민의 특성을 살리는 에코뮤지엄으로 조성하는 방안이다.

무엇보다도 문학관은 순수하게 문학을 사랑하는 입장에서 유지 보존 발굴되어야 하며, 로컬리티 문화를 상징하고 표상해야 한다. 지역주민뿐만 아니라 전국민이 김동명 문학세계에 관심과 사랑을 갖고 이를 통해 문향이미지가 고취되어야 한다. 그러나 공감과 공유, 교류를 바탕으로 한 지역경제 활성화와 문화콘텐츠 개발을 통한 관광상품화와 산업화도 더불어 발전할 때 로컬리즘 시대의 지역문학관의 역할과 가치는 충분하다고 할 것이다.

6장
신봉승 시문학의 초당표상과 고향인식: 『초당동 소나무떼』, 『초당동 아라리』

1. 강릉 로컬리티와 정체성

작가에게 있어 고향은 한 인간의 성장에 큰 영향을 끼치는 장소이다. 고향에 대한 애착은 인간 공통의 감성으로 장소애호(topophilia)의 대상이다. 고향은 존재의 안정된 저변을 획득하려는 현존재의 의지의 수렴점이어서, 존재를 에워 보호할 장소를 회복하고자 하는 열망이 요컨대 본형으로 돌아가려는 원망(願望)에 상응함을 말하려는 거점에 해당하는 개념항[196]이다. 집짓기와 다를 바 없는 세계구축적 경험의 결과[197]인 문학공간을 통해 작가는 자신이 출생하고 성장하고 교육받고 살아온 삶을 작품 속에 투영한다. 장소는 복잡한 흔적들을 남기며, 흔적은 장소의 의미를 문화집단의 정체성에 결합[198]시키므로 자아 정체성과 장소 정체성은 밀접하게 연관[199]된다. 아름다운 자연과 유구한 역사를 지닌 강릉은 우리나라의 척추인 백두대간과 푸른 동해바다 사이에 위치한 솔향(松鄕), 문향(文鄕), 예향(藝鄕), 예향(禮鄕), 수향(壽鄕), 선향(禪鄕)[200]이라는 도시적 특성이 신

---

196 장일구, 『경계와 이행의 서사공간』, 서강대학교출판부, 2011, 39~40쪽.

197 박태일, 『한국 근대시의 공간과 장소』, 소명출판, 1999, 28쪽.

198 존 앤더슨, 이영민 외 역, 『문화·장소·흔적』, 한울, 2013, 17쪽.

199 위의 책, 193쪽.

200 솔향은 사시사철 푸른 소나무가 많아서, 문향은 율곡 이이와 교산 허균을 배출한 곳이어서, 예향은 신사임당과 허난설헌 등 여류예술인의 고향이므로, 예향은 경포대, 선교장, 향교, 객사문, 수향의 모체가 되는 민속인 관노가면극 등의 호연지기와 교육에서, 선향은 선종불교의 중심이기 때문이다. －차장섭, 『자연과 역사가 빚은 땅 강릉』, 역사공간, 2013, 4쪽.

봉승 시에 고스란히 녹아있다.

신봉승은 1933년 5월 23일 강릉시 옥계면 현내리에서 출생하였다. 1.4후퇴 때 잠시 피난을 간 일 이외에 22세까지 고향을 떠나지 않았던 시인에게 고향은 지역의 현장과 지역민의 정서를 드러낸 지역성, 지역의 역사와 문화를 내포한 정체성, 지역 고유의 특색을 지닌 향토성을 반영하는 장소성[201]을 갖는다. 강원도가 간직하고 있는 문화재의 90%가 강릉에 있다는 사실을 통해 수많은 유적을 간직한 고향[202]에 대한 자부심이 높은 시인은 동국여지승람(성종 17년, 1484)에 기록된[203] 지역민의 인심과 풍속에 대해 청년시절까지 보낸 사람으로서 가슴에 와 부딪친다고 고백한다. 청빈하고 자연과 친화하며 교육열이 높고 노인을 공경하며 미풍양식을 중시하는 생활상이 기록된 15세기 강릉지역민의 성향과 습속은 지금까지 계승된다.

시, 소설, 수필, 역사에세이, 드라마 등 거의 모든 장르를 섭렵한 그는 MBC TV 실록 대하드라마《조선왕조 500년》을 5년 동안 집필한 작가로 유명하다. 극작가가 역사적 소재를 문학화한 배경엔 강릉 출신이라는 점이 작용되었을 것이다. 전통과 고전, 민속이 잘 보전된 강릉은 허균, 허난설헌, 율곡, 신사임당과 같은 역사적 인물뿐만 아니라 시인 김동명과 현대 소설가 윤후명, 이순원, 서영은, 김형경, 김별아, 최성각, 김미월 등과 방송작가 김은숙 등을 배출한 문인의 도시로서 여러 문인들이 이곳에서 태어

---

201 정연수, 「이성선의 지역인식과 시에 나타난 '장소성' 연구」, 『한중인문학연구』 제49집, 한중인문학회, 2015, 149쪽.

202 신봉승, 「아름다운 전원도시: 강릉시」, 『도시문제』 제18권, 대한지방행정공제회, 1983, 119쪽.

203 1. 그 지역 사람은 성품이 어리석고 성실하며, 욕심이 적어서 청하거나 구걸하지 않는다. 2. 疾病을 아주 싫어하여, 사람이 죽으면 살던 집을 홀연히 버리고 새 집을 짓는다. 3. 별을 살펴서 그해의 풍년과 흉년을 미리 본다. 3. 村落에 서로 침범하는 자가 있으면 서로 벌하여 소나 말을 받는대 이를 責禍라고 부르며, 살인자는 죽음으로써 보상하게 된다. 5. 다박머리 때부터 책을 끼고 스승을 따른다. 글 읽는 소리가 마을에 가득히 들리며, 게으름을 부리는 자는 여럿이 함께 나무라고 꾸짖는다. 6. 名節을 만나면 서로 맞이하여 함께 마시며, 보내고 맞이하는 일이 끊임없다. 그러나 농사에 힘쓰지 않아서 살림살이가 넉넉하지 못하다. 7. 고을 풍속이 늙은이를 공경하며 매양 좋은 절후를 만나면 나이 70세 이상된 노인을 청하여 경치좋은 곳에 모아놓고 위로한다. -차장섭, 앞의 책, 119쪽.

났거나 활동하고 있다. 역사에 대한 깊은 관심은 이 지역 출신 작가의 내면 깊숙이 침투되어 있다.

철저한 원전비평과 실증주의, 사료확인을 토대로 정통역사를 지향했던 신봉승은 이광수와 김동인의 역사소설을 대상으로 역사소설의 오류를 지적하는 논문을 썼고, 사료의 확인과 탐색을 게을리하여 독자(국민)들이 역사인식을 호도함[204]을 맹렬하게 비판하였다. 작가는 〈조선왕조실록〉과 반평생을 보냈으며, '정사'만을 토대로 드라마를 쓰고 소설을 썼다는 사실에 자부심을 가지고[205] 있다. 기존의 역사드라마가 여성취향의 궁중비사에 치중했다면 그의 드라마는 한명회를 재해석한《雪中梅》와 같이 선이 굵은 본격적인 정치드라마였다. 조선시대를 배경으로 작품을 구상했던 작가는 조선이 오백년을 버틸 수 있었던 것은 綱商과 倫紀를 으뜸으로 여기는 德治에 있는바 청백리와 좋은 원로들이 살아있었고 임금까지 비판할 수 있는 상소제도가 보장됐기 때문에 권력의 상층부가 부패하지 않았다고[206] 분석한다. 남성적이고 정통적이며 보수적인 성향도 강릉지역과 무관하지 않다.

시와 평론으로 문단에 데뷔한 작가는 "시골(강릉)에서 태어나 너무 어렵게 살았기 때문에 좀 편히 사는 방법이 없나 찾아보다" 시나리오를 쓰게 되었지만 극작가로서보다 시인으로 남고 싶다고[207] 고백한다. 그는 문학에 대한 본향의식을 시나리오와 끝없이 접맥시키려는 작가 지향이 있는 사람[208]이었다. 원칙적이고 강직하며 장소애호적인 그의 시선이 작품 속에 고스란히 녹아있다. '시는 적어도 나에게 있어서는 認識이며 歷史며 人格'[209]이라는 말에서 알 수 있듯이 신봉승 문학의 본령은 시문학이었다. 이

204 신봉승, 「역사소설의 검증을 서둘러야 한다」, 『현대소설연구』 제1호, 한국현대소설학회, 1994, 28쪽.

205 최갑수, 「〈조선왕조실록〉과 함께 한 반평생: 드라마작가 신봉승씨의 서가」, 『출판저널』 제302권, 대한출판문화협회, 2001, 5쪽.

206 남진우, 「소설로 읽는 조선왕조 500년: 인기 역사드라마 소설화한 극작가 신봉승씨」, 『출판저널』 제31권, 대한출판문화협회, 1988, 12쪽.

207 위의 글.

208 오영미, 「신봉승 시나리오 연구」, 『한국예술연구』 제6호, 한예종 한국예술연구소, 2012, 56쪽.

글은 역사와 문학과 초당을 사랑했던 작가가 58세에 출간한 『초당동 소나무떼』(나남, 1990)와 61세에 간행된 『초당동 아라리』(갑인출판사, 1993)에 나타난 강릉 로컬리티를 어떻게 묘사하고 재현했는지 고찰한다.

2. 초당의 소나무와 역사인물

두 권의 시집 제목에 '초당동'이 들어가며, 호가 草堂 혹은 翠影인 신봉승의 문학을 '초당수필, 초당소설, 초당희곡, 초당평론, 초당시[210]로 명명하기에, 초당동은 그의 문학적 배경이자 소재의 원천이며 정신사적 궤적이 담긴 공간이다. 장소는 아주 복잡한 흔적들로 구성되며, 흔적이란 문화생활에 의해 남겨진 표식, 부산물 잔여물[211]을 말한다. 장소에 새겨놓은 물질적 비물질적 흔적들이 장소와 인간의 의미와 정체성을 형성하는 데 기초[212]를 이룬다. 지명인 草堂은 허난설헌과 허균 남매의 부친인 허엽의 호이기도 하다. 강릉이 예향, 문향의 고장일 수 있는 근거도 조선 문인의 예술혼이 깃든 솔밭 지역에서 남매가 태어나고 자랐기 때문이다. 또한 이곳은 8천년전 신석기 시대부터 존속한 마을이며 500년 된 소나무가 머무는 유서 깊은 곳이다. 초당은 허엽, 신봉승의 호이자 남매의 자취가 묻어있는 장소성 이상의 의미를 내포한다. 바닷바람으로부터 보호하기 위해 심어놓은 소나무는 허씨 남매와 신봉승을 키워왔으며 숲의 영감을 주었기에 시인의 주도모티프(leit-motif)로서 다양한 의미를 함축한다.

문학과 역사를 접목한 신봉승은 두 편의 시집에서도 초당지역과 관련된 인물들을 소환하여 주제의식을 표출한다. 솔향의 도시답게 곳곳에 즐

---

209 신봉승, 「시인의 말」, 『초당동 아라리』, 갑인출판사, 1993, 7쪽.

210 장정룡, 「신봉승 역사수필의 지평과 특징성 고찰」, 『신봉승 문학 조명 세미나 및 토크콘서트』, 관동문학회, 2014.8.30, 56쪽.

211 존 앤더슨, 앞의 책, 17쪽.

212 위의 책, 341쪽.

비한 소나무떼는 인내, 고통, 아픔, 한을 간직한 이 고장사람의 역사와 세월과 시간을 담는다. 소나무가 곧 강릉사람이며 초당 정체성인 것이다. 강릉 입구에 들어서면 율곡로, 헌화로 등의 도로명이나 지역의 특색을 표식하는 입간판에서 시간여행을 온 듯 이 도시는 과거와 현대, 조선과 현재가 공존한다.

초당마을에서 동쪽으로 향하면 긴 솔밭과 바다가 보이고 북쪽으로는 푸른 경포호수와 맞닿아 있으며, 거기서 다시 서쪽으로 향하면 너른 들판이 펼쳐지고 그 너머에는 대관령[213]이 보인다. 사구지대로서 습지와 송림으로 이루어진 초당마을은 바람과 파도소리가 들리고 대설의 몸무게를 이겨내는 소나무떼를 볼 수 있으며 허균생가가 자리 잡고 있다. 역사와 문화와 자연이 어우러지는 초당의 삶이 두 권의 시집에 담겨있다. 그의 첫 번째 시집 제목에서 알 수 있듯이 소나무는 강릉사람들의 정서를, 소나무떼는 집단 무의식이 담겨있는 시어로 채택되고 있다.

> 초당의 소나무는 江門을/넘나드는 파도소리를 듣는다./초당을 스치는 솔바람은/松江의 발길을 멈추게 한/그날의 속삭임이다.//초당의 저녁 연기는 안개며/구름인데 향기가 있다./초당을 지나는 솔바람은/蘭雪軒의 옷자락을 날리던/훈훈한 영혼이다.
>
> -〈草堂洞〉

시인은 파도소리가 들리고 솔바람이 부는 초당동에서 정철과 난설헌 같은 역사 속 인물들을 소환하며 과거로 회귀한다. 수많은 유적과 유물을 간직하고 있고 걸출한 인물을 배출한 강릉엔 송강의 발자취가 남아있다. 초당에서 태어난 난설헌은 사임당과 함께 강릉을 대표하는 여류문인이다. 신봉승에게 정철과 난설헌은 유년기부터 삶을 지배하고 영향을 끼친 인물로 투영된다. 선조 13년(1580)년에 강원관찰사로 부임한 송강은 〈관동별

213 이성주, 「초당마을의 문화재와 경관」, 박영주 외, 『강릉 초당마을』, 진인진, 2009, 68쪽.

곡〉에서 강릉의 달을 으뜸이라고 칭하였다. 심성이 맑고 강직하며 의로운 기질과 신념에 따라 생각하고 행동으로 옮긴[214] 송강의 강직한 품성 또한 강릉을 표상하는 소나무의 절개를 닮았다. 동갑내기인 율곡과 정치적 신념을 같이 하면서 밝은 治世를 이루기 위해 정성을 다했던[215] 송강은 초당과 인연이 깊다.

허난설헌은 경포호수와 바다, 솔숲을 보고 자랐다. 솔바람은 여류시인의 三恨[216]이 깃든 영혼을 담고 있다고 시인은 표현한다. 『초당 아라리』에 실린 초당동 아라리 연작시 〈蘭雪軒 三恨: 초당동 아라리2〉, 〈哀歌: 초당동 아라리1〉는 남매를 소재로 쓴 시들로 난설헌의 시 〈손 끝에 봉선화물을 들이면서〉, 〈밤에 홀로 앉아〉가 인용되거나, 〈홍길동전〉, 〈난설헌집〉 작품들이 실명으로 등장한다. 작가의 초당에 대한 공간적 상상력은 여운형[217]을 소재로 한 〈夢陽 恨: 초당동 아라리3〉에서의 반역, 학살, 암살, 모진 세월로 그려지거나 난설헌의 삼한, 요절, 죽음, 고독과 교산의 반역, 처형, 귀향, 객사 등의 시어처럼 암담하고 고통스러우며 한이 서린 이미지로 표상된다. 두 번째 시집의 제호를 '아라리'로 한 이유가 "이웃들의 기구한 삶을 진혼하기 위해서"[218]라고 밝힌 시인은 여운형, 허균, 난설헌의 삶을 시화함으로써 초당 정체성을 삶의 애환과 슬픔, 한, 고통으로 해석한다.

앞의 시 〈草堂洞〉은 역사 속 인물과 경포 8경 중 하나인 '초당취연(草堂炊煙)'을 소재로 평화롭고 아름다운 초당마을을 장소애호적 입장에서 묘

---

214 박영주, 『정철평전』, 중앙M&B, 1999, 149쪽.

215 위의 책, 65쪽.

216 위대한 시인이었으나 27세의 불우한 삶을 살다간 허난설헌의 삼한은 첫째 자신의 남편인 김성립을 만난 것, 둘째 조선이라는 나라에서 태어난 것, 셋째 여자의 몸으로 태어난 것이다. 가부장적이고 유교적인 조선사회에서는 여성의 능력을 펼칠 수 없었던 여류문인의 한이 도사리고 있다.

217 여운형은 1906년에 세워 1909년에 폐교된 초당의숙이라고 불리는 초당 영어학교에서 교사를 했다. 이 학교는 1908년 10월 1일에 발령된 사립학교령으로 보호령체제하에서 일제의 감시와 탄압이 극에 달했다. 초당의숙은 구국의지와 항일정신을 고취했다. －이규대, 「초당 마을공동체의 역사와 문화」, 박영주 외, 앞의 책, 36~37쪽.

218 신봉승, 「시인의 말」, 『초당동 아라리』, 앞의 책, 8쪽.

사한다. 이처럼 신봉승의 시들은 강릉 초당지역의 문화와 역사, 인물에 대한 배경을 알아야만 비로소 감상이 가능하다.

> 그대들은 나이테로/세월을 간직하면서도/아픔도 서러움도 내색하지 않았네.//초당동을 스쳐간/피멍든 가슴앓이/눈물에 젖은 옷자락을/한으로 말릴 때도/의연하였네.//봄에는 노란 꽃가루를/안개로 날리고/여름 비바람/가을 무서리/쏟아지는 눈자락으로/드센 가지 꺾이어도/푸르기만 하였네.//초당동 소나무떼는/억센 톱날 도끼날도 받아들이는/이웃을 다독이는 사랑이었네./세월을 지키는 파수꾼일레.
>
> -〈초당동 소나무떼〉

첫 시집의 제목인 이 시에서도 소나무에 강릉시민과 시인 자신을 투사한다. 6.25전란 때 북쪽과 남쪽 모두에게 초당동 사람들이 엄청난 살상을 당했고 그 처절했던 피의 현장을 소나무떼가 끝까지 지켜보았다고[219] 시인은 말한다. 소나무는 집단 무의식 속에 역사의 흔적을 간직함으로써 지역 정체성을 대변한다. 평온하고 행복했던 세월이 아니라 봄의 꽃가루, 여름의 비바람, 가을의 무서리, 겨울의 눈자락으로 표상되는 시대의 질곡과 개인의 고통을 겪어왔지만 '내색하지 않고' '의연함', '푸르게' '이웃을 다독이는 사랑'을 잃지 않는 소나무는 강릉사람의 기질이기도 하다. 시인에게 초당동 소나무떼는 자아 정체성이자 장소 정체성을 표상한다. 소나무는 시간의 흐름 속에서 묵묵히 그 자리를 지키는 질박하고 무게 있는 지역민의 모습이다. 강릉 어디를 가든 소나무가 서있으며 특히 초당지역은 솔밭을 이루고 있다. 6.25전쟁, 궁핍, 고난, 수많은 사건들 속에서도 변치 않고 자리를 지키는 솔의 형상에서 시인은 자신을 투사하고, '떼'라는 무리를 통해 집단 정체성을 투영한다. "세월을 지키는 파수꾼"인 소나무는 정신없이 제 삶을 꾸려 오던 시인에게 자기 삶을 반추하게 하고 자기 삶의 의미에

---

219 신봉승, 「서문」, 위의 책, 8쪽.

대한 질문을 떠올리게 하는 상관물[220]이다.

이처럼 시인은 강릉 초당동의 자연과 산수를 아름답고 평온하게만 그리지 않는다. 가난과 전쟁 등의 위기 때마다 한과 슬픔, 고통과 아픔 속에서 눈과 바람의 무게를 이기며 시간을 안은 채 변치 않은 소나무의 절개와 굳센 기상으로 표상한다.

> 이럴 수가 있음이던가. 지난 밤 자정까지도 별들의 반짝임을 보았는데 이른 새벽 초당의 소나무는 한 자가 넘는 눈을 이고 굵은 가지를 휘우고 있다./새 집 커다란 창가에 놓여 분재로 자라는 소나무는 푸른 이끼, 푸른 잎으로 눈을 보는데 초당의 천 그루 소나무는 움직이지 못한다. 허공을 하늘거리는 저 기막힌 몸놀림은 만 마리 나비가 아니라 함박눈이다./환희의 음악을 흘리리라. 저녁에 만나기로 한 친구들이여, 서울 친구여. 오늘 하루 초당의 소나무와 함께 하리니, 어두운 골목길로 흩어져 다오./아, 이럴 수가 있음이던가. 허리가 빠지는 눈 속에 서서 성큼성큼 다가와 서려는 초당의 소나무여, 무거운 등짐으로 가지를 꺾으며 무엇이 그리워서 저리도 손짓하며 다가오는가.
>
> – 〈草堂 소나무〉

소나무는 역사와 세월과 시간의 무게인 무거운 눈을 이고 있다. 겨울에도 푸르른 소나무와 함께 하려는 시인은 서울친구들과의 만남을 뒤로 하고 솔숲을 관조하는데 그 순간 '무거운 등짐'을 진 소나무가 그리워서 손짓하며 다가오는 환각을 체험한다. 4,5월에도 대설, 폭설이 내리는 자연의 장엄함과 신비함, 무거움 속에서 나약하면서도 강인한 소나무는 시적 자아로 투영되며 고향, 과거, 유년기에 대한 사모지정을 갖는다. 서울친구들로 표상되는 각박하고 냉정하며 고단한 삶에서 벗어나 가지가 휠만큼 삶의 무게를 이고 있는 소나무와 마주하는 것이다.

'초당동'과 '소나무'를 소재로 한 시는 〈초당동 소나무떼〉, 〈길들여진

---

220 박덕규, 「삶과 시: 신봉승 시집에 부쳐」, 앞의 책, 136쪽.

소나무: 민초론3〉, 〈초당 소나무〉, 〈무덤가에서: 초당동 아라리8〉, 〈소갈비: 초당동 아라리5〉, 〈초당동〉, 〈초당동 사람들〉 등으로 두 시집의 핵심어이다. 솔향의 도시 강릉시 초당동은 소나무와 바람과 바닷소리, 그리고 허균, 난설헌의 영혼과 옷자락, 송강의 발자취, 여운형의 체취가 묻어난 곳이다. 조선시대의 권위에 저항하고 개혁을 꿈꾸며 《홍길동전》을 저술했던 허균, 여성으로서 자신의 능력을 인정받지 못하고 자기검열을 해야했던 난설헌의 한이 서린 곳이자 파란의 시대에 이념의 최전선에서 활동했던 몽양 여운형의 자취가 묻어 있는 곳으로 이들의 삶을 고스란히 지켜본 소나무에 자신과 마을사람들의 애환과 고독을 투사한다.

초당은 전쟁 때 엄청난 피해를 보았고, 일제강점기 때 선사시대의 유적을 도굴당하는 등 상처가 많은 곳이다. 〈초당동 사람들〉에서 시인은 '허허한 가슴앓이, 신음소리'를 지닌 마을사람들을 "피보라로 젖는 삼베적삼/빨아도/말라도/한이 서려서/보고서도 돌아서는/초당동 사람들"이라고 표현하며 〈몽양 한: 초당동 아라리3〉에서는 "눈 뜨면 죽는다는/모진 세월은/눈 뜨고 살아온/초당동 사람들"이라고 그린다. 자연의 일부인 석호와 습지, 울창한 송림으로 덮힌 구릉을 배경으로 자연스럽게 가꾸어진 마을숲과 정서와 향수를 담은 옛집과 울타리 그리고 텃밭, 구불구불한 길 등이 경관을 구성한[221] 초당마을의 아름답고 청초하며 평온하고 예술적인 분위기 속에 내재된 신음, 한, 고난, 상처, 죽음, 아픔과 같은 트라우마를 작가는 섬세하게 드러낸다.

3. 강릉(강원)의 표식과 흔적

로컬리티는 특정 로컬이 나타내는 장소성, 역사성, 권력성 등을 포함한 다양한 현상과 관계성의 총체이며, 여기에는 지리적 환경, 역사적 경험,

221 이성주, 앞의 책, 119쪽.

사람들의 정서적 기질, 언어, 사회적 관계, 제도 등이 복합적이고 중층적으로 작용하여 구성[222]된다. 그 지역의 문화적 속성을 지닌 지역원형[223]이 잘 보전된 강릉은 수많은 문인과 학자를 배출하였고, 경포대, 선교장, 객사문, 보현사, 오죽헌, 초당생가터 등의 건축물과 단오제, 관노가면극, 진또배기 그리고 주변의 대관령, 정동진과 풍부한 민속과 설화 자료 등 문화, 역사, 예술에 대한 자료의 보고이다. 이러한 흔적과 표식은 이 고장사람들의 정체성과 로컬리티를 형성하고 구성하는데 기여한다. 앞에서 살펴본 초당동과 소나무, 역사적 인물 이외에 이 지역을 증명하는 흔적과 표식 중 시인은 진또배기, 대관령, 보현사 등 강릉지역의 장소와 상징적 사물을 호명하고 의미를 부여한다.

> 기러기 세 마리가/허공에 앉아/태초, 고향을 바라보며/恨을 푸는데/한 마리는/활활 타오르는 불길을 잡고/한 마리는/찢기듯 몰아치는 바람을 잡고/한 마리는/용트림 같은 파도를 잡고/나무로 깎아세운/기러기 세 마리가/태초, 순하기만 하던/우리네 가슴에/위안을 주는데….
>
> - 〈진또배기〉

> 江門洞 진또배기는/갈매기 세 마리/천 년을 이고 앉아/三災를 거느리고 바다를 본다.//竹軒洞을 스치는 바람/검은 대를 흔들며/배다리로 흐르고/거울 속에 잠긴 달빛/종소리를 듣는다.//草堂洞 소나무 떼/한이 서린 몸부림/파도소리 부르며/낮에도 울고/밤에도 운다.//大關嶺 아흔아홉 굽이굽이는/해 뜨는 내 고향/강릉 가는 길/산울림, 물안개도/바다로 간다.
>
> - 〈해 뜨는 땅〉

---

222 문재원, 「1930년대 문학의 향토재현과 로컬리티」, 『우리어문연구』 제35집, 우리어문학회, 2009, 398쪽.

223 오랜 생활이 관습으로 굳어지면서 지역사람들이 공통된 근원을 갖게 되는 것과 불가항력적인 사건에 의해 강제된 지역사람들의 행동, 사고를 말한다. - 김풍기 외, 『강원도 지역원형과 인문학적 각성』, 청운, 2014, 171쪽.

진또배기는 강문에 서 있는 삼재를 막아주는 원시신앙의 상징조형물이다. Y모양의 나무 꼭대기에 세 마리의 기러기를 올려놓은 진또배기는 고대사회로부터 마을의 안녕과 물, 불, 바람 등 세 가지 재앙을 막아주는 민속신앙의 솟대 중 한 유형이다. 지상에서 천상을 향해 솟아있고 마을을 수호하는 진또배기는 지상과 천상을 연결하는 통로이다. 솟대는 마을사람들의 소원을 들어주고, 이방인과 원주민을 경계 짓는 역할을 한다.

〈진또배기〉에서는 불길과 바람과 파도를 잡는 기러기가 태초에는 순하고 착했으나 점점 거칠어지고 세속화된 사람들에게 위안을 준다고 서술한다. 일제강점기, 6.25전쟁, 근대 자본주의를 겪으면서 황폐해지고 인간성이 파괴되고 심성이 변질된 현실을 비판하면서 시인은 과거회귀적인 성향을 보이며 태초의 시간과 천상의 공간을 그리워한다.

〈해 뜨는 땅〉에서 시인은 자신의 고향을 강문동, 죽헌동, 초당동, 대관령에 드리워진 표식으로 설명한다. 이 동네의 진또배기, 대나무, 소나무, 아흔아홉 고개로 표상되는 시인의 고향은 해가 뜨는 땅이다. 시인은 바다, 바람, 안개, 해와 같이 자연적 표상과 문화적 표식으로 고향을 인식한다. 고난과 고통, 한이 서린 곳이지만 해가 뜨고 '무지개'가 뜨는 희망적인 곳이기도 한 이 지역의 양면적 특성을 그린다. 시인에게 강릉 로컬리티와 정체성은 자신의 문학을 이루는 뿌리이자 원천이며 보고이다. 진또배기는 강릉 출신 작가 윤후명 소설에서도 자주 등장하는 강릉지역의 상징물이다. 새 이미지는 자유로움, 평화, 소망, 이동 등을 열망하는 시적 자아로서 신봉승의 시에서는 지역성과 민속성이 덧붙여 다의성을 갖는다.

여름 한나절/山谷 무더위는/보현사를 온통 땀으로 적시는데/트인 솔바람이 비 몰고 온다.//비안개/보슬비/목덜미 적시고/하산길 내리막에 소나기 오는데/빗길 자갈돌만 숨을 돌린다.//老松 처마 밑/젖은 꼴머슴/良圓大師 부도의 푸른 이끼가/비 개인 山谷의 천둥소리 듣는다.

– 〈여름 普賢寺〉

성산면 보현길 396에 위치한 보현사 입구에도 소나무는 절경을 이룬다. 깊은 산중의 오래된 사찰도 시인에게 경치가 좋고 동해가 보이는 지리적 경관과 더불어 개인적 의식과 정체성을 형성하는데 기여했을 것이다. 시인은 여름 무더위에 비안개, 보슬비, 소나기가 내리는 보현사에서 통일신라시대의 선승으로 國師가 된 낭원대사(834~930년)의 부도[224]를 묘사한다. 보현사의 노송과 노승도 강원영동지역의 정체성을 구성하는 하나의 요소이다.

영동와 영서를 잇는 경계이자 문지방이며 강릉으로 가는 길목이고 현관인 대관령을 넘으면 다시는 못 올 것 같은 아흔아홉 고개는 높고 험해서 꼭대기에서 대굴대굴 굴러 넘는다고 하여 대굴령으로도 불리어졌다. "울고 와서 울고 가는 강릉"이미지도 대관령에서 연유되었다. 사시사철 아름다운 대관령은 봄엔 진달래가, 여름엔 숲과 안개가, 가을엔 단풍이, 겨울엔 순수의 흰눈과 소나무가 장관[225]이다. 四季가 아니라 八季라고 할 만큼 변화무쌍한 대관령은 산인가 하면 구름이요, 안개였고, 바람인가 싶으면 비를 뿌리기[226] 때문이다. 대관령에 대한 경관묘사와 시인의 정서는 두 권의 시집 곳곳에 묘사되거나 소재로 활용된다.

저기, 물안개 소낙비/아련한 산은/그려도 움직이는/한폭의 비단./저기, 빨간 단풍으로/색칠한 산은/의연히 손짓하며/우릴 부르네./대관령 아흔아홉 굽이굽이는/내 인생 초록물 들이면서/나그네가 되라네.//저기,/찬 바람 하얀 눈/소복한 산은/누구를 기다리나./봄은 머언데/저기, 진달래 철쭉으로/불타는 산은/구름도 수줍어서 쉬어 넘는데/대관령 아흔아홉 굽이굽이는/내 인생 초록물 들이면서/나그네로 오라네.

－〈大關嶺〉

224 승려의 사리를 안치한 탑을 말하며 어원은 Budda이고 승탑이라고도 한다.

225 차장섭, 앞의 책, 36~40쪽 참조.

226 신봉승, 「아름다운 田園都市: 강릉시」, 앞의 책, 120쪽.

이 시에도 대관령은 강릉 기후인 안개, 비, 눈, 바람과 자연인 단풍, 진달래, 철쭉과 하늘, 구름이 드리워진 자연친화적이고 자연합일적인 장소임을 나타낸다. "내 인생 초록물 들이면서"라는 자연과의 일치는 생태주의적인 강릉 출신 작가들의 특징[227]과 다르지 않다. 대관령의 아흔아홉 구비도 인생의 희로애락과 삶의 고비를 상징한다. 젊은 시절 고개를 넘어 떠돌이 삶을 살게 되고 나그네가 되어 고향을 찾는 장면이 잘 그려져 있다. 〈영동고속도로〉의 "대관령/아흔아홉 굽이굽이는 봄눈 속 훈훈한 새겨울인데/피다 만 진달래 꽃봉오리/눈에 시리고/봄맞이 고향길에/함박눈 맞네. 비 맞으며 서울을/떠나왔는데"와 같은 표현은 이 지역사람들만이 알 수 있는 계절과 기후의 특수성에 기인한다.

첫 시집인 『초당동 소나무떼』의 공간적 상상력이 강릉 초당동에 한정된다면, 두 번째 시집에서는 지리적 영역이 확장된다. 시인의 발길은 봉평과 영동고속도로에서 가산 이효석 시인과 만나고, 춘천 소양강, 정선 아우라지 등의 영서지역으로 넓혀가며 강원 로컬리티의 정체성과 만난다. 더 나아가 이태리 두오모 광장, LA, 사이판, 경상도 울산, 와지마 아사이치까지 나아간다. 자신의 뿌리와 자아 정체성을 나그네의 입장인 외부의 시선으로 성찰하는 것이다. 이외에도 초당 순두부(서울 가는 길), 관동별곡, 강문교(강문교에서), 삼베적삼(초당동 사람들)도 이 지역을 나타내는 표식들로 신봉승은 뼛속까지 태생적으로 강릉사람이자 자신을 설명하는 근원으로서 고향을 인식한다.

4. 바다·파도, 대설·바람 모티프

강릉은 산, 바다, 호수, 솔밭 등 천혜자연의 보고이다. 시심과 예술혼의 근간인 아름다운 자연경관은 이 지역을 아름답고 매혹적이며 환상적이게

---

227 김동명, 이순원, 윤후명, 최성각, 이효석, 김형경 등등의 작품세계에서도 나타나는 특징이다.

한다. 강릉은 지형학적으로 우리나라의 동쪽에 위치한 바다가 있는 도시이다. 동해바다는 지역인의 일상과 심성, 생활습관에 영향을 끼친다. 바닷가 지역이니만큼 바람이 많이 불고, 4,5월에도 폭설이 내린다. 이러한 자연과 기후는 영동 로컬리티의 특성으로, 신봉승 시에서도 바다와 파도는 주요배경이 된다. 들뢰즈는 공간을 매끈한 공간과 홈이 패인 공간, 유목적 공간과 정주적 공간, 전쟁 기계가 전개되는 공간과 국가 장치에 의해 전개되는 공간으로 나누며[228], 사막(모래의 바다), 스텝(온대 초원지대), 바다, 지평선 없는 환경을 유목적 리좀적 사유로 이끄는 매끈한 공간으로 설명한다. 바다는 극도의 고독과 마주하며 '메커니즘(유기체주의)에서 벗어나 끊임없이 이질적인 것들과 대화하고 상호침투하면서 천 개의 고원지대를 가로 질러가는 역동적인 생성의 시공간[229]이다. 계량적이지 않은 바다는 탈영토화하고 광활하며 끝이 없어 보이는 텅 빈 공간으로 환상적 사건이 발생하는 이상적인 환경이며 철학적 정치적 성찰의 기회를 주는 자연 그대로의 순수 상태를 의미하는 문화와 담론에 침윤되지 않는 공간[230]이다. 이러한 공간에서 자라고 성장했으며 생활하는 시인에게 바다는 끊임없이 유동하고 변화하는 에너지를 주었을 것이다. 지역뉴스의 일기예보에서 늘 너울성 파도 소식을 전하듯이 두 권의 시집에서 바다와 파도는 빈번하게 등장하는 주도모티프이다.

> 바다가 잔잔해지면/하늘 가득히 원혼들이/모여오는 해질녘.//노을보다 아름다운/검정 보랏빛/머물지 못하는/흐름.//바다는 하늘로/하늘은 바다로/추억을 토하는 용트림.//추억은 다시 비상하고/그리움만 넘치는데/아! 잊혀지는/아픔.
>
> -〈해질녘 바다〉

228 질 들뢰즈·펠릭스 가타리, 김재인 역, 『천개의 고원』, 새물결, 2003, 907쪽.
229 정정호 편, 『들뢰즈 철학과 영미문학 읽기』, 동인, 2003, 195쪽.
230 위의 책, 390쪽.

눈 밝음으로 자랑삼던/젊은 날의 시력으로도/밤 바다는/내색 없는 조용함이다.//아스라이 들려오는 저 노여움은/바다가 포효하는 소리지만/눈 앞은 캄캄절벽/그것뿐이다.//간혹, 하얀 점 하나/그 부서짐으로 바다는/바다로 확인된다.//밤 바다에서 느끼는 그것은/우리가 사는 모습/눈여겨 보지 않았던/바로 그것이다.

- 〈밤바다〉

잠들기 전/波濤소리는/어수선한 함성이다.//그 술렁거림은/환상의 돌문을 열고/잊혀질 일들과/있음직한 일들로 잠못이루게 한다.//그 노여움은/마음 안에까지 들어와 철썩이며/살아온 일과/살아갈 일들로 가득하게 한다.//잠들기 전/波濤소리는/아득히 간직되는/뒤척임이다.

- 〈살아가는 일〉

세 편의 시에 그려진 바다와 파도는 '어수선한 함성', '술렁거림', '노여움', '뒤척임', '원혼', '아픔' 등을 품고 있다. 해질녘 밤 바다에서 시인은 추억을 끄집어내고, "눈 여겨 보지 않았던 그것"을 느낀다. 또한 파도소리에서 잊혀질 일들과 있음직한 일로, 살아온 일과 살아갈 일들로 잠 못 들며 뒤척인다. 인생으로 은유되는 바다와 파도는 애환과 고난, 슬픔과 아픔을 전달한다. 시인은 소외된 것, 필요가 없게 된 것, 잊힌 것의 나락에서 새로운 물질적 기록물보관소를 만들며, 그 속에서 사회가 억압한 트라우마의 근거를 상기하게 해줄 뿐만 아니라 기억과 망각의 사회적 과정에 예술적인 거울을 제시[231]한다. 바다와 파도 모티프는 〈밤 바다〉, 〈포구에서〉, 〈해질녘 바다〉, 〈살아가는 일〉, 〈파도〉, 〈이브스키의 파도〉, 〈초당동〉, 〈바람맞이〉 등에서 그려진다. 시인은 계절과 장소에 자신의 실존적 체험을 투영하며 지역적 친연성과 아픔을 포월하고 생성한다.

---

231 알라이다 아스만, 변학수 외 역, 『기억의 공간: 문화적 기억의 형식과 변천』, 그린비, 2011, 562쪽.

5. 신봉승 시문학의 특징

강릉 출신의 작가 신봉승의 문학세계를 한마디로 설명하기 어렵다. 그는 다양한 문학장르를 섭렵한 작가로 특히 드라마 분야에서 탁월한 성과를 거두었다. 그러나 본인은 시인으로서 살고 싶어 했기에 50대 넘어 출간한 두 권의 시집은 유소년기와 청년기를 고향에서 보낸 신봉승 문학의 원형이자 뿌리라고 볼 수 있다. 실증적인 역사의식에 기반한 그의 시문학은 자신의 고향과 초당 로컬리티와 정체성을 담는다.

역사와 문화와 자연을 간직하고 있는 강릉은 문인을 배출하기에 적합하다. 강릉엔 수많은 시인들이 거주하며 창작활동을 하고 있고, 허균, 난설헌 남매, 신사임당, 율곡 모자, 송강뿐만 아니라 현재도 많은 작가들이 배출되었다. 아름다운 자연경관과 유물과 유적, 역사인물을 내포하고 있는 강릉은 지역민의 정서와 체험과 기질에 기여했다. 솔향, 예향, 문향인 강릉을 상징하는 소나무는 시인 자신으로 투영될 뿐만 아니라 '떼'가 되어 강릉시민 정체성을 나타낸다. 바람과 대설과 꽃가루와 무서리에도 굳굳이 견디고 인내하며 변하지 않는 푸르름으로 한 자리에 서있는 소나무야말로 초당 정체성과 강릉 로컬리티를 대변한다. 가난과 전쟁, 험난한 시간과 역사와 세월의 무게를 고스란히 겪어도 의연한 소나무는 시집 전체를 관통하는 핵심어이다.

두 번째 시집에서는 '소나무' 대신 '아라리'라고 명명하여 이웃들의 기구한 삶을 진혼한다. 시인은 강릉을 아름답고 평온하게만 그리지 않고 시대적 질곡과 삶의 비애를 참아내었던 현실을 바람, 대설, 파도 모티프로 형상화한다. 기구한 삶을 살다간 허균, 난설헌의 생가가 있는 초당 이미지는 아름답고 평온하며 불변하는 소나무의 모습을 담지만 한편으로는 가난과 도굴, 도적, 전쟁, 고통을 품은 공간이기도 하다. 역사와 문학과 자연을 접목하는 작가는 초당과 고향 강릉에 대해 양면적인 시각을 갖고 있다. 바다가 지닌 유목적 리좀적 사유를 바탕으로 참혹하고 고통스러운 삶의 질곡 속에서 역사적 보수적 시각을 견지한 신봉승 시문학은 강릉 로컬리티와 정체성을 고스란히 담아낸다. 〈成長期〉의 "이끼 낀 古家의 뒤로 푸른 대밭이 병풍을 대신한" 환경이 말해주듯이 그의 문학은 전통과 자연을 배경으로 한다.

신봉승이 재현해 내는 초당과 고향은 유목적 리좀적 사유와 역사적 나무적 사유가 교착되어 나타난다. 이는 바다와 같은 매끄러운 공간과 배타적이고 폐쇄적인 공간이 공존하는 이 지역의 특성에서 비롯되었다고 볼 수 있다. 생태주의적이고 타자중심적이며 지역주의적 특성을 지닌 그의 시문학은 과거/전통/자연 회귀 및 지향을 하고 있으나, 핏물, 피보라, 피적삼, 무덤, 풍상, 원한, 한, 눈물, 죽음과 같은 시어를 통해 비관적이고 비극적인 고향의식과 현실인식을 표출한다. 이는 역동의 근현대사를 겪은 작가의 험난한 삶에서 비롯되었을 것이다. 또한 〈緣: 동행10〉의 시에 나오듯이 고향, 학교, 핏줄이 같은 사람들끼리 네것 내것 구분 없이 살아왔던 공동체적 운명이 체화되며, 〈세상 참 험하군〉에서처럼 대학생들이 총장의 사진을 밟고 지나가는 것을 보고 "죽어버리고 싶은 마음뿐"이라고 토로함으로써 효도, 예절, 어른 봉양을 중시하는 태도가 나타난다. 이처럼 신봉승 시문학세계는 간단하게 설명할 수 없는 복합적이고 다양한 관점들이 교착된다.

7장
신봉승 문학의 사회적 상상력

1. 강릉지역의 장소성과 정체성

강릉지역은 독특한 문화지형과 특성을 지닌다. 강릉은 아름답고 수려하며 고풍스러운 자연경관과 옛 성현의 발자취와 다양한 축제, 유적들이 보존되어 있다. 관아, 향교, 오죽헌, 선교장, 객사문, 임영관삼문, 허균·허난설헌기념공원 등의 유적지와 대관령, 경포호, 정동진, 초당동 솔밭과 김동명시비, 김동명문학관은 강릉 정체성이 얼마나 문학적이고 예술적이며 전통적인지 알게 한다. 자연과 역사와 문화가 꿈틀대는 강릉(강원도 명주군 옥계면 현내리)에서 신봉승(1933.5.23~2016.4.19)은 태어났다. 아스라하고 아득한 하슬라(何瑟羅), 명주(溟州)에서 지명이 바뀐 강릉(江陵)은 신봉승의 역사와 정치와 문학을 탄생케 한 근원적인 장소이다. 신사임당, 율곡, 허균, 허난설헌, 송강, 몽향 등이 이 지역과 연관되며, 윤후명, 이순원, 서영은, 김별아, 김형경, 최성각, 이광식 등의 소설가, 김동명, 심연수 시인과 극작가 김은숙 그리고《강릉예총》,《관동문학회》를 비롯한 여러 문학단체 및 동아리 모임들이 시를 향유하는 시민들의 일상 속에 녹아 있으며 유명작가들이 이곳에서 배출되거나 머물고 있다.

바다와 파도, 대설, 바람, 소나무와 같이 인간의 운명을 거스르는 자연현상과 진또배기, 단오제, 관노가면극 등의 설화와 민속이 잘 보전되고 있는 강릉은 조선이라는 중세와 현대가 공존하는 독특한 지형적인 특색을 지닌다. 또한 강원지역은 가난, 주변부적 위치성, 정보부재, 순박하고 순진한 사람들이라는 이미지를 갖는다. 강원 출신 작가인 이태준(철원), 이효석(봉평), 김유정(춘천)의 소설 속 유랑하는 궁핍한 농민들이나, 강릉 출신 작가 김동명이 근대지식과 교육을 받기 위해 고향을 떠난 현실은 강원지역의 열악한 삶을 반영한다. 순수문학 특히 시를 지향했던 신봉승의 경우도 자신이 극작가가 된 계기가 생활고(生活苦)라는 현실적인 문제에서 비롯되며 시의 이미지가 시나리오와 유사하고 영상예술 즉 멀티미디어의 시대가 도래할 것이라는 확신 때문이었다고 고백한다.

'극작가 신봉승'보다는 '신봉승 시인'으로 불리길 원했던 작가의 한은 50대를 넘어 두 권의 시집과 희곡집 출간[232]을 통해 해소된다. 순수작가의 길을 걷지 못하고 대중적인 영상매체에서 입지를 확고하게 확립한 것은 시련과 상처와 고뇌의 결과였다. 연산군 일대기를 다룬 〈사모곡〉이 큰 인기를 얻었음에도 불구하고 언론으로부터 고증이 안 되었다는 질타를 받은 작가는 이긍익의 야사집《연려실기술》에 의존했기 때문이라고 여겨《조선왕조실록》을 번역하고 역사공부에 몰입하였는바 이는 시나리오 작가로서 선이 굵은 정통역사드라마를 쓰는 기반이 되었다. 시인이 되지 못한 콤플렉스와 〈사모곡〉 비판 사건은 좌절과 실패, 열등감이 작가가 되는 과정에서 얼마나 중요한지를 말해 준다. 거의 모든 문학 장르를 넘나들었고, 정통 역사드라마작가로서의 입지를 다졌으며, 대한민국 예술원 연극영화무용분과 회장, 추계예술대 영상문예대학원 교수, 한국의 대표 드라마작가라는 빛나는 이력과 다양한 수상경력[233]은 이러한 아픔의 결과였다.

시인이 되고자 했던 작가의 시집 제목에 나타난 '초당동'이라는 지명과 문단에서 '대관령의 시인'으로 호명되는 작가에게 강릉 정체성과 장소성은 신봉승 문학의 원천이자 근원적 사상을 이룬다. 고교 시절 최인희, 황금찬 시인과의 인연으로 시인을 꿈꿀 수 있었고, 예술혼과 역사정신이 깃든 곳에서 태어나고 자랐기에 역사적 소재를 바탕으로 하는 역사소설, 역사드라마, 역사에세이를 창작하고 섭렵할 수 있었던 것이다. 따라서 신

232 시집은 『초당동 소나무떼』와 『초당동 아라리』이고, 희곡집은 『노망과 광기』(선, 2013)이다.
233 이승휴문학상 문화예술부문, 1997 대한민국 예술원상, 한국방송대상, 서울시문화상, 위암장지연상, 민족문학상 본상, 1998 보관문화훈장을 수상했다.

봉승 문학의 키워드는 역사, 강릉, 문학이었고 그는 조선, 초당, 시를 사랑했던 작가였다.

2. 문학장르의 다양성과 문학적 특성

극작가, 시인, 소설가, 에세이스트, 시나리오작가, 작사가 등 다양한 호칭을 갖고 있는 신봉승은 독특한 이력의 작가이다. 1961년 국방부 시나리오 현상 모집에《돌아온 산하》가 당선되고 유치환 시인의 추천으로『현대문학』에 시인으로 등단했으며, 두 권의 시집 발간, 1979년부터 2013년까지 24년 동안 총 25권의 산문집 출간, 한 권의 희곡집,《난세의 칼》,《임금님의 첫사랑》같은 역사소설, 셀 수 없이 많은 드라마 대본과 시나리오를 비춰볼 때 매우 드물고 희귀한 문학 활동을 했던 전방위, 전천후 작가라는 사실을 알게 된다. 일생동안 글쓰기 작업을 쉬지 않았던 작가이기에 앞으로 연구해야할 문학 텍스트는 무궁무진하다. 작가는 자신의 삶을 다음과 같이 피력한다.

> 나는 열세 살 까까머리 소년으로 8·15의 감격을 맞았고, 스무 살에 6·25의 참변을 경험했으며, 스물일곱에 5·16을 겪으면서 문필의 길로 들어섰다. 그것은 격동의 세월을 헤쳐가야 하는 노정이기도 하였다.
>
> 20대는 시인이 되려는 꿈을 안고 살았고, 30대는 극영화의 시나리오를 쓰면서 하늘 높은 줄 모를 만큼 우쭐거렸다. 40대로 접어들고서야 TV드라마를 쓰는 것으로 생업을 삼는가 싶었는데, 역사드라마에 눈 뜨면서 50대를 맞게 되었다. 그리고 그후의 30년은 그야말로 〈역사를 관장하는 신〉의 품안에서 나름대로의 길을 품위있게 걸었다고 자부한다.[234]

234 신봉승,「작가의 말: 멀고 험했어도 후회는 남기지 않았다」,『역사가 지식이다: 신봉승 자전 에세이』, 선, 2013, 5~6쪽.

신봉승은 영상이 범람하는 시대에 시나리오 작가지망생, TV드라마작가가 되고자 하는 젊은이들이 넘쳐나지만 방법을 몰라 방황하는 이들을 위해 자신이 경험한 현장의 체험담과 극작법을 적은 『TV 드라마 시나리오: 창작의 길라잡이』(선, 2001)를 발간했다. 그는 역사극을 정사극(正史劇), 창작사극(創作史劇), 야사극(野史劇)으로 나누며 사극 유형보다는 작가의 역사인식인 역사를 보는 사관(史觀)과 분석, 비판하는 능력이 중요하다고 말한다. 작가는 기본사료로 「조선왕조실록」, 「승정원일기」와 같은 정사자료와 「대동야승」, 「패림」, 「연려실기술」 등의 야사자료를 예로 들며 궁중극(宮中劇)의 자료로는 「한중록」, 「계축일기」, 「인현황후전」 등의 국문소설이 기초자료라고 소개한다.

MBC-TV에서 7년 9개월 동안 방영한 실록대하드라마《조선왕조 500년》을 쉰한 살에 집필하여 쉰여덟 살에 마감한 신봉승은 집필시 가장 고통스러웠던 일이 1,866권, 887책이나 되는 『조선왕조실록』을 정독하는 일과 여러 가문의 종친회와의 마찰과 엄중항의를 받았던 일이라고 회상한다. 노인들에게 린치를 당한 적도 있고, 조선조 초기의 정사사실을 바탕으로 드라마를 썼지만 역사를 빙자해 청와대를 비방했다는 이유로 '방송중단'이라는 경험까지 했다고 한다. 이러한 생생한 작가의 창작체험이 극작가를 지망하는 젊은이들에게 가감 없이 솔직하게 책에 적혀있다.

라디오 다큐멘터리로 시작한 작가에게 고향은 다음과 같은 곳이다.

> 내 고향 강릉은 대현 율곡 선생과 그 자친인 사임당 신씨의 자애로움과 예술혼이 넘쳐나고, 동양삼국에서 으뜸가는 여류시인 난설헌(蘭雪軒) 허초희(許楚姬)와 우리나라 저항문학의 효시인 교산(蛟山) 허균(許筠) 남매가 태어난 유서 깊은 고장이라 예로부터 문향(文鄕)으로 일컬어져 왔고, 송강 정철의 「관동별곡(關東別曲)」에도 이 지역의 풍광이 눈에 보이듯 잘 그려져 있어 수많은 시문(詩文)들의 바탕이 되었던 아름다운 고장이다.[235]

---

235 위의 책, 102쪽.

오대산 월정사와 상원사, 강릉의 보현사, 설악산의 신흥사, 양양의 낙산사 등 고찰에 담긴 역사와 일화를 소개하고 스님들과의 인터뷰를 섞어가는 프로그램을 완성한 작가는 '시나리오는 발로 쓰라'는 구절을 실천하였고 자신의 고향과 그 주변에 대해 애정과 관심을 바탕으로 철저하게 현장체험을 했다.

그가 남긴 시나리오 리스트는 다음과 같다.

1961년 〈두고온 산하〉

1962년 〈사랑은 주는 것〉

1963년 〈청춘교실〉, 〈미스 김의 이중생활〉, 〈복면대군〉, 〈말띠 여대생〉

1964년 〈신식 할머니〉,〈신촌 아버지와 명동 딸〉, 〈월급봉투〉, 〈학생부부〉, 〈맨발로 뛰어라〉

1965년 〈적자인생〉, 〈막내딸〉, 〈저 하늘에도 슬픔이〉, 〈정동대감〉, 〈갯마을〉

1966년 〈소금장수〉, 〈소령 강재구〉, 〈살살이 몰랐지〉, 〈하숙생〉, 〈오복문〉, 〈심술각하〉, 〈위험한 정사〉, 〈회전의자〉, 〈생일이 없는 소년〉, 〈흑발의 청춘〉, 〈특급결혼작전〉, 〈스파이 제5전선〉, 〈양반전〉, 〈댁의 부인은 어떠십니까〉, 〈종점〉, 〈초련〉

1967년 〈여대생 사장〉, 〈조용한 이별〉, 〈팔도강산〉, 〈어느 여비서의 고백〉, 〈산불〉, 〈타인들〉, 〈비련〉, 〈너와 나〉, 〈서울은 만원이다〉, 〈어명〉, 〈길을 묻는 여대생〉, 〈개살구도 살구냐〉

1968년 〈백야〉, 〈오대 복덕방〉, 〈청춘고백〉, 〈자주댕기〉, 〈오월생〉, 〈슬픔은 파도를 넘어〉 〈(속)팔도강산〉, 〈창공에 산다〉, 〈지금 그 사람은〉, 〈미니 아가씨〉, 〈이상의 날개〉, 〈돌아온 왼손잡이〉

1969년 〈독짓는 늙은이〉, 〈내 생애 단 한 번〉, 〈야성녀〉, 〈부각하〉, 〈아무리 미워도〉, 〈봄·봄〉, 〈산울림 칠 때마다〉, 〈이대로 간다 해도〉, 〈투명인간〉, 〈250조〉, 〈팔도 사위〉

1970년 〈지하여자대학〉, 〈여보〉, 〈천사여 옷을 입어라〉, 〈굿바이 동경〉, 〈EXPO 70 동경작전〉, 〈해변의 정사〉, 〈그분이 아빠라면〉, 〈동경

을 울린 사나이〉, 〈미행자〉, 〈(속)저 하늘에도 슬픔이〉, 〈할아버지는 멋쟁이〉

1971년 〈내일의 팔도강산〉, 〈오빠〉, 〈타이페이 삼만리〉, 〈인간 사표를 써라〉, 〈기러기 남매〉, 〈아름다운 팔도강산〉

1972년 〈지프(Jeep)〉, 〈별난 장군〉, 〈쟉크를 채워라〉, 〈항구의 등불〉

1973년 〈어머님 용서하세요〉, 〈육군사관학교〉, 〈눈물의 웨딩드레스〉, 〈처녀사공〉, 〈수선화〉, 〈청춘 25시〉, 〈별난 장군과 팔도부하〉

1974년 〈아내들의 행진〉, 〈꽃상여〉, 〈울지 않을리〉, 〈연화〉, 〈(속)연화〉, 〈꼬초가 뱀〉

1976년 〈돌아온 팔도강산〉, 〈홍길동〉, 〈야간학교〉

1978년 〈비련의 홍살문〉, 〈관세음보살〉, 〈너의 창에 불이 꺼지고〉, 〈세종대왕〉

1979년 〈을화〉

1980년 〈미워도 다시 한번〉

1989년 〈마유미〉[236]

한 시나리오 작가의 작업량으로는 많다기보다 창피할 정도의 엄청난 분량이라고 작가는 고백한다. 그리고 자신을 널리 알린 조선여인 5백년 시리즈인《연화》,《윤지경》,《인목대비》,《별당아씨》,《임금님의 첫사랑》 등의 역사이야기는 폭발적인 시청률을 기록하여 그 시간대에 수돗물의 사용이 전무한 기록까지 남긴다. 그러나 한편으로는 정사를 지나치게 벗어난 야사여서 국사정신을 훼손한다는 질타를 받았던 신봉승은 상업방송국의 전속작가로서 재미위주의 드라마를 써야하는 이율배반의 갈등 속에서 성찰과 반성의 계기를 마련한다. 한편으로는 "정사의 대중화"라는 기치 아래《왕도》를 집필 방영했으나 이성계의 역성혁명과 이방원의 무자비한 살상이 박정희 대통령의 시월유신과 겹쳐지면서 청와대의 제재로 일일연속

236 위의 책, 203~205쪽.

극이 주간연속으로 포맷이 바뀌는 고초를 겪고 실업자가 된다. 이처럼 인기드라마작가로서 영예와 명성만이 아닌 파란만장한 사건들을 신봉승은 극복해야 했다. 그는 인기와 예술성을 동시에 겸비한 작가이자 영화계에서는 가장 주목받는 작가[237]로 평가받으며 문학작품 〈갯마을〉, 〈봄봄〉, 〈독짓는 늙은이〉, 〈을화〉등을 각색하여 널리 알렸다.

작가가 창작한 노래가사나 드라마 주제곡도 널리 회자되어 많이 불리어지고 사랑을 받았다. 〈모정의 세월〉, 〈대관령〉, 〈기러기 남매〉, 〈하얀 민들레〉, 〈회전의자〉, 〈정동대감〉 등의 곡들이 이에 해당된다. 순수문학 작가가 되지 못한 회한이 있지만 시대를 앞서 나갔던 그의 대중적인 활동은 매우 가치 있고 오랫동안 서민들의 고단하고 팍팍한 일상에 위안과 볼거리를 제공했다.

> 동지섣달 긴긴 밤이 짧기만 한 것은/근심으로 지새우는 어머님 마음/흰머리 잔주름은 늘어만 가시는데/한없이 이어지는 모정의 세월/아~ 가지 많은 나무에 바람이 일 듯/어머니 가슴에는 물결만 높네
>
> \- 〈모정의 세월〉, 신봉승 작사, 박정웅 작곡, 나훈아 노래

> 저기 물안개 소낙비 아련한 산은/그려도 움직이는 한 폭의 비단/저기 빨간 단풍으로 색칠한 산은/의연히 손짓하며 우릴 부르네/대관령 아흔아홉 대관령 굽이굽이는/내 인생 초록물 드리면서 나그네가 되라네
>
> 저기 찬 바람 하얀 눈 소복한 산은/누구를 기다리다 봄은 머언데/저기 진달래 철쭉으로 불타는 산은/구름도 수줍어서 쉬어 넘는데/대관령 아흔아홉 대관령 굽이굽이는/내 인생 보슬비 맞으면서 나그네가 되라네
>
> \- 〈대관령〉, 신봉승 작사, 박경규 작곡, 바리톤 김성길

---

237 오영미, 「신봉승 시나리오 연구: 각색물을 중심으로」, 『한국예술연구』 제6호, 한예종 한국예술연구소, 2012, 39쪽.

나 어릴 때/철부지로 자랐지만/지금은 알아요/떠~나는 것을/엄마 품이/아무리 따뜻하지만/때가 되면 떠나요/할~수 없어요/안~녕 안~녕 안~녕/손~을 흔들며/두둥실 두둥실 떠나요~/민들레 민들레처~럼/돌아오지 않아요/민~들레처럼

– 〈하얀 민들레〉, 신봉승 작사, 유승엽 작곡, 진미령 노래

〈모정의 세월〉은 1972년 TBC TV 드라마 〈어머니〉의 주제가로 박정웅이 작곡했고 나훈아가 노래를 불러 널리 알려졌고, 〈대관령〉은 1988년 5월 KBS-FM 신작가곡으로 첫 전파를 탔으며 KBS방송 PD이자 시인이자 방송극작가인 신봉승이 기획했고 서울음반에서 나왔다. 대관령(大關嶺)은 사계(四季)가 아니라 팔계(八季)라 이를 만치 변화무쌍한바 산인가 하면 구름이요 안개였고 바람인가 싶으면 비를 뿌렸다는[238] 작가의 노래가사에서 '대관령의 시인'임을 알게 한다. 〈하얀 민들레〉는 유승엽 작곡의 진미령 노래로 가장 많이 알려진 대중가요이다. 노래가사까지 창작한 신봉승의 문학적 외연의 확장과 더불어 대중적으로 끼친 영향력은 무척 컸다.

신봉승이 남긴 문학적 업적은 방대하여 자료 정리와 연구는 앞으로 지속적으로 진행되어야 할 것이다. 순수문학의 지형에서 벗어났지만 그의 문화콘텐츠 창작 활동은 영상매체를 중시하는 포스트모더니즘 시대에 그 의미가 결코 작지 않다. 영화나 드라마에 있어 그는 궁중야사가 아닌 선이 굵은 정통역사극을 지향했고 이를 위해 오십이 넘은 나이에 대학원에 진학하여 이광수, 김동인 역사소설의 오류와 역사왜곡을 비판했고, 『조선왕조실록』 강독에 심혈을 기울인바 이는 성실하고 열정적인 작가의식과 자세 없이는 불가능한 일이다. 야사(野史)의 사료(史料)만을 얼버무려도 얼마든지 재미있는 역사드라마를 쓸 수 있었지만 상당한 시간과 고통을 감내하면서까지 정사(正史)사료를 살피지 않고서는 붓을 들지 않았던 것이

238 신봉승, 「아름다운 전원도시: 강릉시」, 『도시문제』 제18권, 대한지방행정공제회, 1983, 120쪽.

다. 통속적인 야사극이나 상상적 역사드라마인 퓨전사극이 아닌 정통사극을 추구했던 신봉승의 업적은 올곧은 그의 문학정신과 성실한 자세에서 비롯되었다.

또한 자신이 쓴 방대한 분량의 산문을 '수필'이라 칭하지 않고 자전에세이(Essay), 역사에세이라고 칭함으로써 신변잡기의 개인적이고 주관적이며 정서적인 미셀러니(Miscellany)와 차별화하고자 했다. 문자매체와 영상매체 텍스트는 앞으로 강릉지역학자들의 연구자료로 매우 소중한 자산이 될 것으로 신봉승 문학세계에 대한 지속적인 관심이 요구된다.

순수문학을 지향하고 이에 대한 관심을 놓지 않았던 작가는 역사소설과 여러 편의 시를 창작했다. 전5권인《난세의 칼》은 조선시대 최대 정변을 일으킨 한명회, 단종, 세조 등 당대 인걸들의 삶을 조선왕조실록을 바탕으로 한 역사대하소설이다. 개혁과 보수의 갈등, 충절과 배신의 경계를 담은 이 소설은 중국의《삼국지》, 일본의《대망》과 비견된다.《임금님의 첫사랑》은 철종이 왕이 되기 전에 만난 양순과의 첫사랑, 이별, 해후 과정을 그린 작품으로 상상력을 바탕으로 쓴 소설이다.

두 권의 시집『초당동 소나무떼』,『초당동 아라리』의 시세계는 강릉지역민의 분신이자 정체성인 소나무 모티프를 통해 허균 남매, 몽양, 율곡, 신사임당, 송강 등 역사적 인물을 소환하고 근대사가 지닌 질곡과 고통, 삶의 애환과 한을 그려 나갔다. "시는 적어도 나에게 있어서는 인식(認識)이며 역사(歷史)며 인격(人格)"[239]이라는 말에서 알 수 있듯이 시인으로 출발한 신봉승의 문학의 본령은 시문학[240]이었다. 그의 문학의 대중화는 삶의 깊이와 연륜, 성실하고 무게 있는 성찰적 자세에서 나왔다.

---

239 신봉승, 「시인의 말」, 『초당동 아라리』, 갑인출판사, 1993, 7쪽.

240 졸고, 「신봉승 시문학에 나타난 초당표상과 고향인식」, 『해람인문』 제44집, 강릉원주대 인문학연구소, 2017, 29쪽.

3. 역사의 대중화와 역사 바로 잡기

오랜 역사를 간직한 강릉 출신이라는 태생적 조건은 작가[241]로 하여금 역사에 대한 관심을 자연스럽게 갖게 했다. 작가에게 역사 읽기는 행간(行間)을 읽어서 역사의 뒤안길을 살피는 일이었다. 행간과 교훈으로 읽는 역사는 지식으로서의 역사가 아니라 삶의 역사가 되는 것이며, 자신의 역사 읽기 경험이 독자에게 전달되었으면 하는 것이 평생의 염원인 '정사(正史)의 대중화'를 매듭짓는 일이다. 역사를 스승으로 섬기며 살아온 작가는 역사드라마, 역사소설, 역사에세이 등 역사에 관한 글이라면 분야를 가리지 않고 말 그대로 줄기차게 써왔다.[242] 역사의 행간 읽기란 가령 위대한 세종시대를 이해하기 위해서는 그 앞 시대인 태종시대를 정확히 알아야 하는 바, 세종의 탄생은 태종에 의해 기초가 닦였기 때문이다. 행간 읽기란 시대의 전후 맥락 안에서 파악되어야 하는 것을 의미한다. 그에게 역사는 삶을 관장하는 스승이자 신의 영역이다.

> 때로는 까마득하고, 때로는 험준한 산굽이가 수없이 내 진로를 가로막을 때마다 나를 위해 기다리고 있을 스승을 만날 것이라는 염원을 믿고서야 넝마처럼 뒤엉킨 질곡에서 헤어나곤 했었다. 아, 나를 기다리고 내 손을 따뜻하게 잡아준 그 스승은 '역사를 관장하는 신'이었다. 역사는 언제나 언제나 나의 감시자로 다가왔고, 나는 언제나 역사의 감시를 받고자 자청하였다.[243]

---

241 강릉 출신 작가 김별아도 최근 역사 속에 등장하는 여인을 주인공으로 하는 일련의 소설들을 지속적으로 발표하고 있다. 조선여인 삼부작인 《불의 꽃》, 《채홍》, 《어우동, 사랑으로 죽다》를 비롯하여 《미실》, 《논개1,2》, 《치마폭에 꿈을 그린 신사임당》 등 동성애, 간통 사건에 얽힌 파격적 삶을 살아낸 여성들을 복원하여 문학적으로 형상화하는 작업을 해나간다. 그러나 남성작가와 여성작가의 시선을 다르게 나타난다.

242 신봉승, 「작가의 말: 역사를 스승으로 섬기며」, 『역사란 무엇인가』, 청아출판사, 2011, 5쪽.

243 신봉승, 「책머리에: 온전한 삶에 대한 불변의 진리」, 『국보가 된 조선 막사발: 역사에세이』, 삶과꿈, 2000, 6쪽.

조선시대 오백년은 작가의 가치관과 정체성을 정립하는 문학창작의 원천이자 영향을 끼친 시대였다. 신봉승의 역사의식과 정치감각, 현실인식은 조선을 살아갔던 사람들의 치적과 삶의 자세로부터 나왔다고 해도 과언이 아니다. 그는 에세이집(『국보가 된 조선 막사발』, 『역사가 지식이다』, 『역사란 무엇인가』, 『신봉승의 조선사 나들이』, 『조선도 몰랐던 조선』)에서 역사적 인물들을 묘사하고 해석했는데 특히 세종대왕, 한명회, 인수대비, 율곡 이이를 각별하게 여겼다. 따라서 이들 네 명의 삶과 여성의식을 고찰하고 잘못 알고 있는 역사적 사실을 작가가 사명감을 갖고 바로 잡으려던 노력에 대해 살피고자 한다.

세종대왕의 치적에 대해선 여러 책에서 거듭 칭송하였다. 성왕 세종의 치도(治道)는 위민(爲民)과 민본(民本)에 있는바, 이는 모든 것을 백성들의 안위에만 두었다는 뜻이다. 성왕은 오늘날의 국민투표와 같은 방법으로 백성의 뜻을 살폈기에 그들이 원치 않는 제도는 실행하지 않았다. 엄청난 업적 이외에 세종은 신하들이나 백성들의 성정(性情)에까지 마음을 쏟는 따뜻한 인간미를 보여준다. 오늘날의 정치지도자들이 성군 세종의 따뜻한 인품과 강력한 실천의지를 닮지 못하는 것은 역사의식이 결여되었기 때문으로 닮으라고 부탁하기보다 조금만이라도 흉내를 내보라고 권하고 싶은 심정[244]이라고 작가는 말한다. 스물두 살에 보위에 오른 세종은 기라성 같은 정승과 판서들을 거느려야 했는데 이는 한 권의 책을 1만 번씩 읽어낸 독서량에서 비롯된 지성과 식견과 표준에 의한 실천력을 바탕으로 한 지도력을 지닌 '행동을 수반한 지식인'[245]이었기에 가능했다. 세종의 완벽하고 흠잡을 데 없는 리더십과 인간미까지 독자들에게 알리고 싶은 작가의 애정 어린 의도가 여러 책에서 발견된다.

한명회는 단종, 세조, 예종, 성종에 이르는 4대에 걸쳐 33년간 정치일선에서 일인지하 민인지상이라는 영의정 자리를 두 번했고 성종 초에는

244 신봉승, 『조선도 몰랐던 조선: 신봉승의 조선사 행간읽기』, 청아출판사, 2009, 43쪽.
245 위의 책, 33쪽.

원상(院相)의 자리에 올라 국가 위기를 관리했던 당대의 경세가(經世家)이자 국구(國舅: 임금의 장인)였다. 한명회라는 인물을 역사에서 끄집어내어 새로운 시각으로 복원한 드라마는 엄청 큰 반향을 일으키며 신봉승의 이름을 알리게 했다. 세조와의 인연, 계유정란, 별장 압구정의 화려하고 아름다운 운치, 칠삭둥이 등과 관련된 한명회는 많은 사람들이 피흘리며 죽어간 격동의 시기를 살아냈다. 어렵고 번잡한 일이 많을 때마다 난제를 풀어냈던 경세가인 한명회의 리더십은 솔직하고 사심이 없는 데에 있었다고 작가는 설명한다. 아랫사람을 혹독하게 다스리면서도 허물을 덮어준 한명회는 당대의 석학인 신숙주와 세종대왕의 부마인 윤사로를 사돈으로 두었으며 두 딸은 왕비가 되었는바 이러한 연혼(連婚)에서도 그의 인품이[246] 드러난다. 작가는 지금까지 소외되고 잘못 알려진 대표적인 인물인 신숙주와 한명회를 긍정적인 인물로 재해석하는 드라마에서 격이 높아진 역사드라마로 평가받았고 식자층을 자극하게 되었다고[247] 뿌듯해 하였다.

여성인물 중에서 작가가 가장 흥미 있게 생각하는 인물은 인수대비(仁粹大妃)이다. 성종의 생모 소혜왕후는 『내훈(內訓)』을 지을 정도로 조선왕조 최고의 지식인 여성으로 인수대비로 불리게 된다. 그녀는 중전에 오르기 전 지아비를 잃고 대궐 밖에서 12년간 살다가 아들 성종을 추존한 좌절의 아픔을 겪었기에 아들이 성군의 길을 가는데 방해되는 사람들을 내쳤다. 단종, 세조, 예종, 성종, 연산군을 거치고 안평대군, 김종서, 황보인, 정인지를 지켜보며 지혜를 터득한 인수대비는 사돈 한명회와 신숙주의 경륜을 익힌 걸출한 여성이었다. 한문과 산스크리트어에도 능숙했던 그녀는 연산군의 어머니인 윤비를 폐출시켜 손자에게 머리를 받힌다. 인수대비의 파란만장하고 드라마틱한 삶은 신봉승의 장편소설《왕을 만든 여자》1,2와 드라마《왕과 나》에서 다루어진바 숨겨진 여성인물을 복원하려는 작가의 노력이 엿보인다.

---

246 신봉승, 『신봉승의 조선사 나들이』, 답게, 1996, 88~89쪽.

247 신봉승, 『역사가 지식이다: 신봉승 자전에세이』, 앞의 책, 212쪽.

율곡 이이는 외가인 강릉 죽헌리에서 태어났다. 어머니 사임당이 꿈에 용을 보고 회임하여 그가 태어난 방을 몽룡실(夢龍室)이라 한다. 날 때부터 신이하고 총명하여 일곱 살에 경서에 통달했고, 타고난 천성이 효성스러웠다. 여덟살 때 죽헌리를 떠나 아버지의 고향 파주 율곡리로 왔고, 16살에 스승이자 삶의 귀감이었던 어머니 사임당 신씨를 여읜다. 눈물의 삼년상 후 금강산에서 불교에 심취하며 방황했으나 죽헌리로 되돌아와 외할머니의 자애로운 보살핌으로 공부에 열중하여 위대한 학자가 되었다. 『격몽요결』은 자라나는 청소년들에게 효행과 도덕적인 용기를 일깨워 주었고 선비들에겐 올바른 생각과 실천하는 길[248]을 일러주었다. 율곡은 작가의 고향인 강릉을 대표하는 학자로서 강릉 출신의 신봉승에겐 친숙하고 동질감을 느끼는 역사인물이었다.

이외에도 신봉승은 잘못 알고 있는 역사적 사실을 안타까워하고 지식인 계층의 잘못된 사관을 지적하며 역사 바로 잡기에 대한 책무를 느낀다. '기왕에 식민살이를 할 것이면 일본에 한 것이 천만다행'이라는 어느 부장판사의 말에 분노의 주먹을 불끈 지었다거나 식민사관을 공부하고 답습한 경성제대 수재들이 역사학 교수가 되어 잘못된 역사교육을 20년간 반복하는 악순환에 대해 통탄한다. 국사 교육을 부활시키고 정규과목으로 복귀시키는 것은 우리나라의 정체성 고양에도 화급을 다투는 일이기에 중구난방식의 국사교과서로 보수진보에 물든 교사가 교육하는 것을 우려하며, 정확한 국사교과서를 편찬하고 국가의 정체성, 민족의 자부심을 심어줄 수 있는 교사를 먼저 양성해야한다고 말한다. 국가관과 민족정체성을 확립하는데 역사인식과 역사교육의 중요성을 작가는 피력한다.

조선은 당파싸움 때문에 망했다는 일본이 심어놓은 식민사관이야말로 비열한 모함이며 천박한 죄악으로서 당쟁이란 말 대신에 정쟁이라는 정화된 용어를 써야 식민사관의 그늘에서 벗어날 수 있으며 경복궁 근정전 앞마당에 석조로 조선총독부 청사를 지은 일본의 행태는 그들이 얼마

248 신봉승, 『국가란 무엇인가: 신봉승의 한국형 리더십 강의』, 청아출판사, 2011, 91쪽.

나 무지막지하고 천박한 사람들인가를 여실히 보여주고도 남는 것으로 나치스도 미군도 그런 무도한 짓은 하지 않았다고 작가는 비난한다. 문화의 다양성을 존중하면서 지구촌으로 공생하는 절체절명의 시대에 아직도 침략 위주의 과거사에서 헤어나지 못하는 일본의 젊은 총리 아베 신조의 무지와 파렴치를 지적한다.

조선조를 살았던 여성들에게는 이름이 없었다고 믿는 지식인이 많지만, 섹스 스캔들을 일으켰던 감동(甘同)과 어우동, 숙종의 총비로 중전의 자리에 오른 장옥정, 연산군의 총비 장녹수, 광해군의 총비 개시, 윤원형의 애첩 정난정 등에게 이름이 있었고, 성삼문의 어머니 미치, 아내 차산, 딸 효옥, 김문기의 아내 봉비, 딸 종삼, 여류시인 초희 등에서 알 수 있듯이 역사를 왜곡하는 무지로 볼 수 있다고 말한다. 그는 칠거지악이 있으나 삼불거도 있어 나름 합리적이라고 설명하며 여성의 품에서 수많은 청백리가 탄생되었고 왕조의 5백년 왕권 지탱은 조선조 여인들이 인종을 미덕으로 삼았던 결과라고 설명한다. 현실 표면에 나설 수 없었던 조선조 숙명을 짊어져야 했던 여성들을 남존여비(男尊女卑)와 인종(忍從)으로만 보기보다는 청백리를 탄생시키고 그들의 의지처가 되어주었다고 말한다. 그러나 이는 남성중심적 가부장적 시각이므로 재론의 여지가 있다. 하여튼 신봉승은 우리가 알고 있는 왜곡된 역사지식을 수정하기 위해 누구보다도 앞장서 쉽고 재밌게 이야기로 풀어 독자와 시청자에게 제공한다.

4. 리더십, 국가론, 정치가의 조건과 정치현실

일생동안 『조선왕조실록』을 번역하고 공부하고 곁에 두었던 신봉승은 조선시대 500년을 사랑했으며 그 시대에서 현재의 지혜와 정치적 안목을 구하고자 했다. 작가는 초근목피로 연명할 정도로 가난하고 빈곤했던 조선왕조가 500년이란 장구한 세월동안 왕권을 유지한 이유가 양식을 가진 지식인에 의해 나라가 경영되었기 때문[249]이라고 판단한다. 대한민국의 정치현실을 개탄하고 통탄했으며 안타까워하는 작가는 조선에서 이상적인 인물을 구했다. 사람의 도리를 바로 알고 실행하는 내용을 인지하고 실천하는 것이 공직자가 되는 길[250]이라는 신봉승은 대한민국 미래를 열 정치가의 표상으로서 대통령과 장관을 역사 속에서 호명하여 현대정치의 적재적소에 배치한다.

대통령으로 추천한 왕은 성군 세종(재위 1418~1450)으로 그의 업적은 식견(전문지식)과 표준(판단과 결단을 유도하는 윤리성), 실천궁행으로 이어지는 참 사람됨이 이루어낸 결과이다. 한글 창제를 훨씬 넘어서는 치적이 알려지지 않은 바에 안타까워하는 작가는 지도자가 필요로 하는 덕목을 고루 갖춘 세종의 탁월한 첫 번째 일은 용인(用人)으로 영의정 황희, 좌의정 맹사성 등 어질고 능력 있는 신하를 둔 것으로 이외에도 변계량, 정인지, 김종서, 최항, 신숙주, 성삼문, 장영실 등을 통해 무한한 능력을 발휘하게 자리를 준 것을 꼽는다. 둘째는 백성의 세금을 낮추어 매기는 것이 선정의 조건이고 셋째는 백성의 마음을 하나로 묶는 것, 넷째 나라에 위태로움이 생기기 전에 나를 보호한 것으로 대마도를 완전 정벌하며 영토를 정벌하였다. 그는 귀화인(歸化人)도 곁에 두었으며 조선 고유 악기를 복원하고 종묘제례악을 작곡했고, 시계와 한글을 만드는 등 조선을 다스린 게 아니라 경영했다. 신분과 민족을 초월하여 기용함으로써 다문화주의적이고 휴머니즘적이며 효용적인 세종의 관점은 시대를 앞서나간 사고로 오늘날에도 유효한 지도자의 조건이다.

백성들을 위해 정치한 민본정치의 표상을 실천하신 세종은 폭넓은 독서로 식견을 쌓고 배우고 익힌 바를 실천에 옮긴 실천궁행을 통해 조선 초기 선정[251]을 이루었기 때문이다. 작가가 엄선해서 역사 속에서 천거한 대통령과 장관명은 다음과 같다.

---

249 신봉승, 『세종, 대한민국 대통령이 되다』, 청아출판사, 2012, 381~382쪽.

250 위의 책, 379~380쪽.

251 위의 책, 34쪽.

정부 수장들	이 름	특 징	기 타
대통령	성군 세종 (1397-1450)	실천궁행	식견과 표준의 리더십
국무총리	오리 이원익 (1547-1634)	청렴함과 책임감	세 차례의 영의정, 열여덟 번의 사임장소
특임장관	백사 이항복 (1556-1618)	직언과 원로의 소임	중풍이 든 몸으로 직언하고 귀양을 가다
기획재정부장관	퇴계 이황 (1501-1570)	덕망과 학문	성지가 된 도산서원
교육과학기술부장관	사계 김장생 (1548-1631)	예학의 법도	학문과 교육에 전념한 평생
외교통상부장관	승려 이동인 (?-1881)	불꽃인생	사토 페이퍼가 의미하는 것
통일부장관	지천 최명길 (1586-1647)	양시론	병자호란을 수습하는 양 갈래의 길
법무부장관	면암 최익현 (1833-1906)	위정척사와 나라 사랑	그와 함께 살아서 천하동생이요, 그와 함께 죽어서 천하동사다!
국방부장관	중봉 조헌 (1544-1592)	도끼를 든 상소문	7백 의총의 원혼들
행정안전부장관	율곡 이이 (1536-1584)	왕도를 깨우치고	임금을 일깨운 〈성학집요〉
문화체육관광부장관	연암 박지원 (1737-1805)	북학과 현실인식	〈열하일기〉의 충격
농림수산식품부장관	번암 채제공 (1720-1799)	정조의 시대를 열다	〈함인록〉에 담긴 뜻
지식경제부장관	다산 정약용 (1762-1836)	귀양살이 18년	국가의 품격을 논리로 세운 학문적 업적
보건복지부장관	하서 김인후 (1510-1560)	효제충신을 삶의 기반으로	도학, 절의, 문장을 갖추다
환경부장관	우계 성혼 (1535-1598)	동방의 스승	엇갈리는 평가를 받으면서도
고용노동부장관	한훤당 김광필 (1454-1504)	식견과 행실	빈틈없는 학덕의 실천의지
여성가족부장관	남계 박서채 (1631-1695)	군왕을 교화하다	후궁의 치마폭에 싸이면 안됩니다!

국토해양부장관	담헌 홍대용 (1731-1783)	종횡무진한 학구열	조선 실학의 개척자
검찰총장	정암 조광조 (1482-1519)	서른일곱의 검찰총장	개혁정치의 화신
감사원장	남명 조식 (1501-1572)	서릿발 같은 가르침	벼슬하지 않고서도

국가의 안위와 미래를 염려하며 역사 속에서 인물을 찾아 발굴하고 그 소임을 되새기는 신봉승의 애국심은 그가 남긴 여러 편의 에세이에서 찾아볼 수 있다. 대한민국이 중화학공업국으로 성공하여 원조를 주는 나라로 성장했고 OECD의 일원이며 G20세계정상회의를 개최하는 선진국이 되었음에도 불구하고 정경유착, 전관예우 등 나라를 골병들게 하는 요건들이 이어지고 고치겠다는 말만 있을 뿐 실천해 보인 대통령이나 총리, 장관이 없었음을 한탄하는 작가는 역사를 교양으로 읽을 줄 알아야 식견(識見)이 확립되고 표준(標準)이 정해지며 윤리성이 살아난다고[252] 말한다.

'신봉승의 한국형 리더십 강의'라는 부제가 달린 『국가란 무엇인가』에서 작가는 정당과 기업과 입시만 있고 국가가 없는 우리 사회는 여전히 선진국의 대열에 들어서지 못함을 탄식하며 그 이유가 국가에 대한 지식인의 말과 행위가 달랐기 때문이라고 말한다. 이 책에서도 세계에서 가장 훌륭한 리더십을 갖춘 지도자로 세종대왕을 꼽으며, "세종이 곧 조선"이라고 칭송한다. 그의 인품과 업적은 지도자의 모델이 되며, 통치를 한 것이 아니라 경영을 했던 민본정치의 표상이었기에 세종대왕의 시대는 조선의 르네상스였다고[253] 평가한다.

국회 인사청문회에서 국무총리와 장관 후보자들의 줄줄이 낙마하는 상황은 국가 정체성을 외면하였기 때문으로 대한민국 지도층의 솔선수범이 OECD 30개 국가 중 가장 부족하다는 지적에 대해 부끄럽고 안타깝다

252 위의 책, 24~25쪽.

253 신봉승, 『국가란 무엇인가』, 앞의 책, 33쪽.

고 하면서 신라의 최치원, 설총, 고려조의 안향, 정몽주, 조선조의 김굉필, 정여창, 조광조, 이언적, 이황, 그후의 김인후, 성혼, 이이, 조헌, 송시열, 송준길, 김장생, 김집, 박세채 등을 내세운다.

500년 단일 왕조의 기틀을 유지한 것은 국가의 기강이 무너지지 않았기 때문으로 조선 왕조는 강상(綱常)과 윤기(倫紀)를 치도(治道)의 이념으로 삼은 도덕국가이었던 것이다. 또한 젊은 언관들이 직언하는 용기를 모아서 역사(조선왕조실록)를 기록한 덕분이며 절대권력자인 임금들조차 《조선왕조실록》을 읽지 못하는 법을 제정하여 후세에 바른 역사를 전하려는 의지가 있었기 때문으로 역사기록과 전달의 중요성을 지적한다.

붓을 든 선비가 칼을 든 무반(武班)을 다스렸던 조선의 선비정신이 신흠의 《사습편》에 다음과 같이 쓰여 있다.

> 몸에 역량을 간직하고, 나라에 쓰이기를 기다리는 사람이 선비다. 선비는 뜻을 숭상하고, 배움을 돈독히 하며, 예를 밝히고, 의리를 붙들며, 청렴함을 긍지로 여기며, 부끄러워할 줄 안다. 그러나 세상에는 흔하지 않다.[254]

작가는 기막힌 충정이 담긴 직언을 한 조광조, 꺾일지언정 휘어질 줄 몰랐던 성품을 지닌 송강 정철, 당대 주자학의 거벽인 우암 송시열의 아집과 독선을 통렬하게 탄핵한 고산 윤선도, 상소문을 올린 최익현을 선비의 모델로 내세운다. 파직, 귀양, 사약으로 목숨을 잃을 것을 각오한 직언을 통해 임금은 잘못을 뉘우치고 정부의 과실을 바로 잡고 백성을 고초로부터 구하기 때문에 참 선비는 자신을 희생하며, 이들은 죽어서도 영원히 이름을 남기고 후학들로부터 존경을 받게 되는 것이다. 역사 속의 인물들을 통해 현재의 태만함과 천박함과 과소비의 거품을 걷어내는 행동을 수반한 지식인의 직언이 필요하며 정신적 근대화를 해야 할 때라고 말한다.

조선왕조의 창업 과정을 작가는 수성(태종), 창조(세종), 정착(성종),

254 위의 책, 60쪽.

위기(선조), 제2의 창업(정조)로 이어짐으로써 기업의 올바른 방향을 설정하고 미래에 대한 비전을 제시했으며, 기회를 장악하는 결단력이 발휘되었다고 분석한다. 국가를 염려하고 걱정하는 작가는 이 시대의 리더십, 역사관, 위정자의 조건을 바탕으로 하는 정치현실을 일갈하고 비판하며 바로 세우기를 바란다. 보수정권, 진보정권을 막론하고 부패하고 군사주의적이며 독단적이고 식민지사관을 지닌 지식인과 정치가의 출현을 우려하고 바로잡기를 강력하게 주장한다. 잔혹했던 일본식민지 시대만큼이나 박정희 18년, 전두환 7년, 노태우 5년을 합해 30여년의 세월동안 군사정권에 시달렸고 문민정부라 일컫는 김영삼 정권의 통치방향이 '역사 바로 세우기'였음에 안도한다.

> 역사인식을 몸에 간직하는 것은 학문을 하는 것도, 지식이 하는 것도 아니다. 오직 사람됨이 하는 일이다. 지도자의 사람됨이 변변치 못한데 사회정의나 기강이 바로 설 수가 없다. 역사는 준엄하고 언제나 살아서 꿈틀거리면서 흐른다. 강폭이 넓어지면 물결이 도도해 지는 것이 하늘의 이치이자 역사의 가르침이다. 역사를 교양으로 읽을 줄 알아야 식견이 확립되고 표준이 정해지며 윤리성이 살아난다.[255]

성왕 세종대왕이 지닌 탈권위적이고 다문화적이며 백성의 입장에서 바라보는 타자지향적 시각을 내세우는 정치가와 지식인의 리더십은 오늘날 우리 시대에 유효하고 절실하게 다가오며 되새겨야 할 부분이다.

'나는 행복하였노라, 보람도 있었노라!'라고 소회를 밝힌 작가는 동시대의 유명한 인사들과 교류하고 영향을 주고받았다. '초당 신봉승과 함께 한 우리 시대의 담론들'이라는 부제가 쓰인 『청사초롱 불을 밝히고』(선, 2009)에는 영화감독 신상옥, 김수용, 홍은원, 시인 천상병, 전숙희, 최금동, 조병화, 황금찬, 최인희, 강민, 김종원, 신기선, 김지헌, 배우 황정순,

---

255 신봉승, 『세종, 대한민국 대통령이 되다』, 앞의 책, 25쪽.

교수 이근삼, 작가 차범석, 정연희 등과 일본시나리오작가 야마다 노부오, 쓰노다 후사코 여사, 조선도공 14대 심수관, 재일동포 김재학 등과의 교감과 사연들을 밝히고 있어 그의 폭넓은 행동반경을 알 수 있다.

5. 조선·초당·문학·정치

신봉승은 조선과 초당과 시를 사랑한 작가였다. 강릉 출신을 대표하는 현대작가는 많으나 신봉승처럼 다양한 문학 장르를 모두 섭렵한 이력의 소유자는 드물다. 이러한 작품의 배경엔 역사와 강릉과 문학이 바탕을 이룬다. 유구한 한국사에서 조선 500년은 역사소설, 역사드라마, 역사에세이의 원천이자 자원이었고, 작가는 과거에서 현재를 성찰하고 지혜를 터득하고 미래를 예언하였다. 이러한 문학세계는 허균, 허난설헌, 율곡, 신사임당과 같은 문인들을 배출하고 현대와 공존하는 강릉지역의 독특한 정서와 인문학적 분위기가 배경을 이뤘다. 세종대왕, 인수대비, 율곡, 한명회, 정도전, 조광조 등의 삶은 우리 시대에 시사하는 바가 크며, 신봉승 드라마를 통해 어둡고 힘들었던 서민들의 삶은 위로와 즐거움을 얻을 수 있었다. 진보, 보수정권을 막론하고 맹렬하게 비판하고 힐난했던 신봉승은 역사 속에서 위정자(爲政者)들의 자질과 조건을 일갈하고 추천함으로써 사회적 영향력을 끼쳤다. 국가와 국민을 염려하고 사랑했던 작가는 세종의 소통하고 민심을 경청하는 탈권위주의적이고 다문화주의적이며 타자지향적인 리더십이 우리 시대에 필요하다고 직언하며 약자의 입장에 서는 인물이야말로 통치자가 될 수 있다고 주창한다. 그러나 조선시대에 대한 지나치게 긍정적인 입장이라든지 가부장적이고 보수적인 여성인식은 재고(再考)되어야 하며 그가 남긴 문자 및 영상매체에 대한 엄정하고 객관적인 평가가 이루어져야 할 것이다.

정통역사극의 창시, 정사(正史)의 대중화, 소설 각색을 통한 문학의 대중화, 강릉 로컬리티의 확산, 타자적 장르인 수필(에세이)영역의 새로운 가치 부여, 국가론, 위민론을 바탕으로 한 정치가/지식인의 리더십, 진보/보수를 아우르는 현실비판, 역사적 인물의 현대적 소환과 동시대적 의미, 드라마와 작사활동을 통한 위안과 치유, 역사와 영상매체의 대중화 등 신봉승이 세상에 남긴 업적은 무궁무진하며, 그가 남긴 방대한 분량의 문학작품과 문화콘텐츠는 신봉승 문학세계를 고구하는데 큰 자료를 제공한다는 점에서 앞으로도 다양한 연구가 필요하다. 우리 지역사회의 대표적인 작가로서 신봉승의 빛나는 업적은 유의미한 자산으로 남아있다.

4부 윤후명 · 이순원 · 최성각 문학세계

1장 자전적 소재로 본 윤후명 여행판타지소설의 함의

2장 윤후명 소설의 원형적 탐색: 전쟁재난과 호환공포

3장 이순원 여행서사 속의 타자화된 강원(영동): 『말을 찾아서』(1997)

4장 이순원 소설의 로컬리티와 향촌공동체

5장 최성각 문학의 타자의식과 생태주의적 특성

6장 최성각 생태문학의 동강사유와 생태공간

1장
자전적 소재로 본 윤후명 여행판타지소설의 함의

1. 전쟁·상처·소설

윤후명은 여행서사와 여성타자와의 만남 및 일탈 모티프, 자전적 소재를 특징으로 하는 작가이다. 시로 출발하여 소설로 전환한 그의 문학은 시적 환상적 색채와 자전적 소재, 자아 찾기, 서정성과 낭만성이 드러난다. 누란과 돈황, 실크로드, 러시아 등의 이국공간을 배경으로 파편적이고 비유기적인 형식을 취하는 그의 소설은 난해하다는 평가를 받는다. 90년대적인 문학을 대표하는 윤대녕과 더불어 윤후명은 80년대 소설과의 차별화를 보여주며, 현대인의 실존적 성찰과 자의식을 여행구조와 여성과의 만남 속에서 형성되는 독특한 문학세계를 구축한다. 이들의 문학은 여행서사, 여성타자와의 조우, 현실(이쪽)과 가상(저쪽), 존재의 시원, 자아확인, 외국공간 확대 등의 공통점을 지닌다는 점에서 유동하는 시대라는 시의성을 드러낸다.

여행구조는 불안의식과 자아 확인이라는 추상적이고 낭만적인 주제의식을 동반한다. 여행자는 정상적인 가정을 이루거나 안정된 직업을 갖지 않는다는 점에서 일탈적이고 비일상적이며, 도피와 불안감이 깔려있다. 〈협궤열차〉나 〈하얀 배〉에 나타나는 옛것에 대한 회고와 그리움, 소멸의식으로서의 공룡, 협궤열차 이미지나 이국적인 동식물과 전설 및 신화적 소재는 환상성을 특징으로 한다. 윤후명 문학에 대한 기존평가를 살펴보면, 자아발견과 세계와 우주의 본질 탐구 및 근원적 탐색으로 보는 관점,[1] 그리움과 외로움의 작품세계[2], 자전적 소재로서의 사소설적 측면[3]에서 연구되었다. 이지은[4]은 개인의 일상과 내면세계에 초점을 둔 작가로 새, 서역, 나무 등의 상징적 이미지와 서정적 특질이 윤후명의 특징이라 평가하고, 강은정[5]은 회상과 연상에 의한 의식의 흐름기법과 현실성의 결여를 통한 현대인의 고독한 존재론적 모습들을 고민하는 주제가 드러난다고 보았다. 안성수는 이상문학상 수상작 〈하얀 배〉를 대상으로 민족어와 백의민족과 대면하며 민족 정체성을 형상화하고 있다는 점에서 소설사적 의미를 부여[6]한다. 이와 같이 윤후명 문학은 기법적 측면이나 환상적 소재를 통한 정체성 확립으로 귀결됨으로써 자아에의 몰입 혹은 현실인식의 부재라는 평가를 받는다. 대부분 그의 소설은 낯선 곳에서 처음 만난 여자와 일탈하거나 목적도 없이 정처 없이 떠도는 아웃사이더의 방황을 그린다. 그러나 환상성, 자전적 소재, 민족 정체성, 자아탐색 등의 연구경향은 윤후명 문학의 일면만을 파악하는 것이기에 개인적 체험에 기인한 구성방식을 통해 윤후명 소설의 비의적이고 암시적인 문학적 의미를 밝힐 수 있다.

주인공이 방황하고 떠도는 삶의 배경엔 한국 근현대의 역사적 사건이 낳은 억압과 공포, 유배, 피신, 도망하는 삶이 드리워져 있다. 따라서 소재와 기법에 나타나는 환상성과 낭만성을 통한 자아 찾기가 역사적인 현실 문제 때문으로 본다. 이에 대해 고명철은 윤후명의 실크로드 여행서사가 4.19의 격변, 1980년대 광주민주화운동 속에서 자기존재에 대한 문제의

---

1 문홍술, 「한 고독한 구도자의 글쓰기」, 『작가세계』 제27호, 세계사, 1995.겨울, 양진오, 「여행하는 영혼과 여행의 소설」, 위의 책, 이미영, 「윤후명소설연구」, 한국교원대 석사학위논문, 2003, 방금단, 「윤후명 소설의 환상성 연구」, 성신여대 석사학위논문, 2004, 최영자, 「윤후명 소설에 나타난 반영적 사유와 존재론적 인식」, 『한성어문학』 제29권, 한성대 한성어문학회, 2010.

2 권명아, 「세계로 향한 구석, 무한으로 향한 내밀」, 『작가세계』 앞의 책, 김경수, 「존재의 확산을 향한 여정의 소설」, 위의 책, 하응백, 「폐허의 사랑」, 위의 책,

3 최현주, 「경험적 서사와 허구적 서사의 상동성 고찰」, 『남도문화연구』 제16권, 순천대학교, 2009. 김만수, 「사소설의 한국적 변용과 그 의미」, 『작가세계』, 앞의 책.

4 이지은, 「윤후명 소설의 서정성 연구」, 한국교원대 석사학위논문, 2001.

5 강은정, 「윤후명 소설 속에 나타나는 현상학적 존재의식」, 부산대 석사학위논문, 2003.

6 안성수, 「〈하얀배〉의 상호 텍스트성 연구」, 『현대소설연구』 제13호, 한국현대소설학회, 2000, 294쪽.

식과 무관하지 않으므로 탈사회적(혹은 탈정치적) 맥락으로만 이해하는 것을 지양[7]해야 한다고 하였고, 김윤식은 아득한 환각(이미지), 울림의 소설, 서사구조의 빈약과 같은 비산문적이고 매우 낯선 그의 문학이 확실한 것(현실적)인 것과 닿아 있다고 하면서 윤후명은 자기 얘기를 '자기 얘기로' 쓰는 특이하고도 뚜렷한 작가[8]라고 평가한다. 이에 동의하면서 자전적 요소와 현실문제가 구체적으로 무엇인지 살펴보고 여행의 근원적인 이유가 전쟁 체험으로 인한 외상후 장애[9]로 이해한다.

2. 여행판타지와 '가장 먼' 고향길

윤후명 소설은 자의식적이고 자아반영적인 메타픽션적[10] 요소를 지닌다. 메타픽션의 자아반영적 요소는 작가들의 부단한 자기성찰과 반성일 뿐 결코 현실상황으로부터의 단순한 도피가 아니며 기존의 체계와 관습에 도전하는 참신한 저항문학이라는 점[11]에서 자기도취적이거나 내면의식만을 의미하지 않는다. 대부분의 소설에서 자전적 체험이 나타나며, 작가연

---

7 고명철, 「시대고를 견디는 몽환의 비의성과 자기존재의 정립」, 『한민족문화연구』 제38집, 한민족문화학회, 2011, 161쪽.

8 김윤식, 「환각과 울림의 공명관: 협궤열차 윤후명의 헤매기와 그 벗어나기론」, 『가장 멀리 있는 나』, 문학과지성사, 2001, 301~302쪽.

9 외상이란 주체가 감당할 수 없는 강력한 자극이나 충격에 의해 입게 되는 정신적 상처이다. 제1차 세계대전을 겪으면서 이른바 전쟁 외상성 환자들이 급증했는데 이들은 일상생활이나 꿈속에서 그들이 무방비 상태로 겪어야 했던 처절한 비극의 현장을 거의 자동적으로 되풀이하고 있다. 프로이트는 어머니의 사라짐에 대한 상실과 즐거운 귀환을 의미한 아이의 포르트-다(fort-da)의 반복과 전쟁의 악몽이 반복되는 외상성 신경증 환자의 현상을 반복강박(repetition compulsion)이라고 하였다. –지그문트 프로이트, 박찬부 역, 『쾌락원칙을 넘어서』, 열린책들, 1997, 9~89쪽, 265~266쪽 참조.

10 메타픽션은 소설쓰기에 대한 성찰을 다룬 소설 또는 소설 쓰는 과정에 대한 소설로서, 소설과 작가의 삶 그리고 소설과 비평이 뒤섞이는 소설을 지칭한다. 또한 문학과 인생, 현실과 허구를 뒤섞으며 궁극적으로는 다른 텍스트와 연결되는 상호텍스트성 이론과도 상통한다. –김성곤, 『퓨전시대의 새로운 문화읽기』, 문학사상사, 2003, 67쪽.

11 김성곤, 「메타픽션」, 『외국문학』 제18호, 열음사, 1989, 411쪽.

보나 작가의 현실적인 정보가 실명으로 거론[12]된다. 여행판타지서사는 그리움의 정체와 아버지의 무덤을 찾기 위한 목적으로 떠나는 기나긴 여정 혹은 멀고먼 오디세이다.

1946년생인 작가는 어린 나이에 전쟁을 경험한다. 강릉 출신의 윤후명은 전쟁 중에 아버지를 잃고 고향에 '덩그러니' 남는다. '텅빈 마을'과 '하얀 길', '하얀 신작로'로 표상되는 전시상황의 고향 이미지는 어린 소년을 막연한 불안감과 공포 그리고 외로움과 그리움의 감정으로 각인시킨다. "어머니와 나만을 두고 모두 떠나버린 외로운 유배"[13]로서의 작은 읍에 대한 고향 풍경은 절대고독과 두려움 그리고 공포의 순간으로 기억되어 소년의 삶을 지배한다. 어린 자식의 병간호를 위해 피난을 포기한 청상의 어머니가 당했을 고통을 함께 한 작가는 아버지와 옆집소녀의 죽음, 어머니의 재혼, 친부 죽음에 대한 의혹, 양부와의 가족 형성, 탈고향, 생계의 고달픔, 늦깎이 신인작가로서의 경험을 통해 일생동안 정착하지 못하고 자신을 방관하며 여행하는 타자적 삶을 영위한다.

전쟁은 그에게서 많은 것을 앗아갔는데, 친부의 죽음에 대한 의문과 무덤을 찾아 헤매는 일은 자기를 찾는 일이기에 방황하는 삶의 형태에 관여된다. '변소구멍의 한 남자'는 아버지 얼굴과 겹쳐지면서 소년의 내면에 깊은 상처[14]와 풀리지 않은 숙제로 남는다. 전쟁은 아이들에게는 고아의식을, 남성에게는 죽음을, 여성에게도 생계의 위협 및 성적 약탈에 대한 위험을 갖게 했다. 남편을 잃고 담배장사를 하던 어머니는 법무장교와 재혼함으로써 양부와의 낯설고 어색한 가족이 구성된다. 원예가나 철학자가 되

---

12 〈아으 다롱디리1〉에서는 '전쟁은 내 아버지를 앗아갔고, 고향을 떠나는 길을 재촉'했고 아버지가 총에 맞아 두 식구라는 점과, 식물학자가 되지 못한 것에 한이 맺혔다는 고백, 고향이 강릉이라고 말하고 있으며, 〈별들의 냄새〉에 그려진 80년대적 한국상황 묘사나 '아버지의 묘지를 찾는 일'에 대한 서술 등 작가의 개인적 삶이 그대로 투영되고 있다.

13 윤후명, 『꽃』, 문학동네, 2003, 67~68쪽.

14 이청준 소설의 '전짓불 모티프'와 같이 작가는 북한사람들이 점령했을 때 어떤 혐의로 어머니와 끌려간 적이 있었다고 고백하고 있다. 작가가 본 변소구멍의 남자는 아버지의 죽음과 중첩되면서 트라우마로 남게 된다.

고 싶었으나 작가가 된 윤후명은 "무엇에든 곧 싫증을 내며 물러서곤 했던 자신이 식물과 문학만은 달랐고" 소설 속에서 "식물들을 유난히 많이 '우려먹는' 까닭"[15]이라고 고백한다. 식물학자가 되고 싶었던 그는 식물, 나무, 꽃에 대한 박학다식한 지식으로 동식물 모티프와 그 상징성을 작품 속에 구현한다.

이와 같이 작가와 소설 속 주인공의 여행은 6.25 체험이 근원이 되며, 4.19, 5.16, 신군부독재, 광주민주화운동과 같은 사건들이 방랑의 배경을 이룬다. 표면적으로 사건이 표출되거나 중심주제로 수용하지 않는 이유는 "6.25라는 말이 나오지도 않고 오직 아름다운 이야기로서만 그날의 비극을 말하고자 하는"[16] 작가의 의도 때문이다. 또한 어린 소년의 정상적인 성장기를 붕괴시키고 소중한 것들을 앗아간 전시 상황을 직시할 수 없을 정도로 내면의 상처가 컸던 것이다. 이러한 창작기법은 현실보다는 환상을, 고국보다는 타국을, 정주 내지 일상보다는 이주, 여행 및 탈일상이 전면에 배치되며 현실문제나 역사적 사실을 원경화시킨다. 따라서 윤후명 문학의 접근을 환상성, 여행모티프, 동식물 상징성, 존재탐구로만 국한하여 연구하는 경향에 대한 반성적 출발이 요구된다. 이는 "작가에게 체험의 중요성은 매우 중요"[17]하다거나 "모든 존재의 탄생은 역사적인 탄생이며 그 역사를 만든 환경의 한 표상"[18]으로 나타난다는 작가의 말이 뒷받침하고 있다. 다섯 살 때 온몸으로 겪은 전쟁으로 인한 고통스럽고 공포스러운 기억과 한국근현대사의 질곡은 작가를 끊임없이 도피와 여행으로 이끌기에 그의 창작행위와 방황은 망각의 복원이자 상처 치유의 여정이다. 작가와 소설 속 여행자에게 전쟁은 여전히 진행 중이며, 6.25는 끔찍하고 잊을 수 없는 악몽으로 남아 있다.

---

15 위의 책, 181쪽.

16 작가는 6.25체험을 훌륭하게 작품으로 내놓은 선배들이 부럽지만 한편으로 질리는 느낌도 있다고 고백한다. –윤후명, 『곰취처럼 살고 싶다』, 민족사, 1997, 61~63쪽.

17 위의 책, 61쪽.

18 윤후명, 『나에게 꽃을 다오 시간이 흘린 눈물을 다오』, 중앙books, 2010, 56쪽.

《가장 멀리 있는 나》는 윤후명 소설의 비의를 알 수 있는 핵심적인 작품이지만 7편의 단편들이 유기적으로 연결되지 못한 채 파편적으로 구성되고 완결성이 떨어져 주목받지 못했다. 따라서 현실도피 내지 현실성의 결여라는 기존 평가에 대해 문제를 제기하며 모더니즘 기법, 환상성에 숨겨진 근대적 사유와 정착에의 갈망, 가족선망, 현실비판의 입장에서 윤후명 소설을 고찰한다. 전쟁의 폭력성과 외상을 감당할 수 없어 모더니즘 기법을 수용한 이제하나 김승옥 문학과 비견되는 그의 모더니즘 성장소설은 감당하기 어려운 외상과 그 근원인 현실을 분열의 형식[19] 속에 담고 있다. 그의 문학은 시적 표현, 수필적 서사, 해체된 소설구성으로 실험적이고 퓨전화되어 있다.

윤후명은 강원도 영동지역의 중소도시 강릉에서 태어났지만 육군 법무관이었던 아버지의 전근으로 일찍 그곳을 떠난다.[20] 자신을 길러준 아버지이지만 혈연관계가 아니듯이 상처로 각인된 고향 강릉도 유사(類似)고향인 까닭에 자신의 정체성을 찾지 못할 뿐만 아니라 스스로가 낯설고 가장 멀리 있게 느껴지는 삶은 분열되고 파탄된 삶이다. 양부와의 불완전하고 불안정한 가족관계[21]가 형성된 그는 '고향'과 '가족'과 '자신'에게서 멀리 벗어나려고 한다. 전쟁 트라우마란 파편화되고 명확하지 않은 기억 속에 자신을 가둔 채 산산조각이 난 분열자아로 살아가는 것이다. 재난은 '삶과 사회를 변화시키는 큰 사고'로서 '인간이 어찌할 수 없는 불의의 사고'[22]를 뜻한다. 어린 소년이 겪은 전쟁재난은 끔찍한 재앙이자 엄청난 스

---

19 나병철, 『가족로망스와 성장소설』, 문예출판사, 2007, 441쪽.

20 1953년 대전으로 이사한 작가는 대전 선화초등학교에 입학한 이후 춘천의 피난민 천막초등학교, 대구 수창초등학교, 경기도 양주군 남면국민학교를 거쳐 부산진초등학교에서 졸업한다. 아버지가 거의 매년 근무지를 옮겨 전국을 돌아다니며 살게 되는데, 그의 방랑과 떠돎은 이때부터 시작되고 있다. －윤후명, 「나의 문학적 자서전」, 『1995 이상문학상 수상작품집』, 문학사상사, 1995, 427쪽.

21 아버지와의 갈등과 불화는 중편소설 〈모든 별들은 음악 소리를 낸다〉에 잘 나타나 있다. 남다른 외곬의 집착과 오기를 지닌 아버지는 사업의 잇단 실패로 어머니를 힘들게 했고, 법 전공을 권유하는 아버지와 의견이 달라 반항하고 저항했으며 그를 실컷 매도했던 작가가 그의 죽음 앞에서 눈물을 흘리는 장면이 그려진다.

트레스를 가져왔다. 한평생 정체성과 공간(고향)부재, 아비 찾기로 귀결된 그의 삶은 독창적인 작품세계를 구축한다.《가장 멀리 있는 나》의 작가와 소설 속의 서술자가 일치한다는 관점[23]을 통해 여행판타지에 나타난 환상성이 현실성을 바탕으로 이뤄지는 윤후명 문학의 특징을 살펴본다.

3. 기나긴 오디세이로서의 여행판타지

소설 속의 여행구조는 오래전부터 있어왔다. 신화 속의 주몽은 '아비 찾기'란 탐색의 여행을 떠나며, 이는 성숙한 남성적 세계로의 전이로서 여기서 아비란 존재는 자식들이 궁극적으로 도달해야할 인생의 지향점이나 목표점[24]이 된다. 7개의 목차로 구성된 이 소설의 1인칭 서술자아인 '나'는 외국과 국내를 반복적으로 여행하면서 여성과 조우하거나 일탈한다. 문학탐방, 취재여행, 행사진행 등 청탁에 의해 여행을 하는 주인공의 여행지는 카리브해의 멕시코와 쿠바, 불교국인 스리랑카, 실크로드의 종착지 터키, 몽골족이 사는 칼미크 공화국, 고려인이 이주해 살고 있는 러시아와 같은 해외부터 강릉, 남해 등의 국내까지 다양하다. 제각각의 여행과 여성과의 일탈이 산만하게 서술되는 이 소설의 연결고리는 6.25트라우마와 아비 찾기이다. 주인공은 한국과 강릉 그리고 자신으로부터 멀리 떠나고자

---

22 '뜻밖에 일어난 커다란 재앙으로 겪는 어려움'을 뜻하는 한자어 災難의 다른 말인 災殃 역시 '하늘이 내리는 벌'을 의미한다. 재난을 뜻하는 영어 'disaster'로 '부족함, 결핍, 나쁜'의 의미를 가진 그리스어 'δυσ-'(lack of, bad)와 '별 혹은 행성'을 가리키는 'αστηρ'(star, planet)가 결합되어 생긴 단어로 '별의 위치가 잘못 되어 발생한 재앙'으로 새겨지는 재난은 점성술적 성격을 가진다. –문강형준, 「왜 '재난'인가?: 재난에 대한 이론적 검토」, 『문학과학』 제72호, 2012.겨울호, 20쪽. –윤후명 문학의 별, 행성에 대한 묘사는 전쟁 재난과 연결되고 있음을 알 수 있다.

23 글을 쓰는 직업, 아버지의 죽음, 강릉이 고향이라는 점, 자신의 시집 〈명궁〉, 소설 〈하얀배〉가 실명으로 거론되는 점 등 소설 속의 주인공에 대한 정보가 대부분 작가의 삶과 일치하고 있다. 기존 연구에서 밝히고 있듯이 윤후명 소설은 1930년대의 이상과 같이 자신의 삶을 형상화한 '나'소설, 삶소설, 자전소설, 소설가소설로 볼 수 있다.

24 서석준, 『현대소설의 아비상실』, 시학사, 1992, 41쪽.

한다. 고국과 고향, '나'로부터 멀어지려는 욕망은 혼란스러운 정체성의 결여와 존재의 불안을 표상한다. 소설 제목이 말해 주듯이 자신과의 거리두기 혹은 이탈하기를 통한 자기 소외의 삶은 방황으로 이끈다.

작가라는 불완전한 직업을 가진 여행자는 시국과 연관된 사건으로 도피 중이거나 시효가 끝났음에도 불구하고 여전히 자신을 은닉하거나 악몽을 되풀이 한다. 식민지, 해방공간뿐만 아니라 한국근현대가 남긴 억압과 공포 그리고 불안 상태는 지속적으로 이어지며 주인공을 머물지 못하게 한다. 주인공에게 어린 시절의 6.25 체험은 삶 전체를 지배한다. 아버지를 잃고 어머니와 피난을 가지 못한 텅빈 마을에 홀로 남은 경험은 어린 소년에게 유사고향, 유사부친의식을 갖게 함으로써 고향과 타향, 친부와 계부라는 혼란스럽고 분열된 자아를 형성한다. 주인공은 한국전쟁이 낳은 아비 상실 및 부재 그리고 아버지의 불명예스러운 죽음에 대한 의혹 속에서 진실 찾기로 자신의 삶을 소진한다. 가정, 집, 일상, 현실이 아닌, 독신, 여행지, 길가, 방랑, 환상을 바탕으로 하는 여행판타지는 환시, 환청, 몽환, 상상의 순간을 대면한다. 환상성(판타지)은 일상성, 현실성과 대립되는 개념으로 '존재의 불안'을 극화하는 것이며 고요한 신비주의와 순수한 인본주의적 심리학 사이에서 좌초한 하나의 형식[25]이다. 윤후명 소설에서는 현실과 사실이 생략되어 있고, '낯설고 친숙하지 않으며 그리고 명백하게 '새롭고' 절대적으로 '다른' 어떤 것을 산출하기 위해 그 구성 자질들을 새로운 관계로 재결합하는 것과 관련[26]된 환상으로 가득 차 있다. 이국적인 지명들, 희귀한 동식물들, 몽환 속의 사건들과 잘 모르는 여성과의 섹스를 배치하고 '친숙함과 안락함과 친밀함을 낯섦과 불안과 기괴함으로 대체'[27]하는 환상적인 것을 도입한다. 이 소설은 '꿈 사냥꾼'이라는 부제가 붙어 연작소설 형태로 쓴 작품들[28]을 묶은 것이다.

---

25 로즈메리 잭슨, 서강여성문학연구회 역, 『환상성』, 문학동네, 2001, 14쪽.

26 위의 책, 18쪽.

27 위의 책, 235쪽.

28 윤후명, 「작가의 말」, 『가장 멀리 있는 나』, 문학과지성사, 2001, 318쪽.

집, 안방, 가정 안에서 이루어지지 않는 그의 소설은 여관, 여인숙, 모텔, 거리, 광장, 대합실이 공간적 배경이 되는데 이는 '위기, 급격한 교체, 운명의 예기치 않은 급변이 벌어지고 결정이 내려지고 금단의 경계선이 무너지며 갱생 혹은 소멸을 당하는 위기적 시간(crisis time)'[29]과 대면하는 조건을 생성한다. 여행 중 우연히 만난 여성과의 일탈은 로즈메리 잭슨이 말한 전복의 문학으로서의 환상문학으로 이끈다. 오래되고 친숙한 불안들/욕망들이 기괴한 사건들 속에서 다시 표면화되어 '억압된 것의 귀환'을 구성[30]한다. 낯선 여자들 혹은 이전에 만났던 적이 있었던 여인들과 '나'는 사랑을 확인할 수 없는 관계를 맺고 기약 없이 헤어진 후 또다시 해후하거나 기억 속에서 회상된다.

단원1에서는 새천년에 발생된 스리랑카에서의 개기월식을 계기로 한국의 신갈나무숲을 연상하면서 시작된다. 이국땅에서 본 눈썹 같은 달은 신갈나무 숲 속에 걸린 한국에서의 달을 떠올리고 또다시 여성의 눈썹으로 이어진다. 도솔암에서 만난 여자와의 하룻밤 인연으로 전개되는 구성방식은 난해하고 비유기적이고 신비스러우며, 이국적인 동식물의 표상이나 달, 별 같은 자연현상이 상징적으로 표현된다. 스리랑카 국립공원의 '세상의 끝'이라는 이름이 붙여진 벼랑에서 한국에서의 일을 회상하는 나는 스님의 다비식에서 과거의 여자가 비구니 스님이 된 사실을 알게 되고 그 여자와 하룻밤을 보냈던 술집과 여관방을 가본다. 주인공의 탐색은 사랑의 실체 및 불완전함, 인연에의 비의, 존재감에 대한 불안에서 비롯된다. 단원2에서는 남해 보리암에서 또다른 과거의 그녀와 지리산 골짜기를 탐방하면서 중국 백두산 밑 백하마을을 회상하고, 단원3에서는 멕시코와 쿠바를 여행하면서 애니깽(헤네켄이란 용설란의 일종)을 통해 일본인이 멕시코에 팔아먹은 한국인 노동자를 생각한다. 그리고 이곳에서 아버지의 무덤을 찾았다는 소식을 듣고 "어려서 아버지를 잃고 온갖 간난신고를 겪

29 미하일 바흐친, 김근식 역, 『도스토예프스키 시학』, 정음사, 1988, 247~248쪽.
30 로즈메리 잭슨, 앞의 책, 94쪽.

으며 살아온 자신의 존재"를 되돌아본다. 아버지의 무덤을 찾지 못한 고향마저도 멀게 느껴졌지만 단원4에서는 강릉이 고향이라는 이유로 강릉문학여행이나 취재, 단오제 행사나 도시 자체를 소개하는 잡지글 기고 등의 청탁이나 부탁을 받곤 했기에 고향을 벗어나지 못하는 자신을 발견한다. 고향의 하얀 길은 삶과 사랑에 대한 미궁을 헤매는 일이며, 외로움과 그리움이 삶의 기본 정서가 되게 만든 공간이다.

> 그 하얀 길은, 이름이며 얼굴이 다 생각나지 않는 동네 코흘리개와 어울려 죽은 병아리를 묻으러 멀리까지 갔던 길이었으며, 이웃집 소녀 세화와 손을 맞잡고 소꿉장난을 다니던 길이었으며, 큰 아이들의 뒤를 좇아 호수와 바다로 향하던 길이었으며, 어느 날 총소리가 귀청을 찢을 듯 쏟아지던 길이었으며, 안경을 쓴 새아버지라는 사람이 지프를 타고 나타난 길이었다. 하늘을 찌를 듯 높이 솟은 소방서 탑이 내려다보고 있는 그 하얀 길에는, 읍사무소 앞에 자루째 미국 콩이 산더미처럼 쌓였고, 전신주에 올라갔다가 감전되어 죽은 사람의 "어, 뜨거. 어, 뜨거" 소리가 비오는 날이면 들려온다고 했고, 단오에는 대관령 산신이 나무로 변해 내려온다고 했다.[31]

강릉 임당동의 '하얀 길'은 결핍, 죽음, 낯섦, 공포, 상처, 상실로 점철된 기억인 동시에 순수하고 행복했던 유소년기 추억이 있는 주도모티프(leit-motif)이다. 육이오 전쟁통에 이웃집 어린 소녀가 죽고 본격적인 전쟁의 전초전에 아버지를 잃은 내게 고향의 하얀 신작로는 여백으로 남아 죽음을 떠오르게 하는 트라우마를 갖게 한다.

단원5에서는 남해섬에서 가까운 도시이자 다른 사람과 결혼했던 A가 죽었다는 소식을 듣고 그녀의 고향을 탐방하며, 단원6에서는 아주 먼 곳으로 떠나려는 목적으로 간 칼미크공화국이 유랑하는 우리 동포들이 사는 몽골족의 나라이며 칼미크 길에서 예전 고향길로 느껴지는 착시현상을 경

31 윤후명, 앞의 소설, 205쪽.

험한다. 어려서 떠나왔기에 단편적이고 모호한 풍경으로 남은 고향에서 가장 멀리 벗어나고자 했으나 체첸 위 러시아의 남쪽이자 카스피해 북서쪽 언저리에 있는 조그만 자치공화국에서 고향길을 떠오르면서 새천년의 이국땅에 있지만 1950년대 고향 강릉의 어린 자신에서 벗어나지 못했음을 확인한다. 단원7에서는 터키 취재여행에 대한 언급과 공익근무요원 A와의 만남 그리고 중앙아시아 카자흐스탄에서의 우리 민족과의 조우에 대해서 그려진다. 실크로드의 끝자락인 터키 여행에서도 전쟁 중인 나는 마음의 참호에서 벗어나지 못하며, 자신의 삶이 "외로움과 그리움이 표독스럽게 두 개의 대가리를 꼿꼿이 쳐든 괴이한 짐승이 마침내는 개인호를 벗어나지 못하고 자멸해가는 과정"이라고 말한다. 공동체 안에서 정상적이고 일상적인 삶을 살고자 했으나 전쟁은 평범한 삶을 앗아감으로써 주인공을 정착하지 못하게 한다.

여행은 "자기를 타자화하는 것, 그래서 자기를 들여다보게 하는 것"[32]이며, 문학은 "나는 누구인가 나는 어디서 와서 어디로 가는가, 내가 추구하는 사랑의 완성은 어디에 있는가를 찾아가는 고행의 길"[33]이라는 작가에게 여행하기와 문학하기는 이에 대한 해답을 찾는 일이며, '나'를 찾아가는 길은 곧 뿌리를 찾는 일이다. 그의 여행은 현실, 역사, 가족, 고국에 뿌리를 두었을 뿐만 아니라 오히려 집착하고 정착하고자 하는 원망(願望)이라는 점에서 몽유의 여정이다. 국가, 민족, 가족, 자아 정체성을 확인하기 위해 길을 떠난 작가는 정주와 이주, 떠남과 머묾, 고향과 타향, 나와 타자 그리고 가족 사이에서 끊임없이 길항하고 갈등한다. 밀착되어야 할 고향과 가족이 낯설고 생경한 작가는 파악되지 않은 자신으로부터 벗어나고자 한다. 주인공에게 여행지는 "서울 변두리를 돌며 서글프게 웅크린 삶"에서 벗어나 "자신을 어디론가 영원히 숨겨 버리고 싶은" 욕망 속에서 먼곳으로 떠나고자 하는 공간들이다. "나는 가장 먼 길, 가장 먼 타향을 헤매다가 비

32 윤후명, 『나에게 꽃을 다오 시간이 흘린 눈물을 다오』, 앞의 책, 24쪽.
33 윤후명, 『꽃』, 앞의 책, 291쪽.

로소 고향에 돌아온 사람"이었다고 하는 마지막 부분에서 여행길이 고향의 '하얀 길'로 가고자 하는 기나긴 여정임을 알게 한다. 여행판타지에 나타난 회상과 연상, 기억과 망각이 시공간을 무시한 서사의 퇴행을 가져오는 이유도 유소년기의 전쟁 중 겪은 무질서와 혼돈, 막연함, 공백, 정리되지 않음, 공포와 외로움 자체를 그대로 드러내고자 했기 때문이다. 잘 짜여지거나 구성된 서사구조가 아닌, 흐트러지고 해체된 서사야말로 그 시절의 혼란과 정신의 여백을 표현하는데 효과적이다.

4. 복수자아인 타자의 현현

여행 중 나는 여성타자와 일탈하곤 한다. 7편으로 구성된 각각의 여성들이 동일인물인지는 주요하지 않다. 이는 그녀들에 대한 정보가 그리 많지 않다는 사실에서도 드러난다. 그녀들은 여행지에서 처음 만났거나 과거에 알았던 여자로서 담담하게 관계 맺고 미래를 기약하지 않은 채 헤어진다. 각 단원마다 등장하는 여성들은 이름이 존재하지 않는다. '그녀', '문학여행을 따라온 여자', '자살을 꿈꾸는 여자', '옆의 여자', '죽은 여자'로 묘사되거나 이니셜 'A', 'N'으로 불리어지며, 어린 시절의 세화만이 유일하게 이름을 갖고 있다. 그녀들은 서로 닮아 있는데, 세화는 유등제에 왔던 여자와 닮았고, 무릉도원에서 공익요원으로 근무하던 A는 터키에서 통역 겸 안내자였던 N을 연상시킨다. 유령처럼 표상되는 그녀들은 여행지에서 근대남성주체인 여행자에 의해 호명되며, '수줍음, 자기를 감춤, 신비, 빛에서 물러난 도피이자 에로스적 욕망의 대상'[34]이 된다. 그녀들은 도피 중이거나 은신처가 필요한 남성에게 말 없는 이해, 환대, 영접, 수용으로 형상화되며 파악되지 않는 자 따라서 신비한 자라는 여성 은유의 오랜 전통[35]을 지닌다. 그녀들은 다른 세계로 자신들을 이동시켜 성숙으로 이끄

---

34 김애령, 『여성, 타자의 은유』, 그린비, 2012, 99쪽.

는 사이렌의 유혹 혹은 팜므파탈의 역할로 제시된다.

신비롭고 추상적이며 비현실적인 길위의 여성들은 남성의 성숙여행에 보조적인 임무를 맡는다. 여행자의 휴식처나 피난처 역할을 하며, 정체를 알 수 없는 그녀들은 남성들이 만들어낸 젠더 역할을 수행하고 간호와 돌봄의 젠더화된 영역에 머문다. 쫓겨다니는 남자에게 필요한 '여자 같은 방' 혹은 '방 같은 여자'가 되는 것이다. 연인이자 보호자가 되어야 하는 여성들은 도피하는 남성의 보호처이자 은신처이며 은닉의 공간이기를 요구받는다. 여성들은 누군가의 심부름을 하고 싶어하며 남성들은 그녀에게 심부름을 시킨다. 그녀들은 남성중심사회의 주변부라는 점에서 타자성을 대변한다. 시공간을 초월하여 겹쳐지고 포개지는 그녀들은 구체성이 결여되어 있고 단독자가 되지 못한 여성 집단으로 그녀들이 죽거나 만났던 곳을 방문한다는 점에서 전쟁 중 죽은 세화와 재혼한 어머니의 현현으로 볼 수 있다. 사랑에 대한 상실과 결핍을 여성을 통해 확인하고자 하지만 메울 수 없는 간격을 만들고 — 그녀들은 한결같이 이별하며 그와 결혼하지 않는다 — 그리움과 미궁, 환상세계로 여행은 반복된다.

여행자는 오랜 도피 생활 중이고 사면된 지금도 "한국에 있으면 아직도 쫓기는 꿈"을 꾸는 장애를 앓고 있다. 쫓기는 남자와 망설이는 여자와의 도솔천 밑 우체국에서의 인연은 하룻밤 관계로 끝이 나지만 20여년 후 비구니 스님이 된 그녀와 조우한 후 삶과 인연의 비의를 깨닫는다. 언어도 이름도 모르는 익명적 존재에 가까운 그녀들은 존중받지 못하며, 미완성된 남성주체가 성숙해가는 과정에서 부수적 역할을 부여받는다. 남성의 타자인 여성에게 주인공은 여성혐오증과 애착을 동시에 갖는다. 은둔과 도피, 절망과 슬픔으로 점철된 내가 만난 여성들은 절대적 타자성을 지닌 자기 자신이다. '나 아닌 존재'이자 자기 안의 타자이며, 악마의 존재로서의 정령 혹은 유령으로, 자아의 일부로서의 타자로 붕괴되고 분열된 자신의 기원과 맞닥뜨린다. 이러한 조우는 '느닷없이', '새삼스레', '간신히',

35 위의 책, 103쪽.

'우연처럼' 즉흥적이고 충동적이며 무계획하에 발생된다. 자살하고자 하거나 죽는 여성들은 소설에 등장하는 어시장 한 귀퉁이에 어울리지 않게 있는 '꽃장수 아낙네'나 담배를 억세게 빨아대는 덩치 큰 '집시여자'처럼 존재 부재의 여성 이미지와 중첩된다. 분신, 여러 자아로서의 타자인 그녀들은 머뭇거림, 모호함, 알 수 없음과 같이 주체가 되지 못한 채 분열되고 파편화된 자신이다.

여행지에서 만난 사람들은 여행자에겐 거울 이미지(mirror)이자, 샴쌍둥이, 도플갱어 같은[36] 또하나의 자아, 숨겨진 자아이다. 여행자는 지리산에서는 빨치산 사내와, 멕시코에서는 희생된 마야 청년과 동일시되며, 집시, 몽골족에 애착을 갖는다. 특히 코리안 디아스포라와의 만남을 통해 한민족 정체성을 탐색함으로써 자아 정체성에서 민족 정체성의 확대로 나아간다. 중앙아시아로 강제 추방당해 러시아인이 된 고려인, 돈을 많이 번다는 일본인에게 속아 먼 나라로 온 하와이노동자의 후예들이 사는 지역을 여행하며 우리 민족의 아픈 흔적과 상처를 확인한다. 거주국에서는 소수민족으로, 한국에서는 외국인 취급을 받는 주변부로 여전히 떠도는 한민족이주자들과 나는 동질감을 형성한다. 이는 "언제부터인가 목적을 잃어버린" 내가 붙박이 의식을 갖지 못한 채 떠돌이 역정을 살아온 디아스포라적 운명이자 형벌로서의 타자적 정체성에 대한 공감이다. "황폐한 광야에서의 방황"하는 삶인 나는 지리산에서 자신이 '빨치산 사내'라는 착각을 하거나 백두산 밑 백하에서 사는 조선족의 삶을 포착하며 멕시코에서 용설란의 일종인 애니깽을 통해 한국인노동자의 존재에 대해 성찰한다. 러시아 여행 중엔 동포화가와 알게 되고 "이 세상 인종 가운데 가장 외로운 인종이라고 생각하는" 몽골족이 주로 사는 칼미크공화국에선 중앙아시아로 강제 이주당한 우리 동포와 맞닥뜨린다. 고국과 고향을 떠나왔지만 아버지와 그녀에 대한 소식, 그곳에서의 잔상과 기억에서 벗어나지 못한 여행자는 물리적 거리만이 존재할 뿐 심리적 정서적 거리는 조금도 멀어지

---

36 졸저, 『우리 시대의 여행소설』, 태학사, 2006, 36쪽.

지 않는다.

이와 같이 여행자가 만난 여성은 자기 안의 타자이자 고단한 몸을 쉬게 하는 휴식공간으로 상징되며 한민족이주자는 역사와 뿌리의 은유이기에 자아, 한민족, 운명공동체이다. 자신의 망가지고 분열된 서사에서 탈주하고자 했으나 사실은 집착하고 복원하고자 하며 일제강점기에 쫓겨난 하와이노동자, 고려인, 조선족, 탈북자를 통해 민족정체성과 자아정체성을 확인한다. 여정중 만나거나 회상되는 빨치산, 집시, 터키 참전용사, 박사장, 희생된 마야 청년 등은 "정처 없이 기약 없이 떠나가는 버림받은 사람들의 길"을 가는 자신의 분신이다. 여행에서 만난 여성타자와 코리안 디아스포라는 자신의 복수자아이다. 꽃으로 표상되는 여성은 작가에게 삶을 확인하고 사랑을 묻는 방법[37]이자 그리움의 정체[38]를 알기 위한 매개물이다. 고독, 외로움, 죽음, 불안, 방황은 윤후명과 여행자의 삶의 주요정서[39]인 것이다. 여행자는 여행 중에 만난 이들을 통해 사랑, 죽음, 삶의 불합리와 모순, 결핍을 탐색하고 자아정체성과 민족정체성을 확인한다.

5. 6.25트라우마와 고향·아비 찾기

윤후명 소설에서는 국가, 민족, 가정, 집, 사회공동체가 그려지지 않는다. 주인공은 일정한 직업이나 거주지 없이 떠돌아다닌다. 정처 없는 방랑과 여행 그리고 이주에 대한 열망과 원인은 두 가지로 이해되는데, 그 하나

---

37 작가는 삶이란 언제나 순수 지향과 원형 회귀의 끈을 놓을 수 없는 곳에서 방황할 수밖에 없다고 하며 꽃의 상징은 살아있음의 원류 찾기, 사랑 찾기라고 주장하고 있다. -윤후명, 「작가의 말」, 『꽃의 말을 듣다』, 문학과지성사, 2012, 316쪽.

38 여성과 일탈하는 그의 소설에서는 '아아, 이 그리움의 정체는 무엇일까.'라는 영탄적 자기 고백적 문장들이 서술되곤 한다. -〈북회귀선〉, 『여우사냥』, 문학과지성사, 1997, 144쪽.

39 작가는 자신을 살던 곳에서 추방당한 코알라 같다고 때때로 느낀다고 말한다. 코알라는 외로움을 극히 많이 타서 살던 곳에 옮겨놓으면 죽어버리는데, 자신도 근본을 알 수 없는, 밑도 끝도 없는 외로움 때문에 자해를 가하거나 죽음에 가까이 갈 때가 있다고 고백한다. -윤후명, 『곰취처럼 살고 싶다』, 앞의 책, 68쪽.

는 시국선언이나 신군부에 대한 저항, 광주사태와 같은 일과 연관되며, 또 다른 하나는 문학, 글쓰기, 취재 청탁과 연관된 현실적인 이유이다. 전쟁, 독재, 민주화운동 등의 역사적 사건으로 인한 충격이 심리적 이동을 가져온다면 후자는 물리적 이동을 추동하는 현실적인 여행동기가 되고 있다. 일생 동안을 누군가에게 쫓기는 삶은 자유를 얽매고 정착할 수 없게 하며 자기 자신에게서 소외됨으로써 분열과 절망에 빠트린다. 1947년생인 작가는 6.25, 4.19, 5.16, 광주민주화운동, 신군부 독재, 세기말과 새천년을 지나오면서 좌절과 결핍을 겪었고, 이러한 현실인식을 여행판타지 방식으로 풀어나감으로서 윤후명만의 유니크한 작품세계를 구축할 수 있었다. 통행금지가 있던 어두운 군부 독재 시절은 주인공의 삶을 방관하고 도피하며 흩어지게 만든다.

> ……큰길로 나가려고 모퉁이를 돌자마자 마치 나를 향해 달려들 듯이 돌진해 오는 탱크 군단! 그때의 내 상황이 바로 혼비백산이라는 것이었다. 보병들을 거느린 탱크들은 삼청동에서 광화문으로 향하고 있었다. 그날 전두환 장군은 부분 계엄을 전국 계엄으로 확대하고 바야흐로 집권 쪽으로 성큼 다가갔다. 80년 광주에서의 살인극은 그렇게 준비되었던 것이다. <u>그러므로 박정희의 시대를 한마디로 긴급조치의 시대라고 한다면 전두환의 시대는, 적어도 내게만은, 혼비백산의 시대라고 해도 좋겠다.</u> 그 시대의 하늘 어디에 혼백이 날아 흩어진 뒤 그녀가 나를 떠난 빈공간이 서리고 있어 내 가슴을 오래오래 저몄다.[40]

불안과 공포, 두려움 속에서 급박하게 돌아갔던 1980년대초 나의 여행은 쫓기듯이[41] 시작된다. 비극적이고 절망적인 역사적 현실에서 가장 비

---

40 윤후명, 앞의 소설, 164쪽.

41 ①나는 힘겹게 힘겹게 <u>피해다니던 몸</u>이었고 …그토록 <u>오랜 도피</u> 끝에 다다른 곳이 벼랑 끝 나락이었다. ②<u>쫓기는 남자</u>와 망설이는 여자는 술잔을 바꿔가며 연신 마셔댔다.(153쪽) ③<u>쫓기듯</u> 쿠바를 떠나 멕시코 땅을 밟았을 때 내 눈에 가장 먼저 띈 것이 후람보야나무였

관적이고 방황하게 만든 사건이 6.25이다. 집단적 트라우마로 남은 3년간의 전쟁은 한 개인을 고통의 나락으로 떨어지게 했다. 폭력과 피난, 공포와 전율의 집단기억을 남긴 전쟁은 우리 민족에게 상실과 부재의 상처를 남겼다. 윤후명과 소설 속 주인공은 6.25때 친부를 여의고 어머니의 재혼으로 의부와의 가족을 형성한다. 양아버지에 대해서는 구체적 언급이 없지만 소년의 삶에 긍부정적으로 영향[42]을 끼쳤을 것이다. 전쟁은 친부를 죽음으로 몰아넣었고 5.16으로 인해 양부는 몰락하게 되며 생계의 곤란을 겪는다. 어린 소년이 감당해야 했던 전쟁체험, 친부의 죽음, 의붓아비의 존재, 모친 재혼, 동네 여자친구의 죽음 등은 정체성의 훼손과 정신적 상처, 가족질서의 붕괴를 의미하였다. 6.25, 5.16은 작가 및 주인공을 일생 떠돌게 했고 두 아버지들의 인생을 죽음과 고통의 나락으로 빠트렸다.

작가의 삶과 문학 속에 나타난 정처 없이 방랑하는 여행은 정체성의 불확실성, 뿌리와 기원에 대한 흔들림 때문이다. 이것이 해결되지 않는 한 그의 방황과 여행은 계속될 수밖에 없다. 어렴풋이 자신의 아버지가 의부임을 알게 되어 충격을 받고 전쟁 중 친부를 잃어 훼손된 삶을 영위한 소년은 후견인이자 양부일 뿐인 대리부와의 관계 속에서 자기의 정체성에 혼란을 야기할 수밖에 없다. 부친을 찾는 여정은 자기 존재의 근원을 탐색하는 길이고 아울러 자식이 아비를 인식하는 행위는 자아에 비로소 눈뜨는 것이며, 자아와 대립되는 세계가 존재함을 깨닫는 것[43]이다. 이질적이고

다.(183쪽) ④그런데도 나는 무언엔가 쫓겼다.(212쪽) ⑤…나 역시 오랫동안 명예롭지 못한 수배자로서 쫓겨다닌 나머지 그렇게 되었을 뿐 뭐 특별히 결벽증이 있다거나 해서는 아니었다.…오래전에 이미 나는 쫓겨다니는 신세를 면했는데도 의식은 아직 나를 놔주지 않고 있는 꼴이었다.(220쪽)

42 부대의 젊은 법무장교였던 양아버지는 자신을 키워준 은인으로 권위의 상징인 군 지프차를 타고 전방 곳곳을 누비던 사람이었지만 오일륙 군사혁명이 완성되자 현직에서 쫓겨났고 변호사 자격까지 정지 당하게 됨으로써 배추농사를 하게 된 시대의 희생양이었다. －윤후명, 『나에게 꽃을 다오 시간이 흘린 눈물을 다오』, 앞의 책, 42~57쪽 참조－ 한국근현대의 역사적 사건은 친부와 계부, 그리고 한 가족의 삶을 비극적 상황으로 몰고 가거나 고통받게 하였다.

43 서석준, 앞의 책, 43쪽.

무관한 여행지를 떠돌면서 한순간도 내가 잊지 않는 것은 아버지의 무덤을 찾는 일[44]이다. 여행 중에도 "불편한 혹처럼 내 의식을 따라붙어 있는" 아버지의 일은 6.25때 그가 교전 중에 장렬하게 전사한 것인지 소속부대를 이탈하다가 총을 맞은 불명예 죽음인지에 대한 의혹 때문이다. 고향, 고국으로부터 가장 멀리 떠나와도 '하얀 길'과 '변소구멍 남자'[45]의 기억은 여행자를 따라다닌다.

일찍 고향을 떠난 내게 고향은 '하얀 길'로 기억되는데, 칼미크의 길이 자신의 고향길로 느껴질 정도로 나의 의식과 기억은 전쟁 당시에 머문다. 표출되지 않은 외상후 스트레스 장애는 미해결된 채 아버지의 가묘를 찾아다니게 한다.

> 읍사무소 바로 앞의 우리집을 나서면 그 길이야. 그 길은 우리집 옆골목의 늙은 살구나무, 해마다 찰찰 넘치던 개울, 천주교회로 올라가는 길, 시장의 꽁치구이 아줌마들, 그리고 소방서의 높은 망루……를 거느리고 바다 쪽으로 가고 있어. <u>그 길 위에 그 하얀 길 위에 어린 내가 오도카니 서 있어.</u>
>
> <u>어려서 떠나온 고향은 그렇게 단편적이고 모호한 풍경 속에 묻혀 있어.</u> 그런데 그 풍경이 머나먼 나라에 놓여있는 거야. 줄지어 행군하는 북쪽 군대, 등화관제, 방공호, 돼지우리에 처박힌 사람들, 미군의 배, 한밤의 요란한 총소리, <u>여기에 하얀 길이 있어. 사람들이 거의 피난을 가고 난뒤여서 무섭도록 고즈넉한 길이야. 그 무렵 벌써 가장을 잃은 우리는 오도 가도 못한 채 그 길가에 남아 있었어.</u> 아버지라면 나는 얼굴을 본 기억조차 없어. 놈들이 죽여서

---

44 "세상의 모든 외로운 산모퉁이 길을 돌아서 아버지를 만나러 가야 한다"라고 말하는 작가는 〈모든 별들은 음악소리를 낸다〉, 〈아우 다롱디리1〉, 〈별들의 냄새〉 등의 작품에서도 아버지에 대한 단상과 아비 찾기에 대한 이야기를 남긴다. 그러나 그의 아버지 찾기는 여행자 내지 유목민의 입장에서 가장 멀리 떨어지는 방식으로 이루어진다는 점에서 독특하다.

45 6.25가 시작되었을 때 작가의 나이는 다섯 살이었는데, 전쟁 중의 어느 날인가 시가전이 끝난 아침 머리를 반쯤 변소 구멍 안으로 들이밀고 쓰러져 있는 군복차림의 남자를 보았다고 한다. –윤후명, 「우리집 변소 구멍의 추억」, 『곰취처럼 살고 싶다』, 앞의 책, 113쪽 –어린 아이가 본 변소 구멍의 남자는 끔찍하고 섬뜩한 전쟁 재난의 잔상이 되어 남게 된다.

> 바다에 던졌다는 거야. 고기밥, 상어밥이 됐다는 거야. 놈들이 누구인지 그때는 몰랐지만 말야.[46]

어린 나이에 친부가 죽고 고향을 떠날 수밖에 없던 작가에게 고향과 아버지는 유사고향이자 유사부친으로 인식된다. 고향을 지우려하지만 문학기행을 의뢰받거나 글을 청탁받아 강릉을 안내하는 그는 타인에 의해 강릉사람으로 인식되어 고향을 벗어날 수 없듯이 친부와 계부 사이에서 갈등할 수밖에 없다.

> 어느 날이었어. 북쪽사람들이 들어온 그 작은 읍에서 우리 모자는 어떤 혐의를 받아 끌려 들어가는 신세가 되고 말았지. 사건의 전말은 잘 모르지만, 나는 지금도 그 건물의 어두컴컴한 복도를 기억하고 있어. 홍역을 앓아 열에 뜬 내가 헐떡일 때마다 방문에 담요를 치고 불을 밝혔는데, 그 불빛이 틈새로 새어나가 등화관제의 명령을 어긴 건가봐. 그렇지만, 미처 피난가지 못하고 어린 어머니는 나를 죽음의 열병에서 건져내려고 안간힘을 쓰고 있었던 것뿐이었어. <u>그렇게 그 작은 읍은 어두컴컴한 어둠 속에 어머니와 나만을 남겨두고 모두 떠나버린 모습으로 내게 기억되는 거야. 그 어둠을 벗어나서 다시 하얀 길 위에 섰을 때, 뙤약볕만이 가득 찬 길은 개미 한 마리 없는 고요함 가운데 초현실처럼 놓여 있었지. 그건 외로움이거나 공포였어.</u>[47]

모두가 떠나버린 고향에서 어머니와 단둘이 공포의 나날을 견뎌야 했던 주인공에게 강릉은 파편적이고 상처로 기억되는 결핍과 절망의 공간이다. 풀리지 않는 의문을 남긴 아버지와 죄 없이 순수한 옆집소녀가 죽은 곳, 청상이 된 어머니의 아픔과 슬픔이 내재된 강릉은 고향이면서도 고향일 수 없는 망각과 기억의 장소이다. 6.25체험은 그후 한국 근현대사와 함

---

46 윤후명, 앞의 소설, 247쪽.
47 위의 소설, 247~248쪽.

께 온 작가에게 신군부로부터의 도피와 유랑생활을 하게 했으며, 세기말의 여행자와 새천년의 한민족 이주자와의 만남으로 이어진다. 아버지, 고향, 뿌리, 자신의 기원에 대한 확신과 정확한 기억을 갖지 못한 여행자는 생경하고 낯설고 어색하기에 자신, 고향, 고국과 거리를 두지만 벗어날 수 없다.

매 단원마다 여행을 떠나서 여성을 만나고 고향과 부친에 대한 소식을 들으며 사색하고 성찰하는 나는 아버지의 죽음이 오발사고로 처리되었다는 지인의 자동응답녹음을 듣고 마음의 전쟁이 끝났음을 확인한다.

> 얼마를 지났을까, 나는 내 뒷골 어디쯤 아득히 떠오르는 잔상을 보았다. 점점 윤곽이 밝아와서 환히 드러난 그것은, 변소구멍 속의 얼굴이었다. 그것은, 누가 뭐래도 변소 구멍 속의 아버지의 얼굴이었다. 그 얼굴은 그것으로 예전에 나의 전쟁을 마감했음을 보여주려고 애쓰고 있는 얼굴이기도 했다. 그제야 나는 확실히 알 수 있었다. 그것으로 나의 전쟁은 진정 끝난 것이었다. 아버지는 암호를 대라는 말을 듣고도 그대로 있다가 총을 맞은 것이었다. 그리고 피를 흘리면서도 간신히 집 근처까지 와서 변소 구멍으로 기어든 것이었다. 그것이 내가 할 수 있는 가장 정확한 추리였다. 그 변소 구멍 속의 얼굴이 보이며, 나는 모처럼 안온한 고향의 품에 안긴 것만 같았다.[48]

작가가 다섯 살에 겪었던 전쟁은 새하얀 '빈칸'과 '공백'으로 남아 있으며, 여백을 채우지 못하는 주인공은 자아정립 및 자기구성이 미완된 채 떠돌이 운명으로 살아간다. 유소년기의 명확하지 못한 기억은 필름처럼 이어지지 못하고 파편화되고 단편적으로 남아 의혹과 분열을 가져왔고 스스로도 희미하고 흐릿한 존재로서 뿌리내리지 못한 삶으로 이끈다. 주인공의 방황과 부유가 폭력과 억압, 독재, 부조리와 불합리로 만연한 한국적 상황에 기인한다는 점에서 윤후명 소설은 현실비판적인 요소를 갖는다.

48 위의 소설, 296쪽.

6. 윤후명 소설의 함의

여행판타지가 특징인 윤후명 소설은 현실도피와 현실인식의 결여라는 평가와 더불어 모더니즘 기법, 환상성, 자아 인식, 의식의 흐름, 낭만성과 서정성을 지닌다. 이 글은 6.25트라우마를 바탕으로 환상성의 이면에 드리워진 현실성의 실체가 무엇인지를 밝히고자 하였다. 다섯 살 때 전쟁을 겪은 윤후명은 아버지와 옆집소녀의 무고한 죽음, 어머니의 재혼, 양부와의 가족 형성, 탈고향, 생계의 어려움, 식물학자의 꿈 포기 등으로 정착하지 못하고 부유하는 삶을 영위한다. 한국근현대사와 함께 한 작가의 삶은 4.19, 5.16, 광주민주화운동, 신군부 독재, 세기말과 새천년을 맞이하면서 불안, 억압, 공포, 두려움, 고독과 같은 심리적 상태로 도피하거나 악몽을 꾸는 몽유의 길을 떠돈다. 그의 문학은 역사적 사건이 원경화되어 있고, 전쟁의 폭력성과 외상이 리얼하게 드러나지 않는 여행판타지 형식을 취함으로써 동시대 작가와는 다른 윤후명만의 유니크하고 독창적인 문학세계를 구축한다.

《가장 멀리 있는 나》는 윤후명 소설의 비의를 밝힐 수 있는 작품이지만 파편적 비유기적 몽환적 구성으로 주목받지 못했다. 작가와 소설 속 서술자가 일치하는 자아반영성과 메타픽션적인 이 작품의 여행자는 스리랑카, 멕시코, 쿠바, 남해 보리암, 강릉, 터키, 칼미크공화국 등을 지속적으로 여행하며 사람들과 조우하면서 자신의 실체를 찾고자 하는데 이들은 자신의 또다른 자아이자 자기 안의 타자이다. 여행자가 만나는 여성타자는 이름을 갖지 못한 익명적인 집단적 타자로 쫓기는 남자에게 필요한 '여자 같은 방', '방 같은 여자'이다. 정체를 알 수 없거나 추상적이고 신비로운 그녀들은 자신의 빈칸과 공백을 채워야만 하는 여행자의 분인(分人)이다. 여성타자 이외에 한민족이주자를 만나는 여행자는 강제로 추방당해 거주국에서는 소수민족으로, 한국에서는 외국인 취급을 받는 주변부로 존재하는 디아스포라 운명을 지닌 이들과 동질감을 형성한다. 여행자는 아버지의 불명예스러운 죽음에 대한 의혹을 해결하고 무덤을 찾은 후 방황을 끝낸다. '나'의 여행은 고향길인 '하얀 길'로 회귀하는 기나긴 오디세이이다. 전쟁으로 상실한 두 아버지의 정체와 무덤을 찾아 헤매는 나의 여정엔 '하얀 길', '변소구멍의 남자'와 같이 무의식 속에 각인된 전쟁 트라우마가 있으며 무질서, 불확실, 혼돈, 알 수 없음과 같은 재난이 작가의 삶과 문학에 영향을 미치고 있다. 윤후명 여행판타지는 억압과 공포, 상실과 결핍을 가져온 한국적 상황을 배경으로 한다는 점에서 현실도피 내지 자아의 몰입이라는 기존 연구는 재고되어야 한다. 소설 제목처럼 자신과 거리를 두고 스스로 소외된 주인공의 비극적인 방황이 한국근현대사를 배경으로 한다는 점에서 윤후명 소설은 현실비판적이다. 윤후명 문학의 비의는 전쟁 상흔과 아비 상실로 인한 타자적 자아의 떠돎을 여성타자의 상징성, 이국적인 동식물묘사, 시공간의 주관성과 비유기성 등의 환상성과의 조화를 이루며, 불안하고 억압적이고 폭력적인 한국현실을 비판하는 주제의식을 확보한다.

2장
윤후명 소설의 원형적 탐색: 전쟁재난과 호환공포

1. 로컬리티와 문학

강릉 출신 작가 윤후명은 전쟁 중 아버지와 이웃소녀가 죽고 모친의 재혼으로 1953년 계부를 따라 고향을 떠나게 되는데, 이러한 자전적 자기 반영적 소재가 원형으로 자리 잡는다. 부친의 죽음과 관련된 의혹은 오이디푸스 콤플렉스와 외상후 스트레스 장애를 낳았다. 전집 12권을 출간[49] 한 작가는 자신이 살던 동네에 위치한 '문화작은도서관'의 명예관장으로 위촉되면서 일흔의 나이에 고향으로 귀환한다. 1권과 7권 제목을 각각 『강릉』(은행나무, 2016), 『강릉의 사랑』(은행나무, 2017)으로 정함으로써 소설 속 주인공의 여행과 방황의 최종 목적지가 고향임을 알 수 있다. 단행본 제목은 수록 단편 중 하나를 선택하는 것이 일반적이지만 소설제목이 아닌 '강릉', '강릉의 사랑'으로 명명함으로써 "강릉은 나의 처음이자 마지막에 놓이는 어떤 것"으로 "동해안의 지명이라는 단순한 지명에 머물기보다는 나라는 인간 존재와 철학까지를 일컫는다는 믿음을 포함"하는

---

49 2016년 9월에 『강릉』, 『둔황의 사랑』, 『협궤열차』, 『한국어의 사랑』, 『섬, 사랑의 방법』, 『모든 별들은 음악소리를 낸다』 등 6권이 출간되었고. 2017년 7월에 『강릉의 사랑』, 『원숭이는 없다』, 『바오밥나무의 학교』, 『가장 멀리 있는 나』, 『약속의 그림자』, 『삼국유사 읽는 호텔』 등 6권이 출간되어 모두 12권의 전집이 완성되었다. 장단편 중 〈나비의 전설〉에서 〈나비의 소녀〉, 〈귤〉에서 〈바다의 귤〉처럼 제목이 바뀌어 상재된 경우도 있고, 1994년 『문학사상』에 연재한 후 그 다음해 〈이별의 나라〉로 출간, 2005년에 〈무지개를 오르는 발걸음〉으로 재출간했던 작품이 〈무지개 나라의 길〉로 줄여서 발표되기도 하는 등 변모가 나타난다.

것이자 "여러 소설을 쓸지라도 결국 '하나의' 소설일 것"[50]이라는 고향의식이 드러난다. 1950년대 강릉이라는 시공간을 배경으로 한 소설들은 결핍과 상처를 지닌 전쟁문학, 상흔문학으로 표출된다. 작품 속에 빈번하게 표상되는 '가장 먼', '낯선', '하얀', '가장 멀리 있는', '텅빈'과 같은 자아와 고향에 대한 거리감은 사랑하는 사람과의 별리와 가족해체 및 재구성을 겪었던 유년기의 결정적 인상에서 비롯된다.

윤후명 문학 연구는 자아발견, 근원적 탐색, '나'를 재발견, 잃어버린 자아와의 만남, 반사회적 경향과 같은 주제적 탐구[51]와 여행구조, 연상과 회상의 시간구조, 환상성, 모더니즘 등 형식미학[52]으로 나뉜다. 그러나 기존연구에서 방황과 여행, 일탈의 근원적이고 궁극적 사유보다는 여행구조 자체만의 문학적 특질을 밝히는데 그치고 있어 이 글은 여로구조의 근원이 되는 전쟁경험과 강릉설화 속 호환(虎患) 모티프를 중심으로 규명한다. 여행에서 만난 여성과 조우하거나 일탈하고 이별하는 반복적인 구조로 이루어진 윤후명 소설의 최신작에선 고향의 문화적 흔적과 표식이 강조된다. 낯설고 이국적이며 생경한 이미지로 메시지를 전달하는 윤후명 소설은 전쟁재난의 상처라는 구체적이고 실제적인 사건과 흔적이 작품마다 드러난다.

---

50 윤후명, 「작가의 말」, 『강릉』, 은행나무, 2016, 343쪽.

51 최현주, 「윤후명소설의 정체성 탐색 양상」, 『한국문학이론과 비평』제8권, 한국문학이론과 비평학회, 2000, 강은정, 「윤후명소설에 나타나는 현상학적 존재의식」, 부산대 석사학위논문, 2003, 김현탁, 「윤후명소설에 나타난 자아탐색의 양상」, 『한국문화기술』 통권 제3호, 단국대 한국문화기술연구소, 2007, 최현주, 「경험적 서사와 허구적 서사의 상동성 고찰」, 『남도문화연구』 제16권, 순천대학교, 2009, 최영자, 「윤후명 소설에 나타난 반영적 사유와 존재론적 인식」, 『한성어문학』 제29권, 한성어문학회, 2010, 고명철, 「시대고를 견디는 몽환의 비의성과 자기존재의 정립」, 『한민족문화연구』 제38집, 한민족문화학회, 2011, 졸고, 「자전적 소재로 본 윤후명 여행판타지의 함의」, 『한민족어문학』 제69집, 한민족어문학회, 2015.

52 이지은, 「윤후명소설의 서정성 연구」, 한국교원대 석사학위논문, 2001, 이미영, 「윤후명소설연구: 여로형 서사구조를 중심으로」, 한국교원대 석사학위논문, 2003, 방금단, 「윤후명소설의 환상성 연구」, 성신여대 석사학위논문, 2004, 김정은, 「윤후명소설의 공간 연구」, 중앙대 석사학위논문, 2009, 졸고, 「윤후명소설의 서사구조적 특질」, 『한어문교육』 제38집, 한국언어문학교육학회, 2016.

따라서 장소성에서 비롯된 정체성을 확인받지 못한 주인공의 방황과 일탈, 고향회귀 등이 자기만의 방과 집, 고향에 대한 장소감 부재 때문으로 본다. 텅 비고 추상적인 공간에 비해 장소는 인간적 감정적이며 애정이 담긴 개념이다. 다양한 문화들이 장소를 취하고 만들어나가는 것은 바로 텅 빈 추상성의 공간[53]에서 시작된다. 윤후명 소설에 자주 등장하는 '텅 빈'이라는 표현은 장소에 대한 소속감의 획득에 실패했음을 의미한다. 장소감은 인간, 문화, 환경을 통합하며 인간이 특정 환경에 묶이도록 만드는 감정적이며 경험적인 흔적[54]을 뜻한다. 생물학적 필요(식량, 물, 휴식, 번식)가 충족되는 (절실하게 느껴지는) 가치의 중심지인[55] 장소를 배경으로 하는 장소감과 영역감을 확인받지 못한 주인공의 방랑과 여행은 안전과 안정을 위한 장소성을 확득하기 위한 여정이다.

이국적이고 낯선 여행지를 배회하거나 생경하고 이질적인 모티프의 설정은 특정장소에서 '내 자리가 없거나(out of place)' '이탈된(displaced)' 느낌을 받는다든지 아웃사이더(outsiders)가 된 것처럼[56] 인식되기 때문이다. 다양한 문화 집단, 커뮤니티, 사람들은 장소에 뿌리를 두고 장소를 통해 의미를 부여받으며, 모든 여정의 시작이자 끝인 고향에서의 문화적 표식과 지역원형 그리고 유년기의 흔적을 통해 정체성을 확인한다. 공간이 장소가 되지 못하는 집의 결여는 이방인, 경계인, 여행자로 살게 하며 이는 분열적 노마드, 파편화된 자아라는 21세기 다문화적 사유와 맞닿으면서 문학적 의미를 부여받는다. 근대 메커니즘의 대표적 폭력인 전쟁과 전근대적 공포의 대상인 설화 속 호환(虎患)은 윤후명 문학의 주도모티프이다. 연구대상작품은 『강릉』과 『강릉의 사랑』에 실린 작품들로 1권 먼저 출간되었지만, 1970년대에 발표한 초기작들은 7권에 주로 실려 있다.

---

53 존 앤더슨, 이영민 외 역, 『문화·장소·흔적』, 한울아카데미, 2013, 75쪽.

54 위의 책, 79쪽.

55 이-푸 투안, 구동회 외 역, 『공간과 장소』, 대윤, 1995, 17쪽.

56 존 앤더슨, 앞의 책, 74쪽.

작 품	문학 공간	문화적 역사적 흔적	음식과 기후
높새의 집	개구멍, 신작로, 소방서 망루, 잡화점, 철물점, 운동구점, 문방구점, 임당동성당, 석고상	전쟁 방공호, 큰산에서 호랑이에게 물려갔다는 부잣집 처녀의 이야기	왕새우, 감자, 주먹밥, 꽁치, 양미리, 높새바람
유리인형	문방구, 성당, 소방서, 장수바위, 철물상, 남대천, 보육원, 헛간 옆	전쟁, 난리	꽃샘바람, 양귀비꽃, 나비, 독수리
옛 바다로 가는길	골목길, 화장품가게, 텃밭, 바다, 유령선, 둑길, 덕장, 바우길, 방파제	강릉 단오제, 대관령의 선녀 여성황, 대성황신, 성황당 바위, 처녀의 머리, 성황당 산신, 처녀여신, 5월 5일 축제, 세계문화유산, 전쟁, 무당, 굿	너울, 포말, 파도소리, 배, 바다로 가는 길, 항구, 호랑이와 나무를 앞세운 고갯길의 산신과 여신
모래의 시	강릉의 바다, 방파제, 경포바닷가, 중앙시장, 남대천, 소방서 망루, 임당동성당, 성모상, 임당동 옛길, 카페, 언덕길	마음의 전쟁, 나라의 전쟁, 세계의 전쟁, 수로부인, 〈헌화가〉 절벽, 등명락가사의 이정표, 〈금강경〉, 강문 진또배기, 풍어제 풍속	파도, 모래알, 방파제 등대, 모래부리, 솟대의 새, 커피, 모래커피, 나팔꽃덩굴, 덩굴식물
무지개 나라의 길	강릉 헌화로의 가까운 동네, 강릉 위의 양양으로 삼팔선, 임당동, 신작로, 고속버스터미널, 대관령, 양조장집, 하얀 신작로, 무지개다리카페	육이오때 격전, 보광사, 도선국사, 단오절 홍제여서낭당	바다의 파도, 귤, 동해 일출 모래사장, 수평선, 모래밭, 큰새, 큰 거북이, 게, 모래밭 지빠귀
눈속의 시인학교	아버지의 묘지, 대관령 아래 성산, 성산약국, 강릉시 구산리, 영동고속도로, 성산면사무소, 성산초등학교, 경포바닷가, 경포대에 새로짓는 호텔, 옥계탄광, 묵호바닷가, 벼랑길	〈은세계〉의 무대, 진또배기의 솟대, 전설적인 부잣집 최준집이 집, 대관령 호랑잇길, 헌화로, 〈제일 강릉〉, 〈삼국유사〉, 암소 끌던 노인, 소녀의 머리통, 강릉관노가면놀이, 강릉단오제, 산신, 〈모든 별들은 음악소리를 낸다〉	해수욕장, 여름시인학교, 거위
방파제를 향하여	방파제, 남쪽의 바닷가, 아름다운 길 100, 읍사무소, 우리 동네 임당동, 중앙시장, 남대천, 살구나무와 골목집 담벼락의 낙서, 소방서의 망루, 임당동성당의 성모상, 커피로 유명한 도시, 병원선, 푸른 바다	헌화로, 노인의 이야기 〈헌화가〉, 수로부인, 몸뚱이는 호랑이밥이 되고 머리만 남은 처녀, 이야기 속의 처녀, 호랑이, 전래동화 〈곶감과 호랑이〉, 동아줄, 강릉단오제, 나무호랑이, 커피축제	감자, 감자부침개(상한 감자를 물에 울궈 감자가루를 내어 만들어먹는 음식), 백일홍, 방파제/등대/바다, 돌/바위, 흰꽃 보라꽃의 감자꽃, 감자밭

대관령의 시	강릉땅, '강릉사랑', 울산바위, 대관령의 옛길, 강릉 시가지와 바다, 남대천, 대관령 산신각, 경포대, 오죽헌, 선교장, 뱃사람들 마을 주문진, 테라로사 카페, 바우길, 바닷가 숙소, 방파제, '시허연 강릉'	〈강릉 가는 길〉, 선녀의 심상, 〈높새의 집〉, 단오제, 〈산역〉, 〈고산가〉, 부잣집 처녀가 저녁에 머리를 감다가 호랑이에게 물려갔다는 옛날이야기, 세계문화유산, 유네스코, 성황당, 산신당, 대성황사, 무당, 굿, 가면놀이, 당집	무지개색 구름과 돌, 꽁치, 도치, 군함조, 머나먼 설산의 위를 길 잃은 새 한 마리, 바닷바람, 파도, 하늘, 수평선, 그네
호랑이는 살아있다	바다가 활짝 열려 있는 방, 고기잡이배, 백사장, 바닷가, 동해바다, 문화관이 자리 잡았던 건물, 임당동성당, 고향의 도서관, 바닷가, 고향 산과 바다, '모루'도서관, 강원도 강릉 읍사무소 앞집, 남대천의 둑길, 남대천 냇물, 방공호, 강원도	강릉전국체전, 문화작은도서관, 호랑이가 나무로 변신하여 처녀네 집으로 내려오는 신화, 유네스코의 세계문화유산, 강릉단오제, 단오제 행사, 단오기념관, 동해안의 이름난 굿, 객사문, 단오장	고기잡이, 물고기, 옥수수, 호랑이, 연어, 고향의 바다, 고향의 강, 엽낭게, 자맥질하던 바다

2. 창작소재의 원천, 강릉 임당동과 바다

1946년생인 윤후명은 5살에 고향 강릉에서 전쟁을 겪는다. 마을사람들이 피난을 떠난 텅빈 강릉 시내와 바다, 방파제에서 젊은 어머니와 옆집 소녀와 함께 우울하고 두려운 일상을 보낸 소년은 텅 비고 하얗게 이미지화된 길과 공간을 작품 속에 소묘한다. 진실을 알지 못한 나이에 전쟁과 죽음, 실종, 사별과 같은 사건을 접하면서 '흐릿하고 또렷하게' 기억하는 유년기적 인상을 바탕으로 환상적이고 몽환적인 작품세계를 구축한다.

'돌아가야만 하는 장소(고향)'로의 회귀는 태어나서 자란 땅으로 되돌아가는 것이 아니라, 기억의 근원이 되는 모라토리엄(moratorim)기의 '기조(基調)적인 개인'으로 돌아가는 것[57]을 의미한다. 복수의 개인이 내재된 성장한 인간이 언제나 참조하는 근원적인 장소[58]인 고향이란 따뜻하

57 마루타 하지메, 박화리·윤상현 역, 『'장소'론』, 심산, 2011, 17쪽.

고 안온한 자궁 같은 공간인 동시에 첫사랑과의 실연이나 유년기적 슬픔이 내재된 상처와 고통의 공간이라는 양면성을 지닌다. 여행이 일상화된 주인공의 최종 목적지인 강릉 고향길은 '가장 먼' 곳으로 인식된다. 옆집 소녀의 불행한 죽음, 자신의 명예와 정체성의 근간을 이룰 친부 사망 원인에 대한 의혹, 모친 재혼, 전쟁의 참상과 궁핍은 윤후명 문학의 원형적 소재이다. 순수하고 무고한 소녀의 죽음을 목격하거나 삶의 부조리와 불합리를 깨닫고 자신의 존재 내지 뿌리를 규명하는 열쇠인 강릉에서의 상처 대면을 유예시킨 주인공은 먼 훗날 먼 길을 돌아온다. 의식적으로 멀리했던 고향이지만 첫 소설의 배경이자 1권과 7권 전집 제목으로 쓰인 '강릉' 지역이야말로 창작소재의 원천이자 정착과 사랑의 합일을 불가능하게 했던 이유로서 구체적으로는 임당동과 동해바다이다.

윤후명에게 고향은 토포필리아(장소애호, topophilia)[59]이기보다는 아토피아(실향증, atopia)[60]에 가깝다. 자신의 삶을 송두리째 앗아간 전쟁은 적막, 쓸쓸함, 외로움, 그리움, 텅빈 의식을 가져왔고 이러한 재난을 아이가 수용하고 극복하기에는 벅차고 힘든 상처로 남았다. 시인으로 등단했다가 소설가로 전향한 작가는 '가장 잘 아는 이야기'인 강릉지역을 소재로 등단작인 〈높새의 집〉(한국문학, 1979), 〈산역〉(1979 한국일보 신춘문예 당선작)을 발표했고, '강릉 호랑이에 관한 소설'로 대변되는 『강릉』과 1970년대 발표된 작품을 모은 『강릉의 사랑』에서도 고향을 배경으로 한다. 초기작과 최근작에서 지역 설화와 축제, 어린 시절에 겪은 사건을 다룬다는 점에서 윤후명 문학의 원형을 강릉 로컬리티에서 찾을 수 있다.

태백산맥과 대관령이 가로막힌 영동에 위치한 강릉시는 신화와 설화,

---

58 위의 책, 17쪽.

59 토포필리아 topophilia는 이-푸 투안의 신조어로 삶의 터전에 대한 사람들의 정과 사랑을 뜻하는 개념, '장소애'로 번역된다. -이-푸 투안, 이옥진 역, 『토포필리아』, 에코리브르, 2011, 12쪽.

60 아토피아 atopia는 그 자리에 어울리지 않음, 요령부득, 정체를 알 수 없음이라는 뜻을 가진 그리스어로 부정의 접두어 a와 topia를 짜맞추어 원래는 '있어야 할 장소에 없다=정상이 아닌 상태'를 말한다. -위의 책, 260쪽.

옛날이야기가 보존·계승되었고 단오제, 관노가면놀이와 오죽헌, 객사문, 허균·허난설헌공원, 선교장 등의 역사유적지와 신사임당·율곡 모자, 허균·허난설헌 남매, 김시습, 심언광 등의 역사적 인물들을 간직하고 있으며, 대관령, 동해바다, 경포호수, 정동진 등 대자연의 섭리와 외경을 접할 수 있는 도시이다. 중세와 현대가 공존하고 3,4월에도 눈이 내리는 은세계, 설국인 강릉은 삶의 비의와 운명을 깨닫게 하며 전쟁 땐 '민간인이 떠나 버린 후 휴전을 앞두고 양측이 좀더 많은 땅을 차지하기 위해 치열하게 전투가 벌여졌던 6.25격전지'[61]였다. 전쟁은 아이가 이해하고 감당하기에 벅찬 고통과 슬픔의 정서와 자신의 근거와 뿌리에 대한 의문을 가져왔다. 비의적이고 환상적이며 자기반영적인 윤후명 소설은 어린 시절 겪은 전쟁의 정적과 적막에 대한 기억을 반영한다. 제도권 속의 인간관계 — 연애, 결혼, 가족형성 — 에 어려움을 겪으며 동거, 이별, 이혼으로 전개되는 중년남성의 떠돎은 자기동일성을 확인받지 못한 남성주체를 의미하며, 길위나 여행에서 만난 여성, 외국인, 한민족 이주자들은 자기 안의 타자이다. 오이디푸스 콤플렉스를 극복한 후 상징계의 문턱을 넘어서는 성장과정이 온전하지 못하거나 훼손된 상태에 놓인 주인공은 가부장, 동일자, 주체가 되지 못하고 안정과 정착을 담보받지 못한다.

『강릉의 사랑』[62]에 수록된 〈높새의 집〉의 조용하다 못해 괴괴한 적막이 온통 마을을 짓누르는 고향풍경은 열병으로 피난을 못 떠난 어린 소년

61 강원도는 군사문화 경관이 형성된 바, 통일전망대, 비무장지대, 땅굴 등 소위 안보관광지라는 이름으로 강원도의 문화적 현주소를 대변하고 있다. - 엄현섭, 「한국전쟁의 표상과 지역문학의 재인식」, 『강원도 지역원형과 인문학적 각성』, 청운, 2014, 182쪽.

62 〈바다의 귤〉은 원작 〈귤〉 제목이 바뀐 채 수록되고, 중편 〈높새의 집〉은 〈높새의 집〉과 〈유리인형〉 등 두 편의 단편으로 재구성되어 수록되었다. 〈옛 바다로 가는 길〉은 〈강릉/너울〉이, 〈모래의 시〉는 〈강릉/모래의 시〉의 제목을 바꾼바 이는 소설집 제목에 '강릉'이라는 지명이 있어 생략되었다. 7권에 실린 6편의 단편 중 세 편(사실은 두 편이지만)은 1970년대 초기작이며, 나머지 두 편은 어머니의 죽음에 대한 내용으로 『꽃의 말을 듣다』(문학과지성사, 2012)에 실린 소설이고, 〈무지개 나라의 길〉은 최근에 쓴 작품을 덧붙였다. 『강릉』에 수록된 7편의 단편들이 강릉에서 개최하는 문학행사나 시인학교 특강, 도서관 명예관장 임명 등의 이유로 최근에 일어난 일들을 담는데 비해 『강릉의 사랑』의 단편들은 1950년대 전쟁을 배경으로 어린 시절의 체험을 소재로 한다는 점에서 차이를 보인다.

에게 절망적이고 소외된 결정적 인상으로 자리잡는다. 개미 한 마리 얼씬거리지 않는 마을에 가출한 어머니와 홧김에 광산으로 가버린 아버지의 부재로 할머니와 사는 세화와 노는 것만이 유일한 낙인 '나'는 그녀의 머리카락을 괴롭히는 높새바람과, 전봇대 위에서 감전돼 죽은 사람과 미친 여자가 기다리는 두 갈래 길 중 하나를 선택해야 하는 슬픈 운명을 직감한다. 정적을 깨는 포성, 대포소리, 총소리, 신음소리, 구둣발소리 이외에는 무서울 정도로 소름끼치는 마을에서 아이들은 무겁고 신산하며 다가올 삶의 불길함을 인지한다. 아버지의 미귀환은 가정구성원의 정체성적 변화를 야기하며 후기 자본주의적 주체로서의 아버지 상실에 따른 고아의식 내지 주체의 위기의식[63]을 가져온다.

윤후명 소설에서 유일하게 실명으로 등장하는 세화는 길이나 여행에서 만나 동거하거나 사랑을 나눈 여성들의 원형적 존재로서 일체감을 갖지 못하고 헤어짐으로써 무의식 속에 깊숙이 새겨진 인물이다. 홍역을 앓는 아들 때문에 피난을 못간 젊은 엄마, 아버지가 오지 않아 동네에 남은 귀먼 할머니와 여자아이, 거리를 배회하는 미친 여자와 같이 보호자가 없거나 정상적이지 않은 여성타자만 남은 텅빈 1950년대 강릉의 바다, 방파제, 방공호, 개구멍, 중앙시장 등의 공간은 어린 소년에게 낯설고 슬프고 은밀하게 기억된다. 〈유리인형〉은 할머니와 부친이 사망한 후 보육원에서 불타 죽은 옆집소녀가 남긴 유리인형을 통해 폭력적이고 억압적인 삶과 어렴풋이 에로틱하게 다가왔던 소녀의 망가진 삶을 망각하지 못한 소년의 과거회상을 담는다.

〈옛 바다로 가는 길〉과 〈모래의 시〉는 모친의 죽음으로 장례식을 치르기 위해 고향을 방문하는 주인공이 떠돌았던 누란과 돈황, 실크로드, 러시아. 쿠바, 유럽 등의 여정은 결국 고향으로 귀환하기 위한 과정이다. 자신의 뿌리와 정체를 확인하는 고향에서의 죽음, 고통, 이별, 질병, 가족해체, 첫사랑, 슬픔 등과 대면해야 했기에 오랜 세월 지연시키고 유예했던 강릉

---

63 최영자, 「아버지 찾기 서사로서의 최상규 소설」, 『구보학보』 제4집, 구보학회, 2008, 237쪽.

행은 어머니가 죽고 나서야 실현된다. 암으로 죽은 어머니의 뼈를 담은 커피캔을 들고 고향바다에 뿌리는 의식을 거행하려는 주인공은 지름길을 택하지 않고 포항, 울진, 삼척을 거쳐 먼길을 돌아 시간을 지연시키며[64] 귀환을 유예한다. 이국공간을 배경으로 파편적이고 비유기적인 여행구조와 여성과의 만남 속에서 현대인의 실존적 성찰과 자의식을 탐색하는[65] 반복적인 플롯과 주도모티프를 지닌 윤후명 문학의 여행자는 링반데룽[66]에 걸려 있다. 경찰인 아버지가 총에 맞아 죽은 사건은 자신의 명예나 정의와 관련되었을지도 모르는 의혹 속에 강릉을 떠났고 이후에도 여러 학교를 옮겨다니며 가난에 시달리는 등 삶이 쉽지 않았다. 자신의 근거와 뿌릴 확인하는데 어려움을 겪게 한 친부, 계부의 존재와 모친과의 거리감과 고향상실성은 윤후명 소설의 주제가 자아탐색, 자기동일성에 대한 성찰, 자아확인이었던 이유이다. 여행자는 유골과 함께 고향을 방문하면서 모친과 화해하고 상처를 치유한다. 그의 방황과 여정은 자아 찾기 이전에 아버지 찾기 서사 플롯이다.

> 어린 어느 날, 어머니가 나를 꼭 끌어안고 있는 장면이 흐릿하고 또렷하게 뇌리에 남아있다. '흐릿하고 또렷하게'라는 말이 어떤 것인지, 어떻게 설명해야 할까. 우선 그 앞뒤 이야기를 전혀 모르기 때문에 '흐릿하'다고밖에 말할 수 없을 것이다. 그럼에도 불구하고 그 상태의 짧은 한순간은 사진처럼 '또렷하게' 떠오르는 것이다. 여기서 어머니와 나는 아무도 없이 둘만 남아있는 상황이 강조된다. 이 세상에 누구 하나 의지할 사람없이 우리는 천애(天涯)에 둘뿐이었다!
>
> '흐릿하고 또렷하게' 남아 있는 그 장면이 강원도 강릉 읍사무소 앞집에서

64 졸고, 「자전적 소재로 본 윤후명 여행판타지의 함의」, 『한민족어문학』 제69집, 한민족어문학회, 2015, 663쪽.

65 위의 논문, 652쪽.

66 Ringwanderung, 등산용어로 환상방황으로 번역되며, 안개, 폭우, 폭설, 피로 등으로 산에서 방향감각을 잃고 같은 지역을 맴도는 혼수상태를 말한다.

> 의 일인지도 나는 기억할 수 없다. 내가 태어나서 여덟 살에 떠나올 때까지 살았던 그 집. 그 무렵에는 강릉이 읍에 지나지 않았기에 '읍사무소'는 오늘날의 시청에 해당된다. 그러니까 우리 동네 임당동은 가장 중심가였다. 일본식 '적산' 가옥이었으나, 마당에 파놓은 방공호도 기억에 남아 있다. 그 집에 이십 대 초반의 어여쁜 어머니가 있었다.[67]

두 편의 소설에서 어린 시절 살던 집을 찾아다니며 소방서 망루, 읍사무소, 화장품가게, 객사문 골목을 헤매는 '나'는 마을사람들에게 의심을 받는다. 존재를 확인받지 못하는 주인공은 자주 등장하는 인물유형으로 신분증을 잃어버리거나 국경을 너머 여행자가 됨으로써 분열적 노마드로 살아간다. 죽음의식을 치른 주인공은 삶이란 러시안룰렛같이 부조리하고 우연적이며 불합리한 운명을 거는 게임과 같다고 여긴다.

『강릉』에 수록된 단편들에선 3,40대 남성이 60대가 되어 과거에 관계 맺었던 여성과 조우하면서 공간에 대한 집착을 통해 정착하는 삶과 동일자 형성에 대한 갈망을 드러낸다. 〈눈속의 시인학교〉의 '나'는 '나만의 공간', '내 안의 길', '들판 한 가운데 얻었던 방', '어떤 공간', '글 쓰고 웬만한 그림까지 그릴 수 있는 공간', '보다 좋은 장소'. '나중에 가장 그리워할 곳', '내가 이룩한 세계의 산실', '눈 속의 빈집', '썰렁한 빈방', '눈 덮인 벌판의 빈집', '내 작은 오막살이 궁전', '마구간에 들인 방', '마가리', '은세계', '강원도 길', '고향에 방 한 칸', '오막살이 집 한 채' 등 공간을 염원하고 욕망한다. 그럼에도 불구하고 소설 속 주인공은 집과 여자를 얻지 못하고 가난과 실직이 교차된 한국근현대사의 질곡 속에 방랑하고 떠도는 여행자로 살아간다. 여행자가 만난 여성은 자기 안의 타자이자 고단한 몸을 쉬게 하는 휴식공간을 상징하며[68] 안식처나 휴식처가 되지 못한 고향은 타향 혹은 외국의 여행지와 다를 바 없다. 고향상실과 정체성의 불안감,

---

67 윤후명, 〈방파제를 향하여〉, 『강릉』, 은행나무, 2016, 86쪽.

68 졸고, 앞의 논문, 670쪽.

전쟁 트라우마로 인한 동일자 구축에 실패한 나는 고향으로 가는 '강원도 길', '호랑잇길'을 육십이 넘어서야 찾지만 그곳은 이웃들에게 자신을 확인받지 못하는 곳일 뿐이다. 강릉 출신 작가라는 이유로 문학행사나 시인학교 등으로 초대받곤 하는 주인공에게 은밀하고 슬픈 비밀이 간직된 강릉은 귀환하기 힘든 곳이다. 낯설고 불편한 고향의식은 곳곳에서 발견된다.

> …강릉에서의 행사에는 나도 얼굴을 디밀었다. 그러나 나를 강릉과 연결시키는 것이 언제나 불편하기만 했다. 아무에게도 말하기 싫은 비밀과도 같았다. 어머니와 나, 초등학교를 들어가야 할 나이가 되었으나 전쟁이 끝나지 않아 애늙은이처럼 홀로 동네를 맴돌기만 한 나, 아는 얼굴들은 아직 피난지에서 돌아오지 않았는데 미쳤다고 손가락질받던 여자와 그 옆을 따르던 비쩍 마른 개…… 암호 같던 일의 실루엣이 비밀 속을 강시 혹은 좀비처럼 우줄거렸다. 강릉의 시인학교는 그 강시들과 좀비들의 축제였다.[69]

> "쉿, 아무 말 말고 가만 있어야 해." 누군가의 목소리가 나를 지그시 눌렀다. 나는 시키는 대로 따랐다. 그 뒤로 나는 두고두고 그 말을 강릉이 내게 물린 재갈처럼 여겼다. 고향 앞에서 아무 말 없이 눈 슴벅 감고 살아가라는 말씀. 나는 순종했다.[70]

> '이제야 돌아왔구나.' 어디선가 낯익은 목소리가 들려오는 듯했다. 이웃집 소녀와 그곳에 와서 소꿉놀이를 하던 내 모습이 보였다. 그러나 얼마전까지만 해도 나는 고향이라는 존재에 쉽게 녹아들어가지는 못했다. 어쩌면 고향에서 떨려난 듯한 느낌이었는지도 모른다.[71]

한 척의 검은 배가 있다. 어린 나는 그 배에 태워진다. 배에는 아무도 없다.

---

69 윤후명, 〈눈속의 시인학교〉, 『강릉』, 은행나무, 2016, 28~29쪽.
70 윤후명, 〈방파제를 향하여〉, 위의 책, 97쪽.
71 윤후명, 〈호랑이는 살아있다〉, 위의 책, 270쪽.

> 여기서 꼼짝 말고 기다려야 해. 어머니의 말만으로는 버티기 힘든 텅 빈 공간. 둘러보면 온통 거무튀튀한 쇳빛뿐 온기라곤 없었다. 꽉 막힌 감옥, 혹은 무덤 속이라는 생각을 어린 나이에 할 수 있었던 것 같지는 않아도 나는 잔뜩 겁을 먹고 마침내 울음을 터뜨렸다. 텅 빈 공간을 우웡우웡 울리는 울음소리. 울음소리의 메아리. 그로부터 내 뒷머리를 언제나 메아리치게 된 유령선 속의 울음소리. 나는 그 장면의 울음소리와 함께 고향 바다를 기억에서 끌어낸다. 그때를 회상하는 말이든 글이든 나는 기회 있을 때마다 그 메아리를 입에 올릴 수밖에 없었다.[72]

> 마치 바닷가에 도달한 어떤 소설의 주인공처럼 나는 '끝'을 말하고 있는가. 아니다. 여기에도 분명 .와 ,의 차이가 있으리라는 강한 느낌을 나는 강조한다. 강릉의 바다는 본래 내게 그런 곳이었다는 생각이 든다. 누구에게나 고향은 마침표여야 하는데, 내게는 쉼표로 남아 있는 것이다. 아니다. 나는 어떤 시인의 쉼표는 느낌표를 대신하고 있음을 나는 배웠었다.[73]

살았던 동네를 추적하지만 기억하지 못하고 헤매는 것은 음험한 비밀과 떨쳐낼 수 없는 공포와 진실에 대한 두려움이 남아있기 때문이다. 고향은 자신을 나그네로 인식하게 하며 〈모래의 시〉에서처럼 "살아있는 동안 지금도 그 상처가 아물었다고 장담할 수 없"기에 "진절머리 나는 곳"이자 "공연히 나를 심각하게 만드는 원흉"이다. 과거의 비밀과 상처를 들추어내야만 하는 고향에 온 주인공은 20대 초반의 어여쁜 어머니와 살던 일본식 적산가옥과 주변 풍광이 담긴 사진을 단서로 임당동을 탐문하고 사진 속 화장품 가게의 간판을 찾지만 마을사람들에게 의심의 눈초리를 받자 도망치듯 동네를 떠난다.

동네의 미친 여자, 둑길을 함께 걷던 여자는 타자적 자아이자 자기의

---

72 윤후명, 〈옛 바다로 가는 길〉, 『강릉의 사랑』, 은행나무, 2017, 158~159쪽.

73 윤후명, 〈모래의 시〉, 위의 책, 183~184쪽.

정체성으로 윤후명에게 '타자는 내면을 발견하는 자아탐색의 도구이며 삶의 본질에 다가가는 근원적인 발견'[74]이다. 재난과 질병, 죽음의 방향[75]이자 '음'이자 여성, 수동성을 상징[76]하는 바다(물)의 분투하는 의식적 자아가 되살아나 온전해지려면 두렵더라도 침례와 죽음을 수용[77]해야 한다. 비장소성(no-where)인 여성이자 낯선 이방인은 공동체 안에서 주체로서의 힘을 갖지 못한 자, 권력에 참여하지 못하는 자, 이 장소에서 자기 권리를 주장하지 못하는 배제된 자[78]이다. 타향, 타국에서의 방랑을 고향의 동네와 바다에서도 반복하는 나는 과거를 복원하고 상처를 복기하며 자신의 뿌리이자 근거인 친부의 죽음과 재혼으로 멀어진 어머니, 첫사랑이자 에로틱하고 순수하게 기억되는 옆집소녀의 흔적을 찾아 고향을 배회한다. 구멍이자 결여이고 주체가 되지 못하는 여성은 전쟁의 참상과 상처로 가부장이 되지 못한 자신이다. 여행 중이거나 문학행사에서 만난 여성들은 행복한 결말을 맺지 못하고 헤어짐으로써 일체감을 형성하지 못한다.

고향과 확고한 소유로의 귀환이라는 자기유지의 목표를 달성하는 합리적 계몽적 주체의 형성 과정인 방랑과 모험을 끝내는 오뒷세우스의 여정[79]을 완성하지 못한 주인공은 고향에서조차 소외되며 장소감을 획득하지 못한다. 어머니와의 거리감과 뿌리에 대한 방황은 모친의 죽음 이후에나 해결의 실마리를 얻는다. 세화와 모친은 신화나 역사 속 인물로 현신하거나 문학작품, 영화, 그림, 음악, 이국 여행지에서 만난 여성, 미친 여자 등으로 변신하여 반복적으로 등장한다.

〈방파제를 향하여〉의 강릉은 몸을 호랑이에게 먹혀버려 말라가던 소녀의 빠알간 혀를 연상케 하며 사랑을 갈구하는 이상한 욕정, 감춰진 비밀

---

74 방금단, 「윤후명 소설의 환상성 연구」, 성신여대, 석사학위논문, 2004, 73쪽.

75 이 푸 투안, 앞의 책, 46쪽.

76 위의 책, 49쪽.

77 위의 책, 49쪽.

78 김애령, 『여성, 타자의 은유』, 그린비, 2012, 39쪽.

79 위의 책, 27쪽.

을 내포한 곳으로 재현된다. 인민군 행렬 속에서 "쉿, 아무 말 말고 가만히 있어야 해."라는 목소리는 어른이 되어서도 침묵과 적막, 비밀을 간직한 소녀의 혓바닥처럼 침묵을 강요받는다. 강릉의 성산면, 눈이 많이 내리는 은세계의 마을에서 태어나 남편을 잃고 홀로 남은 어머니는 호랑이에게 몸을 먹혀버린 설화 속의 처녀로서 그녀가 사는 고향은 비밀과 상처와 침묵으로 둘러싸인 신화적 공간이다.

> 누군가의 목소리가 나를 지그시 눌렀다. 나는 시키는 대로 따랐다. 그뒤로 나는 두고두고 그 말을 강릉이 내게 물린 재갈처럼 여겼다. 고향 앞에서 아무 말 없이 눈 슴뻑 감고 살아가라는 말씀. 나는 순종했다. 아버지의 죽음에 대해서 별 따짐없이 살아온 것도 그런 뒤끝이었을 것이다. 일본이 손을 든 다음 아버지는 만주에서 온갖 고초를 겪으며 고향 땅으로 돌아왔다고 했다. 그만이 그랬는지는 몰라도 생사를 건 귀환이었다고 했다. 강릉의 성산면. 눈이 많이 내리는 '은세계'의 마을이었다. 고향에는 나를 배 속에 가진 아내가 있었다. 그러니까 생일을 계산해보면 나는 해방 전에 만주에서 잉태한 생명이었다. 그리고 머지않아 전쟁과 죽음이 닥쳐오고 있었다. 이 부분에서 나는 그만 쉿, 하고 입을 닫기로 하고 있었다.[80]

〈대관령의 시〉의 '나'는 '돌을 구하러 가는 심정'으로 강릉땅을 밟는다. 이 돌의 기원은 처녀의 머리가 얹혀있는 바위로 호랑이처녀설화가 배경이다. 처녀는 "내 문학의 근원에 알게 모르게 스며있는 선녀의 심상이자 이상과 현실 사이를 연결시켜줄 수 있는 영매이자 소무(小巫)이고 하늘에 있는 내 영원성의 상징이며 또한 현실의 내 가까운 여자들로 육화"됨으로써 옆집소녀, 길에서 만났거나 우연히 동거했던 여성들의 원형적 이미지이다. 대관령, 강릉바다, 임당동과 전쟁때 고립된 동네에서 살았던 세화, 어머니, 귀머거리 할머니, 꽁치 팔던 아주머니, 미친 여자와 설화나 신화

80 윤후명, 〈방파제를 향하여〉, 『강릉』, 은행나무, 2016, 97쪽.

속 선녀, 호랑이에게 몸을 먹힌 처녀, 〈헌화가〉의 수로부인은 동일자가 될 수 없는 타자로서 가족, 집, 직장, 자식을 갖지 못한 자기 자신의 변형이다. 여성과의 일탈과 에로틱한 정서는 합일될 수 없는 두 자아의 분열과 해체로 번역되며 마을사람들에게 배제됨으로써 또다시 주체가 되는데 실패한다. 〈호랑이는 살아있다〉의 화자도 강릉 문화작은도서관의 명예관장이 되어 돌아온 고향과 어머니의 뼈를 뿌린 바다와 산에 고하면서 호랑이가 나무로 변신하여 처녀네 집으로 내려오는 신화를 배경으로 한다.

1970년대에 발표된 소설에 재현된 고향은 적막하고 쓸쓸한 정서가 표출된다. 방공호, 개구멍, 흙더미 속에 숨어 아버지와 피난민이 돌아오기를 기다리는 마을에서 총소리와 대포소리를 들으며 생명의 위험을 겪어야했던 전쟁의 참상은 소년이 감당하기엔 벅찬 고통이었다. 철저한 미래지향의 사회이며 고정적인 사회관계를 항상 해체, 재편하는 변화를 지향해 크게 변질된[81] 현재의 강릉 또한 '무지개다리 카페'(무지개나라의 길), '경포대에 새로 짓는 호텔'(눈속의 시인학교), '커피로 유명한 도시'(방파제를 향하여)로 변모하여 이질적인 공간으로 느껴진다. 유년기의 고향은 비극적이고 슬프게, 현재의 강릉은 어색하고 낯설게 인식됨으로써 장소감을 획득하지 못한 작가는 "고향에는 태어남이 있었고, 전쟁이 있었고, 만남과 헤어짐이 있었다. 죽음이 있었다. 사랑과 미움이 있었고, 오랜 상처가 있었다. 과거와 현재, 시간과 공간이 얽혀있었다"[82]고 고백한다. 윤후명에게 고향 강릉은 초기부터 최근까지 창작소재의 원천이자 문학적 원형이며 대표작 〈둔황의 사랑〉, 〈협궤열차〉, 〈하얀 배〉, 〈여우사냥〉, 《가장 멀리 있는 나》 등의 외국을 떠도는 여행서사는 고향으로 가는 여행의 변형이다.

고향에서의 전쟁체험은 어머니, 강릉, 세화라는 단어가 지닌 상처와 육체적 훼손을 내포한다. 보호받지 못해 불안하고 공포스러웠으며, 옆집 소녀와 어머니를 보호하지 못해 죄책감과 죄의식을 갖게 되며, '친숙한 환

81 마루타 하지메, 앞의 책, 260쪽.

82 정유진 기자, 「소설가 윤후명과 강릉기행」, 『경향신문』 2017.3.25.

경이자 안식처인 어머니와의 친밀하지 못한 관계 속에서 표류하며 장소를 잃어버린'[83] 중년남성은 일생을 전쟁 중이며 여행 중이다. 윤후명에게 강릉 임당동과 바다는 존재의 근원이자 자전적 소재의 보고로서 장소감과 정체성을 형성하는 창작배경이 되고 있다.

3. 지역원형의 문학적 형상화와 존재증명

대관령 너머 강릉지역은 산, 바다, 계곡, 호수가 있고 유물과 문화재, 설화들이 잘 보전된 곳이다. 문향, 예향의 도시인만큼 문화적 신화적 자료가 풍부하며 전통적이고 환상적인 이야기들이 넘쳐난다. 8살에 고향을 떠난 작가에게 고향은 몽환적이고 풍요롭게 기억된다. 강릉지명과 신화와 설화들, 단오제, 커피축제와 같은 지역행사를 통해 주인공은 장소감을 획득하고 장소성을 바탕으로 정체성과 주체성을 회복하고자 한다. 그의 소설엔 바다, 방파제, 높새바람, 대관령, 임당동, 객사문, 오죽헌, 허균 · 허난설헌공원 등의 지명과 강릉 출신인 김동명 시인 등에 대한 이야기들이 작품소재로 차용된다. 강문에 있는 삼재를 막아주는 원시신앙의 상징조형물인 진또배기, 헌화가, 호랑이처녀이야기, 부잣집이야기, 단오제 배경설화와 감자, 곰취, 양미리, 꽁치, 도치 등 강원도 음식과 해산물이 반복적으로 등장함으로써 고향의식과 강릉표상이 전유되거나 은유되고 있다.

자신이 속한 문화공동체의 영향에서 벗어날 수 없는[84] 사람들은 문화적 삶의 표식이자 매개체인 장소에서 정체성을 확인받는다. 지역원형이란 그 지역의 문화적 속성을 말하며, 지역사람들이 공통적으로 근원을 갖게 되는 것과 불가항력적인 사건에 의해 강제된 지역사람들의 행동, 사고[85]를 가리킨다. 어린 시절 고향을 떠난 주인공은 전쟁체험 속 아련한 기억과 먼

---

83 이-푸 투안, 앞의 책, 54쪽.
84 위의 책, 107쪽.
85 엄현섭, 앞의 논문, 171쪽.

훗날 중장년이 되어 찾아온 고향탐색을 통해 지역문화와 지역원형을 추출하고 의미를 부여함으로써 정체성과 뿌리를 확인한다.

〈높새의 집〉, 〈유리인형〉은 임당동 방공호, 개구멍, 유령선, 방파제를 배경으로 텅빈 마을이 묘사된다. 세화의 머리카락을 괴롭히는 높새바람과 너울성 파도와 바닷바람은 강릉의 지형과 기후적 특성으로 지역민의 험난한 삶의 질곡을 상징한다. 〈유리인형〉의 세 마리의 기러기를 올려놓은 진또배기와 솟대의 새 형상은 현실의 고통에서 벗어나기 위한 세화의 슬픔과 희망을 표상하며, 〈장자〉 소요유 편의 붕(鵬), 히치콕 감독의 영화 〈새〉나 인도네시아 항공회사 비행기 가루다(GARUDA, 독수리)로 이어진다. 새를 잡아달라는 세화의 부탁으로 나무에 올랐다가 떨어진 사건은 그녀를 떠나게 함으로써 어른이 되지 못해 세화를 지켜주지 못한 죄의식을 갖게 한다. 천상적 존재인 새는 고통스러운 지상의 삶에서 벗어나 날아가려는 세화로서 강릉의 솟대, 진또배기에서 비롯된 문학적 상징이다.

동해바다와 방파제는 역사적 재난의 한가운데 소년 스스로 보호받을 수도, 사랑하는 소녀를 보호해 줄 수 없었던 암담한 현실을 대변한다. 임당동 성당의 쓰러진 석고상, 연한 녹색으로 얼룩져 있고 한두 군데 검은 티끌이 박혀있는 일그러진 형상의 눈감은 유리인형, 호랑이 처녀는 전쟁으로 훼손되고 파괴된 모친과 세화의 모습과 미래를 나타내고 주인공의 삶과 연동됨으로써 3,40대의 중년남성은 60대가 되어서도 여전히 전쟁 중이기에 이별, 죽음, 아픔을 겪은 고향을 돌아가지 못하고 외국을 헤맨다.

〈옛 바다로 가는 길〉, 〈모래의 시〉의 어머니와 세화는 대관령의 선녀 여성황이나 〈헌화가〉의 수로부인, 단오제 배경설화인 호랑이에게 물려간 처녀로 환생하고 변신하며 동일시된다. 꽃을 바치는 노래인 〈헌화가〉의 수로부인과 견우노옹(牽牛老翁) 설화는 강릉시 안인진과 정동진 근처에 이르는 화비령(火飛嶺) 근처로 의심되며, 안인진의 해령사와 정동진 근처에 있는 신라사찰 등명낙가사 전승설화의 상관성이 있다고[86] 한다. 신라시

---

86 강릉문인협회, 『강릉문학사』, 성원인쇄문화사, 2017, 124쪽.

대 강릉태수로 부임한 순정공의 성대한 행차에 함께 수행한 수로부인에게 꽃을 바친 이가 남편이 아닌 노인이었다는 점에서 윤후명 소설에 등장하는 여성들과 겹쳐진다. 사랑의 갈구이자 순수지향, 원형회귀를 상징하는 꽃과 수로부인 모티프와 다른 남성들과 결혼하거나 자신과 헤어지는 소설 속 여성에서 작가의 창작소재가 강릉설화와 연관됨을 알 수 있다.

『강릉』의 수록작품들은 '지역의 자연과 신화로 풍성해지는 화려하며 심중한 변주곡'[87]이다. 아버지의 무덤이 있는 산과 어머니의 뼈를 뿌린 바다가 있는 강릉은 글의 배경이자 원천이며 전쟁은 모든 것을 앗아갔지만 강릉호랑이 신화는 그의 문학을 이끄는 힘[88]이 되었다. 세계문화유산에 등재된 단오제는 강릉시민의 정체성이자 지역원형으로 작동한다. 영동지역의 대표적인 민속축제로 지역주민의 정서가 강하게 응축되어 정신적 공감을 향유하는 단오제는 이 지역 안위를 관장하는 서낭신에 대한 기원을 통해 재난으로부터 구원을 받고 안정된 생활을 영위함을[89] 목적으로 한다. 윤후명 소설에 차용된 단오제와 관련된 대관령 산신, 국사서낭신, 국사여성낭신과 관노가면극, 강문 진또배기 서낭신 설화는 '중심 줄거리에서 이탈되어 정통서사를 파괴하지만 본래의 주제로 귀환하는 알레고리이자 은유적 형상으로 작동되는 여담으로써 이러한 서사의 해체는 자아 정체성 탐색이라는 주제의식으로 귀환[90]된다. 축제를 통해 같은 신을 섬기는 신앙공동체로서 일체감을 가지는 것은 물론 같은 놀이를 하며 집단적인 신명풀이를 하는 놀이공동체로서 동질감을 누리는[91] 강릉단오굿은 집단에서 배제되고 떠도는 주인공의 결핍된 공동체 의식을 내포한다.

---

87 위의 책, 788쪽.

88 김경화, 「윤후명과 T.S.Eliot, 그리고 고향」, 『해람인문』 제45집, 강릉원주대 인문학연구소, 2018, 10쪽.

89 두창구, 「강릉 단오제와 연관 설화」, 『관동민속학』 제14권, 강릉무형문화연구소, 2000, 25~26쪽.

90 졸고, 「윤후명 소설의 서사구조적 특질」, 『한어문교육』 제38집, 한국언어문학교육학회, 2016, 321쪽.

91 임재해, 『지역문화 그 진단과 처방』, 지식산업사, 2002, 249쪽.

〈눈속의 시인학교〉의 김수영문학관에서 30년 전에 동거했던 여성과 우연히 재회한 60대의 '나'는 갈색 머리카락의 그녀를 드뷔시의 〈아마색 머리의 소녀〉에서 따와 '아마색 머리의 소녀'라고 불렀던 30대 시절을 떠올린다. 단오제 행사의 배경인 호랑이의 아내가 된 소녀는 '아마색 머리의 소녀'로 둔갑함으로써 30년전 동거녀, 아마색 머리의 소녀, 〈헌화가〉의 수로부인, 머리만 남은 처녀를 연상시킨다. 머리 감는 여자를 물어가서 장가를 든 호랑이가 산신이 되어 해마다 한번씩 찾아오는 행사인 강릉단오제의 호랑이 아내가 된 소녀는 드뷔시의 작품과 30대에 만나 60대에 재회한 여성과 겹쳐진다. 소녀의 머리통과 혀는 강릉관노가면놀이의 탈 속에서 달그락거리며 무언가를 갈구하고 말하고자 한다. 타자되기, 여성되기는 주체가 되지 못한 자신의 모습이며, 낯설고 이질적인 고향에서 주인공은 '장소에 대한 문화지리적 특성, 인간이 새겨놓은 표식, 자취, 잔여물, 관념, 사상 등 여러 물질적 비물질적 흔적들에 주목하며 그 흔적들이 장소와 인간의 의미와 정체성을 형성하는데 기초'[92]되는 장소감을 욕망한다. 고향에 방 한 칸을 마련해서 소녀와 살림을 차리기를 꿈꾸었던 나는 그녀와의 고향방문을 회상한다.

> 간신히 열린 눈길을 나는 소녀와 함께 걷는다. 옛 피난길과 다를 바 없는 길이다. 대관령에서 내려오는 호랑잇길은 아버지가 묻혀있는 성산을 지나고 외할아버지가 일했다는 옥계탄광에서 묵호 바닷가로 향한다. 헌화로라는 새 이름이 붙은 바닷가 벼랑길이다. 헌화로란 〈삼국유사〉에 나오는 옛 설화에서 따온 이름이라고. 강릉에서 배달되어오는 작은 책자인 〈제일 강릉〉에 설명되어 있었다. 신라 시대에 벼슬을 살러오던 순정공의 아내 수로부인이 이 길에 이르러, 벼랑 위에 핀 꽃을 꺾어다줄 사람 누구 없느냐고 돌아본다. 그때 암소를 끌고 가던 노인이 자기가 꺾어 오겠다며 노래하는데, 그 노래가 〈헌화가〉였다. 나는 소녀에게 눈 속의 꽃 이야기는 하지 않는다.[93]

92 존 앤더슨, 앞의 책, 341쪽.

민속축제와 설화 이야기가 녹아 있는 윤후명 문학은 로컬리티와 밀착되어 이 지역의 역사와 문화를 알지 않고서는 이해하기 어렵다. 바다, 방파제는 전쟁의 상흔을 내포하며, 수로부인, 호랑이 아내는 어머니, 옆집소녀, 길위에서 만난 여성을 비유하고, 산신, 호랑이, 견우노옹은 공포의 대상 혹은 타자의 운명에 관여하는 존재이다.

〈방파제를 향하여〉에서는 강릉지방 이야기인 전래동화 〈곶감과 호랑이〉, 아름다운 길 100에 선정된 남쪽 바닷가의 헌화로로 증명되는 〈헌화가〉, 노인 이야기, 몸뚱이는 호랑이밥이 되고 머리만 남아있는 처녀이야기인 단오제 설화, 고향음식인 감자, 강릉단오제에 쓰이는 단풍나무 신목, 커피축제, 방파제 풍경 등 강릉의 표식을 차용한다. 자아 정체성이 흐릿하고 정립되지 못한 주인공은 지역원형을 전유하며 주제화하는데 활용한다. 문화생활에 의해 장소에 남겨진 표식, 부산물, 잔여물인 아주 복잡한 흔적들은 문화와 지리의 정체성에 영향을 미치며 장소의 의미를 문화집단의 정체성에 결합[94]시킨다. 방파제가 있는 바다에서 주인공은 동아줄을 타고 내려와 머리만 남은 처녀를 보았다는 환상을 갖게 되고, 그 처녀는 어머니와 겹쳐지면서 1950년대 전쟁 당시 의문으로 가득찬 생부의 죽음과 모친의 재혼으로 상처를 갖게 된 자아를 성찰하고 반추하는 여정으로 이끈다. 몸을 호랑이에게 먹혀버린 처녀는 혀만 남아 전쟁이 남긴 상처와 고통을 발설하지 못했던 자신의 처지와 동일시되며, 전쟁이라는 거대한 사건을 간직한 방파제로 향하는 여정이 지역정서와 결합된다. 동화 속 동아줄, 〈헌화가〉의 부인과 노인, 단오제 설화의 혀만 남은 처녀는 주인공의 자의식과 내면의식에 작동하며 신화적이고 환상적인 분위기를 조성하는데 기여한다.

이 소설에서 강원도의 대표 음식 감자는 익숙한 고향을 말하는 소울음식이지만 전쟁과 연결되는 끼니이자 '내가 아닌 나를 보는 두려움을 지닌'

---

93 윤후명, 〈눈속의 시인학교〉, 앞의 책, 32~33쪽.

94 존 앤더슨, 앞의 책, 17쪽.

'감자 같은 같은 과거' 때문에 무서워하는 대상이다.

> 감자를 먹던 시절을 나는 왜 이토록 피하려 하는가. 나 역시 굳이 과거를 들추고 싶지 않은 사람이었다. 그런데 어머니와 내가 피난길에 돼지우리에 엎드려 있다가 벗어나와 본 '흰꽃 보라꽃'의 감자꽃은 사실이었을까. 감자는 실하게 달리게 하려면 꽃을 따줘야 한다고 했다. 그렇다면 전쟁이 감자꽃을 그냥 놔두지 않을 수 없게 한 것이다. 반 고흐의 〈감자 먹는 사람들〉에 대해 그는 다른 작품들은 몰라도 이것만은 언제까지나 남는 불후의 작품이 될 거라고 동생 테오에게 말했었다. 그 예측이 어찌되었든 간에, 어두컴컴한 실내에 모여 있는 사람들은 감자 말고도 뭐 다른 게 있다는 여유를 보인다고 받아들여졌다. 어릴 적의 내게는 오로지 감자만 담긴 밥그릇 하나가 전부였고 빡빡머리인 내가 그 앞에 앉았을 뿐이었다. 그게 다였다.[95]

아름다운 꽃으로서 관상대상이기보다는 생존을 위한 식량 차원으로 인식되는 감자는 강원도의 토속음식이다. 생선과 감자는 '가난한 현실적 삶의 반영, 민족 고유의 토속적 정서, 잃어버린 고향의식'으로 해석되는[96] 음식의 재현이다. 작품 속에 투영된 강원음식은 '나'와 타자 간의 거리를 좁히고 연대하는 하나의 계기를 이룬다는[97] 점에서 공동체에 포섭되고자 하는 의도가 담기며, 감자는 희생된 소녀의 삶을 은유하는 다층적 의미를 지닌다.

'강릉 호랑이에 관한 소설'이라는 부제를 단『강릉』에 수록된 10편의 단편엔 강릉 단오제의 배경설화인 호랑이에게 물려가 머리만 남은 처녀의 이야기가 주도모티프를 이룬다. 호랑이는 산신적 면모를 지녔고 남녀 양성을 구유하고 있어 남성을 보호하는 희생성, 자애, 모성성은 여성성으로, 살생의 욕망과 같은 포악성은 남성성으로 표상되지만 호환담(虎患譚)에서

95 윤후명, 〈방파제를 향하여〉, 앞의 책, 102쪽.

96 이화인문과학원 편,『젠더하기와 타자의 형상화』, 이화여대출판부, 2011, 134쪽.

97 위의 책, 140쪽.

는 부정적이거나 퇴치의 대상[98]이다. 잔인하고 폭력적인 호랑이가 몸뚱이까지 요구함으로써 머리와 혀만 남은 처녀는 '나'와 세화, 모친의 관계를 원형적 신화적으로 나타낸다. 대관령의 국사성황신앙과 단오라는 세시민속이 결합하여 신앙과 놀이 그리고 난장이 잘 조화를 이룬 전국 최대의 축제로 오늘날까지 전승되는[99] 강릉단오제는 강릉시민들의 원형적 소재로 작가는 몸뚱어리를 잃고 돌 위에 있는 처녀를 귀가 먼 할머니와 남겨진 소꿉동무 세화, 전쟁에서 남편을 잃은 청상과부 어머니, 둑길 위의 미친 여자, 길위에서 만난 이름 없는 여성들로 대입한다. 〈헌화가〉의 수로부인도 작품 속에 빈번하게 등장하며 여성타자이자 주체가 될 수 없는 약자의 모습을 대변한다. 단오제와 연관된 국사여성황, 〈헌화가〉의 수로부인 등 설화 속 여신, 여인은 『강릉』 수록작품의 연약하고 비극적이며 불행한 여성들로 재탄생된다.

강릉 배경 소설의 주인공은 어린 시절에 살던 옛집과 설화, 신화, 전설, 옛날이야기에 등장하는 바위, 돌, 고전문학의 배경을 찾아 떠난다. 고향이 강릉이라는 이유만으로 원고청탁, 문학기행 해설, 시인학교의 창작교육 등을 의뢰받는 주인공은 완전히 고향을 벗어나지 못하며 강릉에 올 때마다 의혹을 가졌던 기억과 사건들을 복기하고 파편화되고 해체된 자신의 정체성을 복원하고자 한다. 하나의 안정된 정체성에 대한 자아상과 타인에 의해 인정받는 주체성[100]을 바탕으로 한 단일한 자아를 확립하지 못해 방랑하는 윤후명 소설의 주인공이 만나는 인물들은 이름 없는 여성들과 한민족이주자인 타자이다.

〈호랑이는 살아있다〉에서는 8살에 떠나 70살이 되어 돌아온 주인공이 관청에 온 사람들이 묵어갈 수 있는 집인 국보 객사문 아래 흙을 파고,

98 이지영, 「女·男 山神과 호랑이 신격의 상관성 연구: 호랑이의 兩性的 側面에 주목하여」, 『한국고전여성문학연구』 제15권, 한국고전여성문학회, 2007, 238쪽.

99 황루시, 「강릉단오제 설화연구」, 『구비문학연구』 제14권, 한국구비문학회, 2002, 452쪽.

100 주체성subjectivity이란 자기만의 자아이자 자신 및 타인들을 바라보는 방식으로서, 그 사람 나름의 개별적 경험에서 자라난다. 세상을 어떻게 해석할 것인지는 각자의 주체성이 결정하는 것이다. – 로이슨 타이슨, 윤동구 역, 『비평이론의 모든 것』, 앨피, 2012, 216쪽.

임당동성당의 계단을 오르내리며 놀았던 기억을 회상하는 그림과 시 〈강릉가는 길〉에서 지역원형을 설명한다.

> 그리고 얼마 전에 쓴 시를 곁들여 간단한 선화(線畵)도 그려서 강릉의 '모루'도서관에도 보냈다. 선화의 내용은 물고기, 옥수수, 호랑이 들로서 어릴 적부터 내게 원초적으로 입력되어 있는 표상들이다. 호랑이가 나무로 변신하여 처녀네 집으로 내려오는 신화는 유네스코 세계문화유산으로 지정된 강릉단오제의 원형을 이루고 있지 않은가.
>
> 삶을 이어 가기에는 감자가 아리고/사랑을 나누기에는 물고기가 비리고/죽음을 이루기에는/산과 바다가 죽음보다 길쭘하며/그리운 사람들 모두 어디로 가는지/물어보고 싶던 날이 있었다
>
> 뒷산 호랑이가 나무 되어 걸어 내려와/처녀 데리고 살았다는 옛 곳/옥수수 수염 같은 고향 길/그렇건만/삶과 죽음이 새삼 서로 몸을 바꿔/사랑을 더듬는 모습 속에/더욱 알 길 아득하여/어디인가 어디인가/어디인가 멀뚱거리기만 하였다 2015.10[101]

바다와 신화 속 신과 유적지가 많은 강릉을 더듬으며 물고기, 옥수수, 호랑이로 대변되는 고향의 표식과 흔적을 살피는 주인공은 조선시대에 외지인이 머문 숙소인 객사문에서 자신의 떠도는 삶을, 단오제의 원형인 호랑이에게 물려간 처녀와 〈헌화가〉의 수로부인에서 어머니와 옆집소녀 그리고 길위의 여성들을, 거슬러 올라가는 남대천 연어에서 먼길을 돌아 귀향한 자신의 모습을 비유한다. 백남준 10주년 기념전시회에 써 있던 '호랑이는 살아 있다'를 소설제목으로 선정한 작가는 슬픔과 아픔을 간직한 고향에서 살아남은 자의 자기확인을 지역원형을 통해 찾는다. 윤후명 소설의 연상과 기억, 환상으로 그려지는 형상들은 지역문화, 지역정서, 지역원형이 근간을 이루며 고향의식과 강릉표상은 주제의식을 파악하는 핵심적

101 윤후명, 〈호랑이는 살아있다〉, 『강릉』, 앞의 책, 272~273쪽.

요소이다. 호랑이설화가 많이 구전되며 호환(虎患)이 심했던 영동지역에서 태어나 자란 윤후명에게 호랑이에게 물려간 처녀 이야기는 자신의 문학을 형성하는 이미지를 제공했다. 호랑이는 인간을 자주 습격하고 괴롭히는 동물로 부정적이고 비우호적으로 나타나는데[102], 행방불명이 되거나 살해 혹은 실종, 사고사를 당한 사람에게 '호랑이에게 물려갔다'고 둘러댐으로써 에둘러 마무리 짓는 효과를 가져왔다. 근대 메커니즘의 상징인 전쟁재난과 호환으로 피해가 컸던 전근대적 설화를 간직한 강릉지역은 공포와 억압, 상처와 재갈물림의 공간으로 상정되었고 이는 윤후명 문학을 이해하는 단초를 제공한다. 단오제의 여신과 남신, 호랑이의 존재는 『강릉』 수록작품들의 배경이자 원형으로 다양한 함의를 갖는다.

4. 전쟁 · 호환 · 상처

이 글은 전집 중 1권 『강릉』과 7권 『강릉의 사랑』에 수록된 단편들을 중심으로 윤후명 소설의 원형을 탐색하였다. 여행서사구조가 대부분인 윤후명 소설의 근원은 작가의 고향인 1950년대 강릉지역에서 비롯되고 있다. 어린 시절 겪은 전쟁은 고향을 가장 멀고 낯설며 텅빈 공간으로 인식하게 했다. 사별, 죽음, 고통을 바탕으로 한 기다림과 그리움의 정서로 각인된 고향은 주인공의 최종 목적지이지만 유럽, 터키, 러시아, 쿠바, 실크로드와 남해 등 먼훗날 먼길을 돌아온다. 고향 강릉은 침묵, 공포, 비밀, 상처를 내포한 곳으로 여전히 자신의 존재증명을 확인받지 못한 채 나그네, 이방인의 위치에 머물게 한다.

전쟁 중 부친의 사망으로 젊은 어머니와 옆집소녀를 보호하지 못한 소년은 죄의식과 죄책감을 느끼며 상처와 대면해야하는 고향을 유예시킨 채 떠돌아다닌다. 윤후명의 초기작과 최근작엔 강릉지역의 문화적 역사적 흔

102 두진구, 『한국강릉지역의 설화』, 국학자료원, 1999, 19쪽.

적과 지역원형이 강조되며 자신의 뿌리 및 근원과 마주한다. 객사문, 강릉 단오제, 헌화가, 강문 진또배기, 호랑이에게 물려간 처녀 이야기 등은 자아정체성 확인이라는 본래의 주제로 귀환하는 알레고리이자 은유적 형상으로 작동한다. 또한 높새바람, 꽃샘바람 등의 기후나 너울성 파도, 포말, 바다, 항구, 등대, 방파제 등 지리학적 특성과 감자부침개, 꽁치, 도치 등 고향음식을 소개하고 등장시킴으로써 장소성을 획득하지 못한 주인공의 염원과 소망을 드러낸다. 솟대, 진또배기의 새, 단오제설화 속 호랑이, 나무, 돌의 이미지들도 주제의식을 반영하고, 〈헌화가〉의 수로부인, 호랑이에게 물려가 머리만 남은 처녀, 선녀, 소무(小巫)와 영매들은 어머니와 세화, 길위에서 만난 여성들의 현신이다. 고향을 배경으로 한 소설들은 1950년대 전쟁 중인 강릉지역과 고정적인 사회관계를 해체하는 자본주의적인 공간으로 변질된 현재의 고향을 회상하거나 방문하면서 결핍과 상실로 주체, 동일자, 가부장이 되지 못한 주인공의 방황과 일탈의 근원을 탐색한다. 따라서 윤후명 소설에 나타난 여행서사구조와 여행자는 한국전쟁의 원체험과 호랑이설화라는 지역원형에 기반한 작가의 무의식이 반영된 것이다. 작가 자신의 근원과 뿌리에 대한 사유는 21세기 다문화사회의 노마드적인 삶과 여행자로서의 이방인, 경계인, 분열된 자아와 만나 확대됨으로써 윤후명 문학만의 독특한 가치를 획득한다. 이 글은 여행소설로 부각되어온 윤후명 문학이 전쟁재난과 호환공포로 대변되는 전쟁문학, 상흔문학에 기반함을 규명하였다.

3장
이순원 여행서사 속의 타자화된 강원(영동): 『말을 찾아서』(1997)

1. 강원(영동)의 심상지리와 '대관령 저 너머'

심상지리(imagined geographies)는 어떤 공간을 상상하거나 인식하는 것을 말한다. 심상지리는 자신이 속하는 공간의 외부에 있는 생경한 공간에 대해 있을 수 있는 모든 종류의 공상이나 연상을 통해 구축한 지리적 인식이다. 에드워드 사이드는 친숙한 자기들의 공간과 그 공간 건너편에 있는 생경한 그들의 공간을 마음속에서 이름 붙여 구별하는 이러한 보편적인 습관이야말로 실제로 지리적 구분을 하는 하나의 방식이며 완전히 자의적[103]이라고 말한다. 동양에 소리를 부여하는 것은 유럽이며, 순수한 창조자의 특권으로서 침묵의 위험한 공간은 표상되고 활성화되며 구성되는 것이다. 그들에게 이슬람과 동양은 여성적이고 신비하며 전통적이고 관능적이며 이질적인 특성을 지니며 치료될 수 없는 정신적 외상(trauma)으로 인식된다.

강원도 특히 영동지역은 대관령 너머의 서울, 경기, 영서의 관점에서 볼 때 오리엔탈리즘적 시각을 갖게 한다. 일반적으로 강원지역은 오염되지 않은 청정지구로 그려진다. 문명화의 속도가 느리고 착하고 순진무구하며 질박하고 아낌없이 내주는 선한 성품의 원주민을 연상케 한다. 오늘날에도 영화[104]나 소설[105] 속에 재현된 강원지역과 강원도민에 대한 이미지

---

103 에드워드 사이드, 박홍규 역, 『오리엔탈리즘』, 교보문고, 1991, 98쪽.

104 영화 〈웰컴투 동막골〉에서는 전쟁이 일어난 지도 모르는 채 살고 있으며, 〈라디오 스타〉의 배경인 영월도 촌스러운 다방이나 순진한 사연을 보내는 순박한 영월주민의 모습으로 그려

는 달라지지 않고 있다. 강원도는 여전히 처녀지와 미개척지로서 정복의 대상이거나 자연보존의 마지막 보루로 인식됨으로써 여성화된다. 인구수가 적고 산새가 거칠며 개발이 덜 된 강원 이미지는 현대에 와서도 재생산되고 있다. 강원도민은 탈근대에 진입하는 시점에서조차 늘 순박해야 하며 아낌없이 나눠주고 한없이 포용하는 타자적 이미지를 요구받는다. 그런데 이러한 "강원과 연관된 이미지들 ― 예를 들면 촌스럽고 순박한 인성 ― 은 모두 외부에서 생산되어 강원인에게 부여된"[106] 시선이다. 온순하고 유순한 강원도민은 서울의 편견에서 비롯된 것이자 강원도에 대한 환상에 가까운 것이다.

또한 이곳은 사업에 실패했거나 도시생활에 상처를 입거나 좌절할 때 언제든지 받아주고 포용하는 모성공간, 즉 자궁과 고향 이미지이거나 아니면 한없이 숨어들고 사라지는 고독, 죽음 및 자살, 실종 공간[107]이자 상징계로 진입하지 못한 상상계이자 판타지공간으로 인식된다. 4월에도 내리는 폭설, 검푸른 바다, 한없이 깊은 큰령, 명명되지 않은 지명들은 대자연과 운명 앞에 굴복하는 숙명적인 인간의 모습을 상상케 한다. 전통, 관습, 가부장제, 핏줄에 대한 강한 집착과 보존은 탈근대화된 사회와 시간적 간극을 두며 강원(영동)을 보수적이고 변화를 거부하는 이미지를 만들어 낸다.

이 글은 강릉 출신의 작가 이순원의 작품집 『말을 찾아서』를 중심으로 강원(영동)지역의 심상지리를 통해 타자화되고 대상화됨으로써 더욱 주

진다.

105 1930년대 김유정 소설에 등장하는 천진한 소년소녀들, 이효석 소설의 운명론적인 사람들의 모습에서도 일관된 인물묘사가 등장하고 있으며, 1990년대 이후의 강원도도 여행지나 안식처로서의 낭만적 서정적 이미지로 그려지곤 하는데 김연수의 '38번 국도'나 윤대녕의 여행소설에서 그려진다.

106 강원사회연구회 엮음, 『강원문화의 이해』, 한울아카데미, 2005, 61쪽.

107 2009년 4월 보름 동안 연쇄집단자살 미스테리 사건이 발생하였는데, 4월 8일 정선, 4월 15일 횡성, 4월17일 인제, 4월 22일 홍천, 4월 23일 양구의 팬션이나 차안에서 12명이 죽은 것이다. 이들은 산 좋고 공기 좋고 물 좋으며 산새가 깊은 강원도를 선택함으로써 삶의 극한에 치달았을 때 숨어드는 곳으로 이 지역이 관습적으로 인식되고 있음을 알 수 있다.

변화된 이미지를 살펴본다. 이순원은 강릉 성산면 위촌리[108] 태생으로 '압구정동'과 같은 문학지리적 상상력으로 사회문제를 고발하는 소설로 출발하였으나 후기로 오면서 대관령 기슭의 강릉지역을 중심으로 자전적 소재를 담은《첫사랑》,《수색, 어머니 가슴속으로 흐르는 무늬》,《19세》,《그대 정동진에 가면》 등의 작품세계를 구축하였다. '압구정동'으로 표상되는 천민자본주의의 부패와 타락에 대한 윤리와 사회구조적 병폐를 고발[109]한 그의 문학적 출발은 경영학과 출신의 은행원이자 대관령 너머 성공을 꿈꾸었던 시골청년의 일면에서 비롯된다. 그러나 후기문학에서는 자전적인 가족사 소재를 차용하여 따뜻한 세상을 그리며 작가 스스로 이야기를 가장 중시하는 스토리텔러[110]라고 말한다. '강릉', '대관령', '우추리'를 배경으로 하는 그의 소설엔 나쁜 사람이 등장하지 않으며 친족관계로 얽혀져 있다. 어린 시절의 순진무구한 세계에서 이들은 영악한 잇속 챙기기나 밥그릇 싸움을 하지 않아도 되는, 이해관계가 얽혀있지 않은 동화의 세계에서 살고 있다. 압구정동으로 표상되는 현대인의 자본주의적 욕망과 어둡고 타락한 본능을 날카롭게 해부했던 이순원은 자신의 고향인 영동지역으로 표상되는 투명하고 맑은 시골사람들의 풍경을 전개시킨다. 그러나 대관령 너머(서울 압구정동)/대관령 이쪽(영동 강릉), 타락한 자본주의적 인간형/순진무구한 전근대적 인간형이라는 지역과 인물의 이원적 대립구도는 "양자의 경계에 서서 불투명하게 존재하는 인물들이 존재하지 않는다"는[111] 비판을 받으며 풍속, 관습, 전통에 경도된 보수적 세계관을 드러낸다.

성장소설적 측면[112]과 패러디문학의 측면[113]에서 연구되어온 이순원

---

108 작가의 고향인 강원 강릉시 성산면 위촌리라는 곳은 주민들이 마을 어른들께 합동으로 세배를 드리는 도배식(都拜式)이 400년 이상 유지하는 곳으로 전통과 가부장, 보수적 관습이 이어지고 있어 작가의 무의식과 성장과정 속에서 이러한 분위기에 영향을 받았을 것이다.

109 박진, 「시간의 풍화작용을 견디는 힘」, 『작가세계』 2000.여름호, 74쪽.

110 이순원, 「내가 생각하는 나의 〈그런 거까지도〉」, 『작가세계』 2000,여름호, 66쪽.

111 서영채, 『소설의 운명』, 문학동네, 1996, 244쪽.

112 고은미, 「성장소설에 나타난 시대적 차이 연구」, 한남대 석사학위논문, 2002, 정미, 「이순원의 성장소설 연구」, 순천대 석사학위논문, 2010, 최현주 외, 「이순원의 성장소설 연구」, 『남도문화연구』 제17권, 순천대 남도문화연구소, 2009.

문학은 작가의 문학적 연륜과 방대한 작품집에 비해 선행연구가 많이 이루어지지 않았다. 『말을 찾아서』에 실린 다섯 편의 단편은 강릉, 대관령, 경포호수, 위촌, 시동, 봉평 등의 영동지역을 여행하는 서사구조를 지닌다는 공통점을 갖는다. 전형적인 유교가정의 가부장적 분위기 속에서 성장한 작가에게 고향은 유년기의 상처와 억압이 있는 곳이자 어머니의 자궁처럼 도시 생활의 피곤함을 달래주고 다독거려주는 자연과 여성의 모습을 하고 있다. 작가의 분신인 소설 속의 여행자에게 대관령을 경계로 하는 강릉지역과 영서, 서울지역은 삶의 형태와 기준을 가르는 고개이자 문지방이 되고 있다. 그의 소설엔 남성들의 가문과 의리가 중시되며 여성은 근대 남성주체의 응시에 의한 환상의 투사로서 그려진다. 남성·서울·문화·어른의 시선에 포착된 여성·영동·자연·아이의 타자성이 드러나고 있는 것이다. 이 글은 작가 속에 내재된 로컬리티와 디아스포라적 시각이 작품 속에 어떻게 투사되고 있는지 이에 대한 강원의 정체성과 타자성이 왜곡 변질되고 고착화되었는지 살펴본다. 강원 바깥에서 지각된 공간 즉 머릿속의 지도 즉 심상지도로 지도화된[114] 강원의 이미지를 이순원 소설을 통해 고찰함이 이 글의 목적이다.

2. 전화(편지)모티프·올가미구조·여행서사

심상성(imageability)은 한 개인이 어떤 장소를 접할 때 머리 속에 그 장소의 모습을 읽어들이고 떠올리는 것을 의미[115]하는데, 가령 태어난 곳은 높은 심상성을 갖는다.《말을 찾아서》의 단편들에 나타난 여행지는 영동지역으로, 인간에게 있어 지리적 실재는 우선 지금 그가 있는 곳이고, 유년시절의 장소이며, 그를 거기에 나타나도록 불러들이는 환경[116]이다.

---

113 이승준, 「한국패러디소설의 새로운 가능성」, 『국제어문』 제40호, 국제어문학회, 2007.
114 미즈우치 도시오, 심정보 역, 『공간의 정치지리』, 푸른길, 2010, 219쪽.
115 에드워드 렐프, 김덕현 외, 『장소와 장소상실』, 논형, 2005, 88쪽.

일반적인 여행소설의 목적지가 낯선 곳을 향하고 있다면 이순원의 여행소설에서는 고향 구체적으로 영동 강릉, 대관령 기슭이라는 점이 특징적이다. 인간은 태어나고 자라고 지금도 살고 있는 장소와 깊은 관련을 맺으며 이러한 관계가 개인의 정체성과 문화적 정체성, 안정감의 근원이자 우리가 세계 속에서 우리 자신을 외부로 지향시키는 출발점을 구성[117]한다. 유소년기의 충격적 사건이 트라우마로 남은 고향이 내재된 채 서울 객지에서 유명작가가 된 주인공은 자기구성방식에 지리적 영향을 받는다.

소설집에 실린 다섯 편의 단편들은 여행서사로 이루어져 있다. 주인공은 대개 소설가이며 '이수호'라는 이름으로 등장하는데, 서울에 거주하는 작가가 원고를 청탁받아 취재여행을 하거나 스승의 부고 소식 혹은 어떤 인연으로 인해 영동지역으로 이동하는 여행구조와 자전적 소재로 되어 있다. 여행소설은 여행자인 서술자의 시각이 중요한데 주인공은 자신이 처한 현실 속에서 대상을 인식[118]하기 때문이다. 따라서 고향을 여행하는 여행자의 눈에 사물과 사건이 어떻게 그려지는가가 여행서사의 중심과제가 된다. 여행자의 여행지가 자신이 성장하고 추억 속의 기억이 점철된 고향이라는 점에서 정신적 토대인 고향에 대한 생각을 읽을 수 있다. 고향은 유년기의 결정적 인상과 자신을 확인하는 뿌리이자 그리움과 상처의 공간[119]이다. 첫사랑의 기억이 있는 곳이고 도시에서 실패와 좌절을 겪은 이후 언제나 돌아올 수 있는 공간이며 상처가 무의식 속에 남아있는 곳이다. 주인공의 시선 속에서 영동은 식민화 타자화 여성화되는데 그 이유는 여행자의 관점이 서울사람의 시선으로 보기 때문이다.

여행자가 여행을 결심하게 된 계기는 한 통의 전화나 편지이다. 일상적 삶에 변화를 주고 과거와 회귀하여 무의식 속에 각인된 '상처'와 '사건'을 만나는 전달매체는 주인공을 이동하게 하는 복선이 되고 있다. 전화를

---

116 위의 책, 46쪽.

117 위의 책, 104쪽.

118 졸저, 『우리시대의 여행소설』, 태학사, 2006, 30쪽.

119 졸저, 『한국현대소설의 떠남과 머묾』, 예림기획, 2007, 32쪽.

받음으로써 일상은 균열을 일으키고 트라우마와 대면하고, 공명을 일으키며 어두운 전조[120]가 나타난다. 〈말을 찾아서〉에서는 2박 3일간의 조건 좋은 취재비와 취재수당을 제안하는 원고청탁 전화를 받은 소설가가 기피하던 말에 대해 써야하기에 주저한다. 한 통의 전화는 말에서 자유롭지 못한 소년기의 상처와 무의식을 끄집어 내는 계기가 된다. 〈시동에서〉의 도피자들도 서울 전화를 기다리며 상경할 날만 기다린다. 〈강릉 가는 옛길〉에서는 초등학교 6학년 때 담임선생의 부고 소식을 듣고 장례식에 참석하기 위해 친구와 길을 떠나면서 편애와 야비함으로 가난한 아이들을 괴롭혔던 담임과의 학창시절을 회상한다. 〈은비령〉은 친구의 아내였던 여자를 사랑하기에 조심스럽게 전화통화가 이루어지며 둘 사이에 존재하는 여자의 남편을 지우기 위해 애쓰는 두 남녀의 사랑과 별리를 그린다. 〈영혼은 호수로 가 잠든다〉에서는 친구의 부고 소식을 듣게 되면서 일상의 균열을 가져오고, 〈매듭을 이은 자리〉에서도 전화와 '뜻밖의 편지 한 통'을 받고 골동품가게에서 일했던 대학시절을 기억해 낸다. 주인공은 전화와 편지에 의해 이동하며, 여행 중 과거와 상처, 치유와 회상을 통해 무의식 속에 잠재된 상상계와 판타지 세계에서 벗어나 상징계로 진입한다.

전화 및 편지로 전해들은 소식들은 이전과 이후를 가르며 '사건'을 만들고, 주인공의 과거로의 여행과 상처와 대면하면서 시간을 소급한다. 여행, 이별, 질병, 전쟁 등은 삶의 전환이나 시간을 가르는 사건을 가져옴으로써 한 개인을 중대한 변화나 결심으로 이끈다. 노새애비의 양자였으며, 노새 은별이를 학대했기에 말에 대해 자유롭지 못했던 죄의식은 성인이 되어 말고기를 먹다가 구토하는 신경증이나 말꿈과 같은 악몽에 시달리며 공포증, 노이로제 증상으로 나타난다. 담임선생의 부음은 초등학교 시절 잔인했던 담임선생을 회상하는 상징계의 기표들이 뒤틀리는 증상으로 표출된다. 지젝은 외상적 사건의 독특한 시간적 구조를 올가미 구조[121]라고

120 들뢰즈의 용어로 벼락이 치기에 앞서 미리 벼락으로 전복된 길, 움푹 패인 길을 규정하면서 눈에 보이지 않게 느껴지지도 않게 오는 무엇으로 설명하고 있다.

121 이병창, 『지젝 라캉 영화』, 먼빛으로, 2013, 93쪽.

하였는데, 이순원 소설 속의 여행은 과거로의 여행이며, 고향에서의 어린 시절의 상처들과 대면하는 증상으로의 여행이다. 주인공에게 나타나는 증상은 세계가 실패하는 곳에서, 상징적 소통의 회로가 끊어진 곳에서 출현하며 코드화되고 암호화된 형태로 나타나며 그것은 자신의 의미를 갖고 있다고 추정되는 타자를 향하고[122] 있다. 여행자는 전화 및 편지, 고향으로의 여행 및 유소년기로의 회귀 그리고 타자와의 만남을 통해 수수께끼로서의 증상을 해석하게 되고 해소된다. 이해불가능하고 트라우마적이고 비합리적인 법에 복종하며 무의식적으로 억압[123]되어 나타난 증상의 과정은 전화(편지)-과거회상-길떠남-상처와의 대면-분석-치유로 진행된다. 그러나 여행을 통한 고향의 방문으로 상처치유, 용서, 화해로 귀결된다는 결말처리는 작가의 보수적이고 남성중심적이며 전통적 시각을 견지한다는 점에서 강원(영동)을 타자화 대상화 여성화시킨다.

3. 식민화 전근대화된 토착민 이미지

작가의 고향은 고등학생이던 1975년에 처음으로 전기가 들어오는 대관령 아랫마을로 전통적 농경사회에서 성주 이가의 집성촌으로 엄격한 촌장제가 유지되고 있다. '중세와 근대의 경계를 넘나드는' 일상과 가문, 핏줄의식이 강한 분위기에서 성장한 작가는 가부장적 의식을 갖는다. 〈말을 찾아서〉의 강릉, 봉평, 대화는 이효석의 〈메밀꽃 필 무렵〉을 패러디한 소설로 혈육에 대한 집착이나 대 잇기, 양자 들이기와 같은 전통적인 생활양식과 의식을 답습한다. 이 소설은 1930년대 소설과 포개짐으로써 근대 이후에도 전근대적 주변적 위치에 강원지역이 놓여있음을 재생산한다. 전통적 관습과 토속적 속설이나 미신의 영향을 받는 영동지역은 문화의 타자성을

122 슬라보예 지젝, 이수련 역, 『이데올로기의 숭고한 대상』, 새물결, 2013, 129쪽.
123 위의 책, 76쪽.

갖는다. 아흔아홉 구비의 고개를 넘어선 영동지역은 폐쇄적이고 보수적이며 주술적인 성향을 지니며 지정학적 위치로 인해 동서의 교역보다는 경상도 지역과 교류가 많아 남아선호라든지 정치이념을 같이 한다. 이순원은 가문중시, 가부장제, 신사임당과 같은 현모양처상을 숭배하는 분위기 속에 성장했다. 따라서 그의 문학 속엔 보수적인 성향이 나타나고 있다.

핏줄 잇기와 장자의식, 가문숭상이 짙게 배어 있는 〈말을 찾아서〉의 '나'는 아들이 없는 작은집의 양자로 결정된다. 노새는 당숙을 의미하며 생산능력이 없는 '노새 애비', '노새집 양재'는 곧 동물과 불임이라는 불구로 환유된다. 양아버지가 된 아제와 노새의 불임과 무기력함과 순함은 비생산적이고 불모적인 강원을 표상한다. 노새애비인 당숙의 아들이 된다는 건 짐승 같은 느낌이 들기 때문에 불만을 표출하며 저항하지만 어린아이의 의견은 무시된다. 남의 집에 양자로 들어가는 아이와, 양자를 맞이하고 남편의 가출과 외도를 묵인하고 허용해야 하는 아내의 의견이나 고통은 무시되는 이 지역이야말로 핏줄의식, 대잇기를 중시하는 가부장적 의식이 드러난다. 아이를 키우고 관계 맺는 것은 여성의 일임에도 불구하고 당숙모의 발언이나 목소리는 침묵당하며 일방적으로 통보되고 수용될 뿐이다. 당숙은 대주, 맏상주 역할을 할 아들이 없어 떠돌아다니며 진부옥 여자와 동거하는 등 자식에 대한 미련을 버리지 못하며 아내는 이를 묵묵히 견디어 낸다. 이러한 지역적 분위기는 〈매듭을 이은 자리〉에서도 손이 귀한 문경공 종가의 혈통을 보존하기 위해 후취를 거느리거나 아들을 열여덟 해에 결혼시키는 등 당사자의 의지와는 상관없이 어른들에 의해 결정된다. 농촌가족형태에서 나타나는 고전적인 가부장적 확대가족에서는 연장자 남성이 가족의 통합 및 통제를 할 수 있는 권위를 부여[124]받기에 여자나 아이의 생각은 반영되지 않는다. 양자의식의 상처가 있는 어린아이는 노새를 구박함으로써 성인남성 가부장의 권위에 희생되는 타자의 슬픔과 상흔을 간직한다. 이 소설을 아버지인 당숙과의 화해와 갈등해소, 성숙이라는

124 낸시 홈스트롬, 유강은 역, 『페미니즘, 왼쪽 날개를 펴다』, 메이데이, 2012, 167쪽.

통과의례로 해석하기에는 여성, 아이, 동물이라는 타자의 아픔이 너무 크다. 이들은 목소리를 갖지 못한 서발턴(하위주체)으로 묵살되며 종속된 삶을 살고 있다.

> …작은할아버지가 돌아가신 이후 그날 처음으로 나는 남몰래 감추는 아부제의 눈물을 보았다. 한 지붕 아래에서 사는 동안 그는 내게 참으로 많은 설움과 눈총과 미움을 받았다. 내가 누리는 것 모든 것이 그의 등에서 나왔는데도 그랬다. 아마 그가 죽어 정말 하늘의 은별이 되었다 해도 나는 앞으로도 말에 대해 자유롭지 못하고, 그에 대해 자유롭지 못할 것이다. 결국 그 원고에 나는 그의 이야기를 쓰지 못했다. 그러나 언젠가 나는 그의 슬픈 생애에 대해 제대로 글을 쓸 수 있는 날이 오길 기다린다. 그는 태어나기로 암말과 수나귀 사이에서, 온갖 핍박 속에 오직 무거운 짐과 먼 길을 걷기 위해 생식력도 없는 큰 자지만 달고 나온 노새였고, 이름은 은별이었다.[125]

노새 은별에 대한 죄의식은 어른이 되어서도 말고기를 못 먹거나 말꿈을 꾸는 등 신경증과 노이로제 증상으로 나타난다. 주인공은 성인이 된 후에도 유년기 트라우마로 삶을 지배받는다. 당숙의 분신과도 같은 은별을 구박하면서 친구들에게 놀림을 받으며 성장한 주인공은 커서도 말에서 자유롭지 못하다. 동물은 인간의 어리석음, 허무함, 이기적 속성을 알게 해주는 숭배와 성찰의 대상[126]이 되는 타자이다. 이 소설은 중견의 난숙함을 보여주는 역작으로 읽는 이의 가슴을 찌릿하게 하는 감동[127]을 준다는 호평과 더불어 한편으로는 강원도 계곡을 흐르는 물처럼 투명하고 맑지만 혼탁한 한강 물에까지 나와야 거기서도 살아남아야 하지 않을까 염려[128]된

125 이순원, 『말을 찾아서』, 문이당, 1997, 50쪽.

126 이동연, 「동물과 인간 사이, 그 철학적 질문들과 문화적 실천」, 『문화과학』 제76호, 2013. 겨울호, 25쪽.

127 이문열, 「심사평: 중견의 난숙함을 보인 〈말을 찾아서〉」, 『1996 이상문학상 수상작품집』, 문학사상사, 1996, 14쪽.

128 김윤식, 「심사평: 90년대 우리 문학이 낳은 빛나는 보배」, 위의 책, 9쪽.

다는 지적을 받는다. 자연이 어우러진 강릉과 봉평을 배경으로 상처를 공유한 부자가 말없이 걸음으로써 화해가 이루어진다는 설정은 근본적인 해결책이 되지 못하고 어른들의 일방적인 삶에 수긍할 수밖에 없는 어린 소년의 고통과 슬픔으로 남을 뿐이다. 친부모가 있음에도 불구하고 양자입적을 강요당한 소년이 처음에는 저항하고 반발했으나 수긍하고 받아들임으로써 아름다운 화해로 끝나는 이 소설은 운명, 체념, 한, 상처가 그대로 내재된 전근대적인 방식으로 마무리된다.

〈강릉 가는 옛길〉의 '나'는 담임의 부고소식을 듣고 강릉으로 문상을 가는 중이다. 이관모 선생은 부잣집 자식인 경주와 석주 형제만을 편애하고 가난했던 나(수호)와 동생 은호에게 서로의 뺨을 때리게 하는 만행을 저질렀던 인물이다. 이 소설에서도 여행을 통한 유년기의 슬픈 기억들이 회상으로 기록되고 있다. 어린 시절 영동지역 아이들에게 대관령 너머는 별천지로 상상된다.

> "좋다. 이렇게 대관령 넘으니까. 어릴 땐 늘 저 큰령 너머엔 뭐가 있을까 궁금했었는데." "그래 바다 건너는 안 궁금해도 말이지." "넘어보니까 니 눈엔 뭐가 있더나?" "거기도 똑같은 세상이 있더라."
>
> "어떤 세상이?" "큰 세상일 줄 알았는데 거기도 작은 사람들이 모여 사는 작은 세상이. 이 큰령뿐 아니라 많이는 안 살았지만 우리가 살아온 세월 너머도 그렇고……" "애들이 많이 모였으면 좋겠다."
>
> "그러게 말이지. 운전 조심해라, 굽은 길……" "그래도 대관령 넘으면 마음이 편해진다. 모든 것 다 잊게 되고." "우리한텐 여기가 큰 세상이니까." "그래 이보다 더 큰 세상도 없을 거다." "그래선지 여기 와선 일이 안된다. 어떤 때는 글을 쓰러 왔다가도 아무것도 못하고 그냥 올라가고, 아무 것도 안해도 위로받는 기분이니까." "나도 그래. 답답할 때 전화를 해도 그렇고……."[129]

---

129 이순원, 앞의 소설, 199~200쪽.

초등학교 시절 작가에게 대관령 너머는 환상과 공상 속의 한없이 부풀려진 신기루같은 곳이다. 그리고 성인이 된 지금 그들에게 대관령 이쪽은 한없이 위로를 받고 쉴 수 있으며, 경쟁과 스트레스, 치열함에서 벗어나 보호받을 수 있는 모성공간이다. 〈영혼은 호수로 가 잠든다〉의 내가 바쁜 원고를 끝내고 일주일쯤 쉬러가는 휴식공간으로서의 강릉지역은 노동을 하여 경제성장을 이루는 생산적 공간이기보다는 지친 현대인(외지인)을 위한 휴양지이자 안식처로 그려진다. 서울시민의 시선을 가진 여행자는 전근대적이고 서정적이며 느리고 정체된 지역으로서 강원도를 인식한다. 여행자는 오리엔탈리즘적 관점을 지닌 서울사람의 시선으로 강원도와 강원도민을 타자화한다. 자연적/강원도민, 문화적/서울시민의 이분법적 틀이 형성되는 것이다. 중심부이자 서울시민 그리고 제국주의자가 지닌 권력의 눈으로 그려짐으로써 영동은 주변화되고 여성화된다. 보는 방식에는 권력이 스며있기 때문이다. 이러한 편견은 광고, 영화, 드라마나 문학 속의 강원도 이미지를 고착화함으로써 발전을 저해하고 경제나 현실논리와 위배됨으로써 정체성을 혼란스럽게 한다. 또한 고향에서는 아무 것도 안 해도 위로를 받는 곳이거나 도시에서 상처받고 좌절할 때 전화하거나 방문하는 곳이라고 함으로써 훼손될 수 없는 조국이자 자연이며 언제라도 귀향할 수 있는 정결한 공간[130]인 여성 이미지를 내포한다.

〈매듭을 이은 자리〉에서는 가문 잇기와 전통계승을 그리고 있다. 강원도 임영군 조산면 위촌리에서 온 '전혀 뜻밖의 한 통의 편지'는 소설화자이자 유명한 작가가 된 '나'를 대학 3학년 시절로 돌아가게 한다. 작은아버지가 경영하는 골동품가게에서 잔일을 도왔던 나는 골동품 붐으로 하찮은 질그릇이나 다리 부러진 개다리소반까지도 서울로 올라와 골동품이 되어 판매되는 시기에 측면 화상이 있다는 소문을 듣고 조산면 위촌 이자일 노인집을 방문한 적이 있었는데 편지를 보낸 이영주는 그의 손자였다.

130 태해숙 외, 『한국의 식민지 근대와 여성공간』 여이연, 2004, 113쪽.

> 안채와 사랑채를 연결한 마루를 가로질러 쪽문을 달고, 그 쪽문에서 시작한 담장을 대문 하나를 열고 안채를 막아버림으로써 사랑채는 외인과 직접 통할 수 있어도 안채는 대문을 이용하지 않으면 사랑채에서 마루로 나와 쪽문을 당겨야 하는 전형적인 조선시대의 고가였다. "쿨룩쿨룩……." 손이 못 미치는 곳을 애써 발돋움하는 듯한 노인의 밭은 기침소리에 오히려 내 가슴이 답답해짐을 느껴 대신 한번 크게 헛기침을 하고 사랑채로 다가섰다. 그러나 기침소리는 계속되었다. "계십니까?" "쿨룩쿨룩……." "계십니까?" 사이를 두어 대답보다 먼저 문이 열렸다. "뉘시오?" 첫눈에 일흔이 넘은 노인이었다. "안녕하십니까." "뉘신지?" "이곳에 이런저런 조사를 나온 학생인데 며칠 민박을 할 수 없을까 해서요." "조사라면 무슨 조산지……." "이미 많이 사라져가고 있는 우리 옛 조상들의 숨결을 남아 있는 유물들을 통해 알아보는, 조사라기보다는 그런 조사를 통해 공부를 하는 학생입니다. 이름있는 문중의 종법도 배우고 또 그 조상들의 얼과 슬기도 다시 살펴보고요." 이미 많은 법도가 허물어졌다고는 해도 단순한 여행 목적의 민박을 청해 얻어질 종가의 객방이 아니었다.[131]

전통가옥에서 조상의 은덕과 가문의 영광을 중시하는 이 집은 손이 귀해 후취를 거느려도 계집아이만 낳다가 겨우 낳은 귀머거리 아들을 18살에 장가보내 낳은 손주가 내게 편지를 보낸 이영주이다. 단이(斷耳), 세이(洗耳)까지 하는 지조와 절개, 윤씨의 조상인 잉어를 먹지 않는 풍습, 위촌이라는 지명을 쓰지 않고 우추리라고 부르는 한 문중이 표현할 수 있는 가문에 대한 긍지, 신격화된 조상 섬김 등 100년 전의 삶을 고수하는 조부 밑에서 자란 이영주는 제사의식, 조상의 행적과 오대봉사하는 선조의 휘자, 제삿날을 기억하는 '죽은 사람들을 중심으로 움직이는' 삶에 대해 비판적이지만 그 명을 거역하지 못한다. 영주의 편지에서는 자신의 아이까지도 죽은 이를 위해 살게 하지 않겠다는 의지로 화상을 불살라 버리자 사당에서 머리를 조아린 채 숨을 거둔 조부의 사연이 담겨있다. 가문을 훼손

131 이순원, 앞의 소설, 319~320쪽.

한 수치심에 자결한 할아버지는 목숨을 걸고서라도 조상신을 섬기고자 했던 것이다.

이순원 소설에서는 본관, 조상, 전통적 관습, 가문, 핏줄에 대한 강한 집착이 체화되고 있다. 가부장적 사회에서 여성, 아이, 동물, 서자, 둘째, 천민 출신은 타자성을 지니며 고통과 슬픔 속에서 살아간다. 영동 특히 강릉지역의 삶이란 전근대적 보수적 전통적 남성중심적 일상과 의식이 지배하며 주인공은 말과 노새에 대해 자유롭지 못하거나 어린시절 담임교사로부터 받은 트라우마, '잉어 비늘이 묻은 듯 온몸이 끈적거려옴'을 느끼게 되는 증상을 보이거나 상처를 간직한다. 이순원 소설은 그들만의 사당을 지키는 그들만의 전통적인 가치관의 복원이라는 명제가 무매개적이고 성급하게 제시되고 있으며 슬로건적이고 선험적인 가능성이 높다는[132] 비판을 받는다. 이데올로기적 신앙과 미신의 그물망을 통해 매개되며 신비화된 봉건적 인간관계[133] 속에서 아버지와 아들, 남편과 아내는 주인과 노예 관계가 형성된다. 태어난 곳의 법과 관습과 전통의 권위를 받아들이고 지킴으로써 상처받고 증상을 보이는 타자들이 있기 때문이다. 이순원 소설에 그려진 영동은 공동체의 집단무의식으로서의 혈연유대의식과 전근대적 유교전통질서, 농본주의 가치관을 바탕으로 하며 합리적 개인적 과학적인 대관령 너머의 삶과는 상반되는 보수적 전통적 미신적 공간으로 재현된다.

4. 대상화 신비화된 여성 이미지

친구의 아내와 사랑에 빠진 소설가의 이야기를 그린 〈은비령〉은 1997년에 현대문학상을 수상한 수작(秀作)이다. 바람꽃 같은 여자의 남편인 친

---

132 류보선, 『경이로운 차이들』, 문학동네, 2002, 311쪽.
133 슬라보예 지젝, 앞의 책, 70쪽.

구가 죽고 운명적으로 그녀와 재회한 나는 아내와 불화하여 별거 중이다. 나와 그녀 사이엔 친구라는 존재가 있어 마음이 편치 않다. 어느 날 은비령에서 조우한 둘은 함께 밤을 지새우면서 2천5백만 년 후를 기약하고 헤어진다. 엔야의 음악이 흐르고 별 이야기가 있으며 깊디깊은 심산유곡을 배경으로 하는 이 소설은 낭만적이고 환상적이며 몽환적으로 묘사된다.

> 왜 하필이면 길을 바꾸어 떠난 곳이 지도에도 나오지 않는 은비령이었을까. 바다로 가는 길을 눈을 보러 가는 길로 바꾸고, 눈을 보러 가선 또 별을 가슴에 담고 돌아온 그 여행길을 어떻게 설명할 수 있을까. 별처럼 여자는 2천5백만 년 후 다시 내게로 오겠다고 했다. 나도 같은 약속을 여자에게 했다. 벗어나면 아득해도 은비령에서 그것은 긴 시간이 아니었다. 어쩌면 그때 은비령 너머의 세상은 깜깜하게 멈추어서고, 나는 2천5백만 년보다 더 긴 시간을 그곳에 있었던 것인지도 모른다. 아니, 그보다 이제 겨우 다섯 달이 지난 2천5백만 년 후 우리는 그 약속을 지킬 수 있을까.[134]

양양과 인제를 연결하는 한계령 샛길에 있는 은비령은 젊은 시절 고시공부를 위해 친구와 머물던 곳으로 이제는 사랑하는 여자의 남편을 떠올리는 장소가 되어 버린 것이다. '은비령'이란 공간에 이름을 붙임으로써 공간은 인간을 위한 것으로 주장되며 지역과 장소에 이름을 붙이는 것은 실존공간을 구축하는 기본 활동 가운데 하나[135]이다.

나는 친구가 사고로 죽은 격포로 가려다가 대관령에 눈이 내린다는 교통방송을 듣고 한계령으로 여행지를 바꾼다. 은비령/격포, 삶/죽음, 만남/헤어짐이 교차되는 여행지는 새로운 사랑을 위해 친구를 정리해야 하는 나의 다급한 마음에서 시작된다. 고시공부를 하기 위해 찾아든 이 지역에서 우연히 알게 된 친구와 나는 '은비령', '은비팔경'이라는 이름을 붙이고

---

134 이순원, 앞의 소설, 201쪽.

135 에드워드 렐프, 앞의 책, 54쪽.

둘만의 비밀을 만든다. 이름이 없는 지역을 명명(命名)함으로써 강원도 땅은 식민지 혹은 불모지, 처녀지의 이미지를 갖게 된다. 미지의 땅에 '은자령(隱者嶺)' 혹은 '은비령(隱秘嶺)'이라고 호명(呼名)하는 미지의 땅은 외지인의 소유가 됨으로써 타자화한다. 이름의 뜻에서 나타나듯이 이곳은 '지도에도 나오지 않는' 현실공간이 아닌 천상에 있는 지명으로서 신비화[136]된다. 바다와 산맥, 고개와 별, 달, 해를 명료하게 볼 수 있는 강원도는 오염되지 않은 청정지역이다. 강원묘사는 자연묘사 위주의 반문명적이며 비현실적인 판타지공간으로 무욕과 미신, 주술적 전통적 요소를 함축한다. 이 소설에서도 은비령과 서울은 과거/현재, 지상/천상, 유토피아/디스토피아라는 지역적 특성을 지니고 있다.

〈은비령〉의 그녀는 남성주체인 '나'의 관찰에 의해 그려진다. 바람꽃, 별, 바다, 은비령, 눈, 버섯, 엔야의 노래로 연상되는 친구아내는 소설의 배경만큼이나 신비롭고 자연적이고 운명적이며 비현실적이다. 남편의 죽음 이후 행복한 얼굴이 사라진 그녀는 "상대방의 얼굴조차 마주 쳐다보지 못할 만큼 무겁게 드리운 삶의 짙은 그늘"을 하고 있다. 그녀는 나의 자의적 시선에 의해 행복해 보였다가 불행해 보이는 관음증적 시각 하에 놓인다.

아내와 별거하던 중 친구아내를 사랑한 나는 불륜상태이지만 애틋하고 아름답게 채색되고 있기에 이 사랑은 비도덕적이거나 혐오스럽지 않다. 천년후애(千年後愛)를 꿈꾸는 이 우주적 신비주의적 상상력은 정상적인 시간질서를 벗어나 2천5백만 년 뒤라는 윤회의 시간질서를 날아오른다는 점에서 과격한 현실초월의 상상력[137]을 바탕으로 하기에 아름다움과 아련함으로 끝이 난다. 바람꽃 같은 여성은 내게 두 번 스쳐 지나는데 한번

---

136 강원 지역과 여성에 대한 환상적 낭만적 타자적 시선은 윤대녕의 여행소설에서도 나타난다. 〈신라의 푸른 길〉에서는 재현의 주체인 내가 경주에서 동해로 가는 버스 옆자리에서 만난 안인숙이라는 여성을 "슬쩍슬쩍 비쳐들거나" "곁눈질로 훔쳐보면서" 여성을 전유한다. 그녀는 '병풍 속의 여인', '수로부인', '채송화, 감자꽃, 도라지꽃', '신라여인'으로 그려짐으로써 비현실적이며 비현대적인 여성이 되고 있다. －졸고, 「윤대녕소설의 여행구조와 여성타자 연구」, 『여성문학연구』 제17호, 한국여성문학학회, 2007.

137 정호웅, 「두겹의 상상력: 이순원론」, 『작가세계』 2000.여름호, 94~95쪽.

은 함께 군복무했던 일병의 여자친구이고, 다른 한번은 함께 고시공부를 했던 친구의 아내 선혜로서의 만남이다. 그녀들이 동일인인지는 명확하지 않으며 추상적이고 파편적으로 그려지는 작가의 여성의식이 드러난다. 두 여성은 사고로 애인과 남편을 각각 잃은 기구한 운명의 여인들이다. 바람꽃으로 연상되는 그녀들은 관념적이고 신화적이며 낭만적으로 그려짐으로써 신비화된 여성 이미지를 재생산한다. 이 소설에서는 글을 쓰는 작가 남편으로 만족하지 못하고 신분상승에 대한 끝없는 욕망과 집착을 가진 아내와 비현실적인 선혜가 대비된다. 이러한 설정은 남성여행자의 길위의 여성과의 만남 및 관계맺음 그리고 타락한 영혼의 구원이라는 고착화된 전형을 보인다.

"보기엔 연약하고 이뻐보여도 사실은 뿌리와 줄기 안에 강한 독성이 있는" 바람꽃 같은 그녀는 남성의 운명을 결정짓는 유혹자이자 목숨을 앗아갈 정도로 위험한 존재로 묘사됨으로써 여성혐오가 드러난다. 애인이나 남편에게 죽음을 가져다주는 선혜는 거세에 대한 공포와 불안감을 드러내는 남성의 무의식이자 타자이다. 자기의지를 갖지 못하고 탈근대 남성여행자의 시선에 포착된, 아름답고 희생적인 그녀는 남편과 남편친구 사이를 오가며, 별처럼 지상의 인물이 되지 못한 천상의 여인이자 이상화된 여성이다. 선혜라는 여성의 피상적이고 침묵하는 모습은 관음주의적 가학주의적 관점의 결과이자 "보임의 존재(To-be-looked at ness)로서 시각적이고 에로틱한 효과"[138]를 지닌다. 나와 그녀는 은비령에서 관계를 맺고 먼 훗날을 기약한다. 남성들의 여성희생제의와 신화적 이미지는 오래전부터 있어왔던 관습적인 것이다.

〈영혼은 호수로 가 잠든다〉에서도 죽은 친구와 친구아내와의 운명적인 만남이라는 모티프를 갖고 있다는 점에서 〈은비령〉과 상통한다. 한계령의 작은 줄기를 '은비령'이라고 명명했듯이 이 소설에서는 대관령의 한 줄기인 선자령이 등장한다. 대관령 기슭에서 태어나고 성장했지만 대관령

---

138 니콜라스 미르조에프, 임산 역, 『비주얼 컬처의 모든 것』, 홍시, 2009, 286쪽.

의 제일 높은 봉우리가 '매봉'이며, 고갯길 꼭대기가 '말랑'이고 그곳보다 조금 높은 자리에 위치한 송신소와 매봉 사이의 중간쯤에 조금 움푹 들어간 듯한 능선이 '선자령'이라는 것을 나는 친구의 죽음 소식을 듣고서야 알게 된다. 임파선암에 걸린 영해가 산꼭대기까지 올라가 죽음을 맞이했다는 소식에 충격을 받은 나는 얼마 전 보현사에서 우연히 만난 소복 입은 여인을 떠올린다. 죽은 친구의 아내인 듯한 여자 또한 신비스럽고 아름답게 그려진다. 인간에게 고정점을 부여하고 혼돈된 균질성 가운데서 방향성을 획득하며 세계를 발견하고 진정한 삶의 의미를 획득하는 성스러운 공간[139]인 절에서 우연히 만난 여자를 나는 경포호수까지 데려다 준다. 탈현실의 공간인 사원은 현실의 법칙에 종속되지 않는 자율적인 공간이자 욕망이 발휘하는 영역이며 현실원칙이 부과된 검열로부터 완전히 면제된 진정한 리비도적 산물의 모습[140]을 지닌다. 영해나 그의 아내가 산과 절에 오르는 것은 엑스터시(沒我)의 여행과 같으며 가장 높은 계단에 오르는 것을 통해 한 지평에서 다른 지평으로 넘어가는 것[141]을 의미한다. 하얀 치마에 긴 갈색 코트 차림으로 흰 손수건을 들고 있는 여자는 힘없이 걷는 걸음으로 측은해 보이는 비련의 30대 중반의 여인이다. 남편이 상을 당했으리라고는 짐작도 하지 않은 나는 나중에 그 사실을 알고 당황하는데, 그녀는 남편 혼이 호수에 가 있을 거라고 했다면서 경포까지 데려다 주길 부탁한다. 이 세상에 홀로 남은 여성에게 홀린 듯한 혹은 인연을 느낀 나는 그녀를 불쌍하게 여기고 데려다줌으로써 인연의 끈을 잇는다. 나의 시선에 포착된 그녀는 "가냘프고 여린 얼굴로" "슬픔의 빛깔"을 지녔기에 애절하고 안타까워 보였으며, 마치 경포에 여자를 혼자 버려두고 돌아서는 기분이 되어 버린다. 소복을 한 여자의 이미지 역시 현실 속의 인물이라기보다는 추상화되고 명료하지 않으며 천상의 여인처럼 묘사된다.

그녀가 친구아내였음을 알게 된 나는 "이 다음 내가 죽으면 내가 제일

139 M.엘리아데, 이은봉 역, 『성과 속』 한길사, 1998, 57쪽.
140 장-프랑수아 리오타르, 유정완 외 역, 『포스트모더니즘의 조건』 민음사, 1999, 186쪽.
141 M.엘리아데, 앞의 책, 69쪽.

아끼던 거 니 주고 갈게"라고 했던 친구의 말을 떠올리며 인연과 운명을 느낀다. 동창들 사이에서 있는 듯 없는 듯한 존재였고 우추리에서 같이 학교를 다녔던 영해는 대관령 너머의 세상이 늘 궁금했던 나와는 달리 대관령 이쪽에 사는 게 꿈이었다. 소설의 배경인 우추리는 '셈이 좀 늦거나 눈치 없이 어리어리하고 동작이 빠릿빠릿하지 못하는 촌놈 중의 촌놈'이라는 뜻으로 이해되기에 '우추리'가 별명인 나는 촌스럽고 어리숙한 강원도민에 대한 이미지를 벗어나는 일이 시급한 촌놈의식에 대한 열등감을 갖고 있다. 이 소설에서는 저수지에 빠지면 혼이 경포호수로 간다거나 한밤중에 혼자 대관령을 넘으면 하얀 소복을 한 여자가 길을 막는다는 속설을 신봉하는 마을사람이 비현실적이고 전근대적 인식에 사로 잡혀 살고 있음을 보여준다. 인간의 생사관이나 운명관이 원시적이고 전통적인 기준에 기반한 것이다. 별과 천상의 비현실적인 시간이 흐르는 은비령과 선자령은 순수하고 영원한 공간으로 몇천년의 인내와 쓸쓸함을 극복해야 사랑을 이룰 수 있는 상상적인 지명으로 은유된다.

〈시동에서〉의 여관투숙객들은 도시생활에 적응하지 못하고 실패하거나 상처를 받고 은닉하기 위해 떠나온 자들이다. 시동에서 항상 허벅지 중간쯤의 맨살에 달라붙는 치마를 입고 카페 '바다'에서 차를 나르는 여자아이는 성적으로 대상화된다. 아슬아슬해 보이는 짧은 치마를 입고 다니는 여자아이는 의상만큼이나 불안하고 안타까운 여성의 삶을 대변한다. 모창가수를 짝사랑하다가 버림받고 상처입은 그녀가 이 마을로 오게 된 배경도 불륜가정에서 벗어나기 위함이다. 자신의 의지대로 살지 못하고 첩살이하는 엄마가 본처 아들들에게 당하는 고통에서 벗어나기 위해 가출한 후 우연히 이곳에 머문 그녀는 자신과 같이 상처받은 이들을 맞이하고 떠나보내는 일을 반복한다. 여기서 그녀는 남성들을 언제나 기다리는 여성 본연의 역할을 하고 있다. 은신처, 도피처로서 상정되는 시동은 여성적 이미지를 지닌다. 카페에서 커피를 나르는 여자아이나 제복을 입고 하루 종일 기차역에서 신호를 하는 노인은 직원이 되지 못한 한과 슬픔을 간직한 상처받은 자들로 역이나 카페에서 패배자, 도피자, 범죄자를 기다리고 보내는 일상을 반복한다. 외지인에게 관찰되는 여자아이는 수동적 희생자의 위치에 놓인 타자를 시각적으로 관통하는 행위로서 시각적인 것은 본질적으로 적나라하고 포르노그래피적[142]이다. 짧은 치마를 입은 그녀는 강원 시동의 이미지로 왜곡된 이미지, 벌거벗겨진 이미지, 반라로 환원된 이미지를 갖는다. 소설가와 외지인에 의해 그녀는 간과되고 방치되며 침묵된 채 상처받고 희생되는 것으로서 자연, 지방, 여성, 토착민 이미지로 공유된다.

이 소설에서는 고등학교 때 수학여행을 왔다가 어부에게 강간을 당한 사건 때문에 결혼 이후에도 수학여행철마다 시동으로 오는 가정주부가 등장한다. 우울증으로 정상적인 결혼생활이 어려운 가출아내를 찾기 위한 남편의 의뢰를 받고 이곳으로 온 심부름센터 직원 또한 상처받은 여자와 산다고 함으로써 남성중심 사회에 표류하고 있는 여성들의 삶의 질곡이 그려진다. 가출한 짧은 치마의 여자아이, 학창시절 강간당한 가정주부는 자기주체적 입장이나 정체성을 갖지 못한 채 남성의 관음주의적 응시(Gaze)나 바라보기(Looking)로 타자화된다. 남성/여성, 관음주의/노출주의, 능동성/수동성의 이분법적 사유가 작동하면서 여성은 보이고 드러내는 존재이자 통제를 필요로 하는 거세의 공포를 자극하는[143] 존재로 표상된다. 여자아이의 엄마, 여자아이, 강간당한 가정주부는 정상적 사랑이나 결혼생활을 영위하지 못하는 타자들이다. 이 소설은 나른하고 음습하며 정체를 알 수 없는 공간인 시동을 배경으로 실연하고 강간당하고 살해하거나 자살하는 여성들의 모습이 그려진다.

이순원 소설 속의 여성들은 목소리를 잃었거나 머뭇거리며, 홀로 설 수 없는 연약한 모습을 하고 있다. 〈은비령〉과 〈영혼은 호수로 가 잠든다〉의 친구아내들은 애절하고 안타깝고 가냘프며 슬픔을 머금은 모습으로 '알 수 없음', '손에 거머쥐지 못함', '파악할 수 없음', '수줍음, 자기를 감

---

142 레이 초우, 장수현 외 역, 『디아스포라의 지식인』, 이산, 2005, 52~53쪽.
143 니콜라스 미르조에프, 앞의 책, 286쪽.

춤, 도피'와 같은 신비라는 개념망에[144] 포착되며, 한밤중에 혼자 대관령을 넘으면 "하얀 소복을 한 여자가 길을 막는다는" 옛날어른들의 말을 기억함으로써 귀신, 혼령, 천상, 비현실로 연상되는 존재이다. 〈시동에서〉의 여자아이와 다른 여성들도 아슬아슬하거나 상처받은 타자의 은유로 표상된다. 그녀들은 남성중심사회에서 교환의 대상에 머물거나 버려지는, 수동적이고 비본질적이며 우발적인 존재들이다. 유순한 순백의 여성 이미지는 아시아여성을 바라보는 서양백인남성의 시선과 동일하다. 그녀들은 소설 속에서, 꽃, 소복, 엔야의 노래, 흰색 혹은 슬픔의 색으로 묘사됨으로써 실체가 드러나지 않는 이미지를 갖고 있으며 전생의 인연처럼 남성과 얽혀 있으면서 마치 남성의 운명을 흔들거나 남겨진 전리품 같은 이미지로 친구에게 넘겨진다. 여성을 주체로 인정하지 않고 남성끼리 기부하고 봉헌하는 사물 취급을 받는 것이다. 미망인, 소녀, 불임아내, 강간당한 여자들은 의존적이며 존재감이 부재하거나 위태롭고 유아적이다. 타자화된 여성 이미지는 공간적 배경과 상동하면서 소설의 배경인 강원(영동)지역을 타자화시킨다. 이러한 가부장적 보수적 시각은 여성을 자신의 소유물이나 성적 대상으로만 인식하는 것이고, 따라서 여성의 진정한 모습을 재현하지 못하고 있다.

5. 상처·훼손·은닉·고립으로서의 도피자 이미지

〈시동에서〉의 시동은 '동쪽의 시작'이라는 의미를 담고 있는 지명이지만 희망과 기대를 담기보다는 '동쪽의 끝'이라는 절망과 어둠의 지역으로 표상된다. 해동여관과 카페 '바다' 그리고 임영역이 상징하듯이 이곳은 한이 많거나 이루지 못한 꿈을 갖고 있거나 도시로부터 도망친 뜨내기들이 모인 곳이다. 여관에는 이름을 부여받지 못한 여러 성씨들이 하루 종일 전

---

144 김애령, 『여성, 타자의 은유』, 그린비, 2012, 100쪽.

화를 기다리며 일만 해결되면 언제든지 이곳을 벗어나고자 한다. 불행한 가족관계로 상처 입은 고3 소녀에게 이곳은 "편안한 것 같기도 하고 아무도 못 찾아올 것 같기도 한" 곳이며 "상처받은 고래도 피해오는 곳"이다.

소설가인 나는 하루 종일 바다를 보거나 이들을 관찰하며 글을 쓰면서 시간을 보낸다. '시동'은 희망적이기보다는 "왠지 지칠 때 생각나는 곳"이며 "동쪽의 끝쪽 같다는 생각"이 드는 절망과 좌절의 공간, 휴식과 안주의 공간이다.

> "그런데 전에 와보니 동네가 왠지 나른하게 느껴져요. 동쪽의 시작이면 해 뜨는 곳의 시작이고, 그러면 희망의 시작이나 마찬가진데 막상 와보니 전혀 그렇지가 않더라는 거지요. 왠지 지칠 때 생각나는 곳 같은 느낌이었어요. 실제 일을 하다가도 지치면 여기 생각이 나기도 했고요." "그렇지만 그것도 열흘이고 보름이지 저보다 먼저 오지 않으셨습니까?" "처음부터 알고 계셨다니 하는 얘깁니다만, 사실 글밥을 먹은 지 올해로 꼭 10년이 됩니다. 앞으로 갈 길이 더 많긴 하지만 어느 날 문득 돌아보니 그동안 너무 정신없이 앞만 보고 달려왔다는 생각이 들었어요. 그래서 지난 여름 그 동안 벌여만 놓고 마무리짓지 못했던 일들 몇 개 마무리짓고 나서 몇 달만이라도 그쪽 일 좀 잊고 살자고 여기 온 겁니다. 신문이나 텔레비전 같은 것도 보지 않고요. 왠지 여기 와 있으면 이일 저일 다 잊고 그 동안 혹 받은 게 있다면 마음의 상처 같은 것도 달래질 것 같기도 하고, 또 안형 앞에 이런 얘기를 해도 될지 모르겠습니다만 전에도 여기 오면 늘 그런 생각이 들었어요. 산속이 아닌데도 동네가 이상하게 세상으로부터 숨어지내기 좋게 생각되는 거 말입니다. 그런데 오래 머물다 보니 그게 누구 눈에나 다 비슷하게 보이고 비슷하게 느껴지는 건가 보다 하는 생각도 들고요."[145]

도시에서 앞만 보고 달려왔던 자신을 쉬기 위한 곳이 바다가 있는 영

145 이순원, 앞의 소설, 77~78쪽.

동 끝자락인 것이다. 소설가이자 여행자인 내게 이곳은 무한경쟁의 정글사회인 도시에서 치열하고 긴장된 서울시민으로 살다가 도피해온 휴식공간이다. 이곳은 날개를 다치거나 약해 강남까지 갈 수 없는 제비들이 남아 있다가 결국 겨울엔 모두 얼어 죽게 되는 현실도태자나 약자의 죽음과 상처의 공간이다. 마을사람의 이야기에서 상징하듯이 시동은 도시에서 적응하지 못하거나 안주하지 못한 패배자의 집합지이다. 날개를 다친 새들, 상처받은 고래도 피해오는 곳이 시동이며, 깃발을 흔드는 노인, 심드렁한 표정의 카페 여자아이가 거주하는 시동은 적응력이나 저항력이 떨어지는 사람들이 모이는 곳이다. 관찰자인 내게도 시동은 소설을 쓰기 위한 노동의 공간이라기보다는 휴식과 성찰, 위안의 공간으로 나른하고 한없이 기다리며 전근대적 시간이 흘러가는 곳이다. 또한 시동은 살해당하고 자살을 하는 마지막 장면에서처럼 좌절과 죽음, 어두움, 절망이 드리워진 어둡고 음습한 공간이기도 하다.

〈영혼은 호수로 가 잠든다〉나 〈매듭을 이은 자리〉에서도 등장인물은 호수나 깊은 계곡에서 죽음을 맞이하며 〈말을 찾아서〉의 노새 은별의 죽음을 회상하거나 〈강릉 가는 옛길〉의 담임선생의 장례식과 같이 죽음, 자살, 비관, 절망의 부정적이고 비극적이며 은폐된 지역으로 표상된다. 대자연인 계곡, 바다, 호수와 같은 공간에서 죽음을 맞이하는 귀소본능으로서의 영동지역은 시원의 공간이자 모성공간으로서의 여성적이고 전근대적이며 근원적인 이미지를 갖는다.

6. 타자화된 강원(영동)의 '만들어진' 정체성

이순원 여행소설의 주제는 용서와 화해, 진정한 사랑이지만 누군가가 희생되어야 하는 이러한 해결책은 전근대적이고 타자의 희생을 강요하는 논리 속에 이루어진다. 〈말을 찾아서〉에서는 아부제와 화해함으로써 노새집 아들임을 인정하게 되고, 〈강릉 가는 옛길〉에서는 용서할 수 없는 상처를 준 선생의 장례식에 참석함으로써 용서가 이루어지며, 〈매듭을 이은 자리〉에서도 보수적인 가문을 잇기로 결심하며 소설이 끝난다. 등장인물들은 착하고 희생적이며 기존의 불합리하고 모순된 관습이나 전통에 저항하거나 변혁하지 않는다. 또한 도시생활의 각박한 생존경쟁 사회에서 벗어난 강원도는 편히 쉴 수 있고 전근대적이고 서정적이며 전통적이고 폐쇄적으로 그려진다. 갑갑하고 비생산적이며 자연적인 강원(영동) 이미지는 현대에 와서도 재생산된다. 피식민지민, 여성, 자연으로 남길 바라는 바깥의 시선은 곧 작가의 시선과 일치하며, 안식처, 은신처로서 지친 도시인들을 언제든지 맞이하는 여성적 공간을 기대하는 외부의 욕망을 담는다. 강릉, 시동, 은비령, 경포, 위촌에 머물고 있는 소설 속 인물들은 전통을 지키는 시대착오적인 병든 노인이거나 융통성 없이 역을 우직하게 지키는 역장, 침묵하는 다수의 훼손된 여인들, 여행자, 패배자, 현실도피자 들이다. 따라서 이 지역은 절망과 도피의 공간, 전통수호를 지향하는 전근대적 공간, 자살과 살해가 자행되는 죽음공간, 휴식과 안주의 여성공간으로 표상됨으로써 생산적이고 역동적이며 경쟁적인 도시 이미지와 대조된다.

이와 같이 강원(영동)의 심상지리는 타자적 여성적 이미지를 지닌다. 소설 속의 여성들은 성적 대상이거나 침묵되고 훼손되거나 신비하고 영적이고 근원적이다. 그녀들은 강간을 당하거나 벌거벗고 있거나 살해하거나 자살하는 공포와 혐오의 대상으로 남편친구에게 봉헌되거나 씨받이나 첩살이를 함으로써 가정을 파괴하는 반윤리적 인물이자 남성의 요구를 허여하는 여성들이다. 영동지역은 지구상에 남은 마지막 청정지구이자 자연보존의 지역으로 인식된다. 이러한 전통적 원시적 주술적인 강원도의 모습은 자연적 원시적인 대관령 이쪽/문화적 문명적인 대관령 너머의 이분법적 사유를 고착화시킨다. 우리 사회는 전근대, 근대를 넘어 탈근대 사회로 진입하고 있음에도 불구하고 문학이나 광고, 영화 속의 강원도 이미지는 1930년대 김유정, 이효석 소설의 분위기를 담지함으로써 오리엔탈리즘적 시선에서 벗어나지 못한다.

이순원의 여행소설에서는 이러한 지리적 성적 타자성이 드러난다. 작가에게 영동지역은 첫사랑의 기억이 있거나 본질을 외면한 채 용서, 화해를 위한 장소로 여겨질 뿐이다. 이곳은 현실도피의 장소로서, 혹은 생존경쟁의 도시생활에 지친 사람들이 쉬는 곳으로 일을 하지 않거나 느릿느릿 살아가는 모습으로 그려진다. 이는 작가가 서울시민의 시각으로 강원도를 그리기 때문이다. 영동문화의 집단적 기억을 갖는 작가는 상처와 고통의 장소인 여행지를 서울시민의 위치에서 바라보며, 따라서 이곳은 나른하고 정체되며 음습한 탈현실의 시공간을 형성하는 것이다. 문학과 대중매체 속에 투영된 강원도 이미지는 발전을 저해하는 외부에서 만들어진 타자적 이미지일 뿐이다. 이 글은 외부에 의한 강원(영동)의 '만들어진' 정체성에 대한 문제의식을 제기하며 이순원 여행소설에 나타난 대관령 너머의 대상화 여성화 신비화된 강원의 타자성을 비판하였다. 따라서 이순원 여행소설을 통해 고착화되고 재생산되고 있는 강원도의 주체성을 재구성하여 바람직한 전통과 자연을 보전하고 권장하되 시대적 흐름에 발맞추어 강원도민이 진정으로 원하는 정체성을 마련해야 할 것이다.

4장
이순원 소설의 로컬리티와 향촌공동체

1. 위촌리와 소설

1985년 강원일보 신춘문예에 〈소〉가, 1988년 〈낮달〉이 문학사상 신춘문예에 당선되어 등단한 이순원은 방대한 분량의 장단편이 발표되었고, 많은 문학상을 수상[146]했으며, 〈19세〉, 〈아들과 함께 걷는 길〉 등의 소설이 중등교과서에 수록되고 드라마나 영화로 만들어진 이력에 비추어 볼 때 문학적 대중적으로 인정받은 중견작가이다. 그럼에도 불구하고 이순원 문학은 빈약할 정도로 선행연구가 많지 않으며, 성장소설적 관점[147]과 문학교육적 차원이나 패러디 연구[148]에 치우쳐 있다.

장석주는 전방위 작가인 이순원은 군대, 광주항쟁, 민주화투쟁, 한미관계, 노동운동, 대학생활, 연애, 천민자본주의의 타락한 행태, 분단문제, 가족사 등을 다루며, 비현실적일 만큼 선량하고 누구도 저 어린 시절의 주조였던 천진무구를 위반하지 않는 인물을 그린다고[149] 평가한다. 이순원

146 이순원은 〈수색, 어머니 가슴속으로 흐르는 무늬〉(동인문학상, 1996), 〈은비령〉(현대문학상, 1997), 〈그대 정동진에 가면〉(한무숙문학상, 2000), 〈아비의 잠〉(이효석문학상, 2000), 허균작가문학상(2006), 〈푸른 모래의 시간〉(남촌문학상, 2006), 〈나무〉(녹색문학상, 2016), 〈삿포로의 여인〉(동리문학상, 2016) 등의 문학상을 받았다.

147 정미, 「이순원 성장소설연구」, 순천대 석사학위논문, 2010, 신은혜, 「성장소설의 교육 연구」, 창원대 석사학위논문, 2011, 김만옥, 「이순원의 성장소설연구」, 서울시립대 석사학위논문, 2015, 손은주, 「자아정체성 신장을 위한 성장소설 교육방법 연구」, 외국어대 석사학위논문, 2017.

148 이승준, 「한국패러디소설의 새로운 가능성」, 『국제어문』 제40호, 국제어문학회, 2007.

149 장석주, 「어머니-고향, 그 항상성의 상실과 무늬」, 『첫사랑』, 세계사, 2000, 169쪽, 181쪽.

자료를 총체적으로 정리한 박진은 전통적 가족관계의 회복, 공동체적 삶의 복원, 인간성에의 신뢰, 운명에 대한 긍정, 자연에의 사랑과 존중 등 본질적인 영역으로 심화되는 후기 소설을 포함한 폭넓고 풍성한 그의 작품세계는 현실이 비록 속악하지만 그런 이유 때문에 더욱더 있어야 할 따뜻한 세계를 그려내야 한다는[150] 이순원의 작가의식이 반영된다고 해석한다.

정호웅은 지역언어인 강릉사투리 구사를 새것을 찾아 과거를 부정하고 내달려온 한국사회의 지난 백년의 역사전개에 동의하지 않는 작가의 세계관을 실현하는 방식의 하나로 보며, 큰령 저쪽 세계에 깃들여 있는 무한포용의 자비로서의 성숙한 차원으로 이순원 문학을 끌어올렸다고[151] 로컬리티 측면에서 보았다. 이경호는 세상을 향한 욕망이 무력해지는 순간에 자궁의 모성을 확인함으로써 가족애는 복원되는 집의 모성[152]이 뚜렷하게 나타난다고 의미를 고찰한다. 이와 같이 이순원 문학은 진폭이 크고 가치 있는 문학세계를 구축하고 있지만 이 글은 상처 치유와 화해가 연소자와 여성의 인내를 요구하고 개인의 극복을 통한 가부장적 농촌공동체 편입으로 달성된다는 점에서 이순원의 보수적이고 남성중심적 시각을 비판적으로 재인식한다.

이순원 문학은 장소성과 연관된 로컬리티와 밀착되어 있다. 서울 압구정을 배경으로 천민자본주의와 인간의 욕망을 비판한 초기작들(〈압구정동엔 비상구가 없다〉(1992), 〈압구정동엔 무지개가 뜨지 않는다〉(1993))에서 벗어나 작가의 태생지인 강릉, 위촌리, 대관령, 은비령, 정동진이나 고향과 관련된 수색, 폭설과 대관령을 배경으로 가족사와 노스탤지어를 주제화하면서 그의 소설은 주목받았다. 청소년기의 회상과 상처치유 과정을 통해 인간의 성숙과 내면심리를 순수하고 아름답게 그려낸 작가는 가족애와 공동체 정서를 주창하고 현대인들에게 잃어버린 가치를 상기시키며 은밀하고 사적인 가족사를 소재로 차용한다.

---

150 박진, 「시간의 풍화작용을 견디는 힘」, 위의 책, 199~200쪽, 205쪽.
151 정호웅, 「두 겹의 상상력-이순원론」, 위의 책, 244쪽, 249쪽.
152 이경호, 「눈과 집, 그리고 자궁」, 위의 책, 265쪽.

고향 위촌리(우추리)는 작가에게 사유의 근원이자 가치관과 정서를 제공한다. 자기반영적이고 소설가소설적인 그의 문학은 향촌공동체가 지닌 인습과 전통과 속설을 보존·계승한 공간성과 고향 탐색이 특징적이다. 영동지역의 눈보라와 해풍 등의 자연재해는 신에 대한 경외와 두려움을 갖는 지역민의 내면심리에 영향을 끼친다. 폭설, 풍랑, 해일, 산사태 등 자연의 위험함과 경외로움 그리고 산맥, 고개가 가로막힌 교통 불편과 정보 부재로 인해 영동 지역민은 보수적이고 배타적인 정서를 갖는다. 해신, 산신을 위한 풍어제나 단오제, 조상의 사당이나 신당 수호, 외지인을 경계하는 진또배기 등 민간신앙에 대한 믿음은 이를 반영한다. 외부로부터 눈보라의 가혹한 시련을 맞이할수록 집 내부의 공간이 간직하고 있는 안온함의 효과는 증폭[153]되며, 가족애와 집안의 모성애는 강조되기 때문이다. 근대사회가 잃어버린 가족애와 친족의식을 통한 유토피아 회복을 지향하는 이순원은 '우리가 더 문명화된 시대를 살더라도 따뜻한 삶에 대한, 그리고 따뜻한 삶에 대한 그리움을 이야기하는 우리 내면의 파수꾼'[154]이 되고 싶다는 소설가로서의 포부를 고백한다. 이 글은 이순원 소설의 전통지향과 과거회귀적 문학세계가 21세기에 어떤 의미와 한계를 지니는지 고찰한다.

2. 부권제 유교문화와 가족자아

명절에 마을청년들이 촌장에게 인사함으로써 연장자에 대한 존경과 효를 중시하는 도배식은 우리나라에서 유일하게 이어져 내려오는 이순원의 고향 풍습이다. 전기나 연탄 등 문명의 혜택을 늦게 받은 곳이어서 '고등학교로 가면 현대 속에 내가 있고, 이십 리 걸어 집으로 들어오면 중세 속에 내가 있었다는' 작가는 조선시대와 근대사회의 유교이념과 생활양식

---

153 위의 글, 256쪽.

154 이순원, 「나의 삶과 나의 상상력 옮기기」, 『나는 어떻게 글을 쓰는가』, 아시아, 2020, 76쪽.

사이에서 자아를 형성했다. 의도적으로 강릉을 공간으로 한 문학작품이 없어 고향 배경 작품을 남기고자 했던[155] 작가의 애향의지는 혈연을 중심으로 한 가족 · 친족공동체로 형상화된다. 향촌사회는 사회단위와 조직을 바탕으로 역사주체로서 성장하여 가는 민이 그 주체로서 역량을 실현할 수 있는 일차적 정치영역의 장으로 미시적 행위나 규범, 관행 및 제도 구조들이 존재[156]한다.

성주 이씨가 모여 사는 농촌마을 위촌리는 한국과 중국을 중심으로 한, 유교 혹은 한자문화권인 동아시아 전통이 갖는 개인부재의 언설[157]을 형성하여 개인은 언제나 공동체의 일원으로서 지정된 역할을 수행하는 역할 수행자로서만 존재한다. 동창회나 담임의 장례식 모임과 같이 과거회상이 많은 그의 소설은 오륜 중 장유유서와 붕유유신이 바탕을 이룬 지역의 향촌공동체와 학문공동체[158] 의식을 반영한다. 혈연주의와 연고주의에 기반한 그의 문학은 착하고 따뜻하며 집단의식을 지니기에 전근대적이고 보수적인 사유에 기초한다. 나쁜 사람이 등장하지 않으며 친족관계로 얽혀있는 이순원 문학은 영악한 잇속 챙기기나 밥그릇 싸움을 하지 않으며 이해관계가 얽혀있지 않은 전통사회가 소설 배경이다.

〈망배〉는 유교문화와 조선시대 양식을 숭상하고 받드는 한 가정의 제사과정을 그린다. 제사가 일상적인 집안의 조부 제례에 '나'는 망배[159] 형식으로 참석한다. 같은 조상을 확인하는 소속감과 단결심을 심어주는 제의는 '적으로부터 안전하게 살기 위해서뿐만 아니라 많은 것에서 이익을

155 이순원의 소설은 거의 다 어머니가 써주고(수색 그 물빛 무늬), 아버지가 써주고(아들과 함께 걷는 길) 할아버지가 써주고(나무, 망배), 친척이 써주고(그가 걸음을 멈추었을 때, 말을 찾아서) 초등학교 동창들이 써주고(첫사랑, 강릉가는 옛길), 고등학교 동창들이 써주고(영혼은 호수로 가 잠든다) 동네 고향 사람들이 써주고(순수) 정말 자기가 쓴 건 〈압구정동엔 비상구가 없다〉 〈은비령〉 〈19세〉 등 몇 개밖에 없다고 했다라고 고백한다. –위의 책, 71쪽.

156 강원도사편찬위원회, 『강원의 향촌사회 제도와 조직』, 신용인쇄문화사, 2019, 16쪽.

157 문석윤, 「동아시아 전통에서의 공동체론」, 『공동체 없는 공동체』, 알렙, 20202, 41쪽.

158 위의 책, 72쪽.

159 望拜, 멀리 떨어져 있는 조상, 부모, 형제를 그리워하며 그쪽을 바라보고 절을 한다는 뜻이다.

창출하기 위해서도 유용하며 가장 필요'[160]함을 확인하는 공동체의식을 강화한다. 현대사회에서 잊혀지고 간소화된 제사의 절차를 구체적으로 서술하는 이 소설의 의관을 갖춘 집안 남성들은 상률, 주독, 상합, 비표, 사우, 신위, 향탁, 향압, 향편, 향로, 제석 등의 절차를 빠짐없이 실행하며 직접 참석하지 못하는 형제는 고향을 향해 절하는 원거리 제사를 한다.

음식을 마련하느라 분주한 가운데에서도 남편의 도포와 갓까지 챙겨야하는 며느리들의 불평에 시어머니는 저승에서 서방을 알아보기 위해서라며 미신을 굳게 믿는다. 명절 차례나 조부 제사는 종교의식과 같이 경건하고 심오하게 진행된다. 초헌(初獻), 아헌(亞獻), 종헌(終獻), 첨작(添酌), 유식(侑食), 계반(啓飯), 삽시정저(揷匙正箸), 음향(飮饗), 합문(闔門), 낙시(落匙), 헌다(獻茶), 철저(徹箸), 복반(復飯), 사신(辭神), 주독(主櫝), 철상(撤床), 음복(飮福)이라는 복잡하고 정성이 드는 제사과정을 소설은 구체적이고 상세하게 기록한다. 아버지와 형제들, 장조카가 중심에, 거실 쪽에 자리 잡은 며느리들의 위치는 여성의 보조적이고 주변적인 존재감을 드러내는 가부장적 위계질서를 표상한다. 보름, 한식, 단오, 추석, 동지, 그믐 저녁 차례 등 일곱 번의 제사를 유지하려는 할아버지의 조상에 대한 효와 정성은 대를 이어 계승된다. 농경공동체에 뿌리를 둔 명절과 봉제사 전통에 대한 종교적 신념을 지닌 할아버지의 체념적인 전승의 소망은 산업화 민주화 시대의 가치관과 충돌할 수밖에 없다. 유가의 옛풍에 따라 유월장(踰月葬)인 19일장을 치른 조모상에 아들은 베 조각을 갈갈이 찢어 붙인 원투데기 도포에 방갓(方笠)과 오동나무 상장(喪杖)을 갖추고 출입하며, 어머니를 기리기 위해 일 년 휴직할 정도로 효도를 증명한다. 직장을 쉬며 상막을 모시고 상식을 올리는 부모상은 생계까지 지장을 주어야 할 정도로 효 실행은 절대적 가치였다.

…더 많은 눈물은 다음 날 할아버지의 상여를 따라나가면서 쏟아졌다. 유

160 B. 스피노자, 강영계 역, 『신학정치론』, 서광사, 2017, 135쪽.

월장으로 치른 할머니의 십구일장과 할아버지의 삼일장 속에 세월이 이렇게 달라져 가는구나를 느끼고, 그렇게 달라져 가는 세월 속에 할아버지가 가시는구나 싶어 펑펑 눈물이 쏟아졌던 것이었다. 할아버지의 상세도 서럽고, 그때와는 달라진 삼일장의 조촐하고도 쓸쓸한 풍경도 왠지 모르게 나를 서럽게 하던 것이었다. 예전에 할머니가 돌아가셨을 땐 석수장이 둘이 보름을 묵으면서 다듬은 석물을 상군 모두 매달려 통나무 발구로 옮겼는데, 전날 아침 시내 석재상에 나가 맞춘 비석이 경운기에 실려 바로 산소로 오던 모습도 내 눈엔 낯설고 쓸쓸해보였다. 비석 뒷면에 근면 성실, 자수성가, 자손 교육 전념, 그런 말들이 보였다.[161]

집안과 가문을 일으키는데 일생을 바친 할아버지는 후손들에게 〈삼국지〉를 읽히며 예를 가르치거나 전통의례를 주입한다. 조모상과 비교하여 조부상을 간소하게 치른 세월의 변화에 나는 "어릴 때 익숙했던 많은 것들이 할아버지를 따라 떠나가고 있다며" 아쉽고 허전한 노스탤지어를 느낀다. 그러나 부둥켜안을 양으로 유토피아주의에 굴복하는 경향을 띠는 향수는 미래성(futurity) 없이 뒤집힌 유토피아주의일[162] 뿐이다. 작가적 자아인 나는 과거회귀적이고 전통지향적인 태도와 사라져가는 관습, 풍속에 대해 애착을 보인다.

〈매듭을 이은 자리〉의 '나'는 조선시대의 완전 측면 화상을 보러 이씨 종가의 고가를 방문한다. 이영주의 할아버지는 조상들이 쌓아온 은덕과 가문의 영광을 중시할 줄 알아야 짐승과 다르다며 가문, 전통, 집안 유지에 가치를 둔다. 방문 목적을 묻는 그에게 "이미 많이 사라져가고 있는 우리 옛 조상들의 숨결을 남아 있는 유물들을 통해 알아보는, 조사라기보다는 그런 조사를 통해 공부를 하는 학생으로 이름 있는 문중의 종법도 배우고 또 그 조상들의 얼과 슬기도 다시 살펴보기" 위해서라며 전통에 대한 향수

161 이순원, 〈망배〉, 『그가 걸음을 멈추었을 때』, 생각의나무, 2003, 298쪽.

162 가야트리 차크라보르티 스피박 외, 태혜숙 역, 『서발턴은 말할 수 있는가』, 그린비, 2013, 24-25쪽.

와 가부장적인 이념을 표출한다.

문경공 종손으로 위촌 참판공의 칠대 손 집안에서 늦게 얻은 귀머거리 아들을 몰락한 잔반 출신 여성과 결혼시켜 손자 영주를 얻은 노인은 훌륭한 가문을 지켰던 선조 이야기를 늘어놓으며 가문 자랑을 한다. 방문 목적인 측면 화상 대신에 이조정랑 시절 누구한텐가 못 들을 소리를 듣고 스스로 귀를 잘라 앉은 자세가 어색한 그림을 보여주는 노인은 단이(斷耳)를 실행한 그림 속 주인공의 인품을 추앙한다. 조상이기보다는 신의 경지에 이르는 존재인 참판공 사당에서 할아버지는 매일 엎드려 공경한다. 〈망배〉와 〈매듭이 있는 자리〉의 신비스럽고 공포감을 주며 불안에 떨게 만드는 성스러운 것에 대한 기능을 수행하는 것이 관습이며, 관습이 일상생활과 맺는 관계는 의례가 엄격한 의미의 종교생활과 맺는 관계와 같다. 예비의식이 교화를 가시화하는 것처럼 관습은 공동체를 그 자체로 존재하도록[163] 해준다.

손주 영주는 걸음마와 함께 제사에 전을 올리는 법, 참판공의 행적과 오대봉사하는 선조의 휘자와 제삿날을 기억해야 했다. 죽은 사람들을 중심으로 하는 과거회귀적인 종가의 생활방식에 저항하면서도 영주는 할아버지의 뜻에 따라 21살에 결혼하고 대처에 나가 공부하는 건 있을 수 없는 종손의 길을 따랐다. 유교문화에서 좋은 사람의 귀감은 가족에 헌신하는 사람이기에, 가족과 이어져 있다는 지속적인 의식을 갖는 가족 자아[164]가 개인보다 우위에 있는 것이다. 조혼하고 유학을 포기한 영주는 공동체를 위해 개인을 희생하는 것이 도덕적 당위인 멸사봉공의 유교공동체의 희생자이다. 영주는 자기 자식으로 이어지는 맹목적인 믿음과 희생을 막기 위해 화상을 불지르고, 이로 인해 할아버지는 사당에서 목숨을 끊는다. 부모와 조상을 깊이 존중하는 것을 말하는 효란 보통 자식(특히 장남)이 나이든 부모를 위해 해야하는 의무나 책임, 희생을 의미[165]한다. 독립된 자아로

163 미셸 마페졸리, 박정호·신지은 역, 『부족의 시대』, 문학동네, 2017, 68쪽.
164 스티브 아스마, 노상미 역, 『편애하는 인간』, 생각연구소, 2013, 175쪽, 186쪽.
165 위의 책, 171쪽.

서의 삶을 영위하지 못하고 혈연과 연결된 상호의존적 자아가 형성된 이영주는 조부의 자살로 상처를 입는다. 이 소설은 전통지향적인 삶에 대한 조부의 신념으로 인한 갈등으로 신구세대가 충돌하는 매듭의 이어짐과 단절을 화두로 던진다. 그러나 잔존하고 있는 과거일 뿐인 전통은 사회문화적인 정의와 정체성 설정 과정에서 강력하고 효과적인 힘을 발휘하며 어떤 의미와 가치는 배제되는 선별적 전통[166]이므로 공동체 구성원 모두의 행복을 포괄하지 못한다.

두 편의 소설에선 조선시대 유교제례와 조상숭배, 대잇기에 대한 가부장적인 질서가 유지되는 공동체에서 풍습과 전통적 삶이 체화된 작가의식이 반영된다. 소설의 배경은 신체를 훼손하면서까지 절개를 지키거나 젊은이의 앞날을 억압하고 여성의 희생을 강요하면서 질서와 권위와 가문이 유지되는 유교적인 공간이다. 개인의 생물학적인 한계는 내 자식을 통해 극복될 수 있고, 조상을 숭배하는 제사의식을 통해 후손에게 관념적으로 계속 존재할 수 있지만[167] 하나의 연대로서 그 안에서 다른 구성원의 요구가 자신의 요구처럼 받아들여지는 사회가[168] 이상적이므로, 가부장, 대군자손, 양반, 종손이 아닌 여성, 아이, 서자를 배제하는 연대는 강요와 권위와 억압을 볼모로 한다. 공동체 내부의 불평등한 제사방식, 일방적인 공경의 윤리, 신분, 젠더, 나이에 따른 위계질서의 위화감 등 세대적 시대적 변화는 불가피하다.

조상숭배를 신의 경지에 올려놓는 삶의 태도란 '순종이외에는 어떤 것도 규정하거나 명령하지 않으며 이성에 반대되는 어떤 것도 원치 않으며 행할 수 없기에'[169] 구원의 방식이 전근대적이고 시대착오적이다. 이 세상 누구도 법과 강제에 의해 행복에 이를 수 없으며, 독립적 개인의 자유로운

166 박만준, 『레이먼드 윌리엄즈, 마르크스주의와 문학』, 커뮤니케이션북스, 2016, 60~61쪽.

167 성균관대 동아시아 유교문화권교육연구단 편, 『동아시아와 근대, 여성의 발견』, 청어람미디어, 2004, 129~130쪽.

168 조승래, 「토마스 힐 그린과 아이제이아 벌린 그리고 공화주의」, 『영국연구』 25, 영국사학회, 2011, 161쪽.

169 B. 스피노자, 앞의 책, 328쪽.

판단에서[170] 시작되어야 하기 때문이다. 귀를 자르거나 직장을 쉬고 죽음조차 불사하는 효 이데올로기와 조상숭배를 증명하는 이순원 소설엔 타자의 목소리가 들리지 않는다. 지배계급의 관습과 통제 아래 놓인 선별적 전통은 과거를 현재와 연장해 현재를 정당화하는 과거에 대한 한 해석이며, 동시대의 사회문화적인 조직의 한 측면으로서 특정 계급의 지배에 기여함[171]으로써 타자를 수용하지 못한다. 또한 다시 불려나오고 다시 이야기되며 다시 주장되고 다시 정당화되어야하는 정체성으로서의 서발터니티를 비밀스럽게 가치화하고 실체화하는 과정을 종종 담아내는 향수는[172] 젠더화된 말없음과 지배계급에서 배제된 하위주체의 목소리를 억제하는 지역가부장제를 강화한다.

3. 당숙으로 표상되는 연고주의적 정서

이순원 소설에 자주 등장하는 당숙[173]은 직계혈통에 비해 일정 정도 거리를 둘 수 있고 실제로도 동네마다 가난하고 불쌍한 먼 친족 내지 이웃이 있기에 리얼리티가 확보되는 인물로 주인공에게 인상 깊게 회상된다. 파밀리아(familia, 가족)라는 단어는 라틴어에서 비롯되었으며 파물루스(famulus, 하인)의 파생어로서, 한지붕 아래 거주하는 노예와 하인 그리고 온 가족과 주인을 지칭[174]한다. 집성촌의 씨족은 동일한 조상을 지닌 후손들로 형성된 공동사회를 뜻하며, 독립적인 자아이기 전에 가족의 이름에 의해서 식별[175]된다. 인간의 자기실현이 혈연 가족을 통해 가능하다고

170 최형익, 『스피노자의 신학정치론 읽기』, 세창미디어, 2017, 110쪽.

171 박만준, 앞의 책, 63쪽.

172 가야트리 차크라보르티 스피박 외, 앞의 책, 25쪽.

173 堂叔은 부모의 사촌형제로 자신에게는 오촌 아저씨인 관계이며, 일반적으로 오촌부터는 친족에서 빠지기도 한다. 이순원 소설에서는 오촌 이상의 먼 동네 친족에게도 '아재', '당숙'이라 부르며 돌보고 보살피는 공동체 일원으로 인식된다.

174 앙드레 뷔르기에르 외, 정철웅 역, 『가족의 역사』, 이학사, 2001, 21쪽.

보는 유교의 세계에서 가족은 개인과 사회를 잇는 가장 현실적이면서도 이상적인 공동체[176]로 먼 친족까지 돌보고 껴안는 미덕을 지닌다.

〈해파리에 관한 명상〉[177]은 집안의 먼 친족으로 장애가 있고 이용만 당하는 해파리 아저씨(이세일)의 일생을 그린다. 한국사회가 얼마나 혈연중심적 공동체인지는 친족에 대한 호칭의 세분화에서도 나타난다. 영어, 독일어에서의 삼촌은 아저씨, 아줌마로 통칭되고, 중국어, 일본어도 친족에 관한 명칭이 세분화되지 않은데 비해 우리나라 친족명은 매우 구체적이고 섬세해 한국사회가 핏줄과 혈연에 의존하고 집착하고 있음을 증명한다. 친족 관계는 단지 용어로만 표현되는 것은 아니며, 친척 앞에서 취해야 할 태도를 좌우하는 규범까지 포함[178]한다. 이 소설에도 진외가 형제, 재종숙, 칠촌아재비, 육촌형제, 증조/고조 할아버지, 자손, 사촌, 큰댁 당숙, 숙모, 시외사촌 동생, 큰댁 조카 등 한 마을의 친족들이 연결되어 있다. 아버지와는 육촌형제이고 '나'와는 칠촌아재이자 재종숙(再從叔) 어른인 그는 어린 시절 몸이 밟혀 해파리처럼 흐느적거리는 불구가 되었고 지능마저 떨어진다. 할아버지는 성실한 삶의 자세와 참판공 자손 집안에 대한 자긍심을 가르치는 등 그를 가족으로 받아들이고 보살핀다. 힘든 몸으로 소몰이를 하는 그는 선량하고 온순하며 우직한 성품을 지녀 자신이 끄는 소나 노새의 성정을 닮았다. 소설가인 나는 단편 〈말을 찾아서〉의 모델인 당숙이 바로 해파리 아저씨라고 고백한다.

> 언젠가 내가 발표한 어떤 소설을 두고 거기에 노새 이야기가 나오고 봉평장터 이야기가 나오고 하니까 사람들은 대번에 〈메밀꽃 필 무렵〉의 패러디가 아니냐는 말들을 했지만, 사실 내게 그 소설을 쓰게 했던 사람도 가산(可

---

175 위의 책, 23쪽.

176 성균관대 동아시아 유교문화권교육연구단 편, 앞의 책, 129쪽.

177 이 소설은 작가정신에서 1988년 단행본으로 출판되었으며, 2003년 생각의나무 출판사에서 『그가 걸음을 멈추었을 때』 작품집에서는 〈그가 걸음을 멈추었을 때〉라는 단편으로 재수록되었다.

178 앙드레 뷔르기에르 외, 앞의 책, 37쪽.

山) 이효석이 아니라 수모(水母: 해파리) 이세일 아저씨였다. 그 소설을 쓰는 동안에도 〈메밀꽃 필 무렵〉에 나오는 '허생원'보다 내 곁에 더 가까이 한세상을 살았으며 나와 그리 멀지 않은 피를 나눈 그 재종숙부만을 생각했다. 우차가 아니라 그냥 맨소를 끌기는 했지만, 성정은 자신의 길동무처럼 온순하고 우직했어도 태어나 걸은 길은 노새의 그것과 조금도 다를바 없이 살다가 간, 촌수는 멀어 칠촌아재비이긴 하지만 내게는 아버지 다음으로 가까운 집안 어른이었다.[179]

소를 몰거나 남의 집 허드렛일을 하는 해파리 아저씨의 열등한 몸은 마을에서 타자성을 목격하게 되는 대단한 구경거리[180]이다. 마을사람들이 부추겨 떠돌이 여자들과 4번 결혼한 그는 불구이자 불임의 몸상태를 지니고 있다. 성기능이 저하된 그로테스크는 일차적인 의미의 추한 몸일 뿐만 아니라 개인이 직면해야하는 비교적 우위에 의해 판단되는 낯설고 불편한 사회구조를[181] 가리킨다. 시어머니의 패악으로 가출한 여성과 15년간 금슬 좋은 결혼생활을 했지만 전가족의 연락으로 어쩔 수 없이 아내를 보낸 해파리 아저씨는 소몰이 일감이 떨어져 정부구호 양곡이나 국가보조생활비, 교회의 불우이웃돕기와 친척들이 보내는 양식에 의지해 적막하고 쓸쓸하며 구차한 말년을 보냈다. 초라하기 짝이 없으며 근면하고 성실한 삶을 살아온 부끄러움 없는 육신, 평생 지은 죄 하나 없이 착한 아저씨의 육신에 나는 수의를 입히고 염을 한다.

참으로 힘들게도 살다가 간 사람이었다. 착하고, 용하고, 바르게 살다가 간 사람이었다. 그러나 이젠 그가 살다가 간 집도 없어지고, 집터도 내년이면 없어질 것이었다. 이 세상의 전부와도 같았던 사랑을 떠나보내고도 미움을 남기지 않은 사람이었다. 60년을 살았는데도 세상 어느 한구석에라도 자신

179 이순원, 『해파리에 관한 명상』, 작가정신, 1998, 50쪽.
180 로즈메리 갈런드 톰슨, 손홍일 역, 『보통이 아닌 몸』, 그린비, 2015, 19쪽.
181 몸문화연구소 편, 『그로테스크의 몸』, 건국대출판부, 2010, 159쪽.

이 살아온 그 기구한 삶의 작은 흔적조차 남기지 않았다. 정말 해파리처럼 살다가 해파리처럼 갔다. 파도에 밀려 물 위를 떠돌 땐 형체도 있고 목숨도 있다가 어느 우악스러운 손길이 있어 그것을 모래 쪽에 던져놓으면 나중엔 제 몸이 놓였던 흔적조차 지워버리고 그대로 하늘로 증발해버리고 마는 그 무소유의 강장동물처럼, 어린날 운명처럼 다가온 어느 우악한 발길 아래 또 다른 한 삶의 해파리로 뜨거운 모래 위에 내던져져서……. 생 1938년 3월 14일 몰 1997년 2월 17일[182]

농경사회의 의식과 구조를 재현한 〈해파리에 관한 명상〉의 당숙의 삶은 훼손된 공동체적 삶에 대한 복원의 환기를 은유[183]한다. 그러나 소를 몰고 노새처럼 불임인 그는 짐승과 동일시되며, '생물학적 근거를 크게 넘어서는 의미가 부여된 병신, 혼혈, 변태, 이방인, 창녀 같은 형상들은 사회적으로 결정된 낙인으로 표시되고 재현을 통해 정의되며 사회적 권력과 지위로부터 다름을 분류하는 이념의 산물'[184]로 인식되었다. 이 소설은 사회적으로 배제되어 친족으로부터 동정과 보호를 받는 해파리 아저씨의 도태된 삶이 시혜의 대상이 되는 온정의 서사구조로 되어 있다. 신체적 지능적 성적으로 열등한 해파리 아저씨의 순수하고 착한 삶과 그를 장애인으로 만들고 금전적으로 손해를 끼친 도근이 아저씨의 삶을 대비한 이 소설은 진정한 불구자가 누구인지 질문하며 선한 본성의 인간형을 추구한다. 비공식적인 사회적 안전장치로 작용해 직업이 없거나 아프거나 장애가 있는 친척을 돕고 학비도 지원하는 가족 충성의 부족주의[185]라는 정서적 유대감이 강한 친족공동체의 장점을 그린 이 소설은 혈연공동체를 지향한다.

〈먼 길〉의 당숙모는 6.25때 인민군의 짐꾼으로 남편이 강제 동원되어 행방불명되고, 아들마저 실종되어 20여년을 돌아다니다가 돌아와 죽음을

---

182 이순원, 앞의 소설, 96쪽.
183 신철하, 「작품해설: 뒤로 가는 시간의 진실」, 『해파리에 관한 명상』, 작가정신, 1998, 111쪽.
184 로즈메리 갈런드 톰슨, 앞의 책, 19~20쪽.
185 스티븐 아스마, 앞의 책, 174쪽.

맞이한다. 쪽진 머리를 하고 큰집의 명절, 제삿날을 빠지지 않았던 그녀는 강릉시내 여관에서 식모살이와 봉재일을 하며 키운 아들이 예비고사에도 떨어져 절망한다. 연좌제에서 벗어나기 위해 남편 사망신고를 하자는 큰집의 부탁으로 내키지 않는 결정을 했지만 큰집 아이는 출세길로, 자신의 아들은 현역 입대를 하게 되는 결과를 가져온다. 남편이 다른 사람 때문에 명 재촉하러 나갈 사주이고 아이는 다른 자손 때문에 앞날이 막혔다는 점집 얘기를 한 당숙모는 동네에서 실성상태로 낙인찍힌다.

병명을 알 수 없는 증세로 원주 기독병원에 입원한 아버지는 자신의 목병이 난리통에 자기 대신 북으로 끌려간 당숙 때문이며, 당숙 가족의 불행한 운명에 대한 심리적 증상임을 알게 된다. 정처없이 떠돌다가 죽은 당숙모의 슬픈 생은 아버지를 대신한 당숙의 고난에 기인한 것으로 두 집안의 운명을 바꿨다. 목 잠김이 40년 후 재발된 아버지는 먼길을 돌아와 숨을 거둔 당숙모와 화해하고 용서한다. 연장자인 할머니에 의해 큰집, 장손, 장남에게 희생되는 작은집의 비극적 삶을 통해 전통, 관습, 미신 문화가 선별된 제도이자 형성된 의식임을 보여준다.

〈망배〉에서도 마을에서 십리쯤 떨어진 곳에 사는 콩게이라는 별명을 가진, 말을 데데거리며 술을 얻어 마시는 알콜중독자인 모자란 아저씨가 등장한다. 유머러스하면서도 연민을 느끼게 하는 마을의 당숙이나 먼 친척아저씨의 존재는 농촌사회가 포용하고 끌어안는 공동체의 미덕을 대변한다. 따뜻하고 아름다우며 갈등구조가 약한 이순원 소설은 동네마다 존재하는 친족이나 광녀를 소환함으로써 정겹고 리얼리티를 갖지만 온정적이고 시혜적인 시선이나 구경거리로 노출시킨다. 당숙으로 상징되는 가족(친족)의 폐단은 부와 빈곤을 세습시키며, 사생활권이라는 미명아래 개인의 개성과 인권을 억누르고 끝없이 반복되는 가사노동에 여성을 묶어두는 것과 같은 근본적인 문제가 있음에도 불구하고 사랑과 모성애, 휴식의 공간, 직장의 조직 논리에서 벗어나 세계를 구축할 수 있는 유일한 공간으로 신비화되는 모순을[186] 드러낸다. 두 소설 속 지역사회는 원시적이고 부족주의적인 운명 · 감정 공동체로 선별적 전통에서 배제된 비가시적 비가청적인 타자들이 존재한다. 씨족적이고 편애주의적인 도덕적 신념을 지닌 동양적 효가 수용된 농촌공동체의 권위와 편애는 타자에게 상처를 준다.

4. 타자의 상처와 퇴행적 화해

조선 유교문화와 가부장적 질서체계의 영향이 강한 강릉지역은 가문숭상과 대잇기에 집착하는 문화구조를 이룬다. 부계적[187] 부권적[188] 부치적[189] 특징을 지닌 서주 종법은 아버지-아들-손자로 이어지는 부계의 원칙으로 아버지에게 신분과 권력, 가족의 대표권을 보장하며, 정식 혼인 관계에서 낳은 장자에게 계승하는 것을 원칙[190]으로 한다. 이 원칙은 동성불혼제(同姓不婚制), 적첩제(嫡妾制), 매작혼제(媒妁婚制)을 통해 확보됨으로써 여성과 남성의 역학 관계가 뚜렷해진다.

이순원 소설의 가족 분열과 아픔은 소년의 양자의식 혹은 서자의식에서 비롯된다. 친부모가 있음에도 불구하고 남의 집 아들이 되는 과정은 아이에게 회복할 수 없는 상처로 남아 증상으로 표출된다. 장자 대잇기는 동아시아 문화권에서 매우 중요한 가치이지만 가부장적 종족 보존은 타자인 여성과 미성숙한 아동의 생각이 무시된 채 일방적이고 무방비적으로 강요된 것이다. 소년들은 버려지거나 보호받지 못함으로써 모자간의 갈등관계와 애정결핍으로 인한 비정상적이고 왜곡된 자아상이 만들어진다.

〈말을 찾아서〉의 형제가 많은 집에서 자식이 없는 당숙집에 양자[191]로 결정되었던 '나'는 말꿈을 꾸거나 말고기 육회를 보면 구역질이 나고 말,

---

186 미셸 바렛·메리 맥킨토시, 김혜경·배은경 역, 『반사회적 가족』, 나름북스, 2019, 7쪽.

187 partrilineal, 계통이 아버지 쪽으로 계산되는 것을 말한다.

188 father-right, 아버지의 신분과 권리가 아들로 이어지는 것을 말한다.

189 patriarchal, 가족의 권력이 부(가족의 최고 연장자)에 있으며 자녀가 아버지의 지배를 받아야 함을 말한다.

190 성균관대 동아시아 유교문화권교육연구단 편, 앞의 책, 112쪽.

191 적자, 서자가 없는 집에서 대를 잇기 위해 동성동본의 집안에서 데려다 기르는 남자아이

노새에 대해 글을 쓰지 못한다. 당숙집 양자로 신분이 바뀐 나는 노새를 끌고 다녀 '노새 애비'라는 쌍욕보다 못한 호칭으로 불리는 '노새집 양재'가 된다. 불임의 노새와 동일시되는 당숙과 가족이 된 소년은 부끄러움과 수치심을 느낀다. 자식을 생산하지 못해 둘치로 불리는 당숙모의 의견이 무시된 채 집안 남성들에 의해 결정됨으로써 여성과 아이는 자신의 삶을 규정하지 못한다.

자식의 부재는 부계가족에서 집의 대를 계승시키지 못하고 자기가 아들이 없음으로써 집의 대가 단절된다는 것을 불효 중의 불효로 생각했기에 가장 서러운 것[192]이다. 정실부인과 후실부인에게서도 아들이 없고 씨받이도 되지 않으면 양자를 맞아 집을 계승하는데, 양자가 자신을 거부하는 태도에 실망을 느낀 당숙은 진부옥에서 다른 여자와 동거하는 등 집밖을 떠돌며 방랑한다. 친족의 자식을 양자로 얻었지만 당숙은 자손에 대한 결핍이 채워지지 않는다. 부계 혈통의 가부장제(가족)란 자본주의와 연결되어 여성의 가정 내 노동 및 재생산 가능성을 착취해온 폭력장치[193]이자 연소자와 여성에 대한 남성지배를 지지하고 구조화하는 체제[194]로서 당숙모와 소년의 고통과 슬픔이 배어 있다.

아들 부재는 사회적으로도 남자로서도 인정받지 못하기에 쓸쓸하고 허전한 당숙의 삶을 헤아린 양자는 진부에 있는 양부를 데리고 오면서 화해한다. 부권적 사회에서 자식을 양육할 당사자인 당숙모는 죄인이 되며, '노새 애비'라고 놀림을 받는 당숙 역시 권리를 배제당한 구성원으로 존중받는 인격체로서 자기 이해를 훼손[195]당한다. 자신의 의지와 상관없이 남의 자식이 된 중학생 수호도 열등감이 착장됨으로써 당숙가족 모두 자존감이 붕괴된다. 인격과 지위를 훼손당했음에도 불구하고 인정상태를 회복하기 위한 투쟁보다는 타자의 수긍과 양보로 따뜻한 공동체가 이루어지는

192 이광규, 『한국가족의 구조분석』, 일지사, 1975, 258쪽.
193 우에노 치즈코, 이승희 역, 『가부장제와 자본주의』, 녹두, 1994, 237쪽.
194 여성문화이론연구소, 『페미니즘의 개념들』, 동녘, 2015, 14쪽.
195 이현재, 『악셀 호네트』, 커뮤니케이션북스, 2019, 52쪽.

결말은 안이한 해결방식이다. 봉건적 삶의 이치도 깨닫지 못한 어린 아이는 우리집 대주, 맏상주, 종손, 장손을 자랑하는 양부의 기대와 소망에 부응하며 불합리하고 불평등한 세계를 자각한다. 인정투쟁이란 새로운 규범적 방향을 갖는 미래사회로의 변혁을 추동하는[196] 것으로 전통유지와 과거회귀를 지향하는 세계와 상충된다.

〈수색 그 물빛 무늬〉의 어머니는 남편의 첩과 함께 기거하며 자신의 아들을 나눠준다. 남편의 '시애(시앗)'인 그 여자의 등장은 그녀가 떠난 이후에도 발설하면 안 되는 한 집안의 고통스러운 기억으로 남아 있다. 두 아내의 불편한 동거는 오로지 가족의 몫이며, 그녀들은 한번도 다투지 않고 남편과 자식을 공유한다. 가정을 지키기 위해 자식을 하나 보냄으로써 첩에게 아이를 낳지 마라는 뜻을 전달하는 친모를 친아들은 무섭다고 여기며, 불화 중인 자신의 아내에게 투사함으로써 여성혐오를 갖는다. 자신을 보호해 주지 않고 남의 자식으로 보냄으로써 외상을 입은 아들은 남편의 외도로 내상을 입은 친모를 원망하며 안정감을 획득하지 못한다. 그러나 이는 연장자이자 가부장의 외도와 처첩제도가 묵인되고 관대한 사회에서 가정을 지키기 위한 어머니의 어쩔 수 없는 선택이었다.

금기이자 매혹의 대상인 첩의 아들이 된 소년은 정체성과 뿌리가 흔들리고 이별의 아픔을 간직한다. 아버지의 시애를 증오하는 큰형 철호 에미인 친모와 수호 에미인 서모 사이에서 수호는 비정상적이고 아픔이 내재된 자아를 형성해 나간다. 본처의 아들(친자, 적자)에서 첩의 아들(양자, 서자)이 된 수호는 알 수 없는 부끄러움과 소외감을 느낀다. 이러한 차이는 수호 에미가 떠나고 오랫동안 잊혀졌던 세월 속에서도 어머니와 그 엄마, 강릉 공간과 수색 공간이라는 심정적 지리적 거리로 표상된다. 수색병에 걸린 수호는 그 지역이 "내 마음 속에서만 아련한 추억으로 일렁이는 그 물빛 무늬"로 채색되고 환기되는 아름다움으로 남는다. 그리워해서는 안 되는 비도덕적인 불륜대상인 아버지의 첩이자 한동안 자신의 어머니였

196 위의 책, 57쪽.

던 그녀가 있는 수색을 향한 그리움과 죄의식 그리고 형제와의 거리감은 수호의 자기구성방식에 작동된다. 수색으로 상징되는 첩은 혐오와 매혹 사이에 위치한 애브젝트이자 금지와 죄악, 도덕과 부도덕, 자아와 타자를 모호하게 하는 혼성적인 존재로서 '사회가 규정한 정체성, 조직, 구범을 불안하게 하는 것이며 정해진 경계, 위치를'[197] 깨뜨린다.

가부장의 두 아내 이야기는 할아버지의 삶에서도 그려짐으로써 아내와 사이가 나쁜 자신에게까지 답습된다. 시애 할머니를 인정하지 않는 아이들 때문에 어머니는 전전긍긍해야 했고, 엄마인 줄 알았던 여자와의 급작스런 이별을 경험한 수호는 그 할머니를 미움의 대상으로 여겼다. 할아버지가 돌아간 이후에도 그 할머니를 모신 어머니는 남편의 시애까지도 수용한 불굴의 여성이었다. 국가-남성에 의해 제작된 여성주체는 성적 종속성을 지니며, 할머니와 어머니는 독자적인 의식의 주체가 아니라 타자에 의해 왜곡된 주체 즉 타자에 의해 오염된 주체로서의 가부장화된 여성[198]이다. 여필종부, 삼종지도, 일부종사가 체화된 어머니는 분열하는 여성 연대와 갈등 속에서 자식에게조차 이해받지 못하는 불행한 생을 보낸다. 가시밭길로 점철된 어머니의 삶의 무늬와 그 여자를 상징하는 아름다운 수색 무늬 사이에서 수호는 정착하지 못하고 트라우마를 안고 살아간다. 처첩제도에 대한 관용 혹은 정당성을 부여받는 남편의 외도, 소유물로서의 여성과 자녀에 대한 인식, 조혼 풍습 등이 지닌 성차별적이고 위계적이며 폭력적인 문제를 작가는 모호하고 에둘러 동조하는 남성 공모적 태도를 보인다.

'수색(水色)'은 친모가 사는 동쪽 끝 강릉지역과 대비되어 아버지의 여자가 살고 있는 서울의 한쪽 끝에 위치한 공간이다. 그립지만 불경하고 매혹적인 감정을 동반하는 그 여자에 대한 기억은 수호에게 물빛 무늬로 남아있다. '오랜 가부장적 질서를 떠나 설명될 수 없는'[199] 처첩의 이야기를

---

197 이문정, 『혐오와 매혹 사이』, 동녘, 2018, 71~72쪽.

198 강명관, 『열녀의 탄생』, 돌베개, 2009, 550쪽.

199 손종업, 「일상적 삶의 감옥과 일탈에의 그리움」, 『수색, 그 물빛 무늬』, 민음사, 1996, 219쪽.

소재로 한 이 소설은 시부의 첩을 모셨고 남편의 여자와 함께 살았던 어머니의 숙명론적이고 순종적인 삶과 원시적이고 유교적인 향촌공동체의 관습을 다룬다. 남편과 아들을 공유했던 여성의 한과 상처는 회복할 수 없는 아픔이지만 존재감을 드러내지 않는 남편은 책임지지 않으며, 아들 또한 어머니를 독하고 무서운 여자라고 여긴다. 친모를 미워하는 소년은 과거를 얽매이도록 구속함으로써 진정한 삶을 어렵게 만들고 나아가 자긍심과 자신감의 상실로 이어지는 죄의식[200]을 갖는다. 정상적인 가정에서 벗어난 여성 즉 처첩이나 재가자 등의 여성에게 가해지는 가혹한 제재는 현모양처론을 뒷받침하는 이념에 의해서 존재론적으로 정당화[201]되며, 집안사람들은 가장에 의해 통제되었다.

〈수색, 그 물빛 무늬〉는 첩의 삶을 물빛 무늬로 아름답게 희석시키고 어머니를 공포의 대상으로 왜곡시키는 남성중심적 시각이 드러나는바 가부장과 아들에게는 아름답게 채색되는 막연한 그리움이지만 본처, 어머니에겐 감내하기 힘든 아픔이었다. 전통 유교이념과 제도가 폐지되었지만 가부장 기득권 사회의 통념과 관습이 여전히 유효한 향촌공동체는 세상의 시선에서 자유롭지 못한 첩의 신분인 양모와 본처인 친모 모두에게 가혹했다. 공감 능력이 여성에 비해 부족한 남성들은 자신이 일으키는 고통을 인식하는 것이 불가능하며, 여성은 남성들을 잘못된 길로 빠뜨리려고 보낸 존재이자 선천적으로 죄지은 피조물로 여기기 때문에 여성혐오와 적대감[202]을 내포하고 있다.

〈멀리 있는 사람〉의 '나'는 약하게 태어난 손자를 위해 할머니가 점지한 명 어머니의 위독소식을 듣고 강릉으로 간다. 맏아들이 아랫집 액비통에 빠져죽은 억센 삼박골 대두바기네인 명 어머니 집에서 자고 왔다가 이를 옮겨 형제들에게 심하게 놀림과 눈총을 당한 나는 군대에서의 오발사고나 수술했을 때 장모나 어머니가 아닌 명 어머니의 지극정성으로 목숨

200 헤란트 캐챠도리안, 김태훈 역, 『죄의식』, 씨아이알, 2016, 53쪽.
201 김미영, 『유교문화와 여성』, 살림, 2004, 30쪽.
202 스티브 테일러, 우태영 역, 『자아폭발: 타락』, 다른세상, 2011, 260쪽.

을 부지했다. 그러나 명 어머니는 결혼식 폐백 때 절을 받지 못하는 등 친어머니로부터 설움을 당했고, 자식 셋을 기르는 동안 정화수를 떠놓은 적이 거의 없는 어머니에 비해 어린 시절 귀신들의 명부로부터 이름을 지켰을 뿐만 아니라 어른이 되어서도 양아들의 건강을 위해 헌신했다.

그러나 명 어머니의 큰 아들이 죽고 작은 아들도 경찰서, 교도소를 들락거리자 그녀의 딸 영희는 노골적으로 적의를 드러낸다. 나는 미황사 게와 거북이의 주춧대를 떠올리며 인생이야말로 다른 사람 몫의 기둥 하나가 그냥 그대로 얹어진 것이라고 여기며 숙명론적인 삶의 비의와 점집의 점쟁이, 무당, 조상신에 의지하는 믿음을 갖는다. 이 소설에도 친모에 대한 적대감과 양모에 대한 애착이 나타남으로써 여성에게 책임을 전가하는 여성혐오적 남성중심적 시각이 드러난다.

> 그래, 밤새 오느라고 애썼다. 나는 한쪽 다리를 사다리에 둔 채 다른 한쪽 다리로만 안방 쪽 지붕 처마 끝을 밟고 서 있었고, 그는 사랑 쪽 지붕 한 가운데에 우뚝한 모습으로 서 있었다. 아까 자동차안과 식당에서도 똑같은 목소리로 말하던 그였다. 이제 어머니, 내가 모시고 가마. 이제 와서 내가 그것을 다 기억할 수 없지만, 내 삶이 위태로웠던 순간마다 같은 어머니의 형제로 신호를 보내고 또 허리를 내주었던 내 명 어머니의 큰아들, 그였다. 나는 두 손으로 어머니의 저고리를 받쳐 든 채 지붕 저쪽의 그를 향해 아직 내가 가보지 못한 어떤 절의 게나 거북이처럼 가만히 몸을 숙여 인사를 했다.[203]

두 어머니 혹은 두 아버지를 두어 놀림을 받거나 죄의식을 갖는 소년은 여러 형제 중에서 양자, 서자라는 운명이 정해지며 그리워해서는 안 되는 아버지의 첩 혹은 명 어머니에게 애착과 연민을 지님으로써 혼란을 겪는다. 아이는 불경하고 천하지만 매혹적인 대상에 대한 친연성과 더불어 그리움이라는 복합적이고 양가적인 심정을 지닌다. 조상, 조부, 아버지에

---

203 이순원, 〈멀리 있는 사람〉, 『첫눈』, 뿔, 2009, 38쪽.

게는 책임을 묻지 않는 이순원 소설은 부계 중심의 가부장적 질서를 수용하고 긍정함으로써 전통 질서를 내면화한다. 소년은 뿌리의 불안감 및 정체성의 위기를 갖는 경계인의 위치에서 자라며 어른이 되어 증상으로 발현된다.

이순원 소설은 가부장, 남성, 주체에서 배제된 사회적 약자에 대한 폭력과 상처를 묵인하거나 희생시킴으로써 보수적이고 부권적인 태도를 견지한다. 가족이나 가문의 은유는 전체주의 국가를 정당화하는데 이용되며, 국민을 가족의 일원으로 여기는 일은 개인에게 참기 힘든 폭력이[204] 된다. 가장 유구하고 심원한 감정의 원천이자 물리적인 존재와 도덕적인 개인이 형성되는 공간으로 사랑, 이해 관계 그리고 꽤 오랫동안 이어져온 조상과 후손들의 의무감으로 결합[205]된 가족 구성에서 서자, 양자는 자아구성의 왜곡과 혼돈을 경험한다. 〈먼길〉의 아버지는 당숙 가족에 대한 죄책감으로 둘째 아들을 양자로 보냄으로써 죄의식에서 벗어나고자 한다. 핏줄승계가 낳은 장자의식과 부권제는 타자를 주변적 위치에 두며, 자손과 친족의 다복한 명절 및 제례 풍경에서도 소외시킨다. 이순원 소설에서는 장자가 집안을 계승해야 하는 유교문화가 깊숙이 침윤되어 가부장에 의해 일방적으로 양자를 보내는 일이 자주 등장한다. 어떤 상황을 자신이 통제할 수 없다고 생각할 때 생기는 불안한[206] 상황 속에서 아이는 심리적 절망상태에 빠지고 애착관계가 비정상적으로 형성되며 분열하는 자아구성을 한다.

이순원 문학은 자아, 국가, 가족, 헤게모니적 양태의 남성성의 권위 있는 목소리, 동일자의 말들을 연속시키는 주인의 목소리로 표현되는, 과거의 경험들을 엄숙하게 보존하는 습관, 관습, 전통처럼 중독적인 것에 의존[207]한다. 강력한 부권제와 효 이데올로기 아래 여성과 아이는 유교질서

---

204 아즈마 히로키, 안천 역, 『관광객의 철학』, 리시올, 2020, 215쪽.
205 앙드레 뷔르기에르 외, 정철웅 역, 『가족의 역사』, 2001, 8쪽.
206 보르빈 반델로브, 한경희 역, 『불안, 그 두 얼굴의 심리학』, 뿌리와이파리, 2008, 125쪽.
207 로지 브라이도티, 김은주 역, 『변신: 되기의 유물론을 향해』, 꿈꾼문고, 2020, 503쪽.

와 권위에 복종해야 했다. 권위자나 지위가 있는 사람 혹은 나이든 사람을 지혜의 원천으로 여기는 유교문화는 위계질서가 분명해 타자의 목소리는 들리지[208] 않는다. 타자의 슬픔과 고통을 리얼하게 그리면서도 급작스럽고 뜬금없게 갈등을 마무리하고 화해와 용서, 치유로 끝나는 소설결말은 가부장적 공동체가 체화된 작가의식에 기반한 퇴행적이고 남성중심적인 소망이 잠재된 화해이다. 여성과 연소자, 신분이 낮거나 불구자의 목소리는 억압, 침묵, 방조되는 현실이 그려진다. 액막이, 점 등의 속설에 의존하고 처첩제, 장자의식이 낳은 양자 입적과 친모와의 갈등과 혐오는 '팔 안김 박탈'[209]에서 비롯되며, 결핍과 불안정성을 지닌 자아를 구성하게 했다. 친부, 조부, 당숙 등에 대한 관대와 묵인, 친모에 대한 거부와 미움은 남성공모, 남성연대에서 비롯된 보수적이고 가부장적인 작가의식의 발로이다.

5. 전통 · 지역 · 한

이 글은 질적 양적으로 풍성한 이순원 문학의 향촌공동체적 특징과 과거지향적이고 보수적인 작가의식을 고찰하였다. 고향 탐색과 공간화 전략이 핵심요소를 이루는 그의 문학은 고향 강릉 위촌리로 상징되는 향촌 배경의 은밀한 가족사를 소재로 한다. 전통 유교문화가 보존된 위촌리는 유년기적 상흔과 따뜻한 공동체의식, 가부장적 전통적 작가의식을 갖게 했다. 지역사회의 영향 하에 놓인 그의 소설은 구습과 전통으로서의 향촌공동체, 당숙으로 표상되는 친족공동체, 부권제와 장자의식의 가부장적 공동체를 특징으로 하는 운명 · 감정 공동체를 배경으로 한다. 따뜻하고 아름다우며 사라져가는 미풍양식과 인간애를 복원하는 그의 소설은 전통 지향과 향수가 내포된 주술적이고 가부장적인 사회에 바탕을 두고 있다. 가

208 스티븐 아스마, 앞의 책, 178쪽.
209 스티브 테일러, 앞의 책, 278쪽.

족 가치에 대한 전통적 옹호 그리고 구습과 전통, 가문과 대잇기에 기반한 마을공동체는 유교문화와 가부장적 권위 질서가 유지되는 이면에 드리워진 타자의 고통과 희생을 감내하는 공동체로서 편애 체계가 작동하는 충성과 존경의 효 이데올로기를 강조한다. 이런 사회는 제사를 지내거나 양자 입적과 같은 결정을 남자가 하고 여성은 뒤치다꺼리나 하는 등 성별에 따라 역할을 제한하고 차별하며, 소년과 젊은이의 미래를 억압한다. 내적 억압의 기억과 회상, 추억 속에서 죄의식과 부끄러움, 분리불안이 형성되는 소년의 자기구성방식엔 슬픔, 이별, 불합리, 불통의 상처가 깔려있다. 이는 자본주의적이고 개인주의적인 현대사회가 상실한 공동체의식, 타인에 대한 인간애를 상기시킬 수는 있으나, 타자의 고통이라는 대가를 치르는 공동체라는 점에서 바람직하지 않다. 또한 구성원 안에 들어오지 못한 바깥을 배척하고 경계하며, 불합리하고 미신적인 차원에서 문제를 봉합한다든지, 타자의 상처를 전제로 한 화해와 용서는 지향할 수 없는 해결방식이다.

이순원은 향촌공동체의 혈연중심적 삶을 사실적으로 묘사하고 있으나, 보수적이고 노스탤지어적인 관점이 체화된 작가의식을 표출한다. 집성촌의 연고주의적 부족주의적인 특성은 소속감과 안정감을 주고 공동의 이익을 도모하지만 타자의 슬픔과 불행, 폭력과 희생이 내포된다는 점에서 비윤리적이고 불합리하다. 근대가 잃어버린 아름답고 따뜻한 향촌공동체의 복원과 향수는 연소자와 여성에 대한 남성 지배를 지지하는 가부장제에 기반하며, 세계를 변화시키지 않는 타자와의 화해라는 점에서 차별적이고 주체중심적이며 일방적이다. 또한 외부인이 거의 등장하지 않아 공동체에 균열이나 변화를 가져오지 않는다. 공동체를 구성하는 의미 지층인 미신, 속설, 신화에 의존하는 마을주민의 폐쇄적인 공동체는 타문화와의 혼종적인 글로벌 시대와 대립하고 갈등한다. 근대사회의 모순과 차별을 해체하고 후현대의 진정한 가치를 정초하는 오늘날 급격한 화해와 상처치유를 바탕으로 한 전근대적인 향촌공동체와 과거회귀, 노스탤지어를 특징으로 하는 이순원 문학은 한계를 드러낸다.

5장
최성각 문학의 타자의식과 생태주의적 특성

1. 포스트휴먼 시대와 최성각 문학

강릉 출신의 최성각(1955~)은 소설가이기 전에 환경운동가이다. 서울 상계동 쓰레기소각장, 영월 동강댐 건설 및 새만금 간척사업 반대 등 환경문제가 발생할 때마다 언제나 그 시위현장에 있었기에 이러한 이력은 작가로서보다는 행동하는 운동가로 인식되었다. 『달려라 냇물아』(녹색평론사, 2007), 『날아라 새들아』(산책자, 2009) 등의 에세이 제목에서 알 수 있듯이 그는 강을 호수로 만들거나 바다나 갯벌을 막아 매립지나 간척지를 조성함으로써 자연에 역행하고 생태군을 파괴하는 인간중심주의적 세계관과 모든 대상물을 이용과 착취로 여기는 과학기술과 서구의 이분법적 사유에 저항한다. 자연과 동식물, 무생물에게조차 타자의식을 요구하는 작가는 2003년 풀꽃평화연구소를 개설해 새, 돌멩이, 풀, 골목길, 꽃, 자전거, 지렁이에게 환경상을 수여하는 등 탈인간중심주의적 신유물론적 세상을 추구하며 인간과 지구의 다른 거주자들과의 연대와 책임의식을 주창한다. 이 세상의 삼라만상이 서로 조건이 되고 영향을 주고받는 에코시스템[210]의 한 부분일 따름이므로 모든 만물은 평등하고 자연을 마음대로 착취하고 개발할 권리는 없다는 것이다.

---

210 러브록은 지구의 항상성을 유지시키는 지구 규모의 거대한 조절시스템과 범지구적 협력을 내세우며, 지난 수십억 년 동안 지구대기권 원소와 해양의 염분 농도 등이 일정하게 유지했고 구성원소들이 대륙과 해양을 오가며 순환하는 점을 두어 살아있는 생명체로서의 지구를 증명한다. – 제임스 러브록, 홍욱희 역, 『가이아』, 갈라파고스, 2004, 295쪽,

최근 근대의 대표적 가치인 휴머니즘에 대한 반성과 성찰로서 포스트 휴머니즘이 화두로 떠오르고 있다. 인간과 비인간을 재정립하고, 과학기술과 정보기술의 발달로 기계와 결합되어 증강된 새로운 형태의 인간이 탄생하면서 AI와의 경계가 흐릿해졌고 정체성에 대한 철학적 질문이 이루어졌다. 어떠한 개체도 자연을 지배하거나 정복할 권리를 갖지 않으므로 생물다양성, 타자지향성을 촉구하며 인간중심적 사고가 아니라 생명중심적 사고가 요구되는 현실에 직면한 것이다. 근대국민국가의 노동착취, 사회적 약자에 대한 불평등, 자원의 불공정한 배분에 따른 사회적 부정의 등 인간계를 넘어서 자연 생태계의 생물과 무생물에 대한 파괴와 착취는 신자유주의 지구화의 이윤과 부의 생산극대화를 위한 자연환경 파괴로 세계위험사회(global risk society)를 출현[211]시켰다. 이 글은 초연결 초융합 초감각 시대에 결국 생태주의 복원이라는 측면에서 환경파괴와 생태위기를 지속적으로 주제화하고 주류담론에 대항하는 실천담론으로서의 환경담론을 주장한 최성각 문학을 고찰한다.

1986년 신춘문예 당선을 통해 문단활동을 시작한 최성각은 여러 편의 소설집과 에세이를 발표한 중견소설가임에도 불구하고 선행연구는 그리 많지 않다. 에세이류의 소설이나 엽편소설(葉編小說) 등 정통소설장르를 해체하는 문학형식[212]과 작가 자신인 '석우'라는 인물을 주인공으로 하는 그의 문학은 실존인물이 실명으로 등장[213]함으로써 허구와 역사, 상상과 사실, 팩트와 픽션의 경계를 넘어서는 문학장르를 실험하며 생태정치학적

211 조명래, 『지구화, 되돌아보기와 넘어서기』, 환경과생명, 2009, 116~117쪽.

212 그의 소설은 엽편소설(강물은 흘러야하고 갯벌에는 갯것들 넘쳐야, 사막의 우물 파는 인부, 말의 감옥), 천주교 미사형식(강을 위한 미사), 서간체 형식(동강에서 온 편지, 섬으로 돌아간 검은 돌), 뉴스 및 르포르타주(그린피스 로버트 카멜), 인터넷 댓글 활용(도롱뇽은 어디 있을까), 패러디나 판타지(풀꽃나라 이야기) 형식 등 생태의식을 일깨우기 위한 목적으로 다양하고 실험적인 방식을 채택한다.

213 정치가로는 김대중, 노무현 대통령과 고건 국무총리, 박원순 서울시장이, 종교가는 문정현, 문규현 신부, 도법, 스경, 법륜, 지율 스님이, 작가 및 학자, 교수로는 신경림, 고은, 김지하, 이문재, 백낙청, 유종호, 리영희, 도갑수, 김동길이, 환경운동가로는 최열 등이 실명으로 거론된다.

에코문학을 지향한다. 최성각 문학은 생태에세이 위주로 연구되어 본격적인 평가가 이뤄지지 않았다.

김윤선은 『날아라 새들아』, 『거위, 맞다와 무답이』를 대상으로 녹색성장 시대를 거스르는 긴급한 비판적 글쓰기로서 반생명적이고 반생태적인 한국의 녹색성장에 대한 저항[214]으로 해석했다. 이는 최성각 문학의 본질을 잘 설명하고 있지만 소설작품을 연구대상으로 하지 않았다는 점에서 한계를 갖는다. 박미경은 당대 현실의 문학적 반응으로서 신변잡기에 머문 에세이를 생태문학의 장으로 이끈 최성각 생태문학의 주제는 세상의 고통에 우리 모두의 책임이 있다는 참회의 마음으로 요약되며, 말 못하는 생명의 통증을 같이 느끼는 감수성, 즉 녹색 감수성의 회복이란 심층 생태학의 자아실현[215]으로 본다. 이 논문 역시 에세이에 초점이 맞춰져 있고, 손민달은 윤구병, 송명규, 최성각의 생태수필을 대상으로 생태파괴 정책과 잘못된 절차를 유려하거나 아름다운 언어가 아니라 진솔하고 구체화된 언어로 표현[216]했다고 평가한다. 이와 같이 생태수필 위주로 분석되고 있어 소설가로서의 본격적인 연구는 전무하다고 볼 수 있다.

지구 대멸종, 후기자본주의, 온난화와 기후변화 등 포스트휴먼 담론 속에서 다양한 생태계와 생물다양성의 회복이 요구되고, 만물의 영장, 지구의 중심이자 최상위 포식자인 인간중심적 삶의 한계가 다다른 인류세[217]를 맞이하고 있다. 결국 동식물, 바이러스, 자연, AI와의 공존은 개방성과 다문화성에 기반한 다양한 존재 양식을 인정하는 생태주의적 사유에 이르게 한다. 브라이도티는 이성과 합리성으로 무장하고 자기 자신의 완벽함

---

214 김윤선, 「녹색 성장 시대, 새로운 글쓰기: 최성각의 생태문학을 중심으로」, 『문학과 환경』 제9권, 문학과환경학회, 2010, 109~110쪽.

215 박미경, 「생태위기와 문학의 대응 양상: 최성각의 생태문학을 중심으로」, 동국대 석사학위 논문, 2013, 47~48쪽.

216 손민달, 「한국 생태수필의 가능성과 그 양상」, 『문학과 환경』 제14권, 문학과환경학회, 2015, 83쪽.

217 人類世, Anthropocence, 파울 크뤼천이 명명한 용어로, 인류세는 지난 1만 년 동안 지구의 기후가 매우 온화하고 안정적이었던 홀로세의 뒤를 잇는 시대이자 생태계 교란을 뛰어넘어 지구시스템의 균열을 인식하는 지적 도약을 포착하기 위해 고안되었다.

을 향해 무한히 확장할 수 있는 '백인 남성 즉 비트루비우스적 인간의 기준 속에서 성차화된 타자인 여성, 인종화된 타자인 비백인과 식민지인, 자연화된 타자인 동물, 지구, 자연들은 인간 이하의 지위로 격하되어 쓰다버릴 수 있는 인간 신체가 되었다고[218] 비판한다.

사이드는 유럽중심주의와 제국이 경험적으로 '휴머니즘'을 오용했기에 다른 종류의 휴머니즘, 세계시민적, 망명적, 탈영토적, 집이 없는 현재의 흐름과 부상하는 목소리에 조응하는 새로운 휴머니즘을 형성하는 것이 가능하다고[219] 말한다. 최성각은 자신의 문학관과 환경운동에 대해 다음과 같이 피력하고 있다.

> 저는 무엇보다도 제가 작가이기 때문에 환경운동에 뛰어들게 되었습니다. 문학이 찬탄의 대상이던 시절, 그런 시절의 문학이 제게 가르쳐 준 것은 어떤 경우라도 작가는 당하는 자의 편에 서야 하고, 진실을 묵살하고 이익을 얻으려는 자들의 폭력에 저항하고 그들이 감추려는 진실을 드러내라는 것이었습니다. 신자유주의의 세계지배 속에서 또하나의 식민지 주민으로 전락한 민중도 여전히 사회적 약자이지만 오늘 말없이 능욕을 당하는 대상은 아무리 생각해도 '자연'이고, 자연에 폭력을 일삼는 힘은 지금보다 더 풍요롭게 살아야 한다고 부추기는 주류상식이라고 생각합니다.[220]

오늘날 도덕은 전면적으로 파탄나고 총체적으로 붕괴되었다. 그렇지 않은 시대가 없었지만 모든 시대에는 '다른 내일'에 대한 희망이 있었다. 하지만 산업사회 이후, 더 정확히는 체르노빌, 후쿠시마 이후에도 인류에게 희망은 남아있을까? 인간이 인간이기 위해 마땅히 필요한 위기의식이 실종된 땅에서도 문학이 가능할 수 있을까? 도덕의 파탄과 붕괴 속에서 불가피하고 당연한 일이지만, 문학도 지리멸렬해지고 풀이 죽었다. 산업 사회 이후 총체

---

218 이경란, 『로지 브라이도티, 포스트휴먼』, 커뮤니케이션북스, 2017, 3~4쪽, 24쪽.
219 위의 책, 31쪽.
220 최성각, 「책 머리에」, 『달려라 냇물아』, 녹색평론사, 2007, 6~7쪽.

적 도덕의 파탄을 응시하고 괴로워하지 않으면서 생산된 문학도 과연 문학일까? 문학의 파탄은 윤리와 위기의식, 죄의식의 실종과 무관하지 않을 것이다.[221]

최성각은 사회적 약자와 자연을 향한 연민과 사랑 그리고 문학적 가치가 소멸된 시대의 문학적 소명을 윤리의식과 연계해서 피력한다. 신자유주의 시대의 윤리파탄과 환경파괴를 진단한 작가는 문학의 사명이란 타자의 고통과 상처를 이해하고 공감하는 것이라고 표명한다. 오토피아[222]로서의 에코토피아[223]를 꿈꾸는 그는 인간중심의 국민국가를 넘어서는 생태민주주의와 사물평등주의에 입각한 공생의 원리, 지역자율성, 환경다양성 등에 초점을 둔 근본생태 혹은 심층생태학을[224] 내세우는 문학작품을 써왔다.

이 글은 지나친 에너지 낭비로 인해 온난화가 가속되면서 홀로세적 평형에서 벗어나 환경재난을 질주하고 있는[225] 지구와 생태계의 현실에서 최성각의 생태의식과 타자의식이 작품 속에 어떻게 구현되고 있는가를 고찰한다. 고도 기술사회 속에서 윤리 없는 인간사회가 형성된 시점에서 인류의 생식권의 차원에서 생각하는 에코에티카는 대인윤리에 한정하지 않고 대물윤리까지 포함하는 윤리적 대상의 확대를[226] 추구한다. 이를 토대로 반생명적 반생태적인 근대정치와 이윤과 부의 생산을 극대화하는 신자유주의 지구화라는 주류담론에 저항하는 실천담론을 개진한 최성각 소설의 문학적 의미와 계몽적인 실천담론을 살펴본다.

---

221 최성각, 「작가의 말」, 『쫓기는 새』, 실천문학사, 2013, 9~10쪽.

222 'ought to be', 'ought to do'와 '(u)topia'의 합성어로, 인류가 마땅히 도달해야할 가치들이 실현되는 당위적 요청사회, 전지구적 협력사회의 모델을 지칭하는 개념으로, 조영식이 주창하였다. -안승범, 『SF 포스트휴먼 오토피아』, 문학수첩, 2018, 17쪽.

223 생태학 ecological과 유토피아 utopia가 합친 말로, 생태적 이상향 ecotopia을 의미한다.

224 안승범, 앞의 책, 75쪽.

225 몸문화연구소, 『인류세와 에코바디』, 필로소픽, 2019, 22쪽.

226 이마미치 도모노부, 정명환 역, 『에코에티카』, 기파랑, 2013, 13쪽, 31쪽.

2. 사회적 약자의 고통과 타자의 목소리

지행합일의 환경운동가 최성각의 문학은 프로타고라스가 "모든 사물의 척도"라고 공식화하였고, 레오나르도 다 빈치가 "비트루비우스적 인간(Vitruvian Man)으로 표상화한 고전적 이상인 '인간(Man)'의 타자인 사회적 약자들을 응시한다. 작가는 근대 자본주의 사회에서 주변화되고 소외된 자연, 동식물, 빈자, 제3세계인, 이주자, 노인여성, 빨치산 등 정치의 주체가 될 수 없는 타자의 고통과 슬픔에 공감한다.

〈진또배기 그늘〉은 목소리 없는 자들에 대한 연민과 고통을 담고 있다. 강릉단오제와 풍어제, 진또배기, 서낭당 등 로컬리티를 소재로 하는 이 소설은 용왕굿 취재를 위해 강릉을 방문한 프리랜서 사진작가가 남대천 건너편 솔밭에 있는 진또배기 그늘 아래서 예닐곱 명의 할머니들이 수다를 떨고 있는 장면을 목격하면서 시작된다. 며느리가 만두에 쥐약을 넣어 시모를 죽이려고 하고 큰아들이 재산분배로 어머니를 때리거나 제주도여행을 막으려 옷을 찢는 등 늙은 노모에게 행패를 부리는 불효한 이야기를 하는 모습을 기이하게 여겨 재방문하지만 흔적도 없이 사라져 환영이었음을 알게 된다. 모든 전승이 단절된 곳에서는 상상의 자유로운 유희나 억압된 것의 귀환이 허용되는 유령의 장소[227]로서 이 지역에 소환되고 있다.

율곡의 어머니 신사임당의 현모양처상을 모델로 하는 강릉지역에서 여성들은 구조적으로 봉사하는 존재로, 대문자 '인간'의 타자로, 경멸적 차이로, 가치가 더 적은 존재로 간주[228]된다. 자식에게 부당하고 패륜적인 대접을 받아도 말할 수 없는 그녀들은 삼종지도라는 가부장적 유교문화의 슬프고 비참한 타자이다. 늙고 가난한 노파들의 한이 유령으로 나타나 바닷바람소리, 조개껍질소리, 모래소리로 전달하는 초현실적이고 주술적인 제의장면을 함영호는 목도한다. 그리고 짓다만 건물지하실에서 할머니들

227 알라이다 아스만, 변학수·채연숙 역, 『기억의 공간』, 그린비, 2011, 24쪽.
228 이경란, 앞의 책, 53쪽.

의 시체가 발견되었다는 복덕방 할아버지의 얘기를 듣는다. 레비나스 철학에서 죽음, 시간, 신, 여성 은유로 표상되고 묘사되는[229] 타자는 낯섦과 타자성을 지닌 귀신, 망령, 영혼으로 귀환하며, 보수적이고 유교적인 향촌 공동체에서 침묵당한 얘기들이 자연의 소리로 발화된다.

전통사회에서 연약하고 무능하며 존재감을 확인받지 못하는 노인여성은 늙어서도 아들, 며느리에게 갖은 구박을 받으며 살아야 했다. 억울하고 한 많은 사연으로 죽어간 할머니들은 마을 곳곳에 자신들의 상처를 스스로 위무하는 제의의 흔적을 남긴다. 바다와 고개, 산, 호수 등 대자연과 밀착되어 있는 강릉지역엔 산신, 해신, 조상신에게 마을의 안녕과 풍어, 풍년을 기원하는 굿이나 산신제가 많았으며, 영적이고 신성한 기운이 남아있다. 가문이나 핏줄에 대한 집착이 강하고 집성촌, 계모임이 많은 지역에서 여성의 지위는 낮고 발언권이 없다. 가부장적 공모성(제국주의건 지구화건)에 의해 생산된 공간 즉 국가를 점유하는 자들의 말하기의 행위를 읽을 수 없게 하는[230] 서발턴 여성은 죽어서 조개 껍데기를 서로 비비는 재갈재갈 하는 말소리, 까르르르 하는 웃음소리로 가시화된다. 혼백이 헤어지지 못하고 무쳐져서 이승을 떠돌며 소외와 억압으로 삶에서 쫓겨난 귀신의 성별은 주로 여성으로 말하지 못한 슬픔을 간직한 한의 존재[231]이다. 작가는 고향의 로컬리티를 소재로 역사, 정치, 문화에서 배제된 '가난' '여성' '노인' '원주민'이라는 정치, 문화, 역사의 타자의 목소리를 드러낸다.

〈밤의 짜이 왕, 예스비 구룽〉, 〈독방에 감금되었던 히말라야 여인〉에선 근대와 자본에 밀린 이주자, 아시아 주민의 궁핍하고 비참한 현실을 조망한다. 〈밤의 짜이 왕, 예스비 구룽〉은 새만금 갯벌 싸움에 지쳐 급작스레 배낭을 꾸린 '나'의 네팔 여행기이다. 포카라의 호텔에 머물며, 나는 야간 경비원인 예스비 구룽에 관심을 갖는다. "코가 엎어놓은 삽처럼 뭉그러

229 김애령, 『여성, 타자의 은유』, 그린비, 2012, 58쪽.

230 가야트리 차크라보르티 스피박 외, 태혜숙 역, 『서발턴은 말할 수 있는가?』, 그린비, 2013, 15쪽.

231 최기숙, 『계류자들』, 현실문화, 2022, 23~37쪽.

지고 작은 눈에 턱이 메기처럼 널찍한" 그는 "검은 실루엣으로 한동안 정물처럼" 혹은 "검은 석고상처럼 말없이 앉아 있는" 모습으로 자신의 존재를 드러내지 않으려고 애쓴다. 일을 할 때는 "야간전투 중인 병사를 떠올릴 만큼 민첩"하며 "공손하게 짜이를 따르고" "허리를 구부려 달려오는 그의 몸짓"은 한없이 자신을 낮추고 겸손하며 비굴하기까지 하다. 원시적이고 동물적인 반응을 보이며 외부의 위협에 대해 본능적으로 움츠리는 산주검(undead)같은 극한 상황의 생존방식은 공동체에서 추방된 자의 삶의 형태[232]이다. 심부름을 기다릴 때는 '정물화'나 '석고상'처럼 죽은 척하고, 부름을 받을 때는 '고양이'처럼 재빨리 눈치 보며 움직이는 야간 경비원은 자유의 권리, 활동의 권리마저 포기하는 인간조건 속에 놓인 벌거벗은 생명[233] 혹은 아시아적 신체[234]이다.

조롱하는 듯한 타자성이 내포된 호텔에서 지어준 'YES BE'로 불리는 경비원은 궁핍한 가족, 못생긴 외모, 낮은 계급의 직업군 등 무엇 하나 내세울 것이 없는 빈자이다. 3만원 월급으로 아내와 두 아들의 생계를 유지해야 하는 극빈층 서민인 예스비 구룽은 손님이 시키면 예, 하고 답한 후 그 일을 실행하고 언제나 같은 자리에 앉아 있다. 나는 연약하고 무력하며 보잘 것 없는 타인의 얼굴로 현현해 윤리적 명령을 내리는 고통 받는 타자를 맞이한다. 낮에는 주인 눈치를 보느라 뻣뻣한 눈인사만 하지만 밤에는 따끈한 짜이를 대접하는 그에게 나는 "밤의 왕"이라고 칭송해 준다. 네팔에 와서도 영향력이 큰 언론 사주(社主)를 이르는 속어인 "밤의 대통령"을 따서 별명을 지어주는 난 여전히 환경훼손, 언론과 정계와의 유착, 신문

---

232 졸고, 「2000년대 다문화소설에 나타난 이주노동자의 재현 양상」, 『우리문학연구』 제35집, 우리문학회, 2012, 325쪽.

233 호모 사케르 혹은 벌거벗은 생명은 아감벤의 용어로 난민, 수용자, 인간 모르모트와 같이 쫓겨난, 추방된, 터부시되는 위험스러운 자, 속세영역에서 배제된 자를 말한다. －조르조 아감벤, 박진우 역, 『호모 사케르』, 새물결, 2008, 180쪽.

234 재일조선인 작가 양석일의 용어로, 소외되고 고통받는 아시아 민중들의 삶을 지칭한다. －양석일, 김응교 역, 「삼십육만 원의 아시아적 신체」, 『어둠의 아이들』, 문학동네, 2010, 97쪽.

사주와 같은 한국에서의 일들에서 벗어나지 못한다.

> 새만금 싸움에 깊숙이 개입한 실상사의 한 스님은 '지구의 날 2001' 불참 제안이 좌절되자 흐느껴 우는 나에게 히말라야 깊숙이 들어가 많이 고민하다가 돌아오라고 말했다. 스님에게 그 사실을 알리면서 나는 왜 그렇게 눈물이 쏟아졌는지 모른다. 환경 단체 대표자라는 이들이 작년에 했던 행사니까 올해도 해야 한다는 겁니다. 스님!……이런 자들이 갯벌을 살리겠다는 것을 전 믿을 수 없습니다. 스님이 단식을 하고 계신 바로 그 안마당 구석방에서 제 제안이 묵살된 것이지요……. 나는 마치 육친에게 고자질하듯 흐느껴 울면서 회의 결과를 스님에게 말했다. 예스비 구룽은 공처럼 생겼지만 늘 도마뱀처럼 미끄러지듯 걸어서 여간 희극적이지 않았다. 소리를 내고 걸으면 안 된다는 것도 호텔에서 그에게 부과한 지침 중 하나인 것 같았다.[235]

환경운동의 갈등과 불화를 뒤로 하고 네팔에 온 나는 '하찮은 팁'을 주자 '융숭한 대접'을 하는 43세의 늙어보이는 예스비 구룽과 의형제가 된다. 고통 속에 있는 타자도 무언가를 주는 동등성을 전제로 하는 우정은 단순한 연민과 진정한 공감을 가르며, 좋은 삶이란 자기가 존중되고 타자가 배려되며 각자가 정의롭게 대우받는 삶[236]이라는 리쾨르의 언설을 실천한다.

남의 나라에서 눈치 보지 않고 요란한 팝송을 듣는 백인 여행자에게 공간을 내어주고, 자신의 나라에서 이방인이 되는 예스비 구룽의 처지를 통해 성스러운 히말라야 네팔에까지 영향을 끼치는 자본의 위력과 '대문자 인간인 백인 남성(Man)의 권리를 드러낸다. 나는 치열한 한국정치와 환경문제를 피해 네팔까지 왔지만 이곳에서조차 자본의 횡포와 인종 차별, 계급의 경계가 뚜렷한 현실을 예스비 구룽의 일상에서 깨닫는다. 가장 성스

---

235 최성각, 「밤의 짜이 왕, 예스비 구룽」, 『쫓기는 새』, 실천문학사, 2013, 31~32쪽.
236 강영안 외, 『레비나스철학의 맥락들』, 그린비, 2017, 194~195쪽.

러운 공간이자 반문명, 비자본의 자연공간인 히말라야산 아래 마을 포카라에서조차 돈과 백인, 서양문화가 지배함으로써 전지구적 자본주의 질서가 재배치되고 이에 종속되면서 자본의 영역을 벗어나는 영역이란 없으며 오염되지 않은 설산에서조차 신의 위치에 돈이 대체된 셈[237]이다. 자본과 권력의 지구 지배하 팝송 같은 백인문화가 깊이 침투된 네팔에서 원주민과 여행자의 위치가 전도된다. 이름에서조차 순종과 굴종이 내포된 가난한 제3세계인의 모멸스럽고 비인간적인 삶을 작가는 예리하게 포착한다.

엽편소설인 〈독방에 감금되었던 히말라야 여인〉은 네팔 출신 이주여성 노동자 찬드라가 정신병자로 6년 동안 감금된 실화를 소재로 한다. 라면값을 지불하는 과정에서 생긴 오해로 서울 동부경찰서, 청량리정신병원, 시립부녀보호소, 용인정신병원까지 6년 4개월의 세월을 갇혀있었던 찬드라는 서툰 한국말로 네팔인이라고 말했지만 헛소리하는 정신질환자 한국인으로 인식되어 1종 행려병자, 생활보호대상자로 낙인찍힌다.

이 사건이 '내'게 깊은 울림으로 다가오는 것은 경제지상주의에 오염된 한국과 달리 누구나 형제처럼 대하는 히말라야의 라디카, 구룽족, 티베탄들에게서 인간애를 느끼기 때문이다. '찬드라'에서 '선미야'에서 또다시 '찬드라 꾸미리 구룽'의 이름을 되찾기까지 고통과 절망을 체험한 그녀에게 나는 한국인을 대신해 참회와 위로를 보낸다. 영어권의 백인 남자였다면 당하지 않았을 인종주의와 관료주의의 횡포에 희생당한 그녀는 끔찍한 이주체험에도 불구하고 자신을 탓할 뿐이다. 작가는 남루하고 가난하지만 '살아있다는 행복감이 넘치는 부드러운 미소와 이방인에 대한 환대의 능력을 잃지 않고 있는 히말라야 산중 사람들의'[238] 기품과 의연함을 배워야 한다고 말한다.

외국인을 자국민으로 오해하는 소통부족으로 남루하고 어눌한 외국인노동자에 대한 반다문화적 인권유린적 태도는 착하고 순박하며 남탓을

237 졸저, 『21세기 한국소설의 다문화와 이방인들』, 푸른사상, 2014, 59쪽.
238 최성각, 「히말라야 산사람들에게 배운다」, 『달려라 냇물아』, 녹색평론사, 2007, 156쪽.

하지 않는 찬드라를 고통과 공포의 6년을 보내게 했다. 자연, 여성, 사회적 약자를 타자화하는 한국사회에 절망하는 주인공은 무욕과 선함의 설산을 지닌 네팔을 지향하며 자연오염, 환경훼손, 인권유린, 경제만능적 현실을 비판한다. 최성각은 상처받은 '이웃'에 대한 참회의 구체적 실천으로서 대국민 모금운동을 벌일 것을 제안하며, 한국정부와 한국인의 무례한 만행에 대해 찬드라와 마을사람들에게 정중하게 사과[239]한다. 그녀는 레비나스의 무한 책임과 데리다의 절대적인 환대를 요구하는 타자이기 때문이다. 빈자의 나라 출신이자 여성이며 이주자이고 아시아인인 찬드라에게 가한 횡포와 폭력은 자연에 가한 훼손과 파괴와 다르지 않으며, 이 사건은 영화[240]로도 만들어졌다. 찬드라 사건은 경제 위기감과 신자유주의의 확산으로 평등주의가 퇴색되고 무한경쟁만 남은 경제적 불안 상황에서 난민, 이주민, 유색인, 장애인, 성소수자, 여성 등 사회적 약자에 대한 혐오가 투사[241]되었기 때문에 발생하였다.

〈부용산〉의 산삼심기 행사의 일원이자 32살의 한의대생인 은미는 과일노점상을 하는 어머니가 집에 오면 매일밤 뽕짝을 불러주며 위로를 했다고 한다. 모임에서 그녀가 애절하게 부른 '부용산'이 사상 내용의 가사가 아님에도 불구하고 금지곡이 된 이유와 그 기원이 목포설, 벌교설, 제망매가설이라는 회원들의 대화가 오간다. 연희전문 국문학과를 다니던 문학청년으로 순창이 고향인 은미 아버지는 해방후 좌익계 전국문학예술총동맹 순창지부 서기장직을 맡으면서 빨치산 활동을 한다. 1952년 토벌대에 잡힌 후 사형선고를 받은 그는 전향서를 제출하고 35살에 가출옥해서 빈농의 딸과 결혼해 은미를 낳는다. 시집 한 권을 남기고 과로와 지병으로 사망한 그는 국가공동체의 희생양인 빨치산, 빨갱이라는 낯설고 이질적인

239 최성각, 「네팔 여성 찬드라에게 사죄해야 하지 않겠는가」, 위의 책, 200~202쪽.

240 2003년 박찬욱 감독의 〈믿거나 말거나 찬드라의 경우〉라는 28분 정도의 옴니버스 영화로, 그녀가 만났던 경찰관, 정신과 의사, 간호사 등의 사소한 실수로 끔찍하고 폭력적인 일을 당하게 되는 이주여성 노동자의 모습을 통해 타문화에 대한 무지와 자문화중심주의적이고 민족주의적인 반다문화 태도를 감독은 찬드라의 시선을 통해 연출하였다.

241 박찬효, 『한국의 가족과 여성혐오, 1950~2020』, 책과함께, 2020, 23쪽.

타자였다.

> "그렇다고 해도 그렇지, 빨치산들이 불렀다고 해서 입에서 절로 나오는 노랠 못 부르게 해? 차라리 숨을 못 쉬게 하는 게 낫지." "그러니까 빨치산들이 앉았던 소나무 그늘에 앉거나 빨치산들이 쳐다보던 구름도 보면 안 된다니깐. 그 사람들이 바라보던 노을도 물론이고. 그게 다 죄가 된다니까……." 내가 빈정거렸다. "그런 시절이 있었다 손치고, 어디 한번 불러봐라. 되게 궁금하다." "아직도 그런 시절 아닌가 모르겠네. 그나저나 김선배만큼 난 못 부른다. 나중에 부르자구." 경수가 뒤로 뺐다. 이 땅의 전라도는 그토록 길고도 어처구니없는 고통스러운 시간을 통과하는 동안에 그런 은밀한 노래 한 가락을 가슴속 깊이 내장하고, 그 노래로 서로를 부축하고 위로하고, 더러는 깊은 울화를 삭이고 있었구나. 뜬금없이 그런, 다소 신파조의 고즈넉한 생각이 들자 나는 들고 있던 종이잔의 소주를 얼른 목구멍 깊숙이 털어넣었다.[242]

한국사회의 사상적 생태적 자본주의적 부조리와 모순을 비판하는 작가는 숨겨진 역사의 존재증명을 확인받지 못하는 빨치산과 남도땅의 상처를 복원한다. 남부군 당시 동상과 열병으로 반주검 상태가 되고, 혁명과 열정이 부족하다고 자아비판을 강요당한 은미 아버지는 분단국가이자 반공국가에서 인권을 보장받지 못하였다. 그는 시인과 혁명가라는 경계인의 위치에서 북이 버리고 남이 저주한 빨치산으로서 생을 마감한다. 연꽃을 의미하는 부용산의 애잔하고 처연한 아름다움은 은미 가족의 슬픔과 한을, 더나아가 우리 민족의 비극적인 현실을 대변한다. 지리산 자락을 헤매는 빨치산의 영혼은 가난하고 신산한 은미 모녀의 삶에 새겨진 흔적과 부용산 노래를 통해 한국근대사의 가장 아프고 처철한 고통과 한이 현재진행중임을 말해 준다.

당하는 자의 편에 서야 한다고 주창하는 최성각 소설은 사회적 약자인

---

242 최성각, 〈부용산〉, 『부용산』, 솔, 1998, 20~21쪽.

타자를 향해 있다. 〈진또배기 그늘〉의 엽기적인 유령 할머니들, 〈밤의 짜이 왕 예스비 구룽〉의 아시아인이자 극빈층인 호텔경비원, 〈독방에 감금되었던 히말라야 여인〉의 이주여성 노동자, 〈부용산〉의 빨치산인 은미 아버지는 '유대인, 여성, 동성애자, 불가촉천민, 하층계급사람들로 모두 육신의 오물로 더럽혀진 존재이자 혐오와 두려움의 대상으로 상상'[243]되었다. 헐벗은 이웃에게 책임감과 윤리의식을 제언하는 레비나스의 타자의 철학에 기반한 작가는 사회에서 배제되고 소외된 작중인물을 통해 우리 사회의 약육강식과 경제만능주의, 자본의 위력을 고발하고 이를 추동하는 국가와 정부정책에 대해 비판한다. 공동체 내부의 바깥에 머문 비가시적이고 불가역적인 유령, 괴물, 여성의 모습으로 '주체에 의해 전유되고 재현되고 대리되어온 타자'[244]이자 '동물적 생물학적 생명을 지닌 생명정치적 신체'[245]의 편에 서는 작가는 자연과 동식물뿐만 아니라 돌, 흙, 강 등의 무기체까지 이르는 신유물론적 타자의식을 지닌다. 인간이 도구나 수단으로 대상화하거나 성화하는 객체에 대한 따뜻한 시선과 자세를 요구함으로써 21세기 포스트휴먼 시대의 가치를 실천하고 있는 것이다. 그는 단순한 연민이나 동정의 차원을 넘어 우정과 '타자되기'라는 공감과 동일시의 관점에서, '두려움과 혐오가 지배하는 현실이 사랑과 포용적 연대로 극복될 수 있다고'[246] 말한다.

3. 자연과 동물과의 공존 및 생태의식

작가이기 때문에 환경운동가가 되었다는 최성각은 평생 환경운동을 실천하였다. '녹색성장'이라는 모순된 단어조합에 깃들인 반생태적이고

---

243 마사 너스바움, 조계원 역, 『혐오와 수치심』, 민음사, 2015, 201쪽.
244 김애령, 앞의 책, 6쪽.
245 조르조 아감벤, 박진우 역, 『호모 사케르』, 새물결, 2008, 25쪽.
246 마사 누스바움, 임현경 역, 『타인에 대한 연민』, 알에이치코리아, 2020, 9쪽.

자본주의적인 국가정책[247]에 반발하는 작가는 신자유주의 세계지배 속에서 또하나의 식민지 주민으로 전락한 민중도 사회적 약자이지만 오늘날 말없이 능욕을 당하는 대상은 '자연'이고, 지금보다 풍요롭게 살아야한다고 부추기는 정치 권력자와 자본 권력자의 주류상식[248]에 반하는 삶을 추구한다. 근대자본주의, 휴머니즘이 지닌 자본중심, 인간중심의 탐욕과 한없는 욕망이 깃든 주류담론에 대응하는 최성각 문학의 핵심은 생태주의이다. 그는 지구의 압도적 지배종으로 살아가는 인류의 나르시시즘적인 자기인식과 내재적 능력을 보완해주는 수단을 도구화할 줄 하는 호모 사피엔스인[249] 인간에 대한 성찰을 요구한다.

〈진또배기 그늘〉의 배경 P시는 작가의 고향인 강릉시이다. 다른 지역에 비해 자연친화적인 중소도시임에도 불구하고 산업화로 변질되었고 끈적한 이물질이 달라붙는 똥물로 바뀌어버린 남대천은 어린 시절 해수욕을 했던 하천이 더 이상 아니다. 강원도 동쪽 끝에 위치한 청정한 고향마을의 작은 하천조차도 오염되었고 보를 막아 물의 흐름을 인위적으로 차단할 때 발생되는 수질에 대한 심각한 결과는 인간중심의 삶의 편리와 풍요로움을 위해 지속되는 환경정책에서 비롯된다.

수질오염 문제를 구체화한 〈약사여래는 오지 않는다〉의 그는 중금속으로 축적된 인간의 육신을 '죽음을 향해 달리는 불행 덩어리'나 '태어나지 않았으면 딱 좋았을 회한의 덩어리'로 여긴다. 핵발전소에서 일한 사람의 아내의 무뇌아 유산, 교원노조의 단식농성, 철거노점상의 항거, 안기부의 잔혹상, 유아살해, 성폭행, 아이를 유괴해 개소주집에 넘기는 괴소문, 국가보안법으로 표상되는 한국사회를 그는 불난집, 화택(火宅)으로 규정

---

247 작가는 그린벨트를 해제한 김대중 대통령, 새만금을 메운 노무현 대통령, 4대강을 죽인 이명박 대통령 등 국민의 정부, 참여정부, 이명박정부의 반환경정책을 모두 비판한다. 특히 자연의 물길을 시멘트로 덮어 인공수로로 만든 청계천 복원, 4대강 살리기를 주창한 이명박 대통령을 적대적인 대상으로 본다. –최성각, 『나는 오늘도 책을 읽었다』, 동녘, 2010, 143쪽, 150쪽.

248 최성각, 『달려라 냇물아』, 앞의 책, 6쪽.

249 안승범, 앞의 책, 58쪽.

한다. 공장폐수가 한강에 유입되는 세계 최대의 공해실험장인 곳에서 마들평 아파트 공사는 계속 진행되며 간첩신고 3천만 원이라는 반공표지판이 보이는 우리 사회는 드라마틱하고 충격적이며 극단으로 흐르는 세상이다. 토건과 반공, 환경오염으로 점철된 1990년대 한국은 생경한 타자혐오의 공간이다.

만성 피로와 식은땀의 증세를 보인 그는 맑은 물을 먹으라는 진단을 받고 유락산을 방문한다. 쌀 씻는 청년과 이를 질타하는 노인이 싸우는 살풍경한 약수터엔 긴 줄이 서서 서로가 서로를 경계하고 적대하는 분위기로 가득하다. 엽기적이고 이기적이며 인간중심적인 서울의 일상은 물이 오염되어 썩어가고, 계급에 따라 건강이 보장되며, 아파트 건축을 통한 토건카르텔의 탐욕과, 몽둥이로 개를 패 산 채로 털을 미는 생명의 위기로 가득하다. 자연을 마음대로 착취하고 개발한 권리를 갖고 있으며, 자연에 대한 인간의 우월권을 준[250] 인간 때문에 자연은 복원될 수 없을 정도로 훼손되고 고통을 당한다. 강원도 바닷가가 고향인 그는 살풍경한 도시를 산책자 혹은 이방인의 시선으로 관찰하며 객관적이고 냉철하게 그린다.

산 정상 내리막길에 있는 절의 약사전 벽면엔 앓아 누운 여인의 손목과 과일나무가 가느다란 흰실로 연결된 불화가 그려져 있다. 이 그림은 신의 거주처이자 소우주를 상징하며 제 스스로는 말라죽으면서 회춘, 장수, 불사를 주는 나무와 인간과의 조화를 의미한다. 질병과 재난을 면하게 해주고 의식을 충족시켜주며 외적의 침입에서 벗어나게 해주는 약사전 안의 약사여래를 보지 못하고 상상한 그는 내설악 약수터도 모든 질병을 치유하는 효염으로 밤새 치성을 드리는 주술적이고 영험한 인습이 남아있음을 기억한다.

재방문한 광덕약수터 옆에서 '식수부적합'이라고 붙어있는 표지판과 개잡는 사내들을 발견하고 절망적 심정에 놓인 그는 실이 끊어져 바닥에 떨어져 있고 여인의 손목은 힘없이 아래로 처져있는 약사전 불화를 목도

---

250 동국대 생태환경연구센터 편, 『생명의 이해』, 동국대출판부, 2011, 297쪽.

한다. 인간의 이기와 식욕만족과 쾌락을 위해 나무와 물과 동물을 해치고 파괴하는 일상을 냉소적으로 묘사한 이 소설은 인간의 무한욕망을 성찰한다. 화엄의 연기론과 불이불이론은 지구의 자연과 생명은 서로가 서로를 형성하고 살게 하는 조건이자 인드라망[251]처럼 깊은 연관 관계를 맺고 있는 부분이자 전체를 담고 있고 전체와 관련을 맺고 있는 하나 곧 에코시스템으로 우주 삼라만상 일체가 인드라망 구슬 속에 담겨[252] 있다고 본다. 나무와 여인의 단절은 인류세의 도래와 에코시스템의 붕괴를 의미한다.

이 소설은 상생의 사유 체계인 불교 연기론과 생태학적 패러다임이 내재된 불화를 통해 자연환경을 훼손하여 균형을 깨는 살생을 경고한다. 최성각은 이원론적인 서구적 자연관을 갖게 됨으로써 자연은 정복과 파괴의 대상이 되었고, 이로 인해 인간과 나무의 끈이 끊어진 불화의 변모를 환상적이고 예술적으로 묘사한다. 미즈와 시바가 강조하는 '세계의 재주술화'는 생명을 유지하는 영성의 중요성을 강조하면서 살아있는 모든 것들에 대한 존중과 잔인하게 접속이 끊어졌던 것들의 치유를 요청[253]한다. 그림 속 자연과 중생의 연결은 타자를 통해 나를 규정하는 원리인 연(緣)의 관계가 아닌, 자연을 정복하고 지배하는 서구의 이분법적 사유체계와 자본주의, '모든 대상물을 상품생산의 원재료로만 생각하고 최대한의 이용과 착취만을 생각하는 과학기술'[254]을 특징으로 하는 현실조건을 상징적으로 나타낸다.

〈강을 위한 미사〉는 영월댐 백지화를 위한 미사 봉헌 형식으로 구성되며, 〈약사여래는 오지 않는다〉가 불교의 생명론과 동양의 유기체적 생명에 근거했다면 이 소설은 천주교의 생명사상에 기초한다. 강이 흐르기를 원하는 전국 사제들과 신자들이 시골마을 성당에서 행하는 미사기도는

---

251 산스크리트어로 인드라얄라 indrjala로 법과 질서의 수호신으로 제석으로 받드는 인드라의 그물을 뜻한다. 이는 끊임없이 서로 연결되어 온 세상으로 퍼지는 법의 세계를 의미한다.

252 동국대 생태환경연구센터 편, 앞의 책, 299쪽.

253 이경란, 앞의 책, 32쪽.

254 동국대 생태환경연구센터 편, 앞의 책, 46쪽.

2000년 대희년이 인간과 신의 모든 피조물들에게 은총의 해가 되게 해달라고 염원하는 내용을 담는다. 용수공급, 홍수피해방지, 지역개발을 위해 수자원공사와 건설교통부, 정부당국에서 강행하려는 영월댐 공사를 반대하는 이유는 자연환경 생태계 파괴와 안정성의 문제 때문이라고 신부는 강변한다.

> 어떤 이들은 환경문제라고 하면, 환경이 밥 먹여주냐, 이렇게 말합니다. 또 환경이 중요하냐, 생존권이 중요하냐? 이렇게 말하기도 합니다. 우리는 여기에 이렇게 답합니다. 환경이 밥을 먹게 해줍니다. 또한 환경도 중요하고 생존권도 중요합니다, 라고 말합니다. 이제 우리는 환경을 죽여서 내가 사는 상극의 시대가 아니라, 서로가 살기 위해서 환경을 살려야 하는 상생의 시대를 살아야 함을 깨달아야 합나다. 환경이 파괴되고 생태계가 파괴되면 먹을거리도 없어집니다. 먹을거리가 없어지는 곳에서는 사람이 살아갈 수가 없어집니다. 환경파괴는 동식물 생태계의 파괴를 가져오고, 동식물 생태계의 파괴는 결국 인간의 생존권 파괴를 가져오게 됩니다.[255]

환경을 죽여서 내가 사는 상극의 시대가 아니라, 서로가 살기 위해서 환경을 살려야 하는 상생의 시대를 살아야 함을 깨달아야 한다는 신부의 강론은 포스트휴먼 시대가 지향해야할 가치로서 최성각의 생각을 대변한다. 자연과 환경 파괴는 인간 생명 파괴로 이어지므로 모두가 멸망하는 환경정책은 변화되어야 하며 하느님은 모든 피조물들이 서로 함께 돕고 살도록 세상을 창조했다고 한다. '~하소서', '기도합시다' 등 기원의 어미구사와 성가 가사를 중간중간에 배치하고 공동성명서 발표 이후 신부님들과 그 뒤를 따른 촛불 든 사람들의 시내를 향한 침묵 행진을 하며 생명의 소중함과 자연과의 평화를 기원한다.

인간이 자연세계와 별개이며 그보다 우월하다고 믿는 인간중심주의,

---

255 최성각, 〈강을 위한 미사〉, 『쫓기는 새』, 실천문학사, 2013, 73쪽.

자연의 모든 것을 사용할 권리가 있다는 생각, 무제한의 경제성장 추구가 자연훼손의 원인[256]이므로 강을 위한 미사제의를 통해 강의 권리를 찾고자 한다. 작가는 정선, 영월, 평창 등 세 지역에 걸쳐 있는 동강을 가둠으로써 마을이 수몰될 위험과 자연을 인위적으로 바꾸는 행위를 비난하며, 인간과 자연과 우주를 관계망 속에서 이해했던 인디언이나 마오리적 세계관을 주창한다.

〈동강은 황새여울을 안고 흐른다〉에서는 동강 주변인 영월, 미탄, 강릉, 평창, 정선의 장렬, 조양강, 비봉산, 남원주, 주천, 가리왕산 등 주요 지명의 역사적 유래와 탄생배경을 설명하며 한 지역의 댐건설 문제가 아닌 강원도 전체의 문제임을 상정한다. 잡지 편집위원인 최 주간[257]과의 대화와 승근 형과의 동강 주변 마을 방문에서 땅과 바다의 훼손과 환경오염을 고발하는 이 소설은 인간중심주의에서 벗어나야 한다는 주제의식을 다양한 상징적 소재로 작품 곳곳에 배치하며 작가의 생태의식, 녹색정신이 강렬하게 제시되고 있다.

소설 서두에는 장자의 글을 인용한다. 누구나 선망하고 사랑하는 미인도 물고기나 새나 사슴에게는 그저 도망쳐야할 대상에 불과하므로 장자는 '누가 진정한 아름다움을 알아보는가?'라는 화두를 던진다. 올바름과 아름다움의 근거는 인간중심적으로 사유된 기준이기에 만물은 모두 평등(萬物齊同)하다는 장자의 글은 지렁이, 자전거, 강과 땅에게조차 상을 수여하는 작가의 생각을 대체한다. 누구나 생존을 위해서는 공기, 물, 거주지, 햇빛, 바람이 필요하므로 인간만이 이를 향유하거나 누릴 권리는 없다. 자연의 권리에 대한 존중은 인간이 행하는 가장 높은 타자적 자세이며, 자연중심적 다원주의, 탈인간중심주의와 유기체적 생명철학이라는 주제의식을

256 데이비드 보이드, 이지원 역, 『자연의 권리』, 교유서가, 2020, 287쪽.

257 오랫동안 문학출판사의 편집자이고 대학 시간강사나 문학학교 강의를 하며 자신의 시에만 관심을 두며 사십 대 중반을 넘어섰건만 집도 없는 친구로서 팔리지 않는 시집을 쓰고 『구토물을 먹는 아침』을 쓴다고 묘사된 최 주간은 시인 최승호로 유추할 수 있다. 이 시는 1999년 민음사에서 발간된 시집 『그로테스크』에 수록된 시이다.

장자의 에피소드를 통해 그린다.

동강댐 건설을 반대하는 탑골 집회의 사회자로 참여한 '나'는 고향에서 교편을 잡고 있는 승근 형과 동강 일대를 탐방한다. 강릉에 살지만 정선 사람인 승근 형과 서울에 살지만 강릉 사람인 나는 정선의 옛이름이 잉매현(仍買縣)이고 강릉의 옛이름은 명주(溟洲)로서 행정구획 개편이 정치적 이유 때문이라는 설명과 정선아라리 가사에 나오는 삼척으로부터 소금 지러 간 곳이었던 명주권의 생활상을 이야기한다. 산삼심기를 통해 땅에 대한 사랑과 이타심의 가치를 기치로 한 농심마니 행사를 해온 나는 경제제일주의의 국가정책, 조작되고 왜곡된 환경영향평가, 지역주의의 이기심과 소소유자적 성격, 조직화된 외지인 투기꾼, 건설업체라는 토건카르텔 등 부정부패와 환경문제가 직결되어 있다고 생각한다.

동강 상류인 정선 장률 마을에서 미탄, 평창으로 향하는 42번 국도를 지나면서 정선아라리의 질탕한 성적(性的) 가사와 정선땅을 노래한 목은 이색과 허소유의 시, '느리게 흐르는 강'이라는 의미의 잉매현 지명에 대해 서술한다. 울퉁불퉁한 강원도 오지가 개 어금니같다는 허소유와 동네가 맨 동굴 천지라고 했던 이색의 시를 인용하며 천혜의 땅을 표현한다. 실증자료와 통계에 근거하여 동강 유역의 시위행태를 사실적이고 다큐적으로 서술하는 이 소설은 문학적 소재의 차용과 강원지역의 유기적인 지형을 배치함으로써 미학적 장치를 놓치지 않는다.

'청정 자연', '자연의 보고'로 불리는 강원도의 댐 건설은 자연보존에 앞서 동강 하류 마을이 침수될 위험에 처한 생명의 문제이다. '한국의 계림(桂林)'이라는 동강의 비경(秘景)은 우리나라 최상의 녹지자연도(綠地自然度)에 갖가지 희귀 동물 서식지라는 생태학적 가치를 지녔으며 석회암 지역인지라 수몰 예상 지역인 영월, 평창, 정선 지역 일대가 물이 닿으면 쉽게 녹아버리므로 동강 인근 지대가 위험에 처해진 것이다. 마을에는 보상만 충분하면 찬성한다는 귤암리 주민의 노골적이고 적나라한 플래카드가 걸려있다. 깊게 파인 길이나 비포장을 달리는 나와 승근 형은 인간의 편리와 속도를 위한 포장도로 때문에 동물들이 길을 잃어버려 멸종되어

가고 식물군에 미치는 영향도 크다는 것을 상기한다.

물이 아름다워 지명이 가수리(佳水里)인 마을은 긴장감이 감도는 분위기 속에 금기와 처벌이 담긴 안내문이 있어, 댐건설을 반대하는 현지인과 대립하고 있다. 농협, 건교부, 수자원공사와 환경단체, 언론과의 대립에 보상을 위해 비싼 한약재나 화훼식물을 심어놓은 투기꾼에 이르기까지 조용하던 시골마을의 갈등과 대립은 돈과 얽혀 생계문제로 치닫는다. 타이탄에서 내린 세 명의 남자는 방문객을 의심하면서 "댐을 못 짓게 개지랄하는 자식들이라면 내 톱으로 썰어서 동강에 확 뿌릴라 했더니만…"이라는 거친 말을 하고 사라진다. 무방비로 능욕과 언어폭력을 당한 상근 형과 나는 환경운동의 어려움과 이해관계가 복잡하게 얽혀 사태해결이 불투명하고 비관적임을 알게 된다. 이 소설엔 한국자본주의의 정신인 천민자본주의[258]와 에리식톤 콤플렉스[259]가 고스란히 드러난다.

> "강도 잠을 잔다는 거 알어?" "……." "돌아가신 삼촌이 장렬의 느리매에서 말했어. 여름밤에 강에 그물을 쳐놓고 장광에 누워 기다리다 보면 강이 자는 걸 느낄 수 있다고 말야." 나는 한동안 그가 한 말 때문에 아무 말도 할 수 없었다. 동강은 정말 소리 없이, 잠자듯 흐르고 있었다. 그렇게 강을 본 적이 없다고 나는 생각했다. 동강이 다만 흐르는 강물이 아니라 숨을 쉬고 살아 있다는 것을 그때처럼 강렬하게 느껴본 적은 없었다.[260]

---

258 베버가 유대인들의 비합리적 자본주의 즉 정치나 투기에 의존하는 모험적 자본주의의 정신을 표현하고 서술하기 위해 도입한 개념이었으나 가능한 한 모든 기회와 수단을 이용해 화폐가치적 이윤을 추구하는 자본주의를 가리키는 개념으로 확장되었다. 정치에의 의존 또는 기생 투기 모험 폭력 전쟁 혹은 재정적 약탈 등의 수단으로 이 자본주의는 윤리적 규범을 결여하고 배금주의로 귀결된다. -김덕영, 『에리식톤 콤플렉스』, 길, 2019, 71쪽.

259 돈과 물질적 부에 대한 무한한 욕망을 표현하는 개념으로, 그리스 신화 속 끝없는 허기를 느끼는 저주를 받아 결국 재산과 외동딸까지 팔아넘기고 자신의 몸까지 다 뜯어먹고 이빨만 남은 오만하고 불경스러운 부자 에리식톤에서 차용했다. 박정희(국가), 정주영(재벌), 조용기주의(개신교)가 융합된 인격체로서 에리식톤 콤플렉스를 철저히 체화하고 내면화한 이명박이 한국 자본주의 정신이라고 저자는 설명하고 있다. -위의 책, 72쪽, 245쪽.

260 최성각, 〈동강은 황새여울을 안고 흐른다〉, 『쫓기는 새』, 실천문학사, 2013, 270~271쪽.

강도 잠을 자며 숨을 쉬는 생명체이기에 '특정 장소의 사람들은 그곳의 지리적 특성들 — 강, 숲, 호수, 다른 종들 — 과 친밀히 연결돼 있고 그것들 모두에 대해 책임을 지는'[261] 강의 권리와 법적 책임을 가져야 한다. 최초로 여성총리, 여성대법원장, 여성총독을 둔 뉴질랜드는 마오리 세계관을 수용하여 강에 법인격체의 권리가 있음을 인정했으며 2017년초에 정식으로 법제화[262]했다. 인도에서 중국으로 오는 중 악취로 마을을 떠나는 사람들을 위해 육신을 벗고 바다 속 썩어가는 대충(大蟲)이라는 이무기를 내다버린 후 돌아왔으나 육체가 사라져 누군가 두고 간 얼굴 흉측한 육체를 뒤집어쓰게 되었다는 달마 이야기는 시화호 문제와 연결되어 인간과 자연과의 관계를 비유한다. 작가는 동물의 시선, 식물의 감각으로 타자의 고통을 망각하지 않겠다는 생태의식을 작품 곳곳에 발현하고 있다.

2조원의 공사비를 들인 인공호수 시화호는 죽음의 호수라고 불릴 만큼 오폐수 오염이 심각하고 갈대숲과 습지라는 지형적 특징 때문에 범인들이 유기하기 적합한 장소로 변질되었다. 수십만의 물고기가 떼죽음을 당하고 악취와 구역질이 나는 호수는 바다에 방조제를 설치하여 강제로 물의 흐름을 막은 결과였다. 최 주간은 세금을 내는 우리 자신이 살인청부자, 마네킹, 절망의 벙어리, 초현실적인 나라에선 늙어가는 무력한 사람이라고 말한다. 어려운 시대를 살고 있다는 시인인 그는 '구토물을 먹는 아침'이라고 표현한다. 운치리, 가수리, 고성리의 플래카드와 달리 섭새, 사목리, 거운리에는 '영월댐 불안 속에 악몽 꾸는 우리 주민', '위험한 영월댐 목숨 바쳐 저지하자', '붕괴가 뻔한 영월댐! 영월 읍민 다 죽인다'라는 플래카드가 바람에 펄럭인다. 건교부의 영월댐 강행 발표에 최 주간은 황새여울이 아무리 많아도 동강은 흘러왔다고 말하며 소설은 끝이 난다. 과학과 기술은 인간을 해방하고 진보시키는 도구이기는커녕 인간적 가치를 위협하고 환경과 지속가능성에 위기를 야기[263]한다.

---

261 데이비드 보이드, 이지원 역, 앞의 책, 179쪽.

262 위의 책, 180~181쪽.

263 이경란, 앞의 책, 39쪽.

관공서의 환경영향평가 조작과 보상을 위한 돈에 대한 집착, 공무원들의 부정부패가 동반된 동강댐 건설 문제를 다룬 〈동강은 황새여울을 안고 흐른다〉는 반생명적인 국가환경정책을 비판한다. 작가에게 이 세상은 물질만능, 부패, 광적인 집단의식 따위가 먼저 떠오르는 '나쁜 시간들'이 만든 정신적 공황 상태이다. 그의 소설은 사건 중심이나 감성적인 내면심리보다는 서술자의 분노와 논평이 직접적으로 드러나기에 미학적 형식을 지적받을 수 있지만, 생태적 복원이 그만큼 절실하며 다양한 소설방식을 통해 오늘날 강조되는 종을 뛰어넘는 공유사회, 유토피아 지향이라는 주제의식을 격렬하고 곡진하게 표출한다. 생명을 이어주는 과일나무의 줄이 끊어지고, 더 이상 달마는 시화호에 오지 않을 것이라는 비유를 통해 인간과 자연의 불통과 단절의 위기가 예술적으로 형상화되고 있다.

《거위, 맞다와 무답이》는 동물에 대한 사랑과 공존의 가치, 생물다양성을 작가의 체험을 바탕으로 따뜻하고 아름답게 그린다. 동물에게 상을 드리는 환경운동을 펼치는 왕풀, 그래풀(작가 자신), 산풀, 꿋꿋 씨 등 마을사람들은 지구의 주인 노릇으로 군림하는 인간이 생명을 가진 모든 것들을 마음대로 취급하고 제멋대로 대해서는 안된다는 생각 하에 연구소를 설립하였다. 두 마리의 거위와 사는 거위아빠 그래풀은 거위의 아름다움과 인내력, 지혜로움, 외모의 매력에 감동을 받는다. 거위가 자신의 등을 쪼며 놀 때의 감미로운 촉감과 기분 좋은 순간을 맞는 황홀함, 콩알만한 까만 눈과 주황색 부리와 두 발만이 허공에 떠있는 하얀 몸과 함박눈이 하나가 되어버린 아름다움, 알을 낳아주는 고마움, 2년 만에 수리부엉이의 습격으로 이별하는 슬픔 등 작은 생명체와의 추억을 간직한다. 들뢰즈의 동물 되기는 반인간중심주의 개념으로 도나 헤러웨이도 포스트휴먼과 생명 중심 평등주의를 지지하는, 인간의 중심성을 전위하는 정신을 공유[264]한다. 거위와 동일시되는 주인공의 동물 되기는 주체가 결코 정복하지도 소유하지도 않고 항상 한 떼, 한 그룹 또는 한 무리 안에서 단지 교차하는

---

264 로지 브라이도티, 김은주 역, 『변신: 되기의 유물론을 향해』, 꿈꾼문고, 2020, 263쪽.

공통의 생명 공간을 향상시키는 공간적 시간적 양태[265]이다. 살아가는 일상을 동화적이고 환상적으로 그린 이 소설은 동물을 가족처럼 여기는 로컬리티에 바탕을 둔다.

최성각의 녹색문학은 불교의 연기(緣起)와 자비의 생태학[266], 천주교의 생명사상, 도교의 유기체적 생명철학 등 종교를 넘어서는 탈인간중심주의적 세계관을 표명하며, 지구에 살고 있는 생물, 대기권, 토양, 대양까지를 포함하는 지구는 살아있는 하나의 거대한 유기체인 가이아 이론[267]의 입장에 서있다. 땅, 강, 하늘 등 자연의 섭리와 흐름을 인공적으로 역류시키는 일에 대한 분노와 저항을 지속적으로 드러내는 최성각 문학은 주류담론에 대한 대응양상으로 생태주의를 지속적으로 주창하였다.

4. 에코토피아 지향과 에코에티카 요구

작가의 사명을 '당하는 자의 편에 서고 이익을 얻으려는 자들의 폭력에 저항하고 진실을 드러내는' 것으로 이해한 최성각은 환경운동가가 될 수밖에 없었다. 녹색문학을 특징으로 하는 그의 소설과 에세이에도 이러한 주제의식이 반영된다. 포스트휴먼 시대의 최성각 소설은 젠더, 계급, 성별, 종을 뛰어넘는 평화롭고 평등한 세상을 추구한다. 특히 자연과 동식물과의 공존과 상생은 우리 사회가 요구하는 가치로서 따뜻하고 아름다운 에코담론, 에코시스템에 기반한 에코토피아로 이끈다. 공동체의 주체가 되지 못한 사회적 약자의 고통과 타자에 대한 연민은 여성노인, 아시아인, 빈자, 이주자, 빨치산, 동식물 등을 향한다.

265 위의 책, 235쪽.

266 불교는 중생의 개념을 인간을 넘어서서 규정하는바, 생명활동과 정신작용이 다 있는 유정지물뿐만 아니라 정신활동은 없는 유정지물(초목), 모두 없는 무정지물(장벽과 와석 등)조차도 끊임없는 변화가능성 위에서 이해하며 끝내는 불성이 있어 성불할 수 있다고 보고 있다. –송상용 외, 『생태문제와 인문학적 상상력』, 나남출판, 1999, 176쪽.

267 제임스 러브록, 앞의 책, 17~18쪽.

〈진또배기 그늘〉은 진또배기 그늘아래 여귀가 되어 바다소리, 모래소리, 바람소리 등 지각되지 않는 초월적인 언어적 기표로 자신의 설움과 고통을 전달하는 가부장적 사회의 타자인 여성노인에 주목한다. 〈밤의 짜이왕, 예스비 구룽〉은 존재감을 상실한 채 죽도록 일만 하며 비굴하고 위축된 삶을 영위하는 호텔 경비원을, 〈독방에 감금되었던 히말라야 여인〉은 한국에 돈 벌러 왔다가 정신병원에 갇혀 고통 받은 이주여성 노동자라는 빈국 출신의 아시아인의 삶을 그린다. 〈부용산〉은 문학과 혁명, 순수와 정치 사이의 경계인으로 불행한 삶을 마감한 빨치산의 이야기이다. 한국근대사의 비극적인 대상인 빨치산이란 타자적 정체성은 여전히 해결되지 않은 채 남아있다.

풀꽃평화연구소를 운영하며 자연과 무생물에게 풀꽃상을 수상하는 작가는 지구를 지배하는 인간의 탐욕과 자연훼손과 동물학대를 비판하며 새만금간척사업, 시화호, 동강댐과 같이 잠자고 숨을 쉬는 강과 바다 물길을 인공적으로 가두거나 역류시켜 생태계를 파괴하고 오염시키는 강의 권리와 법적 도덕적 책임을 묻는다. 〈약사여래는 오지 않는다〉는 수질오염을 소재로 약수터에서 벌어지는 인간의 욕망을 고발하고 자연과 사람과의 끈이 끊어짐으로써 화택이 된 현실을 상징적 예술적으로 묘사한다. 〈강을 위한 미사〉, 〈동강은 황새여울을 안고 흐른다〉에서는 영월 동강을 지켜내기 위해 고군분투하는 과정을 통해 인간이 자연과 동물에게 가한 억압과 폭력과 멸시를 반성하고 성찰한다.《거위, 맞다와 무답이》는 두 마리의 거위와 살면서 수단이나 도구로만 여겼던 동물들의 아름다움과 지혜로움과 사랑스러움을 관찰하는 작가는 과연 인간이 동물보다 낫다고 말할 수 있는가를 묻고 있다.

미사제의, 자전적 소재, 에세이적 소설, 엽편소설 등 정통서사구조를 변형하는 소설형식은 일률적이고 획일적인 규칙에서 벗어나고자 하는 최성각의 자유로운 글쓰기를 담아내기 위해서이다. 폭력과 욕망으로 치달은 20세기 근대자본주의 사회에 대한 대항담론으로 작가는 생태의식, 젠더의식, 다문화의식 등에 기반한 타자의식을 주창한다. 작가는 힘없고 한없이 당하는 사회적 약자에 공감하고 연대하며 아름답지 못한 세상의 변혁을 꿈꾸는 에코토피아를 구축하며 에코에티카를 실천한다. 이 글은 종을 넘어서는 생태주의로 돌아가야 할 절실함이 요구되는 포스트휴먼 시대에 최성각 문학의 의미를 고찰하였다.

6장
최성각 생태문학의 동강사유와 생태공간

1. 포스트휴먼 시대의 자연인식

포스트모더니즘, 탈근대, 신자유주의, 후기 자본주의, 전지구화, 글로컬리즘 등 정치적 경제적 사회적 특징을 한마디로 규정할 수 없는 우리 시대를 표명하는 또하나의 용어가 포스트휴머니즘이다. 근대성과 휴머니즘에 대한 반성과 성찰로 시작된 포스트휴머니즘은 기계론적 세계관과 과학기술이 낳은 기후온난화, 자연훼손, 환경오염, 자원고갈, 생물멸종 등으로 인류세에 직면한 지구의 위기에서 출발한다. 고도성장과 토건산업으로 달려온 근대사회에서 최상위 포식자이자 만물의 영장인 비트루비우스적 인간은 지구를 위협하고 생명을 경시함으로써 회복할 수 없는 자본주의적 유토피아 세계를 구축했다.

기존의 기계론적 이원론과 계몽주의적 자연관은 자연과 사물을 타자화함으로써 차별받는 하찮은 존재로 전락시켰다. 인간은 지구에 심각한 병적 존재가 되었으며, 가이아는 파종성 영장류 질환[268]이라고 칭할 만한 상황 즉 인간이라는 유해동물의 이상 대량 발생으로 고통받고[269] 있다. 최재천은 자신의 터전을 망가뜨린 '현명한 인간'이라는 뜻의 호모 사피엔스

---

268 파종성(disseminated, 播種性) 질환은 어떤 개체에 병원균이 속속들이 미세하게 퍼지는 질환을 의미한다. 여기서는 인간이라는 병적 존재가 지구 전역에 퍼져 지구가 병을 앓고 있다는 의미로 쓰인다. -존 그레이, 김승진 역, 『하찮은 인간, 호모 라피엔스』, 갈무리, 2010, 20쪽.

269 위의 책, 21쪽.

를 버리고 이 지구를 다른 생명과 공유하며 살겠다는 의지의 표현으로 공생인(共生人), 호모 심비우스로 거듭나자고 호소하며[270], 존 그레이는 80억 인구를 지탱하기 위해 야생 서식지를 인간의 경작지와 거주지로 만드는 하찮은 인간, 호모 라피엔스[271]로 규정한다.

최근 인간을 넘어서는 인간 개념을 재인식하는 포스트휴머니즘 담론, 스피노자의 범신론적 자연관과 생기론, 브뤼노 라투르의 생태-정치학적 사유가 거론되는 이유는 펜데믹, 자연재해, 경제위기, 생태파괴의 지구가 위험에 처했기 때문이다. 근대의 고유 자질이자 미덕인 휴머니즘과 민주주의에 대한 재인식은 포스트휴머니즘과 생명주의적 관점을 낳았고, 이에 대한 궁극적인 모색은 생태주의로의 지향이다. 가부장제, 제국주의, 일신론인 기독교적 세계관과 과학기술의 맹신, 계몽주의, 서구근대사회가 주도한 기계론적 패권주의적 세계관을 바탕으로 한 역사의 진보와 경제고도성장이 한계에 다다르면서 인간이란 무엇인가에 대한 탐색을 요구하게 되었다.

우리가 맞이할 미래는 생명의 다양성이 확장되고 평화, 정의, 지속가능성이 보장되는 생태문명[272] 공동체이다. 자연착취와 정복은 인간에 대한 착취와 정복을 가져왔고, 휴머니즘은 자연을 파괴하고 훼손하는 결과를 낳았기에 생명중심주의, 생태민주주의, 사물평등주의에 입각한 상생의 에코토피아로 나아가야 한다. 자연의 힘은 만물에 대한 최상의 권리를 가지는 신의 힘 자체이며, 각 사물은 자신을 보존하기 위하여 애써야하는 것이 자연의 최상의 법[273]이다. 전체 자연에서 인간은 오직 작은 부분에 지나지 않으며 오직 전체 자연의 필연성에 의해서 모든 개체는 존재하고 작용하도록 일정한 방식으로 결정[274]된다. 환경학대에 상당히 많은 책임이 있는

---

270 최재천, 『생태적 전환, 슬기로운 지구 생활을 위하여』, 김영사, 2021, 153쪽.

271 homo rapiens, 약탈하는 사람, 현생 인류 종을 뜻하는 호모 사피엔스를 '약탈하는'이라는 뜻의 rapacious로 바꿔 패러디한 것이다. –존 그레이, 앞의 책, 22~23쪽.

272 앤드류 슈왈츠 외, 한윤정 역, 『생태문명 선언』, 다른백년, 2020, 27쪽.

273 B. 스피노자, 강영계 역, 『신학-정치론』, 서광사, 2017, 336쪽.

274 위의 책, 338쪽.

기독교, 자연 전체는 하나의 기계이며 영혼이나 마음이 없는 자동 장치들뿐이라고 선언하고 인간이 자연의 지배자가 될 운명이라고 말한 데카르트, 인간에게 자연을 지배해야 한다는 새로운 인식을 부여한 과학혁명을 주도한 뉴턴, 자연은 봉사하도록 묶어야 하며 노예가 되어야 한다고 선언한 베이컨 등[275] 종교, 과학기술, 근대성은 생태문제의 근원이 되었다. 따라서 생태문명은 대안적인 미래의 문명으로 선언되고, 생태문학 역시 주목받는다.

근대산업문명에서 생태문명으로, 근대인에서 생태인으로, 자본주의적 디스토피아에서 에코토피아로의 전환이 절실한 포스트휴머니즘 시대의 화두는 생태주의 리부트이다. 한국문학에서 생태문학은 생태학적 인식을 바탕으로 생태 문제를 성찰하고 비판하며, 나아가 새로운 생태사회를 꿈꾸는 문학을 의미[276]하며 1990년대부터 시문학 중심으로 연구되었다. 환경 생태소설을 5가지 주제로 분류한 전혜자는 다큐적 특성과 고발 비판의식 유형에 최성각의 〈동강은 황새여울을 안고 흐른다〉를, 산업화와 문명화의 부작용 유형으로 〈약사여래는 오지 않는다〉[277]를 분석하였다. 고명철은 90년대 문학공간에서 최성각만큼 생태환경 문제에 대한 집요한 관심을 갖고 있는 작가가 드물다고[278] 평하며, 김윤선은 한국현대 생태문학의 대표자로[279], 김성동은 생명운동가, 생태사상가로[280] 명명하였다. 박미경은 최성각 생태문학의 주제를 '세상의 고통에 우리 모두의 책임이 있다는 참회의 마음'으로 '말 못하는 생명의 통증을 같이 느끼는 녹색 감수성의 회복'을 주창한다고 보았다. 최성각 문학은 수필 위주로 연구되거나 물의 오염을 소재로 한 〈약사여래는 오지 않는다〉와 같은 대표작만 언급

275 스티븐 테일러, 우태영 역, 『자아폭발: 墮落』, 다른세상, 2011, 343~344쪽.
276 김용민, 앞의 책, 97쪽.
277 전혜자, 『한국현대생태소설의 서사적 유형과 분석』, 새미, 2007, 5~6쪽.
278 고명철, 『'쓰다'의 정치학』, 새움, 2001, 220쪽.
279 김윤선, 「녹색성장시대, 새로운 글쓰기」, 『문학과 환경』 제9권, 문학과환경학회, 2010, 93쪽.
280 김성동, 「추천사」, 최성각, 『나는 오늘도 책을 읽었다』, 동녘, 2010, 210쪽.

되었다.

최성각(1955~)[281]은 강릉 출생으로 강원일보(1976)와 동아일보(1986) 신춘문예로 등단했다. 상계소각장건설 소동, 새만금사건, 영월동강댐건설 반대 시위에 참여하는 등 환경운동에 투신했고, 환경단체 풀꽃세상을 창립하고 이타적인 농심마니 활동을 하면서 생태적 삶을 실천하고 있다. 영토확장을 위해 새만금이 메워지고, 4대강 파괴, 후쿠시마 참사를 지켜보며 보수정권과 문민정부의 책임을 묻는 그는 인간의 무한욕망과 엘리트 카르텔, 독점자본을 비판하였다. 당하는 자의 편에 서야하고, 진실을 묵살하고 이익을 얻으려는 자들의 폭력에 저항하고 그들이 감추려는 진실을 드러내라는[282] 최성각은 산업사회 이후 총체적 도덕의 파탄을 응시하고 괴로워하는 문학을[283] 선언한다. 환경과 자연문제뿐만 아니라 에코에티카[284]와 연계하는 그의 문학은 민중의 가랑이 아래로 기려고 노력했고 산길을 걷다가, 소리 없이 피었다 가는 풀잎 하나를 보고도 '부끄러웠네' 라고 노래한[285] 무위당 장일순의 생명사상이나 기계론적인 합리주의 과학사상이 패권을 차지한 산업문명의 출현이 낳은 폐해를 지적하고 생태문명을 지향하고 문학의 사회적 책임이라는 명제를 강조하며 시적 인간과 생태적 인간을 구현한[286] 김종철의 생태의식과 맞닿아 있다. 예외상태가 정상상태가

---

281 소설집으로는 『잠자는 불』, 『택시드라이버』, 『모르는 사람들』(고려원, 1990), 『부용산』(솔, 1998), 『거위, 맞다와 무답이』(실천문학사, 2009), 『쫓겨난 새』(실천문학사, 2013) 등이 있고, 산문집으로는 『달려라 냇물아』(녹색평론사, 2007), 『날아라 새들아』(산책자, 2009), 환경도서 해설서 『나는 오늘도 책을 읽었다』(동녘, 2010), 『욕망과 파국』(동녘, 2021) 등이 있다.

282 최성각, 『달려라 냇물아』, 녹색평론사, 2007, 6쪽.

283 최성각, 『쫓기는 새』, 실천문학사, 2013, 10쪽.

284 eco-ethica는 기술사회의 새로운 윤리학으로 대인윤리뿐만 아니라 대물윤리까지도 포함하며 개인윤리의 심화를 요구하는 개념이다. 또한 근본적인 도덕철학적 반성으로서의 학문적 체계를 갖춘 윤리학으로 인류의 생식권의 차원에서 생각하는 윤리로 기술사회에서 종교도 세력을 잃어가는 경향에서 윤리없는 인간사회에서 지금까지의 에티카와는 다른 에코에티카라는 명칭을 만든 것이다. -이마미치 도모노부, 정명환 역, 『에코 에티카』, 기파랑, 2013, 3쪽, 16쪽, 24쪽, 32쪽.

285 최성각, 『달려라 냇물아』, 녹색평론사, 2007, 88쪽.

286 김종철, 『시적 인간과 생태적 인간』, 삼인, 1999, 84쪽.

된 오늘날 코로나 바이러스 비상 상황은 지금까지 지구와 자연에 저지른 만행들이 자기파괴의 현실로 되돌아온 참사[287]라고 진단하는 윤리적 생태주의자 지젝의 사유와도 유사하다. 문학적 글쓰기뿐만 아니라 환경문제가 발생하는 현장에 직접 참여하고 실천하는 최성각은 파레시아스트[288]로서 문학적 소명을 실천한다. 구체적이고 명징한 통계자료를 바탕으로 시위, 집회, 행렬에 동참했던 작가의 고유한 경험이 녹아있는 소설세계는 근대사회가 정초한 인간 중심 체계를 재고하고 위생과 미의 기준을 재점검함으로써 에코토피아를 꿈꾸며 생태문제와 인권문제를 연계한다.

1990년대부터 올곧게 생태주의를 주창한 최성각 소설을 연구주제로 삼은 이유는 기후위기가 나타내는 근대문명과 인간중심주의에서 벗어나는 생태문명으로의 전환이 절실한 21세기의 주제의식을 담고 있기 때문이다. 따라서 생태문명, 생태정책, 생태윤리가 재조명되는 포스트휴먼 시대에 생태담론을 일관되게 표명한 최성각 소설을 연구대상으로 삼는다. 2000년 새만금 농성 선포식에서 '생명평화'라는 용어와 '삼보일배'를 처음 만든[289] 작가는 근대사회가 정초한 무절제한 욕망과 쾌락, 부의 축적, 미의 기준, 위생과 청결의 병리학에 이의를 제기하며 강과 땅의 훼손으로 결과된 인류대참사를 예언하고 새로운 가치를 정립해야 한다고 외친다. 이 글은 동강댐 건설 반대 투쟁의 기억과 기록을 담은 소설과 히말라야 배경 소설을 대상으로 생태의식을 분석하고 환경문제가 우리 시대의 당면문제임을 고찰한다.

---

287 슬라보예 지젝, 강우성 역, 『팬데믹 패닉』, 북하우스, 2020, 289쪽.

288 타인들 앞에서 공공연하고 용기있게 발언하는 사람으로 진실을 폭로하고 진실의 공포를 실천하는 사람을 말한다. 따라서 그는 위험을 감수하며 위험에 맞서는 자이다. –미셸 푸코, 심세광·전혜리 역, 『담론과 진실: 파레시아』, 동녘, 2017, 18쪽, 100쪽.

289 임은경, 「80년대가 민주화운동이었다면 지금은 환경운동」, 『월간 말』, 2007.11월호, 124~127쪽 참조.

2. 동강의 사유, 휴먼 아닌 것과의 공존

인간의 독보적인 행위능력을 자부한 근대 휴머니즘이 배제했던 '휴먼' 아닌 것들에 열려있는 포스트휴먼 현상은 인간 타자들에 가려져 타자로서 취급받지도 못했을 존재들, 동물, 기계, 물질 혹은 인간 주체의 대상으로만 간주되었을 사물들에 주목함으로써, 인간과 비인간의 경계를 새롭게[290] 바라본다. 생태군을 파괴하는 인간·서구·근대 중심주의적 기준에 반대하는 최성각은 2003년 풀꽃평화연구소를 설립한 후 꽃, 새, 풀, 지렁이 등의 동식물뿐만 아니라 돌멩이, 자전거 등의 광물이나 사물에게 환경상을 수여하며 비인간의 자기증명과 가치부여를 실천한다. 또한 소설《거위, 맞다와 무답이》에서 거위의 아름다움과 인내력, 지혜로움, 외모의 매력을 관찰하며, 동물에 대한 사랑과 공존의 가치, 생물다양성을[291] 드러낸다. 휴먼 아닌 것들에 대한 사유는 〈동강은 황새여울을 안고 흐른다〉의 2조원의 공사비를 들인 죽음의 인공호수 시화호나 〈강물은 흘러야 하고, 갯벌에는 갯것들 넘쳐야〉의 '멀쩡한' 갯벌을 농지로 만든 11년째 국책사업인 새만금 사업, 그리고 〈동강은 황새여울을 안고 흐른다〉, 〈강을 위한 미사〉, 〈바퀴저쪽에〉, 〈육백마지기의 바람〉, 〈동강에서 온 편지〉, 〈동강 한마당과 우드스톡 페스티벌〉, 〈동강 버스와 래프팅 버스〉, 〈국책 사업 희생자들〉 등에서 구현된 동강댐 반대 운동 과정에서 구체적으로 제시된다. 바다와 강을 강제로 막아 인간의 유용성과 목적성에 맞게 지형을 변형시켜 생명체를 변질하거나 사망에 이르게 하는 환경정책과 국가폭력을 작가는 소설로 형상화한다.

최성각은 하늘과 바다와 땅을 구역화하고 소유화하며 인위적으로 차단하고 변형하는 근대적 미의 기준과 위생관념과 토건사업을 지적한다. 토지, 산업, 철도와 같은 전통적인 재산형식들에 덧붙여 유전자정보, 지

---

290 강우성 외, 『포스트휴머니즘의 쟁점들』, 갈무리, 2021, 30쪽.

291 졸고, 「최성각 소설의 타자의식과 생태주의적 특성 연구」, 『한국문학논총』 제86집, 한국문학회, 2020, 236쪽.

식, 식물들 그리고 동물들과 같은 새로운 재화들이 사유재산화, 사적 소유화되는 공통된 것의 착취로[292] 인한 공통된 것의 부재를 특징으로 하는 우리 사회는 디스토피아의 세계이다. 생물다양성의 파괴와 갯것들의 소멸, 동식물의 거주지 훼손 등의 폐해를 고발한 최성각은 반인간중심주의, 반근대주의를 표방한다. 강원도를 끼고 흐르는 아름다운 동강에 댐을 건설하려는 정부의 대형국책사업에 77%가 반대하는 주민들은 '물은 거꾸로 흐르지 않는다'는 선언 하에 환경운동연합 단체와 함께 댐건설반대 성명을 지속적으로 발표했다. 1990년 10월 용수공급과 홍수방지를 목적으로 한 다목적댐 건설로 제3차 국토종합개발계획으로 추진하려는 댐계획은 2000년 6월 5일 환경의 날에 백지화되었으며, 주민생활 황폐화, 막대한 예산 낭비, 지역발전 후퇴, 주민 불신 등 유무형의 피해를[293] 낳았다.

동강댐 사건의 기록과 기억인 동강소재소설은 생명의 강, 화합의 강이자 국민의 강인 동강을 지키기 위해 주민들의 반목과 질시, 정치세력과 토건세력의 음모와 이해타산, 공무원들의 탁상행정, 일자리 창출과 자본위주의 토건산업 등의 비리와 부조리를 담는다. 휴먼 혹은 비물질이 아닌 땅, 하늘, 강의 권리와 유린에 대해 작가는 구체적이고 실증적으로 제시하는 다큐적 현장탐사적 소설을 통해 고발한다. 장자 우화로 시작되는 〈동강은 황새여울을 안고 흐른다〉는 원숭이끼리 수사슴끼리 찾기 마련인 이치 속에서 진정한 아름다움이란 무엇인가를 묻는다. 정형화되고 획일적인 근대 가부장적 자본주의적 미의 기준이나 청결과 위생에 대한 강박증을 야기하고 병리학의 근대권력이 정상과 비정상의 분할까지 포괄함으로써 불결함과 질병을 도덕적 타락과 연관짓는 표상의 연쇄를 만들어[294] 낸다. 40대 중반의 최주간과 '나'는 2조원을 투자했으나 거대한 변기가 되어 시체 썩는 냄새와 악취가 나는 인공호수 시화호와 달마의 대충 이야기를 나누다가

292 안토니오 네그리·마이클 하트, 조정환 외, 『다중』, 세종서적, 2008, 256쪽.

293 윤수용, 「환경운동 상징된 10년간의 투쟁, 끝나지 않은 민초들의 고통」, 『강원도민일보』 2020.8.30.

294 고미숙, 『위생의 시대: 병리학과 근대적 신체의 탄생』, 북드라망, 2014, 36쪽.

자연스럽게 동강이야기로 이어진다.

땅에 대한 사랑과 이타심의 가치를 바탕으로 동강 어라연 계곡에 산삼을 심는 농심마니 활동을 해온 사람들은 동강 계곡을 댐건설로 영원히 수장시키려고 하는 정부의 방침이 몇사람의 탐욕과 부패 때문임을 비판한다. 돈과 물질적 재화에 대한 무한한 욕망 즉 에리식톤 콤플렉스[295]를 지닌 한국 자본주의 정신에 기초한 우리 사회의 단면이 10여년간의 동강댐사건에 그대로 녹아있다. 중국 계림과 비교되는 영평정(영월, 평창, 정선)에 위치한 동강의 비경에도 불구하고 보상만 충분하다면 댐 건설을 찬성하는 주민, 투기세력, 토건업자들과 동강을 수호하려는 주민과의 반목과 질시와 갈등이 극대화되고 있다. 가수리, 운치리, 고성리와 섭새, 사목리, 거운리로 나뉘어 정반대의 슬로건이 쓰인 플래카드가 난무하고 낯선 외지인의 방문을 경계하거나 매몰차게 내쫓는 험악한 상태가 지속된다. 죽음의 계곡인 황새여울이 아무리 많아도 동강은 앞으로도 흐를 거라고 다짐하며 환경운동연합은 세종로 정부청사 후문에서 항의시위를 하며 끝이 난다.

동물이 멸종되고 식물군이 영향을 받기에 비포장도로만이 자연을 살리는 길이라고 대화하는 동강 여행자들은 레저라는 이름으로 악착같이 동강을 다 보려는 레프팅 예찬론자와 댐건설을 하려는 사람들의 생각이 같다며 사람이 갈 수 없는 지형은 그대로 놔두었으면 좋겠다고 여긴다. 개발과 산업활동이 환경을 훼손하고 그것이 다시 인권을 유린하는 경성 인프라가 형성된 산업시스템으로 악순환이 지속[296]되는 것이다. 달마는 더 이상 시화호에 오지 않으며, 수많은 미생물, 갯것, 동식물은 삶의 터전을 잃어가고 생물다양성을 훼손케 한다. 홍수방지와 물부족을 이유로 석회암지대인 동강댐을 건설하겠다는 발상은 강원도민을 수몰시켜 죽음으로 몰고,

---

295 가능한 한 모든 기회와 수단을 이용해 이윤을, 그것도 가능한 한 많은 이윤을 추구하는 천민자본주의로 한국사회의 특징을 모두 담아낼 수 없다고 본 김덕영은 그리스 신화에 등장하는 아무리 먹어도 허기를 느끼는 저주를 받아서 끊임없이 먹어치우는 오만하고 불경스러운 부자 에리식톤의 이야기에서 따온다. – 김덕영, 『에리식톤 콤플렉스: 한국 자본주의의 정신』, 길, 2019, 18~19쪽.

296 조효제, 『침묵의 범죄: 에코사이드』, 창비, 2022, 33~34쪽.

위생과 편리함이라는 이유로 강과 땅을 인공적으로 변형한다면 자연과 동식물과의 공존은 불가능하다.

잔잔하고 고요한 동강을 바라보는 여행자는 회상에 빠지며 강을 사유한다.

> 시인은 아무 말도 하지 않고 빙긋이 웃으며 동강의 적막감에 빠져 있는 후배를 조용히 지켜보는 것으로 적막을 보호해주었다. 마치 그가 해야 일을 다 했다는 흡족감이 그의 얼굴에 번졌다. 잠시 후에 그가 한 말은 나를 더욱 적막하게 만들었다. "강도 잠을 잔다는 거 알어?" "……." "돌아가신 삼촌이 장렬의 느리매에서 말했어. 여름밤에 강의 그물을 쳐놓고 장광에 누워 기다리다 보면 강이 자는 걸 느낄 수 있다고 말야." 나는 한동안 그가 한 말 때문에 아무 말도 할 수 없었다. 동강은 정말 소리 없이, 잠자듯 흐르고 있었다. 그렇게 흐르는 강을 본 적이 없다고 나는 생각했다. 동강이 다만 흐르는 강물이 아니라 숨을 쉬고 살이 있다는 것을 그때처럼 강렬하게 느껴본 적은 없었다. 아주 나중에야 밟은 연포의 섶다리는 선배가 가수리를 지날 때 말했듯이, 솔가지를 가로지른 위에 긴 광목을 치고 그 위에 모래를 뿌려놓은 다리였다. 겨울 오후 녘, 광목을 밟으며 동강을 건너본 적이 있는가. 그것은 참으로 특별한 느낌이었다. 강을 물로 메우려는 사람들도 섶다리를 밟아보았으면 하는 어린애 같은 생각이 들면서, 나는 다시금 친구가 말한 달마 이야기를 떠올리고 있었다.[297]

하나의 생명체로서 잠을 자고 휴식도 취하며 숨을 쉬고 살아가는 강에 대한 생태감수성을 방문자는 느끼고 감동을 받는다. 인간 이외의 동식물은 고통을 못 느끼고 생명이 부재하다고 여기는 인간중심주의에서 벗어나 땅, 숲, 강도 자유로운 권리를 지닌 법인격체로 인식해야 한다. 식물, 동물, 미생물, 숲 등 모든 생명은 고요하지 않으며, 수신체계의 도움으로 주변을

---

297 최성각, 〈동강은 황새여울을 안고 흐른다〉, 『쫓기는 새』, 실천문학사, 2013, 270~271쪽.

감지하고 그것에 반응하는 능력을 지니며 바이오커뮤니케이션[298]을 하고 있다. 갯벌을 땅으로 만들어 갯것을 멸종시킨 새만금, 인공호수인 시화호 사업이 환경을 썩게 하듯이 동강댐을 설치하여 마을을 수몰시키고 자연환경을 훼손하는 국가정책에 반발하는 주인공은 인간의 삶에 병풍이 되어 풍경처럼 머무는 강에 대한 재인식을 요구한다. 작가는 말 못하는 뭇 생명에 대한 감상어린 교감과 그들과 비언어형태로 관계 맺기, 그 존재를 사랑한다는 것이 새로운 삶의 형태를 가능케 하는[299] 생명들에 대한 사랑이 약속하는 생태적 삶을 강의 조망을 통해 주창한다.

땅뿐만 아니라 그 땅에서 살아가는 종에 대한 소유권을 주장하는 인간에 의해 동물은 재산, 물건, 대상으로 취급되며 야생동물은 국가나 지방정부의 소유[300]인바 자연에게 법적 권리를 주어야 한다. 뉴질랜드에서는 마오리족의 우주관을 반영하여 생태계의 법적 권리를 인정하면서 특정 장소의 사람들은 그곳의 지리적 특성들 — 강, 숲, 호수, 다른 종들 — 과 긴밀히 연결돼 있고 그것들 모두에 책임을[301] 지고 팡아누이강은 더 이상 인간의 소유가 아니며 강의 고유한 가치, 이익, 지위는 명확하게 고려되고 존중되고 옹호되어야 한다고[302] 인식하기 시작했다. 여전히 여성과 흑인, 동성애자, 동물에 대한 권리조차 배제된 현실에서 자연권, 강의 권리까지 나아간 최성각의 생태의식은 급진적이고 이상적이다. 생물평등주의적 관점은 인간을 자연과 따로 떼어놓고 생각하는 것이 아니라 이기적인 개인에서 벗어나 확장된 자아로서 생명권 전체를 이해하고 이 속에서 개별 생명체들이 자신의 내재적 가치를 실현하는 것이 규범적으로 옳다고 보는 것으로 서구 사상을 지배했던 이분법적 '지배의 관점'(인간의 자연지배, 남성의 여성지배, 부자의 빈자지배, 서양의 비서양지배 등)을 해체하는 것[303]이

---

298 마들렌 치게, 배명자 역, 『숲은 고요하지 않다』, 흐름출판, 2021, 16쪽, 28쪽.

299 신승철, 『펠릭스 가타리의 생태철학』, 그물코, 2011, 17쪽.

300 데이비드 보이드, 이지원 역, 『자연의 권리』, 교유서가, 2020, 28쪽.

301 위의 책, 179쪽.

302 위의 책, 187쪽.

다. 땅을 점거하고 숲을 사라지게 하고 강을 역류시키는 일에 반기를 드는 작가는 인공적으로 환경을 개발하는 산업 근대화를 비판한다.

〈육백마지기의 바람〉의 승기는 10여년전 방문했던 육백마지기를 목적지로 동강을 살펴보기 위해 선배와 겨울여행을 떠난다. 삼십대 초반에 홀로 미탄을 찾았었던 승기는 평창군과 정선군의 군계(郡界)에 위치한 해발 1,256미터의 청옥산 산정의 육백마지기라 불리는 거대한 고랭지 채소밭에 올랐던 강렬한 인상을 잊지 못한다. 한번뿐인 인생이 헐값으로 매몰될 것 같아 한 직장에 오래 정착하지 못했던 승기가 찾은 미탄 읍내는 스산하고 울적하면서도 씻기는 듯한 청량감을 느끼게 한 독특하고 이질적인 장소였다. 방황하던 젊은이를 세찬 바람으로 맞이해주었던 눈덮인 청옥산 육백마지기를 승기는 재방문한다. 수자원공사와 건설교통부의 댐건설 계획이 매체를 통해 전파되는 가운데 동강의 빼어난 아름다움과 생태학적 가치에도 불구하고 수몰지역의 동굴 개수와 길이를 엉터리로 발표하는 환경영향평가를 근거로 하는 대형 국책사업의 진행과정은 견고한 부패고리로 연결되었다. 농협대출, 국가정책, 토건사업, 투기꾼들이 협잡해서 이뤄지는 댐건설은 전기, 안전한 식수, 관개, 홍수예방에 도움이 되지만 댐공사의 대부분의 사회적 비용을 빈자들이 부담하고, 이익은 부자들에게 돌아간다. 동강댐반대운동은 자연의 질서를 교란시키는 모든 테크놀로지에 대한 무조건적 비난이 아니라 공통된 것을 사유화하기 위하여 일차적으로 영향을 받는 사람들의 견해를 수렴하지 않고 결정을 내리고, 그리하여 극소수의 사람들을 살찌우며 다수의 사람들의 비참한 사태를 더 악화시키는 정치권력에 맞서 벌이는 항의[304]이다.

정선 동강 상류를 탐사하는 두 여행자는 동강댐 찬반양론으로 벌어지는 지역민의 첨예하고 살벌한 갈등양상을 목도하며 옛 정서를 잃어버린 미탄지역의 육백마지기에 도달하지 못한다. 선배는 조난사를 불러오기도

---

303 이상헌, 『생태주의』, 책세상, 2011, 65~66쪽.

304 안토니오 네그리·마이클 하트, 조정환·정남영·서창현 역, 『다중』, 세종서적, 2008, 376쪽.

하는 링반데룽 현상은 지형과 기상상태, 육체적 정신적 상태와 관계있다고 말한다. 육백마지기에 닿지 못한 두 여행자는 세속적이고 타락한 중년의 자신을 밀어내는 대자연의 신비로움과 공포를 느끼며 서울로 돌아간다. 강원지역은 개발 혹은 개척되지 않은 숲과 고개, 고도, 한랭한 고랭지가 많은 곳이다. 착하고 순수했으며 타는 듯한 열기와 고독, 정결했던 젊은 날의 마음의 밀도를 잃어버린 승기에게 대자연은 발을 들여놓기를 허락하지 않는다. 아주 조금 남은 짓밟히지 않는 대자연은 환경을 훼손하고 절단낸 현대인에게 그 삶이 잘못되었음을 링반데룽[305] 상태로 제시한다.

〈강을 위한 미사〉의 전국에서 모인 사람들은 시골 성당에서 영월댐 백지화를 위한 미사를 봉헌한다. 입당성가, 봉독, 복음, 강론 순으로 진행되는 가운데 신부의 강론과 투쟁위원회 수석 부위원장, 대학교수의 인사말씀을 통해 수자원공사와 건설교통부의 토목건설의 불순한 목적을 고발하고, 댐공사는 동식물 생태계를 파괴하고 먹을거리가 사라지게 하며 동굴과 동공이 많은 석회암지대의 붕괴로 5만 영월주민의 안전을 위협하는 범죄행위로 규정한다. '동강은 영원히 흐르리라', '생명이 있는 것들을 수장시키지 말라!'라는 구호 아래 언덕 위 성당에서 출발하여 강처럼 구불구불한 길을 촛불행렬하는 이 소설은 동강댐 건설의 부당성을 홍보하고 전면적인 검토를 촉구한다. 인간과 자연은 운명공동체이자 동생공사(同生共死) 관계로서 자연의 권리와 절제된 인권으로 이루어진 '생명'의 편에 설 것인지 아니면 절대적 재산권과 성장지상주의로 이루어진 '반생명'의 편에 설 것인지를[306] 요청한다. 강을 위해 모든 피조물들이 서로 함께 살도록 서로 돕도록 창조한 하느님의 진리를 설파하는 천주교 미사의례라는 실험적인 소설구조와 강론, 연설이라는 직접적 발화를 통해 작가는 생명존중과 개발중단을 토로한다.

---

305 Ringwanderung, 환상(環狀), 등산용어로 등산에서 짙은 안개 및 폭풍우를 만났을 때나 밤중에 방향감각을 잃고 같은 지점을 맴도는 일로, 악천후로 인해 목표가 불명료한 겨우 광대한 지형을 오르는 것 같지만 실제로는 원을 그리며 같은 곳을 돌고 있는 현상을 말한다.

306 조효제, 앞의 책, 222~223쪽.

동강 살리기 범국민 한마당 행사 진행과정을 그린 〈동강 한마당과 우드스톡 페스티벌〉에서는 1969년에 뉴욕음악축제인 우드스톡 페스티벌의 성과를 기대하는 동강에 대한 사랑과 수호정신이 나타나고, 〈동강 버스와 래프팅 버스〉에서는 『동강의 노루궁뎅이』[307] 판매를 통해 동강에 서식하는 노루궁뎅이와 토착생물 7,000여 종을 물에 파묻을 순 없기에 환경운동을 하는 것임을 밝힌다. 〈동강에서 온 편지〉에서도 동강상류지역에 보상을 염두에 두고 식목을 촘촘히 심는 비도덕적이고 물질만능적인 현실을, 〈국책 사업 희생자들〉에서는 댐을 악착같이 짓겠다는 정부 당국, 보상에만 몰두한 사람들, 여름 동강 특수 때 돈벌 궁리나 하는 장사치들, 나랑 상관없다는 무임승차족들, 전국 각처에서 온 전문가들과 상대하면서 영월 읍내에서 농사를 짓거나 구멍가게를 운영했던 마을사람들이 환경운동가로 변모하였음을 그린다.

두 남성이 동강 주변을 탐사하는 여행서사구조가 반복되는 최성각 소설은 여행자가 관찰하는 정선, 미탄, 영월, 평창, 주천지역을 배경으로 팽팽하게 갈등하는 잔혹하고 살벌한 마을풍경을 그린다. 그의 소설은 감성적이거나 낭만적 차원을 벗어나 사실에 근거하는 사회생태학적 주제의식을 바탕으로 10년간의 댐건설반대투쟁 기록의 기억이자 자료의 보고로서의 의미를 지닌다. 최성각의 일련의 소설들은 동강탐방구조와 동강댐건설반대운동 소재를 르포와 다큐형식으로 이루어진다. 작가는 근대산업사회가 구축한 자연개발과 환경훼손이 평화롭던 한 지역을 어떻게 갈등하고 반목하며 생명 위협을 가져다주는지를 객관적 사실과 자료에 근거하여 고발한다. 삶의 기본적인 문제들이 아주 직접적으로 정치적이고 문화적이며 법적이고 또 경제적인 분야인 생태학은 우리 모두가 하나의 공통적인 상호 연결된 전체로서의 지구 위에서 지구와 함께 살고 있다는[308] 점에서 출

307 이 책은 1999년에 실제로 발간된 시소설산문모음집이다. 시인 신경림, 이하석, 정호승, 최승호, 신현림, 김하돈과 소설가 정찬, 최성각 등 문인 8명의 공동작품집으로 인세의 일부는 환경운동기금과 환경운동연합에 기부하기로 했다. 이 책에는 또한 동강 살리기에 서명한 문인 230명의 명단도 실려있다.

발한다. 환경문제는 삶정치적 불만에 대한 사례로서 1980년대 인도의 나르마다 강을 가로막는 거대한 사르다르 사로바르 댐의 건설에 반대하여 항의해온 나르마다 살리기 운동(Narmada Bachao Andolan)에 비견된다. 댐 건설 프로젝트의 자금이 세계은행의 차관으로 조달되고 원주민은 그동안 생활했던 터전에서 적은 보상으로 또는 아무런 보상없이 쫓겨나야 했으며, 댐이 물고기들의 산란 경로들을 막음으로써 어종을 위태롭게 하고 하천의 자연적인 흐름을 바꿈으로 전통적인 농업 관습들을 무너뜨리는[309] 인도사례가 최성각 소설에서 재현되고 있다.

1990년대부터 2000년대 초반까지 경향을 드러냈던 생태이론과 녹색문학이 다시 부각되면서 근대를 극복하고자 하는 라투르의 비근대, 네그리의 대안근대가 모색되고 있다. 최성각의 삶과 문학은 자본주의 욕망을 지닌 인간중심주의에서 벗어나 꽃, 나비, 돌, 나무, 새, 동물이 갖고 있는 생명의 욕망에 귀를 기울이고 낮은 곳에서 살아가는 생명이 더 이상 수단이나 도구가 아니라 욕망하는 주체라는 점을[310] 깨닫게 한다. 작가는 동강댐반대운동을 통해 환경정책과 토건사업이 어떤 방식으로 진행되었고 마을주민들의 의견은 얼마나 반영되었으며 소수의 사람들에게 혜택이 돌아갔는지를 비판한다. 또한 자연권을 주창하며 더나아가 '강'을 법인격체로 봐야한다는 급진적인 생태의식을 드러낸다.

3. 에코토피아로서의 히말라야와 자본의 전지구화

인간의 무한탐욕을 경계하는 작가가 남루한 행색의 적은 돈으로 떠나는 여행지는 히말라야 지역이다. 인도, 네팔, 파키스탄, 방글라데시, 티벳 등과 접경지역인 히말라야는 신이 내린 설산으로 『오래된 미래』의 배경인

---

308 안토니오 네그리·마이클 하트, 앞의 책, 374쪽.
309 위의 책, 375쪽.
310 신승철, 앞의 책, 116쪽.

라다크가 위치해 있다. 거센 바람과 고원, 부족한 일조량으로 황량하기 그지없는 공간에서 배려하고 지혜롭게 균형을 잡아가며 행복하게 살아가는 네팔 라다크 사람, 인디언, 마오리족의 사유와 생활양식에서 작가는 대안을 찾는다.

작가의 페르소나인 소설 속 '석우'가 환경운동과정에서 빚어지는 오해나 갈등이 발생될 때마다 떠나는 네팔 히말라야는 환상적이고 이상적인 에코토피아로서뿐만 아니라 문명의 이기와 자본주의로 오염된 공간이다. 〈밤의 짜이왕, 예스비 구룽〉의 '나'는 환경반대론자, 마을주민, 환경론자 사이에서 결말이 나지 않는 새만금 갯벌 싸움에 지쳐 범죄자의 얼굴로 변해가자 순례하듯이 네팔로 떠난다. 포카라의 두둥 라 호텔에 머문 나는 안나푸르나 트레킹을 하고 마차푸차레나 림주리 설산을 바라보며 한국에서의 일을 잊고자 한다. 호텔야간경비원 예스비 구룽에 관심을 갖게 된 나는 호숫가 록카페에서 들리는 요란한 팝송에 맞춰 몸을 흔들어대는 백인 여행자로 인해 원주민이 이방인처럼 느껴질 정도로 전도된 현실을 목도한다. 월급 3만원을 벌기 위해 민첩하게 허리를 구부리고 달려오는 경비원은 "YES BE!"라는 이름의 조롱을 들으며 언제나 같은 자리에 앉아 있다. 자기 나라에 살면서도 원시적이고 동물적인 반응을 보이며 외부의 위협에 대해 본능적으로 움츠리는 불법체류자처럼 산주검, 노바디[311] 형상을 한 그는 벌거벗은 생명 혹은 서벌턴이다. 신성하고 문명의 이기를 받지 않은 네팔마저도 자본과 백인남성의 위력을 행사하는 공간으로 전락함으로써 전지구적 자본주의 질서가 재배치되고 이에 종속되면서 신의 위치에 돈이 대체[312]되고 있다.

〈독방에 감금되었던 히말라야 여인〉의 이주노동자 찬드라 쿠마리 구룽은 1992년에 한국에 왔다가 정신병원에 감금된다. 사소한 오해로 고통을 당한 그녀는 한국을 탓하기는커녕 자신이 못 배우고 못 나서 벌어진 일

311 졸저, 『21세기 한국소설의 다문화와 이방인들』, 푸른사상, 2014, 151쪽.

312 졸고, 「최성각 소설의 타자의식과 생태주의적 특성 연구」, 『한국문학논총』 제86집, 한국문학회, 2020, 223쪽.

이라며, 성금을 받자 머리카락 수만큼 폐를 끼쳤다면서 감사를 표한다. 2차 성금을 전달하기 위해 안나푸르나 서킷의 산동네를 방문했을 때도 그녀의 아버지는 도저히 이해할 수 없다는 얼굴로 극진하게 대접해준다. 환경단체인 풀꽃세상에서 인권문제인 찬드라 사건까지 개입하는 이유를 묻자 "환경문제를 일으킨 깊은 뿌리 속에는 자연이나 여성이나 사회적 약자를 타자화하고 수단으로 여기는 물질만능주의가 깔려있으며, GNP가 매우 낮은 네팔 출신의 남루한 찬드라를 6년 4개월간 이 세상에서 소거시킨 폭력과 능멸의 뿌리에는 그릇된 인종주의와 함께 바로 그런 산업사회적 가치관이 작동"되기 때문이라고 말한다. 인간과 비인간의 다양성을 '말끔하게' 정리하여 일원성의 세상을 건설하려는 반생명 세력의 뒤틀린 '유토피아적' 폭력이 극적으로 나타난 현상이 에코사이드-제노사이드 연계[313]로서 작가는 자연과 인간의 문제가 인간과 인간 문제로 귀결된다고 본다. 한국사회가 저지른 폭력과 인권유린에 대해 책임을 묻지 않고 용서하는 구릉족의 태도에서 무욕과 자연을 닮은 삶의 방식을 배운다.

〈히말라야의 시골학교〉의 석우는 21세기를 한 달 앞두고 히말라야로 떠난다. 히말라야 트래킹을 하는 외부인에게 설산은 눈 덮인 거대한 암벽일 따름이지만 원주민에겐 오래전부터 신의 얼굴을 한 눈부신 산이다. 종교심이 없는 사람들도 걷다가 문득 햇살에 번득이는 설산의 위용과 신비로움에 법열 같은 외경심에 휩싸이는 이곳을 갔다가 석우는 고산병 초기증세를 보인다. 해발 1,800미터 지점의 산중턱에 위치한 50명 정도의 작은 학교를 발견한 석우는 천성이 밝고 착한데다가 생기발랄한 시골학교 아이들에게서 강렬한 인상을 받는다. 청년교사에게 학용품을 보내주기로 했던 약속을 지키지 못해 재방문했지만 산업화의 바람으로 여인들만 남아 농사를 짓고 젊은이들은 도시로 진출하고 전통가정도 해체되었다, 1980년대 네팔에서 인도 사창굴로 팔려가는 소녀들의 평균연령이 14~16세에서 1994년에는 10~14세로 내려갔다는 사실을 접한 석우는 새끼당나귀

313 조효제, 앞의 책, 305쪽.

처럼 해맑게 뛰놀던 소녀들을 떠올린다. 자본주의 산업화의 물결이 고지대 작은 마을까지 침범함으로써 10대 아이들의 위험한 미래에 대한 위기를 절감한 석우는 약속을 지키지 못한 자신을 반성한다. 최성각은 생태문제를 윤리의 문제로 동일시하며 인간끼리 저지르는 가혹하고 폭력적이며 제3세계인을 사지로 내모는 현실을 날카롭게 비판한다. 빈곤국 출신의 이주여성과 소녀가 당면한 현실에서 에코사이드가 페미사이드와도 연관됨을 알 수 있다.

〈밤의 짜이왕, 예스비 구룽〉의 눈치보고 핍박받는 가난한 호텔야간경비원 예스비 구룽, 〈독방에 감금되었던 히말라야 여인〉의 한국인들의 우월의식과 반다문화적 태도로 감금된 이주여성노동자 찬드라, 〈히말라야 시골학교〉의 조혼과 매매춘의 위기에 놓인 시골학교 소녀들의 암담하고 인권유린적이며 차별과 폭력을 고발한다. 전지구화, 신자유주의 체제, 근대산업문명 속에서 자연, 여성과 여아, 토착민, 소수민족의 생활환경은 더욱 열악해지고 위기에 놓인다. 세계 곳곳에 아동매춘뿐만 아니라 장기밀매가 성행하고 있고, 제3세계인의 몸을 훼손하고 차별적인 낙인을 찍는 아시아적 신체[314]가 전지구적으로 인권유린을 당한다. 다문화사회에서는 아프리카계 인구집단과 본국으로 유입된 노동인구들이 역사적으로 소외계층을 형성하며, 이들은 차별, 빈곤, 불평등, 열악한 주거조건 및 교육여건에 더하여 기후위기 및 환경공해의 피해자[315]가 되고 있다.

〈검은 소와 히말라야 사람들〉에서는 이기적이고 쾌락적으로 새천년을 맞이하는 한국의 풍경과 소 한 마리 도살에도 쩔쩔매며 생명을 중시하는 네팔인의 생활상을 대비시키며, 〈사티시 쿠마르가 거절한 음식 보따리〉에서는 죽은 존재가 아닌 자연과 상호 의존하며 정교하게 짜인 생명의 그물에 공동의 창조자로 참여해야 하는 공경의 생태적 자세를 주창하는

---

314 재일조선인 양석일의 문학관이자 사상으로 훼손된 신체, 아시아적 신테는 조르조 아감벤의 벌거벗은 생명인 호모 사케르와 동일한 개념이다. – 김응교, 「삼십육만 원의 '아시아적 신체'」, 『어둠의 아이들』, 문학동네, 2010, 400쪽.

315 조효제, 앞의 책, 84~85쪽.

평화운동가 사티시 쿠마르의 한국 방문을 통해 환경활동과 생태의식을 드러낸다.

후기자본주의와 글로벌경제, 과학기술의 발달은 빈부격차와 중산층 몰락, 에티카 부재를 가져왔기에 인간중심주의를 해체하는 포스트휴머니즘 담론이 형성되고 있다. 토건산업과 산업경제를 바탕으로 부의 축적과 물질만능을 삶의 목표로 여긴 자본의 신체는 날것의 자연 그대로를 향유하거나 휴먼 아닌 것과의 공존을 배격하고 있다. 역사와 미의식, 자연경관, 문화에 대한 호기심과 공감능력을 상실한 '마음' 없는 현대인은 자본주의적 유토피아 및 환경재난적 디스토피아를 구축했다. 비인간, 동물, 타자를 배척하고 억압하며 자기욕망에 집중함으로써 지구위기를 가져온 시대에 최성각 소설은 원주민의 무욕과 생태적 삶을 주창하며 네팔 히말라야공간을 에코토피아로 상정하고 있다.

4. 생태적 사유와 동강

이 글은 반인간주의, 반근대주의적인 문학을 표방하는 최성각 소설을 대상으로 근대산업문명에서 생태문명의 전환을 추구하는 생태의식을 살펴보았다. 작가는 동강건설댐 반대운동 과정을 기억하고 기록한 〈동강은 황새 여울을 안고 흐른다〉, 〈강을 위한 미사〉, 〈육백마지기의 바람〉, 〈동강에서 온 편지〉, 〈동강한마당과 우드스톡 페스티벌〉, 〈동강 버스와 래프팅 버스〉 등의 소설에서 영원불변한 자본의 신체가 된 현대인의 무한욕망과 쾌락에 대해 일갈한다. 댐건설에 대한 입장이 달라 10여년 동안 갈등과 반목으로 마을사람들이 갈라지고 황폐해졌으며, 건설교통부, 농협, 토건업자, 투기꾼이 몰려들고 이득을 볼 소수의 사람으로 인해 다양한 생물들이 죽고 마을은 수몰 위기에 놓이며 아름다운 자연경관이 파괴되는 상황을 작가는 통계, 환경영향평가, 찬반운동과정을 다큐적 현장탐사적으로 리얼하게 재현한다. 인간의 편의와 위생, 근대적 미의 기준으로 강, 땅, 바다를 구역화하고 소유화하며 인공적으로 변형하는 인간 중심의 환경변화를 재고해 줄 것과 쾌락을 위해 자연의 구석까지 파헤치고 개발하지 않을 것을 작가는 주창한다. 또한 숨을 쉬고 잠도 자는 강을 사유하며, 말 못하는 뭇 생명에 대한 교감과 감성, 관계 맺기를 추구한다. 작가가 해왔던 농심마니운동이나 무생물에게 환경상을 수상하는 풀꽃연구소 행사는 소박하나마 이타적이고 윤리적인 생태적 삶의 실천이다.

또한 작가는 에코토피아로서의 네팔 히말라야를 주목한다. 〈밤의 짜이왕, 예스비 구룽〉, 〈독방에 감금되었던 히말라야 여인〉, 〈히말라야의 시골학교〉, 〈검은 소와 히말라야 사람들〉에서는 네팔인의 느리고 원망할 줄 모르며, 생명을 존중하는 해맑고 선한 무욕의 심성을 그린다. 그러나 전지구적 자본의 위력과 영향으로 이곳의 원주민은 자기 나라에서 백인 관광객에게 타자화되며, 한국에 돈벌러 온 이주노동자는 정신병원에 감금되고 어린 소녀들은 조혼이나 매매춘의 위험에 놓인다. 자본의 위력과 폭력에 노출되었음에도 용서하고 배려하는 이들은 자본주의적 욕망에 물들지 않은 생태문명하에 놓인 사람들이다. 환경운동 중 갈등이 생기거나 불현 듯 신의 산 히말라야를 탐방하는 작가 및 소설 속 주인공은 상처치유와 마음으로 정화시키는 에코에타카로서 네팔 히말라야를 에코토피아로 설정하고 있다.

5부 영서지역 재현 양상과 문학적 특성

1장 《토지》에 나타난 신분 정체성과 연애(혼사)장애

2장 박경리 문학과 원주 로컬리티

3장 이기호 소설의 197,80년대 중소도시 표상

4장 이기호 소설의 구연방식과 정치적 상상력

5장 김희선 소설의 기원탐사와 타자의 고통:
『라면의 황제』(2014), 『골든 에이지』(2019)

6장 2000년대 소설의 원주시 재현 양상

7장 한국현대소설 속 원주표상과 로컬리티:
원주 출신 및 거주 작가

8장 박수근 미술의 로컬리티와 문학적 차용

1장
《토지》에 나타난 신분 정체성과 연애(혼사)장애

1. 시대적 배경 및 문제제기

문학적 문학사적으로 자리매김을 한 역사대하소설이자 가족사소설인 《토지》와 박경리 작가에 대한 관심은 그녀와 관련된 문학관의 숫자만 보아도 알 수 있으며,[1] 박경리 문학제 학술세미나와 2014년 설립한 토지학회에서의 학문적 성과도 매년 축적되고 있다. 러시아 상트페테르부르크에도 박경리 동상을 세운다고 보도했듯이 《토지》는 우리 문학의 대표작 중의 하나로 평가받고 있다. 16부작 《토지》는 가족[2], 인물[3], 여성[4], 겁탈[5], 동

---

1 1999년 원주에 박경리문학공원이, 2004년 하동에 평사리문학관이, 2010년에 통영에 박경리기념관이 건립되었다. 이 세 도시는 박경리가 20년간 거주하면서 토지의 4,5부를 완간한 생명도시로서(원주), 토지의 배경인 평사리와 연관된 의미(하동)로서, 작가의 고향(통영)과 연결되어 지어졌다. 이러한 사실은 박경리 문학의 우리 문학에서 정전으로서의 위치를 알게 한다.

2 이상진, 「〈토지〉에 나타난 가족문제와 모성성」, 『여성문학연구』 제3호, 한국여성문학학회, 2000, 오세은, 「여성가족사소설의 의례와 연대성」, 『여성문학연구』 제7호, 한국여성문학학회, 2002.

3 이상진, 「박경리의 〈토지〉연구: 인물형상화를 중심으로」, 연세대 박사학위논문, 1998, 박혜원, 「박경리 〈토지〉의 인물 연구」, 이화여대 박사학위논문, 2001, 이수경, 「〈토지〉의 인물성격화 방법에 대한 연구」, 전남대 석사학위논문, 2001, 김은경, 「박경리 〈토지〉에 나타난 '굴절'의 원리와 인물 정체성의 문제」, 『민족문학사연구』 제35호, 2007, 김철, 「민족-멜로드라마의 악역들: 일본인」, 『일본비평』 제3권, 2010, 김학용, 「대하소설 〈토지〉 등장인물 네트워크의 동적 변화 분석」, 『한국콘텐츠학회논문지』 제12권, 2012.

4 강국희, 「박경리 〈토지〉의 여성인물 연구」, 경희대 석사학위논문, 2004, 최재은, 「박경리의 〈토지〉연구: 여성인물의 욕망을 중심으로」, 안동대 석사학위논문, 2006, 김명준, 「경계선과 깨뜨림의 미학: 〈토지〉의 최씨가문 여성 삼대를 중심으로」, 『우리문학연구』 제21권, 2007, 김은경, 「박경리 문학에 나타난 지식인 여성상 고찰」, 『여성문학연구』 제20집,

학[6], 유교[7], 비교[8], 기법[9], 생명[10], 한[11], 소문[12], 타자[13], 문화[14], 갈등[15], 공간[16], 이주[17] 등의 키워드로 다각적으로 연구되었다. 육칠백 여명에 달하는 인물연구는 작품을 이해하는 핵심주제로서 유학자, 독립운동가, 여행자, 이주자와 여성인물, 선인 대 악인 등의 관점으로 분석되었는바 이 글은 《토지》의 시대적 배경인 전근대(구한말), 개화기, 근대(식민지)라는 이행기 속에서 작중인물들이 신분으로 인한 혼란과 갈등을 어떻게 극복하고 파멸되었는지 고찰한다. 박경리 문학의 특징인 비극적 세계관과 한, 체념,

---

2008, 이윤경, 「박경리, 박완서 소설의 여성정체성 연구」, 이화여대 석사학위논문, 2008, 오혜진, 「전근대와 근대의 교차적 여성상에 관해」, 『국제어문』 제47집, 2009, 이미화, 「박경리 〈토지〉에 나타난 여성인물 연구」, 부산대 박사학위논문, 2011.

5 이경, 「〈토지〉와 겁탈의 변검술」, 『여성문학연구』 제27호, 2012.

6 박상민, 「박경리 〈토지〉에 나타난 동학」, 『문학과 종교』 제14권, 2009, 우수영, 「박경리 〈토지〉를 통해 고찰한 '동학'의 의미」, 『동학학보』 제26권, 2012, 한점돌, 「박경리 〈토지〉의 문학사상 연구: 〈토지〉와 동학사상의 관련양상」, 『현대문학이론연구』 제55권, 2013.

7 이상진, 「박경리의 〈토지〉에 나타난 유교가족윤리의 해체양상과 그 지향점」, 『현대소설연구』 제20호, 2003, 박상민, 「박경리의 〈토지〉에 나타난 근대사회와 유교적 이상의 균열」, 『문학과 종교』 제10호, 2013.

8 이덕화, 「〈토지〉와 〈혼불〉의 비교연구」, 『여성문학연구』 제2호, 1999.

9 한승옥, 「〈토지〉의 다성적 특질」, 『현대소설연구』 제8호, 1998, 이정숙, 「〈토지〉에 나타난 의식의 이중성과 아이러니」, 『현대소설연구』 제23호, 2004.

10 조윤아, 「박경리의 〈토지〉연구: 생명사상으로의 변모를 중심으로」, 『논문집』 제7권, 1999, 김현숙, 「박경리 작품에 나타난 죽음과 생명의 관계」, 『현대소설연구』 제17호, 2002.

11 류보선, 「비극성에서 한으로, 운명에서 역사로」, 『작가세계』 제22권, 1994, 송호근, 「삶에의 연민 한의 미학」, 위의 책.

12 문재원, 「〈토지〉에 나타난 소문의 구성과 배치」, 『현대소설연구』 제32호, 2006.

13 서현주, 「박경리의 〈토지〉에 나타난 타자인식 연구」, 『국제한인문학연구』 제9권, 2012.

14 이미화, 「박경리 〈토지〉에 나타난 조선문화의 토대 연구」, 『인문사회과학연구』 제12권, 2011.

15 장미영, 「박경리 소설 연구: 갈등양상을 중심으로」, 숙명여대 박사학위논문, 2002, 이희자, 「박경리 소설의 갈등양상 연구」, 강원대 박사학위논문, 2014.

16 조윤아, 「박경리 〈토지〉의 공간 연구」, 『현대문학의 연구』 제21권, 2003, 이상진, 「자유와 생명의 공간, 〈토지〉의 지리산」, 『현대소설연구』 제37호, 2008, 김진영, 「인간주의 지리학 관점에서의 장소성 프로세스를 적용한 문학지리학 연구: 소설 〈토지〉 속 평사리를 중심으로」, 『지리교육논집』 제55집, 2011, 김승종, 「박경리의 〈토지〉와 '부산'」, 『현대소설연구』 제49호, 2012.

17 강찬모, 「박경리의 소설 〈토지〉에 나타난 간도의 이주와 디아스포라의 귀소성 연구」, 『어문연구』 제59권, 2009, 졸고, 「여행과 디아스포라 관점에서 본 〈토지〉의 인물 양상」, 『한국문학논총』 제67집, 2014.

운명 순응주의도 인습과 전통, 반상으로 말미암은 신분 콤플렉스 때문인 경우가 대부분이다.

《토지》의 시간적 배경인 1897년 한가위부터 1945년 해방까지는 인습/전통, 개화/계몽이 서로 상충하고 길항하는 반봉건이 시대적 이슈인 동시에 조선독립을 갈구했던 반제국주의라는 시대적 소명이 자리 잡은 시기였다. 식민지 근대라는 특수성을 지닌 시기에 우리 민족은 근대화뿐만 아니라 독립에의 과제를 해결해야 했으며, 다문화성과 혼종성을 경험한다. 1876년 개항으로 시작되어 아직도 현재 진행형인 긴 20세기[18]의 한국사회는 전근대, 근대, 탈근대의 시간이 동시적으로 나타나는 비동시성의 동시성을 특징으로 한다. 긴 20세기의 변방적 식민지 근대화와 압축적 후발 산업화를 지닌 한국사회는 다중적 근대, 다양한 근대의 시간[19]을 동시에 갖는다. 이러한 비동시적 역사적 시간들은 동시적으로 공존하고 충돌하면서 전근대와 근대의 혼돈을 초래하였다. 근대교육을 받은 지식인, 성리학을 추종하는 유학자와 양반들, 교육혜택과 정보전달이 미흡한 농민과 여성들이 느끼고 체험했던 이 시기의 삶이란 복합적일 수밖에 없는바《토지》는 이러한 시대인식을 섬세하게 표출한다.

19세기 중엽의 한국을 포함한 동아시아는 '서양의 충격(western impact)'이라 불리는 서양과의 대면 및 물리적 충돌로 중화 중심의 질서를 흔들었다. 아라사, 청, 일본 사이에서 구한말 조선은 엄청난 세계재편의 소용돌이에서 벗어나지 못했다. 부국강병을 부르짖으며 위기의식을 느낀 우리 민족은 일제의 식민지하에 놓인다. 이 시기에 시대를 가름하는 징조로서 역사적 사건인 동학농민운동과 자연재해인 호열자[20]가 발생한다. 시대적 소명을 대별하는 동학은 모든 인간이 평등하고 차별을 두어서는 안 된다는 인내천(人乃天) 사상을 널리 유포하여 반상의식을 소멸시켰고,

---

18 임혁백, 『비동시성의 동시성』, 고려대학교출판부, 2014, 22쪽.

19 위의 책, 27쪽.

20 소설에서와 같이 실지로 대한제국인 1902년 고종 39년 8월에 콜레라가 발생하여 사망자가 많았고 10월 황성신문엔 호열자의 역사와 예방법을 소개하는 기사도 나왔다.

상민, 천민들의 인권의식과 신분적 모순에 대한 자각을 가져왔다. 《토지》 전반부에 등장하는 김개주, 환이, 관수, 윤보 등의 인물들이 이에 관여되고 있다. 고종 31년 갑오개혁으로 공사노비제도 폐지와 신분제 개혁과 조혼금지, 과부의 재혼 허가가 이루어졌다. 19세기말의 동학난과 갑오개혁은 반상의 구별이 없어지고, 평등사상을 전파했으며, 양반들도 수구적 진보적 혹은 시대착오적으로 시대에 응전하였다. 왕조질서를 개혁하되 그 자체를 뒤집는 혁명적 사고가 없는 전근대성을 유지하면서도 외세의 개입에 결연히 저항하는 민족주의라는 근대의 요소도 함께 갖고 있는 동학 안에는 근대와 전근대, 서양과 동양, 유교, 불교, 샤머니즘, 기독교의 요소가 혼재[21]되었다. 1894년 농민혁명운동은 개화파가 전혀 수행할 수 없었던 수백 년 묵어온 양반지배체제라는 구체제의 근본적 붕괴를 농민혁명군이 수행하였고, 개화파로 하여금 개혁정책을 실시하도록 사회적 압력을 주입하였다는 점[22]에서 역사적 의의가 컸다.

시대의 변천은 역사적 사건뿐만 아니라 자연재해 혹은 천재지변으로도 가름하는데《토지》에서는 호열자가 평사리 마을에 전염되어 최참판댁 윤씨부인의 목숨을 앗아감으로써 가문의 위기를 맞는다. 부친 살해, 모친 가출, 돌림병으로 인한 할머니의 죽음으로 홀로된 서희는 먼 친척에게 재산을 강탈당하고 만주로 이주한다. 전염병과 같은 재난의 본질은 '삶과 사회를 변화시키는 큰 사고'[23]라는 데 있다. 늘 사회가 타락했다거나 부당하다는 사실을 생생하게 고발해주는 은유로 사용[24]되어온 질병은 앞으로 일어날 일을 예측하며 과거의 일어난 일을 회상시키고 현재 진행 중인 상황을 진단[25]한다. 농사를 짓는 마을사람에게 벼가 생명과 삶을 상징한다면 호열자는 죽음의 문제로서 일상의 균열을 가져오며 새로운 시대의 도래를

21 임혁백, 앞의 책, 24쪽.
22 신용하, 『한국근대사와 사회변동』, 문학과지성사, 1980, 33쪽.
23 문강형준, 「왜 재난인가」, 『문학과학』 72, 2012. 겨울호, 20쪽.
24 수전 손택, 이재원 역, 『은유로서의 질병』, 이후, 2002, 106쪽.
25 미셸 푸코, 홍성민 역, 『임상의학의 탄생』, 인간사랑, 1993, 166쪽.

야기한다. 동학과 의병활동과 개화사상의 유입, 호열자는 개인의 삶 속에 투영되어 신분의 몰락 혹은 상승을 가져왔다. 인간의 생명을 위협하는 전쟁, 흉년(기근), 역병이 구한말과 20세기를 시작하는 기간에 발생함으로서 당대를 살아가는 사람들의 고통과 질곡은 매우 컸다.

근대적 징후와 달리《토지》속 현실에서는 호랑이와 구렁이가 시시때때로 등장하고, 굿, 미신, 풍수지리, 샤머니즘적인 기원이나 주술로 문제를 해결하는 전근대적 생활양식이 전개되며, 소문과 풍문으로 인한 왜곡된 정보 전달이 사실화됨으로써 비합리적이고 비과학적인 인식이 만연하였다. 오랜 세월 이어진 전통과 관습, 반상의식이 잔존함으로써 수구와 진보, 개화와 전통, 계몽과 인습이 길항하였고 시대적 경계인의 자아 찾기를 통한 신분 정체성은 혼란스러웠다. 시대의 변천과 혼효는 '전근대를 온존시킨 채, 근대에 들어가고, 근대를 완성하지 못한 채 탈근대에 들어가는 비동시성 현상을 지닌'[26] 우리 사회의 모습이었다. 국가존폐의 위기라는 절체절명의 구한말과 개화기 그리고 일제강점기를 배경으로 하는《토지》는 신분철폐를 가져왔지만 태생으로 인한 멸시와 차별이 지속된 사회를 재현한다. 제도적인 노비철폐는 설움과 고통의 응어리를 풀어놓는 변화였지만 자유와 인권을 보장받지 못했다. 노비와 양반에 대한 계급적 차별은 식민지 근대에서도 극복하지 못하고 젊은이들을 비극의 나락에 빠지게 했다.

성리학을 바탕으로 한 중화문화권에 복속한 조선사회는 명치일본의 식민지 근대화 과정에서 다수의 전근대인과 극소수의 개화파 엘리트로 구성되어 서로 다른 역사적 시간을 살게 되거나 동시적으로 경쟁, 공존하는 주변부적 비동시성의 시간이 동시적으로 존재했다. 양반과 상민의 계급이 타파되고 성리학자와 개화파의 출현 속에서 전근대적 근대적 사고가 공유되었으며 독립운동과 동학운동의 영향을 받은 시기가《토지》의 시간적 배경이다. 박경리 문학의 특징인 비극적 세계관과 한의 정서, 운명적 순응주의는 신분 콤플렉스에서 비롯되며, 이는《토지》를 이해하는 또 하나의 키

---

26 임혁백, 앞의 책, 24쪽.

워드이다.

신분 정체성은 남녀 간의 사랑과 혼사에 영향을 끼치는데, 유교적 전통적 가부장적 질서와 식민지 근대성이 공존하는 시대적 이행기에 신분과 결혼 가치관은 충돌과 변동을 가져왔다. 결혼을 결정하는 요소들은 개개인들의 사회적 지역적 출신 배경이며 동일한 사회계층의 남녀들끼리 결혼하는 이른바 동일계층 간의 결혼[27]을 지향하였다. 인류학적 관점에서 볼 때 결혼은 동질성과 이질성 또는 순수성과 혼종성에 근거한 두 종류의 상반된 사회적 욕망이 충돌하는 장으로, 동서고금을 막론하고 지배계층은 결혼이라는 제도를 통해 그 집단의 동질성을 유지함[28]으로써 기득권을 지켜 왔다. 유교적 신분제를 확립하기 위한 가부장제 이데올로기와 국가의 노동력 재생산을 위한 조선시대의 혼인정책[29]이 식민지 근대와의 관계 속에서 어떻게 길항하고 변모했는지가《토지》에 나타난다. 최참판댁 세 여인의 신분하강적인 관계맺음과 함안댁, 영선댁의 치혼사 그리고 신분 열등감을 바탕으로 한 젊은 세대들의 연애와 결혼을 통해 '세습화되어 신분계층간의 상승 또는 하강의 사회이동이 제도적으로 허용되지 않는 세습화된 조선조 신분제의 공고함'[30]이 드러나는 동시에 미세하게 변화된다. 역사적인 것인 동시에 계급적인 것인 섹슈얼리티[31]를 바탕으로 하는 남녀간의 관계가 시대의 이행과 계급의 차이 속에서 이루어진다. 이 글은 양반, 중인, 상민, 천민 등 각각의 계급들이 변화하는 시대에 어떻게 응전하고 파멸 혹은 상승했는지 신분 정체성과 연애(혼사) 모티프를 통해 살펴본다.

---

27 앙드레 뷔르기에르 외, 정철웅 역, 『가족의 역사』, 이학사, 2001, 57쪽.

28 이경원, 『파농』, 한길사, 2015, 129쪽.

29 김영선, 「결혼·가족을 통해본 한국 식민지 근대성의 구성요소와 특징」, 『여성과 역사』 제13권, 한국여성사학회, 2010, 146쪽.

30 진혜숙, 「여성과 가족: 가족이론의 변천과 여성지위에 관한 연구」, 『배화논총』 제18권, 배화여자대학, 1999, 146쪽.

31 우에노 치즈코, 조승미 외 역, 『여자들의 사상』, 현실문화, 2015, 179쪽.

2. 신분의 혼란과 평등의식의 확장

구한말 조선은 수구파와 개화파 양 진영으로 나뉘어져 외부 열강의 침범과 더불어 안팎으로 혼란스러웠다. 외세의 침입을 막기 위해 의병이 출현했고 안으로는 봉건지주의 압제에서 벗어나 만민평등을 구현하기 위한 동학도의 활약 속에서 상층세력인 양반의 시대적 응전도 다채로웠다. 근대자본주의의 진입과 신분제도의 몰락은 양반 출신일지라도 경제적 부가 뒷받침되지 못하는 한 무시와 하대를 받았다. 근대의 진입과 일본의 영향, 동학사상의 전파로 인해 농촌에서도 반상의 구별에 대한 모순과 평등사회의 도래가 널리 퍼졌으며, 지줏댁에 대한 비판으로 이어졌다.

> "상놈은 사람 아니가. 사람으 도리는 상놈 양반 다 마찬가지다." "마찬가지라고? 고대광실에서 개기반찬 씹어먹는 놈하고 게딱지 같은 오두막에서 보리죽 묵는 놈하고 우예 같노." "나보고 묻는다고 내가 자네보다 더 잘 알겠나? 최참판댁 은덕으로 살믄서 헐뜯는 거 아니다." "허허, 허파에 바람들겠네. 무신 은덕고?" 칠성이는 용이 컨으로 바싹 얼굴을 돌리며 눈을 깠다. "조상적부터 그댁 땅 부쳐묵고 살믄서 헐뜯어 쓰겄나." "야아야! 성인군자 겉은 소리 마라. 고방에 쌀이 썩어 나는 기이 뉘 덕고? 응? 말 한분 해봐라." "……" "흥 머지 않았다, 멀지 않아. 종놈이 상전 기집 뺏는 판국인데, 아 국모도 머리끄뎅이 끌고 가서 개같이 죽있다 카는데, 정승이란 높은 벼슬아치들도 서울서는 몰죽음을 당했다 안 카든가? 또 민란이 나야……." (중략) "내사 아둑바둑해볼라누만. 머 최참판네도 옛날옛적 고래적부터 만석꾼이더나? 조상적에 백성들 피 빨아 모운 재물 아니가. 흉년에는 보리 한 말에 논 뺏아서 모운 재물 아니가. 옛적에는 선비들이 이 마을을 지날 때 부채로 얼굴 가리고 최참판네 고래등 같은 집 외면하고 갔다더라. 돈 있인께 도둑놈도 양반이구나. 돈 있인께 종놈도 마구 부리더라. 죄 안 짓고 우찌 돈을 모우노. 하늘에서 땅덩이가 뚝 떨어지나? 땅에서 금덩이가 솟아오르나? 도리? 사람으 도리? 도리를 지키서 부자가 되나 양반이 되나. 얼매나 남의 등을 쳐서 간을 꺼내

묵는가, 그 수단에 따라 부자도 되고 양반도 되고. 아 김평산일 안보건대? 양반꼴 좋지. 개다리 출신이긴 해도 양반은 양반 아니가. 그 꼴 좀 보지? 이 마을에서 쓸개빠진 놈 아니믄 그 사람을 양반 대접할 놈 하낫도 없다. 와 그렇노? 돈이 없인께 그렇지."[32]

평사리 마을주민 용이와 칠성의 대화에서 양반에 대한 비판의식이 드러난다. 조선 중후반부터 신분체계가 서서히 무너지고 있으며 농민과 하인들은 시대의 변화를 미세하게나마 감지하면서 억눌려 왔던 울분을 표출하기 시작한다. 달라진 세상에 불합리한 전통사회의 모순을 고발하고 비판하는 평민들은 평등한 세상을 지향했으며, 기득권인 양반계층도 개화사상을 받아들인 측과 성리학의 위계질서를 신봉한 두 부류로 나뉜다. 평사리 주민들에게 개명양반 조준구의 옷차림은 조롱의 대상이다. "갓 쓰고 도포 입고 인물이 훤하던" 조준구가 "검정빛 양복에 모자, 구두를 신은 서울의 신식양반"이 되어 나타나자 까마귀, 제비, 숭어양반이라고 놀린다. 상체에 비해 아랫도리가 짧은 데다 두상이 큰 조준구는 양복 때문에 신체의 단점이 드러나 병신스럽게 보여 '왜인', '딱정벌레'로 비춰진다. 1895년 단발령을 시발점으로 조선사회를 지탱해오던 유교적 삶의 양식은 양복, 양식, 양옥 등의 말이 유행하면서 전근대적 질서를 해체[33]하였다. 양반에 대한 적의와 분노는 최참판댁 계집종인 귀녀에게서 자신을 종으로 부려먹은 양반에 대한 복수로 발현된다.

양반층도 개화 및 수구 그리고 중도적 성향을 드러내며, 친일 혹은 독립운동, 방관 및 자포자기 등의 행보를 보인다. 퇴락한 양반 김평산은 가난하고 무능하여 무시당한 한 때문에 귀녀, 칠성이와 도모하여 최치수의 재산을 가로채려다가 사형당한다. 그러나 가난한 김훈장은 존경을 받는다는 사실에 비추어 볼 때 마을사람의 신망은 신분과 재산뿐만 아니라 인품도

32 박경리, 《토지》 1, 삼성출판사, 1988, 64~65쪽.

33 정용환, 「한국의 근대적 자아」, 『철학연구』 제106집, 대한철학회, 2008, 272쪽.

기준이 되었다. 양반으로서의 체통과 유교이념을 상실함으로써 몰락한 김평산과 최치수의 먼 친척인 조준구는 부계 혈통이 단절된 최씨 집안의 재산을 노린다. 시대에 대한 전망이 없으며 윤리의식이 전무한 친일파 조준구는 하녀를 건드리고 개화의식이나 민족의식이 결여되었으며 서희를 며느리 삼아 재산을 몰수하고자 한다. 악인으로 규정되는 그는 강직하고 유교이념이 투철한 김훈장, 결벽적이고 양반의 고고함을 지닌 최치수와 정세에 대해 토론하면서 이득을 위해 살아가는 처세주의자의 면모를 보인다. 타자의식, 진정성, 공동체의식이 전무한 그는 서희의 재산을 강탈하고 반인권적인 특권의식으로 원성을 산다. 모친 콤플렉스로 인해 신경질적이고 잔인하며 병약한 양반 최치수는 살해되고, 이상현은 독립의 길을 올곧게 걷는 아버지 이동진을 극복하지 못하고 방황하는 허무주의자가 된다. 최치수의 현실과의 거리두기와 이상현의 타락과 우유부단함은 시대 변화에 대처하지 못한 개화기세대의 모습이다. "신분제도는 이미 형식상으로는 타파되지 않았습니까. 그러나 감정적으로 용납되기는 오랜 시일이 걸리지 않을까요?"라는 상현의 입을 빌려 이 시기가 신분에서 자본으로의 이행을 가져오는 전환기이지만 전근대와 근대가 동시적으로 작동하고 있음을 알 수 있다.

동년배 양반이자 친구관계인 조준구, 최치수, 이동진의 대화에서도 시대적 인식이 각각 다르게 나타난다. "태초부터 사람은 살기 편한 것을 좇게 마련"이라는 조준구는 친일세력이 되어 권력을 이용하고 추종하여 최치수를 타락하게 하고 그의 재산을 빼앗는데 성공한다. 윤리의식이나 예의범절이란 편하지 않은 것이지만 지켜야할 규범이라고 응대하며 항일무장투쟁의 험난한 삶을 선택한 이동진에게도 전근대적 근대적 사유가 공존한다. 역관과 상놈이 미쳐 날뛰는 세상으로 갑오년 공사노비제도 혁파가 돼먹질 않았다고 말하는 최치수는 "천대받는 놈치고 약지 않는 놈이 없다"며 특권의식에서 벗어나지 못한다. 유교적 사유체계 안에서 상상할 수 있는 현실의 최대치를 보여준 유학자[34]인 이동진은 "지금이 어느 세상이라고 그 따위 말을 하나"라고 하면서 친구의 차별의식을 지적한다. 최치수는 몽매한 백성이란 대가가 확실해야 움직이는 무리이며 지조가 없는 자들로서 존엄이나 지조를 위해 목숨을 거는 무리가 아닌 자로 여기며 "이 시기의 양반들조차 상놈들에게 아첨하는 개 같은 놈들"로서 제 목숨만 보전된다면 의관이고 족보고 다 싸질러서 백정이라도 해먹을 놈들이라고 비판함으로써 인간에 대한 환멸과 냉소적이고 자조적인 삶의 태도를 보인다.

어릴 때부터 친구였던 이동진과 최치수는 의관과 체통을 거추장스러워 하고 식자우환이라며 차라리 쇠스랑이든 곡괭이든 들고 나설 수 있는 상민, 천민이 오히려 홀가분하다고 자조적으로 말함으로써 가문보존과 체면의 굴레에서 벗어나지 못한다. 체면과 상처와 자조로 세상을 관망한 최치수는 번민과 방관 속에서 생을 마감하며, 독립운동의 길을 걷는 이동진은 여행자, 이방인의 삶을 선택한다. 이상현의 선배인 양반 출신 서의돈은 유교적 교양과 학문이 도저한 경지에 이른데다가 개화의식과 평등사상도 갖춘 사람으로 일본과 중국을 떠돌며 사회주의적 시각을 갖는다. 그는 노름꾼, 광대, 천하 잡놈은 말할 것도 없고 물지게꾼, 백정까지 어울리길 좋아하는 호걸로 가문이고 조상이고 도통 우습게 아는 타자지향적 인물이다. 구한말과 식민지 근대를 살아가는 양반계층의 삶을 정치하게 포착한 《토지》는 시대에 대응하는 인물군상을 다양하고 예리하게 묘사한다. 평민들은 평등사상이 각성되었고 양반들도 신분의 한계를 깨달았지만 사회적 심리적으로 반상의 경계는 엄격했고 기득권을 놓지 않았다. 그럼에도 불구하고 이 시기야말로 전근대성과 근대성이 동시에 작동함으로써 신분이 이동하였고 갈등도 증폭되었다. 표층적으로 신분제가 와해되는 과도기가 배경인 《토지》는 '심층적으로 아직 반상의 경계가 인물의 의식 속에 잠재되어 있는 시대'[35]를 그린다. 전통적 가부장제도와 식민지 근대제도 사이의 충돌과 중첩은 남녀간의 낭만적 사랑과 혼인에도 영향을 끼쳤다.

---

34 박상민, 「박경리 〈토지〉에 나타난 근대사회와 유교적 이상의 균열」, 『문학과종교』 제18권, 한국문학과종교학회, 2013, 109쪽.

35 박혜원, 「박경리 〈토지〉의 인물 연구」, 이화여대 박사학위논문, 2002, 48쪽.

3. 연애(혼사) 장애 모티프와 신분 정체성

1) 낙혼·앙혼으로 본 신분갈등 양상

《토지》에는 남녀 간의 사랑과 불륜과 겁탈이 얽혀있는데 이들의 관계를 방해하는 이유 중의 하나가 신분 차이이다. 근대사회로 진입했다고는 하나 시골일수록 전근대적인 사고방식이 일상의 기준이 되어 양반, 상민, 천민 간 계급적 지위가 뚜렷했다. 근대 자본주의 사회는 신흥졸부와 친일세력의 출현으로 돈이 지배하는 변화를 가져왔지만 신분 또한 지속적으로 지배하면서 애정불화와 혼사장애의 주요요인이 된다.

최치수의 어머니 윤씨부인은 동학당을 지휘하는 김개주에게 겁탈당해 혼외자를 낳음으로써 두 아들 최치수와 김환(구천) 그 누구에게도 모성을 베풀지 못하고 죄의식 속에 살아간다. 정조를 지키지 못한 그녀는 김환과 최치수의 아내이자 며느리인 별당아씨의 도주를 도와줌으로써 진정한 사랑을 이해하고 계급의 경계를 벗어나는 내면의식을 보여준다. 최참판댁의 여성 삼대는 손녀 최서희가 하인 길상과 결혼함으로써 신분의 경계를 무너뜨린다. 양반 집안 출신인 그녀들은 중인 출신의 동학장수 김개주, 사생아 출신이자 머슴인 구천, 고아이자 종놈인 길상과 불륜, 사랑, 혼사로 이어짐으로써 전통적 유교질서, 정절 이데올로기의 경계를 뛰어넘는다. 양반 가부장제 사회의 물리적 재생산을 담당하는 최참판댁 아녀자의 몸을 차지했다는 것은 양반사회의 질서를 흔드는 야만적 행위이며 이는 전통유교사회의 근간을 흔드는 일이다. 겁탈로 맺어진 윤씨부인, 자식을 버리고 사랑을 선택한 별당아씨, 필요와 보호를 위해 낙혼한 최서희의 삶을 통해 신분해체 현상이 나타났지만 전근대적 유교이념이 체화된 그녀들의 삶은 비극적이고 고통스러웠다. 가문 보전 및 승계의 의무와 봉건주의적 보수적인 이념을 지닌 그녀들은 주체적인 입장을 취했으나 '작품 속에서 이들 여성에게 제기된 문제는 사회제도의 모순과 이로 인한 갈등으로 그 요인은 전통적 유교 윤리관과 신분질서라는 제도의 문제'[36]였다.

"못 오를 나무는 쳐다보지도 않는 게야." 상현이 주정 비슷하게 다시 시작했다. "자네가 똑똑한 것도 알고 잘생긴 것도 안다. 이곳은 내 땅이 아니지만 우린 조선 사람이야." "……" "아무리 세상이 뒤죽박죽 반상의 구별이 없어졌기로 일조일석에 근본이 바뀌어지는 것이 아니야. 내 땅이 아니라고 해서, 양반들이 김훈장 꼴이 되고 양가의 규수가 장사꾼으로 떨어졌다 해서 그것을 기화 삼는다면 내 칼이 자네 목에 들어갈 줄 알란 그 말이니라." "저도 한말씀 드리지요." "……" "못 오를 나무 쳐다보지도 마십시오. 신언서판이 분명하신 서방님을 저도 우러러보아왔습니다. 이곳은 내 땅이 아니지만 물론 우리는 모두 조선 사람들입니다. 나라가 망하니 삼강오륜도 땅에 떨어졌다고들 하더군요. 그러나 양반의 체통만은 엄연하게 남아 있는 것으로 믿습니다. 내 땅이 아니라고 해서, 천애고아라 해서 뻐대 있는 집안의 규수를 야심의 노리개로 삼을 시, 저의 칼도 그냥 있지는 않을 것입니다. 저는 분명 골수까지 종놈으로 썩어버린 놈이니까요. 그걸 충성심이라고들 하지요." 상처받은 짐승같이 양악한가 하면 체념하듯 한 그런 눈이 상현을 쳐다본다. "이놈!" "……" "종놈의 신분으로 뉘한테 그따위 혓바닥을!" "서방님 구차스럽소이다. 신분을 불러내지 않을 수 없는 그 정도로 허약한 분인 줄 미처 몰랐소이다."[37]

서희를 사모하는 상현과 길상은 그녀를 두고 대립한다. 시대의 변화를 인식하면서도 신분이라는 기득권을 놓지 않는 모순을 꼬집는 길상에게 사랑의 패배자인 상현은 마지막 자존심인 가문과 신분에서 벗어나지 못하는 전근대적 근대인이다. 구례 연곡사에서 온 길상은 '통인(通引)감'이라고 할 정도로 잘 생겼으며 "세상이 달라질 거라" 했던 노스님의 말씀대로 신분을 초월한 결혼을 한다. 길상과 서희는 이상현의 분노와 모멸감 속에 "필경엔 종놈 계집이 될 최서희!" 라는 저주와 모욕을 받으며, 김훈장과 이동진 역시 이들의 결합을 반대한다. 근본을 모르는 고아 출신이자 하인인

36 김명준, 「경계선과 깨트림의 미학: 〈토지〉의 최씨 가문 여성 삼대를 중심으로」, 『우리문학연구』 제21집, 우리문학연구회, 2007, 307쪽.

37 박경리, 《토지》 4, 앞의 책, 37~38쪽.

길상은 양반가문의 최서희와 결혼하였으나 태생적 한계를 느끼며 타국을 떠돈다.

전통사회를 벗어났음에도 불구하고 동급의 결혼을 하지 않은 경우 신분이 열등한 배우자는 죄의식과 콤플렉스를 느끼며 장애를 겪는다. 구한말 조선은 수구파와 개화파 양 진영으로 나뉘어져 외부 열강의 침범과 더불어 안팎으로 혼란스러웠다. 외세의 침입을 막기 위한 의병의 출현과 함께 안으로는 봉건지주의 압제에서 벗어나 만민평등을 구현하기 위한 동학도들의 활약 속에서 근대자본주의의 진입과 신분제도의 몰락으로 경제적 부가 뒷받침되지 못하는 양반은 하대를 받았다. 김평산은 이에 대한 울분을 아내와 자식에게 퍼붓으며 중인 출신 아내와의 낙혼(落婚)을 탓한다. 신분이 높은 남편을 하늘처럼 떠받는 신분의 열세인 함안댁은 그의 포악과 억압과 성학대, 욕설 등을 묵묵히 참아내며 길쌈으로 생활을 연명한다. 양반인 자신이 멸시의 눈초리를 받는 이유를 아내 탓으로 돌리면서 함안댁을 괴롭히고 능멸하지만 그녀는 공손하게 남편을 대하며 인내한다. 아들에게 글을 가르치는 아내를 보며 중인 출신 주제에 가소롭다며 욕설을 퍼붓는 김평산에게 중인과 양반이라는 신분의식은 엄격했고 아내에 대한 우월감 또한 집요했다. 모든 것이 치혼사(仰婚)한 자신 때문이라 여기는 함안댁도 세상 잘못 만나 중인 집안과 혼사한 짐승 같은 남편을 받들고 이해한다. 그녀는 어수선한 시대를 틈타 남편이 하층민 계급과 결탁하여 최참판댁의 재산을 가로채려다가 사형되자 자결한다. 남겨진 두 아들에 대한 모성보다도 양반으로서의 체면과 권위를 지키지 못한 부끄러움이 그녀에게는 더욱 컸던 것[38]이다. 짐승만도 못한 남편에게 양반이라는 이유로 극단적 복종을 했던 함안댁에게 신분은 절대적 가치였다.

역관이라는 지위로 세력을 얻은 아버지 덕에 일본유학을 한 중인 신분의 신여성 임명희는 귀족 집안의 친일백작 조용하와의 결혼생활에서 무시당한다. "역관도 한때는 궁중 깊숙한 곳에서 요물 노릇"을 했다며 놀림을

38 박혜원, 앞의 논문, 54쪽.

받는 오빠 임명빈은 양반지식인들과 어울리지만 "무당년 푸닥거리 하는 구경을 했지 덕구 덕구 덩더궁 덩덩"하며 자신의 아버지인 임역관의 이름 덕구를 빗대는 서의돈, 상현과의 대화 속에서 불편해 하며 태생적 한계에서 벗어나지 못한다. 근대사회의 자유연애, 신분타파, 평등의식에도 불구하고 일상 속에선 전통적 가치와 신분이 깊숙이 침투되었던 것이다.

2) 천민콤플렉스와 연애(혼사)장애 양상

무당, 백정, 하녀, 기생, 사당패와 같은 천민은 신분이 장애가 되어 가정을 이루지 못하고 떠도는 방랑의 삶을 영위한다. 전통사회의 습속에서 벗어나지 못한 분위기에서 가문, 혈통, 신분으로 인해 상처받거나 고통을 느끼는 경우가 많다. 최치수 집안 몰락과 만주 이주의 계기가 된 귀녀의 욕망은 성을 가진 아이를 가지고 싶다는 신분상승에서 비롯된다. 어린 상전인 서희가 자신의 얼굴에 침을 뱉는 봉변을 당하고 그의 아비 최치수에게 거절당함으로써 복수의 화신이 된 귀녀는 인간답게 살고자 한다. 종이라는 이유만으로 성적 육체적으로 유린당하는 하녀라는 지위는 자신의 의지와 상관없이 주어진 불합리한 조건이기에 억울하고 분한 것이다. 신분에 대한 한과 양반에 대한 증오로 가득 찬 그녀는 최치수를 유혹해 그의 자식을 낳아 면천하길 원한다. 그러나 조선조의 신분제는 세습화됨으로서 신분계층간의 상승 또는 하강의 사회이동은 제도적으로 허용되지 않았기에[39] 양반이자 그녀가 모시는 상전인 최치수와의 결합은 불가능하다.

> "나는 천한 종의 신세요." "저절로 면천이야 되겠지. 아암 되고말고." "그것만도 아니요. 여보시오. 나으리." 갑자기 놀리듯 불러놓고 귀녀는 어둠 속에서 끼둑끼둑 소리내어 웃었다. "고래적부터 최씨네는 지체 높은 양반이고 내 피는 종이었겄소?" "……?" "우리 조상도 본시 종은 아니었다 합디다. 천첩의 자손도 아니었다 합디다. 재상도 역적으로 몰리면 하루아침에 멸족인

39 김영선, 앞의 논문, 146~147쪽.

> 데 그 틈에 살아남은 자손, 백정인들 아니되겄소?" 말씨가 싹 달라지면서 도도하게 나온다. "내 소원이라면." "……" "그렇소, 내 소원이라면 나를 종으로 부려먹은 바로 그 연놈들을 종으로 내가 부려먹고 싶다는 그거요. 하지만 그렇게야 안되겄지요."[40]

일을 함께 도모하던 귀녀의 말에 평산은 주도권을 그녀가 쥐고 있음을 느끼며 당황한다. 신분의 불평등함을 토로하는 계집종의 결연한 의지는 죽음까지도 불사하며 운명에 순종하지 않을 것임을 감지한 것이다. 종문서를 줄테니 강포수와 화전을 일구어 살라는 최치수의 말에 면천의 기회를 거부한 귀녀는 야수같은 강포수, 인간 쓰레기 같은 칠성이와의 동침 그리고 김평산의 희롱을 감수하면서까지 여자대접, 인간대접을 받고자 한다. 그러나 평등의식과 신분상승, 원한과 저주와 복수로 가득한 그녀는 같은 처지의 강포수를 마다하고 최치수의 아이를 임신했다는 거짓말이 탄로나 파멸한다. "백만석의 살림을 차지하는 야망보다 노비로서 짓밟힘을 당한 원한이 더 치열한" 귀녀의 불온한 타자성은 최치수 집안의 일상과 질서를 위협하는 귀기와 전율을 동반한다. 신분, 성별, 계급, 자본 등의 콤플렉스가 총체적으로 형성된 귀녀는 최치수와의 관계를 소망하고 자신을 진정으로 사랑했던 강포수를 포기했으며, 원한과 복수를 위해 칠성과의 성적 교접을 받아들인다. 어떠한 수모나 희생을 감수하더라도 노비에서 주인으로 변신하는 신분상승이라는 유일한 통로를 포기할 수 없기 때문이다.

애비의 얼굴도 모르는 유복자이자 하녀의 딸로 태어난 봉순은 서희의 어릴 적 말벗이자 몸종으로 자신과 비슷한 처지의 길상을 사모하지만 좌절된다. 종의 신분이 아니기에 윤씨부인의 우대를 받는 봉순네는 귀녀의 시샘을 받으며 미세한 신분 차이를 보인다. 무당놀이와 광대놀음을 잘하는 봉순은 "숙명적인 천부의 자질인 성 싶고 슬픈 여정의 약속인 듯" 하여 무당될 것이냐고 타박을 받고 자란다. 그녀의 기예는 봉순네로 하여금 딸

40 박경리, 《토지》 1, 앞의 책, 359쪽.

의 앞날을 걱정시킨다.

> "나도 후제 크면 비단 입고 분 바르고 노래 부를란다." "뭐라꼬?" 봉순네는 고개를 쳐들었다. 봉순이의 눈은 꿈꾸듯 몽롱했다. "후제 나도 크믄," "이년아! 그런 소리 또 해라! 윤디(인두)로 주둥이를 지지부릴긴께!" "와? 그라믄 어떻노?" "신세가 번할 기다! 니 하나 바라고 산 에미 신세도 번할 긴께!" "와? 그라믄 와?" 봉순이는 약을 올려주려고 일부러 따지고 든다. 기승을 부리던 봉순네는 그만 어리벙벙해서 말을 못 한다. 말을 못 했을 뿐만 아니라 내심 매우 당혹했다. 아이들 눈에는 분 바르고 비단옷 입고 훨훨 타는 장작불에 비친 여광대의 모습은 황홀하게 아름다웠을 것이다. 노름꾼 머슴들 장돌뱅이를 가릴 것 없이 청하기만 하면 해우차(花代)를 받고 몸을 파는 여자라고 차마 알려줄 수 없는 일이다. 봉순네는 사당이건 광대이건, 창을 하든 재주를 부리든 계집이면 모두 몸을 파는 것으로 알고 있었다. 대개가 또 그러했었다. (중략) …이마을 저마을 뜬구름같이 떠돌아 다니는 게 사당들인데 그네들은 굿거리에서 매춘을 겸하고 있었기 때문에 아무래도 여사당이 위주가 된다. 여사당에게는 거사(居士)라는 남편이 있고 이 거사는 계집의 시중을 드는 대신 벌어 들이는 해우차는 인솔자인 모갑(某甲)에게 일부를 바치고 나머지로서 생활을 꾸려가는, 말하지면 계집 팔아서 의식을 해결하는 사내였다. 그런 만큼 여사당은 매춘부치고도 아주 비천하며 역시 뜨내기 신세인 매분구(賣粉嫗)와 다를 바 없는 창녀인 것이다.[41]

굿거리를 하는 여사당은 매춘을 겸하였기에 비천한 창녀로 인식되었다. 봉순네는 노래와 춤에 소질을 보이는 딸이 농사꾼 계집이 되어 차라리 고생을 하는 것이 광대보다 낫다고 생각한다. 그러나 기생이 된 봉순은 이상현과 자포자기적 피학적 사랑을 나누고 아이까지 낳지만 신분 차이를 극복하지 못한다. 서의돈, 이상현과의 신분을 넘는 사랑과 석이의 보살핌

---

41 박경리, 《토지》 2, 위의 책, 88쪽.

을 받으며 길상을 사모했지만 거리의 여자가 된 봉순은 아편중독자가 되고 만다. 당대의 몸종, 기생, 사당패의 신분이란 언제든지 권력이 있는 양반들에게 몸을 허해야 하는 타자적 위치였고, 기생 기화가 된 봉순의 삶도 시대적 질곡을 피해가지 못하였다. 양반 출신 상현과 천민 출신 봉순의 비극적인 사랑은 딸에게로 이어진다.

조준구에게 몸을 버린 최참판댁 계집종 삼월이는 그의 아내 홍씨에게 심한 매질을 당할 뿐만 아니라 다른 노비들로부터 노리개가 된 계집이라는 멸시를 받는다. 몸간수를 하지 못했다는 것으로 여성에게 책임이 전가되며, 헌 계집이라 여겨 하인 삼수에게 심심풀이 욕정의 대상이 된다. 평생을 함께 살 여자라면 처녀이길 바라는 삼수는 조신하고 반반한 두리를 아내로 삼고자 하지만 애비인 봉기가 종놈이라고 반대하자 삼월과 결혼하여 아내를 학대하고 구타하는 등 악행을 일삼는다. 귀녀, 삼월, 봉순은 사노비인 하녀였으며, 주노관계는 본질적으로 개별적 사적인 지배관계이나 조선왕조 국가의 지배구조 유지와 밀접한 관련이 있어, 정당화, 신분장벽, 형률 등의 측면에서 주노관계를 지원하고 적극적으로 보호[42]하였다. 즉 사노비는 본주에게 예속된 일종의 사민(私民)으로 지위는 세습되었으며 종량(從良)될 수 있는 기회도 극도로 제약되었다. 이들은 재산의 의미이자 권력에의 접근, 토지 소유와 함께 본주의 위신과 가세를 나타내는 외적 표지로 간주[43]되었다. 귀녀의 면천 권한, 삼월을 향한 성욕 충족, 봉순의 기생될 운명은 본주의 의지와 욕망에 따라 이루어지는데, 이는 그녀들을 물건 또는 가축 및 재산으로 여겼던 신분제도 때문이다. 생사여탈권과 섹슈얼리티의 자기결정권이 부재한 사노비는 치외법권의 영역에 놓인 벌거벗은 생명[44]이었다.

---

42 한국사회사연구회, 『한국의 사회신분과 사회계층』, 문학과지성사, 1986, 68쪽.

43 위의 책, 69쪽.

44 호모 사케르는 법적 보호의 외부에 있기에 살해할 수 있으나 바로 그 때문에 희생물로 바칠 수 없는 주권적 추방령하의 생명을 말한다. -조르조 아감벤, 박진우 역, 『호모 사케르』, 새물결, 2008, 177쪽.

《토지》에서 최서희와 김길상의 애정갈등 구도가 중심틀을 이룬다면 용이와 월선의 이루지 못한 사랑도 소설의 한 축을 구축한다. 무당의 딸이라는 이유로 식음을 전폐하고 혼인을 말린 에미를 거역하지 못하고 결혼한 강청댁이 호열자로 죽고 자기의 아들을 낳아준 임이네와 사는 용이는 애끓는 심정으로 월선을 바라보는 삶을 감내해야 했다.

> 옛날 시집 안 가겠다고 울었을 적에 "이 미친년아, 이 기든년아. 그라믄 태일 데 태이나지 와 무당 문전에 떨어졌더노! 미친년아, 기든년아, 와 내 간장에 이리 못을 박노!" 괄괄하고 우스갯소리 잘하고 사내같이 잔정이 없는 월선네는 딸의 등을 치면서, 그러나 그도 울었다. "에미 근본 모르는 데 가서 니나 팔자치리하고 살아라. 오르지 못할 낭구 치다보지도 말라 캤다. 나이 많으믄 어떻노? 다리 병신이믄 어떻노? 니 섬기주고, 자식 낳거든 노리에 늘이나 보고 살아라. 아예 에미 찾을 생각 말고, 내사 살다살다 신풀이나 하고 살다살다 죽으면 고만이다. 최참판댁의 마님께서 설마 송장이사 안 치워주시겄나."[45]

> "강청댁 속을 내가 알지. 오늘이 장날 아니가. 온종일 속깨나 탔을기다. 바가지는 몇 개나 뽀샀노?" 과부 막딸네가 약을 올렸다. "그까짓 뜬제집, 무당년을 두고 내가 새(질투) 볼 성 싶은가?" 빌어묵을 제집년, 밤새도록 뚜디린 징짝 같은 낯짝 해가지고 소나 아도 없는 년이 그런 일이라 카믄 바지 한가랭에 두 다리 넣고 나선다 카이, 하며 강청댁은 속으로 욕지거리를 한다. "어매가 무당이지 월선이가 어디 무당이건데?" "에미가 무당이믄 딸년도 무당이지. 오리새끼 물로 가지 어디로 갈꼬?" 강청댁의 눈꼬리가 바싹 치올라간다.[46]

45 박경리, 《토지》 1, 앞의 책, 161쪽.
46 위의 소설, 74쪽.

신분의 대물림을 자연스럽게 여기는 세태 속에서 무당도 기혼녀도 아닌 월선은 용이만을 사모하며 한 많은 삶을 보낸다. 불구나 나이 장벽보다 더 공고하고 극복할 수 없는 신분 차이는 선녀같이 심신이 고운 월선을 숨겨진 여자로 살게 하면서 강청댁, 임이네의 구박을 받으며 그녀의 아들 홍이를 돌보게 한 결정적인 계기였다. "영원히 풀어헤칠 수 없는 처절한 사랑의 의식"과 같은 두 남녀의 정사는 한스럽고 애처롭고 안타까운 것이었다. 늘 가난하여 어느 곳이든 굿하기를 사양치 않았고 술을 좋아해 개천가에 쓰러져 죽은 무당 월선네의 운명을 이은 월선은 억지로 한 결혼 실패로 귀향 후 주막을 운영하며 용이네 가족을 뒷바라지 한다. 거친 무당 생활을 한 어미 슬하에서 성장한 월선은 주막에서 희롱당하고 마을여인네에게 봉변당하는 타자적 삶을 영위한다.

제1세대들의 신분적 갈등은 2,3세에도 이어진다. 송영광은 어머니로 인해 정착하지 못하고 떠돈다. 백정 아비를 둔 송관수의 아내이자 송영광의 모친인 영선네는 자신 때문에 가족이 무시당하는 삶을 지켜보며 "평생을 그림자같이, 구석지에서 남몰래 피는 꽃같이, 남의 앞에 나오는 것조차 두려워하고" 괴로워한다. 아내에 대해 연민을 느끼는 남편조차도 '이 백정놈아!'라고 하는 김강쇠의 말 때문에 혈투를 벌인다. 흰머리가 돋은 아내에게 오래도록 금기되어왔던 백정을 들먹이며 분탕질을 하고 죽은 장인에게까지 가당치도 않은 욕설과 비난을 퍼붓는 남편의 한을 아내는 자신의 죄인양 견뎌낸다. 동학당이자 장돌뱅이 출신의 부친을 둔 송관수에게 백정 출신 아내는 자신뿐만 아니라 아들에게도 공동체에서 배제된 분열자로 만들었던 것이다.

의병활동을 하던 송관수는 백정의 사위가 되어 형평사운동에 관계하며 집안을 돌보지 않아 아들 영광과 갈등을 겪는다. 떠돌이 악사로 전락한 아들을 지켜보며 그는 "불효막심의 아들을 원망하기보다 아들에게 지워진 백정이라는 신분에 병적인 혐오감을 나타내며" 자신과 아들은 백정이 아니라고 항변하면서 신분 연좌제를 부정한다. 소외와 불안이 적나라하게 드러나는 신분 공동체에서 배제된 송관수와 송영광의 디아스포라적 삶은 태생, 조국, 혈통, 자기로부터의 탈출을 의미한다. 백정의 외손자라는 이유로 퇴학을 당하고 실연한 후 일본으로 건너간 영광은 냉소적이고 허무주의적인 시선으로 세상을 바라보며 자학한다. "백정의 자식 인물 좋으믄 머하노. 인물 좋은 것이 화근이라…."라고 한탄하던 장인의 말처럼 어미쪽을 닮아 잘생긴 아이였던 영광은 방랑하고 타락하며 자포자기한다. 그의 태도는 첫사랑 강혜숙에게 상처를 주며 양현과의 운명적인 사랑에서도 적극적으로 나서지 못한다.

양반 출신 이상현과 하녀이자 기생 출신 봉선(기화) 사이에서 태어나 최서희에게 길러진 양현과의 애처로운 사랑은 깊은 상처를 남긴다. 타자적 정체성을 공유하며 격정적인 사랑에 빠진 두 남녀는 자학적이고 현실도피적인 영광의 방랑의식 때문에 맺어지지 못한다. 양현에게 영광은 '고아', '외로운 섬', '절망하고 지쳐버린 나그네', '섬세해서 사라지는 무지개'로 표상[47]되며, 자신과 같은 슬픈 운명을 따라다니는 출생이라는 괴물로 동질감을 형성한다.

> 눈을 다시 먼산으로 옮기며 "그거는, 그거…… 사랑한다는 것과 함께 사는 것은 다르다." "어째서 다르지요?" "나는 아마도, 너를 파괴할 거야." 양현은 필사적이었다. "내게는, 그, 그런 게 있어. 잠자코 있는 폭력이 있어. 그것은 피, 칼이야." "그건 아니에요! 오빤 아직도 과거의 악몽에 시달리고 있는 거예요." "그런지도 모르지. 그러나 너무 늦어버렸어." "무슨 뜻이지요?" "아니면 양현이가 술집 여자든지." "아아 오빠, 그런 말 하지 말아요." "나는 공주를 얻기 위해 결투장에 나갈 수 있는 기사가 아니야." "그건 오빠의 진심이 아니에요. <u>기생의 딸하고 백정의 아들, 다른 게 뭐 있지요? 우리는 다 사람이지 않아요?" "상투적인 그런 얘기 하지 마. 수평이 맞아야 한다는 그 따위 시시한 얘긴 하지 말어." "그럼 뭐지요? 오빠 난 다급해요. 너무 고통스러워요."</u>

47 졸고, 「여행과 디아스포라 관점에서 본 〈토지〉의 인물 양상」, 『한국문학논총』 제67집, 한국문학회, 2014, 331쪽.

"결혼해." "……" "결혼해서 잘 살아. 다 그렇게들 살고 있잖아. 사람은 구십구 프로 상식적인 동물이야."[48]

이들의 혈통콤플렉스는 애정장애를 갖게 하며 불행하고 비극적인 삶의 나락으로 이끈다. 최서희의 둘째 아들 윤국과의 결혼을 마다하고 영광의 사랑을 택한 양현은 신분의 경계를 넘지 못한다. 큰오빠 윤국의 아내로부터 구박과 눈치를 받는 양현은 영광이 "관수 아저씨가 살던 세상에서, 자신이 침모의 딸이자 기생이었던 엄마가 살던 세상에서 살았더라면 뼈저린 소외를 느끼지 않고 끼리끼리 어우러져 살았을 것"이라며 신분의 한계를 느낀다. 영광과 양현의 연애는 최서희와 윤국에게 큰 타격과 상처를 주며, 이를 지켜보는 환국조차도 친구인 영광에게 모질게 헤어질 것을 강요함으로써 스스로를 자성하게 한다. 윤국과 양현의 결혼이 성사되지 않음을 지켜본 영광은 양현과의 감정을 확신할 수 없어 만신창이가 되며 철저하게 자기를 파괴한다. 가로놓인 장애물이 많고 애정문제에 미숙하며 열정이 두려운 두 남녀는 "패잔병처럼, 노지에 내어몰린 부랑아처럼" 데이트를 한다. 영광은 자신의 속내를 비추며 내면의 갈등과 고통을 양현과 어머니에게 고백한다. 생활을 외할아버지가 도맡았지만 백정 신분이라는 이유로 외조부와 어머니가 아버지에게 절대복종을 했던 것에 대한 반감을 가졌던 영광은 "천민이면 천민답게 남의 눈치 보아가며 돌다리 두드리듯 살아갈 수도 있었는데 내 지랄같은 성질 탓이지"라며 어머니에게 상처를 준 자신의 불효를 반성한다. 근대교육을 받고 자라 근대의식을 지닌 이 시대의 젊은이들은 불합리한 신분제도에 순응할 수 없었기에 번뇌와 갈등이 무척 컸다.

질풍노도의 청춘을 보낸 영광은 처지가 비슷한 양현과 어머니의 대화 그리고 속마음을 통해 자신이 주위에 얼마나 많은 상처와 고통을 주었는지를 깨닫는다. 스스로 타자가 되어 자신을 불안정한 위치에 갖다놓고 항

48 박경리, 『토지』 14권, 앞의 책, 369~370쪽.

상 전전긍긍하며 버림받을 준비를 하고 있는 영광의 태도는 일종의 포기 정신증으로 그것의 근본원인은 자기타자화 혹은 자기소외[49]이다. 이 증상은 인정받고 편입되려는 몸부림인 동시에 자신의 개체성으로부터 도망치고 자신의 존재를 소멸시키려는 지속적인 노력[50]이다. 자신의 운명과 불화하고 방랑했던 날들을 아버지의 죽음과 양현과의 사랑, 어머니의 슬픔 속에서 사유하며 그 시절의 오기가 자신을 지탱했음을 자각한다. 영광의 사회적 장벽과 신분적 갈등은 자기소외에서 비롯되며 이로 인해 어머니 영선네, 첫사랑 강혜숙, 진정한 사랑의 대상인 양현 등 자신을 사랑했던 여러 여성들을 불행하게 만들었던 것이다.

4. 신분과 사랑의 역학

전근대와 근대가 공존하는 비동시성의 동시성의 특징을 지닌 한국사회에서 두 가지 가치가 길항하고 갈등하는《토지》의 작중인물들은 신분 콤플렉스와 연애(혼사)장애를 겪는다. 식민지 근대의 도래는 평민들의 근대적 자각을 가져왔고 양반 계층들도 수구적 개화적 시대착오적 입장을 보이며 가치관과 생활양식이 변하였다. 그러나 현실은 여전히 전근대적이고 유교적이며 반상의식도 공고하여 신분 정체성의 혼효와 연애(혼사)장애를 가져왔다.

최씨 집안의 아녀자 3대인 윤씨부인, 별당아씨, 최서희의 상징적인 낙혼관계는 양반 가부장제 사회의 질서와 근간을 흔들었다. 또한 동등하지 못한 결혼에서 신분의 열세인 신분적 타자들은 엄청난 박해와 학대를 당하는 동시에 소외를 겪었다. 신분이 낮은 아내들은 포악하고 가정을 돌보지 않는 남편들을 숭상하고 모든 책임을 자신에게로 전가함으로써 극단적

49 이경원, 앞의 책, 141쪽.

50 위의 책.

으로 복종하는 태도를 보였다. 양반과 평민의 아내인 중인 출신 함안댁과 천민 출신 영선네는 스스로를 평가절하하고 자신을 예속하며 복무하는 치혼사(앙혼)의 대가를 치렀다. 신분이 낮은 여인들은 대속적 차원에서 채무자가 갖는 고통을 느끼며 벗어날 수 없는 죄의식에 사로잡혔다.

평민과 상민 신분보다 지위가 낮은 무당, 백정, 사노비, 기생, 사당패와 같은 천민은 가정을 이루거나 정착하지 못하고 일생동안 떠도는 방랑의 삶을 영위한다. 귀녀, 삼월, 봉순은 사노비로서 재산의 의미이자 면천권한을 지닌 본주에게 생사여탈권과 섹슈얼리티의 자기결정권이 주어진 벌거벗은 생명이었다. 무당의 딸이기에 평생 숨겨진 여성으로 살다간 월선은 신분의 희생자이다. 나이나 불구보다도 더욱 공고한 무당 출신이란 신분은 용이와의 혼사를 막는 장애 요인이었다. 백정의 외손자인 송영광 역시 태생적인 한계를 극복하지 못하고 자포자기, 타락, 방랑, 자학의 자세를 취하며 자신을 사랑했던 여인들을 불행으로 내몬다. 공동체에서 인정받지 못하는 신분적 타자인 영광의 불안과 자기소외에서 알 수 있듯이 신분은 시대적 이행기를 살아가는 청춘들의 사랑과 연애에 치명적이었다. 반쪽양반이나 백정, 기생, 하인 등의 신분 정체성은 연애(혼사)장애를 가져옴으로써 갈등이 심했고 시대적 혼란에 직면했다. 《토지》는 전근대와 근대가 공존하는 역사적 전환기와 시대적 이행기에 신분콤플렉스로 인한 남녀들의 사랑과 결혼 장애를 각각의 계급적 신분의 특성에 따라 섬세하고 객관적으로 표출함으로써 정치하고 날카로운 시대인식을 표출하였다.

2장
박경리 문학과 원주 로컬리티

1. 토지 · 로컬리티 · 문학

문학적 가치와 문학사적 위치를 점한 박경리 문학의 공간적 지형의 진폭은 매우 넓고 다각적이다. 통영 출신의 작가는 서울과 원주에 정착하면서 오랫동안 고향으로 돌아가지 않았다. 작가에게 생활공간, 문학공간은 《토지》의 능동적 공동체로 제시되듯이 주요한 의미를 지니는바 1980년부터 2008년까지 그녀는 원주에 머물렀다. '한국현대문학의 어머니'로 불리는 박경리를 기리는 표식이 고향이자 묘소가 있는 박경리기념관(경남 통영시 산양읍 산양중앙로 173), 《토지》의 배경인 박경리문학관(경남 하동군 악양면 평사리길 79) 그리고 《토지》 4,5부를 완성한 박경리문학공원(원주시 단구동 1620-5)과 토지문화관(원주시 흥업면 매지리 570번지) 등 세 곳[51]이나 있다. 고향, 작품의 배경, 《토지》 완간 집필공간 등의 이유로 그녀를 점유하려는 각 지자체의 욕망과 노력은 지역사회의 관광, 문학적 역할, 지역민의 자부심과 공동체의식 형성 그리고 경제적 산출 등으로 표출된다.

단순히 군사도시로만 알고 있던 작가가 원주로 온 이유는 외동딸 김영주를 지켜주고 손주를 돌보기 위해서이다. 서울에 머물던 작가는 서슬이 시퍼런 1980년 딸의 뒷바라지를 위해 원주로 이사한다. 목포 출신의 김지

51 하동의 박경리문학관은 문간채, 중문채, 별당채, 솟을대문, 초당, 사랑채, 안채, 사당, 뒤채, 행랑채 등 《토지》의 최참판댁이, 박경리 선생의 옛집이 있는 원주 단구동의 박경리문학공원에는 평사리마을, 홍이동산, 용두레벌 등 3개의 테마공원이 조성되어 있다.

하 가족이 원주에 정착했고 주로 원주에 머물면서 서울을 방문하곤 했던 김지하는 1971년 가을 『현대문학』 편집장 김국태, 소설가 유현종과 함께 박경리 선생의 정릉 집을 방문해 연세대 사학과 대학원을 졸업하고 문화재관리국 연구실에 근무하는 딸을 보게 된다. 박경리는 김지하가 마음에 들었는지 "또 놀러오라"고 말했고, 김영주 이사장은 어머니가 김 시인에게 호감을 가졌던 것은 사실이라고 회상한다. 당시 암 투병이던 작가는 언제 죽을지 모르니 딸자식에게 인연을 맺어주고 싶은 소망이 있던 중 〈오적〉을 낸 시인이니 고난은 있겠지만 똑똑한 젊은이니까 처자식 밥은 굶기지 않을 거라고[52] 여겼다.

시댁이 원주인 딸을 위해 모든 것을 버리고 온 박경리는 낯설고 추운 원주 단구동에서 길고양이를 돌보고 호박과 고추를 키우며《토지》를 완간했다. 원주는 원래 저항의 도시로 동학운동, 일제에 항거하는 의병전쟁에서부터 시작해 1970,80년대 민주화운동을 거쳐 1990년대 시민단체의 다방면에 걸친 운동까지 권력에 정면 대응[53]했다. 보수의 텃밭이자 가부장적이고 폐쇄적인 강원지역에서 원주는 예외적으로 반역적이고 개방적이며 진보적인 특성을 지니는바 이는 사통발달의 지정학적 위치와 지학순 주교, 장일순 지역사상가, 최기식 신부, 김지하 시인 같은 지역인물이 거주하고 있기 때문이다.

작가에게 원주는 단순히 군사도시 이미지와 더불어 '原州'가 의미하는 '원래의 대지' '본질적인 땅'이자 대지의 모성, 토지를 향한 손길이 그대로 남아있는 곳[54]이다. 그녀가 머물고 바라본 단구동, 매지리, 회촌, 치악산 등이 시와 산문에 고스란히 담겨있다. 박경리는 '빈곤보다 두려운 것이 터전의 상실'이라고 한 바 개발은 파괴를 의미하며 건설에 도사린 갖가지 부정과 비리를 지적하고 인간성 상실, 물질의 노예가 된 인간을[55] 질타한다.

52 하문명, 『김지하와 그의 시대』, 동아일보사, 2013, 190~193쪽 참조.
53 위의 책, 159쪽.
54 박경리, 『꿈꾸는 자가 창조한다』, 나남, 1994,
55 박경리, 조세희 대담, 「상생의 문화를 찾아서-작가 박경리에게 듣는다」, 『당대비평』 제6권,

'땅, 대지, 흙을 놔두고 토지로 명명한 것은 땅문서라는 인간의 사유재산 개념이 들어있기 때문으로 사유재산의 시작과 함께 인간은 자연의 순수한 존재와 결별하고 역사의 단계에 들어갔다'고 그녀는 말한다. 작가는 자본주의, 공산주의와 일본문화를 비판했고 생명사상과 환경문제, 삶의 능동성을 주창했다. 또한 '토지의 도입부가 팔월 한가위의 풍요로운 풍경 속에서 마을사람들의 공동체적 놀이판을 훑고 있지만 투명하고 삽삽한 한신세모시같은 비애가 그 밑에 깔려 있는바, 한가위는 결실의 순간이지만 낙엽이 지면서 모든 생명이 돌아가는 퇴락의 계절이기도 하기 때문으로 그 비애가 恨의 한 부분이다'라고 설명한다. 이는《토지》의 시공간이 담긴 의미를 일목요연하게 설명한 부분으로서 '우리의 한은 원래 긍정적이고 미래지향적인 정서이자 생명의 원동력'[56]이라고 강조한다.

이 글은 원주공간과 로컬리티 특성을 박경리와 관련하여 고찰함으로써 그녀의 삶과 문학 속의 원주 장소성의 의미를 파악한다. 생명사상을 주창하는 그녀의 원주와의 인연은 생명과 동학과 반역의 도시이기에 필연적이었을 것이다. 강원도야말로 가장 혜택 받은 곳으로 강원도의 재산은 바로 자연이며 강원도에 올 때는 이곳이 한국의 마지막 보루[57]라고 작가는 말한바 있다. 소설창작이 일이었던 것과 달리 그녀에게 "시는 위안"이었고, 시집 발간[58]에 머쓱하다고 말하지만 희망을 잃지 않았던 것은 남 몰래 시를 썼기 때문이며, 그녀가 남긴 수필과 인터뷰엔 작가의 직접적인 내면의식과 원주 로컬리티가 나타난다.

생각의 나무, 1999, 268~272쪽 참조.

56 박해현 기자, 「24년째 집념…내년 여름에 대단원: 8.15까지 3대 백년사 '한의 응어리' 담아」, 조선일보 1993.7.10.

57 박경리, 『일본산고』, 다산책방, 2023, 168쪽.

58 박경리는 1집 『못 떠나는 배』(지식산업사, 1988), 2집 『도시의 고양이들』(동광출판사, 1990), 『자유』(솔출판사, 1994), 4집 『우리들의 시간』(나남, 2000), 5집 『버리고 갈 것만 남아서 참 홀가분하다』(마로니에북스, 2008) 등을 출간했다.

2. 생명과 동학과 반역의 도시, 원주

한국의 나폴리로서 많은 예술가를 탄생한 고향 통영을 50년간 작가는 찾지 않았고[59] 서울과 원주에 머물렀다. 그녀의 고향귀환은 죽음 이후에나 이뤄졌다. 1926년생인 박경리는 일제강점기, 전쟁, 개발과 독재라는 역사적 체험과 더불어 부친의 외도와 부모이혼, 남편과 아들 사망, 사위 투옥 등 "8.15 해방과 6.25 동란을 겪으면서 문학에 뜻을 둔 것도 아닌 평범한 여자가 어려운 시기를 통과하여 살아남은"[60] 고난의 삶이었다.

원주로 내려온 몇 가지 이유 중의 하나는 어떠한 것에도 사로잡히지 않는 시간과 공간에서 남은 생애의 불길을 태워보겠다는 내 문학적 소망도[61] 있었다는 박경리는 단구동 자택에서《토지》를 탈고했다. 경상도 출신의 박경리의 삶을 지탱해준 것은 핏줄이기에 민청학련사건으로 투옥된 사위로 인해 가혹하게 고통 받은 딸의 슬픔이 작가에겐 한이 되었을 것이다. 문막의 '녹야'라는 음식점에서 식사를 하면서 딸이 이 지역을 잘 알기에 물었더니 아들 세희를 데리고 강가에 가끔 왔고 이 말을 들은 박경리는 가슴이 찢어지는 것 같았다는[62] 일화에 잘 나타나 있다.

역사와 개인의 삶에 있어 상흔이 짙은 작가가 자주 언급한 인물은 사마천과 스피노자이다. 첫 시집의 첫 번째로 수록된 시는 〈司馬遷〉이다. 중국 한나라 때의 역사가로 기전체로 쓴 최초의 역사서[63] 『사기』를 쓴 사마천은 이릉의 화로 선비로서 견딜 수 없는 궁형이라는 치욕을 받은 인물이다.

---

59 박경리는 2004년 11월 5일 공식적으로 고향 통영을 방문해 강연했고 문화회관 대극장에 800석이 가득찼다. 무명의 박금이가 유명작가 박경리가 되어 금의환향한 것이다. 그녀는 25년간《토지》집필과 10년간 원주토지문화회관 설립이란 생존투쟁의 날들로 고향을 찾지 못했다고 설명했다. –강제윤, 『통영은 맛있다』, 생각을담는집, 2013, 232~234쪽 참조.

60 박경리, 「自序」, 『못 떠나는 배』, 지식산업사, 1988, 4쪽.

61 박경리, 『원주통신』, 지식산업사, 1985, 9쪽.

62 박경리, 『가설을 위한 망상』, 나남, 2007, 75쪽.

63 사마천, 『사기열전』, 서해문집, 2006, 4쪽.

그대는 사랑의 記憶도 없을 것이다/긴 낮 긴 밤을/멀미같이 時間을 앓았을 것이다/天刑 때문에 홀로 앉아/글을 썼던 사람/ 육체를 去勢 당하고/人生을 去勢 당하고/엉덩이 하나를 놓을 자리 의지하며/그대는 진실을 기록하려 했는가[64]

죽음보다 치욕스러운 궁형으로 인해 견딜 수 없는 신체적 고통과 성불구, 정신적인 수모와 멸시를 감당하며 위대한 역사서를 완성한 사마천의 일생을 작가는 자신의 삶과 동일시한다. 외부와 단절한 채 고독과 싸우며 《토지》를 완간한 박경리는 자주 사마천을 언급하면서 오해로 인한 투옥과 사형선고 및 궁형, 집필의 고난을 겪었던 역사가의 삶에서 글을 쓰는 일은 천형(天刑)이자 작가적 사명과 운명이라고 여긴다. 역사소설을 쓰는 박경리는 역사서를 남긴 사마천에 공감했다.

범신론을 주창한 철학자 스피노자는 유태 교회에서 파문 선고를 받은 렌즈 닦는 업으로 입에 풀칠을 하며 고독한 삶을 이어가면서 그의 철학의 체계를 세웠고, 육체적으로 세속과 연이 끊긴 사마천은《사기》를 저술했으며, 러시아의 위대한 문호 도스토예프스키는 시베리아로 추방되어《죽음의 집의 기록》을 남겼다. 천식 환자였던 프루스트는 코르크 벽의 밀실에서 외부와 차단된 채《잃어버린 시간을 찾아서》를 완성했다. 우리나라에도 다산(茶山 丁若鏞)과 고산(孤山 尹善道), 그들은 유배지에서 각기《목민심서》,《어부사시사》를 썼다. 중국의 시인 굴원(屈原)이나 두보(杜甫)도 추방된 예술가였다. 생각나는 대로 예고해보았는데 그들은 모두 수동적인 고통에서 능동적인 자유를 거머잡고 훌륭한 업적을 남긴 것이다.[65]

시대와 불화하고 사회의 오해를 받은 스피노자와 사마천의 고독과 자유를 공유하는 작가는 고통스러운 운명에서 벗어나 긍정적이고 능동적인

---

64 박경리, 〈司馬 遷〉, 『못 떠나는 배』, 지식산업사, 1988, 19쪽.

65 박경리, 『가설을 위한 망상』, 나남, 2007, 38쪽.

자유를 통해 업적을 남긴 역사가, 철학자, 예술가의 삶을 성찰했다. 사람과 관계 맺는 일상적 삶의 수동적 고통과 절대고독의 능동적 자유, 생활인과 예술가 사이에서 박경리는 늘 고민했다. 단구동 자택을 마련하고 정착할 때까지만 해도 원주가 낯설고 어떤 감흥도 느끼지 못한 박경리에게 원주는 적막하고 외로운 타향이자 객지일 뿐이다. 서울에서 원주로 내려오려고 결심했을 때 주변 사람들이 대부분 반대했고, 1년을 배기나 보자고들 했기[66] 때문이다. 고향은 인간사와 풍물과 산천, 삶의 모든 것의 추억이 묻혀있는 곳이자 내 인생의 자산이며 30년간 내 문학의 지주요 원천이지만 고향에 가면 더욱 더 이방인이 될 것[67]이라는 작가는 낯설고 생소한 고향의식을 갖는다.

> 原州는 추운 곳이다/겨울이 아닌 때도/춥다/어깨 부빌 거리도 없고/기대어볼 만한 언덕도 없었다//原稿紙 이만장 십일만원/안다는 사람한테 사고/다음날 文房具에서/原稿紙 이만장/육만원에 샀을 때/眞情 나는 추워서 떨었다//그러나 서울 갔다 오는날/서원도로 들어서면/故鄕길 돌아온 듯/마냥 머음이 놓인다.[68]

> 束草가서/동태장사나 하며 살아볼까/훤하게 뚫린 삼거리/샛바람 마시며 서성거렸다//銀行의 窓口 내미는 천원권 지폐 뭉치/고액권 달라고 실랑이 하다/새파랗게 질려서 江陵行 뻐스를 탔다.//처음 보는 江陵 거리/발 가는대로 들어선 食堂/살풍경한 난로가에서/막국수 한 그릇 용을 쓰며 먹었다 (중략) 束草 가서 동태장사를 하면/가만히 내버려 두기나 할 것이든가//손주들 얼굴/쏜살같이 떠올라/허겁지겁 택시를 잡았다//대절한 택시 속의 나는 미이라/丹丘洞 눈익은 문 앞에 내려서서/잡혀온 탈옥수같이/치악의 연봉 보며 눈물 흘렸다[69]

---

66 박경리, 『생명의 아픔』, 마로니에북스, 2016, 46쪽.
67 박경리, 『원주통신』, 지식산업사, 1985, 124쪽.
68 박경리, 〈客地〉, 『못 떠나는 배』, 지식산업사, 1988, 97~98쪽.

따뜻한 지역이 고향인 작가에게 〈객지〉의 원주는 추운 곳이다. 북쪽의 강원도 산간지역에 위치했기 때문이지만 아는 이 없는 타향이자 객지이기에 심정적으로 차갑고 춥게 느껴지며 구매 사기마저 당하는 일을 겪는다, 그럼에도 불구하고 낯익은 서원도로로 접어들자 시적 화자는 고향 같다며 마음을 붙이고자 한다. 서울보다 원주가 안정되고 편안한 곳이 된 것이다. 〈못 떠난다〉에서는 좀처럼 여행이나 이동을 하지 않는 작가의 낯선 속초와 강릉여행 중 설악동에서 불편한 하루를 보내고 의심스런 눈빛으로 바라보는 사람들을 피해 허겁지겁 단구동 자택에 도착하면서 탈옥수의 심정이 된다. 박경리의 삶이란 자유와 고독, 고향과 타향, 여성과 작가, 속박과 해방, 감옥과 탈옥의 변증법적 삶 속에 어느 쪽도 행복하거나 편할 수 없는 한과 비극적 세계관, 원초적 고독을 지닌다.

原州 와서/넓은 집에/혼자 살아온 것도 칠 팔년/늘/참말 같지가 않았다//방문 열면 마루방. 덧신 발에 걸면서 한숨 쉬고/댕그마니 매달린 전등불/믿기지 않았다//꿈을 꾸고 있는걸까/정수리 자르며/지나가는 時間/저승길/헤매고 있는거나 아닐까//글을 쓸 때는 살아 있다/바느질할 때 살아있다/풀을 뽑고 씨앗 뿌릴 때/살아 있는 것을 느낀다//서쪽에서/빛살이 들어오는 주방/혼자 밥을 먹는 적막에서/나는 내가 죽어 있는 것을 깨닫는다[70]

丹丘洞에 이사온 후/쐐기에 쏘여/팔이 퉁퉁 부은 적이 있었고/돌 틈의 땡삐,/팔작팔작 나를 뛰게 한 적도 있었고/향나무 속의 말벌 때매/얼굴 반쪽 엉망이 된 적도 있었고//뿐이랴/아카시아 두릅 찔레도/각기 毒氣 뿜으며/나를 찔러댔다//뿐이랴/베어놓은 대추나무/끌고가다가/종아리 부딪쳐 피투성이 되던 날/오냐,/너가 나에게 앙갚음을 하는구나/아픔을 그렇게 달래었지만//차마 견딜 수 없는 것은/사람의 눈이더군/나보다 못산다 하여/나보

69 박경리, 〈못 떠난다〉, 『못 떠나는 배』, 지식산업사, 1988, 105~108쪽.

70 박경리, 〈꿈〉, 『못 떠나는 배』, 지식산업사, 1988, 51~52쪽.

다 잘산다 하여/나보다 잘났다 하여/나보다 못났다 하여/劍이 되고 화살이 되는/그 快樂의 눈동자/견딜 수가 없었다.[71]

두 편의 시엔 단구동 생활과 단상이 적혀있다. 얼굴을 내세우는 모든 일을 세속적이라 여겼기에 최소한의 사람들과 교류하고 일체의 공적인 일에 나서지 않은 작가 곁엔 고양이, 개구리, 새, 뱀 들이 있었고 매일 아침 밭일, 고추 기르는 노동이 집필의 연장이다. 파문을 당한 스피노자, 근본적으로 완전히 외톨이인 사마천처럼[72] 철저히 소외되고 박해당할 때 완전한 자유가 이루어지기에 작가의 삶은 가시밭길이자 고행이다. 시 〈꿈〉에서 작가는 집필, 바느질, 농사일을 바쁘게 할 때 잊었던 외로움을 홀로 밥을 먹을 때 느낀다. 이사한지 7,8년이 되었지만 살아있을 때와 죽어있을 때의 감정을 통해 적막, 고독, 슬픔이 밀려오며 세상에 적응하지 못하는 예민한 성격이 드러난다. 이러한 성격은 시 〈견딜 수 없는 것〉에서도 나타난다. 쐐기, 땡삐, 말벌, 아카시아, 두릅 찔레, 대추나무의 고난보다 힘든 건 사람들의 질투, 샘, 욕심, 쾌락과 같은 시선이라고 말하며 힘든 고립을 자처한다. 세파에 시달리고 세상의 이치가 견딜 수 없는 작가에게 삶이란 천형이자 한이며 비극이다.

딸아이와 손자가 남편 없이 시가에 살고 있어 울타리라도 되어주자고 서울 살림을 걷고 원주로 내려온 작가는 원주를 감나무도 백일홍도 없는 추운 곳, 삭막한 군사도시로 느꼈다. 삭막하고 을씨년스럽고 뼛속까지 얼어붙는 것만 같았던 낯선 고장 원주는 20여년을 거쳐 화려하고 풍성해 보이고 세련된 도시로[73] 열매와 꽃이 피게 되었다고 작가는 생각한다. 198, 90년대 원주는 작가에게 피멍이 든 딸의 처지로 인식되었다.

세상의 오해와 인간과의 불화로 힘들어하는 작가는 서울에서처럼 원주에서도 각종 방송, 신문, 강연요청이 많았는데 이를 거절하자 거만하다

71 박경리, 〈견딜 수 없는 것〉, 『못 떠나는 배』, 지식산업사, 1988, 71~72쪽.

72 박경리, 『가설을 위한 망상』, 나남, 2007, 291쪽.

73 위의 책, 76쪽.

느니 원주를 얕잡는다느니 별의별 얘기를 다 들었다고[74] 고백한다. 《토지》 집필을 위해 스스로 고리를 끊고 미움 받기를 자초하는 일상의 고독과 상처를 지닌 삶이 작가의 삶이다. 《토지》 4부 집필 구상으로 가득찼기에 원주 인연이 끼어들 틈새가 없었으나 연세대학교 매지캠퍼스(원주시 흥업면 매지리 소재)를 출강하면서 자타공인 원주사람이[75] 되었다. 단구동 집과 넓은 뜨락은 박경리가 생활하고 집필하며 농사를 짓는데 적합하고 쾌적한 환경을 조성했다. 택지개발구역임에도 불구하고 자택을 공원으로 조성하고 토지문화관을 설립하면서 전국에서 관광객이 원주를 방문했고, 평범한 중소도시에 거주한 유명작가에 대한 지역주민의 갈망이 있었을 것이다. 원주민의 소원을 실현시켜주지 못한 작가의 고뇌와 갈등 또한 드러난다. 자유, 절대고독 속에서 정신을 고양하고 집중해야 창작이 가능한 일을 이해시키기는 쉽지 않기에 고립될 수밖에 없다.

> 빗자루병에 걸린 대추나무 수십 그루가/어느 날 일시에 죽어 자빠진 그 집/십오 년을 살았다//빈창고같이 휑덩그래한 큰 집에/밤이 오면 소쩍새와 쑥꾹새가 울었고/연못의 맹꽁이는 목이 터져라 소리 지르던/이른 봄/그 집에서 나는 혼자 살았다//다행히 뜰은 넓어서/배추 심고 고추 심고 상추 심고 파 심고/고양이들과 함께/정붙이고 살았다//달빛이 스며드는 차거운 밤에는 이 세상 끝의 끝으로 온 것 같이 무섭기도 했지만/책상 하나 원고지, 펜 하나가/나를 지탱해 주었고/사마천을 생각하며 살았다//그 세월, 옛날의 그 집/나를 지켜주는 것은/오로지 적막뿐이었다/그랬지 그랬었지/대문 밖에서는/늘/짐승들이 으르렁거렸다/늑대도 있었고 여우도 있었고/까치독사 하이에나도 있었지/모진 세월 가고/아아 편안하다 늙어서 이리 편안한 것을/버리고 갈 것만 남아서 참 홀가분하다[76]

---

74 위의 책, 275쪽.

75 김형국, 『박경리 이야기』, 나남출판, 2022, 390쪽.

76 박경리, 〈옛날의 그 집〉, 『버리고 갈 것만 남아서 참 홀가분하다』, 마로니에북스, 2008, 15~16쪽.

유고시집에 실린 39편의 시집 중 한 편이자 시집 제목 구절이 담긴 〈옛날의 그 집〉에서도 단구동 742번지 자택의 일상이 오롯이 담겨있다. 새, 맹꽁이, 고양이 그리고 온갖 들짐승들과 배추, 고추, 상추, 파 농사를 짓는 그녀의 집은 원주 도심지에서 벗어난 외곽의 고요하고 적막하며 자연친화적인 공간이다. '노동'과 '글쓰기'와 '나'는 삼발이 같은 것으로 글을 쓰다 막히면 밖에 나가 풀을 뽑고 그러다 보면 생각이 떠오르고 막혔던 것이 뚫렸다는[77] 그녀의 일상이 드러난다. 온 세상을 적으로 생각하면서 이를 갈며 살던 전반기(정릉시절)와는 달리 넉넉한 분위기가 서려 있었고 그 안쪽에서 빛을 발하는 사고의 깊이가 조화롭게 어울리는 변화를[78] 원주라는 공간이 가져온 것이다.

'빈 창고', '횡덩그레한 큰 집', '혼자 살았다', '이 세상 끝의 끝', '무섭기도'와 같은 단어에서 외롭고 삶이 무섭고 두려운 시적 자아의 감정이 읽혀진다. 비인간동물인 고양이와 정붙이고 사마천을 생각하며 소설을 쓴 그녀는 편안한 노년의 삶을 깨닫는다. 번뇌와 한으로 가득한 삶을 지나오면서 무욕, 무상, 무소유의 경지에 이르고 버릴 것만 남았음을 작가는 상념이 깊은 고향 통영이나 번잡하고 화려한 대도시 서울이 아닌 원주시 단구동 집에서 깨닫는다.

> 회촌 골짜기의 올해 겨울은/날건달처럼 햇빛이 오락가락/눈도 어정쩡하게 왔다가는 간다/춥지 않은 겨울//오락가락은 망설임이며 혼란인가/어정쩡함은 불안이며 권태인가/구석구석 먼지가 쌓이듯/어디선가 양파 썩는 냄새가 나듯//회촌 골짜기의 올해 겨울은 빈집처첨 쓸쓸하다/잠든 번데기의 꿈도 나른할 것 같고/어디선가 소리 없이/뭔가가 무너지고 있는 것 같다//북극의 빙하와 설원을 생각해 본다/북극곰의 겨울잠을 생각해 본다/그 가열한 꿈속에는/존재의 인식이 있을 것 같다/넘치고 썩어 나는 뜨뜻미지근한

77 박경리, 『생명의 아픔』, 마로니에북스, 2016, 52쪽.
78 강인숙, 『여류문학, 유럽문학 산고』, 박이정, 2020, 105쪽.

열기 속에는/예감도 구원에의 희망도 없다/봄도 없다//자본주의의 출구 없는 철옹성/온난화 현상이 일렁이며 다가온다/문명이 참상이 악몽같이 소용돌이 친다/춥지 않은 회촌 골짜기의 올해 겨울[79]

토지문화관이 자리 잡은 매지리 회촌마을은 양안치고개에서 연세대 미래캠퍼스를 잇는 회촌달맞이길에 있다. 이곳은 매지농악 등 각종 민속놀이 전통을 계승한 지역으로 전나무가 많아 전어치로 불리기도 한다. 백운산 자락의 이 마을을 작가는 춥지 않고 쓸쓸한 곳으로 느낀다. 그녀는 예감도 희망도 봄도 없는 서식지를 통해 자본주의의 폐해, 온난화로 표상되는 반생태 반생명 현상, 문명의 참상을 일갈한다. 깊은 산골마을 골짜기조차 환경훼손을 비켜가지 못한 사회는 구원이나 희망이 없는 삶이다. 시 〈까치설〉에서도 조용한 회촌 골짜기에 까치가 사라짐으로서 동요 속 까치설은 이제 없다고 탄식한다. 음식이 썩어나고 음식 쓰레기가 연간 수천억이지만 배고픈 새들과 짐승들이 만연한 이 세상은 최상위 포식자이자 만물의 영장인 인간이 만들어놓은 인류세의 도래에 대한 작가의 예리한 비판이다. 또한 원주의 상징인 치악산에 대해서도 몇몇 단상을 기록해 놓았다.

허리를 펴고 치악(雉岳)의 연봉을 바라본다. 하늘과 구름에 따라서, 일출과 일몰, 계절과 일기, 움직이는 그 모든 것에 따라서 시시각각 천태만상, 채색의 조화를 부리던 산이 지금은 안개를 가려 아슴푸레 모습을 떠올리고 있었다. 매운 바람이 내 정강이를 스치고 지나간다. 원주(原州)로 내려와서 햇수로 5년이던가. 그 동안 조석으로 산을 바라보는데 나는 한번도 감동한 적이 없다. 냉담하고 무관심하게, 무연(無緣)한 타인(他人) 대하듯이, 아마 산도 내게 그러했으리라. 산은 나를 부르지 않았고 나는 산에 들어갈 생각이 없었다. 그는 너무 컸고 나는 너무나 작았기 때문이던가.[80]

---

79 박경리, 〈회촌 골짜기의 올해 겨울〉, 『버리고 갈 것만 남아서 참 홀가분하다』, 마로니에북스, 2008, 114~115쪽.

80 박경리, 『원주통신』, 지식산업사, 1985, 19~20쪽.

> 제가 흔히 그런 얘기를 해요. 치악산 있잖아요. 치악산의 개념. 그저 수월하게 치악산 하거든요.그런데 우리가 동쪽에서 보는 치악산이 다르고, 서쪽에서 보는 게 다르고 남쪽, 북쪽 다 다르거든요. 그렇다면 어느 것이 치악산이냐. 또 치악산의 개념은 그 안에 동식물도 있고, 나무도 있고, 강석도 있고 풍경도 있고, 그야말로 한 우주를 이루고 있는데 그것을 치악산이라는 말 한마디로 치악산의 본질을 도저히 얘기 못하거든요. 바로 언어가 그런 거고. 그러니까 한 마디로 가장 확실하게 얘기할 수 있는 것은 '모른다는 것, 그것만이 확실하다. 치악산을 알았다, 이게 아니고 치악산이 뭔지 모른다.[81]

산새가 거칠어 쉽게 오르기 어려운 치악산을 작가는 감동받은 적이 없다고 잘라 말한다. 자연의 외경 때문이기도 하지만 원주에 대한 친숙함이 아직 느껴지지 않기 때문이다. 자발적으로 원주로 왔다기보다는 관계가 어려운 딸의 시댁 곁으로 온 작가는《토지》를 완성해야하는 지난한 작업을 해야 했다. 조물주가 만든 위대하고 장엄한 산에 비해 자신은 너무 작으며, 또한 산이 인간을 바라보는 생태주의적 관점에 서있다. 앎의 사유에 대해서도 언급하며 한 존재의 총체적 이해는 불가능하기에 다 안다고 말할 수 없으며 니체의 관점주의가 드러난다. 원주, 회촌마을, 단구동, 치악산에 대해 작가는 조심스레 접근하며 냉정하고 객관적으로 사유하면서 서서히 갈마든다. 인간사와 풍물과 산천, 삶의 모든 것의 추억이 묻혀있는 곳인 고향과 어머니의 품이자 통곡이자 쇠퇴인 지리산이 소설의 원천이자 배경인 통영에 정착하지 않은 작가는 원주와 치악산과도 어느 정도 거리를 둔다. 상처와 추억을 간직한 고향과 딸의 가혹한 삶이 펼쳐진 타향 모두 편안치 못한 작가는 장소애를 향유하지 못하고 장소상실에 처해 있다. 사람과 장소 또는 배경의 정서적 유대인 토포필리아[82]를 충족하지 못한 그녀의 삶은 부유하고 외로운 배와 같이 유동하는 이방인, 디아스포라의 여정

81 박경리, 『가설을 위한 망상』, 나남, 2007, 266쪽.

82 이-푸-투안, 이옥진 역, 『토포필리아』, 에코리브르, 2011, 21쪽.

이다. 작가에게 통영, 서울, 원주라는 장소는 불안정하고 외로운 정체성과 장소감으로 다가왔다.

사고하는 것은 능동성의 근원이며 창조의 원천, 능동성이야말로 생명의 본질, 능동적인 생명을 생명으로 있게 하기 위해 작은 불씨, 작은 씨앗 하나가 되고자 하는 것이 토지문화재단 설립의 취지이듯이 그녀의 문학작품의 바탕엔 생명사상이 깃들어 있다. 아픔과 사랑인 생명이 사라져가는 세상, 물질적 충족에 급급한 인간을 혐오하는 작가는 아픔과 사랑이 없을 때 생명은 존재할 수 없고 따라서 생존(生存)도 확약(確約)할 수 없다고[83] 말한다. 감성은 희박해지고 이성은 약화되는 기능적 인간, 피동적 존재가 되어가지 말고 생명의 본질인 능동성을 가져야 창조의 원천을 갖는다는[84] 작가의 사유는 스피노자, 니체의 사유와 접목된다. 수액이 흐르는 단풍나무를 보고 피가 흘렀다고 여겨 전율과 충격을 느끼거나 연세대 미래캠퍼스 호수의 철새들이 생존을 위해 부리로 딱딱한 얼음을 깨는 장면에 생명의 극한을 갖는 생명사상과 생태의식을 지닌 작가가 노년에 머문 원주는 생명과 동학과 반역의 도시라는 점에서 필연적이었는지 모르겠다.

3. 박경리 문학과의 접속

〈접시꽃 당신〉의 시인이자 문화체육관광부 장관를 역임한 도종환의 시 〈원주〉에도 박경리, 김지하 이야기가 나온다. 청주 출신의 시인은 일자리 때문에 원주로 이주한 부모를 따라 원주고등학교에 진학한다. 변두리 태장동에 거주하는 부모는 여전히 정착하지 못하고 떠돌며 어머니는 멸치 장사를 하며 생활을 이어나간다. 청주에서 완행버스를 타고 증평, 음성, 충주를 지나 소태재와 양안치 고개를 넘어서야 부모가 계신 원주에 도착

---

83 박경리, 『원주통신』, 지식산업사, 1985, 84~85쪽.

84 박경리, 『생명의 아픔』, 마로니에북스, 2016, 88쪽.

한다. 가난함과 외로움 속에 자란 시인에게 원주는 추운 곳이자 "외로움이 한 사람의 생을 밀고 가는 도시"였다. 여기서의 추움은 기후적인 측면보다는 가족과 함께 살지 못한 시리고 아픈 내면의 상태를 의미한다.

> 원주는 추운 곳이다. 겨울이 아닌 때도 춥다* 아버지는 몇 달째 소식이 없고 수업료 때문에 교무실에 불려갔다가 혼자 오는 초겨울 저녁길 핸들도 더 이상 내 손을 잡을 수 없을 정도로 몸이 굳어 강둑에 자전거를 세워놓고 쪼그려 앉아 울었다 종일 별로 먹은 게 없었으므로 더 추웠다 도시 주변엔 총을 든 군인들이 많아서 냉랭하였고 한번 얼어붙으면 개천의 얼음도 사람도 몸을 잘 풀려 하지 않았다
>
> 동네 한쪽 벌판 가운데는 고아원이 있었고 나보다 더 큰 고아들이 떼로 몰려다니다 골목에서 슬쩍 내 사타구니를 훑고는 낄낄거리며 빠져나갔다 물 건너 학성동 재석이네 동네에 사는 여자들은 한낮이 될 때까지 자고 느직하게 물가에 나와 벗은 채 몸을 씻었다 강둑 이쪽에 엎드려 그 여자들의 거웃을 구경하곤 했다
>
> 그림을 그리고 싶었지만 배가 고파서 접어야 했다 사랑채에 사는 여학생은 나보다 더 추워 1학년을 다니다 말고 극장 매표소에 앉아있었다. 영화 구경할 돈은 없고 극장 주위를 맴돌며 간판을 그리며 살까 하는 생각을 했다 그 시인의 아버지가 군인극장에서 영사기를 돌렸다는 건 아주 뒷날에야 알았다
>
> 쫓기는 시인을 숨겨 주곤 했다는 성당의 종소리도 그때는 듣지 못했다 내가 둑길을 따라 태장동에서 개운동까지 타고 다니는 녹슨 자전거 종을 따르르르릉 하고 울리느라 잘 듣지 못했을 것이다 역전 근처나 군구고마 파는 길가에서 장일순 선생을 만났다 해도 알아보지 못했을 것이다 나는 장 선생보다 장작불에 탄 고구마 얼굴의 한쪽 그늘을 쳐다보고 있었을 것이다
>
> 원주는 추운 곳이다 겨울이 아닌 때도 춥다 어깨 부빌 거리도 없고 기대어 볼 만한 언덕도 없었다* 어머니가 아버지를 찾아 떠난 뒤에는 더 그랬다 온기 잃은 칙칙한 교련복 한 벌 휑뎅그렁하게 걸려있는 빈 방을 나도 어떻게 위로해 줄 수 없어 자주 자위를 하곤 했다 아무도 없어서 나도 아버지 어머니를

찾아 원주를 떠난 뒤에도 발에 박힌 얼음은 오래 남아 살을 찌르곤 했다

그 추운 곳에서 박 선생님은 어떻게 소설에만 매달렸을까 매달릴 것이 아무것도 없던 나는 오랫동안 그쪽을 쳐다보려 하지 않았다 친구들이 패싸움을 하다 자전거 체인 줄에 맞고 무릎을 꿇은 단구동 쪽은 돌아보기만 해도 찬바람이 몰려왔으므로 에돌아 다녔다

외로움이 한 사람의 생을 밀고 가는 도시 너무 추워 스스로 온기를 만들어 내야 하는 도시 이제 슬픔도 적빈도 고양이 울음도 다시 살갑게 다가오는 도시 공중전화 박스에 들어가 그 여자에게 사라진 군인극장 근처로 나와 달라고 고등학생 목소리로 속삭이고 싶은 아픈 사랑의 도시, 원주[85]

이 산문시는 박경리 시를 인용하면서 시작된다. 소년시절부터 궁핍으로 차별과 멸시를 받았고 〈양안치 고개를 넘으면〉에서는 인생의 거센 바람 몰아치는 많은 고개를 미리 알려주는 첫 여행이 부모를 찾아가는 원주행이라는 자전적 소재를 바탕으로 한다. 시적 자아는 "낯설고 차가운 풍경 경계의 눈초리 늦추지 않는 시선 새로 만나는 쓸쓸함과 눈발처럼 날아와 언 몸을 때리는 가난 그리고 끝없는 바람"이 자신에게 닥칠 삶의 시련임을 자각한다. 학성동, 태장동, 개운동의 극장, 고아원, 성당, 희매촌[86]에 사는 군인, 윤락여성, 폭력적인 고아들, 가난한 학생, 노동하는 소녀, 쫓기는 시인 등이 머무는 황량한 중소도시의 풍경이 그려진다.

학교를 다니다 말고 군인극장 매표소에 앉아있는 여학생 때문에 극장을 맴돌았던 원주는 '아픈 사랑의 도시'이자 '사방이 짐승들과 적막과 매서운 바람뿐인 도시'이다. 김지하 시인의 아버지가 영사기를 돌리고 있던 곳이라는[87] 사실을 나중에 알았다는 시인은 총을 든 군인들이 버스 안에서

85 도종환, 〈원주〉, 『꽃은 젖어도 향기는 젖지 않는다』, 한겨레출판사, 2011, 38~41쪽.

86 원주시 학성1동에 있는 윤락여성 마을을 말한다. 1950년 6.25전쟁 직후 월남한 피난민들의 거처인 희망촌과 원주역전 고지대에 윤락여성들이 집단으로 주거하면서 생긴 매화촌을 합쳐서 부르는 이름이다.

87 도종환, 앞의 책, 42쪽,

승객을 검문하곤 했던 낯설고 으스스한 풍경처럼 박경리가 추워했던 원주 풍경에 공감한다. 나보다 더 가난한 소녀는 학업과 사랑도 포기하고 생활 전선에 나섰고 추운 도시에서 박경리는 어떻게 소설을 쓸 수 있었을까를 묻는다. 이는 작가인 자기 자신에게 묻는 질문이기도 하다. 추위, 가난, 폭력, 자위, 슬픔으로 점철된 원주시에서 사춘기 소년은 고등학교를 다니며 창작과 삶의 비애를 느꼈을 것이다. 도종환에게 원주는 고달픈 부모님의 삶과 이루어지지 못한 첫사랑과 소설가 박경리, 사상가 장일순이 머문 곳이다.

원주 출신 소설가 이기호의 〈원주통신〉은 원주에 이사온 박경리 작가에 대한 존경과 경외를 담은 단편이다. 조용하고 평범한 중소도시에 유명 작가의 이주가 한 소년에게 끼친 영향을 유머러스하고 해학적으로 그린 이 소설은 1980년대 원주의 변화와 시민들의 소박하고 부지런한 일상이 재현된다. 대학을 졸업하고도 취업하지 못해 백수로 지내는 '나'는 어느날 갑자기 중학교 동창에게 전화를 받는다. '토지'라는 룸쌀롱에서 비싼 술과 미희에게 술대접을 받은 후 박경리 작가와 친척이니 상호명 허락을 받아오라는 황당한 요청을 받는 나는 어쩔 줄 모르며 난감해 한다.

> 『토지』를 쓴 소설가 박경리 선생이 우리 동네로 이사를 온 것은 일천구백팔십년도의 일이었다. 선생의 정확한 주소는 강원도 원주시 단구동 742-9번지. 우리집은 선생의 집에서 오십 미터쯤 떨어진 742-1번지였다. 선생과 같은 동네에서 살았지만, 그렇다고 내가 선생과 특별한 인연을 맺은 것은 아니었다. 일천구백팔십년도라면 내가 초등학교에 입학한 지 이제 막 일 년이 지났을 때였다. 그건 즉, 내가 팔팔에 육십사 같은 고난도의 구구단을 외우느라 온갖 핍박과 어마어마한 스트레스를 달게 받고 있던, 그런 시절이란 소리이다. 그러니 이웃에 새로 이사온 소설가 할머니에게 관심을 기울일 만한 여력이 없었던 것이다. 뭐, 가끔 심심할 때 혼자 찾아가서 초인종 한번 누루고, 다시 등 돌려 열심히 도망치는 일을 몇 번 했지만, 그거야 박경리 선생만 당한 일도 아니었으니까……[88]

이 소설은 박경리 작가의 이사가 1980년이고 이기호가 1972년생이므로 초등학교 입학 시기가 일치해 리얼리티를 높인다. 자전적 소재를 바탕으로 상상력이 발휘되어 유명작가에 대한 호기심과 갑자기 문화도시로 승격된 듯한 원주시의 작은 변모를 흥미롭게 복원한다. 문학적 조예가 깊지 않은 중소도시민에게 드라마가 인기를 끌자 작가와 서로 관계를 맺고자 한다.

> 선생의 존재가 동네 사람들에게 처음으로 확연히 부각된 것은 그로부터 칠 년이나 더 지난 후의 일이었다. 동네 사람들이 선생의 소설을 단체로 읽었다거나, 선생이 새로 동네의 반장이 되었다거나…… 했던 것은 아니고, 그게 다 드라마 때문이었다. 그해 가을 케이비에스에선 선생의 소설을 원작으로 한 드라마 〈토지〉가 방영되기 시작했다. 이재은과 안연홍이라는 아역배우가 어린 서희 역을, 당대 청소년들의 열렬한 지지와 애정을 받고 있던 신인 탤런트 최수지가 성인 서희 역을, 윤승원이라는 산적처럼 생긴 배우가 길상 역을 맡아 열연했던 드라마는, 그야말로 전국적으로 선풍적인 인기를 끌었다. 특히 어린 서희가 조준구 역을 맡은 연규진에게 내뱉은 대사, '찢어죽이고, 말려 죽일 게야!'는 전 국민의 유행어가 되기도 했다. 부부싸움을 할 때도, 축구를 하다가 패스를 하지 않는 친구에게도, 수학문제를 제대로 풀지 못하는 학생에게도, 서로가 서로에게 "찢어죽이고, 말려 죽일 게야!" 하며 소리치는 바람에 온 나라가 다소 으스스한 분위기로 변하기도 했다.[89]

선생의 집 앞을 찾아가 담배를 피우곤 했던 나는 동네 아주머니처럼 박경리 선생과의 인연을 부풀리며 학창시절의 위세를 떨었다. 이웃사촌이라는 프리미엄을 내세우고 그녀의 외손자라는 소문도 부인하지 않으면서 사춘기 친구들을 제압했던 것이다. 하얀 거짓말은 27살 백수시절 단계 택

---

88 이기호, 〈원주통신〉, 『갈팡질팡하다가 내 이럴 줄 알았지』, 문학동네, 2006, 97~98쪽.
89 위의 소설, 99쪽.

지 사거리에서 백미터 들어간 원주시 외곽의 신흥 주택단지에 위치한 중학동창이 근무하는 룸살롱에 초대되면서 죄값을 치른다. 빨간 간판에 굵은 궁서체로 쓰인 룸살롱 土地에서 웨이터 길상이, 미희 서희라는 이름의 종업원에게 과한 대접을 받고 그 다음날 상호명 사용 승인서를 받아오든지 술값 백칠십삼만원을 내라는 협박을 받는다. 얼굴 한번 본 적 없으면서도 박경리 선생과 친밀한 이웃사촌 혹은 외손자라는 거짓말을 한 죄에 대한 벌이다. 서원대로를 따라 걸어서 다섯 시간만에 도착했지만 박경리 선생은 매지리로 이주한 후였다. 가난한 취준생 시절 문학적 상상력이 더해져 '웃픈' 사연을 두 작가의 접속을 통해 그린 〈원주통신〉의 제목 역시 박경리의 산문집을 패러디했다. 박경리와 이기호 그리고 단구동 로컬리티가 재현되는 이 소설은 박경리가 원주에 정착함으로써 원주시민들의 다채로운 대응과 변화를 리얼하고 소박하게 묘사하였다.

4. 원주 · 작가 · 문학

통영이 고향인 박경리는 1980년부터 2008년까지 30여년간 원주시에서 거주했다. 김지하 시인의 아내이자 박경리의 외동딸인 김영주의 시댁인 원주에서 홀로 아이를 키운 딸을 뒷바라지하기 위해서이다. 단구동 742번지 자택에서 들고양이에게 밥을 주고 채소 농사를 지으며《토지》를 완간한 작가에게 원주는 춥고 낯선 공간이었다. 50년간 고향 통영을 찾지 않고 서울에서 원주로 이사한 그녀는 냉정하고 객관적인 시선으로 중소도시를 바라봤다. 그녀의 소설은 고향이 원천이자 배경을 이루지만 시와 수필, 인터뷰엔 원주의 일상과 단상이 소소하게 담겨있다. 원주, 회촌마을, 매지리, 치악산, 단구동에 대한 그녀의 생각은 추운 곳이고 자신을 수용하지 않는 이방인, 외지인의 입장을 보였다. 궁형이라는 천형의 운명을 지닌 채 역사서 『사기』를 집필한 사마천이나 신에 대한 비판으로 파문당한 스피노자가 『에타카』 등의 역작을 탄생시킨 것처럼 소설가인 자신의《토지》

도 절대고독과 자유로운 상황에서 성취된 것이다. 초기의 거리두기에서 벗어나 작가는 원주가 고향처럼 익숙해지고 편안해지는 변화를 보인다. 《토지》 4,5부를 마무리한 그녀는 진정으로 원주사람, 원주토박이가 되었다. 도종환의 〈원주〉라는 산문시엔 박경리에 대한 단상과 소설가로서의 존경심이 담겨있고, 이기호의 소설 〈원주통신〉에서도 원주와 박경리, 시민들의 소박하고 재미있는 소란이 그려진다. 통영, 서울, 원주 등 박경리는 역사와 비극적인 개인의 삶만큼이나 불안하고 안정되지 못한 정체성과 장소감을 가졌으며 토포필리아를 향유하지 못한 이방인 혹은 디아스포라, 노마드의 삶을 영위하며 원주에서 생을 마감했다.

3장
이기호 소설의 197,80년대 중소도시 표상

1. 창작소재의 원천, 원주시 단구동

1999년 『현대문학』에 〈버니〉로 등단한 이기호[90]는 자신의 고향 원주를 배경으로 남루하고 왜소한 소시민의 일상과 비루하고 부조리한 현실을 유머러스하고 풍자적으로 조롱하고 희화화하는 문학세계를 구축한다. '재기발랄한 입담꾼', '새로운 이야기꾼', '한국문단의 대표적 재담꾼'으로 불리는 그가 2000년대 대표작가로 주목받는 이유는 다채로운 실험적 서사양식[91], 소설의 정의에 대한 근본적인 의문을 제기하는 메타픽션적[92]

---

90 소설집 《최순덕 성령충만기》(문학과지성사, 2004), 《갈팡질팡 하다가 내 이럴 줄 알았지》(문학동네, 2006), 《사과는 잘 해요》(현대문학, 2009), 《김박사는 누구인가?》(문학과지성사, 2013), 《차남들의 세계사》(민음사, 2014), 《누구에게나 친절한 교회 오빠 강민호》(문학동네, 2018) 등의 소설집과 짧은 소설집 《웬만해선 아무렇지 않다》(마음산책, 2016), 가족소설 《세살 버릇 여름까지 간다》(마음산책, 2017)를 출간하는 등 왕성한 창작활동을 하고 있다. 〈밀수록 다시 가까워지는〉(문학동네, 2010.봄호)으로 2010년 제11회 이효석문학상을, 〈차남들의 세계사〉(민음사, 2014)로 제47회 한국일보문학상을, 〈김박사는 누구인가?〉로 제1회 김승옥문학상을, 〈한정희와 나〉(문학과사회, 2017.봄호)로 제17회 황순원문학상을 수상했으며 현재 광주대학교 문예창작과 교수로 재직 중이다.

91 랩 구성(버니), 성경의 의고체(최순덕 성경충만기), 오디오형 소설, 요리의 레시피(누구나 손쉽게 만들어 먹을 수 있는 가정식 야채볶음), 피의자 조서(햄릿 포에버), 자기소개서(옆에서 본 저 고백은), 최면술(나쁜 소설) 등 새로운 내러티브방식과 서술기법을 동원하고 있다.

92 이기호 소설은 작가가 작품 속에 개입되어 문학창작에 대해 고민하는 소설가소설적 특성을 지니고 있다. 〈나쁜 소설〉에서는 우리 시대 소설가의 역할과 존재증명을 해야 하며, 〈갈팡질팡 하다가 내 이럴 줄 알았지〉에서는 작품 서두에 소설제목에 대해 고민하는가 하면 근대소설이 필연성을 지녀야 한다는 이론에 대해 이의제기하거나 삶의 우연성을 증명하며, 〈할머니 이젠 걱정 마세요〉에서는 책이 아닌, 할머니를 통해 이야기가 전달되었다는 주장

요소와 절대 건널 수 없었던 어떤 고통의 시절에 대한 존재증명[93]으로서의 잔혹한 유머, 자본주의적 욕망과 거대역사, 국가권력에 희생당하는 인물들[94]을 설정하기 때문이다. 이러한 문학적 특징은 독자와 비평가로부터 관심의 대상이 되지만 젊은 작가인 만큼 선행연구는 많지 않으며 대부분 형식과 기법에 대한 연구에 치우쳐 있다. 불량배들의 멜랑콜리와 이야기체의 발명[95], 소설가를 고민하는 소설[96], 복음서의 문체와 형식의 패러디[97], 2000년대 유머작의 대표주자[98], 소설이 될 수 없는 어법으로 소설을 씀으로써 소설이란 무엇인가라는 물음[99], '시봉'의 서사와 형식의 파격[100], 아이러니의 소설공학[101], 일탈형식에서 발생한 희극성과 파격적이고 다양한 이야기체[102], 이야기하는 욕망과 대화적 상상력[103] 등 이기호 문학은 포스트

을 통해 읽는 소설에서 듣는 혹은 소리내어 읽어주는 소설 양식을 지향하고자 한다.

93 조연정, 「웃고 있어도 눈물이 난다: 박민규와 이기호의 소설에 나타난 '유머'」, 『키워드로 읽는 2000년대 문학』, 작가와비평, 2011, 101쪽.

94 유머와 해학을 바탕으로 시대풍자를 하는 김유정 소설의 덕돌과 덕만과 성석제 소설의 바보인물들은 이기호 소설에서 시봉, 복만이라는 이름으로 재창조된다. 소작인, 머슴, 거지, 도박꾼, 유랑민들인 이들은 자본주의와 근대사회에 약삭빠르게 적응하지 못했거나 떨어지는 인물들로 이기호 소설에서도 백수, 불량배, 범법자, 바바리맨, 건달, 깡패, 보도방 실장, 저능아, 창녀 등으로 나타난다.

95 류보선, 「불량배들의 멜랑콜리와 이야기체의 발명: 이기호 소설의 어떤 경향」, 『문학동네』 제13권2호, 문학동네, 2006, 1쪽.

96 고영진, 「이기호 소설에 드러난 글쓰기 방법으로서의 환상과 윤리」, 『현대문학이론연구』 제44권, 현대문학이론학회, 2011, 172쪽.

97 김명석, 「이기호 소설 〈최순덕 성령충만기〉를 활용한 패러디 수업 사례 분석」, 『문학과 종교』 제17권 2호, 한국문학과종교학회, 2012, 25쪽.

98 이도연, 「현대 풍자소설의 계보」, 『한국문학이론과 비평』 제61집, 한국문학이론과비평학회, 2013, 285쪽.

99 김대성, 「DJ, 랩퍼, 소설가 그리고 소설: 김중혁과 이기호의 소설에 관하여」, 『작가세계』 제75권, 세계사, 2007, 214쪽.

100 이은지, 「징후적 소설과 그 너머: 이기호의 〈김박사는 누구인가?〉가 맴도는 것」, 『창작과 비평』 제42권 3호, 창비, 2014, 375쪽.

101 신형철, 「해설: 정치적으로 올바른 아담의 두 번째 아이러니」, 『갈팡질팡하다가 내 이럴 줄 알았지』, 문학동네, 2006, 320쪽.

102 박혜상, 「2000년대 희극적 소설의 기법 연구: 이기호, 박형서, 박민규의 단편소설을 중심으로」, 고려대 석사학위논문, 2011, 1쪽.

103 우찬제, 「해설: 삐딱한 욕망의 카니발」, 『최순덕 성령충만기』, 문학과지성사, 2004, 313쪽.

모던 징후적 특성을 지닌다.

이 글은 형식미학에 치우친 기존 연구에서 벗어나 도농복합중소도시에서 살아가는 평범하고 비천한 인물들의 성장의 통증과 시대적 폭력을 고찰한다. 고향이자 사는 곳(제2의 고향)은 자신의 뿌리, 유년기의 결정적 인상, 삶의 자취가 그대로 묻어나는 지금의 자신을 설명하는 바탕이자 근원이다. 보수적이고 전통적인 가치를 신봉하는 강원지역 중 항상 서울을 넘보고 반역하는 곳이자 저항적인 원주는 해월, 몽양, 죽산 조봉암, 간디, 비노바 바베의 영향을 받아 생명운동과 한살림운동, 복지사회건설운동을 전개한 장일순 사상가(1928~1994)와 민주화운동을 했던 원주교구 지학순 주교(1921~1993), 1982년 미문화방사건과 연관된 김현장, 문부식, 김은숙을 숨겨준 혐의로 국가보안법 위반 및 범인은닉죄를 적용받아 복역한 최기식 신부(1943~)가 머물던 곳이다. 1980년 원주시 단구동으로 이사 온 박경리 작가(1927~2008)는 이곳에서 《토지》 4,5부를 집필, 완간하였고, 그녀의 사위이자 장일순 제자인 김지하 시인(1941~2022)은 한일회담을 반대한 학생시위인 6.3사태, 오적 필화 사건, 민청학련 사건 등으로 국가보안법 위반, 내란선동죄, 긴급조치와 연루되어 빈번하게 수감되는 고초를 겪었다.

196,70년대 도시계획 및 개발은 서울 중심으로 이루어진 만큼 지방식민지화를 가져왔다. 한국의 성장과 발전의 효율성을 고도화하기 위해 서울을 특권화하고 지역을 생산, 종속적으로 배치함[104]으로써 일자리라든지 교육의 혜택이 중심으로 몰리게 되었고, 서울시민이 되기 위해 전력투구하는 동안 로컬리티는 지방의 공동화와 고령화를 야기했다. 한 국가 내에서도 극심한 지역간 불평등을 통한 지역 갈등[105]의 원인이 된 식민적 상황은 196,70년대 국가주도형 산업화와 권위주의적인 정치체제를 배경으로 한다. 이기호 소설 속 원주는 변변한 직장이 없고 문화적 혜택이나 비전

104 김옥선, 「1960~70년대 한국소설에 나타난 지역 식민화 연구」, 경성대 박사학위논문, 2015, 4쪽.

105 강준만, 『지방 식민지 독립선언』, 개마고원, 2015, 34쪽.

없이 도시를 배회하는 10대 청소년과 백수청년들, 미국으로 탈주하려는 처녀들, 집장만을 위해 살아가는 고단한 소시민이 그저 그런 일상을 보내는 곳으로 소묘된다. 발전되지 않고 소외된 특색없는 원주는 평범하고 소박한 인물들이 살기에 적합한 공간이다.

유소년기에 역사적 사건에 대해 듣거나 어렴풋이 경험하며 작가의 꿈을 키운 이기호는 민주화의 성지인 원주시 단구동을 배경으로 한 소설들을 여러 편 남겼다. 반서사적 반역적이고 경계를 해체하며 반외이디푸스적인 문학세계는 원주지역의 독특한 풍토에 기반한다. 남루하고 무기력한 소시민의 자화상을 유니크하고 유머러스하게 그린 이기호는 인간 삶을 구현하고 자의식을 형성하는 시공간인 197,80년대 원주를 현재의 시각에서 재구함으로써 가치와 의미를 부여하는 장소성을 구축한다. 이 글은 6편의 소설을 대상으로 폭력과 상처로 얼룩진 성장의 고통과 중소도시민의 소박하고 비루한 일상과 안보와 경제개발이라는 통치가 야기한 폭력적이며 고달팠던 시대를 표출한 작가의 공간적 상상력을 분석한다.

2. 유명작가의 거주와 군사도시의 흔적: 〈원주통신〉, 〈말과 말 사이: 원주통신2〉

실명[106]의 거론과 제목의 패러디[107]가 특징인 이기호 소설은 환상과 현실, 희극과 비극, 허구와 실제, 선인과 악인, 정상과 비정상의 경계를 모호하게 한다. 현재의 시점에서 과거나 역사를 소환하는 그의 소설은 국가권력, 아버지라는 대타자, 역사적 사건이 평범하고 나약한 소시민의 삶에 끼

106 이기호 소설에서 현실과 허구의 모호성을 갖게 하는 이유 중 하나가 현실 속 인물들의 실명이 그대로 등장하기 때문이다. 박경리, 이재은, 안연홍, 최수지, 윤승원(원주통신), 버나드 쇼(갈팡질팡하다가 내 이럴 줄 알았지), 전두환, 지미 카터, 문부식, 김은숙, 최기식 신부, 조지 부시, 지학순 주교, 헤르만 헤세(차남들의 세계사)와 같이 실질적인 인물과 작가가 창조한 작중인물들의 구분이 명확하지 않음으로써 생생한 현실감을 갖게 한다.

107 이기호 소설 〈원주통신〉, 〈말과 말 사이: 원주통신2〉는 박경리의 산문집 《원주통신》을, 〈갈팡질팡하다가 내 이럴 줄 알았지〉는 버나드 쇼의 묘비명에서 따온 소설 제목들이다.

치는 영향을 사회학적 상상력으로 서술한다. 무겁고 진지하며 아픈 주제의식을 유머, 해학, 풍자, 아이러니 기법을 통해 지루하거나 부담 갖지 않는 가독력을 가져오는 그의 소설은 읽히고 듣는 문학을 지향한다.

박경리의 산문집에서 제목을 따온 〈원주통신〉은 한번도 본 적 없는 이웃집 소설가 할머니인 유명작가와 얽히고 싶은 9살[108] 소년의 치기어린 거짓말로 인해 감당할 수 없게 되는 희비극이자 성장소설이다. 1980년 박경리의 단구동 이사와 1987년 드라마《토지》방영, 1993년 룸살롱 술값 사건에 걸쳐 9살, 16살, 대학생이 된 '나'의 성장은 대출이자를 낀 신흥주택에서 융자빚을 내어 도심지 아파트로 바뀌는 주거의 변화만큼이나 다채롭게 전개된다. 유명작가의 원주 입주가 부모의 눈치를 보는 백수생활동안 173만원이라는 술값사고까지 내는 한 소년의 삶에 어떻게 영향을 끼치는지를 유쾌하고 냉소적으로 그린다. 원주 외곽의 동네인 단구동 사람들은 뜨개질과 노동으로 주택을 마련하고 또다시 빚을 내서 도심 아파트 이주를 계획한다. 고달픈 집장만을 목표로 살아가는 197,80년대 경제성장기를 작가는 냉철하지만 따뜻하게 회상하며 획일적이고 표준화된 생활상을 보여준다.

한국의 지역식민화는 경제발전을 위한 국가권력의 폭력적인 국토재배치에 따른 불균등 발전[109]으로 중소도시엔 공장, 회사, 기업이 많지 않아 청년백수를 양산하였다. 200원이 전재산인 나는 고등학교를 중퇴한 용구의 전화 한통으로 자신의 찌질함과 못남을 확인하는 상황에 직면한다. 어린 시절 우쭐한 심사에 박경리의 외손자라는 소문을 묵인한 죄로 용구가 운영하는 '土地'라는 어딘가 어색하고 불경스러운 이름의 룸살롱에서 인사불성 만취가 된 나는 친구로부터 상호명 사용승인서를 받아오지 않으면 술값을 내야한다는 협박을 받고서야 사태를 파악한다. 황망하고 처연한 심정으로 택지개발예정지역인 작가의 집을 찾았지만 그녀는 이미 매지리

108 작가 박경리가 원주로 이사한 해가 1980년이며 1972년생 작가 나이와 일치함으로써 〈원주통신〉은 현실과 허구, 산문과 소설의 경계를 해체시키는 효과를 가져 온다.

109 김옥선, 앞의 논문, 4쪽.

로 이주하였고, 부모님이 술값을 갚아주면서 안절부절못했던 20대를 회상한다.

역사대하소설《토지》를 읽기보다는 드라마 방영으로 '찢어죽이고 말려 죽일게야!'라는 섬뜩한 명대사가 동네에 회자되고 소설제목이 술집 상호명으로, 길상과 서희가 술집 웨이터와 술시중하는 미희의 이름으로 사용되는 무지하고 순박한 원주시민의 일상을 소년에서 청년이 된 나는 어설프고 황당한 에피소드로 재현한다. 이기호에게 고향은 낭만적인 향수의 공간이기보다는 가난하고 힘없는 사람들의 곤란한 상황이 연출된 장소였다. 아파트문화와 택지개발이 조성되었던 1980년대 내 집 갖기라는 도시민의 꿈을 21세기의 시선으로 재구성하고 사유하는 작가는 경제개발에 총동원되었던 산업사회의 허구와 모순을 우스꽝스럽고 신랄하게 비판한다. 비슷한 드라마를 보고 같은 목표를 향해 나아가는 생활세계의 식민화[110]를 단구동 사람들의 순박한 삶을 통해 제시한다. 또한 〈원주통신〉에서 소설제목을 패러디함으로써 박경리를 연상케 하는 이 소설은 원주시민에게 같은 공간에 머문 유명작가가 일상생활과 장소정체성에 어떤 영향을 주는가를 보여준다. 자신이 어떤 일에 결부되었는지조차도 모른 채 갈팡질팡하고 우물쭈물하거나 안절부절못하는 인물들은 가진 것 없는 평범하고 선량한 시민들의 서글픈 삶을 대변하는 작가 특유의 캐릭터이다.

또한 원주는 강원도를 방어하는 중심지에 있는 군사도시 이미지[111]가 강하다. 제1군수지원사령부와 제36보병사단과 예하 육군, 공군이 주둔하고 있으며 미군부대 캠프롱이 태장2동에 있다. '군인극장'이라든지 세계군

110 경제와 국가의 하위체계들이 자본주의의 성장결과로 점차 복합성을 지니게 되며, 또한 그것들이 생활세계의 상징 재생산 속으로 더욱더 깊이 침투해 간다는 사실을 말한다. -조태훈, 「하버마스의 '생활세계의 식민화' 테제」, 『국민윤리연구』 제44호, 한국국민윤리학회, 2000, 253쪽.

111 소설가 박경리는 원주에 대한 인상을 '추운 곳', '감나무도 백일홍도 없는 삭막한 군사도시', '삭막하고 을씨년스럽고 뼛속까지 얼어붙는 것만 같았던 낯선 고장'이라고 했는데, 이는 남편도 애비도 없이 시가에서 살고 있는 '마음 속의 짙은 피멍'이었던 딸아이의 존재 때문이기도 하였을 것이다. -박경리, 『신원주통신: 가설을 위한 망상』, 나남, 2007, 75~76쪽.

악대축제가 열리는 '따뚜'공연장 등 군사도시의 흔적이 곳곳에 남아있다. 미군의 주둔은 환경훼손, 강간과 살인 등 범죄, 인권 침해, 마피아나 독재와의 결탁, 성매매 용인 등 심각한 사회적 갈등의 온상[112]이 되며, 아메리칸 드림을 꿈꾸는 미군과 한국여성과의 불온한 관계로 이어진다. 〈말과 말 사이: 원주통신2〉는 원주에서 태어나고 자란 4명의 남녀 친구를 통해, 원주의 장소 정체성이 도시 내부에서 구성되는 양상[113]과 성장통을 그린다.

> 우리가 태어나 자란 곳은 강원도 원주시다. 제1야전군 사령부와 군수지원사령부, 제36사단 사령부, 제11통신여단 사령부와 주한미군 부대인 캠프 롱, 캠프 이글이 바글바글하게 모여 있는 곳. 그렇지 않아도 분지라서 더운데 시퍼렇게 팔팔한 청춘들마저 자신들의 얽매인 처지를 비관해 매일 시도 때도 없이 고함을 질러대는 통에 그 열기마저 뒤섞여버려 더더욱 후텁지근한 곳. 우리는 그 도시에서 같은 초등학교를 다녔고, 또 아주 잠깐 동안이었지만 같은 교회 성가대에 앉아 주님께서 내려주신 실로암을 꽥꽥거리며 되돌려드린 적도 있다. 우리는 모두 네 명이었다. 초등학교 때부터 같이 돌아다닌 남자 둘, 여자 둘. 나와 재덕이, 승희 그리고 형자.[114]

고등학교가 최종학력인 '나'와 재덕이는 백수가 되었고, 형자와 승희도 고졸 실업자가 되었지만 "그냥 어찌하다 보니 원주라는 도시를 떠나지 않게" 되어 지속적으로 만남을 이어나간다. 부모의 이혼이나 전교조선생 숫자, 포경수술, 당구 이야기를 나누며 어른이 된 4명중 유독 못생긴 형자는 성적 대화를 이해하지 못하는 이질성을 드러낸다. "고만고만한 직장에

112 미국은 해외에 686개의 기지소재지를 두고 있으며 비공식적 비밀기지까지 합치면 무려 800개에 달한다. 1위 독일(174개), 2위 일본(113개), 3위 한국(83개)에 미군기지가 있으며, 이로 인한 수용국에서 발생시키는 전방위적 폐단 못지않게 미국민에게도 엄청난 피해를 끼치고 있다. - 데이비드 바인, 유강은 역, 『기지국가』, 갈마바람, 2017.

113 조명기, 「국내여행소설을 통해본 장소 정체성의 구성 양상」, 『순천향 인문과학논총』 제35권, 순천향대학교, 2016, 46쪽.

114 이기호, 「말과 말 사이-원주통신2」, 『그 길 끝에 다시』, 바람, 2014, 73쪽.

서 고만고만한 월급을 받으며 고만고만한 애인과 고만고만하게 부대끼며 살아가는" 친구들에게 '보건소 처녀'였던 형자가 어느 날 캠프 이글 소속의 육군 중사인 흑인을 애인이라며 소개한다. 중앙동에 생긴 외국인 전용 클럽이 있는 원주는 "한국적 상황에 실망해 지긋지긋한 이 나라를 떠 미국으로 가는 것이 소망이거나", "사람들이 돌을 던지든 말든 아메리카를 꼭 가고 말겠다는 열의로 중무장된 듯"한 여성들이 사는 도시이다. 처음으로 아름답다는 말을 듣고 사랑받는 기쁨을 느끼며 비정상적인 대화를 경험하는 형자는 자신의 위치와 태생적 결핍을 알아버리게 되고 이를 지켜보는 나는 갑갑함을 느끼며 그녀의 상처와 동일시된다. 한국주둔 미군과 박색의 고졸 출신 동양여성과의 관계 속에서 타자적 위치성을 확인하는 이 소설은 중소도시의 실업문제와 열악하고 희망 없는 청춘들의 일상을 적나라하게 보여준다.

친구들에게 무시당하고 여고동창생에게 이용당하는 이혼가정 출신인 형자는 미군애인을 뺏기지 않기 위해 고통을 감내한다. 자신이 돋보이기 위해 형자를 클럽에 데리고 간 여고동창생은 몇번의 입사시험에 낙방한 이후 주한미군 부대를 들락거리며 외국인만 보면 말을 걸어보려 애썼고 TV AFKN 채널을 통해 영어실력을 쌓은 후 미국 가는 것을 목표로 하는 스물아홉의 여성이다. 미국, 서울, 대도시, 남성, 중산층의 타자인 형자의 성적 자각과 성숙과정에서 겪는 고통과 억압을 '나'의 시선으로 예리하게 포착하는 〈말과 말 사이: 원주통신2〉는 서울과 미국이란 중앙병을 앓는 지역주민들이 갑갑하고 후텁지근하며 빠져나갈 수 없는 곳으로 인식하는 원주의 군사도시, 분지라는 지형적 특성을 잘 살린다.

- 네가 윌을 따로 만나고 다니는 걸 본 사람이 있는데도?

우리가 살고 있는 소도시는 누가 누구의 팔짱을 끼고 시내 한번 돌아다녀도 그 다음 날 바로 임신 소문이 돌 정도로 작고 좁은 곳이었다. 의외의 복병은 우리 소도시의 습성을 너무 만만히 봤다. 아니, 어쩌면 의도적으로 그랬는지도 모르고.[115]

'자전소설'로 명명된 〈말과 말 사이: 원주통신2〉의 원주는 각종 군대와 미군부대가 주둔하고 있고, 금방이라도 소문이 확산되는 숨막히고 협소한 곳이다. 이 소설은 고교시절을 거쳐 20대 후반까지 살고 있는 원주 태생인 어리숙하고 외모가 떨어지는 형자와 미국으로 가기위해 수단과 방법을 가리지 않는 여고동창생이 한국땅에서 타자적 위치를 깨닫게 되는 불합리와 부정의를 고발한다.

제목이 같은 두 편의 소설에 표상된 원주는 박경리 작가의 이사와 택지개발로 인한 중소도시의 변모 그리고 아메리칸 드림을 꿈꾸는 여성과 백수청년들의 팍팍하고 불안정한 일상을 품고 있는 지역이다. 서울 중심의 도시계획 및 택지개발로 인한 일상의 변모를 어린 소년과 20대 청춘들의 시각으로 재현한 〈원주통신〉1,2는 1970년대 개발독재로 시작된 경제정책이 1980년대로 이어져 중산층되기와 구별짓기로서의 주거정책과 근대적 욕망의 결과로서 이를 쫓는 서민들의 고단한 삶을 표출한다. 근대화라는 국민적 민족적 목표를 향해 국가가 위로부터 사회를 강력하게 추동하고 동원했던[116] 박정희식 개발동원체제로 이룬 근대사회를 작가는 재미있고 발랄하게 묘사하여 개발독재국가의 시스템을 예리하게 파헤친다.

3. 폭력과 억압, 상처의 현장들: 〈갈팡질팡하다가 내 이럴 줄 알았지〉, 〈햄릿 포에버〉

〈갈팡질팡하다가 내 이럴 줄 알았지〉는 중소도시에서 태어나 교육받고 자란 아이들이 롤러장, 당구장, 술집, 미군부대 근처 포르노 비디오가게, 치킨호프집을 쏘다니며 어설프게 폭력에 노출되는 성장소설이다. 무한경쟁 속에 놓인 아이들은 불량학생들에게 얻어맞고 돈이나 회수권, 나

---

115 위의 소설, 93쪽.

116 조희연, 『동원된 근대화: 박정희 개발동원체제의 정치사회적 이중성』, 후마니타스, 2010, 9쪽.

이키운동화, 아식스점퍼 등을 빼앗기며 공부에 대한 압박을 받으면서 모순과 부조리로 만연한 현실을 깨닫는다. 16살의 '나'는 '단구동 무지개'라는 십대 폭력 서클과 원주지역 십대 불후의 조직인 '야생마' 멤버에게 6번의 폭행을 당하며 병원과 경찰서를 드나든다. 소년들에게 화장실, 창고뒤, 고수부지, 공터는 폭력과 린치가 난무하는 장소이다. 자신보다 강한 자들의 협박으로 인한 정신적 육체적 상처를 체험하면서 삶이란 불합리하고 비도덕적이며 우연적이고 비의지적이라고 여기는 소년은 소설가가 되어서 개연성과 인과성, 순수성을 중시하는 소설창작기법에 의문을 품는다.

> 씨름부 동창생은 별다른 합의조건없이 원만히 훈방조치가 되었다. (<u>알고 봤더니 부모님끼리 잘 아는 사이였다고 한다. 원주 같은 소도시는 이런 게 안 좋다. 한 다리 건너면 다 친구고, 다 친척 사이였다.</u>) 훈방조치는 되었지만, 안타깝게도 그 일을 계기로 씨름을 그만 두게 되었다. (훈방조치는 되었지만, 학교에선 정학처분을 당했고, 또 그로 인해 다시 코치에게 '줄빳따'를 맞았고, 맞으면서 자기가 육년 가까이 해왔던 씨름에 대해 어떤 회의가 일었고, 그래서 코치를 향해 샅바를 집어던지고 뚜벅뚜벅 모래판을 걸어나왔다는 것이다. 다 믿을 만한 이야기는 아니지만, 본인의 주장은 분명 그랬다.) 기대주였던 동창생은, 난생처음 샅바 대신 수학 정석과 맨투맨을 붙잡고 악전고투했지만, 성적은 그리 썩 좋지 않았다.[117]

자신 때문에 씨름을 그만둔 친구에 대한 자책감을 느끼는 나는 자기 의지로 결정한 것이라는 동창생의 말에 '의지인지 의자왕인지'라는 조소와 냉소 속에 회의를 품는다. 국가권력과 생명정치가 작동되는 일상화된 폭력하에 이유 없이 얻어맞는 소년의 성장과정이야말로 한국근대화과정을 알레고리화한다. 대학시절 '근대소설은 우연으로 시작해 필연으로 끝

117 이기호, 〈갈팡질팡하다가 내 이럴 줄 알았지〉, 『갈팡질팡하다가 내 이럴 줄 알았지』, 문학동네, 2006, 282~283쪽.

나는 장르'이기에 논리박약하고 의지부족이라고 혹평을 교수에게 받은 내가 개연성이나 필연성을 주창하는 근대소설이론의 규칙에 대해 이의를 제기하는 건 10대에 겪은 태생적 이유 때문이다. 집단린치로 인한 후유증과 트라우마로 정상적인 학교생활을 하기 어려운 고통을 겪었음에도 불구하고 "한 다리만 건너면 다 친구고 다 친척 사이"여서 명확하게 시시비비를 가리지 않은 채 훈방조치로 사건이 마무리되는 불합리한 중소도시에서의 학창시절은 갈팡질팡의 연속이었다. 세 번의 도둑과 두 번의 화재, 교통사고 등 여러 번의 우연으로 구성된 삶을 경험함으로써 삶의 모든 것들이 어떤 예감이나 전조 없이 찾아왔기에 어찌할 줄 몰랐던 주인공은 복선, 필연, 개연성을 지키려는 근대본격소설의 규칙을 깨는 우연, 대중성과 비논리, 비의지, 비규칙의 소설을 지향한다.

이 작품은 자전적 체험을 소설구성방식 및 창작방법론과 연결하여 21세기 소설의 패턴과 자신의 문학관을 피력하는 성장소설이자 소설가소설이다. 어린 시절의 어렴풋한 경험을 추격하여 자료를 찾고 현재의 지점에서 해석하고 성찰하는 문학적 사유는 '기담이 현실성을 얻는 순간 현실에 대한 우리의 관념이 낯설어지고, 기담이 당대성을 얻는 순간 문학이 역사와 조우하는 새로운 형식'[118]으로 탄생된다. 근대사회의 엄숙하고 무거우며 폭압적인 분위기를 재구하는 작가는 전통서사의 규칙과 기법을 전복하고 뒤틀며 근대성을 비판하고 탈주한다.

〈햄릿 포에버〉는 피의자가 된 극단의 잡역부이자 연극배우 '이시봉'[119]이 서울정착을 위해 노력했음에도 불구하고 범죄자가 되고마는 비극적 결말을 다룬다. 단구동 172번지에서 태어난 시봉은 고교시절 본드흡입으로 징역 1년을 선고받고 소년원에 복역한 전력이 있다. 원주농고를 제적당한

---

118 신형철, 「해설: 정치적으로 올바른 아담의 두 번 째 아이러니」, 『갈팡질팡하다가 내 이럴 줄 알았지』, 문학동네, 2006, 315쪽.

119 〈당신이 잠든 밤에〉, 〈국기게양대 로망스-당신이 잠든 밤에2〉, 〈옆에서 본 저 고백은〉, 〈햄릿 포에버〉에 등장하는 주인공 이름으로 어리숙하고 모자라고 남루하며 찌질한 바보인물들로 김유정 소설의 덕돌, 덕만을 계승하고 있다.

그는 무직인 어머니와 동생 두봉 그리고 행방불명된 아버지를 가족으로 매달 동사무소에서 나오는 생활보조금 40만원으로 생활하는 원주를 벗어난다. 전과자에 연고도 없는 서울의 한 극단에서 허드렛일을 하며 생활하는 시봉에게 고향은 "본드 내음에 쉽게 취해버린 내 자신과, 잊어버렸던 옛 친구들과, 고향에서 콩가루처럼 살아가고 있을 어머니와 동생"이 있는 상처와 빈궁의 공간이다.

'실력 있는 예술가'란 명성을 탐내는 극단대표이자 연출가인 차서화에 배우 역할이 달려있는 시봉은 현실과 환각, 햄릿의 아버지와 자신의 아버지를 혼동하며 그녀의 목을 조르다 검거된다. 학력도 돈도 아비도 없는 시골 출신인 그는 배우가 되고자 하지만 또다시 범죄자가 되는 우리 시대의 '시봉'을 통해 패자부활이 불가능한 사회구조적 모순을 지적한다. "현실보다 더 생생한 환각"이 있을 뿐이고 "제 자신조차도 가짜가 아닐까, 하는 생각"마저 들기에 "세상은 아무 변화가 없는데 나만 혼자 미쳐 날뛰고 있는 듯한" 두려움과 외로움을 느끼는 시봉의 운명은 서민들의 애환과 고달픈 현실을 대변한다.

> 서른 세 살의 나는, 비루하고 염치없는 주인공들에게 더 마음이 쏠리고, 교양 없고 막돼먹은 친구들에게 더 많은 눈길이 간다. 복잡다단한 플롯보다 조금 더 단순한 쪽에, 사변보다는 사건에, 근대보다는 전근대에 내 소설적 애정이 맞닿아 있다.[120]

가진 자, 권력자, 배운 자, 교양인, 중심부 인생보다는 타자들에게 애정과 공감을 표시하는 1972년생인 이기호는 1974년생 이시봉의 삶을 통해 197,80년대를 소환하고 점검하며 사유한다. 탈근대의 시선과 사유로 근대보다는 차라리 전근대에 대한 애정과 집착을 갖는 작가는 산업화와 도시화가 진행된 박정희, 전두환의 경제개발정책과 군사독재정권이 야기한

120 이기호, 「작가의 말」, 『최순덕 성령충만기』, 문학과지성사, 2004, 333쪽.

고단하고 고통스러운 현실을 원주시 단구동에서 살아가는 소시민들의 일상을 통해 집약적으로 재현한다.

4. 민주화의 성지, 역사가 개인에게 미치는 영향: 〈할머니, 이젠 걱정마세요〉, 《차남들의 세계사》

한국근대사를 통해 현실의 억압과 폭력을 조명하는 이기호의 사회참여적이고 현실비판적 주제는 재치와 유머, 풍자와 위트 기법 때문에 현실의 고통이 완충되고 회석화된다. 그러나 그의 소설은 거대한 역사와 시대담론 속에서 희생당하고 고통받는 소시민의 아픔을 통해 우리 사회에 일어나는 일들이 개인과 연결되는 자신들의 문제임을 역설하고 있다.

〈할머니, 이젠 걱정 마세요〉는 읽는 소설에서 듣는 소설을 주창하는 이유가 책이 아닌 할머니를 통해서 많은 이야기를 알게 되었기 때문이라는 고백으로 시작한다. 뱀이 사람이 되고 사자(死者)가 돌아오며, 죽어서 나무나 새가 되기도 하는 신화 이야기는 소설가에게 무한한 상상력과 소설창작의 근간이 되었을 것이다. 원주시 단구동 빨간 기와를 얹은 집에서 20년 넘게 산 여든을 넘긴 할머니는 이야기로 밥을 벌어먹고 사는 손자에게 전쟁체험을 고백한다.

쿠웨이트로 돈 벌러간 아버지의 교통사고로 받은 보상금으로 가게와 집을 장만한 조모와 모친은 어려서 죽은 친척의 원혼이 붙어있어 손자가 박명할 것이기에 마음고생 하는 일을 직업으로 택해 살게 하라는 말을 스님에게 듣는다. 할머니는 6.25때 살려달라고 집을 찾아온 9살 먹은 조카에게 "어여 가 여기가 어디라고 와! 나, 네 이모 아니여… 어여 니 어미 찾아가!"라고 매몰차게 외면함으로써 죽음으로 내몬 상처를 간직한 채 악몽에 시달린다. 한번도 본적이 없는 죽은 아이와 닮아 괴롭힘을 당하는 '나'와 할머니는 여전히 전쟁중인 것이다. 이모임을 부정함으로써 어린 조카를 죽게 내버려둔 트라우마는 해결되지 않은 채 현재에도 지속적으로 영향을 끼친다. 소설가가 된 주인공은 사라진 아이를 위로하기 위해 같은 이야기를 반복하는 것이 문학을 하는 이유라고 말한다. 전쟁, 성장기 폭력과 우리 사회의 비극적인 사건에 대해 쓴다는 것은 상처와 희생과 고통에 대한 위로와 치유를 위한 제의적 역할을 담당하는 일이자 무고한 약자들의 억울한 삶을 들춰냄으로써 우리 시대와 인간 존재를 사유를 하는 일이다. 중동진출과 택지개발붐이 이는 중소도시를 배경으로 어머니가 운영하는 구멍가게 풍년연쇄점, 둘째고모가 경영하는 통닭집 등 소자본 자영업으로 남편 없이 살아가는 여성들의 고단한 삶을 보여준다. 이 소설과 더불어 〈햄릿 포에버〉, 《차남들의 세계사》에서의 아버지 실종 및 부재는 이기호 소설의 반외이디푸스를 상징하는 주도모티프이다.

《차남들의 세계사》는 1982년 부산 미문화원 방화 사건 주모자들이 원주로 피신하면서 군사정권시절에 자행된 고문과 폭력을 그린 장편소설[121]이다. 매 단원마다 "자 이것을 ~ 들어보아라"로 시작되는 이 소설은 전두환 체제하에 1982년 3월 18일 부산 미문화원 방화사건의 주동자 문부식, 김은숙이 원주로 도피하면서 원주 가톨릭문화관 담당신부인 최기식 신부의 권유로 자수하는 사건과 택시운전사와 얽힌 운명을 그린다. 고아 출신의 문맹인 택시기사 나복만은 사소한 교통사고를 내고 원주경찰서를 방문했다가 도로교통법이 아닌 국가보안법에 연루되어 인생이 망가진다.

누아르의 주인공이자 독재자이며 고3학부형인 전두환 장군의 막강한 권력으로 인해 시민들이 얼마나 삶이 황폐해지고 불행해지는지에 대해 작가는 1980년대 초반을 성찰한다. 미국의 암묵적인 묵인 아래 광주에서 군인들의 무차별적 학살이 발생하고 그 연장선상에서 미문화원을 방화한 사건이 일어났으며, 1980년 9월 1일 육군소장 전두환이 대한민국 11대 대통

---

121 당시 10살 정도였던 작가는 가톨릭재단이 운영하는 진광고등학교를 다니던 중 미문화방화사건 주범이 숨어있던 가톨릭센터에서 연수를 받다가 이 사건에 대해 듣고 세상 밖의 일을 알면서 충격을 받았다고 한다. 작가는 이 소설을 쓰기 위해 『남영동』(김근태, 중원문화, 1987), 『항소이유서』(공동체부, 공동체, 1988), 『소비에트중앙아시아 고려인문학사』(김필영, 강남대학교출판부, 2004), 《동아일보》, 《경향신문》(1978.3~1988.12)에서 자료를 찾았다.

령으로 취임하자 경찰과 검찰은 출세를 위한 과잉 충성의 열기 속에서 전국적으로 '빨갱이 만들기'[122]에 나선 광기의 역사가 시작된다. 이 시대야말로 "독재자 살인사건을 수사하다가 스스로 독재자가 되어버린, 누아르의 문법에 사로잡힌 수사관"인 전두환과 도로교통법 위반자가 국가보안법 범법자로 둔갑하는 나복만이 만들어진 시대였고 원주도 이를 비켜서지 못했다.

한 인간의 신체와 미래를 잔혹하게 훼손하고 파괴하는 일들은 우연적이고 하찮은 일들에서 비롯된다. 나복만의 운명은 단구초등학교 5학년 담임 김상훈과 학부형과의 부적절한 관계라든지 곽 경정의 만성치루염 같이 무관하고 이질적인 요소들 때문에 결정되는 것이다. 월북한 국어교사의 외아들로 태어나 육군중사에게 재가한 어머니에게 버려져 고아원 '형제의 집'에 맡겨진 나복만은 17살까지 고아원 형들의 이유 없는 린치하에 자라다가 독립한 후 '자매의 집' 출신인 관설동 우체국 전화교환양인 애인 김순희와 소박한 꿈을 키워오던 중 경미한 교통사고가 나면서부터 소설은 시작된다.

곽 경정은 나복만의 이름 석자가 단순히 실수이자 착오이자 오타라는 사실을 알고 최 형사를 구타했음에도 불구하고 속옷이 급해 이를 묵인함으로써 국가보안법을 어긴 엄청난 범죄자로 낙인찍히게 만든다. "담벼락이나 화장실에 낙서만 잘못 해도 국가보안법 위반 혐의로 체포 및 구금되는 시국"인지라 '몸은 비록 강원도에 있지만, 마음만은 종로를 지향한다'가 모토인 향토 조직폭력 단체인 '종로기획'의 장부에 쓰여진 '자본 운동의 원리'라는 말조차도 운동권 애들의 말로 이해하는 형사들에게 시민들은 벌거벗은 생명으로서의 조에[123]인 호모 사케르[124]였다. 이 소설에서도

---

122 신형철, 「광기의 역사 속에서 파괴되는 차남들의 삶과 꿈」, 위의 책, 소설 뒷쪽.

123 아감벤은 서양의 생명정치는 벌거벗은 생명-정치적 존재, 조에-비오스-배제-포함이라는 범주쌍으로 파악되어야 하며, 인간의 동물적·생물학적 생명을 지칭하는 그리스어 조에 zoē는 살아있음이라는 단순한 사실을 가리키는 용어임에 비해 비오스bīos란 어떤 개인이나 집단에 특유한 삶의 형태나 방식을 가리킨다. －조르조 아감벤, 박진우 역, 『호모 사케르』, 새물결, 2008, 23면, 25쪽, 33쪽.

124 Homo sacer는 절대적인 살해 가능성에 노출된 생명, 법과 희생 제의의 영역 모두를 초월하는 어떤 폭력의 대상을 가리킨다. －위의 책, 180~181쪽.

종로기획이라는 용어와 정 과장의 말을 통해 서울제국, 미국제국으로의 열망과 욕망이 드러남으로써 로컬리티 정체성을 위축시키고 열등한 주변부로 전락하게 한다. 1960년대의 본격적인 개발독재는 기존의 서울-지방 위계를 강화시켰으며 서울 밖의 지방은 '서울제국'의 식민지[125]였다.

> 원주시 반곡동 소재의 한 동원 부대 정문 앞에 있던 오래된 2층짜리 회색 건물, 드높은 콘크리트 담과 정겨운 포플러 나무들이 서로가 서로의 몸을 반쯤씩 가려 주며 나란히 그늘을 만들고 서 있던 그곳, 정문 오른쪽 기둥엔 '삼진물산'이라는 작은 간판이, 왜 걸려 있는지 알 순 없지만 어쨌든 내걸려 있던 그곳, 간판만 아니라면 흡사 문화원이나 기도원이라 해도 믿을 만한 그곳, 하지만 그곳에 정말 시 낭송이나 기도를 하러 들어갔다가는…… 아마도 온몸으로 시 낭송과 기도를 하게 될 그곳. 그곳이 어디겠는가? 정답. 공식적인 주소는 강원도 원주시 반곡동 사서함 321번지, 동네 사람들과 중국집 배달원들 사이에선 '안가'라고 불리던 바로 그곳, 안기부 원주 지부였다.[126]

원주경찰서 지하 1층의 정식 조사실이 아닌 자재창고안에서 시작된 조사는 반곡동 소재 안기부 원주지부로 옮겨져 온갖 고문과 가혹한 구타와 몽둥이질을 당하지만 나복만은 이 상황조차 이해하지 못 한다. 이곳에서 나복만은 일면식도 없는 지학순 주교, 월북한 아버지 등과 얽혀 조작되며, 한글을 쓸 줄 몰라 서명을 하지 못한 것을 사상성이 강한 좌경분자로 여겨지는 아이러니 상황에 직면한다.

나복만을 용공분자로 조작한 정 과장은 특수전에 능한 요원이기보다는 명절 때 이웃에게 종합선물세트를 돌리기도 하고 민방위 훈련이나 새마을 운동에도 빠지지 않는 모범적이고 예의바른 시민이자 평범하고 특색 없는 서른여섯 살의 옆집 아저씨 모습을 지닌다. 데미안과 에바 부인의 광

---

125 강준만, 앞의 책, 17쪽.

126 이기호, 앞의 소설, 172~173쪽.

팬인 문학청년이자 대학시절 야학선생을 한 경력과 중앙정보부 국내 정보반 소속의 경이적이고 환상적인 실적을 거둔 요원으로서의 상반된 이력은 '악마적 성격 때문이 아니라 아무런 생각 없이 자신의 직무를 수행하는 사고력의 결여'[127]라는 악의 평범성에 기인한다. 아이들을 미국시민권자로 만들려는 계획을 세우고 헤르만 헤세를 읽는 정 과장은 범죄자가 되기에는 지극히 정상적이고 분별력 있고 상식적인 인간으로서 일과 승진에 대한 열정에 사로 잡혀 있었고, 성공하기 위해 필사적으로 뛰었던[128] 아이히만이었다. 곽 경정, 최 형사, 정 과장에 의해 강성 빨갱이가 된 나복만이 사는 원주라는 공간은 늘 비상사태이자 긴급상황 속에서 법적 윤리적 제도적 보호를 받지 못하고 배제된 자들이 거주하는 비인간적인 조건이 현실화되는 장소 혹은 정치적 공간의 숨겨진 모형으로서 도시 그 자체에 대한 감시 실행이 강화된 수용소[129]였다. 형사와 안기부 요원들은 끔찍하게도 또 전율스럽게도 정상적이지만 타자의 관점에서 생각할 수 없었기 때문에 자신의 책임을 회피했던[130] 것이다.

나복만에게서 느닷없는 편지가 도착하고 1년쯤 지난 1988년 7월 18일 오후, 김순희는 근 6년만에 다시 원주 땅을 밟게 되었다. 보름 가까이 이어지던 장마가 모두 물러나고, 분지 도시 특유의 후텁지근한 공기가 나흘째 도로와 건물 사이사이에 아교처럼 찐득하게 내려앉아 있던 그날, 김순희는 우산동 시외버스 터미널을 걸어 나와 인도에 줄지어 늘어선 가로수 그늘 아래에 섰다. 거리엔 휴가를 나온 듯한 군인들과, 수건을 머리에 두른 채 삶은 옥수수를 파는 할머니들, 그리고 면회를 온 듯 자주 손목시계를 내려다보고 있는 젊은 여자 한 명이 계속 같은 자리를 맴돌고 있었다. 택시 기사들은 운전석

---

127 한나 아렌트, 이진우·태정호 역, 『인간의 조건』, 한길사, 1996, 29쪽.

128 최치원, 「5·18민주화운동에 대한 하나의 실존적 해석: '어두운 시대'에 감추어진 '악의 평범성' 문제」, 『민주주의와 인권』 제11권, 전남대 5·18연구소, 2009, 26쪽.

129 조르조 아감벤, 앞의 책, 316쪽.

130 한나 아렌트, 김선욱 역, 『예루살렘의 아이히만』, 한길사, 2006, 41~42쪽.

> 문을 활짝 열어 놓은 채 손으론 연신 부채질을 하면서 시외버스 터미널에서 나오는 사람들을 쳐다보고 앉아 있었다. 김순희는 그 모습들을 천천히 바라보다가 저도 모르게 원주네, 라고 작은 목소리로 웅얼거렸다.[131]

애인 나복만이 사라진 후 편지 한통을 받고 찾아온 김순희에게 비춰진 원주 풍경은 분지지역이라 무덥고 군인이 많으며 옥수수가 특산품으로 김순희의 착잡하고 무거운 심경을 담아낸다. 중앙동 '치악산 숯불갈비'에서 부목사와 함께 만난 최 형사는 원주경찰서 지하 조사실에서 그녀의 가슴을 지시봉으로 찔러대고 머리끄덩이를 잡고 욕을 하고 뺨을 때렸던 사람이었다. 나복만과 연관된 수많은 사람들이 인권을 유린당하고 수치심과 부끄러움에 몸을 떨었던 것이다.

광주민주화항쟁과 연결되는 1982년의 부산미문화원방화사건을 주도한 문부식이 항소이유서에서 말했듯이 원주 도주 이유는 평소 존경했던 성직자인 지학순 주교가 있는 원주교구였기 때문이다. 전 정권 시절에도 긴급조치 위반 혐의로 투옥된 전력이 있던 지 주교는, 이후에도 계속 천주교정의구현사제단과 함께 정권과 미국에 대한 비판 발언을 서슴지 않고 해 오고 있었다. 이와 같이 민주화의 성지인 원주는 현실비판적이고 저항적이며 독재와 억압에 대해 분노하고 반역하는 지역인 동시에 착하고 무지한 시민들의 평범한 일상이 재현된 공간이다. 《차남들의 세계사》는 가문이나 역사에 기록되지 못하는 차남들이 살아가는 원주를 배경으로 병원, 감옥, 학교, 군대에서 통제되고 감시받고 처벌되고 죽음의 위협에 복종시키는 푸코의 생명정치가 197,80년대 한국사회 전반에서 자행되었음을 그린다. 저항의 근원으로서 혹은 잠재성으로서의 조에[132]들인 나복만을 작품 속에 묘사함으로써 21세기를 성찰하는 작가는 박정희, 전두환, 노태우로 이어지는 군사정권의 근대화과정 속에서 폭력과 억압, 고문과 린치

---

131 이기호, 《차남들의 세계사》, 민음사, 2014, 155~156쪽.

132 강선형, 「푸코의 생명관리정치와 아감벤의 생명정치」, 『철학논총』 제78집, 새한철학회, 2014, 146쪽.

가 우리의 삶 깊숙이 침투되었음을 나복만의 인생을 통해 드러낸다.

5. 한국사회와 7,80년대 원주표상

이 글은 최근 주목받고 있는 이기호 문학 중 작가의 고향인 197,80년대 원주시 단구동 배경 소설을 대상으로 국가의 폭력이 개인의 상처로 이어지는 중소도시 표상에 대해 고찰했다. 196,70년대 박정희의 개발독재 경제체제와 안보정치는 1980년대 전두환 군사정권으로 이어져 폭력과 억압 사회를 구현했다. 작가가 주목하는 근대사회는 서울 중심의 지역 식민화와 생활세계의 식민화로 이루어진 고문과 린치와 폭행과 인권유린이 일상화된 삶이었다.

작 품	문 학 공 간
햄릿 포에버(『푸른 나르시스』, 박이정, 2001에 수록)	원주시 단구동 172번지, 단구초등학교, 학성중학교, 원주농고, 원주형사 지방법원
원주통신(문학과 경계, 2006. 봄호)	원주시 단구동 742-9번지, 단계택지 사거리, 원주시 외곽의 신흥주택단지, 룸살롱, 택지개발예정지역, 서원도로, 단계동, 매지리
갈팡질팡하다가 내 이럴 줄 알았지(문학동네, 2006.여름호)	단구동, 원주천 고수부지, 공설운동장 옆 공터, 원주경찰서, 롤러장 화장실, 공공도서관 교보재 창고뒤, 교실, 당구장, 원주기독병원 중환자실, 미군부대 근처 포르노 비디오가게, 동네 오락실, 단구동 대광상회 골목길과 동사무소옆 신축건물 공사장 지하실
할머니, 이젠 걱정 마세요(창작과 비평, 2006.여름호)	단구동 빨간 기와 얹은 집, 풍년연쇄점, 구멍가게, 통닭집, 치악산
차남들의 세계사(세계의 문학에 2009년 가을부터 2010년 겨울까지 〈수배의 힘〉으로 연재되었다가 장편소설집『차남들의 세계사』(민음사, 2014)로 출간됨)	원주경찰서 지하조사실, 자재창고, 원주의료원 사거리, 원주중학교, 시외버스터미널, 태장동 학다리 근처, 태장초등학교 옆 공터, 군부대, 원주초등학교 정문, 단구초등학교, 통닭집, 원주시 관설동 우체국, 가톨릭 문화관, 원동성당, 반곡동 사서함 321번지 안가, 안기부 원주지부, 야산, 우산동 소재 상지인쇄소, 원인동 소재 집, 봉산동 근처, 봉산동 파출소, 교회, 중앙시장, 치악산 숯불갈비, 남부시장 로터리, 개운동 832의 12

	앞길, 단계동과 일산동 5층 건물, 태장동 인근의 미군부대 '캠프롱'과 '제1야전군 사령부'
말과 말 사이: 원주통신2(『그 길 끝에 다시』, 바람, 2014에 수록)	원주시 제1야전군 사령부, 군수지원 사령부, 제36사단, 제1통신여단, 주한미군부대 캠프롱, 캠프 이글, 중앙동 외국인 전용클럽, 치킨호프집

군사도시이자 분지이며 특색 없고 평범한 중소도시 원주를 배경으로 작가는 '시봉'과 '복만'으로 대변되는 소시민들의 고단하고 고통스러운 삶을 유쾌하지만 처연하고 리얼하게 묘사한다. 특별할 게 없는 도농복합 중소도시에 작가 박경리의 입주와 가톨릭 원주교구의 지학순 주교, 최기식 신부라는 존재가 소시민들과 어떻게 연관되는지를 흥미진진하게 재현한다. 이곳에서 살아가는 사람들은 고수부지, 공터, 화장실, 창고뒤, 골목길, 지하실 등에서 폭행과 린치를 당하는 10대 소년들, 아메리칸 드림을 꿈꾸는 여성들, 20대 백수청년들, 집장만을 목표로 고단한 일상을 보내는 시민들이다. 작가는 가난하고 아버지가 실종 및 행방불명되었거나 고아·시골·이혼가정 출신, 문맹자, 불량배, 범죄자, 기초생활수급자, 백수청년 등의 순박하거나 눈치 없고 다소 떨어진 타자적 인물들을 상정한다. 자신이 어떠한 상황에 처했는지조차 파악하지 못한 이들은 우물쭈물하고 어찌할 바를 모른 채 폭력과 억압과 공포에 놓인 벌거벗은 생명들이다. 비교양적이고 순진하고 너무나 인간적인 중소도시민들은 근대화 과정 속에서 삶이 망가지며 파괴되는 경험을 한다. 다양한 인물유형을 통해 작가는 악인과 선인, 정상인과 비정상인, 범인(凡人)과 범인(犯人), 보통사람과 사이코패스(소시오패스)의 경계를 무너뜨리며 악의 평범성이라는 인간의 특질을 재인식한다. 분지이자 군인도시이자 민주화의 성지인 원주는 이러한 주제의식을 효과적으로 전달하는데 적합한 지역이다. 근대보다는 전근대가 차라리 낫다는 작가는 통치자에 의해 동원되고 순종하며 통제되고 감시당한 박정희, 전두환 군사독재정권시대를 자신의 고향인 원주라는 중소도시에서 살아가는 시민의 일상을 복기함으로써 우리 시대를 성찰한다.

4장
이기호 소설의 구연방식과 정치적 상상력

1. 2000년대 문학과 이기호

21세기는 이분법적 잣대나 주체에 의한 타자의 차별과 배제, 정형화되고 보편적 일자에 대한 회의, 1,2차 세계대전, 홀로코스트, 세월호 참사 등 인류가 저지른 패악적이고 폭력적인 사건이 발생된 근대에 대한 반성과 휴머니즘에 대한 회의로 시작된다. 문학의 성역과 권위가 무너진 시대에 작가들은 문학의 생존을 위해 고군분투한다. 문학의 인기와 영향력이 사라져 문학서적을 사지도 읽지도 않는 현실에서 문학의 본질과 의미, 소설가의 정의와 직업적 가치라는 근원적인 질문을 던질 수밖에 없는 것이다. 탈서정, 유머, 환상, 칙릿, 키덜트 같은 새로운 문학담론은 밀레니엄이라는 새천년에 걸맞은 미래지향적이며 가쁜한 문학의 새로운 방향이자 1990년대부터 시작된 '탈(post)'의 만개이며, 완강했던 본격문학/대중문학, 리얼리즘/모더니즘, 민족문학/외국문학 등의 대립구도를 허물어뜨리고 다양한 하이브리드형 문학의 진화[133]를 가져왔다. 2000년대 문학적 환경의 자장 안에서 성장한 이기호 문학은 실험적이고 독창적인 소설기법으로 주목받았다.

한 세기를 성찰하고 회상하며 밀레니엄 시대가 도래된 1999년에 소설 〈버니〉로 등단한 이기호는 근대문학의 종언이라는 유령의 귀환 속에서 탄생되었다. 문학의 역할, 정의, 가치, 기능, 목적 등 정통문학이론에 회의하고 반기를 들며, 문학의 범주를 확장시킨 작가는 2권의 장편소설, 4권의 소

---

133 작가와비평 편집동인, 『키워드로 읽는 2000년대 문학』, 작가와비평, 2011, 3쪽.

설집과 자전적 소설 2권, 엽편소설 1권 등 질적 양적으로 문학적 성과를 축적해 왔다. 비루하고 찌질한 인물군상, 소설형식에서 벗어난 서식(보고서, 의료상담일지, 피의자조서, 자기소개서, 레시피, 탄원서, 진술서 등) 구성, 유머와 환상, 전형적인 이야기꾼이라는 평가는 이기호 문학의 특징이다.

단평이나 서평 위주로 평가된 채 본격적인 논의가 이뤄지지 않은 이기호 문학은 유머(풍자)[134]와 환상[135] 그리고 패러디[136] 등 형식미학[137]적 고찰이 압도적으로 많고, 로컬리티[138], 윤리와 환대[139] 등 주제적 관점으로 연구되었다. 이 글은 소설기법에 치우친 이기호 문학의 구연방식과 현실비판, 죄의식과 수치심의 정동 등 주제의식을 검토한다. 권력자에 의해 죄가 형성되고 수치의 구조에서 죄의식을 갖게 하는 삶의 구조를 해부하는 그의 문학은 소설 개념과 문학 속 인간 개념을 재정립하고자 했다. 따라서 그동안 반복적으로 언급되었던 실험정신에 입각한 소설기법과 더불어 군사독재시대의 재현 양상을 통해 이기호 문학을 총체적으로 고찰한다.

---

134 이도연, 「현대 풍자소설의 계보」, 『한국문학이론과 비평』 제61집, 한국문학이론과비평학회, 2013.

135 이규일 · 이상우, 「환상세계의 함정 주체적 사고의 몰수」, 『비평문학』 54, 한국비평문학회, 2014, 고영진, 「환상소설의 결말에 관한 연구: 구병모, 이기호, 최제훈을 중심으로」, 『현대문학이론연구』 제75집, 현대문학이론학회, 2018.

136 김명석, 「이기호 소설 〈최순덕 성령충만기〉를 활용한 패러디 수업 사례 분석」, 『문학과 종교』 제17권, 한국문학과종교학회, 2012.

137 김대성, 「DJ, 랩퍼, 소설가 그리고 소설: 김중혁과 이기호의 소설에 관하여」, 『작가세계』 제75권, 세계사, 2007, 김동식, 「소설적인 세계의 비소설적 위장술」, 『문학과사회』 제20권, 문학과지성사, 2007, 류보선, 「불량배들의 멜랑콜리와 이야기체의 발명」, 『문학동네』 제13권. 여름호, 문학동네, 2006, 고형진, 「이기호 소설에 드러난 글쓰기 방법으로서의 환상과 윤리」, 『현대문학이론연구』 제44권, 현대문학이론학회, 2011, 「2000년대 희극적 소설의 기법 연구: 이기호, 박형서, 박민규의 단편소설을 중심으로」, 고려대 석사학위논문, 2011.

138 졸고, 「이기호 소설에 나타난 197.80년대 중소도시 표상」, 『우리문학연구』 제57집, 우리문학회, 2018, 「2000년대 소설의 원주시 재현 양상: 이기호, 김희선 작가를 중심으로」, 『운곡논총』 제10집, 운곡학회, 2021.

139 김형중, 「다시 '환대'에 대하여」, 『누구에게나 친절한 교회 오빠 강민호』, 문학동네, 2018, 노대원, 「소설만이 소설을 안다: 이기호와 박형서의 소설들」, 『문학들』 54, 심미안, 2018, 홍단비, 「이기호 소설에 나타난 환대의 불가능성과 윤리적 주체」, 『어문논집』 제77권, 중앙어문학회, 2019.

2. 이야기체 서사전략과 구연방식

실험적이고 파격적인 소설기법, 환상 유머 풍자 기교, 김유정 성석제 계보의 관점에서 언급되는 이기호 문학은 정통소설이론에 이의를 제기하고 의문을 품으면서 독특한 어법과 전통서사형식의 틀을 해체하는 독자적이고 독창적인 문학세계를 구축[140]한다. 근대가 정초한 주체의 기준과 인간의 행동을 통제하고 조작하는 담론권력에 대한 비판적 흐름[141]과 시대와 지역마다 인식틀의 차이를 규명한 푸코의 사유 속에서 소설개념은 '시대와 사회에 따라 바뀌어 왔으며, 시대적 요청에 의해 여러 가지의 독창적인 스타일과 소설기법을 개척해'[142] 왔다. 태어날 때부터 특정한 규범과 가치가 지배하고 독특한 정치 경제 제도가 운영되는 역사적 현실이 운명이고 필연하고 변할 수 없는 것이라고 생각하면서 당연하게 받아들이지만 이 세계는 우연한 사건들의 연속으로 창조되고 역사가 우리의 기술, 정치, 사회뿐만 아니라 우리의 생각, 두려움, 꿈에도 영향을 미쳤다는 사실을[143] 잊고 사는 현실에 대한 각성이 이기호 문학의 출발점이다.

여러 작품에서 실명으로 자신을 드러내거나 소설가 직업으로 등장하며 소설제목, 개념, 우연성, 기능, 장르기준뿐만 아니라 작가로서의 자의식과 사회적 평판 등을 성찰하는 소설가소설적 메타픽션적 요소를 지닌 소설방식에 대해 작가는 다음과 같이 설명한다.

---

140 졸고, 「이기호 소설에 나타난 197,80년대 중소도시 표상」, 『우리문학연구』 제57집, 우리문학회, 2018, 263쪽.

141 최근 연구의 한 경향으로 '만들어진' '조작된', '창조된' 신념에 의문을 제기하는 일련의 결과물들이 출간되고 있다. –하루오 시라네 스즈키 토미, 왕숙영 역의 『창조된 고전』(소명출판, 2002), 에릭 홉스봄 외, 박지향 장문식 역, 『만들어진 전통』(휴머니스트, 2004), 김선자, 『만들어진 민족주의: 황제신화』(책세상, 2007), 리처드 도킨스, 김명주 역, 『신, 만들어진 위험』(김영사, 2021) 이외에도 베네딕트 앤더슨이나 슐로모산드의 저서도 '민족'이나 '유대인'의 발명과정을 해부한 학술서이다.

142 한국현대소설학회, 『현대소설론』, 평민사, 1994, 33쪽.

143 유발 하라리, 김명주 역, 『호모 데우스』, 김영사, 2017, 91~92쪽.

제 소설의 특징은 '묵독'이 아니라 '발화'에 있다고 생각해요. '말하기'나 '구어체'적인 특징 말이죠. 사실 문창과를 나왔기 때문에 전통적인 소설 문장에 대한 훈련을 받았는데, 이런 의문이 들더군요. 왜 하위문화나 하위계층을 다루는 소설인데도 말하는 방식은 인문학적 소양을 갖춰야 하는가. 내용과 말하는 방식 사이의 괴리는 분명히 있는데 포즈만 취하는 느낌이 들었어요. 차라리 그 안에 뛰어들어 그들의 어투를 활용해보자는 생각이 들었죠. 사실 소설의 표현수단은 끝이 없다고 생각해요. 전 가끔 피씨방에 가면 무작정 한글파일을 열어보곤 하는데, 거기 저장되어 있는 파일 중 자기소개서가 많이 있어요. 그걸 보면 매우 흥미롭고 재밌죠. 평범한 사람들이 쓰고 있는 모든 것이 소설의 형식이 아닌가 생각을 해요.

선배작가들 중 박상륭이나 이문구 선생님의 소설을 생각해 보면, 제가 마음을 빼겼던 건 그들의 문체였다는 생각이 들어요. 눈으로 읽는 게 아니라 어느 순간 내 안에서 목소리가 나오는 그런 거 말이죠. 소설의 본질적인 것이 어디 있는가 생각해보면, 독자들에게 직접 말을 거는 방식, 즉 어떤 단계를 거치지 않고 직거래하는 느낌이 있는 것 같아요.[144]

문학의 위기에 대한 이기호의 대응방식은 듣고 말하는 방식의 독자지향적인 독서방법이다. 그는 오래도록 성역의 위치를 점했던 문학이 인문학적 소양을 포기하지 않음으로써 소설 속 하층민의 교양을 담은 말들이 괴리감을 형성하고 공감을 얻지 못한다고 진단한다. 문법적이고 언문일치의 문자성 위주의 텍스트 중심에서 벗어나 구연적 상상력에 기반한 구술문학을 통해 작가는 민중적 서사를 강화한다. 타자 중심의 대화, 말, 구어적 방식의 문학을 지향하는 그의 소설은 백수, 불량배, 보도방 실장, 저능아, 창녀, 건달, 고아 등 하층민 계급을 작중인물로 생활언어, 욕설을 구사하고 비교양적 대화로 소통한다.

144 고인환, 이기호 인터뷰, 「갑자기 꽝 다가오는 인물을 찾아서」, 『문학과 경계』 제6권, 문학과경계사, 2006, 47~48쪽.

또한 부담스럽지 않고 친근하게 소설을 읽기 위해서 할머니들이 들려주던 구연방식에 주목한다. 〈할머니, 이젠 걱정 마세요〉의 서두에서 서술자는 화로와 요강과 벽장이 있는 방에서 이 세상에 존재하는 많은 옛이야기들 속의 사람들을 할머니의 목소리를 통해 만났다고 고백한다. 죽은 사람이 되살아나고 나무나 새가 되기도 하는 환상과 상상에 기반한 할머니의 이야기 보따리는 식민지, 전쟁과 같은 역사적 사실에서 은폐되고 소실된 상처까지도 포함하는 창작소재의 원천이다. 〈밀수록 다시 가까워지는〉의 할머니는 무모한 사랑으로 예기치 않게 아들의 삶을 망가뜨리지만 작가는 따뜻한 시선으로 할머니의 옛날이야기가 주요한 소설창작소재임을 드러낸다. 할머니의 정겹고 재미있는 이야기는 우리 전통의 자연스럽고 독특한 문학적 발화이자 삶의 지혜를 담는다.

> 나는 좀 난감했다. 그건 미처 생각지 못한 이야기였다. 이야기를 시작한 사람은 분명히 나였지만, 어느 순간 할머니의 이야기가 스멀스멀 벽을 타고, 천장을 타고, 다시 내 몸 위로 먹물처럼 진하게 내려앉은 느낌이었다. (중략) 몹쓸 병에 걸려, 이제는 한 가지 이야기 안에만 머무는 할머니를, 그 안에서 빼내오고 싶었던 것이다. 그러나…… 엉뚱하게도 할머니의 이야기가 바로 내 이야기로 연결되고 말았다. 내가 '걔'가 되어버린 이야기. 아무리 세월이 흐르고 흘러도 내가 '걔'가 될 수밖에 없는 이야기…… (중략) 이제는 사라져버린 '걔'를 위로하기 위해 그렇게 같은 이야기를 하고, 또 하고, 또 반복했다는 것을…… 그것이, 내가 아무리 이야기로 밥을 벌어먹고 산다고 하더라도, 할머니의 이야기를 못 당해내는 이유였다.[145]

시간이 조금 흐른 후, 할머니가 경기도 가평 집을 팔고 서울 홍은동 우리 집으로 살림을 옮긴 다음부터 나는 10년도 넘게 삼촌에 대한 이야기를 듣고

145 이기호, 〈할머니, 이젠 걱정 마세요〉, 『갈팡질팡하다가 내 이럴 줄 알았지』, 문학동네, 2006, 250~251쪽.

> 듣고 또 듣게 되었는데, 어쩌면 그것 때문에 지금 여기에 이렇게 삼촌 이야기를 쓰게 된 것인지도 모르겠다(어쩌자고 어머니는 나와 할머니를 같은 방에서 살게 했을까? 아무리 방이 없다고 해도 그렇지. 이야기를 하느라 앞니가 몽땅 다 달아나버렸다고 실토하는 할머니와 재수생을 한 이불 속에 눕게 했으니. 결과는 뻔한 것이었다. 할머니는 내가 까무룩 잠이 들 때마다 어깨까지 툭툭 쳐대며 '야, 야, 자냐? 웬 젊은 놈이 초저녁잠이 그리 많냐? 네 아버지가 마장동에서 한창 공부할 땐 말이다……'로 시작되는 이야기를 다시 꺼내곤 했다).[146]

이기심으로 인해 친족에게 고통을 준 할머니의 굴곡 많은 삶과 참회를 동반한 리얼리티는 상상력에 기초한 소설가인 '내'가 질 수밖에 없기에 필연, 형상화, 논리를 거치지 않은 '날것'의 할머니 이야기를 창작방법으로 차용한다.

'누군가 누군가에게 소리 내어 읽어주는 이야기'라는 부제가 달린 〈나쁜 소설〉의 서술자는 자신의 소설을 눈으로 읽는 소설이 아니라 듣는 소설, 오디오용 소설이라고 규정한다. 작가지망생인 '나'는 1990년대 자체인 '윤대녕' 소설의 몽롱함, 쓸쓸함, 애잔함과 블루마운틴 원두커피 같은 섬세하고 사소한 소재 차용이 더 이상 유효하지 않은 시대와 결별한다. 여행지에서 여자를 만나거나 일탈할 일은 생기지 않으며 그가 그린 사막 같은 삶이란 차라리 낭만적이고 몽환적인 비현실의 세계일뿐, 9급 공무원 시험을 8번 떨어지고 해장국집 주방에서 하루 12시간씩 접시를 닦는 홀어머니의 삶이 더 소설 같기 때문이다. 낭만적이고 모호한 세기말이 지나 생존과 혐오, 분노의 21세에 선배작가의 시대착오적인 문학세계를 이기호는 우회적으로 비판한다.

장편《차남들의 세계사》에서는 각 단원마다 '~들어 보아라'로 이야기가 전개되며 수식어로 '누군가와 함께', '천천히, 마음 편히', '허리띠를 느

---

146 이기호, 〈밀수록 다시 가까워지는〉, 『김박사는 누구인가?』, 문학과지성사, 2013, 44~45쪽.

슨하게 푼 채 계속' 등등 자세나 마음가짐뿐만 아니라 독서환경까지 구체적으로 지정한다. 문학작품이 독자에게 친근하게 다가서기 위해서 '읽어주는 소설 혹은 소리 내서 읽게 만드는 소설로 방향을 잡는'[147] 방식뿐만 아니라 소설강독환경과 독자의 태도나 심리까지지도 세밀하게 조성된다.

구연적 상상력에 기반한 이야기체와 운율이 가미된 소설은 정적 구조의 양반소설에 비해 생과 보조를 같이 하려 하고 모든 관습에서 스스로 교체되려 하기 때문에 유동적이고 동적인 구조의[148] 판소리계 서민소설의 특성을 강화하기에 주변부, 소외계층, 마이너리티가 등장하는 이기호 소설과 호응한다. 또한 동작의 중요성이 강조되기 때문에 '거동보소'라든가 '볼작시면' 따위의 희극적이고 동적인 진행과, 움직임을 특수위치에서 보고 관찰하는 서술자와 대화를 내세워 되도록 연극적으로 개방[149]시키는바 이러한 특징은 '~들어보아라'와 같이 전기수(傳奇叟), 패관(稗官), 저글러[150], 이야기꾼으로서의 서술자아를 만든다. 무성영화의 변사처럼 '시봉' 이야기를 들려주는 담론은 서술자가 독자를 작품 속으로 끌어들여 서술자와 인물과 독자 사이에 깊은 유대감을 형성하게[151] 한다. 덜떨어지고 공동체에서 배제된 시봉에게 연민과 공감을 불러일으키는 이유는 소리를 매개체로 하여 청중의 몸과 마음에 울림을 제공하여 감동과 인식을 형성하기[152] 때문이다.

민속극, 설화, 민담, 고전소설, 신소설의 웃음과 골계, 해학과 풍자를 통해 기존질서와 규범, 규칙을 흔드는 효과를 가져 오는 구술적 동적 서술방식을 작가는 현대소설에 적용한다. 우발성이 현실에서 더 작동된다고

---

147 박범신, 『박범신이 읽는 젊은 작가들』, 문학동네, 2007, 13쪽.

148 이재선, 『한국소설사(근현대편1)』, 민음사, 2000, 41쪽.

149 위의 책, 41쪽.

150 joglars, 11세기 유럽의 왕국에서 이리저리 떠돌며 읊조리거나 노래하는 떠돌리 음유시인으로, 저글러의 암송의 성패는 연기자의 기술에 크게 좌우되었다. - 알베르토 망구엘, 정명진 역, 『독서의 역사』, 세종서적, 2000, 174~175쪽.

151 박기범, 「구어체 소설의 문학교육적 가치」, 『문학교육학』 제51호, 한국문학교육학회, 2016, 225쪽.

152 위의 논문, 212쪽.

여기는 작가는 개연성의 원리보다 우연적 구조를 중시한다. 구어체 양식으로 바꿀 수 있는 한 최대한 문장을 다듬고 '~습니다'체나 '~에요' 등 입말을 그대로 재현하여 독자들이 자연스럽고 편안하게 읽히게 한다.

작가의 페르소나인 소설 속 '나'는 여러 편의 1인칭 소설에서 문창과 시절 배운 정통소설이론과 교수의 지적에 회의를 품는다. 〈갈팡질팡하다가 내 이럴 줄 알았지〉는 창작에 대한 고민으로 시작된다. 서술자는 필연과 논리로 끝나야 하는 근대소설의 틀과 달리 삶은 지극히 우연적이며 충동적이기에 자신의 소설에 대해 기본기가 덜 되었다고 은사님께 혹평 받은 기억을 떠올린다. 작가는 소설에 등장하는 '이기호'와 소설을 쓰는 '이기호'는 완전히 다른 존재이고, 개별적이며 고유한 영혼을 지닌 인물인가라고 자문한다. 소설 속 화자와 실제 작가는 분리해야 하고 작가가 작중인물이나 독자에게 일정한 거리를 두고 냉정한 태도를 갖추어야 한다는 창작원리에서 탈피하는 이기호는 서술자와 작가, 소설과 삶의 거리를 좁힘으로써 담론과 이야기의 경계를 무너뜨린다.

이 세상에 존재하는 모든 글쓰기 서식 형식을 차용하는 이기호는 소설 장르의 기본적인 틀마저도 파괴하며 어디까지가 소설의 범주이자 필수요소인지를 묻는다. 랩 형식(버니), 성경 의고체(최순덕 성경충만기), 요리 레시피(누구나 손쉽게 만들어 먹을 수 있는 가정식 야채볶음), 피의자 심문조서(햄릿 포에버), 자기소개서(옆에서 본 저 고백은), 최면술(나쁜 소설), 진술서(나를 혐오하게 될 박창수에게), 탄원서(탄원의 문장), 정신과 의료상담일지(김박사는 누구인가), 학적부(행정동), 인터뷰 형식(나정만의 살짝 아래로 굽은 봄), 개명 신청서(이정-저기 사람이 나무처럼 걸어간다2), 논문보고서 형식(예술원에 드리는 보고)에 이르기까지 소설 전반 혹은 부분적으로 세상에 존재하는 글쓰기 서식을 총동원한다. 이외에도 폐차에 필요한 서류인 자동차등록증, 자동차세 납입영수증, 자동차 보험증서, 주민등록초본, 인감증명서(밀수록 다시 가까워지는) 등의 서식 및 서류들을 나열하며 의심 없이 관습적으로 이용하는 글들을 사유케 한다. 취업을 위한 자기소개서나 고백서가 얼마나 인간의 능력을 과장하고 연민, 동정을 얻기 위한 목적 하에 이뤄졌는지를 해부하는 이기호는 문학이 살아남기 위한 다양한 서술방식을 제시한다. 또한 자기증명으로서의 정체성을 확인하며 사회적 신분과 위상을 드러내기도 하며 서식의 불필요성과 서류의 작위성과 허구성을 폭로한다.

> 왔어 왔어. 그녀가 왔어. 나를 찾아왔어. 사무실로 왔어. 우릴 보러 사무실에 왔어. 그녀의 매니저도 왔어. 좆나리 멋진, 크라이슬러 미니 밴을 타고 왔어. 매니저의 양아치들도 함께 왔어. 왔어 왔어. 그녀가 왔어. 그녀가 우리, 보도방에 왔어. 육 개월만에 왔어. 자신을 지우러. 지우러 왔어. 신참 계집애들은 신났지. 가수가 왔다고. 신이 나서 환장해. 신이 나서 소리쳐. 하지만 그녀는 차에서 안 내려. 좆나리 새까만 미니 밴 유리 속에, 굳은 듯 앉아 있지. 사무실로 온 건 그녀의 매니저. 매니저의 똘마니들, 매니저가 말했어. 나를 보고 말했어. 우리에게 말했어. 지껄였어 협박했어 씨부렸어.[153]

등단작인 〈버니〉는 고전소설이 갖는 운율과 대중힙합음악의 라임과 랩 형식을 혼용하여 쉽고 지루하지 않게 읽히게 한다. 보도방 실장, 몸파는 여성 등 하층민의 리얼리티와 생동감을 자아내는 언어표현으로 전개되는 이 소설은 끝까지 구어체를 유지한다. 이야기체, 오디오형의 문체를 고수하며, 청각 중심의 듣는 소설을 통해 독자와의 친연성을 중시하는 이기호는 문학의 부흥과 생존을 탐색한다.

작가는 자전적 소재의 에세이식 글조차 '소설'이란 명칭을 부여함으로써 자신이 쓰는 모든 글을 소설로 정의한다. '웃음과 눈물의 절묘한 특별히 짧은 소설'이란 부제를 단 『웬만해선 아무렇지 않다』(마음산책, 2016), 주인공인 기호 씨가 등장하는 『세살 버릇 여름까지 간다』(마음산책, 2017)는 '가족소설'이라 명명하며, 남녀 간의 사랑과 교제와 이별 등을 소재로 한 일종의 엽편소설에 해당하는 『누가 봐도 연애소설』(위즈덤하우스, 2020)

---

153 이기호, 〈버니〉, 『최순덕 성령충만기』, 문학과지성사, 2004, 7쪽.

에도 '이기호 소설', 경향신문에 연재 중인 '이기호의 미니픽션'이라는 타이틀을 걸고 있다. 이기호는 작가 자신이 서술자와 오버랩되면서, 소설의 개념, 소설가의 역할, 소설가의 자의식, 소설제목, 소설의 형식, 우연성의 양상, 고전소설/사소설 기법, 리얼리티와 판타지의 조화 등 소설과 이야기 자체를 고민하고 성찰한다. 그는 변화된 시대의 새로운 리얼리즘 소설 양식을 실험하고 개발하면서 문학과 독자, 읽는 소설과 듣는 소설의 괴리를 극복하고자 한다.

3. 파레시아스트로서의 작가적 책무와 현실비판

익살과 유쾌함, 환상과 넉살의 이야기꾼인 이기호는 정치적 상상력에 기반한 197,80년대 군사독재시대 배경의 작품들을 여러 편 발표함으로써 과거회귀적이고 복고적인 작품세계를 구축한다. 독창적이고 실험적인 형식미학으로 주목받은 이기호 소설의 진정한 가치는 조롱과 모멸, 냉소와 해학의 방식으로 권력과 성역을 향해 거침없이 비판하는 주제의식에 있다. 폭력과 부조리로 가득했던 박정희, 전두환 군부정권 사회를 재현하는 작가는 이 시기를 혐오정동과 타자에 대한 조롱과 모멸이 적나라하게 드러난 우리 시대의 원형으로 상정한다. 결코 가능하지 않은 그 시기는 인권침해, 서울중심의 경제개발과 생태훼손, 아파트공화국, 미국편향, 타자경멸, 소득양극화 및 빈부격차를 배태했던 시절이다. 21세기의 지점에서 7,80년대를 소환하는 이유는 이 시기야말로 감시와 처벌에 근거한 규율권력이 명백하고 선명하게 드러났기 때문이다.

이기호는 자본주의와 경제제일주의, 능력주의 가치관을 낳은 군사독재정부의 불합리한 일들을 저격하면서 무고하고 순진한 시민들이 얼마나 곤란에 빠지고 곤경에 처했는지를 회고한다. "독재자 살인 사건을 수사하다가 스스로가 독재자가 되어버린, 누아르 문법에 사로잡힌 수사관"이었다가 대통령이 된 전두환을 조롱과 풍자의 관점으로 묘사한《차남들의 세계사》로 블랙리스트 대상이 되었고[154] 창작활동도 제한을 받은 작가는 대한민국예술원의 부조리와 횡포를 고발한 〈예술원에 드리는 보고-도래할 위협에 대한 선제적 대응 방안(문학 분과를 중심으로)〉에서 한국문단을 주도하는 원로문인들을 저격하여 반향을 일으켰다.

주체가 진실과 맺는 윤리적 관계에 관한 문제에 관심을 기울였던[155] 푸코는 아첨꾼이나 선동가의 발언과 대립되는 자기 자신의 신념으로 자기 자신의 이름으로 말하는 파레시아스트[156]의 역할에 대해 설명한다. 진실의 공포를 실천하고 진실을 폭로하는 파레시아는 위험에도 불구하고 진실을 말할 수 있는 용기로서 진솔성, 진실과의 관계, 신념과 진실의 일치를 전제로[157] 한다. 생명의 위험을 감수하고 진실과 자신이 맺는 개인적인 관계를 표명하는 일종의 발언 행위인 파레시아는 타자를 개선하고 돕기 위해 진실을 말하는 것이 자신의 의무라고 생각하기 때문에 거짓 대신 진실을 선택하며, 생명과 안전보다는 죽음을 선택하고, 아첨 대신 비판을 택하며, 이득이나 이기심 대신 의무를 택하는 행위로[158] 작가적 사명감을 해석하는 데 유효하다. "굉장히 아픈 현대사가 이어지는데 자리에 앉아서 소설화시키고 있다는 게 스스로 부끄러웠다는" 작가는 "이런 시대일수록 소설가들이 어떤 의미를 잡아줘야 하지 않을까 싶어서 용기를 냈다고"[159] 고백한다.

---

154 문화예술계 지원배제명단인 '블랙리스트' 진상 조사위 확인 결과 박근혜 정권에서 검열, 지원배제 등을 당한 문화예술인 명단은 1332건(개인 1012명, 단체 320곳), 피해 건수는 2670건(개인 1989건, 단체 772건)으로 집계됐다. 문체부와 산하기관, 국가정보원 등이 블랙리스트 실행에 적극 나서 심사표와 회의록 조작, 있던 사업 없애기 등 '깨알' 같은 수법이 동원됐다. 출판진흥원의 경우 2016년 '초록 샘플 번역지원'에서 심사위원들이 심사결과표에서 '적격'으로 기재한 이기호의 《차남들의 세계사》, 김종배/조형근의 《사회를 구하는 경제학》, 장강명의 《한국이 싫어서》 등 5권이 모두 수일 내 '부적격'으로 변경됐다. -유정인 기자, 「'지원 적격' 받은 이기호 장강명 소설, 문체부 지시로 심사표 조작 '부적격'」, 경향신문, 2017.12.21.

155 미셸 푸코, 심세광·전혜리 역, 『담론과 진실: 파레시아, 동녘』, 2017. 13쪽.

156 푸코는 견유주의자, 소크라테스, 알렉산드로스왕에게 디오게네스가 "태양을 가리지 마! 비켜"라고 말한 행위 등을 예를 들고 있다.

157 위의 책, 96~98쪽.

158 위의 책, 101쪽.

159 김여란 기자, 「사실이 가려져 있으니 자꾸 뒤돌아 가게 돼」, 경향신문, 2014.8.18.

사실을 밝히려는 소명의식이야 말로 푸코가 말한 문학적 파레시아를 실천하는 행위이기 때문이다.

이기호 소설은 전두환 체제의 미문화원방화사건, 김근태 고문치사사건, 진도간첩단사건(차남들의 세계사), 군사독재체제의 학생운동(백미러 사나이), 형제복지원 및 삼청교육대 사태(사과는 잘해요), 기득권의 횡포와 제도적 성역(예술원에 드리는 보고) 등 경제개발 최우선주의 속에 은폐되고 조작된 역사적 사건을 형상화한다. 사실을 통해 진실을 규명하는 그의 소설은 평균치의 소심하고 힘없는 소시민이 역사적 정치적 사건에 휘말려 고통받는 현실을 재현한다. 이 시기는 개인의 행위를 규정하고 개인을 특정한 목적이나 지배에 종속시켜 주체의 객체화를 통해 규율주체로 만드는 지배의 테크놀로지[160]가 가장 잘 나타난 시대였다.

원제가 《수배의 힘》인 《차남들의 세계사》는 평범한 중소도시 원주를 전국적으로 알린 미문화원방화 사건을 배경으로 군사정권 체제의 인권유린과 억압적 현실을 고발한다. 누아르의 주인공이자 독재자이며 고3학부형인 전두환 장군의 막강한 권력으로 출발한 1980년대의 국정목표는 수사였고 국정지표는 체포였다고 할만큼 영장 없이 체포한 사람이 6만 755명이고, 1981년부터 1983년 사이에 제적시킨 대학생 숫자는 1400명을 조금 넘었다는 통계를 제시하면서 학생, 교수끼리 서로를 의심하고 불신하고 반목하고 신고하게끔 만드는 풍토를 조장했고 구치소와 교도소는 늘 포화상태였다고 기술한다.

이 소설은 "18년간 장기 집권했던 독재자가 죽어 이제 숨 좀 쉴 수 있겠거니 생각했는데 처음 보는 웬 대머리 수사관"이 수사하다가 대통령이 되고 이를 지미 카터 미 대통령이 묵인했던 굉장히 아픈 시대에 대한 어떤 의미를 잡아줘야 한다는 소명감으로 용기를 내서[161] 작가가 5년에 걸쳐 완성한 장편이다. 도로교통법을 위반한 택시기사 나복만은 국가보안법에 연

---

160 미셸 푸코, 이희원 역, 『자기의 테크놀로지』, 동문선, 2002, 36쪽.
161 김여란 기자, 앞의 글, 2014.8.18.

루되고 본 적도 없는 월북한 아버지까지 소환됨으로써 용공조작에 휘말린다. 가혹한 고문으로 강제 고백을 한 복만은 실종되고, 무고한 가톨릭 신부와 선량한 시민이 곤경에 처했던 이 사건은 전두환 체제를 묵인하고 인정했던 미국에 대한 비판적 성격을 내포한다. 군사정권과 미국에 대한 반목을 담은 이 장편으로 인해 작가는 블랙리스트에 올랐을 뿐만 아니라 창작에 대한 자기검열과 불이익을 감수해야 했다.

〈밀수록 가까워지는〉은 87년 3월부터 생산되어 2000년대 단종된 우리나라 최초의 해치백 스타일의 자동차 프라이드의 연식과 삼촌의 삶을 동일시하여 당대 정치경제문화적 측면을 재현한다. 중학교를 졸업하고 구로공단에 취업한 삼촌에게 여자를 만들어 주기 위해 할머니는 송아지와 옥수수 판 돈을 모아 4백만 원짜리 프라이드를 사준다. 그러나 집 앞에 차를 놔둔 채 실종된 삼촌의 삶의 여정을 추적하는 가운데 프라이드 때문에 사랑도 직장도 잃었음을 알게 된다. 김지하, 전태일, 조세희 책을 읽는 토론모임인 '구로동일꾼노동자회'에 가입한 삼촌은 방직공장에 다니는 처녀를 사랑하게 되고, 이 모임의 정보가 노출되자 프라이드를 타고 다녔던 삼촌이 프락치로 의심을 받아 린치를 당한다. 차계량기에 찍힌 청주는 삼촌이 사랑했던 여성이 갇힌 교도소가 있는 곳이고, 하동군은 그녀의 고향이다. 이 소설은 5.18학살 이후 대학교정에서 공개모임과 발언이 금지되자 '이념 서클'이라 불리는 대학생 출신 노동자의 현장 투신과 노학연대라는 1980년대 운동 노선을 배경으로 구로동맹파업과 이로 인해 노동자들의 생존과 인권을 방어하려는 1987년 7~9월 노동자대투쟁[162] 속에서 순박하고 착한 시골청년이 무고하게 휘말려 일도 사랑도 가족도 잃은 상황을 시대의 아이콘인 프라이드와 연결하는 기발하고 재치 있는 상상력을 바탕으로 한다.

〈국기게양대 로망스-당신이 잠든 밤에2〉는 프라이드를 사랑하는 〈밀수록 가까워지는〉의 삼촌처럼 사물을 사랑하게 되는 엉뚱하고 발랄한 상

162 김성보 외, 『한국현대생활문화사 1980년대』, 창비, 2016, 42~43쪽.

상으로 어둡고 비극적인 현실을 완화시키며 '웃프게' 만든다. 《차남들의 세계사》와 〈밀수록 가까워지는〉을 통해 군사정권체제와 민주화 노동운동이 극렬했던 시대를 21세기의 시선으로 복기하며, 부조리하고 반이성적인 사회를 성찰한다. 고문과 린치, 폭행과 인권유린이 자행되고, 착하고 무고한《차남들의 세계사》의 나복만과 〈밀수록 가까워지는〉의 삼촌 같은 시민들이 거대한 역사의 흐름 속에서 인생을 망치고 실종된 현실을 고발한다.

〈백미러 사나이-사물이 눈에 보이는 것보다 가까이 있음〉는 1979년 중앙정보부장 김재규가 박정희 대통령을 권총 저격함으로써 표창장을 받지 못한 아버지의 분노로 던져진 재떨이로 뒤통수를 맞아 뒤에 눈이 달린 소년의 이야기이다. 물질적 문화적 풍요로움이 대통령의 은덕 때문이라고 여기는 아버지에게 박정희의 죽음은 상상할 수 없는 일이었다. 소년 이시봉은 뒤에 달린 박통의 눈으로 세상을 인식하는바, 자신의 눈으로 세상을 읽지 않고 국가권력이자 독재자의 눈으로 세상을 본다는 것은 생명정치가 개인에게 지배하는 강한 영향력을 말해 준다. 계엄령의 발동, 통행금지 시간의 확대, 박 대통령 사후 권력 지형의 급격한 변화 속에서 1991년 대학생이 되었지만 화염병과 돌멩이와 최루탄, 쇠파이프, 곤봉이 난무하는 긴박한 사회적 분위기에서 '해체 민자당 타도 노태우', '파쇼 독재의 원흉인 미국을 축출하고 기술의 혁신-삼성 추방하자!'라는 슬로건이 휘날리며 사수대와 백골단이 대치하는 서울 거리를 신승훈이 출연하는 쇼 프로그램, 김지하의 시구, 가수 심수봉, 모나미제도 샤프 등의 생활풍속사와 연계해서 당대를 재현한다.

시봉은 심수봉을 닮은 여학생의 마음을 얻기 위해 시위의 최선봉에 나섰다가 학교로 되돌아가지 않고, 구금과 도피 생활을 일삼던 총학생회장은 여당 구청장 후보로 변신하여 박정희 대통령 기념관 유치를 공약하고, 진보적인 페미니스트 이론가로 여러 잡지에 얼굴을 내민 '심수봉'은 대통령의 딸을 단체에 초청하는 문제로 마찰을 빚는 등 변절과 전향을 하며 기성세대로 진입한 동료들의 후일담을 알린다. 작품 곳곳에 유머와 익살과 조롱을 배치한 이기호 소설은 폭력과 억압과 고문, 인권유린이 만연한 197,80년대를 담아내며, 우연적인 역사에 휘말려 돌이킬 수 없는 상흔을 입고 가출, 실종되는 소시민의 고통과 불행을 그린다.

첫 장편소설인《사과는 잘 해요》는 고아원이라는 수용기관에서 복지사에게 상습적으로 구타를 당하고 원장에게 불쌍해 보이는 편지쓰기를 강요받으며 순응적 무비판적으로 만드는 알약을 매일 먹었던 시봉과 '내'가 사과대행업을 하게 된다. 군부독재는 신체를 통제하여 체력을 확보하고 체제에 대해 순종적이고 효율적인 관계를 강제하는[163] 방식으로 근대적 주체가 탄생되었고, 시봉이 자란 고아원은 푸코가 말한 감시와 처벌, 감금 등 신체에 새겨진 규율권력의 장이었다. 훈련과 교화의 명목으로 노숙자, 고아, 부랑자, 무연고자, 대학생, 지적 장애인을 수용소, 교화소 같은 곳에 가둬두고 노동을 시킨 국가권력과 사설단체가 단합해서 자유를 말살했던 시대의 흔적이었다.

삼청교육대, 형제복지원을 연상케 하는 이 소설은 무고한 고아들을 양육 성장시키는 과정에서 강제감금, 노역, 성폭행, 암매장, 폭행, 정신마비로 잔혹하고 인권을 침해하는 폭력적인 삶이 제시된다. 사회에 나와서도 정상적인 생각과 평범한 일상을 영위하지 못하는 두 고아 청년의 좌충우돌을 그린《사과는 잘 해요》는 영문도 모른 채 죄를 고백하고 사과하는 전도된 현실을 보여준다. 또한 재회컨설팅, 이별상담, 역할대행 등이 난무하는 세상에서 고아원 체험에서 비롯된 사과대행직업은 비윤리적이고 억지스러운 현실을 대변한다. 이 소설에는 구체적으로 서술되지 않았던 1975년 내무부 훈련으로 산업화에 기여하지 못한 시민을 부랑자로 낙인찍어 시설에 수용했고, 쿠데타로 집권한 군인 출신 대통령이 취임하면서 수용과 통제, 감금 속에서 머릿수대로 정부가 보조금을 지원했으나 관리, 감독 의무는 방기했던 197,80년대 인권 참사 상황을 알레고리화한다.

〈예술원에 드리는 보고〉는 보고서 형식인 서론, 본문, 결론으로 구성

---

163 미셸 푸코, 오생근 역, 『감시와 처벌』, 나남출판, 2015, 216쪽.

되며, '~음', '~함', '~임' 등의 개조식 문장으로 서술된다. 문화예술환경의 급격한 변화로 인해 갈등과 비난, 조롱이 일상화되었으며 문학권력의 해체와 문학상을 둘러싼 잡음, 문학 지원 예산의 불공정 시비 등의 배경을 나열한 이 소설은 종신회원과 청년예술가 지원 예산을 비교하고, 동료예술인의 인식조사에 대한 인터뷰와 해외예술원의 사례를 적시한 후 제언을 남기는 보고서 형식이다. 파격적인 소설구성과 문학권력을 건드린 이 소설은 문화체육관광부 산하기관인 대한민국예술원에 대한 전면적인 개혁과 개정을 요구하며 청와대 국민청원까지 올라와 반향을 일으켰고 공감을 얻었다. 작가는 매월 받는 수당과 종신임기의 혜택을 누리는 유명 원로 예술가들이 회원으로 있는 이 단체의 조직적 폐쇄성을 정면으로 공론화한다. 여러 문학상을 수상하고 책도 팔리는 혜택을 받은 이기호는 '창작을 하는 자신이 부끄러움을 느꼈고 원로를 건드릴 수 없는 침묵의 카르텔이 예술원 문제의 본질'[164]이라고 말한다. 생계조차 꾸리기 어려운 젊은 전업작가에게 정부예산이 가기를 바라는 중견작가의 양심적 글쓰기가 한국문학의 부조리한 현실에 일침을 가한다.

환상적 요소와 재미, 익살이 부각된 이기호 소설의 진정한 본령은 거대한 국가권력에 함몰되는 미약한 타자의 왜소하고 보잘 것 없는 삶을 묘사하는 데 있다. 원자력발전소 폭발로 국가가 망했다든지(수인), 여성의 머리카락이 지닌 리비도(머리칼 傳言), 뒤에 눈이 달렸다거나(백미러 사나이), 국기게양대 사랑(국기게양대 로망스-당신이 잠든 밤에2) 등의 판타지 소재는 거대한 위력과 권위에 운명을 맡겨 흘러가는 리얼리즘 문학에 기반하는 문학적 장치일뿐 문학권력에 대한 비판과 군사독재정권 시대의 폭력과 부조리한 현실묘사는 거대한 담론 속에서 선량하고 무고한 시민과 타자의 입장에서 세상을 바라보는 이기호 문학의 주제의식이다.

작가는 하드보일드 액션 느와르의 주인공인 군인 출신 대통령 박정희, 전두환 체제를 복기하며 강압적인 군대조직의 남성적 폭력적 위계질서가

---

164 도재기 논설위원, 「문화예술계 부조리 짚은 소설가 이기호 인터뷰」, 경향신문, 2021.8.4.

우리 사회에 그대로 이어져 사회를 형성했다고 진단한다. 오랜 기간 군사독재정권이 남긴 상처, 폭력, 억압, 인권유린의 현장을 복원함으로써 작가는 이 지점이야말로 우리 사회의 냉소주의와 허무주의, 경제제일주의의 시초로 본다. 혐오와 조롱이 만연하고 불공정과 불평등이 삶의 조건으로 제시되는 21세기 지점에서 197,80년대 생명정치를 해부한 이기호 소설을 읽는다는 것은 지난 시절의 윤리와 애도, 치유라는 제의를 치르는 일이다.

4. 죄의식 형성 및 수치의 정동으로 본 인간이해

형식미학의 대담성과 파격성을 지닌 이기호 소설의 또하나의 특징은 강렬한 인상으로 선명하게 다가오는 평균 이하의 작중인물을 등장시킨다는 것이다. 비주류 타자인 백수, 불량배, 범법자, 바바리맨, 건달, 깡패, 보도방 실장, 저능아, 창녀 등 공동체에서 배제되거나 주류로 편입되지 못한 경멸과 조롱의 대상이거나 혐오의 당사자들은 합리성과 이성을 지닌 중산층 계급의식을 지니지 못했고, 아버지가 부재하거나 고아원 출신들이다. 부조리하고 폭력적이며 소외되는 상황 속에서 힘없고 가난한 이들은 매사에 갈팡질팡하고 어쩔 줄 모르는 난처한 상황에 직면한다. 이기호는 이런 인물을 '갑자기 꽝 다가오는 인물'로 설명한다. 역사나 문화, 가문에 기록되지 못하거나 유실되고 폐기된 이들의 하찮은 삶을 드러내는 작가는 냉철하고 이지적이며 합리적 판단에 의해 살아가는 현대인이 많지 않다고 여기며 문학 속의 인간존재를 하향평준화한다. 기존의 소설에서 그려진 개연적이고 논리적이며 인과적으로 생각하고 행동하는 주인공 모습에 공감하기 어렵기 때문이다. 따라서 그의 소설은 불멸의 인간상, 완벽한 영웅, 교양 있는 귀족층 내지 상류층을 배제하고 위대한 사상성을 지향하려는 소설의 본질에 벗어난다.

주류보다 평균이자 다수인 비주류의 삶에 주목하면서 일체의 환상과 완벽함을 제거하고 찌질하고 부족하며 매사에 실수투성이인 인간에 더 공감하기에 "비루하고 염치없는 주인공들에게 더 마음이 쏠리고, 교양 없고 막돼먹은 친구들에게 더 많은 눈길이 간다는"[165] 작가는 비상식적인 직업이나 일을 하는 인물들이 무지하고 단순하거나 거칠고 비교양적인 말을 한다는 이유로 비난받는 것에 의문을 갖는다. 이상적인 근대사회의 모델로 상정되는 인간형보다는 어리석고 이기적이며 찌질하고 욕설이 일상적이며 선악의 경계가 모호한 인간이야말로 리얼리티를 확보하기 때문이다. 정치권력이나 경제적 부를 얻지 못한 이들은 백수, 비정규직, 막노동꾼, 육체노동자이다. 작가는 이들의 하찮은 직업과 악의 속성이 자본주의적 탐욕에 감염된 우리 사회의 조직적 형성에서 비롯되기에 선악 기준의 인물을 무너뜨린다.

'시봉', '복만', '정용', '진만'으로 불리어지는 이들은 알바생, 보육원생 등의 불우한 하층민 계급으로, 푸코가 밝힌 비정상인, 정신병자, 감금된 자로 낙인찍혀 감시되고 유순한 몸으로 길들여져야 하는 존재들이다. 엘리트나 지식인, 위정자, 상류층 계급의 잔인하고 비정하며 탐욕스러운 욕망과 권력 하에 고통당하고 상처받는 이들이 어떻게 죄를 짓고 대신 사과하며 희생되는지를 해부하는 그의 소설은 누가 더 악인인지를 묻고 있다. 지식과 권력으로 욕망을 실현하고 타자를 짓밟는 인간과 덜떨어진 머리로 나름 계산을 하지만 곧 들키게 되어 웃음을 자아내는 불쌍한 인간 중 누가 더 나쁘냐고 화두를 던지는 것이다. 이들이 살아가는 소설공간은 경찰서, 안기부, 보안사, 구치소, 교도소(차남들의 세계사) 같은 폭력적인 정치적 공간이거나 편의점, 피시방, 치킨집, 이삿집센터, 물류창고 같은 비계약직 청년들의 알바 현장인 일터이며, 고시원, 반지하, 옥탑방, 여관방, 모텔 등 불안정한 주거공간이다.

개성적이고 특색 있는 주인공의 정동과 정서는 수치심과 죄의식으로 양심, 윤리, 환대와 맞닿으며 인간에 대한 성찰로 나타난다. 죄의식은 금지의 위반의 결과로서 내면화된 타자의 목소리와 연관되며, 부끄러움은

165 이기호, 「작가의 말」, 『최순덕 성령충만기』, 문학과지성사, 2004, 333쪽.

자기의 목표 지점을 정해주는 자아 이상의 결과물로서 타자의 시선과 연관[166]된다. 죄의식, 수치심, 쑥스러움을 유발하는 특수한 상황이 한국현대사회의 모습으로 재현되며, 쑥스러움은 가장 일반적으로 신체적인 실수, 눈에 띔, 실망스러운 성과 그리고 신체에 대한 통제 상실 등과 관련되고, 수치심은 실망스러운 성과와 남들을 아프게 하는 것으로부터 나오며, 죄의식은 의무 불이행, 거짓말, 사기, 남들에 대한 태만 그리고 배신 등으로부터[167] 나온다. 스피노자에게 좋은 삶이란 선을 따르는 삶이 아니라 이성적 인식을 통한 능동적 삶으로 개인에 대해 무차별적이고 무조건적으로 복종하게 하는 도덕적인 규칙과는 다르며, 능동적의 윤리학이 사라질 때 자리하는 것이 선악의 도덕[168]이다. 감정적이고 우유부단하며 어쩔 줄 모르는 소설 속 인물들의 쑥스러움과 부끄러움은 독재권력이 씌우는 수치의 구조 속에 형성된다.

〈갈팡질팡하다가 내 이럴 줄 알았지〉는 학창시절 맥가이버 머리를 한 형님들을 거리에서 만나 물건이나 돈을 강탈당하거나 폭행과 집단린치로 경찰서와 병원을 드나드는 10대 청소년의 고통스러운 일상에서 벌어지는 수치심과 쑥스러움의 정동을 그린다. 롤러장 화장실, 당구장, 고수부지, 운동장 옆 공터, 포르노비디오가게, 교회 등 장소를 가리지 않고 만나야했던 조직폭력배와의 고달픈 일상은 학교에서조차 코치에게 '줄빳따'를 당해야하는 고통스러운 성장의례이다. 여러 번의 우연이 예감이나 전조 없이 느닷없이 찾아오고 그때마다 갈팡질팡 헤매다가 간신히 벗어나곤 했던 소년은 훗날 소설가가 되어 버나드 쇼의 묘비에 적힌 글귀인 '갈팡질팡하다가 내 이럴 줄 알았지'라는 소설을 쓴다. 부모, 교사, 경찰이 해결하지 못하는 사춘기 소년의 수치스러움은 한국사회가 배태한 폭력과 부조리한 상황 속에서 형성된다. 평범하고 보편적인 중소도시에서 벌어지는 청소년들은 성장과정에서 이미 자신의 존재에 대한 초기적 의식과 편안함과 영

166 서영채, 『죄의식과 부끄러움』, 나무출판사, 2017, 44쪽.

167 헤란트 캬챠도리안, 김태훈 역, 『죄의식: 일말의 양심』. 씨아이알, 2016, 60쪽.

168 이수영, 『에티카, 자유와 긍정의 철학』, 오월의봄, 2013, 291쪽.

양을 제고하는 원천과 분리되어 있는 무능력한 존재라는[169] 의식을 깨닫게 되는 것이다.

〈원주통신〉의 소년은 10대의 치기어린 거짓말이 먼훗날 수치심으로 돌아온다. 원주로 이사온 박경리 작가와 먼 친척인양 굴었던 '나'는 동창 용구의 술대접을 받은 후 룸살롱 '토지'의 상호명 사용 승인서를 작가에게 받아오라는 압박에 처하게 되고 결국 173만원의 술값을 부모로부터 지불하게 하며 핀잔을 듣는다. 예상치 않게 급작스레 찾아온 행운은 돌이킬 수 없는 사건으로 이어지고, 가난한 작가지망생인 백수청년을 부끄럽게 만든다. 평범하지 않은 존재이길 바라는 소망을 담고 있기에 규범적 의미에서 비합리적인 원초적 수치심[170]으로 주인공은 곤란을 겪는다. 《차남들의 세계사》와 《사과는 잘해요》에서도 죄의식과 부끄러움, 사과를 통해 가련한 시민이 피해자가 되어 스스로 수치스러워 하는 과정을 리얼하고 섬세하게 재현한다. 생명정치와 국가권력이 자행하는 죄인 만들기와 수치심 조성하기는 전도된 사회의 부조리함에 기인한다. 《차남들의 세계사》의 고아 출신이자 문맹인 나복만은 저지르지도 않은 국가보안법의 범죄자가 되어 고문을 당하고 강요된 자백을 함으로써 인생을 망치고 스스로의 삶을 수치스럽게 여긴다.

《사과는 잘해요》의 고아원생인 시봉과 '나'는 상습적 구타와 욕설을 들으며 알약을 강제로 매일 받아먹고 중독되는가 하면 양말포장, 비누상표 붙이기 등의 노동에 시달린다. 남자 복지사들은 원장에게 '쓰레기만도 못한' '정신빠진 양아치' '밥이나 축내는 버러지 같은' 새끼들로 불려지고 그들의 스트레스는 고스란히 수감자에게 전해진다. 두 소년은 시설의 기둥이자 원생들의 반장이 되어 죄를 고백하고 원생들을 대신해 복지사들에게 사과하는 임무를 맡는다. 시신 수습과 암매장에도 동원된 두 소년은 죄를 권하는 공동체에서 성장하고 영문도 모르고 사과해야 하는 아이러니한

169 마사 너스바움, 조계원 역, 『혐오와 수치심』, 민음사, 2015.

170 정명중, 「부끄러움의 성찰성을 위한 시론」, 『감성연구』 제12권, 전남대 호남연구원, 2016, 17쪽.

환경에서 양육된다. 이 소설은 권력자가 죄라고 말하면 고스란히 죄인으로 낙인찍혀 수치심을 가져야 하는 강요된 죄의식을 날카롭게 해부한다. '1장 죄를 찾다, 2장 죄를 만들다, 3장 죄를 키우다'로 구성된 목차에서 11번의 '사과'와 12번의 '죄'라는 단어로 표시되며 죄가 형성되는 속에서 대신 사과하는 우리 사회의 모순된 삶의 양태를 그린다.

〈옆에서 본 저 고백은-告白時代〉의 시봉과 '나'는 고아 출신으로 앵벌이를 하면서 취업을 위해 삶을 고백하는 자기소개서를 작성한다. 아이들이 지하철에서 돌리는 전단지에는 불쌍하고 슬픈 사연으로 가득차 있다. 불의의 교통사고로 부모님을 잃은 소년 가장이라든지 어린 동생을 부양해야 하기에 목마른 사슴이 연못을 찾듯이 도움이 필요하다는 상투적인 문구로 지어내는 것이다. 태어날 때부터 고아였고 양아들도 되어보지 못한 나와 시봉은 '하늘에 계신 엄마 아빠에게 보내는 편지' 글을 써야했고, '착한 사람'인 고아원 원장은 편지를 등사해서 학교 선생님들과 군인 아저씨에게 보내 지원과 원조를 받는다. 생사를 모르는 부모는 죽은 사람이 되어야 했고, 고아들은 어린 시절부터 거짓말, 사기, 동정심을 유발하는 행위를 통해 이득을 편취하는 삶의 부조리한 구조 속에서 성장한다. 폐쇄적인 고아원이라는 수용시설에서 죄가 만들어지고 연민과 불쌍함, 동정이 동원되며 죄의식과 부끄러움과 쑥스러움의 정동을 체화하는 아이들은 나쁜 어른으로 성장한다.

니체는 연민의 정이란 것을 배풂으로써 행복을 느끼는 자비롭다는 자들은 너무나도 수치심을 모른다며[171] 동정을 베푸는 것은 경멸과 같은 것을 의미한다고[172] 비난한다. 동정은 약자가 자신의 약함에 기대어 비열하고 파렴치하게 만들며 베푸는 사람조차 위선적이고 자기기만적으로 만들기 때문이다. 이러한 악순환을 니체는 경고하며, 스피노자도 연민이란 이성의 지도에 따라서 생활하는 사람들에게는 그 자체로 악이며 무용하다

171 프리드리히 니체, 정동호 역, 『차라투스트라는 이렇게 말했다』, 책세상, 2000, 145쪽.
172 프리드리히 니체, 박찬국 역, 『저녁놀』, 책세상, 2004, 158쪽.

고[173] 주장한다. 고아원의 아이들을 통해 억압과 통제로 인한 죄의식 형성과 죄 많은 권력자 대신 타자들이 대속하는 비정상적인 사회분위기 속에서 작가는 진정한 죄인의 정체를 폭로한다.

〈머리칼 전언〉에서는 여자아이의 머리카락으로 인해 10년 만에 발기가 되어 수치스러운 남성 심리가 드러나고, 〈누구에게나 친절한 교회 오빠 강민호〉에서는 은혜교회를 다니던 시절 지금의 아내와 윤희라는 여성에게 '촌스러운 분홍색 스트라이프 무늬의 비키니'를 똑같이 선물해 주었던 강민호를 적대적으로 대하는 윤희의 태도 때문에 누구에게나 친절하고 따뜻하게 조언하고 보살피는 강민호는 부끄러움을 느낀다. 강민호의 환대는 누군가의 삶에 직접 들어가 고통을 함께 느끼고 아파하는 환대가 아니라, 종교적 차원의 일반적인 규범에 준해서 타자의 고통을 해석하고 처신하는 이기적인 환대[174]이다. 강민호의 위선과 보편적인 환대로 인한 윤희의 상처와 수치심을 통해 윤리와 환대 문제와 진정성이 부재한 타자지향성을 묻고 있다.

부끄러움의 정동은 자의식이 반영된 소설가소설 텍스트에 구체적으로 나타난다. 창작 초기부터 일관되게 흐르는 이기호 소설의 정동은 부끄러움과 수치이다. 직업을 인정받기 어렵고 자기증명을 요구받으며 작품을 혹평 받는 작가는 쑥스럽고 죄의식을 느낀다. 〈나쁜 소설〉의 32살의 9급 공무원 응시생이자 소설가지망생인 '나'는 소설을 읽어줄 기회를 얻기 위해 여관방에서 몸 파는 여성에게 변태라는 소리와 나쁜 소설이라는 평가를 받는다. 윤대녕으로 대표되는 90년대적인 소설과는 다른 소설을 써야 하는 작가는 무지한 독자(몸 파는 여성)의 혹평으로 어쩔 줄 몰라 한다.

소설가가 직업인 32세 박수영의 자기증명 과정을 그린 〈수인〉은 대관령 근처 화전민 폐가에서 글을 쓰는 동안 원자력 발전소 폭발로 정부가 소멸되어 국민들이 세계 각지로 이주되는 사건으로 이야기가 전개된다. 각

173 B. 스피노자, 강영계 역, 『에티카』, 서광사, 1990, 292쪽.
174 홍단비, 앞의 논문, 359쪽.

나라들은 기술기능 자격증을 요구하며, 객관적 증거를 찾기 위해 소설가는 교보문고 출입구 시멘트벽을 곡괭이로 내리쳐 자기 작품을 찾는다. 그러나 심판관은 소설책 자체보다 벽을 혼자서 깨는 능력이 증명되었다며 어느 국가가 망한 나라의 소설가를 받아들이겠냐고 말한다. 방사능 유출이라는 재난상황에서 직업군으로 인정받기 어려운 소설가는 자기증명을 해야 하며, 창작능력보다 굴을 뚫는 능력을 인정하는 예술의 나라인 프랑스마저 육체적 능력을 선호하는 현실에서 문학의 위상과 예술가의 낮은 지위를 확인한다. 기능성과 효율성이 부재한 창작활동과 문학작품이란 발명품의 하찮음, 보잘 것 없음, 세상에 기여하지 못함을 자각하며 작가로서의 자부심을 훼손당하고 짓밟히는 현실을 자조적으로 그린다.

〈최미진은 어디에〉의 주인공 '이기호'는 중고 사이트에 나와 있는 자신의 장편소설 판매조건에 모욕을 느낀다. 작가 자신의 실명과 직업으로 서술되는 이 소설은 현실과 허구, 리얼리티와 판타지의 경계를 넘어선다. 교통사고로 만난 보험회사 직원에게 당당하게 파스퇴르유업 사무직이라고 자신을 소개하는 친구와 달리, 시선을 의식하면서 천천히 조금 작은 목소리로 더듬거리며 소설을 쓰는 작가라고 말하는 이기호는 떳떳치 못한 사회구성원으로서 부끄럽고 겸연쩍다.

> "작가라, 작가라…… 작가들은 보통 교통사고도 잘 안 난다던데…… 운전하는 사람들도 별로 없어서…… 여기 있네요. 작가. 작가는 일용 잡급에 해당하니까…… 일당 만팔천원이네요." 아아, 그렇군요. 나는 속으로 그렇게 말하면서 연신 고개만 끄덕거렸다. 그렇게 열심히 고개라도 끄덕거려야지 다른 사람들한테도 아무렇지 않아 보일 것만 같았다. 나는 그가 말한 만팔천원보다 웬일인지 그의 깨끗하게 다려진 양복과 넥타이에서, 들고 있는 펜과 서류철에서, 어떤 수치심 같은 것을 느꼈다. 어쩐지 내가 이제 막 그에게 포획된 짐승이 된 듯한 기분도 들었다.[175]

---

175 이기호, 〈최미진은 어디에〉, 『누구에게나 친절한 교회 오빠 강민호』, 문학동네, 2018, 18쪽.

낮은 사회적 지위와 가격이 책정되는 예술가인 작가는 4천원에 책값이 매겨지거나 다른 책을 사면 무료 증정한다는 자신의 책의 판매조건에 모욕감을 느낀다. 판매자에게 평가이유를 묻지만 더 초라해지고 비참해지는 작가는 모욕을 당할까봐 모욕을 먼저 느끼며 모욕을 되돌려주는 삶에 대해 서글프고 부끄러움을 느낀다. 폭력적이고 억압적인 규율사회에서 동정이라는 낙인찍기는 억울한 분노로서의 열등한 자의식을 형성하며 폭로와 항거를 차단시킨다. 니체와 스피노자가 경계했듯이 부끄러움과 수치스러운 정동을 만드는 규율화와 불쌍한 존재로 찍어내는 타자들은 두려운 존재가 되지 못하고 가여운 타자로 전락한다. 문학의 위상과 작가의 위치가 추락한 현실을 작가는 수치와 '완벽하고 규범적인 자아의 이상에 못미치는 결점을 의식하면서 자기 경멸이 생기는 분열적 상황'[176]인 부끄러움의 정동과 자의식을 통해 날카롭게 직시한다.

5. 이기호 소설의 특징

근대비판의 포스트휴먼적 트랜스내셔널의 징후를 보이는 21세기에 창작활동을 시작한 이기호는 근대소설의 정통이론을 해체하고 설화 및 민담, 고전소설, 신소설이 취했던 문학적 요소를 차용하며 실험적이고 독창적인 서술기법과 소설장르 등의 형식미학에 주력했다. 사지도 읽지도 않는 문학의 위기 시대에 작가는 구어적 상상력에 기반한 듣는 소설, 오디오형 소설, 할머니가 이야기해주는 방식, 청각 중심의 서술방식을 택한다. 서술자와 작가, 소설과 삶의 거리를 좁히는 이기호 문학은 새로운 시대에 부합하는 새로운 형식의 소설양식을 제안하고, 다양한 서식양식을 작품에 부분적 혹은 총체적으로 차용하거나 에세이식 소설, 콩트, 미니픽션 등을 소설의 영역으로 확장한다. 민중, 운율, 청각, 대중성, 우발성이 가미된 개

176 게오르그 짐멜, 김덕영·윤미애 역, 『짐멜의 모더니티 읽기』, 새물결, 2005, 230쪽.

성적이고 독창적인 소설형식과 더불어 이기호 소설의 주제의식은 정치적 상상력에 기반한 날카로운 현실비판에 있다. 이기호는 감시와 처벌, 고문과 감금 등으로 순종적이고 효율적인 신체 및 국민을 만들었던 인권유린과 폭력의 장이었던 197,80년대 군사독재시대를 조롱과 혐오, 차별이 만연한 우리 시대의 원형으로 본다. 또한 교양의 언어와 고상한 인격자로 그려왔던 작중인물을 하향평준화하고, 죄의식과 수치심을 발생시키는 부조리하고 모순된 삶을 고발함으로써 선악의 실체를 성찰한다.

5장
김희선 소설의 기원탐사와 타자의 고통: 『라면의 황제』(2014), 『골든 에이지』(2019)

1. W시와 김희선

세기말과 밀레니엄 시대의 글로컬리즘, 다문화, 포스트모더니즘, 포스트휴머니즘이 21세기 문학적 키워드로 작동하고 있다. 인공지능과 디지털 기술 발달을 기반으로 하는 과학기술정보사회는 통신망적 다학제적 초감각적 요소들이 초융합·초연결되는 환경을 조성했다. 치료나 건강회복을 추구하는 인간 역능의 개선을 목표로 하는 트랜스휴머니즘과 생물학적 차원과 결별하여 인간을 사이보그화하는 포스트휴머니즘 경향[177]으로 AI와 증강인간, 인간과 비인간에 대한 정체성을 재확립하는 시대가 도래한 것이다. 인공지능, 사물인터넷, 빅데이터 등 정보통신기술 분야에서 기술혁신으로 인간과 인공지능 기계가 공생하는 사이보그 시티즌에 대한 담론이 활성화된 포스트휴먼 시대에 인간이란 무엇인가에 대한 존재론적 물음이 제기되기 시작한[178] 2010년은 이주노동자에 대한 반다문화주의적 정서가 인터넷 커뮤니티에서 급증함으로써 한국사회에서 혐오문제가 나타난 분기점이기도 하다. 생물다양성 파괴로 인한 대멸종, 기후위기, 생태계 훼손 등 인류세가 시작되는 포스트지구화 환경 하에서 작가들은 우주적 다문화적 탈국경적 상상력과 윤리적 책무감을 갖는다.

---

177 김동윤·배상준, 「인공지능과 디지털 기술 발달에 따른 트랜스/포스트휴머니즘에 관한 학제적 연구」, 『방송공학회논문지』 제24권, 방송공학회, 2019, 414쪽.

178 최민자, 「포스트모던 세계와 포스트휴먼 그리고 트랜스휴머니즘」, 『동학학보』 제44호, 2017, 130쪽.

2010년 이후 등단한 1972년생의 김희선은 병원약사로 근무하면서 소설 창작을 병행한다. 2011년 『작가세계』 신인상에 〈교육의 탄생〉이 당선되어 2권의 단편집과 2권의 장편소설을 출간[179]한 작가는 약학을 전공하고 국문학과 대학원을 수료했으며 비교적 늦은 나이에 등단했다. 지구 종말과 미래, 행성 등의 시공간을 확장하고, 콜라주, 패러디 등의 창작기술 방식과 과학, 예술, 교육, 역사, 지질학, 물리학 등을 통합하고 혼종시키는 그녀의 문학은 원본과 사본, 진짜와 가짜, 판타지와 리얼리티를 구분할 수 없는 홀로그램 우주, 가상현실로 인도한다. 미국(유럽), 우주(행성) 공간에서 유명한 과학자, 정치가, 지질학자, 농학자, 우주비행사, 가수, 박사, 노벨수상자와 강원도 산간지역에 위치한 W시에 거주하는 순박한 시민을 엮는 방식은 '불확실성과 우발성의 중요성을 강조하고, 선한 것과 악한 것, 옳은 것과 그른 것은 근원적으로 주어지는 것이 아닌 상황의존적'[180]으로 바라보는 작가의식에 근거한다. 방대한 자료를 정리하고 역사를 소급해서 기원을 추적하는 방식으로 현재를 성찰하는 작가는 책, 인터뷰, 문서, 사진 및 그림 등의 기록물과 피사체가 어떤 정치적인 목적 하에 남겨진 자료인지를 탐구한다. 역사적 기록과 자료의 흔적이 누가 언제 어떤 이유로 작성 제작 유포 활용되었는지를 분석하고 기록의 선별이유와 망각된 맥락을 찾아나가는 아카이브 조사 형식의 서사전략을 구사하는 작가는 추리적이고 계보학적이며 기록학제적인 작품세계를 구축하며 진실에 다가선다.

비행접시, 외계인 등장, 우주선 탐사 등 비현실적이고 황당해 보이는 소재에도 불구하고 작가가 추구하는 주제의식은 비정규직 노동자, 아동, 노인, 난민, 이주자 등을 향한 타자지향적인 문학이다. 우리 곁에 늘 상주하고 그들의 노동에 빚지고 있지만 존재를 드러내지 않는 타자들은 쓰레

---

179 작품집으로는 2011년부터 2013년까지 발표된 9편의 단편을 묶은 『라면의 황제』(자음과모음, 2014), 2014년부터 2018년까지 발표된 8편의 단편을 엮은 『골든 에이지』(문학동네, 2019)가 있고, 장편소설로는 『무한의 책』(현대문학, 2017), 『죽음이 너희를 갈라놓을 때까지』(H, 2020) 등이 있다.

180 브라이언 마수미, 조성훈 역, 『정동정치』, 갈무리, 2018, 319쪽.

기, 무더기, 잉여, 실격으로 인식되며, 폭력과 가난과 불안과 공포 속에 놓인다. 절대진리, 역사적 필연성, 중심적 사유의 허상을 비판하는 그녀의 소설은 이질적인 것을 꼴라주하는 방식으로 세상의 모든 일이 무관하지 않다고 말하며 판타지 소재와 리얼리티 주제를 조화롭게 구성한다.

김희선 문학은 본격적으로 연구가 이뤄지지 않았다. 간단한 단평이나 작품집 해설을 중심으로 살펴보면, 백지은은 의문, 자료, 상상, 익살, 배짱 등을 자유롭게 믹스하여 서글서글하게 빚은 항아리로 관심쟁이, 오지라퍼 같은 작가가 잊혀지고 은폐된 사실을 환기시킨다고[181] 평가한다. 김녕은 한시성으로 점철된 시간, 거기에 묻혀 잊힌 존재의 비밀들, 망각에 힘입어 은밀하게 겉모습을 바꾸며 되풀이 되는 비탄의 기원을 불러일으켜서 그 한시성과 망각에 따른 반복에 저항한다고[182] 해석한다. 복도훈은《무한의 책》을 브리콜라주, 편집증, 음모서사, 시간여행서사를 지닌 '새로운 리얼리즘'을 위한 소설로[183] 이해한다. 조형래는 전일적 세계의 붕괴에 대해 하나 이상의 다른 세계를 무수히 생성하고 병립시키며 또한 분기시키는 형식으로서의 문학의 어려움을 전도시켜 이야기의 무한한 가능성으로 전환하고자 하는 욕망을 가장 급진적으로 밀고 나가는 작가 중 한 사람이라고[184] 평가한다. 한설은 다중한 서사를 채택해 고고학과 계보학을 다시 쓰면서 근대의 바깥을 향해 돌진하는 소설집이자 GLaDOS의 세계를 빠져나온 하나의 기록[185]으로 본다.

이 글은 독창적이고 개성적인 김희선 소설을 대상으로 외계인 표상, 타자의 고통, 중심배제적 공간 등의 사유와 중층적이고 겹겹의 형식미학을 살펴본다. 그녀의 문학은 역사적 앎과 서민적 앎, 기록되는 것과 기록되지 않는 것, 기억되는 것과 망각되는 것이라는 두 가지 앎의 기원을 찾아가

181 백지은, 「관심의 제왕」, 『라면의 황제』, 자음과모음, 2014, 333쪽.

182 김녕, 「가라앉은, 작은 것들의 기원사」, 『골든 에이지』, H, 2019, 279~280쪽.

183 복도훈, 「이야기의 클리나멘, 클리나멘의 이야기」, 『무한의 책』, 현대문학, 2017, 512쪽.

184 조형래, 「모르스 솔라, 하나 이상의 이야기」, 『죽음이 너희를 갈라놓을 때까지』, H. 2020, 168쪽, 186쪽.

185 한설, 「GLaDOS-『골든 에이지』」, 『크릿터』 2, 민음사, 2020, 68~69쪽.

는 계보학적 서사전략과 작가로서의 파레시아 소명을 통해 전통철학, 근대비판, 기원이나 유래의 우연성과 무의미성을 폭로하고 우리 사회의 문제점을 날카롭게 진단한다. 유머와 냉소, 익살과 해학이 담긴 소설은 서사전략과 심각한 사회문제인 혐오의 정동과 타자의 고통에 대해 질문을 던진다는 점에서 연구필요성을 갖게 한다. 따라서 예속된 앎, 기원탐사, 계보학, 시대적 담론, 생명정치, 삶권력, 파레시아 등 푸코이론을 차용하여 김희선 소설을 분석한다.

2. 기원탐사와 예속된 앎의 사유

잃어버리거나 사라진 것들의 기원을 찾아서 진실에 다가서는 김희선 소설은 사람, 사물, 사건의 흔적을 역추적하고 흥망성쇠 과정에서 조작과 음모, 소문과 비밀을 드러내며 거대담론의 형성이 우연적이고 사소하며 때론 행정, 권력, 국가, 언론, 경제의 원리에 의해 조작되거나 왜곡되었음을 증명한다. 카펫, 공, 교육헌장, 라면과 같이 미시적이고 사소한 대상을 탐험하는 그녀의 소설은 〈페르시아 양탄자 흥망사〉의 카펫 취재, 〈교육의 탄생〉에서의 국민교육헌장 기획 의도, 〈라면의 황제〉의 라면의 탄생과 몰락과정 그리고 W시의 소시민 김기수의 생애 추적, 〈공의기원〉의 축구공의 탄생비화와 역사적 사실, 〈18인의 노인들〉의 노벨평화상 선정방식을 흥미진진하게 전개한다. 사물뿐만 아니라 개인의 전생애적 형성 과정에서 공적인 역사에 기록된 인물들을 전면 배치하면서 서민들의 '예속된 앎'[186]

186 기능적이고 체계적인 전체 속에 현존해 있으나 은폐되어 있는 역사적 앎의 덩어리, 비개념적인 앎들, 충분히 세공되지 못한 앎들, 자격을 박탈당한 채 있는 일련의 앎들, 소박한 앎, 서열상 하위의 앎, 필요했던 인식이나 과학성의 수준보다 낮은 수준의 앎들, 자격을 갖추지 못한 앎을 말한다. 즉 공통의 앎이라든가 양식 같은 것이 전혀 아니고 그와 반대로 개별적인 앎, 국지적이고 지역적인 앎, 미분적인 앎, 만장일치란 있을 수 없는 앎, 그 주변의 모든 것에 대립된다는 예리한 차별에 의해서만 그 힘을 얻는 앎이다. –미셸 푸코, 김상운 역, 『사회를 보호해야 한다』, 난장, 2015, 24쪽.

을 추적하여 체계적이고 지식에 근거한 권위를 얻게 된 담론에 이의 제기를 하는 푸코의 사유와 김희선 문학은 닿아있다. 기원을 찾는 소설들은 기록에서 삭제되었거나 소외된 대상을 고찰하면서 아동노동 착취, 권력자의 명품 소유 및 권력의 몰락, 유명시인의 노벨상 열망 등의 폭로를 통해 신문, 뉴스, 방송매체에 기억된 사실과 망각된 진실을 대비한다.

한때 한국의 가정집 마룻바닥을 점령했던 카펫의 기원과 쇠락의 역사를 취재한 〈페르시아 양탄자 흥망사〉는 하산 집안의 카펫사업 호황과 불황의 역사와 함께 한다. 부와 화려함의 상징이었던 카펫은 더 이상 부유층의 전유물이 아니면서 대중화되다가 아파트문화로 인해 또다시 중산층의 인기를 독차지한다. 사용가치의 소비를 훨씬 넘어서서 행복, 안락함, 풍부함, 성공, 위세, 권위, 현대성 등의 본래적 의미를 지닌[187] 상품(사물)의 소비 형태가 낳은 결과이다. 그러나 선진국형 질병인 알레르기의 가장 큰 원인이라는 소문과 심플한 스칸디나비아식 인테리어, 젠 스타일이 유행하면서 아름답고 화려한 붉은색과 황금색이 뒤섞인 양탄자는 비위생적이고 촌스럽다는 이미지를 획득한다. 사물의 인기는 희소성과 대중성이라는 계급적 분화, 즉 구별짓기라는 아비투스에 의해 생성되고 쇠퇴된다. 한국과 이란 친선 외교의 상징으로 서울시청 시장 집무실에 깔렸다가 1979년 12월 13일에 철거된 고급스러운 양탄자는 세탁소를 운영하던 김영식의 아버지에게 맡겨지고 아들은 카펫의 원본 취재를 의뢰한다. 카펫을 찾아가지 않은 남자는 전재산을 내놓겠다는 연설을 하고 절로 들어간 전직 대통령의 뉴스에서 발견됨으로써 양탄자와 권력자의 유사성과 역사성을 드러낸다.

세탁소에 맡겨진 카펫이 위세와 권위의 상징인 원본인지 수없이 양산되는 복사본 중 하나인지를 밝히는 게 중요하지 않은 사이버 시대에 카펫은 시니피앙이자 기호로서 작동한다. 한때 유행했지만 사라진 양탄자와 대통령의 영광과 몰락을 통해 영원한 것은 없으며 그토록 열광했던 사물과 권력의 그늘진 역사를 통찰한다. 사회적 지위나 경제적 부 그리고 정치

187 최효찬, 『보드리야르 읽기』, 세창미디어, 2019, 17쪽.

권력의 상징인 카펫은 부유층의 사치와 허영을 나타냈다가 중산층의 안락함과 행복함을 표상하는 필수적 장식품으로 격하되면서 소멸된다. 이 소설은 전두환, 노태우 등 하나회가 불법적 방법으로 정권을 장악한 12.12 군사반란을 배경으로 카펫흥망사를 전개한다.

'국민교육헌장'의 탄생비화가 미국 나사의 우주개척프로젝트와 연결된다는 발칙한 상상에서 시작하는 〈교육의 탄생〉은 박정희 독재 체제 유지의 도구적 방편인 헌법 전장의 기원이 미소 냉전 시대의 우주과학전쟁을 배경으로 심리과학자 몰로디노프와 천재소년 최두식의 조우와 교류 속에서 형성되었다는 가설에서 이야기가 구축된다. 일본 방송사 'TV진기명기쇼'에서 한복을 입은 IQ215의 천재소년은 국위선양을 위해 동경대학원 입시용 출제 미적분을 계산함으로써 우리 민족의 두뇌가 얼마나 우수한지 세계만방에 알리고 이를 계기로 미국 항공우주국의 초청을 받고 도미한다. 몰로디노프 박사가 미국방문을 묻자 소년은 경제개발 5개년계획을 실행 중인 조국의 발전을 위해서라고 답한다. 자신과 국가를 동일시하는 애국소년은 국가와 민족의 우위성 긍정, 국가와 민족의 목표에 동화, 국가민족 발전을 위해 부여된 임무의 자각과 완수하는 국가지상주의 사고와 태도를 철저히 받아들인 건전한 국민상, 민족주체로서의[188] 박정희 키즈이다. 이 소설은 국가주의, 민족주의, 쇼비니즘(광시적 애국주의)이 낳은 국민형성의 근대사회가 얼마나 모순되고 경쟁적이었는지를 들춰낸다.

1961년 소련의 유리 가가린이 최초로 우주를 탐사하자 열패감에 빠진 미국도 1969년 달 표면을 걷는 실험에 성공하는 과정에서, 조종사의 불안과 공포를 해결하기 위해 몰로디노프 박사는 우주여행자의 심리적 안정에 대한 연구결과인 진언을 개발한다. 이는 주기도문과 사도신경을 외워야 했던 시대처럼 "어떤 말을 진언처럼 외우게 함으로써, 그 말의 내용과는 상관없이 사람들의 무의식을 변형시켜 일종의 세뇌상태에 이르게 할 수 있게 하는" 치료방법으로 마술적인 재주술화와 합리적인 과학이 혼재된

188 김성보 외, 『한국현대 생활문화사: 1970년대』, 창비, 2016, 39쪽.

현실을 보여준다. 그리고 국가의 전폭적 지원 속에 선진과학기술정보를 알아내는 임무를 맡은 소년은 미국에서 추방된다. 12년간 가장 아이큐가 높은 사람으로 기네스북에 등재된 소년의 삶은 자신이 쓴 회고록 『조국의 하늘 아래』에 고스란히 남아있지만 평범한 회사원으로 사는 그의 주장은 과대망상 환자로 치부될 뿐이다.

작가는 역사적 필연성을 불신하고 기록된 사실의 허상을 지적하며, 소문으로 형성된 여론 조작, 행정당국의 편의와, 경제적 요인으로 선택받은 사건을 통해 삶의 표면보다는 이면을, 드러난 사실보다는 가려진 진실을 규명한다. 1968년 12월 5일 반포된 국민교육헌장의 탄생은 최두식에게 전해들은 대학교수들에 의해 만들어진다. 학생들을 국가안보 논리를 추종하는 국민으로 만들기 위해 교육헌장을 외우게 하고, 학도호국단 체제로 재편하는 학원병영화는 주체적 자율적 국민 형성 교육[189]이기보다는 반공정신, 국가 민족의식 고취, 정권안보를 목표로 한 교육의 생활화였다. 이 소설은 냉전시대의 박정희정권이 구축한 국민적 정체성 확립의 문제를 국민교육헌장으로 표상되는 통제가 "일련의 기구, 테크닉, 절차, 적용의 수준, 목표를 포함하는 권력 형태 내지 권력으로 작동방식"으로 어떻게 훈육이 예속되고 훈련된 몸 즉 유순한 신체를 생산하는지를[190] 밝힌다. 교육은 인간의 능력(경쟁력)을 강화시키며 다른 한편으로는 생동적인 정치적 힘을 감소시키는바 규율 시스템에서 개인은 복종할수록 더욱 유용하기에, 규율권력은 순응적 주체, 침묵하는 주체를 탄생[191]시킨다. 또한 국민의 신체를 길들이는 생명정치의 교육헌장 탄생비화를 통해 정권유지에 세뇌되었던 역사적 사실을 반추한다. 미소냉전기 우주정복의 도구인 과학기술의 악영향을 폭로하고, 비범한 천재에서 평범한 시민으로의 몰락을 그린 〈교육의 탄생〉은 교육헌장에 도사린 강대국의 우주패권전쟁, 기네스북 기록,

189 위의 책, 36~37쪽.

190 셸리 트레마인, 박정수 임송이 역, 『푸코와 장애의 통치』, 그린비 2020, 195~196쪽.

191 박지원 · 김회용, 「정동의 관점에서 본 교육의 정치적 침묵」, 『교육의 이론과 실천』 제21권, 한독교육학회. 2016, 66~67쪽.

독재의 수단으로서의 교육방식 등 중층적인 플롯으로 구성된다.

〈라면의 황제〉는 라면의 흥망성쇠와 라면가게 주인 김기수의 생애를 그린다. 극빈국의 필수식량의 하나로도 유통되었던 지구상 최고의 인기 즉석식품은 우주비행사의 식량리스트에 오를 정도로 명성을 얻다가 20세기 후반 라면유해론이 나오고 현대사회의 주범으로 지목되면서 사양길로 들어선다. 가난한 나라에서 찍힌 구소련 구식 소총을 멘 채 컵라면을 먹는 영상으로 라면이 악의 온상일 수 있다는 증거로 제시되면서 죄와 타락의 이미지를 갖게 된다. 복고, 폭력, 빈곤, 초라함을 담고 있는 피사체가 함의하고 의도된 목적에 따라 라면의 운명이 적대적이거나 우호적 정동을 유발하는 것이다. 통계, 그림, 학설에 기반한 과학과 팩트가 동원되고 일부의 문제를 가지고 전체로 환원함으로써 국민최애식품은 혐오식품으로 전락한다.

30여 년 동안 라면만 먹다 죽은 김기수 씨는 『내 영혼의 라면 한 그릇』 출판기념회와 TV출연을 하면서 기네스북에 도전하는 이유가 라면이 처음 만들어진 날에 자신이 태어났기 때문이라고 고백한다. 기네스북에 도전할 정도로 인간의 한계를 극복하는 위대한 결과들이 지극히 사소하고 어이없는 계기에 의해 최고의 기록으로 남게 되는 것이다. '세상에 저런 일도' 프로그램에 동반 출연한 박모 노인에게 신기록 타이틀을 뺏긴 그는 수면제를 라면에 녹여 먹은 뒤 숨을 거둔다. 라면의 영예와 몰락을 김기수의 삶과 대비시켜 서사가 진행되며, 인간의 상처를 위로하고 치유하여 베스트셀러가 된 『내 영혼의 닭고기 스프』를 패러디[192]함으로써 진본과 모사품, 진짜

192 패러디 예를 들면, 〈라면의 황제〉에서는 책 『내 영혼의 닭고기 스프』와 김기수의 『내 영혼의 라면 한 그릇』, TV프로그램 '세상에 이런 일이'와 '세상에 저런 일도'를, 〈이제는 우리가 헤어져야 할 시간〉에는 영화 '라이언 일병 구하기'와 '설리번 일병 구하기'를, 〈교육의 탄생〉에는 유리 가가린이 부른 노래 '조국의 하늘 아래'와 최두식 회고록 『조국의 하늘 아래』가, 〈2098 스페이스 오디세이〉는 영화 '2001 스페이스 오디세이'에서, 딕 훼밀리의 '또 만나요'의 가사를 차용한 〈이제는 우리가 헤어져야 할 시간〉이, 〈스테판, 진실 혹은 거짓〉에서도 〈스테판 진실 혹은 거짓〉과 J.랜디 타라보렐리 〈마이클 잭슨: 진실 혹은 거짓〉 등이 있다.

와 가짜의 경계가 무너진다. 낯설고 이질적인 소재에도 불구하고 익숙하고 기시감이 드는 이유는 잘 알려진 책이나 TV프로그램, 노래나 영화 제목을 차용하거나 비틀어 수용함으로써 재치와 익살을 보이기 때문이다.

노동의 유연화, 소득 양극화, 가계 및 국가부채, 공동체 및 생물다양성 파괴, 지구온난화 등 오늘날의 세계가 직면한 심각한 문제들이 곳곳에서 급속한 균열과 이완의 징후를 나타내는 자본의 전지구화 체제[193] 속에서 〈라면의 황제〉의 『내 영혼의 닭고기 스프』라든지, 〈경이로운 도시〉의 '아프니까 청춘'을 언급함으로써 치유나 위로라는 가짜 해결책이자 순간적인 공감을 꼬집는다. 위로받을 수 있으리라는 믿음과 환상이 만들어낸 베스트셀러라는 물건과 이에 대한 담론을 성찰하며 원본과 사본의 차이가 다르지 않다고 주창한다. 기존 구조를 모방하되 그 구조의 원본성을 조롱하는 버틀러의 패러디적 수행의 방식으로 패러디적 웃음을 통해 가족주의 제도를 파괴하고 로고스중심주의를 혁파하며 남성중심주의를 허물어낼 폭발적 잠재력[194]이 곳곳에 배치된다. 작가는 기네스북이나 베스트셀러로 기록된다고 해서 대단하고 그렇지 않다고 해서 보잘 것 없지는 않다며, 조심스럽게 이를 조롱하고 희화화한다. 근대/탈근대, 지구/포스트지구, 휴먼/포스트휴먼, 진리/허구, 외계인/인간, 기원/파생, 가짜/진짜의 이분법을 허무는 목적으로 패러디적 요소가 차용된다.

〈공의 기원〉은 공의 기원과 제작과정, 번영과 쇠퇴를 설득력 있게 꼼꼼히 기술한다. 조선말 인천항에 도착해 조선땅을 측정하는 외국인 수병은 기묘한 물건을 소년에게 주면서 축구선수가 되라고 축원하며 떠난다. 항구에서 등짐 노동을 하면서 겉늙고 등도 굽어 25세 청년이 된 소년의 모습이 노인 같은 얼굴로 근심스럽게 정면을 응시한 사진으로 박물관에 소장되어 있다. 개항기 인천 한 바닷가에서 영국인 기자에게 우연히 찍힌 사진 속 공에는 토마스 굿맨 상표가 새겨져 있고, 세계 공 장인이자 파키스탄

193 백원담, 「포스트지구화, 새로운 결연의 장소들과 정동정치」, 『황해문화』, 2018.겨울, 3쪽.
194 조현준, 「주디스 버틀러의 인종의 젠더 계보학과 타자의 정치 윤리학」, 『인문학연구』 제17권, 경희대 인문학연구원, 2010, 175~176쪽.

에 축구공 공장을 소유한 박홍수는 사진 속 인물이 자신의 증조부라고 단언한다. 공의 흥망성쇠는 1972년으로 거슬러 올라가 잉글랜드축구협회의 가죽공만 허용된다고 선포하고 '한 가족 한 축구공 가지기 운동'이라는 관습이 자리 잡게 되어 토마스 굿맨은 왕실 작위를 수여받고 체육계 명사가 되며 군납업체로 선정되는 등 사업에 성공한다. 그러나 '런던 아동노동의 실태' 르뽀로 인해 굿맨공장은 패쇄되고 퇴락의 길을 걷는다. 현대식 축구공 개발자를 개항기 인천의 한 조선인으로 설정한 이 소설은 군함을 앞세워 세계 곳곳에 식민지를 만든 유럽강대국의 실체와 제3세계의 다국적 기업 형성, 아동노동 착취가 공이라는 소소한 물건에 표식된 추악한 역사를 계보학적으로 추적한다.

한국 W시에서 영어강사를 하던 방에서 들었던 명상음악 '월드 피스'의 기원을 좇는 〈스테판, 진실 혹은 거짓〉은 스테판이 작곡한 곡의 연원이 세 가지 버전으로 기술된다. 공연 중 정전이 발생하는 순간 W시로 가서 영어를 가르치라는 현현한 계시가 있었다는 설과, 판매고를 올리기 위해 철저하게 계산된 전략으로서 자취를 감춘 사기극이라는 버전, 단지 휴양지로 떠났을 뿐인 작곡자가 세상에 얼굴을 드러내기 싫어했기 때문이라는 마지막 버전이다. 획일적이고 통일된 한 가지 사실이 아니라 세 가지 버전의 이야기가 우리 삶의 다양성임을 말하는 이 소설은 '회고의 방식, 음모의 방식 등 서사의 난립을 통해 무엇이 진실이고 무엇이 거짓인지 아무 것도 확신할 수 없기에 단 하나의 서사만을 채택할 수 없는'[195] 복잡한 서사로 형상화한다.

노벨문학상 수상 선정방식의 문제점과 권위의 맹신에 대한 회의를 드러낸 〈18인의 노인들〉은 존경과 칭송의 대상인 국민시인에 대한 어이없는 소동에 대한 진술이다. 노벨상의 계절이 되면 기자들이 그의 저택 앞에 진을 치지만 매년 실패함으로써 우울과 절망에 빠진 시인은 '문학을 사랑하는 독자들의 비밀결사' 요원 한 명과 함께 스웨덴 한림원에 침투한다.

---

195 한설, 앞의 글, 66~67쪽.

신적인 존재로 군림한 18인의 종신회원은 제비뽑기로 문학상을 선정했고 이들의 정체가 삶의 터전을 잃고 달에서 지구까지 쫓겨 온 토끼였다는 사실을 알게 된다. 수상을 기원하는 광적이고 비이성적인 일들이 매년 일어나는 사태와 선정기준 이면에 드리워진 비리와 모순, 조작된 검증 등을 폭로한 이 소설은 서구 중심의 권위적인 상에 대한 맹신과 추종을 풍자적이고 유머러스하게 그린다.

역사적 과학적 자료에 근거한 음모, 추리, 은폐 서사와 꼴라주, 패러디 등의 형식미학과 사물의 기원을 쫓아 탄생과 소멸을 계보학적으로 추적하는 김희선 소설은 기네스북, 노벨상, 베스트셀러 등 권위적이고 명예로운 기록 및 선정 결과에 대한 믿음과 열망이 얼마나 무의미하고 상황의존적이며 우연적인지를 밝힌다. 인간의 한계를 극복하는 기네스북의 도전이 하찮은 계기 때문에 발생하고 노벨상이 제비뽑기로 이뤄진다는 가설을 통해 역사와 권위와 성역을 역습하며, 이들이 허위와 우연, 조작, 사소함으로 주체적 위치에 서있음을 파헤친다. 잘 말해지지 않는 것들에 대해 말하고, 고요한 학살의 장에 침묵하고 가담하는 잔인한 삶의 실상에서 벗어나야 한다고 주창하는 작가는 다자가 되지 않고 언제나 일자로 버티면서 존속하는 실체를 해체하는 과정과 생성 혹은 관계를 중시하는 과정철학, 유기체의 철학[196]과 궤를 같이 한다. 또한 위대한 인물과 평범한 개인, 공통된 앎과 예속적 앎, 진본과 사본의 미세한 차이와 형성과정을 통해 역사적 필연성의 허구, 권위의 조작과 환상, 사실 속에 묻힌 진실을 폭로하고 해부한다. 그녀의 소설은 역사적 배경 속에 진실과 사실을 탐색하는 계보학적 서사전략으로 기록되지 않은 예속적 앎에 주목하며, 보편적 지식에 저항하고 역사적으로 억압되고 은폐된 지식에 대해 말한다. 즉 사건은 우연적이며 기원의 추구를 거부하고 그물처럼 얽힌 권위적이고 정설인 지식체계를 파헤치는 푸코의 계보학적 담론과 유사한 소설구성방식을 채택한다. 또한 끊임없이 서로의 믿음을 강화하며 영속적인 고리를 만드는 의미의

196 장왕식, 『화이트헤드 읽기』, 세창미디어, 2016, 54쪽.

그물망이 생기고 풀리는 것을 통해 한 시대 사람들에게 중요한 가치가 후손에겐 완전히 무의미해지는 것을 공부하는[197] 역사와 객관적이고 실증적 논거에 기초하는 과학을 문학 속에 사유함으로써 설득력을 얻는다.

3. 중심해체와 이동하는 공간

지구와 우주, 미국과 한국 W시, 버뮤다와 동해가 접속하는 공간과 과거, 미래를 오가는 시간 속에서 사람들을 만나게 하고 사건을 구성하며 이야기를 전개하는 김희선 소설은 중첩되고 다층적인 시공간의 확장을 특징으로 한다. 비현실적인 공간이동은 블랙홀이나 홀로그램 우주, 싱크홀, 불의 고리와 같은 근거를 제공하며 과학과 소설을 가로지른다. 이승과 저승, 현실과 저 너머, 가시적인 세상과 비가시적인 세상을 나누는 방식은 거울, 액자, 옷장, 우물, 동굴, 토끼구멍 등을 지나면 딴 세상이 전개되는 고전문학, 동화, 판타지소설, SF문학에서 구현되어 왔다. 김희선 소설에서는 이러한 공간의 겹침과 사라짐이 객관적이고 과학적 근거를 바탕으로 이루어진다. 아인슈타인의 상대성이론에서 시간은 절대적인 것이 아니라는 사실이 밝혀졌고 양자역학의 주장에 따라 사물은 물론 그것이 위치한 공간도 확정하는 것이 불가능하다고 보게 되면서, 사물은 일정한 측정 단위의 구성체가 아니라는 사실[198]이 강조된다. 또한 확률의 주관성에 기초한 베이지언 통계학이 등장하고 뉴턴의 기계론적 세계관으로는 우주 전체를 설명할 수 없다는 한계에 도달하면서 물리학과 우주론에서도 주체를 발견하는 새로운 시각이 나타나며, 존재가 그 자신에게 근거를 가지는 필연뿐만 아니라 학문에서 논의되지 않던 우연성[199]에 관심을 갖게 했다. W시와 미국을 연결하고, 지구와 우주 및 행성을 오가며 비행접시와 외계인의 등장이

197 유발 하라리, 김명주 역, 『호모 데우스』, 김영사, 2017, 207쪽.
198 위의 책, 20~21쪽.
199 야마구치 마사야, 한명수 역, 『카오스와 프랙털』, 전파과학사, 2016, 178쪽.

그리 허황되지 않은 근거 하에서 허구적 상상적 요소가 가미되는 것이다.

허구와 사실, 사이버현실과 실재가 구분되지 않으며 '시간, 장소, 인간, 시절에 대해 말할 때 그것은 더 이상 존재하지 않는[200] 시뮬라르크의 세계에서 작가는 마치 허구가 오직 허구만을 가리키지 않듯이 소설 속 지명과 장소, 시대, 그 밖의 모든 고유명사가 실제 그 자체를 의미하진 않는다고[201] 말한다. 이탈로 칼비노의《보이지 않는 도시들》[202]에 영향을 받은 작가는 어딘가에 트루데라는 도시가 있으리라고[203] 상상하며 소설에 그려진 다채로운 도시에서 공간적 상상을 구축한다.

〈해변의 묘지〉의 레한드로와 마누엘 형제는 '남미의 작은 파리'라는 관광지이자 중앙아메리카 최대의 도시 과테말라시티 외곽에 있는 세계 최대의 쓰레기산에서 구리선, 철 쪼가리, 누군가 버린 반지, 목걸이를 찾아 하루 종일 돌아다니며 온갖 질병에 노출된다. 아름다운 관광도시는 청소년들의 처참한 실태와 자본주의적 욕망으로 인한 환경파괴가 공존하는 곳이다.《보이지 않는 도시들》의 도시 레오니아가 연상되는 이곳은 매일 생산되고 판매되고 구매되는 것보다, 매일 새로운 것들에게 자리를 내주기 위해 버려지는 물건으로 측정되는[204] 풍요와 황폐, 빈부의 양극화를 품고 있다. 『쓰레기가 되는 삶들』 서론에서 이 소설을 거론하며 지구의 각 지역에서 눈덩이처럼 불어난 인간 쓰레기를 버리기 위한 쓰레기 하치장인 식민화와 이주에 열려있는 지역을[205] 설명한 바우만의 사유는 위생적이고 질서정연한 표면적 세계 이면에 드리워진 더럽고 카오스적인 세계를 들추는 문학의 사명감을 깨닫게 한다. 과테말라, 멕시코, 유카탄반도를 지나는 고

200 최효찬, 앞의 책, 289쪽.

201 김희선, 「작가의 말」, 『무한의 책』, 현대문학, 2017, 514쪽.

202 몽골제국의 지배자이자 정복자인 쿠빌라이 칸에게 여행자인 마르코 폴로가 55개 도시를 소개하는 대화 형식으로, 경제적 물질적 관점에서 합리성과 효율성을 중시하는 획일적 공간과 감성과 주관성에 기초하여 환상적 주관적으로 보는 도시공간의 양가적 태도가 나타난다.

203 위의 글.

204 이탈로 칼비노, 이현경 역, 『보이지 않는 도시들』, 민음사, 2007, 148쪽.

205 지그문트 바우만, 장일준 역, 『쓰레기가 되는 삶들』, 새물결, 2008, 21쪽.

난과 역경 후 한국에 도착한 레한드로는 난민 신청을 거부당한다. 물질에 대한 욕망과 생태파괴, 소년권 유린, 난민처우 등의 주제의식과 남미 과테말라와 한국 동해안까지 공간을 확장하는 이 소설은 표류된 과테말라 난민이 동해바다에 오기까지 비행기나 배가 흔적도 없이 사라지곤 했던 버뮤다 삼각해역의 기이한 비밀과 소문에 기인하며 불가사의하고 신비한 시공간의 터널이 가능하다는 가설에 의거해 서사를 이끈다.

지질학자에게 온 편지로 인해 세탁소 주인이 실종된 사건을 추적하는 〈지상에서 영원으로〉는 한 세기 넘도록 지질학계를 지배해온 대륙생성이론에 반하는 지구공동설에 기초하며 서사화된다. 심스가 만들어낸 '심조니아'를 믿는 극소수 지질학자들의 학회가 명맥을 유지하는 가운데, 불법체류자이자 필리핀인 미구엘 살바도르가 자신이 땅 아래 있는 거대한 동굴을 지나 한국에 온 후 진전 없던 학회 활동도 활발해진다. 아세안 정상회담을 위해 마을을 미관상 없애버리기로 결정하면서 하수구 구멍에 떨어진 그는 커다란 동굴 입구를 발견한다. 땅속이 지상이고 지상이 곧 땅속인 세상에서 살고 있음을 인지하지 못할 뿐 지상과 지하, 안과 밖, 이곳과 저곳이 같다는 미구엘의 말에서 언론은 사람들이 듣고 싶은 이야기인 모두가 꿈꿔온 이상적 세계 심조니아가 더 멋지다고 기록한다.

이 소설은 모호로비치불연속면, 베게너의 대륙이동설, 심스의 세계 속의 세계인 공동(空洞, 텅 빈 굴)과 같은 지질학적 자료를 토대로 비가시적인 지구 저편의 세계를 들여다 봐야한다고 말한다. 작가는 정설보다는 가설을, 기록된 것보다는 기록되지 않은 것에 주목하는바, 이는 공식적인 권위가 없는 예속된 지식, 덜 발달되거나 미달된 지식들, 엄밀성과 과학성을 갖추지 못해서 지식의 위계 하단에 놓이게 된 순진한 지식들의 집합에[206] 기초하며 김희선의 소설공간에도 일관되게 반영된다. 과거에 속한 세계 각국의 민담과 설화에 담긴 코케인(지상낙원, 환락향, 천국)과 아르카디아(목가적 이상향, 파라다이스, 에덴동산), 미래에 존재하는 천년왕국, 유

---

206 셸리 트레마인, 앞의 책, 147~148쪽.

토피아로 등장했던[207] 환상적 비현실적 문학공간이 김희선 소설에서는 과학적으로 증명되거나 가설로 남아있는 버뮤다 삼각해역, 환태평양 불의 고리, 신비한 통로(해변의 묘지), 심조니아, 버뮤다삼각지대, 홀로그램 우주, 빅뱅에 의한 사차원 공간(골든 에이지), 싱크홀 등 있을 수 있는 공간으로 이동한다. 따라서 작중인물이 빈번하게 실종되거나 사라지는 설정은 개연성을 부여받으며, 세계는 확인 가능한 것이 없는 근본적으로 속임수이자 환상인 사이버현실, 디스토피아이며 기술들로 인해 인간의 사라짐을 예언[208]한 보드리야르의 사유가 반영된다. 작가는 문학공간에서도 결정적으로 인정된 학계의 정설보다 과학적으로 증명되진 않았지만 현실 가능한 가설의 입장에서 소설을 구상함으로써 획일적인 일자가 아닌 다양한 다자의 시선으로 세상을 읽는다.

또 다른 공간은 원주시로 유비되는 W시이다. 원주고 교사를 한 부친으로 인해 원주에서 초등학교 시절을 보냈고 2002년부터 20년 이상을 거주하고 있는 원주시민인 작가는 예외적이고 소외된 강원지역의 한 도시를 다채롭고 풍요로운 도시로 창조한다. 〈라면의 황제〉의 등단시 원제는 '원주의 우주전쟁'으로 작가는 "W시를 통해 원주가 우리나라 지방 소도시의 보편적 상징이 되도록 만들려는 의도에서 개제했다"[209]고 말한다. 1995년부터 시행된 지방자치제와 글로컬리즘은 세계화와 함께 로컬리티에 관심을 갖게 했고, 작가는 자신이 가장 잘 알고 있는 지역을 문학공간으로 삼아 조롱과 혐오가 만연한 우리 사회를 진단한다.

W시는 '한때는 강원 영서 지방의 중심지였지만 이제는 쇠락한 W시'(2098 스페이스 오디세이), '대한민국 육군의 야전군 사령부와 1군단 지원 사령부가 자리 잡고 있는 군사적 요충지'(지상최대의 쇼), '조선에 이르러서는 요즘의 도청에 해당하는 감영이 이 도시에 들어섬으로써 명실상부한 강원도의 중심지가 되었다. 그러나 해방과 전쟁을 거치면서 자연스

207 이인식, 『유토피아 이야기』, 갤리온, 2007, 10~12쪽.
208 최효찬, 앞의 책, 287쪽, 293쪽.
209 김희선, 「〈라면의 황제〉 저자 김희선 작가 원주배경 장편소설 집필 중」, 원주투데이, 2015.6.8.

레 도청은 다른 시로 옮겨가게 되었는데'(경이로운 도시), '서울에 비해 매우 조용하며, 거의 시골 느낌', '강원 영서 지방에 위치한 그 작은 도시'(이제는 우리가 헤어져야 할 시간), '아버지가 젊음을 바쳤다던 한국의 그 도시, W시'(스테판, 진실 혹은 거짓), 'W시의 두 곳의 관광명소, 출렁다리와 조각공원'(조각공원) 등의 인용에서처럼 강원 영서지역에 위치한 원주임을 추측할 수 있다.

원주는 비행접시가 출몰하고 외계인이 상주하며 인류에 영향을 끼치는 사건이 발생되는 곳으로 작가에게 '언제나 영감을 불어넣어주는 미스터리한 도시, W시에 무한 애정을 전하는'[210] 창작의 원천이자 소재의 보고이다. 6.25전쟁 이후 군사도시 이미지로 교과서에 소개된 원주에는 1군사령부, 1군수 지원 사령부, 36사단, 주한 미군기지인 캠프 롱이 주둔해 군인가족이 모여들었고[211] 치악산으로 둘러싸여 분지라는 지형을 형성한다. 역사적으로는 이성계가 1935년 감영을 원주에 설치하고 강릉의 강(江)과 원주의 원(原)을 합해 강원도라 불러 행정 치안 사회 문화의 중심지가 되었으나 고종33년(1896)에 춘천으로 이전[212]되어 시민들은 상실감을 갖는다.

작가 자신이 생활하고 거주하고 있기에 집단의식이나 공동체정서를 이해하고 친숙한 W시 배경 소설엔 아름답고 크고 화려한 한국 '최고'의 '중심'지역 서울'특별'시가 배제되며, 미국, 행성, 우주와 소도시를 연결시킴으로써 중심과 주변을 해체하는 효과를 가져온다. 지방 경제와 고용의 기초 자체가 붕괴되는 지방이 소멸되어 대도시만 생존하는 극점사회[213]의 도래와 오랜 역사 속에 중앙집권적 통치는 중앙과 주변, 서울과 지방, 수도권과 비수도권으로 분할되거나 영남, 호남, 충청 그리고 '제주 강원 기타'로 묶이는 차별적이고 배제적인 지리적 타자성을 구축했다. W시의 급부

---

210 김희선, 「작가의 말」, 『라면의 황제』, 자음과모음, 2014, 334쪽.

211 유춘동·김대범, 『원주의 군사문화 연구』, 강원연구원, 2018, 12쪽.

212 김은철 편, 『원주지명총람(상)』, 원주시역사박물관, 2019, 28~31쪽 참조.

213 마스다 히로야, 김정환 역, 『지방소멸』, 미래엔, 2015, 27쪽, 39쪽.

상과 세계화라는 전략은 정치 경제 사회 문화 의료 일자리 등이 집중된 서울식민지인 지방의 해방, 중심의 전복을 효과적으로 달성한다. W시는 보편적인 문학공간이자 지역의 타자인 강원도의 상대적 박탈감과 로컬리티 차별화를 표상하는 다면적인 의미를 갖는데 한국에는 '서울제국'만 있기에 서울 밖의 지방식민지 타파[214]라는 의미로도 읽히기 때문이다. 중앙문화, 변방문화로서 지방문화라는 부정적 인식이 잔존하지만 한국문화는 특정 지역문화의 총체[215]이기에 한국 각지의 문화가 모여 한국문화가 되고 세계문화가 되는 것이다. 일상적인 공간이자 서울 중심에 이의를 제기하는 로컬리티를 대변하는 시니피앙이자 상징적 기호로 작동하는 W시는 작가의 의도대로 주변이자 예외가 아니라 보편적인 도시이자 세계화된 도시로 만들어진다.

〈라면의 황제〉는 삼양라면 공장이 원주에 소재하기에 상상할 수 있는 모티프로 지역경제에 기여하는 일자리 창출과 소비경제를 담당해 왔다. W시 외곽 공원묘지에 묻힌 김기수를 라면동호회가 소환하고 그의 생애를 추적하는 이 소설은 토크쇼에서의 식품영양학 교수 견해와 종편 탐사고발 프로그램의 라면 유해 주장이 인기를 더해가며 라면의 주 소비층인 도시빈민가를 매주 탐사한다. 마치 라면이 없어지면 세상의 모든 문제도 다 사라질 거라는 믿음을 심어주는 방송의 영향은 컸고, 값싸게 먹을 수 있는 빈자들의 음식인 라면의 몰락과정은 과학, 실험결과, 방송, 언론 등이 단합하여 부정적인 이미지를 구축하면서 비참하게 끝이 난다. 음식의 타자인 라면의 일생이 과장되고 왜곡되어 몰락하는 과정은 인간 및 대상에 대한 인식이 얼마나 편향되고 피상적이며 비이성적인지를 깨닫게 한다.

〈2098 스페이스 오디세이〉는 인간의 마지막 욕망인 영생불사, 부활을 주제로 한다. W시 외곽 첨단의료복합단지 내 연구실에서 복제기술을 연구하는 김호현에 대한 상상은 원주시가 의료특화된 건강도시라는 로컬리

---

214 강준만, 『지방식민지 독립선언』, 개마고원, 2015, 17쪽.
215 임재해, 『지역문화 그 진단과 처방』, 지식산업사, 2002, 168쪽.

티에서 출발한다. 게놈 프로젝트에 참여한 과학자가 부활 프로젝트에 성공하여 죽지 않는 신인류를 탄생시키지만 그 결과로 지구가 멸망한다. 과학기술의 발달은 질병, 노화, 장애, 사망에 노출된 사피엔스가 아닌 증강된 신인류를 추구하는바 신을 대신한 과학기술과 의료발전은 불로장생을 가져온 대신 임신과 출산을 하지 않는 부작용을 초래한다. 이 소설은 질병 및 노화 방지, 영생을 위한 의학 및 과학기술에 의해 죽지 않는 불멸의 인간을 탄생시킨 곳으로 강원 산간의 한 지역에 위치한 W시를 설정한다.

〈지상 최대의 쇼〉는 어느 날 갑자기 한국 동부 산간에 위치한 W시 하늘에 비행접시가 나타나 주민들을 공포와 위험에 처하게 한다. 시민들은 처음엔 슈퍼마켓 사재기를 하지만 차츰 무뎌지고 노래를 틀거나 색종이를 뿌릴 뿐 인간에게 유해한 일을 하지 않아 일상으로 돌아간다. 침입자이자 정체를 알 수 없는 외부인을 처리하는 과정과 시민들의 심리변화는 오늘날 난민이나 이주자를 대하는 태도와 다르지 않다. 미소냉전시 한쪽을 진압과 제거의 대상으로 여기는 이분법적 선악구도는 다문화시대의 이주노동자로 표상되는 우주시대의 외계인에게 작동한다. 외계인이 떠난 후 근면하고 부지런한 삶의 현장에서 울리던 새마을노래처럼 비행접시에서 틀어준 노래 덕분에 시민들은 일찍 일어나고 일찍 자는 습관을 갖게 되고 전력소비와 야간범죄도 줄어드는 효과를 가져왔다. W시의 비행물체 소동은 시공간을 초월해 타자를 배척하고 차별하며 공포와 혐오 대상 혹은 제거해야할 대상으로 환대하지 않은 비윤리적 자세에 대한 폭로이다. 근대화와 독재정권유지의 기제였던 국민교육헌장, 새마을운동, '잘 살아보세' 캠페인의 방식이 지닌 개개인의 삶을 감시 조련 통제함으로써 체제를 유지하는 푸코의 생명정치, 관습과 지속적 수정을 특징으로 하는 근대성에 기반하는 기든스의 생활정치[216]가 여전히 유효한 오늘날의 문제를 과거소환으로 진단한다.

기아, 역병, 전쟁의 위협이 마침내 사라지고 번영, 건강, 평화를 얻은

216 토마스 렘케, 심성보 역, 『생명정치란 무엇인가』, 그린비, 2015, 134쪽.

인류의 다음 목표는 불멸, 행복, 신성이 될 것이기에 노화와 죽음을 극복하는 호모 데우스(신적 인간)의 탄생을[217] 하라리는 예견했다. 영생, 불사를 이룬 대가로 지구가 멸망하고, 신자유주의 체제가 맹신하는 과학기술, 유전공학의 명암을 그린 이 소설은 시대를 초월하여 타자에 대한 폭력과 배제, 억압과 권리에 대한 유린이 발생하는 현실을 우화적으로 제시한다. 〈이제는 우리가 헤어져야 할 시간〉, 〈경이로운 도시〉에서도 W시 하늘 아래 출몰한 비행접시와 외계인의 등장으로 소도시에서 일어나는 한바탕 소동을 그린다. 외계인을 대하는 시민, 시당국, 정부의 이중적이고 위선적인 입장 표명은 오늘날 이방인에 대한 비환대적 폭력적 배제적 태도를 알레고리화한다. 외계인 삼부작은 타자인 외계인의 폭력, 격리, 집단학살 및 혐오의 정동과 당대 위기를 책임전가하는 윤리의식의 마비와 불안하고 공포스러운 상황을 W시를 배경으로 그려진다.

〈스테판, 진실 혹은 거짓〉의 한국 어느 작은 도시에 있는 어학원에 취업한 헨리는 구인난이 심해 파격적인 고용조건으로 제공된 방에 있던 음악을 듣는다. 그리고 레드 푸라는 예명으로 활동한 미국가수 스테판 켄달 고디가 칩거했던 방에서 명상음악 시리즈 월드 피스를 작곡했다는 사실이 회고록에서 확인된다. 한국 공연을 스테판의 아버지가 추천한 이유는 한국전쟁 참전에 대한 향수병 때문이다. 강원도 W시 일대의 야전에 삼천 톤의 화약이 뿌려졌고 부상을 입자 후방에서 군생활하다가 귀국시 많은 돈을 손에 쥔 스테판 부친은 아들에게 자신이 젊음을 바친 W시에 가서 세계평화를 위한 명상음악을 만들라고 권유한다.

작가는 학력이나 전공과 상관없이 미국인이 언제든지 영어강사로 일할 수 있음을 비꼬며, 세계평화를 주제로 하는 명상음악에 전쟁과 폭력을 함축한 모순적 상황을 날카롭게 토로한다. 이 소설은 헨리라는 영어강사와 세계적으로 유명한 팝가수 스테판 그리고 부친의 한국전쟁 체험과 우주적이고 몽환적인 명상음악의 탄생과정을 흥미롭게 교차한다. 6.25이후

217 유발 하라리, 앞의 책, 39쪽.

W시가 군사도시가 될 수밖에 없는 집단적 경험이 콜린의 『한국전쟁의 전환점, W시』라는 책에 기록되어 있다. W시에 대한 미국인의 인식은 언제든지 취업이 가능하고, 낙후된 50년대 전쟁으로 연상된다. 작가는 다문화시대의 획일적인 미국편향, 백인선호, 영어필수 성향을 우회적으로 지적한다.

국내에서 가장 긴 출렁다리와 조각공원의 관광명소가 있는 W시가 배경인 〈조각공원〉은 세계에서 제일 길거나 크거나 높거나 최초인 문화산물이 경쟁하듯이 만들어진 인류사회의 무의미하고 무가치한 삶을 풍자한다. 뉴욕 명문 학교를 졸업해 기괴하고 기분 나쁜 조형물 '불멸', '불멸Ⅱ'를 전시한 데이비드 발렌타인은 환경단체의 시위로 시골에 칩거한다. 증오와 광신의 고고학은 전시의 가장 큰 목표로 현대의 과학, 예술, 신학의 영역에서 모든 종류의 표상과 이미지, 상징이 만들어지고 그 이후 그것이 파괴되는 모순과 충동 그리고 그것을 막으려는 행위들에 대해 다루며 이미지 파괴의 역사 뒤에 무엇이 숨겨져 있는지 발견하고자[218] 했다. 그는 W시 인근인 최대의 열병합발전소가 가동되어 불안에 떠는 W시민이 사는 죽음의 땅에 '방주'라는 기묘한 건축물을 세운다. 폐비닐, 폐플라스틱을 태우는 연기가 도시를 가득 메우는 자리에 세상에서 가장 큰 시체보관소를 설립한 것이다. 그러나 산 것도 죽은 것도 아닌 냉동인간이 담겨진 액체질소캡슐이 30년 후 시와의 전세임대차 계약이 마감되고 해동도 실패하자 질소통의 전원을 끊는 일의 비인간적인 항의에 시는 이를 맡게 된다. 그리고 날씨가 좋은 날에 시민들은 이 아름다운 장소로 산책을 온다. 기술에 의해 인간의 기능이 인공지능으로 대체됨으로써 쓸모없는 기능으로 전락하는 인간은 존재하지만 존재하지 않는 투명인간 신세가 될 것이며 보드리야르가 전망한 인간의 사라짐[219]에 대해 이 소설은 말하고 있다. 겉으로 보이는 아름다운 도시는 분할된 역사, 뚜렷한 경계, 배제의 규칙과 폭력의 원리의

218 김주옥, 「이미지 전쟁을 넘어 사물로 돌아가기」, 『횡단인문학』 제8호, 숙명인문학연구소, 2021, 32쪽.

219 최효찬, 앞의 책, 294쪽.

산물인 것이다.

어린 소년이 범죄자가 되는 과정을 지역문화와 접목시킨 성장소설 〈뒤집힌 시드니 다리〉를 발표한 데이비드 발렌타인의 모티프와 소설구성 방식에 영향을 받은 〈조각공원〉의 설치미술가는 불멸을 꿈꾸는 인간의 욕망을 실현하는 시체보관소이자 거대 냉동고를 만들어 스스로 묻힌다. W시의 혐오시설인 쓰레기소각장과 시체보관소를 절묘하게 배치하고, 천장에 매달린 말 시체와 콘도르 새의 깃털을 붙인 피닉스로 표상되는 영생불멸의 실천과 그 좌절을 그린 이 소설은 전시물에 쓰인 신으로 섬기는 안데스지역의 새를 돈과 교환하는 영생과 죽음의 아이러니를 성찰한다. 평화와 생명을 상징하는 새를 잔인하게 죽여 전시하고 외부인이 올 때만 전통의상을 입고 옛날방식을 연기하고 수행하는 시골오지인의 모습을 통해 다큐멘터리 팀의 추적 탐사가 어디까지가 진실이고 위장되고 조작된 사실인가를 묻는다. 만들어진 전통, 창조된 신, 창안된 고전 등 현대인이 의지하고 맹신하는 대상의 기원과 파생을 추적하는 김희선 소설에는 보이는 게 전부가 아니며 당연한 게 당연한 게 아니라는 푸코의 사유가 드러난다.

죽지 않는 존재, 냉동인간으로 그려지는 불멸의 욕망은 과학기술정보의 발전으로 인한 포스트휴먼사회가 도래했음을 알린다. 인간게놈프로젝트 발견, 어벤져스와 SF 영화 시리즈 및 복제양 탄생, 코로나19 팬더믹 현상, 혐오와 조롱의 갈등구조 등 21세기 우리 사회에서 발생하는 지구 멸망의 위기가 소설의 소재로 작동된다. 이는 약학을 전공한 작가의 과학적 지식과 로보캅에 빠졌다는 고백에서 유추할 수 있다. 이 세계는 우연한 사건들의 연속으로 창조되었고 미래를 예측하기보다 과거에서 해방되어 다른 운명을 상상하기 위한[220] 역사를 과학과 결부시킨 작가는 원주시 의료기기 산업기술단지, 삼양식품 원주공장, 외곽 공원묘지, 조각공원, 군시도시 및 군사문화적 흔적 및 표식에 로컬 상상력을 동원하여 인류에 영향을 끼치는 사건들을 강원도 중소도시인 W시 공간에서 재탄생시킨다. W시민과

220 유발 하라리, 앞의 책, 91쪽, 98쪽.

외계인, 유명인의 접촉은 수도, 도청, 광역시, 특별시에 편중된 중심적 주체적 시각을 해체하는 전략적 의미를 담는다.

4. 타자의 고통 및 문학적 파레시아

인간탐구와 사물의 본질 및 기원을 추적하는 작가는 추상적인 담론들과 막연한 책들을 탈신비화하고 비웃으며 탈실재화하는 진실한 삶을 드러내기 위한[221] 파레시아[222]를 실천한다. 위험에도 불구하고 진실을 말할 수 있는 용기인 파레시아를 행하는 파레시아스트는 자신이 생각하고 있는 모든 것을 말하는 자[223]로서 불이익을 감수하고라도 사실을 바로 잡고 진실을 규명하고, 지워지고 삭제된 것을 호명하는 일에 복무하는 작가의 소임을 대변한다. 파레시아와 자기돌봄의 교차 지점으로서의 삶을 우리에게 환기하고, 숙고된 비순응성과 저항을 통해 삶을 창조하라고 종용하는[224] 김희선 문학은 주류역사와 중심문화 이면의 망각되고 은폐된 진실을 파헤친다.

〈골든 에이지〉의 세월호 사건으로 잃은 손주를 향한 슬픔과 상심, 〈해변의 묘지〉의 난민 인정 신청 거부에서 연상되는 보트피플과 쿠르디 사건, 〈지상 최대의 쇼〉, 〈경이로운 도시〉의 아파트경비원과 환경미화원의 존재감 부재 그리고 여러 단편에서 스쳐지나가듯이 등장하는 9급공무원 시험준비생의 고단한 삶을 작가는 드러낸다. 난민, 아동, 이주자, 비정규직 노동자, 청년백수의 타자성과 강대국의 패권전쟁, 세월호 참사, 광주민주화사건, 박정희 독재정치 및 전두환 군사쿠데타 등의 폭압적이고 치명적인 사건이 배경을 이루고, 유명한 노벨상수상자, 가수, 과학자, 예술가와

---

221 미셸 푸코, 심세광 · 전혜리 역, 『담론과 진실: 파레시아』, 동녘, 2017, 19쪽.

222 파레시아 parrêsia는 '모든 것을 말하기'를 의미하는 그리스어로, '솔직히 말하기', '진실 말하기', '진실의 용기', '발언의 자유' 등으로 번역될 수 있으며, 푸코는 주체가 진실과 맺는 윤리적 관계에 관한 문제에 관심을 귀 기울인다. – 위의 책, 12~13쪽.

223 위의 책, 92쪽, 96쪽.

224 위의 책, 386쪽.

순박한 소시민을 연결하고 접속함으로써 예속된 삶과 앎을 부각한다. 과거를 소급하거나 미래의 시점에서 현재를 바라보는 김희선 소설은 소득불균형, 경제적 불평등의 심화, 조롱과 멸시뿐인 사회적 환경 그리고 타자의 상처와 고통 등 오늘의 문제[225]를 형상화한다.

〈지상 최대의 쇼〉와 〈경이로운 도시〉는 비행접시의 등장으로 도시가 혼란스러워지고 정주민과 시당국의 외계난민을 대하는 가식적이고 이중적인 태도를 폭로한다. 시민 인터뷰 형식으로 서사가 진행되는 〈지상 최대의 쇼〉에는 군제대후 전문대 복학준비생인 20대, 9급 공무원 시험 준비중인 30대, 환경미화전문용역에서 일하는 40대, 아파트경비원인 50대 등 미래가 불투명한 청년백수, 취업준비생, 비정규직 노동자, 3D업종 종사자들이 등장한다. 정체를 파악할 수 없는 비행접시는 하늘에 떠있을 뿐 위해를 하지 않고 노래를 틀거나 색종이를 뿌리는 게 전부인지라 시민들은 다시 일상으로 돌아가지만 청소일이 늘어난 미화원들은 초과근무수당을 받지 못해 짜증이 나고 외계인 반대 시위를 한다. 시가 외계인과 계약을 했다는 미확인 소문으로 외계난민과 정주민 노동자 사이의 일자리 경쟁이 발생하고, 시민들도 불안과 공포를 넘어 극심한 혐오감을 드러낸다. "매일 새벽이면 주황색 모자를 깊숙이 눌러쓰고 야광조끼를 입은 채 어둑어둑한 거리를 쓸고 있는 그 사람들이 정말 누구인지 알아? 모자에 가려진 그들의 얼굴을 한 번이라도 주의 깊게 바라본 적 있냐고?" 소설은 질문한다. 레비나스는 타인의 얼굴을 통해 책임윤리가 성립된다고 주장한바, 타인과의 윤리적 사건의 층위는 일반적인 관계맺음에서 시작하여 책임의 강력한 소재가 되는 타인의 고통의 발견, 약함과 힘듦의 발견으로 진행하면서 윤리적 계기를 형성[226]한다. 윤리와 책임이 부재하고 조롱과 혐오만 남은 21세

225 2021년 7월의 기사 중 자신들이 우주여행을 최초로 했다며 자랑하는 세계 갑부들의 우주관광 성공 소식이나 팬데믹 재난의 불평등, 갑질로 인한 서울대 50대 청소노동자의 상처, 코로나19와 미국에서의 아시아인 혐오 사례들은 기록에 대한 집착과 소득양극화, 사회적 약자에 대한 모멸과 차별이 여전히 일어나고 있는 현실을 말해 준다.

226 박연규, 「레비나스 '얼굴 윤리학'의 퍼스 기호학적 이해」, 『기호학연구』 제50권, 한국기호학회, 2017, 114쪽.

기 외계인의 정체는 밝혀지지 않은 채 사라진다. 이 소설은 난민, 이주자에 대한 집단적 혐오와 갈등이 나타난다. 지역민의 제노포비아가 표출되는 외계인은 '사납고 지저분해 보이는 족속'으로 극심한 혐오감을 보이는 이미지로 묘사되며 야간에 묵묵히 일을 하는 공동체구성원으로 존재감이 없는 환경미화인과 외국인노동자를 연상케 한다. 이상화된 '인간'의 타자로 낙인찍힌 사람들, 즉 성차화된, 인종화된, 자연화된 타자들은 인간 이하의 지위로 격하되어 쓰다 버릴 수 있는 신체가[227] 된다.

비행접시 출몰 10년 후의 후일담인 〈경이로운 도시〉는 공존하는 인간과 외계인의 갈등과 고통을 그린다. 외계인의 상주로 관광특수를 누리며 번성하지만 외계인의 저항과 시위로 또다시 적대감이 조성되는 W시는 외계인 사체를 식용가공재료로 이용함으로써 외계인문제와 식량문제를 동시에 해결한다. 별다른 자원이나 특산품도 없고 자동차 공장이나 제철소 같은 산업시설이 들어서 있는 것도 아닌 산간지방에 위치한 소도시가 눈부신 발전을 이룩한 데는 관광업에서 외계인이 기여한 바가 적지 않다. W시는 이들을 환대하고 아량을 베풀겠다고 했지만 갈등이 생기자 사악한 외계난민이라며 인류적 분노를 느끼고 몰살시킨다. 이 소설은 순종할 때만 수용하고 불만을 토로할 때 가차 없이 배척하고 희생시키는 '살게 만들고 죽게 내버려두는' 삶권리[228]를 통한 타자의 고통과 입장을 파노라마처럼 그린다.

열악한 노동환경과 격리된 주거시설에서 살면서 노동력을 제공하는 외계인은 얼굴이나 언어로 파악되거나 규정지을 수 없으며 식별불가능하고 전유되지 않는 무경계의 존재이자 포스트지구화의 타자이다. 시장에 의해 악의 형상으로 공표된 외계인은 음식재료가 되면서 식물군으로 분류된다. 외계인은 언제든지 정체성이 달라지는 주체의 횡포와 자의적인 권력에 의해 공포의 대상이 되기도 하고, W시민에게 일자리를 빼앗는 사악

---

227 이경란, 『로지 브라이도티, 포스트휴먼』, 커뮤니케이션북스, 2017, 4쪽.

228 미셸 푸코, 김상운 역, 앞의 책, 289쪽.

한 경쟁자이거나, 음식재료가 되기도 한다. 외계난민 사체더미는 아감벤의 가치 있는 삶인 비오스와 구별되는 조에, 생명 자체로서 호모 사케르[229], 바우만의 잉여적이고 여분의 남아도는 인간 즉 인간쓰레기[230]이자 또다른 의미의 포스트휴먼이다. 성별, 종별로 구분되지 않는 외계인은 주체의 이득과 목적에 따라 식물난민 정체성으로 규정되며, 죽임을 당하거나 버려지고 음식재료로 사용된다. 멸시와 혐오의 대상인 난민, 가난뱅이로 호명되는 외계인은 특별한 제도에 종속시킴으로써 배제하는 것으로, 강제가 아니고 스스로 배제된 것처럼 보이게 하는 사회적 처형이 아닌 사회적 자살의 결과[231]로 표상된다. 권력을 가진 기득권자나 국가에 의해 자의적으로 '불량국가'나 '악의 축'으로 표상되고 규범화되는 과정은 미국이 주도하는 세계질서 양상을 알레고리화한다.

비행접시에서 내려온 외계인을 개조해 만든 폐교에 격리하고 사역시켰지만 '태생이 게으른 데다 평소 불평불만이 몸에 배어있던 그 가난뱅이 외계인들'은 산속으로 도망치고 빠른 속도로 번식하자 W시는 전쟁을 선포한다. 이들은 질서를 위반하고 규범을 따르지 않는 빈곤층 이미지이자 존재할 권리를 빼앗기고 고립, 추방, 또는 소멸할 예정인 현실의 일부에 금을 그어 표시하고 제약을 가하고 낙인을[232] 찍는다. 외계난민은 우리 사회 안에서 공존하는 이주자, 백수청년, 비정규직 노동자를 상징하며 더 나아가 구제역 때 살처분된 돼지와 닭의 모습으로 형상화된다. 외계인 이미지는 음모를 꾸미고 뭔가를 숨기는 음험한 집단인 국가정부, 시당국과 매스컴에 의해 조작되며 불순한 목적을 위해 주어진 한정된 정보에 의해 결정된다. 주체를 규정하려는 타자의 포획으로부터 도망치려는 히스테리적 욕망의 여정에서[233] 외계인은 학살된 쓰레기 시체에서 음식이 되고 만다.

---

229 조르조 아감벤, 박진우 역, 『호모 사케르』, 새물결, 2008, 33쪽.

230 지그문트 바우만, 앞의 책, 22쪽.

231 지그문트 바우만, 이수영 역, 『새로운 빈곤』, 천지인, 2010, 192~193쪽.

232 위의 책, 22쪽.

233 백상현, 『나는 악령의 소리를 듣는다』, 에디투스, 2018, 30쪽.

산업화나 신자유주의 체제에서 부끄러움과 차별의 낙인인 주황색 모자와 야광조끼 작업복을 입고 일하는 환경미화원, 아파트경비원으로 표상된 타자는 시대를 초월해 새로운 방식으로 폭력과 배제, 조롱과 멸시로 내몰린 타인의 얼굴로 나타난다. 외계인 삼부작은 흑인을 곤충으로 이미지화하며 격리하고 혐오했던 닐 블롬캠프 감독의 SF영화 〈디스트릭트9〉[234]를 연상케 한다.

〈공의 기원〉은 토마스 굿맨의 공장에서 법이 금지된 음험한 일을 취재하기 위해 위장 취업한 앤더슨 기자가 대여섯 살밖에 안된 아이들이 유황연기가 가득한 노동환경 속에서 공을 꿰매고 있는 참담한 현장을 목격하고 '런던 아동노동의 실태'라는 충격적인 르포르타주를 데일리모닝에 싣는다. 〈해변의 묘지〉는 청소년들의 비참하고 보호받지 못하는 삶의 실태와 난민문제를 다룬다. 동해안에서 블라디보스토크로 출항하는 크루즈 여객선의 70대 노부부에게 발견된 난파선에서 한국인 선원 박홍수와 과테말라 청년이 구조된다. 이들은 동해시 도립방역의료센터로 이송되어 건강검진 검사와 검역후 출입국관리사무소 동해출장소 난민심사를 받는다. 조난당했다가 구조된 박홍수는 외국인 청년이 생명의 은인이라며 난민으로 인정해 달라고 청원하지만 거부당한다. "어딜 가나 다 똑같아요. 그렇지 않나요?"라는 청년의 말에서 비정하고 이기적인 인간세상을 자조적으로 서술한다. 탈국경을 통한 미국불법이주를 계획한 형제는 풍랑을 맞아 조난을 요청해도 구해주지 않자 동생은 물에 빠져 죽고 간신히 동해안까지 온 형도 구원받지 못한다. 두 작품은 열악하고 착취당하는 노동환경과 비

---

234 이 영화는 1982년 남아프리카공화국 요하네스버그 상공에 출현한 거대한 비행접시의 외계인을 구출해 '디스트릭트9' 구획에 격리하고 식량을 지원하다가 무력 충돌이 많아 외곽의 신거주구역으로 이주시키려 한다. 외계인들은 곤충 프런과 비슷해 모멸스러운 이름으로 불리고, 짐승만도 못한 취급을 받으며 쓰레기를 뒤지며 생활한다. 2010년 정부는 정화를 위해 MNU 용병과 직원이 투입되고 강제철거를 명령하며 폭력과 억압을 자행한다. 이 SF영화는 아파르트헤이트가 있는 남아공의 흑인이 사는 판자촌 디스트릭트6를 연상시키며, 지배자인 백인, 거칠고 원시적인 갱단으로 그려진 나이지리아 흑인, 곤충으로 대접받는 외계난민의 공존 속에서 차별화 배제화 타자화되는 현실을 그린다.

위생적 비교육적 반생태적인 주거지에서 보호받지 못하고 살아가는 비성인의 가난하고 불평등한 현실을 보여준다.

소설집 표제작인 〈골든 에이지〉는 늙은 열쇠수리공 김상옥 씨가 인근에 사는 화가에게 살해당해 시체사료분쇄기에 갈린 사건을 추적하는 이야기이다. 전파사 주인은 물리학자로 노벨상을 받은 난부 요이치로 밑에서 연구했으나 그가 죽자 학계의 이단아, 신비주의자, 미치광이, 삼류 SF작가라는 경멸의 대상으로 전락한다. 『홀로그램 우주: 실전편』의 영향을 받은 그는 이 세계가 하나의 홀로그램이라고 직관적으로 판단하지만 수학적으로 증명하지 못한다. 그는 보이지도 만져지지도 않으며 그곳에 있되 거기에 없는 다른 차원의 홀로그램 우주에 머무는 날짜인 2014년 4월 15일 오후로 돌아가겠다고 말한다. 배와 함께 바다 밑으로 가라앉은 유일한 혈육인 손주를 만나는 순간이 인생의 황금기라고 여기는 노인을 통해 쉽게 잊혀진 세월호 침몰 사건을 배경에 깔고 있는 이 소설은 수많은 사망자와 실종자를 낸 트라우마와 고통을 다룬다. 〈골든 에이지〉는 한국사회의 정동을 반영한 세월호 사건을 배경으로 침묵을 강요당한 아이들과 충분히 애도하지 못한 채 망각된 우리 사회의 상처를 환기시킨다.

〈공의 기원〉, 〈골든 에이지〉, 〈해변의 묘지〉는 난민 및 아동, 청소년의 열악한 삶의 터전, 노동착취, 비성인의 인권 유린을 거론한다. 노동현장에서 착취당하는 〈공의 기원〉의 아동들, 남미의 작은 파리라는 별명으로 불리는 관광지 외곽의 쓰레기산에서 하루 종일 버려진 물건을 주워 생계를 유지하는 〈해변의 묘지〉의 소년들, 세월호 이전과 이후로 나뉠 정도로 트라우마로 남겨진 〈골든 에이지〉의 손주를 잃은 슬픔 등 타자의 고통은 김희선 문학의 핵심주제로서 뉴스와 신문에 잠시 알려질 뿐 망각되고 사라지는 일들에 대한 근본적인 질문을 던진다. 〈지상에서 영원으로〉의 가난한 학회의 서기인 젊은이는 낮엔 휴대폰 대리점에서 휴대폰 모양의 옷을 입고 대로변에서 춤을 추며 호객행위를 하고, 보유한 자격증만 해도 웃음치료사, 레크리에이션지도사, 농산물품질관리사, 연예인관리사, 속기사, 토종식물해설사, 반려동물장례관리사 등 수십 가지가 넘는 스펙의 소유자이다. 작가는 여러 작품에서 청년백수, 9급 공무원 취업준비생, 휴학생, 아르바이트생이 당면한 일자리 문제와 생활의 곤궁함을 제시하며 소외되고 잊혀진 타자의 삶에 주목한다. 푸코가 말한 예속된 지식의 또다른 원천은 주변화되고 배제된 사람들로[235] 작가는 공식적으로 인정받지 못한 순진한 '다중의 지식'을 드러낸다.

5. 기원 · 타자 · 소명

포스트휴먼 현상과 이주자 혐오가 인터넷 커뮤니티에 급증한 분기점인 2010년 이후에 등단한 김희선은 기원탐사를 통해 예속된 앎의 사유를 탐색하는바 〈페르시아 양탄자 흥망사〉의 카펫, 〈교육의 탄생〉의 국민교육헌장, 〈공의 기원〉의 공, 〈라면의 황제〉의 라면을 소재로, 역사에 기록된 앎과 소시민적이고 기록되지 않는 예속된 앎 속에 배제되고 삭제된 진실에 주목한다. 또한 〈18인의 노인들〉의 노벨상 선정기준을 예로 들어 베스트셀러, 기네스북 등에 등재된 기록들의 허상과 무의미함을 지적하며, 풍부하고 다채로운 소재와 계보학적 서사전략으로 지식과 감동과 각성을 갖게 한다. 책, 사진, 기록물, 학설, 구술, 증언과 같은 과학과 팩트를 동원한 특권화된 기억과 소외된 기억을 교차하며, 망각되거나 기록되지 못한 선정기준에 주체의 입장이 개입되었음을 폭로한다.

중심해체와 이질적인 것의 접속을 특징으로 하는 소설공간은 〈해변의 묘지〉의 버뮤다삼각지대, 〈지상에서 영원으로〉의 세계 속의 세계인 공동(空洞), 홀로그램 우주, 싱크홀과 연관된 사차원공간과 작가가 실제로 거주하는 W시이다. 〈라면의 탄생〉, 〈2098 스페이스 오디세이〉, 〈지상 최대의 쇼〉, 〈이제는 우리가 헤어져야 할 시간〉, 〈경이로운 도시〉, 〈스테판, 진실 혹은 거짓〉, 〈조각공원〉의 배경인 W시는 유명한 지질학자, 가수, 과학

---

235 셸리 트레마인, 앞의 책, 148쪽.

자, 예술가가 머물고 시민들과 접촉하며 사건을 만들고 인류에게 영향을 끼치는 곳으로 재탄생된다. W시는 보편적이고 일반적인 공간이자 세계화된 곳으로, 지방소멸, 중앙(서울)중심의 독점사회에서 이를 해체하고 경계를 허무는 다층적이고 상징적인 의미를 지닌다.

김희선 소설은 산업화, 세기말, 밀레니엄, 우주시대를 거쳐 착취와 폭력과 배척의 대상인 타자의 입장을 대변하는 타자지향적인 문학이다. 〈골든 에이지〉의 세월호, 〈교육의 탄생〉의 국민교육헌장, 〈공의 기원〉, 〈해변의 묘지〉의 비성인의 인권 문제, 외계인 3부작의 3D업종 노동자, 9급 공무원 준비생 등 사회적 약자가 어떻게 혐오의 대상이 되고 비환대적 대접을 받는지 드러낸다. 역사와 과학을 문학 속에 용해시키는 그녀는 문학적 파레시아를 작가적 소명으로 여기고 실천한다.

비재현적인 판타지와 SF적 소재에도 불구하고 김희선 소설은 진지하고 현실적인 주제의식과 기원과 파생을 통해 진실탐구를 한다는 점에서 장르소설, SF소설, 디스토피아소설, 종말서사로 단정할 수 없는 새로운 상상적 리얼리즘 소설을 구상한다. 역사적 필연성, 과학적 실증성, 절대 진리에 대한 맹신과 정당성을 무너트리고, 기원의 허구와 무의미를 폭로하며 가려진 진실을 드러내는 김희선 소설은 재미와 독창성과 더불어 우리 시대가 당면한 혐오와 멸시의 정동 형성이라는 난제를 성찰함으로써 한국문학의 폭을 넓힌다.

6장
2000년대 소설의 원주시 재현 양상

1. 원주 로컬리티와 장소성

1990년대 중반에 시행된 지방자치제도와 글로컬리즘[236]은 세계를 향하면서도 지역을 중시하는 시대적 현상이다. 서울 중심으로 경제발전이 이루어진 한국사회는 지방소멸, 지방식민지의 결과를 가져왔다. 한정된 지역에 사람들이 밀집해 대도시권만 생존하는 극점사회[237]인 서울은 의료 복지 교육 문화 정치 일자리 등을 독점하고 있다. 초강력 중앙집권체제는 조선시대부터 형성되어 극심한 서울 편중 현상을 보였다. 본격화된 개발독재는 서울을 계속 인구 흡수의 블랙홀로 만들고 기존의 서울-지방 위계를 더욱 강화시켜 서울 밖의 지방은 서울제국의 식민지가[238] 되었다. 각 지역의 중소도시와 농촌은 공동체를 유지 발전시키고자 고군분투하며 치열하게 경쟁하고 있다.

한정된 어떤 공간의 독특하고 고유한 특성인 장소성은 원주지역과 원주문학의 정체성을 반영한다. 인간이 특정환경에 묶이도록 만드는 감정적이며 경험적 흔적을 의미하는[239] 장소감과 사람과 장소, 배경의 정서적 유

---

236 글로벌과 로컬을 합친 말로 세역화 혹은 세방화로 번역된다. 이 용어는 영국의 사회학자 롤랜드 로버트슨이 제안한 신조어로 세계화와 지방화를 동시에 이루자는 의미이며, 각종 지역 축제, 국제경기 유치, 한국전통 드라마, 한류 열풍 등이 세방화의 성공 사례로 들 수 있다.

237 대도시권이라는 한정된 지역에 사람들이 밀집해 고밀도의 환경에서 생활하는 사회를 말한다. –마스다 히로야, 김정환 역, 『지방소멸』, 미래엔, 2015, 38쪽.

238 강준만, 『지방식민지 독립선언』, 개마고원, 2015, 17쪽.

대인 장소애(토포필리아)[240]를 통해 공동체 구성원은 도시 속에 숨은 기억의 흔적을 관찰하고 발견한다. 원주는 서기 668년 의상대사가 절터에 머물고 있던 아홉 마리의 용을 물리치고 창건한 구룡사와 자기를 구원해준 선비에게 은혜를 갚았다는 꿩 전설을 간직한 상원사 등의 사찰을 품은 치악산이 널리 알려져 있고, 이인직의 《치악산》, 오탁번의 〈아버지와 치악산〉 등의 작품에서 문학적 배경이 되었다.

땅이 넓고 백성은 많으며, 산천이 아름답고 물산이 풍부한 원주 치악산에는 구도를 하는 은자들이나 수도승, 숨은 인재들이 찾아드는 곳이라고 《신증동국여지승람》에 나와 있고, 《택리지》에는 "사대부들이 즐겨 살았던 곳"으로 적혀있어 인재들의 산실이자 학문의 거점으로 명성이 높았던 고장[241]으로 기록되어 있다. 고려 말의 문란한 정치에 탄식하여 치악산에 은거했던 운곡 원천석(1330~?), 서출 출신으로 부론면에 묻혀 살았던 허균의 스승인 손곡 이달(1539~1612), 조선 후기의 성리학자 임윤지당(1721~1793), 14세의 나이에 홀로 금강산을 유람한 여류시인 김금원(1817~?) 등의 향토인물이 원주 정체성을 대변한다.

영동 대관령과 서울 경기 지역의 중간에 자리 잡은 원주는 생명 · 혁신 · 건강 · 문화도시이자 교통팔달의 요지이며 강원도에서 인구가 가장 많다. 6.25전쟁 이후 군사도시 이미지로 교과서에 소개되어 온 원주에는 1군 사령부, 1군수 지원 사령부, 36사단, 주한 미군기지인 캠프 롱이 주둔하고 있고 군인가족이 모여들어 지역 경제발전에 영향을[242] 끼쳤다. 군인극장, 군인아파트, 군인백화점, 군인면세점, 원주세계평화 팡파르 따뚜 축제 등 군사시설과 군인문화의 흔적이 남아있고, 지역민의 집단기억과 공동체의식에 투영되었다. 인간이 새겨 넣는 표식, 부산물, 잔여물 등 여러

---

239 존 앤더슨, 이영민 · 이종희 역, 『문화 · 장소 · 흔적』, 한울아카데미, 2013, 79쪽.

240 이-푸 투안의 신조어로 삶의 터전에 대한 사람의 정과 사랑을 뜻한다. 장소애로 번역되기도 한다. –이푸 투안, 이옥진 역, 『토포필리아』, 에코리브르, 2011, 12쪽.

241 김태준 편저, 『문학지리 · 한국인의 심상공간(중)』, 논형, 2005, 58~60쪽.

242 유춘동 · 김대범, 『원주의 군사문화 연구』, 강원연구원, 2018, 12쪽.

물질적 비물질적 흔적은 장소의 의미를 문화 집단의 정체성에 결합[243]시킨다. 원주감영, 치악산, 박경리문학공원과 토지문화관, 원동성당과 가톨릭교육원, 삼양식품과 자동차부품 만도기계 원주공장, 원주의료복합단지 등은 지리적 질서/경계뿐만 아니라 그것을 가로지르고 전복하는 문화적 상상물로[244] 이 지역의 작가들에게 문학지리적 상상력을 부여했다.

보수적이고 친체제적인 강원도의 정치성향과 달리 반골적이고 진보적인 원주를 대표하는 인물로는, 원주 가톨릭 초대 교구장으로 민청학련 배후로 지목되어 구속된 지학순 주교(1921~1993), 신협 · 한살림 · 생명운동과 사회정의를 촉구했던 사상가 장일순(1928~1994), 도피 대학생을 숨겨주다가 구속된 최기식 신부(1943~), 1980년부터 원주(현 박경리문학공원)에 정착하여 《토지》를 완간한 소설가 박경리(1926~2008) 그리고 그녀의 사위이자 〈타는 목마름으로〉, 〈오적〉의 시인인 김지하(1941~2022) 등이 있다. 정치의 민주화와 생활 속 협동운동을 전개했고, 민중의 눈높이에서 함께 했던 원주는[245] 은자의 처소이자 민주화의 성지이며 군사도시라는 역사성을 지닌 도농통합형 도시이다.

강원 영서지역에 위치한 원주는 작가 이기호, 김희선에게 창작 소재의 원천이자 문학공간으로 로컬리티 정체성과 공동체 정서와 의식에 영향을 끼쳤다. 원주에서 태어난 이기호는 1999년 현대문학 신인 추천에 〈버니〉 당선으로, 춘천 출신의 김희선은 원주에 거주하면서 2011년 작가세계 신인상에 〈교육의 탄생〉이 당선되어 등단했다. 1972년생 동년배인 두 작가는 2000년대 한국문학의 자장 안에서 10여년의 차이를 두고 등단과 작품 활동을 시작했으며 세기말과 밀레니엄 시대의 도래와 문학의 위기로 인해 새로운 창작기법 및 주제의식을 모색했다. 이기호에게 고향은 자아정체성을 형성하는 요소이고, '언제나 영감을 불어넣어주는 미스터리한 도시, W시에 무한한 애정을 전한다는'[246] 김희선에게도 원주의 모든 공간은 창작

243 존 앤더슨, 앞의 책, 17쪽.
244 위의 책, 211쪽.
245 신영식 펴냄, 『원주에 사는 즐거움+』, 지역문화콘텐츠협동조합 스토리한마당, 2018, 34쪽.

재료이자 상상력의 근원이 되고 있다.

2. 원형으로서의 7,80년대와 '차남'의 세계: 이기호 소설

2000년대 대표작가로 주목받는 이기호 문학은 작가 자신이 서술자가 되어 소설창작방법과 문학의 역할을 독자와 함께 성찰하는 소설가소설적 메타픽션적 특징을 지닌다. 이러한 작가적 고민은 랩 형식, 성경 형식, 오디오 형식, 레시피, 피의자 조서, 자기소개서, 최면술 등 독창적이고 특이한 내러티브방식과 유머러스하고 풍자적으로 조롱하고 희화화하는[247] 서술기법으로 나타난다. 〈갈팡질팡하다가 내 이럴 줄 알았지〉의 서두는 소설제목을 결정하는 기준, 고전소설과의 차이를 언급하고, 기본기가 덜 되었다는 학부시절 은사의 혹평을 회상하면서 시작된다. 삶을 담아내는 소설을 '우연을 대하는 각자의 자세'로 받아들이는 이기호는 인생이란 우연적이고 비논리적인 인과관계의 사소함으로 구성되었다고 본다.

문학의 가치와 역할이 위축된 시대에 이기호는 지루하고 진지하게 읽는 소설보다 읽어주는 소설 혹은 읽게 만드는 소설을 지향[248]한다. '누군가 누군가에게 소리 내어 읽어주는 이야기'의 부제가 달린 〈나쁜 소설〉은 들려주는 사람에 따라 끊임없이 변형되고 각색되는 이야기로서의 듣는 소설, 오디오용 소설이야말로 소설의 진정한 참맛이라며 여관방에서 아가씨에게 소설을 읽어주다가 변태로 오인되는 해프닝을 담고 있다. 〈누구나 손쉽게 만들어 먹을 수 있는 가정식 야채볶음흙〉에서는 요리레시피를 설명하듯이 쓰이며, 〈할머니, 이젠 걱정마세요〉에서도 할머니의 목소리를 통해 많은 사람들을 만났다고 함으로써 듣는 소설로서의 내러티브형식을

---

246 김희선, 「작가의 말」, 『라면의 황제』, 자음과모음, 2014, 334쪽.

247 졸고, 「이기호 소설에 나타난 197,80년대 중소도시 표상」, 『우리문학연구』 제57집, 우리문학회, 2018, 264~265쪽.

248 박범신 엮음, 『박범신이 읽는 젊은 작가들』, 문학동네, 2007, 13쪽.

취한다. 그의 소설이 문학의 기능, 인간에 대한 성찰, 삶의 우연성과 같은 주제의 중차대함에도 불구하고 유머와 해학, '웃픈' 풍자를 잃지 않는 것은 쉽고 재밌게 읽히기 위한 작가의 의도가 반영되었기 때문이다. 《차남들의 세계사》 역시 상황을 바꾸어가며 '~들어 보아라'라는 말로 반복적으로 시작하여 시각적으로 읽기보다는 청각적으로 들리는 효과를 가져 오게 한다.

자신의 로컬 동네를 기억함으로써 예전에 있었던 일이나 사건을 기억하는 장소감과 자기 정체성을 확인하는[249] 작가는 유소년기인 197,80년대 박정희, 전두환 시절을 소환한다. 인간, 문화, 환경을 한데 통합하는 데 중요한 통찰을 보여주는 장소에 대한 애착, 즉 장소감은 대개는 개인적이지만 때로는 집단적일 수도[250] 있다. 작가는 군사독재와 인권탄압, 재개발과 아파트 욕망이라는 정치경제적 문제를 성찰함으로써 자신이 태어나고 교육받고 성장한 원주를 한국사회의 축도로 삼는다. 그는 유명작가의 원주 이주와 부산 미문화원 방화사건이 원주시민에게 엄청난 충격이자 인상적인 기억으로 인식하며 작품 소재로 차용한다.

《차남들의 세계사》는 부산 미문화원 방화사건[251]을 모티프로 역사와 개인, 진실과 허구, 폭력과 친절, 선과 악, 우연과 필연, 합리와 불합리, 현실과 허구의 경계에 대해 묻는다. 사소한 접촉사고로 경찰서를 방문한 연두색 포니 택시운전사 나복만은 교통과가 아닌 정보과로 잘못 들어가고, 최 형사와 곽 경정의 만성 치루염과 아내의 불륜사건, 오타 실수 등 사소하고 부주의한 일처리 때문에 역사적 사건에 연루된다. 교통도로법이 아닌 국가보안법을 위반한 범법자가 된 소시민의 고문과 실종, 누아르의 주인

---

249 존 앤더슨, 앞의 책, 194~195쪽.

250 위의 책, 79쪽.

251 반미와 '광주'를 전면에 내걸고 사회에 충격을 준 '부마방' 사건은 1982년 3월 18일 문부식, 김은숙 등 부산 소재 대학생들이 미국문화원을 방화한 사건을 말하며, 원주교구 최기식 신부의 보호아래 피신했다가 자수했다. 수배자 김현장도 가톨릭교육원에 숨어 있다가 부마방 사건의 최고 주동자로 조작되었고 최기식 신부마저 구속되었다. –서중석·김덕련, 『서중석의 현대사 이야기: 전두환과 5공 잔혹사』, 오월의봄, 2019, 154~155쪽.

공이자 수사를 하다가 대통령이 된 군인의 통치는 '예상치 못한 사건'에 '우연히' 휘말렸다는 점에서 허구적 인물 나복만과 실제적 인물 전두환을 등치시키며 흥미진진하게 서사를 전개한다. "오로지 자신의 택시 운전과, 김순희와, 블란서풍 주택 내의 네 평짜리 단칸방을 지키고자 애썼던 사람"이었던 나복만이 단순 교통사고에서 간첩사건으로 바뀌게 되고, '형제의 집' 고아 출신에서 월북한 아버지의 지령을 받는 빨갱이로 낙인찍힌 것이다.

지방의 작은 소도시에 경찰서 지하조사실, 반곡동 안기부 원주지부, 보안사, 구치소, 교도소로 표상되는 폭력과 고문, 인권유린의 공간이 있었다는 사실을 작가는 수면위로 드러낸다. 당시 매스컴에서는 가톨릭교회를 불온집단의 온상으로, 최기식 신부를 방화의 배후인물 또는 좌경의식화 교육의 주관자로 부각[252]했다. 그러나 영적인 구원도 중요하지만 기아, 질병, 가난, 고통받는 이들에게 희망을 주는 교회여야 하기에 사회를 외면해서는 안 되며 실정법과 상충될 때 양심법을 우선적으로 따라야 한다는 신념 속에 신부는 대학생들을 보호했고 원주교구 교육원은 마치 범죄의 소굴로[253] 전국적으로 알려졌다.

경제개발, 잘살아보세 슬로건, 문화운동 이면에 드리워진 무고한 시민에 대한 협박과 공갈, 고문이 자행된 시대를 작가는 유머러스하면서도 꼼꼼하고 리얼하게 복원한다. 가톨릭재단 학교를 다녔던 이기호는 가톨릭교육원 연수 행사에서 들은 자신의 경험[254]과 자료[255]를 바탕으로 장편소설을

---

252 이계창 신부, 『법정에서의 진실』, 가톨릭출판사, 1991, 252쪽.

253 위의 책, 266~268쪽 참조.

254 작가는 열 살 남짓에 굉장히 위험한 사람들이 원주로 숨어왔다고 해서 원주가 발칵 뒤집어진 적이 있고, 고등학교 시절 천주교 재단의 미션스쿨을 다닐 때 1박2일 행사에서 멕시코 수사님으로부터 암시적으로 이 얘기를 들었다고 한다. –이기호, 「작가와의 만남」, 교보문고 북뉴스, 2014.9.30.

255 이 소설을 쓰기 위해 작가는 김근태의 『남영동』(중원문화, 1987), 공동체 편집부의 『항소이유서』(공동체, 1988), 김필영의 『소비에트 중앙아시아 고려인문학사』(강남대출판부, 2004), 『동아일보』, 『경향신문』(1978.3~1988.12) 등의 도움을 받았다고 한다. –이기호, 「작가의 말」, 『차남들의 세계사』, 민음사, 2014, 309쪽.

완성한다. 특별한 기억의 순간에 발생되는 예술은 사회가 그 기억을 내팽개쳐 버리고 싶어하기 때문에 발생되며, 상흔은 예술적 토대가[256] 된다. 글자를 읽지 못하는 나복만은 고문과 폭력, 허위진술, 용공조작을 당하고 집과 애인과 직업을 잃은 채 실종자가 되는 비운의 주인공이다. 작가는 대통령 피격 사건을 수사하다가 대통령이 된 우연성을 서술하며 역사적 필연성의 정당성이 허구임을 주창한다. 이 소설은 전두환 체제와 '부마방' 사건을 배경으로 고아 출신이자 문맹이라는 다중적 타자성을 지닌 소시민이 거대한 역사적 사건과 접속되어 삶이 조작되고 비극적으로 바뀌는 현실을 되짚는다.

《차남들의 세계사》는 악의 평범성을 성찰한 한나 아렌트가 제시한 '아이히만'[257]들이 등장한다. 나복만 사건을 담당한 안기부 요원 정 과장은 개운동 테니스 클럽 회원인 쌍둥이 아빠로 모범적이고 예의바른 시민이자 평범하고 특색 없는 서른여섯 살의 옆집 아저씨 모습을 하고 있다. 자식들을 미국시민권자로 키우겠다는 열망으로 가득 찬 그는 한때는 『데미안』의 광팬인 문학청년이었지만 나체로 매질을 하며 나복만의 자백을 강요하는 형사가 되었다. 7남매의 장남으로 두 동생의 대학 등록금을 책임지고 당뇨, 고혈압을 앓고 있는 늙은 부모에 대한 부채감이 있는 '스포츠머리'와, 어린 시절 어머니의 성적 학대를 받고 성장한 손등의 털이 다 타 버린 요원도 자신의 경력이나 승진에만 관심을 갖는 평범하고 성실한 직장인이거나 거리에서 늘 만나는 동네 아저씨이다.

생각하지 않고 국가공무원으로서 시키는 일을 수행하며 타인의 고통을 응시하지 않기에 형사와 안기부요원은 괴물이 되었다. 그들은 악인이 아니라 진급과 같은 자신의 개인적인 발전에 각별히 근면했고 단지 자기

---

256 알라이다 아스만, 변학수·채연숙 역, 『기억의 공간』, 그린비, 2011, 25쪽.

257 나치 전범인 아돌프 아이히만이 1960년 5월 24일에 잡혀 이스라엘로 압송되었을 때 한나 아렌트는 재판과정을 추적하고 연구한바, 그가 유태인 말살이라는 반인륜적 범죄를 저지른 것은 결코 그의 악마적 성격 때문이 아니라 아무런 생각 없이 자신의 직무를 수행하는 사고력의 결여 때문이며 이를 악의 평범성(banality of evil)이라 규정하였다. – 한나 아렌트, 이진우·태정호 역, 『인간의 조건』, 한길사, 1996, 29쪽.

가 무엇을 하고 있는지 깨닫지 못한 것일[258] 뿐이다. 자신의 행위가 공정한가를 무사유하며 세속적 이득과 성공이라는 자본주의와 가족주의에 근거한 삶은 죄책감이나 죄의식 없이 기계적으로 삶을 영위하게 한다. 정치적 폭력은 독재나 전체주의에만 있지 않고 행위능력이 망각되고 사유가 쓸모없는 취급당한 곳이면 어디든 존재하기에[259] 오늘날 소비대중사회에도 지속된다. 무고한 성직자인 최기식 신부를 밀착감시 및 미행하고, 택시기사를 국가보안법 용의자로 만드는 억압과 폭력의 시대인 1980년대는 미국에 대한 경도 및 아메리칸 드림, 레드 콤플렉스 및 그 시대의 타자인 빨갱이 색출, 용공조작 및 고문과 진실의 날조 등이 이루어졌다. 사회적 약자를 절대적 타자로 만드는 과정을 치밀하고 리얼하게 그린《차남들의 세계사》는 경제발전과 문화약진 이면에 드리워진 어둡고 은밀한 인권유린의 현장을 상기시킨다. 실종된 나복만의 송두리째 뿌리 뽑힌 삶이 우리 사회의 자화상인 것이다.

이 장편은 조지 부시, 박정희, 전두환, 노태우, 지학순, 최기식, 문부식, 김은숙, 김현장 등의 실존인물이 실명으로 거론되며 실제 있었던 역사적 사건과 나복만을 중심으로 한 허구적 인물의 개인적 사건이 교차됨으로써 현실과 허상의 경계를 해체한다. 부산에서 발생한 미문화원 방화사건은 신군부 세력의 광주항쟁 진압을 지원했던 미국에 대한 항의이자 응징의 행동이었으며, 반미의 무풍지대였던 한국에서 반미운동의 출발을 알리게[260] 했다.

> 롤러장 화장실에서도 맞았고, 공공도서관 교보재 창고 뒤에서도 맞았다. 선배들의 교실에 끌려가 의자로 허리를 찍히기도 했으며, 당구장에선 유리 재떨이로 뒤통수를 가격당해 여덟 바늘을 꿰매기도 했다. 원주천 고수부지 주차장에선 삽자루로 맞았고, 공설운동장 옆 공터에선 다섯 명의 건강한 아

258 한나 아렌트, 김선옥 역, 『예루살렘의 아이히만』, 한길사, 2006, 391쪽.
259 유성애, 『해나 아렌트, 인간의 조건』, 커뮤니케이션북스, 2017, 17쪽.
260 정해구, 『전두환과 80년대 민주화운동』, 역사비평사, 2011, 100쪽.

이들에게 들배지기와 호미걸이, 덧걸이와 오금당기 같은, 숙련된 기술이 가미된 린치를 당하기도 했다.[261]

미군부대 근처 포르노 비디오 가게도 갔고, 당구장은 거의 매일같이 출근 도장을 찍었으며, 공공도서관도 갔고, 롤러장도 갔고, 교회도 다시 나가기 시작했다. 야간자율학습 마지막 종이 울리면 다시 담을 넘어와 가방을 쌌다. 공책에 무언가를 끼적거리는 일은…… 몸이 피곤해서, 너무 졸려서, 할 수가 없었다. 하루에 포르노 비디오를 한 편씩 보고, 당구를 꼬박꼬박 두 시간씩 쳐댔으니, 집에 돌아와 씻지도 못하고 이부자리 위로 슬라이딩하기 바빴던 것이었다.[262]

〈갈팡질팡 하다가 내 이럴 줄 알았지〉는 10대 소년이 길거리에서 마주친 폭력배에 의해 고통당하는 청소년기의 성장통을 그린다. 거리의 형님들에게 버스회수권과 운동화, 돈을 뜯기고 도망치는 고달픈 나날 속에 경찰서와 병원을 드나드는 남자아이들에겐 삶의 목표를 수정할 정도로 견디기 힘든 현실이다. '단구동 무지개'라는 십대 폭력 서클, '야생마 4기' 등의 무리들에게 아이들은 인근 신축건물 공사장 지하실 등의 음습한 곳에서 집단 린치를 당하는 폭력의 장에 노출된다. 그러나 부모와 경찰이 개입된들 "한 다리만 건너면 다 친구고, 다 친척 사이였던 소도시 원주"인지라 훈방조치로 마무리되어 위험은 사라지지 않는다. 미성숙하고 연약한 아이들의 10대 삶이란 순수하고 아름답고 미래가 밝기보다는 갈팡질팡하고 우왕좌왕하며 어쩔 줄 모르는 아슬아슬한 일상인 것이다. 비루하고 엄습한 것들을 가리는 삶의 진실을 폭로하고 한국사회의 부조리와 불합리, 폭력과 억압이 횡행한 현실을 고발하는 이기호 문학은 1980년대의 한국사회가 얼마나 인권의식이 결여되고 괴롭힘과 육체적 정서적 폭력이 자행되는

261 이기호, 〈갈팡질팡하다가 내 이럴 줄 알았지〉, 『갈팡질팡하다가 내 이럴 줄 알았지』, 문학동네, 2006, 276~277쪽.

262 위의 소설, 289쪽.

상황 속에 청소년들이 노출되었는지 알게 한다.

> 보름 가까이 이어지던 장마가 모두 물러나고, 분지 도시 특유의 후텁지근한 공기가 나흘째 도로와 건물 사이사이에 아교처럼 찐득하게 내려앉아 있던 그날, 김순희는 우산동 시외버스 터미널을 걸어 나와 인도에 줄지어 늘어선 가로수 그늘 아래에 섰다. 거리엔 휴가를 나온 듯한 군인들과, 수건을 머리에 두른 채 삶은 옥수수를 파는 할머니들, 그리고 면회를 온 듯 자주 손목시계를 내려다보고 있는 젊은 여자 한 명이 계속 같은 자리를 맴돌고 있었다. 택시 기사들은 운전석 문을 활짝 열어 놓은 채 손으론 연신 부채질을 하면서 시외버스 터미널에서 나오는 사람들을 쳐다보고 앉아 있었다.[263]

> 우리가 태어나 자란 곳은 강원도 원주시다. 제1야전군 사령부와 군수지원사령부, 제36사단 사령부, 제11통신여단 사령부와 주한미군 부대인 캠프롱, 캠프 이글이 바글바글하게 모여 있는 곳. 그렇지 않아도 분지라서 더운데 시퍼렇게 팔팔한 청춘들마저 자신들의 얽매인 처지를 비관해 매일 시도 때도 없이 고함을 질러대는 통에, 그 열기마저 뒤섞여버려 더더욱 후텁지근한 곳.[264]

주위가 산지로 둘러싸여 주변보다 낮은 지형의 분지인 원주는 주변 산맥이 방어 장벽이 되어 군사요충지로 적합하고 여름에는 무더운 기후적 특징을 지닌다. 《차남들의 세계사》의 나복만의 애인인 김순희가 조사를 받기 위해 온 시외버스터미널 근처는 군인과 강원특산품인 옥수수 행상을 하는 노인들이 거리 풍경을 이룬다. 〈말과 말 사이-원주통신2〉에서도 군사도시적 특징과 '후텁지근한' 폭염이라는 공기재난이 이 도시의 답답하고 미래가 불투명한 현실을 상징한다. 원주는 영문도 모르고 애인의 실종

---

263 이기호, 『차남들의 세계사』, 앞의 책, 155~156쪽.
264 이기호, 〈말과 말 사이-원주통신2〉, 『그길 끝에 다시』, 바람, 2014, 73쪽.

소식을 들은 고아 출신 여성의 암담하고 슬픈 미래와 원주에서 낳고 자란 네 명의 20대 청춘이 "고만고만한 직장에서 고만고만한 월급을 받으며 고만고만한 애인과 고만고만하게 부대끼며 살아가는" 곳이다. 바깥으로 나아가지 못하고 둘러싸인 분지라는 지형적 특징과 한여름 무더위 속에서 정치적 위협과 탄압, 경제자립적 결핍을 지닌 도시민의 삶의 조건이 무덥고 갑갑한 날씨와 길거리 경관으로 표상된다.

197,80년대 원주시는 불란서풍 개인주택과 몰개성적이고 성냥갑 모양의 아파트가 도심을 가득채운 도시미관을 형성한다. 작은 영토를 지닌 한국사회에서 집에 대한 열망은 재산축적의 유일한 방편으로 국민들의 최고의 목표이자 욕망이 되었다. 아파트는 검역과 절제라는 고전적 덕목 속에 꽁꽁 싸여 있던 욕망을 해방시키고 신분상승을 향한 뜨거운 열망을 넣음으로써 한강의 기적을 일으킨 박정희 모더니즘의 기념비 즉 동원의 한 방식[265]으로 삶을 균질화시켰다. 아파트는 표준화된 대량공급이 낳은 근대의 산물이자 압축성장시대의 유물이며 한국인의 절대욕망이 된 것이다.

> 그 해는 우리 동네에 불란서풍 신형주택 열다섯 채가 처음으로 완성된 해이기도 했다. 동네 주민들 대부분이 살던 집을 헐고, 그 자리에 새로운 집을 지었지만(우리집도 그중 한 집이었다). 문제는 과도한 은행 대출이자로 기둥을 세우고, 온돌을 깔고, 대문을 세웠다는 점이었다. 그러니 어쩌겠는가. 부부가 두 손을 꼭 잡고 우리 앞으로 딱 십 년만 고생하자. 그러면 이 집이 진짜 우리집이 되는 거다. 덤벼라 대출이자여, 우리 부부가 있다, 하며 투지를 불태울 수밖에. 아버지들은 버스비를 아끼기 위해 해가 뜨기도 전에 도시락가방 하나 달랑 들고 일터를 향해 가열차게 걸어갔고, 어머니들은 우르르, 한 집에 모여 아침부터 저녁까지 스웨터 뜨개질을 했다.[266]

---

265 김은하, 「아파트 공화국과 시기심의 민주주의」, 『여성문학연구』 제39호, 한국여성문학학회, 2016, 42쪽.

266 이기호, 〈원주통신〉, 『갈팡질팡하다가 내 이럴 줄 알았지』, 앞의 책, 98쪽.

〈원주통신〉의 시민들은 단독주택을 획득하자마자 아파트문화로 재개발되어 또다시 대출을 내고 이자를 갚느라 평생 동안 중노동에 시달린다. 1977년 6살이 된 해에 이기호는 학성동 기찻길 옆 단칸방에서 프랑스에는 없는 불란서풍 단독주택으로 이사해 집주인이 되었으나 계약금, 중도금, 잔금과 그 이자 때문에 10년 동안 투쟁의 시간을 보낸 하우스 푸어 부모의 일생을 지켜보았다. 80년대 초반 중소도시 외곽의 불란서주택에 사는 부잣집 아이처럼 보였지만 빚으로 집을 샀던 사연으로 감정을 숨기고 속이는 법을 배운 유년시절의 경험이 소설의 씨앗이 되었다고[267] 작가는 고백한다. 1980년대는 부동산 투기 열풍과 강남개발로 인한 사회양극화가 시작된 지점인 것이다. 빚장만으로 마련한 집 소유 방식은 여전히 한국사회의 핵심문제이기에 동시대적 의미를 지닌다.

집 한 채가 삶의 목적이므로 평생 빚과 일에서 벗어나지 못하고 행복과 만족을 저당잡힌 삶이 산업사회와 국민국가 형성의 결과이다. 이웃에 새로 이사온 소설가 할머니 집에 초인종을 누르고 도망간 인연이 전부였던 '나'(작가적 자아)는 박경리 선생의 외손자라는 소문을 부인하지 않았던 어린 시절의 '하얀' 거짓말로 곤혹을 치른다. 대학졸업 후 방바닥과 혼연일체된 백수로 살아가던 중 걸려온 동창 전화는 감당할 수 없는 결과를 가져온다. 단계 택지 사거리 우측으로 백미터쯤 더 들어간, 이층짜리 단독주택들이 띄엄띄엄 들어선 원주시 외곽의 신흥 주택단지에 자리한 영업집 룸살롱 '土地'에 초대된 나는 서희라는 미희의 서비스와 술대접을 받은 후 박경리 작가에게 간판 승인 도장을 받아오라는 협박을 받는다. 엄청난 술값을 감당할 수 없는 나는 단계동에서 단구동까지 이어진 왕복 사차선 산업도로인 '서원대로'의 갓길을 걸어 도착했지만 선생의 집은 토지공사에서 택지개발예정지역으로 묶여 매지리로 이사한 후였다. 어린 시절 유명작가와의 친분을 과시했던 치기어린 거짓말이 7년 후 엉뚱한 일로 엉켜 부모에게 또다시 민폐를 끼치고 자괴감에 빠진다.

---

267 이기호, 「나를 키운 8할은」, 한국일보, 2017.12.2.

지역작가를 발굴하여 문학관, 생가, 시비를 조성하여 관광지화하고, 문향, 예술의 도시로 전환하려는 지자제의 노력이 전국적으로 일어나는 시대에 박경리 작가의 원주 거주는 지역 이미지와 경제[268]에 크게 기여했다. 지방자치제의 최고의 브랜드는 문화예술인이며 자기 도시를 상징하는 인물의 브랜드화에 열을 올리는[269] 가운데 이기호는 박경리 산문집『원주통신』의 제목을 패러디해 자신의 소설제목에 차용한다. 〈할머니, 이젠 걱정 마세요〉에서도 전쟁재난으로 인한 할머니의 고통과 아픔 속에서 소박한 동네의 흔적이 다 지워지고 택지개발한다고 집이니 논이니 다 밀어버리고 아파트와 상가로 변해버린 도시화와 동네 뒷산도 다 깎아버린 반생태적 토건 만능의 도시풍경을 묘사한다.

이기호의 원주 배경 소설은 유명작가의 거주, 용공조작 사건, 청년백수들의 일상, 군사도시의 흔적과 미국 편향, 재개발과 아파트 욕망 등 당대의 현실을 리얼하게 복구한다. 어렴풋이 기억되는 10대의 삶을 역추적하는 작가는 고향을 향수와 그리움의 정서에서 벗어나 일자리가 부족한 도피의 공간이자 20대 여성에게는 미군과의 교제와 아메리카 드림을 꿈꾸는 곳이고, 집 소유를 위해 평생 대출이자에 허덕이는 삶, 폭력과 혐오, 인권유린의 현장, 중심을 위해 희생되는 지역경제의 파탄으로 묘사한다. 오늘날 파국의 징후를 보이는 정치경제사회적 문제와 다르지 않음으로써 197,80년대의 삶은 지속성과 연속성을 갖는다. 반공주의에 입각한 권위주의적 민족주의적 정치, 문화적 지배 규율을 필요로 하는 공간에서 끊임없이 등장하는 빨갱이는 낙인과 혐오를 통해 타자를 적대시하고 배제하는 표현으로 사용[270]되고 있고, 현재는 이주자(난민), 여성, 성소수자를 지목

---

268 임상오 상지대 교수는 '유명 예술가 유치에 따른 가치 평가 분석' 연구과제에서 박경리 작가가 원주에 존재하는 것 자체로 연간 11억의 긍정적 외부효과 즉 경제적 가치가 창출되는 것으로 나타났고 토지문화관 정비에 원주시민들은 향후 5년간 50억 원을 투자할 용의가 있는 것으로 분석했다. – 김미영 기자, 「박경리 원주 거주 경제 가치 연 11억」, 강원일보, 2006.7.27.

269 한국문화기술연구소 엮음, 『문학관과 문화산업』, 단국대출판부, 2007, 21쪽.

270 김종우 · 강지웅, 「'빨갱이' 담론의 적대성 변화」, 『통일인문학』 제86집, 건국대 인문학연구

한다는 점에서 현재진행형이다. 역사와 가문에 기입되지 못하고 은폐된 '차남'의 시선으로 세상을 보는 작가는 197.80년대 원주라는 시공간을 자본주의와 비윤리적 삶에 함몰된 지금의 재난과 파국의 원형이자 한국사회의 축도로 제시하였다.

3. 외계인 상상력 및 혐오와 배제의 정동: 김희선 소설

춘천 출신으로 원주에서 병원 약사로 일하며 창작활동을 병행하는 김희선은 2012,3년 2년 동안 W시로 지칭되는 단편 5편을 집중적으로 발표함으로써 원주공간에 대한 애착을 보인다. SF적 공상과 외계인 상상력에 기반한 그녀의 문학은 2000년대 포스트휴먼 분위기 속에서 형성되며, 강원도 작은 중소도시 하늘에 떠있는 비행접시로 인해 어쩔 줄 모르는 시민들의 대처를 익살스럽고 능청스럽게 그린다. 작가는 W시민을 국민에서 세계시민으로 더 나아가 우주인으로서의 삶으로 이끈다. 글로컬 다문화적인 그녀의 문학은 리얼리티를 넘어서는 비재현적인 현실을 유니크하게 드러낸다. 외계인의 등장과 W시와 미국, 행성을 넘나드는 초지구적 상상력은 비현실적이고 공상적이지만 "조제분량에서 실수가 안 되는 엄밀한 분야여서인지 소설 원고를 쓸 때도 정확함에 집착"한다는 작가의 말[271]에서처럼 판타지와 리얼리티, 환상과 실재, 글로벌과 로컬, 지구와 우주를 치밀하게 엮는다.

〈라면의 황제〉는 식당주인 김기수의 일생과 라면의 쇠퇴과정을 천착하는바 이는 삼양라면 원주공장[272]이 W시에 소재하기에 가능한 공간적 상

원, 2021, 360~361쪽.

271 신준봉 기자, 「SF 스릴러로 한국소설 경계 넓히는 김희선」, 『월간중앙』 201905호, 2019.4.17.

272 삼양라면은 식량난을 타개할 목적으로 1963년 9월 15일 한국 최초로 출시되었으며, 닭고기 스프와 주황색표지의 10원짜리 음식이었다. 철원 이북 출신인 고 전중윤 회장은 강원도에 대한 깊은 애착으로 1989년 원주에 대규모 공장은 준공했다. 물 좋고 공기 좋은 원주는 식품 만들기에 적합한 곳으로 여겨졌고, 70% 이상의 제품을 생산한다. 라면공장의 원주

상력이다. 하나의 사물이나 사건, 사람에 대한 기원과 소멸과정을 계보학적으로 추적하는 작가는 라면의 흥망성쇠를 진짜와 가짜, 허구와 실제를 넘나들며 맛깔나게 그린다. 한때는 '지구상 최고의 인기식품'이자 '세상을 구원한 음식', '지상의 간편음식'이었던 라면은 유해론이 등장하면서 질타를 받는다. 기름에 튀긴 면과 각종 첨가물이 들어간 수프가 질병과 우울증, 폭력, 정신질환을 유발한다는 연구결과로 현대사회의 주범으로 지목된 것이다. 죄와 타락의 이미지까지 뒤집어쓴 라면만 평생 먹다죽은 김기수를 W시 외곽 공원묘지에서 세상으로 불러낸 것은 라면동호회 회원들에 의해서이다. 라면금지법안 통과에도 공무원 시험을 응시하는 사람들은 여전히 많고 불합격한 동호회 리더는김기수의 삶을 추적한다. 〈라면의 황제〉는 칭송받다가 한순간 비난과 혐오의 대상이 되어 몰락하고 이를 기억하는 소수의 사람들에 의해 명맥을 이어가는 과정을 라면이라는 일상적이고 친근한 음식으로 형상화한다.

〈2098 스페이스 오디세이〉의 도시는 "한때는 강원 영서 지방의 중심지였지만 이제는 쇠락한 W시"로 "몇 명의 대주주만이 당시 W시 외곽 첨단의료복합단지 내에 있던 연구소에 초청"되었다고 서술함으로써 군사도시에서, 혁신 기업도시로 그리고 디지털 헬스 케어의 메카로 의료특화된 로컬리티가 반영된다. 이 소설은 클린턴 대통령과 DNA이중나선구조를 최초로 발견한 제임스 왓슨 바로 뒤에 수줍은 표정과 겸손한 자세, 한국인 특유의 무표정을 한 동양인이 함께 한 백악관 기념사진 속 에드워드 김(김호현)의 삶을 추적하며 2098년 지구 멸망의 원인을 탐사한다. 한국에서 유일하게 인간 게놈 프로젝트에 참여한 과학자가 된 소년은 출산으로 사망한 어머니에 대한 그리움을 간직한 채 외갓집에서 자란다. 그는 인간은 외계인에 의해 창조되었으며 복제기술을 통해 영생불사의 존재로 다시 태어날 것이라는 황당한 주장을 하는 『인간복제의 꿈-불멸을 위하여』의 영향으로 생명공학자가 되지만 그 책은 한 사이비 종교단체가 기증한 일종

소재는 수많은 일자리를 창출했고, 지역경제에도 이바지했다.

의 교리서 같은 것이었다.

새로운 유전자 분석과 재배열을 통해 부모를 만드는 역복제인 부활 프로젝트에 성공한 그가 보육원 출신이고 호현이란 이름도 원장이 지어준 것이며, 교회 자원봉사자에게서 받은 책에 눈이 돌아갔다는 사실이 묻힌다. 소멸유전자를 개발해 죽지 않는 신인류를 탄생시킨 에드워드 김의 업적을 기리기 위해 W시는 떠들썩한 행사를 준비하고, 서기 2098년 내셔널 지오그래픽TV에서도 창사 210주년 기념으로 그에 대한 심층탐구 특집 다큐멘터리를 제작한다. 다큐프로는 불사의 유전자 조작법으로 모든 생명체가 영생하게 되었지만 번식 또한 하지 않게 되어 지구멸망을 가져왔다고 설명한다. 그의 연구소엔 죽은 어머니를 살렸다는 괴이한 풍문이 떠돌았으며, 인류의 미래를 바꾼 과학자의 연구계기가 사이비종교서적에서 비롯되었지만 과학자의 일생을 드라마틱하게 미화하고 언론이 선별해서 묵살함으로써 절대진리 및 과학적 사실이 허황된 판타지임을 밝힌다. 공상과학영화나 황우석 복제배아기술 등이 중첩되는 과학정보기술 시대에 작가는 원주시 외곽의 한 건물에서 지구멸망의 기원이 탄생했고 이러한 사실들이 우연과 오인과 소문에 의한 결과라고 서술한다.

〈지상 최대의 쇼〉, 〈이제는 우리가 헤어져야 할 시간〉, 〈경이로운 도시〉는 비행접시, 외계인, 녹색 생물체 등이 등장하는 SF적 과학적 판타지에 기반한 외계인 3부작이다. 〈지상 최대의 쇼〉는 한국 동부 산간지대에 위치한 W시 상공에 비행접시가 나타나 시민들이 위험에 처한다. 하늘에 떠있는 기이하고 공상적인 비행접시를 배경으로 9급 공무원 시험 준비 중인 31세 김훈석, 군제대후 W시 소재 전문대 복학준비생인 24세 김호석, 환경미화전문용역업체 '우리 환경'의 W시의 담당 소장으로 근무하는 48세 박상만, W시 A아파트 경비원인 54세 이만호의 인터뷰 형식으로 서사가 진행된다. 괴비행체의 등장이라는 충격적인 사건으로 W시 주민들은 처음에는 라면과 부탄가스를 준비하지만 차츰 무뎌지고 또다시 외계인이 지상으로 내려오리라는 소문이 나면서 식량난과 전염병 확산과 일자리 경쟁을 걱정한다. 비행접시가 뿌려대는 색종이를 치우느라 업무가 증가되었음에도 초과근무수당을 받지 못해 짜증이 난 미화원들은 외계인 반대 시위를 한다.

시가 외계인과 계약을 했다는 미확인된 소문과 억측으로 원주민들은 불안과 공포를 넘어 극심한 혐오감을 드러낸다. "몸이 녹색이고 냄새도 났고 어찌나 사납고 지저분해 보이던지 정말 다시는 마주치고 싶지 않은 족속"은 사실 "매일 새벽이면 주황색 모자를 깊숙이 눌러쓰고 야광조끼를 입은 채 어둑어둑한 거리를 쓸고 있어" "한번이라도 주의 깊게 바라본 적 있나고" 물음으로써 환경미화원을 연상케 한다. 20대부터 50대까지의 인터뷰 대상은 공무원시험에 떨어진 청년백수, 취업이 불투명한 대학생, 아파트경비원, 환경미화원 등이다. 이들은 우리 주변에 늘 상주하지만 새벽이나 늦은 밤에 노동하며 시민들과 소통하거나 눈을 마주치지 않는 주변부이자 사회적 약자이다. 외지인, 이방인의 출현은 원주민의 혐오와 경계 속에서 배척되고 타자화된다. 비행접시 소동이 일어난 W시 주민 전체의 집단 최면 상태와 변화되어가는 과정 속에서 정체가 끝까지 확인되지 않는 외계인은 결정불가능한 타자의 은유이다.

> 우리는 모두 긴장했다. 언젠가 연평도가 공격을 당한 후부터 떠돌던 흉흉한 소문 때문이었는데, 그건 바로 다음 폭격 예정지는 아전군 사령부와 미군부대가 동시에 주둔하고 있는 이 도시가 될 거라는 확인되지 않은 루머였다. 하긴, 이곳은 한때 사회 교과서에도 실리곤 했던 유명한 군사도시이니, 그 루머가 완전히 틀렸다고 할 수도 없는 상황이었다.[273]
>
> 외계의 존재들이 왜 하필이면 지구상에서도 대한민국, 그중에서도 강원내륙의 조용한 소도시였던 W시에 출현했는지에 대하여는, 당시에도 의견이 분분했다. 레이건 행정부 시절 우주기반 미사일 방어 시스템인 '스타워즈 계획' 수립을 주도했었다는 한 군사 전문가는 이렇게 말했다. "W시는 대한민국

273 김희선, 〈지상최대의 쇼〉, 『라면의 황제』, 자음과모음, 2014, 149쪽.

> 육군의 야전군 사령부와 1군단 지원 사령부가 자리 잡고 있는 군사적 요충지이다. 무엇보다도 그 도시엔 미군 부대가 주둔해 있기도 하다. 그러니 외계의 비행접시가 기착지로 W시를 선택한 것은 결코 우연이 아니다.[274]

군사적 요충지이자 미군부대 주둔지인 W시는 폭격의 표적지로서 위험에 처해 있다. 군인들의 상주는 W시의 소비경제에 기여하지만 군사시설로 인해 지역개발이 제한되고 부정적인 지역이미지와 사회문제를 야기했다. W시가 정력적으로 내걸고 추진해온 범시민 운동의 '활기찬 도시, 발전하는 경제'를 슬로건으로 하는 이곳에 비행접시에서 들려오는 음악은 새마을 노래를 틀어준 효과를 가져왔다. 시민들은 일찍 일어나고 일찍 자는 습관을 갖게 되어 전력 소비량이 눈에 띄게 감소했고 취객 상대 범죄도 현저히 줄었다. 농촌지역사회개발과 도시근대화 속에서 신체의 경제적 생산성을 증대시키는 동시에 정치적 예속을 보장하는 자신의 강제력을 약화시키는 훈육[275]과 조절, 통제라는 생명정치는 시민들을 유순하고 규칙적인 신체로 만들었다.

〈경이로운 도시〉는 〈지상 최대의 쇼〉의 후일담이자 후속편으로 비행접시와 외계인이 다녀간 10여년 후의 이야기이다. 이 소설에서는 후안 곤잘레스의 삶과 W시와의 인연을 소개한다.

> W시는 한반도의 중심부이자, 강원도의 남서부에 위치하고 있으며 남북으로 길게 뻗은 태백산맥의 서남쪽에 자리 잡고 있다. 이 도시의 역사는 수만 년 전으로 거슬러 올라가는데, 시를 가로질러 흐르는 강가 모래밭에서 발굴된 선사시대 유적이 당시의 생활상을 어느 정도 드러내주고 있다. 이후 삼한시대와 삼국시대를 거치며 이 지역은 차례로 마한, 백제, 고구려, 신라의 수중으로 들어갔고, 조선에 이르러서는 요즘의 도청에 해당하는 감영이 이 도

274 위의 소설, 151쪽.

275 토마스 렘케, 심성보 역, 『생명정치란 무엇인가』, 그린비, 2015, 68쪽.

> 시에 들어섬으로써 명실상부한 강원도의 중심지가 되었다. 그러나 해방과 전쟁을 거치면서 자연스레 도청은 다른 시로 옮겨가게 되었는데, 그런 이유 때문인지는 몰라도 언젠가부터 W시 시민들은 이상한 상실감에 시달렸으며 뭔가를 빼앗긴 듯한 상대적 박탈감에서 자유롭지 못했다. 결국 그들은 도시를 발전시키고 인구를 증가시키는 것을 가장 중요한 시민의 덕목으로 삼게 됐고 — 물론 당연히 일부 그렇지 않은 시민들도 있었으니 — 그리하여 언젠가는 이 곳을 다시 도청소재지의 지위로 격상시키겠다는 지상 목표를 가지게 되었던 것이다. 그랬던 W시에 외계의 비행접시가 나타난 것은 그야말로 시의적절한 사건이었고, 마침내 도시는 번영하기 시작했다.[276]

W시민의 역사적 집단기억과 공동체 경험에서 비롯된 지역적 상처 중의 하나가 도청소재지를 빼앗겼다는 결핍의식이다. 1395년 이성계는 지방 행정구역을 정비하면서 강릉의 강(江)과 원주의 원(原)자를 합해 강원도라 불렀고 강원도 감영을 원주에 설치하여 원주가 행정 치안 사회 문화의 중심지가 되었으나 고종 33년(1896)에 감영은 춘천으로 이전[277]되었다. W시민에게 감영의 역사성과 전통성을 상실한 것은 언젠가는 회복시켜야할 숙원사업이다. 내부 식민지는 국가들 사이에서만 존재하는 게 아니라 한 국가 내에서도 극심한 지역간 불평등의 형식으로 존재하는 지역갈등이 발생하며, 땅이 비교적 넓고 산지가 많은 강원도도 50.7%가 춘천 원주 강릉에 사는[278] 악성 인구 프랙털로 나타난다. 그리고 세 도시가 치열하게 경쟁함으로써 지역 이기주의나 보수주의로 회귀할 위험이[279] 없지 않다.

지구 전체를 휩쓴 불황과 저성장 속에서도 외계인이란 희소가치가 상주함으로써 W시는 관광 특수를 누린다. W시 홈페이지에는 인도주의 정신으로 살 곳을 찾아 지구에 온 외계 난민을 따뜻하게 환대한다고 홍보하

---

276 김희선, 〈경이로운 도시〉, 『라면의 황제』, 앞의 책, 249~250쪽.
277 김은철 편, 『원주지명총람(상)』, 원주시역사박물관, 2019, 28~31쪽 참조.
278 강준만, 앞의 책, 34쪽, 57쪽.
279 부산대 한국민족문화연구소 편, 『로컬리티, 인문학의 새로운 지평』, 혜안, 2009, 132쪽.

지만, 〈지상 최대의 쇼〉의 시민 인터뷰에 나와 있듯이 처음에는 지구 종말이라는 불안감으로 슈퍼마켓 물건 사재기를 하거나 피난길에 나섰고 도시는 봉쇄된다. 이들의 정동은 공포와 분노, 짜증과 분통으로 변해가며 외계인에 대한 적대감을 드러내지만 W시 상공에 나타난 비행접시는 전혀 해를 끼치지 않은 채 떠있을 뿐이다. 기이한 녹색 생물체를 원시적이고 하등한 족속으로 보는 시민들은 낯설고 이질적인 대상을 타자화한다.

100년 전 한국을 떠나 멕시코 용설란농장 일꾼으로 살던 이민 1세대의 후예인 후안은 우연히 만난 노벨평화상 수상자이자 농학자인 노먼 볼로그에게 자신이 인류의 미래라는 말을 듣는다. 그곳을 탈출해 동해안에서 구조되어 W시에서 계약직 환경미화원으로 일하게 된 후안은 외계인을 식품재료로 이용하여 도시의 번영에 기여한 업적으로 W시가 수여하는 공로상을 받는다. W시는 우주에서 떼지어 몰려온 외계난민이 반란을 일으키자 진압하는 과정에서 엄청난 양의 쓰레기(사체더미)가 쏟아져 나온다. 쓰레기가 된 외계인은 난민이나 망명 신청자처럼 법적 권리를 보장받지 못하는 자들이며, 이른바 '쓸모없는' 자들, '불필요한' 자들, '남아도는' 자들을 포함하는 바 주변부뿐만 아니라 글로벌 경제 아래에서 산업화된 중심부도 배제[280]가 되는 타자이다. W시 시장은 전지구인을 상대로 사악한 외계난민에게 인류적 분노를 느낀다는 성명서를 영어로 동시통역하며 방송한다. 외계인 사체는 실업자, 노동예비군, 난민 같은 잉여적 존재로 결국 쓰레기장에서 처리되는 쓰레기[281]들이다.

〈이제는 우리가 헤어져야 할 시간〉의 W시는 미국 기자에게 "산이 많은 곳, 서울에 비하면 매우 조용하며, 거의 시골 느낌"으로 메모되거나 "도시에 주둔하고 있는 야전군 사령부와 시가 합작하여 1년에 한번씩 페스티벌을 여는 도시", "강원 영서 지방에 위치한 그 작은 도시", "극동아시아의 머나먼 땅"으로 서술된다. 이 소설은 미국에서 일어난 필립 베리건 신부의

280 토마스 렘케, 앞의 책, 104쪽.

281 지그문트 바우만, 정일준 역, 『쓰레기가 되는 삶들』, 새물결, 2008, 21쪽.

항구도시 베스에 정박한 이지스함의 미사일 덮개를 부순 반전운동과 W시의 축제 도중 쟁기로 거대한 탱크를 내리친 사건이 겹쳐지면서 술주정뱅이이자 생계 곤란 범죄자 김홍석을 평화주의자, 반전시위자로 오인하는 소동을 진지하면서도 우스꽝스럽게 그린다. 원어민 강사가 상주하고 음악을 틀어대며 호객하는 대형마트 때문에 죽어가는 골목 상권으로 고통당하는 시민들의 자본 잠식이 나타난다. 반전 시위나 평화라는 거대담론의 정치문제로 서사를 이끌지만 먹고사는 문제를 교차시키며, 김홍석 아들의 인터뷰로 살기 힘들어져서 목숨을 끊은 알코올중독자라는 사실을 알았음에도 불구하고 쟁기운동가로 왜곡된 기사를 쓴 미국 기자를 통해 언론의 선별 조작과 우리 삶의 진실의 허구성을 일갈한다.

작가는 W시가 한반도의 중심, 세계의 중심이 되길 소망한다. W시에 소재한 쇼핑몰, 조각공원, 의료복합단지 등의 장소들에 인류를 변화시키는 위대한 사건을 접맥시키는 김희선 소설엔 한국의 중심인 '아름답고 큰' 서울이 빠져있고, 미국, 유럽, 지구, 우주와 직접적으로 교신하고 접속함으로써 W시의 세계화, 우주화를 실현한다. 한국에서도 널리 알려지지 않은 강원도 산간지역의 중소도시엔 세상과 인류의 미래를 바꾼 과학자, 식량업자, 농학자 들이 거주하며 곳곳엔 연구소와 실험공간이 있다. 기업도시, 의료도시, 군사도시적 특성을 지닌 W시를 작가는 기발한 상상력을 발휘하여 로컬리티의 특수성과 보편성, 진짜와 가짜, 허구와 현실의 경계를 넘나든다. 김희선은 마치 허구가 허구만을 가리키지 않듯이 소설 속 지명과 장소, 시대, 그 밖의 모든 고유명사가 실제 그 자체를 의미하진 않는다고[282] 설명한다.

사건과 사물, 사람의 기원을 계보학적으로 추적하는 그녀의 문학은 비가시적 비가청적인 타자를 외계인으로 상정한다. 김희선 소설의 타자는 여성, 빨갱이, 이주노동자(불법체류자)가 아니라 언어나 얼굴로 파악할 수 없고 인식이 불가능하고 규정될 수 없는 외계인이라는 점에서 21세기

282 김희선, 「작가의 말」, 『무한의 책』, 현대문학, 2017, 517쪽.

적이고 포스트휴먼적이다. 억압과 소외, 가난과 노동, 갑질의 횡포에 시달리는 아파트경비원, 계약직 환경미화원, 공무원준비생, 노인, 아이들, 난민, 이주노동자의 목소리와 권리를 복권하려는 작가는 풍문, 언론, 시당국에 의해 자의적이고 조작된 이미지를 부여하고 타자화하는 상황을 날카롭게 지적한다. 선량하고 해를 끼치지 않음에도 불구하고 사악하고 불결한 혐오와 공포와 경계의 대상으로 외계인을 자의적으로 인식하는 자세는 오늘날 난민이나 이주자를 대하는 모습과 다르지 않다. 그녀는 화려하고 한국을 대표하는 서울'특별'시를 지우고 지구와 우주와 직접 소통하는 공간적 타자성인 W시를 새롭게 형상화한다. 타자성은 본질이 아니라 위치이며 고정된 속성이 아니라 맥락적 구성물[283]이기에 특별과 보통, 중심과 변두리, 주목과 무관심의 기준에 이의를 제기한다. 작가는 W시의 모든 장소들을 매력적으로 창조함으로써 세계적 우주적 공간으로 재탄생시킨다.

〈라면의 황제〉의 당대 베스트셀러 『내 영혼의 닭고기 스프』와 『내 영혼의 라면 한 그릇』, 〈이제는 우리가 헤어져야 할 시간〉의 영화 '라이언 일병 구하기'와 '설리번 일병 구하기' 등의 패러디를 통해 원본과 사본, 진짜와 가짜의 경계를 해체하고, 〈2098 스페이스 오디세이〉의 에드워드 김과 김호현, 〈경이로운 도시〉이 후안 곤잘레스와 황곤식의 이름에 나타나는 다문화적 혼종적인 특징을 지명, 성명으로 드러내며, 뉴욕과 행성, W시 그리고 전세계적인 유명인사들과 W시민을 엮어내는 콜라주 기법 등은 세기말적 시대의 전환기 속에서 개성적이고 자유로운 MZ세대[284] 독자에게 호기심을 갖게 한다. "타인의 고통, 세계평화"가 소설로 쓰고 싶은 주제라고 말하는 작가는 고등학교 2학년 시절 영화 '로보캅'에 감동했고 인생 항로의 반전의 계기가 되었다고[285] 한다. 〈타임머신〉, 〈우주전쟁〉, 〈투명인간〉

---

283 김애령, 『여성, 타자의 은유』, 그린비, 2012, 9쪽.

284 M세대는 Y세대, X세대를 잇는 밀레니엄세대 혹은 에코세대로 불리며 1980년대 이후 출생자를 말하고, Z세대는 1995년 이후 출생한 세대를 지칭한다. 이들은 최신 트렌드에 민감하고 남들과 차별화를 추구하며 인터넷 기기 사용에 두려움이 없다. – 임홍택, 『90년생이 온다』, 웨일북, 2018 참조.

285 신준봉 기자, 앞의 글.

을 쓴 영국소설가 허버트 조지 웰스, 식량증산에 기여한 농학자이자 노벨 평화수상자 노먼 볼로그, 반전 · 인권운동가이자 가톨릭 신부인 필립 베리건, DNA이중나선구조를 발견한 분자생물학자 제임스 왓슨 등의 예술가, 과학자, 운동가, 성직자를 W시민과 연결시키며 과학기술, 의학(약학), 예술을 넘나드는 다채로운 소재들을 정밀한 과학적 토대를 바탕으로 자신의 소설에 버무리는 그녀의 문학주제는 타자의 상처를 어루만져주고 혐오와 조롱만이 산재한 현재의 삶을 성찰하여 아름답고 평화로운 지구를 건설하는 것이다. 미래시대이자 지구 밖 행성까지 확장시키는 김희선 문학은 다문화적 생태적 타자지향적인 입장 표명과 타자에 대한 배려라는 지극히 소박하고 현실적인 주제를 지닌다.

4. 원주 정체성과 문학 속의 원주

2000년대 문학의 동력과 자장 안에서 작품세계를 구축한 이기호, 김희선은 원주시(W시) 배경 소설을 잇달아 발표함으로써 원주 정체성과 원주문학을 정초한다. 이기호는 197,80년대 박정희, 전두환 시절의 정치경제적 일상을 회상하고 복기하는 과거회귀 방식으로, 김희선은 SF적 포스트휴먼적인 외계인 상상력을 통한 미래지향적 태도를 보이지만 공통적으로 지역민, 이주민, 난민, 백수청년, 비정규직 노동자 등 타자에 대한 포용과 공존을 주창한다. 무겁지 않고 유머러스하며 풍자와 해학이 깃든 문학세계는 소설의 방향성과 생존을 고민해야 하는 작가들이 읽히는 소설형식을 강구하며, 개성적인 MZ세대 독자까지 아우르는 창작방식을 모색한 결과이다.

이기호 소설 속 원주는 유명작가의 거주지, 미문화원 방화사건과 연루된 역사적 공간, 군사도시의 흔적과 폭력적 환경, 남루한 소도시의 일상성이 나타나는 공간이다. 과거를 정치하게 복기하는 작가는 197,80년대 우리 사회의 정치경제적 축도를 원주시를 통해 리얼하고 설득력 있게 재현한다. 김희선 소설 속 W시는 기업도시, 의료도시라는 특징 속에서 외계인의 출현에 대처하는 원주민의 태도를 재기발랄하고 흥미롭게 그린다. 이기호 소설의 과거탐사와 역사적이고 실제적인 리얼리티와 김희선 소설의 미래지향과 SF적 판타지라는 차이에도 불구하고 두 작가는 우리 삶이란 치밀하고 논리적이며 개연적이고 거대역사의 흐름 속에서 진행되기 보다는 지극히 우연적이고 사소하며 뜬소문과 왜곡된 여론 속에 형성되는 오인과 그릇된 판단의 결과로 이해한다. 순진하고 소박한 소시민은 갈팡질팡하거나 어쩔 줄 모르고 작은 것을 지키려다가 봉변을 당하는 불완전한 인간형으로 형상화함으로써 《차남들의 세계사》의 나복만이나 〈지상최대의 쇼〉의 외계인의 일들이 누군가에게 일어날 수 있기에 누구에게나 발생할 수 있는 타자성을 지닌 우리 자신의 일임을 상기시킨다.

21세기 사유인 해체주의, 포스트모더니즘, 포스트휴머니즘 흐름 속에 두 작가는 무겁고 진지한 주제의식을 발랄하고 재치 있고 '웃픈' 내러티브 방식을 취한다. 인권, 폭력, 선악의 경계, 인간이해, 타자의 시선과 같은 주제를 한바탕 소동이나 쇼 혹은 해프닝으로 우회적으로 그려 현실의식을 희석하고 희화화한다는 비판을 받을 수도 있지만 문학이 외면 받는 시대에 호기심과 흥미를 유발하는 읽히는 소설형식이라는 점에서 긍정적이다. 아파트 욕망과 생명정치의 폭력이 순박한 소시민과 사회적 약자를 대상으로 나타나는 이기호 소설과 영생불사의 욕망과 난민, 청년백수, 3D업종 노동자인 타자에 주목하는 김희선 소설은 제어되지 않는 인간의 무한욕망과 양극화사회라는 현실문제에 기반한다. 능청스럽고 독창적이며 깊이 있는 두 작가의 작품세계는 산업화, 밀레니엄, 포스트휴먼 사회 그리고 우주시대라는 시간적 이행 속에서도 '차남', '외계인'으로 표상되는 타자의 고통과 상처가 지속되고 있다는 점에서 동시대적이다.

7장 한국현대소설 속 원주표상과 로컬리티: 원주 출신 및 거주 작가

1. 로컬리티·소설·원주

1995년 민선 지방자치시대의 개막과 '글로벌로 사고하고, 로컬로 행동하라'는 글로컬리즘[286]의 모토 하에 지역사회, 지역문화, 지역공동체에 대한 관심이 높다. 유동적이고 고착화되지 않는 특징을 지니는 중층적이고 구성적 개념인 로컬리티를 바탕으로 하는 지역학, 강진학은 지역의 중심화를 정립하는데 기여하는 학문[287]으로 K-literature, K-culture, K-study의 유행도 이러한 시류와 함께 한다. 로컬리티는 기존의 권력이나 중심을 교란하고 해체하기 위해 주변적인 것의 복권을 시도하는 모든 정체성 정치의 단위를 의미한다는[288] 점에서 문제적이고 정치적이다. 강원학, 원주학과 같은 지역학 연구가 활발해지고, 지역 출신 및 거주 작가 발굴과 문학관, 표지, 조각상, 그라피티 같은 표식을 통한 문화집단의 정체성이 구축되고 있다. 2019년 유네스코 문학창의도시[289]로 원주시가 지정되었으며

---

286 세계화(globalization)와 지방화(localization)는 지리적 개념으로 대립적 성격을 지니지만, 문화적 개념으로는 한 자리에서 조화롭게 만난다. 이른바 세방화(glocalization)는 문화를 매개로 한 세계화와 지방화의 변증법적 관계로서 대립적 통일을 이루는 개념이다. 세계화는 문화의 지방화에서 비롯되며, 민족문화의 세계화를 겨냥하기 위해서도 지역문화의 독창성을 새로 발견하고 이를 가꾸어야 한다. 임재해, 『지역문화 그 진단과 처방』, 지식산업사, 2002, 30쪽.

287 오영교, 「지역학의 대두와 '강진학'」, 『다산과 현대』 제8권, 연세대 강진다산실학연구원, 2015, 201쪽.

288 김명훈, 「한국문학 로컬리티 연구의 전개 양상과 남은 과제들」, 『어문론총』 제68호, 한국문학언어학회, 2016, 146쪽.

지역의 특색을 살려 널리 홍보하고 세계적으로 나아가려는 도시 단위의 노력이 경쟁적으로 이뤄진다.

장소는 문화적 삶의 표식이자 매개체이며, 다양한 문화집단, 커뮤니티, 사람들은 장소에 뿌리를 두며, 장소를 통해 의미를 부여[290]받는다. 공간과 대조적으로 장소는 정치화되고 공간화되어 있는 개념 즉 좀더 인간화된 공간[291]이다. 유교전통을 특권적으로 점유하는 영남, 소외와 한을 형상화하는 호남, 4.3사건으로 표상되는 저항과 유배의 땅으로서의 제주도와 더불어 강원도민의 상대적 박탈감, '낙후의식', '소외감', '무대접론' 등은 강한 주체적 지역정체성의 확립과 개발요구를 배경으로[292] 한다, 강원지역의 심상지리[293]는 궁핍과 정보부재, 소외, 주변부 등의 타자화된 지역으로 연상된다.

인구밀도가 낮고 농촌이 많은 강원도에서 원주는 가장 인구가 많은 교통의 사통팔달로 국토의 중앙에 위치해 있다. 군사도시라는 오랜 역사성에서 벗어나 생명도시, 혁신도시, 문학도시로 거듭난 원주는 치악산과 백운산, 섬강과 남한강을 배경으로 하는 민주화의 성지이다. 이러한 지역정체성에는 정치에 입문하지 않고 고려시대의 절개와 충의를 드러낸 운곡 원천석(1330~?)과 서얼 출신이자 허균·허난설헌의 스승인 손곡 이달(1539~1612), 보은을 담고 있는 치악산 까치설화 등 역사성이 작동되지만 지역사상가 장일순(1928~1994), 가톨릭 사제 지학순(1921~1993), 《토지》의 소설가 박경리(1926~2008), 「오적」의 시인 김지하(1941~2022)의 원주 거주가 역할을 했을 것이다.

---

289 유네스코 창의도시에 선정된 도시로는 공예와 민속예술 분야(이천, 진주, 김해), 디자인(서울), 영화(부산), 미식(전주), 미디어아트(광주), 음악(통영, 대구)이 있고, 2017년에 부천과 원주가 유네스코 창의도시 문학 분야에 선정되었다.

290 존 앤더슨, 이영민·이종희 역, 『문화·장소·흔적』, 한울아카데미, 2013, 74쪽.

291 위의 책, 75쪽.

292 오영교, 앞의 논문, 208~209쪽.

293 어떤 공간을 상상하거나 인식하는 것을 말한다. 에드워드 사이드의 오리엔탈리즘 관점에서 서양은 동양을 신비화 여성화 타자화로 바라보는 탈식민주의 이론이다.

1964년 초대 원주교구장으로 부임한 지학순 신부는 이 지역이 경제적으로 낙후돼 있고 특히 농촌과 탄광지역주민들이 고리채에 시달리는 것을 보고 가슴 아파 이를 극복하는 방법으로 신용협동조합을 만들기로 결심하면서[294] 무위당 장일순과 조우한다. 가난하고 소외된 사람들의 입장에 서서 민주화운동과 협동조합운동을 함께 한 이들은 원주에 생명을 불어넣었다. 박경리 작가의 사위이자 진보의 최전선에 있던 김지하까지 합류한 원주그룹[295]은 궁핍한 지방의 경제를 살리기 위한 협동운동과 인간생명을 회복하는 운동을 통해 로컬리티 정체성을 형성하는데 일조한다. 해월 최시형의 동학사상에 기초한 한살림과 밥 한 그릇의 사유, 우주 속의 인간, 모심의 사상은 박경리 문학의 생명과 동학사상과 연계를 이룬다. 기계문명과 독재정권의 반인권적 행위에 반대하고 저항하는 원주는 본래 저항의 도시로서 동학운동, 일제에 항거하는 의병전쟁에서부터 시작해 1970~80년대 민주화운동을 거쳐 1990년대 시민단체의 다방면에 걸친 운동까지 권력에 정면 대응[296]했다.

또 다른 한편에서 원주는 군사도시로 표상되는 억압과 감금, 고문과 반인권적 폭력적 무법지대였다. 전쟁 이후 원주는 미수복지구(강원도 북부지방)를 비롯한 전국 각지에서 6만 명이나 되는 피난민들이 몰려들었고[297], 외부 인구의 유입은 제1군사령부를 비롯한 많은 군부대의 주둔과 함께 형성되었다. 군부대의 주둔은 지역주민으로 하여금 반공이데올로기와 냉전의식을 강화하고 군사도시의 시민이라는 정체성을 강하게 갖도록[298] 했다. 군인극장, 군인아파트, 군인백화점, 군인면세점, 군인축제 따

294 신영식, 『원주에 사는 즐거움+: 협동조합, 사람을 읽다』, 지역문화콘텐츠협동조합 스토리한마당, 2018, 18쪽.

295 1970년대 민주화의 성지라 불렸던 원주에서 지학순과 장일순 중심으로 모인 운동가 그룹을 일컫는다. 김영주, 김지하, 박재일, 이경국, 김상범, 김헌일, 홍고광, 박양혁 등이 참여하였다. -최성현, 『좁쌀 한 알』, 도솔, 2004, 32쪽.

296 허문영, 『김지하와 그의 시대』, 블루엘리펀트, 2013, 159쪽.

297 장영민, 『원주 역사를 찾아서』, 경인문화사, 2004, 227쪽.

298 위의 책, 248쪽.

뚜 등 군사시설과 군인문화의 흔적이 남아있고, 지역민의 집단기억과 공동체의식에 투영[299]되었으며, 외지인에게 원주는 군대시절의 향수를 지닌다. 보수적이고 친체제적인 군사도시 이미지와 진보적이고 반역적인 저항도시 이미지라는 양가적인 인식은 원주시가 지닌 독특함이다.

이 지역은 미문화원방화사건으로 도피한 대학생을 숨겨준 죄목으로 감시를 받던 최기식 신부와 일생 동안 감찰 당한 장일순 선생, 온몸으로 저항했던 지학순 주교 등 불온한 인물들이 많다. 동학사상, 생명사상, 가톨릭의식, 한살림운동의 시민운동과 전국적으로 유명한 지학순, 장일순, 김지하의 반독재 및 민주화 운동은 천주교정의구현사제단을 발족함으로써 종교의 사회적 역할에 대한 논쟁[300]을 가져왔다. 이와 같이 원주시는 반역과 동학과 생명의 도시를 구축하게 된다.

문학 속에 재현된 원주를 살펴보면, 1908년 발표된 이인직의《치악산》은 치악산 밑 제일 크고 이름난 동네인 단구역말에 사는 홍참의 딸이 전처소생의 아들인 백돌에게 시집가 후실 시모와 시누의 구박과 모함을 받게 되고 남편이 일본 유학중 며느리를 간부(姦婦)로 오해해 치악산으로 내쫓는 가정비극을 그린다. 치악산 묘사로 시작되는 이 소설에서는 한 여인의 파란만장한 삶을 거칠고 위험한 산으로 비유하며 시모에게 모진 학대를 받는 며느리의 피신장소로 재현된다. 작가는 '강원도 원주 경내에서 제일 이름난 산', '금강산은 문명한 산이요, 치악산은 야만의 산', '중중첩첩하고 외외암암(巍巍暗暗)하여 대단히 웅장한 산'으로 '백주에 호랑이가 덕시글덕시글'한 치악산에서 밭일을 해 호구(糊口)하고 솔을 베어다 집을

299 졸고, 「2000년대 소설의 원주시 재현 양상」, 『운곡논총』 제10집, 운곡학회, 2021, 231쪽.

300 종교나 정치가 취급하는 대상인 사회성과 윤리성을 지닌 인간이기에 분리될 수 없으며, 윤리와 도의가 땅에 떨어지고 인간의 기본권이 유린되고 권력과 금력이 난무하는 사회에서 인권회복, 민주회복, 부정부패 일소는 종교인의 정치간섭이 아니라 종교인이 자기의 그리스도교 신앙을 고백하는 것이라는 입장이다. 또한 미문화방화사건의 주범인 대학생 김현장을 보호해준 것에 대해서 사제는 실정법이 양심법과 상충될 때 양심법을 우선적으로 따라야 하기에 찾아오는 사람을 받아들이는 게 원칙이라고 말한다. ―이계창, 『법정에서의 진실』, 가톨릭출판사, 1991, 247쪽, 268쪽.

짓고 고비 고사리를 캐어다가 반찬하고 물을 먹기에 사람의 생명이 달려 있다고 묘사한다. 이 시기의 치악산은 물품과 식용품을 확보하는 생존공간이다.

1930년대 이효석의 〈산협〉의 원주는 다른 지역보다 문명화되고 도회적이며 문화가 발전된 지역으로 그려진다. '깊은 산속의 골짜기'라는 의미의 산협(山峽)인 창말(평창군 봉평면 창동리)의 공재도는 봄이 되면 콩섬을 싣고 소금과 바꾸기 위해 양구덤이를 넘고 횡성 벌판을 지나 나흘 걸려 원주 땅 문막에 도착한다. 예부터 섬강 나루터에 막을 치고 마을이 있었으므로 유래된 문막(文幕)[301]은 물물교환과 경제의 중심지였다. 공재도는 아들을 낳기 위해 소와 바꿔 데려온 원줏집을 둘째부인으로 맞이해 혼례를 치른다. 근방에서 제일 개화한 원주읍에서 온 원줏댁은 팥가루 대신 비누를, 매화분 대신 향내 나는 분가루를, 엽초 대신 흰 권연을 태우는 도시인으로 비춰진다. 양귀자의 《천년의 사랑》에서는 천년전 연인인 오인희와 서하상이 만나고 상처를 풀어내면서 이루어질 수 없는 영겁의 사랑이 배경이 된 영험하고 신비로운 산으로 표상된다.

이 글은 원주와 관련된 작가들의 소설을 연구대상으로 로컬리티 재현 양상을 고찰한다. 박경리와 김지하, 오탁번, 원재길, 이인휘, 이기호, 김희선을 보유한 원주에서 이들이 재현한 로컬리티를 살펴보는 연구는 원주정체성과 원주문학의 특성을 파악하는데 기여할 것이다. 토마스 하디의 위섹스, 오르한 파묵의 이스탄불, 이병주의 지리산, 박경리의 통영과 하동, 김정한의 낙동강, 김원일의 진영, 현기영의 제주처럼 구체적인 장소와 공간을 통해 형상화된 지역문학인[302] 원주문학은 단계택지, 서원도로, 단구동, 봉산동, 치악산, 섬강, 문막, 부론, 귀래, 원동성당 등을 배경으로 가난하고 고단하지만 소박하고 명랑한 서민들의 모습을 생동감 있게 재현한다.

---

301 김은철, 『원주지명총람(상)』, 원주시, 2019, 282쪽.

302 구모룡, 「장소와 공간의 지역문학」, 『어문론총』 제51호, 한국문학언어학회, 2009, 346쪽.

2. 군사도시 정체성과 소시민의 생활터전

'한국전쟁이 낳은 우리나라의 대표적인 신흥도시' 원주는 1953년을 기점으로 제1군 야전군 사령부, 미군기지 캠프 롱, 사령부의 직할 부대 및 전투 근무 지원부대가 집결[303]했고, 군작전을 위한 도로망 계획 및 군인가족을 위한 문화시설이 형성되었다. 원주 지역경제의 활성화는 군부대와 밀접한 관계를 이뤄왔다.

원주 태생의 이기호는 〈원주통신〉, 〈그 길 끝에 다시-원주통신2〉 등 두 편의 단편을 발표했는데 이는 박경리의 산문집 『원주통신』을 패러디한 소설제목이다. 〈원주통신〉은 1980년 원주시 단구동에 이사온 유명작가에 대한 한 소년과 동네사람들의 반응을 해학적이고 유머러스하게 전개한다. 박경리의 이주는 문학적 지식이나 교양이 높지 않던 원주시민에게 별 관심이 없다가《토지》가 드라마로 만들어지면서부터 존재감이 부각된다.

> 『토지』를 쓴 소설가 박경리 선생이 우리 동네로 이사를 온 것은 일천구백팔십년도의 일이었다. 선생의 정확한 주소는 강원도 원주시 단구동 742-9번지. 우리집은 선생의 집에서 오십 미터쯤 떨어진 742-1번지였다. 선생과 같은 동네에 살았지만, 그렇다고 내가 선생과 특별한 인연을 맺은 것은 아니었다. 일천구백팔십년도라면 내가 초등학교에 입학한 지 이제 막 일 년이 지났을 때였다. 그건 즉, 내가 팔팔에 육십사 같은 고난도의 구구단을 외우느라 온갖 핍박과 어머어마한 스트레스를 달게 받고 있던, 그런 시절이란 소리이다. 그러니 이웃에 새로 이사온 소설가 할머니에게 관심을 기울일 만한 여력이 없었던 것이다. 뭐, 가끔 등돌려 열심히 도망치는 일을 몇 번 했지만, 그거야 박경리 선생만 당한 일도 아니었으니까……[304]

303 유춘동 · 김대범, 『원주의 군사문화 연구』, 강원연구원, 2018, 38쪽.

304 이기호, 〈원주통신〉, 『갈팡질팡하다가 내 이럴 줄 알았지』, 문학동네, 2006, 97~98쪽.

이기호에게 창작 소재의 원천이자 근원적 향수와 성장 트라우마가 구현된 장소인 단구동은 택지개발사업이 원주 최초로 진행되어 1986년에 완공[305]되었다. 과도한 은행 대출이자로 블란서풍 신형주택을 짓느라 뜨개질을 하며 고단한 일상을 영위하는 마을사람들에게 드라마 《토지》의 방영은 박경리 선생과의 사소한 인연을 경쟁적으로 늘어놓으며 위로가 되었다. 대학 졸업 후 백수가 된 주인공은 중학동창으로부터 웨이터가 길상이고, 접대부가 서희인 룸살롱 '土地'에서 술대접을 받은 후 박경리 작가에게 상호명 허락을 받아오라는 협박을 받는다. 주인공은 '서원대로'라고 불리는 단계동에서 단구동까지 이어진 산업도로를 걸어서 박경리 선생 집 앞에 도착했지만 택지개발예정지역으로 묶여 이미 매지리로 이주했던 터라 만나지 못한다. 이 소설은 집 한 채를 위해 일생을 보내는 모순된 한국사회 구조를 일갈하며 어린 시절 유명작가에 대한 거짓말로 봉변을 당하는 주인공이 결국 소설가가 되는 자전적 소재를 바탕으로 한다. 〈원주통신〉은 한번도 만나지 못한 이웃주민 유명작가에 대한 상상과 드라마의 파급효과와 더불어 가난하지만 소소한 일상을 살아내는 원주시민의 소박한 모습을 담는다.

소설 제목과 함께 〈말과 말 사이-원주통신2〉의 첫부분은 공간묘사로 시작된다. 이 소설은 초등학교부터 고등학교까지 친구 사이인 '나', 재덕이, 승희, 형자의 성장소설이다.

> 우리가 태어나 자란 곳은 강원도 원주시다. 제1야전군 사령부와 군수지원사령부, 제36사단 사령부, 제11통신여단 사령부와 주한미군 부대인 캠프롱, 캠프 이글이 바글바글하게 모여 있는 곳. 그렇지 않아도 분지라서 더운 시퍼렇게 팔팔한 청춘들마저 자신들의 얽매인 처지를 비관해 매일 시도 때도 없이 고함을 질러대는 통에, 그 열기마저 뒤섞여버려 더더욱 후텁지근한 곳.

305 권익은·김동규, 「지방도시 공간구조 변화에 대한 고찰-원주시의 시대별 택지개발사업을 중심으로」, 『춘계학술발표대회 논문집』 제77집, 대한건축학회, 2022, 686쪽.

> 우리는 그 도시에서 같은 초등학교를 다녔고, 또 아주 잠깐 동안이었지만 같은 교회 성가대에 앉아 주님께서 내려주신 실로암을 꽥꽥거리며 되돌려드린 적도 있었다.[306]

우리 사회에서 존재감이 없는 4명의 고졸 출신은 마땅한 일자리가 없는 중소도시에서 백수 혹은 고졸 실업자가 된 '너무 오래된 친구'이다. 이들은 지속적으로 모임을 가지면서 "고만고만한 직장에서 고만고만한 월급을 받으며 고만고만한 애인과 고만고만하게 부대끼며" 살아간다. 원주를 떠나지 않은 것은 지극히 우연적이고 사소한 상황 때문으로 부모이혼, 전교조, 당구 등 불안한 가정과 사회에 대한 20대의 치기어린 대화를 하는 청년들의 관심사는 이성문제이다. 29살이 되도록 '보건소 처녀'라는 별명을 지닌 형자는 캠프 이글 소속의 육군 중사인 흑인 리키를 중앙동 소재의 외국인 전용 클럽에서 만나 연인이 된다. 형자의 여고동창생은 뚜렷한 직장이 없어 영어공부에 전력투구하지만 취업이 쉽지 않자 지긋지긋한 이 나라를 떠나는 것이 소망이다. "팔짱을 끼고 시내 한번 돌아다녀도 그 다음 날 바로 임신 소문이 돌 정도로 작고 좁은" 소도시에서 미국병사와 처녀와의 데이트는 보수적이고 좁은 지역에서 눈에 띌 수밖에 없다. 소설 속 원주는 일자리가 부족하고 미군부대가 주둔해 아메리카드림을 꿈꾸며 탈출하려는 여성들이 살아가는 곳으로 1970~80년대의 쾌락적이고 우울한 한국사회를 알레고리화한다.

SF적 포스트휴먼 상상력으로 독창적이고 참신한 문학세계를 구축한 김희선 소설배경인 W시는 삼양라면공장이 있는 곳(라면의 황제), 감영이 들어선 강원도의 중심지였지만 도청이 다른 도시로 옮겨가[307] 상실감에 시달리는 시민들이 사는 곳(경이로운 도시), 군사도시(지상 최대의 쇼), 조

---

306 이기호, 〈말과 말 사이-원주통신2〉, 『그 길 끝에 다시』, 바람, 2014, 73쪽.

307 조선 500년간 감영이 설치되었던 원주시는 강원지역의 정치문화경제 중심지였으나 1895년 23부제 실시로 폐지되고 고종 33년(1896) 13도제로 환원하며 강원감영이 춘천으로 이전하여 중심지로서의 기능을 상실했다.

각공원이 있는 장소(조각공원) 등으로 묘사되고 있어 원주로 추정된다. 그녀의 소설공간은 보르헤스적인 독창성과 글로컬리즘적 사유, 행성, 우주를 넘어서는 초지구적 상상력을 바탕으로 함으로써 진짜와 가짜, 재현과 비재현, 진실과 소문, 가상과 현실을 넘나든다. 미지의 공간이 뫼비우스띠처럼 연결되는 문학공간은 보이지 않는 곳의 진실을 상징한다.

콜라주적 시선과 SF적 상상력을 지닌[308] 〈지상 최대의 쇼〉는 어느 날 갑자기 W시 하늘 한가운데 비행접시가 출현함으로써 일어나는 시민의 대처와 일상을 능청스럽게 그린다. W시민들은 처음에는 경계했지만 별다른 위해를 가하지 않고 색종이 가루를 뿌리는 게 전부인지라 무심하게 대한다. '한국 동부 산간지대에 위치한' '강원 내륙의 조용한 소도시', '산으로 둘러싸인 그 작은 도시', '극동아시아의 한 도시', '한국 동부 산간지대에 위치한 도시' 착륙에 대해 레이건 행정부의 군사 전문가는 'W시는 대한민국 육군의 야전군 사령부와 1군단 지원 사령부가 자리 잡고 있는 군사적 요충지'로 '무엇보다도 그 도시엔 미군 부대가 주둔해 있기' 때문이다. 전문가는 악의 제국 소련을 대하듯이 사악한 의도가 있으므로 그들의 평화적 제스처에 속으면 안 된다고 경계한다. 이와 같이 W시는 동아시아에 위치한 군대가 많고 조용하고 작고 산으로 감싸인 도시로 묘사된다.

괴비행체의 등장으로 두려움과 공포에 빠진 시민은 사재기를 하고, 중앙정부는 지방자치제의 본래 의미를 존중한다면서 별다른 간섭을 하지 않겠다는 공식적인 입장을 발표하면서도 방역과 검역을 강화하고 시와 외부의 교류를 철저히 통제한다. 지방을 바라보는 중앙정부의 이기적이고 자기중심적인 태도 속에서 음모론과 소문과 가짜뉴스가 난무한다. 외계인 무리를 본 적이 없음에도 불구하고 몸은 녹색이고 냄새가 나며 사납고 지저분해 보이는 다시는 마주치고 싶지 않은 족속이라는 혐오감을 드러내는 시민의 시각은 타자를 보는 시선과 일치한다. 정체를 알 수 없고 규정불가

308 박인성 외, 「그래도 소설은 계속된다-2012년 겨울의 한국소설」, 『문학동네』 제20권 1호(통권74), 2013.

능한 타자성을 지닌 이방인, 괴물, 여성으로서의 타자의 은유[309]인 외계인은 외부로부터 공동체로 도래한 낯설고 신비한 이방인으로 글로벌 다문화 시대의 제노포비아[310]와 제노사이드[311]의 위험에 노출된다. 자본-민족-국가라는 삼위일체를 유지하기 위한 예외상태로 남아있는 마녀라는 존재는 과거엔 여성, 유태인, 빨갱이였지만 오늘날엔 무슬림이고 동성애자이고 이주노동자의 모습으로 현신[312]하는바, 김희선 소설에서는 외계인으로 설정함으로써 더욱 선명하게 제시된다. '활기찬 도시, 발전하는 경제'라는 범시민운동의 슬로건을 내걸며 새마을노래처럼 아침마다 울리는 노래에 신체가 생체정치에 적응된 도시민은 부지런해지는 습관을 갖게 된다. 개별신체의 훈육과 육체의 습관을 구성하고 조직하는 방식이 작동되어 생산성과 효율성을 높이는 방식이 근대사회의 생명정치이다.

이 소설은 9급 공무원 시험 준비 중인 31세의 김훈석, 군제대후 W시 소재 전문대 복학 준비생인 24세의 김근석, 환경 미화 전문 용역업체 담당 소장인 48세의 박상만, W시 A아파트 경비원으로 근무하는 54세의 이만호의 시선으로 비행접시와 외계인의 출현이 이 도시에 미치는 영향과 변화를 증언 혹은 인터뷰 형식으로 서술된다. 각 세대는 고단하고 불확실한 일상 속에서 출몰한 외계인에 대한 대응을 보여주는바 식량난과 전염병을 옮길 거라든지 쓰레기 청소나 경비 부문 실업률이 늘어나 3D 업종 노동자의 불만이 생긴다든지 하는 추측이 난립한다. 이 소설은 SF상상력으로 출발하지만 인간이 외계인을 바라보는 시선은 냉전시 미국이 악의 축인 소련을, 중앙이 지방을, 정주민이 외부인을 바라본다는 점에서 현실적이고

---

309 김애령, 여성, 『타자의 은유』, 그린비, 2012, 39쪽.

310 xenophobia, 낯섦, 이방인에 대한 혐오현상을 말하며 악의가 없어도 다르다는 이유만으로 경계하고 배척하는 심리와 태도를 뜻한다. 다문화사회에 진입한 한국에서도 이주자에 대한 수많은 차별적 혐오적 사건들이 심각하게 대두된바 포스트휴먼 시대, 인류세엔 AI, 외계인과의 공존이 대두되었다.

311 genocide, 인종말살, 집단학살의 의미로, 인종차별이나 종교상의 편견에 의한 몰살 또는 특정집단을 절멸시킬 목적으로 대량학살하는 행위를 말한다.

312 이택광, 『마녀프레임』, 자음과모음, 2013, 142쪽.

동시대적이다. 지방소멸 시대에 중소도시에서 살아가는 공무원준비생, 아르바이트생, 전문대 복학생 등 젊은이들의 취업의 어려움과 환경미화원, 아파트경비원으로 표상되는 중년층의 고달프고 실직의 위험에 놓인 일상을 우회적으로 제시한다. 그녀의 소설은 생물평등주의에 입각한 공생의 원리, 지역 자율성, 환경 다양성 등에 초점을 둔 근본생태론[313]에 기반하여 만물의 영장, 최상위포식자, 오만한 주체인 인간에게 엄정한 자기비판을 묻는다. 또한 근대국민국가가 구축한 이질적인 소수집단을 억압하고 폭력을 자행했던 폐해와 조작들이 우주시대에도 달라지지 않음을 비행접시, 외계인 설정으로 알레고리화함으로써 이방인(외지인), 지방이라는 타자성에 대해 숙고하게 한다.

원주 출신의 이기호, 원주 거주의 김희선 소설은 독창적이고 기발하며 엉뚱한 상상력을 바탕으로 유머러스하고 판타지 요소를 동원하여 재밌게 읽히는 동시에 타자의 문제를 예각적으로 성찰한다. 2000년대 문학 풍토에서 이들의 소설은 소설형식의 파괴와 무겁지 않은 서술방식에도 불구하고 타자가 어떻게 형성되고 차별받는지를 분석하고 거기에서 드러나는 인간의 무한욕망과 사건의 본질을 드러낸다. 원주시(이기호), W시(김희선)는 군사도시로서의 이미지와 청춘들의 미래에 대한 불안감과 비정규직, 3D업종의 취약함과 타자적 차별적 시선이 드리워진 공간이다. 조선시대부터 초강력 중앙집중체제가 형성되었고 본격화된 개발독재는 서울을 인구 흡수의 블랙홀로 만들어 서울-지방 위계를 더욱 강화[314]시킨다. 수도권 편중현상은 지역의 일자리 창출이나 정착 환경을 어렵게 했으며 서울시민되기에서 탈락한 사람들에게 열패감과 열등감을 갖게 했다. 대도시권이라는 한정된 지역에 사람들이 밀집해 고밀도의 환경에서 생활하는 '극점사회'[315]를 비판하는 이기호와 김희선 소설은 지방소멸, 중심/주변, 생물다양성, 글로컬리즘 등 동시대적인 이슈를 진단한다는 점에서 현재진행형이

---

313 안승범, 『SF 포스트휴먼, 오토피아』, 문학수첩, 2018, 75쪽.
314 강준만, 『지방 식민지 독립선언』, 개마고원, 2015, 17쪽.
315 마스다 히로야, 김정환 역, 『지방소멸』, 와이즈베리, 2015, 39쪽.

다. 원주는 한 지역을 표상하는데서 벗어나 한국이 지닌 지역도시의 문제점을 날카롭게 일갈한다. 두 작가의 소설 속 원주시(W시)는 순진하고 소박한 시민들의 좌충우돌과 우물쭈물하는 일상을 흥미롭게 전개하면서 타자성, 폭력, 혐오, 차별의 문제를 극명하게 제시한다.

3. 생태·생명·치유의 공간

원주라는 도시가 생명사상의 본원지로 인식되는 것은 장일순, 박경리와 김지하의 정착과 무관하지 않다. 생명운동가이자 생명사상가인 무위당 장일순의 생명과 공생의 사상은 모든 만물이 평등하다는 한살림 선언에 잘 나타나 있다. 그의 사상은 농산물 직거래 방식의 협동조합과 병들어 죽어가는 이 땅의 자연을 되살리자는 좁쌀 한 알의 철학이다.

소설제목에 나타나듯이 이인휘의 《부론강》은 예술가들의 느슨한 연대와 대안공간으로 '부론'을 상정하여 외지인의 정착에 주목한다. 원주시 부론이라는 장소에 대한 깊은 애착과 이해를 바탕으로 폭력적인 자본주의와 물질만능, 편리 위주의 삶에 저항하는 실천적 대안을 그린 이 소설은 지역의 작은 것과 과거의 것들이 거시적 정책과 문화에 의해 무시되거나 망각되는 현실[316]에서 개인과 사회와 지역 연계를 제시한다.

부론면은 강원, 경기, 충북의 세 도에 접한 교통의 요지로서 동쪽은 귀래면에, 서쪽은 섬강을 경계로 여주시와, 남쪽은 충주시와 남한강을 경계로 충주시와, 북쪽은 문막읍과 여주시와 접하며 산지가 많다. 고려시대에는 경제활동의 요충지가 된 흥원창이 있었고 '말이 많이 오가는 곳' 곧 부론(富論)이라는 지명이 생기게 된 것으로 보기도 한다. 문화유산도 풍부하여 법천사지 지광국사현묘탑비와 당간지주, 거돈사지 삼층석탑이 있으며 손곡리에는 고려 공민왕, 손곡 이달, 임경업의 전설, 단강리의 단종과 얽

---

316 마이클 크로닌, 이효석 역, 『팽창하는 세계』, 현암사, 2013, 171쪽.

힌 전설이[317] 전해진다.

각각의 사연을 갖고 부론에 모인 사람들이 문화예술인 모임을 형성하여 서로를 알아가는 이야기를 자연과 문화 속에 정동과 감성을 투여한 이 장편소설은 한 지역을 전체적으로 조망하고 소개하는 부론에 대한 한편의 아름다운 헌사이다. 작가는 산, 강, 땅(폐사지), 유적, 유물 등의 자연과 물질에 미세하고 감성적인 느낌을 부여하고 향토인물의 살아온 흔적에도 의미를 투사한다.

> 부론면은 생명의 어머니라고 부르는 산림에 둘러싸인 평온한 분지였다. 타지에서 부론면으로 들어오는 길은 네 군데였다. 문막에서 노림리와 손곡리를 거쳐 들어오는 두 길이 있고, 귀래를 거쳐 정산리를 통해서 들어올 수도 있다. 또 한 곳은 남한강대교를 건너 들어오는 길이다. 모두 산과 산을 거치고 강물을 건너와야만 들어올 수 있는 곳이다. 사람들은 산 사이로 나 있는 길을 지나면서 산바람과 새들의 소리로 몸을 씻는다. 길을 좇아서 흐르는 시냇물 소리에 마음의 눈도 떠져서 편안하게 자연에 스며들다 보면 확 터진 커다란 분지가 펼쳐지는데 그곳에 부론면 중심거리가 있었다.[318]

동네어른들의 영정사진을 찍어주는 사진작가 찬미는 우연히 한 식당에서 원우와 만난다. 사업가이자 노름꾼에 난봉꾼인 아버지와 치매증세가 있는 엄마에 대한 책임을 요구하는 이기적인 형제와 갈등하는 찬미는 '지랄 맞은 도시'를 떠나 개와 엄마와 함께 부론에 정착한다. 핏줄과 가족에게 상처를 입은 찬미는 슬프고 인연이 닿은 강, 산, 허허로운 들판, 역사, 시간, 인내를 표상하는 나무 등의 자연과 몰입하고 일체감을 느끼면서 상처를 치유한다.

술 먹고 횡포를 부리는 아버지와 산동네 골목길에서 생선장수를 한 어

---

317 황루시 외, 『한국구비문학대계: 강원도 원주시』, 역락, 2019, 31쪽.

318 이인휘, 『부론강』, 목선재, 2020, 83쪽.

머니 밑에서 명문대 국문과를 다니며 학교운동권 활동을 하던 원우는 자신을 위해 새벽기도를 다닌 모친의 사망에 절망한다. 그리움과 외로움의 형벌을 갖게 된 그도 부론면에 정착한다. 이외에도 노동소설가 박해은, 주점 '풍류마을' 대표 재호, 신문기자로 철학을 전공한 양 박사, 건축업자로 손곡리 이장집을 짓다가 부론 풍광에 매료되어 눌러앉은 서길노, '농부가' 음식점을 운영하는 이인석, 찬미를 짝사랑하는 이장 최성주 등 여러 명의 마을사람이 등장하지만 이 소설의 주인공은 천년의 세월, 숱한 역경의 시간을 무심하게 건너오고 이겨낸 느티나무, 일제강점기 도난당했다가 반환되어 법천사로 복귀 예정인 현묘탑, 남매장수 전설을 지닌 당간지주, 상처 입은 돌조각을 지닌 거돈사지, 무상하기 그지없는 고요가 텅 빈 폐사지, 그리고 허균 남매의 스승으로 서얼 출신인 비운의 사내 손곡 이달, 임경업 장군, 모든 벼슬을 사양하고 저서 『산중일기』를 집필한 우담 정시한, 한백겸, 기생 홍랑과의 애절한 사랑을 한 고죽 최경창 등 역사인물이다. 몇백년을 이어온 산과 나무와 강은 묵묵히 짧은 인간사를 기억하기 때문이다.

> "폐사지의 아름다움을 많이 느껴보시게. 녹음에 감싸여 있는 폐사지의 생동감도 좋지만 겨울 황량한 바람이 불 때 폐사지에 서 있으면 만감이 교차하네. 그 아픈 세월을 견뎌온 모습이 겨울 나뭇가지 끝 같다네. 매서운 추위 속에서도 허공을 시퍼렇게 찌르고 있는 나뭇가지 끝에 응축된 생명의 힘을 보면 가슴이 뜨거워져. 그리고 법천사지의 탑비는 제대로 봤는가?"[319]

자연과 문화재에 삶의 슬픔, 인연, 고통, 회한, 고독, 인내, 상처, 시간과 역사성을 부여하는 작가는 부론의 장소성을 구축한다. 외지인인 원우와 찬미는 부론 지형 속에 상처를 치유하며 인연을 맺는다. 인간과 대도시의 환멸과 절망 속에 만신창이가 되어 흘러들어온 두 남녀는 섬강이 남한강을, 남한강이 북한강을 만나듯 서로 다른 먼 길을 걸어와 오롯이 만난다.

319 위의 소설, 241쪽.

부론강은 생명의 원천이자 젖줄이며 곡절과 사연 많은 현대인을 위무하고 치료해준다. 글로벌하고 자본주의적이며 파시즘이 난무하는 현실에서 부론은 로컬의 대안공간으로 폭력적인 주류에서 벗어나 능동적 공동체를 구축할 수 있는 가능성을 내포한다. 서울 출신의 작가는 2009년에 부론면 관덕마을에 정착했고 자신처럼 토박이가 아닌 외지인을 중심으로 부론을 서술함으로써 자기중심적인 향토주의, 로컬리티에 대한 무조건적 판타지로부터 경계하는 객관적 시각을 갖는다. '부론은 치유의 고향이고 새롭게 작가로서 태어나게 해준 곳'[320]이라는 고백처럼 아름다운 풍경과 역사의 숨결을 간직한 부론에서 생명, 치유, 고향, 역사, 시간성, 숨결, 사랑 등의 의미를 찾아간다. 이 소설은 남녀 간의 사랑이 표면적 서사이지만 부론땅, 부론강, 부론면의 역사와 문화 예술에 대한 시공간적 사유와 철학적 인식을 담고 있다. 로컬리티 관점에서 경계해야 하는 토속적이고 순수하며 근원의 모성공간이라는 이미지가 원주민이 아닌 외부인의 시선으로 보았다는 점에서 벗어날 수 있지만 대도시에서 상처받고 모인 예술가라는 점에선 한계를 보인다. 그럼에도 불구하고《부론강》은 지역을 기념하는 방식으로 물질화되거나 지역이라는 경계를 관성적으로 유지하고자 하는 욕망 속에서 견고하게 지속된 지역문학의 특수성[321]에서 벗어나고자 하며 지역문인공동체를 제시했다는 점에서 유의미하다.

원주를 대표하는 표식으로서의 치악산은 상처를 치유하고 품어주며 작가들에게 영감과 상상력을 제공한다.《탁류》,《태백산맥》,《두만강》,《북간도》,《한라산》 등의 작품에서 알 수 있듯이 산, 강, 산맥, 바다 등의 대자연은 지역, 민족, 집안, 개인의 무수한 역사를 상징한다. 우리나라 국토의 70%가 산지로 이루어진바 특히 '악'자가 들어간 산들은 산새가 거칠고 험준해 인적이 드문 만큼 아름답고 깊은 풍광을 지닌다. 우리나라의 3대 악산인 설악산, 월악산과 더불어 치악산은 가을 단풍이 인상적이어서

320 이인휘, 「작가의 말」, 『부론강』, 목선재, 2020, 328쪽.

321 박형준, 『로컬리티라는 환영』, 두두, 2018, 119쪽.

적악산(赤嶽山)으로, '은혜 갚은 꿩' 전설이 있어 치악산(雉嶽山)으로 불렸다. 오탁번의 〈아버지와 치악산〉은 능선과 계곡이 가파르고 기암괴석이 많은 치악산을 배경으로 부자갈등을 그린다.

세 살 때 아버지를 여윈 오탁번은 중고등 시절을 원주에서 생활하면서 크고 무서우며 장엄한 치악산에 기죽었다고 한다. 소설 속 아버지는 치악산과 등치되며 아들의 오이디푸스 콤플렉스와 살부(殺父)의식이 드러난다. 일부러 오지만을 발령받기에 존경을 받는 금지분교 교장 오재수는 '나'의 시선에선 자식을 차별하고 폭력적이며 위선적인 인물로 각인된다. 희망의 대상, 완성과 완전의 표본이자 명문대를 입학한 여동생과 절망의 대상, 불완전과 미완성의 표본, 맥없이 나자빠진 패자이자 입시에 수없이 낙방한 '나'는 늘 비교대상이 되며 성장한다. 품위와 권능을 갖춘 절대자이자 초연한 교육자인 아버지는 '커다란 산'처럼 군민에게 인식되지만 억눌리고 비교당하며 자란 아들은 아버지에게 적대감을 갖고 있다. 국제결혼으로 딸과의 관계가 멀어지고 부상을 입은 아버지는 여전히 당당하고 굽힐 줄을 모른다. 31살의 당당한 청년이자 5급 공무원인 군청 산림계장이 되어 가정을 이뤘지만 정년을 앞둔 노인은 절대자의 자리를 지키며 건재하다. 일생을 아버지와 대결했지만 높은 곳에서 내려다보며 압도하는 아버지는 치악산처럼 굳건하고 사람들에게 훌륭한 분으로 칭송을 받는다. 귀기가 서린 밀교의 교주에 지나지 않다고 폄하하는 아들은 아버지의 모순과 불합리를 비판하며 권위에 맞서지만 결국 이를 수용하면서 성인남성의 지위와 정체성을 획득한다.

나는 갑자기 치악산이 보고 싶어졌다. 개울 너머 분교 뒤에서부터 산냄새가 끊겼다 이어졌다 하면서 날아왔다. 바람이 후두둑 후두둑 불었다. "구룡사까지 버스가 다니고 등산로가 닦여지면서부터 더럽혀졌어요. 저는 어려서부터 쭉 원주에서 살았어요. 그래서 늘 치악산을 바라보면서 성장했지요. 그러나 가까이 갈 엄두는 못냈지요. 어쩌다가 학교에서 소풍을 갈 때나 따라갔지만, 산이 너무 크고 무서웠어요." "무서워요?" 치악산을 볼 때마다 그 모습

> 이 다르게 보였다. 멀리 커다랗게 앉아 있는 산은 가까이 가면 천천히 움직였다. 어릴 때 산에 가면 나는 무서웠다. 그러나 내가 산림계 직원으로 자연보호운동을 나갔을 때, 나는 치악산이 옛날의 산이 아니라 이제는 늙고 힘없는 산이 돼 있음을 알았다. 야호 소리가 계곡마다에서 들리고 암자의 스님들도 관광 안내원처럼 세련되어 합장을 하고, 울긋불긋한 등산복 차림이 산등성이마다에 꽃 무더기처럼 흩어져 있는 산은 이제는 커다랗고 신비스러운 산이 아니라, 모든 세파에 시달려 주름살이 깊게 패인 노인처럼 힘이 없었다. 그만큼 치악산은 인간의 세계 속으로 들어와 있었다.[322]

살아생전 범접할 수 없었던 아버지는 분교가 화재가 나자 스스로 불길 속으로 걸어 들어가 사망한다. 정년이 되어 늙고 나약해지는 노년에도 꼿꼿했던 아버지의 유해를 치악산에 뿌리는 나는 그와 화해하며 눈물을 흘린다. 치악산은 세월의 변화만큼 때론 크고 웅장한 고독의 장소로, 관광객에 의해 짓밟히고 오염되며 변질되어 가는 모습으로, 고립되지 않고 개발되어 인간세상으로 속화된 공간으로 나타난다. 토요일마다 자연보호운동을 하러 오물과 휴지로 관광객에 의해 짓밟힌 치악산을 방문하는 아들에게 그 산은 아버지이고 자신은 그 산 아래에 있는 작은 바위나 잡목이 되고 싶은 곳이다. 아버지와의 애증관계를 섬세하게 그린 이 소설은 극복하기 버거운 대타자인 아버지의 일생을 치악산으로 비유한다.

4. 폭력과 감시의 일상화 그리고 민주화의 성지

원주의 주요인물인 지학순은 73세로 세상을 떠날 때까지 일생동안 가난하고 소외된 사람들을 위해, 그리고 민주주의 실현과 남북한의 통일을 위해 헌신적으로 일했으며 감옥에 갇히기도[323] 했다. 장일순 선생의 집 앞

322 오탁번, 〈아버지와 치악산〉, 『아버지와 치악산』, 태학사, 2018, 105~106쪽.

에는 파출소가 세워질 정도로 정부의 감시가 심했으며 지학순 주교님 구속 이후 1970년대 원주는 가장 뜨거운 민주화 열기를 품고[324] 있었다. 1974년에 원주캠프의 한 사람인 동시에 장일순이 마음을 깊이 준 제자이자 동지이기도 한 김지하는 민청학련사건에 연루되어 사형을 선고[325]받는다. 1982년 미문화원 방화사건으로 연루된 최기식 신부는 원주로 도피한 대학생들을 은닉했다는 이유로 투옥된다. 이러한 일련의 사건으로 197, 80년대의 원주는 민주화의 성지라는 정체성을 갖는다.

원재길의 《장선생, 1983년 9월 원주역》은 1983년 추석 전날부터 일주일간의 사기사건을 뼈대로 장일순의 일상과 사상을 그린다. '원주사람 장일순', '봉산동 장 선생' 등 실명으로 등장하는 이 소설은 치악산 등성, 신협, 중앙시장 곡식 도매점, 원주역, 건너편 집창촌, 봉산동 원주천, 자유시장 뒷골목 여관, 일산동 큰집, 원주천 건너 봉산동, 시공관 극장, 풍물시장, 우산동 버스터미널, 쌍다리, 역전식당, 원주시청, '백년건축' 등의 공간이 배경을 이룬다. 지정면 시골 출신의 쌀가게주인 김정옥은 추석 전날 서울에서 수금한 딸의 혼수자금을 원주역에서 소매치기 당하자 장 선생에게 도움을 청한다. 시민들을 상담하고 문제를 해결해주며 길거리 강연을 하는 장 선생은 원주역 앞 단풍나무 밑에서 5일 동안 청중을 상대로 이야기하며 춘천사람 소매치기인 이동철을 잡는다.

반독재민주화운동, 지역신협운동을 하기에 늘 감시당하는 장 선생을 만나기 위해 전국민주투사들이 원주를 드나들었다. 1970년대부터 1980년대 후반까지 원주와 봉산동 장일순의 집은 민주인사들이 숨어드는 피난처[326]였고, 그의 아내 이인숙 여사는 집안손님접대를 늘 해야 했다. 소박하고 검소하며 타자지향적인 장 선생은 사랑, 검약, 겸손을 말한 '살아 있는

323 최성현, 『좁쌀 한 알』, 도솔, 2004, 31쪽.

324 동학학회 엮음, 『강원도 원주 동학농민혁명』, 모시는사람들, 2019, 149쪽.

325 위의 책, 33쪽.

326 무위당사람들 엮음, 『묻혀서 사는 이의 고운 마음을 아는 이 있을까』, 무위당사람들, 2019, 54쪽.

노자'로 불리었다. 이 소설은 세속적 출세의 기회가 여러 차례 있었음에도 불구하고 항상 주류와는 격과 결이 다르게 도덕적인 순수성을 지키며 고결하게 살았던 장일순의 초월적인 성자나 도사 또는 고매한 성직자가 아닌 평범한 이웃이자 생활인[327]의 일상이 담겨있다.

> 안기부에서는 전라도 광주 다음으로 반란이 일어날 가능성이 높은 지역으로 강원도 원주를 꼽았다. 원주가 지핀 불에 광주가 기름을 부었다는 말까지 나왔다. 그만큼 원주는 열 해 넘게 군인이 쥔 정권을 가장 많이 괴롭힌 도시였다. 강진만은 지난해 가을 원주에 오자마자 이곳에서 활동하는 인물들을 살폈다. 경찰서 보안과와 안기부 지부, 국가기무사에서 수집해 놓은 정보를 타이핑해 복사한 문서가 무려 일천 장이 넘었다. 앞서 그가 근무했던 도시들을 다룬 문서가 아무리 많아보았자 오십 장에서 백장 사이였다. 문서 양을 기준으로 삼을 때, 원주는 그런 도시들보다 열 곱절 넘게 위험했다.[328]

겉으로는 평온한 일상의 중소도시이지만 '백년건축'이란 사업장에 사장, 부장, 설계사로 위장한 국가안전기획부 요원들이 주둔하면서 장일순 사상가와 가톨릭 원주교장 지학순 주교 등 불순한 인물들을 감시하는 긴장과 공포가 드리워진다. 원주역을 지키는 안기부 요원인 강진만은 파리를 유학한 건축가로 위장해 반국가 활동 민간인을 감시, 납치, 고문하는 타고난 고문기술자이다. 그는 소설을 읽고 작가를 희망하는 시 쓰는 요원으로 신춘문예 본선까지 진출한 이력을 지닌 예술가와 고문전문가의 정체성을 지닌다.

이기호의 《차남들의 세계사》는 미문화원방화사건을 중심으로 원주를 폭력과 억압, 감금과 고문의 공간으로 재현한다. 자신의 고향을 아름답고 평화롭게 미화하지 않는 작가는 197,80년대 박정희, 전두환 정권시절 자

327 김삼웅, 『장일순평전』, 두레, 2019, 393~394쪽.

328 원재길, 『장 선생, 1983년 9월 원주역』, 단강, 2020, 128~129쪽.

행된 무력하고 나약한 서민들의 고통과 상처를 리얼하게 그린다. 가톨릭 재단의 진광고등학교를 졸업한 작가는 학창시절 방화사건의 주범이 숨어 있었던 가톨릭센터 연수 중 이야기를 들었고, 진도간첩단 사건의 고 김정인 씨가 사형을 선고받고 판사에게 쓴 편지를 우연히 본 뒤 소설을 처음 구상[329]했다. 평범한 어부였던 김씨는 1980년 중앙정보부에 끌려가 고문 받은 후 반국가단체의 지령을 받고 간첩활동을 했다는 허위진술을 하고 1985년에 사형당한바 이 소설의 주인공인 나복만의 모델이다. '차남'은 역사에 기입되지 못하고 누락된 우리 시대의 타자를 의미하며, 역사가 무고한 시민에게 미치는 영향을 드러낸다. 어수룩하고 글자를 모르는 택시 운전사 나복만은 경미한 교통사고로 경찰서에 가게 되고, 도로교통법이 국가보안법으로 둔갑하면서 용공조작에 휘말린다.

> 원주시 반곡동 소재의 한 동원 부대 정문 앞에 있던 오래된 2층짜리 회색 건물, 드높은 콘크리트 담과 정겨운 포플러 나무들이 서로가 서로의 몸을 반쯤씩 가려 주며 나란히 그늘을 만들고 서 있던 그곳, 정문 오른쪽 기둥엔 '삼진물산'이라는 작은 간판이, 왜 걸려 있는지 알 순 없지만 어쨌든 내걸려 있던 그곳. 간판만 아니라면 흡사 문화원이나 기도원이라 해도 믿을 만한 그곳, 하지만 그곳에 정말 시 낭송과 기도를 하러 들어갔다는…… 아마도 온몸으로 시 낭송과 기도를 하게 될 그곳. 그곳이 어디겠는가? 정답. 공식적인 주소는 강원도 원주시 반곡동 사서함 321번지, 동네 사람들과 중국집 배달원들 사이에선 '안가'라고 불리던 바로 그곳. 안기부 원주 지부였다.[330]

사소한 오해와 더불어 실적을 내려는 형사, 경찰, 안기부요원에 의해 나복만은 영문도 모른 채 미행, 연행, 고문의 과정을 거쳐 인생을 망친다. '삼진물산'이라는 위장된 사업장엔 수사관, 요원, 형사들이 무고한 시민을

---

329 김여란·김정근 기자, 「이기호, 전두환 시대 다룬 신작 '차남들의 세계사' 출간」, 경향일보, 2014.8.18.

330 이기호, 『차남들의 세계사』, 민음사, 2014, 172~173쪽.

대상으로 고문과 협박이 이뤄진다.

《장선생, 1983년 9월 원주역》의 '백년건축', 《차남들의 세계사》의 '삼진물산'과 같이 원주 시내 혹은 외곽 곳곳에 위장된 장소가 많고 수많은 시민들을 미행하고 감시하며 조작했다. 《장선생, 1983년 9월 원주역》의 요원 강진만과 《차남들의 세계사》의 정과장은 모범적이고 예의바른 시민이자 직장인이며 작가지망생 혹은 문학애호가이다. 두 작가는 한나 아렌트가 말한 악의 평범성을 통해 타자의 관점에서 사유할 수 없었기 때문에 책임의 윤리를 실천할 수 없는 '우리 모두의 안에 아이히만이 존재'[331]함을 입증한다. 반민주·독재·폭력공간으로서의 원주는 반체제적이고 반역적이며 저항적인 이미지와 더불어 힘없고 무고한 소시민의 삶이 훼손당하는 한국사회의 축소판이다. 두 편의 소설은 소시민의 명랑하고 일상적인 생활터전인 단구동, 반곡동, 봉산동, 중앙동, 원동의 이면에 드리워진 어둡고 무서운 생명정치의 현실을 포착하고 폭로하며 엄혹했던 80년대 원주를 기억하고 기록한다.

5. 세계의 중심, 타자의 공간

포스트휴먼시대의 김희선 소설은 로컬의 팽창 속에 SF적 상상력을 통한 W시에 다양하고 풍부한 글로벌 공간으로 재창조한다. 그녀의 소설 속 원주는 위대한 과학자, 예술가, 정치가가 사는 곳으로 미국, 우주와 연관되어 기발하고 미래적인 일들이 벌어지는 흥미로운 도시이다. 원주고등학교에서 근무한 부친으로 인해 초등학교를 원주에서 보냈고, 2002년부터 다시 이곳에서 약국을 경영하거나 병원 약사로 근무하며 꾸준히 작품을 발표하는 김희선은 '타인의 고통, 세계평화'를 소설의 목표로 삼는다. 영화 '로보캅'에 감동해 기계공학과 진학을 꿈꾼 SF마니어인 그녀는 소설배

331 한나 아렌트, 김선욱 역, 『예루살렘의 아이히만』, 한길사, 2006, 41~42쪽.

경을 지구 행성이나 먼 미래의 시공간으로 상정한다. 세계의 중심에 원주를 놓겠다는 작가는 타자의 복원 및 해체를 통한 타자중심적 소수자지향적인 입장을 표명한다. 작가는 "언제나 영감을 불어넣어주는 미스터리한 도시, W시에 무한한 애정을 전한"[332]다고 고백하며 소설을 형상화한다.

이기호 작가와 동년배로 나중에 등단한 그녀의 문학은 능청스럽고 기발한 상상력으로 원주를 세계도시로 재탄생한다. 그녀의 소설엔 라면공장, 군사도시, 치악산 구룡사, 조각공원, 감영이 있던 곳, 의료복합단지 등의 단서를 설정함으로써 W시가 원주시임을 알게 한다. 앞에서 살펴본 〈지상 최대의 쇼〉와 더불어 〈2098 스페이스 오디세이〉, 〈경이로운 도시〉는 SF외계인 삼부작이다. 도시묘사로 시작되는 두 편의 소설에서 작가가 공간을 중시함을 알 수 있다.

> 한때는 강원 영서 지방의 중심지였지만 이제는 쇠락한 W시 외곽에 정체를 알 수 없는 거대한 콘크리트 건물이 하나 서 있다는 것은, 도시의 토박이라면 누구나 알고 있는 사실이다. 그러나 폐쇄된 지 오래된 그 건물의 녹슨 철문 앞에 붙어 있는 낡은 명패에 어떤 글씨가 적혀있는지 주의 깊게 살펴보는 사람은 아무도 없었다.[333]

> W시는 한반도의 중심이자, 강원도의 남서부에 위치하고 있으며 남북으로 길게 뻗은 태백산맥의 서남쪽에 자리잡고 있다. 이 도시의 역사는 수만 년 전으로까지 거슬러 올라가는데, 시를 가로질러 흐르는 강가 모래밭에서 발굴된 선사시대 유적이 당시의 생활상을 어느 정도 드러내주고 있다. 이후 삼한시대와 삼국시대를 거치며 이 지역은 차례로 마한, 백제, 고구려, 신라의 수중으로 들어갔고, 조선에 이르러서는 요즘의 도청에 해당하는 감영이 이 도시에 들어섬으로써 명실상부한 강원도의 중심지가 되었다. 그러나 해방과

332 김희선, 「작가의 말」, 『라면의 황제』, 자음과모음, 2014, 334쪽.
333 김희선, 〈2098 스페이스 오디세이〉, 위의 책, 109쪽.

> 전쟁을 거치면서 자연스레 도청은 다른 시로 옮겨가게 되었는데, 그런 이유 때문인지는 몰라도 언젠가부터 W시 시민들은 이상한 상실감에 시달렸으며 뭔가를 빼앗긴 듯한 상대적 박탈감에서 자유롭지 못했다.[334]

1968년 스탠리 큐브릭 감독의 SF영화 '2001 스페이스 오디세이'에서 제목을 패러디한 〈2098 스페이스 오디세이〉는 20세기 기술문명 발전이 가져온 진보와 진화가 인류에게 행복한 세계를 제공할지 디스토피아를 가져올지 묻고 있다. 강원도의 중심지였으나 퇴락한 W시에는 폐허건물인 '에드워드 김 생명공학연구소'가 방치되어 있다. 유전자 재배열로 인류에게 영생의 삶을 이루게 하는 인간 게놈 프로젝트를 발견한 천재과학자 에드워드 김(김현호)은 고아 출신으로 도서관에서 빌린 사이비 종교 책을 통해 과학자를 꿈꾼다. 지구멸망인 2098년의 시점에서 과거를 회귀하며 죽은 어머니를 살리는 그의 삶에 대한 진실과 허구를 파헤치는 이 소설은 한 소녀와 사라지는 목격담을 통해 그녀가 부활한 어머니일지도 모른다는 추측만 남길 뿐이다. 인간의 마지막 욕망인 영생불사를 실현했지만 번식 또한 하지 않게 되어 지구멸망의 기원이 되었음을 작가는 W시 외곽의 한 건물에서 이루어졌다고 상상력을 발휘한다.

전근대적 주술과 최첨단 과학기술, 진보와 퇴행, 과거와 미래, 현실과 공상, 진실과 가짜, 지구와 우주 등의 경계를 해체하고 모든 진실은 조작되고 왜곡되며 풍문으로 조성됨을 밝히는 김희선 소설은 기원 탐사 구조와 중심 해체를 통한 타자의 고통과 소수자 연대를 주창한다. 따라서 김희선의 작품은 지배 이데올로기에 의해 생산-유통된 타자에 대한 담론이 어떠한 방식으로 복종하는 주체를 규율하는지를 매우 뛰어나게 형상화하고 스스로를 주체로 오인하는 우리 역시 타자에 불과하다는 사실을 정확하게 지적[335]한다.

---

334 김희선, 〈경이로운 도시〉, 위의 책, 249~250쪽.

335 장성규, 「2000년대 한국소설에 나타난 타자 형상화 방식의 변화 과정 연구」, 『어문논집』 제54권, 중앙어문학회, 2013, 41쪽.

UFO 출몰 10년 후의 후일담인 〈경이로운 도시〉는 외계인과 공존하는 인간과의 갈등양상을 그린다. W시에 상주한 외계인으로 관광 특수를 누리자 쇠락했던 도시는 번성한다. 그러나 차별적이고 폭력적인 처사에 시위하자 도시는 외계인 사체를 식용가공재료로 이용한다. 관광산업에 유리하거나 순종적일 때와 저항할 때의 처세가 다른 도시는 환대하고 아량을 베풀겠다는 애초의 의도와 달리 그들을 사악한 외계난민이라며 몰살한다. 이벤트로 소비되는 외계인이 침입자가 되는 순간 제거하는 방식으로 신속하게 처리되는 것이다. 주권권력, 권력 테크놀로지는 생사여탈을 결정하지만 생명권력의 특징은 삶을 육성하는 것 혹은 죽음을 허락하지 않는 것으로 외계난민은 사회적 배제과정에서 직면한 쓸모없는 자들, 불필요한 자들, 남아도는 자들이 포함된 난민이나 망명 신청자처럼 법적 권리를 보장받지 못하는 자들[336]이다. 열악한 노동환경과 격리된 주거시설에 거주하면서 노동력을 제공하는 외계인은 얼굴이나 언어로 파악되거나 규정지을 수 없으며 식별불가능하고 전유되지 않는 무경계의 존재이자 포스트지구화의 타자이다. W시 시장에 의해 악의 형상으로 공포된 외계인은 음식재료가 되면서 식물군으로 분류된다.

외계난민 시체더미는 아감벤의 가치 있는 삶인 비오스와 구별되는 조에, 생명 자체로서 호모 사케르[337], 바우만의 잉여적이고 여분의 남아도는 인간쓰레기[338]이자 또다른 의미의 포스트휴먼이다. 김희선 소설에 형상화된 외계인은 수치와 차별의 낙인인 주황색 모자와 야광조끼를 입고 일하는 환경미화원, 아파트경비원, 비정규직 노동자로 표상되는 타자이며, 그녀의 외계인 삼부작은 2009년 개봉된 닐 블롬캠프 감독의 SF영화 '디스트릭트9'을 떠오르게 한다. 김희선 소설은 '인간다움', '인간의 존엄성', '인격'이라는 인간의 본질 규정을 재검토하지 않을 수 없는[339] 인류세, 포스트

---

336 토마스 렘케, 심성보 역, 『생명정치란 무엇인가』, 그린비, 2015, 67쪽, 104쪽.
337 조르조 아감벤, 박진우 역, 『호모 사케르』, 새물결, 2008, 33쪽.
338 지그문트 바우만, 정일준 역, 『쓰레기가 되는 삶들』, 새물결, 2008, 22쪽.
339 한국포스트휴먼연구소 외, 『포스트휴먼 시대의 휴먼』, 아카넷, 2016, 69쪽.

휴먼 시대를 반영한다. 또한 가공할 인간중심주의의 오류는 인간을 특출난 생물로 인식하는 것이 아니라 결과에 책임도 지지 않으면서 능력을 행사하는 높은 지위에 인간을 올려놓았음[340]을 폭로한다. 김희선은 W시를 세계 중심에 놓아 유명한 가수나 과학자, 정치가 등을 거주케 함으로써 로컬을 글로벌화한다. 또한 원주시를 뉴욕, 파리, 서울보다 더 유의미하고 인류를 변화시키는 공간으로 재구성함으로써 중심과 외곽을 해체한다.

6. 원주 그리고 소설들

이 글은 한국현대소설에 나타난 원주시에 대한 재현 양상과 로컬리티를 고찰하였다. 첫 번째로는 군사도시 이미지와 소박하고 일상적인 소시민의 생활터전으로서의 공간이다. 이기호의 〈그 길 끝에 다시-원주통신 2〉에서는 군사도시 특성을 지닌 중소도시에서 살아가는 4명의 친구들의 성장의례를, 〈원주통신〉에서도 작가 자신이 박경리 작가와 연관시켜 백수 시절의 이야기를 유머러스하게 그리며 일자리가 변변치 않고 아메리칸 드림을 꿈꾸는 청춘들이 사는 지역으로, 김희선의 〈지상 최대의 쇼〉에서는 군사도시와 관련하여 비행접시가 출몰하고 외계인을 대하는 시민과 관료의 시선을 다룬다. 두 번째로는 생명 · 생태 · 치유의 공간으로서의 원주이다. 이인휘의 《부론강》은 외지인 예술가들이 들어와 정착한 부론을 상처 있는 사람들이 모여들어 아름답고 자연친화적이며 유구한 역사의 흐름 속에서 예술을 창조함으로써 상처받은 영혼을 치료하는 공간으로 묘사한다. 오탁번의 〈아버지와 치악산〉에서는 치악산으로 표상되는 아버지를 극복하지 못한 아들과의 갈등과 화해를 다룬다. 세 번째 원주는 생명정치가 작동하는 민주화의 성지로 나타나는바 원재길의 《장선생, 1983년 9월 원주역》은 생명사상가인 장일순의 소박하고 검소한 일상 속에 그를 감시하고

340 클라이브 해밀턴, 정서진 역, 『인류세』, 이상북스, 2018, 79쪽.

관찰하는 정부요원들이 사는 곳으로, 이기호의 《차남들의 세계사》에서는 거대한 역사적 사건에 휘말린 순진하고 무고한 시민의 삶이 파괴된 공간으로 상정된다. 마지막으로 원주는 세계의 중심으로 거듭나는바 김희선의 〈2098 스페이스 오디세이〉, 〈경이로운 도시〉에서는 영생, 외계인과의 공존, 과학기술의 최첨단이라는 포스트휴먼 시대의 특성을 바탕으로 인간다움, 생물다양성, 타자와의 공존, 생태파괴 등의 문제를 묻는다. 이와 같이 원주시는 작가들의 무한한 독창적 상상력으로 다채롭게 재현됨으로써 원주정체성과 원주문학의 특성을 드러낸다.

8장
박수근 미술의 로컬리티와 문학적 차용

1. 회화·문학·지역

서울중심의 중앙집권에서 벗어나려는 지방자치제, 세계와 지역의 쌍방향성을 지향하는 글로컬리즘의 기류 아래 지역문화연구가 활발하게 진행되고 있다. 한 지역의 문학, 미술, 음악, 전통예술은 공동체의 집단무의식과 지역정체성 그리고 지역주민의 자부심을 구축하는데 기여한다. 경험공간으로서의 로컬은 우리 일상의 삶을 영위하는 터이고 그 안에서 다양한 관계가 맺어지는 다양성이 발현하는 프로세스의 공간이며 사회-정치-경제적 문제가 발생하는 공간[341]이다. 많은 문인, 예술가를 보유하고 있는 강원도는 문학관, 미술관, 생가, 시비 등을 발굴·건립·운영함으로써 관광산업과 지역경제에 이바지할 뿐만 아니라 마을사람들의 문화생활을 통한 예술공간의 의미도 지닌다. 춘천의 김유정문학촌, 원주의 박경리문학공원 및 토지문화관, 강릉의 김동명문학관, 인제의 박인환문학관, 만해마을과 더불어 양구의 박수근미술관은 한 지역의 문화와 정체성을 규명하는데 일익을 담당한다. 강원도 일대는 '향수와 서정'(메밀꽃과 동백꽃)이라는 브랜드를 창출함으로써 삭막한 도시 정서에 대한 치유공간으로 재구성되었고, '춘천'과 '봉평'은 인간 본원적 감수성이 향토적 감성과 교우하는 스토리텔링이 되었으며 김유정문학촌과 이효석문학관은 감성적 문화답사코스의 거점공간[342]으로 자리잡았다.

---

341 부산대 한국민족문화연구소 편, 『로컬리티, 인문학의 새로운 지평』, 혜안, 2009, 26쪽.

문학과 미술의 친연성은 매우 강해 서로 영향을 주고받는 상호텍스트적 맥락 하에서 놓인다. 19세기 초까지 수많은 화가들이 성서, 신화, 역사에서 의미 있는 주제를 가져왔으며, 회화창작은 많은 경우 문학 텍스트에 그 원천을 두었고 르네상스 이후 화가들이 참조했던 것이 바로 호라티우스의 우트 픽투라 포에시스(ut pictura poesis, 시는 그림과 같이)[343]이었다. '시는 소리가 있는 그림이요, 그림은 소리가 없는 시이다'라는 그리스 서정시인 시모데니스의 말에서처럼 각각의 예술 분야는 자극적인 창조적 동인으로 작용하며 말과 침묵, 가시적인 것과 비가시적인 것 사이의 변증법[344]을 통해 형성된다. 색채와 언어 이미지로 표상되는 두 예술영역에서 그림은 순간적인 동작을 포착하여 말없는 언어인 색채와 선에 의해서 공간적으로 정지시켜 놓는 반면, 시는 대부분의 경우 연속적인 동작을 포착하여 그것을 말하는 언어인 시어의 배열에 의해서 시간적으로 진술[345]한다. 두 영역은 서로에게 풍부한 영감의 원천이 되며 예술적 영향과 소재를 취하는 상호텍스트성을 갖는다. 한국현대문학에도 그림에서 영감을 받아 창작된 작품들[346]이 많다.

토속적 향토적인 작품세계를 구축한 박수근(1914~1965)은 양구 태

---

342 박형준, 『로컬리티라는 환영』, 두두, 2018, 201쪽.

343 Daniel BERGES, 김모세 · 임민지 역, 『문학과 미술』, 시와진실, 2011, 7쪽.

344 위의 책.

345 윤호병, 『문학과 그림의 비교』, 이종문화사, 2007, 234쪽.

346 예를 들면, 마르크 샤갈의 그림과 김춘수의 〈샤갈의 마을에 내리는 눈〉, 김영태의 〈猶太人이 사는 마을의 겨울〉, 〈샤갈 이후〉, 이승훈의 시집 『시집 샤갈』 중 〈마을 위의 연인들〉, 〈화촉〉, 〈에펠탑의 부부〉, 〈농민의 생활〉 등, 빈센트 반 고흐의 그림과 황동규의 〈세일에서 건진 고흐의 별빛〉, 문정희의 〈자화상 부근〉, 정진규의 〈감자 먹는 사람들〉, 박의상의 〈구두〉, 함형수의 〈해바라기의 비명〉, 오대환의 〈밤의 카페, 빈센트 반 고흐 1888〉 등, 에드바르트 뭉크의 그림과 이승하의 〈화가 뭉크와 함께〉, 오태환의 〈뭉크〉, 한영옥의 〈뭉크로부터 1,2〉 등, 피카소의 그림과 김원일의 〈발견자 피카소〉, 〈그림 속 나의 인생〉, 김혜순의 〈청색지대〉, 함성호의 〈게르니카〉 등, 김정희의 〈세한도〉와 고제종의 〈세한도〉, 박희진의 〈세한도운〉, 유안진의 〈세한도 가는 길〉 등, 김환기의 〈어디서 무엇이 되어 다시 만나랴〉와 김광섭의 〈저녁에〉, 벨라스케스의 〈시녀들〉과 박민규의 〈죽은 왕녀를 위한 파비안느〉, 이중섭의 그림과 나희덕의 〈섶섬이 보이는 방-이중섭의 방에 와서〉, 다비드, 클림트의 그림과 김영하의 〈나는 나를 파괴할 권리가 있다〉 등이 있다.

생으로 춘천과도 인연이 있는 대표적인 강원 출신 화가[347]이자 가장 세계적이면서도 한국적인 화가이다. 독실한 기독교의 부유한 집안에서 태어났지만 부친의 광산사업 실패로 급격하게 곤궁해진 집안환경 때문에 양구공립보통학교를 졸업한 후 진학하지 못한다. 당대의 화가 출신들이 일본유학파가 많은데 비해 정식으로 서양미술교육을 받지 못한 채 독학으로 자신만의 미술세계를 구축한 박수근은 오랫동안 작가로서 인정받지 못했기에 창작활동은 힘겹고 고독했으며 험난하였다. 1926년 밀레의 〈만종〉과 조우한 그는 훌륭한 화가가 되게 해달라는 꿈을 키운다. 고흐의 영향을 받은 밀레의 그림에 경도된 박수근의 그림은 두 유럽화가의 작품들과 연동된다.

일제강점기에 태어나 해방, 전쟁, 분단, 전후 잿더미의 가난과 질곡 속에 살아온 그는 모친 사망과 부친 재혼, 북에서의 핍박과 월남, 피난, 국전의 연이은 낙선과 매너리즘이라는 혹독한 비판, 두 아들의 죽음 등의 시련과 아픔을 겪는다. 빨래터에서 만난 윗집처녀 김복순에 반한 그는 "재산이라곤 붓과 팔레트밖에 없지만 결혼해 주신다면 물질적으로는 고생이 되겠으나 정신적으로는 누구보다 행복하게 해 드릴 자신이 있다"는 묵직하고 낭만적인 편지를 보냈고 춘천여고 졸업의 부유한 집안 출신인 김복순은 박수근과 결혼한다. 사랑하는 아내와 6남매의 가장인 그는 쉬지 않고 성실하게 일하면서[348] 지속적으로 그림을 그렸다. 이 글은 박수근 미술 속 로컬리티 특성과 박수근 텍스트의 문학적 적용을 통한 그의 삶과 예술적 가치를 고찰하고자 한다. 미술계에서의 박수근 논문은 많지만 로컬리티와 연관된 글은 없으며, 문학작품 속의 박수근 차용 양상에 대한 글도 이뤄지지 않았다는 점이 이 연구의 의의이다.

---

347 춘천고 출신의 천재조각가 권진규, 장운상, 한지작가 전광영(홍천), 여성작가 이불(영월), 광부화가 황재형, 설악의 화가 김종학, 최윤정(강릉) 등이 있다.

348 결혼 이후 박수근은 1940.4. 평안남도 도청 사회과 서기로 취직했고, 1946년엔 금성여자중학교 미술교사로 재직한다. 1948년 조선민주당 금성지구당 당원으로 활동했으며 1951년 피난지 군산에선 부두노동자로, 1950년대 초부터 1954년까지 미8군 PX에 취업해 초상화를 제작 판매하는 등 회화창작과 병행하여 생계를 위해 끊임없이 노동했다.

2. 박수근 그림에 나타난 로컬리티 특성

1914년 강원도 양구군 양구면 정림리에서 태어난 박수근은 한국근현대사의 고난과 함께 하면서 가난하고 한 많은 삶을 영위했다. 그가 남긴 그림들은 온 국민의 사랑을 받고 있지만 살아생전 인정 혹은 고평을 받지 못했다. 강원도 양구(楊口)는 '광채가 빛나는 아롱지는 땅, 신선이 사는 동부(洞府)이자 '육지 속의 외딴 섬'의 고립된 산속마을[349]이다. 2천5백 년 전 삼한시대부터 군사요충지였고 6.25땐 이 지역을 차지하려던 전투가 너무도 치열해 '피의 능선', '단장의 능선'으로 불린 양구는 강화, 파주, 철원, 고성과 더불어 안보관광이 발달한 접경지역에 위치해 있다. 따라서 DMZ, 평화, 통일, 생태, 역사교훈 등의 키워드와 연관되며 헌법상 대한민국 국토 정중앙에 위치해 있기 때문에 '국토 정중앙'이라는 슬로건과 사방으로 산에 에워싸인 분지지형으로 미군에 의해 펀치볼(Punch Bowl)[350]로 호명되었다. 청정지역인 양구지형의 아름다움을 표상하는 펀치볼마을은 화채그릇 같아 붙여진 이름으로 박수근미술관뿐만 아니라 관광안보와 흙, 나무, 식물 등 생태적 특성을[351] 지닌다.

강원도 이곳저곳 민요에 섞여있는 '양구 순민(順民)이란 구절에 나타나듯이 순박하고 넉넉한 인심을 지닌 신선 같은 사람들이 사는 동네[352]에서 태어난 박수근은 우직하고 책임감이 강하여 예술가의 삶에서 나타나곤 하는 일탈이나 괴짜 같은 모습을 보이지 않는다. 이러한 성격은 소박하고

---

349 최열, 『박수근 평전: 시대공감』, 마로니에북스, 2011, 12쪽,

350 신애경·이혁진, 「접경지역의 안보관광의 개발방향에 관한 연구」, 『한국사진지리학회지』 제32권, 한국사진지리학회, 2022, 90쪽.

351 양구군청 홈페이지에는 ①자연의 중심이자 배꼽에서 보는 한반도 국토의 정중앙을 나타내는 한반도섬, ②유채꽃, 철쭉, 양귀비, 장미, 백일홍, 코스모스, 메밀꽃, 해바라기, 억새 등 사계에 꽃이 피는 양구꽃섬, ③평화와 아름다운 희망을 상징하는 DMZ펀치볼둘레길, ④ 1000여종의 나무와 식물을 감상할 수 있는 양구수목원, ⑤양구 출신 화가의 삶과 미술세계를 서술한 박수근미술관, ⑥고려시대부터 도자기생산지로 양구백토로 빚은 도자기를 전시한 양구백자박물관 등을 VR 방식으로 설명하고 있다.

352 최열, 앞의 책, 13쪽.

평면적이며 투박한 그의 미술세계에 그대로 반영된다. 양구의 자연경관과 생활풍습, 지형적 특성, 순박한 마을사람의 정경은 박수근 그림의 원천이다. '암하노불', '감자바위'로 불리는 지역민의 품성처럼 문학작품 속에서나 가족과 지인에 의해 표상되는 박수근은 성실하고 선한 사람이었다. '아버지는 대자연'이자 '소가 되새김질 하듯이 그렇게 진실과 선함의 세계를 파고들어 아버지의 숭고한 세계가 탄생'되었다는 장녀의 말처럼 그는 '언제나 거기에 그렇게 스스로 계시고자 했던 큰 존재, 큰 울림, 큰 바탕'[353]이었다. 이러한 성품과 작품세계는 기독교적 세계관과 로컬리티를 바탕으로 형성되었을 것이다.

박수근 그림의 주요소재인 나무, 여인, 돌 이미지는 고향의 삶이자 색채이자 재료로서 그를 '친근하고 익숙한 화가', '토속적 향토적 작가'로 인식하게 했다. 무명의 가난하고 소박한 이웃을 주로 그리며, 거리, 노상, 빨래터 등의 공간성, 식민지와 전쟁 전후의 시간성을 배경으로 하는 그의 그림은 평범하고 단순하지만 오래도록 여운과 잔상을 남긴다. 그의 그림 속 인물들은 인고의 세월을 견디는 억눌리고 가난한 모습으로 재현된다. 그들은 헐벗은 모습으로, 고통 받는 모습으로 정치적 경제적 사회적 불의에 의해 짓밟힌 자의 모습으로 호소[354]하기에 나는 상처받고 고난 받으며 타인의 '볼모'가 된다. 베고프고 헐벗은 타인의 얼굴의 호소를 통해 나는 책임적 존재, 윤리적 존재, 응답적 존재[355]를 요구받는다. 이러한 주제의식이 박수근 회화가 갖고 있는 윤리성이고 미학적 특성이다.

애보기 소녀, 일하는 여인, 노인, 노점상, 실직자, 행상인, 지방인, 빈자 등의 그림 속엔 인간에 대한 환대, 연민, 따뜻함, 배려가 담겨있다. 생계와 생존을 위해 차갑고 시린 세월을 견딘 서민의 평범한 일상과 삶의 애환을 작가는 화폭에 담았다. 그의 회화는 가진 자, 기득권, 상류층이 아니라 소외되고 고독하며 가난한 사람들에게 시선을 둔다는 점에서 타자지향적이

---

353 박인숙, 『내 아버지 박수근』, 삼인, 2020, 287쪽.
354 강영안, 『타인의 얼굴』, 문학과지성사, 2005, 75쪽.
355 위의 책, 182~183쪽.

다. 박수근이 산 일제강점기는 무능력, 무기력, 무직업의 남성 대신 부양자가 된 아낙네들이 노동을 해야 했고, 1950년대 전쟁 이후 전쟁미망인 100만 명의 시대에도 여성들은 시장과 노상에서 좌판을 깔거나 광주리에 물건을 이고 다니면서 행상을 통한 가장 역할을 했다. 이러한 시대적 질곡이 그의 회화(기름장수, 소금장수, 노변의 행상, 세 여인)에 가득 차 있다. 그러나 그의 그림들은 시리고 아프지만 속살거리고 수군거리며 일상적인 아름다움과 따뜻함을 내포한다.

박수근 미술세계의 특성을 로컬리티 측면에서 살펴볼 때 빨래터에서 옷을 빨거나 절구질하는 여성, 농가의 여인 등 인물화의 대부분을 차지하는 일하는 아낙네들은 자신의 고향에서 흔히 볼 수 있는 풍경이다. 그림 속에 투영된 한복, 한국의 풍물, 한국의 생활, 한옥 등의 소재들이 그의 향토성을 잘 보여주며 그것은 고스란히 강원의 특성[356]이다. 일제강점기 궁핍한 현실에서 쉬지 않고 일을 했던 여성들의 기구하고 질박한 일상은 궁핍하고 교통부재로 인한 정보단절의 강원도의 삶이다. 특별히 예쁘거나 뚜렷한 이목구비가 드러나지 않은 여인의 모습은 1930년대 영서지역의 강원도여성을 작품 속에 구현한 김유정의 인물들과 갈마든다. 1935년부터 1939년까지 춘천에 머문 박수근과 동시대에 활동했던 춘천 실레마을 출신의 김유정은 강원도 여성상을 '밥 짓고, 애기 낳고, 물 긷고 하는 그런 아낙네', '싱싱하고도 실팍한 원시적 인물', '유현(幽玄)한 자연미, 천의무봉(天衣無縫)의 순진미', '허영이라는 사(邪)가 일체 없는 생활', '헤어진 옷에 뚫어진 버선, 혹은 맨발로 칠떡칠떡 돌아다니며 어디 하나 꺼릴 데 없는 무관한 표정'(여성, 1937.1)으로 묘사한다.

일 없이 노상에서 대화를 나누면서 노동력을 상실한 남성과 달리 여성들의 일상은 늘 노역에 시달린다. 아이를 업은 채 〈절구질하는 여인〉, 〈맷돌질하는 여인〉, 머리에 큰 봇짐을 진 〈기름장수〉, 삼삼오오 모인 마을여

356 최형순, 「강원 미술과 박수근미술관」, 강원사회연구회 엮음, 『강원문화의 이해』, 한울아카데미, 2005, 186쪽.

성들이 빨래하는 〈빨래터〉, 〈농가의 여인〉, 〈과일 파는 여인〉, 〈앉아있는 여인〉 등 유독 여성들을 그린 박수근의 회화엔 시대의 고난과 노점상, 실직자, 애보는 소녀, 노동하는 여성타자의 고단함 속에 담긴[357] 인간에 대한 따뜻함, 애린, 연민, 고독, 소외라는 주제의식이 담겨있다. 화강암의 표면이나 흰꽃을 뿌려놓은 메밀밭을 닮은 화면, 널찍한 화강석 표면이 드러나는 계곡이나 드넓은 어슴푸레한 메밀밭을 가진 강원에서 자주 만나게 되는 산촌 풍광[358]을 배경으로, 질박하지만 정겹고 서로 나누는 강원도민의 심성과 정서를 그린 그림에서 김유정의 〈봄봄〉, 〈동백꽃〉, 이효석의 영서 삼부작(메밀꽃 필 무렵, 산협, 개살구)이 겹쳐진다.

고향 양구와 그곳을 닮은 1950년대 서울 창신동의 시장, 길가 주변에 살고 있는 마을사람들의 소소한 일상을 놓치지 않고 스케치한 인물화와 함께 주목되는 소재가 나무이다. 나무는 박수근의 페르소나이자 정체성을 표상한다. 우주축이자 옴팔로스(세계의 중심)로서의 나무는 양육자, 비호자, 보호자, 지지자로서의 태모(太母)가 지배하는 풍요의 호수로서의 모태의 힘을 상징하는 여성원리[359]를 지니며, 요람과 관으로서 인간이 태어나서 죽을 때까지 피난처를 제공하는 원초의 낙원상태가 가지는 완전성을[360] 나타낸다. 꽃, 잎, 열매가 부재한 나목, 고목, 겨울나무의 풍경은 화려하거나 동적이거나 생산적이지 않은 작가의 성실하고 우직한 특성을 드러낸다. 느릅나무가 많은 고향 양구의 자연환경 속 나무는 풍성하지 않고 바짝 말라있어 시대의 풍상과 작가의 고달픈 삶을 내포한다. '선함과 진실함'을 추구하고 나무가 되고 싶은 박수근은 여러 증언이나 문학작품에서 누군가를 공격하거나 난폭한 요소가 전혀 없는 사람으로 회상된다. 자연친화적인 강원도의

---

357 〈양치기 소녀〉, 〈이삭 줍는 여인들〉, 〈갈퀴질하는 여자〉, 〈젖짜는 여성〉, 〈빵굽는 여성〉, 〈감자파종〉 등 박수근이 동경하고 영향을 받은 장 프랑수아 밀레의 그림에도 농촌생활에 대한 애정을 기반으로 한 소박하고 아름다운 농촌풍경을 담은 그림이 많지만 여성 소재 그림이 박수근에게서 더 많이 나타난다는 점이 차이점이다.

358 최형순, 앞의 논문, 187쪽.

359 진 쿠퍼, 이윤기 역, 『그림으로 보는 세계문화상징사전』, 까치, 1994, 368쪽.

360 위의 책, 409쪽.

성정을 지닌 과묵하고 진실하며 질박한 화가에게 쓸쓸하고 고독한 나무는 지역정체성과 시대적 분위기에 기반한 자화상으로 읽힌다. 그러나 박완서 소설에서 해석하듯이 그의 나무는 죽은 나무인 고목이 아니라 희망과 생명력을 상징하는 봄을 기다리는 나목, 겨울나무라는 점에서 을씨년스럽거나 비관적으로만 표상되지 않는다. 가난, 실연, 시련, 고독, 갈등으로 점철된 인간의 삶의 무게를 짊어지지만 그 슬픔과 아픔엔 희망과 꿈을 품고 있다. 역사의 고난, 가장으로서의 책무, 화가로서의 인정투쟁 등 그 앞에 놓인 고통스러운 삶의 조건이 박수근의 나무에서 드러난다.

소, 감자 모티프는 강릉 출신 작가 이순원의 성장소설인《흰별소》,《백년을 함께 한 친구 나무》에서도 자주 등장하는 강원지역의 생태적 특징이다. 농경문화와 향촌공동체에서 강원도민의 착하고 우직하며 인내하는 심성을 닮은[361] 소는 가족으로 여겨졌다. 그가 그린 〈소〉는 이중섭의 역동적이고 활발하며 적극적인 이미지를 지닌 〈소〉와 다르게 적막하고 고요하며 무심하게 나타난다. 또한 고흐의 〈감자 먹는 사람들〉과 비교되는 박수근의 〈감자〉에서도 지역성이 드러난다.

기법적 측면에서 질박하고 투박한 화강암 표면 같은 마티에르[362], 엥포르멜(非定形), 무채색조, 굵고 우직한 직선 등도 강원도의 특징이자 화강암이 즐비한 양구지역의 영향 때문으로 보인다. 미석(美石) 화풍은 돌이 흔한 양구의 자연적 환경에 기인한다. 색채가 절제된 회백색과 암갈색으로 대변되는 흑, 갈, 회색의 분위기, 형태의 단순성, 돌의 질감과 같은 두터운 표면 질감[363]의 바탕인 화강암은 양구지역에 널리 분포되어 길가에서

---

361 졸고, 「강릉 출신 작가의 고향의식과 로컬리티 재현 양상」, 『임영문화』 제44집, 강릉문화원, 2020, 98쪽.

362 Matiere, 프랑스어로 재료, 재질, 소재를 뜻하는 미술용어로 작품 표면의 울퉁불퉁한 질감 혹은 작가의 필치나 물감에 따라 야기되는 화면의 표면 효과를 통해 얻는 미적 효과를 의미한다. 재료를 화면에 두텁게 바르거나 모래 등의 이물질을 섞어 두꺼운 벽면처럼 느끼게 해준다.

363 오승진·최은정, 「박수근 회화의 특징과 나무그림검사를 통해본 심리특성」, 『예술심리치료연구』 제3권, 한국예술심리치료학회, 2007, 189쪽.

흔히 볼 수 있는 돌이다. 화강암은 단단하고 강한 돌로 갈면 갈수록 빛이 난다. 가난하고 고립된 양구에는 돌, 흙, 나무와 같은 자연환경이 풍부한바, 박수근의 후원자이자 외교관 부인인 마리아 핸더슨은 그의 그림을 "한국 도자기를 연상시키는 침잠한 백색과 회색의 톤(색조)은 조용함을 말한다"[364]고 평가했다. 흙벽, 돌담, 도자기, 옹기 등을 연상케 하는 오돌토돌하고 투박하며 따뜻한 질감은 드로잉과 여러 층의 물감을 쌓아올리고 깎아내리는 생성과 소멸의 반복되는 과정을 통해 탄생된다. 호가 미석(美石)인 박수근의 화풍은 서양교육을 받지 않고 독학으로 일궈낸 화가의 우직하고 로컬적 심성의 결과이다. 그의 그림이 강원도 정서와 환경 속에서 형성되었고, 갈수록 빛나는 화강암처럼 우리의 민족, 역사, 지역을 닮았기에 그를 '민족작가', '향토작가', '국민화가', '토종화가'로 부른다. 양구와 고향을 닮은 195,60년대 서울 창신동 시대의 그림들에 나타난 궁핍한 사람들의 형상에서 세월의 견딤과 풍상이 나타난다. 또한 그의 회화는 박수근이 가장 닮고 싶은 밀레의 〈만종〉이나 〈이삭줍기〉의 농부들뿐만 아니라 밀레가 영향을 받은 고흐의 〈감자 먹는 사람들〉에 나타나는 농부의 형상[365]과도 겹쳐진다.

박수근의 토속적 향토적 작품세계는 일제강점기 독학으로 공부한 화가들의 유일한 등용문인 조선미술전람회라는 '관전'이었고, 관전의 인기 소재는 농가의 풍경, 시골 아낙과 소녀 등의 향토적인 것[366]과도 연관된다. 외국인을 겨냥해 한국적 정취를 연출한 풍속적 이미지는 입선에 유리한 주제였기에 전람회에 출품한 〈일하는 여인〉(1936), 〈맷돌질하는 여인〉(1940)은 모친과 부인을 모델로 한 것이지만 관광엽서의 단골주제[367]이기에 화가가 참조했으리라 유추할 수 있다. 조선유람이 유행이었던 시기에

---

364 마리아 핸더슨, 「현대미술의 대표적 단면: 제3회 현대미술전을 보고」, 조선일보, 1959.5.11.~5.13.

365 방민호, 「박수근의 창신동 시대와 '성스러운' 그림들」, 『박수근, 봄을 기다리는 나목』, 국립현대미술관, 2021, 207쪽.

366 김예진, 「박수근과 나목」, 위의 책, 13쪽.

367 위의 책.

일본인들이 조선을 방문했고, 1936년 『조광』에서도 작가들의 '고향' 특집이 실렸다. 고향을 환기시키고 재발견하게 된 당대의 분위기를 읽을 수 있으며, 김유정, 이효석 등 여러 작가들이 자신의 고향인 농촌을 배경으로 한 소설을 발표[368]했고 고향에 대한 문인간담회도 다양하게 펼쳐졌다. 예술작품을 모방하는 자는 그가 제작하고 있는 시대의 해석이나 취향을 결정[369]시키며 박수근의 미술세계는 독자적이고 독창적인 노력의 결과이지만 동시대인 화가와 문인의 발전단계에서 드러나는 미적 효과를 지닌 것도 영향을 끼쳤다. 또한 언론사 중심의 1930년대 고전부흥운동으로 인한 '조선적인 것' 즉 향토성의 강화된 작품들이 다수 산출되는 현상으로 인한 향토의 발견, 농촌에 대한 향수, 유년공간으로의 회귀 욕구 등의 다양한 문화중심의 담론이 출현된[370] 사회적 분위기도 작동되었을 것이다. 이는 일제강점기 일본이 조선을 로컬(지방)로 타자화하고 주변, 시골로 귀속시키거나 정형화하는 오리엔탈리즘의 구조를 재생산한다.

3. 박수근 텍스트의 문학적 차용

문인들에게 다양한 영감과 작품소재를 제공하는 미술은 문학과 상호텍스트성을 갖는다. 소설과 시 속엔 화가들의 그림이나 노래가사, 고전음악 등이 문학작품의 주제의식이나 주도모티프로 작동되거나 소재적 차원에서 차용되며 제목으로 수용되기도 한다. 심청, 춘향, 장화홍련, 바리공

368 이에 대한 논문으로는 김양선, 「1930년대 소설과 식민지 무의식의 한 양상」, 『한국근대문학연구』 제10호, 한국근대문학연구학회, 2004, 이현주, 「1936년, 『조광』, 이효석이 '고향'」, 『어문론총』 제44호, 한국문학언어학회, 2006, 「고향의 발견, 호명된 '영서', 김유정 이효석의 농촌배경소설」, 『현대문학의 연구』 제72권, 한국문학연구학회, 2020, 「1936, 『조광』의 '고향' 기획 특집이 매개한 고향 풍경」, 『어문논총』 제44권, 한국문학언어학회, 2006 등이 있다.

369 마리오 프라즈, 임철규 역, 『문학과 미술의 대화: 기억의 여신』, 연세대출판부, 1986, 35쪽.

370 동국대 한국문화연구소 편, 『'고향'의 창조와 제발견』, 역락, 2007, 196~201쪽 참조.

주 등의 고전문학 속 인물들이 현실에 맞게 재탄생되거나 박태원의 〈소설가 구보 씨의 일일〉의 고독과 행복 사이에서 길항하는 실직자이자 산책자 '구보 씨' 또한 재생산되고 있다. 타장르와의 혼성 혹은 같은 장르 속에서 소재, 모티프, 패러디 차원의 차용방식은 문학작품을 더욱 풍성하고 다채롭게 한다.

독창적이고 미학적인 박수근 회화는 무한한 상상력을 제공하며 시나 소설로 형상화되었다. 전쟁상황 속에서 불안과 죽음의 공포로 인한 현대인의 상처와 슬픔을 부각시킨《나목》은 운명처럼 조우한 박완서와 박수근의 젊은 날의 초상이다. 경력단절의 전업주부였던 박완서는 나이 마흔인 1970년에 『여성동아』 여류장편소설 공모작이 당선되어 문단에 등단한다. 박수근의 그림 〈나무와 두 여인〉은 장편소설《나목》창작의 모티프이다. 침묵과 인내, '말할 수 없는 자'로 살아왔던 박완서는 삶의 곡절을 경험한 상처와 아픔을 통곡, 구토, 딸꾹질, 증언, 고백, 수다, 호소 등의 방식으로 솔직하고 가감 없이 토해내는 작품세계로 고평 받는 소설가이다. 고목, 겨울나무를 연상케 하는 소설제목처럼《나목》은 1950년대 초 미8군 PX 초상화부에 근무하는 20대 처녀의 부끄러운 기억에 기반하고 있다. 을씨년스러운 회색과 휘황하고 화려한 노란빛으로 대비되는 1950년대 전쟁 중인 서울엔 학살, 폭격, 죽음이 일상적으로 일어나는 재난과 댄스홀, 호텔, 극장이 늘어서 있고 PX, 팝콘, 콜라, 양키, 갈보, 미군으로 상징되는 엔조이 사이에서 방향성을 상실한 시민들이 살아간다.

이경, 미스 리로 불리는 20대 초반의 '나'는 환쟁이들이 외국인을 상대로 초상화를 그리는 PX 점원으로 근무한다. '메이드유에스에이'의 화사하고 매력적인 상품들, 다이아나 김, 린다 조, 수잔 정으로 불리는 이그조틱한 이름의 세일즈걸이 즐비한 직장을 다니는 이경은 어머니에 대한 미움과 갈등 속에 살아간다. 밝고 홍청한 쇼윈도 완구점의 태엽을 틀면 위스키를 따라 마시는 유쾌한 침팬지 인형에 자신을 투사하며 꿈도 희망도 없는 그녀는 우직함과 진솔함, 선량하고 따뜻한 시선을 지닌 화가 옥희도 씨와 함께 근무하게 된다. '그는 딴 사람과 다르다'고 주문을 외우는 이경은 그를 사랑하기로 하며 공포와 불안이 엄습한 현실을 견뎌낸다.

"어쩌면 하늘도 무심하시지. 아들들은 몽땅 잡아가시고 계집애만 남겨 놓으셨노."라는 가부장제가 체화된 어머니의 말에 충격을 받은 이경은 아들선호적인 모친과 갈등한다. 행랑방 벽장에 감추자는 자신의 제안 때문에 죽은 오빠들에 대한 가책과 죄책감으로 자신을 내던지고 싶은 일탈의 위로이자 사랑인 옥희도 씨는 모딜리아니를 닮은 아내와 다섯 명의 아이를 둔 유부남이다. '따뜻하고 착한 시선'을 지닌 그는 '고통스러운 기쁨'이자 방황하는 20대 이경의 전부였지만 그녀는 도덕적이고 타산적인 기준으로 자신을 사랑하는 황태수와 결혼한다. 생계유지를 위해 초상화를 그려야 했던 옥희도와 황량한 시대의 슬픔과 가족 간의 아픔을 지닌 이경은 서로의 상처를 알아보면서 마음의 위로가 되었던 것이다. 옥희도의 '착하고 어진, 맑으면서도 깊은 상심이 침전된 시선'을 바라보는 것만으로도 기쁨이자 아픔, 삶을 지탱하는 이유였던 이경은 남편과 함께 고 옥희도 씨 유작전을 방문한다.

> S회관 화랑은 3층이었다. 숨차게 계단을 오르자마자 화랑 입구였고 나는 미처 화랑을 들어서기도 전에 입구를 통해 한 그루의 커다란 나목裸木을 보았다. 나무 좌우에 걸린 그림들을 제쳐놓고 빨려들 듯이 곧장 나무 앞으로 다가갔다. 나무 옆을 두 여인이, 아이를 업은 한 여인은 서성대고 짐을 인 한 여인은 총총히 지나가고 있었다. 내가 지난날, 어두운 단칸방에서 본 한발 속의 고목枯木, 그러나 지금의 나에겐 웬일인지 그게 고목이 아니라 나목이었다. 그것은 비슷하면서도 아주 달랐다. 김장철 소스리 바람에 떠는 나목, 이제 막 낙엽을 끝낸 김장철 나목이기에 봄은 아직 멀건만 그의 수심엔 봄에의 향기가 애닯도록 절실하다. 그러나 보채지 않고 늠름하게, 여러 가지들이 빈틈없이 완전한 조화를 이룬 채 서 있는 나목, 그 옆을 지나는 춥디추운 김장철 여인들, 여인들의 눈앞엔 겨울이 있고, 나목에겐 아직 멀지만 봄에의 믿음이 있다. 봄에의 믿음, 나목을 저리도 의연하게 함이 바로 봄에의 믿음이리라.
>
> 나는 홀연히 옥희도 씨가 저 나목이었음을 안다. 그가 불우했던 시절, 온

> 민족이 암담했던 시절, 그 시절을 그는 바로 저 김장철의 나목처럼 살았음을 나는 알고 있다. 나는 또한 내가 그 나목 곁을 잠깐 스쳐간 여인이었을 뿐임을, 부질없이 피곤한 심신을 달랠 녹음을 기대하며 그 옆을 서성댄 철없는 여인이었을 뿐임을 깨닫는다.[371]

상식적이고 현실적인 남편은 불필요한 방이 많고 퇴락한 고가를 헐고 쓸모 있는 견고한 양옥을 짓자고 제안한다. 어머니와 살았던 상처의 공간인 흉가의 변화는 고가/양옥, 아름답고 순수한 세상/상식적 세속적 세상, 이상/현실, 환상/실재, 순수/세속, 음침, 불편, 불합리한 구조/쓸모, 견고, 네모난 집, 첫사랑 옥희도/남편 태수, 청춘/중년시절을 의미한다.

첩첩한 회색으로 표상되는 어머니와 황태수 그리고 황홀한 빛으로 표상되는 옥희도 씨 사이에서 결국 현실적인 타협을 통해 현실을 수용한 이경은 옥희도 씨가 김장철의 나목처럼 살았다고 깨닫는다. 불우하고 암담했던 시절 한발의 고목으로 보이던 옥희도의 작품이 중년의 이경에게 "봄에의 믿음"을 내장한 나목으로 다시 읽히듯 주체의 성숙은 은폐된 감각으로서 사건을 환대하게[372] 한다. 이 소설은 박완서의 자전적 소재[373]를 바탕으로 절망과 슬픔뿐인 젊은 날의 여성성장서사이다. 이경에게 화가 옥희도는 이상적이고 비현실적인 사랑을, 일탈할 뻔한 미군병사는 쾌락적이고 자포자기적인 사랑을, 황태수는 현실적이고 무난한 사랑을 뜻한다. 이경의 20대의 혼란과 방황, 시대와 가족사의 고통과 갈등을 통한 치열한 성장통을 그린 이 소설은 박완서의 문학적 특징인 전쟁체험의 자전적 글쓰기, 전통적인 여성성의 고수(어머니)와 그에 대한 거부 혹은 환멸(딸) 간의 긴장[374]을 통한 모녀서사가 잘 나타나 있다.

---

371 박완서, 『나목』, 세계사, 2012, 376~377쪽.

372 우현주, 『박완서, 타자의 환대』, 소명출판, 2021, 140쪽.

373 1931년생의 박완서와 소설 속 1952년 21세로 묘사되는 이경의 나이가 일치하고 전쟁체험, 오빠사망, 모친갈등도 작가의 삶과 연동된다. 또한 개풍군 출신으로 개성음식, 개성여인에 대한 설명과 박수근으로 비유되는 옥희도의 존재 등이 사실적으로 서술되고 있다.

374 이선옥, 『한국소설과 페미니즘』, 예림기획, 2002, 198쪽.

《나목》은 박수근 회화 소재, 미군PX 초상화부 공간과 더불어 색채미학이 돋보인다. 회색, 노란빛, 핏빛으로 표상되는 다양한 묘사 및 표현양상은 예술적 효과를 가져 온다.

① 나는 어머니가 싫고 미웠다. 우선 어머니를 이루고 있는 그 부연 회색이 미웠다. 백발에 듬성듬성 검은 머리가 궁상맞게 섞여서 머리도 회색으로 보였고 입은 옷도 늘 찌들은 행주처럼 지쳐 빠진 회색이었다. 그러나 무엇보다도 견딜 수 없는 것은 그 회색빛 고집이었다. (21-22쪽)

② 그 전, 수복 후의 나날들. 텅 빈 집과 뒤뜰의 은행나무들. 그 자지러지게 노오란 빛들, 비췻빛 하늘을 인 노오란 빛들. 아낌없이 쏟아지던 노오란 빛들. 지금도 눈이 부시다. 그때도 아니다. 그럼 그 전, 그렇다. 그 전, 그러나 나는 여기서 기억의 소급을 정지시켰다. 몇십 년이나 묵은 은행이 그 가을엔 왜 그렇게 처절하도록 노오랬던가. 난 그것을 보며 왜 그렇게 살고 싶고, 죽고 싶고 번갈아가며 격렬하게 소망했던가. 지금도 그것이 궁금할 뿐 내 기억의 소급은 노오란 빛 속에 용해되어 다시는 헤어나질 못했다. (124-125쪽)

③ 나는 양키한테 얻은 콜라 회사의 달력을 회색 벽 위에 걸었다. 건강한 남녀가 스키로 하강을 끝내고 콜라로 목을 축이고 있었다. 그들이 입고 있는 대담한 원색의 스키복이 눈에 상쾌했다. 나는 갑자기 빛깔에 대한 걷잡을 수 없는 갈망을 느꼈다. 그것은 오랫동안 내 속에 억압되어 별 수 없이 잠재해 있다가 열기를 만난 인화 물질처럼 타올랐다. (128쪽)

④ 아무리 허우적대도 벗어날 길 없는 첩첩한 회색, 그 곳에서도 나는 환상과도 같은, 회상과도 같은 황홀한 빛들을 간직하고 있었다. 완구점 앞에서의 옥희도 씨와의 만남이 그것이었다. 그것은 회상이라기에는 너무도 휘황해서 마치 환상 같으면서도 환상이라기에는 너무도 생동하는 감각을 지니고 있었다. 나는 곧 태수와 그의 가족들과 있었던 일은 잊었다 그것은 그냥 부연 회색의 일부분일 뿐이었다. (209쪽)

⑤ 나는 사루비아를 좋아했다. 너무 애련하거나 연약하지 않은 그 건전함을. 줄기찬 선홍빛 생명력이 허약한 나에겐 엄숙하게조차 느껴졌다. (297쪽)

⑥ 나는 비로소 자지러지게 노오란 은행나무를 보았다. 화려한 광경이었다. 그는 얼마나 풍부한 의상을 걸쳤기에 저렇게 노오란 빛들을 마구 쏟아놓고도 저렇게 변함없이 아름다울 수 있는 걸까? (302쪽)

《나목》의 색채미학은 이 소설이 미술과 관련있음을 환기시킨다. 전쟁 시기의 서울풍경과 어머니는 주로 회색으로 표현된다. ①에서는 고가에서 죽은 아들을 품은 채 딸을 원망하고 미워하는 어머니를 '회색빛 고집'으로 묘사하며, ④에서도 부끄럽고 편치 않는 직장과 집을 오가는 삶에서 벗어날 수 없는 절망과 슬픔 그리고 황태수와의 관계를 회색으로 나타낸다. ②, ⑥의 노오란 색과 빛은 희망, 꿈, 행복과 같이 밝고 긍정적인 의미를 담는다. 하지만 출구가 막힌 20대의 이경에게 그 빛깔은 '자지러지게', '처절하도록', '격렬하게', '아름다울 수 있는' 수식어가 붙는 극한적이고 비현실적인 자신의 처지를 보여준다.

③의 '빛깔에 대한 걷잡을 수 없는 갈망'은 어두운 현실에서도 욕망과 사랑, 미래를 꿈꾸는 이경의 마음을 색으로 나타내며, ④에서는 옥희도를 연상할 때 칩칩한 회색지대에서도 발현되는 '환상과도 같은, 회상과도 같은 황홀한 빛들', '회상이라기에는 너무도 휘황해서 마치 환상 같으면서도 환상이라기에는 너무도 생동하는 감각'의 강렬하고 잊혀지지 않는 순간으로서의 색의 기억이다. ⑤의 선홍빛, 핏빛 등은 생명력, 열정, 청춘, 에로스가 연상되는데, 붉은 색조는 열과 불의 색, 생식력, 홍등가의 섹스, 사회주의의 혁명의 피, 활기, 정력, 기쁨, 보호[375] 등의 의미를 갖는다. 이경의 성장의례를 통한 입사식을 낭만적이고 예술적으로 표상하는데 빛과 색이 적절하게 묘사된다.

《나목》에서 '박수근'은 선하고 진실하며 우직하고 가족에 대한 사랑과 책임감이 강하다. 아름답고 거룩한 영혼의 소유자인 옥희도의 설정에서 알 수 있듯이, 젊은 날의 박완서에게 박수근은 듬직하고 질박하며 주어진

375 개빈 에번스, 강미경 역, 『컬러 인문학』, 김영사, 2018, 22~41쪽 참조.

현실을 수용하고 인내하는 나목 같은 사람이자 자본주의적이고 향락적인 사회에서 드물게 맑고 순수한 사람으로 다가왔다. 가족과의 불화와 상처로 고통 받는 한 처녀의 설렘과 사랑의 감정을 그린《나목》의 박수근은 주부가 된 박완서의 기억 속의 인물로 작가가 되는 계기가 된 운명적인 인연이었다. 소설제목인 '나목'은 화가의 모습이자 이경의 내면이며 동시에 그 시대 모두의 초상화[376]이다. 그와의 우연한 만남은 청춘의 고통, 삶의 애환, 시대의 아픔을 탁월하게 그린 한 편의 장편소설이 되었고, 그들은 한국 미술계와 문학계를 대표하는 예술가가 되었다.

양양 출신의 소설가 이경자의《빨래터》는 제비꽃수상작으로 박수근의 아들 '성남'의 시선으로 화가의 삶을 조명한다. 신경림 시인의 추천과 박수근 화집에서 느낀 홀연함이 창작의 계기가 된 이 소설은 박수근이라는 거대한 나무 밑에서 양분도 햇볕도 충분히 받지 못한 채 표현이 불가능한 상처와 사랑으로 성장한 아들 박성남의 심리와 부자갈등을 다룬다. 오이디푸스 콤플렉스와 아비살해라는 피할 수 없는 부자간의 치열한 고투 속에서 작가는 박성남을 집요하게 취재했다고[377] 고백한다. 소설제목인 '빨래터'는 1955년 작으로 추정되며 단군 이래 최고가인 45억 2천만 원에 판매되었지만 위작문제에 연루되었다. 어머니나 이웃여자들이 손때가 묻어 반질거리는 화강암 빨래돌에서 찌든 때를 비비고 치댄 마을풍경, 그곳에서 아내가 될 김복순을 처음 본 장면은 박수근에게 익숙한 정경으로 그의 대표작이다. 유방암으로 친모를 잃은 박수근을 작가는 "눈물이 그렁그렁한 큰 눈을 가진 청년, 키가 훌쩍 큰 스물다섯 살의 박수근은 무애하고 무구했다"고 묘사한다.

이 소설은 '빨래터'의 소장자인 존 릭스를 만나기 위해 미국을 방문하고 귀환하는 여행서사의 원점회귀구조를 취한다. 성남의 미국여행은 자아정체성과 존재감을 탐색하는 길이자 존재의 시원으로의 회귀로서의 아버

---

376 임헌영, 『한국소설, 정치를 통매하다』, 소명출판, 2020, 177쪽.

377 이경자, 「작가의 말 "선함만이 사랑일 수 있다"」, 『빨래터』, 문이당, 2009, 9쪽.

지를 찾아가는 여행[378]이다. 박수근의 장녀이자 미술교사인 박인숙은 동생 성남이 아버지 그림을 한국에 들여오기 위해 보여준 열정과 책임감을 칭찬하며 부친의 작품성을 알리고 지키기 위해 백방으로 노력했다고[379] 말한다. 실제인물들이 실명으로 등장하는 이 소설의 박성남[380]은 거대한 나무인 아버지처럼 화가가 되었으나 이를 극복하지 못한다. 1950년대 배가 고팠던 시절 부잣집에서 성장한 어머니의 고단한 삶에 대한 가여움, 팔리지 않는 그림만 그리는 무능력하고 무기력한 아버지를 원망하며 자란 아들이 가장 싫은 직업인 화가가 되고 마는 운명과 내밀한 심리를 다룬다.

> …아버지의 목소리는 당신의 우람한 몸매에 비해 믿기지 않게 부드러웠다. 하지만 지금처럼 눅눅하고 고요하고 따뜻하다는 것, 그리고 음성에 다른 사람을 억누르거나 겁주려는 기색이 애당초 거세되어 있다는 건 지금 알았다. 1965년 5월 6일 이후 허둥지둥 아버지를 되살려 내고 싶어 미칠 것 같던 때도, 그리고 아버지와 똑같은 화가, 아버지처럼 훌륭한 화가가 되기로 결심한 이후, 아버지의 그림을 본으로 삼아 미친 듯이 그림을 그릴 때도 알아차리지 못했던 아버지의 천성, 아버지의 본질이었다.
>
> 아버지는 그랬지……. 성남은 생각했다. 거리로 쏟아져 나온 학생 데모대를 보고 돌아와 괴로워하던 것. 경찰이 총을 쏘고 학생들이 피를 흘리며 쓰러졌다고 아픈 목소리로 중얼거리며 슬퍼하던 것. 집안에 도둑이 들었을 때 대적할 엄두도 내지 못하고 어머니를 깨웠던 것. 그 무기력은 모두 폭력에 대한 속성이 없는, 아버지의 본바탕 때문이라고 그는 생각했다. 그래서 아버지는 평화와 사랑을, 문명 이전의 원시를, 소박을 자연을 그리워했다고, 삶이 가혹해지고 인간성이 포악해질수록 더 견딜 수 없었을 거라고 그래서 아버지가

378 졸저, 『우리시대의 여행소설』, 태학사, 2006, 18쪽.

379 박인숙, 앞의 책, 287~288쪽.

380 박수근은 김복순 여사 사이에서 박성소, 박인숙, 박성남, 박성인, 박성민, 박인애 등 4남 2녀를 두었으나 장남인 박성소가 1948년에 뇌염으로 사망했고 삼남인 박성인도 전쟁통에 죽었다. 이 소설에서 아버지에 대한 원망과 갈등이 가득한 성남은 자신을 장남 아닌 장남이라고 불만을 토로한다.

원하는 소박과 자연이 더욱 그리워져, 그리움을 그려냈을 거라고 성남은 생각했다.[381]

겁 많고 비폭력적이며 공감능력을 지닌 아버지의 성품조차 싫은 반항적인 아들은 흩어진 그의 작품들을 모으면서 아버지의 진정성과 진실함, 착함을 깨닫는다. 부친의 성실한 영혼, 평정심, 투박한 천성이 가난하고 어머니를 고통스럽게 한 이유로 받아들인 아들은 어두운 색채의 그림조차 싫어하고 창피해 했다. 그러한 성남이 학창시절 수채화를 그리는 자신에게 '아버지 대를 잇겠네'라는 선생의 격려와 조언에 '아버지 살아서는 한 번도 없었던, 느끼지 못했던 강렬한 동질감'을 형성한다. 유품들을 정리하던 중 아버지의 공책과 이력서에 남은 필체를 통해 아들은 그리움과 두려움, 호기심과 죄책감이라는 양가적 감정을 갖는다. 박수근은 오랜 고민과 방황 끝에 '소박(素朴)'과 '순박한(naive)' 것의 아름다움을 찾아내고 표현기법을 창안하지만 당대에는 매너리즘에 빠졌다거나 이발소 그림, 풍속화라는 모욕, 한국적, 향토적이냐는 비난, 변화할 줄 모르는 바닥촌놈이고 융통성이 없어 답답하다는 흉을 받으며 비난받았다. 아버지의 작품과 인품은 사후에나 아들에게 수용된다. 미국여행과 유품정리라는 통과제의가 '존재론적 위치의 변화'[382]를 가져온 것이다.

이 소설은 박수근의 성장과정, 결혼, 가정생활, 창작활동 등의 생애와 토속적이고 한국적인 독특한 화풍 및 기법을 서술하면서도, 박수근, 박성남의 부자갈등에 초점을 맞춘다. 큰 나무와 같은 아버지를 이해하지 못한 박성남은 화가가 되어서도 극복할 수 없는 경쟁구도 속에서 마침내 아버지를 사랑하고 존경하게 된다. 전쟁, 가난, 불인정과 같은 훼손된 아버지상을 부정하고 거역했지만 마침내 아버지를 수용하고 지향하게 된다. 무한한 힘과 권위의 상징인 대타자라는 존재를 극복하고 아비살해를 통해

381 이경자, 『빨래터』, 문이당, 2009, 39~40쪽.

382 시몬느 비에른느, 이재실 역, 『통과제의와 문학』, 문학동네, 1996, 208쪽.

부정적 아버지상에서 영원한 아버지상 찾기는 오랜 문학적 원형이자 주제이다. 성남은 고생하는 모친에 대한 애정으로 부친을 미워하나 어머니는 아버지를 두둔하고 사랑한다.

비폭력적이고 무능한 아버지의 삶을 부정하고 거역했던 성남이 비로소 아버지를 인정하고 극복하는 여정을 이 소설은 설득력 있게 재현한다. 자신이 그토록 무시했던 화가의 길을 걷는 성남에게 위대한 화가인 아버지의 그늘과 명성에 가려질 수밖에 없는 2세의 아픔도 섬세하게 표출되고 있다. 낡고 우중충한 색의 빈자와 서민을 그린 회화조차 마음에 들지 않았고 어머니를 곤궁하게 했으며 자신을 따뜻하게 대하지 않았다는 유년기의 기억은 존 리스와의 켄터키 방문을 통해 아버지와 화해하고 질서의 세계로 나아간다. 《빨래터》는 존재 찾기로서의 아비 찾기라는 서사문학의 일관된 주제와 자기 안의 타자를 발견하는 만남과 여행서사구조[383]를 통해 박수근, 박성남 부자의 갈등과 화해를 심도있게 다룬다.

박완서의 《나목》과 이경자의 《빨래터》는 모녀 및 부자 간의 갈등과 화해를 통한 성장의례를 지닌 소설이라는 공통점과 전쟁재난과 가난의 징후, 산업화와 물질만능 및 쾌락으로 치닿는 한국사회에서 우직하고 선하며 진실한 박수근이라는 화가의 생애가 담겨있다. 실존인물인 박완서와 박성남의 시선하의 박수근은 진중하고 고독하며 책임감이 강하고 아름다운 영혼을 지닌 모습으로 각인된다.

경북 울진에서 초등학교 때 원주로 이사를 와 원주여자고등학교를 졸업한 김혜순의 『또 다른 별에서』(문학과지성사, 1981)에 수록된 첫 번 째 시가 〈납작납작-박수근 화법을 위하여〉이다. 이 시는 박수근론 같지만 사실은 박수근의 회화적 방법으로 쓴 시로 화강석에 조각된 고대화 같은, 기름기가 배제된 건삽한 마티에르와 색채가 극도로 단순화된 향토적 대상을 평면적 구도의 화면에 밀착시키는 박수근의 그림을 언어로 정착시킨[384] 작

---

383 졸저, 앞의 책, 35쪽.

384 오규원, 「해설: 방법적 드러냄의 세계」, 『또 다른 별에서』, 문학과지성사, 1981, 96쪽.

품이다.

> 드문드문 세상을 끊어내어/한 며칠 눌렀다가/벽에 걸어 놓고 바라본다./흰 하늘과 쭈그린 아낙네 둘이/벽 위에 납작하게 뻗어 있다./가끔 심심하면/여편네와 아이들도/한 며칠 눌렀다가 벽에 붙여 놓고/하나님 보시기 어떻습니까?/조심스럽게 물어 본다.//발바닥도 없이 서성서성./입술도 없이 슬그머니./표정도 없이 슬그머니./그렇게 웃고 나서/피도 눈물도 없이 바짝 마르기./그리곤 드디어 납작해진/천지 만물을 한 줄에 꿰어 놓고/가이없이 한없이 펄렁펄렁./하나님, 보시기 마땅합니까?[385]

시인은 단순하고 평평한 회화 형태를 '납작납작'하다고 보았다. 억압당하고 눌린 듯한 그의 그림에서 시적 자아는 아낙네, 노상의 상인들, 노인, 아이 등 사회적 약자이자 타자의 모습을 발견한다. 가진 자들, 기득권, 부자가 등장하지 않는다는 사실은 화가가 살아간 시대와 삶의 형태가 슬프고 가난하며 녹녹치 않은 일상과 더불어 타자지향적인 작가의식을 반영한다. 납작한 그림은 고달픈 삶의 무게를 삶을 견뎌야 하는 서민들의 서럽고 서글프며 애달픈 현실을 재현한다.

시인은 '드문드문', '서성서성', '펄렁펄렁' 같은 의태어 구사와 '납작하게', '납작해진'과 '슬그머니'의 반복어를 통해 박수근 미술세계를 언어로 드러낸다. 발바닥, 입술. 표정이 없이 뭉뚱그려 묘사된 사람들은 세상에 힘들어하고 견뎌내야 하는 우리들의 모습이기도 하다. 레비나스가 말하는 왕이나 독재자 또는 부자의 얼굴이 아니라 가난한 자, 고아, 과부, 나그네의 얼굴 즉 고통받는 사람의 얼굴인 박수근 회화의 얼굴을 봄은 윤리이자 정의를 실천하는 부름을 받는[386] 것이다. 원근법을 무시한 그림은 거친 질감과 토속적 미감을 바탕으로 삶의 슬픔과 애환과 한이 담겨있다. 시

---

385 김혜순, 〈납작납작-박수근 화법을 위하여〉, 위의 책, 9쪽.

386 강영안, 앞의 책, 226~227쪽.

인은 연민과 사랑의 시선으로 이들을 바라보며 왜 이런 삶을 살아야 하는지 하나님에게 묻는다. 특히 시인은 고단하고 가부장적 사회에서 노동으로 짓눌린 여성들의 일상을 폭로한다.

섬진강 시인이자 신경림 이후 농촌의 현실을 가장 빼어나게 형상화한 시인으로 평가[387]받는 김용택의 〈이 소 받아라-박수근〉는 시집 『나무』에 수록된 시이다. '박수근'이라는 부제가 달린 이 시는 〈아기 업은 소녀〉를 바탕으로 머리에 짐을 이거나 아이를 업은 여인이 등장하는 〈절구질하는 여인〉, 〈일하는 여인〉, 〈기름장수〉, 〈나무와 두 여인〉 등 농촌마을 여인들을 연상케 한다.

> 내 등짝에서는 늘 지린내가 가시지 않았습니다. 업은 누이를 내리면 등에서는 김이 모락모락 피어났지요/누이를 업고/쭈그려 앉아 공기놀이나 땅따먹기를 하면 누이는 맨발로 땅을 차며/껑충거렸지요 일어나보면 땅에는 누이의 발가락 열 개 자국이 또렷하게 찍혀 있었습니다/나는 누이 발바닥에 묻은 흙을 두 손으로 털어주고 두 발을 꼭 쥐어주었습니다//어머니는 동이 가득 남실거리는 물동이를 이고 서서 나를 불렀습니다/용태가아, 애기 배고프것다/용태가아, 밥 안 묵을래/저 건너 강 기슭에/산그늘이 막 닿고 있었습니다/아버지는 그때쯤/쟁기 지고 큰 소를 앞세우고 강을 건너 돌아왔습니다/이 소 받아라//아버지는 땀에 젖은 소고삐를 내게 건네 주었습니다.[388]

전북 임실 출신의 시인은 나무 소재로 연작시를 발표했을 뿐만 아니라 서정적인 언어로 농촌공동체의 따뜻하고 정겨운 일상을 묘사한 작가로 자연친화적이고 향토적인 박수근 회화와 동질감을 형성한다. 소나 자연과 일체감을 느끼며 농사를 짓는 농촌가정의 자전적 소재를 채택하여 박수근 그림을 언어로 표현한다. 부모가 밭에서 일하는 동안 소년은 자신도 어리

---

387 류찬열, 「김용택론」, 『어문논집』 제27권, 중앙어문학회, 1999, 404쪽.

388 김용택, 『나무』, 창작과비평사, 2002, 12~13쪽.

지만 동생을 업고 공기놀이, 땅따먹기를 하며 일손을 보탠다. 등에 지린내가 나고 행동이 부자유스런 상태에서도 놀고 싶은 시골소년은 어머니가 부르는 소리에 붙들려오고 아버지의 소고삐를 건네받으며 자신의 삶으로 이어지게 되는 운명을 느낀다. 무거운 물동이를 인 어머니와 하루종일 힘든 농사를 하는 아버지의 고단하고 가난한 삶을 알기에 착하고 심성이 고운 아이는 군말하지 않고 아기를 돌보고 소고삐를 정리한다.

시어의 서정성과 소박함, 지역사투리와 농촌의 삶을 사랑하는 시 속의 인물들은 어린 시절의 추억을 회상하며 훼손된 자연과 고향, 농촌의 향수를 갖게 한다. 아이를 업고 머리에 짐을 진 여인이 등장하는 〈나무와 두 여인〉, 어린 소녀가 아이를 업은 〈아기 업은 소녀〉, 〈공기놀이하는 소년들〉, 〈소와 遊童〉 등 박수근 도록과 겹치기에 시인은 부제를 달았다. 저항이나 불만의 목소리가 드러나지 않은 박수근 회화의 여인들을 '젠더화된 한국성과 타자화된 여성'[389]으로 비판하기도 하지만 화가가 지속적 반복적으로 구축한 일하는 아낙네의 모습엔 이웃에 대한 호의와 연민 그리고 배려와 따뜻한 정서가 더 부각되고 있다. 박수근 그림엔 구성원을 하나의 공동체로 바라보는 '함께 함', 타자를 애정어린 눈빛으로 조망한 '하향성', 본향에의 의지와 갈망으로서의 '인생행로'를 특징으로 하며, 이웃에 대한 호의를 전제로 하는 '아름다움'이라는 말보다 '선함'과 '진실함'이[390] 그의 모토이다. 남도, 강원지역 농촌현실의 가난하고 영락한 모습은 예나 지금이나 다르지 않으며 김용택 시인은 박수근 그림을 시적으로 형상화했다.

---

389 심지영, 「박수근 회화에 나타난 여성들」, 『현대미술사연구』 제12권, 현대미술사학회, 2000, 167쪽.

390 서성록, 「박수근 회화의 기독교적 고찰」, 『신앙과 학문』 제22권, 기독교학문연구회, 2017, 83. 107쪽.

4. 양구와 그림

이 글은 '한국적인 화가', '서민의 화가', '이중섭, 김환기와 더불어 한국 근현대미술을 대표하는 화가', '민족의 화가'로 불리는 양구 출신의 박수근 미술의 로컬리티 특징과 문학적 차용에 대해 살펴보았다. 박수근 회화의 특징은 마티에르와 엥포르멜(비정형), 향토적 토속적 소재인 여인과 나무와 돌, 형태의 평면성과 단순성, 굵고 진한 선, 무채색조 등이다. 화강암, 나무, 백자를 빚는 흙의 재료와 소재적 요소는 로컬리티에서 비롯되었으며, 일제강점기 관전의 성향, 일본관광객의 조선유람 유행, 고전부흥운동에서 비롯된 향토의 발견, 농촌에 대한 향수 등 당대의 예술적 분위기가 반영되었고, 얌전하고 과묵하고 질박한 강원도민의 특성과 기독교적 신념과 성실한 결혼생활에서 오는 일상성, 밀레와 고흐의 영향 등에서 찾아진다. 선량하고 나누는 심성을 가진 강원도민의 기질과 우직한 소의 심성을 지닌 박수근 회화에서 그 특징을 추출할 수 있다. 소재적 기법적 측면에서도 여인, 나무, 화강암은 고향 양구의 생활상을 반영하며, 나목은 박수근의 페르소나이자 자연친화적인 로컬리티를 드러낸다.

문학과 미술의 친연성은 매우 강한데 서로의 분야에 예술적 영감과 소재의 원천을 얻곤 한다. 박완서의 《나목》은 젊은 시절 미군PX 초상화부에서 우연히 함께 했던 추억을 바탕으로 〈나무와 두 여인〉 그림이 모티프가 된 소설이다. 이 소설은 모녀의 갈등서사와 성장의례를 통해 어른이 된 이경의 마음 속에 간직한 순수와 예술, 아름다움의 대상인 유부남 화가의 모습을 담고 있다. 이경자의 《빨래터》는 박수근의 장남인 박성남의 오이디푸스 콤플렉스를 중심으로 아버지와 화해하고 상처를 치유하는 과정이 중심서사를 이룬다. 이 소설엔 박수근 가족이 실명으로 등장하며, 아들의 시선으로 아버지의 생활상과 예술세계를 담고 있다. 부친의 직업과 작품과 성품을 부정하고 부인했지만 결국 자신도 화가가 된 장남은 거대한 화가이자 온 국민이 사랑하는 아버지를 넘어서지 못하는 예술가로서의 번뇌와 아픔이 나타난다. 김혜순의 시 〈납작납작-박수근 화법을 위하여〉은 평면적이고 원근법이 무시된 그의 그림을 '납작납작'으로 표현하면서 억눌리고 돋보이지 못하는 그림 속 인물들의 가난하고 서럽고 힘든 서민의 삶으로 해석한다. 시인은 쭈그리고 납작하게 위축된 이들의 가난하고 억압된 삶이 온당하고 마땅한가를 하나님에게 묻고 있다. 농촌시인인 김용택의 〈이 소 받아라 - 박수근〉에서는 아기 업은 소년, 물동이를 인 어머니, 농사를 짓는 아버지가 등장하는 농촌풍경을 통해 이 시가 박수근의 여러 그림들이 모티프가 되었음을 상기시킨다. 이 글은 향토작가, 서민작가, 가장 대표적인 한국화가인 박수근 회화에 나타나는 강원지역의 질박하고 자연친화적이며 타자지향적 특성과 문학작품을 통한 화가의 성정과 일상을 살펴봄으로써 문학과 미술의 갈마듦을 고찰하였다.

6부 영동지역 재현 양상과 문학적 특성

1장 박정윤 소설의 소녀표상과 그로테스크 반미학
2장 생태적 다문화적 관점으로 본 영동문학과 올림픽 손님맞이
3장 강릉 출신 작가의 고향의식과 로컬리티 재현
4장 강릉 로컬리티와 고향을 드러내는 방식
5장 현대문학 속 로컬리티와 음식(재료)의 함의

1장
박정윤 소설의 소녀표상과 그로테스크 반미학

1. 젠더의식과 여성작가

2001년 강원일보 신춘문예에 〈바다의 벽〉이, 2005년 『작가세계』 신인상에 〈길은 생선 내장처럼 구불거린다〉가 당선되어 등단한 박정윤(1971~)은 2012년 바리데기 신화를 현대적으로 재해석한《프린세스 바리》로 제2회 혼불문학상을 수상한 강릉 출신 작가이다. 2000년대 포스트모더니즘 문학의 자장과 동력 안에서 작품 활동을 시작한 그녀의 문학[1]은 세기말의 암울하고 낙후된 도시 풍경을 배경으로 기묘하고 이질적인 소녀에 집중한다. 21세기 소설은 혈연 국적 인종과 성차를 넘어선 새로운 관계에 의해 구성된 연대를 가족의 상으로 제시해 상처 입은 약자들의 연대가 혈연을 뛰어넘었다거나[2], 이주노동자, 탈북자, 난민, 여성, 낀 존재(in between) 등 다양한 타자의 양상과 정체성을 복원[3]시킨다. 또한 소설에 대한 자기 성찰과 타자에 접근하는 방법을 모색하거나[4] 강박증적 히스테리적 공포증적 등 분열증적 주체로서의 이형(異形)이[5] 나타나고, 현실의

---

1 박정윤은 『프린세스 바리』(다산북스, 2012)와 더불어 소설집 『목공소녀』(자음과모음, 2015), 장편 『연애독본』(2015), 『나혜석, 운명의 캉캉』(2016) 등을 발표했다. 현재 강릉 단오굿을 무대로 무당 할머니와 17살 여고생가 담긴 세습무당의 삶을 그린 장편소설을 집필 중이다.

2 우미영, 「현대소설과 가족의 탈근대」, 『한국문예비평연구』 제21권, 한국현대문예비평학회, 2006, 47쪽.

3 장성규, 「2000년대 한국소설에 나타난 타자 형상화 방식의 변화 과정 연구」, 『어문논집』 제54권, 중앙어문학회, 2013, 26쪽.

4 김명환, 「2000년대 한국문학의 활력」, 『실천문학』, 실천문학사, 2007.8, 275쪽.

장력으로부터 자유로운(혹은 거기에 대항하지 못하는) 주체의 비미메시스적 글쓰기[6]를 특징으로 한다. 밀레니엄이라는 새천년에 걸맞은 미래지향적이며 가뿐한 문학이자 새로운 방향으로서의 2000년대 문학은 탈국가, 탈서정, 유머, 환상, 칙릿, 키덜트 같은 문학 담론과 1990년대부터 시작된 탈(post)의 만개로[7] 표출된다.

박정윤은 미성숙, 여성, 아이라는 다중적 타자성을 지녔으며 억압과 폭력의 대상으로 극대화한 조건을 갖춘 소녀의 삶에 주목한다. 소녀는 가부장제, 자본주의, 근대사회, 21세기 신자유주의라는 조건 속에서 청순하고 발랄하며 희망적인 청소년이 아니라 비정하고 가혹한 현실을 묵묵히 견디는 비전형화된 여성으로 그려진다. 가부장제가 구축한 기존질서에 저항하는 그녀의 문학은 반인권적이고 자본중심적이며 소수자를 배제하고 억압하는 현실을 고발한다. 가부장제 거부와 저항은 유교문화의 전통과 인습이 견고하고 보수적인 강릉 로컬리티와 연관된다. 지역여성은 가문과 핏줄 중심의 연고주의에 의존하는 향촌 공동체에서 신사임당으로 대변되는 현모양처와 율곡이라는 훌륭한 아들 키워내기라는 부담을 갖는다. 전통과 공동체를 중시하는 유교사회에서 가부장이자 연장자에게 유순한 몸을 강요받는 여성은 타자이자 주변부에 머문다. 신화 속 바리공주나 신여성 제1세대 작가인 나혜석의 인물을 서사화하고 일제강점기 여학생의 연애를 형상화하는 등 역사 속 여성인물을 소환해 현대적으로 재해석하는 박정윤 문학은 로컬리티 특성[8]을 지닌다.

---

5 양윤의, 「현대소설의 이형 연구: 2000년대 소설을 중심으로」, 『한국문학이론과 비평』 제61집, 한국문학이론과비평학회, 2013, 227쪽.

6 서영인, 「이미지에서 서사로, 악몽에서 일상으로」, 『한국문학과 예술』 제9권, 숭실대 한국문예연구소, 2012, 142쪽.

7 작가와비평 편집동인 편, 『키워드로 읽는 2000년대 문학』, 작가와비평, 2011, 3쪽.

8 강릉 출신 작가 및 극작가로, 김별아는 미실, 어우동, 황진이, 논개, 김명순 등 조선왕조실록에 기록된 역사적 인물을 소환해 재창조한 대표적인 소설가이다. 그녀는 조선여인 3부작 《채홍》, 《불의 꽃》, 《어우동, 사랑으로 죽다》와 근대 3부작 《백범, 기대한 슬픔》, 《가미가제 독고다이》, 《열애》와 《미실》, 《탄실》, 《논개》 등 역사퓨전소설을 지속적으로 발표하고 있으며, 시인 김선우는 바리공주를 소재로 한 동화와 일제강점기 무용가 최승희를 그린 《나는

고향의 굿거리, 단오굿, 세습무당 등의 단오제 풍경과 바리공주, 무속, 설화에 관심을 표명한[9] 박정윤 문학은 동해바다, 남대천변, 묵호역, 인천 항구도시 등 바다공간을 배경으로 한다. 작가는 아홉 딸 중 일곱 번째 딸로 태어나 단오 때마다 남대천변에서 개최된 굿당을 데리고 다니던 할머니로부터 '바리'로 불렸다고[10] 한다. 그녀의 소설이 신비하고 운명론적이며 죽음과 관련된 것은 무당이 인간의 미래를 점지한다든지 사자를 저승으로 안내하기 위해 혼을 되살리는 진오귀굿 등을 보고 자란 역사적 경험과 문화를 공유하기 때문이다. 역사, 여성, 지역, 바다는 강릉의 집단기억과 공동체 운명을 반영하며, 이 지역 출신 여성작가들의 현모양처와 가부장제에 대한 거부는 파격적이고 급진적인 젠더의식[11]으로 투영되어 문학적으로 형상화된다.

《프린세스 바리》, 〈초능력 소녀〉, 〈트레일러 소녀〉, 〈목공소녀〉 등의 제목이 말해주듯이 박정윤 소설은 10대 소녀에게 주어진, 핍진하고 잔혹한 현실을 재현한다. 작가는 여성인물을 이질적이고 독특하며 낯설게 묘사함으로써 가부장적 질서에 편입된 여성화된 미의식[12]이나 신자유주의

춤이다》를 출간했다. 제4회 혼불문학상 수상작인 박혜영의 《비밀정원》 역시 강릉지역의 종갓집을 배경으로 하며, 극작가 신봉승은 조선왕조실록 역사드라마 이외에도 철종의 삶을 그린 장편소설을 발표했다. 이외에도 강일여고 출신의 김은숙 작가도 〈미스터 선샤인〉이나 〈더킹〉 등의 퓨전역사드라마를 통해 드라마작가로서의 입지를 다지고 있다. 이와 같이 강릉 출신 작가들은 출생 및 성장과정에서 역사와 밀착된 로컬리티의 영향을 받고 있다.

9 박정윤, 「작가의 말」, 『프린세스 바리』, 다산책방, 2012, 345쪽.

10 박정윤, 「interview」, 『문학잡지 비릿』 2호, 책읽는 저녁, 2019, 44쪽.

11 김동리와의 불온한 관계와 결혼으로 혹독한 대가를 치른 서영은의 《그녀의 여자》, 《꿈길에서 꿈길로》는 아들의 애인을 사랑하게 되는 동성애적 코드를 다루거나 남성, 여성이 아닌 제3의 성을 주창하며, 김형경은 자전적 소설 《세월》 3권에서 아버지의 외도로 인한 모친의 불행과 대학시절 성과 폭력을 경험한 자기 얘기를 솔직하게 다룬다. 《내 마음의 포르노그라피》로 출발한 김별아는 미실, 어우동의 개방적인 성의식이나 세종의 며느리이자 문종의 두 번째 빈인 순빈 봉씨의 동성애 스캔들을 소재로 여성의식을 드러낸다. 이와 같이 강릉 출신 여성작가는 보수적이고 가부장적 공동체 분위기에서 내면의 보수성을 지녔으면서도 급진적 성의식과 젠더의식을 드러내는 양가적이고 복합적인 문학적 특징을 보인다.

12 여성화된 미란 남성들이 여성 신체를 보며 즐기는 쾌락을 의미하며, 작고 부드럽고 약한 여성들은 아름답지만 크고 강직하고 힘센 여성들은 역겹고 공포스럽다고 생각하는 근대미학을 말한다. – 김주현, 『외모 꾸미기 미학과 페미니즘』, 책세상, 2009, 91쪽, 99쪽.

적 미학[13]을 배제한다. 여성인물은 희생적이고 헌신적인 할머니나 모성애가 강한 엄마가 아니며 딸들도 사랑스럽거나 순결하거나 나약하지 않다. 작가는 자본 중심과 남성 우위의 불공정 · 불평등 · 불합리한 사회에 항의하고 모순을 제기하며 소녀 정체성을 재구성한다.

이 글은 여러 편의 문제작을 발표했음에도 불구하고, 선행 연구가 전무한 박정윤 소설의 가부장적인 가치관을 부정하고 항거하는 페미니즘 반미학을 고찰한다. 류보선은《프린세스 바리》에 대해 생명마저도 교환되는 지독한 사회를 견디고 치유하는 길로 모든 사람으로부터 버림받고 이용당하나 그럼에도 불구하고 타자의 실존을 위해 자살마저도 선뜻 돕는 바리의 증여적 윤리를 보여주었다고[14] 했고, 작품집 『목공소녀』는 소녀들의 훼손된 몸과 정신적 상처의 발생론적 원인으로 남근달린 존재의 무한한 욕망과 교환의 정치경제학을 지목한다고[15] 해석한다. 그러나 가부장제 저항에 대한 근본적인 원인규명이 제시되지 않는다는 점에서 구체적인 작품분석이 이뤄져야 한다.

그녀의 문학은 반가부장적 사유뿐만 아니라 영락한 재개발지역을 통해 부의 불균형과 양극화가 심화되면서 타자에 대한 무차별적 폭력이 증가하는 신자유주의 현실을[16] 폭로한다. 따라서 젠더 및 자본 불균형 속에서 소녀들이 얼마나 위험하고 불안한 환경에 노출되는지에 대한 문제의식과 그로테스크 반미학을 통한 가부장제 고발을 표방한 박정윤 문학의 이질적이고 독특한 문학세계를 살펴본다.

---

13 귀엽고 부드럽고 말랑말랑하고 탄력성이 있고 산뜻하고 사소한 것에도 고루 흥미를 느끼는 정형화된 소녀성으로 견고한 이성애중심의 가부장제 문화산업과 주목에 민감한 이미지와 스타일을 말한다. -조혜영 엮음, 『소녀들』, 여이연, 2017, 11쪽.

14 류보선, 「심사평: 반복과 차이」, 『프린세스 바리』, 다산책방, 2012, 342쪽.

15 류보선, 「해설: 소녀는 인간의 오래된 미래다-박정윤의 『목공 소녀』 읽기」, 『목공소녀』, 자음과모음, 2015, 282쪽.

16 여이연 정신분석세미나팀, 『페미니스트 정신분석이론가들』, 여이연, 2016, 60쪽.

2. 비정형화된 소녀표상과 애착손상

대부분 10대 소녀가 등장하는 박정윤 소설 속 여성들은 정형화된 이미지에서 벗어나 있다. 청순미 혹은 순수 등의 의미론적 내포를 지닌 성별화된 개념인 소녀는 남성욕망의 대상으로 구성되고 소녀 자신의 욕망을 부인하거나 억압함으로서 근본적으로 탈성화되고 순종적인 몸을 구성하도록 요청받으며 성적으로 타락한 성인여성의 몸과 대비되어 순결함 혹은 청순함으로 표상되는 정숙한 몸[17]으로 이미지화된다. 그러나 수줍고 부끄러우며 순결한 소녀 이미지는 박정윤 소설에서 전복되고 해체되면서 가부장적 질서에 훈육된 이미지를 부정한다.

신화 〈바리데기〉에서 모티프를 차용한 《프린세스 바리》의 바리는 고전소설 《심청전》의 심청과 함께 딸들의 효 이데올로기를 표상하는 여성이다. 바리데기는 전국적으로 회자된 한국전통설화로서 고전문학뿐만 아니라 현대문학, 뮤지컬, 발레 등의 다중매체 속에서 재해석되고 재생산된[18] 문학텍스트이다. 효라는 가치를 실현하기 위해 고난을 감수하는 구약여정의 서사로 인식되는[19] 서사무가는 부당하고 차별적인 젠더적 관점에서 주목받는 소재이다. 딸이라는 이유로 버려졌음에도 불구하고 부모에게 복종하고 효를 실현해야 한다는 메시지를 담는 바리공주 신화를 작가는 여성태아가 숨을 쉴 권리, 여자아이가 태어날 권리를 차단당한 가부장제 소재로 차용한다.

신화 속에서 효를 수행하는 효녀이고 모든 무당들의 조상으로 대접받

---

17 조혜영 엮음, 앞의 책, 38~39쪽.

18 현대소설로는 황석영의 《바리데기》, 송경아의 〈바리 3부작〉이 있고, 시는 강은교의 〈바리데기의 여행노래-三曲 · 사랑〉이, 희곡은 장진영의 《바리데기》가, 동화 및 청소년문학으로는 김선우의 《바리공주》, 《희망을 부르는 소녀 바리》가, 뮤지컬은 박용구의 《바리 · 이승편》, 《바리 · 저승편》이 있으며 발레는 박용구에 의해 1998.11.6.~8일까지 국립중앙극장에서 초연되었다.

19 최윤정, 「우리 신화, 그 탈주-담론의 심층사회학」, 『비교한국학』 제20권, 국제비교한국학회, 2012, 521쪽.

는 무조신(巫祖神)이자 저승을 관장하고 망자의 극락천도를 기원하는 오구굿에서 서사무가의 주인공으로 동쪽 끝 고향 강릉과 서쪽 끝 주거지 인천을 길항하는 현대소설에 소환된 바리는 자살안내자이자 죽음조력자로 재탄생된다. 17개의 단원으로 구성된 장편《프린세스 바리》는 수많은 굴뚝과 수인곡물시장, 골방들, 기찻길, 차이나타운 화교학교, 여객선터미널, 신포시장, 난전, 창녀촌, 자유공원, 항구 등이 즐비한 인천공단지역을 공간으로 한다. 196,70년대의 도시화 산업화에 이어 또다시 재개발이 조성됨으로써 수인선이 폐쇄되고 골목은 쇠퇴의 길을 걷는다. 수인선역 터에 광역버스 차고지가 대신하고 농협 공판장 자리에는 아파트가 들어서며 80여개의 곡물가게는 30개로 줄어들어 곡물시장 건너편 옐로우하우스도 타격을 입는다. 호황을 누리다가 기차 노선이 폐지되자 몰락해 버린 지역에서 정보를 선점하고 자본을 가진 자들은 이득을 얻지만 빈자들은 주변부나 죽음으로 내몰린다. 고용 혹은 사회복지는 어찌되든 말든 자본 축적을 위한 조건들을 최적화시키는 심각할 정도로 반-민주주의적[20]인 신자유주의 국가는 쇠락한 도시공간의 세련된 고급화로 인해 젠트리피케이션을 가져온다. 인구감소와 산업기능의 쇠퇴를 막기 위해 창의적인 자원을 투입하여 활성화시키는 도시재생은 못 가진 자들에겐 내몰림과 쫓겨남의 폭력이 자행되는 재난현실[21]일 뿐이다.

한때는 경제적으로 활발했지만 양키시장의 철거, 수인곡물상가 및 옐로우 하우스의 쇠락으로 재개발되는 인천 동네엔 몸 파는 유리들, 밀항한 중국소녀, 유기된 아이, 공장굴뚝 청소부, 깡패, 산파, 노인여성, 유리방 포주, 도시노동자 등 가난하고 누추한 하층민 계급이 몰려있다. 마을사람은 딱히 착하거나 도덕적이지 않으며 자신에게 주어진 열악하고 잔혹한 삶의 조건을 불평 없이 받아들인다. 아이를 욕망하는 불순한 의도로 바리를 훔친 산파와 가족이 된 바리는 무학에다가 체념하듯이 '어 그래'를 반복하는

20 데이비드 하디, 이동근 외 역, 『신자유주의 세계화의 공간들』, 문학과학사, 2010, 41~43쪽.
21 장세룡 외, 『사건, 정치의 토포스』, 소명출판, 2017, 288~293쪽.

아동학대 피해자이다. 16살이 된 바리는 동해연탄에서 동해고추장으로 바뀐 고향집을 몰래 방문하여 담쟁이덩굴집의 '교복 입은 소녀', '목련꽃 같은 자매'를 훔쳐보지만 인천으로 귀환한다. 변화된 질서 속에 안착된 가족들 사이에 일곱 번째 딸로 태어나 부모로부터 유기된 바리의 자리는 없기 때문이다.

> "이봐 학생, 여기가 대관령이야. 저기 보이지? 바다야." 나는 남자의 손이 가리키는 곳을 보았다. 먼 바다에 작은 불빛들이 반짝거렸다. "오징어 배야. 여긴 오징어가 개락이거든. 개락." 남자는 여러 개의 터널이 있는 대관령을 내려가 한적한 도로 갓길에 차를 세웠다. 오른쪽은 산이고 앞, 뒤, 왼쪽은 도로였다. "차비 내야지." 트럭 운전기사가 내 의자를 뒤로 젖히자 나는 뒤로 벌렁 넘어졌다. 너무 순식간의 일이라 나는 몸을 일으킬 겨를도 없었다. 나는 그가 나를 죽이려는 줄 알았다. "살려주세요." "그럼, 왜 죽여? 가슴만 한 번 만져볼 거야." 트럭 운전기사는 가슴만 만지진 않았다. 자신이 원하는 만큼 내 몸을 할퀴고 찢고 상처 냈다. 내 몸이 파헤쳐졌다. 나는 비명을 질렀지만 대형트럭의 바퀴가 도로를 뒤흔들며 지나가는 소리만 들여왔다. "아직 여물지도 않았네." 내 몸 위로 엎어져 있던 운전기사가 몸을 일으켰다. 화장지를 내 손에 쥐어주곤 자신은 트럭 뒤로 나가 오줌을 눴다. 나는 화장지로 몸을 닦았다. 얼굴과 가슴, 목덜미, 아랫도리를 문질렀다. 아랫도리에서 피가 묻어 나왔다.[22]

가족을 찾아 가는 중 운전기사에게 강간당한 바리는 자신의 처지를 담담하게 수용하며 남편이 죽을 때조차도 불행을 받아들이는 처절한 일상을 보낸다. 친부모에게 내쳐진 소녀는 어른에게 의탁하기보다는 스스로 자기 삶을 개척하고 적응해야 한다. 욕설과 분노를 표출하지만 자신을 보호하거나 구제해 줄 사람이 없다는 사실을 아는 바리의 독자생존은 위험과 고

22 박정윤, 『프린세스 바리』, 다산책방, 2012, 106~107쪽.

통에 노출된 소녀의 비정한 현실을 말해준다.

자신의 운명을 원망 없이 감내하는 성숙한 바리는 부모 앞에 나서지 못하고 가난과 죽음과 범죄가 득실대는 인천으로 돌아간다. 폭력과 슬픔이 가득한 항구도시에서 단란한 가족이 살고 있는 바다가 있는 동쪽 끝 도시를 바라보는 바리는 영웅도, 무조신도, 죽음을 관장하는 신격화된 무당도 아닌 여자아이일 뿐이다. 개인적으로는 효녀이고 국가 공신으로서 집단적으로 추앙받는 영웅이며 모든 사람의 죽음을 관장하는 신이 된 영속적인 숭앙의 대상[23]이 아닌 현대판 바리는 어두운 골방에서 비참하고 극한 슬픔을 느꼈던 지인들의 자살을 도와주는 범죄자로 살아간다.

〈초능력 소녀〉의 쌍둥이 자매인 화, 수를 구분하지 못할 정도로 무성의한 엄마는 자신의 삶에 집중한다. 기행다큐프로그램을 만들기 위해 아빠는 촬영을, 엄마는 대본집필과 리포터를 담당하느라 자식을 돌보지 않는다. 내세울 것 없는 여자 취급을 하고 사춘기 반항 정도로 여기며 쌍둥이 딸을 대하는 엄마를 역겨워 하는 자매는 싸늘하고 냉정한 반가족적 환경에서 자란다. 소녀들을 노리는 환경에서 성인남성과 동년배 소년들과 일탈하는 화는 주도적으로 성을 주관하며 수처럼 무력하게 당하지 않으려고 애쓴다. 박정윤 문학의 소녀들은 단지 시신, 피해자, 목격자로서의 역할에 머물지 않고 가해자와 가부장제 사회에 복수하는 여성잔혹서사의 주인공이다.

〈트레일러 소녀〉의 나는 아버지와 함께 강릉 바닷가 근처의 트레일러에서 생활한다. 동계올림픽이 열릴 계획으로 펜션과 전통한옥을 짓고 있는 작은 도시는 재개발 중이며, 이로 인해 밀려난 비린내가 가득한 바닷가 집은 불안정하고 떠있는 소녀의 미래를 표상한다. 소녀는 사기와 간통을 저지르고 임신한 채 자살한 엄마에게 '죽어버려', '개 같은 년'이라는 욕설을 퍼붓는다. 아빠의 촌스런 첫사랑 여자와 함께 사는 소녀는 조신하거나

23 임금복, 「새로 쓴 '바리공주' 연구」, 『한국문예비평연구』 제18호, 한국현대문예비평학회, 2005, 259쪽.

얌전하지 않으며 남자아이와의 키스에서도 주도적으로 이끈다. 〈기차가 지나간다〉의 바깥에서 아들을 낳으라는 시모의 말에 어쩔 수 없이 아홉 명의 딸을 낳은 엄마의 몸은 만신창이다. 할머니는 고추가 아닌 손녀를 엎어놓았고, 9명의 손주들에게 "쓸모없는 것들, 할미 등골을 쪽쪽 빼먹는 것들"이라며 구박하며, 며느리에게도 "지가 시집와서 한 일이 뭐야. 아들을 낳았나"며 타박한다. 남대천역 모자사생대회에 엄마 없이 혼자 참석하는 딸아이는 부모의 무관심 속에 성장한다. 남아선호적인 할머니와 출산에 지친 엄마를 둔 아홉 자매는 방치되거나 귀한 존재로 취급되지 않는다.

〈미역이 올라올 때〉는 바다 솔밭 사이에 있는 방갈로에서 태어난 미라와 미랑을 헷갈려 하는 무신경한 엄마의 타자적 삶이 휘감겨 있는 탯줄, 물미역 같은 머리카락, 빨간 스카프로 표상되어 딸의 운명까지 이어질 것을 암시한다. 소설의 배경인 방갈로, 콘도, 화려한 간판의 모텔들이 들어선 바닷가는 관광지로서의 정체성과 옥수수, 감자전, 전복죽, 날가자미, 오징어, 미역 등의 음식문화를 반영하는 로컬리티 특성을 보인다.

부모에게 버림받고 위기상황에 처했을 때 외면 혹은 거부당한 경험을 한 소녀들은 인간과 사회에 대한 불신과 불안 그리고 자신의 존재가치를 부정하고 세상과 단절하는 애착외상(attachment trauma)을 갖는다. 보호해주기는커녕 유기하고 방관하는 부모와 길위의 남성 시선에 포획된 아이들은 담배나 마약, 중독에 빠지고 자신을 혐오하거나 수치심과 분노를 느낀다. 〈내곁에 있어줘〉의 청소년들은 에스정, 러미날 등의 환각제를 먹고 〈파란평행봉〉의 진은 리스트컷증후군의 자살충동에 시달린다.

박정윤 소설의 작중인물은 성적 약탈에 노출된 소녀나 이주자, 장애인, 혼혈 등 사회적 약자이다. 《프린세스 바리》의 바리와 나나진, 연슬 언니, 거칠고 자기욕망이 강한 할머니, 아들을 낳지 못한 엄마, 〈목공소녀〉의 불법체류자 네팔인 달, 〈길은 생선 내장처럼 구불거린다〉의 결혼이주여성 베트남인 탄타우, 〈기차가 지나간다〉의 목발 청년과 흑인 아이, 하층민 등과 같이 주변부로 밀려나거나 독립적이지 못한 사람들로 가득하다. 가부장적 사회에서 여성의 위치는 열악하며, 미성숙하고 독립하지 못한 소녀에게 더욱 가혹하고 잔인한 현실이 주어진다. 《프린세스 바리》, 〈초능력 소녀〉의 10대 소녀들은 강간을 당하고, 〈트레일러 소녀〉의 소녀도 부모를 불신하며 우연히 만난 시를 읊는 청년과 교류한다. 이 시대 소녀들은 걸 파워의 독립성을 추구하지만 동시에 자신의 성애화된 몸과 인격 혹은 개성을 끊임없이 전시하는 상품소비의 사장에 포획되는 이중잣대 속에서 분열과 모순으로 존재 자체를 분투해야 하는[24] 상황에 놓인다. 불평등하고 불의한 현실에 대해 냉소적인 소녀들은 기성세대와 사회제도를 믿지 않는바, 정치가 자본에 종속되어 소비적 감수성이 극대화된 아디아포론[25] 현상으로 젠더연대, 가족연대마저 쉽지 않다.

소설 속 할머니는 독자적인 의식의 주체가 아니라 타자에 의해 왜곡된 주체 즉 타자에 의해 오염된 주체로서의 가부장화된 여성[26]으로 손녀를 여자아이라고 구박하며 단순한 책무감으로 보살핀다. 집안의 착한 천사라는 이분법적 틀에서 벗어난 어머니는 악어 이빨[27]의 모성권력이나 좋은 젖가슴(좋은 어머니)를 갖고 있지 않으며, 아이들을 방임하고 무심하게 대한다. 남성중심적 틀 속에 구축된 여성상이 아니라 성적 욕망이 강하고 손녀나 딸에 대해 애착이 부재한 그녀들은 모성 본능, 종족 번식을 위한 자기희생, 현세적 자기 이익에 우선하는 가치로운 것이라는 의미를 함축하는 어머니 됨(motherhood)[28]에서 벗어나 있다. 이러한 여성들은 괴물, 마녀, 동성애자, 흡혈귀, 메두사, 짐승의 비천한 존재로 인식되며 가부장적 사회

---

24 조혜영 엮음, 앞의 책, 12쪽, 21쪽.

25 adiaphoron, 그리스어로 '중요하지 않은 것'을 의미하며 우리가 우리 자신의 감수성지대에서 일시적으로 철수하는 것을 말한다. 타인의 고통에 공감하지 못하고 구경만하는 인간의 속성으로 인한 도덕적 불감증으로 바우만은 아이아포론이 유럽을 떠돌며 냉소라는 병증을 유발해 연대의 가치를 잠식당하고 있다고 진단한다. –지그문트 바우만·레오니다스 돈스키스, 최호영 역, 『도덕적 불감증』, 책읽는수요일, 2015, 69쪽.

26 강명관, 『열녀의 탄생』, 돌베개, 2009, 550쪽.

27 자식을 분리하지 않고, 자신의 지배하에 두려는 부모의 욕망을 표현한 라캉의 비유로, 강력한 턱의 힘으로 포식자를 물고 놓지 않는 악어의 날카로운 이빨처럼, 자식을 놓지 않고 초기 공생관계를 지속하려는 부모의 욕망을 말한다. –여이연 정신분석세미나팀, 앞의 책, 118쪽.

28 미셸 바렛·메리 매킨토시, 김혜경·배은경 역, 『반사회적 가족』, 나름북스, 2019, 61쪽.

에서 추방당하고 배척된다. 조모나 엄마의 가부장적 상처는 가부장적 질서를 따르면서도 내면의 울분과 분노가 혼재된 모습을 하고 있고 딸들의 삶을 강퍅하고 위험 속에 놓이게 함으로써 모녀 3대의 불행하고 비극적 삶이 제시된다. 《프린세스 바리》의 생식이 불가능한 산파는 출산과 유산을 돕는 재탄생과 살해행위를 함으로써 죽음, 시체, 피 같은 육체적 배설물과 관련된 여성괴물이자 늙고 추한 노파로 그려진다.

《프린세스 바리》에 등장하는 산파, 토끼할머니, 신흥쌀집할머니, 청하사할머니는 남의 아기를 훔치고 유리들의 임신중절로 생계를 유지하며 늦게 만나 사랑한 남성과의 사별로 죽는 것이 소원인 기구한 여성수난서사를 지닌다. 〈초능력 소녀〉의 쌍둥이 자매는 바쁜 엄마를 대신해서 입주가정부인 월미 할머니에게 양육되지만 그녀 또한 자애롭고 따뜻한 품성이 결여된 채 의무감으로 음식을 제공할 뿐이다. 선악의 구분이 모호하고 지극한 모성애를 발현하지 않는 여성들은 가부장제에 순종하는 여성을 거부하거나 가부장적 전통 속에서 역겨운 오염물질의 배설인 월경혈이나 임신한 여성의 몸을 불결하고 불길한 것으로 비천시하는 무시무시한 어머니, 끔찍한 괴물, 비천한 존재[29]이다.

신자유주의 세계화, 재개발과 젠트리피케이션 현상을 동반한 암울하고 불안한 세기말적 현실에서 여성들은 가부장제의 산물인 모성과 여성화된 미의식을 강조한 성 정체성을 부정한다. 그녀의 문학은 죽음, 자살충동, 살해, 강간위협에 노출된 디스토피아, 위험사회에 대한 두려움과 공포가 내포되고 있다. 전지구적 가부장제 자본주의 질서 속에서 취약하고 고통스러운 여성 3대는 생경하고 추하며 낯선 모습으로 그려진다. 작가는 불합리하고 비도덕적이며 부정의한 현실에 이의를 제기하고 추한 것에서 아름다운 세계를 발견하는 페미니즘 반미학을 형상화한다.

박정윤 소설에서 할머니와 엄마는 자기욕망이 강하고 모성이 결여되

29 최애영, 「여성은 왜 괴물로 형상화되어 왔는가」, 『여성문학연구』 제21호, 한국여성문학학회, 2009, 21쪽.

며 편애하고 자애롭지 않아 천사와 마녀의 이분법을 극복하면서 혐오와 공포를 지닌 괴물, 노파로 재현된다. 젠더화된 현실에 맞서 다리를 벌리거나 성을 주도하고 조신하지 않은 여성들의 그로테스크한 신체는 '가부장제가 얼마나 낯설고 기괴스러운지를 보여주면서 가부장제 미학, 이성중심주의 미학의 아름다운 신체와 대립하며[30] 새로운 이미지를 만든다. 조모나 부모에게 기대지 않는 소녀들은 주체적이고 독립적으로 기존 질서와 가부장적 현실에 저항하며 여성주의적인 미학을 재구성한다. 박정윤 소설은 내재화된 가부장적 질서에 순응해도 주류가 되지 못하는 할머니, 엄마세대와 보호받지 못하고 유기되어 애착손상과 자폐를 보이는 소녀 등 여성 3대 모두 분열되고 불안정하며 불행한 현실을 그린다.

3. 반가족·반성장 모티프와 동기간 연대

딸로 태어나 유기되거나 폐기된 소녀들은 친부모와 살지 못하고 재혼가정이나 부모 사이가 나쁜 가정에서 양육되는 열악한 상황에 놓인다. 모성애와 희생정신이 결여된 부모의 모습은 정상가족과 부모의 전형성을 부정하고, '여전히 계급 배치의 강력한 기관이자 젠더 불평등을 생산하고 전수하는 유효한 메커니즘으로'[31] 남아있는 전통가족에 반기를 드는 의도로 해석된다. 아이를 돌보지 않는 부모와 위협하는 길위의 남자들 사이에서 소녀들은 동기간끼리 의지하고 공감하며 서로를 보호한다.

남성은 정의로, 여성은 배려이자 희생적 모성이라는 허구와 정상가족을 제거한 박정윤 문학은 동기간 연대라는 수평적 관계에 주목한다. 유아성욕과 애증의 심리구조를 부모와 아이, 어머니-아이의 수직적 관계에 대한 이해만으로는 온전히 설명될 수 없다고 보는 미첼은 동기 근친상간이

30 김주현, 앞의 책, 297쪽. 307쪽.

31 미셸 바렛·메리 맥킨토시, 앞의 책, 65쪽.

나 동기 살해에 대한 욕망이 동기나 또래들과 더불어 모방적이면서 상호 작용적으로 아이가 된다고[32] 설명한다. 유적으로 같지만 개별적으로 서로 다른 존재인 동기 상호관계는 자기-타자 구별의 주요 촉진자가 되는[33] 것이다.

《프린세스 바리》의 바리는 고향과 가족을 떠나 인천 재개발지에서 살면서 타락하고 추한 어른들의 세계를 일찍 알게 되고 정규적인 교육을 받지 못한다. 죽음조력자인 그녀는 고통스러운 세상을 버리려는 사람들의 자살을 도와주며 죽음으로 인도한다. 어린 바리는 자신을 유기한 부모나 양육한 할머니와의 연대와 공감을 포기하고, 중국소녀 나나진과 몸파는 연슬 언니와 우정을 쌓으며 동질감을 형성한다. 오일 동안 참깨가 든 부대에 숨어 입국해 유리들의 옷을 만들어 생계를 유지하는 중국소녀 나나진은 엄마 화얌이 죽자 자신을 강간하려는 양부로 인해 위험에 노출된다. 바리에게 공부를 가르치고 그녀의 앞날을 걱정해주는 나나진과 바리는 비디오테이프가게에서 빌려 열 번 넘게 봤다는 영화 〈파니 핑크〉의 파니와 오르페오[34]로 비유된다. 피붙이보다 가까운 연슬 언니의 고통스러운 삶을 공유하고 공감하는 바리는 친모에게 버려지고 산파에게 납치당하며 강간당하고 남편 부재 하에 아이를 낳지만 지속되는 삶을 버틴다. 남성 고객을 상대로 몸을 파는 유리방의 유리들은 법으로 금지된 매춘일을 하며 사내들에게 죽도록 얻어맞고 섬으로 팔려가거나 도망갈 곳이 없는 극한적 상황에 처한다. 집창촌이 쇠퇴하자 송도호텔에 일본인들 행사에 불려 다니는 연슬 언니는 옐로우하우스에 불을 질러 화상을 입게 되고 섬에 끌려가 폭행을 당한다. 바리는 슬프고 가련한 연슬 언니뿐만 아니라 암에 걸린 산파, 하루 빨리 사랑하는 노인 곁으로 가고 싶어 하는 청하사 할머니, 녹쇠에게 강제로 부탁받은 영감을 저승으로 인도한다.

---

32 여이연 정신분석세미나팀, 앞의 책, 49쪽.

33 위의 책, 50쪽.

34 신아영, 「나의 외로움이 널 부를 때: 파니핑크×프린세스바리」, 『문학잡지 비릿』, 앞의 책, 65쪽.

〈기차가 지나간다〉의 9자매의 공주네 가족, 〈파란 평행봉〉의 진이가 취재한 54개월 동안 배가 불러 일곱 명의 아이를 낳은 여자 등 출산 및 다산을 하는 여성의 몸은 동물적이고 본능적이며 인간 이하의 야만적 피조물로 인식된다. 자매끼리의 놀이와 자매애를 통해 성숙의 길로 들어서는 소녀들은 나르시시즘과 대상-애착 사이의 측면 축에서 움직이는 동기관계에서 자기-타자의 구별이 흐려지거나 사랑과 폭력의 경계가 모호해지는 모호한 자기-타자, 사랑-폭력의 경계에서 발생하는 대표적인 욕망이자 트라우마로서의 동기 근친상간[35]을 경험한다.

빨간밍크담요로 자매들과 죽는 놀이를 하는 강아는 강릉 굴다리 포교당 바로 옆 파란대문집의 목발 청년과도 살림 놀이 혹은 열차이탈사고로 둘다 죽는 놀이를 하면서 사회생활을 학습한다. 엄마와 할머니는 파란대문집 여자에게 병신 아들을 손자라고 속이려 든다며 화를 내고 쫓아낸다. 이복남매일지도 모르는 불구 청년의 이마 키스를 통해 근친상간적 관계를 형성한 강아는 청년이 철도 무단횡단으로 사망하자 자매들과의 죽는 놀이에서 깨어나기 싫어한다. 역에서 일하는 짐꾼 아카브 구씨는 흑인 아이를 데리고 온 여자와 살면서 아이를 뱄으나 흑인 아이가 기차에 뛰어들고 뱃속의 아이마저 사산되고 만다. 버려지거나 방임되는 소녀들의 처지는 역사 속 자행된 여자 영아 살해로서 여성의 삶의 가치에 대한 낮은 평가와 남성의 지배를 상징적으로 보여주는 사례[36]이다. 아들 대신 태어난 수많은 딸들, 외도해서 낳은 불구 청년, 흑인 아이 모두 정상적인 기준에 미치지 못하거나 제도권 바깥에 머물고 있어 남아선호와 가부장제로 인한 폐해와 고통을 담는다.

〈초능력 소녀〉의 17주까지 일란성 결합쌍생아인 자매는 서로를 의지하며 타인과 관계를 맺지 않는다. 입주가정부에게 키워져 모성이 결핍된 자매는 같은 날 초경을 하는 자기 안의 타자이다. 분신인 수가 강간당해

35 여이연 정신분석세미나팀, 앞의 책, 50~51쪽.

36 스티븐 테일러, 우태영 역, 『자아폭발』, 다른세상, 2011, 28쪽.

자살하자 화는 복수를 다짐한다. 동기 통합의 무아경을 드러내는 자매는 재생산 없는 섹스인 동기적 성욕을 특징으로 하며 또래집단 동성애로 표상되고 있다. 히라주크 코스튬스토어 대여점에서 성폭행을 당하고 성병을 옮은 수의 공포와 죽음에 분노한 화는 주체적이고 자발적으로 남성을 낚고 치명적인 독을 옮기고자 결심한다. 의상(costume)과 놀이(play)의 합성어인 코스튬플레이는 자신이 선택한 캐릭터의 페르소나(외적 인격, 가면을 쓴 인격)를 그대로 복제하려고 노력하는[37] 것으로 성별바꾸기, 동물되기, 주술사, 치료사, 마녀 등으로 변신할 수 있다. 모성이 부재하고 딸을 폐기처분하거나 무가치하게 여기는 엄마를 통해 스위트홈의 허상을 일갈하고, 순결하고 순종적인 소녀 이미지의 환상을 제거한 여자아이들은 할머니와 부모라는 수직적인 관계에서 벗어나 동기관계 내부에서 발생하는 죽음, 폭력, 죄책감의 성욕화 등에 주목한다. 가면이나 의상으로 변신하는 소녀들은 정체성을 확립하지 못한다.

재혼가정, 반혈연가정으로 형성된 남매관계 속의 소녀는 성이 교환되는 가부장적 자본주의 현실에서 오염되지 않고 자신을 지켜야 하는 분열되고 파편화된 주체이다. 학창시절 친구들을 사귀지 않았고 혼자 있어도 둘이 있는 것 같았고 이중자아를 만들어 노는 것에 익숙했다는[38] 작가에게 소녀들의 세상 밖은 잔인하고 잔혹하며 위험에 처한 공간이다. 〈트레일러 소녀〉의 '나'는 화려하고 행복했던 과거를 뒤로 하고 트레일러 집에서 살고 있는 자신의 분열된 현재를 다음과 같이 느낀다.

> 나는 방에 혼자 있어도 혼자 있는 것 같지가 않았다. 서른 명이 넘는 내가 바글바글 떠들어 댔고 생각이 나누어졌다. 서른 명이 넘는 내가 공부를 했고, 서른 명도 넘는 내가 공부를 하고 있는 나를 감시했고 피아노를 쳤고 엄마의 약병에서 꺼내 온 수면제를 함께 나눠 먹었다. 수면제를 먹어야만 잠을 잘

37 존B. 카추바, 이혜경 역, 『변신의 역사』, 미래의창, 2021, 22쪽, 249쪽.

38 박정윤, 「작가의 말」, 『프린세스 바리』, 앞의 책, 345쪽.

수 있었다. 꿈에서도 서른 명이 넘는 내가 여기저기 쏘다녀서 잠에서 깨면 골치가 아팠고 몸을 갈라놨다가 바늘로 꿰매놓은 것처럼 너덜거렸다.[39]

검붉은 얼룩을 맨발로 꾹꾹 밟은 후, 다시 계단을 올라갔다. 내일 교복을 입고 갈 것이다. 나는 말할 것이다. 나는 작년에 열여섯살이었고, 올해도 열여섯 살이고, 내년에도 열여섯 살일 것이라고. 그리고 만약 방법을 알았다면 오래전에 내가 했을 것이다, 라고.[40]

믿을 대상이 없고 애착관계를 형성하지 못한 소녀들은 자기 안의 타자, 분신, 이중자아를 또래나 자매, 동기로 설정한다. 《프린세스 바리》의 바리는 학교를 다니지 않고 두 할머니에 의해 키워지며 영락해가는 마을의 몇 안되는 이들과 관계를 맺는다. 〈트레일러 소녀〉의 '나'는 사기죄, 간통죄를 저지르고 감옥에서 자살한 엄마를 원망하며 불안하고 위험한 트레일러에서 생활하는 비정상적이고 제한된 관계를 형성한다. 〈초능력 소녀〉의 둘이서만 노는 자매는 "노란 미니스커트 아래 드러난 맨다리를 노골적으로 힐긋거리는" 거리의 남자, 오후 4시에 야한 사진과 동영상을 보내는 남자, 핸드폰에 저장된 아기를 안고 있는 아내의 행복해 보이는 사진을 보며 소녀를 욕망하는 남자들의 먹잇감이 되기에 성장을 멈춘다. 불특정 다수의 남성들이 성적인 목적과 무관한 공간(사무실, 쇼핑몰, 거리, 지하철, 엘리베이터 등)에서 만나는 여성들이 성적 쾌락을 제공하거나 제공할 대상으로 정의하며 시선의 쾌락을 즐기는 남성적 응시[41]에 소녀들은 항시 노출된다. 외부세계의 폭력에 의해 소녀성을 상실한 그녀들은 그 시점에서 성장이 멈추었으므로 소녀이기도 하고 소녀가 아니기도 하기에 소녀를 연기[42]한다. 어른들의 세계를 거부하며 반성장을 지향하는 그녀들은 가부장

---

39 박정윤 〈트레일러 소녀〉, 『목공소녀』, 자음과모음, 2015, 39쪽.

40 박정윤, 〈목공 소녀〉, 위의 책, 122쪽.

41 김주연, 앞의 책, 343쪽.

42 류보선, 앞의 글, 272쪽.

적 사회와 기성세대의 질서에 도전하고 저항한다. 〈목공소녀〉의 영원한 '열여섯 살'의 멈춤은 인생의 가장 정상적인 과정을 거부할 수 없는 틀로 인식하지 않는 것[43]을 포괄하는 직선적 흐름에 대한 성찰이다. 남성우위의 우생학과 정상가족 이데올로기에 기인한 무지와 차별의 역사는 소녀들의 자폐증세로 나타나며 교정대상이나 열등한 존재로 낙인찍힌다.

남성인물인《프린세스 바리》의 바리와 유리들을 괴롭히는 '녹쇠'와 나나진을 범하려는 양부, 〈목공소녀〉의 소녀를 강간하는 '상어', 〈초능력 소녀〉의 소녀들을 훔쳐보고 명함을 건너는 거리의 아저씨들은 성적 폭력과 젠더 억압에 노출된 소녀들의 위험하고 불안전한 환경을 말해준다. 〈트레일러 소녀〉의 아버지는 교복 입은 여학생을 보고 자위행위를 하고, 〈길은 생선내장처럼 구불거린다〉의 아버지는 성매매업소의 미희들과 관계를 맺으며, 〈목공소녀〉의 아버지는 가족을 지켜내지 못하고 죽거나 부재한다. 연장자이자 대타자인 아버지라는 시대착오적인 가부장적 인물은 초라하고 볼품없으며 단지 성적 본능만 남은 모습으로 재현된다.

남성들은 소녀들의 몸을 훼손하지만 미미한 존재감을 통해 무모한 성적 공격만 남아있을 뿐이며 이는 가부장 중심 시대의 몰락을 말해 준다. 그럼에도 완강하게 지속되는 가부장제 하에서 할머니와 엄마의 삶은 고통스럽고 딸들 역시 폭력과 강간의 위험이 도처에 깔려있다. 소녀를 탐하는 길위의 남성인 팔루스적 존재는 여성의 몸을 전유하고 훼손하지만 아이를 방관하고 유기하거나 무관심한 부모로 인해 딸들은 그들에게 의존하거나 보호받지 못한다. 자위를 하거나 미희들과 놀아나며 본능을 제어하지 못하고 간통을 저지르거나 위기의 순간에 부재함으로써 딸들의 성폭행을 막지 못하는 무능하고 왜소한 아버지의 권위는 상실되지만 여전히 남성이 정해놓은 가부장적 질서에 여성들은 벗어나지 못한다.

대개는 부모의 돌봄이 부재하는 맥락에서 가장 빈번하게 발생하는 동

---

43 백지은, 「탈성장의 정치적 상상력」, 『키워드로 읽는 2000년대 문학』, 작가와비평, 2011, 182쪽.

기 근친상간[44]은 딸들을 배척하는 오랜 역사와 버려지는 바리들이 부모-자식간의 수직적 관계보다는 형제자매 또래와의 수평적 관계에서 성과 폭력 문제 등 살아가는 이치를 깨닫는 새로운 삶의 대안과 변화된 가족관계를 드러낸다. 자매 및 동기간 연대는 유기 혹은 방임 경험으로 인한 애착손상으로 가족이나 사회와 친밀감이나 유대감을 못 느끼고 소속감과 안전한 감정을 확보할 수 없는 소녀들이 타락하고 부조리한 어른들의 세계에서 삶을 타개하는 방식이기도 하다.

4. 그로테스크한 몸과 페미니즘 반미학

기이하고 섬뜩하며 이질적인 박정윤 문학은 불쾌하고 추한 반미학을 추구한다. 자애롭지 않은 할머니는 아들선호나 자기욕망이 강한 가부장제가 체화되었고, 어머니 역시 성적 욕망이나 일에 대한 욕구가 강렬하다. 비교육적 비위생적 비도덕적인 어른들의 일상과 유리되지 않은 환경에서 배회하는 소녀들은 담배 혹은 마약을 하며 섹슈얼리티에 자기주도적이고 주체적인 태도를 보인다. 그녀들의 외모와 행동은 불쾌한 감정을 수반하며 가부장제의 방식으로는 공포스럽기 짝이 없는 여성들로 무질서, 기괴함, 끔찍함, 역겨움 등으로[45] 나타난다. 순결 이데올로기와 효 이데올로기로 무장된 조신하고 얌전한 자세와 아름다운 외모는 가부장제의 기준과 규칙 속에서 훈육된 정상화된 여성 신체이다. 여성들은 임신, 낙태, 출산, 월경으로 인한 강렬한 색채와 동물적이고 파편적인 신체로 묘사된다. 이는 여성에게 표면적인 아름다움을 강요하면서 복종만을 승인하는 가부장제의 추악함을 여성 신체 위에 그대로 체현하는 가치[46]에 저항하는 작가의식이 투영되었기 때문이다.

---

44 줄리엣 미첼, 이성민 역, 『동기간』, 도서출판b, 2015, 121쪽.

45 여이연, 『페미니즘의 개념들』, 동녘, 2015, 201쪽.

46 위의 책, 201쪽.

할머니는 땀에 전 내복을 벗기고 수건으로 온몸을 닦아주었다. 나는 할머니의 쪼그라진 젖꼭지를 빨며 어린애처럼 투정을 부렸다. 내가 젖꼭지를 세게 빨아 당기면 할머니는 흐흐, 웃으며 내 얼굴을 쓰다듬어주곤 밍크 담요를 머리 끝까지 씌어주었다. 할머니에게선 술 냄새가 났다. (중략) 할머니는 만화를 보는 내게 자라며 불을 끄고는 젖을 물렸다. 나는 흐물흐물한 할머니의 젖이 싫었지만 젖을 물고 있다가 할머니가 코를 골면 일어나 공부방으로 가 만화책을 읽었다. 개학날에도 할머니가 학교까지 데려다 주었다.[47]

할머니는 혼자서 초종을 맞이했다. 전날, 할머니는 미라가 온다는 말에 몸을 닦아달라고 했다. 옷을 벗기자 앙상한 뼈에 미농지같은 살이 붙어 있었다. 뜨거운 수건으로 몸을 닦자 하얀 살갗이 붉게 익었다. 수건을 문지를 때마다 살가죽이 옆으로 밀렸다. 옆으로 처진 가슴에는 말라비틀어진 유두가 달려 있었고 거뭇한 팔에는 주삿바늘 자국이 불거졌다. 할머니는 털이 빠진 밋밋한 아랫도리를 닦을 때 눈을 감고 입술 사이로 희미하게 흐흐, 웃었다. 옷을 입혀주니 화장을 해달라고 했다. 얼굴은 수분이 빠져 화장이 먹질 않았다. 틀니를 뺀 입에 주름이 오골오골 모여들어 손으로 입술을 펼치며 립스틱을 발랐다.[48]

엄마는 손을 바닥에 짚고 엎드렸다. 치마를 허리 위로 걷어 올리고 팬티를 아래로 내렸다. 살집이 없어 좌우 무명골로 거죽이 처졌고 엉덩이 치골 윤곽이 드러났다. 항문 아래 나를 품고 있다 밀어낸 검게 주름진 성기가 보였다. 나는 일회용 비닐장갑을 끼고 거뭇한 엉덩이를 벌리고 항문에 좌약을 밀어 넣었다. 의사는 심하진 않지만 합병증의 원인이 될 수도 있으니 정기적으로 치료를 받아야 한다고 했다. 노란색 좌약은 항문 안으로 들어갔다가 금세 되밀려 나왔다. 나는 힘을 줘 좌약을 항문 안으로 쑤욱, 밀어 넣었다.[49]

---

47 박정윤, 〈기차가 지나간다〉, 『목공소녀』, 앞의 책, 89~90쪽.
48 박정윤, 〈미역이 올라올 때〉, 위의 책, 246쪽.
49 박정윤, 〈목공소녀〉, 위의 책, 117~118쪽.

생산성을 상실한 할머니의 쭈글쭈글한 젖가슴과 늙고 추한 육체, 엄마의 적나라하고 뻔뻔스럽게 노출된 신체 부위는 그로테스크하고 불쾌하다. 출산과 유산 장면은 여성의 동물적 육체를 과도하게 보여줄 뿐만 아니라 배설물들로 얼룩진 장면을 불결하며 가부장제의 시선에서 보고 싶지 않거나 아름답지 않은 몸[50]을 구현한다. 〈목공소녀〉의 '나'는 엄마의 성기에 좌약을 넣으며 자신을 품었던 곳을 발견한다. 이때의 두려운 낯설음[51]은 여자의 성기가 인간이 태어난 옛 고향(Heimat)을, 우리 모두가 태초에 한번은 머물렀던 장소를 상기시키기에[52] 생기는 감정이다. 생명을 품는 공간이자 치명적인 상처와 죽음을 떠올리는 어머니의 비체는 복합적이고 혼돈스럽다.

가부장제 미학은 이성중심주의 미학과 결합하면서, 추악하고 기묘하고 더럽고 황폐하고 사악한 여성들을 비난하고 몰아내고자[53] 했다. 기운이 세고 다리를 벌리고 앉거나 성적 욕망이 강한 여자들을 괴물 취급하거나 공포스럽고 기괴하게 보였던 것은 가부장제 미학의 결과이다. 비전형화된 여성상은 여성에게 표면적인 아름다움을 강요하면서 복종만을 승인하는 가부장제의 추악함을 여성 신체 위에 그대로 체현한[54] 관습에 대한 가부장적 도전과 반역을 의미한다. 작가는 획일적이고 가부장적 아름다움에 대한 저항적 신체를 모색하고 불쾌를 주는 여성적 숭고를 통해 가부장제 자본주의의 미를 전복하고 해체하며 변혁을 꾀한다.

〈기차가 지나간다〉와 〈미역이 올라올 때〉의 늙은 여성의 쭈글쭈글한 몸이나 〈목공소녀〉의 딸앞에서 엄마가 하는 행동은 여성타자의 은유인 부끄러움, 다소곳함, 수줍음, 감춤, 조신함과는 거리가 멀다. 소녀들도 불손

50 김주연, 앞의 책, 224쪽, 226쪽.

51 프로이트는 공포감의 일종이고 극도의 불안과 공황상태를 불러일으키는 감정인 두려운 낯설음 unheimlich은 '집과 같지 않은', '편안하지 않은' 뜻을 지닌다고 말한다. –지그문트 프로이트, 정장진 역, 『예술, 문학, 정신분석』, 열린책들, 1996, 404쪽.

52 위의 책, 440쪽.

53 여이연, 앞의 책, 206쪽.

54 김주현, 앞의 책, 289쪽.

하고 성관계를 하며 담배를 피고 마약을 하는 등 순결하고 순진한 여자아이의 정형성을 보여주지 않는다. 엉덩이, 질, 항문에서 나오는 고름, 피, 정액 등을 줄리아 크리스테바는 아브젝트(abject)라 명명하며 여성에게 표면적인 아름다움을 강요하면서 복종만을 승인하는 가부장제의 추악함을 여성 신체 위에 그대로 체현함으로써 갈등하고 고통 받는 여성들의 자아 분열적 이미지, 폭발하는 힘, 분노를[55] 드러낸다.

〈목공소녀〉에서는 목공소의 인형과 소녀가 동일시되며, 여성의 몸을 파편화한다. 아버지가 죽자 무기력한 엄마는 마을남자에게 함부로 대해지고, 어린 딸이 상어에게 유린당해도 어느 누구도 지켜주지 못할 때 외국인 불법체류 노동자인 달이 소녀를 구하기 위해 살인을 저지른다.

> 작업대에서 전기샌더를 들고 나무 인형의 하체를 손으로 쓸어냈다. 전기샌더 스위치를 켜자 나무 표면에 닿는 샌딩 소리가 고속도로를 달리는 차 소리를 삼켰다. 상체와 하체를 다시 갈아냈다. 달은 두 부분을 나무 나사로 연결할 것이라고 했다. 한 손에 전기드릴을 잡고 달이 미리 표시해놓은 곳에 구멍을 뚫었다. 나무 나사를 끼워 넣었다. 인형은 니은 자로 앉은 모양새가 되었다. 바니시로 마감을 하다가 나는 드릴을 집어 들었다. 나무 인형의 머리에 드릴로 구멍을 뚫었다. 스웨터 올이 풀린 지점인 등 가운데를 찔렀다. 다리와 다리가 만나는 부분에 드릴을 쑤셔 넣었다. 가슴에, 어깨에, 겨드랑이에 드릴을 처박았다. 톱밥이 튀어 올랐다. 나무 인형의 몸이 그물처럼 헐거워질 때까지 무수히 많은 구멍을 냈다. 마침내 인형이 나달나달해졌다.[56]

'해부 가능한 가공의 여성'인 벨머의 〈인형〉(1935)에서 여성신체는 절단되고 파편화되며 또 조립되고 해체되기를 반복하면서 가부장제에 숨어 있는 여성에 대한 공포스러운 환상과 유희를[57] 보여준다. 억압된 콤플

55 위의 책, 289쪽.
56 박정윤, 〈목공 소녀〉, 『목공소녀』, 앞의 책, 120~121쪽.
57 김주현, 앞의 책, 290쪽.

렉스에서 발생하며 침묵과 고독과 어둠 등이 자아내는 두려운 낯설음은 죽어있는 사물과 형상과 인형들이 살아 움직일 때 유발되는 감정[58]으로 박정윤 문학의 어조를 형성한다. 남성에게 유린되는 소녀의 신체는 목각인형을 만드는 과정과 유비되어 남성의 폭력과 비틀린 욕망에 의해 훼손되고 해부되는 여성의 운명을 내포한다.

1990년대 서양 미술의 주된 현상으로 대두한 '아브젝트 미술'은 파편화된 신체나 피, 정액, 오줌, 침, 여성의 젖, 똥 등의 지저분한 오브제로 가부장제에 도전하는 새로운 미적 대상으로 평가[59]된다. 강릉 바닷가, 항구도시 인천 그리고 뒷골목이 배경인 그녀의 소설은 임신, 출산, 월경에 대한 빈번한 묘사뿐만 아니라 바다와 연관된 생선 비린내, 내장, 피로 표상되는 파편적 신체라는 괴물적 존재를 상기시킴으로써 비릿하고 혐오스러운 반미학적인 분위기를 자아낸다. 여성의 몸 밖으로 흘러내리는 수수께끼 같은 월경혈은 역겨운 오염물질의 배설을 환기시킨다는 점에서 여성을 비천한 존재로 격하시키고 끔찍한 괴물로 재현하는데 중요한 신체적 근거를 제공[60]한다. 바다와 물의 공간은 양수이자 비체로서의 여성공간과 밀접하다. 작가는 형식의 결여, 불균형, 부조화, 외관 손상, 변형(비참한 것, 꼴불견인 것, 진부한 것, 우연한 것, 임의적인 것, 엄청나게 큰 것), 불쾌함의 다양한 형상들(볼품없는 것, 죽음, 공허한 것, 소름끼치는 것, 무의미한 것, 구역질 나는 것, 극악한 것, 괴기한 것, 악마나 마녀, 사탄과 관련된 것) 등을[61] 동원하여 우리 삶의 이면에 드리워진 추한 요소들을 표면화한다.

《프린세스 바리》의 바리는 소년들의 장난으로 인해 기차에 치인 갈매기 시체를 처리하며 장례사의 길로 들어선다. 처절하게 난자당하고 기차에 짓눌린 새는 가부장제 현실에서 희생당하는 여성타자를 상징한다. 짓궂은 장난과 유희의 대상으로 죽임을 당하거나 상처받는 타자의 편에 선

58 지그문트 프로이트, 앞의 책, 442~443쪽.

59 김주현, 앞의 책, 291쪽.

60 최애영, 앞의 글, 314쪽.

61 움베르토 에코, 오숙은 역, 『추의 역사』, 열린책들, 2008, 16쪽.

바리는 그들의 마지막 생애를 인도하는 죽음조력자가 된다.

> 한 아이가 뿌려놓은 좁쌀에 다가온 갈매기는 다른 아이가 짜놓은 본드에 발이 달라붙었다. 갈매기는 발은 신경쓰지 않고 좁쌀 먹는 것에만 혼이 빠졌다. 좁쌀을 쪼아먹던 갈매기가 몸을 움직이려 발을 버둥거렸지만, 발이 떼어지질 않았다. 그리고 항구 쪽에서 기차가 다가왔다. 호각을 불며 다가온 기관사가 깃발을 흔들며 물러서라는 손짓을 하자, 남자애들은 철길 건너편으로 건너가 나를 보았다. 갈매기는 본드에 붙은 발을 떼려고 날개를 버둥거렸지만 깃털만이 날렸다. 갈매기의 몸 위로 달궈진 기차 쇠바퀴들이 지나갔다. 갈매기는 짓이겨진 후에 또다시 짓이겨졌다. 목 아래와 통통한 배 사이에 내장이 튀어나왔고 피가 흰 날개에 뒤범벅되었다. 나는 소리 지르지 않았다. 그건 남자애들이 원하는 거였다. 나는 고개를 돌리지도 않았다. 갈매기의 몸이 쇠바퀴에 거듭 짓이겨졌다.[62]

심심풀이로 동물을 학대하고 바리에게 "마녀, 귀신!"이라고 소리 지르며 조롱하는 소년들의 약자에 대한 괴롭힘을 일상적으로 당하는 바리는 갈매기 시체의 흩어진 살과 내장을 씻어 약초밭에 묻는다. 처음으로 장의사가 된 바리는 새의 혼을 죽음의 공간으로 인도하는 의식을 행한다. 새와 소녀를 괴롭히고 고문하며 잔인하게 죽이는 소년들에 의해 속수무책으로 생명을 잃고 신체를 훼손당한 약자들은 순종하는 듯하면서도 그들이 원하는 대로 살지 않겠다는 결연한 의지를 통해 탈서정적이고 환상과 현실이 무화된 삶의 태도를 드러낸다.

〈기차가 지나간다〉의 인물과 풍경 묘사 역시 잔혹하고 어둡고 우울하게 나타난다.

> 기차가 지나갈 때마다 가슴이 두근거렸다. 진아 언니는 아카브 구씨 아들

---

62 박정윤, 『프린세스 바리』, 앞의 책, 55쪽.

이었던 흑인 아이가 기차에 뛰어들었다고 했다. 아이의 사지 조각을 맞출 수 없을 정도로 찢겨졌다 했다. 그 사건으로 여자의 배 속에 있던 아이는 죽었고 늘 술만 찾던 구총각도 역무원 일을 관두고 관사를 떠났다. 나는 벽에 등을 기댄 채 달려오는 기차에 뛰어들어 사지가 찢긴 흑인 아이를 생각했다. (중략) 아이는 철로 앞에 서 있다. 기차 바퀴가 선로를 꽉 조이며 다가온다. 아이가 눈을 감은 채 움직이지 않는다. 철걱철걱 소리를 내며 달려온 기차의 첫 바퀴가 아이의 몸을 꿈틀 짓누른다. 이어 여러 개의 바퀴가 터진 아이의 몸을 휙휙 지나간다. 순식간에 기차의 바퀴에 의해 사지가 찢겨지고 으깨진다.[63]

현관에서 나온 청년이 평상에 앉았다. 그는 신문지를 펼치곤 마른오징어를 허공에 대고 흔들다 쫙쫙 찢었다. 오징어의 몸통을 햇빛에 비춰보는 척 나를 향해 들어 올렸다. 오징어를 허공에 들어올린 채 살을 조금씩 찢어 먹었다. 몸통 조각이 작아질 때마다 청년의 하얀 얼굴이 점점 많이 보였다. 이내, 청년의 눈이 나와 마주쳤다. 청년은 입을 실룩이며 웃어보였다. 오징어 귀 부분과 꼬들꼬들한 다리 끝부분까지 남김없이 먹었다. 껍질을 벗겨놓았던 것도 질겅거리며 씹었다. 마침내 내 입에서 침이 흘러내렸다.[64]

소요는 생선 비린내를 싫어했다. 특히, 살이 파헤쳐지고 뼈와 내장만 남은 접시를 건들기도 싫어했다. 우리에게 생선 외에 다른 반찬은 없었다. 생선은 아무리 바싹 구워도 내장은 늘 젖어있었고 축축했다. 나는 생선의 뼈와 내장을 수챗구멍에 버리고 접시를 오래 닦았다. 수챗수멍에 걸린 생선뼈에 뒤엉킨 여자의 머리카락을 집어낼 때면 뒤가 선뜩선뜩했다.[65]

동물과 아이들은 자의든 타의든 참혹하고 잔인하게 찢겨지고 씹혀지고 내장이 젖어있거나 터진 채 나와 있다. 낯설고 생경한 그녀의 소설은

---

63 박정윤, 〈기차가 지나간다〉, 『목공소녀』, 앞의 책, 77쪽.

64 위의 소설, 79쪽.

65 박정윤, 〈소요〉, 『목공소녀』, 앞의 책, 146쪽.

열리고 튀어나오고 확장되는 비밀스러운 신체이자 생성과 변화의 신체로서의 그로테스크한 신체 재현이라는 가부장제의 규범을 거스르면서 가부장제 미학, 이성 중심주의 미학에서는 상상도 할 수 없었던 기묘하고 새로운 이미지에 도전[66]한다. 불쾌감, 두려움, 혐오감을 일으키는 갈가리 찢긴 주검 형상을 통해 아름다운 모습만 부각된 비현실적인 삶의 이면에는 '냉엄하고 슬프게도 악한 어떤 것이 있음을'[67] 상기시킨다.

소녀들의 훼손된 몸과 정신적 상처의 발생론적 원인을 남근 달린 존재의 무한한 욕망과 교환의 정치경제학을 지목하는[68] 박정윤 소설은 할머니, 엄마, 딸(소녀)의 삶이 얼마나 잔혹하게 파괴되는 지를 페미니즘 반미학과 그로테스크한 몸을 통해 효과적으로 그린다. 작가는 외면당하고 거세된 실제적 신체를 복원하고 붕괴가정과 자본이 극대화되고 성을 교환하는 현실에서 생존하기 위해 고군분투하는 소녀의 삶을 추하게 형상화함으로써 충격과 각성을 갖게 한다.

5. 지역 · 바다 · 여성

낯설고 이질적인 문학세계를 구축한 박정윤은 혼불문학상 수상작인 《프린세스 바리》와 소설집 『목공소녀』를 통해 권위적이고 억압적인 어른의 목소리가 아닌, 소녀타자의 목소리로 우리 시대의 위험하고 불안한 세계를 고발한다. 소설공간은 재개발지역이나 바닷가인 중소도시로, 각박하고 위험하며 한없이 밀려나는 사회적 약자가 등장한다. 가부장적 자본주의적 질서체계에 반역하는 여성인물은 전형적인 여성 이미지에서 벗어나 추하고 성적으로 욕망하며 자녀에게 헌신하거나 희생하지 않는다. 자애롭

---

66 김주현, 앞의 책, 297쪽.

67 움베르토 에코, 앞의 책, 436쪽.

68 류보선, 「해설: 소녀는 인간의 오래된 미래다-박정윤의 『목공소녀』 읽기」, 『목공소녀』, 앞의 책, 282쪽.

지 않은 할머니와 모성이 결여된 엄마, 청순하거나 순결하지 않은 소녀표상은 가부장적 여성상에 대한 도전을 의미하며, 그 자체로 기존질서를 해체하고 부인하는 효과를 준다. 가족이나 부모로부터 유기 혹은 방임된 소녀들은 간신히 여아로 태어날 권리를 지킬 수 있었으며 애착외상과 자폐증세를 보인다. 타인과의 친밀하고 유대적인 관계나 소속감 혹은 안전함을 느낄 수 없는 소녀들은 반가족 · 반성장을 지향하며 동기간 연대를 통해 현실을 타개하거나 삶을 학습한다. 부권적이고 남아선호적인 현실을 작가는 그로테스크한 몸과 페미니즘 반미학적 묘사를 통해 충격적이고 효과적으로 드러내며 독창적이고 예술적인 분위기를 연출한다. 그녀의 문학은 침묵하고 조용하며 자폐적 분위기 속에 들끓고 분노하며 고통스러운 여성타자의 삶이 드리워져 있다. 고향인 강릉지역의 보수적인 삶의 조건에 영향을 받은 박정윤 문학은 재개발과 영락해가는 도시 풍경을 배경으로 소녀들이 처한 황량하고 잔혹하며 방치된 전지구적 가부장제 자본주의 현실을 냉소적이고 환상적으로 재현한다.

2장
생태적 다문화적 관점으로 본 영동문학과 올림픽 손님맞이

1. 이방인 환대와 타자지향적 윤리

전인류의 스포츠 축제인 2018년 평창 동계 올림기간 동안 강원도를 찾는 관람객은 208만 명이며 이 중 선수단, 응원단, 관광객을 포함한 외국인은 39만 명으로 예측한다. 강릉과 평창에서 개최하는 스포츠 대축전인 올림픽은 문화축제이자 인문축제로서의 의미를 지니며 이를 준비하기 위한 워크숍과 학술세미나, 시민교육이 이루어졌다. 외부적 시설과 강원도 문화도민운동 과제[69]가 활발하게 진행 중이며 친절, 질서, 청결과 같은 글로벌 에티켓과 접객환대 서비스 수준 향상을 위해 다양하게 시도되고 있다. 그러나 친절교육이나 매너교육과 같은 형식적이고 외양적인 방식은 일시적이고 진정성에 있어 한계가 있으므로 세계시민으로서의 의식화 내지 정신의 체화가 필요하다. 강원도의 자연친화적인 눈사람을 형상화한 '다정이', '다감이'는 강원도민이 지닌 심상지리적 이미지를 갖는다.

21세기를 탈국경 다문화사회 혹은 다매체 융합 시대라고 한다. 다양성과 문화상대주의적 관점을 추구하는 오늘날 우리 사회에도 150만 명의 외국인이 상주(올림픽 개최 4년전 당시)한다. 오랜 세월 단일민족의 순수혈

---

69 문화도민운동은 3개분야 12과제로 구성되는데, 1.시민의식의 과제로는 ①준법의식, ②교육학습, ③미소친절, ④교통안전, 2.손님맞이의 과제로는 ⑤안내표지판, ⑥음식숙박업소, ⑦건전 상거래, ⑧청정환경, 3.도민통합의 과제로는 ⑨나눔봉사, ⑩배려양보, ⑪강원정신, ⑫강원문화로 세부사업계획(2012)을 세웠다. –권영중, 「강원도 문화도민운동의 배경 및 추진방향」, 『제5회 문화융성을 위한 문화군민운동과 평창동계올림픽 성공개최 실천』, 평창문화원, 2013.10.31, 32쪽.

통주의를 강조해 온 한국은 이주자와의 공생을 모색함에 있어 부작용과 사회불통합 현상이 드러난다. 우리의 필요에 의해 이주한 결혼이주여성, 이주노동자, 다문화가정 2세와 잘 사는 고국을 찾아온 코리안 디아스포라 — 조선족, 고려인, 자이니치, 탈북자 등 — 들이 차별적이고 배제적인 시선에 의해 고통 받는 신산한 이산생활을 하고 있는 것이다. 다문화사회는 거스를 수 없는 시대적 현상으로 70억의 인구 중 2억(2014년 당시)이 지구촌을 떠돌며 국경을 탈출한다.

20세기가 이데올로기의 시대이자 전쟁과 폭력의 시대라면 21세기는 정체성 정치의 시대[70]이자 새로운 윤리의 시대[71]이다. 서구 · 백인 · 남성 · 인간 중심의 관점에서 벗어나서 그동안 타자이자 주변부로 여겨졌던 동양 · 유색인 · 여성 · 동물의 시각으로 세상을 다시 보고자하는 타자지향의 대항윤리가 모색되고 있다. 동일자가 아닌 타자라는 위치 때문에 고통 받고 비극적인 삶을 영위했던 비주류이자 주변부의 삶을 담지 못했던 기존의 윤리에서 벗어나 타자성과 다양성을 지향하는 탈근대적 사유인 '생태주의, 여성주의, 다문화주의가 새로운 대안적 윤리로 제창'[72]되고 있다. 과학기술의 발달로 인한 효율성 강조와 성과주의를 중시했던 근대사회는 전지구적 자본주의 가부장 체제 아래서 더욱 극심해지면서 21세기에 회귀한다. 이러한 결과로 환경오염, 온난화, 동물학대, 여성폭력, 제노포비아[73], 여성혐오증[74]으로 인한 마녀프레임[75], 희생양 메커니즘[76]의 사회적 현상을

70 조너선 색스, 임재서 역, 『차이의 존중』, 말글빛냄, 2007, 29~30쪽.

71 가라타니 고진, 송태욱 역, 『윤리21』, 사회평론, 2001, 221쪽.

72 심성보, 「윤리에 대한 도전」, 『윤리교육연구』 제32권, 한국윤리교육학회, 2013, 3쪽.

73 Xenophobia라고 하며, 이방인이나 외국인에 대한 혐오를 의미한다. – 김세균 외, 『유럽의 제노포비아』, 문학과학사, 2006, 20쪽.

74 misogyny라고 하며 여성혐오증, 여성혐오감이라 번역된다. 여성멸시는 성별이원제 젠더 질서의 깊고 깊은 곳에 존재하는 핵으로 이에 자유로운 사람은 존재하지 않으며 시스템 전체 구석구석까지 영향을 미친다. – 우에노 치즈코, 나일등 역, 『여성혐오를 혐오한다』, 은행나무, 2012, 12쪽.

75 종교개혁과 마녀사냥의 전진으로 특징지어지는 격렬한 여성혐오의 시대가 16세기에 도래했고, 이러한 마녀박해는 1990년대 세계 곳곳에서 재등장한 오랜 전통하에 형성된 것이다. 자본-민족-국가라는 삼위일체를 유지하기 위한 예외상태로 남아있는 마녀라는 존재로 과

가져왔다. 인간 중심의 폭거는 동식물 학대와 자연의 훼손을, 남성중심적 시각은 마녀들의 희생과 '아시아적 신체'[77]의 훼손을, 단일문화적 자세는 이주자, 이방인, 난민들의 신산한 이산생활과 타자적 차별적 입장에 처하게 했다.

다문화, 자본의 전지구화, 세계화가 된 지구촌사회는 서로의 다름을 수용하고 환대해야 하며 세계시민의식을 함양해야 할 시점에 와있다. 다름과 틀림, 차이와 차별을 구분하지 못하거나 문화상대주의를 지양하는 사회는 고립되고 폐쇄되며 퇴행되었음을 역사는 증명한다. 이제 전세계의 외국손님을 맞이하는 강원 영동 주민들의 삶의 자세를 점검해보고 휴머니즘과 다문화주의, 에코페미니즘을 바탕으로 한 인문학적 사유와 자세를 함양해야 한다. 외국인(이방인)이 된다는 것은 무엇을 의미하며, 그들을 환대하고 관용으로 맞이하는데 있어 우리 공동체가 결여된 점은 무엇인지 진단하고 개선해야 한다.

외국인으로 지시된다는 것은 타자 집단에서 동일자 집단으로, 피지배자 집단에서 주인 집단으로 이동할 가능성이 거부된다는 것을 의미하며, 언어와 국가의 법을 위협하는 침입의 사건으로 간주되고 이때 외국인은 끊임없이 '들이닥친 자'라는 명명 아래서 타자화[78]되는 것이다. 국가에 의해 국민과 타자로 나눠지는 그들은 '너는 여기 사람이 아니다'라는 판단에 의해 추방되고 방치된 상실로 억압[79]된다. 리처드 커니는 인간심리의 심연에 존재하는 균열의 증거들인 이방인, 신, 괴물(다양한 유령과 도깨비, 분

거엔 여성, 유태인, '빨갱이'로, 오늘날엔 무슬림, 동성애자, 이주노동자의 모습으로 현신하고 있다. －실비아 페데리치, 황성원 외 역, 『캘리번과 마녀』, 갈무리, 2011, 153쪽, 이택광, 『마녀 프레임』, 자음과모음, 2013, 142쪽.

76 하나의 희생양으로 모든 가능한 희생양을 대신하는 것을 말한다. －르네 지라르, 김진식 역, 『희생양』, 민음사, 1998, 25쪽.

77 양석일은 소외되고 고통받는 아시아 민중들의 삶을 아시아적 신체라고 명명하는데 특히 태국에서 자행되는 아동폭력, 아동매춘, 장기매매를 예로 들고 있다. －김응교 역, 「삼십육만 원의 아시아적 신체」, 『어둠의 아이들』, 문학동네, 2010, 397~410쪽 참조.

78 기욤 르블랑, 박영옥 역, 『안과 밖: 외국인의 조건』, 글항아리, 2014, 33~34쪽.

79 위의 책, 31~32쪽.

신들을 포함하는)로서 매혹과 두려움을 표상한다고[80] 설명하며, 조르조 아감벤은 벌거벗은 생명 즉 호모 사케르[81]라고 명명한다. 법이나 제도권 안에 포섭되지 못한 이방인의 타자적 삶에 대해 데리다는 외디푸스와 소크라테스의 예를 들어 이방인에게 환대해 줄 것을 주장한다. 법정에서 소크라테스는 자신을 이방인처럼 취급해 달라고, 이방인에 대한 배려를 베풀라고 부탁한다. 그는 자신이 나이와 언어와 사용습관을 가진 유일한 언어적 조건을 지녔고 법정 연단과 연설에 있어 '문외한'인 외국인임을 선언하며 이방인[82]에 대한 환대의 의무를 요구한다. 레비나스의 타자의 철학에서도 윤리적 주체란 타인을 수용하고 손님으로 환대해야 하는 것이야말로 주체의 주체됨이자 윤리적 주체라고 말한다. 고아나 과부처럼 헐벗고 고통 받는 모습으로, 정신적 경제적 사회적 불의에 의해 짓밟힌 자의 모습으로 호소하는 타자를 수용하고 대신해서 짐을 지고 사랑하고 섬기는 주체[83]를 강조한다. 나그네와 고아와 과부의 얼굴에 나타나는 타자의 고통에 윤리적 책임을 느끼며 책임과 의무를 다해야 하는 레비나스와 가라타니 고진의 주체는 현실에서 실현하기 어려운 이타적이고 차이의 다양성을 인정하는 태도이자 똘레랑스의 자세이다. 타자에 대한 환대와 관용적인 다문화적 자세야말로 올림픽 손님을 초대하는 영동시민이 가져야할 태도이다.

전인류의 축제이자 지역의 자랑인 평창동계올림픽을 성공적으로 마치기 위해서는 외적 시설의 확충 못지 않게 다문화적 세계시민의식의 함양이 요구된다. 따라서 타자지향적 윤리와 포괄적 성원권의 요구, 유연한 애국주의와 자기 지역에 대한 애정이 잘 어우러져야 할 것이다. 모든 사람은 인종, 피부색, 성, 언어, 종교, 정치적 혹은 기타의 견해, 민족적 또는 사회적 출신, 재산, 출생 또는 기타의 신분과 같은 어떠한 종류의 차별 없이 권리와

---

80 리처드 커니, 이지영 역, 『이방인, 신, 괴물』, 개마고원, 2004, 15쪽.

81 Homo Sacer, 아감벤의 용어로 어떤 개인이나 집단에 특유한 삶의 형태나 방식을 가리키는 비오스(bios)와 구분하여 단지 살아있음의 생물학적 존재에 불과한 조에(zoe)로서의 날것의 생명을 뜻한다. －조르조 아감벤, 박진우 역, 『호모 사케르』, 새물결, 2008, 33쪽.

82 자크 데리다, 남수인 역, 『환대에 대하여』, 동문선, 2004, 63~65쪽.

83 강영안, 『타인의 얼굴』, 문학과지성사, 2005, 74~75쪽.

자유를 향유할 자격이 있다고 명시한 세계인권선언문[84]에 나와 있듯이, 다민족·다인종·다국가·다문화적 환경에 놓이게 될 2018년 평창동계올림픽에서 인권의식, 다문화적 자세, 생태적 입장, 여성의식이 요구된다. 강원도가 지닌 자연친화, 친환경적인 삶을 고양하고, 여성친화, 외국인 환대를 증진하는 다문화주의, 생태주의, 여성주의 윤리의식을 위한 교육을 통한 의식화가 절실하다. 20세기가 자행했던 종, 인종, 성, 문화, 민족 차별주의를 극복하여 세계시민으로서의 아름다운 공존을 이루어야 한다.

2. 영동(강릉)지역의 심상지리와 영동문학

2000년대를 시작으로 다문화·다인종화된 우리 사회는 단일민족끼리의 삶이 오랫동안 지속된지라 낯선 이방인과 소통하고 아름답게 공존함에 있어 불화와 오해, 갈등을 가져왔다. 또한 '대관령 너머'의 보수적이고 폐쇄된 분위기 속에서 정체성을 형성한 영동지역의 전통적 가치관과 가문숭배, 효와 정절 이데올로기 등은 '우리'끼리라는 타자배척과 원주민 중심의 문화를 가져온 것은 아닌지 점검이 필요하다. 늘 우리 곁에 머물며 앞으로도 늘어날 경계인과 이방인을 위한 열린 시각과 자세가 절실하다. 문화 간 교류가 확대되는 글로벌 시대에 자문화·자민족중심주의는 시대에 역행하는 태도이다.

이 글은 강릉 출신 작가의 작품을 중심으로 생태주의적 다문화주의적 관점으로 살펴본다. 강원도는 오염되지 않은 청정지구로 문명화의 속도가 느리고, 산새가 거칠며 인구수가 적고 여유롭다. DMZ(비무장지대)가 가까이 있고, 산, 령(고개), 바다, 강이 인간과 함께 하는 자연친화적이고 서정적이고 신화적이며 신비스러운 공간적 배경은 이곳이 고향인 작가에게도 나타난다. 1930년대 이효석, 김유정, 이태준과 더불어 이순원, 윤후명,

84 린 헌트, 전진성 역, 『인권의 발명』, 돌베개, 2009, 258쪽.

최성각, 김동명 문학에서도 동식물 상상력과 친환경적인 요소가 드러난다. 순박하고 아낌없이 나눠주고 한없이 포용하는 강원도민의 착하고 질박한 심성이 생태주의적이고 타자지향적인 자세를 갖게 한다. 그러나 단일문화적 분위기는 글로벌 시대와의 불화를 가져올 수 있으며 지나친 애국주의, 민족주의도 완화되어야 한다.

강릉시 성산면 위촌리 출신의 이순원은 강릉 배경의 소설들을 남겼으며, 강릉 출신의 최성각은 녹색 감수성을 지닌 환경운동가이자 행동으로 실천하는 생태주의자로 생태소설집을 출간하였다. 윤후명 역시 임당동에서 겪은 전쟁체험이 원체험이 되어 여행소설을 남겼으며, 강릉에서 태어나 강릉여고를 나온 김형경도 강릉에 대한 기억과 고향의 영향을 받은 작가이다. 이들의 작품을 중심으로 생태주의, 다문화주의, 에코페미니즘적 시각으로 작품을 이해하고 작품 속에 투영된 새로운 윤리와 지향해야할 강원문화를 고찰해 본다.

3. 생태주의적 관점으로 본 강릉소설

압구정동으로 표상되는 현대인의 자본주의적 욕망과 어둡고 타락한 본능을 날카롭게 해부했던 이순원은 후기 문학에서 자신의 고향인 영동지역으로 표상되는 투명하고 맑은 시골사람들의 풍경을 전개한다. '강릉', '대관령', '우추리'를 배경으로 하는 그의 소설엔 나쁜 사람이 등장하지 않으며 친족관계[85]로 얽혀져 있다. 〈메밀꽃 필 무렵〉을 패러디한 〈말을 찾아서〉는 '나'[86]와 당숙과 노새 '은별'과의 운명적인 관계를 아름답고 서정적

85 작가의 고향인 강릉시 성산면 위촌리라는 곳은 주민들이 마을 어른들께 합동으로 세배를 드리는 도배식이 400년 이상 유지하는 곳으로 전통과 가부장, 보수적 관습이 이어지고 있어 작가의 무의식과 성장과정에서 영향을 받았을 것이다.

86 이순원 소설에서의 '나'는 소설가라는 직업을 가진 '이수호'라는 이름으로 등장하는 작가의 분신이다.

으로 그린다. 아들이 없는 작은 집의 양자로 결정된 나는 생산능력이 없는 당숙을 의미하는 '노새 애비'를 둔 '노새집 양재'라는 별명을 갖게 되고 놀림을 받는다. 청소년기의 상처 때문에 나는 양아버지인 당숙과 불임이라는 불구로 환유되는 노새를 구박하고 괴롭힌다.

원치 않는 양자가 됨으로써 놀림과 부끄러움 속에 성장한 나는 인간, 남성, 아들이라는 주체적 위치에서 장자가 없는 당숙과 새끼를 출산할 수 없는 노새를 슬프고 힘들게 만든다. 노새와 노새를 끄는 당숙을 끔찍하게 싫어하기에 당숙의 아들이자 분신 같은 은별을 아프게 한 나는 성장한 후에도 죄의식에서 벗어나지 못하고 트라우마로 남아 외상후 스트레스 장애를 겪는다. 일본여행 때 말고기를 못 먹거나 말꿈을 꾸는 등 신경증과 노이로제 증상이 나타나며 고향을 방문할 때마다 껄끄럽고 불편한 감정을 갖게 된다.

자연이 어우러진 강릉과 봉평을 배경으로 상처를 공유한 부자가 말없이 걸음으로써 화해가 이루어지는 이 소설은 '중견의 난숙함을 보여주는 역작으로 읽는 이의 가슴을 찌릿하게 하는 감동'[87]을 준다는 호평을 받았다. 제사를 지내 줄 아들이 없다는 열등감으로 떠돌았던 당숙은 양자가 자신을 찾아오자 "아들이 없기는, 내가 노새냐? 아들이 없게" 라고 말함으로써 일생을 함께 했던 노새 은별을 자신과 동일시하고 가족으로 여기며, 나 또한 은별에게서 자유롭지 못하다. 양자의 마음을 헤아리기 위해 "내려오면 내 인자 그놈의 짐승 없애라고 할 거니까"라고 말하는 당숙모에게조차 미움을 받는 노새 은별은 사실 당숙과 뗄 수 없는 관계이다.

> …작은할아버지가 돌아가신 이후 그날 처음으로 나는 남몰래 감추는 아부제의 눈물을 보았다. 한 지붕 아래에서 사는 동안 그는 내게 참으로 많은 설움과 눈총과 미움을 받았다. 내가 누리는 것 모든 것이 그의 등에서 나왔는데도 그랬다. 아마 그가 죽어 정말 하늘의 은별이 되었다 해도 나는 앞으로도 말에

---

87 이문열, 「심사평: 중견의 난숙함을 보인 〈말을 찾아서〉」, 『1996 이상문학상 수상작품집』, 문학사상사, 1996, 14쪽.

대해 자유롭지 못하고, 그에 대해 자유롭지 못할 것이다. 결국 그 원고에 나는 그의 이야기를 쓰지 못했다. 그러나 언젠가 나는 그의 슬픈 생애에 대해 제대로 글을 쓸 수 있는 날이 오길 기다린다. 그는 태어나기로 암말과 수나귀 사이에서, 온갖 핍박 속에 오직 무거운 짐과 먼 길을 걷기 위해 생식력도 없는 큰 자지만 달고 나온 노새였고, 이름은 은별이었다.[88]

당숙과 화해하고 그를 '아부제'로 받아들이며 봉평 진부옥에서 나와 밤길을 함께 걷는 장면은 이효석 소설의 시골과 자연의 토속적 향토적 배경을 패러디함으로써 강원지역의 자연친화적인 분위기를 표출한다. 감정을 잘 드러내지 않고 질박한 강원도민인 당숙의 눈물이라는 감정유출은 양자를 얻기 위해 노새를 버리겠다는 말을 했던 자신을 폐기한다는 의미이기도 하다. 동물과 사람 간의 섬세하고 미묘한 관계는 일생동안 고통 속에서 묵묵히 노동을 했던 은별에 대한 속죄의식을 갖게 한다. 동물은 인간의 어리석음, 허무함, 이기적 속성을 알게 해주는 숭배와 성찰의 대상[89]이다.

진부옥을 나온 다음 아부제와 나는 밤길을 걸었다. 아니 걷지 않고 마차 앞 자리에 타고 밤 늦도록 이목정까지 나왔다. 달이 없어도 별이 좋은 밤이었다. 아부제의 입에서 풍기는 술 냄새가 조금도 싫지 않았다. 노새는 연신 딸랑딸랑 방울을 울리고, 길옆은 온통 옥수수밭이거나 감자밭, 올갈이 무와 배추를 뽑은 다음 씨를 뿌린 메밀밭이었다. 꽃향기도 좋고 저녁 바람도 시원했다. (중략) "수호야." "야." "아부제는 고맙다. 무슨 말인 줄 알제?" "야." "그래. 내려가믄 나두 이 짐승 치우지 뭐. 니 싫어하는 걸 계속할 거 뭐 있겐." "……." "허, 이눔이 말귀 알아듣나. 절 치운다니까 대가리를 흔들게." "안 치워도 나 아부제 집에 가 살아요……." "그래, 치우지 뭐. 치울 거야. 이제 이거 힘두 제대로 못 써 사람 망신시키는 거. 늙어서 고집두 늘구……."[90]

---

88 이순원, 『말을 찾아서』, 문이당, 1997, 50쪽.

89 이동연, 「동물과 인간 사이, 그 철학적 질문들과 문화적 실천」, 『문화과학』 제76호, 2013. 겨울호, 25쪽.

〈말을 찾아서〉는 자연과 동물과 인간이 동일시되어 자연친화적이고 생태주의적인 시각을보인다. 불임과 불구, 노년의 타자적 정체성을 지닌 당숙과 노새 은별과의 삶은 타자지향적인 태도와 동물에 대한 강원도민의 마음으로 표상된다. 일생을 노동만 하고 핍박과 서러움을 받았으며 죽어서까지 고기를 남긴 은별의 삶은 당숙의 삶이기도 하며, '노새집 양재 새끼'라는 심한 욕을 친구들에게 들어야 했기에 화해하지 못한 13살 중1 소년이었지만 은별에 대한 죄책감과 죄의식을 어른이 되어서도 극복하지 못하고 부끄러움과 미안함으로 나타난다. 피터 싱어는 종차별주의를 "자기가 소속되어 있는 종의 이익을 옹호하면서 다른 종의 이익을 배척하는 편견 또는 왜곡된 태도"라고 정의하며, 조르조 아감벤은 '인간의 동물화'와 '동물의 인간화'라는 신화적 상상력의 복원을 통해 인간과 동물이 서로 개방성에 다가가는 것을 강조한다. 당숙과 은별의 관계는 서로의 외로움을 해소하고 위안을 받는 사이로 가족 그 자체이다. 동물착취는 인간노예제나 홀로코스트와 같은 인간성의 잔악함으로 치달았으며, 엘리자베스 피셔는 여성의 성적 종속이 동물의 가축화를 모방하여 가부장적인 사회구조 안에 억압된 통제를 만들어냈다[91]고 보았다. 강릉 출신 작가[92]에게 자연적 삶, 동물적 삶을 지향하는 타자의 윤리학이 드러난다.

김형경은《꽃피는 고래》의 창작배경에 대해 도시를 가로질러 바다로 흘러드는 남대천에서 멱을 감고 얼음배를 타고 자랐으나 언제부터인가 손도 담글 수 없게 더러워져 있을 정도로 흰거품이 끓고 나쁜 냄새가 나기 시작했고 그때의 상실감으로 쓰게 되었다고[93] 고백한다. 생태적 상상력이 바탕인 이 소설은 환경문제를 강하게 체현하고 있는 공간인 국내 최대의

90 이순원, 앞의 소설, 46~49쪽.

91 찰스 패터슨, 정의길 역, 『동물 홀로코스트』, 휴, 2014, 33쪽.

92 강릉 출신의 시인 김동명의 수필 〈소는 불행하다〉에서도 소의 일생을 통해 인간의 비정함과 비정함과 이기심을 지적하며 저주를 퍼부어 소의 고단한 삶에 공감하는 타자의식을 피력한다. －졸고, 「김동명 산문에 나타난 타자지향성과 디아스포라의식」, 『김동명문학연구』 제1호, 김동명학회, 2014, 122쪽.

93 김형경, 「작가의 말」, 『꽃피는 고래』, 창비, 2008, 269쪽.

공업도시 울산 장생포가 배경이다. 갑작스런 교통사고로 부모를 잃은 소녀의 성장소설이기도 한 이 작품은 고래잡이로서의 삶을 마감할 수밖에 없는 장포수 할아버지의 상실과 겹쳐져 자연, 우주, 동물과 일원화된 삶이 무너진 현실을 고발한다. 처용신화와 고래신화가 남아있는 이 공간에 미국정유회사가 들어와 나일론공장, 고무공장, 스텐인레스공장, 비료공장, 선박공장, 자동차공장이 모여 거대공단이 조성된 후 자맥질을 해서 캐낸 조개는 모두 껍데기 뿐이며, 바다 속엔 조개무덤이 가득하고 온몸에 검은 기름이 묻은 비둘기들이 죽어간다. 처용포 마을 뒷산에는 유조선과 함께 미국에서 들어온 미국자리공이 뒤덮이고 포경일이 금지되자 고래박물관과 고래축제를 만들려는 관광산업이 유도되어 할아버지가 소유한 포경선을 기부하라는 압력을 받는다. 비록 고래를 잡지만 분수처럼 뿜어오르는 고래와 인간 간의 유대감과 신화적 상상력이 담지되었던 삶에서 자본주의 세계의 진정한 폭력성이 자행되는 생태관광산업은 자본의 논리에 복속된 생태주의에[94] 불과한 것이다.

> "고래를 사냥할 때는 어떤 동물을 죽이는 일과는 다른 게 있다. 고래를 쫓아다닐 때는 저와 내가 서로 마음이 통하는 게 있다. 작살을 쏠 때도 그렇고. 나는 새끼 데리고 다니는 고래를 안 잡았는데 고래와 마음이 통해서 그랬다. 고래가 꽃을 피울 때는 고래 영혼이 내 몸으로 들어온다. 고래 생명력이 몸속으로 스며든 것처럼 그후 며칠간은 먹지 않고 자지 않아도 피곤한 줄 모른다." "와, 할아버지 시인 같아요."[95]

자연과 인간과의 합일 속에서 신화처럼 살아왔던 삶이 파괴되며 환경과 고래잡이의 생생한 삶이 사라지고 테마파크나 박물관이 박제되어 관광상품화되는 자본주의의 폭거가 할아버지의 삶을 소멸시킨다. 교수, 관광

---

94 신진숙, 「생태적 글쓰기와 신화적 상상력의 상관성 고찰」, 『한국근대문학연구』 제26호, 한국근대문학회, 2012, 304쪽.

95 김형경, 『꽃피는 고래』, 창비, 2008, 103쪽.

업자, 시청공무원의 설득으로 할아버지는 고래배를 내주기 전에 마지막으로 한번만 배를 운항해 주는 조건을 제시하고 테마파크가 완성되는 날 자신의 배를 타고 바다로 사라진다. 이 소설은 나이를 초월해 상실과 결핍이라는 공통점 때문에 친구가 된 할아버지와 니은의 시선을 통해 고래도 자연도 신화도 사라져버린 박제된 시대를 고발한다. 바다 속으로 사라진 부모와 할아버지, 그리고 신발주머니, 곰인형, 무지개색 우산, 눈사람, 아빠가 선물한 윤선도 화집, 자전거를 잃고 유일한 친구 나무를 떠나보내며 일자리조차 얻지 못한 불안감, 막막함, 파도가 머리 위를 덮치는 듯한 슬픔이 밀려오는 과정을 거친 후 니은은 어른으로 성장한다.

《꽃피는 고래》는 신화들이 구전되는 울산지역이 산업도시로 변모하면서 인공적이고 조악한 관광산업과 자본의 결탁으로 파괴됨으로써 자연과 인간이 공유하고 유대하며 조화를 이루었던 신화의 시대가 마감하는 현실 속에 근거와 뿌리를 상실한 할아버지의 사라짐을 통해 반생태주의적 현실을 고발한다. 신성을 상실한 채 보호의 대상이 된 고래나 고래잡이를 포기하고 관광상품으로 전락한 할아버지의 타자화는 이분화된 자연과 인간의 관계를 말해 준다. 이순원과 김형경 소설은 동물과 인간, 자연과 인간과의 관계가 이원화되고 분리됨으로써 반생태적이고 인간중심적인 삶이 되었고 이로 인해 환경오염과 환경파괴, 자연훼손을 가져왔음을 소박하게 제시한다.

최성각의 〈약사여래는 오지 않는다〉는 녹색문학이 가장 잘 형상화되어 있는 작품으로 가장 예술적 표현에 이른 작품[96]으로 평가받는다. 그는 소설가이자 실천적 환경운동가이며 외롭게 환경복음을 외치는 선지자이자 일관되게 녹색소설을 써온 작가[97]이다. 2013년 발간된 『쫓기는 새』에는 영월의 동강댐, 새만금 개펄, 인공호수 시화호, 천성산 터널과 같은 국책사업에 의해 파괴된 자연과 환경을 고발하고 있으며, 다양한 실험적 문

96 김욱동, 「한국녹색문학의 현주소」, 『쫓기는 새』, 실천문학사, 2013, 555쪽.
97 위의 책, 538쪽.

학장르[98]와 김대중, 노무현, 고건, 문정현, 규현 신부 등의 실제인물이 등장하고 주인공은 석우 혹은 윤씨라는 이름의 작가 자신이다. 여성, 노인, 외국인근로자와 같은 타자나 사회적 약자에 관심을 두는 그의 문학은 인간의 탐욕과 부패, 무관심의 결과로서의 자연환경에 분노하고 성찰하며 현장의 한가운데서 실천한다.

수질오염에 관한 이야기를 담는 이 소설의 환경운동가이자 작가인 '나'는 강원도 바닷가가 고향이어서인지 무표정한 산자락이 육중한 공간을 좋아해 새로 온 마들평 인근에 산이 있다는 사실에 마음을 들어한다. 수돗물 식수 부적격 소동이 연일 신문의 머리기사를 장식하는 한국사회에서 전국이 물 비상에 돌입할 수밖에 없다.

> 누구나 목숨이 있는 한, 그리고 그 목숨을 이유가 있든 없든 어제나 오늘처럼 계속 부지할 생각이라면 물을 안 먹고 살 수는 없다. 그러나 이제는 누구나 영락없이 못 먹는 물을 먹어야 한다. 사람들에게 남은 시간이란 못 먹는 물인지 알면서도 어쩔 수 없이 그 물을 마셔야 하는 시간일 뿐이다. 그러므로 이때 육신이란 철, 카드뮴, 중성 세제, 크롬, 납, 망간 등의 맹독성 중금속이 쌓이는 부드러운 그릇이거나, 막다른 골목이거나, 일찍 현실로 드러난 예고된 죽음을 향해 달리는 불행덩어리이거나, 태어나지 않았으면 딱 좋았을 회한의 덩어리 같은 것이 되어버렸다.[99]

35살의 나는 뜨물처럼 부연 게 섞여 나온 오줌과 목덜미 언저리의 식은땀을 느끼면서 의사의 조언을 받고부터 유락산 약수터를 찾는다. 그러나 20~30미터로 길게 줄을 서서 물을 떠가려는 난리법석 속에 빈정거리

---

98 엽편소설, 미사형식과 소설의 결합(강을 위한 미사), 서간체 형식(동강에서 온 편지, 섬으로 돌아간 검은 돌), 뉴스 및 르포르타주 형식(그린피스 로버트 카멜), 댓글 인용 형식(도룡뇽은 어디에 있을까) 등 독자에게 생태의식을 일깨우기 위한 목적으로 다양하고 실험적인 소설의 장르를 창조하고 있다.

99 최성각, 〈약사여래는 오지 않는다〉, 『쫓기는 새』, 실천문학사, 2013, 163~164쪽.

고 얌체짓을 하거나 싸움질을 하는 모습을 본다. 나는 다른 약수터를 찾아 나서는데, 그곳에서도 대통령이나 돈 많은 재벌은 무슨 물을 먹을까 라고 하며 물에 대한 불신과 계급차이를 느낀다. 약수터 앞에서는 몽둥이로 개를 잡았는지 혀를 내밀고 까뒤집혀진 흰 눈깔을 한 채 피를 질질 흘리는 상태에서 등허리와 잔등의 털을 식칼로 밀고 있는 일단의 사내들을 만난다. 물에 대한 사람들의 적대적이고도 독점욕에서 풍기는 악취를 느낀 나는 광덕약수터를 가기 전에 있는 약사전 오른쪽 벽면의 불화를 발견한다. 중생의 질병구제, 수명연장, 재화소멸, 의식만족을 이루어주며 중생을 바른 길로 인도하는 깨달음을 얻게 하는 부처인 약사여래(Medicine Buddha)를 모시는 약사전의 벽화엔 이불을 쓰고 앓아 누운 여인의 손목과 과일나무가 가느다란 흰 실로 연결되어 있는데, 나는 끊어진 실과 밑으로 축 늘어진 여인의 손목을 보게 된다. 나무와 여인의 묶임은 실타래를 통해 치유되고 교감을 형성하고 있음을 뜻하는데 실이 끊어졌다는 사실은 약사여래가 더 이상 도래하지 않는다는 뜻이며 이로서 자연과 인간 간의 관계도 연결되지 않는다. 이 불길한 예감은 광덕 약수가 식수 부적합 판정이 난 사실로 적중하며 결국 인간들의 탐욕이 가져온 재앙으로 인식[100]된다. 좋은 물을 먼저 구하려는 사람들의 탐욕과 이기심, 새나 닭을 함부로 잡는 동물학대, 식수 부적합으로 판정 난 약수 등의 환경재앙이 드리워진 우리 사회를 작가는 화택(火宅: 법화경에 나오는 말로 세상을 불난집에 비유함)이라 표현한다.

녹색문학, 생태문학, 에코문학은 인간의 탐욕과 끝없는 욕망을 바탕으로 하는 인간중심적 사고로 인해 생태, 생명, 자연환경이 파괴되고 훼손되며, 여성, 자연, 동물, 아이가 차별받는 현실을 비판하고 문제를 제기한다. 이를 통해 다양성, 타자성, 유동성, 다문화성을 특징으로 하는 2000년대 문화생태주의적 삶을 영위해야 함을 환기한다.

---

100 박미경, 「생태위기와 문학의 대응」, 동국대 석사학위논문, 2013, 28쪽.

4. 다문화주의적 관점으로 본 강릉소설

이순원의 〈미안해요, 호 아저씨〉는 소설가인 '내'가 서울시와 경기도가 경계를 이루는 지점의 길목 담벼락에 걸린 현수막[101]의 "초혼 재혼 * 베트남 처녀와 결혼하세요."라는 문구를 보고 연변처녀에 이어 베트남처녀들이 공양미 삼백 석에 팔려오듯 이 땅에 들어오겠구나 하고 씁쓸해 하던 경험 속에서 시작된다. 동향의 선후배작가들과 함께 했던 문학캠프에서 나는 노총각 후배 소설가가 오백만원을 들고 스무 살의 처녀장가를 들라는 친척의 말에 이름도 얼굴도 나이도 모르는 연변처녀를 욕보인 것 같아 미안했다는 쓸쓸한 이야기를 전해 듣는다. 초등학교 30주년행사로 인한 총동문회 겸 체육대회에 참여하기 위해 강릉에 온 나는 서울에서 본 것보다 훨씬 끔찍하다 못해 엽기적이기까지 한 고향 마을의 현수막 이야기를 듣는다. 동창 중 도망간 연변여자에 이어 세 번째로 베트남 여자와 결혼을 하는 동창 오익의 얘기 중 정미소 담벼락에 붙은 "월남처녀와 결혼하세요. 초혼, 재혼, 장애자, 연세 많으신 분, 절대 도망가지 않습니다!!"라는 구절에 담긴 인간에 대한 최소한의 예의와 존엄성을 내팽개친 사실에 나는 분노하고 이러한 집단적인 비열함에 절망한다. 또한 오익의 베트남 맞선장면을 설명하면서 돈 주고 물건 고르듯 골라서 남의 나라 처녀를 사오는 매매혼에 비분강개한다. 첫날밤 가족 때문에 결혼하는 것이라고 고백하는 베트남 처녀의 자기 희생이 여전히 유효한 심청(바리) 모티프[102]가 21세기에도 여성의 삶에 일어난다. 반다문화적 상황을 체험한 나는 현수막 옆

---

101 이제는 모두 없어졌지만, 초기에 국제결혼중개업이 붙인 인신매매적 광고현수막엔 "초·재혼 상관없음/나이 상관없음/장애인 가능", "도망가면 책임짐", "후불제", "염가제공", "도망가면 다시 책임지고 주선함", "베트남 숫처녀" 등과 같이 여성을 상품화하거나 성적으로 대상화하는 내용들이 걸려 있었다.

102 효 이데올로기를 상징하는 일종의 원형서사로, 고전문학 속의 심청과 바리는 딸이라는 이유로 자신을 유기하거나 희생시키는, 비정하고 무책임한 아버지를 위해 순결과 성을 바치는 딸들의 전통서사에 등장한다. 아버지를 위해 몸을 던지는 심청이나 다른 남자의 아내로 살아준 후 생명수를 들고 부친의 목숨을 구원하는 바리의 삶은 극단적이고 왜곡된 딸들의 비극적 삶을 표상한다.

의 작은 보퉁이를 안고 서있는 베트남 여자아이에 대한 환시현상과 그 소녀가 시골집 사랑방 잠자리까지 따라오는 상흔을 겪는다. 현수막이 내걸린 정미소 처마 아래에서 울고 있는 들꽃 같은 여자아이를 보며 나는 "미안하다, 베트남 처녀여, 미안해요, 호 아저씨…"라며 소설을 마무리한다. 국가가 주도한 국제결혼 추진과 농촌사회의 한국며느리 만들기 프로젝트화는 인권을 유린하며, 단일민족주의적 관점을 강조한다는 점에서 많은 문제들을 안고 있다. 그리고 우추리 동창들의 소식을 전하고 얘기하면서 돈으로 해결하는 우리 사회와 미국이나 유럽에선 하지 않을 행동을 중국이나 베트남에선 막 대하는 우리 국민을 비판한다. 돈 몇 푼 들고 가서 함부로 할 나라가 결코 아닌 베트남이라는 나라와 우리와의 관계를 통해 가난해졌다고 해서 무시하고 차별하는 반다문화주의적 시선을 이 소설은 성찰한다.

최성각의 엽편소설[103] 〈독방에 감금되었던 히말라야 여인〉에서는 한국에서 실제로 일어났던 찬드라사건을 다룬다. 사회적 약자편에서 소설을 쓰고 행동으로 실천하는 작가는 자연, 여성, 제3세계, 빈곤한 자의 입장에 서서 자본주의적 욕망에 대해 비판하고, 동강댐, 새만금 개펄, 인공호수 시화호, 천성산 터널공사와 같이 구체적이고 현실참여적인 소재를 담으며, 환경운동가, 정치가, 신부, 스님 등의 실존인물을 실명으로 등장시킨다. 2000년대 이후 이주노동자가 우리 사회에 진입하면서 반인권적 폭력적 반다문화적 사건들이 나타났는데, 대표적인 사건이 찬드라 에피소드이다.

네팔에서 돈을 벌기 위해 한국에 온 찬드라는 '제3세계 출신', '이주자', '여성', '가난한', '유색인종'이라는 다중적 복합적 정체성을 지닌 이주노동자이다. 언어와 문화가 서툴고 스스로 말할 수 없는 서벌턴[104]인 그

103 '나뭇잎만 한 이야기'란 뜻으로 단편소설보다 적은 분량의 작품을 가리킬 때 흔히 사용하는 엽편소설(葉片小說)을 토박이말로 바꾸어놓은 것이며 서양에서는 쇼트 쇼트스토리(짧은 단편소설)나 플래시소설 또는 미니픽션이라는 용어를 사용한다. – 김욱동, 「한국 녹색문학의 현주소」, 『쫓기는 새』, 실천문학사, 2013, 538쪽.

104 subaltern은 일반적으로 영국군대의 하급장교를 의미하며, 그람시가 검열을 피하기 위해 사용한 용어인데, 이를 스피박이 차용하여 피식민지인, 여성, 노동자와 같은 하위주체의 개념으로 제안하였으며, 서벌턴은 스르로 말할 수 없는 자라고 정의한다. – 스티븐 모튼,

녀는 한 분식집에서 라면값을 지불하지 못해 파출소로 연행된 후 1급 행려병자로 분류되어 청량리정신병원, 서울시립부녀보호소, 용인정신병원으로 이동하며 세상에 노출되기까지 6년 4개월이 걸렸다. 코리안 드림을 꿈꾸며 고국을 떠나온 네팔여성에게 한국은 잔인하고 거칠며 차별적인 대우를 한 끔찍한 공간이었다. 한국에 오기까지 브로커에게 돈을 강탈당한 후 그녀를 대신해서 말해 줄 사람이나 보호해주지 못하는 타국에서 외국인인지 조차도 파악하지 않은 채 정신병원에 감금되었다는 사실은 타자와 불통하는 우리 사회의 반다문화적 태도와 인권유린적 상황을 보여준다. 타자에 대한 공감능력이나 상대방을 이해하려는 노력이 전적으로 결여된 우리 사회는 이주자, 외국인, 여행자와의 아름다운 공존이 불가능하며 타자에게 정신적 육체적 손상과 훼손을 겪게 한다. 성금을 전달하기 위해 그녀가 사는 마을에 갔을 때도 "이 못난 여자가 한국인에게 머리카락 수만큼 셀 수 없는 폐를 끼쳤군요."라고 말하는 찬드라는 자신에게 손발을 묶이고 강제투약을 했던 한국인을 원망조차하지 못하면서도 진실어린 사과와 위로를 받지 못한 상태이다. 최근 몇 년간 신문과 뉴스지상에서 발생되었던 인권유린적 사건들[105]은 이방인을 대하는 우리 사회의 미성숙한 세계시민의 결여에서 비롯된다.

최성각의 〈밤의 짜이 왕, 예스비 구릉〉의 환경운동가인 '나'는 새만금 갯벌싸움과 '지구의 날 2001행사' 거부를 주장하는 자신의 모습이 범죄자의 얼굴을 하고 있음을 느끼면서 급작스레 배낭여행을 떠난다. 네팔 포카라의 레이크사이드 골목 호텔에 유숙하면서 히말라야 설산의 의미와 도마

이운경 역, 『스피박 넘기』, 앨피, 2005, 91~92쪽.

105 2007년 남편에게 맞아 살해되고 시신을 일주일째 유기된 베트남여성 후안마인 씨 사건, 2009년 남편의 폭력으로 뱃속의 아이를 지키기 위해 우발적으로 남편을 살해한 캄보디아 여성 초은 씨 사건, 2010년 정신분열증을 숨긴 채 결혼한 47세의 한국남성이 시집온지 8일만에 베트남 신부 탓티황옥 씨를 살해한 사건은 결혼이주여성을 대하는 한국사회의 한 단면을 드러낸다. 이주노동자 버마청년 아웅나윙, 필리핀 출신 이주노조위원장 미셸 카투이라, 네팔 출신 문화운동가 미누의 강제출국 및 추방은 이주자에 대한 우리의 태도를 단적으로 보여준다.

뱀, 까마귀 같은 자연과 더불어 사는 여행지에서 호텔 경비원 예스비 구룽을 알게 된다. "고양이처럼", "야간 전투 중인 병사처럼" 민첩하게 고객을 서비스하는 구룽은 '죽은 척', '꼼짝 않기' 같은 산주검(undead) 혹은 노바디(nobody)로 표상되는 타자적 존재감으로 최소한의 움직임도 허락지 않는 자유의 권리, 활동의 권리마저 박탈당한 이방인[106]이다. 그는 3만 원의 월급으로 아내와 두 아들과 생계를 유지해야 하는 극빈층 서민이다. 가족들도 빨래나 벽돌 나르기, 돌 깨기 등의 일을 하지만 가난에서 벗어날 수가 없다. 나는 고단한 야간근무를 하는 그의 피로를 푸는 유일한 수단이 짜이임을 알기에 구룽이 청하는 차 한 잔을 거절함으로써 그를 배려하고 공감하는 타자지향적 태도를 갖는다. "환경단체에서 일하고 있는 원고료만으로는 살 수 없는 자신의 정체성"이 구룽보다도 말할 수 없이 풍족하게 누리고 있는 자신의 삶을 쑥스러워하고 부끄러워 한다. 제3세계주민이자 가난한 네팔인의 타자적 정체성은 자신의 고국에서조차 타자적 위치에 처한다.

> 검은 실루엣으로 한동안 정물처럼 나무 그늘 아래에 앉아 있던 그가 진작부터 내 존재를 의식했다는 것을 알고 있었다. 나 역시 특별히 그에게 할 이야기가 없었으므로 그의 근무를 방해하고 싶지는 않았다. 검은 석고상처럼 말없이 앉아 있는 그가 문득 이 세계의 이방인처럼 느껴졌다. 틀림없이 이방인은 나였건만, 밤이면 호숫가 큰길 록카페에서 들려오는 요란한 팝송 소리 때문인지 오히려 그가 이방인처럼 느껴졌다. 오늘도 음악에 맞추어 백인 여행자들이 몸을 흔들고 손뼉을 치고 있었다. 60년대 히피들의 3대 성지였다는 포카라가 히말라야 입구의 호숫가에 있는 '열린 마을'이라 해도 흑인여행자들은 아직 담지 못하고 있는 것은 포카라 탓이라기보다는 백인과 흑인 간의 문제라 할 수 있었다.[107]

---

106 졸저, 『21세기 한국소설의 다문화와 이방인들』, 푸른사상, 2014, 152쪽.

107 최성각, 〈밤의 짜이 왕, 예스비 구룽〉, 『쫓기는 새』, 실천문학사, 2013, 20쪽.

가장 성스러운 공간이자 반문명, 비자본의 자연공간인 히말라야산의 포카라사원에서조차 돈과 백인, 서양문화가 지배함으로써 전지구적 자본주의 질서가 재배치되고 이에 종속되면서 자본의 영향을 벗어나는 영역이란 없으며 오염되지 않은 설산에서조차 신의 위치에 돈이 대체된 셈[108]이다. 자본과 권력이 지구를 지배함으로써 팝송과 같은 백인문화가 깊이 침투된 네팔에서 원주민과 이방인의 위치가 전도된다.

체념과 공손한 태도를 지닌 구룽에게 나는 '선생'이라 부르지 말고 '형님'이라 부르라고 함으로써 이들은 '높다란 인종과 국가와 계급의 장벽이 모두 허물어지면서 인간가족의 일원이요 친형제와 같은 한 식구'가 되는 것이다. 한국을 친구들이 돈 벌러 간 나라로 설명하는 구룽에게 나는 돈을 벌어오기는커녕 다치고 번 돈을 털리고 정신병원에 감금당한 사람이 있는 나라가 한국이라고 속으로 생각한다. 다소곳이 같은 자리에 앉아 있는 태도와 거절하지 못하고 "YES BE"라고 일해야 하는 이름에서 내포된 타자성을 지닌 친구와 나는 연대하고 가족의 일원이 됨으로써 다문화적 실천을 한다.

윤후명은 여행판타지를 통한 존재의 불안과 방황의 실체를 탐색하는 소설가이다. 현대인의 실존적 성찰과 자의식을 여행서사와 여성과의 만남 속에서 풀어낸 그의 문학은 강릉 임당동에서 겪은 유년기의 전쟁체험으로 옆집소녀와 아버지를 잃게 되는 불행과 비극에서 시작되며 이 때문에 일생을 외로움과 그리움이라는 감성을 동반한다. 그에게 고향/아비 찾기는 자아 정체성과 자신의 뿌리를 탐색하는 주제로서 개인에서 시작되어 한민족 정체성으로까지 확대된다. 그는 여행을 떠날 때마다 만난 하와이노동자, 고려인, 조선족, 탈북자를 통해 한글과 민족적 감각이라는 핏줄을 깨닫는다. 다문화사회일수록 자신의 문화와 정체성에 대한 인식이 필요하며 강제적으로 고국을 떠나 이주국의 국민이 되기 위해 언어와 문화를 잃어버린 카레이스키와 접속한 충격을 작가는 섬세하게 그린다.

---

108 졸저, 앞의 책, 59쪽.

〈하얀 배〉는 이상문학상 수상작으로 러시아 작가 아이트마토프의 생태농촌소설 〈하얀 배〉를 차용한다. 따라서 이 소설은 생태주의적 다문화주의적 시선을 공유한다. 신문에 실린 교포아이의 글을 우연히 읽게 된 것이 계기가 되어 중앙아시아로 떠난 나는 이식쿨 호수 유원지 옆 사이프러스나무에 서있는 처녀 문류다의 "안녕하십니까"라는 한국어에 신선한 공명을 느끼며 물에 비치던 만년설이 하얀 배의 또다른 모습이라고 깨닫는다. 윤후명의 이 소설은 러시아소설 〈하얀 배〉와 겹치는데, 하얀 배를 타고 떠난 아버지에 대한 그리움에 물고기가 되고 싶은 소년과 마문 영감, 그리고 산림을 훼손하는 문명화된 인간인 산림감시원 아로즈쿨과의 대립을 보인다. 이식쿨 호수의 뿔달린 엄마사슴 전설은 인간과 자연의 조화로운 관계가 상실되었음을 의미하며 작가는 이 소설을 통해 환경 파괴, 인간성 상실의 문제를 다루며 사람들에게 각성을 요구[109]한다. 식물, 나무, 꽃, 정원을 소재로 작품 속에 구현했던 작가는 생태친화적 관점에서 문학을 형상화한다.

다문화주의는 민족주의적 정서에 대한 도전, 근대성에 대한 인식론적 도전 그리고 세계화가 가져온 변화에 대처하거나 세계화가 초래한 갈등을 해결할 수 있는 하나의 대안[110]으로 주목받는다. 타문화에 대한 이해는 혼종성을 특징으로 한다는 점에서 구성적이며 우리 자신과 인간에 대한 정체성을 찾는 것이다. 탈국경 다문화적 환경은 우리에게 타자에 대한 포용과 환대를 요구하며 이러한 변화된 현실에 표피적이고 일시적 태도가 아닌, 의식화가 필요하다.

---

109 박혜경, 「생태학과 러시아문학: 〈사냥꾼의 수기〉와 〈하얀 배〉를 중심으로」, 『생태문제와 인문학적 상상력』, 나남출판, 1999, 326쪽.

110 문화콘텐츠기술연구원 다문화콘텐츠연구사업단 편, 『다문화의 이해』, 경진, 2009, 15쪽.

5. 영동문학과 올림픽손님맞이

21세기는 소련의 몰락과 동구권의 붕괴, 여행의 자유화, 한소·한중·한베 수교, 신자유주의로 인한 노동과 자본의 이동, 난민과 디아스포라의 출현 등의 사회적 변화를 가져왔다. 또한 이항대립 질서가 공고하며 백인/남성/서구 주체에 의해 타자를 표상했고 아우슈비츠 참상과 충격을 계기로 '인간이란 무엇인가'란 근본적인 성찰을 하게 했다. 체르노빌, 후쿠시마 원전 사태와 외국인 이주자에 대한 가혹하고도 끔찍한 인권 유린은 우리 사회에 새로운 윤리를 모색하게 했다. 한민족끼리 살아왔던 우리에게 세계시민으로서의 책임과 의무라는 복합적이고 다양한 문제들이 올림픽 개최를 기점으로 화두를 던진다.

21세기는 타자를 배척하고 축출했던 근대성을 비판하는 철학적 사회적 문화적 관심에서 출발했다. 제국주의, 식민지배, 세계대전, 전지구적 시장경제는 무수한 사람들을 본래 귀속되어 있던 공동체로부터 떼어놓음으로써 모어, 모문화, 역사로부터 추방된 디아스포라가 지구상을 유랑하게 하였다. 다문화사회화는 거스를 수 없는 지구촌의 행보이며, 여행자, 이방인, 난민, 이주자에 대한 인류의 공감능력과 책임의식이 요구된다. 종차별, 인종차별, 성차별, 민족차별이 가져온 근대사회의 불건전하고 불합리한 사회적 조건에 대항하는 새로운 윤리가 모색되어야 한다. 서구/인간/남성/제1세계/정착민/백인의 타자인 동양/동물/여성/제3세계/이주자/유색인의 타자적 위치는 반다문화주의, 반문화상대주의, 반여성주의, 반생태주의를 바탕으로 함으로써 환경파괴, 동물학대, 이방인차별, 여성폭력 등의 고통과 비극을 낳았다. 더구나 순혈주의와 단일민족의식이 강한 사회에서 우리끼리 오랫동안 살아왔던 역사적 배경은 외국인을 환대하고 함께 공존함에 있어 다소 미숙하고 차별적인 태도를 보인다. 세계는 개방되어 있고 국경을 넘는 일이 많아진 상황에서 똘레랑스, 다문화주의적 시각, 자연친화적 태도는 불가피하다.

이 글은 영동문화 창달과 평창동계올림픽이라는 주제로 강릉 출신 작가의 생태소설, 다문화소설을 분석하였다. 자연친화적이고 신화적인 영동 분위기는 작가들이 작품 속에 투영되어 동물과의 교감, 일원화적 유대감이 표출되며(말을 찾아서, 꽃피는 고래), 인간중심적 사고에 의한 탐욕과 이기심에서 비롯된 자연훼손, 동물학대, 식수오염 등을 고발(약사여래는 오지 않는다)한다. 다문화사회로 진입하면서 외국인(이방인)에 대한 우리 사회의 자민족주의적이고 동화주의적 입장은 매우 심각한데 결혼이주여성에 대한 억압과 차별로 인한 인권유린을 고발하고(미안해요, 호 아저씨), 외국인여성노동자를 감금하고 훼손한 사건을 통해(독방에 감금되었던 히말라야 여인) 동화주의적 인종차별적인 우리 사회를 비판한다. 그러나 원주민과 이주자와의 연대와 유대감을 통한 아름다운 공존의 가능성을 탐색하거나(밤의 짜이 왕, 예스비 구룽), 코리안 디아스포라와의 조우를 통한 한민족 정체성을 확인하면서 다문화적 환경을 인식하는(하얀배) 진일보한 다문화문학도 나타난다.

올림픽손님을 대하는 기본적 자세가 외양적인 교육뿐만 아니라 인문학적 사유와 교육에서 시작되어야 한다고 주창한다. 강원도민은 친환경적인 분위기를 형성하고 있고 강릉 출신 작가의 작품 속에서도 이런 소양의식이 드러난다. 경제적 물질적 차원에서 소외된 지역사회이기에 사회적 약자에 대한 공감능력도 탁월한 편이다. 그럼에도 불구하고 다문화의식이나 세계시민의식, 타자지향적 태도는 다소 부족하다고 할 수 있다. 20세기의 횡포와 전쟁, 폭력 양상을 목도한 지구촌 시민은 자연, 동식물, 여성, 외국인과의 친화적 자세와 공감능력을 배양해야 할 것이다. 평창올림픽이 스포츠축전으로 그치지 않고 인문올림픽, 문화올림픽이 되기 위해서 인문학이 해야 할 일이란 모두가 공존하는 새로운 윤리를 산포하는 일이다.

3장
강릉 출신 작가의 고향의식과 로컬리티 재현

1. 강릉 로컬리티와 현대소설

지역문학은 로컬리티 정체성과 주민들의 생활양식을 지닌 역사, 문화, 핏줄을 공유함으로써 형성된다. 산, 바다, 고개, 호수를 두루 갖춘 강릉지역은 많은 문인과 작가를 배출한 문향(文鄕)이다. 시민들은 문화적 소양이 깊고 문학을 사랑하며 시를 읊고 짓는 예술적 기질을 갖고 있다. 문학행사나 학술세미나에 자발적으로 참여하여 교양과 지식을 쌓는데 있어 나이, 성별, 목적을 초월한다. 강릉이 아름답고 품위 있는 예향(藝鄕, 禮鄕)으로 호명되는 이유는 천혜자연의 경관과 역사유적의 보유뿐만 아니라 시민들의 예술에 대한 관심과 지역적 자부심이 높기 때문이다.

이 글은 강릉 태생의 윤후명, 이순원, 최성각 소설에 나타난 고향의식과 로컬리티 재현 양상을 고찰한다. 1946년생인 윤후명은 강릉에서 6.25 전쟁을 겪고 죽음과 상실의 고통과 상처를 지닌 채 8살에 고향을 떠난다. 그에게 고향은 상처와 대면하는 곳이기에 회피하고 멀리 돌아올 수밖에 없는 애증의 공간으로 표상된다. 이는 여행서사구조와 방황하는 주인공이 등장하는 작품세계에서 드러나며, 전집 출간을 통해 여행의 궁극적 목적지가 강릉임을 알 수 있다. 1955년생인 최성각은 환경문제가 발생할 때마다 행동하는 환경운동가이다. 생태의식을 바탕으로 한 그의 녹색문학은 자연과 밀착된 로컬리티가 바탕을 이룬다. 1957년생인 이순원은 1985년 강원일보 신춘문예에 〈소〉가 당선되었으며, 1988년 〈낮달〉로 문학사상 신인상을 받으면서 등단했다. 강릉, 대관령, 경포호, 정동진, 시동 등 고향과 그 주변을 문학적 공간으로 차용하는 그는 향토적 소재와 로컬리티 색채를 작품 속에 구현한다. 윤후명이 고향과 거리를 두고 세계 각지를 떠돌았다면 이순원은 "고향 강릉은 영원한 제 삶의 무대"[111]라고 고백하듯이 고향을 중심으로 소설을 형상화한다. 그의 문학은 가문, 핏줄, 농경문화, 공동체라는 키워드로 제시되는바 고향에 대한 인식도 작가마다 차이를 보인다.

조상이 물려준 문화를 공유하는 공동체 속에서 애착과 안정감을 터득하는[112] 장소인 고향은 유년기, 학창시절, 첫사랑, 어머니, 안식처, 그리움, 노스탤지어 등의 원초적 본능을 지닌 곳이자 혈연의 역사성이나 민족적 동일성을 구축하지만 첫사랑과의 실연이나 성장과정에서 상처와 슬픔이 간직된 곳이기도 하다. 작가에게 고향은 자신의 뿌리이자 정체성의 기원인 동시에 자기를 구성하는 핵심적인 요인이다. 자기를 굳이 설명하지 않아도 되는 동창과 친척들이 모여 사는 집성촌이 형성되거나 동향회, 향우회, 계모임, 두레 등이 남아있는 곳이 중소도시이다. 로컬리티를 드러내는 향토성은 풍물, 전통, 생활을 주요대상으로 그 지방의 분위기, 색채. 민속, 사상, 정감 등 특색을[113] 간직한다.

로컬리티 연구에서 강릉학의 키워드는 강릉단오제, 축제, 관광, 강원도, 강릉방언, 남대천, 태풍 등[114]으로 나타나는바 이러한 강릉의 민속이나 기후, 지명을 알지 못하고는 로컬리티 정서를 내포하고 있는 강릉문학을 이해하기 어렵다. 윤후명, 최성각, 이순원의 소설에서도 강릉을 배경으로 지명이나 향토음식, 바다 공간, 단오제, 진또배기 등이 차용된다.

---

111 손수원 기자, 「고향 강릉은 영원한 제 삶의 무대입니다」, 「월간 산」, 2017.10.20.

112 동국대 한국문화연구소 편, 『'고향'의 창조와 재발견』, 역락, 2007, 13쪽.

113 위의 책, 215쪽.

114 연준모, 「강릉학의 연구 동향 및 지식 구조 탐색」, 『도시인문학연구』 제11권, 서울시립대 도시인문학연구소, 2019, 144쪽.

2. 일시적 머묾, 여행지

세 작가에게 고향은 거주지나 머묾의 공간이 아니라 전화 혹은 편지로 시작되는 목적성 방문인 여행지로서의 의미가 강하다. 천혜자연의 보고이자 인구가 적고 문명의 발달이 다른 지역에 비해 느리고 산업·공업지대가 많지 않아 휴양지나 관광지로서의 심상지리를 지닌 강릉은 세 작가의 시선에도 그대로 투영된다.

방황하는 영혼의 판타지 여행서사가 특징인 윤후명 문학은 집, 직업, 가족이 부재하는 남성의 비영웅적 기억과 손상된 자아로 인해 자아탐구하는 이야기로 이루어진다. 그의 소설에서 주인공이 온전한 자아를 획득하지 못한 이유는 전쟁재난에서 비롯된다. 윤후명은 6.25때 홍역을 앓아 피난을 가지 못하고 모두가 떠난 텅빈 강릉에 어머니와 홀로 남아 두려움과 기다림과 그리움의 감정을 체험한다. 아버지의 명예롭지 못한 죽음, 이웃집 소녀의 죽음과 어머니의 재혼으로 8살 때 고향을 떠난 윤후명과 작품 속 주인공은 전쟁의 후유증에 시달린다.

전집 수록 당시 〈옛바다로 가는 길〉로 제목이 바뀐 〈강릉/너울〉의 남성은 어색했던 관계를 형성했던 어머니의 죽음으로 고향을 방문한다. 늘 바쁜 일정으로 향한 고향의 옛집을 방문하지만 '나'는 결국 살았던 장소를 찾지 못한다. 장소를 기억함으로써 예전에 있었던 일이나 사건을 기억하며 오래된 자아를 찾은 것 같은 느낌이[115] 드는데 주인공은 이러한 경험에 도달하지 못한다. 어머니가 집앞에서 찍은 사진 속 화장품 가게, 소방서 건물, 읍사무소, 객사문 등을 추적하지만 마을사람에게 의심을 받으며 정체성과 장소성을 확인받지 못한다. 특정장소에 대한 소속감은 다양한 흔적에 의해 형성되며 이런 흔적은 의도적으로 만들어져 그 장소에서 소속감을 누릴 사람과 누리지 못할 사람을 규정하여 어떤 장소에서 수용될 수 있는 행위 및 사람들, 그렇지 못한 행위 및 사람들을 가려내는 역할[116]을

115 존 앤더슨, 이영민 외 역, 『문화·장소·흔적』, 한울, 2013, 195쪽.

하는 것인데 나의 기억과 이웃의 냉대는 이곳에 머물지 못하고 떠날 수밖에 없는 이유를 만든다. 존재증명을 획득하지 못한 주인공에게 고향은 낯설고 불편하며 어색한 곳이다.

최성각 소설의 '석우'와 이순원 소설의 '수호'로 명명되는 주인공은 작가의 분신으로서 고향 방문 역시 한통의 편지나 전화로부터 시작된다. 최성각의 〈진또배기 그늘〉의 주인공은 사진작가 함영호의 편지를 받으면서 제주도 휴가를 원하는 아내의 의견을 외면하고 어머니가 계신 고향 강릉으로 간다. 이 소설은 함영호의 편지, 어부 김하룡의 이야기, 복덕방 할아버지 이야기, 어머니 이야기 등 이야기로 이어지는 서간체 액자식 복합구조를 이룬다. 고향에서의 신비하고 주술적이며 환상적인 이야기를 듣고 어머니를 서울로 모시려고 하지만 거절당하며 소설은 끝이 난다.

> 저를 태운 버스가 우리의 고향 P시의 서쪽에 장벽처럼 위치한 해발 850미터의 고갯마루에 덜컥 올라서서는 이제부터는 경사가 급하기로 유명한 내리막길을 조심조심, 마치 도로가 빙판이기라도 한 듯이 서행을 하며 최초의 한 굽이를 꺾어 들었을 때는 한여름의 한낮이었습니다. 저는 차창 밖 멀리, 저 아래로 낮게 엎드려 있는 고향의 시가지를 내려다보았습니다. 시가지는 차창 사이로 급히 지나가는 솔가지와 그 솔가지 틈새로 떠 있는 솜뭉치 같은 구름 때문에 아주 잠깐씩 언뜻언뜻 스쳐서 보였습니다. 김 형도 아시겠지만, 저는 고향의 시가지를 내려다보기 위해서 목을 빼거나 고개를 이리저리 휘둘러야 했습니다. 그런 저의 동작은 그 고갯마루를 오르내릴 때마다 되풀이되던 오랜 버릇이기도 하답니다. 아주 짧은 순간이지만, 그렇게 차창을 통해서 자신의 고향을 눈 속에 집어 넣으려는 듯이 애써 살펴보는 일이 마치 그곳을 고향으로 가진 사람이 해야 할 당연한 일이기나 한 것처럼 말입니다. (중략) 여름철이면 그 고갯길은 늘 교통량이 폭주하는데, 그것은 김 형도 아시다시피 우리의 고향이 바다를 끼고 있는 도시인 탓이겠지요. 바다는 전에도 그랬

116 위의 책, 84쪽.

> 던 것처럼 여름철이면 아주 멀리 사는 사람들까지도 손짓해 불러들였습니다. 그런 바다의 손짓에 사람들은 눈에 핏발을 세우고 기를 쓰고 아우성치며 화답해 달려들어오곤 했는데, 올해에도 예외는 아니었습니다.[117]

높은 고도, 아흔아홉 구비 고개, 바다, 솔향 등으로 묘사된 P시는 작가의 고향인 강릉으로 흔들리는 차창 밖을 보기 위해 몸을 빼야하는 구불구불한 지형적 특징을 보인다. 영서와 수도권 지역에서 영동으로 향하는 관문인 대관령 꼭대기에서 방문객은 버스안 차창 풍경을 한눈에 모두 담는다. 피서철이 되면 자기 지역으로부터 소외되며 관광객에게 도시를 넘겨주는 P시는 휴양지이자 관광도시이다. 대관령은 저 너머의 큰 세상과 연결되는 문지방, 문턱으로서 마을주민들에게 문학지리학적 영향을 끼치는 공간이다.

프리랜서 사진작가인 함영호의 풍어제 취재공간이 동남쪽에 위치한 인구 700여명의 조그마한 포구로 결정된 것은 시의 북동쪽 해변이 입장권, 호텔주차장, 해수욕장 관리사무소, 똑같은 크기 똑같은 빛깔의 파라솔과 더불어 똑같은 접시에 담긴 오징어회와 모듬회, 삼숙이탕으로 표상되는 자본주의적이고 획일화된 바다의 공기가 이리저리 금으로 그어났기 때문이다. 원주민을 볼 수 없는 여름의 거리는 텅비어있고 배낭을 짊어진 외지사람이나 교통 경찰관뿐인 도시에서 사진작가는 취재를 위해 지방사람을 찾아다닌다. 해발 850미터의 가파른 고갯길을 내려온 외지사람에게 바다를 양보하거나 피서객에게 내준 이 도시에서 함영호는 '여기 사람'이라고 설명함에도 불구하고 '서울 양반'으로 불리며 경계인이 된다.

최성각의 〈동창회〉와 이순원의 〈강릉가는 옛길〉의 초등학교 동창들은 동창회나 담임 장례식에 참석하기 위해 오랜만에 고향을 방문한다. 〈동창회〉의 석우가 초등학교 졸업 30년 동창회에 참석하기로 결정한 것은 첫사랑 때문이다. 마흔을 넘은 중년 아주머니들이 된 여학생들 사이에서 석우

---

117 최성각, 〈진또배기 그늘〉, 『모르는 사람들』, 고려원, 1990, 95쪽.

는 여전히 아름다움을 간직한 영희를 바로 알아본다. 60년대 중반 하얀 스타킹을 신은 부유한 집안 출신인 그녀와의 첫 대면은 다소 불친절하게 들리기 십상인 전형적인 강원도 억양과 거의 듣기 나쁜 그녀의 목소리 때문에 실망만 남긴다. 6학년 2반 석우반의 동창들은 이미 배가 나왔거나 백발인 외양의 모습과 삼십 년 전의 억양으로 노래를 부른다. 오직 영희에게만 관심을 가진 석우는 다시 한번 대화를 시도하지만 그녀의 냉정하고 무덤덤한 태도에 포기하고 만다.

> 더 이상 석우는 할말이 없었다. 봄에는 개나리 진달래 목련 철쭉이 피고, 초여름에는 고향에서 아주 큰 규모의 단오제를 올리고, 여름이면 사람들이 대관령을 넘어 꾸역꾸역 바다로 몰려온다는 이야기를 할 수도 없는 노릇이었다. 그리고 가을에는 허리까지 눈이 내린다는 이야기를 할 수도 없는 노릇이었다. 한참을 말없이 영희 옆에 더 앉아 있다가 석우는 자연스레 다른 자리로 옮겼다.
>
> 연회가 끝나고 이튿날 오후 느지거니, 간밤에 억수로 퍼마신 술 때문에 가끔씩 물 묻은 까마귀처럼 머리를 좌우로 세차게 털며, 대관령 커브를 틀던 서우는 조금은 쓸쓸한 얼굴로 한마디의 격언을 떠올리고 있었다. "옛날 사람은, 특히 옛날 여자는 만나지 않는 게 좋다"는 격언을.[118]

외면의 아름다움으로 설렜던 영희의 억센 목소리와 비감성적인 자세에 환상이 깨진 석우가 동창과의 회포를 풀며 밤새 술 먹고 고향을 떠나는 이 소설은 강릉의 사계를 봄 꽃들의 향연, 오월 단오제 행사, 여름 피서지, 겨울 폭설로 일목요연하게 서술한다. 서정적이고 자연친화적인 분위기와 단오제를 공유하는 공동체의식과 피서철 외부인에게 공간을 내주는 강릉의 특징을 드러내며 첫사랑에 대한 환상과 삶의 비애와 허무함을 풍자적으로 그린다.

---

118 최성각, 〈동창회〉, 『부용산』, 솔, 1998, 248쪽.

〈강릉가는 옛길〉은 전화 한통을 받고 고향으로 떠나는 여행서사구조이다. 초등학교 동창인 한경주로부터 6학년 담임의 부고소식을 들은 '나'는 동창 형래와 자동차로 고향으로 내려간다. 이순원에게 고향은 생활공간이나 일터가 아니라 위로와 치유, 휴식의 공간으로 그려진다.

> "그래도 대관령 넘으면 마음이 편해진다. 모든 것 다 잊게 되고." "우리한텐 여기가 큰 세상이니까." "그래, 이보다 더 큰 세상도 없을 거다." "그래선지 여기 와선 일이 안된다. 어떤 때는 글을 쓰러 왔다가도 아무것도 못하고 그냥 올라가고. 아무것도 안해도 위로받는 기분이니까." "나도 그래. 답답할 때 전화를 해도 그렇고……." 오던 길을 되돌아갈 듯 크게 굽어 돌아가는 내리막길을 돌며 자동차 불빛이 저만치 앞에 이쁜 길옆 표지판을 비추었다. '강릉 16km.' 그러면 계강은 샛길로 4km 정도 남았다는 이야기였다. 참으로 먼길을 돌아 우리는 지금 우리가 자란 큰 세상으로 가고 있었다. 서울을 출발할 때와는 달리 이제 산을 마저 내려가면 관모의 영정 앞에도 조금은 경건한 마음으로 무릎을 꿇을 수 있을 것 같았고, 경주의 손도 먼저 내밀어 잡을 수 있을 것 같았다. "수종이도 소식 듣고 왔으면 좋겠고……." "내려오기 잘했지?" "그래, 얼른 가자……." "그래, 얼른……."[119]

아프고 힘들었던 기억은 망각된 채 담임의 죽음 앞에서 그를 용서하고, 자신을 괴롭혔던 경주에게 손을 내밀며 화해와 상처치유가 이루어지는 고향은 일을 하지 않고 위로받는 곳이다. 지방은 처녀지이자 서울 수도권의 휴식처로서 봉사하고 희생하는 이미지를 갖는다. 작가에게 고향은 노동공간이나 주거공간이기보다는 표지판, 거리 수치, 이정표, 팻말 등으로 표식되는 다녀가는 공간일 뿐이다. 고향은 생활터전이 아닌 여행지로서 일시적으로 머무는 곳으로 표상된다. 방문객, 여행자의 신분인 작가는 고향을 낯설고 목적을 지녔거나 여행지이자 피서지로 인식함으로써 오리

119 이순원, 〈강릉가는 옛길〉, 『말을 찾아서』, 문이당, 1997, 199~200쪽.

엔탈리즘적인 외부의 시선이 내재된다. 작가들에게 지방, 고향은 사라진 낙원이자 그리움의 공간이며 여행과 풍경으로 상상되는 항수로 제시된다.

3. 상처대면과 상처치유의 장소

세 작가에게 강릉은 휴식, 안식, 치유, 위로의 공간으로 재현된다. 〈옛 바다로 가는 길〉의 너울예보와 파도주의보가 자주 발령되는 고향바다는 전염병이 번졌거나 반란이 일어나 싸우다가 죽은 다음 조류와 바람에 떠밀려 다니는 유령선, 빈배, 검은배가 머무는 곳이다. 꽉 막힌 감옥 혹은 무덤 같은 텅빈 공간에 대한 무서움과 공포는 주인공의 유년기 트라우마이자 무의식 속에 억압된 고향 이미지이다. 자신조차 책임질 수 없었던 어린 소년과 젊고 어여쁜 어머니만 남은 텅빈 공간엔 유령선의 공포가 깊숙이 남아있다. 어른이 되어서도 고향의 모든 길들이 전시 중인 길과 연결됨으로써 주인공에게 전쟁은 여전히 진행 중이다. 소년에게 이곳은 김종삼의 〈민간인〉 시에 표현된 "울음을 터뜨린 한 영아를 삼킨 곳"으로 언제 죽을지 모르는 전쟁터이다. 홍역에 걸려 버려질지도 모르는 생명의 위험과 죽음에 대한 두려움 속에서 어머니와 이웃집 소녀를 지킬 수 없었던 좌절은 주인공이 일생 동안 고향에 오지 못하고 전세계를 떠돈 이유였다. 어렸기에 가족과 이웃과 자신의 목숨을 주도적으로 지키기 어려웠던 기억은 과거에 얽매이도록 구속하여 현재적 삶을 어렵게 만드는 죄의식과 수치심을 갖게 하며 자긍심과 자신감의 상실로[120] 이어가게 한다.

유령선의 공포를 간직한 주인공은 불안하고 분열적인 정체성을 지닌다. 자아탐색은 윤후명 문학의 핵심적인 주제의식이다. 여러 편의 소설에서 아버지의 명예롭지 못한 죽음에 대한 소문과 의혹, 어머니의 재혼과 그로 인해 어색해진 관계 설정, 낯선 양부와의 불편한 가족 형성의 근원인

120 레란트 캐챠도리안, 김태훈 역, 『죄의식』, 씨아이알, 2016, 53쪽.

6.25재난과 얽혀 윤후명의 소설세계를[121] 이룬다. 전세계를 방황하고 여행하는 비유기적이고 즉각적인 플롯과 그리움과 기다림의 정서, 텅빈 공간 및 하얀 길의 상징성은 어린 시절의 전쟁체험과 연관된 상처에 관한 것이다.

최성각의 〈진또배기 그늘〉은 노인여성의 슬픔과 한을 그린다. 연약하고 무능하며 사회에서 소외된 타자인 나이든 여성은 고달프고 신산한 삶을 모래소리, 바람소리, 바다소리, 조개껍질소리로 전달한다. 노파들의 원혼은 진또배기 그늘 아래 모여 끊임없이 재갈재갈하는 목소리, 웃음소리로 표출된다. 아들, 며느리에게 무시당하고 얻어맞고 죽어가는 여인들의 소리들이 들리는 환청과 환시를 통해 억울하게 희생된 사연을 후손에게 알린다. 가부장제 사회에서 낮은 지위와 미약한 권력만을 갖는 여성은 살해당하거나 사고로 갑자기 죽거나 억울한 일을 당해 자살하는 사람으로 강한 원한을 품은 원귀가[122] 된다. 가문중심적이고 보수적인 지역사회에서 '가난', '노인', '여성', '무명(無名)'이라는 타자성을 지닌 할머니들의 원혼과 원망이 자연소리와 어우러져 목소리를 내는 것이다. 남성중심 사회에서 역사와 문화 주변으로 밀려나거나 정치 주체가 될 수 없었던 그녀들은 가부장적 공모성에 의해 생산된 공간 즉 국가를 점유하는 자들에게 말하기 행위를 읽을 수 없게 하는 서발턴 여성[123]이다. 현실에서 목소리를 낼 수 없는 주변인, 타자, 토착민인 노인들은 구천을 떠돌며 자연의 소리를 빌어 힘들었던 타자의 삶을 끊임없이 속살거림으로써 원한과 상처는 지속된다.

〈여자의 마음〉의 '나'는 한적한 지방의 고등학교 시절 통학 때문에 고통과 쑥스러움에 노출된다. 눈 덮인 대관령을 바라보며 시의 서쪽을 향하

---

121 졸고, 「자전적 소재로 본 윤후명 여행판타지의 함의」, 『한민족어문학』 제69집, 한민족어문학회, 2015, 651쪽.

122 전혜진, 『여성, 귀신이 되다』, 현암사, 2021, 17쪽.

123 가야트리 차크라보르티 스피박 외, 태혜숙 역, 『서발턴은 말할 수 있는가?』, 그린비, 2013, 15쪽.

는 나는 대관령 쪽으로 등하교를 하는 여학생들과 매일 마주치기에 부모에게 이사를 가자고 조른다. 그러나 당당하고 개방적인 딸과 아내의 모습에 달라진 시대를 인식하며 여자의 마음을 알 수 없다고 탄식한다. 등교시 만날 수밖에 없던 여학생 때문에 괴로웠던 나는 딸과의 세대 차이를 느끼며 예민했던 학창시절의 상처를 회상한다. 중소도시에서 스치는 만남이 불편하고 부끄러웠던 사춘기의 기억이 강릉시내 풍경과 구역을 배경 하에 서술된다.

이순원의 〈말을 찾아서〉와 〈강릉 가는 옛길〉의 고향은 청소년기의 상처와 대면하는 공간으로 표상된다. 강원도민에게 친근한 봉평 배경의 이효석 소설을 떠올리는 〈말을 찾아서〉의 '나'는 고향이라는 이유로 종종 청탁받는 2박 3일간의 강릉 취재를 부탁받는다. 그곳은 13살 때의 양자체험에서 비롯된 트라우마가 있는 곳이다. 친아버지와 아부제(당숙, 아재) 등 두 명의 부친을 둔 난 아이를 못 낳는 당숙네 집에 양자로 지정되고 그때부터 친구들에게 "노새집 양재 새끼"라는 치욕적인 별명을 갖게 된다. 은별이라는 노새가 마차를 끄는 당숙 아들이 된 어른들의 일방적인 강요에 대한 화풀이로 짐승을 구박하고 눈총을 주고 미워했던 나는 어른이 되어서도 말꿈을 꾸거나 말고기를 못 먹는 등 말, 나귀, 노새에 대한 껄끄러운 의식을 갖는다.

이순원 소설엔 가문 잇기로 인한 두 어머니를 둔 불안하고 흔들리는 정체성[124]이 자리 잡는다. 수도권에 살고 있는 주인공에게 고향은 자식이 없는 당숙이나 친자식을 보내야만 하는 부모, 일평생 쉬지 않고 인간을 위해 일했지만 설움을 받은 가축 그리고 어린 소년 모두에게 상처로 남아있는 곳이다. 소년은 공동으로 기억되고 망각하는 것을 통해 자신을 정의하는[125] 정체성을 구축하고 회상한다. 어른들에 의해 일방적으로 부모가 바

124 이순원의 소설 〈말을 찾아서〉의 양자의식이나, 〈수색, 그 물빛 무늬〉의 서자의식에서 가부장의 외도로 인해 당숙모와 친모의 아픔과 이로 인한 부끄러움과 죄의식을 갖게 된 아이의 불안하고 불편한 정체성이 나타난다.

125 알라이다 아스만, 변학수·채연숙 역, 『기억의 공간』, 그린비, 2011, 82쪽.

뀜으로써 혼란스러웠던 소년은 대를 잇는 유교이념의 가부장적 사회가 낳은 타자이다. 과거에는 보호의 대상이 아니며 남성의 소유물이었던 여성, 아이, 가축의 여성권, 아동권, 동물권을 인정받지 못한[126] 사회에서 아이를 못 낳는 당숙모, 당숙의 아들이 되어야 했던 소년, 노새 은별은 타자적 존재이다.

〈강릉가는 옛길〉의 차별이 심하고 편파적이며 학생들에게 면박을 주었던 이관모는 비교육적이고 폭력적인 교사로서 아이들에게 '말대가리', '관모'로 불린다. 대관령 아래 작은 초등학교 선생인 그는 가난한 집안의 이수호, 은호를 냉대하고 부잣집 자제인 한경주, 석주 형제를 노골적으로 편애한다. 경주와 석주를 상 타게 하고 반장을 만들기 위해 성적을 조작하고 글짓기 평가를 부당하게 하는 것도 모자라 아이들 앞에서 수호, 은호의 뺨을 서로 때리게 함으로써 상처를 입힌다. 또한 정신이 이상한 어머니를 둔 이수종을 선거에 끌어들이고 다섯표를 받은 그를 '미친년 아들', '오표'라고 부름으로써 학교와 집을 탈출하게 만들어 한 아이의 인생을 훼손한다.

대학교수가 된 형래, 검사인 은호, 술집을 운영하는 기숙, 강릉 중앙시장에서 큰 건어물 상회를 운영하는 한경주와 선생이 된 석주들에게 그 시절은 아픔과 가난과 차별을 겪었던 학창시대였다. 동창들의 소식을 주고받으며 귀향하는 이들에게 고향은 담임의 편애조차 이해되기에 화개와 상처치유가 이루어지는 곳이자 옳고 그름을 따지지 않는, 아름답고 순수한 곳으로 채색된다.

윤후명의 상처대면과 상처치유가 거시적이고 국가적인 전쟁재난에 기인한다면, 최성각 소설에서는 가부장적인 지역사회의 가장 낮은 사회적 약자인 여성노인의 소외되고 고통 받는 상흔에 맞춰져 있고, 이순원 소설에서는 개인적인 유년기의 상처로 그려진다.

126 스티븐 핑커, 김명남 역, 『우리 본성의 선한 천사』, 사이언스북스, 2014, 652쪽.

4. 인습과 전통의 향촌공동체

강릉은 신사임당 율곡 모자, 허균 허난설헌 남매, 김시습 등 다수의 역사적 인물을 보유하고 있고, 단오제, 관노가면극 등 민속적이고 전통적인 풍속 또한 잘 보존되고 있다. 율곡 이이와 퇴계 이황은 향약을 입안한 학자이며, 향촌사회에는 성씨별 문중 가족, 친족 등의 원기적(原基的) 사회단위와 촌락, 동족마을, 향약, 계 향안 등의 사회조직이 내재화[127]되어 있다. 강릉 성산면 위촌리 도배마을은 우리나라에서 유일하게 촌장이 존재하는 400년 된 대동계의 전통을 유지하고 있는 유교마을[128]이다. 도포에 갓을 쓰고 촌장께 인사하는 도배식이 유지되는 위촌리는 이순원 작가의 고향이다. 친애를 바탕으로 하는 효에 대한 제(悌)와 장유(長幼) 사이에서 생기는 공경과 배려의 정서와 태도는 인간의 정서를 형성하는 기본으로 이 지역이 향촌 곧 지역 공동체[129] 특색이 강한 곳임을 알게 한다.

대관령을 내려오다 보면, 경포대 소나무숲으로 이어지는 신사임당길, 율곡로, 헌화로 등 역사적이고 신화적이며 조선시대를 지칭하는 새주소도로명이 즐비하게 표식되어 있다. 외부인의 경계를 통해 마을의 건강과 안녕을 기원하고 수호하는 진또배기나 다산을 축원하는 단오제 행사는 강릉을 전근대적이고 주술적이며 신비하고 박제된 이미지로 작품 속에 각인시킨다.

〈옛 바다로 가는 길〉의 바닷길은 유년기 무의식의 공포와 대면하고 이를 극복하고 치유하는 작가의 고향으로 가는 길이다. 인간의 정체성과 문화지리를 결합시켜 장소감을 형성[130]케 하는바 비영웅적이고 불안하며 분열적인 정체성을 지닌 주인공은 강릉 역사와 민속, 전통적인 소재를 곳곳에서 만나고 회상하며 장소성을 회복한다. 장소감은 인간이 특정 환경에

---

127 강원도사편찬위원회, 『강원의 향촌사회제도와 조직』, 신용인쇄문화사, 2019, 15쪽.

128 손수원 기자, 앞의 글.

129 경희대 비교문화연구소, 『공동체 없는 공동체』, 알렙, 2020, 57쪽.

130 존 앤더슨, 앞의 책. 17쪽.

묶이도록 만드는 감정적이고 경험적인 흔적을 의미하며 인간, 문화, 환경을 한데 통합하는 데 중요한 통찰[131]의 과정인데 주인공은 마을사람에게 의심을 받고 어린 시절 어머니가 들려준 유령선과 호랑이처녀 이야기가 지닌 공포와 무서움과 대면함으로써 망각했던 과거를 끄집어낸다. 윤후명 소설에는 호랑이에게 물려가 머리만 남은 처녀 이야기 모티프를 통해 삶의 공포와 무의식의 근거를 제시[132]한다.

여행자이자 이방인인 '나'는 낯선 타향을 오랫동안 헤매다가 낯익은 고향으로 왔지만 강릉은 낯선 고향이자 낯선 사람들로 가득 차 있다. 깃발이나 상징물, 그라피티, 벽화를 통한 경관 속에 흔적으로 남게 되는 로컬과 민족주의적 장소감을[133] 회복하기 위해 나는 너울 일기예보, 강릉단오제, 바우길, 대관령 산신제, 아흔아홉 구비 고갯길, 대관령의 선녀, 대성황신, 여성황, 호랑이가 처녀를 물어간 이야기, 성황당 산신, 5월 5일 축제, 방파제, 바다, 바닷새, 바닷소리 등 지역주민만이 알 수 있는 민속적 기후적 역사적 소재들을 작품 속에 나열한다.

신과 인간의 축제인 강릉 단오제는 영동과 영서를 잇는 대관령에서 음력 4월 15일에 치러지는 신을 위한 성스러운 산신제인 국사성황제로 시작되며 풍농, 풍어, 풍작을 기원한다. 나무를 베어 국사성황신의 신체로 상징되는 신목(神木)을 여성황과 결합시키는 나무신과 여신의 사랑과 생산은 독창적이고 예술적인 이미지를 갖는다. 신을 받들어 민중의 안전하고 풍요로운 삶을 기원하고 추구했던 민중의 희로애락이 담긴 단오제는 강릉 출신 작가들에게 예술적 영감과 작품의 기원이 된다.

어릴 적 풍경인 객사문, 임당동성당, 골목길, 바닷길을 걸으며 옛집을 떠올리고 김유신장군, 범일국사, 호랑이를 성황당 산신으로 추앙하는 강릉의 정서와 믿음이 내재된 주인공은 고향 집 텃밭 가장자리 울타리콩의 덩굴 줄기가 자신을 옭아매려 한다거나 고향 바다의 너울이 자신을 덮칠

131 위의 책, 79쪽.
132 졸고, 「윤후명 소설의 원형적 탐색」, 『한중인문학연구』 제59집, 한중인문학회, 2018, 1쪽.
133 존 앤더슨, 앞의 책, 200쪽.

것이라 여기며, 몸의 발진 증상으로 나타난다. 태내 양수이자 첫 경험과 설렘을 간직한 바다는 전쟁 중 유령선이 떠있는 공포의 장소이다. 자신의 뿌리와 근거, 생명과 생산, 기원과 공포 등으로 동일자, 대타자, 가부장이 되지 못한 주인공은 새롭게 변한 고향에 몰려든 이주노동자인 고려인과 대면하고 오래도록 소원했던 자신의 근원이자 뿌리인 어머니와 조우한다.

지리적 질서/경계뿐만 아니라 그것을 가로지르고 전복하는 문화적 상상물에 의해서 정의[134]되는 장소감을 되찾고자 과거의 아픔과 상실과 대면하고 기억을 추체험하는 주인공의 자아찾기와 정체성 탐색에 인간이 장소에 새겨 넣는 표식, 자취, 잔여물, 관념, 사상 등 여러 물질적 비물질적 흔적들이 장소와 인간의 의미와 정체성을 형성하는데 기초가 된다. 장소는 여러 권력 주체들이 실천해내는 흔적들을 통해 소속감과 배제감을 포함한 다양한 의미와 정체성으로 가득 차게 되며 그러한 과정에서 문화와 지리의 질서화/경계화가 형성되고 유지되고 도전[135]받는다.

최성각 소설의 작중인물은 동향, 동창이나 친족으로 얽혀져 있다. 〈진또배기 그늘〉의 함영호는 동년배 동향 출신으로 동해 풍어제를 찍는 사진작가이다. 〈동창회〉의 작중인물은 초등학교 졸업동창이고, 〈뉴질랜드〉에서도 동서지간인 순욱과 석우는 중학교 한해 선후배 관계이며, 고교 선배 용택과도 학연과 지연으로 맺어진다. 〈포커〉는 동해안 농한기 때 고향 친구에게 포커를 배워 도박에 빠져 부부싸움을 하다가 아내와 어머니마저 매료된다는 이야기이다.

이순원의 〈해파리에 관한 명상〉의 수호는 재종숙 되는 어른인 칠촌아재비이자 고조할아버지의 자손이고, 아버지하곤 육촌형제이자 증조할아버지뻘인 이세일의 삶을 회상한다. 어릴 때부터 두 다리와 왼팔을 쓰지 못해 해파리처럼 허우적거리는 해파리아저씨, 수모(水母)로 불리는 그는 60년 평생 착하고 사람을 미워하지 않으며 우직하게 살았다. 참판공의 자손

134 위의 책, 211쪽.

135 위의 책, 341~342쪽.

임을 잊지 말고 사당을 유지하며 숙모, 외사촌, 재종숙, 7촌, 당숙 등으로 얽혀 있는 〈해파리에 관한 명상〉의 가족관계는 서로 돕고 의지하고 걱정해주는 전통적인 공동체이자 집성촌이 배경이다.

이와 같이 최성각과 이순원 소설은 학연, 혈연, 지연과 연관되어 갈등관계나 이해관계가 느슨하고 가족적으로 소박하게 전개된다. 이는 중소도시라는 지역적 특성으로 익명성이 보장되지 않으며 한집 건너 친족인 혈연중심적 가족주의, 지연이나 학연으로 얽힌 지역 연고주의에 기초한다. 강릉 출신 작가의 소설엔 역사적 문화적 표식과 흔적이 작품 소재로 차용되며, 진또배기나 단오제 행사에서 상징되는 경관이 특정 형태의 행위를 종용하고 로컬 커뮤니티를 분리하는 질서/경계를 영속시킨다. 이러한 경계는 사람들을 물리적 심리적으로 구분시키고 내부자와 외부자의 장소감을 형성[136]한다. 문화생활에 남겨진 표식, 부산물인 흔적은 장소를 구성하며 문화와 지리의 정체성에서 마을주민의 정체성에 영향을 미친다. 소속감과 공통감은 자신이 속한 커뮤니티에 대한 충성심과 자부심, 애착심의 감정을 불러일으키는 반면 상대 커뮤니티에 대해서는 두려움 내지는 혐오감을 주조[137] 해낸다. 민속과 전통, 역사와 문화를 간직한 강릉지역은 폐쇄적이고 배타적이며 경계적인 지역적 특성을 지닌다. 이순원은 고등학교 3학년이 되어서야 전기가 들어오는 유교전통마을에 살았기에 자신이 통과해온 시간이 3백년도 더 된 중세와 현대 속에 산 느낌[138]이라는 시공간 개념을 언급했다. 공동체는 개인의 성장을 전제하지 않으면 폭력적 억압이 될 수 있으며, 가족 공동체는 이기적인 가족주의의 온상이 되고, 향촌은 지역주의의 터전이 될 수 있으며 국가 공동체는 폭력적 압제를 자행[139]할 수 있다.

---

136 존 앤더슨, 앞의 책, 200쪽.

137 위의 책, 201쪽.

138 이순원, 「나의 삶과 나의 상상력 옮기기」, 『나는 어떻게 글을 쓰는가』, 아시아, 2020, 68~72쪽.

139 경희대 비교문화연구소, 앞의 책, 85쪽.

5. 자연친화적 생태주의적 공간

동쪽 끝에 위치한 강릉지역은 검푸른 파도와 너울이 있는 해안과 4,5월에도 폭설이 내리는 대관령, 경포호수 등 자연과 밀착되어 있다. '청정 강원', '자연의 보고(寶庫)'로 불리는 강원도는 100m 이하의 저지대가 5.6%에 불과한 지형으로 온통 산으로 둘러싸여 있는 구조이고 우리나라 식물의 절반 정도인 2000여 종류의 식물이 살고[140] 있다. 범접할 수 없는 자연에 대한 경외심을 지닌 농경문화적인 향촌공동체인지라 소를 가족같이 여기는 친밀감을 갖는다.

〈옛 바다로 가는 길〉의 여행자는 태국여행 중 치앙마이에서 코끼리 트레킹을 결코 하지 않을 심산을 갖는데, 어린 야생 코끼리를 길들이는 영상을 통해 사람을 거부하는 코끼리를 표창으로 찍으며 길들이는 훈련과정을 알기 때문이다. 인간의 쾌락과 즐거움을 위해 고문에 가까운 반복 훈련을 해야 하는 동물권에 대한 문제의식을 주인공은 지니고 있다.

최성각은 자신이 기르는 거위 두 마리의 일생을 그린《거위, 맞다와 무답이》에서 동물을 관찰하고 사랑하며 공존하는 지혜를 담는다. 녹색문학을 표방하는 작가는 인간이 곧 자연의 재앙이라고 주장한다. 수컷 '맞다'와 암컷 '무답이'와 2년간 살았던 이야기를 담은 생태소설《거위, 맞다와 무답이》는 부화장에서의 첫 만남부터 부엉이로 인해 죽기까지의 동거생활을 담담하고 감동적으로 풀어나간다. 바다와 물의 손짓, 동물을 의인화하는 등 자연과 수평적 자세를 갖는 작가는 생명을 존중하고 자연의 경이로움에 경탄하며 무한한 매력을 지닌 거위에 대해 어떤 짐승에게도 이렇게 반했던 적이 없다고 고백한다. 작가는 사람과의 관계만이 아니라 살아있는 생명체 더 나아가 무생물에게까지 의미를 부여하고 이름을 불러주며 상생을 주창한다.

---

140 유기억, 『강원의 식물』, 산책, 2018. 2쪽.

> 나는 하염없이 거위들을 바라본다. 거위는 사람을 명상하게 만든다. '명상'이라는 말이 무책임하고 정신나간 사람들에 의해 몰현실적으로 남발되고 오용되는 것 같아서 나는 좀처럼 그 고요하고 격조 높은 말을 입에 담지 않는 편이다. 그렇지만 거위를 바라보는 내 마음은 내용 없는 명상에 잠긴다. 이렇게 신비로운 동물이 있었던가, 싶다.
>
> 내가 나타나면 맞다와 무답이는 날개를 편다. 활짝 날개를 펴고 궥궥 소리를 내지르며 내 주위를 빠르게 뱅뱅 돈다. 반갑다는 뜻이다. 날개를 활짝 펴고 빠르게 원무를 추는 거위를 본 적이 있는가. 그 세찬 나래짓에 내 바짓가랭이가 펄럭일 때 나는 감격에 겨워서 거의 쓰러지고 싶은 심정이 된다. 나는 사심없이 알아주는 희디 흰 털을 가진 눈부신 생명체가 이 세상에 두 마리나 있다는 게 아무리 생각해도 믿어지지 않는다. 발레리는 "부는 바람 때문에 살아야겠다"고 노래한 모양인데, 나는 나를 반기는 거위들 때문에 살아야겠다고 시방 다짐하고 있다.[141]

동식물과 인간이 평등하고 아름답게 공생하는 최성각의 생태주의적인 시선은 자연친화적인 로컬리티에 기인한다. 이 소설은 거위를 통해 진실한 사랑과 공생의 환희와 아픔, 인간 종의 경계를 넘어 생명체들의 교류, 그들의 고통을 나의 것으로 여길 수 있는 상상력과 영감, 생명이 지니는 감동스런 신비감을[142] 묘사한다.

이순원의 문단 데뷔작이 1985년 강원일보 신춘문예에 당선된 〈소〉라는 점은 작가의 문학세계를 이해하는 열쇠이다. 농경문화와 향촌공동체에서 소는 인간과 매우 가까운 가축이다. 생계수단이자 재산이며 가족으로 농사를 짓고 무거운 짐을 나르며 죽어서도 고기를 남기는 소와 노새는 강원도민의 착하고 우직하며 인내하는 심성을 닮았다. 소가 난다는 뜻의 '우추'에서 지명이 유래된 우추리(위촌리) 출신인 작가는 1884년부터 2008

---

141 최성각, 『달려라 냇물아』, 녹색평론사, 2007, 25쪽.

142 김윤선, 「녹색성장시대, 새로운 글쓰기」, 『문학과 환경』 제9권, 문학과환경학회, 2010, 107쪽.

년까지 차무집 외양간 12대를 걸친 소 이야기를《워낭》에서 풀어놓는다. 친형제처럼 지냈던 '검은눈' 소를 모델로 가족 같은 가축인 농촌마을의 특성을 드러낸다.

이 소설은 검은눈소가 작중 화자가 되어 사람 가문 4대, 소 가문 12대의 생애를 한국근현대사를 배경으로 풀어낸다. 영화 〈워낭소리〉를 보고 나서 집에서 키웠던 검은눈소 이야기를 소설로 쓰고 싶은 동기에서 시작된《워낭》은 그릿소, 흰별소, 미륵소, 버들소, 화등불소, 흥걸소, 외뿔소, 콩죽소, 무명소, 검은눈소, 우라리소, 반제기소의 일생을 그리면서 이제는 수용소의 죄수들처럼 번호로 관리되어 동물과 사람이 분리된 현실을 지적한다. 인간중심의 역사와 이야기가 아니라 동몰의 입장에서 세상을 보는 타자지향적인 시선이 이 소설에 담겨있다.

> 어쨌거나 흰별이 이마에 별을 이고 온 그해 가을, 송아지의 눈에 세상의 빛은 참으로 아름다웠다. 흰별은 자기 몸을 안아 받은 차무집 주인과 처음 눈을 맞추었고, 앞으로 오래 함께할 친구와 같은 그 집 아들과 똑같은 날 서로 다른 삼신의 안내로 같은 집에 왔다.
>
> 소를 한식구로 여겨 생구라고 부르는 차무집 주인과 새댁의 어머니도 흰별의 어미 그릿소가 태반을 삼키는 것은 보았어도 또 다른 하나는 보지 못했다. 그릿소는 흰별이 힘차게 초유를 먹고 난 다음 몸 밖으로 밀어낸 검은 태변도 누가 보지 못하게 얼른 입속에 감추어버렸다. 세상의 이리 떼들이 갓 낳은 송아지의 똥냄새를 맡기 전에 자식의 첫 똥을 어미가 받아먹은 것이었다. 그것 역시 사람들로서는 쉽게 이해할 수 없는 어미소들의 모성이었다. "음…… 무… (너는 아무것도 걱정하지 마라)." 흰별이 처음 들은 어미소의 목소리였다.[143]

출산 순간부터 천적인 맹수들로부터 새끼를 보호해야 하는 초식동물의 슬픈 운명 때문에 태반뿐만 아니라 분비물까지 먹어치우는 소의 놀라

143 이순원, 『워낭』, 실천문학사, 2010, 50~51쪽.

울만한 모성을 설명하며 작가는 인간이 수단이나 도구로 이용하며 하찮게 여기는 동물에게 배울 점이 많다는 것을 상기시킨다. 또한 이 소설은 두 아들의 서울 소재 대학 등록금을 마련하기 위해 검은눈소를 팔아야 했던 안타까운 사연을 담는다. 그래도 서운하지 않고 행복해 하는 검은눈소는 남의 집에 팔려갔으나 매일 와서 다시 집으로 데려올 거라는 지킬 수 없는 약속을 하는 이 집 막내를 워낭을 흔들며 반긴다. "소의 눈을 통해 사람 얘기를 하는 것인지 사람 눈을 통해 소의 얘기를 하는 것인지" 구분할 수 없이 소를 '생구'라고 부를 정도로 식구로 여기는 사람과의 아름다운 공존을 《워낭》은 감동적이고 따뜻하게 그린다. 잔인하고 이기적이며 자기중심적인 인간과 달리 아낌없이 베풀고 뛰어난 본능적 모성애를 지녔으며 인간에게 고통당하면서도 섭섭해 하지 않는 무한한 포용력과 인내심을 소는 지닌다.

〈말을 찾아서〉의 소년 수호는 양자 트라우마로 노새를 구박하고 괴롭힌다. 양자의 눈치를 보느라 자신의 분신이자 자식인 노새를 팔아치운다는 마음에도 없는 소리를 하는 당숙에게 수호는 둘의 사이를 갈라놓는다. 커서 작가가 된 소년은 노새를 핍박하고 서러움을 준 죄의식이 남아 고기를 먹거나 글을 쓰지 못하게 된다.

> 작은할아버지가 돌아가신 이후 그날 처음으로 나는 남몰래 감추는 아부제의 눈물을 보았다. 한 지붕 아래에서 사는 동안 그는 내게 참으로 많은 설움과 눈총과 미움을 받았다. 내가 누리는 것 모든 것이 그의 등에서 나왔는데도 그랬다. 아마 그가 죽어 정말 하늘의 은별이 되었다 해도 나는 앞으로도 말에 대해 자유롭지 못하고 그에 대해 자유롭지 못할 것이다. 결국 그 원고에 나는 그의 이야기를 쓰지 못했다. 그러나 언젠가 나는 그의 슬픈 생애에 대해 제대로 글을 쓸 수 있는 날이 오길 기다린다. 그는 태어나기로도 암말과 수나귀 사이에서, 온갖 핍박 속에 오직 무거운 짐과 먼 길을 걷기 위해 생식력도 없는 큰 자지만 달고 나온 노새였고, 이름은 은별이었다.[144]

붉은 기운이 도는 갈색 몸통에 정수리 한가운데 별처럼 흰 털이 난 노새 '은별'은 평생을 농사짓고 무거운 짐을 지며 죽어서까지 고기를 남긴다. 강원도민은 소를 축생(畜生)으로만 여기지 않고 가족처럼 운명을 함께하는 식구로 인식했다.

《해파리에 관한 명상》의 해파리아저씨는 불구인지라 병신소리를 들으며 놀림을 당하지만 온순하고 우직하며 남을 미워하지 않고 살다갔기에 소의 성품과 성정을 지녔다. 가난하고 결혼생활도 원만하지 않으며 인간취급을 받지 못했지만 착하고 바른 그는 한달에 네댓번 소를 끌고 대관령을 넘는 소몰이꾼이다. 양양과 진부 우시장까지 소장수들의 소를 이끌며 살아온 그의 삶은 소와 닮아있다. 화자인 수호에게 해파리아저씨를 일생동안 괴롭힌 도근이아저씨와 비교되어 그의 삶은 깊은 감동을 갖는다. 농촌사회에서 소의 존재는 인간의 삶에 매우 중요했다. 소설가인 수호는 자신의 소설 〈말을 찾아서〉가 이효석의 〈메밀꽃 필 무렵〉의 패러디라기보다는 해파리 아저씨가 모델이었다고 언급한다.

> 언젠가 내가 발표한 어떤 소설을 두고 거기에 노새 이야기가 나오고 봉평장터 이야기가 나오고 하니까 사람들은 대번에 「메밀꽃 필 무렵」의 패러디가 아니냐는 말들을 했지만, 사실 내게 그 소설을 쓰게 했던 사람도 가산(可山) 이효석이 아니라 수모(水母: 해파리) 이세일 아저씨였다. 그 소설을 쓰는 동안에도 「메밀꽃 필 무렵」에 나오는 '허생원'보다 내 곁에 더 가까이 한세상을 살았으며 나와 그리 멀지 않은 피를 나눈 그 재종숙부만을 생각했다.
>
> 우차가 아니라 그냥 맨소를 끌기는 했지만, 성정은 자신의 길동무처럼 온순하고 우직했어도 태어나 걸은 길은 노새의 그것과 조금도 다를 바 없이 살다가 간, 촌수는 멀어 칠촌아재비이긴 하지만 내게는 아버지 다음으로 가까운 집안 어른이었다.[145]

---

144 이순원, 『말을 찾아서』, 문이당, 1997, 50쪽.

145 이순원, 『해파리에 관한 명상』, 작가정신, 1998, 50쪽.

소와 밀착된 삶을 살아가는 농경사회에서 강릉 출신 작가의 자연친화적 생태적 태도는 로컬리티가 지닌 배경으로 작동한다. 소설 속의 거위, 노새, 소 등의 탁월한 감각과 본능적인 생존본성과 이타적 자세는 인간이 흉내낼 수 없는 경이로움과 존경심을 갖게 한다.

6. 여행 · 상처 · 향촌 · 자연

강릉 출신 작가 윤후명, 이순원, 최성각 소설에는 로컬리티의 특성과 고향에 대한 인식이 드러난다. 세 작가에게 나타난 지역문학적 특징으로 첫째 강릉은 거주지나 일터로서가 아니라 방문지, 여행지의 성격을 갖는 일시적 머묾으로 재현된다. 이정표, 팻말, 터미널, 자가용, 기차로 표상되는 여행서사구조는 그립고 애틋한 고향에 대한 정서 못지않게 오리엔탈리즘적인 외부의 시선 또한 내포한다. 이는 향수, 그리움, 전근대라는 로컬에 대한 타자적 시각을 드러낸다. 두 번째는 상처와 대면하고 이를 치유하는 장소로 묘사된다. 윤후명에게 고향은 전쟁재난으로 인한 트라우마로 남아있다. 그의 오랜 방황과 방랑은 상처와 마주하기 두려운 고향지 방문 때문으로 먼길을 돌아와 공포, 그리움과 기다림, 치유와 상처회복이라는 여정으로 나타나며 최성각에게는 여성타자의 원망과 설움이 주술적이고 영성적인 민속 소재로 차용된다. 이순원 소설에서는 가문과 핏줄로 인한 양자의식이나 유소년기 학교에서의 차별적인 대우로 인한 상처가 그려진다. 세 번째로 강릉은 인습과 전통의 향촌공동체로 표상된다. 조선시대의 유적과 전통이 잘 보존된 강릉은 집성촌, 계모임, 향촌 등의 농경공동체이자 가문중심의 전통유교마을로서 삶의 생활습관과 가부장적이고 효를 중시하는 의식구조가 내포되어 있다. 해안과 백두대간과 연결된 지형은 산신, 해신, 조상신을 모셔야 했고, 지역주민들의 무의식 속에 자연재해에 대한 고난과 공포가 깊숙이 침투된다. 대개 학연, 지연, 혈연으로 얽혀있는 작중인물을 통해 가족주의, 연고주의, 정실주의라는 전통사회의 특징이 나타난다. 이는 갈등관계를 약화시키고 이해관계가 얽히지 않으며 한없이 봐주고 허여하는 전근대적인 분위기를 대변한다. 마지막으로 강릉지역은 작품 속에서 자연친화적 생태주의적으로 표상된다. 해안과 산, 고개 등 자연과 밀착되어 있는 영동지역은 소를 가족으로 여기는 이순원 소설이나 최성각 같이 녹색문학자 내지 환경운동가가 배출된다. 타자지향적이고 다문화적이며 생태주의적인 자세는 21세기 포스트휴먼사회가 요구하는 사유이자 삶의 태도로서 강릉문학의 가치를 드러낸다.

4장
강릉 로컬리티와 고향을 드러내는 방식

1. 강릉시와 현대소설

조선시대, 일제강점기, 산업화, 세기말, 포스트휴먼 시대라는 역사 발전 과정은 중앙집권과 지방소멸의 결과를 가져왔다. 그러나 지방자치제와 글로컬리즘 현상은 지방을 새롭게 발견하고 중심을 이동하고자 하면서 로컬리티에 주목한다. K-팝, K-음식, K-드라마, K-방역, K-문화가 세계로 널리 전파되고 영향력을 행사하는 가운데 로컬리티 특색을 지닌 작가와 문인을 많이 배출한 K-강릉문학의 미래도 밝다고 전망할 수 있다.

우리가 태어나고 성장하고 교육받은 고향이자 지역사와 문화적 특색을 바탕으로 지역정체성을 정초하고, 집단의식과 공동체정서를 규정하는 지역학, 지역문학에 대한 연구 부흥은 학술용어부터 합의되지 못한 채 부유한다. 로컬리즘, 리저널리즘, 내셔널리즘의 관계망 속에서 지방, 지역, 로컬리티 등의 용어조차 모호한 채 제각각 차용되기 때문이다. 그럼에도 불구하고 로컬리티는 고착되기보다는 끊임없이 변화하고 이동하는 용어로 이해된다.

보수의 텃밭이자 소외되고 주변화된 강원도는 한반도의 동쪽에 위치한 천혜자연과 선량한 원주민의 성품과 전통문화가 보전된 지역이다. 강릉은 경주처럼 조선문화유적이 풍부하고 안동처럼 유교문화전통을 유지·계승한 지역으로 예향, 솔향, 문향, 인문도시, 관광도시로 호명된다. 예향은 유교예법을 보존하고 있기에, 문향은 문인과 학자가 많이 배출되었기에, 솔향은 소나무의 절개와 지조를 상징한다는 의미에서 붙여진 이름이며, 인문도시는 전시민이 시를 짓고 문학을 사랑하며 적극적으로 문학행사에 참여하는 그야말로 명실상부 예술적 정서와 전통을 지닌 곳이기에, 관광도시는 역사유물과 유적지가 많고, 동해바다, 경포호수, 설악산 등 피서지, 휴양지, 관광지로서의 의미를 내포한 지명이다.

매월당 김시습, 허균 · 허난설헌 남매, 신사임당 · 율곡 모자, 몽양 여운형, 어촌 심언광 등의 역사인물뿐만 아니라 김동명, 심연수, 윤후명, 최성각, 이순원, 서영은, 김도연, 김별아, 김형경, 박혜영, 박정윤, 김선우, 황혜련 등의 근현대작가를 배출한 문인의 고향이다. 수많은 작가의 산실이 된 이유는 동해바다, 경포호수, 남대천 등 물의 상상력과 자연친화적 서정적인 환경에 기인한다.

강원문학 선행연구로, 영동문학을 중심으로 한 연구[146]와 영서지역을 중심으로 한 연구[147]로 나뉘며, 연구대상으로는 고전문학, 신소설, 근현대문학으로 분류된다. 주로 지역예산을 지원받아 학회 중심으로 연구결과가 축적된 작가는 김동명[148], 김유정[149], 박경리[150] 등으로 지속적으로 학술사

---

146 박영완, 「관동문학사연구서설」, 『관동어문학』 제3집, 관동대 관동어문학회, 1984, 엄창섭, 「강원문학의 사적 고찰: 영동지역의 현대시문학을 중심으로」, 『한국문예비평연구』 제1호, 한국현대문예비평학회, 1997, 엄창섭, 「지역문화 발전방안: 탄광문학의 가능성 모색」, 『강원지역사회 문화론』, 새문사, 1997, 남기택, 「탄광시와 강원영동지역문학」, 『한국언어문학』 제63집, 한국언어문학회, 2007, 양문규, 「한국근대문학에 나타난 강원도: 강릉 · 영동 지역을 중심으로」, 『민족문학사연구』, 민족문학사연구소, 2010, 남기택, 「강원지역문학과 매체의 사회학」, 『비교한국학』 제17권, 국제비교한국학회, 2009, 『강원영동지역문학의 정체와 전망』, 청운, 2013, 졸고, 「강릉 출신 작가의 고향의식과 로컬리티」, 『임영문화』 제44집, 2020.

147 서준섭, 「강원도 근대문학연구에 대하여」, 『강원문화연구』 제11집, 강원대 강원문화연구소, 1992, 김영기, 「통일 생명 문학의 고향」, 『태백』, 1996.1월호, 강원일보사, 전상국, 「강원문학의 역사와 현황」, 『강원사회의 이해』, 한울, 1997, 김양선, 「탈식민의 관점에서 본 지역문학」, 『인문학연구』 제10집, 한림대 인문학연구소, 2003, 양문규, 「강원지역문학의 생성방식과 발현양상」, 『작가와사회』 2004. 가을호, 졸고, 「2000년대 소설의 원주시 재현 양상」, 『운곡논총』 제10집, 운곡학회, 2021.

148 〈내 마음〉 〈수선화〉 〈파초〉의 시인 김동명 연구는 학회 형성과 김동명문학관 건립과 더불어 매년 학회지가 발간되면서 지속적으로 이루어지고 있다.

149 자신의 고향인 춘천 실레마을을 배경으로 일제강점기의 궁핍과 삶의 고통을 가장 첨예하게 드러낸 1930년대 작가 김유정 연구는 김유정학회 및 김유정문학촌을 중심으로 매년 단행본이 출간되어 연구성과를 축적하고 있다.

업이 이뤄진다.

자연경관의 특성이나 지정학적 위치에 따라 강원문학을 해양(바다)문학, 탄광문학, 생태문학, 통일(분단)문학, 평화문학, 향토문학, 서정문학으로 보며, 사상적 젠더적 관점에 따라 보수적 부권적 혹은 급진적 반골적 작가의식이 드러난다. 바다가 접해 있고 광촌/어촌/농촌이 많은 지역인데다가 국내유일의 분단도, 분단시이며 천혜자연환경을 보유했기 때문이다. 로컬리티문학은 같은 지역이라도 동일적 세계를 균열시키는 정서도 무시하기 어려워 한마디로 정의내리기 쉽지 않다. 강릉시의 경우 조화롭고 온화로운 유교적 가부장적 질서 속에서도 시대의 풍운아 허균이나 사회주의자인 몽양 선생의 흔적, 허난설헌의 고통이 존재한다. 지역문학연구는 성급하게 결론에 도달하기보다는 개별 작가의 작품세계를 깊이 있게 분석하고 총체적으로 로컬리티 문학의 결과를 도출해야 한다. 소설이란 겉으로 드러난 조화와 질서 이면에 드리워진 은폐되고 유실된 진실을 드러내는 사명감을 갖고 있는 문학장르이다.

이 글은 강릉 출신 작가를 연구대상으로 고향의식과 로컬리티 재현 양상을 고찰한다. 따라서 각 개별 작가의 총체적인 작품세계를 논한다기보다는 고향과 강릉 배경 소설을 연구대상으로 삼는다.

2. 재난·바다·설화 소재와 공포·은폐의 고향: 윤후명 소설

독창적이고 개성적인 윤후명 소설은 중앙문단에서 고평을 받았고, 여러 문학상을 수상한 이력이 이를 증명한다. 그의 문학은 중년남성의 방황과 일탈을 통한 자아 찾기, 정체성 탐색을 주제로 한 여행서사를 특징으로 하며, 2017년 12권의 전집이 출간되어 본격적인 윤후명 문학 연구가 진행

150 통영이 고향이지만 1980년에 원주로 이주해 《토지》 4,5부를 집필·완간한 원주는 박경리에게 제2의 고향이다. 박경리문학공원과 토지문화관엔 일년 내내 관광객이 방문하고 있으며, 매년 하동과 원주에서 박경리 학술대회가 개최되고 있다.

될 기반이 마련되었다. 고향에 오지 못하고 떠남, 떠돎, 방랑의 삶을 살던 윤후명의 최종 목적지가 고향이었음은 전집 중 두 권의 제목인 『강릉』(2016), 『강릉의 사랑』(2017)에서 드러난다.

윤후명 소설은 정통서사기법을 따르지 않고 연상과 기억, 회상과 상상에 기초한 여담과 일화의 구조를 지녔기에 난해하고 모호한 모더니즘적 특성을 보인다. 그의 소설은 갑자기 떠오르는 순간의 포착으로 아연실색하게 하는 효과인 동시에 이 '순간'의 현존에 사로잡혔음을 독자에게 보여주면서 이러한 '순간'의 현존을 텍스트 속에서 포착하고 파악하고 묘사하고 재현하려는[151] 전략이 담겨있다. 친절하지 않은 이야기구성방식은 가독력을 낮추지만 윤후명 소설의 매력이자 독창성이기도 하다.

〈방파제를 위하여〉의 '나'는 처녀의 머리가 얹혀있었을 바위를 찾기 위한 '짧은 여행'을 목적으로 강릉 방파제를 방문한다. 바위에 대한 생각은 '아름다운 길 100'에 해당하는 헌화로를 가보고 싶고 진달래꽃을 꺾어주기 바란 수로부인을 연상케 한다. 어린 시절 어머니나 할머니에게 들은 몸뚱이는 호랑이밥이 되고 머리만 남아 있는 처녀 이야기와 처녀의 집을 처갓집으로 여겨 매년 찾아온다는 호랑이 설화는 이 소설의 배경을 이룬다. 전래동화 〈곶감과 호랑이〉도 강릉지방 이야기로 호랑이에 대한 관심을 표명하는 주인공은 호랑이를 피해 동아줄을 타고 올라간 오누이의 소년이 자신이라고 생각한다.

19살에 자신을 낳은 어머니는 암으로 투병중이고, 20대 초반의 꽃다운 그녀와 겪은 전쟁 트라우마는 여전히 아물지 않은 채 현재를 지배한다. 누구 하나 의지할 사람 없던 모자에게 그 시절의 읍사무소(현재의 시청), 임당동 골목과 적산가옥, 방공호, 성당, 중앙시장, 남대천이라는 장소는 '흐릿하고 또렷하게' 남아있는 장면들로 양가적인 자의식을 보여준다. 소설 속 강릉공간은 비밀, 은폐, 공포로 점철되어 있고, 전쟁 동안의 비극적이고 불행한 사건들이 내재된 곳이다.

---

151 린다 사브리, 이충민 역, 『담화의 놀이』, 새물결, 2003, 509쪽.

"쉿, 아무 말 말고 가만히 있어야 해." 누군가의 목소리가 나를 지그시 눌렀다. 나는 시키는 대로 따랐다. 그 뒤로 나는 두고두고 그 말을 강릉이 내게 물린 자갈처럼 여겼다. 고향 앞에서 아무 말 없이 눈 슴뻑 감고 살아가라는 말씀. 나는 순종했다. 아버지의 죽음에 대해서 별 따짐 없이 살아온 것도 그런 뒤끝이었을 것이다. 일본이 손을 든 다음 아버지는 만주에서 온갖 고초를 겪으며 고향 땅으로 돌아왔다고 했다. 그만이 그랬는지는 몰라도 생사를 건 귀환이었다고 했다. 강릉의 성산면. 눈이 많이 내리는 '은세계'의 마을이었다. 고향에는 나를 배 속에 가진 아내가 있었다. 그러니까 생일을 계산해보면 나는 해방 전에 잉태한 생명이었다. 그리고 머지않아 전쟁과 죽음이 닥쳐오고 있었다. 이 부분에서 나는 그만 쉿, 하고 입을 닫기로 하고 있었다. 침묵이 시작되는 순간, 웬 사내가 연미복 차림으로 보리밭 사잇길을 가는 풍경이 눈에 어리는 것을 느낀다.[152]

재난 중 가장 비참하고 잔인한 전쟁은 숨겨진 진실이 은폐된 채 극한 상황에 내몰린 인간의 수성과 극단적인 이기심이 폭로되는 가운데 숨겨지고 침묵당한 고향이 윤후명의 강릉이다.

〈산역〉, 〈높새의 집〉과 같이 자신이 쓴 소설을 실명으로 밝히며 전쟁 배경과 체험의 변형과정, 작품으로의 형상화과정을 해설하는 윤후명 문학은 소설가소설적 메타픽션적 특징을 지닌다. 또한 시인으로 출발한 이력에 비추어 소설 안에 자작시가 자주 삽입되며 화가로서의 이력 등이 등장하고 있어 시, 에세이, 그림, 소설 등이 혼합된 복합장르로 나타난다. 이 소설의 시간은 열아홉의 어여쁜 어머니 시절과 여든을 넘긴 베옷을 걸친 늙고 거친 얼굴을 한 어머니라는 시간의 혼종성에 머문다.

자신이 태어났을 때 씻겨 졌을지도 모를 '비밀의 대야', '동아줄', '백일홍', '처녀', '수로부인' 등은 존재의 탄생, 존재의 시원, 존재의 위기감, 존재증명과 관련된 상징이다. 수로부인, 호랑이에게 물려가서 머리만 남

152 윤후명, 〈방파제를 향하여〉, 『강릉』, 은행나무, 2016, 97쪽.

은 처녀는 어머니의 모습과 동일시되는 위태롭고 공포를 느끼고 위험한 괴물, 마녀로서 실격된 타자이다. 자잘한 것들에 칭찬을 받고 싶었던 나와 어머니와의 어긋난 관계를 어렴풋이 서술하며 전쟁으로 비롯된 삶의 부조리함과 비극을 회상한다. 어릴 적 피난길에 어느 돼지우리에 엎드려 있었던 기억, 지나가는 인민군 대열, 총소리, 경찰인 아버지의 총 맞아 죽는 장면들이 단편적이고 파편적으로 남아있다. 강릉에서의 탄생과 전쟁과 죽음 풍경은 어린 소년에게 깊은 상흔, 어둠과 고통과 슬픔뿐인 정동, 합리적으로 이해할 수 없고 침묵을 강요했던 비밀만을 남긴 공간으로 자리 잡게 되어 일생을 방랑하고 고향으로 돌아오지 못하게 했다.

> 장례식을 치르고 나는 고향에 내려가 카페를 차리고 살고 싶다고 누구에겐가 말했다. '비밀의 집'이나 '신목' '곶감과 호랑이' '헌화가'도 카페 이름의 후보작이었다. 카페 이름으로는 모두 신통찮았다. 예전에 지은 이름으로는 '농애(農愛)'라는 것도 있었는데…… 그러다가 아예 '처녀의 머리'라고 했으면 좋으련만…… 하고, 상상은 과도하게 뻗어나가는 경향이 있었다. 강릉이 어찌어찌 커피로 유명한 도시가 되고 커피 축제까지 열린다는 사실은 왠지 어리둥절한 노릇이었다.[153]

오랜만에 강릉을 방문한 주인공은 1950년대 전쟁기와 커피도시가 된 현재의 고향풍경이 낯설고 혼돈스럽다. 주인공에게 바다는 배타고 피난했던 곳이자 바다 한가운데 떠있던 병원선에서 먹다 남아 버려진 귤을 찾던 곳이다.

전쟁 공포에 대한 무의식은 익숙한 고향의 상징인 감자가 무섭다고 표현된다. "빡빡머리 의용군이 지나가던 길에 핀/흰꽃 보라꽃"의 끼니마다 감자를 먹던 시절은 두려움과 그리움과 공포의 전쟁재난, 모친의 고난, 부친의 죽음 체험의 시기였기 때문이다. 주인공에게 감자는 강원토속음식이

153 위의 소설, 104~105쪽.

기보다는 전쟁, 위험, 공포, 목숨과 연결된다. 의용군과 인민군이 출몰하여 수많은 사상자를 양산했고 마을마다 이 시기에 겪은 과거의 기억들은 은밀하게 은폐되기에 윤후명 혹은 소설 속의 서술자 개인의 고통일 뿐만 아니라 우리 민족의 보편적인 상처였다. 작가는 강릉단오제, 단풍나무 신목, 나무 호랑이, 머리만 남은 처녀 등의 지역원형, 문화재, 지역축제, 설화 등의 로컬리티 소재를 활용하여 두렵고 무섭고 진실의 발언을 묵살당하는 주인공의 자아탐색을 그린다.

〈호랑이는 살아있다〉의 서두는 고향에 대한 인상과 정경을 통해 음울하고 어두운 주인공의 심경을 담는다. 2000년 세종문화회관에서 열린 백남준 10주년 기념전시회에 써있던 '호랑이는 살아 있다'라는 문구를 패러디하여 제목으로 차용한 이 소설의 호랑이는 우리나라 전통 민화 속에 있는 민족의 상징인 백두산 호랑이와 강릉설화 속 호랑이를 연계해 정체성과 자기동일성을 확립하는 동물로 표상된다.

> 나는 고향에서 찾지 못한 것들이 많다는 느낌에 사로잡혔다. 곰곰 따져보면 뭐 특별한 것도 없었다. 귤을 건지던 바다가 정확하게 어디였는지도 '여기다' 하고 손으로 가리킬 재간이 없었다. 그 가운데 커다란 발자국이 찍혀 있는 바위도 숙제처럼 남아 있었다. 언젠가 갔던 날은 날씨가 흐려서인지 도시 전체가 음울한 잿빛으로 가라앉아 있었다. 아스팔트 길바닥도, 상점의 진열창도, 지나가는 자동차도, 휴지통도, 신호등도, 가로수도 음울하게만 보였다. 도시 전체가 죽어가는 파충류처럼 웅크리고 있는 것 같았다. 군데군데 비늘이 떨어져나간 채로 널브러져 있는 동물. 그러므로 도시는 시난고난 마지막 힘없는 분노를 삭이고 있는 것처럼도 보였다. 동물은 한 가닥의 엷은 바람에도 촉각을 곤두세워야 한다. 그러나 하늘이 무너져도 이놈을 까딱하려고 하지 않을 것이다. 고속버스에서 내려 발을 디딘 지도 벌써 한나절은 되었음직했다. 그러나 시간이 흐를수록 내가 무엇 때문에 이곳에 왔는지 더욱 혼돈에 빠져들고 있었다. 낯설기만 한 시가 주는 위화감. 나는 머리를 흔들었다. 이 도시가 이렇게 변해버리다니.[154]

25년 만에 고향을 방문한 '나'는 '음울한 잿빛', '죽어가는 파충류' 같이 부정적이고 어두운 인상과 더불어 자신이 알던 도시가 아님을 깨닫고, 머리 속의 지도로는 길도, 집도, 언덕도 찾을 수 없는 세월의 흔적으로 미아처럼 도시를 헤맨다. 시공간의 불연속과 찰나의 순간 포착, 여담의 혼재를 특징으로 하는 소설은 전국체전이 열리는 날 숙소를 잡기 어렵다거나 메르스로 인해 단오행사를 축소해서 동해안 유명 굿 행사만 했다는 사실[155]로 봐서 2015년으로 추정된다.

이 소설에서도 윤후명이라고 언급만 하지 않을 뿐 인물의 실명과 실제 작품명이 그대로 표현된다. "고향을 찾음으로써 고향을 잃게 된" 나는 "고향이라는 존재에 쉽게 녹아들어가지는 못했다. 어쩌면 고향에 떨려난 듯한 느낌"으로 "그곳에는 으스스한 무엇이 살고 있다"고 메모한다. 강릉 작은 도서관의 명예관장으로 위촉되거나 글쓰기 강의를 하는 등 작가는 다양한 문학행사에 참여하며 삶의 후반기 고향을 '발견'한다. "강, 릉, 으, 로, 가, 게, 되, 었, 다."는 그는 고향의 산과 바다 그리고 돌아가신 어머니에게 도서관 관장이 되었음을 알리며, "이제 '무엇'이라고 나를 정체불명의 이름으로 부르지 않아도 되었기에" 고향이라는 집단으로부터 인정받았음을 확인한다. 8살에 떠나 70살에 돌아오기까지 62년이 걸리는 동안 윤후명 소설은 전국의 섬, 유럽, 러시아, 중국 돈황, 남미를 배회하고 방랑의 여정과 여행지에서 만난 여성과의 일탈이 그려진다.

강릉에서 원초적으로 입력되어 있는 표상들인 물고기, 옥수수, 호랑이는 그의 그림과 시, 소설에서 다채롭게 환유 혹은 상징으로 차용되는 로컬리티 소재이다. 또한 강릉읍사무소 앞집, 임당동 성당, 동해바다, 남대천 둑길, 단오장에 대한 어린 시절 기억과 남대천에서 파생되는 메콩강 여행

---

154 윤후명, 〈바위 위의 발자국〉, 『강릉』, 은행나무, 2016, 141~142쪽.

155 제96회 전국체전은 2015년 10월 16일부터 22일까지 강릉에서 치러졌고, 숙박난이 심각해 2018 평창동계올림픽의 시급한 과제로 떠올랐다. 또한 이 해에 5월 20일에 첫 환자가 발생한 중동호흡기증후군(MERS) 코로나 바이러스 환자가 확진되었고 12월 23일에 마무리되었다.

길, 인도차이나 반도를 흘러내리는 긴 강에서 이어지는 인도차이나로 학병으로 끌려간 친구 아버님과 배를 타고 함께 돌아온 위안부 여자들의 연상과 상상 속에서 자신을 학도병이나 위안부와 동일시한다.

북한에서 제작한 동물 다큐멘터리에서 영감 받아 2000년 새해 전세계 87개 나라에서 생방송된 백남준의 호랑이는 대관령 산신당에 그려져 있는 호랑이와 강문마을에 세워져 있는 돌호랑이 그리고 서울 대학로의 오채현 조각가의 호랑이를 연결하면서 기억 속에 합일시킨다. 남대천에서 메콩강으로, 백남준의 작품에서 단오제설화의 호랑이를 연상하는 분열하는 주체는 몽상과 연상과 상상에 기초하며 끊임없이 스토리가 형성되는 레미니상스[156]가 자주 나타난다. 동해, 방파제, 남대천 둑길 등 물의 상상력이 지닌 성적 젠더적 로컬리티와, 호랑이 설화와 단오제, 헌화로 등의 지역 표식, 머리만 남은 처녀, 위안부, 학병, 어머니, 메콩강의 친구 아버지, 전쟁 때의 이웃집 소꿉놀이 소녀 등은 타자성, 자기자신과 동일시되는 상징기제이며, 정체성을 찾아가는 그의 소설은 기억과 망각이 혼재되어 있다. 오랜 세월 자신을 괴롭혔던 시공간과 자아의 분열과 파탄은 고향 방문을 계기로 "어릴 적 나와 이제 나이 먹은 나는 하나가 되고 호랑이도 하나가 되었다. 내 품에는 언젠가처럼 처녀의 머리도 안겨 있었다"로 귀결된다.

윤후명 여행소설은 1950년대 초반 강릉에서 겪은 전쟁재난이 바탕을 이룬다. 피난과 모친의 재혼, 이웃집 소녀의 죽음, 아버지의 죽음에 대한 의문 등이 일어난 고향은 비밀과 은폐된 진실, 침묵해야할 이야기로 점철되었고, 드러내면 안 되는 은밀하고 폐쇄적인 곳이었다. 자신의 뿌리이자 정체성을 확인하는 고향을 가지 못하고 먼 곳, 먼 길을 한평생 방랑했던 작가는 나이 들어서야 최종 여행의 목적지인 강릉으로 귀환한다. 가까운 거리에 있지만 자신을 거부했던 강릉은 모친의 유골을 바다에 뿌리면서 그녀와 화해하고 수용되는 공간이다. 작가의 은밀한 개인사는 시적 은유

---

156 reminiscence, 영어로 추억, 회상이라는 뜻으로 일종의 잠재적 기억을 말한다. 프루스트의 《잃어버린 시간을 찾아서》의 마들렌 과자의 일화처럼 감각 인상의 충격으로 과거의 일들이 떠오르는 것을 말한다. －린다 사브리, 앞의 책, 596쪽.

적으로 그려지다가 후기로 오면서 보다 구체적으로 작품 속에 묘사된다. 윤후명에게 고향 강릉은 재난, 비밀, 상흔, 단절 이미지로 나타나는바 이는 남성주체로서의 자기동일성을 확보하지 못하고 어머니와의 불안한 관계 속에서 유소년기 상처가 있는 고향과 불화했기 때문이다. 작가는 무의식 속에 잠재된 트라우마를 고향의 바다 이미지와 설화 및 민속 소재를 차용하여 예술적으로 형상화한다. 호랑이에게 물려가 머리만 남은 처녀 형상은 마녀, 괴물, 메두사 이미지로 공포와 두려움의 표상이자 주인공의 내면의식을 반영한다. 강릉을 떠나기 이전과 이후, 고향과 타향 및 여행지를 오가며 상업화된 도시풍경의 변화를 기억하고 장소감으로서의 자기증명을 확인하는 주인공의 방황과 여행은 윤후명 문학의 특징이다. 여행 중 만난 여성과의 일탈은 남성주체가 되지 못하고 여성타자의 시각으로 살았던 주인공이 분신이자 자기 안의 타자인 여성과 동일시하지만 합일하지 못하고 분열된 유소년기 트라우마에서 비롯되었다.

3. 향촌·농경·정법 공동체와 고향 위촌(우추리): 이순원 소설

강릉 우추리에서 태어난 이순원는 수많은 문학상을 수상[157]하고 교과서에도 단편소설이 실린 중견작가이다. 서울 압구정동을 배경으로 자본주의적 타락과 욕망을 신랄하게 비판하는 문학세계로 출발한 작가가 주목받기 시작한 것은 자전적 소재를 바탕으로 고향공간을 설정하면서부터이다. 소설집 『말을 찾아서』는 봉평, 강릉, 옛길, 위촌, 은비령, 시동(동쪽의 시작), 경포, 은비령에서 벌어지는 가족사의 내밀한 상처와 고통을 리얼하고 섬세하게 그린다.

우리나라에서 유일하게 촌장을 모시고 사는 유교전통마을로 400년을

157 동인문학상, 현대문학상, 한무숙문학상, 이효석문학상, 허균작가문학상, 남촌문학상, 녹색문학상, 동리문학상, 황순원작가상 등을 수상했다.

계승한 도배식을 행사하는 강릉 성산면 위촌리 출생이라는 점은 부권적 보수적인 환경 하에서 성장했음을 알게 한다. 고등학교 3학년 때 전기가 들어온 시내 중심과 떨어져 문명과 근대성과 거리가 있는 곳으로, 작가는 오히려 1930년대 소설 이상의 〈날개〉 속 공간들이 아주 현대적이고 도회적이고 세련되어 보였다고 고백한다. 작가는 "고등학교에 가면 '현대' 속에 내가 있고, 이십 리 걸어 집으로 들어오면 '중세' 속에 내가 있었다는"[158] 시간의식 속에 근대와 전통의 경계에서 산 '산골 유교마을의 소년'이었다. 이러한 성장과정에서 형성된 작가의식과 작품세계에 나타난 로컬리티와 고향의식을 통해 작가 이순원의 강릉시 재현 양상이 드러난다.

조선시대의 유물과 유적, 인물을 다른 지역보다 많이 간직하며, 따라서 유교이념과 유교문화에 기반으로 한 생활환경이 조성된 강릉은 보수적이고 폐쇄적인 사회분위기를 지닌다. 한국인에게 고향은 존재의 근원이자 영속적 안정의 표상이며, 향수는 근원 회귀의 갈망으로 평화롭고 목가적인 농촌과 같이 낭만적으로 이미지화[159]된다. 다른 한편으로는 근대국민국가 안에서 고향은 국민 만들기에 동원되면서, 향토, 향수담론 안에서 '그때 그곳'으로 '로컬화'되어 대상화되는바, 주변부, 변두리인 고향은 도시가 아닌 농촌, 서울이 아닌 지방, 근대적 공간이 아닌 전근대적 공간이자 계몽의 공간[160]으로 재현된다. 이순원이 태어난 강릉은 조선유교문화 및 전통생활방식이 계승된 곳으로 제사에 있어 엄격한 원칙과 절차가 요구되는 종법(宗法)체제와 적장자(嫡長子)와 적장손(嫡長孫)으로의 계승[161] 등의 관습이 이어온다. 또한 계모임이나 학교 동창회와 향우회가 매우 주요하며 동창회라도 대학보다 초,중,고등학교의 동창회가 압도적으로 많다는 사실에서 학연과 지연이라는 정서, 고향 인맥이[162] 형성된다. 자전적 소재

---

158 이순원, 「나의 삶과 나의 상상력 옮기기」, 『나는 어떻게 글을 쓰는가』, 아시아, 2020, 72쪽.

159 박정선, 「천상병 문학에 나타난 고향」, 『한민족어문학』 제65집, 한민족어문학회, 2013, 743쪽.

160 문재원, 「고향의 발견과 서울/지방의 (탈)구축」, 『한국문예비평연구』 제38권, 한국문예비평학회, 2012. 54쪽.

161 국사편찬위원회 편, 『유교적 사유와 삶의 변천』, 두산동아, 2009, 192쪽.

를 바탕으로 한 이순원 소설의 고향은 애증이 교차된 곳으로 첫사랑의 실연이나 그리움, 선생의 차별과 박해로 인한 상처, 양자입적 혹은 아들선호 및 제례전통으로 인한 갈등이 표출되는 곳이다.

〈강릉 가는 옛길〉은 초등학교 담임의 부고 및 장례식 소식 전화를 받고 대학교수가 된 친구 형래와 소설가가 된 '나(이수호)'가 함께 강릉으로 가는 귀향/여행 서사로 구성된다. '불알친구'도 못 알아본다며 타박하며 전화한 한경주는 야비한 성품으로 어린 시절 담임과 함께 반아이들에게 고통과 상처를 남겼다. 대관령 아래 가랑잎초등학교를 다니던 시절 담임 이관모는 조우집(지물포), 조우공장(재생지공장), 보해집(포목점)을 운영하는 부잣집 자제인 한경주, 석주를 편애하며, 농부의 자식인 이수호, 은호가 누려야할 글짓기반 대표, 부반장, 우등상 등을 부당하게 빼앗고 형제의 빰을 서로 때리는 형벌로 소년들을 수치심과 조롱, 소외와 죽고 싶은 마음을 갖게 만든 만행을 저질렀다. 경주 형제의 어머니로부터 물질공세를 받으며, 공부 잘 하고 글을 잘 쓰는 수호 형제를 음해하고 조롱하고 비웃음의 대상으로 만든 이관모는 여학생을 부반장이 아닌 미화반장으로 임명하며 노골적으로 반장은 남자였으면 좋겠다고 못 박는다. 그는 강릉 소재 중학교 성적순과 미진학 대상자 순서대로 자리를 배치하고 뇌물을 받으며 학부모 능력에 따라 학생을 차별하는 부패한 교사이다. 가치체계, 교우관계, 부모에 대한 태도, 사회적 적응 양상뿐만 아니라 사회화되는 주체로서 자신이 수행해야할 사회적 역할을 배워야 하는 교육현장[163]에서 청소년들은 부조리와 불합리, 비리로 가득찬 세상을 터득한다.

담임선생과 부잣집 아들 경주의 계략으로 대속선거의 희생자가 된 수종은 5표를 받은 후 아이들로 하여금 '오표' '미친년 아들'로 불리자 학교를 그만두고 가출한다. 경주를 6학년 학급반장을 만들기 위한 담임의 잔

162 김광억, 「'지방'의 생산과 그 정치적 이용」, 『한국문화인류학』 29, 한국문화인류학회, 1996, 15~16쪽.

163 홍인선, 「청소년의 삶과 청소년문학 독서의 의의」, 『교양교육연구』 제6권, 한국교양교육학회, 2012, 444쪽.

인한 계략으로 한 소년의 인생을 망친 것이다. 친미적 반여성적이고 편애가 심한 담임의 불공정한 학급운영은 소년소녀에게 상처를 남긴다. 40살의 중년이 되어 26,7년 전의 학창시절을 떠올리며 악랄했던 담임의 장례식과 동창모임에 참석하기 위해 대관령을 넘는 형래와 수호는 강릉지검 검사가 된 은호, 조합일을 하는 수종, 교사가 된 석주, 강릉중앙시장에서 건어물상회를 경영하는 경주, 술집을 하는 기숙, 이혼 후 혼자 아이를 키우는 명선 등의 소식을 전하며 학창시절을 회상한다. 강릉사람들에게 대관령은 이쪽과 저 너머의 경계를 가르는 공간적 의미를 지닌다.

> "좋다. 이렇게 대관령 넘으니까. 어릴 땐 늘 저 큰령 너머엔 뭐가 있을까 궁금했었는데." "그래. 바다 건너는 안 궁금해도 말이지." "넘어보니까 니 눈엔 뭐가 있더냐?" "거기도 똑같은 세상이 있더라." "어떤 세상이?" "큰 세상일 줄 알았는데 거기도 작은 사람들이 모여 사는 작은 세상이. 이 큰령뿐만 아니라 많이는 안 살았지만 우리가 살아온 세월너머도 그렇고……." "애들이 많이 모였으면 좋겠다." "그러게 말이지. 운전 조심해라, 굽은 길……." "그래도 대관령 넘으면 마음이 편해진다. 모든 것 다 잊게 되고." "우리한텐 여기가 큰 세상이니까." "그래, 이보다 더 큰 세상도 없을 거다." "그래선지 여기 와선 일이 안된다. 어떤 때는 글을 쓰러 왔다가도 아무 것도 못하고 그냥 올라가고, 아무것도 안해도 위로받는 기분이니까." "나도 그래. 답답할 때 전화를 해도 그렇고……." 오던 길을 되돌아 갈 듯 크게 굽어돌아가는 내리막길을 돌며 자동차 불빛이 저만치 앞에 있는 길옆 표지판을 비추었다. '강릉 16km.' 그러면 계강은 샛길로 4km 정도 남았다는 이야기였다. 참으로 먼길을 돌아 우리는 지금 우리가 자란 큰 세상으로 가고 있었다.[164]

이 소설은 작가의 분신으로 중년이 된 이수호가 초등학교 5,6학년 때인 1996,7년의 강릉 시골의 한 초등학교를 배경으로 당대의 생활상과 상

164 이순원, 〈강릉 가는 옛길〉, 『말을 찾아서』, 문이당, 1997, 200쪽.

처와 고통으로 남은 학창시절을 회상하는 이야기이다. 이수호와 은호 형제는 글짓기대회 참가비도 내지 못하고 점심도 도시락 대신 장작을 학교에 가져가 구호 양곡 급식인 옥수수죽을 먹는 빈궁한 생활형편으로 담임에게 차별과 왕따의 대상이 된다. 버스는 고사하고 시발택시도 보름에 한 번 들어올까말까한 마을에 사는 이수호는 짜장면을 먹어보지 못했고 사진을 찍어본 적도 없으며, 석유 등잔을 아껴가며 공부를 했다.

부모는 감자 밭농사로 바쁘기에 두 형제는 담임의 미움을 받으며 반아이들에게도 조롱과 놀림, 비웃음의 대상이 되는 4,5,6학년 시절을 보낸다. '뺀질거리는 형제'라든지, '얻어먹는 놈'이라는 등 노골적인 폭언과 반아이들을 이간질시키는 교육자의 행태 속에 교육받고 성장하지만 제 갈 길을 찾은 중년들에게 고향은 '큰 세상'으로 자리 잡는다. 강릉시와 중앙지역을 가로막는 대관령 저 너머는 근대, 문명, 희망, 유토피아, 미지의 세상이다. 이순원에게 고향은 상처와 추억의 성장 공간으로 재현되며, 포용과 안락, 위로와 치유, 어머니의 자궁과 같은 보편적인 기표로도 작동된다. 2015년 발표된 장편《첫사랑》에서도 초등학교 동창 모임을 통해 그 시절에 가장 이뻤던 모두의 첫사랑 대상인 자현이 30대에 남편을 잃고 재혼했으나 또다시 이혼하고 두 아이를 키우는 중년여성이 되었다는 소식을 통해 잃어버린 순수와 동경, 첫사랑의 기억을 떠올리는 공간으로 표상된다. 고향과 학연은 오랜 유교문화의 흔적으로 작가에게 깊이 각인된다. 〈강릉가는 옛길〉은 문학적 완성도가 높은 청소년소설, 성장소설[165]로 차별적이고 비도덕적인 교사가 아이들에게 끼치는 부정적인 영향을 설득력있게 묘사한다.

〈망배(望拜)〉에도 작가의 자전적 소재가 반영되는데, 초등학교 3학년 때 돌아가신 할머니 장례를 19일장으로 지냈다거나 거의 모든 시간을 사

165 교육현장에서 일어나는 작품으로 황석영의 〈아우를 위하여〉(1972), 전상국의 〈우상의 눈물〉(1980), 이문열의 〈우리들의 일그러진 영웅〉(1987) 등이 있으며, 최근에는 다문화 현상을 배경으로 다문화가정 2세의 고통과 슬픔을 다룬 김재영의 〈코끼리〉(2004), 김려령의 〈완득이〉(2008) 등이 있다.

당에서 지냈고, 사당의 기왓장 하나라도 비뚤어지면 난리가 나는 줄 아시는[166] 할아버지의 삶이 작품소재로 차용되었다. 유교문화가 뿌리 깊게 박혀 있는 동양전통사회에서는 조상에 대한 제사를 중시했고, 종가(宗家)를 중심으로 하여 방계(傍系) 친족을 일정한 공동체로 결속시키는 고대 중국의 독특한 친족제도(親族制度)인 종법은 하나의 오랜 관습[167]으로 이어졌다. 〈망배〉는 조부 제사로 서울에 사는 작은형과 동생, 장조카 등 온 가족이 강릉에 모이고, 소설가인 자신은 참석하지 못하고 제사방향으로 절을 하면서 참여하는 이야기이다. 이 소설은 일련의 제사과정을 구체적이고 섬세하게 재현해 놓고 있어 전통제례자료로서도 가치를 지닌다. 주방에는 어머니와 두 형수가 제사음식을 장만하고, 남성들은 의관을 갖춰 입고 예전 제사 용어를 사용하라는 주의를 들으며 정성을 다한다. 생전의 할아버지에게 제사는 단순한 차례나 제사로서가 아니라 집안의 종교의식과 같다. 오조부까지 제사 대상이 되고 육조부부터는 사당의 시제로 넘어가는 전사를 지내며, 설날, 보름, 한식, 단오, 추석, 동지, 그믐까지 일곱 번의 차례를 준비한다. 할머니가 돌아가시자 고교 교사인 아버지는 휴직을 하고 묘지를 돌보았으며, 할아버지는 대부분의 시간을 사당에서 지내는 유교적 분위기 속에서 작가는 성장했다. 농경공동체에 뿌리를 둔 명절과 봉제사 전통에 대한 종교적 신념을 지닌 할아버지의 체념적인 전승의 소망은 산업화 민주화 시대의 가치관과 충돌할[168] 수밖에 없다.

> 돌아가실 땐 고등학생이던 동생이 사랑에서 함께 기거하며 할아버지 온갖 시중을 다 들었다. 그러면서 틈틈이 할아버지께 말씀드렸다고 했다. "할아버지 얼른 기운내고 일어나세요. 저는 할아버지가 촌장을 하시는 거 꼭 보고

---

166 이순원, 「나의 삶과 나의 상상력 옮기기」, 『나는 어떻게 글을 쓰는가』, 아시아, 2020, 68-69쪽.

167 국사편찬위원회 편, 앞의 책, 192쪽.

168 졸고, 「이순원 소설의 로컬리티와 향촌공동체 특성 연구」, 『우리문학연구』 제70집, 우리문학회, 2021, 535쪽.

싫어요." 그건 동생뿐 아니라 어릴 때 할아버지에 대한 우리 사형제의 한결 같은 소망이었다. 마을에 400년 전통의 대동계가 있었고, 이 땅에선 유일하게 촌장을 두고 있었다, 정월 초이튿날이면 마을 사람들 모두 촌장댁에 모여 합동 세배를 올렸다. 지난 해 혼인을 한 집안의 어른과 혼인자도 합동 세배 때 촌장께 따로 인사를 올렸다. 당연히 마을에서 가장 나이 많은 어른이 촌장으로 추대되었다. 실권은 없어도 그 영예만으로도 한 집안이 빛나는 자리였다. 자손들한테도 그랬다. 그런 촌장님께서 할아버지가 돌아가시기 사흘 전 마흔이 넘은 손주의 부축을 받고 할아버지의 망종(亡終)을 오셨다. 우리에겐 증조항되시고 할아버지에겐 숙항이 되시는 어른이었다. 그 때 촌장님의 연치 여든일곱이었고 할아버지의 연치 여든여섯이었다. 그때까지 할아버지는 집안의 문장(門長)이기도 한 촌장님 아래 아촌장으로 계셨다.[169]

제례와 종법을 철저하게 지키고, 연장자, 가부장, 촌장에 의해 마을질서와 가계가 유지되는 공동체에서 성장한 이순원은 효 이데올로기와 가부장적 부권적 사유가 내면화되었을 것이다. 여러 소설에서 소년의 상처와 젊은이의 저항을 드러내지만 "어릴 때 익숙했던 많은 것들이 다 그렇게 할아버지를 따라 떠나가고 있는 것"에 눈물이 날 것 같다는 마지막 문장에서 전통적 전근대적인 것에 대한 애정이 드러난다. 이순원 소설은 가부장적 유교적인 강릉 로컬리티의 특성이 나타난다. 장조카, 장손에 대한 편애와 연장자의 권력, 부엌에 있거나 남편들의 의상을 보조하는 여성하대 등 '종법의식의 장자상속이나 입후제도는 남아선호 등 여러 가지 사회적 폐단을 낳았으며'[170] 현대사회와 갈등함으로써 강릉지역을 고립화하고 전근대적 이미지를 갖게 한다.

소년들의 고통은 대체로 양자입적 때문으로, '아버지-아들-손자로 이어지는 부계의 원칙으로 인한 신분과 권력, 가족의 대표권을 보장받는'[171]

---

169 이순원, 〈망배〉, 『그가 걸음을 멈추었을 때』, 생각의 나무, 2003, 307쪽.
170 국사편찬위원회 편, 앞의 책, 202쪽.
171 성균관대 동아시아 유교문화권 교육연구단 편, 『동아시아와 근대, 여성의 발견』, 청어람미

대타자 아버지의 권위와 장자계승원칙의 동성불혼제, 적첩제, 매직혼제 등의 제도가 확보됨으로써 형성되었다. 〈말의 찾아서〉의 소년은 어른들에 의해 강제로 작은집 양자로 결정되면서 혼란스러운 사춘기를 겪고 놀림을 받으며, 〈수색 그 물빛 무늬〉에서는 남편을 붙잡기 위해 첩에게 자신의 아들을 나눠주었기에 아버지의 여자를 그리워하는 죄의식을 갖게 되고, 〈먼 길〉의 아버지는 당숙 가족에 대한 죄책감으로 자신의 아들을 양자로 보내고자 하고, 〈강릉 가는 옛길〉의 경주 석주 형제는 첩의 아들들이다. 조상숭배와 가문 대잇기, 혈연가족공동체, 학연(향교)중심의 질서 속에서 연소자, 여성, 서자의 상처와 차별이 나타나는 이순원 소설은 보수적이고 연고주의적이며 부족주의적인 작가의식과 문학적 특성이 드러난다.

4. 폭설과 리얼리티·판타지의 경계: 김도연 소설

'강원도 작가'라고 불리는 김도연은 강원대 불문학과를 졸업하고 「강원일보」 신춘문예(1991), 「경인일보」 신춘문예(1996)에 당선되면서 창작활동을 시작했고, 장편소설《소와 함께 여행하는 법》이 영화화[172]되면서 주목받았다. 농사 짓는 부모님과 함께 지내는 그의 고향은 설국, 은세계, 눈의 나라라고 할 만큼 긴 겨울 내내 폭설과 눈보라가 휘몰아치는 추운 지역이자 가상의 세계와 현실의 세계를 가로지르는 기후적 풍토와 대관령이라는 단절, 고립, 소외, 적막, 고독의 공간이다. 사람과 문명이 연결되지 않은 곳에서 동물과 이야기하고 대자연이 주는 공포와 위협에 대면하는 고향의 눈은 이승과 저승, 현실과 환상, 성(性)과 성(聖), 의식과 무의식의 경계를 가로지른다.

디어, 2004, 113쪽.

172 이 영화는 2010년에 방영된 임순례 감독, 공효진, 박원상 주연의 제15회 부산국제영화제 갈라 프레젠테에션 초청작이다.

> 나는 오대산과 대관령 사이에 있는 마을에서 태어났다. 조금 다르게 표현하자면 스님들이 살고 있는 절과 도시로 갈 수 있는 고개 사이의 마을에서 태어났다. 대부분의 사람들이 당연히 농사를 지으며 살아가는 산간벽지였다. 마을 한가운데에 길이 나 있는데 그 길은 강릉과 서울을 연결하는 6번 국도였다. 강원도 평창군 대관령면 유천리 경강로가 지금의 주소다. 어린 시절의 대관령을 기억하면 가장 먼저 떠오르는 게 눈이다. 대관령은 눈의 나라였다. 봄, 여름, 가을이 없는 지역이 아닌데도 대관령은 겨울만 있는 눈의 나라였다. 아침에 일어나면 방문턱까지 쌓였던 폭설, 한번은 정말 바람이 몰고 온 눈 때문에 문을 열 수 없을 정도로 눈이 많이 내린 적도 있었다. 겨우 문을 열어놓고 입을 쩍 벌린 채 바깥 풍경을 바라보았다. 온 마을이 눈으로 덮여있었다. 연기가 피어나는 굴뚝만 삐죽 튀어나온 마을은 사진으로만 본 이국의 풍경 같았다.[173]

동경하는 동쪽의 강릉 바다와, 서쪽의 세속적 욕망을 실현하는 서울을 가로막는 대관령 아래 거주하는 작가는 외부와 단절되어 사람과의 관계형성이 불가능하고 사연을 구성할 수 없는 잠과 꿈과 환상의 세계와 현실이 혼재된 나날을 보낸다.

이순원은 동향의 후배작가 김도연을 마술적 리얼리즘 기법을 가장 잘 활용하고 소화하는 작가로, 기법뿐만 아니라 소, 개, 닭, 대관령의 '검은 눈'과 이야기한다는 점에서 그 자체를 생활화하고 있다고[174] 말한다. 환상과 현실, 마술(주술)과 사실을 오가는 그의 소설은 라틴아메리카소설의 한 경향인 마술적 사실주의(magic realism) 특질을 지닌다. 현실적인 요소와 비현실적인 요소의 공존을 뜻하는 마술적 사실주의의 문학적 기원은 중남미의 고유의 자연환경과 마술적 세계관에서[175] 찾으며, 비일상적인 현

173 김도연, 『강릉바다』, 교유서가, 2018, 95~96쪽.

174 김도연, 『嶺(영)』, 이른아침, 2012, 19쪽.

175 박병규, 「마술적 사실주의: 문학적 자의식과 문학적 지형도」, 『라틴아메리카연구』 제14권, 한국라틴아메리카학회, 2001, 17쪽.

상을 도입하여 일상적 현실이라는 범주를 구성하는 경계를 허물어뜨리거나 부단히 확장하고 진리보다는 의미를, 확실성보다는 모호성을, 개연성보다는 가능성을 추구하는 문학[176]이다. 김도연 소설의 강원 영동 강릉과 대관령과 대설(大雪)이라는 자연환경과 무당, 단오제, 굿, 신화가 전해 내려오는 주술적 분위기는 민속적 환상과 집단공동체를 형성한다.

그의 소설은 적막한 고향마을이나 한적한 바닷가 민박집 혹은 여관방에서 사색하거나 애인과 불협화음을 일으키는 주인공이 현실세계와 비현실세계를 오가는 몽환적 일상을 그린다. 부모나 연인으로부터 경제적으로 무능하고 열등한 자의식에 빠진 주인공은 동물들과 대화를 나누고, 세상 밖과 단절된 삶을 영위하며 근대인이 지닌 규칙적이고 주기적인 일상성을 갖지 못한 인물이다. 기억과 망각, 회상과 망상이 교차되는 그의 여행은 정신적 관념적인 이동이며 꿈속과 현실이 혼효된 여행이다.

2000년 중앙 신인문학상 소설당선작인 〈0시의 부에노스아이레스〉는 후지사와 슈의 〈부에노스아이레스 오전 0시〉의 제목을 패러디한[177] 김도연의 대표적인 단편소설이다. 폭설 정경으로 시작되는 '나'는 포구 민박집 이층 방에서 눈을 바라보며, 네이비블루, 코발트블루, 진북청색, 회색, 삭스블루, 군청, 짙어지는 무채색으로 변화되는 바다색깔의 변화를 인식한다.

> CHECK IN: 그녀가 결혼한다는 소식을 듣다
>
> 삼 일 동안 쉬지 않고 내리는 눈(雪)처럼 나는 이 작은 포구의 민박집 이층에서 잠을 자다 깨기를 반복하고 있다. 잠은, 그 속의 꿈은 일그러진 기억들

---

176 위의 논문, 22쪽.

177 1998년 아쿠타가와상 수상작인 일본작가의 소설 〈부에노스아이레스 0시〉는 제목뿐만 아니라 눈쌓인 비수기의 온천장을 배경으로 영락하고 갇혀있는 이미지, 대설로 인한 교통마비, 가업인 두부장사를 잇기 싫어하는 주인공의 심리와 현재의 처지, 과거와 미래와 단절된 일상성 등 작가 김도연의 자전적 소재 혹은 소설 속 주인공의 내면심리와 외적 배경이 유사하다. 장님이자 창녀였던 60대 여성이 추는 탱고와 부에노스아이레스라는 지명이 주는 환상적이고 서정적인 공간과 0시라는 미드나이트 블루 시간대의 감성적 영역을 통해 시적이고 예술적인 분위기를 연출한다.

이 들어오고 나가는 대합실 같다. 그 기억들은 아직도 온기가 남아 있다. 나는 벽에 걸린 액자에 고정된 시선을 힘겹게 옆으로 돌려 통유리 너머의 바다를 본다. 바다의 색깔은 네이비블루에 가깝다. 흩날리는 눈발이 그 색깔로 동요 없이 스며든다. 좀더 눈이 내리면 바다 색은 코발트블루로 변할 것이다. 하지만 나는 무엇 때문에 바다의 색이 시시로 변하는지 정확히 모른다. 단지 변화를 거듭하는 무수한 결을 담고 있는 바다, 라는 이름밖에는, 그 점에서 바다는 그와 닮았다. 그녀와……[178]

내가 하는 일이라곤 침대에 누워 액자 속 항구 부에노스아이레스의 야경을 관람하거나 TV를 시청하는 것이 전부이다. 아르헨티나의 수도인 이 도시는 '착한 공기' 혹은 '순풍(順風)'이라는 뜻으로, 과거 한때 비옥한 도시와 자연으로 유럽인에게 선망의 대상이었지만 지금을 몰락한 나라로 갈 수 없지만 그리워하는 공간으로서 결코 합일할 수 없는 그녀를 상징한다.

토막나버린 잠과 꿈이 교차되고 일그러진 기억이 반복되는 나는 주인 아들이 방에 남긴 『한국의 나비』, 『동물도감』을 보거나 3년간 사귄 애인과의 사소한 싸움으로 연락이 두절된 일을 회상하는 기억상실증환자 혹은 몽유병자이다. 방안에 동거하는 동물들과 대화를 나누며 지내는 내게 꿈인지 생시인지 환각 속에 돌아온 그녀는 결혼소식을 알리며 몸을 섞은 후 떠난다. 통증을 느끼지 못하거나 통각에 둔한 물고기, 자신이 가장 빠르다고 여기는 오만한 고양이, 급정거를 하지 못해 곤경에 처하는 캥거루, 기억력이 부재한 들꿩, 포식자의 유령을 보기 때문에 맹목적으로 달려 위험에 노출되는 프롱혼(영양), 강한 빛을 보면 못 움직여 포획되어 죽음에 이르는 노루, 눈에 안보이면 된다고 생각하여 머리만 파묻어 매나 독수리의 공격을 받는 닭의 생리와 습성을 통해 사랑의 다양한 방식들을 사유한다.

낚시꾼에게 비명조차 지르지 못한 채 붙잡힌 숭어를 자신과 동일시하는 주인공은 사랑의 잔인함과 비정함을 사유한다. 시시각각으로 변하는

178 김도연, 〈0시의 부에노스아이레스〉, 『0시의 부에노스아이레스』, 문학동네, 2002, 9~10쪽.

바다는 다른 남자와 결혼하는 애인과 닮아있고, 물치민박집에 투숙했던 임신한 젊은 여자의 자살소식은 실연과 죽음을 통한 삶의 비의와 관계의 어려움을 표상한다. 한 남성이 여성과 헤어지는 단순한 플롯으로 구성된 소설은 '푸른 바다'와 '검은 눈'의 색채미학, 'CHECK IN: 그녀가 결혼한다는 소식을 듣다'로 시작하여 'CHECK OUT: 그녀가 결혼식을 마치다'로 끝나는 감각적이고 세련된 수미상관구조, 잠과 꿈, 기억의 혼재와 혼란을 보여주는 '역행, 분기, 정지하는 시간개념과 굴절, 불연속적, 비유클리드적인 공간개념'[179]의 시공간적 특성, 동물생태를 통한 사랑의 비의(秘意) 탐색, 자연친화적인 로컬리티 기후 및 지형 등 환상적이고 예술적인 분위기 속에 철학적 성찰을 주제로 삼는다.

〈검은 눈〉의 서두는 무릎까지 올라온 눈이 쌓여있는 마당의 집 한 채 풍경으로 시작한다. 부모님의 꽃구경으로 사흘 동안 집안일을 맡게 된 농촌총각, 소설총각인 '나'는 한달 원고료 수입으로 생계를 유지할 수 없기에 여성과 결별한다. 소, 개, 닭, 오리, 토끼에게 사료를 주고 똥을 치우고 물을 주는 일은 고단하고 힘든 일상으로 부모의 가업 잇기를 거부하고 싫어하는 나는 어쩔 수 없이 받아들이며 투덜거린다. 자신의 글은 좋아하지만 무능하기에 선택할 수 없다는 여성에게 좌절하며 꿈과 현실을 오가고, 암소와 오리와 잡종 사냥개는 번득이는 눈빛으로 굶주림에서 벗어나겠다는 의지로 '나'에게 말을 건넨다. 꽃구경을 간 부모를 좇아 가출한 나는 집에 두고 온 가축을 걱정하며 눈을 뜨고 죽어있는 자신을 발견한다.

> 집안은 도살장이나 다름없었다. 살점이 뜯겨나가고 내장이 튀어나온 가축들은 거실과 부엌, 방 여기저기에 널브러져 있었다, 나는 눈을 감았다가 뜨기를 수십 차례나 거듭했지만 살풍경은 변하지 않았다. 텔레비전에서는 간밤 눈길에 미끄러져 전복된 관광버스의 사고 현장을 보여주었다. 아직 마르지 않은 피가 텔레비전과 거실에서 비린내를 풍겼다. 나는 출입문으로 뒷

179 박병규, 앞의 논문, 19쪽.

> 걸음질을 치다가 무엇에 걸려 뒤로 나자빠졌다. 그곳에 내가 있었다, 잡종 사냥개에게 몸이 반쯤 파헤쳐진 내가, 나는 죽어 있는 내 얼굴을 뚫어지게 살피다가 곧장 벽에 걸린 거울로 달려갔다. 무수하게 금이 간 거울 속엔 검은 함박눈이 고요히 내릴뿐 내가 없었다. (중략) 나는 검은 눈이 내리는 날 죽은 내 몸의 곳곳에 피어난 선홍의 동백꽃을 담담하게 바라보았다.[180]

〈바람자루 속에서〉에서도 자전적이고 허구적 소재가 적절하게 혼재된다. 대관령 아래 거주하며 경기도에 소재한 대학강사로 출강을 하면서 K교수 룸살롱 접대를 위해 한 달 강사료를 쓴 '나'는 다음 학기 강의를 어렵게 얻는다. 정기적으로 굽신거리며 술접대를 해야 하는 K교수같은 비열한 사람 때문에 분노와 절망을 느끼는 주인공의 또하나의 고민은 Y와의 관계를 아내에게 들켜버린 치명적인 실수이다. 일도 사랑도 순탄하지 않은 상황에서 이 소설은 새벽 1시 문막휴게소, 횡성대교, 소사휴게소, 둔내터널, 평창휴게소, 진부터널, 대관령 2,3,4,5,7터널을 운전하며 일어나는 기후적 지정학적 특색이 그려진다.

짙은 안개로 비상등을 켜고, 차에 치여 죽은 고라니와 내장이 터진 오소리 사체의 로드킬 현장을 보며, 대관령 강풍으로 운전 조심을 하고, 횡성 소사휴게소의 150년 된 아가위나무의 환영을 떠오르고, 길위의 고라니를 조수석에 태우는 등 여정 중의 기후, 동물, 나무와의 만남은 의외성과 우연성을 내포한 삶의 비의와 아름다움, 슬픔을 의미한다. 안개는 삶의 방향성을 잃고 혼미하고 혼란스러운 상황을 상징하고, 무모하게 고속도로를 내려오는 산짐승의 자살을 상상하는 삶의 아이러니를, 길위의 나비, 고라니, 멧돼지, 오소리 등과의 대면도 현재 처한 자신의 처지를 은유한다. 끊임없이 변하는 사랑과 인생에 있어서도 아름다운의 결정체인 아가위나무는 변치 않고 항상 한 자리에 머문다. 현실과 환청, 사실과 환영이 교묘하고 정치하게 교차하는 김도연 소설은 '출구 없는 폐쇄회로 같은 현실에 대한 숨

---

180 김도연, 〈검은 눈〉, 『0시의 부에노스아이레스』, 문학동네, 2002, 65-66쪽.

막힘이 비등점에 다다를 때 예기치 않게'[181] 펼쳐지는 우연적이고 찰나적인 순간을 포착한다.

'전방에 추락주의 구간입니다.' '전방에 급커브 구간입니다.' '전방에 강풍주의 구간입니다' '전방에 낙석주의 구간입니다.' '전방에 안개지역입니다.' '전방에 미끄럼주의 구간입니다.' '잠시후 과속주의 구간입니다.' '전방에 둔내터널입니다.' '제한속도 백킬로 구간입니다.' '졸음운전 정든 가족과의 이별입니다.' 등등 운전 여정 중 길 위의 구간거리표, 정보게시판에 표기된 내용을 통해 강원도 영동 지형과 기후 정보가 주인공의 내면의식과 연결되면서 참신하고 독창적인 분위기를 연출한다. 아내와 Y의 삼각관계는 장편소설《아흔아홉》에 이어진다. 5일 동안 Y와 단오장을 다니며 성황부부가 별거부부라는 해석을 통해 자신과 아내, 자신과 Y의 관계를 은유하는 과정에서 강릉축제와 설화를 수용한다. 이 소설은 아흔아홉 굽이 대관령 길은 신화와 전설을 품고 우리의 생을 위무하고, 질주하는 문명의 폭주를 반성하게 하며, 우리를 화해하고 이해하게[182] 한다.

환상적이고 초현세적이며 아득한 대상을 선호하고 이국취향으로 치장하고 에로틱한 주제를[183] 함축한 그의 문학은 판타지와 리얼리티를 오가며, 폭설과 대관령으로 상징되는 현대인의 인간관계의 어려움과 그로 인한 단절과 고립을 예술적으로 구현한다. 시시각각으로 변하는 동해바다와 한자리에 머물며 변하지 않는 나무, 다채로운 습성과 생리를 지닌 동물 등 자연을 통한 삶의 진실과 각성을 보여주는 로컬리티 특색이 나타난다.

---

181 정의진, 「현실적 구체성과 소설적 환상의 변주」, 『이별전후사의 재인식』, 문학동네, 2010, 260면, 263쪽.

182 김정남, 「강릉단오제 관련 설화와 한국현대소설」, 『한민족문화연구』 제49권, 한민족문화학회, 2015, 385쪽.

183 Lois Parkinson Zamora and Wendy B. Faris 편저, 우석균 박병규 외 역, 『마술적 사실주의』, 한국문화사, 2001, 12쪽.

5. 대관령 그리고 사랑·상처·성장 서사: 김별아 소설

김별아는 맞벌이 부부 교사 밑에서 태어나 풍요롭고 평범하게 자라났다. 1969년생인 작가는 민주화 학생운동에 대한 소명과 자본주의적 물질적 풍요로움이라는 이중적 사회분위기 속에서 20대를 경험한다. 이순원 작가와는 달리 초기엔 자기의 존재증명과 자아찾기를 바탕으로 고향 강릉과 20대의 서사를 주로 그리다가 후기로 오면서 『삼국사기』, 『삼국유사』, 『조선왕조실록』, 『승정원일기』 등을 탐독하고 자료를 찾아 역사퓨전장편소설을 1년에 1권씩 발표하면서 자신만의 문학세계를 구축했다. 초기작은 비평이나 문단영역에서 배제되거나 편견을 갖게 했으나 세계일보 문학상 수상작이자 드라마로도 방영된 《미실》로 재조명받게 되고, 조선여성 3부작《불의 꽃》, 《어우동, 사랑으로 죽다》, 《채홍》과 수많은 역사 속의 인물[184]을 복원하고 재해석함으로써 소설가로서 현재의 김별아를 만들었다. 그녀의 역사소설은 정사에서 배제되고 은폐되거나 소실된 여성들을 발굴한바 그녀들은 규범적 섹슈얼리티에 대한 위반을 저질렀거나 비윤리적인 성적 일탈로 참수(《불의 꽃》의 녹주)당했거나 교수형에 처하거나(《어우동, 사랑으로 죽다》의 어우동) 형제의 의해 죽임(《채홍》의 봉빈)을 당했다.

강릉여성문학에서 역사, 바다, 젠더는 강릉 로컬리티의 문학적 특징으로 드러난다. 여러 시행착오를 거쳐 조선왕조실록에 기초한 역사물의 창작활동은 고향이 갖는 집단무의식과 공동체정서를 바탕으로 한다. 부권적 가부장적 사회 분위기를 지닌 강원 영동지역은 유교문화, 가문중시와 아

---

184 《미실》(2005)의 미실, 《영영 이별 영이별》(2005)의 단종의 비 정순왕후 송씨, 《논개》(2007)의 논개, 《열애》(2009)의 가네다 후미코, 《채홍》(2011)의 순빈 봉씨, 《불의 꽃》(2013)의 녹주, 《어우동, 사랑으로 죽다》(2015)의 기생 박어울우동 등이다. 엄숙하고 가부장적인 유교사회에서 불온하고 도발적인 사랑 때문에 처벌을 받거나 질타를 당한다. 《채홍》의 봉빈은 동성애에 빠지고, 《불의 꽃》의 여주인공은 남편이 아닌 남자와 통간하며, 《어우동, 사랑으로 죽다》의 기생은 수많은 남성과 관계를 맺고, 《미실》의 미실은 3명의 왕, 1명의 태자, 4명의 화랑과 사랑을 하는 등 주도적인 섹슈얼리티의 자기결정권을 향유하는 주체적인 여성들이다.

들선호, 남성중심적 부족사회이다. 계모임, 집성촌이나 차례의식이 보전되어왔고, 과거엔 대관령이라는 거대 산맥 때문에 외부인의 방문이 쉽지 않고, 여행자도 많지 않아 전통을 유지하기에 유리했다.

지역주민에게 대관령 너머에 대한 상상과 호기심은 집단무의식으로 작동된다. 김별아의 초기작은 외면받아왔지만 작가의 작품세계를 이해하는 원형으로 선행연구가 필요하다. 동해운수 버스안내양 체험 소재의《개인적 체험》, 성적 호기심과 삶에 대한 열정으로 가득했던《내 마음의 포르노그라피》, 보수적인 고향의 정서를 담은 〈대관령〉 등 초기작은 자의식의 과잉과 반항심리, 여성타자에게 불리한 가부장적 삶의 조건과 청춘의 편린이 솔직하고 적나라하게 담겨있다. 20대의 사랑과 성장, 학생운동이라는 사회의식과 더불어 고향의식과 로컬리티 정서를 날것 그대로 표출한 그녀의 전기문학은 김별아 문학세계를 총체적으로 평가하는데 단초가 된다.

1995년에 발표된《내 마음의 포르노그라피》은 도발적인 소설제목에서 알 수 있듯이 사춘기의 자기고백서이다. 유교적이고 보수적인 삶의 공간에서 태어난 작가는 갑갑하고 폐쇄적인 고향을 못 견뎌했으며, 자신의 존재증명과 자아찾기에 골몰했다. 자기반영적인 소재를 바탕으로 경험적 서사와 허구적 서사를 버무리면서 성적 호기심과 욕망, 성 정체성을 찾아가는 이 소설은 여성다움, 성역할, 성차별을 발견하고 여전히 192,30년대의 신여성 1세대 작가들처럼 '여성도 사람이다'를 외쳐야 하는 남성중심적 사회를 여성의 관점으로 바라본다.

장편임에도 불구하고 작중인물이 많지 않으며, 한 소녀의 성장과정에 초점이 맞춰진《내 마음의 포르노그라피》에서 작가는 "풍선처럼 터질 듯한 호기심을 지닌 소녀들과, 죄의식과 갈등에 들끓고 있는 미혼여성들과, 탄로나버린 비밀에 대한 허탈함과 모성이라는 세습된 굴레에 사로잡힌 기혼여성들에게 조금이나마 위로가 되었으면 바라고"[185] 여성들이 좀더 솔직해져야 한다고 말한다.

---

185 김별아, 「작가의 말」, 『내 마음의 포르노그라피』, 이룸, 2000, 5쪽.

> 나는 언제나 노출되어 있다. 폭력에, 유린에, 불평등에, 그리고 더욱 치명적인 멸시와 비하에. '권리'를 주장하면 할수록, 불합리한 '의무'를 거부하면 할수록 저항은 더 강력해지고 그 억압의 방식은 더 교묘해진다. 여성들에게 여전히 삶은 전쟁터이다.[186]

김별아의 성장소설적 자전적인 초기작들은 일체의 수사나 장식 없이 진솔하게 자신의 생각이 투영되며, 불평등하고 성차별적인 여성주의적 입장을 표명한다. 세상과 기성질서에 저항하고 도발하는 반항적인 시절을 보낸 그녀는 성적 욕망을 파헤친다. 어린 시절 이분은 성기를 만졌다가 엄마에게 호된 징벌을 받으면서 금기시되는 사회적 분위기를 깨닫는다. 평범한 가정의 세 남매 중 둘째인 이분은 예쁜 언니 지연과 남성다운 동생 길남에 비해 "노르스름한 얼굴에 납작코를 가진 한사장네 둘째아이"로 외모적인 불운을 인지한다. 그녀는 성애화되고 개인화된 현대사회에서 아름다운 용모와 성적 매력이라는 매력자본[187]의 불리함을 막연하나마 깨닫는다. 젠더, 외모, 서열, 등수 차별 속에서 무력한 '착함'의 가치만을 지닌 이분은 특징 없는 얼굴을 가진 예민하고 오만하고 밉살맞고 앙칼진 아이이다.

아버지의 양식사업 때문에 이주한 '탄광촌에서 십 리나 더 떨어져 산골짜기에 숨은 해변의 작은 마을인 어촌'은 함씨와 최씨로 이루어져 대부분의 남자어른이 '아재'인 온통 친척들로 구성된 씨족마을이다. 이곳에서 자유와 환희를 만끽하며 보낸 이분은 덜 떨어지고 연고가 없는 15살 혜자의 성폭행과 자살 그리고 음산하며 흉흉한 사건을 굿으로 무마하는 불합리한 해결방식을 목도한다. 즐거운 비밀이자 공포의 대상으로 성을 이해하게 된 이분은 바닷가마을을 떠나 도시로 돌아온다. 엄마의 임신과 난산,

---

186 김별아, 『톨스토이처럼 죽고 싶다』, 이룸, 2001, 41쪽.

187 매력자본(erotic capital)은 아름다운 외모, 성적 매력, 활력, 옷 잘 입는 능력, 매력과 사회적 기술, 성적 능력을 모두 아우르며, 신체적 매력과 사회적 매력이 혼합된 것이다. – 캐서린 하킴, 이현주 역, 『매력자본』, 민음사, 2013, 20~21쪽.

만산으로 인한 사산을 지켜보고 생명에 대한 외경과 공포를 느끼며 작가는 사랑과 섹스, 임신과 출산에 대해 일체의 환상과 숭고함을 제거한다. 얌전하지도 순진하지도 않은 이분은 '여자에게 기대되는 성격과 취향으로 길들여져야 마땅하며' '도전적인 호기심, 강렬한 충동, 솔직함 모험정신 따위는 절대 추구하지 말아야할 어떤 것'으로 욕망을 가진 계집아이는 사랑을 받을 수도 없고 매력이 없으며 덜떨어진 존재로 낙인찍히기에 여성은 성적 주체가 될 수 없음을 자각한다.

> 나의 사춘기는 늘 적당한 물기를 머금은 미지근한 대기에 휩싸여 있었다. 내가 사는 소도시는 화려하고 번창한 대도시의 꿈을 태백산맥으로 차단당한 채 쓸쓸히 녹슬어가던 변방의 도시였다. 바다에 인접한 그곳은 서늘한 여름은 습습히 비로 젖어들고 따뜻한 겨울은 눈부신 눈으로 덮이던 습기의 도시였다. 프랑스 작가 스탕달은 『적과 흑』에서 특별히 예민한 사람들이 가지는 습기에 대한 친화력을 말했던가. 늘 젖어있는 대지와 공기에 익숙해진 그곳 사람들은 아주 쉽게 마음에 상처를 받는 여린 사람들이었다. 그렇지만 그러한 습기의 감성들은 대부분 억센 억양의 퉁명스러운 말투와 짐짓 타인에게 무관심한 듯한 불친절한 태도에 가려 사람들을 무디고 어눌하게 보이게 했다. 그곳에는 격렬한 토론이, 토론을 할 만큼의 격렬한 삶의 태도가 없었다. 철저히 소외된 척박한 변방의 모퉁이에서 사람들은 오직 소문으로만 세상 이야기를 듣고 나누었다.[188]

이분에게 고향은 대관령이 가로 막은 변방, 주변부라는 지정학적 위치, 겨울이 따뜻하고 습기에 찬 기후적 특색, 억세고 퉁명스러운 말투, 불친절하고 질박한 태도, 합리적인 토론보다는 소문으로 전달되는 정보 등으로 기술된다. 호기심이 많고 정열적인 10대 소녀에게 자신이 태어나고 교육받고 성장하는 공간은 갑갑하고 억압적이며 편견이 많은 곳이다. 청

188 김별아, 『내 마음의 포르노그라피』, 이룸, 2000, 82쪽.

교도적으로 순결하게 도덕적인 규격화된 논리가 여성의 욕망을 억누른다는 사실을 깨달은 이분은 주인집 남자에게 강간당한 현희의 미래를 '깨진 물그릇'으로 취급하는 것에 강해져야 한다고 생각한다. 이분은 〈무릎과 무릎 사이〉, 〈피조개, 뭍에 오르다〉, 〈앵무새 몸으로 울었다〉 등 도덕에 억눌린 욕망의 배설구인 성화극장영화를 관람하면서 성적 호기심을 채운다.

1987년 고문치사 당한 박종철 사건, 대머리 대통령의 호헌선언과 데모 등의 사건이 전해지는 고3 수험생의 이분은 "태백산맥 너머 부는 매운 바람, 변화와 개혁의 열망을 담은 바람"에 역사의 한가운데에서 참여하고 싶어 탈출의 충동을 느낀다. "놀랍게도 조용하고 평온한 변방의 작은 도시, 흔하디흔한 데모 한번 일어나지 않는 지루한 평화의 도시, 유순한 도시"를 사랑하기에는 혈기왕성한 나이로 육중한 교목 히말라야시다[189]의 거대한 그늘에 눌린 소녀의 감성과 꿈은 서울지향, 중앙참여에 대한 열망을 갖는다.

《내 마음의 포르노그라피》은 제목에서 나타나듯이 파격적이고 도발적인 소녀의 성적 호기심과 성적 욕망 및 경험을 솔직하게 표출한다. 모교인 강릉여고에 위치한 신사임당 동상을 보면서 훌륭한 아들을 출산하고 양육한 신사임당과 달리 소녀의 성의식을 소재로 한 그녀의 초기작은 지역적 정서에 저항하며, 위선적이고 이중적인 인간의 본성을 해부한다. 이분은 첫사랑, 첫상처인 일류대학생 이지운을 통해 민주화, 파쇼, 혁명, 제국주의라는 어휘와 접속되고 사랑이라는 환각을 받아들이며, 폐쇄성과 갑갑함의 소도시를 벗어나 익명성의 도시 서울로 입성한다. 이분은 경쟁상대인 언니 지연이 휴학을 반복한 이유가 중2년생인 외사촌오빠의 강간 때문이고 자신의 더러워진 몸으로 사랑하는 남자와의 관계가 불가능한 일을 알게 되면서 남성중심적인 삶의 환경을 깨닫는다. 대학지도교수인 M교수[190]

189 주인공이 다니는 강릉여자고등학교는 교목이 히말라야시다이고, 교화는 목련이며, 신사임당 동상이 있으며, 교훈이 '순결, 협화, 근면'인 여성교육의 전당이자 지역의 명문 여고이다. 2020년 개교 80주년을 맞이한 강릉여고는 시대적 변화에 맞춰 교훈을 '자유롭게 꿈꾸고 자주적으로 배워 창의적으로 미래를 가꾸자'로 바꾸었다.

로부터 야한 이야기, 관념의 관능 등 성적 상상력을 배우며 충격적이고 선명한 강의시간을 기억한다.

20대의 연애경험에서도 '여자는 순결해야 한다, 함부로 몸을 굴리면 안 된다, 한 여자는 한 남자만을 상대해야 한다, 즐기기 위한 섹스는 죄악이다'라는 강박관념을 체화한 이분은 "독립적인 인간으로 살면서 직면해야 하는 숱한 위험을 피하는 대신 안전한 종속의 감옥으로 들어가는" 결혼을 하고 임신과 출산 경험을 하며 소설은 끝이 난다.

단편 〈대관령〉은 5명의 시린 상처를 지닌 청춘들의 이야기로, 강릉지역의 음식, 언어, 지리, 이념, 사회 분위기를 매우 소상하게 묘사한 단편이다.

> 영동과 영서의 교통로인 대관령, 미시령, 진부령, 한계령, 진고개, 구룡령 등의 여섯 고개 중 가장 나지막한 대관령, 아흔아홉 굽이 구절양장 같은 길을 감고 묵묵히 서 있는 그 고개는 가난한 변방의 사람들에게 유일한 탈출구이자 벽이었다. 젊은이들은 언제나 그 벽을 넘어 탈출하고 싶어했다. 뒷맛이 싸하고 들큼한 경월소주를 병나발을 불며 언젠가는 그 벽을 넘어가고야 말겠노라 호기롭게 외치곤 했다. 술이 3분의 1쯤 남은 병을 가만히 흔들어 보면 소주는 동해 바다처럼 맑고 투명하게 흔들리고, 젊은이들의 가슴속에 가득 찬 고도(孤島)의 우울과 광기도 차갑게 흔들리곤 했다. 희수도, 은민과 정태와 윤규와 현영까지도 젊은 그들 무리 중의 하나였다. 낮은 바람의 움직임조차 감지할 수 없는, 주술과 체념으로 가득 찬 고향을 떠나고 싶었다. 바다에 움켜잡혀 있는 한쪽 발목을 잘라 내고라도 낯선 익명의 도시로 도망치고 싶었다.[191]

위암에 걸린 어머니와 친구 희수의 기일 때문에 강릉을 가는 은민과 바다를 보러 가는 정태, 현영 부부는 휴게실에서 우연히 만나 과거를 회상

---

190 연세대학교 국문학과 학생인 김별아의 M교수는 필화사건의 주인공인 마광수이다.
191 김별아, 〈대관령〉, 『꿈의 부족』, 문이당, 2002, 57~58쪽.

한다. 고향의 감자꽃이 흐드러진 봄날, 휴게실에서 파는 향토식품 군감자와 감자떡을 먹는 은민은 알감자들이 담겨진 감잣독과 감잣가루로 떡을 만들던 어머니의 회상과 여전히 억양이 강한 고향 사투리를 바꾸지 못해 귀순용사 출신이 아니냐는 놀림을 당하는 은행원 정태 부부의 대화에서 강릉이 멀지 않았음을 느낀다. "해발 832미터 대관령 정상에 서면 조붓한 골 안에 자리 잡은 강릉 시가지와 얕으나 긴 남대천, 내 끝에 이어지는 동해 바다가 한눈에 들어오는" 고향은 "어느 귀퉁이에 살든 10여 분 안에 달려가 만날 수 있는 바다"가 있는 곳으로, 작가 김별아에게 역사와 바다는 창작의 보고이자 심상의 원형이다.

희수, 은민, 정태, 윤규, 현영 등 5명의 동향 친구들은 세계를 가로막는 큰 고개를 넘고자 했으며, 영동지역민에게 대관령은 이쪽과 저쪽을 가름하는 심리적 물리적 경계이자 문지방이며 장벽이었다. 수많은 큰령, 작은 고개가 물리적으로 위치한 강릉은 오랜 역사 속에서 폐쇄적이고 갑갑한 대관령의 영향을 받아왔다.

> 고향은 그만큼 보수적인 동네였다. 먼 옛날, 남도에서 봉기하여 전국을 휩쓴 동학 농민군이 깃발을 휘날리며 대관령을 넘어오려 했을 때, 양반들과 농민들이 총궐기 단합하여 대관령 고개에서 동학군을 막아 세웠다고 하는 기막힌 일화가 전해오는 곳이었다. 김(金)이라는 성을 가진 자가 왕국의 수도 경주로 왕위 책봉을 받으러 떠난 길에서 물난리를 만나 막강한 왕권을 포기하는 대신 명주군왕(溟洲郡王)으로 주저앉아, 조악한 도구로 산과 들을 일구어 농사를 짓고 제일족을 퍼뜨린 탈정치의 연유가 있는 땅이었다. 뜨거운 젊은이들의 피가 불쑥불쑥 굴절된 역사와 일그러진 정치에 대한 변혁의 힘으로 솟구치던 시절, 고향은 젊은이들에게 어울리는 곳이 아니었다. 사랑하였기에, 그들은 자신의 탯줄이 묻힌 땅을 배반했다. 고향의 탈정치적 성향과 무관하게 대관령을 넘어 유학길에 나선 젊은이들은 거의 예외없이 거대 역사가 넘실대던 거리 한복판으로 뛰어들었다. 그들은 바다를 잊기도 했고, 때로 가슴에 묻어두기도 했다. 하지만 그들에게서 완전히 바다를 지울 수는 없었다.[192]

바다로 표상되는 젊은이의 고향은 애착과 미움이 교차되는 탈정치적이고 폐쇄적이며 세상과 무관하게 고립된 공간이다. 대관령이라는 고개는 외부인의 유입을 막고 이동이 어려우며 교통과 정보의 부재를 가져와 전통유교사회를 유지해왔다. 주민은 답답하고 적막하며 변화가 없는 고향을 떠나고자 노력한다. 학창시절 내내 목표는 강릉 밖이며 한국의 표준인 서울은 꿈과 동의어로 강릉 밖으로 나가는 것이 목표인 강릉 소녀들의 생각은[193] 현재 진행중이다. 민란이 발생하는 전국과 상관없이 외부인의 침입이 쉽지 않은 강릉의 사회문화적 특성은 원주, 횡성과 달리 교인촌이 거의 발견되지 않는데 향교를 중심으로 권력화된 유림세력이 강한 강릉에서 천주교의 교세 확장이 어려웠다는[194] 점에서도 알 수 있다. 양반, 연장자, 적장자, 남성이 유리한 유교공동체에서 젊은이들은 권위적이고 억압적인 현실에서 벗어나고 싶었고 그 장벽은 대관령이라는 물리적 공간으로 상징되었다.

정채와 현영과 은민은 대학 합격 통지서를 받고 서울로 입성했으나, 희수와 윤규는 삼수생이 되었고, 소음과 매연과 사람들과의 부딪침으로 힘들었던 윤규는 “물 맑고 살기 좋은 내 고향”으로 되돌아가기로 결심하고, 희수는 죽음을 선택한다. 시대의 격랑을 헤치고 나가기엔 너무도 나약하고 힘겨워 했던 희수는 무너져 내리며 세 번이나 낙방한 대학 뒷산에서 삶을 마무리한다. 사내들을 많이도 데려간 바다 때문에 과부로 늙어가는 여성이 많은 고향 마을에서 바다가 준 기다림과 견딤으로부터 발병한 위암에 걸린 어머니의 고단한 삶의 냄새 같은 오징어 무거리의 짠내를 맡으며 은민은 고향에 돌아왔음을 확인한다. 현영의 연인이자 모두의 동향 친구였던 희수의 죽음이 남긴 상흔도 6년이 흘러 희미해지고, 현실에 적응하기에 급급하다. 고향에서 대학을 졸업한 윤규는 기획사를 차려 ‘고향 사

192 위의 소설, 58~59쪽.

193 최민지 기자, 「강릉 소녀들의 그 후」, 경향신문 2021.10.8.

194 안세현, 「강원지역 천주교의 유입과 유교사회의 대응」, 『고전과 해석』 제18권, 고전문학한문학연구학회, 2015, 254쪽.

투리 대회', '관노 가면극 경연 대회'니 하는 단오제 이벤트를 만들며, 서울에 사는 친구들에 대한 열등의식을 갖고 있다. 지방에 대한 자조 섞인 독설과 고향에 대한 애정이 공존하는 윤규는 지역경제의 한계에 지쳐있었고, 친구의 여자였던 현영과 정태는 결혼을 한다. 습관성 유산을 하는 현영과 운동권이었던 대학시절과 벗의 죽음 등을 회상하며 소설은 끝이 난다. 삶이란 친구의 자살이나 친구애인과의 결혼처럼 예측불허의 일들이 벌어지는 불가사의하고 불가항력적인 것이며, 역사와 운명의 흐름 속에서 자신의 의지와 상관없이 흘러가는 것이라고 작가는 말한다. 1980년대 중반 아름답지만 고통스러웠던 청년들의 정치와 사랑과 우정이 혼재된 시절을 그린 이 소설은 김별아의 초기 고향의식과 젠더의식이 나타나고 있어 그녀의 문학을 총체적으로 이해하는 단초가 된다.

6. 신화의 재해석과 타자의 귀환: 박정윤 소설

2001년 강원일보 신춘문예로 등단한 박정윤은 2012년 제2회 혼불문학상 대상작《프린세스 바리》로 주목을 받았다. '소녀문학'이라고 할 정도로《프린세스 바리》, 작품집 『목공소녀』의 주인공이 대부분 소녀이며, 『연애독본』, 『나혜석, 운명의 캉캉』에서도 일제강점기 신여성이나 여학생의 성, 사랑, 연애를 그리고 있어 '소녀시리즈 작가'라고 할 만하다. 또한 바다, 무속, 설화 역시 박정윤 문학의 주도코티프를 구성하며, 로컬리티 소재적 특성을 이룬다.

강릉이 고향인 작가는 아홉 자매 중 일곱 번째 딸로 태어났는데 자신의 이름 '윤'자가 맏아들 윤자라고 한다. 아들을 낳기 위해 용꿈을 꾼 엄마가 아들로 확신해 스님이 지어준 이름인바[195] 이러한 개인적 체험은《프린세스 바리》에 용해되어 나타난다. 소리와 술을 좋아하는 할머니는 매년 단

195 박정윤, 「Interview」, 『비릿』 2호, 책읽는저녁, 2019, 22쪽.

오굿을 할 때마다 자신을 데리고 갔다고[196] 한다. 유소년기 남대천변의 무당문화는 작가에게 운명론적이고 신화적이며 환상적인 작품세계를 구축하는데 영향을 끼쳤다. 일곱째 딸인 자신을 할머니는 '바리'라고 불렀고, 그런 기억이 내면화되었다고 고백한다. 사지가 찢긴 자들의 찢긴 혼을 수습해 진오귀굿을 하는 바리데기 서사는 현대장편소설로 재구되어 남아선호가 야기한 여아유기, 여아살해의 문제점을 상기시킨다.

《프린세스 바리》는 동쪽의 끝쪽 바다에 위치한 고향 강릉과 서쪽의 항구도시 인천을 공간으로 딸이라는 이유만으로 버려지고 납치된 소녀 바리의 삶을 그린다. 연탄공장 사모님인 바리 엄마는 6공주를 출산하고 일곱째마저 딸이자 남편에게 죽었다고 거짓말을 한다. 이 소설은 강간, 임신, 낙태, 출산, 질병, 죽음에 노출되며, 고통과 슬픔, 소외를 겪는 여성잔혹/수난 서사이다. 산통이 잦아들고 살점이 뜯겨지며 낳은 아이의 성별을 확인한 엄마는 아기를 산파에게 맡기면서 바리는 인천으로 이주해 양육된다. 출생의 비밀을 알게 된 바리는 고향과 가족을 찾아가고 대관령에서 트럭 운전사에게 겁탈을 당한다. "가슴을 만지고 몸을 할퀴고 찢고 상처내고 몸이 파헤쳐진" 소녀는 만신창이가 되며 아랫도리에서 나오는 피를 닦는다. 고아이고 무학이며 미성년이자 하층민 계급의 보호받지 못한 소녀는 사회와 가족과 남성으로부터 잔인한 대접을 받는다.

결혼과 이혼, 불임을 겪고 아이를 훔치고 싶은 욕망을 지닌 산파는 친구 토끼와 인천에서 바리를 키운다. 낙후된 인천 재개발지역에서 옐로하우스 유리들의 임신중절로 생계를 유지하는 산파, 토끼할머니, 신흥쌀집할머니, 청하사할머니의 기구한 삶, 아이를 낳거나 유기하며 낙태하는 바리 엄마나 나나진 엄마의 불행한 삶, 사랑이나 교육받지 못하고 부모에게서조차 유기된 바리, 양아버지에게 성폭행의 위험에 늘 노출되는 중국소녀 나나진, 손님을 받으며 힘든 나날을 보내는 옐로우하우스의 유리인 연슬 언니 등 여성들은 남성중심 가부장적 질서 속에서 위험과 위기에 처한

196 위의 글, 39쪽.

일상을 지낸다. 소녀들은 부모나 남성어른, 사회제도에 보호받지 못한 채 독자생존해야 하는 주어진 현실에서 선택된 딸, 살아남은 존재인 호모 사케르(벌거벗은 생명)이다.

태어나자마자 부모로부터 유기되어 낙후하고 쇠퇴된 인천재개발지역에서 자란 바리는 새를 잔인하게 기찻길에서 짓이겨놓는 소년들에게 "마녀, 귀신!"이라는 욕설을 들으며 괴롭힘을 당하고, 16살 귀향길에 운전기사에게 성폭행을 당하며, 인천깡패 녹쇠에게 협박을 당하고 남편을 잃는 기구하고 가련한 아동학대피해자이다. 그녀는 산파에게 독초로 사람을 죽이는 방법을 배우며, 사는 것보다 죽는 것이 소원인 사람들의 자살을 돕는 장의사, 자살방조 및 협조 범죄자로 재탄생된다. 단오, 굿, 무당과 관련된 설화 속의 바리공주는 효 이데올로기의 상징이자 세상을 관장하는 무조신이지만 현대소설 속에 재현된 프린세스 바리는 딸이라는 이유로 버려진 가련한 소녀일 뿐이다.

박정윤 문학은 불쾌하고 추한 반미학을 추구하는바 자애롭지 않은 노파들은 아들선호나 자기욕망이 강한 가부장제가 체화되었고, 어머니 역시 성적 욕망이나 일에 대한 욕구가 강하고 이기적이며, 비교육적 비위생적 비도덕적인 어른들의 일상과 유리되지 않은 환경에서 배회하는 소녀들은[197] 얌전하고 조신하거나 부끄러워하거나 순진하지 않다. 따뜻하고 자애로운 할머니, 모성애가 가득한 어머니, 순진하고 수줍은 딸(소녀)이라는 정형화된 여성상을 해체함으로써 여성다움이나 성역할의 고정관념을 통한 여성억압과 부담, 책무감에서 벗어나 자유롭고 자기결정권을 지닌 여성주체가 되려는 작가의 의도가 담겨있다. 또한 섬뜩하고 익숙하지 않은 '기이함과 비정상성과 의심스러움의 결집체'인 괴물, 마녀 이미지를 갖고 있는 여성등장인물은 우리에게 경고하고 조언하는 불길한 징후로[198] 표상된다.

---

197 졸고, 「박정윤 소설의 소녀표상과 그로테스크 반미학」, 『배달말』 제68집, 배달말학회, 2021, 375~376쪽.

198 문형준, 「괴물서사란 무엇인가?」, 『비교문화연구』 제50집, 경희대 비교문화연구소, 2018, 35쪽.

아름다움에 대한 재인식을 통해 그로테스크하고 거부되거나 실격된 여성의 몸을 박정윤은 아브젝트[199]로 형상화한다.

산파는 바리에게 돈을 쥐어 내보냈고 유리를 데리고 골방으로 들어갔다. 산파는 유리에게 마지막 월경일을 묻고 날짜를 헤아리며 유리의 배 여기저기를 꾹꾹 눌렀다. 유리는 아프지도 않았고 어둑한 골방이라 산파의 무서워 보이는 얼굴 표정이 부드럽게 느껴졌다. 산파는 약초를 써 유리의 몸 근육을 편안하게 해주었다. 독초를 써 유리의 자궁에 머물고 있는 씨를 떨어트렸다. 유리가 비명을 지르며 아프다고 하자, 산파는 유리의 어깨를 눌렀다. 유리는 하체를 꼬며 산파를 밀치고 일어났다. 산파는 완력으로 유리를 눕히고 허리를 반듯하게 고정시켰다. "이것 제대로 하는 것 맞아요? 불법 아니에요? 악, 죽을 것 같아." "똥이 몸에 쌓이면 저절로 밀려나와. 월경 피가 불필요할 때 저절로 자궁에서 질을 통해 흘러나오듯. 불필요한 죽은 씨도 저절로 밀려나와, 괜히 병원 가서 가랑이 벌리고 기계로 들쑤시면 니 질만 벌어지고 망가져." 산파가 사발에 능소화와 쑥을 뭉쳐 넣고 불을 붙이자 향이 번져 나왔고 유리는 서서히 잠에 빠졌다. 유리의 가랑이 사이로 뭉클거리는 피는 꼬박 반나절 동안 흘러 나왔다. 덩어리 피가 모두 빠지면 산파는 약초로 뜸을 했고 약초 달인 물을 마시게 했다.[200]

임신중절, 출산을 통한 여성의 찢겨지고 해체되는 몸을 자주 그리는 박정윤 소설 속 여성육체는 아름답고 신성한 생명의 잉태와 생명의 탄생

199 줄리아 크리스테바의 용어로, 역겹고 불순하며 존재를 명확히 파악할 수 없는 어떤 것이자 주체가 주체성을 형성하기 위해 억압하고 쫓아내야 하는 존재를 말한다. 어린아이는 어머니와의 충만한 합일의 상태로 존재하다가 상징계 영역으로 진입하기 위해서 어머니와 분리하기 위해 자신의 기원인 어머니를 아브젝트로 규정하고 이를 몰아내는 아브젝시옹을 통해 주체를 형성하게 되며, 이 과정에서 타자와의 경계를 만들어낸다. – 김도아 김진아, 「1990년대 이후 한국의 아브젝트 아트(Abject Art)에 나타난 타자성」, 『횡단인문학』 제9호, 숙명인문학연구소, 2021, 122쪽, 125쪽.

200 박정윤, 『프린세스 바리』, 다산책방, 2012, 141~142쪽.

을 보여주거나 영원한 회귀본능의 근원이자 영원한 안식처, 시원(始原)이자 상처치유의 장소로서 제시되지 않는다. 인천 옐로우하우스에서 몸을 파는 유리(창녀)들은 병원에도 가지 못하고 산파에게 불법시술로 아이를 없애는바, 피와 토사물, 타액, 땀, 눈물 그리고 곪아터지고 찢겨진 살들로 버무려진 완전한 혹은 절단된 형태들의[201] 비천하고 영혼이 없는 시체, 여성육체, 괴물을 상징하며, 여성의 몸을 공포와 혐오의 이미지를 갖는 비체로 묘사한다.

이 소설에서 딸이라는 이유만으로 숨을 쉬거나 태어날 수 없고, 소녀는 성적 위험에 노출되며, 기혼여성은 아들을 낳아야 구성원으로 인정받을 수 있으며, 노년여성도 한결같이 고단하고 궁핍하며 외롭다. 기찻길에 짓이겨진 비둘기를 닦아주는 장의사 경험을 한 바리는 산파, 연슬 언니, 녹쇠에게 명령받은 남자, 신흥쌀집할머니 등의 죽음에 관여한다. 신화 속에서 효를 수행하는 효녀이고 모든 무당들의 조상으로 대접받는 무조신(巫祖神)이자 저승을 관장하고 망자의 극락천도를 기원하는 오구굿에서 서사무가의 주인공으로, 현대소설에 소환된 바리는 자살안내자이자 죽음조력자로 재탄생[202]된다. 남아선호, 여아유기의 희생양인 바리는 친모에게 두 번 버려지고, 양육자에게 학대받으며, 성인남성으로부터 강간당하고, 마을깡패에게 협박받으며 살아간다. 신화 속 유기된 유아타자의 귀환은 현대 가부장제와 뿌리 깊은 성불평등한 현실 속에서 여전히 유효함을 경계한다.

《프린세스 바리》는 박정윤 문학의 원형적 작품으로 남아선호, 여아낙태 및 유기라는 가부장적 공동체 안에서 유실되고 폐기된 여성의 몸을 아브젝트이자 벌거벗은 생명으로 그린다. 수술대 위의 여성육체는 기괴하고 혐오스러운 정동을 야기하며, 인구정책이나 낙태죄에 따라 애국 혹은 살인으로 양극화되며 국가, 유교, 남성에 의해 조절되고 계획됨에 따라 여아

201 바바라 크리드, 손희정 역, 『여성괴물: 억압과 위반 사이』, 여이연, 2008, 37쪽.
202 졸고, 「박정윤 소설의 소녀표상과 그로테스크 반미학」, 『배달말』 제68집, 배달말학회, 2021, 363쪽.

의 생사여탈권이 결정된다. 부계혈통주의 재생산에 의해 여성들도 공범의식을 느껴 괴로워하고, '젠더사이드라 할 만한 성감별 낙태로 태어나기도 전에 죽을 뻔하면서도'[203] 효를 다해야 하는 바리데기 신화를 원형으로 신산하고 비극적인 여성서사를 전략적으로 표출한다.

박정윤 소설은 작품집의 단편 제목인 〈초능력 소녀〉, 〈목공소녀〉, 〈트레일러 소녀〉뿐만 아니라 9편 대부분이 가정 안이나 거리에서 시선의 쾌락을 즐기는 남성적 응시에 노출되는 위기와 위험의 환경에 처한 현실을 재현한다. 〈초능력 소녀〉의 일란성 쌍둥이 자매는 내세울 것이 없는 여자 취급을 하며 곁을 안 주는 엄마의 양육태도 속에서 자라며, 모성 결핍과 훼손된 자존감으로 코스튬 의상을 하며, 〈목공 소녀〉 역시 아버지 부재와 자신을 지켜주지 못 하는 엄마와 사는 소녀가 성폭행을 당해 드릴로 구멍을 뚫고 상체와 하체를 갈아 만든 목각인형과 자신을 동일시한다. 〈트레일러 소녀〉는 엄마의 사업부도와 불륜으로 상처받은 아이가 아버지와 트레일러에서 거주함으로써 불안하고 안정되지 못함으로써 바리의 후예들이 여전히 안전하지 못한 현실을 형상화한다.

할머니들은 가부장제가 체화된 여성으로 손녀들을 구박하거나 의무적으로 애정을 드러내고, 아들을 낳아야 하는 엄마는 이기적이고 모성애가 부재하며 자기욕망에 충실한 여성이며, 딸(소녀)들도 길위의 위험에 노출되지만 강인하고 주체적으로 삶을 헤쳐나간다. 박정윤 소설 속 기묘하고 이질적인 소녀들은 '청순가련, 국민 첫사랑, 국민여동생, 롤리타, 비타민, 과즙, 4차원, 걸 크러쉬 등의 다양한 이름 아래 때로는 노골적인 관음증의 성적 대상으로, 때로는 유사 친족관계의 친밀함으로 포장된 통제하에서 육성하는 롤플레잉 게임의 성장 캐릭터로, 때로는 온갖 난관에도 꿈을 쫓는 다른 소녀들의 역할모델이자 자기계발에 충실한 신자유주의적 주체로, 때로는 성실하고 열정적인 회사원이자 기업과 국가의 이미지 상품으로, 때로는 변하지 않는 비현실적 과거의 순수함으로, 때로는 샘솟는

203 전혜신, 『여성, 신이 되다』, 현암사, 2021, 20쪽.

생기와 활기의 저장소'[204]라는 대중매체의 상식적이고 일반적인 모습이나 성인여성과 대비되며 순결, 청순, 정숙, 수줍음, 사랑스러움을 지닌 소녀로 묘사되지 않는다. 그녀들은 복수의 화신이거나 마약과 술과 담배를 하며, 주도적으로 남성과의 성을 이끌고, 가출하거나 반항하는 현실 속의 청소년들이다. 작가는 가부장제 미학이나 남성중심 질서를 전복하고 해체하며 변혁을 시도한다.

〈트레일러 소녀〉의 강릉 장소성은 다음과 같이 그려진다.

> 우리가 도착한 곳은 비린내 가득한 바닷가 마을이었다. 마을이래야 바다를 쳐다보며 열 집 남짓 일렬로 줄지어 있는 것이 끝이었다. 아빠는 끝 집앞에 트럭을 세웠다. 집 옆에 있는 공터는 가파른 절벽 산과 인접해 있었고 산 중턱에는 군인 초소가 있었다. 나는 트럭에서 내려 저릿한 팔과 다리를 주무르며 바다를 보았다. 바다는 내가 생각했던 바다가 아니었다. 넓은 모래사장 대신 가파른 모래언덕이 있었고 그나마 모래언덕에는 억센 미역이 시커멓게 올라와 있었다. 물미역 냄새와 비린내가 뒤섞여 속이 뒤집혔다. "아빠, 이런 촌구석 바닷가에서 태어나고 자랐어?"[205]

> 동계 올림픽이 열릴 계획인 작은 도시에는 펜션과 전통 한옥을 많이 짓는다고 했다. 아빠는 트럭에 한옥용 기왓장을 실어 배달했다. 트럭에 검은 기왓장을 가득 실은 사진을 핸드폰으로 보내왔다. 아빠와 나는 하루에 두세 번 통화를 했고 서로 사진을 주고 받았다. 나는 바다 모래사장까지 올라온 미역 사진을 보냈고 아빠의 첫사랑인 촌스런 여자가 만든 요리 사진을 찍어 보내기도 했다. 여자는 가까운 금진항에 배가 들어오는 새벽에는 항구로 갔다. 공판장에서 생선 배를 가르는지 몸통을 손질하는지 알 수는 없지만 아침 식사 전에는 비린내 가득한 앞치마를 한 채로 돌아왔다. 낮에는 공장에서 진미

---

204 조혜영 엮음, 『소녀들: K-pop 스크린광장』, 여이연, 2017, 5쪽.
205 박정윤, 〈트레일러 소녀〉, 『목공소녀』, 자음과모음, 2015, 41~42쪽.

> 오징어를 포장하는 일을 한다고 했다. (중략) 나는 일주일간 돌김만 뜯어 먹다가 생선조림을 한 젓가락 맛보게 된 것이 이젠 여자의 요리를 기다리는 신세가 되었다. 흐믈흐믈한 생선에 김치를 넣은 국은 처음엔 보는 것도 싫었다. 그런데 물곰치국에 들어 있는 생선 애와 곤이, 이리까지 후룩 삼켰다.[206]

바다와 접경지역인 지정학적 특성이 반영된 이 소설은 촌구석 바닷가 마을인 아버지의 고향이자 그의 촌스런 첫사랑 여자가 사는 곳이고, 올림픽 준비로 인한 도시재생과정에서 관광도시와 손님맞이를 위한 펜션과 전통적인 한옥이 건설되는 중이며, 오징어, 미역, 생선, 물곰치국 등의 향토음식을 소재로 한다. 여자는 맨손으로 생선의 배를 가르고 내장을 뽑아내며, 바람에서 소금냄새와 물미역냄새가 나는 손님이 없는 횟집, 건어물집, 간판만 편의점 등 마을정경을 묘사한다. 12주 정도 되는 태아를 배 속에 둔 채 감옥에서 자살한 엄마의 불온하고 불순한 욕망으로 인해 거칠어지고 반항적인 소녀는 "큰 파도가 바닷속의 모래언덕을 타 넘고 몰려왔다. 자살한 엄마의 머리카락 같은 시커먼 미역이 내 발목을 휘감았다. 젖은 미역 냄새가 났다."라고 마무리함으로써 남성중심 질서에 반역하고 저항하지만 엄마의 팔자에서 벗어나지 못하는 운명론적 태도를 보임으로써 한계[207]를 지닌다.

고향인 강릉지역의 생선내장과 동물사체 그리고 낙태와 출산과 관련된 비리고 끈적거리며 비형상적인 비체의 모습으로 재현된 형상은 그로테스크하고 낯설고 혐오스러운 반미학을 추구하며 기존문법을 해체하고 전복한다. 작가는 유교질서와 남아선호, 가부장적 질서로 정리된 삶을 뚫고 나와 은폐되었거나 부각되지 않은 지역 내 다양한 목소리와 소녀표상을

---

206 위의 소설, 46-47쪽.

207 강릉 출신 여성 작가인 서영은, 김형경, 김별아, 박정윤 문학의 공통점은 남성중심적 가부장제에 대한 급진적이고 파격적인 행보와 문제제기를 하지만, 숙명적이고 운명회귀적으로 삶을 인식하는바, 이는 그녀들이 성장하고 교육받은 보수적인 로컬리티 영향 때문이라고 보여진다.

통한 생성과 생동감을 추구한다. 남성중심적 시선 속에서 삶을 영위하는 여성들은 이를 위반하면 처벌되고 순응하면 신경쇠약, 히스테리 같은 병에 걸린다. 작가는 괴이하고 혐오스러운 여성 3대를 낯설게 재현함으로써 가부장적 제도에 포획 혹은 포섭되지 않겠다는 결연한 의지를 드러낸다.

7. 강릉문학 정체성과 로컬리티

최근 로컬리티에 관심이 많아지면서, 강릉 정체성, 강릉문학에 대한 학술적 연구가 이뤄진다. 문향과 인문도시라는 명성에 걸맞게 강릉이 고향인 소설가를 많이 확보한 유리한 조건 속에서 다섯 명의 소설가에게 나타난 고향의식과 강릉 로컬리티의 특징을 살펴보았다.

윤후명 소설의 고향은 1950년대 전쟁재난 경험에서 비롯된 은폐와 공포의 공간으로 그려진다. 아버지의 죽음과 모친의 재혼으로 인한 트라우마를 갖게 된 작가와 소설 속 주인공은 먼 길 먼 곳을 떠돌다가 노년에 귀향하면서 일생동안 방황하고 여행했던 최종 목적지가 강릉 고향임을 발견한다. 여전히 전쟁 중인 작가에게 비밀과 침묵으로 강요된 공간과 머리만 잘린 호랑이처녀 설화를 유비하여 존재론적 두려움을 예술적으로 드러냈다.

집성촌으로 도배식이 유지되는 위촌리가 고향인 이순원 소설은 향촌/농경/정법 공동체로서 강릉공간을 나타낸다, 아버지, 아들, 손자로 이어지는 부계의 원칙과 유교질서체제는 여성과 소년들의 상처로 점철되며, 보수적이고 연고주의적이며 부족주의적 특색을 지닌다.

판타지와 마술적 리얼리즘 세계를 추구하는 김도연 문학 속 공간은 고립, 단절, 소외의 공간이다. 감각적이고 환상적이고 에로틱한 그의 소설은 동물과 대화하고 잠과 꿈과 현실이 모호하고 시적이며, '강원도 작가'로 불릴 만큼 로컬리티 특성이 나타난다. 현대인의 관계형성의 어려움과 단절로 인한 고독과 쓸쓸함을 폭설이라는 기후와 대관령이라는 지명의 로컬리티를 통해 효과적으로 표현하였다.

김별아의 초기작은 청소년기와 청년기의 성적 호기심, 열정, 꿈과 사랑을 매우 진솔하고 가감 없이 드러낸다. 폐쇄적이고 유교적인 강릉지역을 작가는 일방적이고 여성에게 불리하며 변화가 없고 답답한 도시로 재현한다. 오늘날 작가의 명성을 알린 역사퓨전장편소설과 파격적이고 도발적인 전기소설은 작가의 역사의식과 젠더의식이 로컬리티 정서를 바탕으로 탈출공간으로서의 고향의식이 스며있다.

박정윤 문학은 소녀소설이라고 불릴 정도로 소녀들의 위험하고 폭력적이며 억압적인 삶의 조건을 그로테스크한 미의식과 크리스테바의 아브젝트로 전략적으로 제시한다. 그녀가 그린 여성 3대의 잔혹수난서사는 전형적이거나 정상적인 기준에서 벗어나 있으며, 바리공주 설화 속 바리를 재탄생시킴으로써 여성주의 시각을 드러낸다. 독창적이고 매력적인 박정윤 소설은 바다, 대관령 등의 자연환경과 단오제 설화를 차용한 로컬리티 소재를 중심으로 독특하고 독창적인 문학세계를 구축하였다.

5장
현대문학 속 로컬리티와 음식(재료)의 함의

1. 로컬리티 · 음식 · 문학

문학 속에 나타난 음식[208]의 기호학은 다양한 의미를 내포한다. 음식문화는 계급과 가난을 의미하는 서열과 배제로서의 아비투스[209]를 드러내며, 인간의 기본적인 욕구로 사회적 문화적 생물학적으로 음식과 성을 연결[210]한다. 1차적인 의미로 음식은 생명유지와 생존에 필수적인 인간의 기본욕구이며, '타액 나눔 밥상 공동체 의식으로서의'[211] 식구(食口)가 되었다는 것은 가족으로 인정한다는 뜻이다. 가족은 인간이 타인과 음식을 원형적으로 경험하는 최초의 장으로 아기의 무의식에 '어머니-음식-사랑'은 동의어로 각인되기에[212] 음식은 모성과 연관된다. 강한 유대와 연대감을 지

---

208 1990년대 이후 여성작가들의 대거 진출은 문학 속의 음식 및 요래 소재가 많이 차용되었는데, 권지예의 〈뱀장어 스튜〉, 오수연의 〈부엌〉, 〈나는 음식이다〉, 한강의 〈채식주의자〉, 김소연의 〈반반무 많이〉, 김순희의 〈음식남녀 상영지사〉, 김지연의 〈생강빵과 진저 브레트〉, 구병모의 〈위저드 베이커리〉 등이 있다.

209 habitus는 일정방식의 행동과 인지, 감지와 판단의 성향체계로서 개인의 역사 속에서 개인들에 의해 내면화(구조화)되고 육화되며 또한 일상적 실천들을 구조화하는 양면적 메커니즘을 말한다. 또한 취향은 계급의 지표로 기능하며 안목은 역사의 산물로 교육에 의해 재생산된다. －피에르 부르디외, 최종철 역, 『구별짓기』 상, 새물결, 2006, 13쪽.

210 도스토예프스키는 폭력, 침략, 지배의 행위로 보는 육식성을 보이며, 톨스토이는 리비도적 쾌락, 즐거움, 희열의 행위로 관능성을 드러낸다. －로널드 르 블랑, 조주관 역, 『음식과 성: 도스토옙스키와 톨스토이』, 그린비, 2015, 16~17쪽.

211 정혜경, 「한국 음식문화의 의미와 표상」, 『아시아리뷰』 제5권, 서울대 아시아연구소, 2015, 114쪽.

212 이신조, 「한국소설에 나타난 음식 모티프와 가족 관계의 의미 양상」, 『한국문예비평연구』 제67집, 한국문예비평학회, 2020, 109쪽.

닌 민족, 가족 공동체는 소울 푸드로서의 로컬 푸드라는 음식문화를 공유함으로써 한 인간이 태어나고 성장하고 교육받는 동안 문화적 원형으로 자리 잡는다.

공유되는 상징과 기호, 규범체계를 지닌 문화에서 음식이 차지하는 의미는 매우 크다. 고달픈 타향살이에서 어머니의 정성이 담긴 고향음식은 다정함, 보살핌, 그리움을 내포한다. 음식은 그 자체보다는 사람들이 음식의 생산과 소비행위를 통하여 어떤 의미를 생산하고 실천하는가를 규명하는 것으로 곧 권력, 지위, 정체성, 세계관, 현재와 미래적 삶에 대한 설명력, 역사 읽기[213] 등과 관련이 있다. 각 지역단위는 자기들의 전통과 성향을 동원하여 지역 공동체의 상징을 구축하며[214] 맛과 취향과 스타일을 형성한다.

이 글은 강릉 출신 작가의 문학 속에 투영된 로컬리티와 전통음식이 어떻게 차용되는지를 살펴본다. 문학 속의 음식이란 현실의 반영이면서도 일종의 허구적이고 미학적 담론으로 현실과는 일정한 거리가[215] 있다. 특별한 기억의 순간에 발생되는 예술적 회상은 기억과 망각을 부각시키면서 저장을 가상적으로 만들어 내며 예술적 토대가 되는 상흔[216]으로 표출된다. 《잃어버린 시간을 찾아서》의 홍차와 마들렌 과자의 냄새로 유소년기의 행복했던 기억과 감정을 떠올리는 프루스트 현상(Proust phenomenon)[217]은 미각과 후각의 맛이 과거로 소환하는 주요감각임을 알게 한다. 인간에게 음식은 생물학적 먹이 이상의 문화적 의미를 가지며 인간의 역사는 언제나 음식과 함께[218]였다. 문학 속 인물들은 무엇을 먹느냐에 따라 고귀함과 비천함

---

213 김광억, 「음식의 생산과 문화의 소비: 총론」, 『한국문화인류학』 제26권, 한국문화인류학회, 1994, 7쪽.

214 위의 논문, 33쪽.

215 서인석, 「한국 고전산문 속의 음식 표상과 그 생활사적 의미」, 『돈암어문학』 제28권, 돈암어문학회, 2015, 75쪽.

216 알라이다 아스만, 변학수 · 채연숙 역, 『기억의 공간』, 그린비, 2011, 25쪽.

217 이명희 · 정영란, 『모빌리티 생태인문학』, 앨피, 2020, 74~75쪽.

218 위의 책, 76쪽.

혹은 부자와 빈자, 포식자와 피식자로 구분된다. 폭식/탐식/거식, 혼밥혼술/함밥함술 등의 식사방식이나 육식/채식과 같은 음식종류를 통해 '인간의 어떤 욕망을 문학 속에 투영, 반사, 굴절시키면서 변용되어 나타나고 있는지'[219]가 파악된다.

대관령을 내려와 강릉시 초입을 지나다 보면 사임당로, 율곡로, 헌화로 등의 새주소도로명이나, '난설헌출판사', '하슬라스크린' 등이 새겨진 입간판엔 전통성과 역사성이 표식된다. 늦봄에도 눈이 내리는 기후적 특성과 바다, 산, 고개, 호수가 모두 있는 자연친화적인 강원지역은 문화사적지와 천혜의 관광자원이 풍부하고[220] 저명한 향토인물과 더불어 많은 문인들이 배출되었다. 창조적이고 보수적이면서도 저항적인 강릉은 고유의 전통문화와 선량한 성품과 아름다운 자연경관을 지닌 곳이다. 향토음식으로는 감자옹심이, 초당순두부, 활어회, 사천과즐이 유명하고, 감자, 옥수수, 메밀 음식이 많고 다양한 편이다. 이 글은 강릉 출신 작가 윤후명, 이순원, 최성각, 김도연, 김별아, 박정윤 문학에 나타난 음식(재료) 재현 양상과 그 상징적 의미를 고찰한다. 고향이란 어머니의 품이나 어린 시절 자란 동네와 같은 편안하고 아담한 장소, 자연경관으로 표상되고 학습이나 풍속과 같은 공동의 역사경험을 통하여 공동체의 정체성을 강화하며, 자기확인의 방식[221]으로 작동된다. 작가에게도 고향은 자신의 뿌리이자 정체성이며, 유년기의 추억과 상처, 애증을 간직한 곳으로서 감자 썩는 냄새, 솔

219 이숙경, 「음식의 문화적 기호화와 (탈)영토성」, 『독일문화』 제121권, 한국독어독문학회, 2012, 200쪽.

220 강원도의 국가·도지정문화재 분포현황을 보면 강릉시가 131건을 보유하고 있어 문화재가 가장 많은 도시이며, 국보 임영관 객사문, 보물 석불보살좌상, 당간지주, 굴산사지 승탑, 오죽헌, 해운정, 강릉향교, 격몽요결, 경포대 등이, 사적으로는 임영관, 굴산사지, 초당동유적이, 명승으로는 소금강, 대관령 옛길, 용연계곡 일원, 경포대와 경포호가, 천연기념물로는 은행나무, 해안단구, 굴참나무군, 율곡매, 무궁화가, 중요무형문화재로는 강릉 농악, 단오제가, 중요민속문화재로는 선교장이, 국가등록문화재로는 임당동성당과 선교장 소장 태극기 등이 있다. – 박도식, 「강릉의 역사와 문화」, 『해람인문』 제49집, 강릉원주대 인문학연구소, 2021, 401~402쪽 참조.

221 동국대 한국문화연구소 편, 『'고향'의 창조와 재발견』, 역락, 2007, 14~15쪽.

향, 바다내음, 커피향과 같은 후각의 기억과 고향음식의 미학이 기억나는 곳이다. 의식주 생활양식 중의 하나인 식문화에 대한 연구주제는 로컬리티 정체성과 공동체의식을 이해하는데 유효하다.

2. 가난, 공포, 지역표식으로서의 감자와 옥수수

남아메리카 안데스산맥 지역이 원산지로 유럽을 통해 세계 각국으로 전파된 감자는 1824년(순조 24)에 만주 간도지방에서 전래되었고, 척박한 땅에서도 잘 자라 냉장하지 않아도 비교적 저장성이 좋아 포만감을 주어 밥, 빵과 더불어 세계적으로 중요한 주식의 역할을[222] 한다. 감자와 옥수수는 강원도의 대표 음식재료로, 강릉지역 향토감자음식으로는 감자가락국수, 감자송편, 감자뭉생이, 감자 시루편, 감자다식 등이 있다. 감자, 옥수수를 이용한 음식이 보급 개발되는 것은 이 고장이 감자, 옥수수의 생산이 많고 다른 지역에서 재배된 것보다 질이 우수하며, 맛이 좋고 만드는 법이 다양하므로 자주 이용되기 때문[223]이다. '감자바위'로 불리는 지역민의 품성을 지닌 강원지역은 깊은 산이 많아 밭농사 중심의 감자, 옥수수, 메밀 등의 밭작물이 많았고 쌀이 넉넉지 못해 감자, 옥수수, 조, 고구마 등을 섞어 밥을 짓기도[224] 했다. 주식 혹은 간식으로 다채롭게 활용되는 감자는 강원도민의 생활문화와 밀착된 식재료이다. 강릉의 설화, 지역원형, 축제, 문화 등의 소재를 여러 작품에 투영한 윤후명은 "잊혀지는 강원도 신화와 북방민족 세계를 문학 속에 담고 싶다"[225]는 포부 속에 호랑이처녀신화, 헌화가, 단오축제, 진또배기, 관노가면놀이, 곶감과 호랑이, 커피축제 등 로컬리티가 반영된 소설들을 발표했다. 지역문화축제, 지역문화유적뿐

222 조경련 외, 『이해하기 쉬운 식품과 음식재료』, 파워북, 2013, 48쪽.
223 장지영, 「강원지역 향토음식에 관하여」, 『가정학연구』 제11권, 관동대 가정교육과, 1993.
224 윤덕인·이정숙, 「강원도의 민속과 음식」, 『비교민속학』 제31집, 비교민속학회, 2006, 131쪽.
225 심혜리 기자, 「윤후명 소설 전집 첫 권으로 '강릉' 발간」, 『경향신문』, 2016.11.22.

만 아니라 전통토속음식이 작품 속에 어떤 방식으로 투영되는지를 통해 로컬리티의식과 고향의식을 파악할 수 있다.

중년남성이 전국, 돈황, 남미, 유럽, 러시아 등을 떠돌며 방황하는 여행서사가 반복되는 윤후명은 "작가는 몇권을 쓰든 무엇을 쓰든 어떻게 변주하든 간에 결국 한 권의 책을 쓰는 것"이라고 말한다. 고향 강릉은 작가에게 "소설뿐 아니라 내 모든 글의 배경이자 원천"[226]이다. 6.25체험과 가족사적 비극, 전쟁 트라우마에 기반한 그의 문학은 여행소설의 관점에서 주로 읽히지만 전쟁문학, 상흔문학으로도 볼 수 있다. 6.25 당시 홍역을 앓아 마을주민 모두가 피난을 떠난 텅빈 강릉에 젊고 아름다운 어머니와 남은 어리고 병약한 소년에게 고향은 상처와 비밀과 진실이 은폐된 공간이었다. 짧은 여행을 목적으로 강릉을 방문하는 〈방파제를 향하여〉는 헌화로, 호랑이처녀설화, 전래동화 〈곶감과 호랑이〉 등의 로컬리티 소재로 시작된다. 감자부침개는 멀쩡한 감자를 갈아 만드는 게 아니라 상한 감자를 물에 울궈 감자가루를 내어 만들어 먹는 음식임을 강조하는 '나'에게 감자는 익숙한 고향음식으로 전쟁과 연결된다.

> 새싹 난 감자를 땅에 묻었다/새싹이 무섭게 나를 본다/감자는 무섭다/끼니마다 감자를 먹던 시절이 나타난다/그 시절을 살아남아 여기까지 온 것/감자 같은 과거/내가 아닌 나를 보는 두려움/그리움으로 위장한 나는/반복을 하고 그 시절로 간다/들키는 순간 나는 스캔되어/과거에 남고 원본은 폐기될 터/주문진 가는 길 감자밭 가에 서서/흰꽃 보라꽃을 헤아려본다/빡빡머리 의용군들이 지나가던 길에 핀/흰꽃 보라꽃[227]

감자가 무섭다고 하는 이유는 감자를 먹던 시절인 전쟁이 연상되기 때문이다. 시인이자 화가이기도 한 윤후명 소설에는 시들이 빈번하게 삽입

226 김지영 기자, 「윤후명 작가 고향 강릉은 내 모든 글의 원천」, 『동아일보』, 2016.4.12.
227 윤후명, 〈방파제를 향하여〉, 『강릉』, 은행나무, 2016, 100~101쪽.

되는데 1950년대 강릉에 즐비한 보리밭, 감자밭, 옥수수밭은 군인들이 지나가던 길이었으며, 전쟁과 죽음이 일상화하던 시절이기에 '감자를 먹던' '그 시절을 살아남아 여기까지 온 것' 즉 '감자 같은 과거'이기에 무섭다는 정동을 드러낸다. 꽃이 핀 감자밭에 숨어서 들키면 죽는 적군과 포탄의 전쟁공포는 무섭고 두려운 고향의식을 갖게 했다. 이 시기의 감자는 단순한 식품이 아니라 가난, 공포, 전쟁, 죽음, 두려움의 표상으로 제시된다. 태어나고 자라난 땅과 조상이 물려준 문화를 공유하는 공동체로 애착과 안정감을 터득하는[228] 고향에서 자신을 확인받지 못하는 콤플렉스와 전쟁 트라우마는 윤후명 문학을 이해하는 키워드이다. 흰꽃, 보라꽃이 핀 처연한 감자밭, 옆집소녀와의 순수한 사랑의 감정, 곱고 젊은 어머니와의 추억이 있는 고향은 빡빡머리 의용군이 지나가고 무서운 전쟁공포가 매일 반복되었기에 '무섭게 바라보는 감자싹'으로 그려진다. 숨겨진 진실이 은폐된 채 극한 상황에 내몰린 인간의 수성과 극단적인 이기심이 폭로되는 가운데 숨겨지고 침묵당한 고향이 윤후명의 강릉[229]이다.

> 삶을 이어가기에는 감자가 아리고/사랑을 나누기에는 물고기가 비리고/죽음을 이루기에는/산과 바다가 죽음보다 길쯤하여
>
> – 시 〈강릉 가는 길〉 중에서

> 어머니는 감자를 깎는다/내가 태어나기도 전부터/감자를 깎아 항아리에 담근 어머니/앙금을 내려 떡을 빚으면/떡을 빚으면/대관령 호랑이도 내려온다고/떡을 먹지 않는 호랑이도 굶지 않는다고/어머니는 감자를 깎는다
>
> – 시 〈대관령1〉 중에서

> 감자밭 앞에서 멈춰 선다/예전 밥그릇에 그득 담겨 있는 감자들/위에 쌀

---

228 동국대 한국문화연구소 편, 앞의 책, 13쪽.

229 졸고, 「강릉 로컬리티와 고향을 드러내는 방식」, 『해람인문』 제49집, 강릉원주대 인문학연구소, 2021, 347쪽.

> 밥이 한켜 덮여 있다/안 헤쳐 보아도 아는데/살살 헤쳐 본다/삶은 감자가 살아 있는 듯 눈을 뜬다
>
> - 시 〈감자밭〉 중에서

윤후명의 시 〈강릉 가는 길〉에선 로컬리티 표식으로 감자, 물고기와 산과 바다를 언급한다. 시적 자아에게 삶은 알알하여 혀끝을 찌르는 듯한 상처와 아픔을 지닌 아린 감자맛으로, 사랑은 역겹고 견디기 힘든 비린 물고기로, 죽음은 산과 바다로 표상된다. 강릉을 상징하는 감자와 물고기의 식감을 인생과 사랑으로 대비하여 주인공의 시리고 상처받은 인생사를 드러낸다. 대관령 연작시 중 한 편인 〈대관령1〉에선 감자요리가 일상이 된 어머니가 감자떡 만드는 과정을 재현하며 유네스코 무형문화유산에 등재된 전통문화유산이자 유불무속이 공존하는 단오제 국사 여성낭신 신화와 연결한다. 감자떡, 대관령을 내포한 이류교호담 설화인 호랑이처녀는 이 지역주민 특히 여성들의 무의식에 자리 잡고 있다. 시 〈감자밭〉은 흰쌀밥을 먹지 못하고 감자, 옥수수, 콩 등을 섞어먹은 시절의 식생활을 그린다. 윤후명 소설 속 감자는 생존, 가난이라는 보편적 의미와 더불어 전쟁, 공포, 은닉이라는 독특한 의미를 내포한다.

김별아의 〈대관령〉은 5명의 고향친구들이 젊은 날의 상처와 살아남은 자의 슬픔을 회상하는 내용으로 지역음식, 사투리, 지리적 특성, 사회적 분위기가 반영된 단편이다. 소설 제목이 말해주듯이 젊은이들은 아흔아홉굽이라는 경계의 벽 저 너머의 세상을 동경하며 탈출을 꿈꾼다. 소설은 '고향의 감자꽃이 다시금 흐드러져, 계절은 어느덧 봄이었다'로 시작되어 험준한 산세로 접어드는 지형을 서술한 후 향토식품인 구운 감자와 감자떡을 파는 휴게소에 도착하면서 고향이 다가왔음을 깨닫는다. 감자와 연결되어 시간의 흐름, 위치, 거리를 인식하는 강원 출신 사람의 습성이 나타난다. 담배와 감자떡을 한 접시 산 은민은 어머니의 감자음식을 떠올린다.

> 한 귀퉁이에 백설탕을 뿌리고 이쑤시개로 찔러 놓은 감자떡은 고작해야

> 아기 손가락 한 것 여덟 개 한 접시에 천원이었다. 가공 녹말을 섞은 듯 미끈거리는 감자떡을 씹으며, 은민은 어린 시절 해마다 뒷마당에서 부글부글 거품을 물고 썩어가던 감잣독들을 생각했다. 은민이 까치발을 세워야 겨우 닿을 만큼 높고 두텁던 감잣독, 그 안에서 고약스러운 냄새를 풍기며 썩어 들던 알감자들이 따끈하고 맛난 감자떡으로 빚어진다는 사실은 신기하기만 했다. 시커멓게 썩은 감자들을 고운 체에 거르고 또 걸러 하얗고 뽀오얀 감잣가루를 만들던 어머니, 어머니의 세월은 오오래 거르고 삭인 감잣가루처럼 끈기진 것이었다.[230]

어머니의 수고로 만들어진 감자떡은 고약한 냄새, 까만 색깔, 끈기 있는 질감, 썩은 소재의 감자가 하얀 감자가루로 변함으로써 강릉 여성의 인고의 삶을 상징한다. 유교적 부권적 사회에서 발화하지 못하고 인내했던 어머니의 고단한 삶이 시커멓게 썩은 감자로 만든 감자가루 같다고 은민은 생각한다. 그에게 강릉행은 위암에 걸린 모친과 스스로 목숨을 끊은 친구 기일에 맞춰 방문하는 질병과 죽음을 향한 여정이다. 폭풍우와 해일로 남편을 잃어 과부로 늙어가는 이들이 많은 고향 마을에 촌로의 어머니는 바다가 준 기다림과 견딤으로 발병했고 오랜 속쓰림과 소화불량이 위암으로 진전되었다. 서러워할 틈도 없이 바닷가 마을 아내들은 그물 뜯기 품앗이를 하고 난전에 나가 가자미, 꽁치, 생물 오징어, 심퉁이와 양미리를 팔며 억척같이 살아야 했다. 어두운 부엌에서 오랜만에 귀향한 아들의 밥상을 차리느라 분주한 어머니는 죽음을 앞두고 있다. 동향인에게 감자음식은 소울 푸드이자 자신의 정체성을 지시하는 상징기호로 작동되며, 바닷가 생선과 그물이 있는 풍경 역시 낯익은 고향의 모습이다. 감자가루 만드는 장면, 바닷가 난전의 생선판매, 비린내가 배인 어머니의 냄새는 강릉 로컬리티이자 지역음식, 지형, 기후, 생활풍습을 드러낸다.

김도연의 수필 〈감자꽃〉은 강원도 첩첩산중인 왕산 대기리 피덕령 꼭

---

230 김별아, 〈대관령〉, 『꿈의 부족』, 문이당, 2002, 51~52쪽.

대기에 자리한 안반덕이란 마을의 흰색 자주색 감자꽃 풍경을 그린다. 강원지역은 배추, 감자, 옥수수 등이 자라는 안반데기, 대관령 고랭지, 미탄 육백마지기 등으로 표상되는 미지의 신비로운 땅이 많은 곳이다. 작가는 감자음식에서 들기름 냄새 솔솔 풍기는 감자적은 양철지붕을 때리는 빗소리를 들으면서, 할머니가 화로에다 구워준 뜨거운 감자는 함박눈이 내리는 길고 긴 겨울밤에 먹는 것이 안성맞춤이며, 삶은 감자는 생활비가 떨어진 허기진 자취방에서 먹었던 기억을 반추한다. 작가는 감자국수, 감자돌찜, 감자튀김, 감자탕 등을 나열하면서 지역민에게 '감자를 먹는 사람들'이라는 정체성을 부여한다. 최성각의 〈동강은 황새여울을 안고 흐른다〉의 두 남성은 동강댐 반대 운동 과정을 살펴보기 위해 정선 읍내 감자옹심이 집에서 만나 커다란 사발에 김이 무럭무럭 나는 감자옹심이 메밀국수를 먹는다. 메밀과 감자 요리재료는 영동, 영서를 포함하여 강원도 전역에서 즐겨 먹는 음식이다.

감자와 더불어 옥수수 역시 강원지역의 대표음식이다. 우추리 출신의 이순원 소설에도 로컬리티 소재가 문학적 특성이자 주제의식을 이룬다. 〈강릉 가는 옛길〉은 1960년대 초등학생들의 학교생활을 그린 성장소설이다. 비교육적이고 편애가 심한 담임선생에게 가난한 집안 출신의 형제와 반아이들은 씻을 수 없는 상처를 받는다. 강릉 시내에서 삼십 리쯤 떨어진 시골학교 아이들은 자장면이나 아이스케키를 먹을 기회도 쉽지 않을 정도로 가난했고, 농사 짓기에 바쁜 부모를 둔 수호, 은호 형제는 도시락을 싸올 형편이 되지 못해 옥수수죽 끓일 장작을 들고 가 구호 양곡 급식을 했다. 만들기반 아이들은 고흙(고령토)이라는 연한 쑥빛이 나는 찰흙이 있는 삼바골에서 감자를 심으며, 어머니도 간신히 아침만 챙겨주고 눈 딴 감자씨를 이고 밭으로 나가는 고단한 생활을 하는 등 감자농사는 이 지역의 일상과 밀착되었다. 한 국자씩 받은 옥수수죽을 먹는 아이들은 글짓기 대회 때 먹어본 입에서 살살 녹는 자장면 이야기가 한창이다. 국수를 잘게 썬 호박과 감자, 양배추, 양파, 돼지고기를 까만색의 중국 된장과 기름에 죽처럼 걸죽하고 볶아 비벼 먹는 자장면은 부잣집 자제인 경주, 석주 형제에겐 시내 나갈 때마다 사먹는 음식이지만 가난한 아이들에겐 먹어본 적 없는 비싸고 귀한 음식이다. 자장면을 먹어본 아이와 그렇지 않은 아이, 점심을 싸오는 아이와 구호급식을 먹는 아이로 나뉘는 음식선별은 계급의 지표로 기능하는 구별짓기[231]로 스티그마[232]되며, 음식은 영양의 원천일 뿐 아니라 종종 부와 권력의 근원[233]이 된다.

다른 반찬 없이 왕소금을 훌훌 뿌려가며 먹는 여물맛인 옥수수죽을 먹는 학생들은 '장작 부대', '사팔공 부대' 아이들이라고 놀림을 받는다. 미국이 보내주는 구호양곡은 '사팔공 밀가루', '사팔공 강냉이가루'로 불린 빈부 계급 차이와 담임의 일방적인 편애 그리고 '얻어먹는 놈'이라는 모멸적인 호칭으로 아픈 학창시절을 보냈지만 그 시절은 노스탤지어로 다가온다. 도시락을 싸오는 경주 형제와 장작개비를 가져와 강냉이죽을 바꿔 먹는 수호 형제를 대비시켜 미국원조 없이는 교육이나 생계를 유지할 수 없었던 한국사회의 궁핍했던 시대와 빈부격차를 드러낸다. 미국사람들한테 나라 망신시키는 개돼지만도 못한 한국사람으로 몰아세우며 옥수수가루를 보내준 미국사람들을 속였다고 반아이들 앞에서 망신을 준 담임은 옥수수 포대로 은호의 머리를 치며 빰을 서로 때리는 잔혹한 벌을 가함으로써 가난한 형제는 빈궁의 표상이자 조롱과 멸시의 대상으로 낙인찍힌다. 미국구호물자이자 궁핍의 상징, 밥이 아닌 죽을 먹으면서 모욕과 차별, 정신적 폭력을 당했던 수호, 은호는 소설가와 검사가 되고 담임의 장례식 참석을 위해 귀향한다.

1960년대 초등학교 교실은 자장면의 쫄깃함에 대해 천진난만하게 이야기를 나누며 즐거워했던 향수의 공간인 동시에 옥수수죽을 먹으며 눈치를 보았던 상처의 공간이었다. 지물포, 공장, 포목점을 운영하는 부잣집

---

231 피에르 부르디외, 최종철 역, 『구별짓기』 상, 새물결, 2006, 22쪽.

232 stigma, 낙인의 의미로, 결함, 단점, 장애로 인해 더럽혀지고 무시되는 인격체로 전락하게 된다. 낙인 찍힌 사람들은 조금 부족한 인간이라고 믿게 되며 이러한 낙인효과는 은유와 비유의 원천으로 사용된다. －어빙 고프만, 윤선길·정기현 역, 『스티그마』, 한신대출판부, 2009, 13~18쪽 참조.

233 마빈 해리스, 서진영 역, 『음식문화의 수수께끼』, 한길사, 1992, 18쪽.

자제 한경주, 석주의 도시락/감자 농사를 짓는 농사꾼 자제 이수호, 은호의 구호 급식은 사치취향/필요취향, 가난한 자/부자, 보통식사/진수성찬, 칼로리가 많고 무거운 음식/가볍고 세련된 음식 등의 형식[234]으로 빈부 계급의 표식이 된다. 옥수수죽을 먹기 위해서 장작개비를 가지고 등교하던 대관령 산길, 시골학교 관사 뒤뜰에서 옥수수죽을 끓여먹던 솥단지와 부뚜막 등 작가는 주인공의 삶의 무대이자 추억의 공간이었던 대관령 산골 마을의 작은 교실을 통해서 인간의 삶을 구체적으로 형상화함으로써 문학관광과 노스탤지어 전략을[235] 구축할 수 있다.

3. 혐오, 운명, 성적 기호로서의 생선과 미역

냄새에는 문화적 가치가 들어있으며 후각적 경험이 가지는 친근하고 정서적인 성격으로 인해 그처럼 가치 규약을 지닌 냄새는 극히 사적인 방식으로 사회 구성들에게 내면화[236]된다. 시각에 비해 사회질서에 위협이 된다고 생각되기 때문에 문화적으로 억압하고 폄하하는 제약을 당했지만[237] 인간은 후각적 동물에 더 가까우며 냄새를 어떻게 맡고 냄새에 빠르게 반응하는가에 따라 건강, 행복한 삶, 조화로운 인간관계, 우정, 지능까지 달라질 수[238] 있다. 낭만적인 바다내음, 비린내 나는 생선, 미역 등의 해산물 냄새가 나는 바다인접지대에 위치한 강릉은 싱싱한 활어회와 생선음식이 풍부한 해산물이 생산되는 곳이다. 강릉 출신 작가 박정윤의 문학은 여성 3대의 잔혹서사를 통해 가부장제를 전복하고 분열시키는 반미학을

234 홍성민, 『취향의 정치학』, 현암사, 2012, 82~83쪽.

235 송영민 · 강준수, 「문학과 노스탤지어: 이순원의 〈강릉 가는 옛길〉을 중심으로」, 『관광연구저널』 제29권, 한국관광연구학회, 2015, 27쪽.

236 콘스탄스 클라센 · 데이비드 하위즈 · 앤소니 시노트, 김진옥 역, 『아로마: 냄새의 문화사』, 현실문화연구, 2002, 13쪽.

237 위의 책, 14쪽.

238 베니타 파우제, 이은미 역, 『냄새의 심리학』, 북라이프, 2021, 9쪽.

특징으로 한다. 여성-괴물, 아브젝트(비체), 서벌턴으로 그려지는 그녀들은 그로테스크한 모습으로 묘사됨으로써 식민자본주의, 가부장제, 남근중심주의 세계에 항의하고 페미사이드에 당면한 소녀(바리)에게 윤리적 응답을 요구한다.

박정윤 소설 속 엄마는 애착대상, 모성본능, 자궁회귀, 노스탤지어, 구원의 여성과 같은 전통적이고 가부장적인 여성으로 재현되지 않는다. 만들어진 모성, 모성의 발견처럼 보살피고 헌신하고 희생하고 사랑하는 어머니뿐만 아니라 사악하고 이기적이고 무심한 어머니도[239] 있기 때문이다. 엄마는 자기 욕망에 충실하고 모성이 결여되어 딸에게 밥을 주지 않거나 방치한다. 가부장제가 체화된 할머니나 가사도우미에게 길러짐으로써 애정이 결핍되고 보호받지 못하는 소녀 설정은 낳자마자 딸이라는 이유로 유기되거나 폐기처분된 바리데기 설화에 기인한다. 손녀를 아무짝에도 쓸모없는 여자라고 구박하는 할머니, 헌신적인 자녀양육을 거부하며 혐오를 생성하는 엄마, 소녀(딸)의 서사 역시 자존감이 훼손되고 위기에 처한다. 기이하고 이질적인 박정윤 소설은 정상성 바깥의 경고이자 징후의 은유로서 소녀-괴물이 등장하는데 몸에서 떨어져 나온 배설된 것들인 혐오와 공포로서의 비체[240] 묘사에 생선에서 터져나온 내장과 눈알이 효과적으로 차용된다.

〈트레일러 소녀〉의 소녀는 다른 남자의 아이를 임신한 엄마가 자살한 후 비린내 가득한 바닷가 마을로 이사와 트레일러에 거주한다. 동계 올림픽이 개최될 이 도시는 팬션과 전통한옥을 짓는 중이고 아빠는 트럭에 한옥용 기왓장을 실어 배달하는 일을 한다. 모래언덕에는 억센 미역이 시커멓게 올라오고 물미역의 비린내 때문에 소녀는 속이 뒤집힌다. 공장에서 진미 오징어를 포장하는 일을 하는 아빠의 첫사랑 여자는 둥그런 알루미늄 상에 흰밥과 고추장 국물을 풀어놓은 가자미 물회와 소주를 준비한다.

239 임옥희, 『채식주의자 뱀파이어』, 여이연, 2010, 146쪽.

240 문형준, 「괴물서사란 무엇인가?」, 『비교문화연구』 제50집, 경희대 비교문화연구소, 2018, 35쪽.

행복해 하는 아빠와 달리 뼈가 씹히고 비린내가 나는 생선살 때문에 곧바로 뱉어낸 소녀는 자살한 엄마를 증오하고 음식을 거부한다.

> 여자는 집으로 오기 전에 항구에 있는 공판장에서 생선을 사 왔다. 나는 여자가 올 시간이면 비릿한 생선과 간장이 어우러지는 냄새를 상상했다. 순식간에 배가 고파졌다. 여자의 요리는 이상야릇한 모양이었지만 맛은 제법 있었다. 여자는 요리를 한 가지씩만 했다. 나는 일주일간 돌김만 뜯어 먹다가 생선조림을 한 젓가락 맛보게 된 것이 이젠 여자의 요리를 기다리는 신세가 되었다. 흐물흐물한 생선에 김치를 넣은 국은 처음에 보는 것도 싫었다. 그런데 이젠 물곰치국에 들어 있는 생선 애와 곤이, 이리까지 후룩 삼켰다. 물론 음식을 담는 그릇이나 상 차리는 솜씨는 여전히 형편없었다. 미학과는 거리가 먼 여자였다.[241]

대도시에서 이주한 소녀는 바다가 고향인 아빠의 고향과 첫사랑 여자에 적응하지 못했으나 친엄마가 해주지 않던 요리를 손수 만들어 노랑가재미 먹는 법을 알려주고 돌김을 챙겨주는 것에 차츰 동화되어간다. 음식을 나누어 먹기를 거부하는 것은 적의와 적개심의 표시이며, 함께 먹는 것은 친척관계, 신의, 우정의 표시[242]로서 처음엔 비린내가 나는 마을과 아빠의 여자가 요리한 생선음식을 뱉지만 차츰 먹게 되는 변화를 보인다. 명동에 있는 사립초등학교를 다니고 대치동 원룸에서 수업을 받으며 엄마가 운영했던 스파게티 전문집에서 스파게티를 먹었던 대도시의 삶과 대비되는 소금냄새와 물미역냄새가 나는 바닷바람이 부는 동네에서 맨손으로 생선의 배를 가르고 내장을 뽑아내는 여자와의 만남은 소녀를 혼란스럽고 불안하게 한다. 모래언덕에 뒤엉켜 있는 미역을 향해 서로를 할퀴며 덤벼드는 갈매기 소리에 속이 울렁거리는 소녀는 횟집, 건어물집이 즐비한 낮

241 박정윤, 〈트레일러 소녀〉, 『목공소녀』, 자음과 모음, 2015, 46~47쪽.
242 캐롤 M. 코니한, 김정희 역, 『음식과 몸의 인류학』, 갈무리, 2005, 42쪽.

선 동네에서 배고픔을 느낀다. 부모로부터 소외되고 배제된 소녀는 간통으로 임신한 엄마를 '개 같은 년'이라고 욕하지만 엄마의 자살소식 후 죄의식과 죄책감을 갖는다. 어른들의 성적 물적 욕망에 대한 적개심과 불편함이 거식과 허기로 나타난다.

엄마의 사치와 허영, 사기와 불륜으로 일상이 바뀐 소녀는 후줄근해진 외로움을 지닌 아빠의 첫사랑 여자와 조우하고, 다리를 벌리고 앉아 아이스크림을 핥는 여학생을 보고 비릿한 냄새를 풍기는 아빠에게 실망한다. 누군가 칼로 후벼 파놓은 상처처럼 날카로운 달이 떠있고, 바다에는 자살한 엄마의 머리카락 같은 시커먼 미역이 발목을 휘감으며 소설은 끝이 난다. 이 소설은 바닷가마을을 배경으로 비릿한 소금, 물미역, 바다냄새와 미끈거리는 촉감과 가자미물회, 생선조림, 물곰치국의 음식이 등장한다. 엄마를 증오하지만 머리카락과 미역줄기를 등치시키면서 엄마의 운명과 팔자에서 벗어나지 못할 거라는 불길하고 위험에 노출된 소녀의 심리를 생선을 통해 드러낸다. 이 소설에서 생선은 여성혐오를 야기하는 아브젝트로, 미역은 모녀의 연결된 운명을 내포한다. 첫사랑 여자의 생선을 손질하는 모습과 아빠와의 식사장면은 원시적이고 본능적인 섹슈얼리티와 그로테스크를 내포하는바 음식공유는 어떤 문화에서는 성적 친밀감의 표시[243]로 나타난다. 엄마의 불륜, 아빠의 성적 욕망, 첫사랑 여자의 고독과 성적 갈망이 비릿함으로 표상되는 에로틱한 분위기를 연출한다. 생선 내장을 거침없이 손질하는 여자와 다리를 벌리고 앉는 소녀들은 순종적이고 획일적인 아름다움에서 벗어난 아브젝트 형상을 표출하며, 딸 같은 학생의 짧은 치마에 흥분하는 아빠도 더이상 집안의 법과 권위를 상징하거나 유교적 연장자, 가부장이 아닌 초라하고 왜소한 연민의 대상일 뿐이다.

〈소요〉의 소녀는 하얀 원피스를 입은 여자와 그녀의 아들 소요와 재혼가족을 이룬다. 아무런 연고가 없는 섬마을에서 살게 된 새가정은 집을 짓고 아버지가 갓 잡아온 우럭을 손질해 매운탕을 끓여 내오지만 구운 생선을

---

243 위의 책, 42쪽.

좋아하는 그녀는 생선 내장까지 줄줄 빼서 후룩 삼키며 마지막 생선 눈알까지 빼먹는다. 끓이고 익힌 음식보다 구운 음식은 한가운데 부분의 살이 자주 핏빛의 날것과 유사하기 때문에 날것에 속하는[244] 구운 생선을 좋아하는 계모의 식성을 통해 야생적이고 솔직한 그녀의 이미지를 표출한다.

> 출발할 때 달아놓은 어망을 걷어 올리자 주꾸미 사이에 아버지 손바닥만 한 민어 한 마리가 있었다. 깊은 바다에서 끌려 나와 수압차와 스트레스로 죽어버린 민어를 아버지는 곧바로 회로 떴다. 아가미를 따고 쓸개, 지느러미를 떼어내고 비늘을 긁어내고 조심스럽게 부레를 잘라내어 기름소금에 묻힌 후, 소요의 입에 넣어주려 했다. 아버지가 회를 뜨는 모습을 목을 꺾고 보던 소요는 휘청거리며 뒷걸음질 쳤다. 사내놈이 그렇게 비실거려 어따 써? 이 민어 부레가 최고의 강장 음식이야. 아버지는 피 묵은 목장갑을 낀 손으로 소요의 겨드랑이를 들어 올렸다가 내려놓았다. 소요는 마지못해 기름이 도롤 도는 민어 부레를 받아 두어 번 씹고는 삼켰다. 그 모습에 만족한 아버지는 소요의 겨드랑이를 놓아주었다.[245]

여자가 미역치의 독침에 쏘이자 아버지는 미역치의 눈알을 회칼로 도려내 짓이긴 후 눈알에서 나오는 액체를 여자의 손등에 골고루 바르는 민간요법으로 치료한다. 섬마을의 불법 모래 채취를 언급하는 여자를 믿지 않는 남편은 폭력을 휘두르고 여자는 결국 자살에 이른다. 우럭의 눈알만을 쏙쏙 빼먹는 여자와 달리 그녀의 아들 소요는 살이 파헤쳐지고 뼈와 내장만 남은 접시를 건들기도 싫어한다. 회를 뜨는 장면을 무서워하는 유약한 소년에게 강제로 부레를 먹이는 아버지는 남자아이를 남성답게 키운다. 남성에게 기대지만 결핍을 느끼는 여자, 여리고 섬세하지만 강하게 커야만 하는 의붓아들 소요, 가족을 재구성한 소녀의 불안하고 안정되지 못

244 밥 애슬리·조안 홀로스·스티브 존스·벤 테일러, 박형신·이혜경 역, 『음식의 문화학』, 한울아카데미, 2014, 59쪽.
245 박정윤, 〈소요〉, 『목공소녀』, 자음과모음, 2015, 137쪽.

한 심리가 생선을 잔인하게 요리하고 내장과 눈알을 엽기적으로 먹는 그로테스크하며 기괴한 식사풍경으로 전개된다. 가족 내 가부장적인 질서가 아무리 바짝 구워도 늘 젖어있고 축축한 생선반찬으로 묘사되며 재혼가족은 해체된다.

〈미역이 올라올 때〉의 방갈로, 콘도, 화려한 간판의 모텔들이 들어선 바닷가는 관광지로서의 정체성과 옥수수, 감자전, 전복죽, 날가자미, 오징어, 미역 등의 음식문화가 반영된[246] 소설의 배경이다. 할머니의 딸인 미라와 엄마의 딸 미랑은 아버지가 누군지 모른 채 모래사장 방갈로에서 태어났고 이모와 조카 사이인 미라, 미랑은 관계를 숨기고 함께 학교를 다닌다. 방갈로 손님들에게 삶은 옥수수와 숟가락으로 긁어만든 감자전을 들이밀며 방갈로를 들락거렸던 아이들은 엄마의 병원비를 감당하기 위해 오징어를 떼어다 말리거나 미역을 손질하고 횟집에서 회를 쳐놓은 생선살을 펼쳐놓거나 접시를 씻는 일을 한다. 할머니는 결석과 함께 암이 번져 죽고, 장례식장엔 홍어무침, 수육, 오징어순대, 과일, 떡, 육개장 등의 음식이 나뒹군다.

대학 졸업을 앞두고 임용고시에 합격한 미라는 임신을 한 채 고향에 왔고, 할머니는 함께 키우자고 했지만 소파수술을 하고 만다. 남편 없는 아이를 낳는 되물림을 하기 싫다고 앙칼지게 말한 후 도시로 간 미라는 여러 남자를 만난다. 남자와 함께 떠났으나 폭력을 당하고 돌아온 엄마는 알몸으로 바다에 뛰어들곤 해 사설병원에 입원한다. 이 소설은 아버지가 누군지 모른 채 태어난 아이들, 남자에게 끝없이 폭행당하고 상처를 입은 할머니와 정신을 놓은 엄마, 임신과 유산을 하며 방황하는 미라의 삶이 물미역과 스카프와 머리카락으로 연계되어 사랑과 생존과 대물림이라는 운명을 형상화한다.

박정윤 소설의 소녀들은 편모, 편부 슬하이거나 재혼가정으로 형성된

---

246 졸고, 「박정윤 소설의 소녀표상과 그로테스크 반미학」, 『배달말』 제68집, 배달말학회, 2021, 366쪽.

불편하고 불안정한 상태이다. 〈트레일러 소녀〉의 트레일러, 〈소요〉의 아빠가 뚝딱 만든 허술한 재혼집, 〈미역이 올라올 때〉의 방갈로라는 집의 형태처럼 안전하지 못한 가옥은 소녀들의 보호받지 못하고 위험에 노출되는 곳이다. 강릉 출신 작가로 인천지역에서 창작활동을 하는 박정윤은 바다, 섬, 재개발지를 공간으로 생선과 미역이 지닌 비린내, 미끌거림의 후각, 촉각을 동원해 자본주의와 가부장제 사회에서 여성-괴물, 아브젝트(비체)로 타자화되는 여성을 공포스럽고 엽기적이며 그로테스크하게 재현한다. 주변부이자 하위주체인 그녀들은 강간당하거나 자살하거나 폭력과 배제의 원칙에 놓이지만 저항적 주체성을 갖고 있다는 점에서 우리 사회에 이의를 제기한다.

박정윤 소설의 어조를 형성하는 생선 해체 작업은 원시적이고 날것 그대로의 기괴하고 이질적인 분위기를 연출한다. 생선 몸에서 내장을 제거하고 눈알을 빼먹는 여성의 모습은 엽기적이고 에로틱하며 고혹과 잔혹의 경계를 넘나든다. 불의 발견, 취사기술과 농업, 장신구의 발명을 통해 날것에서 익힌 것의 이행이 자연에서 문화로 이행되었으며, 굽는 것, 훈제, 끓이는 것 등의 조리법의 기초[247]를 이뤘다. 많은 문화에서 먹는 행위, 성교, 출산은 서로 관련이 있으며, 음식과 섹스는 은유적으로 서로 겹쳐지는 바 둘 다 모두 생명과 성장에 절대적[248]이다. 또한 음식물이나 더러움, 찌꺼기, 오물에 대한 혐오감은 가장 기본적인 아브젝시옹이며, 아브젝트가 되는 여성과 생선의 몸은 동일성이나 체계와 질서를 교란[249]시킨다. 박정윤 소설의 생리, 임신, 출산, 강간, 낙태과정의 혐오스럽고 적나라한 비체는 가부장제가 규정해 놓은 아름답고 이상적인 육체가 아니라는 점에서 부계 질서에 대한 도전이자 전복의 의미를 지닌다. 생선 내장과 살과 피가 주는 불쾌한 시각, 비릿한 후각, 미끌거리는 촉각 등 해산물이 박정윤 소설에서는 사랑, 섹스, 모성과 더불어 공포, 두려움, 위험 등의 양가적 의미로

---

247 클로드 레비스트로스, 임종길 역, 『신화학1: 날것과 익힌 것』, 한길사. 2005, 76~77쪽.
248 캐롤 M. 코니한, 앞의 책, 34쪽.
249 줄리아 크리스테바, 서민원 역, 『공포의 권력』, 동문선, 2001, 23쪽, 25쪽.

나타난다. 또한 박정윤은 '생선 아가미 같은 달'(트레일러 소녀), '미역과 동일시되는 머리카락'(미역이 올라올 때)과 같이 바닷가 로컬리티를 내면화한다.

자기반영적 메타픽션적인 윤후명 소설의《가장 멀리 있는 나》의 주인공은 고향과 거리를 두는 작가지만 고향이라는 이유만으로 강릉 문학 행사에 자주 초대되거나 연관된 기사를 청탁받는다. 고향에서 '나는 늘 이방인'이었고 그 지역에 대한 '애증의 감정'을 지녔으며 '고향답게 밟지 못하고 있다는 피상적인 느낌'을 갖는 등 고향에 대한 상실감에 시달린다. 문학여행의 안내를 맡은 '나'는 버스 승객들에게 하늘, 바다, 호수, 술잔, 그대 눈동자에 비친 다섯 개의 달을 앵무새처럼 읊조리거나 객사문, 오죽헌, 선교장, 대관령 산신, 강문 솟대에 앉은 나무새, 남대천으로 회귀하는 은어, 초당의 두부 등 향토문화에 대해 해설을 하면서 놓친 부분은 없는지 살펴본다.

> 나는 버스에서 말하지 않았던 것들이 뭐 없을까 하다가, "내 마음은 호수요"하고 노래한 김동명 시인도 여기 사람이니 그 호수도 필경 우리가 바라보는 저 호수를 염두에 둔 게 아니겠느냐, 하고 제법 '문학 여행'에 걸맞는 얘기에서부터, 감자부침개니 삼숙이탕이니 하는 먹을거리 얘기까지 주섬주섬 늘어놓았다. 감자부침개는 감자를 썩여 앙금을 내서 만들어 먹곤 하던 것이라는 둥, 다른 지방에는 잘 알려지지 않은 삼숙이탕의 삼숙이란 꺽저기라는 울퉁불퉁 못생긴 물고기를 재료로 한 매운탕이라는 둥, 오죽헌의 오죽도 오죽이지만 몇 백 년 묵은 배롱나무 역시 이름난 것이며 한여름에는 선교장의 연꽃도 볼 만하다는 둥, 나는 다시 얘기를 이어나갔다. 선교장에 딸린 건물로서 열화당이 있는데, 이름난 미술 전문 출판사인 열화당은 그 집 출신이 일으켜 세우며 붙인 이름이라는 소개도 곁들였다.[250]

250 윤후명, 『가장 멀리 있는 나』, 문학과지성사, 2001, 211쪽.

고향에 대한 얘기를 할수록 헛헛할 마음을 갖는 '나'는 자신도 엄연히 '감자바위'의 한 사람으로서 고향에 욕될 만한 짓을 한 적이 없음에도 불구하고 항상 무엇엔가 쫓겼던 이유는 육이오 전쟁통에 이웃집 어린 소녀 세화의 죽음, 불편한 혹처럼 따라다니는 친부의 죽음에 대한 의혹[251] 그리고 모친의 재혼으로 새아버지 호적에 올라있는 자신의 뿌리와 전쟁재난, 비극적인 가족사 때문이다.

강릉지역 안내를 맡은 작가는 시인 김동명, 배롱나무와 연꽃, 선교장과 연관된 열화당 출판사와 더불어 강릉토속음식으로 감자부침개와 삼숙이탕을 소개한다. 강릉의 대표음식인 감재적, 감자전은 감자와 녹말 앙금에 소금 간을 하여 지져내는 음식으로 입맛에 따라 고추, 쪽파, 애호박을 함께 섞기도 한다. 작가는 감자를 썩여 만든다는 설명을 곁들이며, 뚜거리탕이라고 하는 꾹저구탕의 꾹저구는 꺽저기의 방언이며 강릉지역의 강에서 잡히는 생선으로 고추장, 채소, 양념을 넣어 끓인 음식[252]도 특산품임을 소개한다. 1580년(선조13년) 송강 정철이 강원도 관찰사로 부임시 담백하면서도 비리지 않은 물고기에 이름을 지어준 꾹저구는 남대천에서 많이 잡히는 망둥어과의 토종민물고기로 못생긴 외양을 갖추었다. 윤후명에겐 감자부침개와 삼숙이탕이 독특하고 대표적인 강릉음식으로 인식되고 있다. 고향의 민속문화, 토속음식, 로컬리티 소재를 나열하는 주인공은 집단 공동체의식과 소속감을 통해 동향사람임을 인정받고 싶은 욕망을 드러낸다. 여행, 음식, 유적, 풍경으로 소개되는 강릉지역은 낙원, 기원, 환상 이미지로 표상된다.

윤후명의 〈높새의 집〉은 6.25를 배경으로 홍역에 걸려 피난을 가지 못한 소년과 어머니 그리고 이웃집의 가출한 어머니와 홧김에 광산으로 가

---

251 소설에서는 아버지가 교전 중에 전사한 것인지 소속 부대를 이탈하다가 총을 맞고 목숨을 빼앗겼는지에 대한 진실이 규명되지 않고 있으며, 계부와 새가정을 이루었다는 점 역시 한 남성의 뿌리와 근원, 정체성에 매우 중요한 요인이다. 작가 및 소설 속 주인공이 일생 동안 귀향하지 못하고 전국 전세계를 떠돌았던 이유도 어린 시절 강릉에서의 전쟁체험과 그로 인한 트라우마 때문이다.

252 김옥영, 「강릉 방언의 음식명 연구」, 『국어국문학』 제179호, 국어국문학회, 2017, 29쪽.

버린 아버지를 둔 세화와 할머니가 텅빈 마을에서 두려운 마음으로 하루하루를 지내는 이야기이다.

> 우리는 누가 먼저 말하지도 않았지만 시장으로 향했다. 전에 우리가 시장으로 갔던 것은 오로지 구운 꽁치를 사먹기 위해서였다. 그래서 시장 바닥에 풍로를 늘어놓고 석쇠 위에 꽁치나 양미리를 구워 파는 아줌마들과도 얼굴을 익히고 있었다. 한결같이 몸빼를 입은 그 아줌마들은 또한 한결같이 눈썹들이 고르지를 못했다. 오랜 세월 동안 불티가 튀어와 붙었던 대가였다. "꽁치 먹구 싶지?" 내가 말을 마치기도 전에 세화는 입맛부터 다셨다. <u>꽁치나 양미리는 일찍부터 산 아래 지방의 간식으로 확고한 자리를 굳히고 있었다. 어른이고 아이고 할 것 없이 즐겨 먹었다. 한번은 뼈는 물론 대가리까지 깡그리 먹어버리는 어른을 보고 우리는 그런 어른을 아버지로 두지 않은 것이 참으로 다행이라고 여겼던 적도 있었다</u>.[253]

1950년대엔 시장에서 생선을 구워 팔아 대가리와 뼈까지 먹는 방식으로 향유한바 다양한 먹을거리가 부족한 시절에 양념이나 조리과정 없이 생선 그 자체로 간식으로 활용되었다.

전쟁 트라우마로 인한 고향과의 낯섦과 불화는 〈대관령의 시〉에도 반복적으로 등장한다. '내'가 강릉땅을 갈 때마다 돌을 구하러 가는 심정이 되는 이유는 '축제가 또한 내 핏속에 있는 것'으로, 강릉단오제와 관련 있는 호랑이에게 물려가서 머리만 바위 위에 남아있는 처녀 이야기가 무의식 속에 자리 잡고 있기 때문이다. 소속감을 인정받기 어려움에도 불구하고 나는 근원적으로 강릉 로컬리티의 설화, 축제, 민속극, 역사유적지, 향토인물의 영향을 받고 있고, 호랑이처녀는 엄마나 세화 그리고 자기 자신의 타자성과 동일시된다. 강릉 여행을 안내하기 위해 나온 주문진 출신의 후배는 돌을 찾기보다 도치회나 먹자고 제안한다. 뼈가 부드러워지는 겨

253 윤후명, 〈높새의 집〉, 『강릉의 사랑』, 은행나무, 2017, 58~59쪽.

울이나 먹을 수 있는 도치는 평상시엔 억세져서 뜨거운 물을 부어 껍질이 풍선처럼 부풀게 만들어 벗겨야 하며 수컷만 회를 먹는다. 주문진 사람들이 부르는 씸퉁이라는 말은 표준말로 심퉁이며, 물에서 나오자마자 심퉁을 부려 죽어버린다는 성질 때문에 붙여진 이름이다. 작가는 겨울이면 제 뼈를 녹여 먹으며 살아간다는 습성에 자신의 인생과 유비시키며 '고향길'이라는 시를 쓴다.

> 경포호에 군함조가 나타나 먹이사냥을 한다/태풍 메아리를 뒤따라온/열대의 새/마음 상해 길을 잃은 새에게/주문진에서 발라먹은 도치뼈를 주련다/겨울이면 뼈를 녹여 살아간다는 물고기/씸퉁이라 부른다고 한다/군함조에게 도치뼈를 던지며/이게 내 고향/잃은 길을 찾으라고 뼈를 던져도/이정표가 되지는 못하리니/이게 내 고향. 내 마음도 상한 지 오래되었음을 안다[254]

소설에 삽입된 시의 소재로 차용된 군함조는 가장 멀리 나는 새이자 빠른 새로 알려진 열대성 조류이자 미조(길 잃은 새)로 2011년 강릉에서 최초로 포착되었다. 기이하고 독특하며 이국적인 소재의 나열은 작품 속에서 유니크하게 작동된다. 못생긴데다가 성질마저 못되었고 송골매의 먹이가 되는 도치를 주인공은 삶의 방향성을 찾지 못하고 남성주체가 되지 못한 자신의 처지와 동일시한다. 상징과 은유기제로 활용되는 길 잃은 새인 군함조와 심통을 부리고 자신의 뼈를 먹으며 생존하는 도치의 생태와 습성을 통해 삶이 순탄치 않고 고통과 상처로 점철된 자신의 삶을 은유한다. 윤후명의 〈높새의 집〉에는 왕새우, 감자, 주먹밥, 꽁치, 양미리가, 〈대관령의 시〉에도 한국 동해에 분포한 꽁치, 도치가 등장하는바 이는 바다접경지역이자 강, 호수 등을 모두 갖춘 강릉음식의 요리재료에 생선이 많기 때문이다.

생선으로 대표되는 해산물이 박정윤 소설에서는 여성혐오, 섹슈얼리

---

254 윤후명, 〈대관령의 시〉, 『강릉』, 은행나무, 2016, 195~196쪽.

티, 그로테스크라는 은유로 표상되고 윤후명 소설에서는 자기확인, 집단 정체성, 단순한 먹을거리라는 소재로 나타나는 차이를 보이지만 독특함, 유니크함의 소설분위기를 형성하고 타자성으로 표출되는 개성적이고 독창적인 작품세계를 표상한다는 점에선 공통적으로 작동한다.

4. 지형, 생태, 농경공동체로서의 곰취, 무배추, 콩

윤후명의 〈곰취의 사랑〉은 소설 속에 삽입된 시로, 작가의식과 정체성을 반영한다. 강원도 특산품인 곰취는 특유의 알싸한 향미가 있어 입맛을 돋운다. 고산지대나 깊은 산속 습지에서 자라는 부채모양의 곰취는 쓴맛과 단맛이 어우러진 산나물이다.

> 눈 속에서도 싹을 내는 곰취,/앉은 부채라고도 잘못 부른다./겨울잠에서 갓 깬 곰이/어질어질 허기져 뜯어먹고/첫 기운 차린다는/내 고향 태백산맥 응달의 곰취 여린 잎/동상 걸려 얼음 박인 뿌리에/솜이불처럼 덮이는 눈/그래서 곰취는 싹을 낸다/먹거리 없는 그때 뜯어먹으라고/어서 뜯어먹고 힘내라고/파릇파릇 겨울 싹을 낸다/눈 오는 겨울밤 나도 한 포기 곰취이고 싶다./누군가에게 죄 뜯어먹혀 힘을 내줄 풀이고 싶다.[255]

이 시는 곰취의 생태를 통해 시적 자아의 정체성과 로컬리티가 드러난다. 눈속에서 싹을 내어 봄을 준비하는 곰취는 태어나자마자 뜯어먹히더라도 새로 태어남의 봄날을 맞이한다. 곰취의 생태에 공감하는 작가는 남을 위해 사는 인생의 숭고함이 곧 사랑임을 노년에 깨닫는다. 여리고 배고픈 이들에게 자신을 바치며 힘내라는 곰취의 성정과 자세가 고향음식이자 자신이 지향하는 삶임을 알게 된 것이다.

---

255 윤후명, 『곰취처럼 살고 싶다』, 민족사, 1997, 10쪽.

김도연은 수필 〈숨어있는 강원도의 거친 맛: 산나물 이야기〉에서 산이 많은 강원도는 각종 약초와 버섯, 산열매, 산짐승들 그리고 나물이 대표적이라고 말한다. 남자들이 약초를 캐고 산짐승을 잡는다면 나물은 여자들의 몫이다. 고사리, 참나물, 곰취, 두릅을 담은 나물자루 속 나물을 삶아 먹지만 값이 비싼 나물은 먹지 못하고 장에 내다 팔려고 따로 보관한다. 작가는 달걀을 반으로 갈라 고추장과 함께 곰취에 싸서 쌈으로 먹을 때 곰취의 독특한 향과 삶은 달걀의 조화가 소주를 부른다며 자기만의 소박한 식생활 향유를 독자에게 전달한다.

소설 〈콩 이야기〉의 작가는 오래전부터 콩과 관련된 이야기를 쓰고 싶어 매일 도서관을 간다. 김도연 문학은 생계라는 현실적인 문제에 직면한 소설가가 시골에서 농사짓는 부모님과 살아가는 이야기가 주를 이룬다. 창피함을 무릅쓰고 어머니의 성화에 못 이겨 콩을 판 돈으로 차비, 담뱃값, 김밥을 사먹는 주인공은 농사꾼과 작가로서의 경계에 머문다. 농사과정에서 값나가는 감자, 배추, 당근, 당귀, 무, 옥수수 농사에 시간과 힘을 들인 이후에야 콩은 떠올리는 작물이다. 다른 작물을 심은 밭 가장자리나 길옆에 심는 변두리 신세이자 산짐승이나 새들의 먹잇감으로 위협받는 콩의 신세가 자신의 처지와 다를 바 없다. 하늘의 별들에게 아주까리콩, 흰콩, 선비제비콩, 누렁콩, 우렁콩, 푸른콩, 얼룩콩, 밤콩, 좀콩, 작두콩, 완두콩, 까치콩 등의 이름을 지어주고 술냄새를 풍기며 집에 돌아온 주인공은 돋보기를 쓰고 콩을 고르는 어머니에게 핀잔을 듣는다. 콩과 관련된 애틋함이 없기에 콩에 대한 소설 창작에 진전이 없는 주인공은 이게 바로 콩 이야기라며 소설은 끝이 난다.

최성각의 〈육백마지의 바람〉의 승기는 순수했던 청년시절 방문했던 미탄 육백마지기를 10년 후 재방문하지만 도착지에 도달하지 못함으로써 세속에 물들어 타락한 사람을 받아들이지 않는 대자연의 신비로움을 느낀다. 평창군과 정선군의 군계에 위치한 해발 1,256미터의 청옥산 산정의 거대한 고랭지 채소밭인 육백마지기에서 재배되는 무는 사과보다도 달콤하고 맛있어 미탄사람들은 무맛을 선호한다. 그러나 무는 원주민이 먹지 못하고 서울 고급호텔로 직행되거나 청와대 김치를 담는데 사용된다. 투기사업이 된 고랭지 무배추농사는 정작 농사짓는 사람들은 맛볼 수 없는 노동의 소외, 부의 불균형을 드러낸다. 힘든 육체노동의 결과는 돈 많은 서울사람들의 입맛을 위한 지역민의 노동과 희생의 대가이다. 〈곰취의 사랑〉이나 〈육백마지기의 바람〉에 나타나듯이 자신이 추출한 산나물과 손수 지은 농사물을 향유하지 못하는 시골사람들의 궁핍과 노동은 1930년대 김유정 소설에서도 그려진바 여전한 빈부격차를 엿볼 수 있다.

5. 지역문화 전통구축 및 휴식과 낭만으로서의 커피

바다내음과 커피향, 솔향 등은 바다인접도시이자 커피도시이고 소나무가 무성한 강릉시 고유의 냄새이다. 아름답고 자연친화적인 바다 풍경을 바라보며 쓰디쓴 커피를 마시는 카페는 피로에 지친 현대인에게 위로와 낭만, 친교와 고독의 감성에 빠지게 한다. 전통들(traditions)은 실상 그 기원을 따져보면 극히 최근의 것일 따름이며 종종 발명된 것[256]으로, 사회 통합이나 소속감을 구축하거나 상징화하는 집단적 정체성과 전통의 창조 및 고안되는 것이다. 단오축제가 오래된 역사와 문화를 상징한다면 커피문화 정체성은 비교적 최근에 정착되어 전국적으로 유명해진 전통이다. 바다와 어우러진 커피 한잔의 여유를 갖게 하는 이 도시는 2009년부터 커피축제가 매년 개최되는 커피도시로 자리잡았고, 안목해변 카페거리는 관광명소가 되었다.

자유의 전당이자 담소의 장이고 고독의 공간인 카페는 누구나 올 수 있다는 점에서 평등하다. 각종 카페 인테리어는 이상적 동경적 이국적 중세취미적인 낭만미학을 추구하며 우울, 자연 열애, 평민적 경향[257]을 보인

256 에릭 홉스봄, 박지향·장문석 역, 『만들어진 전통』, 휴머니스트, 2004, 19쪽.
257 문화콘텐츠연구회, 『살롱, 카바레, 카페』, 예림기획, 2004, 52~53쪽.

다. 카페는 한량들의 피난처이고 가난한 사람들의 안식이자 학문적인 토론이 벌어지고 예술에 대한 비판이 열을 뿜는[258] 문학의 장[259]이다. 여로, 여행은 윤후명이 평생 추구했을 자유의 소산으로 뿌리는 누구나 자신이 지켜야 할 제 것으로 우리는 모두 고향으로 되돌아가고 싶은 여행인[260]이지만 윤후명에게 오랫동안 고향은 지척에 있으면서도 차마 갈 수 없는 곳이었다. 외로움과 그리움의 정서로 살아온 윤후명은 견자(見者), 은자(隱者), 구도자의 삶을 살아왔다. 친부의 죽음과 모친의 재혼, 계부의 군용 지프차를 타고 대관령을 넘었던 작가는 자신을 “영원히 잃은 고향을 등지고 있는 모습의 좀비”, “추상(抽象)과 역리(逆理)로만 고향길을 더듬고 있는 존재”[261]라고 자조적으로 규정 짓는다.

혼신의 힘이 들어간 역작이자 수작으로 작가가 가장 잘 아는 것이 강릉과 어머니라고[262] 평가받는 〈모래의 시〉는 커피 캔에 어머니의 유골을 갖고 떠나는 귀향서사이다. 암으로 죽은 모친의 유골을 바다에 뿌리기 위해 울진, 삼척을 거치는 먼 길을 택한 여정에서 주인공의 귀향이 얼마나 힘든지 알 수 있다. 고향홍보책자에 실린 강릉커피축제 행사를 본 ‘나’는 자신의 삶이 주막과 카페 사이에 놓여있었다고 생각한다. 강릉 방파제는 쿠바 아바나 성채와 연결된 방파제를 연상케 하고 러시아 카페에서 맛본 ‘쇠국자 같은 것을 모래에 올려놓고 커피를 뜨겁게 달인’ 모래커피를 기억한다. 강문 진또배기, 〈헌화가〉의 절벽, 등명락가사, 방파제, 바닷가와 같

---

258 크리스토프 르페뷔르, 강주헌 역, 『카페의 역사』, 효형출판, 2002, 31쪽.

259 문학 속의 커피 소재와 카페는 일제강점기 도시소설 모던 보이 작가들의 작품인 이상과 다방 ‘제비’, ‘69’, ‘맥’이나 박태원의 소설, 이효석의 단골 카페 ‘동’, 주요섭 소설의 아네모네 마담, 김동리 소설의 밀다원 등등 시대를 초월해 문학작품의 주요공간으로 설정되곤 한다. 극작가 유치진은 소공동에 ‘푸라타나스’를, 영화제작자인 이경손은 ‘카카듀’를, 배우 김용규는 ‘멕시코’를, 배우 복혜숙은 인사동에 ‘비너스’를, 연학년은 ‘트로이카’, 화가 이순석의 아틀리에를 겸한 ‘낙랑팔가’ 등 예술종사들이 끽다점을 여는 등 예술종사자들의 카페 경영이 유행이었다.

260 방민호, 「계보학 윤후명」, 『시인 소설가 화가 윤후명 문학 50년』, 문학나무, 2017, 88~89쪽.

261 윤후명, 「시인의 말」, 『새는 산과 바다를 이끌고』, 은행나무, 2017, 303쪽.

262 방민호, 「나와 대상이 하나가 된 꽃」, 『시인 소설가 화가 윤후명 문학 50년』, 문학나무, 2017, 262쪽.

은 로컬리티 소재를 배경으로 강릉은 육이오 때 바닷가에서 총살을 당한 사람들이 있는 곳이며 러시아 모래커피는 러시안룰렛(운명걸기권총)이 표상하는 죽음과 연관된다. 어머니라는 끈으로 간신히 유지해온 가족이 해체된 지 오래인 주인공은 고향 옛집, 방공호 속에 숨어있던 기억, 피란살이, 속썩이던 사춘기, 병든 문학청년시절을 회상한다. 고향의 비극과 절망은 '어떡하니'를 되풀이하던 어머니의 유골을 바다에 뿌림으로써 모래커피처럼 지난하고 고통스러웠던 자신의 인생과 화해한다.

고향과 불화하고 어색해 하며 자신과는 먼 곳(아침 해를 봐요)으로 여기는 고향의식을 지닌 주인공은 커피축제가 매년 열리고 커피문화가 형성된 커피도시가 되었다는 것에 대해 어리둥절하며 낯설어 한다. 〈알타이족장께 드리는 편지〉의 주인공은 고향에서 커피축제가 열린다는 소식에 의아해 하면서 문학행사에 참가한다. 기껏해야 군것질거리인 꽁치구이만 연기를 피우던 바닷가 길에 즐비한 카페에 놀라며 아바나 방파제의 쿠바카페를 떠올린다. 이러한 충격은 〈방파제를 향하여〉에서도 반복적으로 등장한다.

> 장례식을 치르고 나는 고향에 내려가 카페를 차리고 살고 싶다고 누구에겐가 말했다. '비밀의 집'이나 '신목' '곶감과 호랑이' '헌화가'도 카페 이름의 후보작이었다. 카페 이름으로는 모두 신통찮았다. 예전에 지은 이름으로는 '농애(農愛)'라는 것도 있었는데…… 그러다가 아예 '처녀의 머리'라고 했으면 좋으련만……하고, 상상은 과도하게 뻗어나가는 경향이 있었다. 강릉이 어찌어찌 커피로 유명한 도시가 되고 커피 축제까지 열린다는 사실은 웬지 어리둥절한 노릇이었다. 그러자 후보작이 또 하나 떠올랐다. '강릉 바다에는 루왁이 산다'였다. 그러면서도 고양잇과의 그 동물이 커피 열매를 먹고 싼 똥에서 걸러낸 루왁 커피도 취급할 것인지는 미지수였다.[263]

263 윤후명, 〈방파제를 향하여〉, 『강릉』, 은행나무, 2016, 104~105쪽.

커피도시 강릉에서 카페를 운영하고 싶은 주인공이 지은 상호명의 키워드인 비밀, 신목, 사랑, 호랑이, 처녀머리 등에서 지역축제에 대한 표식과 신화가 스며있다. 또한 루왁커피를 취급할 것인지를 고민한다고 하면서 루왁(Luwak, 사향고양이)이 지닌 우리 사회의 사육과 학대에 대해서도 성찰한다.

〈대관령의 시〉에선 대관령 옛길, 변두리 산골 동네, 법왕사 골짜기를 방문하고 커피고장이 되어 축제까지 열리는 일에 앞장서 온 테라로사 카페도 있다고 설명한다. 재일교포였던 박이추 사장에 의해 1980년대 말 서울 안암동 고려대 앞에 커피전문점으로 시작하여 강릉 영진리 바닷가의 '보헤미안'이 본점이 되었다. 각국에서 수입된 생두 자루와 특이하고 다양한 커피 용품들 속에 막 로스팅되어 쏟아져 나온 커피향이 홀을 가득 채우는[264] 바닷가 커피숍은 강릉지역의 명물이다. 강릉여행 소재 소설에 커피와 카페, 바다풍경을 통한 작중인물의 내면심리와 정서적 반응이 주요모티프로 차용된다.

> 셀라시에 황제 시절의 에티오피아로 가고 싶다/프랑스 시인 랭보도 그랬을 것이다/강릉에서 예가체프 커피를 마신 것도/그래서였다/나는 강릉에서 배운 대로/서울 서촌에서 예가체프 한 봉지를 산다/랭보의 시를 이해하려는 시간의/모음 봉지/아마 이상의 까마귀도 들어 있을지 모른다/아해들이 막다른 골목길을 달려가기도 할 것이다/황제와 랭보와 이상이/함께 예가체프 커피를 마시고 있는 걸/목격하려는 순간이기도 하다.[265]

커피 원산지인 아프리카 에티오피아에서 자생하는 예가체프는 산미(달콤한 신맛)가 느껴지는 '커피의 귀부인'으로 불린다. 시인은 시공간을 초월해 황제, 랭보, 이상이 커피마시는 장면을 환상적으로 그린다. 탄생한

264 이순원, 『강릉에 가고 싶다』, 윤커뮤니케이션즈, 2009, 180쪽.
265 윤후명, 〈예가체프 커피〉, 『새는 산과 바다를 이끌고』, 은행나무, 2017, 326쪽.

순간부터 문화의 일부였던 카페는 자유인들이 즐겨 찾는 곳으로 반 고흐는 카페의 색을 그렸고 랭보는 카페의 시를 노래[266]했다. 윤후명은 〈강릉 커피 축제에서〉, 〈대관령 호랑이는 루왁 고양이를 키운다〉와 같은 시에서도 커피도시, 커피, 카페 등의 소재를 차용하면서 로컬리티와 커피가 함의하는 인생의 은유를 구사한다.

6. 로컬푸드(소울푸드)와 지역정체성

문학은 현실을 반영하고 재현하는 예술장르이기에 의식주 문화생활은 작품과 밀접한 관계가 있다. 작가에게 고향은 자신의 존재증명이자 뿌리의 기원이며 자아정체성을 확인하는 장소이다. 유소년기의 무의식 속에서 고향은 로컬리티, 트라우마, 보호와 안전, 모성과 자궁, 노스탤지어의 의미를 지닌다. 윤후명의 시 〈강릉가는 길〉에서의 '옥수수수염 같은 고향길', 김별아의 〈대관령〉의 '오징어 무거리의 짠 내가 나는 어머니'나 박정윤의 소설 〈트레일러 소녀〉의 '생선 아가미 같은 달', 〈길은 생산 내장처럼 구불거린다〉의 '생선내장처럼 구불거리는 길', 〈미역이 올라올 때〉의 '미끌거리는 미역과 오징어 냄새가 배어있는 스웨터를 입었던 할머니', 김도연의 소설 〈콩 이야기〉의 '까만 쥐눈이콩의 작은 눈 같은 하늘의 별'과 같은 문학적 묘사엔 강릉 출신 작가의 고향의식과 로컬리티 특징이 자연스럽게 내재된다. 강원도민을 '감자바우'라고 하듯이 감자와 옥수수는 대표적인 로컬리티 음식으로, 윤후명에게 감자는 전쟁재난시 감자밭을 걷는 군인이 연상됨으로써 공포와 비밀, 은닉과 죽음의 이미지로 재현된다. 김별아 소설에선 어린 시절 집안에서 늘 감자먹거리를 준비하던 어머니에 대한 향수와 휴게소에서 파는 감자음식을 통해 강릉에 거의 다 왔음을 알리는 지역표식으로 그려진다. 이순원 소설 속 감자와 옥수수는 1960년대

266 크리스토프 르페뷔르, 앞의 책, 12~13쪽.

의 궁핍했던 마을주민의 일상과 미국원조로 다가와 계급의식과 구별짓기를 드러낸다.

바다인접지대, 바닷가마을인 강릉시의 주요먹거리 중의 하나는 생선, 미역과 같은 해산물인바 박정윤 소설 속 생선은 여성혐오로서의 아브젝트, 성적 기호로 표상되며, 미역은 모녀의 운명과 팔자를 드러낸다. 윤후명의 50년대 배경 소설의 꽁치나 도치는 거리에서 구워 파는 간식으로 주민들이 즐겨먹었으며, 도치, 꾹저구 등의 물고기는 작가 자신의 타자성과 동일시되어 불편하고 고통스러웠던 삶의 은유로 제시된다. 최성각, 김도연, 윤후명 작품의 곰취, 무배추, 콩 등을 통해 대관령 고랭지, 육백마지기, 안반데기 등 산세가 거칠고 높으며 자연 그대로의 모습을 지닌 강원지형의 생태주의적 특색을 드러낸다. 지역음식문화는 로컬리티의 다양한 환경 속에 특수성이 구성되며 이는 마을주민의 성정과 생활습관, 태도, 형태에 영향을 끼친다. 단오제와 함께 매년 커피축제가 개최되는 커피도시로 거듭난 강릉은 새로운 전통을 구축하였다. 천혜자연의 보고이자 문화적 자산을 소유한 강릉시는 이전부터 바다경관 속에서 커피 한잔을 마시며 휴식과 낭만, 상처치유를 보듬는 관광명소이기 때문에 바다와 커피와 카페가 결합되어 새로운 전통문화를 구축하였다. 윤후명 문학은 이를 소재로 차용되며, 앞으로도 강릉 배경 문학에서 커피음료문화는 다채롭게 문학소재로 등장하리라 전망된다.

이와 같이 윤후명 문학의 50년대 감자 표상, 꾹저구, 도치, 곰취, (모래)커피는 서정적이고 유니크한 상징적 이미지가 동원되며, 이순원 소설의 60년대 옥수수죽은 가난과 미국원조, 아비투스로, 김별아 소설의 감자의 썩은 냄새에선 바닷가 여성의 삶의 질곡과 지역표식으로, 박정윤 소설의 생선이 지닌 비릿한 냄새와 내장은 비체, 여성혐오, 성적 기호로, 최성각, 김도연 소설의 콩, 무배추 농사와 산나물은 강원지역이 사람과 문명이 닿지 않은 미지의 고랭지가 많은 공간임을 드러낸다.

7부 강원문학의 지역성과 정체성

2000년대 중반부터 주목받는 로컬리티 연구는 전지구화와 포스트모던 현상이 배경을 이룬다. 고정된 것이 아니라 끊임없이 유동하는 로컬은 중앙, 국가에 대한 비판과 구역별로 논의하는 공간인식의 변화와 함께 형성된 개념이다. 지방자치제도와 글로컬리즘은 각 지역마다 자기 출신 및 거주 작가 발굴 및 문학연구, 문학관, 생가, 시비 조성 및 다양한 행사 주최를 통해 지역문학을 구축하고 지역정체성을 정립하고자 한다. 지역문학 연구는 서울, 중앙 위주의 문학에 대한 저항이자 중심의 해체라는 긍정적 의미를 지니지만 전통적인 향수, 치유, 전근대성, 모성공간, 원초성과 같은 이미지로 타자화하거나 대상화되기 때문에 경계해야 한다. 지역문학과 지역정체성은 지역민의 충분한 논의와 정밀한 객관적 기준 속에서 이뤄져야 할 것이다.

1부는 로컬리티 개념과 강원문학 및 작가들에 대한 글이다. 2부는 일제강점기 춘천 실레마을 출신의 김유정(1908~1937), 봉평이 고향인 이효석(1907~1942), 철원 출신의 월북작가 이태준(1904~1978) 문학을 고찰했다. 1장의 김유정은 30여 편의 많지 않은 단편을 남겼으나 식민지 농촌의 잔혹하고 고통스러운 현실을 유머러스하고 해학적으로 전개하는 완성도 높은 작품을 구축했다. 그의 농촌 배경 소설엔 궁핍, 유랑으로서의 고향의식, 질박하고 숙명론적인 강원도민의 가치관, 민요/민속 소재와 토착어/구어/감(청)각어로서의 로컬리티 언어 등의 특징이 나타났다.

2장의 이효석의 영서 삼부작은 전근대와 근대가 혼효되어 개발되는 식민지현실을 당대 풍속의 재현, 축첩 · 패륜 · 불륜이라는 성 모랄과 근대인의 욕망, 문명의 유입 등으로 표출되었다. 두 작가의 소설은 당대의 강원 영서지역의 풍속과 민속, 주술, 마을전통행사 자료의 보고로도 의미를 갖는다. 3장의 김유정과 이효석의 음식과 성 비교 연구에서는 육식성과 샤리바리적 응징을 통해 식민지 현실을 우회적으로 그린 김유정 소설을 도스토예프스키적으로, 관능성과 유토피아 지향으로 표상되는 이효석 소설을 톨스토이적으로 보았다. 4장에서는 고향과 거리를 두고자 한 이효석의 고향의식과 더불어 원주민의 자본주의 욕망이 표출되는 '초라한 고향'이,

김유정은 들병이, 유랑민의 이동하는 극한적인 삶과 '귀여운 전원'이, 낙원이 실낙원이 된 고향을 회복하려는 이태준의 교육, 계몽에 대한 열망을 '상실된 유토피아'로 작가의 고향의식과 재현양상이 드러났다.

3부에서는 강릉 출신 작가인 김동명(1900~1968)과 신봉승(1933~2016)의 문학세계를 살펴보았다. 강릉에서 태어난 김동명은 시인이자 수필가, 정치평론가, 대학교수, 참의원 등을 역임했다. 1장에서는 산문에 나타난 타자지향성과 디아스포라의식을 고찰했다. 서정수필 속 의인화 기법과 타자윤리학, 어머니 이미지와 고향의식, 자연친화적인 동식물 상상력과 함께 월남여정을 다룬《월남기》와 피난여정을 다룬《어두움의 비탈길》을 분석했다. 2장에서는 정원, 뜰로 표상되는 정주 욕망과 거리로 표상되는 이주 욕망의 길항 속에서 탄생한 작가(시인)로서의 삶과 이방인의식 속에 자유, 인권, 민주적 가치를 추구했던 지식인(정치가)으로서의 삶으로 구분해 김동명의 양가적 삶을 이해했다.

3장에서는 시와 수필에 나타난 김동명의 바다, 정원, 도시로 상징되는 공간적 상상력을 고찰했고, 4장에서는 그의 문학공간적 특징을 헤테로토피아로 보았다. 노스텔지어와 아토피아로서의 이국, 자본주의적 근대도시로서의 서울/매음굴, 에코토피아와 유토피아로서의 정원, 디스토피아로서의 감옥, 수용소, 피난지, 전쟁터를 통한 김동명 문학공간의 특성을 파악했다. 5장에서는 로컬리티와 연관하여 2013년 개관한 강릉시 사천면 소재의 김동명문학관의 설립과 고향의식, 지역이미지가 어떻게 표현되는지 탐색했다. 6장에서는 드라마 〈조선왕조 오백년〉의 극작가 신봉승의 시세계에 나타난 로컬리티와 문학적 특징을 분석했다. 시집『초당동 소나무 떼』,『초당동 아라리』는 강릉시민의 시대적 질곡과 삶의 비애와 소나무, 진또배기, 허난설헌, 바다/파도. 대설/바람 등 강릉지역의 문화적 기후적 풍속적 표식과 흔적이 고스란히 담겨있다. 7장에서는 역사서, 역사드라마, 역사학술서 등을 남긴 신봉승의 역사적 정치적 입장을 살펴보았다. 역사의 대중화를 추구한 신봉승은 리더십, 국가론, 정치가의 조건 및 정치현실을 거론하면서 역사인물을 현대적 관점에서 사유했다.

4부에서는 영동 강릉 출신 작가 윤후명(1946~), 이순원(1957~), 최성각(1959~)의 작품세계를 논했다. 1장에서는 자전적 소재로 본 윤후명 여행판타지를 대상으로 전국 전세계를 떠돈 여행자의 최종 목적지가 자신의 고향 강릉이라는 사실과 6.25전쟁체험, 부친사망, 모친재혼 등으로 인해 분열되고 혼란된 정체성을 통한 자아 찾기라는 주제의식이 고향을 잃어버린 현대인의 모습으로 확장되어 공감을 얻는다. 2장에서는 전쟁재난과 호환공포 모티프를 통한 윤후명 소설의 로컬리티 특성을 고찰했다. 고향이 낯설고 생경한 그의 고향의식 속에 나타난 작품엔 민속, 설화, 축제, 고전 등의 강릉 관련 소재가 차용되었고 창작소재의 원천인 임당동과 바다 공간에 주목했다. 자신을 받아들이지 않는 상처뿐인 고향방문에서 지역원형의 문학적 형상화를 통한 존재증명이 여러 편의 소설에서 형상화되었다.

3장에서는 이순원의 작품집 『말을 찾아서』를 연구대상으로 전화(편지)로 인한 고향방문 여행서사적 특징과 식민화 전근대화된 토착민 이미지, 대상화 신비화된 여성 이미지, 상처 훼손 은닉 고립으로서의 도피자 이미지로서 묘사되며, 이러한 타자화된 강원(영동)의 정체성은 만들어지고 발견된 것으로 보았다. 4장에서는 도배식이 계승되는 위촌리 출신의 이순원 소설에 나타난 부권적 유교문화와 가족자아, 당숙으로 표상되는 연고주의적 정서로 나타나는 가부장적 보수적 특징과 더불어 여성, 아이, 서자, 동물로 대변되는 타자의 상처와 목소리가 침묵 혹은 유실되는 퇴행적 화해의 문제점을 지적했다. 5장에서는 환경운동가이자 소설가인 최성각 문학의 타자의식과 생태주의적 특성을, 6장에서는 생태문학에 나타난 영월 동강에 대한 사유와 생태보존을, 자본의 전지구화와 에코토피아로서의 히말라야를 통한 작가의 절실하고도 의식 있는 생태적 사유를 고찰했다.

5부는 영서지역 재현 양상과 문학적 특징에 대한 연구이다. 1장에서는 1980년에 이사해 30여년을 원주에서 머문 박경리(1927~2008) 문학에 나타난 신분 정체성과 연애(혼사) 장애에 대한 소고이다. 전근대와 근대의 이행기였지만 신분으로 인한 차별과 낙인은 여전히 삶을 지배했다.《토지》의 최씨집안 여성 3대인 윤씨부인, 별당아씨, 최서희의 불륜과 가출, 낙혼상황은 양반 가부장제 사회의 근간을 흔드는 상징적 의미를 지닌다. 동등하지 못한 결혼에서 신분의 열세인 신분적 타자들은 박해와 학대, 소외를 겪었기에 낙혼과 앙혼은 고통을 주었다. 신분 콤플렉스로 인한 연애, 결혼 장애가 발생된 역사적 전환기의 청춘들을 통해 정치하고 날카로운 시대인식이 그려졌다. 2장에서는 시와 수필에 나타난 박경리의 원주 로컬리티를 고찰했다. 김지하 시인의 장모이자 생명사상을 구축한 그녀는 생명과 동학과 반역의 도시인 원주와 필연적으로 이어졌다.《토지》 4,5부를 집필한 원주에서 그녀는 고향 통영, 서울 정릉집과 다르게 평온하고 안정을 찾아갔고 원주 회촌마을, 매지리, 치악산, 단구동에 대한 단상을 남겼다. 사마천과 스피노자의 삶에 공감한 그녀는 글쓰는 사람의 절대고독과 외로운 자유를 선택하며 진정한 원주사람, 원주토박이가 되었고, 도종환의 시 〈원주〉, 이기호의 소설 〈원주통신〉에도 원주, 박경리가 접속되어 나타난다.

3,4장은 원주 출신 작가 이기호(1972~)의 문학세계를 탐색했다. 소설 속 197,80년대 중소도시 원주는 유명작가의 거주와 군사도시, 민주화의 성지로 구현되며, 폭력적이고 억압적이며 인권유린의 우리 사회를 알레고리화한다. 2000년대 문학의 자장 안에서 형성된 그의 소설은 이야기체 서사전략과 독특한 구연방식, 실험적인 소설양식이 제시되고, 타자를 고통스럽게 하는 현실을 날카롭게 비판하며 죄의식과 수치심이 어떻게 형성되는가를 묻는다. 5장은 춘천 출신으로 원주에 거주하는 김희선(1972~)의 소설세계를 고찰했다. SF상상력과 혐오문제를 다룬 그녀의 문학엔 기원탐사와 예속된 앎의 사유, 중심해체와 이동하는 공간, 타자의 고통이 드러난다. 우주적 미래사회에도 여전히 남아있는 타자를 향한 혐오, 폭력, 차별 문제를 과학적 객관적 근거를 제시하며 일갈하는 그녀의 문학적 소명이 돋보인다.

6장은 원주시 재현 양상을 주제로 이기호 소설의 7,80년대 원주 복원과 실격된 '차남'의 세계를, 김희선 소설의 외계인 상상력 및 혐오와 배제의 정동을 통한 원주시가 그려졌다. 7장은 원주 출신 거주 작가를 연구대상으로 로컬리티가 다채롭게 재현됨을 분석했다. 원주시는 군사도시 정체성과 소시민의 생활터전, 생태 · 생명 · 치유의 공간, 민주화의 성지, 세계의 중심으로서의 타자의 공간 등으로 묘사되었다. 8장에서는 양구 출신의 화가 박수근(1914~1965)의 그림에 나타난 로컬리티 특성과 화가와 연관된 박완서의 《나목》, 이경자의 《빨래터》, 김혜순의 〈납작납작-박수근 화법을 위하여〉, 김용택의 〈이 소 받아라-박수근〉을 분석했다. 향토작가, 서민작가, 가장 대표적인 한국작가인 박수근 회화의 질박하고 자연친화적이며 타자지향적인 특징과 이에 영감 받은 문학작품을 통한 화가의 성정과 일상을 살펴봄으로써 미술과 문학의 상호텍스트성을 고찰했다.

6부는 영동지역 재현 양상과 문학적 특성에 대한 글이다. 1장에서는 강릉 출신 소설가 박정윤(1971~) 문학에 나타난 소녀표상과 그로테스크 반미학, 반가족 · 반성장 모티프와 동기간 연대, 그로테스크한 몸과 페미니즘 반미학을 진단했다. 바다인접지역 출신인 작가는 강력한 페미니즘적 사유을 중심으로 한 남성중심사회에 대한 모순과 부조리를 바리데기 신화의 주인공인 소녀 인물형상을 독창적이고 참신하게 표상했다. 2장에서는 평창, 강릉에서 유치된 2018 평창동계올림픽 유치를 기념하고자 영동문학과 올림픽 손님맞이를 주제로 생태주의적 다문화주의적 관점에서 이순원, 최성각, 윤후명, 김형경 등의 작품을 분석했다.

3장은 강릉 출신 작가의 고향의식과 로컬리티 재현 양상을 살폈다. 강릉은 일시적 머묾의 장소로서의 여행지, 상처대면과 상처치유의 장소, 인습과 전통의 향촌공동체, 자연친화적 생태주의적 공간으로 표상되었다. 4장 역시 강릉작가의 작품 속 고향의식을 살펴본바, 윤후명은 재난 바다 설화 소재와 공포/은폐의 고향으로, 이순원은 향촌 · 농경 · 정법 공동체로서의 고향 위촌(우추리)으로, 김도연은 폭설과 리얼리티/판타지의 경계 공간으로, 김별아는 대관령의 의미와 사랑 · 상처 · 성장 서사 공간으로, 박정윤은 신화의 재해석과 타자의 귀환 공간으로 재현했다. 5장에서는 문학 속에 나타난 음식(재료)의 함의에 대해 살펴보았다. 강원도를 대표하는 음식인 감자와 옥수수에서는 가난, 공포, 지역표식이, 생선과 미역은 혐오 운명 성적 기호가, 곰취, 무배추, 콩에는 지형 · 생태 · 농경공동체가, 커피는 지역문화 전통구축과 휴식과 낭만으로서의 의미가 담겨있다, 이 책은 강원도 영동/영서 지역을 재현한 문학과 강원도 출신 및 거주 작가를 대상으로 강원문학 정체성과 강원 로컬리티의 특성을 고찰하였다.

발표지면

- 김유정 문학과 로컬리티: 『배달말』 제64집, 배달말학회, 2019.6.
- 이효석의 영서 삼부작 연구: 『한중인문학연구』 제47집, 한중인문학회, 2015.6.
- 김유정 이효석 소설의 음식과 성 비교 고찰: 『한중인문학연구』 제55집, 한중인문학회, 2017.6.
- 김유정 이효석 문학 비교 연구: 『한중인문학연구』 제65집, 한중인문학회, 2019.
- 1930년대 소설의 영서지역 재현 양상: 『해람인문』 제45집, 강릉원주대 인문학연구소, 2018.2.
- 김동명 산문의 타자지향성과 디아스포라의식: 『김동명문학연구』 제1호, 김동명학회, 2014.가을.
- 김동명의 작가(시인)로서의 삶, 지식인(정치가)으로서의 삶: 『김동명문학연구』 제2집, 김동명학회, 2015.10.
- 김동명 문학의 공간적 상상력: 『김동명문학연구』 제4호, 김동명학회, 2017.10.
- 김동명 문학공간의 헤테로토피아적 특성: 『김동명문학연구』 제5호, 김동명학회, 2018.10.
- 김동명 문학관과 로컬리티: 『김동명문학연구』 제6집, 김동명학회, 2019.10.
- 신봉승 시문학의 초당 표상과 고향인식: 『해람인문』 제44집, 강릉원주대 인문학연구소, 2017.8.
- 신봉승 문학의 사회적 상상력: 『길』 73, 강릉예총, 2017, 12.
- 자전적 소재로 본 윤후명 여행판타지소설의 함의: 『한민족어문학』 제69집, 한민족어문학회, 2015.
- 윤후명 소설의 원형적 탐색-전쟁재난과 호환공포 모티프: 『한중인문학연구』 제59집, 한중인문학회, 2018.
- 윤후명 소설의 서사구조적 특질: 『한어문교육』 제38집, 한국언어문학교육학회, 2016.11.
- 이순원 여행서사 속의 타자화된 강원(영동): 『우리문학연구』 제42집, 우리문학회, 2014.4.

- 이순원 소설의 로컬리티와 향촌공동체 특성 연구: 『우리문학연구』 제70집, 우리문학회, 2021.4.
- 여행과 디아스포라 관점에서 본 〈토지〉의 인물 양상: 『한국문학논총』 제67집, 한국문학회, 2014.8.
- 〈토지〉에 나타난 신분 정체성과 연애(혼사)장애 모티프: 『우리문학연구』 제48집, 우리문학회, 2015.
- 이기호 소설의 197,80년대 중소도시 표상: 『우리문학연구』 제57집, 우리문학회, 2018.
- 2000년대 소설의 원주시 재현 양상: 『운곡논총』 제10집, 운곡학회, 2021.8.
- 최성각 문학의 타자의식과 생태주의적 특성: 『한국문학논총』 제86집, 한국문학회, 2020.12.
- 박정윤 소설의 소녀표상과 그로테스크 반미학: 『배달말』 제68집, 배달말학회, 2021.6.
- 생태적 다문화적 관점으로 본 영동문학과 올림픽 손님맞이: 『인문학보』 제40집, 강릉원주대 인문학연구소, 2015.
- 강릉 출신 작가의 고향의식과 로컬리티 재현 양상: 『임영문화』 제44집, 강릉문화원, 2020.
- 강릉 로컬리티와 고향을 드러내는 방식: 『해람인문』 제49집, 강릉원주대 인문학연구소, 2021.
- 강릉문학 속 로컬리티와 음식(재료)의 함의: 『임영문화』 제46집, 강릉문화원, 2022.
- 한국현대소설 속 원주표상과 로컬리티 연구-원주 출신 및 거주 작가를 중심으로: 『운곡논총』 제14집, 운곡학회, 2023.

참고문헌

■ 1차 자료

김도연, 『0시의 부에노스아이레스』, 문학동네, 2002.

______, 『강릉바다』, 교유서가, 2018.

______, 『嶺(영)』, 이른아침, 2012.

______, 『이별전후사의 재인식』, 문학동네, 2010.

______, 『콩 이야기』, 문학동네, 2017.

김동명, 『적과 동지』, 창평사, 1955.

김동명문집간행회, 『나는 증언한다』, 장안서림, 1956.

______________, 『모래 위에 쓴 낙서』, 장안서림, 1956.

김별아, 『꿈의 부족』, 문이당, 2002.

______, 『내 마음의 포르노그라피』, 이룸, 2000.

김용택, 『나무』, 창작과비평사, 2002.

김유정, 유인순 편, 『정전 김유정 전집』 1-2권, 소명출판, 2021.

김유정, 전신재 편, 『원본김유정전집』, 강, 2012.

김형경, 『꽃피는 고래』, 창비, 2008.

김혜순, 『또 다른 별에서』, 문학과지성사, 1981.

김희선, 『골든 에이지』, 문학동네, 2019.

도종환, 〈원주〉, 『꽃은 젖어도 향기는 젖지 않는다』, 한겨레출판, 2011.

김희선, 『라면의 황제』, 자음과모음, 2014.

박경리, 『가설을 위한 망상: 신원주통신』, 나남, 2007.

______, 『못 떠나는 배』, 지식산업사, 1988.

______, 『버리고 갈 것만 남아서 참 홀가분하다』, 마로니에북스, 2008.

______, 『생명의 아픔』, 마로니에북스, 2016.

______, 『원주통신』, 지식산업사, 1985.

______, 『토지』 1~12, 삼성출판사, 1988, 13~16, 솔출판사, 1993.

박수근, 『박수근 도록』, 마로니에북스, 2009.

박완서, 『나목』, 세계사, 2012.

박정윤, 『목공소녀』, 자음과모음, 2015.
______, 『프린세스 바리』, 다산책방, 2012.
상허학회 편, 『이태준전집』, 소명출판, 2015.
신봉승, 『TV드라마 시나리오: 창작의 길라잡이』, 선, 2001.
______, 『국가란 무엇인가』, 청아출판사, 2011.
______, 『국보가 된 조선 막사발: 신봉승 역사에세이』, 삶과 꿈, 2000.
______, 『세종, 대한민국의 대통령이 되다』, 청아출판사, 2012.
______, 『신봉승의 조선사 나들이』, 답게, 1996.
______, 『역사가 지식이다: 신봉승 자전에세이』, 선, 2013.
______, 『역사란 무엇인가』, 청아출판사, 2011.
______, 『조선도 몰랐던 조선』, 청아출판사, 2009.
______, 『초당동 소나무떼』, 나남, 1990.
______, 『초당동, 아라리』, 갑인출판사, 1993.
오탁번, 〈아버지와 치악산〉, 『아버지와 치악산』, 태학사, 2018.
원재길, 『장 선생, 1983년 9월 원주역』, 단강, 2020.
윤후명, 『윤후명소설전집』 1~12권, 은행나무, 2017.
______, 『곰취처럼 살고 싶다』, 민족사, 1997.
______, 『새는 산과 바다를 이끌고』, 은행나무, 2017.
이경자, 『빨래터』, 문이당, 2009.
이기호, 〈말과 말 사이-원주통신2〉, 『그 길 끝에 다시』, 바람, 2014.
______, 「예술원에 드리는 보고」, Axt 37, 2021.7.8.
______, 『갈팡질팡 하다가 내 이럴 줄 알았지』, 문학동네, 2006.
______, 『김박사는 누구인가?』, 문학과지성사, 2013.
______, 『누가 봐도 연애소설』, 위즈덤하우스, 2020.
______, 『누구에게나 친절한 교회 오빠 강민호』, 문학동네, 2018.
______, 『사과는 잘해요』, 현대문학, 2009.
______, 『세 살 버릇 여름까지 간다』, 마음산책, 2017.
______, 『웬만해선 아무렇지 않다』, 마음산책, 2016.
______, 『차남들의 세계사』, 민음사, 2014.
______, 〈원주통신〉, 『갈팡질팡하다가 내 이럴 줄 알았지』, 문학동네, 2006.
이순원, 『강릉에 가고 싶다』, 포럼, 2009
______, 『그가 걸음을 멈추었을 때』, 생각의 나무, 2003.

이순원, 『말을 찾아서』, 문이당, 1997.
______, 『수색, 그 물빛 무늬』, 민음사, 1996.
______, 『워낭』, 실천문학사, 2010.
______, 『은빛낚시』, 이룸, 2005.
______, 『첫사랑』, 세계사, 2000.
______, 『해파리에 관한 명상』, 작가정신, 1998.
______, 『첫눈』, 뿔, 2009.
이인휘, 『부론강』, 목선재, 2020.
이태준, 상허학회 편, 『이태준전집』1-7, 소명출판, 2017.
이효석, 『이효석전집』 1-8, 창미사, 1983.
이효석문학재단 엮음, 『이효석전집』1-6, 서울대출판문화원, 2016.
장은영 엮음, 『김동명 시선』, 지식을만드는지식, 2012.
최성각, 『거위, 맞다와 무답이』, 실천문학사, 2009.
______, 『나는 오늘도 책을 읽었다』, 동녘, 2010.
______, 『달려라 냇물아』, 녹색평론사, 2007.
______, 『모르는 사람들』, 고려원, 1990.
______, 『부용산』, 솔, 1998.
______, 『쫓기는 새』, 실천문학사, 2013.

■ 논문

강동호 · 강지희 · 김나영 · 송종원, 「리뷰 좌담: 이야기의 인력, 떠오르는 여백: 2010년 봄의 한국소설」, 『문학동네』 제17권 2호, 문학동네, 2010.
강릉원주대 인문학연구소, 「문화올림픽으로서 2018 평창동계올림픽」, 2013.11.26.
강선형, 「푸코의 생명관리정치와 아감벤의 생명정치」, 『철학논총』 제78집, 새한철학회, 2014
강은정, 「윤후명 소설 속에 나타나는 현상학적 존재의식」, 부산대 석사학위논문, 2003.
강찬모, 「박경리소설 〈토지〉에 나타난 강도의 이주와 디아스포라의 귀소성 연구」, 『어문연구』 59권, 어문연구학회, 2009.
고명철, 「시대고(時代苦)를 견디는 몽환의 비의성(秘儀性)과 자기존재의 정립: 윤후명의 실크로드 여행서사를 중심으로」, 『한민족문화연구』 제38권, 2011.
고영진, 「이기호 소설에 드러난 글쓰기 방법으로서의 환상과 윤리」, 『현대문학이론연구』 제44권, 현대문학이론학회, 2011.
고은미 · 윤정룡, 「성장소설의 시대적 차이 연구」, 『교육연구』 제10권, 한남대 교육연구소, 2002.
고인환, 「1980년대 문학을 타자화하는 한 방식」, 『한국의 민속과 문화』 제4권, 경희대 민속학연구소, 2001.
고인환 · 이기호, 「갑자기 꽝 다가오는 인물을 찾아서」, 『문학과경계』 6, 문학과경계, 2006.
공주형, 「박수근 회화의 타자의식 연구」, 『기초조형학연구』 제63호, 한국기초조형학회, 2014.
구모룡, 「장소와 공간의 지역문학」, 『어문론총』 제51호, 한국문학언어학회, 2009.
권명아, 「세계로 향한 구석, 무한으로 향한 내밀」, 『작가세계』 제27호, 세계사, 1995. 겨울.
권성우, 「이태준의 수필 연구」, 『한국문학이론과 비평』 제22집, 한국문학이론과비평학회, 2004.
권채린, 「김유정 문학의 향토성 재고」, 『현대문학의 연구』 제41권, 한국문학연구학회, 2010.
김건형, 「동양주의 담론에 대응하는 이효석의 '서구' 표상과 댄디로서의 조선문학」, 『구보학보』 제14권, 구보학회, 2016.
김경화, 「윤후명과 T.S.Eliot, 그리고 고향」, 『해람인문』 제45집, 강릉원주대 인문학연구소, 2018.
김경환, 「강원도 원주시의 도시 경제 경쟁력 분석」, 강원대 석사학위논문, 2012.
김광억, 「지방의 생산과 그 정치적 이용」, 『한국문화인류학』 제29집, 한국문화인류학회, 1996.
______, 「'지방'의 생산과 그 정치적 이용」, 『한국문화인류학』 제29권, 한국문화인류학회, 1996.
______, 「음식의 생산과 문화의 소비」, 『한국문화인류학』 제26권, 한국문화인류학회, 1994.
김대성, 「DJ, 랩퍼, 소설가 그리고 소설: 김중혁과 이기호의 소설에 관하여」, 『작가세계』 제75권, 세계사, 2007.
김동식 · 김별아 인터뷰, 「쓴다는 것의 동인」, 『작가세계』 2015.가을.
김동원, 「어떤 연금술사의 사랑만들기」, 『협궤열차』, 동아출판사, 1995.
김동윤 · 배상준, 「인공지능과 디지털 기술 발달에 따른 트랜스/포스트휴머니즘에 관한 학제적 연구」, 『방송공학회논문지』 제24권, 방송공학회, 2019.
김만수, 「자신의 운명을 찾아가기」, 『작가세계』 제22권, 세계사, 1994, 8.
김명석, 「이기호 소설 〈최순덕 성령충만기〉를 활용한 패러디 수업 사례 분석」, 『문학과종교』 제17권2호, 한국문학과종교학회, 2012.
김명준, 「경계선과 깨뜨림의 미학: 〈토지〉의 최씨 가문 여성 삼대를 중심으로」, 『우리문학연구』 제21권, 우리문학연구회, 2007.
김명환, 「2000년대 한국문학의 활력」, 『실천문학』, 실천문학사, 2007.8.
김명훈, 「한국문학 로컬리티 연구의 전개 양상과 남은 과제들」, 『어문론총』 제68호, 한국문학언어학회, 2016.
김문조, 「코스모폴리탄 사회학」, 『한국사회학』 제43집, 한국사회학회, 2009.
김미경, 「상상계와 현상계의 사이: 헤테로토피아로서의 하얼빈」, 『인문연구』 제70호, 영남대 인문과학연구소, 2014.
김미영, 「박완서의 장편소설에 나타난 음식의 문학적 재현과 의미」, 『한국문예비평연구』 제68권, 한국현대문예비평학회, 2020.
______, 「소설교육의 한 가능성: 생태소설을 중심으로」, 『어문논문』 제33권, 한국어문교육연구회, 2005.
______, 「이효석의 비소설류 글에 대한 고찰」, 『국학연구』 제12집, 한국국학진흥원, 2008.
김미지, 「동아시아와 식민지 조선에서 크로포트킨 번역의 경로들과 상호참조 양상 고찰」, 『비교문화연구』 제43권, 경희대 비교문화연구소, 2016.
김복순, 「소녀의 탄생과 반공주의 서사의 계보」, 『한국근대문학연구』 18, 한국근대문학회, 2008.
김봉군,「한국문학과 생태학적 상상력」,『한국문예비평연구』제8권, 한국현대문예비평학회, 2001.
김분선, 「자기 배려 주체의 공간, 헤테로토피아」, 『근대철학』 제10집, 서양근대철학회, 2017.
김성곤, 「메타픽션」, 『외국문학』 제18호, 열음사, 1989.
김성만, 「1980년대 한국의 정치변동: 1979~1987」, 연세대 석사학위논문, 2002.
김신정, 「정지용산문연구」, 『상허학보』 제5호, 상허학회, 2000.
김　영, 「근대전환기 지식인의 이국체험과 세계관의 변화」, 『한국고전연구』 제17집, 한국고전연구학회, 2008.
김영선, 「결혼 · 가족담론을 통해본 한국 식민지 근대성의 구성요소와 특징」, 『여성과 역사』 제13권, 한국여성사학회, 2010.
김옥선, 「1960-70년대 한국소설에 나타난 지역 식민화 연구」, 경성대 박사학위논문, 2015.
김옥영, 「강릉방언의 음식명 연구」, 『국어국문학』 제179집, 국어국문학회, 2017.
김월정, 「나의 아버지 초허 김동명」, 『문예운동』 제86호, 문예운동사, 2005.
김윤선, 「녹색성장시대, 새로운 글쓰기: 최성각의 생태문학을 중심으로」, 『문학과 환경』 제9권, 문학과환경학회, 2010.
김윤식, 「환각과 울림의 공명관: 협궤열차 윤후명의 헤매기와 그 벗어나기론」, 『가장 멀리 있는 나』, 문학과지성사, 2001.
김윤정, 「김동명 시에 나타난 '주체의식' 연구」, 『김동명문학연구』 제1집, 김동명학회, 2014.
김은하, 「아파트 공화국과 시기심의 민주주의」, 『여성문학연구』 제39호, 한국여성문학학회, 2016.
김정남, 「강릉단오제 관련설화와 한국현대소설」, 『한민족문화연구』 제49권, 한민족문화학회, 2015.
김정월, 「나의 아버지 초허 김동명」, 『문예운동』 제86호, 문예운동사, 2005.
김정현, 「1930년대 모더니즘 담론에 나타난 '심리적 리얼리티' 개념에 대한 일고찰」, 『어문연구』 제44권, 한국어문교육연구회, 2016.
김종기, 「예술작품에서 지시성의 문제」, 『철학논총』 제76집, 새한철학회, 2014.
김종우, 「윤학로, 김유정문학촌과 이효석문학관의 운영과 전망」, 『비교문학』 제41권, 한국비교문학회, 2007.
김종우 · 강지웅, 「'빨갱이' 담론의 적대성 변화」, 『통일인문학』 제86집, 건국대 인문학연구원, 2021.
김주리, 「김유정 소설에 나타난 파괴적 신체 고찰」, 『한국문예비평연구』 제21권, 한국현대문예비평학회, 2006.
김주언, 「한국 음식소설의 맥락과 가능성」, 『우리어문연구』 제52집, 우리어문학회, 2015.
김준기 편집, 『박수근: 봄을 기다리는 나무』, 국립현대미술관, 2021.
김준영, 「한국천주교회의 "사회참여"와 "쇄신"에 대한 교회사적 고찰」, 대구가톨릭대 석사학위논문, 2017.
김 참, 「한국현대시에 나타난 이상향 연구」, 인제대 박사학위논문, 2009.
김 철, 「민족-멜로드라마의 악역들: 〈토지〉의 일본(인)」, 『일본비평』 제3권, 서울대 일본연구소, 2010.

김택중, 「심층심리의 소설적 변용: 김소진과 이순원의 소설을 중심으로」, 『한국언어문학』 제50권, 한국언어문학회, 2003.

김해옥, 「다문화 시대의 문학 작품을 통해 본 한국 문화: 이효석의 〈산협〉을 중심으로」, 『비교문화연구』 제7권, 경희대 비교문화연구소, 2004.

김현숙, 「소외의 미학: 박수근 작품세계의 기조」, 『한국근현대미술사학』 제3권, 한국근현대미술사학회, 1996.

김형규, 「소거된 목소리, 안타까움과 두려움의 거리」, 『2014 올해의 문제소설』, 푸른사상, 2014.

김형수, 「한국문학의 영원한 타자, 지역문학」, 『인문학논총』 제3권, 국립7대학 공동논문집간행위원회, 2003.

김형중, 「다시 '환대'에 대하여」, 『누구에게나 친절한 교회 오빠 강민호』, 문학동네, 2018.

김혜영, 「김유정 소설에 나타난 욕망의 의미」, 『현대소설연구』 제17호, 한국현대소설학회, 2002.

김화경, 「모더니티가 구성한 농촌과 고향: 김유정 농촌소설 재론」, 『현대소설연구』 제39호, 한국현대소설학회, 2008.

김효중, 「김동명과 바쇼의 대비 연구」, 『비교문학』 제34권, 2004.

나병철, 「근대적 환등상 경험과 비동일성의 미학」, 『한국현대문학연구』 제49권, 한국현대문학회, 2016.

남기택, 「강원 영동 지역의 문학적 정체성 연구」, 『현대문학이론연구』 제45권, 현대문학이론학회, 2011.

______, 「김동명, 시, 강릉, 로컬리티」, 『김동명문학연구』 제4호, 김동명학회. 2014.

남기택 · 권석순, 「정치적 상상력과 지역문학: 강원영동남부지역을 중심으로」, 『비평문학』 제47호, 한국비평문학회, 2013.

남상욱, 「문학의 장소, 장소의 문학」, 『일본문화연구』 제69권, 동아시아일본학회, 2019.

남송우, 「지역문학 연구의 현황과 과제」, 『국어국문학』 제144호, 2006.

남진우, 「소설로 읽는 조선왕조 500년: 인기 역사드라마 소설화한 극작가 신봉승」, 『출판저널』 제31권, 대한출판문화협회, 1988.

노대원, 「소설만이 소설을 안다: 이기호와 박형서의 소설들」, 『문학들』 54, 심미안, 2018.11.

두창구, 「강릉 단오제와 연관 설화」, 『관동민속학』 제14권, 강릉무형문화연구소, 2000.
류보선 외, 「심사평: 반복과 차이」, 『프린세스 바리』, 다산책방, 2012.
류보선, 「불량배들의 멜랑콜리와 이야기체의 발명」, 『문학동네』 제13권 2호, 문학동네, 2006.
______, 「해설: 소녀는 인간의 오래된 미래다」, 『목공소녀』, 자음과모음, 2015.
류찬열, 「김용택론: 80년대 시를 중심으로」, 『어문논집』 제27권, 중앙어문학회, 1999.
문강형준, 「왜 재난인가: 재난에 대한 이론적 검토」, 『문학과학』 72, 2012.겨울호.
문재원 외, 「문학연구와 로컬리티 연구」, 『로컬리티 인문학』 17, 부산대 한국민족문화연구소,
문재원, 「지역문학관의 재현과 로컬리티」, 『인문과학연구』 제36권, 강원대 인문과학연구소, 2013.
______, 「한국문학연구에서 로컬리티 연구 성과와 과제」, 『우리말글』 제76집, 우리말글학회, 2018.
______, 「1930년대 문학의 향토재현과 로컬리티」, 『우리어문연구』 제35집, 우리어문학회, 2009.
______, 「한국문학에 재현된 고구마와 지역성」, 『한국지역문학연구』 제8권, 한국지역문학회, 2019.
문형준, 「괴물서사란 무엇인가?」, 『비교문학연구』 제50집, 경희대 비교문화연구소, 2018.
박경진, 「TV드라마 속 왕의 재현방식 변화: 드라마 제작 내부자 관점에서」, 서강대 석사학위논문, 2010.
박근희, 「문학관운영방법론 교과목개발에 관한 연구」, 『문화와융합』 제2호, 한국문화융합학회, 2019.
박기범, 「구어체 소설의 문학교육적 가치」, 『문학교육학』 제51호, 한국문학교육학회, 2016.
박기순, 「푸코의 헤테로토피아 개념」, 『미학』 제83권, 한국미학회, 2017.
박덕규, 이은주, 「분단접경지역 문학공간의 의미」, 『우리문학연구』 제43권, 우리문학회, 2014.
박덕규, 「신봉승 문학과 역사」, 신봉승 문학 조명 세미나 및 토크콘서트, 2014.8.30.
박미경, 「생태위기와 문학의 대응」, 동국대 석사학위논문, 2013.

박병규, 「마술적 사실주의: 문학적 자의식과 문학적 지형도」, 『라틴아메리카연구』 제14권, 한국라틴아메리카학회, 2001

박상민, 「박경리의 〈토지〉에 나타난 근대사회와 유교적 이상의 균열」, 『문학과 종교』 제18권, 한국문학과종교학회, 2013.

박승희, 「로컬리티 문화 표상과 지역문학관의 재구성」, 『한민족어문학』 제72권, 한민족어문학회, 2016.

박영택, 「이웃을 그린 화가 박수근」, 『시민인문학』 제26호, 경기대 인문과학연구소, 2014.

박인정 · 이영관, 「여행의 치유적 가치에 관한 분석심리학적 접근」, 『관광연구저널』 제29권, 한국관광연구학회, 2015.

박지원 · 김희용, 「정동의 관점에서 본 교육의 정치적 침묵」, 『교육의 이론과 실천』 제21권, 한독교육학회, 2016.

박 진, 「시간의 풍화작용을 견디는 힘」, 『첫사랑』, 세계사, 2000.

박해현, 「참을 수 없는 존재의 향내」, 『여우사냥』, 문학과지성사, 1997

박현선, 「김유정의 인식 지평과 존재의 언어」, 『아시아문화연구』 제27권, 경원대 아시아문화연구소, 2012.

박혜경, 「죄 권하는 사회」, 『사과는 잘해요』, 현대문학, 2009.

박혜상, 「2000년대 희극적 소설의 기법 연구: 이기호, 박형서, 박민규의 단편소설을 중심으로」, 고려대 석사학위논문, 2011.

박혜원, 「박경리 〈토지〉의 인물연구」, 이화여대 석사학위논문, 2002.

방민호, 「김유정, 이상, 크로포트킨」, 『한국현대문학』 제44권, 한국현대문학회, 2014.

배원정, 「신예화가 박수근의 등단: 춘천과 평양서의 초기 미술활동을 중심으로」, 『미술사논단』 제54호, 한국미술연구소, 2022.

백승란, 「김동명과 김상용 시의 심상연구」, 충남대 석사학위논문, 2003.

백원담, 「포스트지구화, 새로운 결연의 장소들과 정동정치」, 『황해문화』, 2018. 겨울.

서성록, 「박수근 회화의 기독교적 고찰」, 『신앙과 학문』 제22권, 기독교학문연구회, 2017.

서인석, 「한국 고전산문 속의 음식 표상과 그 생활사적 의미」, 『돈암어문학』 제28권, 돈암어문학회, 2015.

서재길, 「프랑스문학관의 사례로 본 한국근대문학관의 방향」, 『근대서지』 제16호,

근대서지학회, 2017.
서재원,「이효석의 심미적 근대성 연구」,『우리어문연구』 제23권, 우리어문학회, 2004.
서준섭,「지역문학관의 재현과 로컬리티」,『인문과학연구』 제36권, 강원대 인문과학연구소, 2013.
______,「강원도 근대문학 연구에 대하여」,『강원문화연구』 제11권, 강원대 강원문화연구소, 1992.
______,「이효석 소설에 나타난 고향과 근대의 의미」,『강원문화연구』 제17권, 강원대 강원문화연구소, 2000.
서지영,「상실과 부재의 시공간: 1930년대 요리점과 기생」,『정신문화연구』 제32권, 한국학중앙연구원, 2009.
손민달,「한국생태수필의 가능성과 그 양상」,『문학과 환경』 제14권, 문학과환경학회, 2015.
손지연,「나혜석의 구미여행기를 통해본 서구, 아시아 그리고 여성」,『나혜석연구』 4, 나혜석학회, 2014.
송기섭,「장소성과 지역문학」,『비평문학』 제7호, 한국비평문학회, 2019.
송성회,「다문화시대의 생태학적 지혜」,『독일어문학』 제46권, 한국독일어문학회, 2009.
송영순,「김동명시연구」, 성신여대 석사학위논문, 1990.
송희복,「청감의 시학, 생동하는 토착어의 힘; 김유정과 이문구를 중심으로」,『새국어교육』 제77권, 한국국어교육학회, 2007.
신봉승,「아름다운 전원도시: 강릉시」,『도시문제』 제18권, 대한지방행정공제회, 1983.
______,「역사소설의 검증을 서둘러야 한다」,『현대소설연구』 제1호, 한국현대소설학회, 1994.
신수정,「탈고향의 과정과 현대적 감수성의 양상」,『어문연구』 제38권, 한국어문교육연구회, 2010.
신재원,「김유정 소설의 가부장적 질서와 폭력에 대한 연구」,『국어국문학』 제175호, 국어국문학회, 2016.
신형철,「정치적으로 올바른 아담의 두 번째 아이러니」,『갈팡질팡하다가 내 이럴 줄 알았지』, 문학동네, 2006.
신희교,「이효석의 〈산협〉에 나타난 초점화 연구」,『한국언어문학』 제51집, 한국언어문학회, 2003.
심성보,「윤리에 대한 도전」,『윤리교육연구』 제32권, 한국윤리교육학회, 2013.
심은섭,「김동명 시에 나타난 기원 양상 연구」,『한국문예비평연구』 제51권, 한국현대문예비평학회, 2016.
심지영,「박수근 회화에 나타난 여성들」,『현대미술사연구』 제12권, 현대미술사학회, 2000.
안남연,「김승옥, 윤후명 그리고 90년대 작가군」,『현대소설연구』 제14호, 한국현대소설학회, 2001.
안동화 · 김윤식 · 이창기,「향토음식이 지역이미지, 음식관광 및 관광객 행동의도에 미치는 영향」,『호텔관광연구』 제20권, 한국호텔관광학회, 2018.
안미영,「김유정 소설의 문명 비판 연구」,『현대소설연구』 제11호, 한국현대소설학회, 1999.
______,「양(洋)의 이입과 향(鄕)의 발견: 이태준의 〈고향〉에 나타난 고향의 의미를 중심으로」,『어문연구』 제48권, 어문연구학회, 2005.
안성수,「〈하얀배〉의 상호텍스트성 연구」,『현대소설연구』 제13호, 한국현대소설학회, 2000.
양문규,「김유정 소설에 나타난 전통과 서구의 상호작용」,『배달말』 제38권, 배달말학회, 2006.
______,「한국근대문학에 나타난 강원도」,『민족문학사연구』 제44권, 민족문학사학회, 2010.
양미영,「이효석의『벽공무한』과 유토피아」,『현대문학이론연구』 제74집, 현대문학이론학회, 2018.
양운의,「문학의 동시대성에 대하여: 2014년 발표된 장편소설을 중심으로」,『작가들』 52호, 2015.봄호.
양정애,「이청준 소설의 남도 로컬리티 연구」,『비평문학』 제66호, 한국비평문학회, 2017.
양진오,「여행하는 영혼과 여행의 소설」,『작가세계』, 27, 1995.겨울호.
엄경희,「이효석 평론에 나타난 문학 정체성」,『한국문학이론과 비평』 제38집, 한국문학이론과비평학회. 2008.
엄창섭,「강릉문학의 정체성과 사적 고찰」,『강릉학보』 제2권, 강릉학회, 2008.
______,「김동명 산문의 연구」,『관대논문집』 제17권, 관동대학교, 1989.
______,「서정의 시학과 생명외경의 역동성: 신봉승 시인의 따뜻한 감성과 유형적

인상」, 신봉승 문학 조명 세미나 및 토크 콘서트, 2014.8.30.

엄창섭, 「초허 산문의 사상성 고찰」, 『비평문학』 제5호, 한국비평문학회, 1991.

연준모, 「강릉학의 연구 동향 및 지식 구조 탐색」, 『도시인문학연구』 제11권, 서울시립대 도시인문학연구소, 2019.

오세정, 「한국 신화에 나타난 바다의 의미」, 『한국고전연구』 제26집, 한국고전연구학회, 2012.

오승진 · 최은정, 「박수근 회화의 특징과 나무그림 검사를 통해본 심리 특성」, 『예술심리치료연구』 제3권, 2007.

오영교, 「지역학의 대두와 '강진학'」, 『다산과 현대』 8, 연세대 강진다산실학연구원, 2015.

______, 「한국학과 국내 지역학」, 『지방사와 지방문화』 제22권, 역사문화학회, 2019

오영미, 「신봉승 시나리오 연구」, 『한국예술연구』 제6호, 한국예술종합학교 한국예술연구소, 2012.

오혜진, 「전근대와 근대의 교차적 여성상에 관해」, 『국제어문』 제47집, 국제어문학회, 2009.

우수영, 「박경리 〈토지〉를 통해 고찰한 '동학'의 의미」, 『동학학보』 제26권, 동학학회, 2012.

우찬제, 「삐딱한 욕망의 카니발」, 『최순덕 성령충만기』, 문학과지성사, 2004.

유인순, 「김유정 문학의 부싯깃」, 『강원문화연구』 제22집, 강원대 강원문화연구소, 2003.

______, 「김유정과 아리랑」, 『비교한국학』 제20권, 국제비교한국학회, 2012.

______, 「이태준 소설 속의 고향과 고향사람들」, 『강원문화연구』 제24집, 강원대 강원문화연구소, 2005.

유춘동, 「춘천 약사명동을 거쳐간 예술가의 조명: 권진규, 박수근, 김추자」, 『근대서지』 제24호, 근대서지학회, 2021.

윤덕인 · 이정숙, 「강원도의 민속과 음식」, 『비교민속학』 제31권, 비교민속학회, 2006.

윤순갑, 「개화사상의 정치이념적 구조」, 『한국정치학회보』 제30권, 한국정치학회, 1996.

윤혜린, 「토착성에 기반한 아시아 여성주의 연구 시론」, 『여성학논집』 제27집, 이화여대 한국여성연구원, 2010.

윤호병, 「다문화주의와 문화글로컬리즘」, 『비교문학』 제24권, 한국비교문학회, 1999.

이 경, 「근대소설과 음식의 기호학」, 『현상과 인식』 제28권, 한국인문사회과학회, 2004.

이경호, 「눈과 집, 그리고 자궁: 〈집의 모성〉으로 회귀하는 길」, 『작가세계』 2000. 여름호.

이광호, 「상처가 지도를 만든다」, 『말을 찾아서』, 문이당, 1997.

이귀우, 「생태담론과 에코페미니즘」, 『새한영어영문학』 제43권, 새한영어영문학회, 2001.

이다혜, 「발터 벤야민의 산보객 Flaneur 개념 분석」, 『도시연구』 제1호, 도시사학회, 2009.

이도연, 「현대 풍자소설의 계보」, 『한국문학이론과 비평』 제61집, 한국문학이론과 비평학회, 2013.

이득재, 「바흐찐의 생태문화론」, 『러시아어문학 연구논집』 제40권, 한국러시아문학회, 2012.

이만영, 「김유정의 〈귀여운 少女〉 飜譯底本의 발굴과 그 의미」, 『어문연구』 제44권, 2016.

이명수, 「로컬, 로컬리티 그리고 인문학적 공간: 로컬리톨로지 도달에 관한 동양학의 전망」, 『로컬리티 인문학』 3, 부산대 한국민족문화연구소, 2010.

이미림, 「2000년대 소설의 원주시 재현양상」, 『운곡논총』 제10집, 운곡학회, 2021.

______, 「1930년대 소설에 나타난 강원 영서지역 재현 양상」, 『해람인문』 제45집, 강릉원주대 인문학연구소, 2018.

______, 「강릉 출신 작가의 고향의식과 로컬리티 재현 양상」, 『임영문화』 제44집, 강릉문화원, 2020.

______, 「김유정 문학의 로컬리티 연구」, 『배달말』 제64집, 배달말학회, 2019.

______, 「김유정, 이효석 소설의 음식과 성 비교 고찰」, 『한중인문학연구』 제55집, 한중인문학회, 2017.

______, 「박정윤 소설의 소녀표상과 그로테스크 반미학」, 『배달말』 제68집, 배달말학회, 2021.

______, 「생태주의와 다문화주의로 본 영동문학과 올림픽손님맞이」, 『인문학보』 제40집, 강릉원주대 인문학연구소, 2015.

______, 「신봉승 시문학에 나타난 초당 표상과 고향 인식」, 『해람인문』 제44집, 강

릉원주대 인문학연구소, 2017.
이미림,「윤후명 소설의 원형적 탐색」,『한중인문학연구』 제59집, 한중인문학회, 2018.
______,「이기호 소설에 나타난 197,80년대 중소도시 표상」,『우리문학연구』 제57집, 우리문학회, 2018.
______,「이순원 소설의 로컬리티와 향촌공동체 특성 연구」,『우리문학연구』 제70집, 우리문학회, 2021.
______,「이순원 여행소설 속의 타자화된 강원(영동)」,『우리문학연구』 제42집, 우리문학회, 2014.
______,「이효석 문학의 커피향기와 카페공간 고찰」,『현대소설연구』 제70호, 한국현대소설학회, 2018.
______,「이효석의 영서 삼부작 연구」,『한중인문학연구』 제47집, 한중인문학회, 2015.
______,「자전적 소재로 본 윤후명 여행판타지의 함의」,『한민족어문학』 제69집, 한민족어문학회, 2015.
______,「최성각 문학의 타자의식과 생태주의적 특성 연구」,『한국문학논총』, 제86집, 한국문학회, 2020.12.
______,「〈나비의 전설〉에 나타난 유동하는 정체성과 유목적 사유」,『우리문학연구』 제55집, 우리문학회, 2017.
______,「2000년대 소설의 원주시 재현 양상」,『운곡논총』 제10집, 운곡학회, 2021.
______,「김동명 문학의 공간적 상상력 연구」,『김동명문학연구』 제4호, 김동명학회, 2017.
______,「김동명 산문에 나타난 타자지향성과 디아스포라의식」,『김동명문학연구』 제1호, 김동명학회, 2014.
______,「김유정 문학의 로컬리티 연구」,『배달말』 제64집, 배달말학회, 2019.
______,「김유정, 이효석 소설의 음식과 성 비교 고찰」,『한중인문학연구』 제55집, 한중인문학회, 2017.
______,「신봉승 시문학에 나타난 초당표상과 고향인식」,『해람인문』 제44집, 강릉원주대 인문학연구소, 2017.8.
______,「여행과 디아스포라 관점에서 본 〈토지〉의 인물 양상」,『한국문학논총』 제67집, 한국문학회, 2014.

이미림, 「윤후명 소설의 서사구조적 특질」, 『한어문교육』 제38집, 한국언어문학교육학회, 2016.

______, 「이순원 여성소설의 타자화된 강원(영동)」, 『우리문학연구』 제42집, 우리문학회, 2014.

______, 「이효석 문학관과 소설창작기법 고찰」, 『한어문교육』 제39집, 한국언어문학교육학회, 2019.

______, 「이효석 문학의 유토피아 지향과 낭만적 요소」, 『한국문예비평연구』 제50집, 한국현대문예비평학회, 2016.

______, 「이효석의 영서 삼부작 연구」, 『한중인문학연구』 제47집, 한중인문학회, 2015.

______, 「자전적 소재로 본 윤후명 여행판타지의 함의」, 『한민족어문학』 제69집, 한민족어문학회, 2015.

______, 「작가(시인)로서의 삶, 지식인(정치가)으로서의 삶」, 『김동명문학연구』 제2호, 김동명학회, 2015.

______, 「집시와 심청(바리)의 환생, 21세기 이주여성」, 『한중인문학연구』 제35권, 한중인문학회, 2012.

이미영, 「윤후명 소설 연구: 여로형 서사구조를 중심으로」, 한국교원대 석사학위논문, 2003.

이상진, 「〈토지〉에 나타난 여담의 성격과 서술전략」, 『현대문학이론연구』 제63집, 현대문학이론학회, 2015.

이성교, 「김동명연구」, 『연구논문집』 제4권, 성신여자대학교, 1972.

이숙경, 「음식의 문화적 기호화와 (탈)영토성」, 『독일문학』 제121권, 한국독어독문학회, 2012.

이순원, 「내가 생각하는 나의 〈그런 거까지도〉」, 『작가세계』 2000.여름호.

______, 「들어가면 나오고 싶지 않은 보광리」, 『월간샘터』 제30호, 샘터사, 1999.

이승준, 「한국 패러디 소설의 새로운 가능성」, 『국제어문』 제40호, 국제어문학회, 2007.

이신조, 「한국소설에 나타난 음식 모티프와 가족관계의 의미 양상」, 『한국문예비평연구』 제67집, 2020.

이아름 · 임동일, 「원주시 도시공간구조 변화 분석」, 『지역발전연구』 제13권, 한국지역발전학회, 2013.

이양숙, 「이효석 문학에 나타난 '자연'과 '고향'의 의미」, 『민족문학사연구』 제37

호, 민족문학사학회, 2008.
이양숙, 「한국문학과 도시성」, 『국문학연구』 제30권, 국문학회, 2014.
이영조, 「한국 현대 수필론 연구」, 배재대 박사학위논문, 2007.
이영준, 「문학과 관광과의 만남: 영국의 스트랫포드 온 에이븐과 한국의 봉평」, 『글로벌문화콘텐츠』 제23호, 글로벌문화콘텐츠학회, 2016.
이영희, 「헤테로토피아로서의 조선인부락: 이카이노」, 『일본어문학』 제75집, 일본어문학회, 2016.
이용일, 「다문화시대 고전으로서 짐멜의 이방인 새로 읽기」, 『독일연구』 제18호, 한국독일사학회, 2009.
이유경, 「존 밀링턴 싱과 이효석의 세계주의 비교: '로컬'을 중심으로」, 서울대 석사학위논문, 2015.
이은지, 「징후적 소설과 그 너머」, 『창작과비평』 제42권, 2014.
이재봉 외, 「지역학과 로컬리티 연구」, 『로컬리티 인문학』 2, 부산대 한국민족문화연구소, 2009.
이지영, 「女·男 山神과 호랑이 신격의 상관성 연구」, 『한국고전여성문학연구』 제15권, 한국고전여성문학회, 2007.
이지은, 「윤후명 소설의 서정성 연구」, 한국교원대 석사학위논문, 2001.
이진송, 「김유정 소설의 장소 연구」, 이화여대 석사학위논문, 2015.
이창식, 「강릉단오제 관련 설화 연구의 동향과 전망」, 『강원민속학』 제23권, 강원도민속학회, 2009.
이충민, 「프루스트의 소설은 여담적인가?」, 『불어불문학연구』 제104권, 불어불문학회, 2015.
이현주, 「1936년,『조광』, 효석의 '고향'」, 『어문론총』 제44호, 한국문학언어학회, 2006.
______, 「김유정 농촌소설에 나타난 '향토' 표상」, 『시학과 언어학』 제31호, 시학과 언어학회, 2015.
______, 「이효석과 '구인회'」, 『구보학보』 제3권, 구보학회, 2008.
이혜정·송병국, 「한나 아렌트의 '악의 평범성'을 통한 학교폭력의 본질 탐색」, 『교육철학』 제55집, 한국교육철학회, 2015.
임금복, 「새로 쓴 '바리공주' 연구」, 『한국문예비평연구』 제18호, 한국현대문예비평학회, 2005.
장도준, 「수필의 장르적 특성 연구」, 『한국말글학』 제29권, 한국말글학회, 2012.

장미영, 「21세기 고려장: 이순원 〈거미의 집〉」, 『열린전북』 제165권, 2013.

장석주, 「어머니-고향, 그 항상성의 상실과 무늬: 이순원의 〈첫사랑〉에 부쳐」, 『첫사랑』, 세계사, 2000.

장성규, 「2000년대 한국소설에 나타난 타자 형상화 방식의 변화 과정 연구」, 『어문논집』 제54권, 중앙어문학회, 2013.

______, 「이태준의 전통 인식과 변모 양상」, 『내러티브』 제16호, 한국서사학회, 2010.

장원석, 「한나 아렌트의 정치이론과 근본악의 문제」, 『평화학연구』 제15권, 한국평화연구학회, 2014.

장은영 · 남승원, 「김동명 시에 나타난 장소의 시적 형상화」, 『어문연구』 제39권, 한국어문교육연구회, 2011.

장정룡, 「김동명 산문의 시대적 양상 고찰」, 『김동명 문학관 개관 기념 학술세미나 및 시낭송회 자료집』, 강릉문인협회, 2013.7.3.

______, 「신봉승 역사수필의 지평과 특징성 고찰」, 신봉승 문학 조명 세미나 및 토크 콘서트, 2014.8.30.

______, 「초허수필의 '꽃' 이미지와 그 지향성 고찰」, 『민족시인 심연수 학술세미나 논문총서 Ⅱ』, 심연수선양사업위원회, 2013.

전도현, 「김동명 시의 비유 구성 방법 연구」, 『한국학연구』 제43권, 고려대 한국학연구소, 2012.

전상국, 「근현대소설에 나타난 숲: 강원도 작가들의 소설을 중심으로」, 『산림문화대계』 제4권, 숲과 문화연구회, 2015.

전영규, 「바다가 되어 돌아온 그녀들-박정윤론」, 『문학잡지 비릿』 2호, 책읽는저녁, 2019.

전영우, 「박수근의 그림에 나타난 나무의 의미」, 『공원문화』 69, 한국자연공원협회, 1998.

정명중, 「부끄러움의 성찰성을 위한 시론」, 『감성연구』 제12권, 전남대 호남연구원, 2016.

정 미, 「이순원의 성장소설 연구」, 순천대 석사학위논문, 2010.

정승훈, 「세월호와 영화 속의 배: 유토피아, 헤테로토피아, 아토피아」, 『문화과학』 제81호, 문화과학사, 2015.

정실비, 「호모 에로스들의 재림」, 『작가세계』 2015.가을.

______, 「일제 말기 이효석 소설에 나타난 고향 표상의 변전」, 『한국근대문학연구』

제25호, 한국근대문학회, 2012.
정여울, 「이효석 텍스트의 공간적 표상과 미의식 연구」, 서울대 박사학위논문, 2012.
정연수, 「이성선의 지역인식과 시에 나타난 '장소성' 연구」, 『한중인문학연구』 제49집, 한중인문학회, 2015.
정용환, 「한국의 근대적 자아: 문화적 맥락, 타자의 모방, 자기진정성」, 『철학연구』 제106집, 대한철학회, 2008.
정윤희, 「박완서 소설의 자전적 글쓰기 방법 고찰」, 중앙대 석사학위논문, 2015.
정진권, 「수필문학의 특질에 대하여」, 『교양교육』 제4호, 한국체육대학교, 1999.
정현기, 「2부만으로 읽는 박경리〈토지〉론: 나와 너의 관계거리와 나의 나됨 찾기〈토지문학공원〉」, 『존재론연구』 제15권, 한국하이데거학회, 2007.
정현숙, 「이효석의 소설론과 그 실제」, 『어문연구』 제81권, 어문연구학회, 2014.
정혜경, 「한국 음식문화의 의미와 표상」, 『아시아리뷰』 제5권, 서울대 아시아연구소, 2015.
정호웅, 「두겹의 상상력: 이순원론」, 『작가세계』 2000. 여름호, 세계사, 2000.
정희원, 「도시, 주체, 텍스트: 폴 오스터의 『뉴욕 3부작』에 나타난 유토피아/헤테로토피아로서 뉴욕의 재현양상을 중심으로」, 『영미문학연구』 제30권, 영미문학연구회, 2016.
제1회, 박경리 문학제 문학포럼 자료집, 『박경리문학 오십년의 재조명』, 2010.
제2회, 박경리 문학제 문학포럼 자료집, 『전쟁체험과 박경리문학』, 2011.
제3회, 박경리 문학제 문학포럼 자료집, 『〈토지〉와 인접학문』, 2012.
제4회, 박경리 문학제 문학포럼 자료집, 『〈토지〉의 교육적 가치』, 2013.
조남현, 「작품해설: 환상과 현실의 상조」, 『우리시대 우리작가 윤후명28』, 동아출판사, 1987.
조연정, 「웃고 있어도 눈물이 난다: 박민규와 이기호의 소설에 나타난 '유머'」, 『키워드로 읽는 2000년대 문학』, 작가와비평, 2011.
조윤아, 「박경리〈토지〉공간 연구」, 『현대문학의 연구』 제21권, 한국문학연구학회, 2003.
조은주, 「아이누, 기차, 코스모폴리탄」, 『인문논총』 제68집, 서울대 인문학연구원, 2012.
조정민, 「발견된 '지역'과 만들어진 '문학관', 그 이후를 사유하다」, 『동북아문화연구』 제27집, 동북아시아문화학회, 2011.

조현준, 「주디스 버틀러의 인종의 젠더 계보학과 타자의 정치 윤리학」, 『인문학연구』 제17권, 경희대 인문학연구원, 2010.

진혜숙, 「여성과 가족: 가족이론의 변천과 여성지위에 관한 연구」, 『배화논총』 제18권, 배화여자대학, 1999.

차민기, 「'바리서사'의 현대적 변용 양상 고찰」, 『현대문학이론연구』 제45권, 현대문학이론학회, 2011.

차선일, 「한국문학에 나타난 눈 이미지 고찰」, 『아시아강원민속』 28, 아시아강원민속학회, 2014.

차희정, 「김유정 소설에 나타난 한탕주의 욕망의 실제」, 『현대소설연구』 제64호, 한국현대소설학회, 2016.

최덕근, 「이태준의 단편소설에 나타난 고향의 의미」, 강원대 석사학위논문, 2005.

최명국, 「1930년대 전원파의 상실의식과 귀거래의식」, 『한국문학이론과 비평』 제69집, 한국문학이론과비평학회, 2015.

최민자, 「포스트모던 세계와 포스트휴먼 그리고 트랜스휴머니즘」, 『동학학보』 제44호, 동학학회, 2017.

최병우, 「아픔의 그늘-이기호의 〈이정〉」, 『2013 올해의 문제소설』, 푸른사상, 2013.

최상민, 「'임오화변' 소재 희곡작품이 비교 고찰」, 『드라마연구』 제52권, 한국드라마학회, 2017.

최영자, 「윤후명 소설에 나타난 반영적 사유와 존재론적 인식」, 『한성어문학』 제29권, 한성대 한성어문학회, 2015.

최원오, 「구비설화에 나타난 혐오감정의 두 양상」, 『한민족어문학』 제79집, 한민족어문학회, 2018.

최윤정, 「우리 신화, 그 탈주-담론의 심층사회학」, 『비교한국학』 제20권, 국제비교한국학회, 2012.

최일규, 「이효석의 '영서 삼부작에 나타난 강원도 문화」, 강원대 교육대학원 석사학위논문, 2011.

최창헌, 「1930년대 강원 작가의 작품 속에 나타난 여성 주인공의 현실 대응」, 『강원문화연구』 제28집, 강원대 강원문화연구소, 2009.

최치원, 「5·18민주화운동에 대한 하나의 실존적 해석」, 『민주주의와 인권』 제11권, 전남대 5·18연구소, 2009.

최현주 · 정미, 「이순원의 성장소설 연구」, 『남도문화연구』 제17호, 순천대, 2009.

최현주, 「경험적 서사와 허구적 서사의 상동성 고찰」, 『남도문학연구』 제16권, 순천대학교, 2009.

______, 「윤후명 소설의 정체성 탐색 양상」, 『한국문학이론과 비평』 제8권, 한국문학이론과비평학회, 2000.

평창문화원, 「문화융성을 위한 문화군민운동과 평창동계올림픽 성공개최 실천」, 제5회 워크숍, 2013.10.31.

__________, 「지역문화 보존과 자원화를 위한 워크숍」, 2010.11.23.

하정일, 「지역 내부 디아스포라 사회주의적 상상력: 김유정 문학에 관한 세 개의 단상」, 『민족문학사연구』 제47권, 민족문학사연구소, 2011.

한경희, 「1960년대 근대화와 '보통' 여성의 문학 행위: 박완서의 나목 창작 및 등단 고정을 중심으로」, 『현대소설연구』 제78호, 한국현대소설학회, 2020.

한상무, 「김유정 소설에 나타난 강원도 여성상」, 『강원문화연구』 제24집, 강원대 강원문화연구소, 2005.

______, 「소설의 미적 거리와 예술적 형상화」, 『국어교육』 제30호, 한국국어교육연구회, 1977.

한점돌, 「박경리 〈토지〉의 문학사상 연구」, 『현대문학이론연구』 제55권, 현대문학이론학회, 2013.

______, 「한국현대소설에 나타난 '나비'의 표상체계 연구」, 『국어교육』 제113권, 한국어교육학회, 2004.

허만욱, 「다매체 융합시대, 수필문학의 발전 전략 연구」, 『어문논집』 제48권, 중앙어문학회, 2011.

허명숙, 「'나쁜 교회'와 '위험한 기독교인'이라는 소설적 아이러니」, 『한국문예비평연구』 제30집, 2009.

현순영, 「성찰하는 경계인, 쓰다: 쓰는 자, 김별아의 출발점」, 『작가세계』 2015 가을.

홍단비, 「이기호 소설에 나타난 환대의 불가능성과 윤리적 주체」, 『어문론집』 제77집, 중앙어문학회, 2019.3.

홍래성, 「반자본주의를 위한 사랑의 형상화: 김유정론」, 『한민족문화연구』 제56권, 한민족문화학회, 2016.

황루시, 「강릉단오제 설화연구」, 『구비문학연구』 제14권, 한국구비문학회, 2002.

■ 국내저서

강릉문인협회, 『강릉문학사』, 성원인쇄문화사, 2017.
강명관, 『열녀의 탄생: 가부장제와 조선 여성의 잔혹한 역사』, 돌베개, 2009.
강영안, 『타인의 얼굴』, 문학과지성사, 2005.
강우성 외, 『포스트휴머니즘의 쟁점들』, 갈무리, 2021.
강원도사편찬위원회, 『강원의 향촌사회 제도와 조직』, 신용인쇄문화사, 2019.
강원사회연구회 엮음, 『강원문화의 이해』, 한울아카데미, 2005.
강제윤, 『통영은 맛있다』, 생각을담는집, 2013.
강준만, 『지방 식민지 독립선언』, 개마고원, 2015.
경희대 비교문화연구소, 『공동체 없는 공동체』, 알렙, 2020.
계명대학교 한국학연구원 편, 『1990년대의 증상들』, 계명대학교 출판부, 2017.
고명섭, 『니체극장』, 김영사, 2012.
고태화, 『박수근, 소박한 이웃의 삶을 그리다』, 사계절, 2014.
공주형, 『박수근 서민의 삶을 담은 화가』, 다림, 2017.
곽경숙, 『한국현대소설의 생태비평적 이해』, 역락, 2013.
국사편찬위원회 편, 『유교적 사유와 삶의 변천』, 두산동아, 2009.
권성우, 『낭만적 망명』, 소명출판, 2008.
권정호, 『이효석 문학 연구』, 월인, 2003.
김덕영, 『에리식톤 콤플렉스』, 길, 2019.
김동규 외, 『문학과 영화이야기』, 학문사, 2002.
김미영, 『근대한국문학과 미술의 상호작용』, 소명출판, 2013.
김병우 외, 『김동명의 시세계와 삶』, 한남대출판부, 1994.
김봉권 외, 『한국현대작가론』, 민지사, 2007.
김성보 외, 『한국현대생활문화사 1980년대』, 창비, 2016.
김성보 외, 『한국현대생활문화사: 1970년대』, 창비, 2016.
김세균, 『유럽의 제노포비아』, 문학과학사, 2006.
김애령, 『여성 타자의 은유』, 그린비, 2012.
김영식, 『섬강은 어드메뇨 치악이 여기로다』, 북갤러리, 2021.
김용민, 『생태문학』, 책세상, 2003.
김용성, 『한국현대문학사탐방』, 국학자료원, 2011.
김욱동, 『생태학적 상상력』, 나무심는사람, 2003.
김유정문학촌 편, 『김유정 문학의 재조명』, 소명출판, 2008.

김유정학회 편, 『김유정 문학 다시읽기』, 소명출판, 2019.
__________, 『김유정 문학의 감정미학』, 소명출판, 2018.
__________, 『김유정과의 동행』, 소명출판, 2014.
__________ ,『김유정과의 만남』, 소명출판, 2013.
__________, 『김유정과의 산책』, 소명출판, 2014.
__________, 『김유정의 귀환』, 소명출판, 2012.
__________, 『김유정의 문학광장』, 소명출판, 2016.
김윤식, 『한국근대문학사상비판』, 일지사, 1978.
김은철 편, 『원주의 지명유래』, 미광문화사, 1999
김은철, 『원주지명총람(상)』, 원주시, 2019.
김정자 외, 『한국현대문학의 성과 매춘연구』, 태학사, 1996.
김주현, 『외모 꾸미기와 페미니즘』, 책세상, 2009.
김진기 외, 『문학관 기행』, 박이정, 2017.
김태준 편저, 『문학지리 · 한국인의 심상공간(중)』, 논형, 2005.
김풍기 외, 『강원도 지역원형과 인문학적 각성』, 청운, 2014.
김현경, 『사람, 장소, 환대』, 문학과지성사, 2015.
김현숙, 『나무가 되고 싶은 화가 박수근』, 나무숲, 2018.
김형국, 『박경리 이야기』, 나남출판, 2022.
나병철, 『가족 로망스와 성장소설』, 문예출판사, 2007.
나승만, 『민요공동체 연구』, 박이정, 2019
남기택, 『강원영동지역문화의 정체와 전망』, 청운, 2013.
_____, 『지역, 문학, 로컬리티』, 심지, 2015.
남도현, 『끝나지 않은 전쟁 6.25』, 플래닛미디어, 2010.
동국대 문화학술원 한국문학연구소, 『'고향'의 창조와 재발견』, 역락, 2007.
동국대 생태환경연구센터 편, 『생명의 이해』, 동국대학교출판부, 2011.
동국대 한국문화연구소 편, 『근대한국의 문학지리학』, 동국대학교출판부, 2011.
동학학회, 『강원도 원주 동학농민혁명』, 모시는사람들, 2019.
두진구, 『한국강릉지역의 설화』, 국학자료원, 1999.
류보선, 『경이로운 차이들』, 문학동네, 2002.
몸문화연구소, 『그로테스크의 몸』, 건국대학교출판부, 2010.
문학과 사상연구회, 『이효석 문학의 재인식』, 소명출판, 2012.
민혜숙, 『한국문학 속에 내재된 서사의 불안』, 예림기획, 2003.

박경리, 『원주통신』, 지식산업사, 1985.
박범신 엮음, 『박범신이 읽는 젊은 작가들』, 문학동네, 2007.
박신자, 『문학과 미술의 대화』, 청동겨울, 2004.
박영주 외, 『강릉 초당마을』, 진인진, 2009.
박인숙, 『내 아버지 박수근』, 삼인, 2020.
박종석, 『작가연구방법론』, 역락, 2002.
박천홍, 『매혹의 질주 근대의 횡단』, 산처럼, 2002.
박태일, 『한국지역문학의 논리』, 청동거울, 2004.
박형준, 『로컬리티라는 환영』, 두두, 2018.
박훈하, 『지금, 로컬리티의 미학』, 신생, 2015.
부산대 한국민족문화연구소 편, 『로컬리티, 인문학의 새로운 지평』, 혜안, 2009.
상허문학회, 『이태준 문학연구』, 깊은샘, 1993.
서경식 · 김혜신 역, 『디아스포라기행』, 돌베개, 2006.
서동수, 『문학담론과 반공프로젝트』, 소명출판, 2012.
서석준, 『현대소설의 아비상실』, 시학사, 1992.
서영채, 『죄의식과 부끄러움』, 나무나무출판사, 2017.
______, 『소설의 운명』, 문학동네, 1996.
서준섭, 『한국근대문학과 사회』, 월인, 2000
서중석 · 김덕련, 『서중석의 현대사이야기: 전두환과 5공 잔혹사』, 오월의봄, 2019.
성균관대 동아시아 유교문화권 교육연구단 편, 『동아시아와 근대, 여성의 발견』, 청어람미디어, 2004.
송상용 외, 『생태문제와 인문학적 상상력』, 나남출판, 1999.
신덕룡, 『환경위기와 생태학적 상상력』, 실천문학사, 1999.
신승철, 『펠릭스 가타리의 생태철학』, 그물코, 2011.
신용하, 『한국근대사와 사회변동』, 문학과지성사, 1980.
심영식 펴냄, 『원주에 사는 즐거움+』, 지역문화콘텐츠협동조합 스토리한마당, 2018.
심은섭, 『한국현대시의 표정과 불온성』, 푸른사상, 2015.
안승범, 『SF포스트휴먼, 오토피아』, 문학수첩, 2018.
양문규, 『한국근대소설의 구어전통과 문체형성』, 소명출판, 2013.
엄창섭, 『김동명연구』, 학문사, 1987.
여이연 정신분석세미나팀, 『페미니스트 정신분석이론가들』, 여이연, 2016.
여이연, 『페미니즘의 개념들』, 동녘, 2015.

오정희 외, 『나는 어떻게 글을 쓰는가』, 아시아, 2020.
우현주, 『박완서, 타자의 환대』, 소명출판, 2021.
유기억, 『이야기가 있는 강원의 식물』, 강원연구원, 2018.
유인순 외, 『김유정과 동시대 문학 연구』, 소명출판, 2013.
유인순, 『김유정과의 동행』, 소명출판, 2014.
유춘동 · 김대범, 『원주의 군사문화 연구』, 강원연구원, 2018.
유현옥, 『강원도, 느림의 미학』, 행성B, 2022.
윤선자,『샤리바리』, 열린책들, 2014.
윤인진, 『코리안 디아스포라』, 고려대 출판부, 2004.
윤호병, 『문학과 그림의 비교』, 이종문화사, 2007.
윤후명 편, 『시인 소설가 화가 윤후명 문학 50년』, 문학나무, 2017.
이경란, 『로지 브라이도티, 포스트휴먼』, 커뮤니케이션북스, 2017.
이경원, 『파농』, 한길사, 2015.
이계창 신부, 『법정에서의 진실』, 가톨릭출판사, 1991.
이광규, 『한국가족의 구조분석』, 일지사, 1975.
이덕화, 『타자 찾기』, 글누림, 2013.
이미림, 『우리시대의 여행소설』, 태학사, 2006.
______, 『21세기 한국소설의 다문화와 이방인들』, 푸른사상사, 2014.
______, 『한국현대소설의 떠남과 머묾』, 예림기획, 2007.
이병창, 『지젝 라캉 영화』, 먼빛으로, 2013.
이상옥, 『이효석의 삶과 문학』, 집문당, 2004.
이상진, 『토지 인물사전』, 마로니에북스, 2012.
이선옥, 『한국소설과 페미니즘』, 예림기획, 2002.
이선주, 『경계인들의 목소리』, 그린비, 2013.
이수영, 『에티카, 자유와 긍정의 철학』, 오월의봄, 2013
이익성, 『이효석의 서정미학』, CBNU, 2011.
이인식, 『유토피아 이야기』, 갤리온, 2007.
이재선, 『현대소설의 서사주제학』, 문학과지성사, 2007.
이재성, 『열림과 소통의 문화생태학』, 계명대학교출판부, 2008.
이지언, 『도나 해러웨이』, 커뮤니케이션북스, 2017.
이　진, 『〈토지〉의 가족서사 연구』, 국학자료원, 2012.
이진경, 『노마디즘1,2』, 휴머니스트, 2002.

이택광, 『마녀프레임』, 자음과모음, 2013.
이현식, 『성찰적 창조도시와 지역문화』, 글누림, 2012.
이희상, 『존 어리, 모빌리티』, 커뮤니케이션북스, 2016.
이희승, 『한국수상록』, 금성출판사, 1991.
임옥희, 『채식주의자 뱀파이어』, 여이연, 2010
임재해, 『지역문화 그 진단과 처방』, 지식산업사, 2002.
임헌영, 『한국소설, 정치를 통매하다』, 소명출판, 2020.
임혁백, 『비동시성의 동시성』, 고려대출판부, 2014.
작가와비평 편집동인 엮음, 『키워드로 읽는 2000년대 문학』, 작가와비평, 2011.
장노현, 『하이퍼텍스트 서사』, 예림기획, 2005.
장성욱 외, 『문학과 미술의 만남』, 국학자료원, 2016.
장왕식, 『화이트헤드 읽기』, 세창미디어, 2016.
전혜자, 『한국 현대생태소설의 서사적 유형과 분석』, 새미, 2007.
______, 『현대소설사연구』, 새문사, 1987.
전혜진, 『여성, 귀신이 되다』, 현암사, 2021.
정정호 편, 『들뢰즈 철학과 영미문학 읽기』, 동인, 2003.
정주아, 『서북문학과 로컬리티』, 소명출판, 2014.
정찬영, 『한국 증언소설의 논리』, 예림기획, 2000.
정해구, 『전두환과 80년대 민주화운동』, 역사비평사, 2011.
조경련 외, 『이해하기 쉬운 식품과 음식재료』, 파워북, 2013.
조규익 · 정연정 편, 『한국 생태문학 연구총서1』, 학고방, 2011.
조남현, 『한국소설과 갈등』, 문학과비평사, 1990.
조명래, 『지구화, 되돌아보기와 넘어서기』, 환경과생명, 2009.
조현성, 『거점형 문학관 도입과 활성화방안』, 한국문화관광연구원, 2018.
조혜영 편, 『소녀들: K-pop 스크린광장』, 여이연, 2017.
조효제, 『침묵의 범죄: 에코사이드』, 창비, 2022.
조희연, 『동원된 근대화』, 후마니타스, 2010.
차옥숭 외, 『동아시아 여신 신화와 여성 정체성』, 이화여대출판부, 2010.
차장섭, 『지역과 역사가 빚은 땅 강릉』, 역사공간, 2014.
채　운, 『재현이란 무엇인가』, 그린비, 2009.
최성현, 『좁쌀 한 알』, 도솔, 2004.
최　열, 『박수근 평전: 시대공감』, 마로니에북스, 2011.

최진석, 『민중과 그로테스크의 문화정치학』, 그린비, 2017.
최효찬, 『보드리야르 읽기』, 세창미디어, 2019.
태혜숙, 『한국의 식민지 근대와 여성공간』, 여이연.
하승우, 『아나키즘』, 책세상, 2008.
한국문예연구소 엮음, 『가산 이효석의 삶과 문학세계』, 학고방, 2008.
한국문학연구회, 『〈토지〉와 박경리문학』, 솔, 1996.
한국문화기술연구소 편, 『문학관과 문화산업』, 단국대출판부, 2007,
한국사회사연구회, 『한국사회의 신분계급과 사회변동』, 문학과지성사, 1987.
______________, 『한국의 사회신분과 사회계층』, 문학과지성사, 1986.
한국유교학회 편, 『유교와 페미니즘』, 철학과현실사, 2001.
한국포스트휴먼연구소 외, 『포스트휴먼 시대의 휴먼』, 아카넷, 2016.
한국현대소설학회, 『현대소설론』, 평민사, 1994.
한기련, 『일본의 국민시인 이시카와 다쿠보쿠의 슬픔과 한』, 월인, 1999.
한일섭, 『서사의 이론』, 한국문화사, 2009.
허문영, 『김지하와 그의 시대』, 블루엘리펀트, 2013.
홍성민, 『취향의 정치학』, 현암사, 2012.
황루시 외, 『한국구비문학대계: 강원도 원주시』, 역락, 2019.

■ **외국저서**

가라타니 고진, 『윤리21』, 사회평론, 2001.
가야트리 차크라보르티 스피박 외, 태혜숙 역, 『서발턴은 말할 수 있는가?』, 그린비, 2013.
개빈 에번스, 강미경 역, 『컬러 인문학』, 김영사, 2018.
게오르그 짐멜, 김덕영 · 윤미애 역, 『짐멜의 모더니티 읽기』, 새물결, 2015.
게일 루빈, 신혜수 외 역, 『일탈』, 현실문화, 2015.
기욤 르 블랑, 박영옥 역, 『안과 밖: 외국인의 조건』, 글항아리, 2014.
나카무라 미노루, 함태영 역, 『문학관을 생각한다』, 소명출판, 2019.,
낸시 홈스트롬, 유강은 역, 『페미니즘, 왼쪽 날개를 펴다』, 메이데이, 2012.
니콜라스 미르조에프, 임산 역, 『비주얼 컬처의 모든 것』, 홍시, 2009.
데이비드 바인, 유강은 역, 『기지국가』, 갈마바람, 2017.
데이비드 보이드, 이지원 역, 『자연의 권리』, 교유서가, 2020.
도나 헤러웨이, 황희선 역, 『해러웨이 선언문』, 책세상, 2019.

레이 초우, 장수현 외 역, 『디아스포라의 지식인』, 이산, 2005.
레이 초우, 정재서 역, 『원시적 열정』, 이산, 2004.
로널드 르블랑, 조주관 역, 『음식과 성』, 그린비, 2015.
로이슨 타이슨, 윤동구 역, 『비평이론의 모든 것』, 앨피, 2012,
로즈메리 갈런트 톰슨, 손홍일 역, 『보통이 아닌 몸』, 그린비, 2015.
로즈메리 잭슨, 서강여성문학연구회 역, 『환상성』, 문학동네, 2001.
로지 브라이도티 외, 한국여성NGO위원회 여성과 환경분과 역, 『여성과 환경 그리고 지속가능한 개발』, 나라사랑, 1995.
로지 브라이도티, 김은주 역, 『변신』, 꿈꾼문고, 2020.
로지 브라이도티, 박미선 역, 『유목적 주체』, 여이연, 2004.
롭 윌슨 · 위말 디싸나야케 엮음, 김용규 역, 『글로벌/로컬』, 에코리브르, 2019.
르네 지라르, 김진식 역, 『희생양』, 민음사, 1998.
리처드 J 번스타인, 김선욱 역, 『한나 아렌트와 유대인 문제』, 아모르문디, 2009.
리처드 세넷, 김병화 역, 『짓기와 거주하기』, 김영사, 2019.
리처드 커니, 이지영 역, 『이방인, 신, 괴물』, 개마고원, 2004.
린다 사브리, 이충민 역, 『담화의 놀이들』, 새물결, 2003.
마루카와 데쓰시, 백지운 · 윤여일 역, 『리저널리즘』, 그린비, 2008.
마루타 하지멘, 박화리 · 윤상현 역, 『'장소'론』, 심산, 2011.
마르크 오제, 이상길 · 이윤영 역, 『비장소』, 아카넷, 2017.
마리아 미스 · 반다나 시바, 손덕수 외 역, 『에코페미니즘』, 창작과비평사, 2000.
마리오 프라즈, 임철규 역, 『문학과 미술의 대화: 기억의 여신』, 연세대출판부, 1986.
마빈 해리스, 서진영 역, 『음식문화의 수수께끼』, 한길사, 1992.
마사 너스바움, 조계원 역, 『혐오와 수치심』, 민음사, 2015.
마사 누스바움, 임현경 역, 『타인에 대한 연민』, 알에이치코리아, 2020.
마스다 히로야, 김정환 역, 『지방소멸』, 와이즈베리, 2015.
마이크 크랭 · 나이절 스리프트, 최병두 역, 『공간적 사유』, 에코리프트, 2013.
마이클 크로닌, 이효석 역, 『팽창하는 세계』, 현암사, 2013.
미루타 하지메, 박화리 외 역, 『'장소'론』, 심산, 2011.
미르체아 엘리아데, 이은봉 역, 『성과 속』, 한길사, 1998.
미셸 마페졸리, 박정호 · 신지은 역, 『부족의 시대』, 문학동네, 2017.
미셸 바렛 · 메리 맥킨토시, 김혜경 · 배은경 역, 『반사회적 가족』, 나름북스, 2019.

미셸 푸코, 강상운 역, 『사회를 보호해야 한다』, 난장, 2015.
미셸 푸코, 심세광 · 전혜리 역, 『담론과 진실: 파레시아』, 동녘, 2017.
미셸 푸코, 오생근 역, 『감시와 처벌』, 나남출판, 2005.
미셸 푸코, 이상길 역, 『헤테로토피아』, 문학과지성사, 2014.
미셸 푸코, 이희원 역, 『자기의 테크놀로지』, 동문선, 2002.
미셸 푸코, 홍성민 역, 『임상의학의 탄생』, 인간사랑, 1993.
미즈우치 도시오, 심정보 역, 『공간의 정치지리』, 푸른길, 2010.
미하일 바흐친, 김근식 역, 『도스토예프스키 시학』, 정음사, 1988.
바뤼흐 스피노자, 강영계 역, 『에티카』, 서광사, 1990.
바바라 크리드, 손희정 역, 『여성괴물』, 여이연, 2008.
반다나 시바, 강수영 역, 『살아남기』, 솔, 1998.
반다나 시바 · 카르티케이 시바, 추선영 역, 『누가 지구를 망치는가』, 책과함께, 2022.
발터 벤야민, 조형준 역, 『도시의 산책자』, 새물결, 2008.
밥 애슬리 · 조안 홀로스 · 스티브 조스 · 벤 테일러, 박형신 · 이혜경 역, 『음식의 문화학』, 한울아카데미, 2014.
베티나 파우제, 이은미 역, 『냄새의 심리학』, 북라이프, 2021.
브라이언 마수미, 조성훈 역, 『정동정치』, 갈무리, 2018.
셸리 트레마인, 박정수 · 임송이 역, 『푸코와 장애의 통치』, 그린비, 2020.
수전 손택, 이재원 역, 『은유로서의 질병』, 이후, 2002.
스티브 테일러, 우태영 역, 『자아폭발』, 다른세상, 2011.
스티븐 핑커, 김명남 역, 『우리 본성의 선한 천사』, 사이언스북스, 2014.
슬라보예 지젝 외, 라깡정신분석연구회 역, 『사랑과 대상으로서 시선과 목소리』, 인간사랑, 2010.
슬라보예 지젝, 이수련 역, 『이데올로기의 숭고한 대상』, 새물결, 2013.
시몬느 비에른느, 이재실 역, 『통과제의와 문학』, 문학동네, 1996.
알라이다 아스만, 변학수 · 채연숙 역, 『기억의 공간』, 그린비, 2011.
앙드레 뷔르기에르 외, 정철웅 역, 『가족의 역사』, 이학사, 2001.
앤드류 슈왈츠 외, 한윤정 역, 『생태문명 선언』, 다른백년, 2020.
에드워드 렐프, 김덕현 외, 『장소와 장소상실』, 논형, 2005.
에드워드 사이드, 박홍규 역, 『오리엔탈리즘』, 교보문고
에드워드 사이드, 최유준 역, 『지식인의 표상』, 마티, 2012.

에릭 홉스봄, 박지향 · 장문석 역, 『만들어진 전통』, 휴머니스트, 2004.
우에노 치즈코, 나일등 역, 『여성혐오를 혐오한다』, 은행나무, 2012.
우에노 치즈코, 조승미 외 역, 『여자들의 사상』, 현실문화, 2015.
움베르토 에코, 오숙은 역, 『추의 역사』, 열린책들, 2008.
유발 하라리, 김명주 역, 『호모 데우스』, 김영사, 2017.
이마미치 도모노부, 정명환 역, 『에코 에티카』, 기파랑, 2013.
이탈로 칼비노, 이현경 역, 『보이지 않는 도시들』, 민음사, 2007.
이-푸 투안, 구동회 외 역, 『공간과 장소』, 대윤, 1995.
이-푸 투안, 이옥진 역, 『토포필리아』, 에코리브르, 2011.
자크 데리다, 남수인 역, 『환대에 대하여』, 동문선, 2004.
장-프랑수아 리오타르, 유정완 역, 『포스트모더니즘의 조건』, 민음사, 1999.
제임스 러브록, 홍욱희 역, 『가이아』, 갈라파고스, 2004.
조너선 색스, 임재서 역, 『차이의 존중』, 말글빛냄, 2007.
조르조 아감벤, 김항 역, 『예외상태』, 새물결, 2009.
조르조 아감벤, 박진우 역, 『호모 사케르』, 새물결, 2008.
존 그레이, 김승진 역, 『하찮은 인간, 호모 라피엔스』, 이후, 2010.
존 앤더슨, 이영민 · 이종희 역, 『문화 · 장소 · 흔적』, 한울아카데미, 2013.
존B. 카추바, 이혜경 역, 『변신의 역사』, 미래의창, 2021.
주디스 버틀러 · 가야트리 스피박, 주해연 역, 『누가 민족국가를 노래하는가』, 산책자, 2008.
줄리아 크리스테바, 서민원 역, 『공포의 권력』, 동문선, 2001
줄리엣 미첼, 이성민 역, 『동기간: 성과 폭력』, 도서출판b, 2015.
지그문트 바우만, 이수영 역, 『새로운 빈곤』, 천지인, 2010.
지그문트 바우만, 장일준 역, 『쓰레기가 되는 삶들』, 새물결, 2008.
지그문트 프로이트, 정장진 역, 『예술, 문학, 정신분석』, 열린책들, 1996.
진 쿠퍼, 이윤기 역, 『그림으로 보는 세계문화상징사전』, 까치, 1994.
질 들뢰즈, 김상환 역, 『차이와 반복』, 민음사, 2004.
질 들뢰즈 · 펠릭스 가타리, 김재인 역, 『천개의 고원』, 새물결, 2003.
질 들뢰즈 · 펠릭스 과타리, 김재인 역, 『안티 오이디푸스: 자본주의와 분열증』, 민음사, 2013.
질리언 로즈, 정현주 역, 『페미니즘과 지리학』, 한길사. 2011.
찰스 패터슨, 정의길 역, 『동물 홀로코스트』, 휴, 2014

캐롤 M, 코니한, 김정희 역, 『음식과 몸의 인류학』, 갈무리, 2005.
캐슬린 배리, 정금나 외 역, 『섹슈얼리티의 매춘화』, 삼인, 2002.
콘스탄스 클라센 · 데이비드 하위즈 · 앤소니 시노트, 김진옥 역, 『아로마』, 현실문화연구, 2002.
크리스토프 르페뷔르, 강주헌 역, 『카페의 역사』, 효형출판, 2002.
클라이브 해밀턴, 정서진 역, 『인류세』, 이상북스, 2018.
클로드 레비스트로스, 임봉길 역, 『신화학1: 날것과 익힌 것』, 한길사, 2005.
토마스 렘케, 심성보 역, 『생명정치란 무엇인가』, 그린비, 2015.
티에리 파코, 조성애 역, 『유토피아』, 동문선, 2002.
프리드리히 니체, 김정현 역, 『선악의 저편 · 도덕의 계보』, 책세상, 2002.
프리드리히 니체, 박찬국 역, 『저녁놀』, 책세상, 2004.
프리드리히 니체, 정동호 역, 『차라투스트라는 이렇게 말했다』, 책세상, 2000.
피에르 부르디외, 최종철 역, 『구별짓기』 상, 새물결, 2006
하인리히 E. 야콥, 박은영 역, 『커피의 역사』, 우물이있는집, 2005.
한나 아렌트, 김선욱 역, 『예루살렘의 아이히만』, 한길사, 2006.
한나 아렌트, 이진우 · 태정호 역, 『인간의 조건』, 한길사, 1996.
헤란트 캬챠도리안, 김태훈 역, 『죄의식』. 씨아이알, 2016.
Daniel BERGEZ, 김모세 · 임민지 역, 『문학과 미술』, 시와진실, 2011.
LoisParkinson Zamora and Wendy B. Faris, 우석균 박병규 외 역, 『마술적 사실주의』, 한국문화사, 2001.

핵심어

ㄱ

가문 잇기, 가부장적 공동체, 《가장 멀리 있는 나》, 가족자아, 간도, 〈갈팡질팡 하다가 내 이럴 줄 알았지〉, 감(청)각어, 〈감자먹는 사람들〉, 『강릉』, 〈강릉 가는 길〉, 〈강릉 가는 옛길〉, 『강릉의 사랑』, 〈강원도 여성〉, 강원도민, 강원문학, 〈강을 위한 미사〉, 〈개살구〉, 객사문, 《거위, 맞다와 무답이》, 〈검은 소와 히말라야 사람들〉, 경계인, 〈경이로운 도시〉, 고향, 고향의식, 고흐, 〈골든 에이지〉, 공감각적, 공동체주의, 〈공의 기원〉, 〈과일 파는 여인〉, 관능성, 〈교육의 탄생〉, 구연방식, 〈국기게양대 로망스-당신이 잠든 밤에2〉, 〈국책 사업 희생자들〉, 〈국추기〉, 군사도시, '귀여운' 고향, '귀여운' 전원, 그로테스크 반미학, 그로테스크한 몸, 근친상간, 글로벌, 기계론적 세계관, 기든스, 기원탐사, 〈기차가 지나간다〉, 〈길은 생선 내장처럼 구불거린다〉, 김도연, 김동명, 김동명문학관, 김별아, 김시습, 김용택, 김유정, 김지하, 김형경, 김희선, 《꽃피는 고래》, 《벽공무한》

ㄴ

《나목》, 〈나무와 두 여인〉, 〈나쁜 소설〉, 〈나의 뜰〉, 《나혜석, 운명의 캉캉》, 남아선호, 〈내 마음은〉, 《내 마음의 포르노그라피》, 노스탤지어, 〈농가의 여인〉, 농경 공동체, 농경사회, 《날아라 새들아》, 농촌문학(소설), 〈높새의 집〉, 〈눈속의 시인학교〉, 〈뉴질랜드〉, 능동적 공동체

ㄷ

〈다래넝쿨〉, 다문화주의, 다중적 타자성, 단구동, 대관령, 대관령 저 너머, 〈대관령의 시〉, 대타자, 도배식, 도스토옙스키, 도시문학(소설), 〈독방에 감금되었던 히말라야 여인〉, 〈동강 버스와 레프팅 버스 동강〉, 〈돈〉, 동강사유, 동강 살리기, 〈동강에서 온 편지〉, 〈동강은 황새여울을 안고 흐른다〉, 동기간 연대, 동반자소설, 〈동백꽃〉, 동식물 상상력, 〈동창회〉, 들병이들, 디스토피아, 디아스포라, 디아스포라의식, 버터문학, 〈한마당과 우드스톡 페스티벌〉

ㄹ

〈라면의 황제〉, 레비나스, 로널드 르 블랑, 로컬, 로컬리티, 로컬리티 정체성, 로컬푸드(소울푸드), 리얼리즘

ㅁ

마르크시즘, 마리 로랑상, 마술적 사실주의, 마티에르, '만들어진' 정체성, 〈만무방〉, 〈만종〉, 〈말과 말 사이-원주통신2〉, 〈말을 찾아서〉, 〈망배〉, 〈매듭을 이은 자리〉, 매춘, 〈맷돌질하는 여인〉, 〈먼길〉, 〈멀리 있는 사람〉, 〈메밀꽃 필 무렵〉, 메주문학, 메타픽션, 〈명동〉, 모더니즘, 모더니티, 〈모래 위의 쓴 낙서〉, 〈모래의 시〉, 모성결핍, 〈모정의 세월〉, 〈목격자〉, 〈목공소녀〉, 문학공간, 문학수업시대, 문학적 차용, 문향, 문화콘텐츠, 미문화원 방화사건, 《미실》, 〈미역이 올라올 때〉, 미의식, 민요/민속, 민주주의, 민주화의 성지, 민청학련사건, 밀레니엄, 〈밀수록 다시 가까워지는〉

ㅂ

〈바람자루 속에서〉, 《바리데기》, 바우만, 박수근, 박완서, 박정윤, 반가족·반성장, 반공간(대항공간), 〈밤바다〉, 〈밤의 짜이왕, 예스비 구릉〉, 〈방파제를 향하여〉, 〈백미러 사나이〉, 백색지향, 〈백합화〉, 벌거벗은 생명, 범신론, 〈병상의 생각〉, 《보이지 않는 도시들》, 복수자아, 〈봄봄〉, 봉산동, 부권제 유교문화, 부론, 《부론강》, 〈부용산〉, 〈분녀〉, 《불의 꽃》, 브뤼노 라투르, 블랙리스트, 비장소성, 비재현적 판타지, 비정상성, 〈빠-강남〉, 〈빨래터〉

ㅅ

《사과는 잘 해요》, 사랑공동체, 사회적 약자, 〈산〉, 〈산골〉, 〈산골나그네〉, 산문문학, 〈산협〉, 〈살아가는 일〉, 삼국사기, 삼국유사, 상실된 유토피아, 상처치유, 상호부조(론), 색채미학, 생물다양성, 생태공간, 생태문명, 생태소설, 생태윤리, 생태의식, 생태정책, 생태주의적, 샤리바리, 서구지향성, 〈서울소묘〉, 〈서울역〉, 서정성, 〈설중화송〉, 섬강, 세계시민의식, 세계의 중심, 세계주의자, 세계화, 〈세대의 삽화〉, 〈세종로〉, 섹슈얼리티, 〈소낙비〉, 소녀표상, 〈소는 불행하다〉, 소설공간, 〈소와 유동〉, 〈소요〉, 솔향, 수도권편중현상, 〈수배의 힘〉, 《수색 그 물빛 무늬》, 〈수선화〉, 수치의 정동, 〈수탉〉, 숙명론적 가치관, 스타일리스트, 〈스테판, 진실 혹은 거짓〉, 스피노자, 승정원일기, 〈시동에서〉, 식민지 근대화, 식인풍습, 신봉승, 신분

정체성, 신분 콤플렉스, 신사임당, 신심리주의, 신자유주의 체제, 〈신촌동〉, 〈실낙원 이야기〉, 심미주의, 심미주의자, 심상지리, 심층생태학, 〈18인의 노인〉

ㅇ

〈2098 스페이스 오디세이〉, 6.25트라우마, SF적 상상력, 아감벤, 아방가르드, 〈아버지와 치악산〉, 아브젝트, 아비찾기, 아시아적 신체, 아일랜드문학, 아토피아, 애착손상, 애착외상, 〈약사여래는 오지 않는다〉, 양구, 양귀자, 《어두움의 비탈기》, 〈어떤 날 새벽〉, 〈어머니〉, 어머니 됨, 《어우동, 사랑으로 죽다》, 에로티시즘, 에코시스템, 에코에티카, 에코토피아, 엑소더스, 엑조티시즘, 엥포르멜, 〈여자의 마음〉, 여행/이주/방랑 모티프, 여행서사, 여행판타지, 『역사가 지식이다』, 『역사란 무엇인가』, 『역사의 배후에서』, 연고주의적 정서, 연애(혼사)장애, 《연애독본》, 염인증, 엽편소설, 영동지역, 영서 삼부작, 〈영혼은 호수로 가 잠든다〉, 〈옆에서 본 저 고백은-고백시대〉, 예술성, 〈예술원에 드리는 보고〉, 예향, 〈옛 바다로 가는 길〉, 〈오랑캐꽃〉, 〈오리온과 능금〉, 〈오월의 산골작이〉, 오이디푸스 콤플렉스, 오탁번, 오토피아, 〈옥중기〉1,2, 올가미구조, 올림픽 손님맞이, 외계인, 외계인 상상력, 외부지향성, 원재길, 원주, 원주 정체성, 원주문학, 원주캠프, 〈원주통신〉, 원천석, 《월남기》, 위촌리, 유랑민, 〈유리인형〉, 유목적 사유, 유치환, 유토피아, 〈육백마지기의 바람〉, 육식성, 윤후명, 율곡, 〈은비령〉, 의인화, 〈이 소 받아라-박수근〉, 이국정서, 이기영, 이기호, 〈이방〉, 이방인, 이방인의식, 〈이삭줍기〉, 이순원, 이야기체 서사전략, 이인직, 〈이제는 우리가 헤어져야 할 시간〉, 이종공간, 이탈로 칼비노, 이태준, 이효석, 인간본성, 〈일하는 여인〉, 《임금님의 첫사랑》, 임당동

ㅈ

자본의 전지구화, 자본주의적 욕망, 자아반영성, 자연친화적, 자전적 체험, 《장선생, 1983년 9월 원주역》, 장소상실, 장소성, 장소애호, 장일순, 『적과 동지』, 전쟁트라우마, 전쟁재난, 전통계승, 전통구축, 전통지향성, 전화(편지) 모티프, 〈절구질하는 여인〉, 〈정원기〉, 〈정조〉, 정치적 상상력, 〈조각공원〉, 조국상실, 『조선도 몰랐던 조선』, 조선왕조 오백년, 조선왕조실록, 존재증명, 죄의식, 주도모티프, 중소도시, 중심해체, 지방 식민지, 지방자치시대, 지방자치제, 〈지상최대의 쇼〉, 지역정체성, 지역문학콘텐츠, 지역문화, 지역원형, 지역정체성, 지학순, 진또배기, 〈진또배기 그늘〉, 〈진주만〉, 집성촌

ㅊ

《차남들의 세계사》, 창신동, 《채홍》, 《천년의 사랑》, 천민 콤플렉스, 〈천사와 산문시〉, 〈초능력 소녀〉, 〈초당 소나무〉, 초당동, 〈초당동 소나무떼〉, 〈초당동 아라리〉, '초라한' 고향, 초인적 인간형, 〈총각과 맹꽁이〉, 〈최미진은 어디에〉, 최기식, 최성각, 축첩/패륜/불륜 모티프, 춘천 실레마을, 치악산

ㅋ

카니발, 카니발리즘, 코리안 디아스포라, 코스모폴리탄, 콜라주, 쾌락주의

ㅌ

타자윤리학, 타자의 고통, 타자의 공간, 타자의 목소리, 타자의식, 타자지향성, 타자지향적 윤리, 타자화된 강원(영동), 탈국경, 탈출 오디세이, 토속성, 《토지》, 토착어, 토포필리아, 톨스토이, 통과의례, 〈트레일러 소녀〉

ㅍ

〈파란 평행봉〉, 파레시아, 파레시아스트, 〈파초〉, 페르소나, 〈페르시아 양탄자 흥망사〉, 페미니즘 반미학, 평창, 〈포구에서〉, 포스트모더니티, 포스트휴머니즘, 포스트휴먼 시대, 푸코, 풍속재현, 퓨전수필, 프롤레타리아, 프루스트 현상, 《프린세스 바리》, 피난길

ㅎ

〈하늘〉, 〈하얀 배〉, 하얼빈, 한반도의 중심, 〈할머니, 이젠 걱정마세요〉, 〈해뜨는 땅〉, 해방공간, 〈해변의 묘지〉, 〈해파리에 관한 명상〉, 〈햄릿 포에버〉, 향락주의, 향수, 향촌공동체, 향토성, 허균, 허난설헌, 허무주의자, 헤테로토피아, 현실인식, 혈통 콤플렉스, 〈호랑이는 살아있다〉, 호모 라피엔스, 호모 사케르, 호환공포, 혼재향, 〈화분〉, 환대, 효 이데올로기, 《흰별소》, 히말라야, 〈히말라야 시골학교〉

저자

이미림 李美林

숙명여자대학교 국어국문학과를 졸업하고 동 대학원에서 박사학위를 받았다. 현재 강릉원주대학교 국어국문학과 교수, 인문학연구소 소장으로 재직 중이다. 김유정학회, 한중인문학회 부회장을 역임했고, 제2회 김유정학술상을 수상했다. 모빌리티, 로컬리티와 한국현대소설을 대상으로 타자, 생태, 장소성, 여행, 다문화, 디아스포라, 지역문학 등에 관심을 가지고 연구하고 있다.
지은 책으로 『월북작가소설연구』(1999), 『내 마음의 산책』(2001), 『책 읽어주는 여자』(2002), 『내 안의 타자를 찾아서』(2006), 『우리시대의 여행소설』(2006), 『한국현대소설의 떠남과 머묾』(2007), 『21세기 한국소설의 다문화와 이방인들』(2014) 등이 있다.

Email: milim@gwnu.ac.kr

문학 속의 강원, 강원 속의 문학

초판 1쇄 인쇄 2023년 11월 10일
초판 1쇄 발행 2023년 11월 20일

지은이 이미림
펴낸이 박성복
펴낸곳 도서출판 월인
주소 01047 서울특별시 강북구 노해로25길 61
등록 1998년 5월 4일 제6-0364호
전화 (02) 912-5000
팩스 (02) 900-5036
홈페이지 www.worin.net
전자우편 worinnet@hanmail.net

ISBN 978-89-8477-724-8 93810

값은 뒤표지에 있습니다.